Lehr- und Handbücher der Betriebswirtschaftslehre

Herausgegeben von
Universitätsprofessor Dr. Hans Corsten

Bisher erschienene Werke:

Burger, Jahresabschlußanalyse
Corsten, Produktionswirtschaft, 5. Auflage
Corsten · Reiß (mit Grob, Kußmaul, Mattmüller, Meyer, Ossadnik, Reese, Troßmann, Zelewski), Betriebswirtschaftslehre, 2. Auflage
Hildebrand, Informationsmanagement
Nebl, Einführung in die Produktionswirtschaft
Ossadnik, Controlling

Betriebs-
wirtschafts-
lehre

Von
Universitätsprofessor Dr. Hans Corsten
(Herausgeber)
Universitätsprofessor Dr. Michael Reiß
(Herausgeber)

Universitätsprofessor Dr. Heinz Lothar Grob
Universitätsprofessor Dr. Heinz Kußmaul
Dr. Roland Mattmüller
Universitätsprofessor Dr. Anton Meyer
Universitätsprofessor Dr. Wolfgang Ossadnik
Universitätsprofessor Dr. Joachim Reese
Universitätsprofessor Dr. Ernst Troßmann
Universitätsprofessor Dr. Stephan Zelewski

Zweite Auflage

R. Oldenbourg Verlag München Wien

Die Deutsche Bibliothek - CIP-Einheitsaufnahme

Betriebswirtschaftslehre / von Hans Corsten ; Michael Reiss (Hrsg.). Heinz Lothar Grob ... - 2. Aufl. - München ; Wien : Oldenbourg, 1996
(Lehr- und Handbücher der Betriebswirtschaftslehre)
ISBN 3-486-23768-3
NE: Corsten, Hans [Hrsg.]; Grob, Heinz Lothar

Gesamtherstellung: R. Oldenbourg Graphische Betriebe GmbH, München

ISBN 3-486-23768-3

Inhaltsübersicht

Vorwort

Das Oldenbourg-Lehrbuch "Betriebswirtschaftslehre" soll das betriebswirtschaftliche Grundwissen in anwendungsorientierter Form vermitteln. Betriebswirtschaftslehre wird dabei als Wissenschaft von der Unternehmungsführung verstanden. Demgemäß liefern die einzelnen Beiträge neben der Abklärung von Grundbegriffen einen Überblick über die typischen Problemstellungen für das Management. Im Mittelpunkt der Darstellung stehen die theoretischen Modelle, die als "Werkzeuge" zur Lösung dieser Managementprobleme eingesetzt werden können. Dabei wird auch auf neuere Entwicklungen eingegangen.

Primär wird das Grundwissen in den Kerngebieten der Allgemeinen Betriebswirtschaftslehre vermittelt. Außerdem kommt das Lehrbuch auch als Einstiegslektüre in ausgewählte betriebswirtschaftliche Vertiefungs- bzw. Schwerpunktfächer auf dem Gebiet der Funktionsbereichslehren und der Managementfunktionen in Betracht.

Das Lehrbuch wendet sich vornehmlich an Studierende der Wirtschaftswissenschaften (BWL, VWL, Wirtschaftsingenieurwesen) und benachbarter Fächer an Universitäten und Fachhochschulen. Da keine spezifischen Vorkenntnisse vorausgesetzt werden, bietet sich das Lehrbuch primär für das Grundstudium an. Darüber hinaus eignet es sich für Studierende in wirtschaftswissenschaftlichen Aufbaustudiengängen für Ingenieure, Juristen und Naturwissenschaftler. Schließlich läßt es sich auch zum Selbststudium verwenden.

Das Lehrbuch umfaßt neben einem einleitenden Grundlagenbeitrag (A.) zwei Gruppen von Beiträgen: In der ersten Gruppe werden die wichtigsten Funktionen des Managements dargestellt. Dazu zählen Planung und Entscheidung (B.), Führung (C.), Internes Rechnungswesen (D.) sowie Externes Rechnungswesen (E.). Die zweite Gruppe behandelt die zentralen Funktionsbereiche. Hierzu gehören Beschaffung (F.), Produktion (G.), Marketing (H.) sowie Investition und Finanzierung (I.).

Die Herausgeber danken allen Autoren für ihr Engagement bei der Mitarbeit am vorliegenden Lehrbuch. Wir haben versucht, die Beiträge zu einem möglichst integrierten Überblick über die traditionellen betriebswirtswirtschaftlichen Wissensgebiete zusammenzuführen, ohne die Individualität der einzelnen Autoren und den damit einhergehenden Pluralismus allzu sehr einzuschränken. Bei diesen Bemühungen wurden wir aktiv durch die Autoren und deren Mitarbeiter unterstützt. Die formale Abstimmung der Beiträge wurde durch unsere Mitarbeiter übernommen. Besonderer Dank gebührt hier vor allem den Herrn Dipl.-Kfm. H. Rieger und Dipl.-Wirtsch.-Ing. C. May (Ingolstadt) sowie Dipl.-Kfm.(t.o.) M. Grimmeisen und Dipl.-Kfm.(t.o.) U. Zeyer (Stuttgart). Frau H. Hummel und Frau S. Thumann danken wir für die sorgfältige Aufbereitung der Manuskripte.

Ohne die Impulse von Herrn Dipl.-Vw. Martin Weigert vom Oldenbourg Verlag wäre dieses Handbuch nicht entstanden. Ihm sei an dieser Stelle herzlich gedankt.

Hans Corsten Michael Reiß

Autorenverzeichnis

Univ-Prof. Dr. Hans Corsten	Lehrstuhl für Allgemeine Betriebswirtschaftslehre, insbes. Produktionswirtschaft, Universität Kaiserslautern
Univ.-Prof. Dr. Heinz Lothar Grob	Lehrstuhl für Allgemeine Wirtschaftsinformatik, Westfälische Wilhelms-Universität Münster
Univ.-Prof. Dr. Heinz Kußmaul	Lehrstuhl für Allgemeine Betriebswirtschaftslehre, insbes. Betriebswirtschaftliche Steuerlehre, Universität des Saarlandes
Dr. rer. pol. Roland Mattmüller	Lehrstuhl für Allgemeine Betriebswirtschaftslehre, insbes. Marketing und Handel, European Business School, Schloß Reichartshausen, Oestrich-Winkel
Univ.-Prof. Dr. Anton Meyer	Lehrstuhl für Betriebswirtschaftslehre, Institut für Absatzwirtschaft, Seminar für Dienstleistungs-, Handels- und Investitionsgütermarketing, Ludwig-Maximilians-Universität München
Univ.-Prof. Dr. Wolfgang Ossadnik	Lehrstuhl für Betriebswirtschaftslehre mit dem Schwerpunkt Rechnungswesen und Controlling, Universität Osnabrück
Univ.-Prof. Dr. Joachim Reese	Institut für Betriebswirtschaftslehre, Lehrstuhl für Produktion und Wirtschaftsinformatik, Universität Lüneburg

Univ.-Prof. Dr. Michael Reiß	Lehrstuhl für Allgemeine Betriebswirtschaftslehre und Organisation, Universität Stuttgart
Univ.-Prof. Dr. Ernst Troßmann	Institut für Betriebswirtschaftslehre, Lehrstuhl Controlling, Universität Hohenheim
Univ.-Prof. Dr. Stephan Zelewski	Lehrstuhl für Produktionswirtschaft und Industrielle Informationswirschaft, Universität Leipzig

Abkürzungsverzeichnis

CM	Controller Magazin
DBW	Die Betriebswirtschaft
DU	Die Unternehmung
EJOR	European Journal of Operational Research
HBR	Harvard Business Review
HdWW	Handwörterbuch der Wirtschaftswissenschaften
HWB	Handwörterbuch der Betriebswirtschaft
HWFü	Handwörterbuch der Führung
HWO	Handwörterbuch der Organisation
HWP	Handwörterbuch des Personalwesens
HWPlan	Handwörterbuch der Planung
HWProd	Handwörterbuch der Produktion
HWR	Handwörterbuch des Rechnungswesens
IMM	Industrial Marketing Management
Jb.AVF	Jahrbuch der Absatz- und Verbrauchsforschung
JMark	Journal of Marketing
KRP	Kostenrechnungspraxis
Man. Sc.	Management Science
OR	Operations Research
WiSt	Wirtschaftswissenschaftliches Studium
WISU	Das Wirtschaftsstudium
wt	Werkstattechnik
ZfB	Zeitschrift für Betriebswirtschaft
ZfbF	Zeitschrift für betriebswirtschaftliche Forschung
ZfgSt	Zeitschrift für gesamte Strafwissenschaften
ZfO	Zeitschrift Führung und Organisation
ZwF	Zeitschrift für wirtschaftliche Fertigung

A. Grundlagen

Stephan Zelewski

1. Betriebswirtschaftslehre als wissenschaftliche Disziplin

1.1 Der disziplinäre Standort der Betriebswirtschaftslehre

Einen ersten, groben Einblick in das Selbstverständnis der Betriebswirtschaftslehre vermittelt ihre Positionierung innerhalb einer Systematik wissenschaftlicher Disziplinen. Allerdings existiert keine allgemeinverbindliche Wissenschaftssystematik. Daher kann die disziplinäre Übersicht, die in Abbildung A. 1 wiedergegeben wird, nur eine Positionierungshilfe bieten. Darüber hinaus beschränkt sie sich darauf, jenen Ausschnitt aus einem System wissenschaftlicher Disziplinen hervorzuheben, der aus betriebswirtschaftlicher Perspektive von Bedeutung ist.

Die Betriebswirtschaftslehre stellt zunächst eine **Objektwissenschaft** dar. Sie befaßt sich mit einem Untersuchungsobjekt, das selbst nicht zum Bereich der Wissenschaften gehört. Innerhalb der Objektwissenschaften wird gewöhnlich zwischen Real- und Formalwissenschaften unterschieden. Realwissenschaften untersuchen reale Objekte, die außerhalb wissenschaftlicher Sprachsysteme existieren. Formalwissenschaften setzen sich dagegen mit "formalen" Objekten auseinander, die innerhalb wissenschaftlicher Sprachsysteme - wie z.B. in logisch-mathematischen Kalkülen - definiert sind. Schließlich finden Strukturwissenschaften in jüngerer Zeit als eine Disziplinengruppe sui generis verstärkt Beachtung. Sie erforschen allgemeine Strukturen, die sich sowohl bei realen als auch bei formalen Objekten manifestieren können.

Bei der Betriebswirtschaftslehre handelt es sich um eine **Realwissenschaft**. Denn sie diskutiert, wie in Kürze näher ausgeführt wird, wirtschaftliche Handlungen in Betrieben. Sowohl Handlungen als auch Betriebe besitzen reale Qualität. Dennoch spielen Formal- und Strukturwissenschaften für betriebswirtschaftliche Untersuchungen eine bedeutende Rolle. Sie bereichern die Betriebswirtschaftslehre durch eine Fülle von theoretischen und methodischen Konzepten. So werden aus den Strukturwissenschaften beispielsweise System- und problemtheoretische Konzepte für die Strukturierung komplexer betriebswirtschaftlicher Sachverhalte übernommen. Aus den Formalwissenschaften stammt dagegen u.a. die Methode deduktiver Schlußfolgerungen.

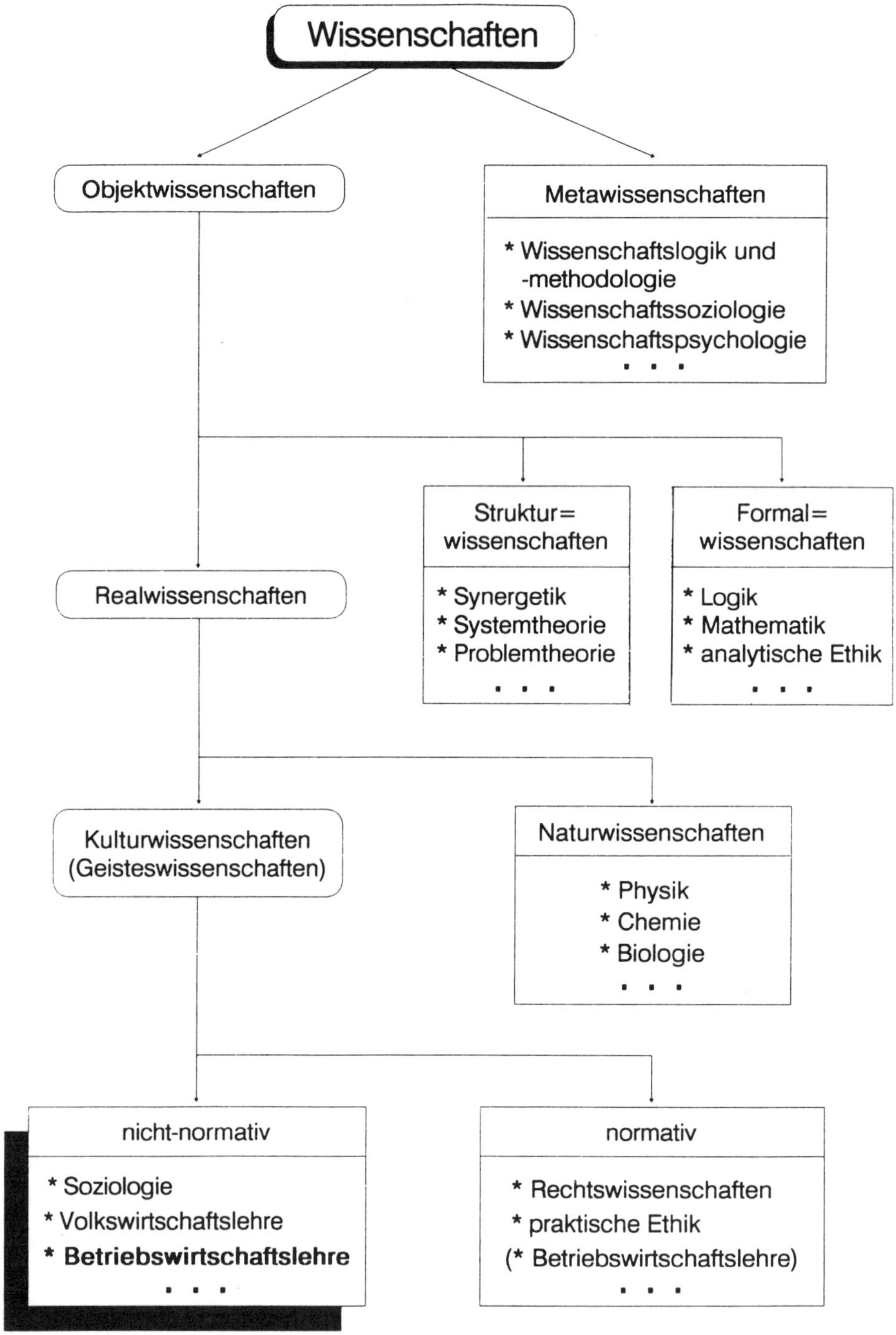

Abbildung A. 1: Die Betriebswirtschaftslehre in einem System wissenschaftlicher Disziplinen

Eine weiterführende Aufspaltung der Realwissenschaften erweist sich als problematisch. Zwar genießt ihre Ausdifferenzierung in Geistes- und Naturwissenschaften eine lange Tradition, die bis hin zur plakativen Redewendung von den "zwei wissenschaftlichen Kulturen" reicht. Aber diese Unterscheidung hat sich als unfruchtbar und irreführend herausgestellt. Sie beruht auf der Überzeugung, Geistes- und Naturwissenschaften würden grundverschiedene Erkenntnismethoden anwenden. Unstrittig ist, daß in den Naturwissenschaften die **nomographische Methode** vorherrscht, nach allgemeingültigen Gesetzmäßigkeiten (nomischen Hypothesen) zu suchen und sie hinsichtlich ihrer tatsächlichen Geltung empirisch zu überprüfen. Dagegen wird den Geisteswissenschaften eine eigenständige **idiographische Methode** zugeschrieben, die darauf abzielt, das "Wesen" ihrer Untersuchungsobjekte zu verstehen. Vor allem die geisteswissenschaftliche Hermeneutik erhebt den Anspruch, ein solches Wesensverständnis gewinnen zu können, ohne auf die nomisch basierten Erklärungsmuster der Naturwissenschaften zurückzugreifen. Ob die verstehende Methode der Geisteswissenschaften dieses Versprechen tatsächlich einzulösen vermag, läßt sich in der hier gebotenen Kürze nicht diskutieren. Aber bereits die Wissenschaftspraxis zeigt, daß die angeblich rein naturwissenschaftliche Methode der gesetzesbasierten Erklärung auch in herausragenden geisteswissenschaftlichen Disziplinen - wie etwa in der Soziologie und den Wirtschaftswissenschaften - weite Verbreitung genießt. Daher würde es in die Irre führen, die Betriebswirtschaftslehre in methodologischer Hinsicht als Geisteswissenschaft in einen krassen Gegensatz zu den Naturwissenschaften rücken zu wollen.

Wegen dieser Schwierigkeiten ist es vorteilhaft, Realwissenschaften in objektbezogener Weise in Kultur- und Naturwissenschaften aufzuspalten. Aus dieser Perspektive befassen sich Naturwissenschaften mit allen natürlichen realen Objekten. Das schließt auch Menschen als natürliche biologische Organismen ein. Die Kulturwissenschaften studieren dagegen die Verhaltensweisen von Menschen, die über rein biologische Verhaltensaspekte hinausreichen, sowie die Artefakte, die von Menschen künstlich erschaffen wurden. Die Betriebswirtschaftslehre gehört zweifellos zum Bereich der **Kulturwissenschaften**. Denn sie befaßt sich mit wirtschaftlichen, also nicht nur rein biologisch bedingten Handlungen von Menschen, sofern diese Handlungen in einem Artefakt menschlicher Kultur - dem Betrieb - geschehen.

Schließlich wird innerhalb der Kulturwissenschaften noch zwischen normativen und nicht-normativen Disziplinen unterschieden. Normative Kulturwissenschaften nehmen zu Normen für menschliche Verhaltensweisen in wertender Weise Stellung. Nicht-normative Kulturwissenschaften können zwar durchaus solche Verhaltensnormen untersuchen, die entweder in der Realität vorgefunden oder aber hypothetisch unterstellt werden.

Diese Normen werden jedoch nicht hinsichtlich ihrer individuellen oder kollektiven Erwünschtheit bewertet. Statt dessen wird lediglich in "wertfreier" Weise beispielsweise geprüft, welche logischen Konsequenzen die Normen nach sich ziehen oder ob ein Normensystem in sich logisch widerspruchsfrei ist. Allerdings liegen dieser Analyse Normen anderer, nämlich epistemologischer Art zugrunde. Sie zeichnen es als wünschenswert aus, logische Konsequenzen zu erkennen und logische Widersprüche zu vermeiden.

Der normative Charakter der Betriebswirtschaftslehre ist umstritten. Eine Minderheit der Fachvertreter betrachtet die Betriebswirtschaftslehre als eine normative Kulturwissenschaft, die im Objektbereich ihrer Erkenntnisbemühungen Werturteile trifft. Dieser **bekennend-normative Ansatz** wurde vor allem durch die frühen Arbeiten von NICKLISCH geprägt. Die weitaus überwiegende Mehrheit der Fachvertreter läßt sich aber dem **praktisch-normativen Ansatz** zurechnen, der durch die Werke von HEINEN maßgeblich beeinflußt wurde. Aus seiner Perspektive spielen zwar Verhaltensnormen in der Gestalt von Handlungskriterien oder Entscheidungszielen eine herausragende Rolle, weil sie die Beurteilung der Vorziehenswürdigkeit von Handlungsalternativen ermöglichen. Aber die Verhaltensnormen selbst werden nicht bewertet, sondern so übernommen, wie sie in der betrieblichen Praxis vorgefunden werden. Daher herrscht die Ansicht vor, die Betriebswirtschaftslehre sei zu den nicht-normativen Kulturwissenschaften zu rechnen.

1.2 Dimensionen disziplinärer Basisentscheidungen

Bereits bei der zuletzt angeschnittenen Frage, ob die Betriebswirtschaftslehre entweder zu den normativen oder aber zu den nicht-normativen Kulturwissenschaften gehöre, klang am Rande an, daß wissenschaftliche Disziplinen keineswegs vollkommen wertfrei konzipiert sind. Vielmehr wird im **Basisbereich** einer jeden Wissenschaft eine Fülle von wertenden Entscheidungen darüber getroffen, welche Grundüberzeugungen innerhalb der Wissenschaftlergemeinschaft als "wissenschaftlich anerkannt" gelten sollen - und welche alternativen Vorstellungen als "unwissenschaftlich" ausgegrenzt werden.

Diese Entscheidungen im Basisbereich besitzen die Qualität von allgemeinen wissenschaftlichen Normen, weil sie zwischen akzeptierten und vermeidenswerten Grundüberzeugungen auswählen. Allerdings handelt es sich um keine speziellen Werturteile, die im Objektbereich des betriebswirtschaftlichen Erkenntnisstrebens getroffen würden. Daher berühren diese Basisnormen, die in jeder wissenschaftlichen Disziplin vereinbart werden, nicht die kurz zuvor angeschnittene Frage, ob die Betriebswirtschaftslehre entweder zu den normativen oder aber zu den nicht-normativen Kulturwissenschaften zu rechnen sei.

Die Entscheidungen im Basisbereich lassen sich disziplinimmanent nicht weiter rechtfertigen. Statt dessen konstituieren sie erst den normativen Rahmen, innerhalb dessen über zulässige und unzulässige wissenschaftliche Erkenntnisse geurteilt werden kann. Dadurch schaffen sie ein verbindliches Fundament, das den Erkenntnisprozeß innerhalb einer Wissenschaftlergemeinschaft lenkt. Die Basisentscheidungen, mit denen solche Grundüberzeugungen fixiert und gemeinschaftlich anerkannt werden, erstrecken sich im wesentlichen auf drei Dimensionen:

- **Ontologische Basisentscheidungen** befinden darüber, welche Sachverhalte den Untersuchungsgegenstand einer Disziplin bilden sollen. Im Bereich der Realwissenschaften lassen sich diese Untersuchungsobjekte aus zwei verschiedenen, jedoch miteinander verschränkten Perspektiven eingrenzen. Einerseits werden mit der Hilfe von inhaltlichen Kriterien jene realen Sachverhalte als **Erkenntnisobjekte** ausgewählt, für die sich eine wissenschaftliche Disziplin interessiert. Die Kriterien werden daher auch als disziplinspezifische Auswahl- oder Identitätsprinzipien bezeichnet. Andererseits dienen die **Erfahrungsobjekte** dazu, sinnlich wahrnehmbare Realitätsausschnitte zu kennzeichnen, innerhalb derer sich die inhaltlich fixierten Erkenntnisobjekte einer Disziplin manifestieren.

- **Epistemologische Basisentscheidungen** betreffen zunächst Annahmen, in welchem Verhältnis die Objekte einer Disziplin und die darüber gewinnbaren Erkenntnisse zueinander stehen. Darüber hinaus legen die epistemologischen Basisentscheidungen fest, zu welchen Zielen die angestrebten Erkenntnisse beitragen sollen. Schließlich bestimmen sie auch, welchen qualitativen Anforderungen die Erkenntnisse gerecht werden sollen.

- **Methodologische Basisentscheidungen** wählen diejenigen Instrumente der Erkenntnisgewinnung aus, die von den Vertretern einer Disziplin als zulässige "wissenschaftliche" Erkenntnisinstrumente anerkannt werden.

Ontologische und methodologische Basisentscheidungen spielen für das Selbstverständnis der Betriebswirtschaftslehre eine herausragende Rolle. Sie werden daher im folgenden anhand betriebswirtschaftlicher Untersuchungsobjekte bzw. -instrumente ausführlicher gewürdigt. Epistemologische Basisentscheidungen werden dagegen weitaus seltener erörtert. Allenfalls genießen die verfolgten Erkenntnisziele größere Beachtung. Darauf wird ebenso zurückgekommen.

Je nachdem, wie im Basisbereich ontologische, epistemologische und methodologische Basisentscheidungen miteinander kombiniert werden, resultieren unterschiedliche betriebswirtschaftliche Forschungsprogramme oder "Paradigmen". Einen strukturierten Überblick über die wichtigsten betriebswirtschaftlichen Paradigmen gewährt Abbildung A. 2. In der hier gebotenen Kürze kann auf ihre Eigenarten nicht näher eingegangen werden. Aber in der betriebswirtschaftlichen Literatur finden sich informative Zusammenfassungen betriebswirtschaftlicher Paradigmen (vgl. RAFFEE 1989, S. 29 ff.; SCHANZ 1992, S. 70 ff., insbesondere S. 82 ff.; VON STEIN 1993, Sp. 475 ff.). Darüber hinaus wird auf das handlungsorientierte, das faktorkombinative, das entscheidungsorientierte und das systemorientierte Paradigma im folgenden noch inhaltlich zurückgekommen. Sie gehören zu denjenigen Paradigmen, die zur Zeit in der betriebswirtschaftlichen Diskussion vorherrschen und in der Abbildung A. 2 durch eine fette Umrandung entsprechend hervorgehoben sind.

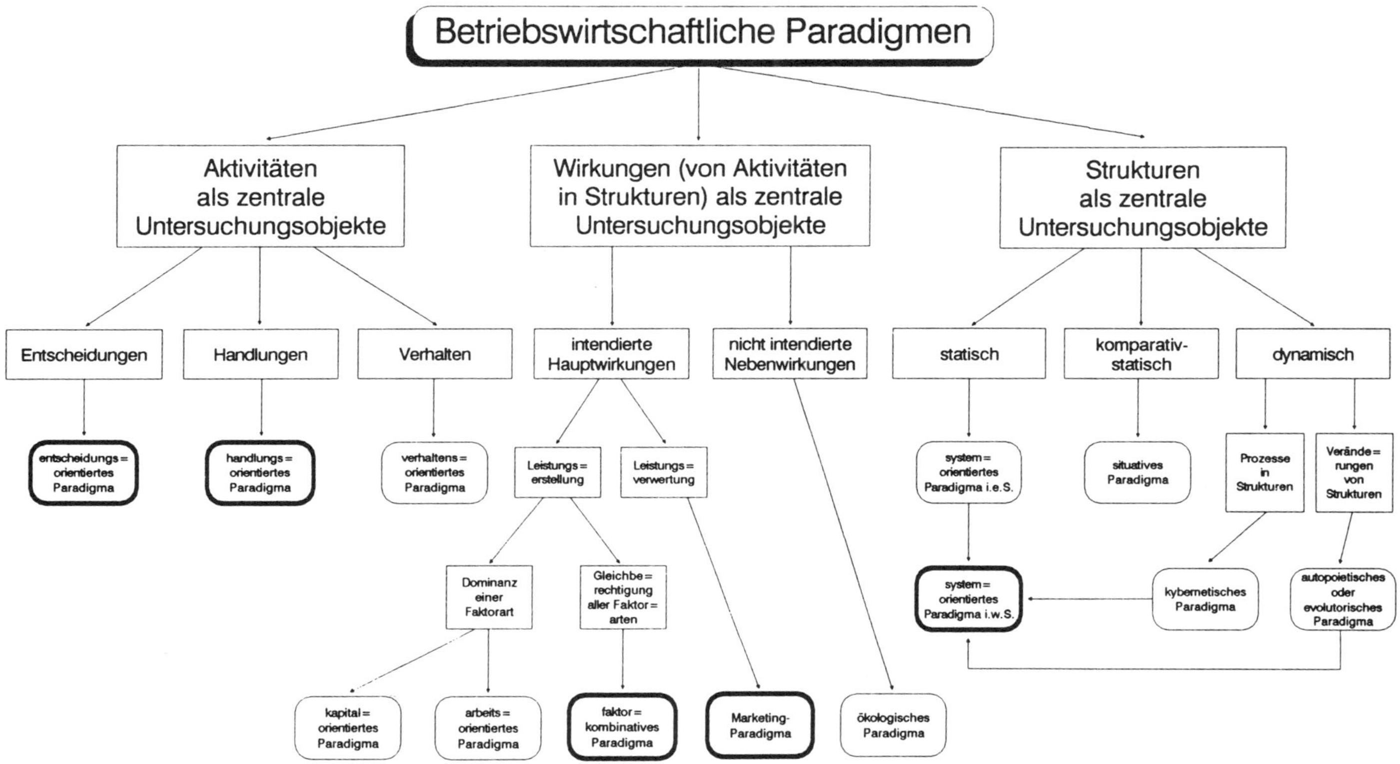

Abbildung A. 2: Überblick über betriebswirtschaftliche Forschungsprogramme (Paradigmen)

2. Untersuchungsobjekte der Betriebswirtschaftslehre

2.1 Wirtschaftliche Handlungen als Erkenntnisobjekte der Betriebswirtschaftslehre

2.1.1 Erste Eingrenzungen wirtschaftlicher Handlungen

Die Betriebswirtschaftslehre wurde bereits einleitend als eine Kulturwissenschaft gekennzeichnet. Daher wird der betriebswirtschaftliche Erkenntnisbereich in einer ersten, groben Annäherung durch den Kulturbereich des Menschen abgesteckt. Allerdings umgreift dieser Bereich derart vielfältige kulturelle Leistungen, daß sie über das Erkenntnisinteresse einer einzelnen wissenschaftlichen Disziplin weit hinausreichen. Dazu rechnen vor allem wirtschaftliche, rechtliche, technische und politische, daneben aber auch z.B. medizinische, künstlerische oder sportliche Aspekte. Daher bedarf es - trotz Anerkennung vielfältiger intrakultureller Vernetzungen - einer präzisierenden Einschränkung auf diejenigen Erkenntnisobjekte, an deren Untersuchung speziell die Betriebswirtschaftslehre interessiert ist. Diese Fokussierung geschieht hier aus dem Blickwinkel einer handlungsorientierten Betriebswirtschaftslehre (vgl. STÜDEMANN 1990, S. 13 ff.). Sie lenkt das betriebswirtschaftliche Erkenntnisinteresse auf wirtschaftliche Handlungen.

Das **generelle betriebswirtschaftliche Auswahlprinzip** besagt, daß Phänomene aus dem Kulturbereich des Menschen nur insoweit untersucht werden, als sie im Zusammenhang mit wirtschaftlichen Handlungen stehen. Je nachdem, wie die Vorstellungen über den Charakter wirtschaftlicher Handlungen konkretisiert werden, lassen sich unterschiedliche **spezielle betriebswirtschaftliche Auswahlprinzipien** aufstellen.

Ein spezielles betriebswirtschaftliches Auswahlprinzip, das sich auf die Knappheit von Gütern konzentriert, dominiert in der Betriebswirtschaftslehre weithin. Aus seiner Sicht ergibt sich als knappheitsorientierte Definition wirtschaftlicher Handlungen:

> **Wirtschaftliche Handlungen** sind planmäßige Handlungen, die mit der Absicht erfolgen, Bedürfnisse durch die Auswahl zwischen alternativen Verwendungsweisen knapper Mittel unter Einhaltung des allgemeinen ökonomischen Prinzips zu befriedigen.

In diese Definition wirtschaftlicher Handlungen gehen mehrere Konstituenten ein, die einer näheren Erläuterung bedürfen. Zunächst setzt wirtschaftliches Handeln voraus, daß subjektiv empfundene **Mängel** bestehen, die zum **Bedürfnis** ihrer Beseitigung führen. In einem mangelfreien Paradies läßt sich daher über wirtschaftliche Handlungen nicht mehr gehaltvoll reden. Denn wirtschaftliche Handlungen zielen darauf ab, Mängelempfindungen durch entsprechende Bedürfnisbefriedigung zu beseitigen. Dabei wird nur auf die Handlungsintention, nicht aber auf den tatsächlichen Handlungserfolg abgestellt. Eine Handlung gilt also schon dann als wirtschaftlich, wenn sie in der **Absicht** erfolgte, ein Bedürfnis zu befriedigen - unabhängig davon, ob die intendierte Mängelbeseitigung auch tatsächlich glückte. Das Ziel der Bedürfnisbefriedigung, die oftmals auch als Bedarfsdeckung angesprochen wird, gilt daher als allgemeines materiales Ziel oder allgemeines **Sachziel** für wirtschaftliches Handeln.

Allerdings erstreckt sich wirtschaftliches Handeln nicht auf die Befriedigung von Bedürfnissen schlechthin. Vielmehr werden nur jene Handlungen eingeschlossen, die Bedürfnisse durch die Verwendung **knapper Mittel** (knapper Güter) zu stillen versuchen. Handlungen gelten daher nicht als wirtschaftlich, falls sie darauf abzielen, die Bedürfnisbefriedigung bereits durch den Einsatz von abundanten oder "freien" Gütern zu verwirklichen. Die Knappheit der Mittel, die zur Bedürfnisbefriedigung verwendet werden sollen, liegt nicht objektiv fest. Statt dessen gelten Mittel immer dann als knapp, wenn ihre insgesamt verfügbare Menge nicht ausreicht, um alle subjektiv empfundenen Bedürfnisse zu befriedigen, die sich mit den jeweils betrachteten Mitteln überhaupt stillen lassen.

Die Einschränkungen reichen aber noch weiter. So wird von wirtschaftlichen Handlungen erst dann gesprochen, wenn zur Bedürfnisbefriedigung mindestens zwei alternative Verwendungsweisen knapper Mittel in Betracht kommen, zwischen denen eine **Auswahl** zu treffen ist. Besteht hingegen keine solche Auswahlmöglichkeit, weil sich ein Bedürfnis entweder nur auf genau eine Art mit knappen Mitteln oder aber gar nicht befriedigen läßt, so wird dies nicht zum Bereich wirtschaftlicher Handlungen gerechnet. Die inhärente Auswahlmöglichkeit wirtschaftlicher Handlungen bedeutet aber zugleich auch eine Auswahlnotwendigkeit. Denn die intendierte Bedürfnisbefriedigung läßt sich erst dann realisieren, wenn zuvor eine **Entscheidung** getroffen wurde, welche der alternativen Mittelverwendungen verwirklicht werden soll. Daher besitzen wirtschaftliche Handlungen immer auch den Charakter von Entscheidungshandlungen *(vgl. OSSADNIK B. 2)*.

Darüber hinaus bleiben alle Entscheidungen ausgeklammert, die im Affekt fallen. Statt dessen erfolgen wirtschaftliche Handlungen immer als **planmäßige** Entscheidungshandlungen. Dies bedeutet, daß Entscheidungen über den zu verwirklichenden Mitteleinsatz nicht "ad hoc" getroffen werden, sondern auf der systematischen gedanklichen Vorwegnahme (der Planung) ihrer mutmaßlichen Entscheidungskonsequenzen beruhen. Dabei erstrecken sich die Entscheidungskonsequenzen auf zwei komplementäre Sachverhalte: Einerseits geben sie an, in welchem Ausmaß durch eine Entscheidung knappe Mittel gebunden - und somit einer alternativen Mittelverwendung entzogen werden. Andererseits zeigen die Konsequenzen einer Entscheidung auf, in welchem Ausmaß sie zur Befriedigung von Bedürfnissen beiträgt.

2.1.2 Eine zweite Eingrenzung durch das allgemeine ökonomische Prinzip

Zuvor stellte sich heraus, daß wirtschaftliche Handlungen immer mit planmäßig auswählenden Entscheidungshandlungen verknüpft sind. Das allgemeine ökonomische Prinzip tritt hinzu, um die betriebswirtschaftlichen Erkenntnisobjekte inhaltlich noch weiter zu präzisieren. Es legt fest, daß wirtschaftliche Handlungen stets eine bestimmte Form von Auswahlentscheidungen befolgen. Dieses Prinzip wird zumeist als eine Spezialisierung des allgemeinen Rationalprinzips aufgefaßt, die auf wirtschaftliche Handlungen zugeschnitten ist. Das allgemeine Rationalprinzip erstreckt sich dagegen auf jedes zweckgerichtete menschliche Handeln:

> Das **allgemeine Rationalprinzip** fordert, knappe Mittel immer so zu verwenden, daß vorgegebene Ziele bestmöglich erfüllt werden.

Die Unterscheidung zwischen allgemeinem ökonomischen Prinzip und allgemeinem Rationalprinzip wirkt aber gekünstelt, weil sich das allgemeine Rationalprinzip stets mit der zieloptimalen Verwendung knapper Mittel auseinandersetzt. Der Umgang mit knappen Mitteln und die materiale Zielsetzung der Bedürfnisbefriedigung, die aufgrund der Mittelknappheit indirekt angesprochen ist, gehören aber zu den zentralen inhaltlichen Determinanten wirtschaftlicher Handlungen. Daher ist schwer nachzuvollziehen, welcher grundsätzliche Unterschied zwischen dem allgemeinen Rationalprinzip und dem allgemeinen ökonomischen Prinzip bestehen sollte. Folglich reicht es aus, sich von vornherein auf das allgemeine ökonomische Prinzip zu konzentrieren:

> Das **allgemeine ökonomische Prinzip** bestimmt, Entscheidungen über alternative Verwendungsweisen knapper Mittel zum Zwecke der Bedürfnisbefriedigung immer so zu treffen, daß das Verhältnis zwischen dem Ergebnis intendierter Bedürfnisbefriedigung und dem Einsatz knapper Mittel nach der Maßgabe von Handlungskriterien bestmöglich ausfällt.

Dieses allgemeine ökonomische Prinzip läßt sich in die knappheitsorientierte Definition wirtschaftlichen Handelns integrieren, die weiter oben vorgestellt wurde. Daraus ergibt sich folgende Variante der knappheitsorientierten Definition:

> **Wirtschaftliche Handlungen** sind planmäßige Handlungen, die mit der Absicht erfolgen, Bedürfnisse durch Entscheidungen über die Auswahl zwischen alternativen Verwendungsweisen knapper Mittel so zu befriedigen, daß das Verhältnis zwischen dem Ergebnis intendierter Bedürfnisbefriedigung und dem Einsatz knapper Mittel nach der Maßgabe von Handlungskriterien bestmöglich ausfällt.

Die zugrundeliegende Formulierungsvariante des allgemeinen ökonomischen Prinzips heißt wegen ihrer Bezugnahme auf bestmögliche Ergebnis/Einsatz-Verhältnisse auch **Extremumprinzip**. Sie unterstellt, daß sowohl Ergebnis- als auch Einsatzgrößen Variablen darstellen. In beiden Fällen kommen also weder Istgrößen, die durch Messung vorgegeben sind, noch Sollgrößen, die als Zielvorstellungen vorgegeben wurden, in Betracht. Falls dagegen entweder die Ergebnis- oder aber die Einsatzgrößen als fest vorgegebene Größen behandelt werden, resultieren zwei weitere Formulierungsvarianten des allgemeinen ökonomischen Prinzips:

- Das **Minimumprinzip** fordert, Entscheidungen über alternative Verwendungsweisen knapper Mittel zum Zwecke der Bedürfnisbefriedigung stets so zu fällen, daß ein fest vorgegebenes Ergebnis intendierter Bedürfnisbefriedigung mit dem geringstmöglichen Mitteleinsatz erreicht wird.

- Das **Maximumprinzip** postuliert, Entscheidungen über alternative Verwendungsweisen knapper Mittel zum Zwecke der Bedürfnisbefriedigung immer so zu treffen, daß mit einem fest vorgegebenen Mitteleinsatz ein größtmögliches Ergebnis intendierter Bedürfnisbefriedigung erlangt wird.

Die Ausrichtung des allgemeinen ökonomischen Prinzips auf bestmögliche Ergebnis/Einsatz-Verhältnisse bedeutet, daß für wirtschaftliche Handlungen stets **optimale**

Auswahlentscheidungen erforderlich sind. Die Optimierung der Ergebnis/Einsatz-Verhältnisse bleibt allerdings inhaltlich unbestimmt, solange nicht offenbart wird, anhand welcher Kriterien über die Güte von Ergebnis/Einsatz-Verhältnissen entschieden wird. Dies schließt auch die Frage ein, welche Art der denkmöglichen Verhältnisgrößen konkret gemeint ist.

Diese Konkretisierungslücke schließen die **Handlungskriterien**. Als Handlungskriterium eignet sich jede normative Anleitung, für die gilt: Sie operationalisiert die Präferenzen des handelnden Wirtschaftssubjekts so weit, daß mit ihrer Hilfe für jedes betrachtete Ergebnis/Einsatz-Verhältnis bestimmt werden kann, ob sich kein anderes, das Wirtschaftssubjekt besserstellendes Ergebnis/Einsatz-Verhältnis vorstellen läßt. Falls keine besserstellende Alternative existiert, erweist sich das jeweils betrachtete Ergebnis/Einsatz-Verhältnis als bestmöglich. Wenn von weiterführenden Details abgesehen wird, so muß sich die Operationalisierung der Präferenzen zumindest auf zwei Dimensionen erstrecken. Erstens ist festzulegen, anhand welcher inhaltlichen Merkmale die subjektiven Wertschätzungen für Ergebnis/Einsatz-Verhältnisse zu ermitteln sind. Zweitens muß präzisiert werden, in welcher Richtung und in welchem Ausmaß sich die Merkmalsausprägungen verändern müssen, damit ein besserstellendes Ergebnis/Einsatz-Verhältnis vorliegt.

2.1.3 Formalziele für die Spezifizierung von Handlungskriterien

Handlungskriterien werden zumeist mit der Hilfe von **Formalzielen** spezifiziert. Die **Formalzielinhalte** geben diejenigen inhaltlichen Merkmale an, mit deren Hilfe die Ergebnis/Einsatz-Verhältnisse hinsichtlich ihrer Vorziehenswürdigkeit beurteilt werden. Im wesentlichen lassen sich auf der inhaltlichen oder intensionalen Ebene vier Formalzielkategorien unterscheiden:

- **Technische Ziele** erstrecken sich auf die quantitativen oder qualitativen Eigenschaften, die sich an den Produkten und Produktionsfaktoren sowie an den Produktionspotentialen und Produktionsprozessen eines Betriebs mittels reiner Mengengrößen messen lassen. Hierzu rechnen z.B. die Produktqualität, die Fehlerbehaftetheit von Produktionsfaktoren und die Kapazitätsauslastung oder die Flexibilität von Betriebsmitteln. Ebenso gehört die Produktivität im engeren Sinn oder Technizität dazu, die bei Produktionsprozessen das Verhältnis zwischen ihren Güterausbringungs- und Gütereinsatzmengen mißt.

- **Wirtschaftliche Ziele** befassen sich mit den Eigenschaften von Produktionsprogrammen und Produktionsprozessen, sofern sie mit der Hilfe von Wertgrößen gemessen werden. Dies gilt einerseits für die Gruppe der unmittelbaren Wirtschaftlichkeitsziele, auf die später ausführlicher eingegangen wird. Sie enthält zunächst das Ziel der Ökonomität oder Wirtschaftlichkeit im engeren Sinn, die bei Produktionsprozessen das Verhältnis zwischen ihren Güterausbringungs- und Gütereinsatzwerten mißt. Hinzu kommen auch mehrere Rentabilitätsziele. Andererseits schließen die wirtschaftlichen Ziele im weit gefaßten Sinn ebenso Gewinn-, Umsatz- und Marktanteilsziele ein.

- **Soziale Ziele** nehmen Bezug auf die Befindlichkeiten, Entwicklungsmöglichkeiten und Rücksichtnahmen der Mitglieder einer wirtschaftlich handelnden Gemeinschaft. Sie umgreifen zunächst das breite Spektrum der "klassischen" Humanisierungsziele, die sich beispielsweise um die Belastungen am Arbeitsplatz, die Länge oder Disponibilität von Arbeitszeiten, die Arbeitsinhalte und die Sicherheit des Arbeitsplatzes kümmern. Hinzu kommen individuelle Entfaltungsziele wie Macht- und Unabhängigkeitsziele. Sie werden hier zu den sozialen Zielen gerechnet, weil sich persönliche Entfaltungsbestrebungen stets vor dem Hintergrund des Zusammenlebens von Individuen in einer Gemeinschaft definieren. Schließlich gehören zu den sozialen Zielen auch alle Ziele, die von den Mitgliedern einer wirtschaftlich handelnden Gemeinschaft mit Rücksicht auf ihr gesellschaftliches Umfeld verfolgt werden. Hierbei können z.B. ethische Grundsätze eine Rolle spielen.

- **Ökologische Ziele** betreffen die Inanspruchnahme der natürlichen Umwelt. Dazu gehören einerseits der Verzehr natürlicher Ressourcen, wie etwa durch den Abbau von Bodenschätzen, und andererseits die Belastung natürlicher Ressourcen, die z.B. durch Luft- oder Wasserverschmutzungen erfolgt. Verzehrs- und Belastungsaspekte können auch kombiniert auftreten, vor allem beim Recycling und Downcycling von Gütern. Schließlich lassen sich aus Verzehrs- und Belastungszielen weitere, jedoch untergeordnete ökologische Ziele ableiten. Sie finden insbesondere als Grenzwerte für stoffliche Emissionen oder Immissionen ihren Niederschlag.

Bemerkenswert erscheint, daß das allgemeine ökonomische Prinzip keineswegs auf ein eng gefaßtes ökonomisches Selbst- oder Fremdverständnis eingeschränkt ist, das sich ausschließlich nach wirtschaftlichen Zielen richtet. Vielmehr ist der Formalzielbezug des allgemeinen ökonomischen Prinzips, der über die Handlungskriterien eingeführt wird, von vornherein so offen angelegt, daß es sich mit einem breiten Spektrum von nichtwirtschaftlichen Zielen vereinbaren läßt. Das gilt insbesondere für die Kategorien der sozialen und ökologischen Ziele, die zuvor hervorgehoben wurden.

Darüber hinaus legen **Formalzielvorschriften** fest, in welcher Richtung und in welchem Ausmaß die Erfüllung der Formalzielinhalte angestrebt wird. Auf dieser intentionalen Ebene wird zwischen drei Formalzielkategorien differenziert:

- **Extremierungsziele** schreiben vor, ihren Zielinhalt so hoch oder so niedrig zu erfüllen, daß keine Entscheidungsalternative bekannt ist, die denselben Zielinhalt in höherem bzw. niedrigerem Ausmaß erfüllen würde (**Maximierungs**- bzw. **Minimierungsziele**).

- **Meliorisierungsziele** setzen einen bereits realisierten Status quo mit bekannter Erfüllung ihres Zielinhalts voraus. Sie begnügen sich damit, bezüglich dieses Referenzpunktes diejenige Richtung anzugeben, in welcher die Zielerfüllung einer Entscheidungsalternative erhöht oder gesenkt werden muß, um als eine besserstellende Alternative bewertet zu werden.

- **Satisfizierungsziele** beruhen auf der Vorstellung eines wünschenswerten Niveaus der Erfüllung ihres Zielinhalts. Sie fordern, daß dieses Anspruchsniveau im Sinne einer Untergrenze mindestens erreicht oder im Sinne einer Obergrenze nicht überschritten wird. Für den Zielinhalt eines Satisfizierungsziels können gleichzeitig sowohl eine untere als auch eine obere Satisfizierungsgrenze spezifiziert sein. Falls die Unter- und Obergrenzen zusammenfallen, liegt ein **Fixpunktziel** vor.

In betriebswirtschaftlichen Untersuchungen herrscht die Verwendung von Extremierungszielen vor. Das trifft zumindest dann zu, wenn sich die Analysen auf betriebswirtschaftliche Entscheidungsmodelle stützen (Näheres dazu später). Wirtschaftliche Handlungen beruhen dagegen in der Realität häufiger auf Meliorisierungs- und Satisfizierungszielen. Dabei kann es durch Verschiebungen von Anspruchsniveaus, die sich im Zeitablauf einstellen, zu fließenden Übergängen zwischen beiden Zielkategorien kommen. Die Theorie der Anspruchsanpassung widmet sich diesem empirischen Phänomen aus betriebswirtschaftlicher Sicht.

Inhalte und Intentionen von Formalzielen lassen sich auf vielfältige Weise zu konkreten Handlungskriterien miteinander kombinieren. Einige verdeutlichende Beispiele finden sich in der Abbildung A. 3.

Handlungskriterien in der Gestalt von intentional und intensional wohlbestimmten Formalzielen		Formalzielinhalte			
		technische Ziele	wirtschaftliche Ziele	soziale Ziele	ökologische Ziele
Formalzielvorschriften	Extremierungs= ziele	Maximierung der Kapazi= tätsauslastung	Gewinn= maximierung	Minimierung der Gesund= heitsbelastung am Arbeitsplatz	Maximierung der Recyclingquote
	Meliorisierungs= ziele	Erhöhung der Produkt= qualität	Umsatz= steigerung	Flexibilisierung der Arbeitszeit	Verringerung der Abwasser= belastung
	Satisfizierungs= ziele	Fehlerfreiheit von Produktions= faktoren	Mindestens 30% Marktanteil	Bestands= sicherung für alle Arbeitsplätze	Einhaltung der gesetzlichen Emissions= grenzwerte

Abbildung A. 3: Exemplarische Handlungskriterien für das allgemeine ökonomische Prinzip

2.1.4 Das Wirtschaftlichkeitsprinzip als ein spezielles ökonomisches Prinzip

Aus der Überlagerung des allgemeinen ökonomischen Prinzips mit intensional und intentional wohlbestimmten Handlungskriterien geht eine entsprechende Fülle von **speziellen ökonomischen Prinzipien** hervor. Sie erfüllen aber - im Gegensatz zum allgemeinen ökonomischen Prinzip - nicht mehr die Funktion eines betriebswirtschaftlichen Auswahl- oder Identitätsprinzips. Denn die speziellen ökonomischen Prinzipien gelten keineswegs mehr für alle betriebswirtschaftlichen Erkenntnisobjekte, sondern grenzen daraus je nach spezieller Prinzipformulierung eine echte Teilklasse aus. Zur Veranschaulichung wird nur auf zwei spezielle ökonomische Prinzipien hingewiesen. Beide konkretisieren das allgemeine ökonomische Prinzip in der Gestalt eines Wirtschaftlichkeitsprinzips, das in mehreren Varianten auftreten kann. In seiner generellen Form gilt:

Das **Wirtschaftlichkeitsprinzip** fordert, unter alternativen Verwendungsweisen knapper Mittel zum Zwecke der Bedürfnisbefriedigung immer so auszuwählen, daß eine Wirtschaftlichkeitskennzahl für das Verhältnis zwischen dem Ergebnis intendierter Bedürfnisbefriedigung und dem hierfür erforderlichen Einsatz knapper Mittel einen bestmöglichen Wert annimmt.

Die generelle Form des Wirtschaftlichkeitsprinzips enthält aber noch kein intensional und intentional wohlbestimmtes Handlungskriterium, weil sowohl die Art der Wirtschaftlichkeitskennzahl als auch Richtung und Ausmaß der erwünschten Kennzahlausprägungen unbestimmt bleiben. Daher muß sie durch alternative besondere Formen des Wirtschaftlichkeitsprinzips präzisiert werden, um zu einem inhaltlich wohlbestimmten speziellen ökonomischen Prinzip zu gelangen. Diese Präzisierungsaufgabe erfüllen Formalziele in der Gestalt von Wirtschaftlichkeitszielen. Ihre Zielinhalte legen fest, welche Wirtschaftlichkeitskennzahlen zu betrachten sind. Einige Wirtschaftlichkeitskennzahlen, die im Vordergrund des betriebswirtschaftlichen Interesses stehen, werden in Abbildung A. 4 aufgeführt. Die Zielvorschriften der Wirtschaftlichkeitsziele bestimmen, ob die bestmöglichen Kennzahlenausprägungen durch einen nicht mehr über- oder unterbietbaren Extremwert, durch das Über- oder Unterschreiten des Referenzwerts eines bereits realisierten Status quo oder aber durch das Erreichen eines erwünschten Anspruchsniveaus verwirklicht werden.

Ein Wirtschaftlichkeitsprinzip in besonderer Form resultiert als ein spezielles ökonomisches Prinzip, indem das Wirtschaftlichkeitsprinzip in seiner generellen Form mit einem Wirtschaftlichkeitsziel kombiniert wird. Beispielsweise ergibt sich mit Hilfe des Formalziels, die Wirtschaftlichkeitskennzahl der Eigenkapitalrentabilität zu maximieren, das folgende spezielle ökonomische Prinzip:

Das **eigenkapitalbezogene Rentabilitätsprinzip** fordert, unter alternativen Verwendungsweisen des knappen Mittels Eigenkapital stets so auszuwählen, daß die damit erzielten Ergebnisse die Eigenkapitalrentabilität maximieren.

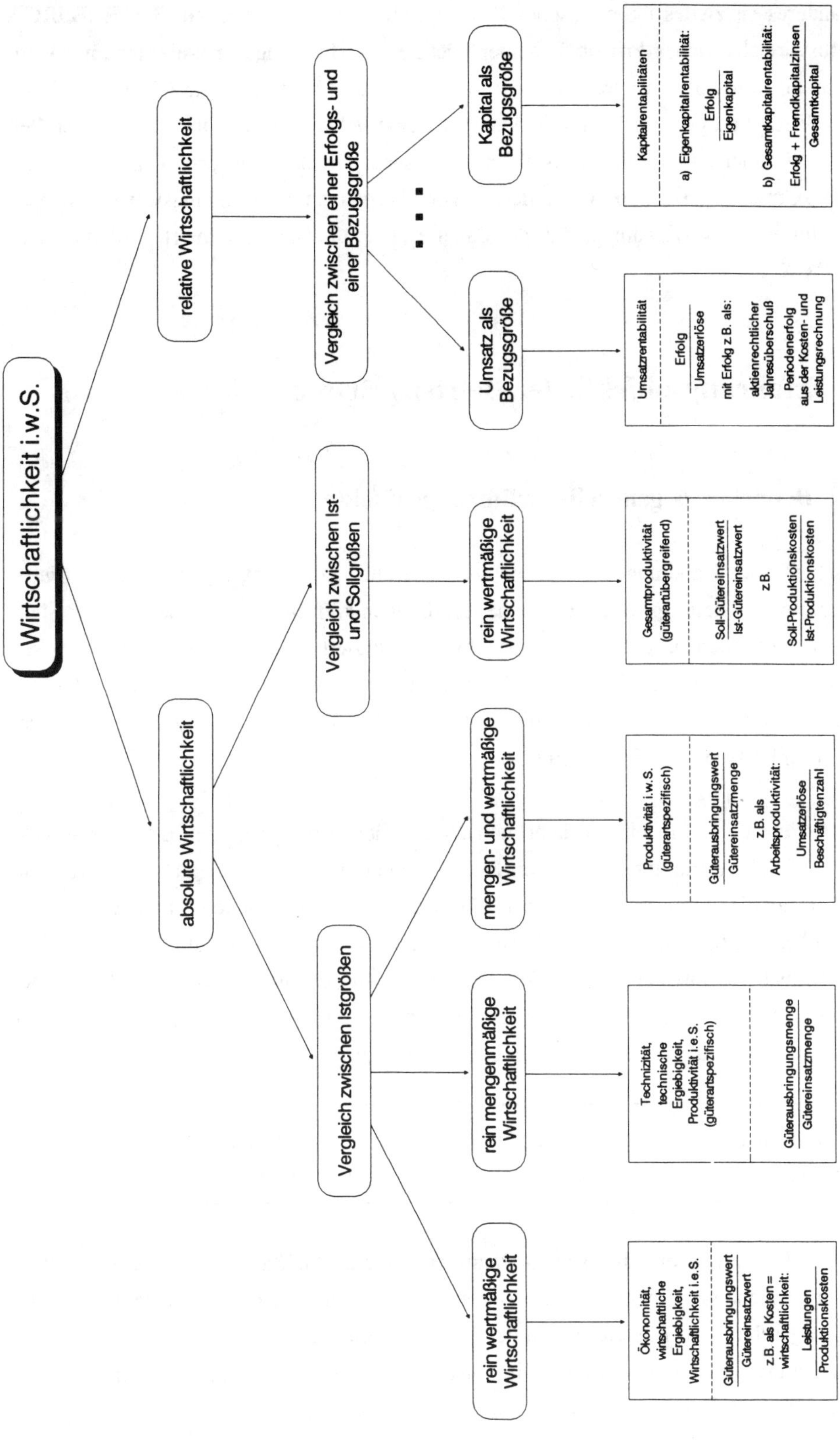

Abbildung A. 4: Wirtschaftlichkeitskennzahlen

Ein anderes spezielles ökonomisches Prinzip stellt sich ein, wenn auf GUTENBERG's erwerbswirtschaftliches Prinzip in seiner höchsten Ausformung bei vollkommener Konkurrenz zurückgegriffen wird. Als Handlungskriterium dient dann die Gewinnmaximierung. Wird dieses Formalziel mit dem Wirtschaftlichkeitsprinzip in seiner generellen Form kombiniert, so resultiert als alternatives spezielles ökonomisches Prinzip das **Gewinnmaximierungsprinzip**: Es fordert, unter alternativen Verwendungsweisen knapper Mittel immer so auszuwählen, daß der dabei erzielte Gewinn maximiert wird *(vgl. OSSADNIK B. 2.2)*.

2.2 Erfahrungsobjekte der Betriebswirtschaftslehre

2.2.1 Betriebe als generelle Erfahrungsobjekte

Wirtschaftliche Handlungen wurden als generelle Erkenntnisobjekte der Betriebswirtschaftslehre herausgearbeitet. Solche Handlungen können im Kulturbereich des Menschen an verschiedenartigen Erfahrungsobjekten studiert werden. Beispielsweise lassen sich die kollektiven wirtschaftlichen Handlungen ganzer Staatsgebilde auf dem globalen Weltmarkt untersuchen oder auch die wirtschaftlichen Handlungen einzelner politischer Akteure in Parteien oder Parlamenten.

Die Betriebswirtschaftslehre erhebt keineswegs den Anspruch, ihr Erkenntnisobjekt "wirtschaftliche Handlungen" in allen Sektoren menschlicher Kultur zu analysieren. So überläßt sie die vorgenannten Teilbereiche wirtschaftlichen Handelns anderen wissenschaftlichen Disziplinen: der Volkswirtschaftslehre bzw. der Politischen Ökonomie. Um diese Selbstbeschränkung der Betriebswirtschaftslehre zu präzisieren, bedarf es einer Eingrenzung ihrer Erkenntnisobjekte. Sie erfolgt, indem das betriebswirtschaftliche Erkenntnisinteresse auf Betriebe als reale Erfahrungsobjekte fokussiert wird:

> Ein **Betrieb** stellt die kleinste Einheit dar, in der sich durch Zusammenfassung von Menschen und Sachen wirtschaftliche Handlungen vollziehen lassen.

Die betriebliche Einheit kann sowohl räumlich als auch funktional ausgedeutet werden. Aus der erstgenannten Sicht stellt ein Betrieb eine sinnlich wahrnehmbare, räumlich nach außen abgeschlossene Einheit dar, in der Menschen und Sachen zum Zwecke wirtschaftlichen Handels zusammenwirken. Die funktionale Perspektive gibt hingegen die Einschränkung auf, daß ein Betrieb an genau einem Ort lokalisiert sein müsse. Statt dessen wird als Betrieb jede gedankliche Einheit angesehen, in der Menschen und Sachen zum Zwecke wirtschaftlichen Handels zusammengefaßt werden. Diese gedankliche Einheit kann sich durchaus über mehrere Orte verteilen. Allerdings bleibt auch dann noch der sinnlich wahrnehmbare Charakter des Betriebsbegriffs insofern erhalten, als alle Orte, über die sich die gedankliche Betriebseinheit erstreckt, weiterhin in der sinnlich wahrnehmbaren Realität lokalisiert sind. Daher widerspricht der funktional gedeutete Betriebsbegriff der räumlichen Interpretationsvariante keineswegs, sondern verallgemeinert sie. Wegen seiner größeren inhaltlichen Flexibilität wird hier der funktionale Betriebsbegriff vorgezogen.

Der Betrieb ist das generelle Erfahrungsobjekt der Betriebswirtschaftslehre. Sie geht grundsätzlich davon aus, wirtschaftliche Handlungen in einzelnen Betrieben zu untersuchen. Abhängigkeiten zwischen mehreren Betrieben finden nur in dem Ausmaß Beachtung, wie sie sich auf das Wirtschaften innerhalb eines einzelnen Betriebs auszuwirken vermögen. Dazu gehören z.B. Überlegungen eines Betriebs, wie er seine Absatzpreise in Abhängigkeit von seinen eigenen Produktionskosten und den mutmaßlichen Preisreaktionen seiner Konkurrenten gestalten soll. Aufgrund dieser Fokussierung auf einzelne Betriebe wird die Betriebswirtschaftslehre mitunter auch als **Einzelwirtschaftslehre** bezeichnet.

Dagegen befaßt sich die **Volkswirtschaftslehre** mit Aggregaten, die jeweils aus mehreren Betrieben bestehen. Sie untersucht wirtschaftliche Handlungen aus der Perspektive, welche gesamtwirtschaftlichen Effekte aus dem Zusammenwirken mehrerer Betriebe resultieren. Dabei werden i.d.R. alle Betriebe aus einem räumlich, unter Umständen auch branchenbezogen abgegrenzten Gebiet gemeinsam betrachtet. Das Untersuchungsgebiet kann sich z.B. auf eine Wirtschaftsregion oder auch einen Staat erstrecken.

2.2.2 Betriebe versus Unternehmungen

Aus handlungsorientierter Sicht wurden Betriebe als charakteristische Erfahrungsobjekte der Betriebswirtschaftslehre ausgewiesen. Daher stellt sich die Frage, in welcher Beziehung Betriebe und Unternehmungen zueinander stehen (vgl. GROCHLA 1993, Sp. 374 ff., insbesondere Sp. 384 ff.). Dabei werden Betriebe und Unternehmungen häufig als synonyme Bezeichnungen für denselben Begriffsinhalt verwendet. So handelt es sich bei "Betrieb" und "Unternehmung" in zahlreichen etablierten Fachbegriffen um austauschbare Synonyme. Das trifft z.B. auf Betriebskrankenkassen und Beratungsunternehmungen zu.

Hier wird dagegen bevorzugt, unterschiedliche Bezeichnungen auch auf verschiedene begriffliche Sachverhalte zu beziehen. Da Betriebe bereits als generelle Erfahrungsobjekte der Betriebswirtschaftslehre fixiert wurden, kommen Unternehmungen nur noch als spezielle Betriebsarten in Betracht. Für diese Spezialisierung bieten sich vor allem zwei Ansätze an.

Der erste Ansatz wurde von NICKLISCH angeregt sowie von SEYFFERT und KOSIOL fortgeführt. Er knüpft unmittelbar an die inhaltliche Bestimmung von Betrieben an, die räumliche oder funktionale Einheit von wirtschaftlichen Handlungen darzustellen, die ihrerseits zum Zwecke der Bedürfnisbefriedigung geschehen. Dabei wird zwischen Betrieben unterschieden, die entweder vornehmlich den Güterbedarf der eigenen Betriebsmitglieder decken oder aber primär den Güterbedarf von Betriebsfremden stillen. Als **Unternehmungen** werden alle Betriebe bezeichnet, die vorwiegend darauf abzielen, fremden Güterbedarf zu befriedigen. Es ist auch von **derivativen Betrieben** die Rede, weil ihr allgemeines Sachziel aus den Bedürfnissen von Betriebsfremden abgeleitet ist. Betriebe, die sich auf die Deckung von Eigenbedarf spezialisiert haben, heißen dagegen **originäre Betriebe** oder **Haushalte**. Allerdings liegt keine vollkommen trennscharfe Differenzierung vor. Beispielsweise können Unternehmungen durchaus auch zu einem nicht unbedeutenden Anteil den Eigenbedarf ihrer Mitglieder decken (z.B. Personaleinkauf in Warenhäusern). Ebenso ist es möglich, daß Haushalte auch in größerem Umfang den Fremdbedarf Außenstehender befriedigen.

Der zweite Ansatz zur inhaltlichen Differenzierung zwischen Betrieben und Unternehmungen geht auf GUTENBERG zurück. Er kennzeichnet Betriebe durch drei systemindifferente Tatbestände, die von jedem Betrieb erfüllt werden müssen: Es handelt sich um das Faktorsystem, das Prinzip der Wirtschaftlichkeit und das Prinzip des finanziellen Gleichgewichts. Die vorgenannten Tatbestände werden durch unterschiedliche systembezogene Tatbestände ergänzt je nachdem, in welches Wirtschaftssystem ein Betrieb konkret eingebettet ist. Speziell für das "kapitalistische" - oder weniger emotional beladen: marktwirtschaftliche - Wirtschaftssystem treten die drei systembezogenen Tatbestände des erwerbswirtschaftlichen Prinzips sowie der äußeren und inneren Autonomie hinzu. Eine Unternehmung ist nun genau derjenige Betriebstyp, der in einem kapitalistischen Wirtschaftssystem alle sechs Tatbestände des Faktorsystems, der Prinzipien der Wirtschaftlichkeit und des finanziellen Gleichgewichts, des erwerbswirtschaftlichen Prinzips sowie des inneren und äußeren Autonomieprinzips erfüllt. Andere Betriebstypen, die keine Unternehmungen darstellen, beruhen auf abweichenden systembezogenen Tatbeständen. Dazu gehört z.B. ein Betriebstyp, der in sozialistischen Wirtschaftssystemen auf dem Organprinzip und dem Prinzip plandeterminierter Leistungserstellung beruht.

Die Auffassung GUTENBERG's wird hier aus zwei Gründen nicht weiter verfolgt. Einerseits knüpft sein Betriebsbegriff durch den systemindifferenten Tatbestand des Faktorsystems unmittelbar an das faktorkombinative Paradigma an. Diese Sichtweise erscheint zu eng, weil jenes Paradigma nur eines von mehreren betriebswirtschaftlich etablierten Denkmustern darstellt. Andererseits hat sich die wirtschaftssystemabhängige Definition des Unternehmungsbegriffs in der betriebswirtschaftlichen Literatur nicht durchzusetzen vermocht.

Ebenso bleibt eine weitere Variante der Differenzierung zwischen Betriebs- und Unternehmungsbegriff ausgeklammert. Sie faßt den Unternehmungsbegriff nicht mehr - wie bisher vorausgesetzt - als eine Spezialisierung des Betriebsbegriffs auf. Vielmehr geht sie von einer Unternehmung aus, die als eine rechtliche, organisatorische und finanzielle Einheit aufgefaßt wird. Ein Betrieb stellt aus dieser Perspektive dagegen eine technische Einheit dar. Folglich handelt es sich bei einer Unternehmung um eine ökonomische Rahmeneinheit, die zwecks technischer Leistungserstellung einen einzelnen Betrieb oder auch mehrere Betriebe umgreift.

2.2.3 Systematik spezieller Betriebsarten

Eine erste Ausdifferenzierung des generellen Erfahrungsobjekts "Betrieb" in spezielle Betriebsarten erfolgte bereits anhand der Unterscheidung zwischen **Haushalten**, die als originäre Betriebe vornehmlich zur Deckung des Eigenbedarfs dienen, und **Unternehmungen**, die als derivative Betriebe in erster Linie auf Fremdbedarfsdeckung ausgerichtet sind.

Des weiteren kann zwischen Betrieben hinsichtlich ihrer Eigentumsverhältnisse differenziert werden: **Private Betriebe** befinden sich im Eigentum von Subjekten des Privatrechts (Personen und rechtsfähige Gesellschaften). Sie verfolgen in erster Linie privatwirtschaftliche Ziele, wie z.B. Gewinnmaximierung, Erzielung einer Mindestrentabilität oder Vergrößerung des Marktanteils. Dazu gehört auch das erwerbswirtschaftliche Prinzip GUTENBERG's. **Öffentliche Betriebe** gehören dagegen zum Eigentum der öffentlichen Hand. Sie richten sich nach gemeinwirtschaftlichen Zielen. Diese umfassen vor allem die Ziele der Kostendeckung und der Verlustvermeidung oder -minimierung, aber auch der Erzielung eines angemessenen Gewinns. Allerdings lassen sich Betriebe nicht immer eindeutig entweder dem privaten oder aber dem öffentlichen Sektor zurechnen. Das gilt für alle **gemischtwirtschaftlichen Betriebe** (Unternehmungen), die sich sowohl im öffentlichen als auch im privaten Eigentum befinden. Zu den prominentesten Beispielen dafür zählen die Deutsche Lufthansa AG und die Volkswagenwerk AG.

Unternehmungen und Haushalte lassen sich durch vielfältige weitere Klassifizierungskriterien in unterschiedlich verfeinerte Systematiken spezieller Betriebsarten aufspalten. Zur Verdeutlichung werden hier nur zwei Systematisierungsansätze vorgestellt. Sie beschränken sich darauf, einerseits Unternehmungen und andererseits Haushalte ihrer Art nach auszudifferenzieren. Dabei werden jeweils diejenigen Unternehmungs- und Haushaltsarten berücksichtigt, die in Deutschland vorherrschen.

Die erste Systematik unterscheidet zunächst hinsichtlich der Materialität derjenigen Güter, die von privaten oder öffentlichen Unternehmungen als Hauptprodukte hergestellt werden (Abbildungen A. 5 bzw. A. 6): Es handelt sich entweder um die vornehmlich materiellen Produkte von **Sachleistungsunternehmungen** oder aber um die primär immateriellen Produkte von **Dienstleistungsunternehmungen**. In beiden Fällen können Nebenprodukte der jeweils anderen Güterkategorie angehören. So bieten Sachleistungsunternehmungen der Investitionsgüterindustrie u.a. auch Finanzdienstleistungen an, um den Absatz ihrer Hauptprodukte zu unterstützen (Financial Engineering). Umgekehrt ist das Erbringen einer Dienstleistung oftmals auch mit der Herstellung eines materiellen Nebenprodukts verbunden. Dazu gehören schriftliche Unterlagen oder Datenträger für die Dokumentation einer Beratungsleistung. Alsdann wird nach **Branchen** unterteilt. In ihnen sind jeweils Betriebe zusammengefaßt, die gleichartige materielle oder immaterielle Produkte herstellen.

Die zweite Systematik widmet sich dagegen ausschließlich den privaten und öffentlichen Haushalten (Abbildung A. 7). Zu ihnen gehören einerseits die **ursprünglichen Haushalte**, deren Mitglieder ihre eigenen Bedürfnisse unmittelbar decken. Andererseits können die ursprünglichen Haushalte die Befriedigung einzelner Bedürfnisse auch an abgeleitete Haushalte übertragen. Die abgeleiteten Haushalte decken weiterhin die Eigenbedarfe ihrer Mitglieder. Dies gilt allerdings nur mittelbar, weil die Bedarfe nicht in den abgeleiteten, sondern in den ursprünglichen Haushalten entstanden sind. Schließlich wird innerhalb der Gruppe der **abgeleiteten Haushalte** zwischen privaten und öffentlichen Haushalten unterschieden. Ursprüngliche Haushalte besitzen hingegen immer nur privaten Charakter.

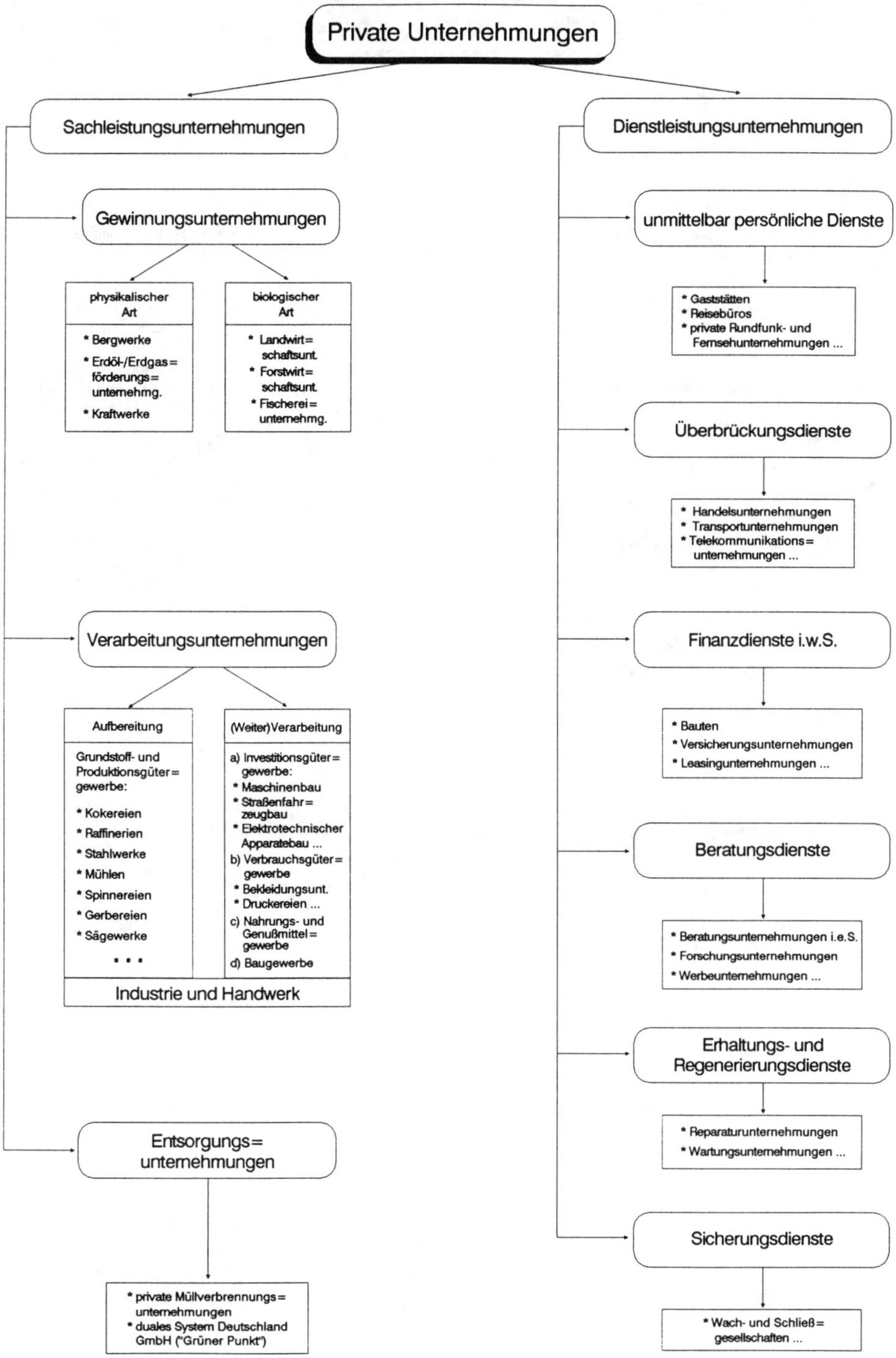

Abbildung A. 5: Verfeinerte Systematik spezieller privater Unternehmungsarten

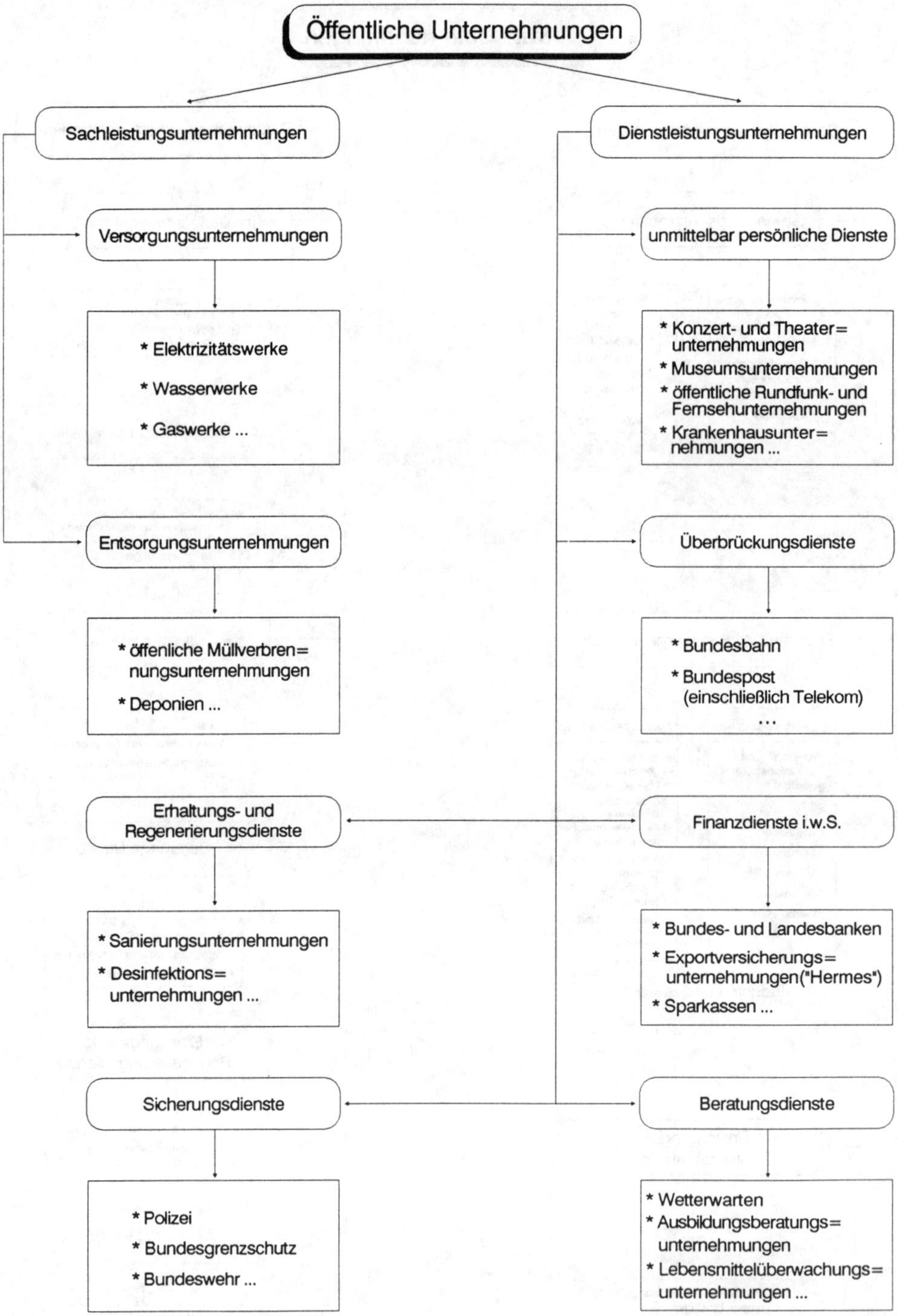

Abbildung A. 6: Verfeinerte Systematik spezieller öffentlicher Unternehmungsarten

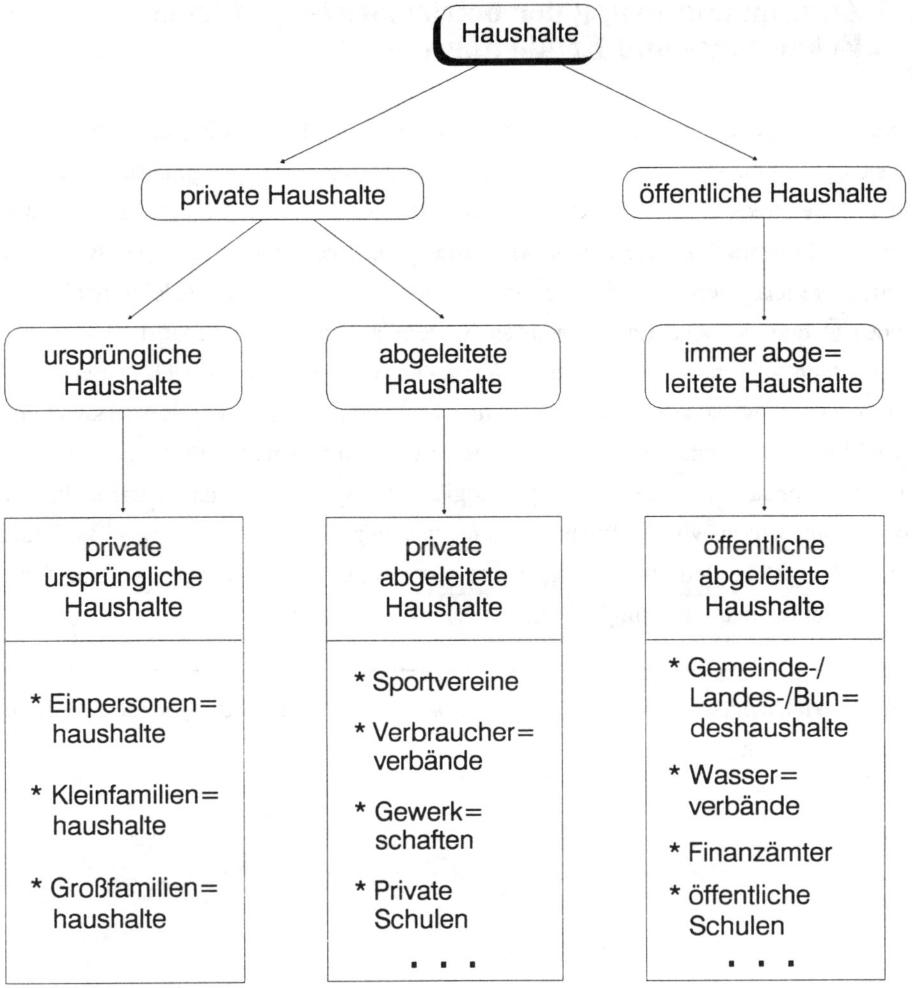

Abbildung A. 7: Verfeinerte Systematik spezieller Haushaltsarten

Falls Spezielle Betriebswirtschaftslehren danach unterschieden werden, auf welche speziellen Betriebsarten sie ihr Erkenntnisinteresse fokussiert haben, liegt eine **institutionelle Gliederung der Betriebswirtschaftslehre** vor. Sie unterscheidet zunächst zwischen den grundsätzlichen Betriebsarten der Unternehmungen einerseits und den öffentlichen oder privaten Haushalten andererseits. Danach werden sie weiter ausdifferenziert, so z.B. der Unternehmungsbereich hinsichtlich einzelner Wirtschaftsbranchen. Institutionell gegliederte Spezielle Betriebswirtschaftslehren erstrecken sich z.B. auf eine Industrie- und eine Handelsbetriebslehre ebenso wie auf eine Bank- und eine Versicherungsbetriebslehre. Eine alternative Strukturierungsmöglichkeit für Spezielle Betriebswirtschaftslehren wird später aus funktionaler Perspektive angesprochen.

2.3 Zusammenführung der betriebswirtschaftlichen Erkenntnis- und Erfahrungsobjekte

Weder die Erkenntnis- noch die Erfahrungsobjekte der Betriebswirtschaftslehre reichen für sich genommen aus, um den Gegenstand ihrer Untersuchungen präzise einzugrenzen: Einerseits erstrecken sich die betriebswirtschaftlichen Erkenntnisobjekte auf wirtschaftlichen Handlungen. Solche Handlungen werden aber nicht nur seitens der Betriebswirtschaftslehre analysiert, sondern auch im Rahmen der Volkswirtschaftslehre und der Politischen Ökonomie. Andererseits wurden Betriebe als betriebswirtschaftliche Erfahrungsobjekte identifiziert. Die Gesamtheit aller realen Sachverhalte, die sich in Betrieben erfahren lassen, weist aber ebenso über das Erkenntnisinteresse der Betriebswirtschaftslehre hinaus. So rechnen beispielsweise weder die rein physikalisch-technischen Prozesse im Betriebsablauf noch die rein psychologischen Aspekte von innerbetrieblichen Konflikten zum betriebswirtschaftlichen Erkenntnisbereich. Daher ergeben sich die Untersuchungsobjekte der Betriebswirtschaftslehre erst aus der wechselseitigen Verknüpfung ihrer Erkenntnis- und Erfahrungsobjekte:

Die **Betriebswirtschaftslehre** studiert wirtschaftliche Handlungen, sofern sie in Betrieben erfolgen.

3. Erkenntnisziele der Betriebswirtschaftslehre

3.1 Überblick

Die Betriebswirtschaftslehre unterscheidet sich hinsichtlich ihrer Erkenntnisziele nicht von anderen Realwissenschaften. Im wesentlichen lassen sich drei Zielsetzungen anführen:

- das **deskriptive** Erkenntnisziel, reale Sachverhalte zutreffend zu beschreiben (Beschreibungsziel),

- das **theoretische** Erkenntnisziel, reale Sachverhalte zu erklären (Erklärungsziel) und

- das **praktische** - oder pragmatische - Erkenntnisziel, reale Sachverhalte zu gestalten (Gestaltungsziel).

Weitere Erkenntnisziele, wie z.B. das Prognoseziel, lassen sich aus den vorgenannten Zielsetzungen als Subziele herleiten.

3.2 Das Beschreibungsziel

Die Deskription realer Sachverhalte wird mitunter nicht als eigenständiges betriebswirtschaftliches Erkenntnisziel behandelt. Dieser Zurückhaltung ist insofern zuzustimmen, als Sachverhaltsbeschreibungen um ihrer selbst willen kaum jemals intendiert werden. Statt dessen zielt das Bemühen, betriebswirtschaftlich relevante Sachverhalte möglichst zutreffend wiederzugeben, i.d.R. darauf ab, theoretische Erklärungen oder praktische Gestaltungsempfehlungen zu unterstützen. Dies wird besonders deutlich anhand des betriebswirtschaftlichen Rechnungswesens. Es wird nicht als Selbstzweck verfolgt, sondern dient als Fundament, aus dem sich monetär quantifizierte Erklärungen (Diagnoserechnungen) oder Gestaltungsempfehlungen (Entscheidungsrechnungen) ableiten lassen. Das Beschreibungsziel besitzt also im allgemeinen nur eine derivative Qualität, die aus den übergeordneten, originären Erkenntnis- und Gestaltungszielen abgeleitet ist.

Allerdings wäre es verfehlt, daraus zu schließen, daß in der Deskription realer Sachverhalte keine eigenständige wissenschaftliche Leistung läge. Es würde hier zu weit führen, die vielfältigen Erkenntnisleistungen darzustellen, die in die Deskription realer Sachverhalte einfließen. Statt dessen wird auf zwei exemplarische Aspekte eingegangen, die zur Erfüllung des Beschreibungsziels beitragen. Sie erstrecken sich auf die terminologische Erschließung und die Systematisierung des betrachteten Realitätsausschnitts.

Mittels einer **Terminologie** werden diejenigen Sachverhalte eingegrenzt, die im Realitätsausschnitt als eigenständige Objekte für sprachlich verfaßte Erkenntnisoperationen zugreifbar sein sollen. Derselbe Realitätsausschnitt kann durchaus mit mehreren verschiedenen, untereinander konkurrierenden Terminologien erschlossen werden. Daher ist mitunter davon die Rede, die begriffsbildende sprachliche Vermittlung des erkennenden Zugriffs auf die erfahrene Realität führe zu einer "Wortung der Welt".

Darüber hinaus soll die wissenschaftliche Deskription eines Realitätsausschnitts nicht durch ein zusammenhangloses Aneinanderreihen von isolierten Beschreibungssätzen erfolgen. Statt dessen ist man bestrebt, ein in sich zusammenhängendes, aufgrund nachvollziehbarer Kriterien strukturiertes System von Beschreibungssätzen aufzustellen. Es wird dann auch von einer **Systematisierung** der Phänomenevielfalt gesprochen. In der einfachsten Variante erfolgt sie als **Klassifizierung**. In einer Klasse werden Beobachtungsobjekte zusammengefaßt, die anhand eines einzelnen Systematisierungskriteriums als gleichartig ausgewiesen sind. Bei der **Typenbildung** werden hingegen Beobachtungsobjekte zu einem gemeinsamen Typ zusammengefaßt, wenn sie mehrere Systematisierungskriterien in der jeweils gleichen Weise erfüllen. Beispielsweise beruhte die frühere Aufspaltung von Betrieben in Unternehmungen und Haushalte auf einer einfachen Klassifizierung, weil nur nach dem einen Kriterium der Bedarfsdeckung unterschieden wurde. Die weiterführende Ausdifferenzierung des Betriebsbegriffs in diverse Unternehmungs- und Haushaltsarten kombinierte dagegen mehrere Unterscheidungskriterien. Sie gehörte daher zur typenbildenden Systematisierung der betriebswirtschaftlichen Erfahrungsobjekte.

3.3 Das Erklärungsziel

3.3.1 Alternative Erklärungsansätze

Realwissenschaftliche Erklärungen lassen sich in einem weiten und in einem engen Verständnis auslegen. Aus der weit gefaßten Perspektive gilt jede sprachliche Äußerung als eine Erklärung, die sich als eine Antwort auf eine "Warum?"-Frage auffassen läßt. Bei der Beantwortung von "Warum?"-Fragen konkurrieren im realwissenschaftlichen Bereich zwei Erklärungsansätze miteinander, die schon einleitend gestreift wurden:

- Der **hermeneutische Ansatz** versucht, das "Wesen" eines realen Sachverhalts zu ergründen. Zu diesem Zweck soll eine einfühlsame Annäherung an den Sachverhalt erfolgen, die auf mehreren Stufen zunehmender Wesenserschließung (den "hermeneutischen Zirkeln") zu einem tiefgründigen Verstehen führt. Ist ein solches Wesensverständnis erreicht, können mit seiner Hilfe Fragen beantwortet werden, warum reale Phänomene gerade so sind, wie sie beobachtet werden.

- Der **nomologische Ansatz** ist bestrebt, reale Sachverhalte dadurch zu ergründen, daß sie sich als logische Konsequenzen aus möglichst allgemeinen gesetzesartigen Aussagen (den nomischen Hypothesen) und aus speziellen Randbedingungen ableiten lassen. Der nomologische Ansatz zielt vor allem darauf ab, gesetzesartige Aussagen zu gewinnen. Daneben gilt es aber auch, die relevanten Randbedingungen aufzustellen. Sie werden zumeist aus der Deskription von Realitätsausschnitten gewonnen.

Bereits an früherer Stelle wurde darauf hingewiesen, daß der hermeneutischen Denkweise zwar für das Selbstverständnis der Geisteswissenschaften eine herausragende Rolle zukommt. Aber im Bereich der Betriebswirtschaftslehre gelangt sie kaum zur Anwendung. Es gibt nur einige wenige betriebswirtschaftliche Arbeiten, die sich zu einem "interpretativen Paradigma" bekennen und dabei auf den hermeneutischen Ansatz des erklärenden Verstehens stützen (vgl. dazu die Hinweise von RAFFEE 1989, S. 23). Wegen dieser geringen Relevanz wird auf die hermeneutische Form des Erklärens nicht weiter eingegangen. Statt dessen interessiert nur noch das nomologische Pendant, das fortan als Erklären im engeren Sinne verstanden wird.

3.3.2 Theoriegestützte Erklärungen

Das nomologische Erklärungsziel schlägt sich unmittelbar in der kreativen Formulierung und der empirischen Überprüfung von Theorien nieder. Aus einer vereinfachten, aber betriebswirtschaftlich weithin akzeptierten Perspektive gilt:

> Eine **Theorie** stellt einen Aussagenzusammenhang dar, der mindestens eine gesetzesartige Aussage umfaßt und gegenüber logischen Schlußfolgerungen (Inferenzen) abgeschlossen ist.

Aufgrund ihrer inferentiellen Abgeschlossenheit enthält eine Theorie nicht nur diejenigen Aussagen, die in ihrer Formulierung explizit enthalten sind. Vielmehr rechnen zu ihr auch alle Aussagen (Theoreme), die sich aus anderen Aussagen der Theorie durch endliche logische Schlußfolgerungsketten ableiten lassen. Wegen seiner engen Verknüpfung mit Theorien wird das Erklärungsziel - wie bereits früher erwähnt wurde - als theoretisches Erkenntnisziel bezeichnet. Der Teil der Betriebswirtschaftslehre, der sich mit theoriegestützten Erklärungen befaßt, heißt daher **Betriebswirtschaftstheorie**.

Eine **theoriegestützte Erklärung** befolgt ein allgemeines Schema, das als deduktives Erklärungsschema oder - nach seinen maßgeblichen Proponenten - auch als HEMPEL/OPPENHEIM-Schema bekannt ist. Den gedanklichen Ausgangspunkt bildet eine deskriptive Aussage über einen realen Sachverhalt, der erklärt werden soll. Diese Sachverhaltsbeschreibung wird als Explanandum bezeichnet. Sie läßt sich jederzeit als eine Frage reformulieren, warum der reale Sachverhalt genau so sei, wie er beschrieben wurde (und nicht anders).

Zur Erklärung des Explanandums wird zunächst mindestens eine gesetzesartige Aussage herangezogen. Im Regelfall handelt es sich aber um mehrere gesetzesartige Aussagen. Sie besitzen generell die logische Form eines allquantifizierten Subjugats. Die Subjugatform bedeutet in umgangssprachlicher Umschreibung, daß es sich um Aussagen mit einem "Wenn ..., dann ..."-Charakter handelt. Die "Wenn"-Komponente wird als Antezedenz, die "dann"-Komponente als Konklusion bezeichnet. Die Allquantifizierung drückt aus, daß die gesetzesartige Aussage Variablen enthält und für alle realen Objekte gültig sein soll, die für jene Variablen eingesetzt werden. Aus solchen gesetzesartigen Aussagen läßt sich das Explanandum aber noch nicht logisch herleiten. Vielmehr muß mindestens eine Randbedingung hinzukommen. Sie stellt lediglich fest, daß ein bestimmter realer Sachverhalt entweder tatsächlich zutrifft (empirische Randbedingung) oder zwecks Anwendung der gesetzesartigen Aussagen vorausgesetzt wird (theoretische Randbedingungen). I.d.R. sind zu Erklärungszwecken mehrere Randbedingungen erforderlich. Die Gesamtheit aller gesetzesartigen Aussagen und aller Randbedingungen bildet das Explanans. Es besteht zum größten Anteil aus Aussagen, die zu einer oder mehreren Theorien gehören. Nur die empirischen Randbedingungen sind unmittelbar aus der Beobachtung der Realität gewonnen.

Mittels logischer Schlußfolgerungen wird das Explanandum aus dem Explanans abgeleitet. Für die Schlußfolgerungen werden logische Ableitungsregeln (Inferenzregeln) verwendet. Sie stammen in den weitaus meisten Fällen aus der deduktiven Logik. Daher ist oftmals von einem deduktiven Erklärungsschema die Rede. Zu beachten ist allerdings, daß nur die Ableitung des zu erklärenden realen Sachverhalts aus den erklärenden gesetzesartigen Aussagen und den Randbedingungen einen deduktiven Charakter besitzt. Dagegen stellt der Rückschluß, der vom vorgegebenen Explanandum ausgeht und zu seiner Erklärung durch die gesetzesartigen Aussagen und die Randbedingungen gelangt, keine logisch zwingende Deduktion mehr dar. Statt dessen handelt es sich nur um eine Abduktion, die zwar logisch zulässig, aber keineswegs notwendig ist. Denn dasselbe Explanandum kann wegen der einseitigen logischen Subjugatrichtung der gesetzesartigen "Wenn ..., dann ..."-Aussagen durchaus durch mehrere verschiedene Kombinationen aus gesetzesartigen Aussagen und Randbedingungen erklärt werden.

3.3.3 Die Bedeutung gesetzesartiger Aussagen

Gesetzesartige Aussagen bilden also den wesentlichen Kern von Erklärungen im engeren Sinn. Die Form einer gesetzesartigen "Wenn ..., dann ..."-Aussage garantiert aber noch nicht, daß diese Aussage ein empirisch gültiges Gesetz darstellt. Deshalb wird nur von einer nomischen Hypothese gesprochen. Um empirisch zutreffende Erklärungen zu gewinnen, müssen aus diesem Grund nicht nur gesetzesartige Aussagen aufgestellt und logisch-deduktiv angewandt, sondern ebenso hinsichtlich ihrer empirischen Geltung überprüft werden. Das Erklärungsziel der Betriebswirtschaftslehre schließt daher ein derivatives Überprüfungsziel ein. Es verlangt, die empirische Geltung der erklärungsfundierenden gesetzesartigen Aussagen entweder zu bestätigen oder aber zu widerlegen.

Der empirische Geltungsanspruch einer gesetzesartigen Aussage wird im allgemeinen mit der Hilfe von gesetzesbasierten **Prognosen** untersucht: Es werden Prognosen darüber angestellt, welche empirisch beobachtbaren Sachverhalte sich nach Maßgabe der betrachteten gesetzesartigen Aussagen unter vorgegebenen Randbedingungen einstellen müßten. Treten die prognostizierten Sachverhalte im beobachteten Realitätsausschnitt ein, so wird der empirische Geltungsanspruch der gesetzesartigen Aussage bestätigt. Um einen strengen Beweis handelt es sich allerdings nicht. Denn aus endlich vielen empirischen Bestätigungen folgt niemals logisch zwingend, daß die Allquantifizierung der überprüften gesetzesartigen Aussage in der Tat von allen - potentiell unendlich vielen - empirischen Sachverhalten erfüllt wird. Andernfalls, wenn die prognostizierten Sachverhalte nicht beobachtet werden, müßte der empirische Geltungsanspruch der gesetzesartigen Aussage als widerlegt betrachtet werden. Dann läge zwar eine gesetzesartige Aussage, aber kein empirisch gültiges Gesetz vor. In der Wissenschaftspraxis wird allerdings oftmals anders verfahren. Widersprechende empirische Beobachtungen reichen dann nicht aus, um den Geltungsanspruch einer gesetzesartigen Aussage zu widerlegen (zu "falsifizieren"). Auf die subtileren wissenschaftstheoretischen Konzepte, die diese Praxis rechtfertigen, kann in der hier gebotenen Kürze jedoch nicht näher eingegangen werden (vgl. statt dessen CHMIELEWICZ 1979, S. 160 f.).

Schließlich ist darauf aufmerksam zu machen, daß das nomologische Erklärungsziel in der Betriebswirtschaftslehre keineswegs unumstritten ist. Eine stattliche Anzahl von Fachvertretern bestreitet die Möglichkeit theoriegestützter Erklärungen im betriebswirtschaftlichen Erkenntnisbereich. Ihre **Unmöglichkeitsthese** stützen sie im wesentlichen auf drei Argumente, die teils unabhängig voneinander, teils aber auch im Zusammenhang angeführt werden. Erstens stellen sie fest, daß gesetzesartige Aussagen eine unbeschränkte raumzeitliche Geltung besitzen müssen (**Universalitätsargument**). Dies sei aber im gesamten wirtschafts- und sozialwissenschaftlichen Bereich ausgeschlossen. Zweitens wenden sie ein, daß es wegen des deterministischen Charakters von gesetzesartigen Aussagen prinzipiell ausgeschlossen sei, das wirtschaftliche Handeln von Menschen mit ihrer charakteristischen Willensfreiheit zu erklären (**Determinismusargument**). Drittens behaupten sie, bis heute sei es überhaupt noch nicht gelungen, gesetzesartige Aussagen mit betriebswirtschaftlicher Relevanz aufzustellen (**Relevanzargument**).

3.4 Das Gestaltungsziel

3.4.1 Technologiegestützte Gestaltungsempfehlungen

Das Gestaltungsziel ist ein betriebswirtschaftliches Erkenntnisziel praktischer Art: Es ist darauf ausgerichtet, betriebliche Sachverhalte unter Beachtung des allgemeinen ökonomischen Prinzips zu gestalten. Derjenige Zweig der Betriebswirtschaftslehre, der sich mit der Erfüllung des Gestaltungsziels befaßt, wurde in der Vergangenheit zumeist als **Betriebswirtschaftspolitik** bezeichnet. In neuerer Zeit setzt sich für denselben gestaltungsbezogenen Erkenntnisbereich zunehmend die Rede vom **Management** durch. So wird von manchen Autoren neuerdings der Produktionstheorie nicht mehr die Produktionspolitik, sondern das Produktionsmanagement gegenübergestellt. Gleiches gilt für andere betriebswirtschaftliche Teilgebiete, wie z.B. das Instandhaltungs- oder das Innovationsmanagement.

Zur Unterstützung des Gestaltungsziels dienen Technologien. Diese Technologien stehen in einer engen Beziehung zu Theorien. Allerdings ist das Verhältnis, das zwischen Technologien und Theorien besteht, heftig umstritten. Im wesentlichen lassen sich zwei Lager unterscheiden: die Anhänger eines originären Technologieverständnisses auf der einen und die Verteidiger einer derivativen Technologieauffassung auf der anderen Seite. Beide Lager stimmen lediglich darin überein, welche Funktion eine Technologie erfüllen soll:

> Eine **Technologie** ist ein Aussagenzusammenhang, der inhaltlich ausreicht, um daraus glaubwürdige Empfehlungen für Entscheidungen über betriebliche Gestaltungsalternativen abzuleiten.

3.4.2 Alternative Technologieverständnisse

Die Vertreter des **originären Technologieverständnisses** bestreiten grundsätzlich, daß für ihre Entscheidungsempfehlungen die Kenntnis mindestens einer gesetzesartigen Aussage notwendig ist. Statt dessen erachten sie eine Aussagekategorie sui generis für notwendig, um Entscheidungsempfehlungen für betriebliche Gestaltungsempfehlungen gewinnen zu können. Es handelt sich um technologische Handlungsregeln. Sie besitzen die allgemeine Form, für ein vorgegebenes Handlungsziel in einer ebenso vorgegebenen Handlungssituation zu empfehlen, sich entweder für oder aber gegen eine bestimmte Handlungsalternative zu entscheiden. Die vorgegebene Handlungssituation besitzt den Charakter von Randbedingungen, die erfüllt sein müssen, damit die Entscheidungsempfehlung zur Erreichung des vorgegebenen Handlungsziels ausgesprochen werden kann. Es herrscht die Überzeugung, technologische Handlungsregeln besäßen grundsätzlich eine andere epistemische Qualität als die gesetzesartigen Aussagen aus Theorien. Es handele sich um Regularitäten des praktischen Handelns ohne nomischen Geltungsanspruch.

Die originäre Technologieauffassung zeichnet sich also dadurch aus, daß gegenüber Theorien mindestens eine gravierende Abweichung postuliert wird: Man glaubt, ohne nomische Hypothesen auszukommen und statt dessen eigenständige technologische Handlungsregeln zu benötigen. Daher verwundert es nicht, daß die Ansicht vertreten wird, Technologien ließen sich im Regelfall nicht aus Theorien ableiten. Das praktische Erkenntnisziel der Betriebswirtschaftslehre erfordere deshalb einen Denkansatz, der von ihrem theoretischen Erkenntnisziel unabhängig sei und infolgedessen eigene Wege beschreiten müsse. Darüber hinaus wird mitunter die Ansicht verteidigt, daß formallogische Schlußfolgerungen zur Ableitung glaubwürdiger Empfehlungen im allgemeinen nicht ausreichen. Vielmehr seien auch Spielarten des inhaltlichen

Schlußfolgerns erforderlich, die z.B. kraft "praktischer" Rationalität in die Erzeugung von "plausiblen" Argumentationsketten eingingen.

Das **derivative Technologieverständnis** bezieht dagegen in allen voranstehenden Aspekten eine Gegenposition: Seine Anhänger sind überzeugt, daß Entscheidungsempfehlungen niemals ohne die Kenntnis mindestens einer gesetzesartigen Aussage glaubwürdig gerechtfertigt werden können. Zwar stimmen sie durchaus zu, daß technologische Handlungsregeln bei der Formulierung von Technologien eine große Rolle spielen. Aber sie bestreiten die grundsätzliche Verschiedenartigkeit von technologischen Handlungsregeln einerseits und gesetzesartigen Aussagen andererseits. Statt dessen behaupten sie, die technologischen Handlungsregeln könnten mittels geeigneter Transformationen aus den nomischen Hypothesen einer zugrundeliegenden Theorie abgeleitet werden. Schließlich wäre es auch nicht notwendig, auf nicht-deduktive Arten des inhaltlichen Schlußfolgerns zurückzugreifen. Vielmehr reiche die inferentielle Abgeschlossenheit des Aussagenzusammenhangs einer Technologie gegenüber deduktiven Schlußfolgerungen vollkommen aus, um glaubwürdige Entscheidungsempfehlungen zu gewinnen.

In der hier gebotenen Kürze können die Argumente für und wider die beiden alternativen Technologieauffassungen nicht näher gewürdigt werden (vgl. ZELEWSKI 1993). Bis heute hat sich in dieser Hinsicht kein Konsens erzielen lassen. Einigkeit besteht aber darüber, daß technologische Handlungsregeln unabhängig von ihrem originären oder derivativen Charakter zu den herausragenden Aspekten betriebswirtschaftlicher Forschung und Praxis gehören. Das gilt auch dann, wenn der Regelcharakter ihrer Entscheidungsempfehlungen nicht unmittelbar in Erscheinung tritt. Beispielsweise stellen Entscheidungsmodelle, auf die alsbald zurückgekommen wird, implizite Repräsentationen von technologischen Handlungsregeln dar. Die Entscheidungsempfehlungen dieser Regeln werden expliziert, indem die Entscheidungsmodelle gelöst werden.

4. Erkenntnisinstrumente der Betriebswirtschaftslehre

4.1 Grundlagenmethoden als allgemeine Instrumente zur Erkenntnisgewinnung

4.1.1 Überblick

Unter einer Methode wird eine Verfahrensweise verstanden, die sich durch drei Merkmale auszeichnet. Erstens muß es sich um ein zweckorientiertes Verfahren handeln, mit dessen Anwendung ein vorgegebenes Problem gelöst oder ein ebenso vorgegebenes Ziel erreicht werden soll. Zweitens soll die Verfahrensbeschreibung intersubjektiv nachvollziehbar sein. Drittens muß das auszuführende Verfahren systematisch beschrieben werden. Mit der letzten Anforderung ist gemeint, daß die Verfahrensbeschreibung aus einzelnen Verfahrensvorschriften aufgebaut sein soll, die sich jeweils unmittelbar anwenden lassen und in einem wohldefinierten Ablaufzusammenhang stehen. Kurz gefaßt gilt daher für jede Methode:

> Eine **Methode** ist ein intersubjektiv nachvollziehbares und systematisch beschriebenes Verfahren, das zur Lösung von Problemen oder zur Erreichung von Zielen dient.

In diesem Kapitel werden nur **Grundlagenmethoden** skizziert. Ihr Anwendungszweck erstreckt sich nicht auf die spezifischen Probleme oder Ziele einer einzelnen wissenschaftlichen Disziplin. Vielmehr dienen sie generell der wissenschaftlichen Erkenntnisgewinnung. Allerdings beschränken sich die folgenden Ausführungen auf solche Grundlagenmethoden, die in der Betriebswirtschaftslehre eine Rolle spielen.

Abbildung A. 8 listet die Grundlagenmethoden auf und ordnet sie denjenigen Anwendungsbereichen zu, für welche die Methoden vornehmlich geeignet sind. Als Anwendungsbereiche werden ein Entdeckungs-, ein Begründungs- und ein Verwendungszusammenhang unterschieden. Der **Entdeckungszusammenhang** erstreckt sich auf die methodische Gewinnung neuer Erkenntnisse über wirtschaftliches Handeln in Betrieben. Innerhalb des **Begründungszusammenhangs** geht es um die methodengestützte Rechtfertigung von betriebswirtschaftlichen Urteilen. Methoden dienen im **Verwendungszusammenhang** dazu, betriebswirtschaftliche Erkenntnisse zur Gestaltung realer betrieblicher Sachverhalte anzuwenden. Die Methodeneinstufungen, die sich in den Matrixfeldern der Abbildung A. 8 finden, werden anschließend näher erläutert.

Hauptanwen= dungsbereiche / Grund= lagenmethoden	Entdeckungs= zusammenhang	Begründungs= zusammenhang	Verwendungs= zusammenhang
Klassifizierung und Typisierung	X	X	X
Induktion	X	?	—
Deduktion	?	XX	X
Abduktion	—	?	X
Hermeneutik	?	X	—
Legende	XX: starke	X: normale	?: zweifelhafte — : keine Methodeneignung

Abbildung A. 8: Grundlagenmethoden und ihre Hauptanwendungsbereiche

4.1.2 Klassifizierung und Typisierung

Die beiden Grundlagenmethoden der Klassifizierung und Typisierung wurden bereits im Kontext des betriebswirtschaftlichen Beschreibungsziels vorgestellt. Sie lassen sich im Entdeckungszusammenhang nutzen, um die komplexe Vielfalt realer Phänomene gedanklich zu ordnen und damit übersichtlicher zu präsentieren. Insbesondere können solche Systematisierungen dabei helfen, Regularitäten in realen Mannigfaltigkeiten zu identifizieren. Im Begründungszusammenhang können Klassifizierungen und Typisierungen eingesetzt werden, um Randbedingungen für einzelne gesetzesartige Aussagen oder ganze Theorien zu formulieren. Dabei werden alle realen Sachverhalte, auf die eine gesetzesartige Aussage oder Theorie anwendbar sein soll, zu einer Sachverhaltsklasse bzw. einem Sachverhaltstyp zusammengefaßt. In ähnlicher Weise unterstützen Klassifizierungen und Typisierungen die Anwendung technologischer Handlungsregeln im Verwendungszusammenhang. Dort werden diejenigen realen Sachverhalte, auf die eine technologische Handlungsregel zutreffen soll, zu einer gedanklichen Einheit aggregiert und als Randbedingungen in die Regelformulierung aufgenommen.

4.1.3 Induktion

Die Induktion ist ein spezielles, gehaltserweiterndes Schlußfolgerungsverfahren. Sie leitet an, unter welchen Bedingungen und in welcher Weise aus einer endlichen Anzahl von Einzelbeobachtungen eine gesetzesartige Aussage mit universellem Geltungsanspruch gewonnen werden kann. Die Gehaltserweiterung erfolgt durch die Verallgemeinerung, daß die gesetzesartige Aussage für unendliche viele reale Sachverhalte gelten soll, obwohl ihrer Ermittlung nur eine endliche Anzahl von Sachverhaltsbeobachtungen zugrunde lag.

Aufgrund dieser generalisierenden Gehaltserweiterung eignet sich die Methode der Induktion zur Erkenntnisgewinnung im Entdeckungszusammenhang. Mit ihrer Hilfe kann aus Regularitäten, die z.B. mittels klassifizierender oder typisierender Beschreibung in einem Kollektiv aus endlich vielen Einzelbeobachtungen erkannt wurden, auf eine gesetzesartige Aussage mit allgemeinem Geltungsanspruch geschlossen werden.

Außerhalb des Entdeckungszusammenhangs erweist sich die Induktion aber als überaus fragwürdig. Im Verwendungszusammenhang spielt sie ohnehin keine Rolle. Im Begründungszusammenhang wurde sie mitunter angewendet, um die Geltung empirischer Gesetzmäßigkeiten zu rechtfertigen. Wegen ihrer gehaltserweiternden Charakteristik stellt die Induktion aber keine logisch stringente Begründungsmethode dar. Auf induktive Begründungsmängel wurde z.B. von HUME und POPPER schon früh und energisch hingewiesen. Daher sollte die Induktion, nach heute weithin anerkannter wissenschaftstheoretischer Überzeugung, nicht zu Begründungszwecken eingesetzt werden.

4.1.4 Deduktion

Die Deduktion wurde schon im Zusammenhang mit dem betriebswirtschaftlichen Erklärungsziel angesprochen, als das deduktive Erklärungsschema skizziert wurde. Ein Sachverhalt wurde auf deduktive Weise abgeleitet, wenn es gelungen ist, mit der Hilfe von Ableitungsregeln der deduktiven Logik aus einem logischen Formelsystem eine sachverhaltsrepräsentierende logische Formel zu gewinnen. Solche Ableitungs- oder Inferenzregeln stellen z.B. die Regeln des "modus ponens" und des "modus tollens" dar.

Bei der Deduktion handelt es sich abermals um ein spezielles, diesmal aber gehaltsbewahrendes Schlußfolgerungsverfahren. Gehaltsbewahrung bedeutet, daß ein deduktiver Schluß niemals andere Informationen als Konklusion explizit hervorzubringen vermag, als in seinen Prämissen bereits explizit oder implizit enthalten waren. Daher werden deduktive Schlüsse des öfteren als "nicht-informative" oder "lediglich" tautologische Transformationen stigmatisiert. Diese Geringschätzung der deduktiven Methode übersieht aber die herausragende Bedeutung, die den deduktiven Schlüssen gerade wegen ihrer Gehaltsbewahrung in wissenschaftlichen Argumentationen zukommt. Dies hat zwei Gründe.

Erstens zeichnen sich nur gehaltsbewahrende Schlußfolgerungsmodi durch das Merkmal logischer Stringenz aus. Alle anderen, gehaltsvernichtenden oder gehaltserweiternden Schlußfolgerungsweisen können dagegen nur mehr oder weniger plausible, niemals aber logisch zwingende Denkoptionen aufzeigen. Die logische Stringenz der gehaltsbewahrenden deduktiven Schlüsse manifestiert sich auf zweifache Art: einerseits als Wahrheitsübertragung von insgesamt gültigen Prämissen auf eine gültige Konklusion und andererseits als Falschheitsrückübertragung von einer ungültigen Konklusion auf die Ungültigkeit mindestens einer ihrer Prämissen. Die Wahrheitsübertragung wird vor allem in der Ableitungsregel des modus ponens genutzt, um die Gültigkeit einer Behauptung direkt zu beweisen. Die Falschheitsrückübertragung findet dagegen insbesondere in der Ableitungsregel des modus tollens Anwendung.

Zweitens bedeutet die Gehaltsbewahrung deduktiver Schlüsse nur, daß sich der logische Gehalt ihrer Prämissen nicht verändert. Der logische Gehalt erstreckt sich auf die Gesamtheit aller logischen Konsequenzen ("Theoreme"), die aus den Prämissen deduktiv abgeleitet werden können. Das bedeutet insbesondere, daß der logische Prämissengehalt auch alle impliziten Informationen umfaßt. Es handelt sich dabei um logische Konsequenzen, die in den Prämissen zwar bereits implizit enthalten, aber noch nicht explizit bekannt sind, weil sie bislang nicht abgeleitet wurden. Implizite Informationen lassen sich aufgrund ihrer Unbekanntheit nicht anwenden. Sie stehen erst dann für die Lösung eines Problems oder für die Erreichung eines Ziels zur Verfügung, wenn sie mittels deduktiver Ableitungen expliziert worden sind. Daher besitzen deduktive Schlußfolgerungen die herausragende pragmatische Qualität, Informationen so aufzubereiten, daß sie zur Problemlösung bzw. Zielerreichung benutzt werden können. Daher wird die Leistungskraft der deduktiven Methode vollkommen verkannt, wenn sie als "nicht-informative" oder "lediglich" tautologische Transformation logischer Formeln stigmatisiert wird.

Die Deduktion kann aufgrund ihrer logischen Stringenz und ihrer pragmatischen Informationsexplizierung zu den leistungsfähigsten Grundlagenmethoden gerechnet werden, die der Betriebswirtschaftslehre zur Verfügung stehen. Allerdings verbleibt diese These unter einem gravierenden Vorbehalt. Denn sie setzt voraus, daß sich betriebswirtschaftliche Sachverhalte in formalsprachlicher Notation präzisieren lassen, um die deduktiven Ableitungsregeln anwenden zu können. Diese notwendige Formalisierbarkeit ist aber gerade im Bereich der Betriebswirtschaftslehre umstritten. Anhänger "weicher" Erkenntniskonzepte sehen eine Formalisierungsmöglichkeit nur in mathematisch geprägten Randzonen, wie z.B. auf dem Feld des Operations Research. Vertreter einer "härteren" Erkenntnisposition vertreten dagegen die Ansicht, der Formalisierung von betriebswirtschaftlich interessanten Sachverhalten ständen keine prinzipiellen Hinderungsgründe im Weg. Sie stützen sich dabei u.a. auf Erkenntnisse aus der Erforschung Künstlicher Intelligenz. Dort wird schon heute versucht, mit der Entwicklung von "Expertensystemen" oder "wissensbasierten Systemen" nachzuweisen, daß sich weite Bereiche betriebswirtschaftlicher Expertise mit formalsprachlichen Ausdrucksmitteln rekonstruieren lassen.

Falls ihre Formalisierungsvoraussetzung erfüllt ist, erlangt die Deduktion ihre größte Anwendungsbedeutung im Begründungszusammenhang betriebswirtschaftlicher Erkenntnis. Dort schlägt sie sich als deduktives Erklärungsschema nieder, auf das schon an früherer Stelle eingegangen wurde. Daneben läßt sich die deduktive Methode auch im Verwendungszusammenhang nutzen, um die Erfüllung des betriebswirtschaftlichen Gestaltungsziels zu unterstützen. Dabei kann der Gestaltungsbeitrag mehr oder minder direkt ausfallen. Ein unmittelbarer Beitrag wird geleistet, wenn sich aus einem Entscheidungsmodell mittels deduktiver Ableitungen eine Entscheidungsempfehlung für oder gegen eine Gestaltungsalternative gewinnen läßt. Dieser Fall tritt jedoch nur sehr selten ein, weil betriebswirtschaftliche Entscheidungsmodelle gewöhnlich so formuliert werden, daß sie keine direkte Anwendung deduktiver Ableitungsregeln gestatten.

Ein mittelbarer Gestaltungsbeitrag liegt vor, wenn im Rahmen des derivativen Technologieverständnisses aus einer Theorie eine technologische Handlungsregel gewonnen wird, indem die Theorie mittels deduktiver Ableitungsregeln tautologisch transformiert wird. Noch indirekter fällt der Gestaltungsbeitrag der Deduktion aus, wenn das Gestaltungsziel mit der Hilfe von typischen betriebswirtschaftlichen Entscheidungsmodellen erfüllt wird. Die Modellösung, die zur Empfehlung einer Gestaltungsalternative führt, erfolgt dann durch mathematische Formeltransformationen. Diese Transformationen stellen zwar keine deduktiven Ableitungsregeln im Sinne der deduktiven Logik dar. Aber sie zeichnen sich - genau so wie deduktive Ableitungsregeln - durch ihre gehaltsbewahrende tautologische Transformationsweise aus. Wegen dieser engen Verwandtschaft können die mathematischen Modelltransformationen als eine Übertragung des deduktiven Denkmusters betrachtet werden, das aus dem Bereich logischer Formeltransformationen entnommen und im Bereich mathematischer Formeltransformationen analog angewendet wird.

4.1.5 Abduktion

Die Methode der Abduktion läßt sich als eine Umkehrung der deduktiven Methode auffassen. Dabei wird eine gesetzesartige Aussage in allquantifizierter Subjugatform vorausgesetzt. Der Anschaulichkeit halber wird die gesetzesartige Aussage als eine nomische Kausalhypothese interpretiert. Des weiteren wird die Kausalhypothese so weit vereinfacht, daß von ihren Randbedingungen im Antezedenz abstrahiert wird. Ihre Antezedenzkomponente stellt dann eine Ursache und ihre Konklusionskomponente eine Wirkung dar. Unter diesen Prämissen gestattet die Deduktion mittels ihrer Ableitungsregel des modus ponens, aus der Ursache auf die Wirkung zu schließen. Diese Schlußweise ist - wie zuvor dargelegt - logisch zwingend. Dagegen schließt die Abduktion von der Wirkung zurück auf die Ursache. Die Umkehrung der Schlußrichtung führt zum Verlust der logischen Stringenz. Denn dieselbe Wirkung kann von unterschiedlichen Ursachen hervorgerufen worden sein. Daher ist der Rückschluß von einer Wirkung auf eine bestimmte Ursache niemals zwingend. Statt dessen ist mit logischer Strenge nur bekannt, daß die eine Ursache, die das Antezedenz der gesetzesartigen Aussage bildet, eine mögliche Ursache der Wirkung aus der Aussagenkonklusion darstellt. Daher handelt es sich um eine gehaltserweiternde Schlußweise, wenn mittels Abduktion aus der Wirkung auf die eine Ursache als notwendige oder tatsächliche Ursache zurückgeschlossen wird.

Die Abduktion hat bislang im Entdeckungszusammenhang betriebswirtschaftlicher Erkenntnis keinen Einsatz erfahren. Dagegen kann sie im Begründungszusammenhang angewendet werden, um "plausible" Ursachen für beobachtete Wirkungen zu erschließen. Allerdings unterliegt sie dort wegen ihres Mangels an logischer Stringenz den gleichen Vorbehalten wie die induktive Methode. Mit der Erklärungsqualität von Deduktionen vermag die abduktive Methode deshalb nicht zu konkurrieren.

Ihre Stärke entfaltet die Abduktion dagegen im Verwendungszusammenhang. Sie wird dort vornehmlich zu Diagnosezwecken eingesetzt: Aus nomischem Wissen über kausale Verursachungszusammenhänge und aus beobachteten Symptomen in der betrieblichen Realität lassen sich mittels Abduktion Hypothesen über jene Ursachen ableiten, welche die manifesten Symptome mutmaßlich bewirkt haben. Solche Hypothesen besitzen wegen der fehlenden logischen Strenge der Abduktion nur die Qualität eines begründeten Anfangsverdachts. Ihre mutmaßlichen Ursachen können aber als Prämissen von deduktiven Schlußfolgerungen benutzt werden, mit denen - wiederum gestützt auf gesetzesartige Aussagen - diejenigen Effekte abgeleitet werden, die sich einstellen müßten, falls die hypothetischen Ursachen tatsächlich zutreffen sollten. Wenn sich die deduktiv prognostizierten Effekte tatsächlich einstellen, so wird die Richtigkeit des Anfangsverdachts zwar weiterhin nicht streng bewiesen, aber erhärtet. Dagegen läßt sich der Anfangsverdacht einer mutmaßlichen Ursache zurückweisen, wenn die deduzierten Effekte tatsächlich nicht eintreten. Denn aus der logischen Stringenz der Deduktion und ihrer Falschheitsrückübertragung folgt: Wegen der Ungültigkeit der prognostizierten Effekte müssen auch die Hypothesen über die mutmaßlichen Ursachen, aus denen die Effekte deduktiv abgeleitet wurden, ungültig sein.

Die wechselseitige Verschränkung abduktiver und deduktiver Methoden kann auf ein breites Feld betriebswirtschaftlicher Diagnoseaufgaben angewendet werden. Sie reichen von weitgehend technisch geprägten Diagnosen im Instandhaltungsbereich über Schwachstellendiagnosen, wie sie im Rahmen des operativen Controlling erfolgen, bis hin zu strategischen Untersuchungen über mutmaßliche Erfolgsfaktoren unternehmerischen Handelns. Zugleich wird die betriebswirtschaftliche Fruchtbarkeit der Deduktion durch diese Methodenkombination im Verwendungszusammenhang ein weiteres Mal unterstrichen.

4.1.6 Hermeneutik

Die hermeneutische Methode des einfühlsamen Verstehens wurde bereits an früherer Stelle kurz skizziert, als die beiden wesentlichen Ansätze zur Erfüllung des betriebswirtschaftlichen Erklärungsziels vorgestellt wurden. Daher wird sie hier nicht noch einmal erläutert. Für diese Zurückhaltung spricht, daß die Hermeneutik in betriebswirtschaftlichen Argumentationszusammenhängen - trotz ihrer ehemals großen geisteswissenschaftlichen Bedeutung - heute nur noch eine Außenseiterrolle spielt.

Sofern die Hermeneutik aus betriebswirtschaftlicher Perspektive überhaupt angewendet wird, so geschieht dies vornehmlich im Begründungszusammenhang. Auch darauf wurde schon im Kontext mit dem hermeneutischen Erklärungsansatz hingewiesen. Im wesentlichen handelt es sich um die Erklärungsversuche, die im Rahmen des "interpretativen Paradigmas" der Betriebswirtschaftslehre unternommen werden.

Darüber hinaus werden Anwendungsmöglichkeiten der hermeneutischen Methode mitunter im betriebswirtschaftlichen Entdeckungszusammenhang gesehen. Dort soll das einfühlsame Verstehen von Realitätsbeschreibungen eine heuristische Kraft entfalten, die dabei hilft, die Gewinnung neuer Erkenntnisse zu steuern. Beispielsweise wird mit dem "Sinnverstehen" die Hoffnung verknüpft, mögliche Erklärungshypothesen für reale Phänomene zu erzeugen oder aus mehreren hypothetischen Erklärungsalternativen eine "sinnvolle" Vorselektion zu treffen. Bis heute sind jedoch dafür noch keine überzeugenden Anwendungen präsentiert worden, die den maßgeblichen Beitrag der hermeneutischen Methode intersubjektiv nachvollziehbar dokumentiert hätten. Daher muß die Tauglichkeit der Hermeneutik im Entdeckungszusammenhang mit Skepsis beurteilt werden. Für den Verwendungszusammenhang hat die hermeneutische Methode schließlich überhaupt noch keinen überzeugenden Einsatz gefunden.

4.2 Spezielle Instrumente zur problemorientierten Erkenntnisgewinnung

4.2.1 Der problemorientierte Ansatz

Die Grundlagenmethoden, die zuvor skizziert wurden, besaßen den Charakter allgemeiner Instrumente zur Erzielung wissenschaftlicher Erkenntnisse. Sie waren auf keine bestimmte Art der Erkenntnisgewinnung fixiert. Dagegen richten sich spezielle Instrumente nach den Eigenarten von Erkenntnisprozessen, die ein spezifisches kognitives Muster der Erkenntniserzielung verfolgen. In der Betriebswirtschaftslehre existieren mehrere solcher Denkmuster nebeneinander. Sie überschneiden sich häufig mit den betriebswirtschaftlichen Paradigmen, die zu Beginn kurz erwähnt wurden. Im folgenden wird nur die problemorientierte Art der Erkenntnisgewinnung näher betrachtet. Für diese Auswahl spricht, daß sich der problemorientierte Ansatz vor allem bei der Unterstützung betriebswirtschaftlicher Gestaltungsentscheidungen als fruchtbar erwiesen hat.

Jedes **Problem** wird als ein Komplex aus drei charakteristischen Bestandteilen aufgefaßt. Erstens umfaßt es die Beschreibung der **Istsituation**, die aktuell vorliegt. Zweitens weist es diejenigen **Sollsituationen** aus, deren Verwirklichung erwünscht ist. Die intendierten Sollsituationen können direkt benannt oder auch durch die Vorgabe von Sach- und Formalzielen indirekt umschrieben werden. In betriebswirtschaftlichen Problemspezifizierungen dominiert die letztgenannte Variante. Darüber hinaus wird vorausgesetzt, daß zwischen der aktuellen Istsituation und den intendierten Sollsituationen eine Diskrepanz klafft, die als ein abzustellender Mangel empfunden wird. Drittens müssen diejenigen **Handlungen** angegeben werden, die grundsätzlich zur Verfügung stehen, um die aktuelle Istsituation in eine der intendierten Sollsituationen zu transformieren. Ein Problem ist gelöst, wenn ein Handlungsplan aufgestellt werden konnte, der zeigt, wie sich die aktuelle Istsituation in eine der intendierten Sollsituationen überführen läßt.

Der problemorientierte Ansatz kann keineswegs auf alle betriebswirtschaftlichen Aufgaben angewandt werden. Statt dessen setzt er wohlstrukturierte Aufgaben voraus. Sie zeichnen sich dadurch aus, daß die Ist- und Sollsituationen ebenso bekannt sind wie die ausführbaren Handlungen. Das trifft z.B. auf die meisten strategischen Fragestellungen nicht zu. Sie leiden oftmals darunter, daß die intendierten Sollsituationen unklar bleiben (Ziellücke), Meinungsverschiedenheiten über die aktuelle Istsituation bestehen (Interpretationslücke) oder Zweifel über die verfügbaren Handlungsoptionen existieren (Handlungslücke). Daher erstrecken sich die Ausführungen zum problemorientierten Ansatz vornehmlich auf die Erfüllung von operativen betriebswirtschaftlichen Aufgaben. Dies unterstreicht noch einmal, daß der problemorientierte Ansatz keinen allgemeinen Charakter besitzt, sondern nur spezielle Instrumente für die Erkenntnisgewinnung bereitstellt.

Der zeitliche Ablauf einer Problembearbeitung läßt sich in mehrere **Phasen** gliedern. Sie werden in der Abbildung A. 9 wiedergegeben. Es würde hier zu weit führen, die Bearbeitungsphasen detailliert zu erläutern. Statt dessen muß eine grobe Skizze ausreichen.

Während der Phase der Problemwahrnehmung manifestiert sich eine Empfindung, daß eine "problematische" Diskrepanz zwischen aktuell Gegebenem und Erwünschtem besteht. Das anfangs noch diffuse, intrapersonale Diskrepanzempfinden wird anschließend in die natürlichsprachliche Beschreibung eines konkreten Problems umgesetzt. Die Problembeschreibung ist jetzt der interpersonalen Kommunikation über die Probleminhalte zugänglich. Das Ergebnis der Problembeschreibung wird i.d.R. als **Realproblem** bezeichnet. Sofern ein nicht-triviales Realproblem vorliegt, dessen Lösung sich nicht aus unmittelbarer Anschauung gewinnen läßt, wird die natürlichsprachliche Problembeschreibung gewöhnlich in eine formalsprachliche Problembeschreibung übersetzt werden. Aus dieser Formalisierung geht das **Formalproblem** hervor. Durch die Rückkopplungsschleife der **Validierung** kann überprüft werden, ob das Formalproblem mit dem ursprünglich beschriebenen Realproblem noch so weit übereinstimmt, daß das Formalproblem als eine zutreffende Präzisierung des Realproblems akzeptiert wird. Gegebenenfalls bedarf es einer oder mehrerer Überarbeitungen des Formalproblems, bis es schließlich als eine "valide" Wiedergabe des Realproblems anerkannt wird.

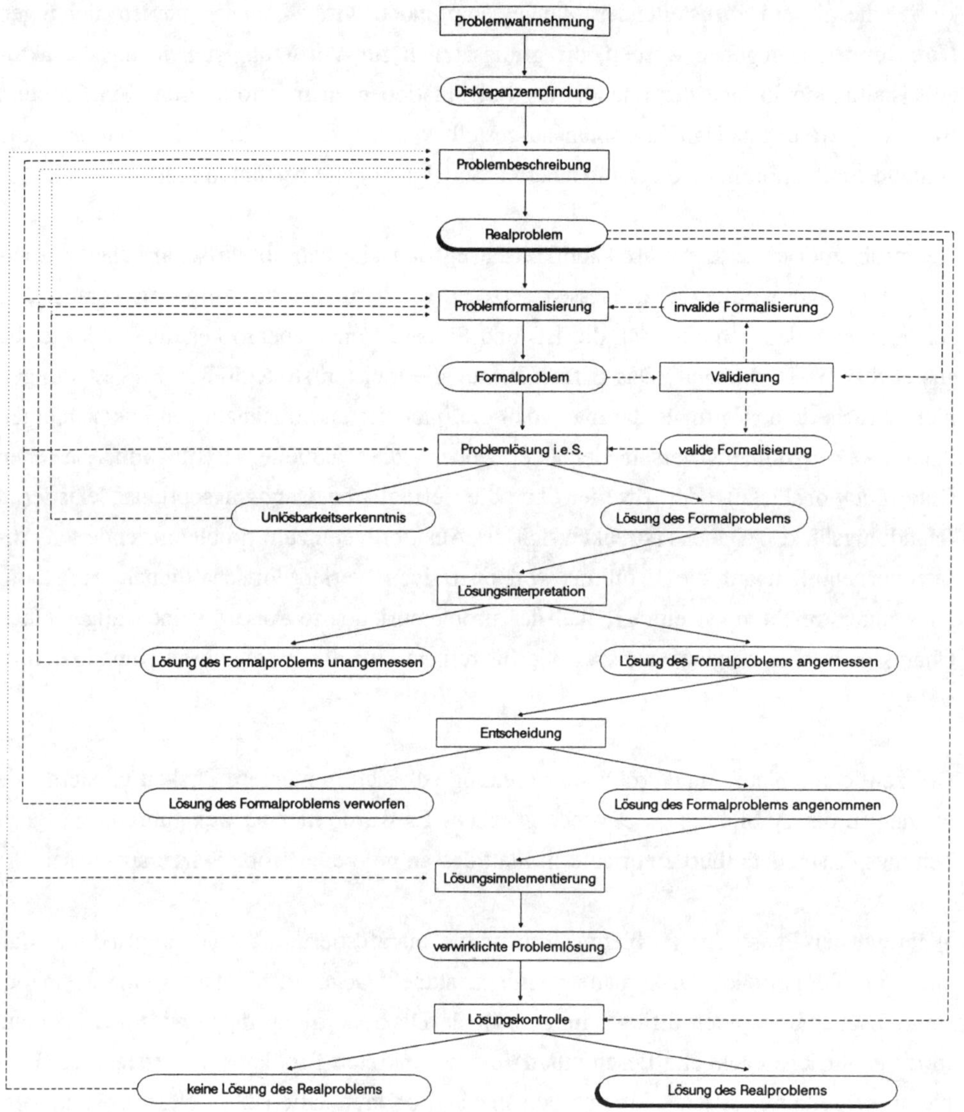

Abbildung A. 9: Phasen der Problembearbeitung

Auf das Formalproblem werden **Problemlösungsmethoden** im engeren Sinn angewandt. Sie transformieren das Formalproblem so lange, bis es entweder gelöst ist oder aber seine prinzipielle Unlösbarkeit erkannt wurde. Tritt der Fall der Unlösbarkeit ein, empfiehlt es sich, die Beschreibung und die Formalisierung des Realproblems zu untersuchen. Es ist durchaus möglich, daß Beschreibungs- oder Formalisierungsmängel zu einer inkonsistenten Real- bzw. Formalproblemspezifizierung geführt haben. Läßt sich ein solcher Fehler nicht aufspüren, muß entweder auf eine Lösung des Realproblems verzichtet oder aber eine vollkommen neue Beschreibung des Realproblems entwickelt werden.

Falls eine Lösung des Formalproblems vorliegt, wird sie einer **Interpretation** unterzogen. Dabei wird aus dem Blickwinkel der realen Begleitumstände der Problembearbeitung untersucht, ob die formale Problemlösung eine "angemessene" Lösung des ursprünglichen Realproblems darstellt. Gegen eine formale Problemlösung können vor allem zwei Gründe sprechen. Erstens ist es möglich, daß während der Problemformalisierung bewußt Vereinfachungen vorgenommen wurden, die nachträglich - im Lichte ihrer Lösungskonsequenzen - nicht mehr hingenommen werden. Dann muß die Formulierung des Formalproblems entsprechend überarbeitet werden. Zweitens kann die Lösung des Formalproblems vertiefte Einsichten in die Eigenarten des bearbeiteten Problems vermitteln, die dazu führen, die ursprüngliche Beschreibung des Realproblems zu korrigieren.

Wenn die Lösung des Formalproblems den Interpretationsprozeß erfolgreich durchlaufen hat, gilt es, eine **Entscheidung** über die Verwirklichung der Problemlösung zu treffen. Diese Entscheidung wird durch das positive Interpretationsergebnis nicht vorweggenommen. Denn eine "angemessene" Problemlösung besitzt stets nur die Qualität einer **Entscheidungsempfehlung**. Die Entscheidung selbst bleibt in der Autonomie der betrieblichen Entscheidungsträger verankert.

Falls die Lösung des Formalproblems verworfen wird, kann zur Problemlösung i.e.S. zurückgekehrt werden, um nach anderen Lösungen des Formalproblems zu suchen. Statt dessen ist es ebenso möglich, noch einmal die Phasen der Problemformalisierung oder gar Problembeschreibung in der Hoffnung zu durchlaufen, eine revidierte Problemsicht würde eine akzeptablere Problemlösung gestatten.

Fällt die Entscheidung zugunsten der Lösung des Formalproblems aus, muß sie in der betrieblichen Realität **implementiert** werden. Dabei sind einerseits diejenigen Vereinfachungen zu berücksichtigen, die während der Problemformalisierung unter Umständen erfolgten, um die Lösung des Formalproblems zu erleichtern. Solche Vereinfachungen müssen während der Implementierungsphase zurückgenommen werden. Andererseits gilt es ebenso, den konkreten Ablauf der Lösungsverwirklichung zu planen und durchzusetzen. Danach sollte im Idealfall eine Lösung des ursprünglich beschriebenen Realproblems vorliegen. Mängel bei der Lösungsimplementierung können dies aber vereiteln. Darüber hinaus muß damit gerechnet werden, daß sich im Zeitablauf Veränderungen in der betrieblichen Problemwahrnehmung eingestellt und zu einer modifizierten Realproblembeschreibung geführt haben. Daher bedarf es abschließend einer **Kontrolle**, ob die implementierte Lösung des Formalproblems tatsächlich eine Lösung des aktuell vorliegenden Realproblems darstellt. Wenn dies nicht der Fall ist, muß entweder die Implementierung der Formalproblemlösung korrigiert oder gar zur Beschreibung des Realproblems zurückgeschritten werden.

Aus der voranstehenden Skizze wird deutlich, daß die Bearbeitung eines Problems keinen linearen Prozeß bildet. Vielmehr kann sich der Bearbeitungsprozeß über zahlreiche Rückkopplungsschleifen erstrecken und währenddessen ein zunehmend verfeinertes Problemverständnis hervorbringen. Aus betriebswirtschaftlicher Sicht gilt es aber auch, die Vorteile einer vertieften Problemdurchdringung gegen die Nachteile abzuwägen, die durch die Verlängerung und den höheren Ressourcenbedarf der Prozeßausführung hervorgerufen werden.

Der Prozeß der Problembearbeitung wird vor allem durch zwei Arten von Instrumenten unterstützt. Einerseits bedarf es einer Repräsentation des Problems in seinem jeweils aktuellen Bearbeitungszustand, solange noch keine formale Problemlösung gefunden wurde. Diese Repräsentationsaufgabe erfüllen **Modelle**. Andererseits sind **Methoden** erwünscht, die zunächst bei der Bearbeitung der problemrepräsentierenden Modelle und später bei der Bearbeitung der Problemlösungen helfen.

Die Methoden sind im allgemeinen auf einzelne Bearbeitungsphasen spezialisiert. So gibt es beispielsweise spezielle Methoden für das Identifizieren von Problemen, die vor allem im Kontext von Früherkennungssystemen thematisiert werden. Ebenso stehen Methoden zur Verfügung, um die Implementierung von Problemlösungen zu begleiten. Es steht hier nicht der Raum zur Verfügung, um das breite Spektrum phasenspezifischer Methoden zu entfalten, auf das die Betriebswirtschaftslehre zur Bearbeitung von Problemen zurückgreifen kann. Statt dessen wird nur auf die Problemlösungsmethoden im engeren Sinn eingegangen. Sie sind darauf zugeschnitten, Formalprobleme zu lösen, die in der Gestalt von formalen Modellen repräsentiert werden.

4.2.2 Modelle als Instrumente der Problemrepräsentation

Eine Problemrepräsentation dient dazu, einen realen Sachverhalt, der als problematisch empfunden wird, zweckdienlich darzustellen. Der reale Sachverhalt erstreckt sich auf eine Diskrepanz, die zwischen einer aktuellen Istsituation und intendierten Sollsituationen klafft. Letzter Darstellungszweck ist das Bedürfnis, die empfundene Diskrepanz zu beseitigen. Jedes Artefakt, das zur Erfüllung dieses allgemeinen Darstellungszwecks erschaffen wurde, stellt ein **Modell im weitesten Sinn** dar.

Je nachdem, welche konkreten Diskrepanzempfindungen mittels eines Modells überwunden werden sollen, lassen sich verschiedene spezielle Darstellungszwecke unterscheiden. Beispielsweise kann eine Lücke empfunden werden, die zwischen beobachteten betriebswirtschaftlichen Phänomenen und ihrem theoretischen Verständnis klafft. Dieses Empfinden konstituiert ein Erklärungsproblem. Ein Erklärungsmodell dient dann dem speziellen Zweck, beobachtete Phänomene und verfügbare Theorien so darzustellen, daß sich das Erklärungsproblem mittels dieser Problemrepräsentation lösen läßt. Eine Lösung des Erklärungsproblems liegt vor, sobald es gelungen ist, aus den Theorien eine Erklärung für die beobachteten Phänomene abzuleiten, die als überzeugend empfunden wird.

Zwischen dem realen Sachverhalt, der oftmals als Original bezeichnet wird, und seiner Repräsentation, dem Modell, besteht eine **Abbildungsbeziehung**. Damit ist jedoch keine Abbildung im naiven Verständnis einer Widerspiegelung gemeint. Sie führte zu einer unfruchtbaren "Weltverdopplung", da neben die Welt der Originale eine gleich beschaffene Welt ihrer Modelle träte. Statt dessen handelt es sich um eine abstrakte Abbildungsbeziehung, die durch ein diffiziles Spannungsverhältnis zwischen zwei Antipoden gekennzeichnet ist.

Einerseits muß das Original mittels gedanklicher Abstraktion so weit vereinfacht werden, daß sich das resultierende Modell noch mit den beschränkten kognitiven Kapazitäten des Menschen handhaben läßt. Zu diesen Kapazitäten gehören auch die Hilfsmittel der Automatischen Informationsverarbeitung, die sich als eine Form externalisierter Denkkapazität vorstellen lassen. Des weiteren hängt es von der Dringlichkeit ab, mit der eine Problemempfindung beseitigt werden soll, in welchem Ausmaß Kapazitäten zur problemlösenden Modellbearbeitung bereitgestellt werden. Die Vereinfachungen des Originals treten in zweifacher Form auf. Erstens findet eine Verkürzung des Originals statt. Denn es werden nicht alle seine erfahrbaren Aspekte abgebildet, sondern nur jene, die den Modellanwender bei der Verfolgung seines Modellierungszwecks interessieren. Zweitens führen die konstruktiven Erkenntnisleistungen, die während der Modellerstellung in den Abbildungsprozeß einfließen, zu einer Verzerrung des Originals.

Andererseits darf das Original nicht zu stark vereinfacht werden, weil sonst die Gefahr drohte, einen "Fehler 3. Art" zu begehen: Es würde dann ein falsches Problem, das vom zu weit simplifizierten Modell des Originals repräsentiert wird, richtig gelöst. Dies würde aber den Zweck der Modellierung - die Beseitigung der ursprünglichen Diskrepanzempfindung - nicht erfüllen.

Das übergeordnete Problem, zwischen diesen beiden gegenläufigen Tendenzen einen "optimalen" Ausgleich zu finden, konnte bis heute nicht zufriedenstellend gelöst werden. Versuche, eine "optimale Modellkomplexion" oder Ähnliches zu bestimmen, sind an unbewältigten modelltheoretischen Unzulänglichkeiten gescheitert. Daher gibt man sich häufig damit zufrieden, die Abbildungsbeziehungen zwischen Modell und Original mit wohlklingenden Attributen zu umschreiben. So wird oftmals davon geredet, das Modell solle eine "hinreichend" ähnliche, eine "homomorphe" (strukturähnliche) oder gar "isomorphe" (strukturgleiche) Abbildung des Originals darstellen. Wenn solche abbildungsbezogenen Merkmale in den Modellbegriff einbezogen werden, liegt ein **Modell im engeren Sinn** vor. Die zusätzlichen Umschreibungen der Art, in der ein Modell sein Original abbilden soll, helfen aber nicht weiter. Denn sie stellen entweder Leerformeln dar oder beruhen auf unerfüllbaren Voraussetzungen.

Alle Bezugnahmen auf Ähnlichkeiten zwischen Modell und Original bleiben Leerformeln, solange keine intersubjektiv nachprüfbaren Ähnlichkeitsmaßstäbe definiert werden. Letztes geschieht aber bei ähnlichkeitsbezogenen Definitionen des Modellbegriffs i.d.R. nicht. Eine Ausnahme bilden nur jene Modelldefinitionen, die auf die Konzepte der Homo- oder Isomorphie zurückgreifen. Es handelt sich dabei um wohldefinierte formale Konzepte, die das Ausmaß an Übereinstimmung zwischen formalen Strukturen erfassen. Doch sie lassen sich nur unter der Voraussetzung anwenden, daß formalsprachlich verfaßte Artefakte miteinander verglichen werden. Genau das trifft aber auf die realen Sachverhalte nicht zu, die als Originale hinsichtlich ihrer Ähnlichkeit mit Modellen beurteilt werden sollen.

Darüber hinaus unterstellen alle ähnlichkeitsorientierten Modelldefinitionen implizit, das Original eines Modells könne so wahrgenommen werden, wie es "an sich" in der Realität existiert. Das kann aber nur aus der Perspektive einer naiv realistischen Erkenntnisposition vertreten werden. Dagegen räumt jeder Anhänger eines aufgeklärten Realismus ein, daß bereits die Wahrnehmung eines realen Sachverhalts eine konstruktive Erkenntnisleistung darstellt. Folglich kann niemals die Ähnlichkeit eines Modells mit seinem Original untersucht werden, sondern immer nur die Ähnlichkeit zwischen unterschiedlichen Modellen desselben Originals. Ihr gemeinsames Original bleibt dabei eine "regulative Idee". Sie läßt sich nicht unmittelbar, von Erkenntniszugriffen unverfälscht wahrnehmen.

Wegen der Schwierigkeiten, die zuvor skizziert wurden, existiert letztlich keine einwandfreie ähnlichkeitsbezogene Modelldefinition. Daher muß man sich wohl vorerst mit einer zweckorientierten (teleologischen) Modelldefinition begnügen. Sie knüpft unmittelbar an den allgemeinen Darstellungszweck an, der zu Beginn dieses Kapitels für jedes Modell festgelegt wurde:

Modelle sind alle problemrepräsentierenden Artefakte, die in der Absicht erschaffen wurden, ein problemkonstituierendes Diskrepanzempfinden zu beseitigen.

Modelle können in verschiedenartigen Varianten auftreten. Ihre Vielfalt läßt sich hier nicht erschöpfend behandeln. Einen Überblick bietet Abbildung A. 10. Im folgenden wird auf die Modellarten nur insoweit kurz eingegangen, als sie für die Erfüllung typisch betriebswirtschaftlicher Aufgaben - vor allem aus problemorientierter Perspektive - eine größere Rolle spielen.

Implizite Modelle sind gedankliche Konstrukte, die von einem Menschen während seiner Problemwahrnehmung erschaffen werden und dadurch eine - zunächst nur unterbewußte - Diskrepanzempfindung in sein Bewußtsein treten lassen. Da jedes Denken auf der Verwendung sprachlicher Begriffe beruht, handelt es sich bei impliziten Modellen um eine besondere Form der sprachlichen Modelle. Diese impliziten Modelle wurden jedoch noch nicht "ausgesprochen", sondern liegen nur in den Gedanken einer problemwahrnehmenden Person vor. Daher werden sie des öfteren auch als **mentale Modelle** bezeichnet.

Explizite Modelle gehen aus impliziten Modellen hervor, sobald sie in irgendeiner Form die Sphäre reiner Gedanken verlassen haben. Aus betriebswirtschaftlicher Sicht geschieht dies i.d.R. zunächst auf natürlichsprachliche Weise. Entsprechend wird von **natürlich(sprachlich)en Modellen** geredet. Sie dienen vornehmlich dazu, Realprobleme zu beschreiben. In dieser Funktion heißen sie auch **Realmodelle**. Bei fortschreitender Problembearbeitung werden die natürlichsprachlichen Realmodelle in formalsprachliche Problemrepräsentationen transformiert. Dann liegen **formal(sprachlich)e Modelle** vor, die auch kurz als **Formalmodelle** bezeichnet werden.

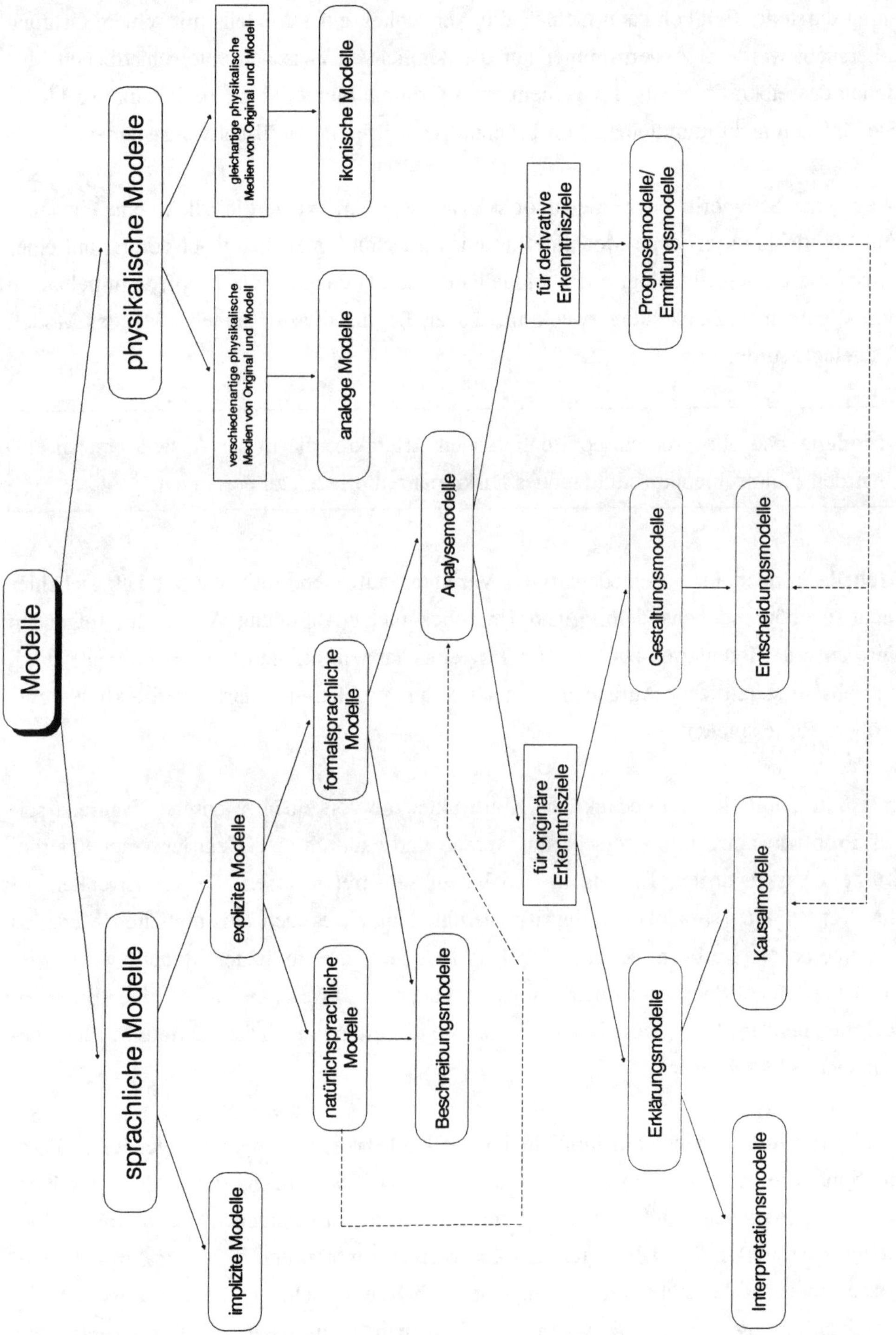

Abbildung A. 10: Modellarten

Sowohl natürlich- als auch formalsprachliche Modelle lassen sich weiterhin danach gliedern, welches (originäre oder derivative) betriebswirtschaftliche Erkenntnisziel mit der Modellierung vorrangig verfolgt wird. **Beschreibungsmodelle** dienen nur zur Erfüllung des Beschreibungsziels, das zumeist kein eigenständiges Erkenntnisziel darstellt. Aus problemorientierter Sicht werden Beschreibungsmodelle vor allem benötigt, um die ursprüngliche Beschreibung eines Realproblems zu leisten. Unter den **Analysemodellen** werden dagegen alle Modellarten zusammengefaßt, deren Untersuchung betriebswirtschaftlichen Erkenntniszielen dienen soll, die sich nicht in einer reinen Sachverhaltsdeskription erschöpfen. Während bei Beschreibungsmodellen keine Dominanz der natürlich- oder formalsprachlichen Modellierungsweise festgestellt werden kann, herrscht bei Analysemodellen die formalsprachliche Problemrepräsentation vor.

Innerhalb der Analysemodelle kann zwischen Modellarten unterschieden werden, die sich entweder nach einem originären oder aber nach einem derivativen betriebswirtschaftlichen Erkenntnisziel ausrichten. Zur ersten Gruppe gehören zunächst die **Erklärungsmodelle**, die auf die Erfüllung des Erklärungsziels spezialisiert sind. Je nachdem, ob das Erklärungsziel auf dem hermeneutischen oder auf dem nomologischen Ansatz basiert, liegen **Interpretationsmodelle** bzw. **Kausalmodelle** vor. Nomologisch fundierte Erklärungsmodelle müssen zwar nicht notwendig auf hypothetischen Kausalgesetzen beruhen. Aber ihre gesetzesartigen Aussagen besitzen so häufig den Charakter von kausalen Ursache/Wirkungs-Zusammenhängen, daß sich die Bezeichnung Kausalmodelle weitgehend durchgesetzt hat.

In derselben Gruppe von Modellen, die sich auf originäre betriebswirtschaftliche Erkenntnisziele fokussieren, befinden sich auch die **Gestaltungsmodelle**. Sie werden im Hinblick auf das Gestaltungsziel benutzt, um die Verwirklichung einzelner Gestaltungsalternativen zu empfehlen oder von ihrer Realisierung abzuraten. Wirtschaftliches Handeln wurde aber eingangs so definiert, daß es sich stets auf eine Auswahlsituation erstreckt, in der es gilt, eine Entscheidung zwischen mehreren denkmöglichen Gestaltungsalternativen zu treffen. Daher fallen Gestaltungsmodelle im betriebswirtschaftlichen Bereich mit **Entscheidungsmodellen** zusammen.

Entscheidungsmodelle werden ihrerseits mitunter in zwei separate Modellarten aufgespalten. **Zielmodelle** repräsentieren jeweils die subjektive Komponente eines Entscheidungsproblems. Sie umfaßt alle Entscheidungsdeterminanten, die in der Person eines Entscheidungsträgers verwurzelt sind. Dazu gehören vor allem die Sach- und Formalziele des Entscheidungsträgers. Hinzu kommen spezielle Beschreibungen von persönlichen Präferenzstrukturen, die z.B. in Risiko- oder Zeitpräferenzen ihren Ausdruck finden. **Strukturmodelle** stellen dagegen jeweils die "objektive" Komponente eines Entscheidungsproblems dar. Sie erstreckt sich auf die Gesamtheit aller Sachverhalte, die ein Entscheidungsträger in demjenigen Realitätsausschnitt vorfindet, den er mittels seiner Entscheidungshandlungen gestalten möchte.

Zur zweiten Modellgruppe, die der Verfolgung derivativer Erkenntnisziele dient, gehören insbesondere die **Prognosemodelle**. Mit Ihrer Hilfe wird im Interesse des Prognoseziels erforscht, welche Konsequenzen zu erwarten sind, falls bestimmte, in den Modellen vorgegebene Annahmen zutreffen. Daher leisten sie strenggenommen keine Vorhersagen mutmaßlicher zukünftiger Entwicklungen, sondern ermitteln lediglich, welche Konsequenzen aus welchen Prognoseannahmen resultieren. Derart bedingte Prognosen werden mitunter auch als "Projektionen" bezeichnet. Prognosemodelle können sowohl die Erklärung als auch die Gestaltung betriebswirtschaftlicher Sachverhalte unterstützen. Ihre Beiträge zum Erklärungsziel bleiben aber im allgemeinen auf nomologisch fundierte Kausalmodelle beschränkt. In hermeneutisch orientierten Interpretationsmodellen finden dagegen die Hilfeleistungen von Prognosemodellen keine Anwendung. Neben den Prognosemodellen werden des öfteren auch **Ermittlungsmodelle** erwähnt. Allerdings läßt sich nicht nachvollziehen, warum es sich um eine eigenständige Modellart handeln sollte. Denn Ermittlungsmodelle dienen i.d.R. dazu, diejenigen Konsequenzen zu ermitteln, die unter bestimmten, in den Modellen festgelegten Annahmen zu erwarten sind. Aus dieser Perspektive bleibt unklar, worin die Differenz zwischen Ermittlungs- und Prognosemodellen liegen sollte. Daher werden hier Ermittlungs- und Prognosemodelle nicht weiter unterschieden.

Über die vorgenannten Modellarten hinaus läßt sich die typisierende Ausdifferenzierung des Modellbegriffs beliebig fortsetzen. Beispielsweise wird oftmals innerhalb der Gruppe der formalsprachlichen Modelle hinsichtlich der **formalen Modellstruktur** unterschieden. So können formallogische und mathematische Modelle auseinandergehalten werden. Die mathematischen Modelle lassen sich ihrerseits nach Maßgabe ihrer Funktionsverläufe in lineare und nicht-lineare Modelle oder nach der Art ihrer Variablen in kontinuierliche und diskrete Modelle aufspalten. Ebenso ist es möglich, Sonderformen wie ganzzahlig-diskrete Modelle und Mischformen wie teils ganzzahlige, teils kontinuierliche Modelle zu identifizieren. Es wird darauf verzichtet, die Vielfalt solcher Differenzierungsoptionen weiter zu vertiefen.

4.2.3 Lösungsmethoden als Instrumente der Problemtransformation

Problemlösungsmethoden im engeren Sinn dienen der Bearbeitung von Formalproblemen. Sie transformieren die problemrepräsentierenden Modelle so lange, bis entweder die Lösungen der Formalprobleme bekannt sind oder aber deren grundsätzliche Unlösbarkeit feststeht. Die Lösungen der Formalprobleme werden auch kurz als Modellösungen bezeichnet.

Mit den Problemlösungsmethoden i.e.S. befaßt sich innerhalb der Betriebswirtschaftslehre vor allem die Teildisziplin des Operations Research. Allerdings stehen dort Methoden zur Lösung einer bestimmten Art von Formalproblemen im Vordergrund des Untersuchungsinteresses: Es handelt sich um Formalprobleme, die durch Entscheidungsmodelle repräsentiert werden und deren Formalziele zur Kategorie der Extremierungsziele gehören. Solche Formalprobleme werden zumeist als Optimierungsprobleme thematisiert. Daher werden Problemlösungsmethoden i.e.S. nachfolgend nur noch insoweit betrachtet, als sie zur Lösung von Optimierungsproblemen dienen. Sie heißen dann einfach Lösungsmethoden.

Die Lösungsmethoden, die zur Bearbeitung von Optimierungsproblemen eingesetzt werden, lassen sich in vielfältiger Weise systematisieren. Z.B. kann auf die formale Struktur der problemrepräsentierenden Modelle Bezug genommen werden. Aus dieser Perspektive bietet es sich an, etwa zwischen linearen und nicht-linearen oder zwischen diskreten (im engeren Sinne: ganzzahligen) und kontinuierlichen Lösungsmethoden zu unterscheiden. Bei einer weiterführenden Ausdifferenzierung der formalen Modellstrukturen ist es beispielsweise möglich, Lösungsmethoden der Statischen und der Dynamischen Programmierung sowie Lösungsmethoden für Warteschlangen- und für Netzplanmodelle auseinanderzuhalten. Darauf wird hier aber nicht weiter eingegangen. Statt dessen werden Lösungsmethoden für Optimierungsprobleme in Abbildung A. 11 anhand ihrer Lösungsqualität typisiert.

Da sich die Abbildung A. 11 weitgehend selbst erklärt, reicht es aus, auf zwei Aspekte näher einzugehen, die im Kontext von Problemlösungsmethoden oftmals Mißverständnisse provozieren. Sie erstrecken sich auf Algorithmen einerseits und Heuristiken andererseits. Z.T. überlappen sich auch die beiden Aspekte.

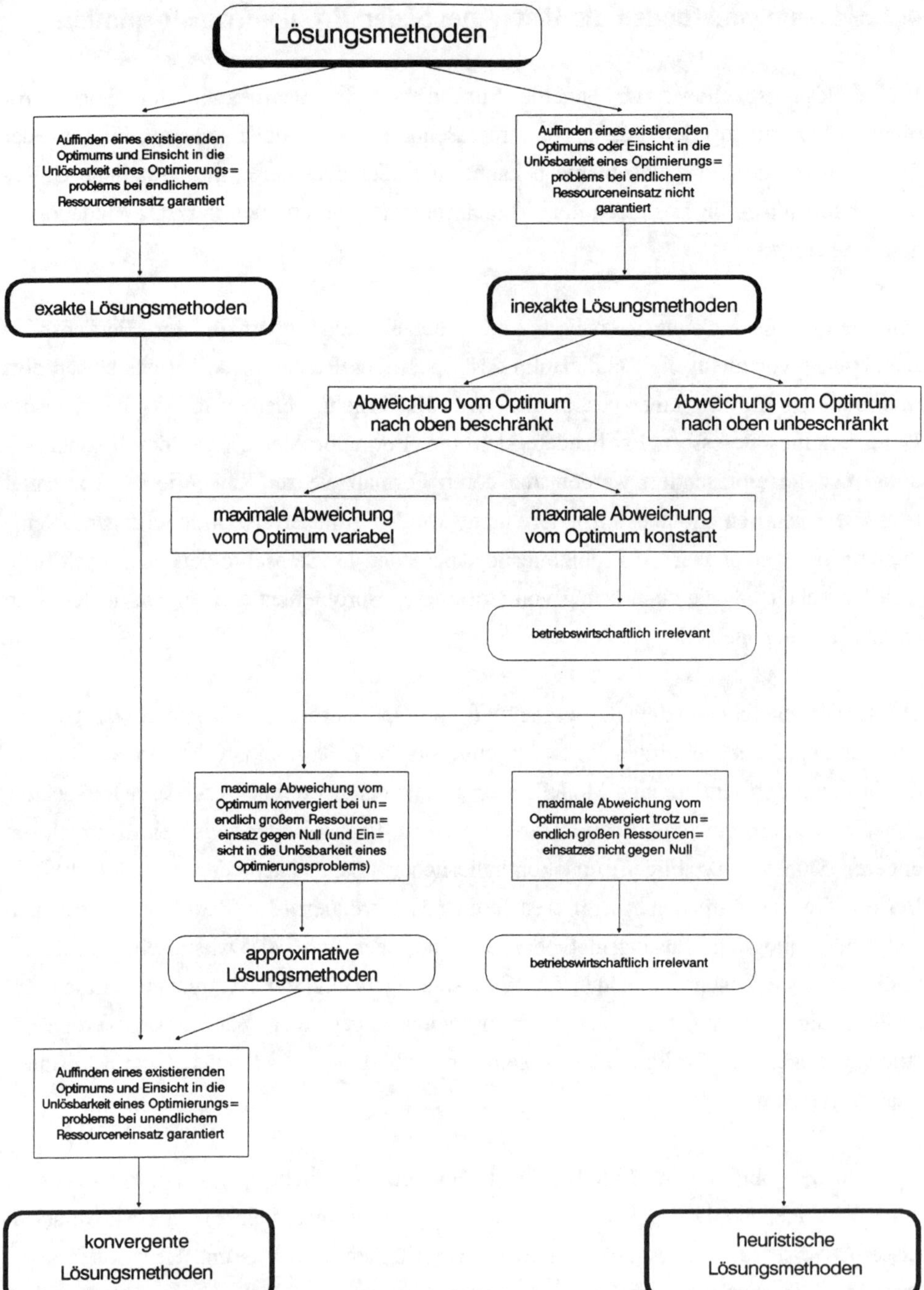

Abbildung A. 11: Lösungsmethoden für Optimierungsprobleme

Oftmals werden Algorithmen mit den exakten Lösungsmethoden aus der Abbildung A. 11 identifiziert, während Heuristiken mit inexakten Lösungsmethoden gleichgesetzt werden. Dies führt dann zu der weit verbreiteten Ansicht, Algorithmen und Heuristiken stellten ein Gegensatzpaar dar. Natürlich lassen sich Algorithmen und Heuristiken in der vorgenannten Weise definitorisch festsetzen. Aber dies erweist sich als problematisch, weil es weder der weithin akzeptierten Algorithmusdefinition entspricht noch den Inhalt dessen ausschöpft, was gemeinhin unter heuristischem Wissen verstanden wird. Zunächst wird nur der Aspekt der Algorithmusdefinition beleuchtet.

Ein Algorithmus wird zumeist mit einer Methode zur Lösung von Formalproblemen gleichgesetzt. Insofern stellt jede Lösungsmethode, die zur Bearbeitung formaler Optimierungsprobleme eingesetzt wird, einen Algorithmus dar. Daher würde es der vorherrschenden Algorithmusdefinition zuwiderlaufen, Algorithmen auf die Klasse der exakten Lösungsmethoden einschränken zu wollen. Folglich handelt es sich bei jeder heuristischen Lösungsmethode ebenso um einen Algorithmus.

Der Begriff des Algorithmus kann allerdings auch durch zusätzliche Merkmale qualifiziert werden, die über seine Gleichsetzung mit Lösungsmethoden für Formalprobleme hinausreichen. Zu den wichtigsten Präzisierungen gehört die Angabe eines charakteristischen Problembereichs. Denn ein Algorithmus läßt sich niemals auf alle denkmöglichen Formalprobleme anwenden, sondern nur auf die Mitglieder einer bestimmten, für den Algorithmus typischen Formalproblemklasse. Daraus folgt als präzisierte Algorithmusdefinition:

> Ein **Algorithmus** ist ein intersubjektiv nachvollziehbares und systematisch beschriebenes Verfahren, das zur Lösung von Formalproblemen dient und auf alle Mitglieder einer vorgegebenen Klasse von Formalproblemen angewandt werden kann.

Darüber hinaus bestehen etliche Ansätze, den Algorithmusbegriff mittels weiterer Merkmale inhaltlich einzuschränken. Dazu gehört vor allem die Forderung, die Ausführung des Algorithmus müsse nach endlicher Zeit zu einem Ergebnis gelangen, das entweder die gesuchte Problemlösung angibt oder aber die prinzipielle Unlösbarkeit des untersuchten Formalproblems anzeigt. Oder es wird verlangt, daß sich ein Algorithmus, sobald seine Ausführung einmal gestartet wurde, bis zu seinem Ausführungsende vollautomatisch auf einem Automatischen Informationsverarbeitungssystem ausführen läßt.

Solche zusätzlichen Anforderungen an den Algorithmusbegriff sind aber umstritten. So ist es im Bereich der Informatik und der Komplexitätstheorie durchaus nicht ungewöhnlich, das "Terminieren" von Algorithmen zu analysieren. Damit werden auch nicht-terminierende Algorithmen eingeschlossen, deren Ausführung unendlich lange andauern kann, ohne jemals die gesuchte Problemlösung aufzufinden oder aber die Unlösbarkeit des Formalproblems festzustellen. Ebenso wird von Vertreten des Operations Research des öfteren die Bedeutung von interaktiven Lösungsmethoden hervorgehoben. Bei ihrer Ausführung lösen sich Automatische Informationsverarbeitungssysteme und deren Nutzer wechselseitig ab, um sich mit ihren unterschiedlichen Stärken gegenseitig zu ergänzen. Daraus wird aber keineswegs der Schluß gezogen, die interaktiven als nicht-algorithmische Lösungsmethoden einzustufen.

Ein zweiter Aspekt bezieht sich auf die inhaltliche Vielfalt heuristischen Wissens. Sie bleibt keineswegs so, wie es die Identifizierung von Heuristiken mit inexakten Lösungsmethoden suggerieren mag, auf das Spektrum heuristischer Lösungsmethoden beschränkt. Vielmehr umfaßt heuristisches Wissen auch ein breites Spektrum von **Heurismen**. Dabei handelt es sich um einfache Auswahl- oder Bewertungsregeln, die oftmals auch als "Daumenregeln", "Praktikerregeln" oder ähnlich bezeichnet werden. Sie erfüllen generell eine komplexitätsreduzierende Funktion: Heurismen finden immer dann Anwendung, wenn ein problemrepräsentierendes Modell so komplex ausfällt, daß die globalen Auswirkungen einzelner Transformationsschritte auf die gesamte Problemlösung nicht mehr überschaut werden. Dann lenken Heurismen die problembearbeitenden Modelltransformationen durch lokale Auswahl- oder Bewertungsakte.

Beispielsweise kann zur Lösung eines formalen Maschinenbelegungsproblems auf Heurismen in der Gestalt von Prioritätsregeln zurückgegriffen werden. Sie wählen an einzelnen Maschinen jeweils einen Auftrag höchster Priorität aus, der dort als nächster zu bearbeiten ist. Aus vielen solchen lokalen Teilentscheidungen wird ein Maschinenbelegungsplan für eine gesamte Werkstatt gewonnen, der das Formalproblem der Maschinenbelegung löst. Ebenso ist es möglich, die Aufträge nicht direkt anhand ihrer Bearbeitungsprioritäten auszuwählen. Statt dessen können Heurismen dazu dienen, jeden Auftrag, der vor einer Maschine auf Bearbeitung wartet, hinsichtlich seines mutmaßlichen Beitrags zur Lösung des gesamten Maschinenbelegungsproblems zu bewerten. Erst danach wird aus den heuristisch bewerteten Aufträgen vor jeder Maschine ein Auftrag mit jeweils höchstem Bearbeitungswert ausgewählt. Im ersten der beiden voranstehenden Beispiele werden Heurismen als Auswahlregeln, im zweiten dagegen als Bewertungsregeln eingesetzt *(vgl. als weiteres Beispiel die heuristischen Lagerhaltungspolitiken in CORSTEN F. 5.6)*.

5. Spezielle Perspektiven für die Analyse wirtschaftlicher Handlungen in Betrieben

5.1 Die systemische Perspektive

5.1.1 Einführung

Das Spektrum wirtschaftlicher Handlungen, die in einem Betrieb erfolgen, erweist sich als so vielschichtig, daß es sich im allgemeinen nicht als Ganzes unmittelbar untersuchen läßt. Statt dessen wird versucht, die Untersuchungskomplexität durch "zweckmäßige" Gliederung des Betriebsganzen zu reduzieren. Einen solchen Gliederungsansatz bietet das **systemorientierte Paradigma** (vgl. ULRICH 1970, S. 100 ff., insbesondere S. 153 ff.; SCHANZ 1992, S. 100 ff.). Im Bereich der Betriebswirtschaftslehre wurde es im wesentlichen durch die Arbeiten von ULRICH geprägt. Seiner Auffassung nach lassen sich Betriebe als "**produktive soziale Systeme**" charakterisieren. Diese "systemische" Perspektive zeichnet sich durch zwei Eigenarten aus.

Erstens werden Betriebe keineswegs nur als produktive Einheiten betrachtet, in denen Sachgüter oder Dienstleistungen zur Befriedigung materieller Bedürfnisse hergestellt bzw. erbracht werden. Vielmehr gelten sie ebenso - und mit gleichem Rang - als Orte, in denen **soziale Bedürfnisse** befriedigt werden. Dabei kann es sich sowohl um soziale Bedürfnisse handeln, die von den Mitgliedern eines Betriebs gehegt werden, als auch um solche, die von Personen im gesellschaftlichen Umfeld an einen Betrieb herangetragen werden. Daher wird mitunter auch von Betrieben als "gesellschaftlichen Veranstaltungen" geredet.

Die Betonung der sozialen Komponente bewahrt davor, betriebswirtschaftliche Untersuchungen einseitig auf das Verfolgen technischer und wirtschaftlicher Ziele zu reduzieren. Statt dessen schärft sie den Blick für die Wichtigkeit sozialer Zielvorstellungen. Sie erfahren schon seit längerem betriebswirtschaftliche Aufmerksamkeit, so z.B. in Studien zur **Humanisierung** der Arbeit. Soziale Aspekte gewinnen aber auch in jüngerer Zeit durch Beiträge zur **Unternehmungskultur** und **Unternehmungsethik** besondere Resonanz. Hinzu kommt die generelle Einbeziehung des gesellschaftlichen Umfelds. Sie lenkt den Blick von einer eng ausgelegten einzelwirtschaftlichen Perspektive auf die vielfältigen Interdependenzen, die zwischen dem System "Betrieb" und seinem **Umsystem** bestehen. Dadurch werden Betriebe grundsätzlich als **offene Systeme** wahrgenommen. Zwar wurden ihre Außenbeziehungen zunächst nur in sozialer Hinsicht auf die gesellschaftliche Einbettung von Betrieben bezogen. Neuerdings erlangen sie aber aus dem Blickwinkel des natürlichen Umsystems eine weitere Akzentuierung. Sie führte dazu, den betriebswirtschaftlichen Zielekatalog um **ökologische Zielvorstellungen** zu bereichern. Zuweilen wird sogar von einem eigenständigen ökologischen Paradigma der Betriebswirtschaftslehre gesprochen (vgl. SEIDEL/MENN 1988, S. 12 f., 30 ff., 66 ff., 106 ff. u. 125 ff.).

Zweitens werden Betriebe auf den allgemeinen Systembegriff zurückgeführt. Dabei wird ein **System** als eine geordnete Gesamtheit von Objekten verstanden, die Eigenschaften besitzen und in vielfältigen Beziehungen zueinander stehen können. Das Muster, nach dem die Objekte innerhalb eines Systems angeordnet sind, heißt Systemstruktur. Die Objekte sind entweder atomar und ohne innere Struktur oder aber aus anderen Objekten zusammengesetzt. Die atomaren Objekte werden als Elemente bezeichnet. Mittels ihrer Zusammensetzung zu komplexeren Objekten lassen sich innerhalb eines Systems Teilsysteme bilden. Zusätzlich sind Prozesse möglich. Sie geschehen in einem System, indem sich Objekteigenschaften oder -beziehungen im Zeitablauf verändern. Schließlich kann ein System mit seiner Umgebung - dem Umsystem - durch den Austausch von Objekten, wie z.B. Sachgütern oder Informationen, in Verbindung treten.

Der allgemeine Systembegriff mutet recht abstrakt an. Darin liegt zugleich seine Stärke als auch sein Schwäche begründet. Zunächst zeichnet sich der Systembegriff durch seine große Anwendungsbreite aus. Denn er fällt aufgrund seiner Abstraktheit so inhaltsarm aus, daß er sich nahezu auf jeden betriebswirtschaftlich interessanten Sachverhalt anwenden läßt. Darüber hinaus stellen die Elemente und Teilsysteme sowie deren Eigenschaften und Beziehungen leistungsfähige gedankliche Konstrukte dar, die sich bei der systematischen Strukturierung komplizierter Sachverhalte vielfach bewährt haben. Allerdings wird der systemischen Sichtweise vorgehalten, daß sie über die rein deskriptive Ebene der Sachverhaltsbeschreibung kaum jemals hinausführe. Sie liefere nur ein flexibles begriffliches Instrumentarium zur systematischen Rekonstruktion von Realitätsausschnitten. Aber sie lasse keine substanziellen Beiträge zur Erklärung und Gestaltung betriebswirtschaftlicher Sachverhalte erkennen.

Die Anhänger des systemorientierten Paradigmas widersprechen dieser Kritik. Sie weisen darauf hin, daß eigenständige systemtheoretische Gesetze aufgestellt worden seien, die sich sowohl zu Erklärungs- als auch zu Gestaltungszwecken nutzen ließen. Dazu gehört vor allem das Varietätsgesetz von ASHBY, das sich auf die Möglichkeiten und Notwendigkeiten der Beherrschung von Komplexität bezieht. Daneben werden vielfältige Beiträge zur Gestaltung betrieblicher Systeme aufgeführt. Sie erstrecken sich beispielsweise auf kybernetische Erkenntnisse über die Steuerung und Regelung von Systemprozessen. Ebenso wurde eine stattliche Anzahl von Managementregeln entwickelt. Sie reichen bis hin zu der Empfehlung, Betriebe als "lebensfähige" Systeme mit einer bestimmten Struktur zu gestalten, die sich am Aufbau des menschlichen Zentralnervensystems orientiert und auf Arbeiten von BEER zurückreicht. Schließlich werden in jüngerer Zeit auch Gestaltungsvorschläge lanciert, wie Betriebe auf größere Veränderungen in ihrem Umfeld reagieren sollten, indem sie Erkenntnisse aus der Selbstorganisation (Autopoiese) komplexer Systeme nutzen (vgl. RAFFEE 1989, S. 34 ff.).

In der hier gebotenen Kürze kann die zuvor skizzierte Kontroverse über den Erklärungs- und Gestaltungsanspruch des systemorientierten Paradigmas nicht ausgetragen werden. Nur am Rande wird auf zwei Aspekte aufmerksam gemacht: Einerseits beruht das systemtheoretische Varietätsgesetz auf derart rigiden impliziten Randbedingungen, daß sich kaum nachvollziehen läßt, auf welche realen betriebswirtschaftlichen Sachverhalte es anwendbar sein sollte. Andererseits wird bei den zahlreichen systemischen Gestaltungsanregungen nicht recht deutlich, ob sie über die virtuose Verwendung des systembezogenen Begriffsapparats hinaus in irgendeiner Weise auf Erkenntnissen beruhen, die für das systemorientierte Denken spezifisch sind. Aufgrund solcher Vorbehalte dient hier die systemische Perspektive auch nur zur systematischen Entfaltung betriebswirtschaftlicher Grundlagen.

5.1.2 Das Zielsystem

Das Zielsystem eines Betriebs läßt sich unmittelbar auf die allgemeine Definition des betriebswirtschaftlichen Untersuchungsobjekts zurückführen. Ihr zufolge studiert die Betriebswirtschaftslehre planmäßige Handlungen, die in Betrieben mit der Absicht erfolgen, Bedürfnisse durch Entscheidungen über die Auswahl zwischen alternativen Verwendungsweisen knapper Mittel so zu befriedigen, daß das Verhältnis zwischen dem Ergebnis intendierter Bedürfnisbefriedigung und dem Einsatz knapper Mittel nach der Maßgabe von Handlungskriterien bestmöglich ausfällt. Das geordnete Ganze aller Handlungsabsichten, die von den Mitgliedern eines Betriebs verfolgt werden, bilden sein Zielsystem *(vgl. OSSADNIK B. 2.2)*. Es wird gewöhnlich in zwei Teilsysteme gegliedert, die einerseits aus Sach- und andererseits aus Formalzielen bestehen *(vgl. zur Beschaffungsaufgabe im Zielsystem CORSTEN F. 2.3)*.

Das allgemeine **Sachziel** eines Betriebs erstreckt sich auf die Bereitstellung von Gütern, die zum Zwecke der eigenen oder fremden Bedürfnisbefriedigung bereitgestellt werden sollen. Daraus folgen spezielle Sachziele, die jeweils angeben, welche Güter im einzelnen zur Bedürfnisbefriedigung bereitzustellen sind. Sie geben darüber Aufschluß, **was** den Inhalt betrieblicher Handlungen bestimmt. In einer ersten, noch groben Annäherung schlagen sich die Sachziele bei der Eintragung einer Unternehmung ins Handelsregister als Unternehmungszweck nieder. Sie werden durch das betriebliche Leistungsprogramm konkretisiert. Es legt die Sachziele eines Betriebs durch die Arten und Mengen aller Güter fest, die in einem bestimmten Zeitraum bereitzustellen sind. Die Vielfalt betrieblicher Sachziele ist praktisch unbegrenzt. Denn es lassen sich unterschiedlichste menschliche Bedürfnisse vorstellen. Auch ist es möglich, daß zur Befriedigung einer Bedürfnisart verschiedene Güterarten in Betracht kommen.

Oftmals eignen sich Güter unmittelbar zur intendierten Bedürfnisbefriedigung. Ebenso können Güter eine Rolle spielen, die nicht direkt zur Bedürfnisbefriedigung beitragen, sondern erst noch transformiert werden müssen, um unmittelbar bedürfnisbefriedigende Güter zu erhalten. Zwischen beiden Güterkategorien besteht ein Mittel/Zweck-Zusammenhang. Daher läßt sich das Sachzielsystem eines Betriebs i.d.R. als ein hierarchisches System darstellen, an dessen Spitze die Güter der unmittelbaren Bedürfnisbefriedigung stehen. Die Güter, die nur mittelbar zur Bedürfnisbefriedigung beitragen, folgen auf tieferen Hierarchieebenen des Sachzielsystems. Sie lassen sich z.B. mit der Hilfe von Stücklisten aus den Gütern an der Systemspitze ableiten.

Formalziele geben dagegen die Art an, in der die Sachziele eines Betriebs verwirklicht werden sollen. Sie liefern daher konkrete Handlungskriterien dafür, **wie** die betrieblichen Handlungen zwecks intendierter Bedürfnisbefriedigung zu planen sind. In dieser Funktion wurden Formalziele schon früher angesprochen, als es darum ging, das allgemeine ökonomische Prinzip inhaltlich zu konkretisieren. Dort wurden auch schon zwei wesentliche Determinanten der Formalzielformulierung vorgestellt: der Formalzielinhalt und die Formalzielvorschrift. Die **Formalzielinhalte** wurden anhand der vier Kategorien der technischen, wirtschaftlichen, sozialen und ökologischen Ziele grob klassifiziert. Abbildung A. 12 zeigt eine mögliche Verfeinerung auf, die im Interesse ihrer Übersichtlichkeit betont einfach gehalten wurde. Hinsichtlich der **Formalzielvorschriften** wurden dagegen die Kategorien der Extremierungs-, der Meliorisierungs- und der Satisfizierungsziele vorgestellt.

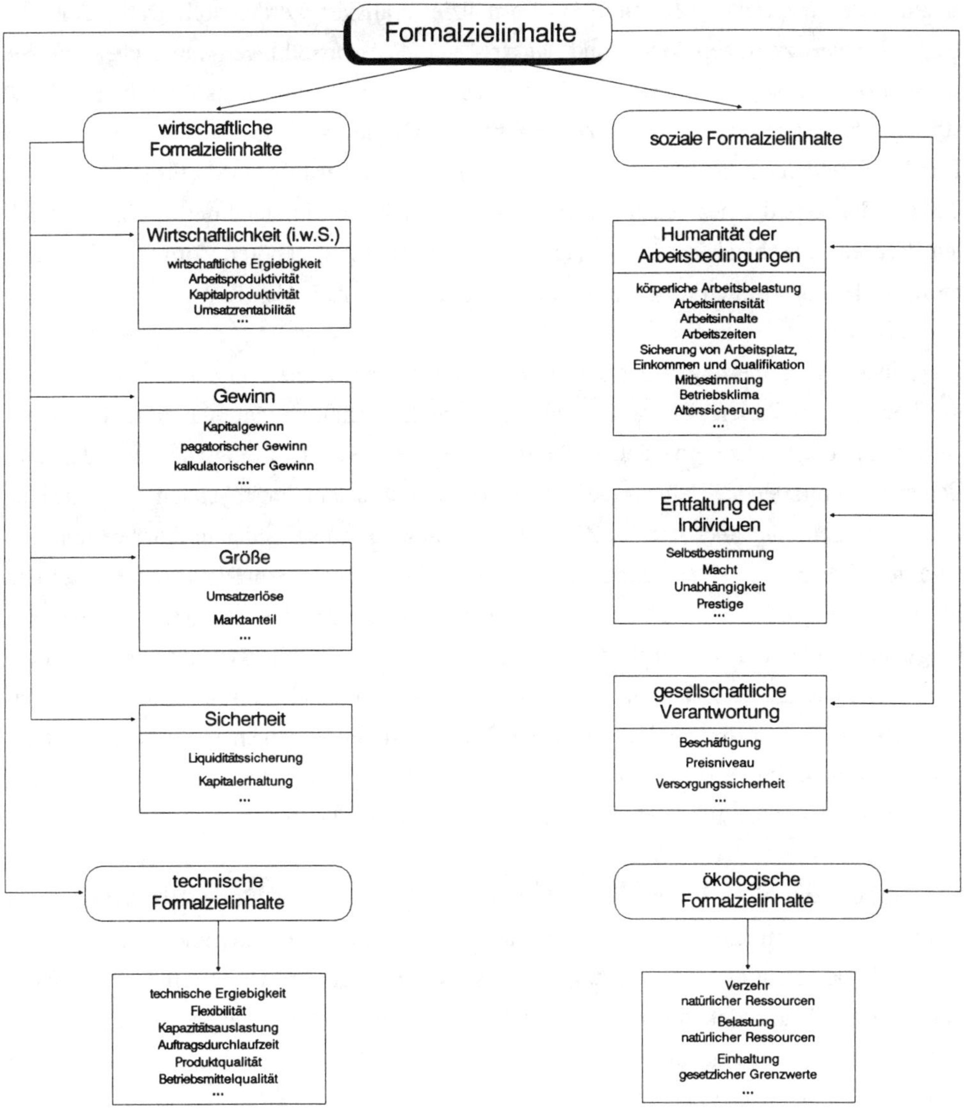

Abbildung A. 12: Übersicht über betriebswirtschaftliche Formalzielinhalte

Zwei weitere Bestimmungsgrößen für Formalziele erstrecken sich auf den zeitlichen und auf den sachlichen Geltungsbereich eines Formalziels. Der **zeitliche Geltungsbereich** spezifiziert, in welchem Zeitraum ein Formalziel realisiert werden soll. Dabei läßt sich beispielsweise zwischen kurz- und langfristigen Zielvorstellungen unterscheiden. Sie werden oftmals auch - allerdings z.T. mit nuancierten Inhalten - als operationale bzw. strategische Ziele thematisiert. Der **sachliche Geltungsbereich** legt schließlich das Handlungsfeld fest, innerhalb dessen ein Formalziel angestrebt wird. Es kann sich um das Handlungsfeld eines gesamten Betriebs oder auch um die Handlungen eines speziellen Betriebsteils handeln. Zur erstgenannten Alternative gehören formale Unternehmungsziele, zur zweiten dagegen die Formalziele eines Profit Centers.

Zusätzliche Verfeinerungen der Formalzielformulierung können daraus resultieren, daß die Beiträge zur Zielerreichung in mehreren Perioden erfaßt werden und **zeitliche Präferenzen** für die Realisierung der Zielbeiträge bestehen. So ist es möglich, entweder zeitlich früher anfallende Zielbeiträge gegenüber zeitlich später entstehenden Zielbeiträgen zu bevorzugen oder aber nur am Zielbeitrag interessiert zu sein, der in einer ex ante bestimmten Periode zur Verfügung steht. Darüber hinaus kommen **Risikopräferenzen** in Betracht. Sie greifen immer dann, wenn nicht mit Sicherheit bekannt ist, welche Handlungssituation bei der Verwirklichung eines Formalziels tatsächlich vorliegt und wenn die Formalzielbeiträge von Handlungsalternativen in Abhängigkeit von der Handlungssituation schwanken. In diesem Fall legen die Risikopräferenzen einen Maßstab dafür fest, wie Handlungsalternativen miteinander verglichen werden, die in den alternativen Handlungssituationen zu unterschiedlichen Zielbeiträgen führen.

Die Gesamtheit aller Formalziele eines Betriebs bildet sein Formalzielsystem. Die Struktur des Formalzielsystems fällt im allgemeinen wesentlich komplexer aus als die hierarchische Struktur des Sachzielsystems. Dies liegt in der Vielfalt von **Zielbeziehungen** begründet, die zwischen mehreren Formalzielen bestehen können. Grundsätzlich kann es sich dabei um die Beziehungen der Zielharmonie, der Zielindifferenz und der Zielkonkurrenz handeln.

Den einfachsten Fall stellt die **Zielharmonie** dar, die auch als Zielkomplementarität oder Zielkompatibilität bezeichnet wird. Sie ist zwischen zwei Formalzielen immer dann erfüllt, wenn Beiträge zur Erreichung des einen Formalziels die Verwirklichung des anderen Formalziels positiv beeinflussen. Falls dieser positive Beeinflussungszusammenhang nur in einer Richtung existiert, liegt eine **Mittel/Zweck-Beziehung** vor. Das eine Formalziel ist dann ein Mittel, dessen Verwirklichung angestrebt wird, um das andere Ziel zu erreichen. Ein hierarchisch geordnetes Formalzielsystem resultiert, falls sich zwischen allen seinen Komponenten, die in einem unmittelbaren Unter-/Überordnungszusammenhang stehen, solche Mittel/Zweck-Beziehungen erstrecken. Insbesondere für betriebswirtschaftliche Kennzahlen, die zur Operationalisierung von Formalzielen dienen, wurden solche hierarchischen Systeme aufgestellt. Die bekanntesten Kennzahlensysteme dienen zur Ermittlung der Eigenkapitalrentabilität. Eine typische Variante ist in Abbildung A. 13 wiedergegeben. Sie umfaßt die Berechnung der Kennzahl "Return on Investment", die zur Eigenkapitalrentabilität in einem Mittel/Zweck-Verhältnis steht.

Allerdings lassen sich solche durchgängigen Mittel/Zweck-Beziehungen zumeist nur im Zusammenhang mit ausgereiften Kennzahlensystemen feststellen. Außerhalb dieses Bereichs bereitet es große Schwierigkeiten nachzuweisen, daß angebliche "Unterziele" zu ihren Oberzielen in einer Mittel/Zweck-Beziehung stehen. Statt dessen werden zur Konkretisierung von abstrakten Formalzielen oftmals "untergeordnete" Formalziele eingeführt, deren positive Beeinflussung der Erreichung ihrer übergeordneten Formalziele lediglich vermutet oder als "plausibel" empfunden wird.

Zielindifferenz oder Zielneutralität herrscht, wenn sich zwei Formalziele unabhängig voneinander verfolgen lassen. Dann beeinflussen Beiträge zur Erreichung des einen Formalziels die Verwirklichung des anderen Formalziels weder positiv noch negativ (vice versa). Dies bedeutet, daß sich die Struktur des zugehörigen Formalzielsystems nicht mehr als Zielehierarchie, sondern nur noch als eine mehrgipfelige Heterarchie von Formalzielen darstellen läßt.

Die **Zielkonkurrenz**, die ebenso als Zielkonflikt thematisiert wird, stellt die betriebswirtschaftlich interessanteste und auch praktisch häufigste Art der Beziehung zwischen Formalzielen dar. Sie liegt zwischen zwei Formalzielen immer dann vor, wenn Beiträge zur Erreichung des einen Formalziels die Verwirklichung des anderen Formalziels negativ beeinflussen. Im extremen Fall verhindert jede Verwirklichung des einen Formalziels grundsätzlich, das andere Formalziel zu erreichen. Dann wird auch von einer **Zielantinomie** gesprochen.

Sobald die Mitglieder eines Betriebs mehrere konkurrierende Formalziele verfolgen, bedarf es im allgemeinen zusätzlicher Präferenzen, um Handlungsalternativen zu beurteilen. Denn die Beiträge einer Handlungsalternative, die sich auf die Erreichung mindestens zweier Formalziele bei Zielkonkurrenz einmal positiv und das andere Mal negativ auswirken, müssen in bezug auf das gesamte Formalzielsystem gegeneinander abgewogen werden. Diese Abwägung leisten sog. **Artenpräferenzen**. Im einfachsten Fall handelt es sich um eine **Zielgewichtung**. Sie führt Zielgewichte ein, mit denen die Beiträge, die eine Handlungsalternative zur Erreichung jeweils einer Formalziel"art" leistet, multipliziert werden. Die derart gewichteten artspezifischen Zielbeiträge werden anschließend zu einem zielsystemübergreifenden Beitrag aggregiert, zumeist addiert.

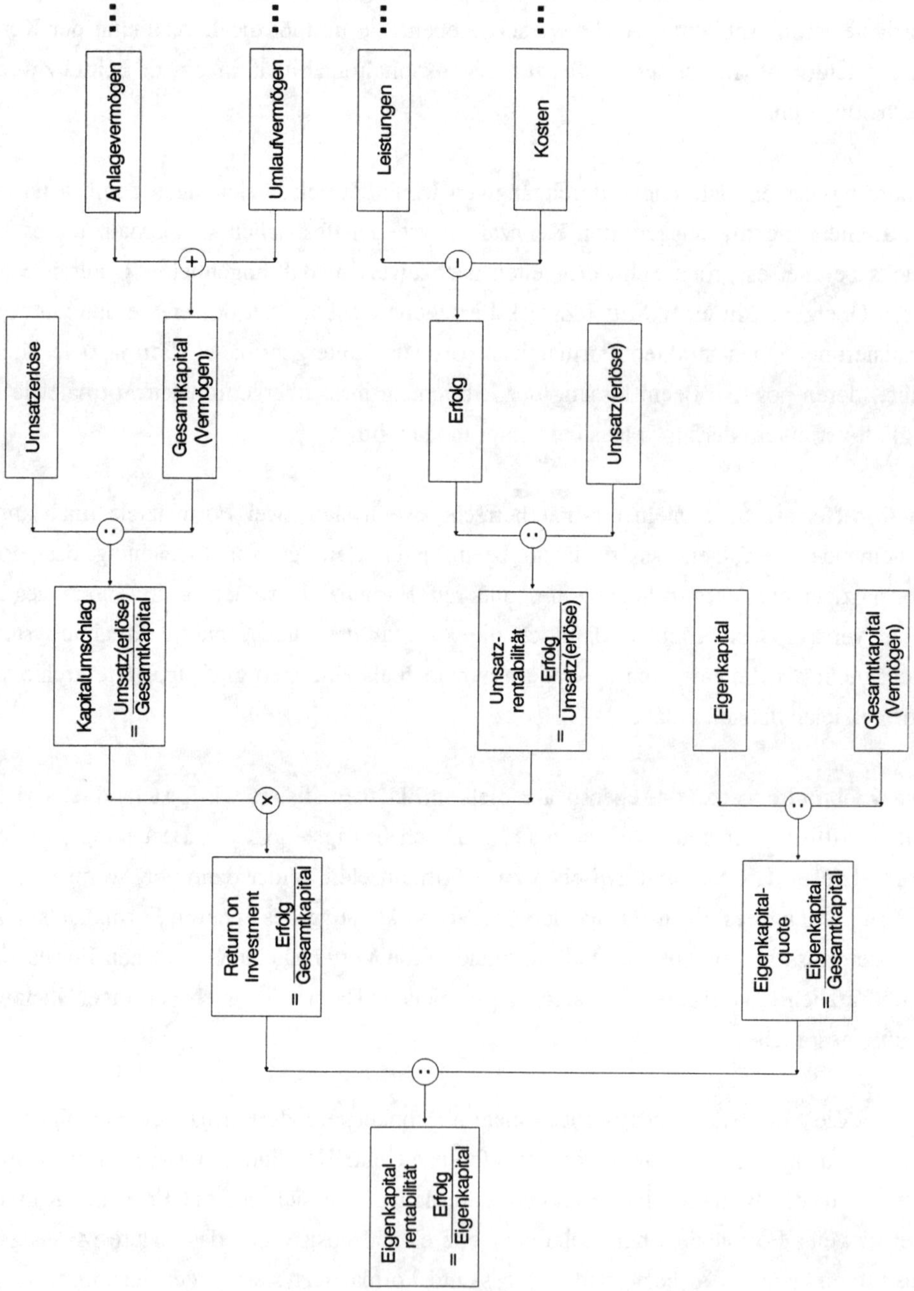

Abbildung A. 13: Hierarchisches Kennzahlensystem zur Ermittlung der Eigenkapitalrentabilität

Das Konzept der Zielgewichtung erfreut sich sowohl seitens der Betriebswirtschaftslehre als auch in der betrieblichen Praxis einer großen Verbreitung. Beispielsweise liegt es der Aggregationsphase der Nutzwertanalyse zugrunde. Allerdings bereitet es oftmals erhebliche Probleme, "sinnvolle" Zielgewichte für vollkommen verschiedenartige Formalzielinhalte anzugeben, die obendrein noch auf unterschiedlichen Skalenniveaus gemessen sein können. So läßt sich schwer vorstellen, wie ein metrisch gemessenes Rentabilitätsziel und ein ordinal gemessenes Humanisierungsziel durch Zielgewichte derart "gleichnamig" gemacht werden könnten, daß sich ihre Zielbeiträge gegenseitig aufrechnen lassen.

5.1.3 Das Transformationssystem

Das Transformationssystem eines Betriebs ist ebenso wie das Zielsystem in der Definition betriebswirtschaftlicher Untersuchungsobjekte bereits implizit enthalten. Denn es werden planmäßige Handlungen studiert, die in Betrieben mit der Absicht erfolgen, Bedürfnisse durch Entscheidungen über die Auswahl zwischen alternativen Verwendungsweisen knapper Mittel so zu befriedigen, daß das Verhältnis zwischen dem Ergebnis intendierter Bedürfnisbefriedigung und dem Einsatz knapper Mittel nach der Maßgabe von Handlungskriterien bestmöglich ausfällt. Diejenigen knappen Mittel, zwischen deren Verwendungsweisen ausgewählt werden soll, werden als **Einsatzgüter** oder **Produktionsfaktoren** bezeichnet. Sie eignen sich aber im allgemeinen nicht zur unmittelbaren Bedürfnisbefriedigung. Statt dessen müssen sie **Transformationsprozessen** unterworfen werden. Als Transformationsergebnisse resultieren die **Ausbringungsgüter** oder **Produkte**, die sich zur unmittelbaren Bedürfnisbefriedigung eignen. Das **Transformationssystem** eines Betriebs ist das Teilsystem, innerhalb dessen die gütertransformierenden Prozesse ausgeführt werden *(vgl. REESE G. 4.2)*.

Da die Transformationsprozesse Produkte hervorbringen, werden sie häufig auch als **Produktionsprozesse** angesprochen. Entsprechend wird vom betrieblichen **Produktionssystem** geredet. Diese Diktion könnte allerdings zu dem Mißverständnis verleiten, Produktionsprozesse und -systeme nur im engen Verständnis der industriellen Güterfertigung auszulegen. Statt dessen läßt sich der betriebswirtschaftliche Produktionsbegriff aber wesentlich weiter fassen: Er erstreckt sich auf alle Arten der Gütertransformation, die in Betrieben ausgeführt werden, um jene Güter bereitzustellen, die sich zur letztlich intendierten Bedürfnisbefriedigung eignen. Daher kann der Produktionsbegriff ebenso auf die "Produktion von Sicherheit" im Großbetrieb der Bundeswehr wie auf die "Produktion einer Mahlzeit" im Kleinstbetrieb eines privaten Haushalts angewandt werden. Wegen dieser inhaltlichen Weite des Produktionsbegriffs wird oftmals die "neutrale" Redeweise bevorzugt, von Transformationsprozessen und -systemen zu sprechen. Sie schließt beispielsweise auch informationsverarbeitende Prozesse ein, die von spezialisierten Dienstleistern - den Informationsbrokern - erbracht werden, um den Informationsbedürfnissen ihrer Kunden zu entsprechen.

Transformationsprozesse betonen allerdings nur eine Seite derjenigen realen Prozesse, die in Betrieben ausgeführt werden, um bedürfnisbefriedigende Güter bereitzustellen. Sie beruhen auf dem **Input/Output-Ansatz**. Er konzeptualisiert Prozesse nach einem typischen Denkschema: Der Prozeßinput wird anhand der Einsatzgüter oder Produktionsfaktoren ebenso detailliert erfaßt wie der Prozeßoutput anhand der Ausbringungsgüter oder Produkte. Dagegen bleibt der Prozeßthroughput, die eigentliche Prozeßausführung, weitgehend im Dunkeln. Oftmals wird er als "black box" behandelt, allenfalls mittels einer Transformationsfunktion grob spezifiziert.

Zumindest das betriebswirtschaftliche Gestaltungsinteresse verlangt aber nach detaillierteren Erkenntnissen über die planende Vorbereitung und tatsächliche Ausführung von Transformationsprozessen. Solche Einsichten vermittelt vor allem das **faktorkombinative Paradigma** der Betriebswirtschaftslehre. Es wurde maßgeblich von den Arbeiten GUTENBERG's geprägt (vgl. GUTENBERG 1983, S. 2 ff. u. 298 ff.; KERN 1992, S. 10 ff.). Seine Untersuchungen konzentrieren sich auf die Frage, wie Produktionsfaktoren miteinander kombiniert werden können. Dabei bilden die Faktorkombinationen aber keinen Selbstzweck. Vielmehr wird studiert, in welcher Weise die Produktionsfaktoren kombiniert werden sollten, um einerseits dem Sachziel gerecht zu werden, Produkte zum Zwecke der Bedürfnisbefriedigung herzustellen, und andererseits die betrieblichen Formalziele zu erfüllen.

Der Input/Output-Ansatz und das faktorkombinative Paradigma widersprechen sich keineswegs, sondern ergänzen einander. Beide Perspektiven schlagen sich in der Feststellung nieder: Im Transformations- oder Produktionssystem eines Betriebs werden Produktionsfaktoren miteinander kombiniert und in Produkte transformiert, die sich zur Befriedigung von vorgegebenen Bedürfnissen nach ebenso vorgegebenen Handlungskriterien eignen. Entsprechend lassen sich die Aktivitäten, die im betrieblichen Transformationssystem vollzogen werden, mit dem weit gefaßten Produktionsbegriff von ELLINGER und HAUPT identifizieren (vgl. ELLINGER/ HAUPT 1990, S. 1 f.):

Produktion ist die Kombination von vorhandenen Gütern (den Produktionsfaktoren) und deren Transformation zu neuen Gütern (den Produkten).

Dabei spielt "die" Produktion die Rolle eines Sammelbegriffs, unter dem alle Produktionsprozesse zusammengefaßt werden, die innerhalb eines Produktionssystems geplant oder ausgeführt werden. Darauf beruhen folgende Präzisierungen für Produkte und Produktionsfaktoren, wenn die Bedürfnisbefriedigung als allgemeines Sachziel betrieblichen Handelns eingeschlossen wird:

Produkte sind Güter, die Ergebnisse von Produktionsprozessen darstellen und in der Absicht hergestellt wurden, zur Befriedigung eigener oder fremder Bedürfnisse beizutragen.

Produktionsfaktoren sind Güter, die durch ihre technischen Eigenschaften die Abläufe oder die Ergebnisse von Produktionsprozessen der Art oder dem Umfang nach beeinflussen.

Die Eigenschaften von Produktionsfaktoren und ihre Art der Beeinflussung von Produktionsprozessen hängen wesentlich vom Produktionsfaktortyp ab. Daher widmet sich das faktorkombinative Paradigma seit langem der Aufgabe, eine Systematik der Produktionsfaktoren zu entwickeln, die auf die Gestaltung von innerbetrieblichen Produktionsprozessen zugeschnitten ist. Die tradierte volkswirtschaftliche Unterscheidung zwischen Arbeit, Grund und Boden (oder Natur) sowie (Sach-)Kapital konnte den speziellen betriebswirtschaftlichen Gestaltungsbedürfnissen nicht gerecht werden. Daher wurden seitens der Betriebswirtschaftslehre zahlreiche eigenständige Faktorsystematiken aufgestellt. Ihre gemeinsame Grundlage bildet das **System der Produktionsfaktoren** von GUTENBERG (vgl. GUTENBERG 1983, S. 2 ff.; *vgl. REESE G. 4.6*).

Zunächst wird zwischen dem dispositiven Faktor und den Elementarfaktoren unterschieden. Der **dispositive Faktor** umfaßt alle menschlichen Arbeitsleistungen, mit denen die Elementarfaktoren kombiniert werden. Aus der Perspektive des Input/Output-Ansatzes dienen die dispositiven menschlichen Arbeitsleistungen dazu, die betrieblichen Transformationsprozesse zu gestalten, aber nicht konkret auszuführen. Die Gestaltung von Transformationsprozessen erstreckt sich zunächst auf die gedankliche Vorwegnahme oder Planung der Prozeßausführung. Daneben umfaßt sie die Gesamtheit aller generellen Regelungen (Organisation) und aller fallweisen Anordnungen, die zur Durchsetzung der geplanten Prozeßausführung dienen. Hinzu kommt die Überwachung oder Kontrolle der Prozeßausführung. Schließlich kann auch noch ein (gegen)steuerndes Eingreifen erforderlich werden, falls während der Prozeßausführung erkannt wird, daß sie von der ursprünglich geplanten Ausführungsweise in einem nicht mehr tolerierten Ausmaß abweicht.

Die Gestaltungsleistungen des dispositiven Faktors werden in einen originären und in einen derivativen Teil aufgespalten. Der **originäre dispositive Faktor** leistet jenen Gestaltungsanteil, der sich nicht vollständig auf rationale Handlungsschemata zurückführen läßt. Es handelt sich um die irreduzibel irrationale Komponente betrieblichen Handelns, die der Geschäfts- und Betriebsleitung vorbehalten bleibt. Die **derivativen dispositiven Faktoren** erstrecken sich dagegen auf alle rationalen Gestaltungshandlungen. Sie können wegen ihrer immanenten Rationalität von der Geschäfts- und Betriebsleitung an andere Betriebsmitglieder delegiert werden. GUTENBERG selbst unterschied in dieser Hinsicht zwischen den derivativen Faktoren der **Planung** und der **Organisation**. Heute wird i.d.R. als dritter derivativer Faktor die **Kontrolle** hinzugenommen. Mitunter gilt sogar das Informationsmanagement als ein eigenständiger derivativer Faktor (vgl. BUSSE VON COLBE/LASSMANN 1991, S. 76 u. 83).

Zu den **Elementarfaktoren** gehören alle Produktionsfaktoren, die an der unmittelbaren Ausführung von Transformationsprozessen teilnehmen. Dabei werden drei Faktortypen unterschieden. Erstens bildet die **objektbezogene menschliche Arbeitsleistung** das Komplement zum dispositiven Faktor. Sie führt Handlungen an den "Objekten" der betrieblichen Leistungserstellung und -verwertung aus. Da auf Arbeitsleistungen und nicht auf Arbeitskräfte Bezug genommen wird, kann dieselbe Arbeitskraft sowohl dispositive als auch objektbezogene Arbeitsleistungen erbringen. Dies stellt sogar den Regelfall dar. Denn es läßt sich kaum vorstellen, daß eine Arbeitskraft vollkommen auf ausführende Tätigkeiten beschränkt bleibt, also in die Art der Tätigkeitsausführung überhaupt nicht gestaltend eingreift. Zweitens umfassen die **Betriebsmittel** die Gesamtheit aller Einrichtungen und Anlagen, die für die Erstellung oder Verwertung betrieblicher Leistungen erforderlich sind, aber nicht selbst in jene Leistungen eingehen. Dazu rechnen nicht nur Maschinen und Gebäude, sondern z.B. auch Werkzeuge oder der volkswirtschaftliche Produktionsfaktor "Grund und Boden". Drittens erstrecken sich die **Werkstoffe** auf alle Rohstoffe sowie Halb- oder Fertigerzeugnisse, die als Ausgangsstoffe für die Herstellung von betrieblichen Leistungen dienen.

GUTENBERG's System der Produktionsfaktoren hat mittlerweile eine Fülle von Modifizierungen und Erweiterungen erfahren. Sie können hier nicht detailliert erläutert werden. Statt dessen gewährt Abbildung A. 14 einen groben Überblick über alternative Faktorsystematiken. Ein wesentlich verfeinertes System von Produktionsfaktoren, das auch die Besonderheiten einzelner Branchen berücksichtigt, wurde z.B. von CORSTEN vorgelegt (vgl. CORSTEN 1990, S. 100 ff.). Lediglich auf zwei Fortentwicklungen wird in exemplarischer Weise kurz eingegangen.

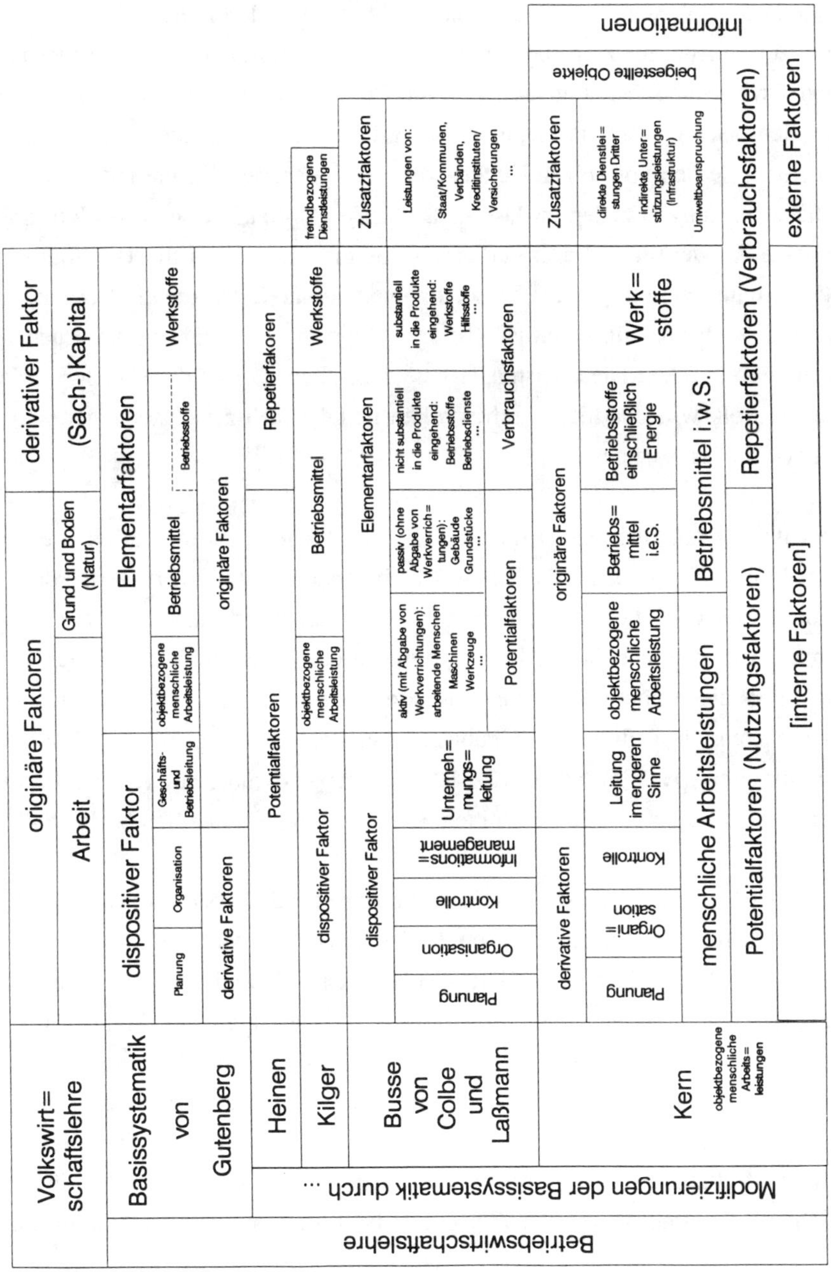

Abbildung A. 14: Alternative Faktorsystematiken

Einerseits gewinnen **externe Produktionsfaktoren** zunehmende Beachtung. Im Gegensatz zu den internen Produktionsfaktoren GUTENBERG's gehen sie nicht in das rechtliche Eigentum eines Betriebs über. Vielmehr werden sie einem Betrieb lediglich zur Nutzung überlassen. Wegen des Eigentummangels vermag der Betrieb über die Art der Faktornutzung nicht frei zu disponieren. Allerdings beeinflussen die externen Faktoren aufgrund ihrer technischen Eigenschaften die Produktionsprozesse, an denen sie teilhaben. Bei den externen Faktoren kann es sich z.B. um **beigestellte Objekte** handeln. Sie werden einem Betrieb von seinen Kunden zur Verfügung gestellt, um mit ihrer Hilfe die betriebliche Leistung erstellen zu lassen. Das trifft etwa auf ein defektes Kraftfahrzeug zu, das eine Kunde einem Reparaturbetrieb übergibt, um daran die Dienstleistung der Defektbeseitigung auszuführen. Ebenso kommen **Zusatzfaktoren** in Betracht, die ein Betrieb entgeltlich oder unentgeltlich für seine Leistungserstellung in Anspruch nimmt. Dazu gehören vor allem Dienstleistungen, die durch Betriebsfremde erbracht werden, die Nutzung der volkswirtschaftlichen Infrastruktur und die Inanspruchnahme der natürlichen Umwelt als Immissionsmedium.

Andererseits herrscht eine rege Diskussion über die Frage, ob **Informationen** einen Produktionsfaktor sui generis darstellen. Insbesondere von Vertretern der Wirtschaftsinformatik wird diese Frage bejaht. Im produktionswirtschaftlichen Lager hat sich dagegen noch keine einheitliche Meinung durchzusetzen vermocht. So werden Informationen z.T. als eigenständiger Produktionsfaktortyp anerkannt. Teilweise gelten sie aber auch nur als unselbständige Ausprägungen einer der oben angeführten, "klassischen" Produktionsfaktortypen. Im letzten Fall läßt sich sogar darüber streiten, ob Informationen eher den Charakter von Betriebsmitteln oder aber von Werkstoffen besitzen.

Analog zu den Faktorsystematiken lassen sich ebenso Produktsystematiken aufstellen. Sie richten sich nach den allgemein üblichen Typisierungen für wirtschaftliche Güter. Allerdings tragen solche Produkt- oder Gütersystematiken nur wenig dazu bei, betriebswirtschaftliche Einsichten in die Funktionsweise oder die Gestaltung von Transformationssystemen zu stimulieren. Immerhin können sie benutzt werden, um das betriebliche Transformationssystem in weitere Subsysteme aufzuspalten. So wird oftmals zwischen einem leistungs- und einem finanzwirtschaftlichen Subsystem unterschieden. Im **leistungswirtschaftlichen Subsystem** erfolgt die Transformation von Realgütern. Im **finanzwirtschaftlichen Subsystem** vollzieht sich dagegen die Transformation von Nominalgütern.

Darüber hinaus wird oftmals ein eigenständiges **informationswirtschaftliches Subsystem** betrachtet. Zwar gehören Informationen zur Kategorie der Realgüter, doch wird das leistungswirtschaftliche Subsystem i.d.R. nur auf jene Realgüter bezogen, die als

Elementarkombinationen im Transformationssystem miteinander kombiniert werden. Die Aktivitäten des dispositiven Faktors, der mit seinen Dispositionen die Elementarkombinationen gestaltet, erfolgen dagegen außerhalb des Transformationssystems. Diese Dispositionsaktivitäten lassen sich stets auf informationsverarbeitende Handlungen zurückführen. Deshalb liegt es nahe, die Aktivitäten des dispositiven Faktors in einem informationswirtschaftlichen Subsystem zu lokalisieren.

5.1.4 Das Umsystem

Das Umsystem eines Betriebs knüpft an die Vorstellung an, daß jeder Betrieb ein offenes System darstellt. Über seine Schnittstellen steht es in vielfältigen Beziehungen mit seiner wirtschaftlichen, gesellschaftlichen und natürlichen Umwelt. Die Gesamtheit aller Umweltaspekte, die auf innerbetriebliche Handlungen einen Einfluß auszuüben vermögen, bildet das betriebliche Umsystem. Abbildung A. 15 zeigt die wichtigsten Beziehungen, in denen ein Betrieb mit verschiedenartigen Komponenten seines Umsystems steht.

Das **wirtschaftliche Umsystem** eines Betriebs läßt sich zunächst grob in ein leistungs- und ein finanzwirtschaftliches Subsystem einteilen. Das **leistungswirtschaftliche Umsystem** umfaßt die Faktor- und die Produktmärkte, mit denen der Betrieb zunächst über **Realgüterströme** verknüpft ist. Da es sich bei den **Faktormärkten** aus der innerbetrieblichen Perspektive i.d.R. um Beschaffungsmärkte handelt, weisen entsprechende Realgüterflüsse von den Faktormärkten in den Betrieb. Aber auch Rückflüsse sind möglich, wie z.B. für freigesetzte Arbeitskräfte oder auch nicht mehr benötigte Betriebsmittel. Die **Produktmärkte** stellen dagegen Absatzmärkte dar, auf denen zumeist Realgüterflüsse aus dem Betrieb eintreffen. Abermals können Rückflüsse erfolgen, die etwa aus dem Rücklauf von beanstandeten Produkten resultieren. Hinzu kommen **Nominalgüterströme**, die aus den Entgelten für beschaffte Produktionsfaktoren (Ausgaben) und für abgesetzte Produkte (Einnahmen) bestehen. Die Nominalgüterströme können entweder in der Gestalt von Aus- bzw. Einzahlungen als Zahlungsströme auftreten oder aber in der Form von Forderungs- und Kredittransaktionen abgewickelt werden. Rückgerichtete Nominalgüterströme kommen für die vorgenannten inversen Realgüterströme ebenso in Betracht. Das **finanzwirtschaftliche Umsystem** erstreckt sich dagegen auf die **Geld- und Kapitalmärkte** (kurz: Finanzmärkte). Mit ihnen tritt ein Betrieb ausschließlich über Nominalgüterströme in Verbindung. Sie dienen der Zufuhr von Eigen- und Fremdkapital sowie der Kapitalrückzahlung und -verzinsung.

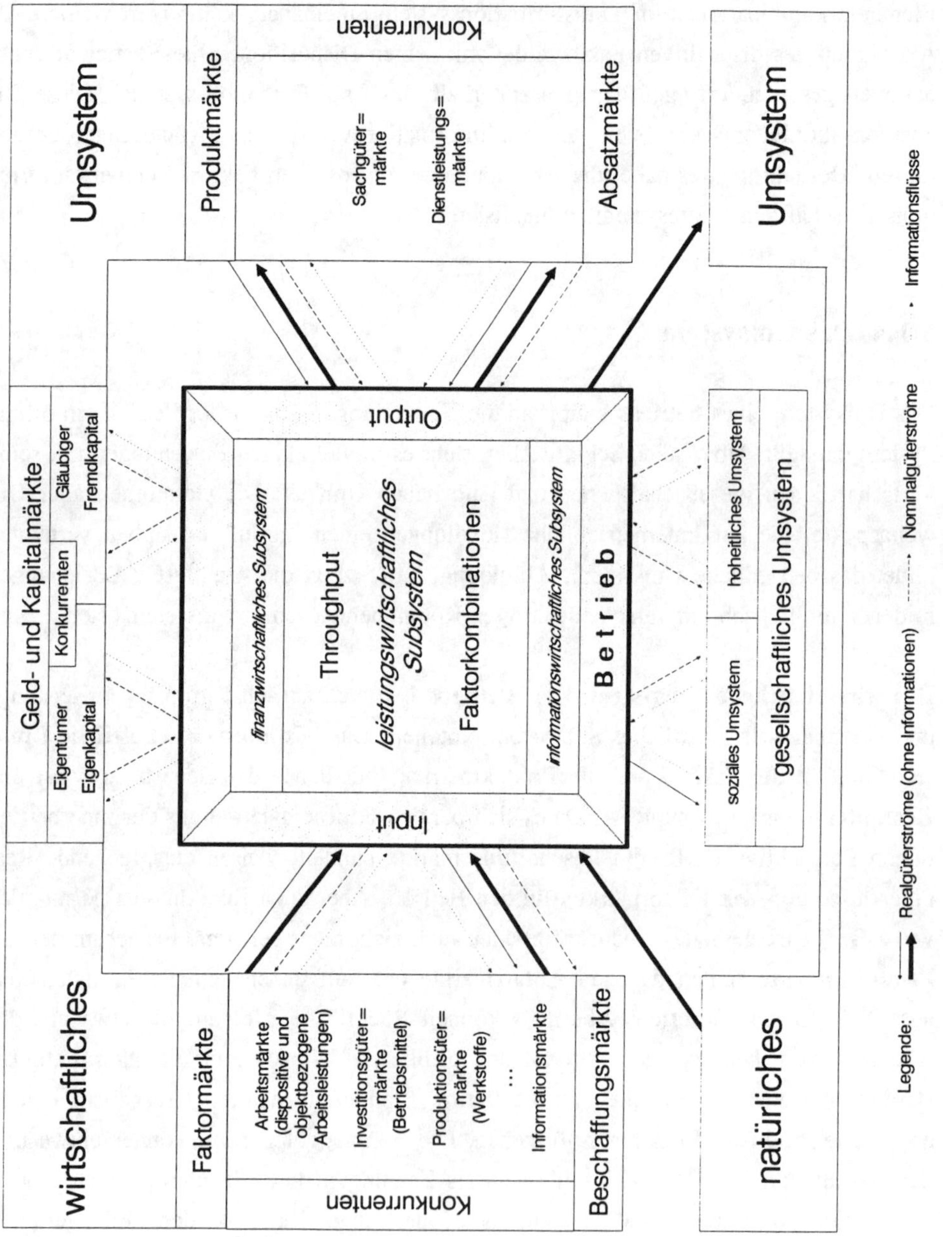

Abbildung A. 15: Einbettung eines Betriebs in sein Umsystem

Über die typischen Real- und Nominalgüterströme hinaus, die zuvor skizziert wurden, ist ein Betrieb mit den Märkten seines wirtschaftlichen Umsystems i.d.R. auch durch vielfache **Informationsflüsse** verknüpft. So können Informationsflüsse an die Beschaffungsmärkte gerichtet sein, um Werkstoffe zu ordern, oder aber Informationsflüsse von den Absatzmärkten eintreffen, um Kundenbestellungen mitzuteilen. Ebenso bestehen intensive Informationsvernetzungen mit den Akteuren auf den Geld- und Kapitalmärkten. Einerseits wird der Informationsaustausch mit tatsächlichen oder potentiellen Eigenkapitalgebern (Eigentümern, insbesondere Anteilseignern) gepflegt. Es wird dann auch von einem **Shareholder**-Ansatz gesprochen. Aus seiner Perspektive empfiehlt sich eine spezielle, eignerorientierte Bilanzpolitik. Sie herrscht in angloamerikanischen Wirtschaftssystemen vor. Andererseits spielt ebenso die Kommunikation mit tatsächlichen oder potentiellen Fremdkapitalgebern (Gläubigern) eine wichtige Rolle. Sie wird abermals durch eine spezielle, jedoch gläubigerorientierte Bilanzpolitik unterstützt. Ihr wird beispielsweise im deutschen Wirtschaftssystem der Vorzug eingeräumt. Schließlich bemüht sich der **Investor Relations**-Ansatz generell darum, tatsächliche oder potentielle Kapitalgeber durch eine aktive Informationspolitik für die finanzwirtschaftlichen Interessen eines Betriebs zu gewinnen.

Schließlich ist zu beachten, daß ein Betrieb nicht nur in direkten leistungs- oder finanzwirtschaftlichen Beziehungen mit seinen Lieferanten, Kunden und Investoren auf den Beschaffungs-, Absatz- bzw. Finanzmärkten steht. Vielmehr befindet sich ein Betrieb in marktwirtschaftlichen Wirtschaftssystemen auch in analogen, jedoch indirekten Beziehungen zu seinen **Konkurrenten**. Denn jeder Betrieb konkurriert mit anderen Betrieben um knappe Beschaffungs-, Absatz- und Finanzierungspotentiale.

Das **gesellschaftliche Umsystem** besteht im wesentlichen aus einem sozialen und einem hoheitlichen Subsystem. Das **soziale Umsystem** umfaßt alle Personen, die keine Betriebsmitglieder sind, aber als Einzelne oder in Gruppen auf irgendeine nicht-wirtschaftliche Weise mit den innerbetrieblichen Handlungen in Beziehung stehen. Die Beziehung kann in zweifacher Richtung auftreten: einerseits als Einwirken auf betriebliche Handlungen und andererseits als Betroffensein von betrieblichen Handlungen. Der Aspekt der Betroffenheit läßt sich dabei in unterschiedlicher Weite auslegen. Er reicht von den Anwohnern eines Betriebs, die von dessen Emissionen unmittelbar betroffen sind, über Gruppierungen, die sich stellvertretend für unmittelbar Betroffene engagieren, bis hin zu einem "allgemeinen Interesse" an der Handlungsweise eines Betriebs. Im zuletzt genannten Verständnis umfaßt das soziale Umsystem die gesamte interessierte Öffentlichkeit. Zu ihr gehören staatliche Organe, Verbände, Medien usw. Im Rahmen des **Social Engineering** ist man bemüht, innerbetriebliche Handlungen mit Interessen abzustimmen, die im sozialen Umsystem artikuliert werden. In die gleiche Richtung weist der **Stakeholder**-Ansatz. Er verfolgt bei der Gestaltung innerbetrieblicher Handlungen die Absicht, nicht nur die Eigentümer (wie beim Shareholder-Ansatz), Gläubiger, Kunden und Lieferanten aus dem wirtschaftlichen Umsystem zu beachten. Vielmehr sollen ebenso die Erwartungen oder Befürchtungen aller übrigen Personen berücksichtigt werden, die an den Aktivitäten eines Betriebs Interesse zeigen.

Das **hoheitliche Umsystem** erstreckt sich auf alle Institutionen, die kraft hoheitlicher Rechtsakte bestehen und auf das innerbetriebliche Handeln einzuwirken vermögen. Anstelle der Institutionen lassen sich auch die rechtlichen Bestimmungen, auf denen die Institutionen gründen, als Umsystem betrachten. Es handelt sich dann um ein **rechtliches Umsystem**. Das hoheitliche Umsystem umgreift vor allem die Gebietskörperschaften - also Bund, Länder und Gemeinden - und die Finanzverwaltung. Sie können durch eine Fülle von rechtswirksamen Verfügungen betriebliches Handeln sowohl fördern als auch belasten. Förderungen geschehen vor allem in der Gestalt von Subventionen. Belastungen können in vielfältigen Variationen auftreten. Im wesentlichen handelt es sich entweder um Steuern und Abgaben oder um einschränkende Gesetze, Durchführungsverordnungen und Verwaltungsvorschriften.

Die Beziehungen, die einen Betrieb mit seinem gesellschaftlichen Umsystem verknüpfen, besitzen überwiegend den Charakter von Informationsflüssen. Ihrer Pflege widmet sich vor allem der **Public Relations**-Ansatz. Aber auch das betriebliche Rechnungswesen trägt mit seinen extern orientierten Dokumentationsrechnungen zur Information der interessierten Öffentlichkeit bei. Das trifft vor allem auf Steuerbilanzen zu, die das Informationsbedürfnis des hoheitlichen Umsystems befriedigen. Mitunter kann es aber auch zu Real- oder Nominalgüterströmen kommen. Realgüterflüsse spielen vornehmlich im sozialen Umsystem eine Rolle, etwa wenn sich Personen von betrieblichen Emissionen belästigt fühlen. Nominalgüter fließen dagegen in erster Linie zwischen Betrieb und hoheitlichem Umsystem, beispielsweise als Subventions- oder Steuerzahlungen. In selteneren Fällen treten auch Nominalgüterströme im sozialen Umsystem auf, etwa wenn ein Betrieb versucht, kritische Gruppierungen durch monetäre Zuwendungen für sich zu gewinnen.

Das **natürliche Umsystem** umfaßt schließlich die gesamte belebte und unbelebte Natur, sofern sie in einer Beziehung zum betrieblichen Handeln steht. Solche Beziehungen kommen stets durch Realgüter zustande, die ein Betrieb mit seinem natürlichen Umsystem austauscht. Beispielsweise kann es sich um Bodenschätze oder Frischwasser handeln, die ein Betrieb seiner natürlichen Umgebung entnimmt. Ebenso kommen

Schadstoffe in Betracht, die ein Betrieb an die Umwelt abgibt. Die Besonderheit des natürlichen Umsystems liegt darin, daß es im Gegensatz zum wirtschaftlichen und gesellschaftlichen Umsystem über keine Akteure verfügt, die ihre Interessenkonflikte mit innerbetrieblichen Handlungsträgern austragen könnten. Daher wurde das natürliche Umsystem seitens der Betriebswirtschaftslehre lange Zeit nicht ernsthaft zur Kenntnis genommen. Das trug ihr - neben anderen wirtschaftswissenschaftlichen Disziplinen - den Vorwurf der "ökologischen Ignoranz" ein. Mittlerweile wurde diese Lücke aber durch eine Fülle betriebswirtschaftlicher Beiträge zur Umweltproblematik geschlossen. Neuerdings wird sogar von einem eigenständigen ökologischen Paradigma der Betriebswirtschaftslehre geredet. Darauf wurde schon an früherer Stelle hingewiesen.

5.2 Die funktionale Perspektive

Neben dem systemtheoretischen Paradigma verfügt die Betriebswirtschaftslehre über eine breite Palette weiterer Ansätze, um die Komplexität ihrer Untersuchungsobjekte durch "zweckmäßige" Gliederungen zu reduzieren. Zu den am weitesten verbreiteten gehört der **funktionale Ansatz**. Aus seiner Perspektive werden die wirtschaftlichen Handlungen, die innerhalb eines Betriebes erfolgen, nach denjenigen Funktionen unterschieden, die mit der Handlungsausführung erfüllt werden sollen. Entsprechend wird von einer **funktionalen Gliederung der Betriebswirtschaftslehre** geredet, wenn sich Spezielle Betriebswirtschaftslehren darauf konzentrieren, jeweils die Erfüllung einer bestimmten betrieblichen Funktion zu untersuchen. Dafür kommen im Prinzip alle nachstehend angesprochenen Funktionen in Betracht. Im Vordergrund stehen jedoch einige Spezielle Betriebswirtschaftslehren, wie etwa die Planungs- oder die Organisationslehre, das betriebswirtschaftliche Rechnungswesen und die Finanz-, die Personal-, die Absatz- oder die Produktionswirtschaft.

Allerdings wirkt sich erschwerend aus, daß der Begriff der betrieblichen Funktion seitens der Betriebswirtschaftslehre in vielfachen Variationen verwendet wird. Es herrscht lediglich weitgehende Einstimmigkeit darüber, was unter betrieblichen Funktionen im engeren Sinn zu verstehen ist:

> **Funktionen i.e.S.** stellen Komplexe aus gleichartigen Verrichtungen (Handlungen) dar.

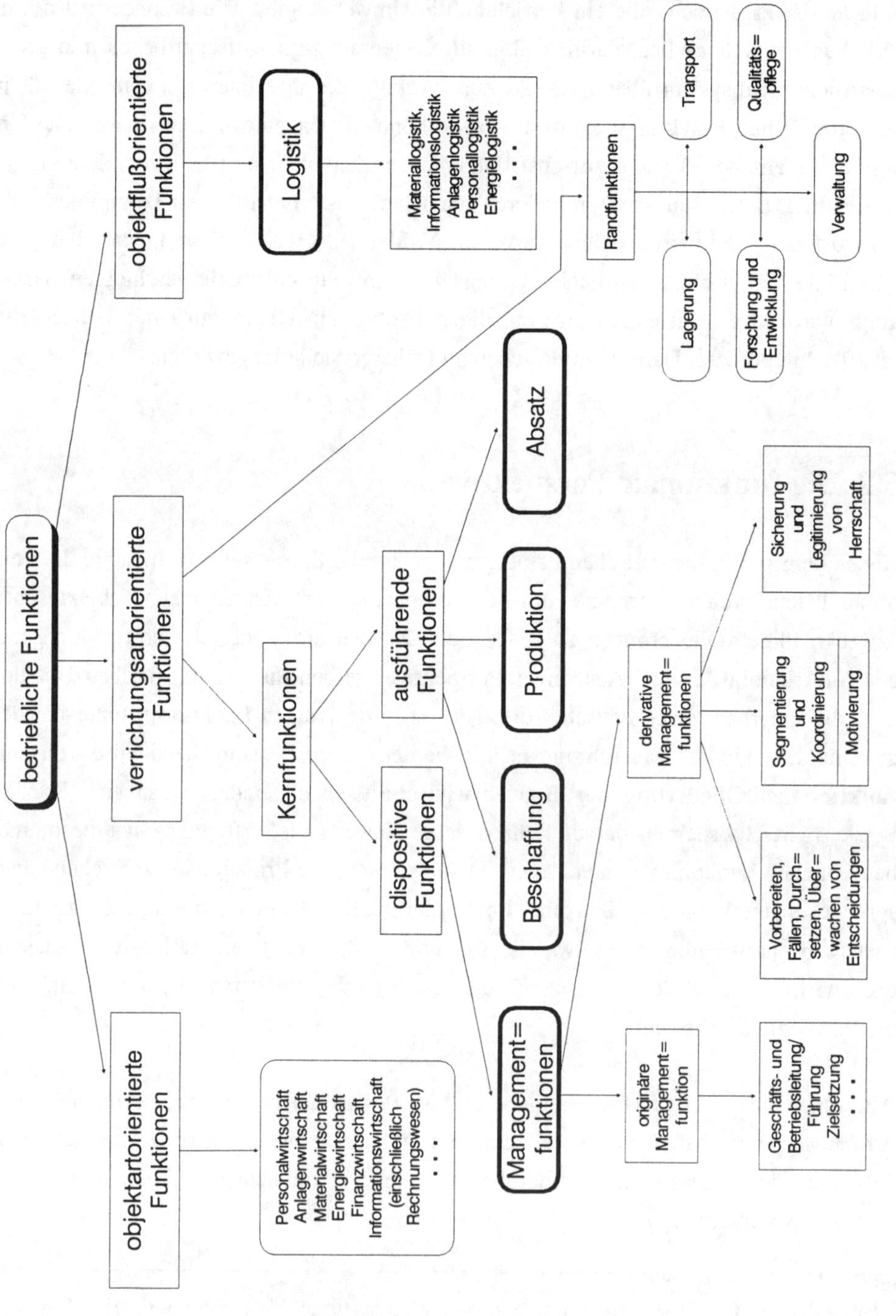

Abbildung A. 16: Betriebliche Funktionen

Abbildung A. 16 gibt aus der funktionalen Perspektive eine mögliche Aufgliederung betrieblicher Handlungsweisen wieder. In ihrem Zentrum stehen die Funktionen i.e.S. Da sie an Komplexen aus gleichartigen Verrichtungen anknüpfen, werden sie auch als **verrichtungsartorientierte Funktionen** bezeichnet. Später werden objektart- und objektflußorientierte Funktionen ergänzt. Funktionen i.w.S. umfassen alle drei vorgenannten Funktionsgruppen *(vgl. beispielsweise zur Eingliederung der Beschaffungsfunktion CORSTEN F. 3.1)*. Zunächst wird die Gruppe der Funktionen i.e.S. in Kern- und in Randfunktionen aufgespalten.

Die **Kernfunktionen** umfassen alle Verrichtungskomplexe, die zur Erfüllung des allgemeinen betrieblichen Sachziels, durch alternative Mittelverwendungen Bedürfnisse zu befriedigen, unmittelbar erforderlich sind. In Anlehnung an GUTENBERG's faktorkombinatives Paradigma lassen sich die Kernfunktionen weiterhin in dispositive und in ausführende Funktionen aufspalten. Die **dispositiven Funktionen** betreffen die Gestaltung von Produktions- oder Transformationsprozessen, die durch die Kombination von Elementarfaktoren zur Bedürfnisbefriedigung beitragen sollen. Die dispositiven Funktionen werden des öfteren auch als **Managementfunktionen** oder als Betriebsführung bezeichnet. Die Managementfunktionen werden - abermals GUTENBERG folgend - in eine originäre und mehrere derivative Funktionen ausdifferenziert.

Für die **originäre Managementfunktion** existieren zahlreiche Bezeichnungen, beispielsweise Geschäfts- und Betriebsleitung, Gesamtführung der Unternehmung und auch Führung oder Leitung schlechthin. Ihnen gemeinsam ist die irreduzibel irrationale Komponente des originären dispositiven Faktors. Als wesentlicher Gehalt der originären Managementfunktion gilt es, die betrieblichen Ziele zu erkennen und zu formulieren. Mitunter wird auch die Aufgabe hinzugerechnet, die Mitglieder des Betriebs - aus der Perspektive des Stakeholder-Ansatzes auch außenstehend Interessierte - für die Erreichung dieser Ziele einzunehmen.

Die **derivativen Managementfunktionen** erstrecken sich dagegen auf diejenigen Teilaufgaben, die sich rational bewältigen und entsprechend delegieren lassen. Sie dienen dem Zweck, die zuvor festgelegten Ziele bestmöglich zu verwirklichen. Dafür kommen aus entscheidungsorientiertem Blickwinkel vor allem die **Entscheidungsvorbereitung** (**Planung** i.e.S.), die **Entscheidungsfällung**, die **Entscheidungsdurchsetzung** durch fallweise **Instruktion** oder generelle **Organisation** sowie die **Überwachung** der Entscheidungsdurchsetzung (**Kontrolle**) in Betracht *(vgl. OSSADNIK B. 1)*. Aus einer strukturierungsorientierten Sicht werden dagegen die Segmentierung und die Koordinierung als derivative Managementfunktionen hervorgehoben. Mittels der **Segmentierung** wird die gesamte Betriebstätigkeit in Handlungskomplexe zerlegt, die arbeitsteilig ausgeführt werden. Die **Koordinierung** erfüllt die komplementäre Aufgabe, die arbeitsteilig vollzogenen Handlungen so aufeinander abzustimmen, daß ihre Gesamtheit den betrieblichen Sach- und Formalzielen gerecht wird. I.d.R. wird die **Motivierung** der handlungsausführenden Mitarbeiter als eine eigenständige (derivative) Managementfunktion angesehen. Daneben können auch weitere derivative Managementfunktionen berücksichtigt werden, wie etwa die Funktionen der innerbetrieblichen Herrschaftssicherung und -legitimierung.

Die **ausführenden Funktionen** umfassen alle gleichartigen Verrichtungskomplexe, die zur Prozeßausführung im betrieblichen Transformationssystem gehören und zur Erfüllung des betrieblichen Sachziels, durch alternative Mittelverwendungen Bedürfnisse zu befriedigen, unmittelbar beitragen. Das Transformationssystem wird dabei so weit ausgelegt, daß es sowohl die Beschaffung der erforderlichen Produktionsfaktoren als auch den Absatz der hergestellten Produkte als "Systemränder" umfaßt. Für diese weite Auslegung spricht einerseits, daß Transformationsprozesse ohne bereitgestellte Produktionsfaktoren überhaupt nicht ausgeführt werden können. Andererseits würde der Zweck der Bedürfnisbefriedigung zumindest im Falle der Fremdbedarfsdeckung durch Unternehmungen verfehlt, wenn nicht im Absatzbereich Bedürfnisse und Produkte aufeinander abgestimmt würden. Folglich werden die ausführenden Funktionen der **Beschaffung**, der **Produktion** (Transformation, Leistungserstellung) und des **Absatzes** (Vertrieb, Leistungsverwertung, Marketing i.e.S.) unterschieden.

Unter den **Randfunktionen** werden Verrichtungskomplexe verstanden, die zur Erfüllung des allgemeinen betrieblichen Sachziels, durch alternative Mittelverwendungen Bedürfnisse zu befriedigen, nur mittelbar beitragen. Es handelt sich immer um ausführende Funktionen. Sie erstrecken sich auf **Lagerung**, **Transport**, **Forschung und Entwicklung**, **Qualitätspflege** sowie **Verwaltung**. Es mag umstritten sein, Forschung und Entwicklung als Randfunktionen einzuordnen. Einerseits kommt der Forschung und Entwicklung in manchen Branchen und in der Wettbewerbsstrategie der Technologieführerschaft eine herausragende Position zu. Andererseits lassen sich aber auch Transformationsprozesse vorstellen, die keine besondere Unterstützung durch Forschung und Entwicklung benötigen. Dazu gehören z.B. die pharmazeutische Produktion von Generika oder die Produktion von Handelsleistungen. Auf jeden Fall sind Forschungs- und Entwicklungsleistungen nicht unmittelbar zur Erfüllung des allgemeinen betrieblichen Sachziels, der Bedürfnisbefriedigung, erforderlich. Daher werden sie hier zu den Randfunktionen gezählt.

Neben den Funktionen i.e.S., die an gleichartige Verrichtungen anknüpfen, werden des öfteren auch objektbezogene Funktionen thematisiert. Dieses weiter gefaßte Funktionsverständnis tritt in zwei Varianten auf: Entweder bezieht es sich auf Objektarten oder aber auf Objektflüsse.

Bei **objektartorientierten Funktionen** handelt es sich um Verrichtungskomplexe, die aus beliebigen Verrichtungen an gleichartigen Objekten bestehen. Je nachdem, welche Objektarten als besonders wichtig empfunden werden, lassen sich unterschiedlichste objektartspezifische Funktionen identifizieren. Zu den bekanntesten objektartorientierten Funktionen gehören die **Personal-**, die **Anlagen**-, die **Material**-, die **Energie**-, die **Finanz**- und die **Informationswirtschaft** (einschließlich **Rechnungswesen**).

Die Funktionen i.e.S. können oftmals mit den objektartbezogenen Verrichtungskomplexen kombiniert werden. So ist es beispielsweise möglich, innerhalb der objektartbezogenen Funktion "Personalwirtschaft" zwischen der Personalführung als dispositiver (Teil-)Funktion sowie der Personalbeschaffung, der Personalentwicklung und der Personalfreisetzung als ausführenden (Teil-)Funktionen zu differenzieren *(vgl. REISS C. 5)*. Auf ähnliche Weise lassen sich im Rahmen der Anlagenwirtschaft die (Teil-) Funktionen der Anlagenbeschaffung, der Produktion selbsterstellter Anlagen und des Absatzes von nicht mehr benötigten Anlagen unterscheiden. Neben den vorgenannten Kernfunktionen bietet es sich ebenso an, als Randfunktionen beispielsweise die Personal- bzw. Anlagenverwaltung zu berücksichtigen. Auch die anderen objektartbezogenen Verrichtungskomplexe lassen sich in der zuvor exemplifizierten Weise mit den Funktionen i.e.S. kombinieren.

Die **objektflußorientierten Funktionen** stellen schließlich Verrichtungskomplexe dar, die sich auf gleichartige Objektflüsse in ihrer gesamten Ausdehnung erstrecken. Mit einem solchen Objektfluß können sowohl verschiedenartige Objekte als auch verschiedenartige Verrichtungen verknüpft sein. Besonders deutlich wird dies bei Materialflüssen. Sie umfassen nicht nur die Objektart "Material", die im engeren Sinne auf Produktionsfaktoren beschränkt ist, sondern ebenso die Produkte, die am Ende der Materialflußkette hervorgebracht, in einem Endproduktlager vorgehalten und unter Umständen auch noch bis zum Kunden transportiert werden. Darüber hinaus können von der Abwicklung eines Materialflusses alle Funktionen i.e.S. betroffen sein. Für die ausführenden Beschaffungs-, Lagerungs-, Produktions-, Transport- und Absatzfunktionen ist dies offensichtlich. Aber auch dispositive Funktionen, wie etwa die Koordinierung der materialflußzugehörigen Aktivitäten, sind i.d.R. involviert.

Objektflußorientierte Funktionen werden auch als **Querschnittsfunktionen** thematisiert, weil sie - wie zuvor erläutert wurde - i.d.R. zahlreiche Funktionen i.e.S. überspannen. Als gemeinsamer Oberbegriff für objektflußbezogene Funktionen hat sich die Bezeichnung **Logistik** durchgesetzt. Je nachdem, auf welche Objektflüsse sich die Verrichtungskomplexe beziehen, liegen unterschiedliche Ausprägungen der Logistik vor. Im Vordergrund steht die Waren- oder Materiallogistik. Sie ist auf die Materialflüsse spezialisiert, die bereits erwähnt wurden. In neuerer Zeit findet aber auch die Informationslogistik verstärkt Beachtung. Sie ist bemüht, informationswirtschaftliche Aufgaben auf der Grundlage von Informationsflüssen zu erfüllen. Schließlich lassen sich auch weitere Logistikvarianten vorstellen, wie z.B. eine Personen- oder eine Anlagenlogistik. Beide können etwa bei Baustellenfertigungen eine größere Bedeutung erlangen. Mitunter wird sogar angeregt, eine eigenständige Energielogistik zu behandeln *(vgl. zu Begriff und Aufgaben der Logistik CORSTEN F. 2.2)*.

5.3 Die institutionelle Perspektive

5.3.1 Institutionen

Der Institutionsbegriff wird in mindestens dreifacher Weise verwendet. Erstens bezeichnet er Einrichtungen, die Aufgaben - oftmals öffentlicher Art - in organisierter Form erfüllen. Zweitens unterscheidet die institutionelle Gliederung der Betriebswirtschaftslehre zunächst nach grundsätzlichen Betriebsarten: den Unternehmungen und den öffentlichen oder privaten Haushalten. Sie werden danach weiter ausdifferenziert, so z.B. der Unternehmungsbereich hinsichtlich einzelner Wirtschaftsbranchen. Im folgenden wird nur ein drittes Institutionsverständnis betrachtet:

Institutionen stellen Regelkomplexe dar, die das Verhalten von Akteuren in multipersonellen Handlungssituationen beeinflussen.

Um ihre verhaltensbeeinflussende Wirkung zu entfalten, umfassen die Regelkomplexe sowohl normative Regeln als auch Sanktionsregeln. Erste zeigen an, welche Handlungsmuster erwünscht sind. Zweite bedrohen deviantes Verhalten mit negativen Konsequenzen. Die Verbindlichkeit der Regelkomplexe reicht von "ungeschriebenen" Verhaltensmustern, die im Rahmen allgemeiner gesellschaftlicher Sozialisierung erlernt werden, über freiwillige Verhaltensvereinbarungen bis hin zu rechtlich kodifizierten Vorschriften mit hoheitlichem Zwangscharakter. Institutionelle Regelungen schaffen aufgrund ihrer mehr oder minder starken Verbindlichkeit ein abgestuftes Gefüge von Sicherheit, mit der in sozialen Handlungssituationen ein bestimmtes Verhalten der jeweils anderen Akteure erwartet werden kann. Diese institutionalisierte "Berechenbarkeit" aufgrund wechselseitiger Verhaltenserwartungen spielt in jedem Bereich sozialen Agierens eine herausragende Rolle. Sie reduziert die Komplexität sozialer Handlungssituationen, indem sie die komplexitätsstiftende Unsicherheit über die Verhaltensweisen von Mithandelnden verringert.

5.3.2 Betriebsverfassungen

5.3.2.1 Koalitionen und Anreiz/Beitrags-Konzept

Eine **Betriebsverfassung** ist eine spezielle Erscheinungsform von Institutionen (vgl. GERUM 1992, Sp. 2480 ff.; STEINMANN/GERUM 1992, S. 216 ff.). Sie umgreift **im weitesten Sinn** alle formalen oder informalen Regelungen, die das Verhalten von Akteuren aufeinander abstimmen, die innerhalb eines Betriebs wirtschaftlich handeln oder von außerhalb mit den innerbetrieblichen Handlungen in Beziehung stehen. Die Betriebsverfassung i.w.S. bezieht sich deutlich auf die systemorientierte Vorstellung, daß es sich bei Betrieben um soziale, gegenüber ihrem Umsystem offene Systeme handelt.

Die Betriebsverfassung i.w.S. beruht konzeptionell auf einer Sichtweise, die Betriebe als **Koalitionen** von interessierten Akteuren betrachtet. Als Akteure kommen grundsätzlich alle Personen und Personengruppen in Betracht, die schon früher im Rahmen des Stakeholder-Ansatzes aufgeführt wurden. Es handelt sich zunächst um die aktuellen Mitglieder eines Betriebs. Hinzu kommen die Eigentümer auf Eigenkapitalmärkten, die Lieferanten auf Beschaffungsmärkten, die Kunden auf Absatzmärkten, die Gläubiger auf Fremdkapitalmärkten und potentielle Mitarbeiter auf Arbeitsmärkten. Darüber hinaus können Vermittler eine Rolle spielen, die sich zwischen einen Betrieb und seine Beschaffungs-, Absatz-, Arbeits- oder Kapitalmärkte schalten. Des weiteren sind hoheitliche Akteure zu berücksichtigen, die in restriktiver oder stimulierender Weise auf die innerbetrieblichen Handlungen Einfluß nehmen. In restriktiver Hinsicht sorgen die hoheitlichen Akteure für die Einhaltung rechtlicher Vorschriften. Dazu gehört vor allem der Fiskus mit seinen steuerrechtlichen Forderungen an einen Betrieb. Ebenso ist beispielsweise an Gerichte, Gewerbeaufsichtsämter oder Technische Überwachungsvereine zu denken. Hoheitliche Akteure stimulieren dagegen betriebliche Aktivitäten, indem sie vor allem Subventionen gewähren. Zu den relevanten Akteuren rechnen des weiteren alle Außenstehenden, die von den externen Effekten innerbetrieblicher Handlungen - wie z.B. von Schadstoffemissionen - unmittelbar betroffen sind, sowie die sonstige interessierte Öffentlichkeit. Sie erstreckt sich nicht nur auf Presse, Rundfunk und Fernsehen ("Medien"), sondern ebenso auf politische Parteien und andere gesellschaftliche Interessenverbände. Schließlich können auch noch mittelbar involvierte Akteure eine Rolle spielen, wenn sie die Interessen Dritter gegenüber einem Betrieb vertreten. Dabei handelt es sich etwa um Gewerkschaftsfunktionäre, Rechtsanwälte oder ökologische Gruppierungen. Die letztgenannten agieren als Stellvertreter der natürlichen Umwelt, die nicht selbst als handelnder Akteur aufzutreten vermag.

Zur betrieblichen **Koalition im weit gefaßten Verständnis** gehören alle Akteure, die entweder Betriebsmitglieder sind oder aber in tatsächlichen Beziehungen zu den innerbetrieblichen Handlungen stehen. Die Beziehungen müssen keineswegs in dem Sinne positiv ausfallen, daß die koalierenden Akteure zur Erreichung der betrieblichen Ziele eigene Leistungen beisteuern. Vielmehr können die Beziehungen auch negativer Art sein, indem sie mit den betrieblichen Zielen in Konflikt stehen. Letztes trifft vor allem auf hoheitliche Akteure zu, die das betriebliche Handeln durch Auflagen und Verbote einschränken. Gleiches gilt z.B. für ökologische Gruppierungen, solange ein Betrieb noch keine eigenen ökologischen Zielvorstellungen verfolgt. Die betriebliche **Koalition im eng gefaßten Verständnis** umgreift nur die Betriebsmitglieder und alle Außenstehenden, die mit den innerbetrieblichen Handlungen über positive Beziehungen verknüpft sind. Dagegen werden zur betrieblichen Opposition jene außenstehenden Akteure gerechnet, die in negativen Beziehungen zu den innerbetrieblichen Handlungen stehen.

Ob interessierte Akteure an einer betrieblichen Koalition im engen Sinn tatsächlich teilnehmen, läßt sich mit Hilfe des **Anreiz/Beitrags-Konzepts** erklären (vgl. MARCH/ SIMON 1976, S. 81 ff.). Es besagt im wesentlichen, daß interessierte Akteure eigene Beiträge zur Erreichung der betrieblichen Ziele nur dann leisten, wenn der Betrieb seinerseits dafür ausreichende Anreize bietet. Da sich das Anreiz/Beitrags-Verhältnis im Zeitablauf verschieben kann, handelt es sich bei Betrieben um dynamische Koalitionen. Stets ist damit zu rechnen, daß einzelne Koalitionsteilnehmer ausscheiden, weil sie die betrieblichen Anreize nicht mehr als ausreichend erachten, um zur betrieblichen Zielerreichung beizutragen. Umgekehrt können auch jederzeit interessierte Akteure in die Koalition neu eintreten, sobald sie die gewährten Anreize für ihre eigenen Beiträge als angemessen empfinden.

Die Anreize werden oftmals in der Form von Entgelten gewährt: vor allem als Entgelte für Arbeitnehmer (Löhne und Gehälter), für Eigentümer und Gläubiger (Eigen- bzw. Fremdkapitalzinsen und Kapitalrückzahlungen) sowie für Lieferanten. Aber auch nicht-monetäre Anreize spielen oftmals eine große Rolle. Sie erstrecken sich insbesondere auf die Motivierung von Betriebsmitgliedern jenseits reiner Entgeltleistungen. Die Motivierung von Kapitalgebern und interessierter Öffentlichkeit kann durch nicht-monetäre Anreize, wie z.B. eine offensive Informationspolitik, ebenso unterstützt werden (Investor bzw. Public Relations). Des weiteren ist es möglich, außenstehende Personen, die von den externen Effekten betrieblicher Handlungen betroffen sind, durch Gewährung monetärer oder nicht-monetärer Anreize zur Duldung der externen Handlungseffekte zu bewegen (Social Engineering). Die Betroffenen agieren dann als passive Koalitionsteilnehmer. Reichen die Anreize gegenüber den Betroffenen dagegen nicht aus, um sie zur Duldung externer Effekte zu bewegen, wechseln sie ins Lager der Oppositionsteilnehmer.

Neben der Betriebsverfassung i.w.S. existieren vielfältige engere Begriffsverständnisse. So wird oftmals nur auf die formalen oder informalen Regelungen abgestellt, die innerhalb eines Betriebs dazu dienen, die Verhaltensweisen seiner Mitglieder zu beeinflussen. Sie zielen vornehmlich darauf ab, die Entscheidungskompetenzen und die Kontrollrechte zwischen den innerbetrieblichen Akteuren zu verteilen. M.a.W. geht es um die Regelung der innerbetrieblichen Machtverteilung. Diesen Zweck erfüllen verschiedenartige Regelungsformen. Sie reichen von Gesetzen, Satzungen, Verträgen und Betriebsvereinbarungen über informale Absprachen und unkodifiziertes Gewohnheitsrecht bis hin zu konkludentem Handeln.

5.3.2.2 Betriebsverfassung im engeren Sinn

Die Betriebsverfassung im engeren Sinn erstreckt sich nur auf formale, gesetzlich fixierte Regelungen, die für die Mitglieder eines Betriebs und gegebenenfalls auch für seine externen Eigentümer gelten. Es handelt sich im wesentlichen um die gesetzlichen Regelungen des Gesellschafts-, Arbeits- und Mitbestimmungsrechts. Sie legen die Rechte fest, mit denen über das betriebliche Vermögen verfügt werden kann. Die **Verfügungsrechte** erstrecken sich auf Dispositions- oder Koordinationsrechte, die Entscheidungen über alternative Verwendungen des betrieblichen Vermögens betreffen, auf Aneignungsrechte hinsichtlich des Erfolgs, der mit den realisierten Vermögensverwendungen erzielt wird, sowie auf Rechte zur Veräußerung und Vererbung des betrieblichen Vermögens.

Die Vielfalt der Gestaltungsoptionen, die für Verfügungsrechte in Betriebsverfassungen (i.e.S.) offenstehen, kann hier nicht im Detail behandelt werden. Statt dessen werden nur zwei herausragende Aspekte jeweils in exemplarischer Weise skizziert. Sie betreffen einerseits die rechtlichen Regelungen, denen die Führungsentscheidungen eines Betriebs unterworfen sind. Andererseits geht es um den rechtlichen Rahmen, innerhalb dessen Arbeitnehmer auf innerbetriebliche Entscheidungen Einfluß nehmen können.

Führungsentscheidungen

Im Hinblick auf Führungsentscheidungen dienen die Rechtsregelungen von Betriebsverfassungen insbesondere dazu, zwei Fragen zu beantworten:

- Von welchen institutionalisierten Personengruppen werden die Führungsentscheidungen eines Betriebs getroffen und hinsichtlich ihrer Durchsetzung überwacht? Die Gruppen werden als Entscheidungs- oder Leitungsgremien bzw. als Kontrollgremien bezeichnet. Ebenso ist von Leitungs- bzw. Kontrollorganen der Betriebsverfassung die Rede.

- Wie sind die Organe der Betriebsverfassung mit Angehörigen unterschiedlicher Interessengruppen besetzt?

Zur Verdeutlichung wird auf die Rechtsregelungen zurückgegriffen, die für **Aktiengesellschaften** im deutschen Aktiengesetz (AktG) niedergelegt sind (vgl. STEINMANN/GERUM 1992, S. 225 ff.). Die Organe einer Aktiengesellschaft sind die Hauptversammlung, der Vorstand und der Aufsichtsrat.

Die **Hauptversammlung** ist die Versammlung aller Aktionäre, die an einer Aktiengesellschaft durch die Hergabe von Eigenkapital beteiligt sind. Im früheren deutschen Aktienrecht aus dem 19. Jahrhundert war die Hauptversammlung - damals hieß sie noch Generalversammlung - als das Leitungs- und Kontrollorgan der Aktiengesellschaft vorgesehen. Alle Führungsentscheidungen waren den versammelten Aktionären vorbehalten. Sie bekundeten auf der Generalversammlung ihren unternehmerischen Willen. Der Vorstand blieb auf die Rolle eines ausführenden Organs beschränkt. Diese Art der Machtverteilung hat sich mit den Aktienrechtsreformen von 1937 und 1965 drastisch geändert. Heute besitzt die Hauptversammlung überwiegend nur noch den Charakter eines Kontrollorgans, das lediglich bei einigen wenigen, eng umrissenen Führungsfragen Entscheidungsbefugnisse besitzt. Ihre Kompetenzen erstrecken sich nach § 119 Absatz 1 AktG auf:

- die Wahl der Aufsichtsratsmitglieder, sofern sie nicht aufgrund von Mitbestimmungsrechten teilweise von der Arbeitnehmerseite gewählt oder aufgrund der Gesellschaftssatzung entsandt werden;

- die Entlastung der Vorstands- und Aufsichtsratsmitglieder;

- die Verwendung des Bilanzgewinns, nachdem er von Vorstand und Aufsichtsrat festgestellt wurde;

- Maßnahmen zur Kapitalbeschaffung oder -herabsetzung;

- die Bestellung der Abschlußprüfer und weiterer Prüfer in Sonderfällen (Gründungsprüfung und Prüfung der Geschäftsführung);

- Satzungsänderungen;

- die Auflösung der Aktiengesellschaft.

Bezeichnend für die Einbuße an Entscheidungskompetenz in Führungsfragen ist, daß nach § 119 Absatz 2 AktG die Hauptversammlung über Fragen der Geschäftsführung nur dann entscheiden darf, wenn dies vom Vorstand verlangt wurde.

Der **Vorstand** bildet das dominante Leitungsorgan der Aktiengesellschaft. Ihm obliegt nach §§ 76 ff. AktG die gesamte Leitung der Gesellschaft. I.d.R. setzt er sich aus angestellten Managern zusammen, die an der Aktiengesellschaft nicht beteiligt sind. Grundsätzlich können aber auch Aktionäre in das Management aufgenommen werden. Die Entscheidungsmacht des Vorstands in Führungsfragen ist nahezu unbegrenzt, wenn von den vorgenannten, jedoch geringen Entscheidungsbefugnissen der Hauptversammlung und der Einhaltung allgemeiner Gesetze abgesehen wird. Allenfalls ist es nach § 111 Absatz 4 AktG möglich, daß bestimmte Arten von Geschäften nur mit der Zustimmung des Aufsichtsrats vorgenommen werden dürfen. Die Entscheidungen darüber, ob solche Geschäfte überhaupt getätigt werden sollen, kann dem Vorstand aber nicht entzogen werden.

Der **Aufsichtsrat** steht dem Vorstand als Kontrollorgan gegenüber. Seine Überwachungskompetenz ist aus den originären Kontrollrechten der Aktionäre abgeleitet, die mit ihrer Wahl die Zusammensetzung des Aufsichtsrats bestimmt haben. Im Falle von Mitbestimmungsrechten beruht die Überwachungskompetenz ebenso auf den originären Kontrollrechten der Arbeitnehmerseite. Im wesentlichen gehören zu den Überwachungsaufgaben des Aufsichtsrats:

- die Bestellung der Mitglieder des Vorstands;
- die Überwachung der Geschäftsführung durch den Vorstand;
- die vorbeugende Kontrolle bestimmter Arten von Geschäften, falls sie unter dem Zustimmungsvorbehalt des Aufsichtsrats stehen;
- die vorzeitige Abberufung von Vorstandsmitgliedern aus wichtigem Grund, insbesondere wegen grober Pflichtverletzung, Unfähigkeit zur ordnungsmäßigen Geschäftsführung oder Vertrauensentzug durch die Hauptversammlung;
- die Prüfung und - zusammen mit dem Vorstand - die Feststellung des Jahresabschlusses.

Hinsichtlich der Organbesetzung mit Angehörigen unterschiedlicher **Interessengruppen** unterscheiden STEINMANN/GERUM grundsätzlich zwischen vier Hauptinteressensphären: den Arbeitnehmerinteressen, den Eigenkapitalgeber- oder Eigentümerinteressen, den Konsumenteninteressen und dem Öffentlichen Interesse. Weitere Interessengruppen lassen sich aus dem Koalitions-Konzept gewinnen, das kurz zuvor angesprochen wurde. Dazu gehört z.B. die Interessengruppe der Gläubiger. Sie kann bei krisenhaften Zuspitzungen der Betriebssituation in die Entscheidungs- oder Kontrollgremien eines Betriebs einbezogen werden. Solche Ausweitungen spielen hier aber keine Rolle, weil in der Betriebsverfassung der Aktiengesellschaft ohnehin nur die beiden erstgenannten Interessengruppen berücksichtigt werden.

In den Organen einer Aktiengesellschaft dominiert die Interessengruppe der Eigenkapitalgeber (Anteilseigner oder Aktionäre). Die Hauptversammlung setzt sich ohnehin nur aus den Anteilseignern zusammen. Unter Umständen kommen noch deren Vertreter hinzu, wie etwa Banken, die im Sinne der Inhaber der von ihnen verwalteten Aktiendepots agieren. Der Aufsichtsrat einer Aktiengesellschaft wird dagegen immer von Vertretern der Anteilseigner- und der Arbeitnehmerseite gebildet. Auch dort behält das Anteilseignerinteresse letztlich die Oberhand. In welchem Ausmaß dies zutrifft, hängt von den jeweils anzuwendenden Mitbestimmungsregelungen ab.

Falls eine Aktiengesellschaft überwiegend im Bereich der eisen- und stahlerzeugenden Industrie ("Montanindustrie") tätig ist und i.d.R. mehr als 1.000 Arbeitnehmer beschäftigt, greifen das **Montan-Mitbestimmungsgesetz** von 1951 sowie die Mitbestimmungsergänzungsgesetze von 1956 und 1989. Sie schreiben vor, daß der Aufsichtsrat paritätisch mit gleich vielen Vertretern der Anteilseigner und der Arbeitnehmer besetzt wird.

Die Arbeitnehmervertreter werden z.T. von den Betriebsräten der betroffenen Aktiengesellschaft vorgeschlagen; jedoch geschieht dies in enger Verzahnung mit den zuständigen Gewerkschaften und ihren Spitzenorganisationen. Der andere Teil der Arbeitnehmervertreter wird sogar von den Spitzenorganisationen der zuständigen Gewerkschaften selbst vorgeschlagen ("Gewerkschaftsvertreter"). Hinzu kommt ein "neutraler Mann", der von den Anteilseigner- und Arbeitnehmervertretern gemeinsam vorgeschlagen wird. Er soll in Pattsituationen den Ausschlag geben. Allerdings fällt den Aktionären auf der Hauptversammlung die Letztentscheidung über den neutralen Mann zu, falls sich die Aufsichtsratsmitglieder nicht auf einen gemeinsamen Vorschlag einigen können.

Das **Mitbestimmungsgesetz** von 1976 trifft auf alle Aktiengesellschaften zu, die i.d.R. mehr als 2.000 Beschäftigte zählen und nicht schon der Montanmitbestimmung unterliegen. Es schreibt vor, daß der Aufsichtsrat abermals auf paritätische Weise aus Anteilseigner- und Arbeitnehmervertretern zusammengesetzt ist. Ebenso wird ein Teil der Arbeitnehmervertreter von den Spitzenorganisationen der zuständigen Gewerkschaften direkt vorgeschlagen. Aber die Mitbestimmungsrechte der Arbeitnehmerseite werden gegenüber dem Montan-Mitbestimmungsgesetz auf zweifache Weise geschmälert. Erstens entfällt die Position des neutralen Manns, der im Bereich der Montanmitbestimmung wegen des gemeinsamen Aufsichtsratsvorschlags gewöhnlich auch das Vertrauen der Arbeitnehmerseite genießt. Statt dessen stellen die Anteilseigner spätestens im zweiten Wahlgang den Aufsichtsratsvorsitzenden. Er besitzt im Falle eines Patts eine zweite Stimme. Aufgrund dieses Zweitstimmrechts vermag die Anteilseignerseite im Konfliktfall ihre Interessen im Aufsichtsrat durchzusetzen. Zweitens muß mindestens ein Arbeitnehmervertreter zu den Leitenden Angestellten des Betriebs gehören. Leitende Angestellte verfolgen aufgrund ihrer gehobenen beruflichen Position oftmals nicht typische Arbeitnehmerinteressen, sondern werden viel eher in die Nähe des Managements gerückt. Hinzu kommt, daß der Vertreter der Leitenden Angestellten von dieser Gruppe in einer Art Vorwahl bestimmt wird, so daß die übrigen Arbeitnehmer auf seine Auswahl faktisch keinen Einfluß besitzen. Darüber hinaus ist die Gruppe der Leitenden Angestellten auf der Arbeitnehmerseite zumeist überrepräsentiert, weil die Anzahl der Leitenden Angestellten in einem Betrieb gewöhnlich viel niedriger ist, als ihr Anteil an den Vertretern der Arbeitnehmerseite im Aufsichtsrat ausfällt.

Schließlich gilt § 76 Absatz 1 des **Betriebsverfassungsgesetzes** von 1952 (BetrVG 1952) in Verbindung mit § 129 Absatz 1 des Betriebsverfassungsgesetzes von 1988 für alle Aktiengesellschaften, die keinem der beiden voranstehenden Mitbestimmungsgesetze unterliegen. Auf Aktiengesellschaften, die weniger als 500 Arbeitnehmer beschäftigen, trifft das nach § 76 Absatz 6 BetrVG 1952 allerdings nur zu, falls es sich um keine Familiengesellschaften handelt. Das Betriebsverfassungsgesetz von 1952 bestimmt, daß der Aufsichtsrat jeder dieser Aktiengesellschaften zu einem Drittel von Arbeitnehmervertretern gestellt werden muß. Sie sind von den Arbeitnehmern, die im Betrieb selbst beschäftigt sind, direkt zu wählen. Ein maßgeblicher Gewerkschaftseinfluß entfällt hier. Die übrigen zwei Drittel der Aufsichtsratsmitglieder vertreten die Interessen der Anteilseigner.

Für den Anspruch der Arbeitnehmer, an der Kontrolle von Führungsentscheidungen teilzuhaben, spielt die Vertretung ihrer Interessen im Aufsichtsrat die herausragende Rolle. Daher werden ihre Mitbestimmungsmöglichkeiten in der Abbildung A. 17 noch einmal zusammengefaßt. Sie erstreckt sich nicht nur auf Aktiengesellschaften, sondern ebenso auf Betriebe in anderen Rechtsformen, auf die später noch zurückgekommen wird.

Die Vorstandsmitglieder werden vom Aufsichtsrat bestellt, unter Umständen auch abberufen. Daher hängen sie von den Interessen derer ab, die den Aufsichtsrat beherrschen. Wegen der gesetzlichen Regelungen, die zuvor skizziert wurden, können die Arbeitnehmervertreter im Aufsichtsrat die Zusammensetzung des Vorstands zwar nach Maßgabe ihrer eigenen Interessen beeinflussen. Mit Ausnahme des engen Geltungsbereichs der Montanmitbestimmung reicht diese Einflußmöglichkeit jedoch faktisch nicht sehr weit. Daher läßt sich der Vorstand einer Aktiengesellschaft im allgemeinen als die "personelle Verlängerung" der Anteilseigner betrachten. Er wird eingesetzt, um die Führungskompetenz der Anteilseigner zu verstärken.

Die Zweidrittelmehrheit der Anteilseignervertreter beim Betriebsverfassungsgesetz von 1952 und das Zweitstimmrecht des Aufsichtsratsvorsitzenden beim Mitbestimmungsgesetz von 1976 sorgen dafür, daß die Vorstandsmitglieder letztlich seitens der Anteilseigner ausgewählt werden. Immerhin sehen sowohl das Montan-Mitbestimmungsgesetz von 1951 als auch das Mitbestimmungsgesetz von 1976 einen **Arbeitsdirektor** vor. Er ist als gleichberechtigtes Vorstandsmitglied für das Personalressort zuständig. Wegen seiner Aufgabe, sich um die personellen und sozialen Belange der Arbeitnehmer im Betrieb zu kümmern, tendiert er zur Wahrnehmung von Arbeitnehmerinteressen. Allerdings bleibt der Arbeitsdirektor kraft seiner Vorstandszugehörigkeit verpflichtet, dem Wohl des Gesamtbetriebs zu dienen. Daher kann er nicht einseitig zugunsten der Arbeitnehmer Partei ergreifen. Seine Orientierung an Arbeitnehmerinteressen wird aber im Montan-Mitbestimmungsgesetz dadurch gefestigt, daß er gegen die Mehrheit der Arbeitnehmerstimmen im Aufsichtsrat weder bestellt noch abberufen werden darf.

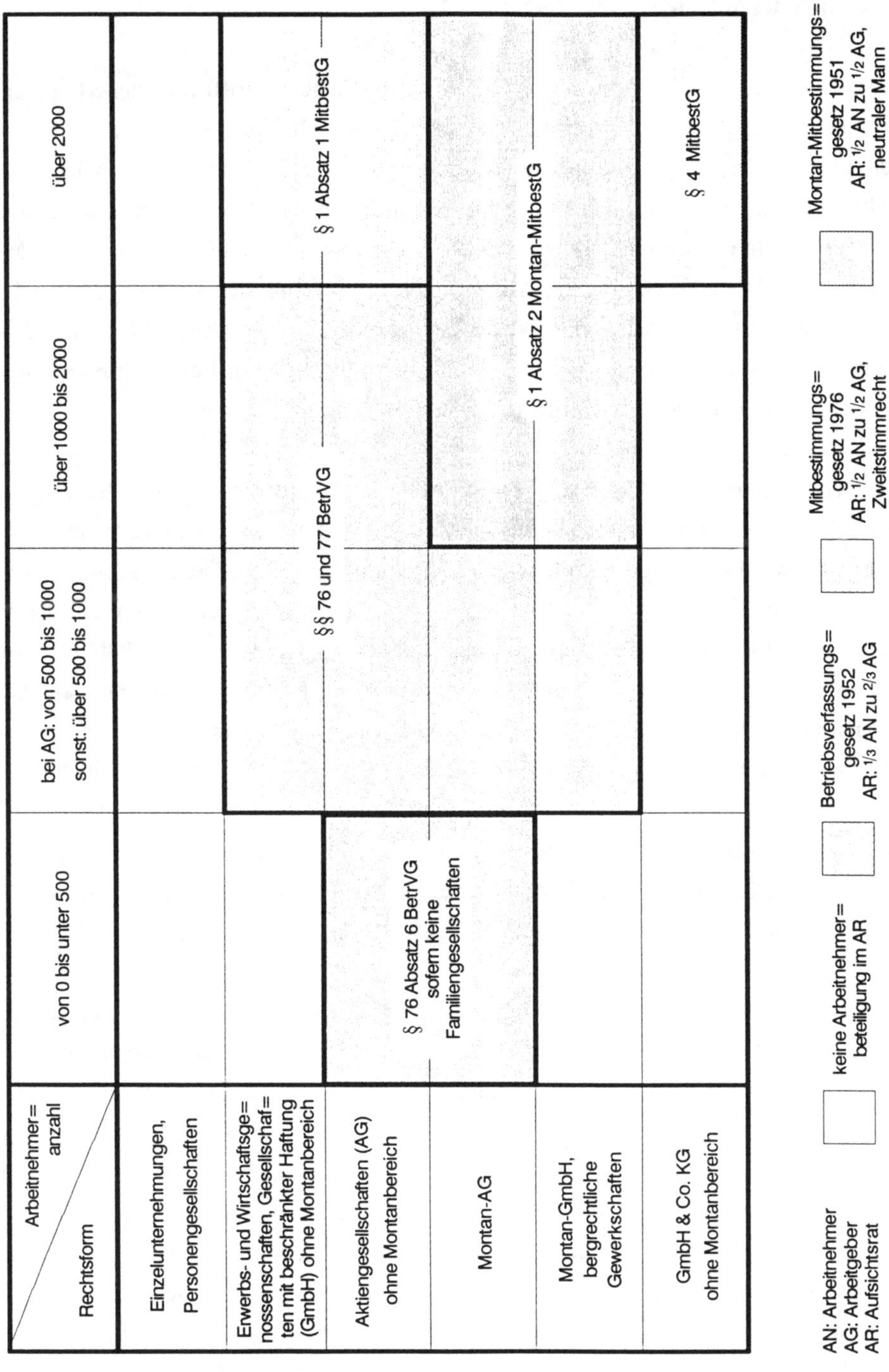

Abbildung A. 17: Mitbestimmungsmöglichkeiten der Arbeitnehmer in Aufsichtsräten

Arbeitnehmereinfluß

Ein zweiter wesentlicher Aspekt von Betriebsverfassungen betrifft rechtliche Regelungen, die den Arbeitnehmereinfluß auf innerbetriebliche Entscheidungen bestimmen. Sie lassen sich grob in Mitwirkungs- und in Mitentscheidungsrechte unterteilen. **Mitwirkungsrechte** garantieren keinen Erfolg der Einflußnahme. Sie erstrecken sich auf passive Informationsrechte, Rechte auf Einsichtnahme, Anhörungs-, Vorschlags-, Antrags-, Mitberatungs- und Widerspruchsrechte. **Mitentscheidungsrechte** sichern dagegen den Erfolg der Einflußnahme in abgestufter Weise: Sie beruhen auf Initiativrechten, auf Zustimmungs- oder Vetorechten, auf gleichberechtigter Teilnahme an Beschlußfassungen, mitunter sogar bei manchen Prozedurfragen auf Entscheidungsautonomie.

Der Arbeitnehmereinfluß wird gewöhnlich auf zwei Ebenen behandelt: einerseits als betriebliche und andererseits als unternehmerische Einflußnahme. Beide Varianten der Einflußnahme werden oftmals auch als "Mitbestimmung" angesprochen. Dabei gilt es allerdings zu beachten, daß der Betriebsbegriff nicht in seiner allgemeinen betriebswirtschaftlichen Bedeutung verwendet wird, wie sie zu Beginn dieses Beitrags entfaltet wurde. Vielmehr ist mit der **betrieblichen Mitbestimmung** der Einfluß gemeint, den Arbeitnehmer auf die Gestaltung ihrer Arbeit in einem weit gefaßten Sinn ausüben können. Die **unternehmerische Mitbestimmung** betrifft dagegen die Teilhabe von Arbeitnehmern an Führungsentscheidungen. Sie wurde bereits in exemplarischer Weise thematisiert, als im voranstehenden Kapitel die Berücksichtigung von Arbeitnehmerinteressen in den Organen von Aktiengesellschaften erläutert wurde. Daher wird im folgenden nur noch auf die betriebliche Mitbestimmung eingegangen (vgl. HAMEL 1993, Sp. 424 ff.).

Gesetzliche Grundlage der betrieblichen Mitbestimmung ist das **Betriebsverfassungsgesetz** (BetrVG) von 1972. Es gilt für alle Betriebe, die dauerhaft mindestens 5 Arbeitnehmer beschäftigen und die spezielle Betriebsdefinition aus § 1 BetrVG erfüllen. Die Legaldefinition des Betriebsbegriffs grenzt alle Betriebe, die nur zur Eigenbedarfsdeckung handeln, aus dem sachlichen Geltungsbereich des Betriebsverfassungsgesetzes aus. Das hat u.a. zur Folge, daß für öffentliche Haushalte und Dienststellen das Betriebsverfassungsgesetz nicht gilt. An seine Stelle tritt ein eigenständiges Personalvertretungsgesetz von 1955. Weitere Einschränkungen der Geltung des Betriebsverfassungsgesetzes erstrecken sich in Abhängigkeit von den betrieblichen Sachzielen (Betriebszwecken) auf Luft- und Seeschiffahrtsunternehmungen sowie auf Tendenzbetriebe. Zu den Tendenzbetrieben rechnen Betriebe, die überwiegend und unmittelbar politische, konfessionelle, karitative, pädagogische, wissenschaftliche, künstlerische oder publizistische Zwecke verfolgen.

Die betriebliche Mitbestimmung zielt grundsätzlich darauf ab, ein Gegengewicht zur Dominanz der Eigenkapitalgeberinteressen zu schaffen, die im Bereich der unternehmerischen Mitbestimmung herrscht. Daher schützt das Betriebsverfassungsgesetz Arbeitnehmerinteressen. Insbesondere wird die generelle Direktionsbefugnis eingeschränkt, die sich die Arbeitgeber in den Arbeitsverträgen mit den Arbeitnehmern gewöhnlich vorbehalten. Wegen seiner arbeitnehmerbezogenen Schutzfunktion werden aus dem persönlichen Geltungsbereich des Betriebsverfassungsgesetzes alle Vorstandsmitglieder, Geschäftsführer und Leitenden Angestellten ausgeschlossen. Denn für jene Personengruppen wird unterstellt, daß sie als Arbeitgeber oder als arbeitgebernahe Führungskräfte Interessen vertreten, die den Vorstellungen der Arbeitnehmer oftmals zuwiderlaufen. Es wäre daher widersinnig, am Schutz der Arbeitnehmerinteressen jene zu beteiligen, die entgegengerichtete Arbeitgeberinteressen verfolgen (Grundsatz der Gegnerfreiheit).

Die Regelungsinhalte des Betriebsverfassungsgesetzes erstrecken sich auf ein breites Spektrum von Aspekten der Arbeitsgestaltung im weit gefaßten Sinn, die hier nicht im Detail erörtert werden können. In einer groben Annäherung lassen sich aber folgende vier Bereiche der betrieblichen Mitbestimmung unterscheiden:

- **soziale Angelegenheiten:** Lohn- und Gehaltssystem, Arbeitszeiten, Urlaubsregelungen, Verwaltung von Sozialeinrichtungen (z.B. Kantinen), Unfallverhütungsmaßnahmen, allgemeine Betriebsordnung usw.;

- **Arbeitsgestaltung im engeren Sinn:** Gestaltung von Arbeitsplätzen, Arbeitsabläufen und Arbeitsumgebungen;

- **personelle Angelegenheiten:** Personalplanung, innerbetriebliche Stellenausschreibung, Aufstellung von Richtlinien für die Mitarbeiterbeurteilung und -auswahl, Berufsbildung, Maßnahmen der Einstellung, Versetzung, Ein- oder Umgruppierung und Kündigung von Mitarbeitern;

- **wirtschaftliche Angelegenheiten:** generelle Produktions-, Absatz-, Investitions- oder Finanzierungsprobleme, Betriebsverlegungen oder -stillegungen u.ä.

Schließlich ist aus der institutionellen Perspektive von Interesse, in welchen Gremien die Mitwirkungs- und Mitentscheidungsrechte der betrieblichen Mitbestimmung ausgeübt werden können. Zu den wichtigsten gehören der Betriebsrat, die Betriebsversammlung, die Einigungsstelle sowie die Jugend- und Auszubildendenvertretung. Weitere Gremien, auf die hier nicht näher eingegangen wird, sind der Wirtschaftsausschuß und die Vertrauensleutekörper. Darüber hinaus haben sich gewerkschaftliche Vertrauensleute in zahlreichen Betrieben etabliert, obwohl sie vom Betriebsverfassungsgesetz nicht ausdrücklich institutionalisiert wurden.

Der **Betriebsrat** ist die Interessenvertretung der Arbeitnehmer eines Betriebs. Er wird von den Arbeitnehmern direkt gewählt - also keineswegs von den Gewerkschaften eingesetzt. Falls ein Betrieb über mehrere Betriebsstätten verfügt, ist für jede ein eigener Betriebsrat zuständig. Für den übergeordneten Betrieb als Ganzes muß ein Gesamtbetriebsrat eingerichtet werden. Seine Mitglieder werden nicht mehr von den Arbeitnehmern unmittelbar gewählt, sondern von den Betriebsräten der Betriebsstätten entsandt. Darüber hinaus kann in Konzernen, die mehrere Betriebe umfassen, ein zusätzlicher Konzernbetriebsrat aufgestellt werden. Der Betriebsrat soll nach Maßgabe des Sprecherausschußgesetzes von 1989 durch einen **Sprecherausschuß für Leitende Angestellte** ergänzt werden, falls ein Betrieb i.d.R. mindestens 10 Leitende Angestellte beschäftigt. Die Zusammensetzung des Sprecherausschusses bestimmt allein die Gruppe der Leitenden Angestellten. Analog zum Betriebsrat sind auch Gesamt- und Konzernsprecherausschüsse vorgesehen.

Die **Betriebsversammlung** wird mindestens vierteljährlich vom Betriebsrat einberufen. Auf ihr legt der Betriebsrat einen Rechenschaftsbericht vor. Zur Betriebsversammlung gehören alle Arbeitnehmer des Betriebs. Arbeitgeber und Gewerkschaftsvertreter können zusätzlich eingeladen werden. Die Betriebsversammlung fällt keine eigenständigen Entscheidungen, sondern bereitet die Entscheidungen des Betriebsrats vor oder nimmt zu ihnen nachträglich Stellung. Zu diesem Zweck steht es der Betriebsversammlung offen, Fragen zu diskutieren, die den Betrieb aus Arbeitnehmerperspektive betreffen, dem Betriebsrat Anträge unterbreiten und seine Beschlüsse erörtern.

Auf der betrieblichen Mitbestimmungsebene läßt sich mitunter nicht verhindern, daß sich die Betriebsleitung als Arbeitgeber und der Betriebsrat als Arbeitnehmervertretung in wichtigen Fragen nicht zu einigen vermögen, obwohl ihre Übereinkunft gesetzlich vorgesehen ist. In diesen Fällen können die beiden Konfliktparteien eine **Einigungsstelle** bilden. Sie ist mit Arbeitgeber- und Arbeitnehmervertretern paritätisch besetzt. Hinzu kommt ein unparteiischer Vorsitzender, auf den sich Betriebsleitung und Betriebsrat einigen müssen. Die Einigungsstelle erfüllt die Funktion, die fehlende Einigung der Parteien durch eine Entscheidung der strittigen Fragen zu ersetzen. Kraft freiwilliger, tarifvertraglicher Vereinbarung kann die Einigungsstelle durch eine **tarifliche Schlichtungsstelle** ersetzt werden. Sie vermittelt bei Meinungsverschiedenheiten, die zwischen Betriebsrat und Betriebsleitung über Tarifprobleme bestehen.

Schließlich obliegt der **Jugend- und Auszubildendenvertretung** die Aufgabe, sich um die besonderen Interessen der "jugendlichen" Mitarbeiter im Hinblick auf Berufsbildung, Jugendschutz und ähnliche Belange zu kümmern. Als Betroffene gelten jugendliche Arbeitnehmer unter 18 Jahren und Auszubildende unter 25 Jahren. Die Mitglieder der Jugend- und Auszubildendenvertretung besitzen ein gesetzliches Teilnahmerecht an Betriebsratssitzungen, können aber auch eigene Jugend- und Auszubildendenversammlungen einberufen.

5.4 Die Entwicklungsperspektive

5.4.1 Überblick

Die Entwicklungsperspektive, d.h. der **genetische Ansatz** der Betriebswirtschaftslehre betrachtet einen Betrieb in biomorpher Weise als einen Organismus, der mehrere typische "Lebensphasen" durchläuft (vgl. BEA 1992, S. 340 ff.). Gegen diese Auffassung läßt sich einwenden, daß Betriebe als Produkte menschlicher Kultur einerseits und natürliche Lebewesen andererseits zwei kategorial verschiedenen Seinsebenen angehören. Deshalb dürfen sie nicht analog behandelt werden. Ohne die Berechtigung dieser Kritik in Zweifel zu ziehen, erweist sich der genetische Ansatz immerhin als ein zweckdienliches Orientierungsmuster, um einige grundlegende betriebswirtschaftliche Sachverhalte zu ordnen.

Aus der genetischen Perspektive können im wesentlichen drei Betriebsphasen unterschieden werden: die **Gründung**, die **Entwicklung** und die **Auflösung** eines Betriebs. Diese Aufzählung darf jedoch nicht im Sinne einer gesetzesartigen und linearen Phasenabfolge mißverstanden werden. Denn es besteht kein gesetzeshafter Zwang, von einer Betriebsphase in die nachfolgende überzugehen. Das trifft vor allem für die Entwicklung und Auflösung eines Betriebs zu. Es ist nicht vorherzusehen, ob ein Betrieb überhaupt in seine Auflösungsphase eintritt und - wenn dies der Fall sein sollte - wann die Betriebsauflösung beginnen wird. Darüber hinaus wird die Entwicklungsphase keineswegs geradlinig durchlaufen. Vielmehr können in ihr verschiedene Teilphasen in einem komplexen, auch zyklischen Muster aufeinander folgen. Dabei handelt es sich vornehmlich um Wachstums- und Konsolidierungsphasen. Aber auch Teilphasen der Schrumpfung oder gar der krisenhaften Zuspitzung kommen in Betracht. Im Fall der Betriebskrise stehen zwei Phasenfortsetzungen offen: Entweder verbleibt der Betrieb nach erfolgreichem

Durchlaufen einer Sanierungsphase in seiner Entwicklungsphase; oder er tritt in seine Auflösungsphase ein.

5.4.2 Betriebsgründung

Die Betriebsgründung umfaßt die Gesamtheit aller Handlungen, die ausgeführt werden müssen, um einen neuen Betrieb zu konstituieren. Dabei wird oftmals zwischen einer Gründung i.e.S. und der Errichtung unterschieden. Die **Gründung i.e.S.** beschränkt sich auf den finanzwirtschaftlichen und rechtlichen Akt der Betriebskonstitution. Die **Errichtung** erstreckt sich dagegen auf den technisch-organisatorischen Prozeß, der durchlaufen werden muß, um einen funktionsfähigen Betrieb zu erhalten. Hier wird die Gründung eines Betriebs in ihrem weit gefaßten Verständnis zugrundegelegt. Die wichtigsten Gründungshandlungen erstrecken sich auf folgende Aktivitäten:

- Wahl der Rechtsform für den Betrieb;
- Wahl des betrieblichen Standorts (oder mehrerer Standorte);
- Bestimmung des Betriebszwecks durch die grobe Spezifizierung der betrieblichen Sachziele (grobe Festlegung des Leistungsprogramms);
- Ermittlung des Bedarfs an Startkapital und Bereitstellung des erforderlichen Eigenkapitals;
- unter Umständen Inanspruchnahme von öffentlichen Finanzierungshilfen, wie z.B. Existenzgründungsdarlehen oder staatlichen Bürgschaften;
- gegebenenfalls Inanspruchnahme externer Beratungsleistungen (Gründungsberater, Industrie- und Handelskammern);
- Erledigung der formalen Rechts- und Verwaltungstakte: Anmeldung zur Eintragung ins Handelsregister, Anzeige des Gewerbes bei der zuständigen kommunalen Behörde, erforderlichenfalls Einholung spezieller Gewerbeerlaubnisse (etwa bei Einrichtung einer Gaststätte);
- Einrichtung einer funktionsfähigen Erstausstattung des Betriebs mit Betriebsmitteln und Mitarbeitern.

Die vorgenannten Aspekte sind vielfach untereinander verwoben. Beispielsweise beeinflußt die Rechtsformwahl die Optionen, die zur Eigenkapitalbeschaffung offenstehen, ebenso wie die rechtlichen und verwaltungstechnischen Formalitäten. So erfordert die Gründung einer Personengesellschaft den Abschluß eines Gesellschaftsvertrags. Bei der Gründung einer Kapitalgesellschaft in der Form einer Aktiengesellschaft müssen dagegen eine Satzung aufgestellt und die Aktien von den Gründern übernommen werden. Darüber hinaus werden ein Gründungsbericht über den Ablauf der Gründung und eine Gründungsbilanz benötigt.

Auf die betriebliche Rechtsform- und Standortwahl wird später aus einer anderen Perspektive noch einmal ausführlicher zurückgekommen. Hinsichtlich der Art der Eigenkapitalbereitstellung kann zwischen einer Bar- und einer Sachgründung unterschieden werden. Bei der **Bargründung** wird das erforderliche Eigenkapital dem Betrieb in liquider Form zugeführt. Eine **Sachgründung** erfolgt dagegen, indem einzelne Vermögensgegenstände - wie z.B. Betriebsmittel, Grundstücke, Patente und Beteiligungen - oder ein ganzer Betrieb eingebracht werden. Bar- und Sachgründungen können auch miteinander kombiniert auftreten. Es liegt dann eine **Mischgründung** vor.

Betriebsgründungen lassen sich auch nach speziellen Merkmalen ihrer Gründer unterscheiden. So zeichnen sich **Existenzgründungen** dadurch aus, daß ihre Gründer erstmals den Schritt in die wirtschaftliche Selbständigkeit wagen. **Tochtergründungen** setzen dagegen einen bereits existierenden Betrieb voraus, der einen seiner Betriebsteile als neu gegründeten Betrieb verselbständigt (Ausgründung) oder einen vollkommen neuen Betrieb einrichtet (Neugründung). Die neuen Betriebe können rechtlich unselbständig bleiben (Tochterbetriebe im engeren Sinn) oder auch eine eigenständige Rechtsform erlangen. Ebenso ist es möglich, daß mehrere Betriebe an der Gründung eines neuen Betriebs beteiligt sind.

Die Neugründung eines rechtlich selbständigen Betriebs ist z.B. bei einem **Joint Venture** der Fall. Es handelt sich um einen Gemeinschaftsbetrieb, der von mehreren Betrieben gegründet wird. Die Gründerbetriebe sind jeweils am Kapital des Joint Ventures beteiligt und legen gemeinsam dessen Geschäftspolitik fest. I.d.R. wird ein Joint Venture gegründet, um eine klar umrissene Aufgabe von zeitlich begrenzter Dauer gemeinschaftlich zu erfüllen. Ein Joint Venture besitzt daher den Charakter eines projektbezogenen Gemeinschaftsbetriebs. Im Vordergrund steht die Zusammenarbeit auf einem risikoreichen Tätigkeitsfeld. Die beteiligten Betriebe zielen darauf ab, im Joint Venture ihre betriebsspezifischen Stärken - wie etwa Absatzpotentiale und Produktions-Know-how - miteinander zu kombinieren und zugleich das unternehmerische Risiko auf mehrere Schultern zu verteilen. Oftmals werden Joint Ventures als multinationale Gemeinschaftsbetriebe geführt, in denen ein Partnerbetrieb seine intimen Kenntnisse über den heimischen Markt einbringt, während die anderen Betriebe Finanzmittel sowie technisches und organisatorisches Know-how beisteuern.

Eine Mischform zwischen Existenz- und Tochtergründungen stellen die **Management buy outs** dar. Sie gewinnen in jüngerer Zeit vermehrt Beachtung. Dabei übernehmen ehemalige Mitglieder der Leitung eines Betriebs einzelne Betriebsteile und bringen sie in die Gründung eines neuen, rechtlich verselbständigten Betriebs ein. Die ehemaligen Leitungsmitglieder, die zuvor Angestellte des alten Betriebs waren, werden zu Eigentümern des neu gegründeten Betriebs.

Nicht zur Betriebsgründung gerechnet werden dagegen Umgründungen. Sie bestehen darin, daß ein bereits existierender Betrieb lediglich seine Vermögens- oder Verbandsstruktur modifiziert. Dabei entsteht kein neuer Betrieb, sondern ein bereits bestehender Betrieb verändert lediglich seine Rechtsform. Ebenso gelten Betriebszusammenschlüsse, wie etwa Fusionen, als keine echten Betriebsgründungen.

5.4.3 Betriebsentwicklung

Die Phase der Betriebsentwicklung wird oftmals auch als Umsatzphase bezeichnet. Sie setzt nach der Gründung eines Betriebs ein, sobald er durch die Verwertung seiner Sach- oder Dienstleistungen auf den Absatzmärkten entsprechende Umsätze erzielt.

Die Entwicklung eines Betriebs wird häufig mit einer ständig wachsenden Betriebsgröße gleichgesetzt. Diese **Wachstumsorientierung** kann sich in eigenständigen betrieblichen Formalzielen niederschlagen, wie etwa der Vergrößerung von Marktanteilen als relativem und der Erhöhung des Umsatzes als absolutem Wachstumsziel. Solche originären Wachstumsziele spielen in der betrieblichen Praxis oftmals eine herausragende Rolle. Mitunter besitzen sie auch einen derivativen Charakter. Sie beruhen dann auf einem generellen Macht- oder Prestigestreben, das sich u.a. in dem Wunsch manifestiert, einen möglichst großen Betrieb zu führen.

Im allgemeinen läßt sich das erwünschte betriebliche Wachstum nicht kontinuierlich verwirklichen. Vielmehr wechseln sich deutliche Wachstumsschübe oftmals mit **Konsolidierungsphasen** ab, in denen Betriebsgröße oder -umsatz weitgehend stagnieren. Mitunter kann es sogar zu **Betriebsschrumpfungen** kommen. Sie werden zumeist durch den

Verlust ehemaliger Absatzmärkte erzwungen, falls er sich nicht durch die Erschließung neuer oder die Intensivierung anderer Absatzmärkte kompensieren läßt.

Größere Unstetigkeiten in der betrieblichen Entwicklung erfordern zumeist einschneidende Maßnahmen. Sie können sich z.B. auf eine Reorganisation der Leitungsstruktur oder eine Variation der Rechtsform erstrecken. Ebenso kommen Änderungen der betrieblichen Sachziele oder eine Verlagerung des Betriebsstandorts in Betracht. Beispielsweise ist es möglich, die eigenen Sachziele im Sinne einer Diversifizierung auf neue Absatzmärkte auszurichten oder zwecks einer Konzentration auf Kerngeschäfte teilweise zurückzunehmen.

Besonders gravierende Maßnahmen werden im Falle einer betrieblichen **Krise** erforderlich. Krisen können sich in vielfacher Form manifestieren. Im Vordergrund stehen einerseits drastische und nachhaltige Gewinneinbußen oder sogar Verlusteinbrüche sowie andererseits die Gefährdung der Zahlungsfähigkeit für fällige Verbindlichkeiten. Besonders markante Krisenindikatoren für Aktiengesellschaften sind in § 92 AktG festgelegt: Wenn ein Verlust in Höhe von mindestens 50% des Grundkapitals vorliegt, dann muß der Vorstand eine Hauptversammlung einberufen und den Verlust verkünden. Falls der Verlust so weit angewachsen ist, daß das Vermögen der Aktiengesellschaft ihre Verbindlichkeiten nicht mehr deckt (**Überschuldung**), so muß der Vorstand beantragen, ein Konkurs- oder ein gerichtliches Vergleichsverfahren eröffnen zu lassen. Die gleiche Verpflichtung entsteht im Falle der Zahlungsunfähigkeit (**Illiquidität**). Daneben können sich betriebliche Krisen aber auch auf andere Weise äußern. Beispielsweise ist an ein Überhandnehmen der Tilgungs- und Verzinsungspflichten für Fremdkapital oder an einen massenhaften Exodus von Mitarbeitern zu denken, die in der Betriebsleitung oder in der Produktion als Know-how-Träger unverzichtbar erscheinen. In solchen krisenhaften Situationen bedarf es einer Sanierungsstrategie.

Die **Sanierung** umfaßt im weitesten Sinn alle Handlungen, die zur Wiedererstarkung eines "gesunden", funktionsfähigen Betriebs erforderlich sind. In einem engeren Sinn werden darunter alle Maßnahmen verstanden, die dazu dienen, einen notleidenden Betrieb durch Wiederherstellung seiner Zahlungs- und Ertragsfähigkeit vor dem drohenden Zusammenbruch zu bewahren. Die Sanierungsmaßnahmen erstrecken sich im wesentlichen auf finanzielle und auf organisatorische Aspekte.

Oftmals müssen **finanzielle Sanierungsmaßnahmen** zuerst ergriffen werden, um eine akute Gefährdung des betrieblichen Bestands zu überwinden. Das trifft insbesondere auf Überschuldungs- und Illiquiditätskrisen zu. Die Sanierungsaktivitäten können sowohl mit als auch ohne Zuführung neuer liquider Mittel geschehen. Im ersten Fall wird z.B. bei einer Aktiengesellschaft versucht, die Aktionäre zu freiwilligen Zuzahlungen zu bewegen. Sie erhöhen zwar nicht das Grundkapital, dienen aber als Sanierungs-Ertrag zum Abbau von Verlustausweis oder Überschuldung. Zugleich helfen die liquiden Mittel, die Zahlungsfähigkeit wiederherzustellen oder zu verbessern. Bei einer Gesellschaft mit beschränkter Haftung ist es sogar möglich, in der Satzung eine Nachschußpflicht der Gesellschafter festzulegen. Sie können sich allenfalls durch ein "Abandonrecht" der Nachschußpflicht entziehen, indem sie ihre Geschäftsanteile der Gesellschaft zur Verwertung zurückgeben. Darauf wird noch zurückgekommen.

Finanzielle Sanierungsaktivitäten ohne Zuführung liquider Mittel lassen sich sowohl den Eigen- als auch den Fremdkapitalgebern aufbürden. Die Eigenkapitalgeber leisten einen Sanierungsbeitrag, wenn etwa bei einer Aktiengesellschaft das Grundkapital herabgesetzt wird, um einen Verlust auszugleichen. Die Fremdkapitalgeber tragen hingegen zur finanziellen Sanierung bei, indem sie auf einen Teil ihrer Forderungen gegenüber der Gesellschaft verzichten. Dadurch wird eine bestehende Überschuldung reduziert. Die Liquiditätsbelastung für Tilgungs- und Zinszahlungen wird ebenso verringert. Der letztgenannte Liquiditätseffekt kann aber auch durch einen Zahlungsaufschub erreicht werden. Die Gläubiger verzichten dann lediglich vorübergehend darauf, ihre Tilgungs- oder Zinsforderungen geltend zu machen. Schließlich ist es möglich, finanzielle Sanierungsaktivitäten miteinander zu kombinieren, die einerseits ohne und andererseits mit Zuführung neuer liquider Mittel einhergehen. Das ist beispielsweise der Fall, wenn das Grundkapital einer Aktiengesellschaft zunächst zwecks Verlustausgleichs herabgesetzt wird, um es alsdann durch liquiditätswirksame Ausgabe neuer Aktien wieder zu erhöhen.

Organisatorische Sanierungsmaßnahmen greifen i.d.R. erst nach längerer Zeit als finanzielle Sanierungsaktivitäten. Dennoch reichen die finanziellen Maßnahmen zumeist nicht aus, um eine betriebliche Gefahrenlage zu überwinden, weil sie nur die finanzwirtschaftlichen Symptome, nicht aber die Ursachen der Krise beseitigen. Daher widmen sich die organisatorischen Sanierungsaktivitäten dem breiten Bündel aller Maßnahmen, die zur nachhaltigen Wiedererstarkung eines Betriebs - über dessen kurzfristige finanzielle Sanierung hinaus - dienen können. Dazu rechnen beispielsweise die Schließung unrentabler Betriebsteile, die Freisetzung unterbeschäftigter Arbeitskräfte, das "Gesundschrumpfen" aufgeblähter Verwaltungsapparate oder die Aufgabe von Absatzmärkten, die kein positives Erfolgspotential mehr erkennen lassen. Neben solchen restriktiven Sanierungsmaßnahmen, die in Krisensituationen überwiegen, können auch expansive Aktivitäten ergriffen werden. So läßt sich etwa an die Entwicklung neuer Produkte denken, um krisenhafte Einbrüche in den angestammten Absatzmärkten zu überwinden, oder auch an soziale Innovationen bei der Gestaltung der innerbetrieblichen Zusammenarbeit, um die Motivation der Mitarbeiter für einen "turn around" zu fördern.

5.4.4 Betriebsauflösung

Die Betriebsauflösung beendet die Existenz eines Betriebs. Sie wird auch als Stillegung, Liquidation (i.w.S.) oder Abwicklung bezeichnet. Eine Betriebsauflösung erstreckt sich im wesentlichen auf vier Aktivitäten: Abwicklung der laufenden Geschäfte, Veräußerung (Liquidation i.e.S.) des vorhandenen Betriebsvermögens, Befriedigung der Gläubigeransprüche aus den Abwicklungs- und Veräußerungserlösen sowie - falls noch ein Erlösüberschuß verbleibt - Verteilung des Überschusses an die Eigentümer. Schließlich muß ein Betrieb am Ende seiner Auflösung beantragen, seine Eintragung im Handelsregister zu löschen. Die Auflösung eines Betriebs kann sowohl freiwillig als auch zwangsweise erfolgen.

Eine **freiwillige Betriebsauflösung** tritt vor allem dann ein, wenn ein Betrieb seine Sachziele - seinen Betriebszweck - vollständig erreicht hat. Ein aktuelles Beispiel dafür liefert die Treuhandanstalt. Sie wurde als Anstalt öffentlichen Rechts, also als ein öffentlicher Betrieb, gegründet, um das volkseigene Vermögen der ehemaligen Deutschen Demokratischen Republik zu privatisieren und zugleich zwecks Finanzierung der Vereinigungslasten zu verwerten. Der Betriebszweck der Treuhandanstalt ist erfüllt, sobald alle vormals volkseigenen Betriebe privatisiert - oder zumindest in die Vermögen anderer privater oder öffentlicher Betriebe eingebracht sind. Da die Zahl der noch zu privatisierenden Betriebe seit der Gründung der Treuhandanstalt drastisch zusammengeschmolzen ist, wird schon heute über ihre bevorstehende Auflösung debattiert.

Ein Betrieb wird dagegen **zwangsweise aufgelöst**, wenn der **Konkurs** über das Betriebsvermögen eröffnet wird. Eine Konkurseröffnung geschieht, wenn zwei Voraussetzungen erfüllt sind. Erstens muß ein hinreichender Konkursgrund vorliegen. Zweitens muß das Betriebsvermögen als "Konkursmasse" ausreichen, um zumindest die Kosten des Konkursverfahrens zu decken. Der wesentliche Konkursgrund ist die Zahlungsunfähigkeit (Illiquidität) des Betriebs. Sie wird im Zweifelsfall vermutet, sobald der Betrieb seine Zahlungsverpflichtungen nicht mehr bedient. Daneben kommt bei Betrieben, die in der Rechtsform einer Kapitalgesellschaft oder einer beschränkt haftenden Personengesellschaft (GmbH & Co. KG) geführt werden, die Überschuldung als weiterer Konkursgrund in Betracht. Das Konkursverfahren wird von einem Konkursverwalter abgewickelt, der gerichtlich bestellt wird. Er übernimmt die Verfügungsrechte über das betriebliche Vermögen, um es zu veräußern, und führt zugleich die noch laufenden Geschäfte zu Ende. Aus den Erlösen werden zunächst die Kosten des Konkursverfahrens gedeckt. Später werden die Ansprüche der Gläubiger nach bestimmten Prioritäten und in bestimmten Quoten zumindest teilweise befriedigt.

Obwohl einer der hinreichenden Konkursgründe vorliegt, kann an die Stelle eines Konkurses auch ein **Vergleich** treten. Er zielt darauf ab, den gefährdeten Betrieb in seiner Existenz zu erhalten, indem seine Gläubiger auf einen Großteil ihrer Forderungen freiwillig verzichten. Dies ist für die Gläubiger immer dann vorteilhaft, wenn sie durch ihre Restforderungen - und unter Umständen auch durch ihre Hoffnungen auf künftige Geschäfte mit dem wiedererstarkten Betrieb - letztlich besser gestellt sind, als es mit den meist kärglichen Konkursquoten der Fall wäre. Allerdings setzt ein Vergleich voraus, daß der betroffene Betrieb glaubhaft macht, eine Quote von 35 bis 40% der Gläubigerforderungen bedienen zu können. Des weiteren müssen die Gläubiger dem Vergleichsangebot mit qualifizierter Mehrheit zustimmen. Falls sich nachträglich herausstellt, daß sich die versprochene Vergleichsquote nicht realisieren läßt, wird das Vergleichsverfahren über einen Anschlußkonkurs in das Konkursverfahren übergeleitet.

5.5 Die Entscheidungsperspektive

5.5.1 Überblick

Die Entscheidungsperspektive der Betriebswirtschaftslehre läßt sich unmittelbar aus ihrer Untersuchung planmäßiger Handlungen ableiten, die in Betrieben mit der Absicht erfolgen, Bedürfnisse durch Entscheidungen über die Auswahl zwischen alternativen Verwendungsweisen knapper Mittel so zu befriedigen, daß das Verhältnis zwischen dem Ergebnis intendierter Bedürfnisbefriedigung und dem Einsatz knapper Mittel nach der Maßgabe von Handlungskriterien bestmöglich ausfällt. Jede Situation, in der eine solche Auswahlentscheidung zu treffen ist, konstituiert ein Entscheidungsproblem. Für die Lösung von Entscheidungsproblemen werden i.d.R. Modelle, die zur Problemrepräsentation dienen, und Problemlösungsmethoden benutzt *(vgl. OSSADNIK B. 1 und 2)*.

Auf problemrepräsentierende Modelle und Problemlösungsmethoden wurde schon an früherer Stelle aus instrumenteller Perspektive eingegangen. Daher brauchen ihre allgemeinen Charakteristika hier nicht noch einmal aufgerollt zu werden. Lediglich auf Modelle, die speziell auf die Untersuchung von Entscheidungsproblemen zugeschnitten sind, wird kurz eingegangen. Die Erörterungen beschränken sich zunächst auf Entscheidungsmodelle, wie sie seitens der Entscheidungstheorie propagiert werden (vgl. SIEBEN/SCHILDBACH 1990, S. 15 ff.; BEA 1992, S. 322 ff. in Verbindung mit S. 310 ff.). Sie setzen eine spezifische Art der Formulierung von Entscheidungsproblemen voraus und besitzen eine entsprechend angepaßte Modellstruktur. Später wird diese entscheidungstheoretisch motivierte Modellstruktur verallgemeinert.

Ein **Entscheidungsproblem** besteht darin, aus mehreren Handlungsalternativen, die in unterschiedlichen Umweltsituationen und in unterschiedlichen Zeiträumen zu verschiedenen Handlungskonsequenzen führen können, genau eine Alternative so auszuwählen, daß ein vorgegebenes Formalzielsystem bestmöglich erfüllt wird.

Diese Definition fügt sich in die eingangs wiederholte Definition betriebswirtschaftlicher Untersuchungsobjekte zwanglos ein. Die Handlungsalternativen des Entscheidungsproblems korrespondieren mit den planmäßigen Handlungen, die in der Absicht erfolgen, Bedürfnisse durch alternative Verwendungsweisen knapper Mittel zu befriedigen. Die Handlungskriterien aus dem allgemeinen ökonomischen Prinzip werden, wie schon früher dargelegt wurde, durch Formalziele konkretisiert.

Entscheidungstheoretische Eigenarten kommen in zweifacher Hinsicht hinzu. Erstens wird besonders herausgestellt, daß die zielrelevanten Handlungskonsequenzen variieren können je nachdem, in welchen Umweltsituationen die Handlungen ausgeführt werden und in welchen Zeiträumen sich ihre Konsequenzen manifestieren. Bei einfachen Entscheidungsproblemen schrumpfen Umweltsituationen und Zeiträume auf nur jeweils ein Exemplar zusammen, so daß sie nicht explizit erwähnt zu werden brauchen. Zweitens ist ein Entscheidungsproblem so formuliert, daß es stets die eindeutige Bestimmung einer Handlungsalternative erfordert. Falls für ein Entscheidungsproblem mehrere bestmögliche Handlungsalternativen existieren, muß also zu seiner endgültigen Lösung noch genau eine von ihnen - letztlich willkürlich - ausgewählt werden. Dahinter steht der triviale Sachverhalt, daß sich immer nur eine Handlungsalternative realisieren läßt. Daher muß eine Handlungsalternative, die aufgrund der Lösung eines Entscheidungsproblems zur Realisierung empfohlen werden soll, immer eindeutig bestimmt sein.

Ein **Entscheidungsmodell** leistet die systematische Repräsentation der Handlungsalternativen, Umweltsituationen, Zeiträume und Formalziele eines Entscheidungsproblems derart, daß mit Hilfe der ebenso repräsentierten Handlungskonsequenzen genau eine Alternative ausgewählt werden kann, die das vorgegebene Formalzielsystem bestmöglich erfüllt.

Der Einfachheit halber werden die Formalziele fortan nur noch kurz als Ziele angesprochen. Ebenso werden die Handlungsalternativen wegen ihrer Einbettung in Entscheidungsprobleme synonym als Entscheidungsalternativen bezeichnet. Des öfteren heißen sie auch kurz Alternativen oder Aktionen. Entsprechend werden die Handlungskonsequenzen ebenso als Entscheidungskonsequenzen oder nur kurz als Konsequenzen angesprochen.

Auf welche Weise ein Entscheidungsmodell die systematische Repräsentation des zugrundeliegenden Entscheidungsproblems leistet, ist im Prinzip nebenrangig, solange das Modell seine Funktion erfüllt, die eindeutige Auswahl einer bestmöglichen Entscheidungsalternative zu ermöglichen. Im Rahmen der Entscheidungstheorie hat sich eine matrixförmige Darstellungsweise durchgesetzt. Eine vollständige Problemrepräsentation erfordert eine vierdimensionale **Entscheidungsmatrix**, um die vier Dimensionen der Handlungsalternativen, Umweltsituationen, Zeiträume und Formalziele zu erfassen, von denen die Konsequenzen einer Entscheidung abhängen. In einer grafischen Darstellung ist eine vierdimensionale Wiedergabe jedoch ausgeschlossen. Abbildung A. 18 zeigt, wie sich ein vollständig formuliertes Entscheidungsproblem dennoch durch ein matrixartiges Entscheidungsmodell repräsentieren läßt.

Die Matrixdarstellung eines Entscheidungsmodells ist aber noch unvollständig. Denn ihre vierdimensional ausdifferenzierte Repräsentation der Entscheidungskonsequenzen reicht nicht aus, um genau eine bestmögliche Entscheidungsalternative auswählen zu können. Die Entscheidungskonsequenzen stellen zunächst nur reale Sachverhalte dar, die sich im Hinblick auf ein Ziel in einem bestimmten Zeitraum mutmaßlich einstellen würden, wenn ihre zugrundeliegende Entscheidungsalternative in einer bestimmten Umweltsituation realisiert würde. Daher bleiben die Auswirkungen der Entscheidungskonsequenzen auf das Ausmaß der Zielerreichung zunächst noch unbestimmt. Deshalb müssen die realen Entscheidungskonsequenzen auf vierfache Weise bewertet werden.

für den Zeitraum t=T

für den Zeitraum t=2

für den Zeitraum t=1: Entscheidungs= konsequenzen $e^1_{i.j.k}$	Ziel Z_1			...	Ziel Z_K		
	Umwelt= situation U_1	...	Umwelt= situation U_J		Umwelt= situation U_1	...	Umwelt= situation U_J
Alternative A_1	$e^1_{1.1.1}$	...	$e^1_{1.J.1}$	...	$e^1_{1.1.K}$	...	$e^1_{1.J.K}$
...	...	...	...	...	...	...	...
Alternative A_i	$e^1_{i.1.1}$	...	$e^1_{i.J.1}$	...	$e^1_{i.1.K}$	...	$e^1_{i.J.K}$
...	...	...	...	...	...	...	...
Alternative A_I	$e^1_{I.1.1}$	...	$e^1_{I.J.1}$	...	$e^1_{I.1.K}$	...	$e^1_{I.J.K}$

Abbildung A. 18: Entscheidungsmodell in Matrixdarstellung

Erstens muß ihr Beitrag zur Verwirklichung des jeweils betrachteten Ziels beurteilt werden. Diese Aufgabe erfüllen sog. **Höhenpräferenzen**. Zweitens bedarf es einer **Risikopräferenz**, um die Zielbeiträge einer Entscheidungsalternative zusammenzufassen, die in unterschiedlichen Umweltsituationen erwartet werden. Die Bezeichnung "Risikopräferenz" rührt daher, daß der Entscheidungsträger im allgemeinen ungewiß ist, welche der Umweltsituationen bei der Realisierung einer Entscheidungsalternative tatsächlich vorliegen wird. Seine spezielle Einstellung gegenüber dieser situativen Ungewißheit drückt die Risikopräferenz aus. Drittens ist es erforderlich, die Zielbeiträge zu aggregieren, die eine Entscheidungsalternative durch ihre Entscheidungskonsequenzen in unterschiedlichen Zeiträumen leistet. Dazu dient eine **Zeitpräferenz**. Viertens muß eine **Artenpräferenz** dafür sorgen, diejenigen Zielbeiträge zusammenzufassen, die von einer Entscheidungsalternative in bezug auf mehrere Ziele erwartet werden.

Die entscheidungstheoretisch ausgerichtete, matrixförmige Darstellung von Entscheidungsproblemen erweist sich aber für die meisten praktischen betriebswirtschaftlichen Problemstellungen als unhandlich oder grundsätzlich ungeeignet. Denn die Entscheidungsmatrizen lassen sich kaum noch handhaben, wenn eine größere Anzahl von Entscheidungsalternativen, Umweltsituationen, Zeiträumen oder Zielen berücksichtigt werden muß. Darüber hinaus können sie ohnehin nur auf diskrete Entscheidungsprobleme mit endlich vielen Entscheidungskonsequenzen angewandt werden. Zahlreiche betriebswirtschaftlich interessante Entscheidungsprobleme werden aber mit der Hilfe von kontinuierlichen Variablen und Funktionen repräsentiert. In ihren Entscheidungsmodellen müssen daher unendlich viele verschiedene denkmögliche Entscheidungskonsequenzen zugleich dargestellt werden. Da hierfür endliche Entscheidungsmatrizen nicht mehr in Betracht kommen, werden seitens der Betriebswirtschaftslehre oftmals Entscheidungsmodelle in einer anderen Form benutzt. Die alternative Formulierungsweise wurde schon an früherer Stelle kurz gestreift, als unterschiedliche betriebswirtschaftliche Modellarten skizziert wurden. Solche modifizierten Entscheidungsmodelle finden vor allem im Bereich des Operations Research (OR) Anwendung. Daher werden sie des öfteren als **OR-Modelle** bezeichnet.

Entscheidungsmodelle in der modifizierten Form bestehen im wesentlichen aus zwei Komponenten. Die eine Komponente ist das **Entscheidungsfeld**. Es repräsentiert alle Determinanten eines Entscheidungsproblems, die nicht in der Person des Entscheidungsträgers verwurzelt, sondern "objektiv" vorgegeben sind. Das **Zielsystem** stellt dagegen die subjektiven Komponenten eines Entscheidungsproblems dar. Es umfaßt die Ziele des Entscheidungsträgers sowie dessen Höhen-, Risiko-, Zeit- und Artenpräferenzen. Das Zielsystem entspricht den (Formal-)Zielen und Präferenzen, die in der entscheidungstheoretisch motivierten Matrizendarstellung von Entscheidungsmodellen verwendet werden. Im Entscheidungsfeld werden dagegen alle übrigen Problemdeterminanten zusammengefaßt: die Entscheidungsalternativen, die Umweltsituationen und die relevanten Zeiträume für die Erfassung der Entscheidungskonsequenzen.

I.d.R. wird das Entscheidungsfeld als ein System von Restriktionen formuliert, die in der Gestalt von Gleichungen oder Ungleichungen auftreten. Die Restriktionen sind mit der Hilfe von Funktionen aus Konstanten und aus Variablen zusammengesetzt. Für die Variablen kommen zusätzliche Restriktionen hinzu, die als Definitionsbereiche die zulässigen Variablenwerte spezifizieren. Die Variablen werden aufgespalten in Entscheidungs- und in Strukturvariablen. Die **Entscheidungsvariablen** dienen dazu, Entscheidungsalternativen zu repräsentieren: Jede Belegung aller Entscheidungsvariablen mit genau einem zulässigen Wert aus ihren Definitionsbereichen stellt eine Entscheidungsalternative dar. Bei allen übrigen Variablen handelt es sich um **Strukturvariablen**. Ihre Werte stehen nicht zur Disposition des Entscheidungsträgers. Die Strukturvariablen lassen sich des weiteren danach unterteilen, ob ihre Werte entweder **exogen** vorgegeben sein müssen oder ob ihre Werte **endogen** durch ihre funktionale Abhängigkeit von anderen Variablen und Konstanten determiniert werden. Die exogenen Strukturvariablen werden des öfteren als **Parameter** bezeichnet. Ein Entscheidungsmodell läßt sich nur dann lösen, wenn es entweder keine Parameter besitzt oder wenn seine Lösungen in Abhängigkeit von alternativen Parameterkombinationen ausgedrückt werden.

Das Zielsystem degeneriert gewöhnlich zu nur einem Ziel. Seine Zielvorschrift wird mittels einer impliziten Höhenpräferenz auf eine Minimierungs- oder Maximierungsvorschrift festgelegt. Eine Artenpräferenz entfällt wegen der Monodimensionalität des Zielsystems. Zugleich nimmt das Zielsystem die Gestalt einer Zielfunktion an, die durch einen Minimierungs- bzw. Maximierungsoperator ergänzt wird. Risiko- und Zeitpräferenzen finden sich nur in komplizierteren Modellvarianten für Entscheidungen unter Unsicherheit bzw. für Entscheidungen mit mehrperiodiger Konsequenzenerfassung. Ein einfaches Entscheidungsmodell in der modifizierten Form, das nur Entscheidungen unter Sicherheit mit einperiodiger Konsequenzenerfassung berücksichtigt, wird in Kürze als Modell für die Standortauswahl vorgestellt.

Das breite Spektrum der Anwendungsbereiche betriebswirtschaftlicher Entscheidungsmodelle läßt sich hier nicht entfalten. Statt dessen wird im Grundlagenteil ausschließlich auf **konstitutive Entscheidungen** eingegangen. Sie legen das Fundament, auf dem alle anderen speziellen betriebswirtschaftlichen Entscheidungsprobleme aufbauen. Zu diesen konstitutiven Entscheidungen werden im allgemeinen die Entscheidungen über Standorte, Rechtsformen und Betriebsverbindungen gerechnet. Entscheidungen anderer Art werden dagegen in den späteren Abschnitten dieses Werks behandelt *(vgl. zur Organisation der Beschaffung CORSTEN F. 3.)*.

5.5.2 Standortentscheidungen

Der Standort eines Betriebs ist der geographische Ort, an dem Produktionsfaktoren kombiniert und in die erwünschten Produkte transformiert werden. Ein Entscheidungsproblem entsteht dadurch, daß nicht alle denkmöglichen Standorte für die Verwirklichung der betrieblichen Sach- und Formalziele gleich gut geeignet sind. Die Eignung eines Standorts hängt i.d.R. von einem breiten Spektrum von Einflußgrößen ab. Beispielsweise wird die Eignung eines Standorts für einen Betrieb, der als Sachziel die Elektrizitätserzeugung aus Kernenergie verfolgt, u.a. von der Erdbebengefährdung des Standorts maßgeblich beeinflußt. Ebenso hängt die Standorteignung eines Betriebs, der bei der Stahlerzeugung das Formalziel der Kostenminimierung beachtet, vor allem davon ab, welche Transportkosten zwischen dem potentiellen Betriebsstandort einerseits sowie den Beschaffungsorten der erforderlichen Produktionsfaktoren und den Absatzorten der Stahlprodukte andererseits anfallen.

Im allgemeinen ist es nicht möglich, die Vielfalt der eignungsbestimmenden Einflußgrößen ohne erheblichen Informationsverlust auf einen einzelnen Gütemaßstab zu verdichten. Daher stellt das Problem der Standortwahl ein typisches multikriterielles Entscheidungsproblem dar (vgl. LÜDERS 1990, S. 225 ff.; BEA 1992, S. 345 ff.): Es gilt, einen Standort so auszuwählen, daß die mannigfaltigen betrieblichen Anforderungen an einen Standort und die tatsächlichen Eigenschaften eines Standorts bestmöglich aufeinander abgestimmt sind. Eine besondere Bedeutung erlangt dieses Entscheidungsproblem in der aktuellen Debatte über die generelle Eignung von Betriebsstandorten in der Bundesrepublik Deutschland - verglichen mit ausländischen Standortalternativen.

Das Entscheidungsproblem der Standortwahl läßt sich in fünf Aufgaben zerlegen. Erstens muß ein Katalog derjenigen Determinanten aufgestellt werden, die aus der Sicht des Entscheidungsträgers die Eignung (Güte) eines Standorts für die verfolgten Sach- und Formalziele wesentlich beeinflussen. Zweitens ist es zur Festlegung der betrieblichen Standortanforderungen erforderlich, für die Determinanten jeweils Niveaus oder Richtungen erwünschter Determinantenausprägungen zu spezifizieren. Als Ergebnis resultiert ein Anforderungsprofil für den gesuchten betrieblichen Standort. Drittens müssen alle Standorte ermittelt werden, die als potentielle Betriebsstandorte in Betracht kommen. Viertens gilt es, anhand der tatsächlichen Standorteigenschaften zu bestimmen, in welchen Ausmaßen die Standorte die einzelnen Determinanten der Standortgüte erfüllen. Durch eine Gegenüberstellung der tatsächlichen mit den erwünschten Determinantenausprägungen ergibt sich für jeden untersuchten Standort ein spezifisches Eignungsprofil. Schließlich muß fünftens eine Methode festgelegt werden, die beschreibt, wie aus den standortspezifischen Eignungsprofilen ein Profil ausgewählt werden kann, das die Standortanforderungen mit den Standorteigenschaften bestmöglich zur Deckung bringt. Der Standort, der zu dem ausgewählten Eignungsprofil gehört, wird dann als Lösung für das Problem der betrieblichen Standortwahl empfohlen.

Eine wichtige Rolle bei der Lösung von Standortproblemen spielt bereits die erste Aufgabe, einen Katalog derjenigen Determinanten aufzustellen, die aus der Sicht des Entscheidungsträgers die Eignung eines Standorts maßgeblich beeinflussen. In der betriebswirtschaftlichen Literatur wurde eine Vielzahl solcher Determinantenkataloge entworfen. Dabei werden die Eignungsdeterminanten zumeist als Standortfaktoren oder -kriterien bezeichnet. Zu den bekanntesten Exemplaren gehören die **Standortfaktorenkataloge** von WEBER und BEHRENS. Ein erweiterter und strukturierter Katalog, der sich an einen Vorschlag von BEA anlehnt, findet sich in der Abbildung A. 19.

Die zweiten, dritten und vierten Aufgaben, die zur Lösung eines Problems der Standortauswahl erfüllt werden müssen, bereiten keine größeren Schwierigkeiten. Daher werden diese Aufgaben hier nicht weiter beachtet. Hinzu kommt, daß sie keineswegs spezifisch für Standortentscheidungen gelten, sondern ebenso für andere multikriterielle Entscheidungsprobleme bearbeitet werden müssen.

Die fünfte und letzte Aufgabe, eine Methode zur Auswahl eines bestmöglichen Eignungsprofils festzulegen, kann in unterschiedlicher Weise erfüllt werden. Die einfachste Auswahl"methode" beschränkt sich darauf, die alternativen Eignungsprofile durch unmittelbare Anschauung miteinander zu vergleichen und "intuitiv" eines von ihnen als bestmögliche Alternative auszuzeichnen. Zu Recht läßt sich darüber streiten, ob in diesem Fall von einer methodischen Auswahl überhaupt noch gesprochen werden kann. Darüber hinaus ist zu beachten, daß die Bestimmung einer bestmöglichen Alternative allenfalls auf grob umrissenen Satisfizierungszielen beruhen kann.

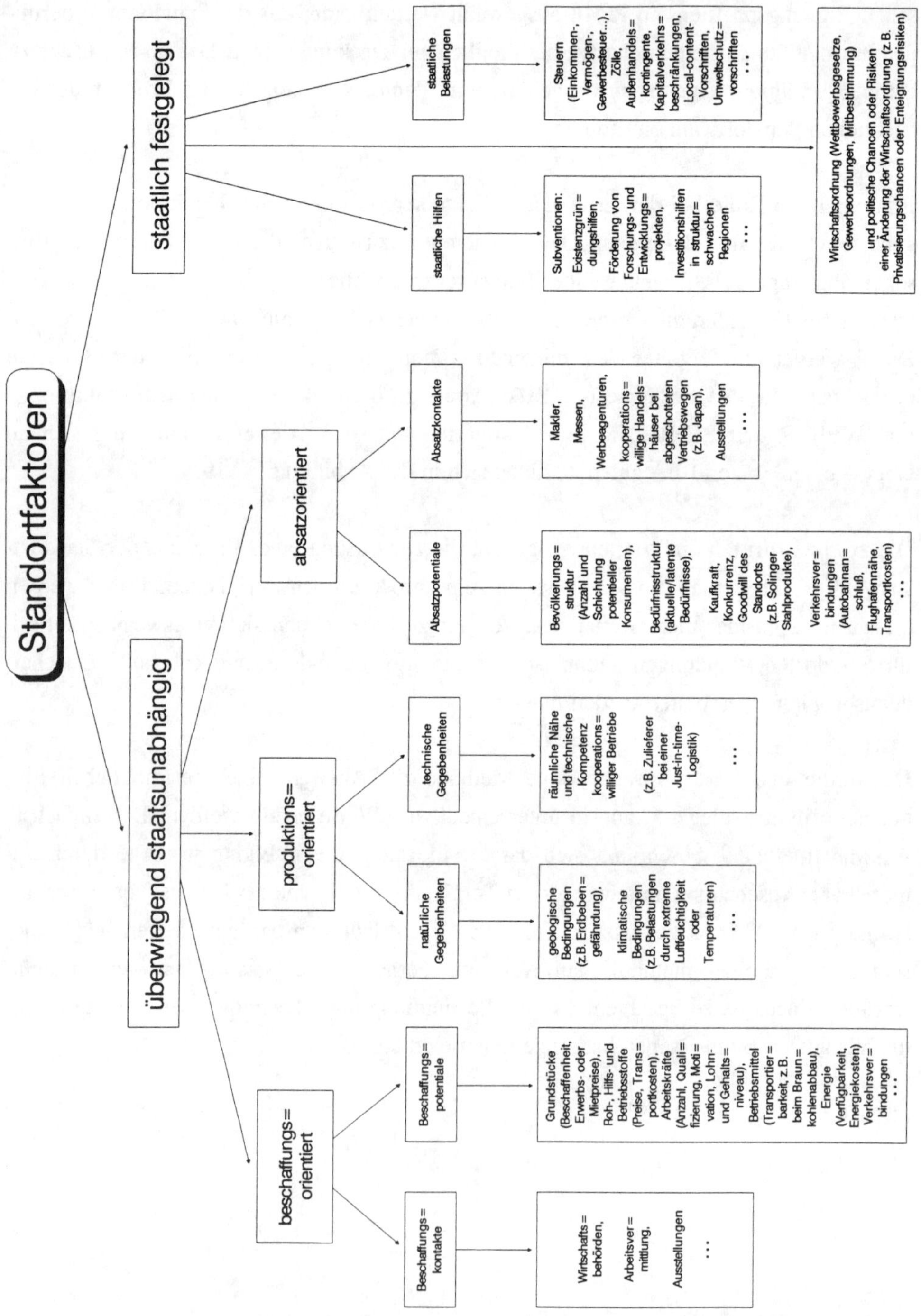

Abbildung A. 19: Standortfaktoren als Determinanten für die Eignung betrieblicher Standorte

Etwas anspruchsvoller fällt die **Checklisten-Methode** aus. Sie überprüft die einzelnen Determinanten der Standorteignung für einen gegebenen Standort anhand des vorliegenden Anforderungsprofils in einer groben, rein qualitativen Weise. Dabei wird beispielsweise festgestellt, ob ein Standort die erwünschten Determinantenausprägungen gut, mittelmäßig oder nur mangelhaft erfüllt. Die qualitativen Gütegrade werden nicht präzise definiert, sondern lediglich intuitiv zugesprochen. Alternative Standorte werden anhand ihrer grob gerasterten, qualitativen Eignungsprofile untereinander verglichen. Falls dabei eine Alternative gefunden wird, die jede Determinante der Standorteignung mindestens so gut erfüllt wie alle anderen Standorte, liegt unmittelbar eine bestmögliche Standortalternative vor. Andernfalls wird wiederum auf das Mittel der intuitiven Profilbetrachtung vertraut, um aus den alternativen Eignungsprofilen ein bestmögliches herauszufinden. Zusätzlich können einzelne Determinanten der Standortgüte als "K.o."-Kriterien verwendet werden: Falls ein Standort hinsichtlich mindestens einer solchen Determinante nicht die erwünschte Mindestausprägung aufweist, wird er von vornherein aus der weiteren Betrachtung ausgeschieden.

Mögen die vorgenannten Auswahlmethoden auch in der Entscheidungspraxis weit verbreitet sein, so stellt eine Auswahlmethode aus entscheidungstheoretischer Perspektive erst dann zufrieden, wenn sie gestattet, in einem Eignungsprofil die Ausprägungen aller Eignungsdeterminanten in einer intersubjektiv nachvollziehbaren Weise zu aggregieren. Solche Auswahlmethoden werden seitens der multiattributiven Entscheidungs- oder Nutzentheorie in zahlreichen Varianten angeboten. Es steht hier nicht der Raum zur Verfügung, ihre elaborierten Aggregationskonzepte detailliert darzustellen.

Zur Verdeutlichung wird lediglich die Vorgehensweise der **Nutzwertanalyse** skizziert. Sie wird oftmals angewendet, um Probleme der Standortauswahl zu lösen. Dabei werden die Determinanten der Standorteignung als inhaltliche Zielbeschreibungen aufgefaßt. Die erwünschten Niveaus oder Richtungen der Determinantenausprägungen spezifizieren die zugehörigen Zielvorschriften in der Gestalt von Satisfizierungs- bzw. Extremierungs- oder Meliorisierungszielen. Die Nutzwertanalyse beruht dann auf einem simplen Vorgehensschema: Das Ausmaß, in dem ein Standort eine Determinante der Standorteignung tatsächlich erfüllt, wird vor dem Hintergrund der erwünschten Determinantenausprägung anhand eines groben Punkteschemas beurteilt. Diese Punktbewertung wird für alle Eignungsdeterminanten wiederholt. Die unterschiedliche Entscheidungsrelevanz der Eignungsdeterminanten wird berücksichtigt, indem sie relativ zueinander gewichtet werden. Schließlich wird für jeden Standort die gewichtete Summe aller Bewertungspunkte berechnet, die er hinsichtlich aller Eignungsdeterminanten erreicht hat. Diese Summe bildet den "Nutzwert" eines Standorts. Ein Standort, dessen Nutzwert von keinem anderen Standort übertroffen wird, stellt einen bestmöglichen Standort dar.

Das einfache Vorgehensschema der Nutzwertanalyse hat maßgeblich dazu beigetragen, daß sie sich auch in der betrieblichen Praxis einer großen Beliebtheit erfreut. Allerdings darf nicht übersehen werden, daß die Nutzwertanalyse in der simplen Form, die hier skizziert wurde, unter gravierenden theoretischen Schwächen leidet. Insbesondere vollzieht sie i.d.R. einen unzulässigen Skalenbruch. Denn die gewichteten Bewertungspunkte, die ein Standort für die unterschiedlichen Eignungsdeterminanten erzielt hat, dürften nur dann addiert werden, wenn die Punkte selbst auf einer kardinalen Skala gemessen worden wären. Das Schema, nach dem die Punkte bei der Nutzwertanalyse einer Alternative zugemessen werden, erfüllt aber die Anforderung des kardinalen Skalenniveaus kaum jemals. Daher ist es im Prinzip unzulässig, die gewichteten Bewertungspunkte zur Errechnung eines Nutzwertes miteinander zu addieren.

5.5.3 Rechtsformentscheidungen

5.5.3.1 Einführung

Die **Rechtsform** eines Betriebs (vgl. ROSE/GLORIUS 1992) regelt einen Teil der rechtlichen Beziehungen, die sowohl zwischen den Mitgliedern des Betriebs als auch zwischen dem Betrieb und seinem Umsystem bestehen. Die innerbetrieblichen Rechtsbeziehungen betreffen z.B. die Beziehungen zwischen den Gesellschaftern einer Personengesellschaft oder zwischen dem Vorstand und dem Aufsichtsrat einer Aktiengesellschaft. Die betriebsübergreifenden Rechtsbeziehungen erstrecken sich dagegen beispielsweise auf Publizitätspflichten, die eine Gesellschaft mit beschränkter Haftung gegenüber der Öffentlichkeit erfüllen muß. Das Entscheidungsproblem der Rechtsformwahl entsteht durch das Zusammenwirken zweier Aspekte.

Einerseits ist durch die Rechtsordnung eine Anzahl **alternativer Rechtsformen** vorgegeben, zwischen denen ein Betrieb in gewissen Grenzen auszuwählen vermag. Die Grenzen hängen u.a. davon ab, ob sich der Betrieb in privatem oder öffentlichem Eigentum befindet. So stehen Betrieben, an denen privates Eigentum besteht, nur die Rechtsformen des Privatrechts offen. Dagegen herrschen bei Betrieben des öffentlichen Eigentums die Rechtsformen des öffentlichen Rechts vor. Allerdings ist es ebenso möglich, daß sich ein Betrieb zumindest teilweise im öffentlichen Eigentum befindet, aber dennoch in privatrechtlicher Rechtsform geführt wird. Darüber hinaus können für einige Betriebe mit bestimmten Betriebszwecken die Wahlmöglichkeiten zwischen alternativen Rechtsformen eingeschränkt sein. Beispielsweise ist es Hypothekenbanken nur gestattet, die Rechtsform einer Aktiengesellschaft oder einer Kommanditgesellschaft auf Aktien anzunehmen.

Andererseits ist jede Rechtsform mit gesetzlich geregelten Rechten und Pflichten verknüpft, die sich auf den betrieblichen Handlungsspielraum erheblich auszuwirken vermögen. Die **rechtsformabhängigen Auswirkungen** betreffen im wesentlichen zwölf Aspekte:

- Die **Haftung** für Verbindlichkeiten des Betriebs kann entweder auf das geschäftliche Vermögen beschränkt sein, das die Eigentümer eines Betriebs als Betriebsvermögen eingebracht haben, oder aber unbeschränkt für das gesamte private und geschäftliche Vermögen der Eigentümer gelten.

- Die **Leitung** eines Betriebs betrifft zunächst die Geschäftsführungsbefugnis, die im Innenverhältnis gegenüber allen anderen, von der Leitung ausgeschlossenen Betriebsmitgliedern wirkt. Hinzu kommt die Vertretungsbefugnis, die im Außenverhältnis gegenüber Betriebsfremden wirkt.

- **Kontrollrechte** bestimmen zunächst darüber, ob die Leitung eines Betriebs bei ihrer Tätigkeit überhaupt überwacht wird oder ob ihre Geschäftsführungs- und Vertretungsbefugnisse unkontrolliert bleiben. Im ersten Fall wird darüber hinaus geregelt, welche inner- oder außerbetrieblichen Instanzen die Aktivitäten der Betriebsleitung in welchem Ausmaß kontrollieren.

- Die **Mitbestimmung** der Arbeitnehmer hängt nur auf der unternehmerischen Ebene von der Rechtsform ab. Denn die Mitbestimmung auf der betrieblichen Ebene wird vom Betriebsverfassungsgesetz von 1972 in rechtsformunabhängiger Weise für alle Betriebe vorgeschrieben, die i.d.R. mindestens fünf Arbeitnehmer beschäftigen. Die unternehmerische Mitbestimmung räumt dagegen den Arbeitnehmern bei unterschiedlichen Rechtsformen auf verschiedene Weise Einflußmöglichkeiten in den betrieblichen Leitungs- und Kontrollorganen ein.

- Die **Erfolgsbeteiligung** regelt, in welchem Ausmaß die Eigentümer eines Betriebs an den betrieblichen Gewinnen partizipieren dürfen - aber auch die betrieblichen Verluste mittragen müssen. Die Spielräume der Erfolgsbeteiligung können durch Vorschriften eingeschränkt werden, die entweder eine Mindestausschüttung zugunsten der Eigentümer oder aber eine Höchstausschüttung zugunsten der Gläubiger vorsehen.

- Die **Kapitalbeschaffung** tritt in zwei Facetten auf. Einerseits geht es um die Verpflichtung, einen Betrieb bei seiner Gründung oder während seiner Entwicklung mit einem bestimmten Mindestbetrag an haftendem Eigenkapital auszustatten. Diese Verpflichtung besteht bei manchen Rechtsformen in unterschiedlicher Höhe, während sie bei anderen Rechtsformen überhaupt nicht existiert. Andererseits sind die Möglichkeiten der Kapitalbeschaffung betroffen. Sie bestimmen Art und Umfang, in denen ein Betrieb aufgrund seiner Rechtsform Zugang zu den Eigen- und Fremdkapitalmärkten erhält. Im Vordergrund stehen dabei die Beschaffungsmöglichkeiten für Eigenkapital. Da hohe Eigenkapitalreserven die Kreditwürdigkeit eines Betriebs erhöhen, wirken sie sich aber indirekt auch auf dessen Beschaffungsmöglichkeiten für Fremdkapital aus.

- Die **Steuerbelastung** verschiedener Rechtsformen divergiert mitunter erheblich. Vor allem werden der Gewinn und der Gewerbeertrag eines Betriebs sowie das eingesetzte Vermögen und Gewerbekapital in rechtsformabhängiger Weise durch unterschiedliche Steuerarten, Steuerbemessungsgrundlagen und Steuertarife belastet. Daneben spielen rechtsformabhängige Variationen der Besteuerung von Betriebsgründungen, Betriebsumwandlungen, Kapitalerhöhungen oder Betriebsauflösungen eine geringere Rolle.

- Die **Publizitätspflichten** erstrecken sich auf rechtliche Normen, die hinsichtlich der Information von Eigentümern, Gläubigern und Öffentlichkeit eingehalten werden müssen. Sie schließen Rechnungslegungs- und Prüfungspflichten ein. Im allgemeinen bevorzugen Betriebe Rechtsformen mit geringen Publizitätsverpflichtungen gegenüber der Öffentlichkeit, um gesellschaftliche Diskussionen über ihre Geschäftstätigkeit - insbesondere ihren Erfolg - zu erschweren oder um potentiellen Konkurrenten keinen Einblick in ihr Geschäftsgebaren einzuräumen. Ein weiteres Motiv der Publizitätsscheu liegt vor allem bei Zulieferbetrieben darin, Kunden mit großer Nachfragemacht möglichst keine Kenntnisse darüber zu vermitteln, in welchem Umfang sie die Betriebe zu wirtschaftlichen Zugeständnissen nötigen könnten.

- **Rechtsformabhängige Aufwendungen** variieren zunächst in Abhängigkeit von den zuvor erwähnten Unterschieden bei der Publizitätspflicht. Denn die verschiedenartigen Publizitätsvorschriften führen zu beträchtlich divergierenden Aufwendungen für die Pflichtveröffentlichungen. Darüber hinaus fallen rechtsformabhängige Aufwendungen während der Gründung eines Betriebs an. Ebenso können sie in unterschiedlicher Höhe für die Mitglieder der rechtsformabhängigen Organe entstehen.

- Die **Kooperationsfähigkeit** eines Betriebs drückt aus, in welcher Intensität ein Betrieb mit anderen Betrieben eine aktive oder passive Zusammenarbeit eingehen kann, die über reguläre Marktaustauschbeziehungen zwischen Kunden und Lieferanten hinausreicht. Eine aktive Zusammenarbeit ist möglich, falls sich ein Betrieb kraft seiner Rechtsform an anderen Betrieben beteiligen, diese beherrschen oder sich sogar eingliedern darf. Eine passive Zusammenarbeit wird dagegen ermöglicht, wenn die Rechtsform eines Betriebs gestattet, daß sich andere Betriebe an ihm beteiligen, ihn beherrschen oder ihn eingliedern.

- Die **Betriebskontinuität** betrifft die Frage, in welcher Weise die Existenz eines Betriebs von Veränderungen in der Zusammensetzung seiner Eigentümer betroffen ist. Beispielsweise kann ein Betrieb in der einen Rechtsform beim Tod eines seiner Gesellschafter aufgelöst werden, während er in einer anderen Rechtsform vom Ableben oder Wechsel seiner Gesellschafter überhaupt nicht betroffen ist.

- Die **Gestaltungsfreiheit** einer Rechtsform entscheidet darüber, in welchem Ausmaß ein Betrieb nach den Vorstellungen seiner Eigentümer eingerichtet werden kann. In die Analyse der Gestaltungsfreiheit gehen alle vorgenannten elf Aspekte ein.

Generell sind Rechtsformentscheidungen so zu treffen, daß aus den zulässigen Rechtsformalternativen genau eine ausgewählt wird, die aufgrund ihrer rechtsformabhängigen Auswirkungen die Verwirklichung der betrieblichen Sach- und Formalziele bestmöglich unterstützt. Es würde hier aber zu weit führen, die entscheidungsrelevanten Auswirkungen für alle Rechtsformalternativen, die nachfolgend skizziert werden, detailliert zu erläutern. Daher wird nur auf die drei erstgenannten Haftungs-, Leitungs- und Kontrollaspekte näher eingegangen. Von den übrigen Gesichtspunkten werden Mitbestimmungsrechte, Kapitalbeschaffungsmöglichkeiten und Publizitätspflichten lediglich am Rande gestreift.

5.5.3.2 Alternativen der Rechtsformwahl

In der hier gebotenen Kürze lassen sich nicht alle Rechtsformen thematisieren. Statt dessen wird nur auf Grundzüge von Rechtsformen des Privatrechts eingegangen. Über ihre Vielfalt gewährt die Abbildung A. 20 einen Überblick. Die anschließenden Ausführungen beschränken sich auf jene Rechtsformen, die in der betrieblichen Praxis dominieren. Sie sind in der Abbildung A. 20 durch Fettdruck hervorgehoben.

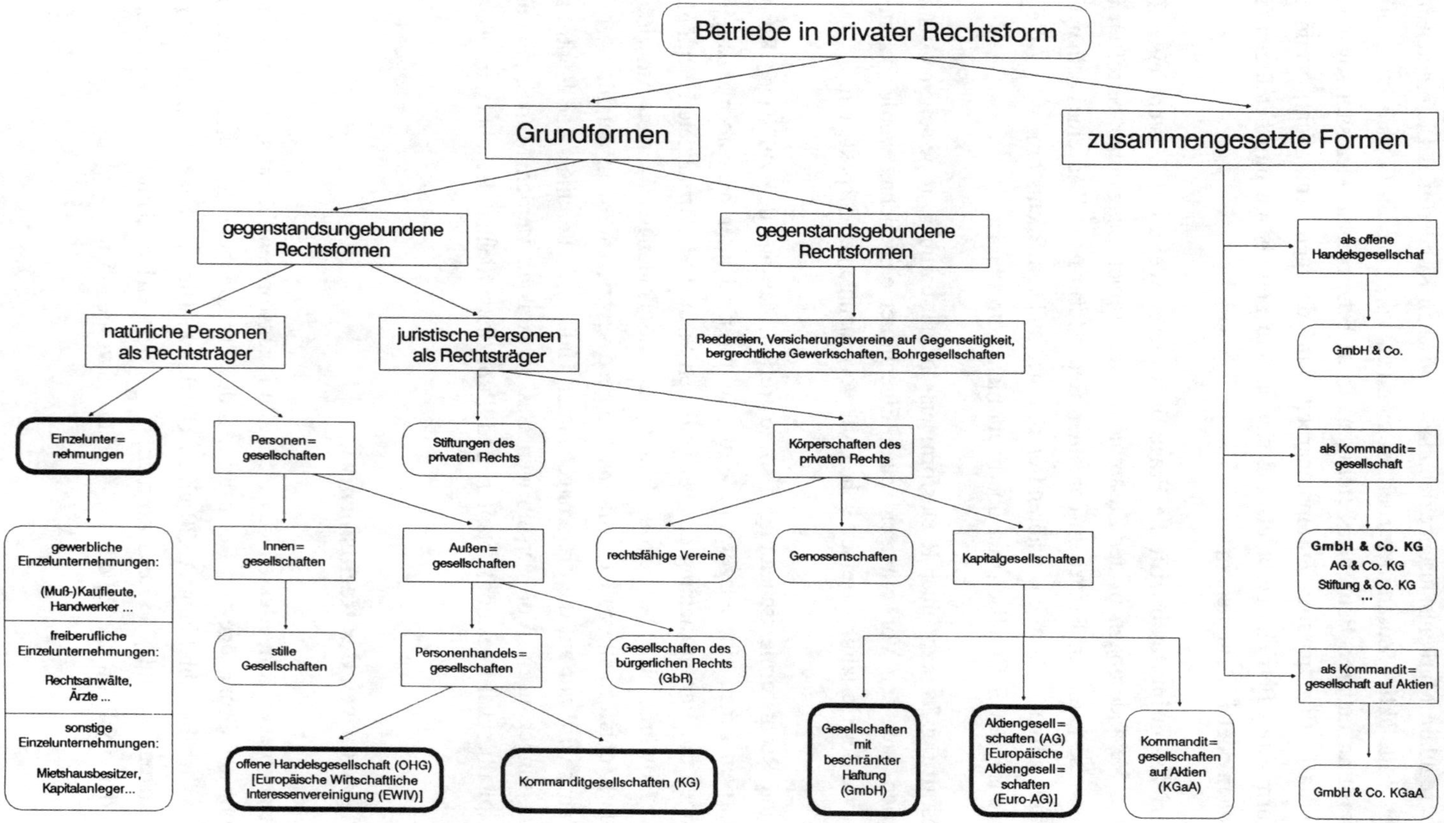

Abbildung A. 20: Rechtsformen des Privatrechts

Die Grundformen der Betriebe in privater Rechtsform nehmen jeweils genau eine Rechtsform an. Zusammengesetzte Formen liegen dagegen vor, wenn ein Betrieb mehrere Rechtsformen miteinander kombiniert, von denen jeweils eine dominiert. Zunächst wird nur auf die Grundformen eingegangen. Auf eine exemplarische zusammengesetzte Rechtsform, die GmbH & Co. KG, wird später zurückgekommen. Bei den Grundformen spielen die gegenstandsgebundenen Rechtsformen nur eine untergeordnete Rolle. Sie bleiben Unternehmungen bestimmter Branchen vorbehalten, wie etwa den Reedereien oder den Versicherungsvereinen auf Gegenseitigkeit. Daher interessieren fortan nur noch die gegenstandsungebundenen Rechtsformen. Sie können von Betrieben unabhängig von der Art ihres Betriebszwecks ausgewählt werden.

Bei den gegenstandsungebundenen Rechtsformen besteht ein grundsätzlicher Unterschied zwischen denjenigen Rechtsformen, die an natürlichen Personen als Rechtsträger anknüpfen, und solchen Rechtsformen, die auf juristische Personen Bezug nehmen. Im ersten Fall wird auch von **Personenunternehmungen** gesprochen. Sie zeichnen sich dadurch aus, daß in ihnen stets mindestens eine natürliche Person für die Verbindlichkeit der Unternehmung unbeschränkt haftet. Zugleich vertritt diese natürliche Person die Unternehmung nach außen und leitet die Unternehmung nach innen. Hinzu kommt, daß das Vermögen einer Personenunternehmung nicht verselbständigt wird, sondern den haftenden natürlichen Personen zugeordnet bleibt. Im zweiten Fall erlangen dagegen die betroffenen Betriebe eine **eigene Rechtspersönlichkeit** und treten damit als juristische Personen sui generis auf. Das Betriebsvermögen wird rechtlich verselbständigt und haftet für die Verbindlichkeiten des Betriebs. Natürliche Personen, die den Betrieb weiterhin nach außen vertreten oder nach innen leiten, werden dagegen von der Haftung für die betrieblichen Verbindlichkeiten freigestellt.

Innerhalb der Personenunternehmungen wird zwischen Einzelunternehmungen und Personengesellschaften unterschieden. Einzelunternehmungen werden immer von genau einer Person geführt. Personengesellschaften sind dagegen i.d.R. Zusammenschlüsse von mehreren Personen. Sie können aber in den Sonderfällen der "Ein-Mann-Gesellschaften" auch auf nur eine Person als Gesellschaftsträger schrumpfen. Zu den wichtigsten Personengesellschaften gehören die offenen Handelsgesellschaften und die Kommanditgesellschaften, die auch gemeinsam als **Personenhandelsgesellschaften** bezeichnet werden. Sie unterscheiden sich von der Gesellschaften bürgerlichen Rechts oder BGB-Gesellschaften dadurch, daß nur die Personenhandelsgesellschaften ein Handelsgewerbe im Sinne des Handelsgesetzbuches betreiben.

Die **Einzelunternehmung** ist ein Betrieb, in dem eine einzelne natürliche Person wirtschaftet, ohne sich dabei einer der rechtlich genormten Gesellschaftsformen zu bedienen. Die Person, die als Einzelunternehmer oder Inhaber bezeichnet wird, haftet unbeschränkt mit ihrem gesamten geschäftlichen und auch privaten Vermögen für die Verbindlichkeiten ihrer Unternehmung. Den Standardfall bildet die gewerbliche Einzelunternehmung, die von einem Muß-Kaufmann im Sinne von § 1 Absatz 1 Handelsgesetzbuch (HGB) betrieben wird. Eine gewerbliche Einzelunternehmung kann aber auch von anderen Personen geführt werden, wie z.B. einem Handwerker als Soll-Kaufmann (§ 2 HGB). Die Leitung einer Einzelunternehmung obliegt nur ihrem Inhaber. Das schließt jedoch nicht aus, daß der Inhaber an einzelne Angestellte Leitungsbefugnisse delegieren kann, indem er ihnen etwa Handlungsvollmacht oder Prokura erteilt.

Die **offene Handelsgesellschaft** (OHG) geht aus dem Zusammenschluß von mindestens zwei Gesellschaftern hervor. Sie haften ebenfalls unbeschränkt mit ihrem gesamten privaten und geschäftlichen Vermögen für die Verbindlichkeiten der Gesellschaft. Im Gegensatz zur Einzelunternehmung können die Gesellschafter aber über diejenigen Bestandteile ihres Vermögens, die sie in eine offene Handelsgesellschaft als Geschäftsanteile einbringen, nicht mehr autonom disponieren. Statt dessen besteht eine gesamthänderische Bindung des Gesellschaftsvermögens. Sie bedeutet, daß die Gesellschafter über das Gesellschaftsvermögen nur gemeinschaftlich verfügen dürfen. Auf ihre eigenen Gesellschaftsanteile können die Gesellschafter erst dann wieder zugreifen, wenn sie aus der Gesellschaft ausscheiden oder die gesamte Gesellschaft aufgelöst wird. Allerdings haben sich dann die Auseinandersetzungsguthaben der Gesellschafter im allgemeinen gegenüber ihren früher aufgebrachten Einlagen verändert. Die Leitung einer offenen Handelsgesellschaft wird durch das gesellschaftsrechtliche Organ der Geschäftsführung ausgeübt. Zur Teilnahme an der Geschäftsführung sind grundsätzlich alle Gesellschafter in gleicher Weise berechtigt. Durch einen Gesellschaftsvertrag kann aber abweichend festgelegt sein, daß die Geschäftsführung nur einem Teil der Gesellschafter übertragen wird, während der andere Teil davon ausgeschlossen bleibt.

Die **Kommanditgesellschaft** (KG) zeichnet sich gegenüber der offenen Handelsgesellschaft dadurch aus, daß deren homogener Gesellschafterkreis in zwei verschiedenartige Gesellschaftergruppen aufgespalten wird. Einerseits haften die Komplementäre weiterhin unbeschränkt mit ihrem gesamten privaten und geschäftlichen Vermögen für die Verbindlichkeiten der Gesellschaft. Andererseits bleibt die Haftung der Kommanditisten auf den Betrag ihrer geschäftlichen Vermögenseinlage beschränkt. Zu jeder Kommanditgesellschaft müssen mindestens ein Komplementär und mindestens ein Kommanditist gehören. Die Leitung der Kommanditgesellschaft üben ausschließlich ihre Komplementäre aus. Nur sie stellen die Geschäftsführung einer Kommanditgesellschaft. Den Kommanditisten stehen nur einige Kontrollrechte zu. Sie erstrecken sich z.B. auf das Recht, eine schriftliche Mitteilung des Jahresabschlusses zu erhalten, und auf das Recht, einer Handlung der Komplementäre zu widersprechen, falls sie über den gewöhnlichen Betrieb des Handelsgewerbes der Gesellschaft hinausreicht.

Die **Gesellschaft mit beschränkter Haftung** (GmbH) ist eine rechtlich verselbständigte Personenvereinigung in der Form einer **Kapitalgesellschaft**. Sie tritt als eigenständiges Rechtssubjekt und auch als ein Rechtsobjekt auf. Als Rechtssubjekt handelt es sich um eine juristische Person. Sie ist selbst Eigentümerin der betrieblichen Vermögensgegenstände, also der Grundstücke, maschinellen Anlagen, Wertpapiere, Waren usw. Dafür haftet sie aber auch für alle ihre Verbindlichkeiten. Allerdings bleibt diese Haftung auf das gesamte Vermögen der Gesellschaft beschränkt. Zugleich ist die Gesellschaft aber auch ein Rechtsobjekt. Denn ihre Gesellschafter besitzen Anteile an der Gesellschaft, die Rechte gegenüber der Gesellschaft begründen. Die Gesellschaftsanteile bilden ihrerseits selbständige Gegenstände des Rechtsverkehrs. Insbesondere können sie von ihren Inhabern veräußert werden, ohne daß die Gesellschaft selbst davon in ihrer Existenz betroffen wäre (**Trennungsprinzip**). Die Gesellschafter haften im Gegensatz zu Personengesellschaften nicht mehr unmittelbar für die Verbindlichkeiten der Gesellschaft. Allerdings haften sie indirekt bis zur Höhe ihrer Gesellschaftsanteile, weil die Anteile als Gesellschaftsvermögen verselbständigt sind und in dieser Form zur Begleichung der Verbindlichkeiten der Gesellschaft herhalten müssen. Darüber hinaus können sich die Gesellschafter im Gesellschaftsvertrag mit einer beschränkten oder unbeschränkten Nachschußpflicht einverstanden erklärt haben, der sie mit ihrem privatem Vermögen nachkommen müssen. Bei einer unbeschränkten Nachschußpflicht besitzen sie jedoch ein Abandonrecht. Es gestattet ihnen, ihre Gesellschaftsanteile der Gesellschaft mit beschränkter Haftung unentgeltlich zurückzureichen.

Die zwei wichtigsten Organe der Gesellschaft mit beschränkter Haftung sind die Gesellschafterversammlung und die Geschäftsführung. Die Gesellschafterversammlung ist die Gemeinschaft aller Inhaber von Gesellschaftsanteilen. Sie kann sowohl Leitungs- als auch Kontrollfunktionen wahrnehmen. Als Leitungsorgan bestellt die Gesellschafterversammlung die Geschäftsführer. Darüber hinaus kann sie sich im Gesellschaftsvertrag vorbehalten, daß wichtige oder außergewöhnliche Geschäfte nur mit ihrer Genehmigung getätigt werden dürfen. Eine größere Rolle kommt der Gesellschafterversammlung jedoch zumeist als Kontrollorgan zu. Sie überwacht in dieser Funktion die Aktivitäten der Geschäftsführung. Die Gesellschafterversammlung kann zu diesem Zweck auch weitere Aufsichtsorgane einsetzen. Bei größeren Beschäftigtenzahlen gehört dazu vor allem ein

Aufsichtsrat. Die Geschäftsführung übt dagegen die Leitung der Gesellschaft aus, sofern keine Leitungsvorbehalte der Gesellschafterversammlung entgegenstehen. Im Gegensatz zur Geschäftsführung einer Personengesellschaft brauchen die Geschäftsführer einer Gesellschaft mit beschränkter Haftung keineswegs aus dem Kreis ihrer Gesellschafter zu stammen. Vielmehr kann es sich auch um Nichtgesellschafter handeln, die als angestellte Geschäftsführer oder "Manager" agieren.

Die **Aktiengesellschaft** (AG) und ihre Organe wurden bereits an früherer Stelle behandelt, um Mitbestimmungsregelungen exemplarisch zu erläutern. Daher kann ihre Darstellung hier kurz gehalten werden. Wie die Gesellschaft mit beschränkter Haftung handelt es sich um eine Kapitalgesellschaft. Daher gilt in bezug auf eigenständige Rechtspersönlichkeit und Haftung für Verbindlichkeiten das Gleiche wie für Gesellschaften mit beschränkter Haftung: Auch eine Aktiengesellschaft stellt eine juristische Person dar, die selbst Eigentümerin des betrieblichen Vermögens ist und damit für alle Verbindlichkeiten der Gesellschaften haftet. Die Gesellschafter der Aktiengesellschaft, die Anteilseigner oder Aktionäre, haften für jene Verbindlichkeiten nicht unmittelbar, wohl aber indirekt in der Höhe ihrer Gesellschaftsanteile. Eine Nachschußpflicht kommt für sie jedoch nicht in Betracht.

Die Organe der Aktiengesellschaft ähneln wiederum stark den Organen einer Gesellschaft mit beschränkter Haftung: Die Hauptversammlung, in der alle Anteilseigner einer Aktiengesellschaft zusammengefaßt sind, nimmt abermals Leitungs- und Kontrollfunktionen wahr. Allerdings fällt ihre Leitungskompetenz in der betrieblichen Praxis zumeist noch weit geringer aus als diejenige der Gesellschafterversammlung einer Gesellschaft mit beschränkter Haftung. Dafür erstarkt der Vorstand als zentrales Leitungsorgan einer Aktiengesellschaft. Seine Mitglieder sind i.d.R. angestellte Nichtgesellschafter (Manager). Aber auch Aktionäre können zu den Vorstandsmitgliedern gehören. Der Aufsichtsrat stellt das wichtigste Kontrollorgan einer Aktiengesellschaft dar. Er setzt sich aus Vertretern der Anteilseigner und der Arbeitnehmer zusammen. Hinsichtlich der Details von Hauptversammlung, Vorstand und Aufsichtsrat wird auf die früheren Ausführungen zur Mitbestimmung verwiesen.

Die Unterschiede zwischen einer Aktiengesellschaft und einer Gesellschaft mit beschränkter Haftung wurzeln nur zu einem kleinen Teil im Gesellschaftsrecht. So kann eine Gesellschaft mit beschränkter Haftung im Extremfall durch eine einzelne Person gegründet werden, die von vornherein über alle Gesellschaftsanteile verfügt (Einmann-GmbH). An der Gründung einer Aktiengesellschaft müssen dagegen mindestens fünf Personen teilnehmen. Allerdings verwischt sich diese Differenz in der Phase der Betriebsentwicklung wieder, weil sowohl Gesellschaften mit beschränkter Haftung als auch Aktiengesellschaften zu Einmann-Gesellschaften degenerieren, sobald alle ihre Gesellschaftsanteile in der Hand von nur einer Person zusammenfallen.

Praktisch bedeutsamer sind dagegen Unterschiede, die sich auf die Kapitalbeschaffungsmöglichkeiten und auf die vorherrschende Betriebsgröße beider Gesellschaftsformen erstrecken. So dominiert die Rechtsform der Aktiengesellschaft bei Großbetrieben. Von den 10 Betrieben, die in Deutschland die größten Beschäftigtenzahlen aufweisen, gehören 9 zum Kreis der Aktiengesellschaften, aber nur 1 zu den Gesellschaften mit beschränkter Haftung. Klein- und Mittelbetriebe wählen dagegen mit Vorliebe die Rechtsform der Gesellschaft mit beschränkter Haftung. Diese Präferenz beruht u.a. darauf, daß in Gesellschaften mit beschränkter Haftung erheblich geringere Publizitätspflichten eingehalten werden müssen als in Aktiengesellschaften. Hinzu kommt, daß die Geschäftsführungen von Klein- und Mittelbetrieben oftmals eine ausgeprägte Publizitätsscheu pflegen.

Aktiengesellschaften genießen den Vorteil, daß ihre Gesellschaftsanteile an den Börsen frei gehandelt werden können. Dies erhöht aus der Perspektive potentieller Anteilseigner die Fungibilität der Anteile. Zugleich verschafft es den Aktiengesellschaften eine Gelegenheit zur relativ einfachen Beschaffung von Eigenkapital. Mittelbar wird dadurch auch ihr Zugang zu den Fremdkapitalmärkten erleichtert, weil potentielle Gläubiger um so eher zur Fremdkapitalhergabe bereit sind, je mehr haftendes Eigenkapital für die Absicherung ihrer Ansprüche bereitsteht. Die Anteile von Gesellschaften mit beschränkter Haftung werden dagegen nicht an Börsen notiert. Wegen der geringeren Fungibilität ihrer Gesellschaftsanteile fällt den Gesellschaften mit beschränkter Haftung die Beschaffung von Eigenkapital - mittelbar auch von Fremdkapital - schwerer als den Aktiengesellschaften. Daher überrascht es nicht, daß Großbetriebe mit ihrem relativ hohen Finanzierungsbedarf die Rechtsform der Aktiengesellschaft bevorzugen.

Die **GmbH & Co. KG** stellt die häufigste zusammengesetzte Rechtsform dar. Es handelt sich zunächst um eine Kommanditgesellschaft. Ihre Besonderheit besteht darin, daß mindestens einer ihrer Komplementäre eine Gesellschaft mit beschränkter Haftung ist. Oftmals handelt es sich um den einzigen überhaupt vorhandenen Komplementär. Die GmbH & Co. KG kann in mehreren Varianten auftreten. Sie liegt in ihrer "klassischen" Form vor, wenn alle Kommanditisten der GmbH & Co. KG zugleich auch direkte Gesellschafter der Komplementär-GmbH sind. Ein wesentliches Motiv, die Rechtsform der GmbH & Co. KG zu wählen, beruht in ihrem Zwittercharakter, der Aspekte von Personen- und Kapitalgesellschaften miteinander kombiniert. Ihre Kommanditisten sind die einzigen natürlichen Personen, die das Eigentum an der Kommanditgesellschaft innehaben. Weil es sich um eine Personengesellschaft handelt, unterliegen ihre Inhaber - im Vergleich mit Kapitalgesellschaften - relativ geringen Publizitätspflichten. Zugleich haftet aber keiner der Inhaber mit seinem privaten und geschäftlichen Vermögen unbeschränkt für die Verbindlichkeiten der GmbH & Co. KG. Statt dessen bleibt ihre Haftung begrenzt auf ihre Einlagen, die sie als Kommanditisten in die übergeordnete Kommanditgesellschaft eingebracht haben, und auf ihre Gesellschaftsanteile an der untergeordneten Komplementär-GmbH. Daher lassen sich die Geschäfte der Kommanditgesellschaft mit den geringen Publizitätspflichten einer Personengesellschaft führen, ohne daß irgendeine natürliche Person - wie sonst bei Personengesellschaften üblich - mit ihrem gesamten Vermögen für die Verbindlichkeiten der GmbH & Co. KG unbeschränkt einstehen müßte. Darüber hinaus ist es jetzt möglich, daß die Kommanditisten der GmbH & Co. KG an deren Geschäftsführung aktiv teilnehmen. Zwar dürften sie dies als Kommanditisten einer gewöhnlichen Kommanditgesellschaft nicht. Doch sind sie in Personalunion auch die Gesellschafter der Komplementär-GmbH. In dieser Rolle können sie als geschäftsführende Gesellschafter der Komplementär-GmbH auftreten. Da die Komplementär-GmbH ihrerseits als Komplementär der übergeordneten GmbH & Co. KG zu deren Geschäftsführung berechtigt ist, können nun die geschäftsführenden Gesellschafter der Komplementär-GmbH ebenso die Geschäftsführung der GmbH & Co. KG besorgen.

Allerdings müssen die vorgenannten Kombinationsvorteile auch mit Nachteilen erkauft werden. Dazu gehört vor allem ein Aspekt der unternehmerischen Mitbestimmung, der schon früher in der Abbildung A. 22 anklang: Die gewöhnliche Kommanditgesellschaft unterliegt als Personengesellschaft keiner Mitbestimmungsverpflichtung. Für die GmbH & Co. KG schreibt dagegen § 4 des Mitbestimmungsgesetzes von 1976 vor, daß bei mehr als 2.000 Beschäftigten für die Komplementär-GmbH ein Aufsichtsrat gebildet werden muß, der zur Hälfte mit Arbeitnehmervertretern zu besetzen ist. Hinzu kommt die Pflicht, in die Geschäftsführung der Komplementär-GmbH einen Arbeitsdirektor aufzunehmen, der sich um die Belange der Arbeitnehmer kümmert.

Abschließend wird noch ein Ausblick auf Fortentwicklungen der betrieblichen Rechtsformen gewährt, die in neuerer Zeit im Kontext der Europäischen Gemeinschaften erfolgen. Es handelt sich im wesentlichen um die Europäische Wirtschaftliche Interessenvereinigung, am Rande auch um die Europäische Aktiengesellschaft.

Die **Europäische Wirtschaftliche Interessenvereinigung** (EWIV) wurde 1985 von den Europäischen Gemeinschaften als neuartige Rechtsform beschlossen und 1988 durch ein entsprechendes EWIV-Ausführungsgesetz in das nationale deutsche Recht übernommen. Seitdem kann sie auch in Deutschland als eigenständige Rechtsform gewählt werden. Sie wird hier wie eine offene Handelsgesellschaft behandelt. Voraussetzung ist allerdings, daß die Mitglieder einer Europäischen Wirtschaftlichen Interessenvereinigung aus mehreren Mitgliedsländern der Europäischen Gemeinschaften stammen. Als Vereinigungsmitglieder kommen sowohl natürliche als auch juristische Personen in Betracht, sofern sie eine gewerbliche (inklusiv handwerkliche), landwirtschaftliche oder freiberufliche Tätigkeit ausüben. Das schließt auch die Mitgliedschaft von Vereinigungen natürlicher Personen ein, wie z.B. Gesellschaften des bürgerlichen Rechts, Handelsgesellschaften oder Genossenschaften. Darüber hinaus darf eine Europäische Wirtschaftliche Interessenvereinigung nicht drauf ausgelegt sein, Gewinne zu erzielen. Statt dessen muß sie sich darauf beschränken, die wirtschaftlichen Tätigkeiten ihrer Mitglieder zu erleichtern oder zu entwickeln oder die Ergebnisse dieser Tätigkeiten zu verbessern oder zu steigern. Die Europäische Wirtschaftliche Interessenvereinigung ist also als ein Kooperationsinstrument ausgelegt, mit dem die grenzüberschreitende Zusammenarbeit von Betrieben gefördert werden soll. In erster Linie ist an die Kooperation zwischen Klein- und Mittelbetrieben gedacht. Dieser Zielsetzung kommt entgegen, daß die rechtlichen Regelungen der Europäischen Wirtschaftlichen Interessenvereinigung einen großen Gestaltungsspielraum offenlassen. Er kann zur Unterstützung der Kooperationsbedürfnisse ihrer Mitglieder flexibel ausgeschöpft werden. Jedoch muß beachtet werden, daß die Mitglieder einer Europäischen Wirtschaftlichen Interessenvereinigung für deren Verbindlichkeiten im allgemeinen unbeschränkt haften. Dies läßt sich allerdings durch individuelle Haftungsausschlüsse mildern. Falls eine Europäische Wirtschaftliche Interessenvereinigung ausschließlich aus juristischen Personen besteht, kann ihre Haftung für die Verbindlichkeiten der Vereinigung sogar auf das haftende Eigenkapital der Mitglieder beschränkt werden.

Die **Europäische Aktiengesellschaft** (Euro-AG) oder "Societas Europaea" (SE) befindet sich dagegen derzeit noch im Wartestand. Zwar wurde sie bereits 1970 und 1975 von der Kommission der Europäischen Gemeinschaften in zwei Versionen vorgeschlagen. Doch wurden die Beratungen dieses Vorschlags 1982 eingestellt. 1988 griff die Kommission ihre Anregung einer Europäischen Aktiengesellschaft in einem Memorandum wieder auf. Erst vor kurzer Zeit hat sie 1991 ihre Vorstellungen in einem neuen Verordnungsvorschlag präzisiert. Bis heute harrt aber eine Fülle von gesellschaftsrechtlichen Problemen noch ihrer Lösung. Dazu gehört vor allem die Frage, in welcher Weise die Mitbestimmung der Arbeitnehmer in einer Europäischen Aktiengesellschaft geregelt werden soll. Die Kommission der Europäischen Gemeinschaften hat auch dafür einen Richtlinienvorschlag unterbreitet, der jedoch umstritten ist. Eine Besonderheit der Europäischen Aktiengesellschaft besteht aus deutscher Sicht darin, daß ihre Verfassung zwei alternative Organstrukturen zuläßt. Beide stimmen darin überein, eine Hauptversammlung aller Aktionäre vorzusehen. Sie unterscheiden sich aber hinsichtlich der Institutionalisierung von Leitungs- und Kontrollrechten, sofern sie nicht der Hauptversammlung selbst zustehen. Die "dualistische" Struktur entspricht dem deutschen Aktiengesetz. Sie sieht einen Vorstand als primäres Leitungs- und einen Aufsichtsrat als primäres Kontrollorgan vor. Dagegen kennt die "monistische" Struktur nur ein Verwaltungsorgan. Seine Mitglieder wählen aus ihrer Mitte eine Geschäftsführung, die alle Leitungsbefugnisse ausübt. Sie wird von den übrigen Mitgliedern des Verwaltungsorgans kontrolliert. Ein eigenständiger Aufsichtsrat ist also nicht gegeben.

5.5.4 Entscheidungen über Betriebsverbindungen

5.5.4.1 Überblick

Eine **Betriebsverbindung** ist ein Zusammenschluß von mehreren Betrieben, die zum Zweck der gemeinschaftlichen Erfüllung einer Aufgabe in einer Weise miteinander kooperieren, die über reguläre Marktaustauschbeziehungen hinausreicht. Die Kooperation im weit gefaßten Sinn kann von einem lockeren Verbund der beteiligten Betriebe bis hin zu einem Zusammenschluß reichen, bei dem mindestens ein Betrieb seine Identität verliert, weil er in einen anderen Betrieb eingegliedert oder mit ihm verschmolzen wird.

Ein Entscheidungsproblem stellt sich im Hinblick auf Betriebsverbindungen stets in zweifacher Weise. Erstens muß entschieden werden, ob eine Zusammenarbeit mit anderen Betrieben überhaupt erwünscht ist. Auf den ersten Blick spricht das Streben nach äußerer Autonomie dagegen. Es wurde früher erwähnt, als die spezielle Ausformung des allgemeinen Betriebsbegriffs in marktwirtschaftlichen Wirtschaftssystemen skizziert wurde. Aber eine Reihe von Motiven kann angeführt werden, die es dennoch als wirtschaftlich vorteilhaft erscheinen lassen, eine Kooperation mit anderen Betrieben einzugehen.

Falls eine Grundsatzentscheidung zugunsten einer Zusammenarbeit mit Dritten gefallen ist, muß zweitens eine Entscheidung über die konkrete Gestalt der Betriebsverbindung getroffen werden. Diese Gestaltungsentscheidung erstreckt sich im wesentlichen in drei Dimensionen. Erstens müssen jene Aufgaben identifiziert werden, die einen Betrieb als Sachziele einer möglichen Zusammenarbeit interessieren. Zweitens ist es erforderlich, Kenntnisse über Betriebe zu erlangen, die für eine gemeinschaftliche Erfüllung der betrachteten Aufgaben hinreichend kompetent und auch kooperationswillig erscheinen. Drittens muß Klarheit darüber erlangt werden, welche Intensität der Zusammenarbeit in welchen speziellen Kooperationsformen angestrebt wird. Schließlich gilt es, aus dem dreidimensionalen Mix aus potentiellen Kooperationsaufgaben, Kooperationspartnern und Kooperationsformen eine Auswahl zu treffen, welche die Formalziele des kooperationsinteressierten Betriebs bestmöglich erfüllt.

Das Problem, eine Entscheidung über Betriebsverbindungen zu treffen, ist aufgrund des Vorhergesagten zu vielschichtig, als daß es hier ausführlicher behandelt werden könnte (vgl. BEA 1992, S. 400 ff.; ROSE/GLORIUS 1992, S. 131 ff.). Statt dessen wird nur auf die zwei Facetten der Kooperationsmotive und -formen kurz eingegangen. Es werden jeweils nur die wichtigsten Gesichtspunkte hervorgehoben. Die Suche nach kompetenten und kooperationswilligen Partnern wird dagegen nicht weiter berücksichtigt. Ebenso ausgeklammert bleiben alle Fragen, die sich auf das weite Feld des Aushandelns und Überwachens von Kooperationsverträgen erstrecken.

5.5.4.2 Kooperationsmotive

Die Motive einer Kooperation zwischen Betrieben überdecken ein weites Spektrum. Sie lassen sich im wesentlichen auf zwei Grundmotive zurückführen: das Ausschöpfen von Synergieeffekten und das Streben nach Wachstum. Beide Motive können auch aufeinander bezogen sein. So läßt sich betriebliches Wachstum mit dem Argument rechtfertigen, auf diese Weise Synergieeffekte ausschöpfen zu wollen. Daher wird im folgenden auf das Wachstumsmotiv nur insoweit eingegangen, als es sich um ein eigenständiges betriebswirtschaftliches Formalziel handelt.

Bereits an früherer Stelle wurde erwähnt, daß **Wachstumsziele** in der betrieblichen Praxis eine erhebliche Beachtung genießen. Ihre Verwirklichung kann auf interne oder auch auf externe Weise versucht werden. Internes Wachstum wird immer durch die betriebseigenen Kräfte allein realisiert. Es spielt daher für Betriebsverbindungen keine Rolle. Externes Wachstum resultiert dagegen aus zwei anderen Quellen. Einerseits ist es möglich, daß ein Betrieb einen anderen Betrieb ganz oder teilweise übernimmt. Andererseits können sich mehrere Betriebe zusammenschließen und einen gemeinsamen neuen, entsprechend größeren Betrieb bilden. Aus der Perspektive von Betriebsverbindungen interessieren die Übernahmen von Betriebsteilen nicht weiter. Die beiden anderen Varianten des externen Wachstums setzen besonders enge Formen von Betriebsverbindungen voraus, die später als Konzernbildung und Fusionierung erläutert werden. Gerade in den vergangenen Jahren hat eine beachtliche "Mergers and Acquisitions"-Welle deutlich vor

Augen geführt, wie stark ein Streben nach allgemeinem Betriebswachstum das Eingehen von engen Betriebsverbindungen zu motivieren vermag.

Synergieeffekte liegen bei der Verbindung zweier Betriebe immer dann vor, wenn beide Betriebe bei ihrer gemeinschaftlichen Aufgabenerfüllung in der Betriebsverbindung ihre Sach- und Formalziele besser erreichen können, als es ihnen bei jeweils isolierter Handlungsweise möglich gewesen wäre. Solche Synergieeffekte lassen im wesentlichen aus vier Perspektiven betrachten.

a) **Ressourcen-Sharing**: Die Erfüllung einer Aufgabe kann aus technischen oder ökonomischen Gründen einen Mindestressourceneinsatz erfordern, der für einen einzelnen Betrieb nicht in Betracht kommt. Entweder ist es dem Betrieb von vornherein unmöglich, die erforderlichen Ressourcen allein aufzubringen. Oder er wäre dazu zwar imstande, aber es wäre für ihn wirtschaftlich nachteilhaft, weil er den potentiellen Nutzen aus dem Ergebnis des Ressourceneinsatzes nicht auszuschöpfen vermag. In beiden Fällen läßt sich ein Synergieeffekt erzielen, indem zwei Betriebe zusammenarbeiten, um einerseits den erforderlichen Mindestressourceneinsatz gemeinsam aufzubringen und andererseits das Nutzungspotential aus dem Ergebnis des Ressourceneinsatzes gemeinschaftlich zu realisieren. Zur Verdeutlichung dient ein Kraftwerk, das eine Mindestgröße erreichen muß, um wirtschaftlich Energie erzeugen zu können. Diese Mindestgröße übersteigt den Energiebedarf eines einzelnen Betriebs, und die überschüssige Energie kann auch nicht an Dritte wirtschaftlich vorteilhaft veräußert werden. Unter diesen Voraussetzungen bietet sich ein Ressourcen-Sharing von zwei Betrieben an, die ihren Energiebedarf aus dem gemeinschaftlich betriebenen Kraftwerk decken. Ebenso kann es sich lohnen, daß Betriebe miteinander kooperieren, um einen gemeinsam genutzten Vertriebs- oder Marktforschungsapparat zu unterhalten, der von keinem der Betriebe allein hätte finanziert werden können.

b) **Ressourcen-Kombination**: Zur Erfüllung einer Aufgabe müssen mehrere Ressourcen miteinander kombiniert werden. Es werden zwei Betriebe betrachtet, von denen jeder die Aufgabe bei isolierter Handlungsweise nur unbefriedigend oder sogar überhaupt nicht zu erfüllen vermag. Dies liegt i.d.R. daran, daß der jeweils betroffene Betrieb mindestens eine der kombinationsnotwendigen Ressourcen in der erforderlichen Art oder in dem benötigten Umfang weder besitzt noch auf absehbare Zeit beschaffen kann. Falls sich nun die relativen Ressourcen-Stärken und Ressourcen-Schwächen der beiden Betriebe gegenseitig ergänzen, liegt es nahe, die jeweils vorhandenen Stärken bei der gemeinschaftlichen Aufgabenerfüllung in einer Betriebsverbindung miteinander zu kombinieren. Beispielsweise mag ein Betrieb hervorragendes verfahrenstechnisches Know-how zur

Herstellung einer Produktgattung besitzen (sich aber bei der Produktvermarktung schwertun), während ein anderer Betrieb über ausgezeichnete Vertriebskanäle verfügt, die auch die Absatzmärkte jener Produktgattung abdecken (aber keine oder nur unbedeutende Produktionserfahrung gesammelt hat). Eine Betriebsverbindung, in die beide Betriebe ihre Produktions- und die Absatzstärken einbringen, stellt sie besser, als wenn sie jeweils isoliert handeln würden. Eine Ressourcen-Kombination zum gegenseitigen Vorteil liegt auch vor, wenn sich ein finanzschwacher, aber innovativer Mittelbetrieb mit einem finanzstarken Großbetrieb zusammenschließt, der in der Verwaltung von Routinehandlungen weitgehend erstarrt ist.

c) **Economies of scale** oder "Größenvorteile" lassen sich immer dann realisieren, wenn eine Aufgabe in unterschiedlichem Umfang erfüllt werden kann und mit zunehmendem Aufgabenumfang der durchschnittliche Aufwand je Einheit des Aufgabenumfangs abnimmt. Für die Aufwandsreduzierung kommen mindestens drei verschiedenartige Effekte in Betracht.

Erstens kann zur Aufgabenerfüllung eine Ressource erforderlich sein, die unabhängig vom Aufgabenumfang benötigt wird. Der Einsatz dieser Ressource verursacht einen konstanten Aufwand (Fixkosten), dessen durchschnittliche Verrechnung auf jede einzelne Einheit des Aufgabenumfangs um so niedriger ausfällt, je größer der Gesamtumfang der Aufgabe ausfällt (Fixkostendegression). Falls sich der übrige Ressourceneinsatz je Einheit des Aufgabenumfangs in konstanter Höhe bewegt, muß der Gesamtaufwand je Einheit des Aufgabenumfangs mit wachsendem Aufgabenumfang sinken. Dieser Sachverhalt wurde schon frühzeitig im Jahr 1910 von KARL BÜCHER als "**Gesetz der Massenproduktion**" beschrieben. Dabei ist allerdings zu beachten, daß es sich bei der Abnahme des Gesamtaufwands je Einheit des Aufgabenumfangs um einen reinen Verrechnungseffekt von tatsächlich fixem Aufwand handelt.

Andere Verhältnisse liegen in einem zweiten Fall vor. Er zeichnet sich dadurch aus, daß der Aufwand, der je Einheit des Aufgabenumfangs tatsächlich verursacht wird, mit zunehmendem Aufgabenumfang kleiner wird. Diese effektive, nicht nur verrechnungstechnisch bewirkte Aufwandsreduzierung beruht oftmals auf Lernprozessen. Sie stellen sich bei der Erfüllung des gesamten Aufgabenumfangs allmählich ein, wenn die Aufgabenerfüllung in mehrere gleichartige Teilaufgaben zerlegt werden kann, die sich zeitlich nacheinander erfüllen lassen. Mit wachsender Routine nimmt dann der Aufwand von Teilaufgabe zu Teilaufgabe ab. In diesem Zusammenhang wird auch häufig von einem "**Lerngesetz der (industriellen) Produktion**" gesprochen.

Drittens kann der durchschnittliche Aufwand je Einheit des Aufgabenumfangs auch dann sinken, wenn sich die Aufgaben auf den Beschaffungs- oder Absatzbereich erstrecken und bei der Aufgabenerfüllung eine entsprechende **Nachfrage- bzw. Angebotsmacht** zur Geltung gebracht wird. Denn bei der Erfüllung einer Beschaffungs- oder Absatzaufgabe lassen sich i.d.R. um so günstigere Konditionen durchdrücken, je größer der Umfang der abzuwickelnden Beschaffungs- bzw. Absatzaufgaben ausfällt. Beispielsweise können bei hoher Beschaffungsnachfrage entsprechende Mengenrabatte oder günstige Zahlungsbedingungen ausgehandelt werden. Bei großem Absatzvolumen ist es möglich, die Spannen von nachgelagerten Handelsbetrieben zum eigenen Vorteil zu reduzieren.

Alle drei vorgenannten Effekte der Economies of scale lassen sich in Betriebsverbindungen nutzen. So gestattet eine beschaffungs- oder absatzorientierte Zusammenarbeit, Größenvorteile durch die vereinte Marktmacht der kooperierenden Betriebe zu realisieren. Einkaufsgenossenschaften, in denen mehrere Betriebe ihre Beschaffungsaktivitäten gemeinsam durchführen, spielen für die betriebliche Praxis ebenso eine Rolle wie gemeinsam genutzte Vertriebsgesellschaften. Darüber hinaus können sich z.B. auch zwei Betriebe, die gleichartige Produkte mit gleichen Produktionsverfahren herstellen, zusammenschließen. Sie verschaffen sich durch das Zusammenlegen beider Produktionen ein größeres gemeinsames Produktionsvolumen. Es kann in einem der beiden Betriebe oder in einem dritten, gemeinschaftlich gegründeten Produktionsbetrieb verwirklicht werden. In beiden Fällen gestattet der vergrößerte Produktionsumfang zunächst, den fixen Aufwand, der etwa für gemeinsam genutzte maschinelle Anlagen oder Gebäude anfällt, auf eine größere Anzahl von Produkten zu verrechnen. Dies entspricht dem Gesetz der Massenproduktion. Darüber hinaus läßt das größere Produktionsvolumen, das jetzt nur noch in einem Betrieb von derselben Arbeitnehmerschaft verwirklicht wird, auf entsprechende Lerneffekte hoffen. Falls sie eintreten, sinkt auch der Aufwand, der je hergestellter Produkteinheit tatsächlich verursacht wird. Das stimmt mit dem Lerngesetz der (industriellen) Produktion überein.

d) **Economies of scope** werden auch als "Vielfalts-" oder "Breitenvorteile" bezeichnet. Sie liegen immer dann vor, wenn eine Aufgabe in unterschiedlicher Breite (Vielfalt) erfüllt werden kann und mit zunehmender Aufgabenbreite der durchschnittliche Aufwand oder Ertrag je Einheit der Aufgabenbreite ab- bzw. zunimmt.

Die Aufwandsreduzierung beruht i.d.R. auf dem bereits erläuterten Ressourcen-Sharing. Im Hinblick auf die Economies of scope wird eine Ressource betrachtet, die zur Erfüllung einer Aufgabe aus technischen oder ökonomischen Gründen in einem Mindestumfang eingesetzt werden muß. Ihr Nutzungspotential wird durch eine geringe Breite der

Aufgabenerfüllung nicht vollständig ausgenutzt. Daher führt eine entsprechende Verbreiterung der Aufgabenerfüllung dazu, daß der Aufwand für den Einsatz der Ressource insgesamt konstant bleibt, der durchschnittliche Aufwand für den Ressourceneinsatz je Einheit der Aufgabenbreite aber abnimmt. Dies entspricht im Prinzip der verrechnungstechnischen Reduzierung des Durchschnittsaufwands beim Gesetz der Massenproduktion. Nur wird jetzt die durchschnittliche Aufwandsverringerung nicht auf eine Umfangs-, sondern auf eine Breiteneinheit bezogen.

Die Ertragssteigerung läßt sich dagegen zumeist auf Verbundeffekte zurückführen, die auf Absatzmärkten realisiert werden. Solche Verbundeffekte sorgen bei einer Verbreiterung der Aufgabenerfüllung dafür, daß der damit erzielte Ertrag gegenüber einer enger ausgelegten Aufgabenerfüllung überproportional anwächst. Dann steigt der durchschnittliche Ertrag je Einheit der Aufgabenbreite.

Sowohl der aufwandsreduzierende als auch der ertragssteigernde Effekt der Economies of scope manifestiert sich insbesondere bei einer Verbreiterung des Produktsortiments. Das Produktsortiment dient dazu, die allgemeine betriebliche Aufgabe der Bedürfnisbefriedigung zu erfüllen. Falls seine Breite zunimmt, kommen zunächst Erträge für die neu aufgenommenen Produktarten hinzu. Dadurch werden noch keine Economies of scope realisiert. Die größere Sortimentsbreite kann aber auch ein zusätzliches akquisitorisches Potential entfalten: Das Sortiment wirkt auf Kunden wegen seiner Vielfalt attraktiver und läßt daher die Verkaufserlöse (Erträge) überproportional ansteigen. Der durchschnittliche Ertrag je Produktart fällt dann für das verbreiterte Sortiment höher aus, als der durchschnittliche Ertrag je Produktart betragen hätte, wenn das frühere, engere Sortiment einerseits und die neu hinzugenommenen Produktarten andererseits voneinander isoliert angeboten worden wären.

Zugleich läßt sich die Erweiterung der Sortimentsbreite nutzen, um beispielsweise einmal erworbenes technisches Wissen in mehreren Produktarten zu verwerten. Das technische Wissen stellt dann diejenige Ressource dar, die zur Herstellung einer bestimmten Produktart ursprünglich in einem Mindestumfang eingesetzt werden mußte, danach aber zur Herstellung ähnlicher Produktarten wiederverwendet werden kann. Auf diese Weise sinkt der durchschnittliche Aufwand je Produktart, der zur einmaligen Erlangung des erforderlichen technischen Wissens erforderlich war. So ist es z.B. möglich, das technische Wissen, das einmal zur "fly by wire"-Steuerung eines Airbus-Typs erworben wurde, in späteren Typen derselben Flugzeugfamilie erneut zu benutzen. Der durchschnittliche Aufwand der Wissensakquisition nimmt proportional zur Anzahl der Flugzeugtypen ab, die später zur Erweiterung des Airbus-Sortiments beitragen.

Die Economies of scope, die zuvor skizziert wurden, lassen sich abermals im Rahmen von Betriebsverbindungen ausnutzen. Aufgrund des Vorhergesagten liegt es auf der Hand, daß Betriebe miteinander kooperieren, um ein gemeinsames und entsprechend verbreitertes Produktsortiment am Absatzmarkt zu präsentieren.

5.5.4.3 Kooperationsformen

Für Betriebsverbindungen können unterschiedliche Kooperationsformen gewählt werden (vgl. BEA 1992, S. 405 ff.). Sie unterscheiden sich durch die Intensität, in der die involvierten Betriebe zusammenarbeiten. Der Übersichtlichkeit halber wird nur auf Betriebsverbindungen eingegangen, die im Bereich der Fremdbedarfsdeckung für Unternehmungen offenstehen. Analoge Betriebsverbindungen zwischen Haushalten, die im Bereich der Eigenbedarfsdeckung agieren, werden - abgesehen von einer Ausnahme - nicht weiter berücksichtigt. Bei den Kooperationsformen, die für Betriebe der Fremdbedarfsdeckung in Betracht kommen, lassen sich zwei Gruppen deutlich unterscheiden.

Auf der einen Seite stehen die **Kooperationen im engeren Sinn**. Bei ihnen behalten alle betroffenen Betriebe ihre wirtschaftliche Selbständigkeit. Es handelt sich daher generell um relativ lockere Betriebsverbindungen. Sie bringen jeweils nur einen begrenzten Ausschnitt aus dem Spektrum ihrer Aufgaben in die zwischenbetriebliche Zusammenarbeit ein. Nur für die Teilbereiche, in denen die Betriebe bei der gemeinsamen Erfüllung einer Aufgabe zusammenwirken, stimmen sie ihre Aktivitäten aufeinander ab. Daher wird auch von einem Zusammenschluß gesprochen, der lediglich zu einer Teilintegration der betrieblichen Aufgabenerfüllung führt. Zu den Kooperationen im engeren Sinn gehören die Arbeitsgemeinschaft, der Betriebsverband, die Genossenschaft (sofern ihre Mitglieder kooperierende Betriebe sind), das Kartell und der Gemeinschaftsbetrieb. Ihre gegenseitige Abgrenzung ist aufgrund inhaltlicher Merkmale mitunter schwierig. Die Zuordnung einzelner Betriebsverbindungen zu einer der fünf vorgenannten Kooperationsformen beruht daher zuweilen auf Konvention.

Die andere Seite bildet die Gruppe der **Verbundbetriebe**. Ihr gemeinsames Kennzeichen ist, daß die involvierten Betriebe ihre wirtschaftliche Selbständigkeit einbüßen. Denn ihre wirtschaftlichen Handlungen werden unter einer einheitlichen Leitung zusammengefaßt. Sie sorgt dafür, daß alle Aktivitäten, die von den Betrieben zur Erfüllung ihrer Aufgaben ausgeführt werden, aufeinander abgestimmt sind. Deshalb liegt ein Zusammenschluß vor, in dem eine Vollintegration der betrieblichen Aufgabenerfüllung herrscht. Diese sehr enge Kooperationsform wird auf dem Wege der Konzernbildung oder der Fusion erreicht.

Bei einer **Arbeitsgemeinschaft** schließen sich Betriebe zusammen, um eine inhaltlich klar bestimmte Aufgabe gemeinschaftlich zu erfüllen. Darüber hinaus handelt es sich um eine Aufgabe, die auf einen überschaubaren Zeitraum begrenzt ist. Es besteht von vornherein die Absicht, die Betriebsverbindung wieder aufzulösen, nachdem die Bearbeitung der gemeinsamen Aufgabe erfolgreich abgeschlossen ist. Arbeitsgemeinschaften werden oftmals in der Rechtsform einer Gesellschaft des bürgerlichen Rechts geführt. Wegen ihrer zeitlichen Befristung heißen sie auch Gelegenheitsgesellschaften. Arbeitsgemeinschaften werden besonders häufig im Baugewerbe und im Anlagenbau gebildet. Ein weiteres Beispiel liefert die Arbeitsgemeinschaft regionaler Energieversorgungs-Unternehmen e.V. (ARE). Allerdings fehlt ihr das Merkmal, daß die Aufgabenerfüllung auf einen überschaubaren Zeitraum begrenzt bleibt.

Eine Sonderform der Arbeitsgemeinschaft, die besonders im Bankenbereich auftritt, ist das **Konsortium**. Einen typischen Anwendungsfall stellt das Emissionskonsortium dar. In ihm schließen sich mehrere Banken zusammen, um z.B. eine neue Aktie gemeinsam an der Börse einzuführen. Aber auch der Zusammenschluß mehrerer westeuropäischer Betriebe, der die Flugzeugfamilie "Airbus" gemeinschaftlich entwickelt, produziert und vertreibt, wird als Airbuskonsortium bezeichnet. Dort verblaßt jedoch abermals das inhaltliche Merkmal der Arbeitsgemeinschaften, einer Aufgabe nur für einen überschaubaren Zeitraum zu dienen. Denn es ist nicht vorgesehen, an der Airbusfamilie nur innerhalb einer klar begrenzten Zeitspanne zusammenzuarbeiten.

Im weitesten Sinne können zu den Arbeitsgemeinschaften auch die **Strategischen Allianzen** gerechnet werden. Es handelt sich um einen schillernden Begriff, der zur Zeit noch in variantenreichen Facetten verwendet wird. I.d.R. handelt es sich aber wiederum um lockere Betriebsverbindungen, die zur gemeinschaftlichen Erfüllung von klar umrissenen Aufgaben in überschaubaren Zeiträumen eingegangen werden. Dazu gehören Kooperationen von Betrieben, die im Bereich der Mikroelektronik zusammenarbeiten, um eine neue Generation von Halbleiterspeichern zu entwickeln (z.B. Siemens AG und IBM Corporation). Von strategischen Allianzen wird aber auch schon dann geredet, wenn etwa deutsche und japanische Automobilproduzenten Absichtserklärungen abgeben, in denen sie die Vision einer zukunftsgerichteten, eben "strategischen" Zusammenarbeit verkünden. Eine klar umrissene gemeinschaftliche Aufgabe und ein befristeter Zeitraum der Zusammenarbeit lassen sich in diesem Fall aber nicht mehr erkennen.

Ein **Betriebsverband** ist ebenso wie die Arbeitsgemeinschaft ein relativ lockerer Zusammenschluß von Betrieben. Er dient abermals der gemeinschaftlichen Erfüllung einer Aufgabe, die jetzt aber einen speziellen Zuschnitt erhält. Es handelt sich stets um die Aufgabe, die Interessen der involvierten Betriebe untereinander zu koordinieren und gegenüber der Öffentlichkeit zu vertreten. Der Zusammenschluß erfolgt nicht mehr auf überschaubare Zeit, weil die Aufgabe der Interessenkoordinierung und -vertretung zeitlich unbefristet erfüllt werden soll.

Betriebsverbände werden gemeinhin in drei Kategorien aufgeteilt: Arbeitgeberverbände, Wirtschaftsfachverbände und Kammern. Die Mitgliedschaft in Arbeitgeber- und Wirtschaftsfachverbänden erfolgt auf freiwilliger Basis. Für **Kammern** besteht dagegen eine Pflichtmitgliedschaft für alle Betriebe, die sich im regionalen Einzugsbereich einer Kammer befinden. Zu den wichtigsten Kammern gehören die Industrie- und Handelskammer sowie die Handwerkskammern. Hinzu kommen berufsständische Kammern, wie z.B. die Kammern der Wirtschaftsprüfer, der Rechtsanwälte und der Architekten. Beispiele für **Wirtschaftsfachverbände** sind dagegen der Verband der Deutschen Automobilindustrie (VDA) und der Bundesverband der Deutschen Industrie (BDI). Die **Arbeitgeberverbände** widmen sich einem breiten Spektrum von Aufgaben, wie etwa der Führung von Tarifverhandlungen mit den Gewerkschaften, der Beratung ihrer Mitglieder in arbeits- und sozialrechtlichen Problemen, der betrieblichen Sozialpolitik und auch der gesellschaftspolitischen Bildungsarbeit. Die soeben erwähnten **Gewerkschaften** stellen übrigens ebenso Betriebsverbände dar. Allerdings handelt es sich bei ihren Mitgliedern nicht um Betriebe, die zur Fremdbedarfsdeckung beitragen, sondern um Haushalte. Sie wurden schon eingangs als Betriebe charakterisiert, die auf die Eigenbedarfsdeckung abzielen. Gewerkschaften rechnen daher zu einer Untergruppe der Betriebsverbände, die als Haushaltsverbände bezeichnet werden. Sie umfassen beispielsweise auch die Konsumenten- oder Verbraucherverbände. Die zuvor genannten Kammern, Wirtschaftsfach- und Arbeitgeberverbände bilden dagegen die Gruppe der Unternehmungsverbände.

Eine **Genossenschaft** rechnet zu den Kooperationen im engeren Sinn, wenn ihre Mitglieder keine natürlichen Personen, sondern Betriebe sind. Wie bei der Arbeitsgemeinschaft erfolgt die Betriebsverbindung zur gemeinschaftlichen Erfüllung einer klar umrissenen Aufgabe. Aber die Zusammenarbeit wird nicht mehr auf einen überschaubaren Zeitraum begrenzt. Typische Kooperationsvarianten stellen die Einkaufs- oder Vertriebsgenossenschaften dar. Daneben existieren auch andere Verbindungen, wie z.B. Produktions-, Kredit- oder Dienstleistungsgenossenschaften.

Ein **Kartell** ist eine Betriebsverbindung, die stets darauf abzielt, den Wettbewerb zwischen ihren Mitgliedern auf gemeinsamen Beschaffungs- oder Absatzmärkten zum gegenseitigen Vorteil einzuschränken. Der gemeinschaftlich verabredete Verzicht auf Wettbewerb kann aber mit den ordnungspolitischen Bestimmungen des Gesetzes gegen Wettbewerbsbeschränkungen kollidieren. Daher ist keineswegs jedes Kartell rechtlich zulässig. Kartelle treten in vielfältigen Varianten auf. Als Preiskartelle dienen sie beispielsweise der Verständigung auf Fest-, Höchst- oder Mindestpreise. Eine Sonderform ist das Submissionskartell, in dem sich mehrere Teilnehmer an einer öffentlichen Ausschreibung auf eine gemeinsame Angebotsstrategie einigen. Konditionenkartelle bieten die Gelegenheit, einheitliche Geschäfts-, Lieferungs- oder Zahlungsbedingungen für alle Beteiligten festzulegen.

Ein **Gemeinschaftsbetrieb** unterscheidet sich von den bisher genannten Betriebsverbindungen deutlich. Denn es handelt sich nicht mehr um eine lockere Zusammenarbeit, sondern um einen rechtlich selbständigen Betrieb. Er wird von den kooperierenden Betrieben gegründet, um eine klar umrissene Aufgabe gemeinschaftlich zu erfüllen. Ihre Zusammenarbeit kann weiterhin auf einen überschaubaren Zeitraum begrenzt bleiben, aber auch vorläufig ohne ein zeitliches Limit eingegangen werden. Die Gründerbetriebe sind am Kapital des Gemeinschaftsbetriebs beteiligt und bestimmen dessen Geschäftspolitik. Gemeinschaftsbetriebe fallen daher inhaltlich mit den **Joint Ventures** zusammen, die schon weiter oben im Zusammenhang mit Betriebsgründungen erwähnt wurden. Trotz ihrer engeren Zusammenarbeit behalten die Betriebe, die einen Gemeinschaftsbetrieb gründen, ihre eigene wirtschaftliche Selbständigkeit. Beispielsweise haben die Daimler-Benz AG und die Volkswagenwerk AG die Deutsche Automobilgesellschaft mbH als einen Gemeinschaftsbetrieb gegründet, an dem sie beide je zur Hälfte beteiligt sind. Von ihrem Gemeinschaftsbetrieb erwarten sie die Erfüllung von Forschungs- und Entwicklungsaufgaben im Bereich der Fahrzeugelektronik einschließlich der Entwicklung neuartiger elektrochemischer Energiespeicher (Batterien).

Der **Konzern** markiert den Übergang von Kooperationen im engeren Sinn zu Verbundbetrieben. Denn die Betriebe, die in einem Konzern zusammengeschlossen sind, verlieren ihre wirtschaftliche Selbständigkeit. Sie stehen unter der einheitlichen Leitung einer Obergesellschaft (Muttergesellschaft). Sie stimmt die Geschäftspolitik aller Konzernbetriebe aufeinander ab. Allerdings büßen die Betriebe, die in einem Konzern zusammengeschlossen sind, nur ihre wirtschaftliche Selbständigkeit ein. Dagegen bleiben sie weiterhin rechtlich selbständige Wirtschaftseinheiten. Die Vielfalt der Konzerntypen, die sich sowohl nach juristischen als auch nach ökonomischen Kriterien unterscheiden lassen, kann hier nicht behandelt werden. Zur Verdeutlichung wird lediglich auf die Differenzierung zwischen Stammhaus- und Holdingkonzernen kurz eingegangen.

In einem **Stammhauskonzern** ist die Obergesellschaft, welche die Konzernleitung ausübt, zugleich der wirtschaftlich dominante Betrieb innerhalb des Konzerns. Das schließt insbesondere auch seine Betätigung im Produktionsbereich ein. In einem **Holdingkonzern** nimmt die Obergesellschaft dagegen keine Produktionsaufgaben mehr wahr. Statt dessen konzentriert sie sich darauf, Kapitalbeteiligungen an den übrigen Konzernbetrieben zu halten. Die Funktion der einheitlichen Leitung aller Konzernbetriebe kann dabei in zwei Varianten erfüllt werden. Bei einer **Managementholding** steht das Ausüben der einheitlichen Konzernleitung im Mittelpunkt der Holdingaktivitäten. Daneben erbringt sie in er Regel auch Verwaltungsleistungen und nimmt Kontrollrechte wahr. Eine typische Managementholding stellt die Daimler-Benz AG dar. Sie übt die einheitliche Leitung über die Mitglieder des Daimler-Benz Konzerns aus, zu dem u.a. die Mercedes-Benz AG (Personen- und Lastkraftwagen), die Deutsche Aerospace AG (Luft- und Raumfahrt) und die Inter-Services AG (Informationsverarbeitung) gehören. Bei einer **Finanzholding** verkümmert hingegen der konzernbildende Gedanke der einheitlichen Leitung. Dort beschränkt sich die Muttergesellschaft weitgehend auf die Verwaltung der Konzernbeteiligungen. Daneben obliegt ihr i.d.R. auch noch die Wahrnehmung von Kontrollrechten. Ansonsten erhalten aber die übrigen konzernzugehörigen Betriebe in ihrer Geschäftspolitik eine weitreichende wirtschaftliche Selbständigkeit. Daher bewegen sich Finanzholdings an der inhaltlichen Grenze des Konzernbegriffs. Dennoch werden sie gemeinhin als Obergesellschaften von Konzernen angesehen.

Die **Fusion** oder Betriebsverschmelzung stellt schließlich die engste Form der Betriebsverbindung dar. Durch eine Fusion verlieren die Betriebe, die an ihr teilnehmen, nicht nur ihre wirtschaftliche, sondern auch ihre rechtliche Selbständigkeit. Nach dem erfolgreichen Abschluß einer Fusion liegt nur noch ein einzelner, wirtschaftlich und rechtlich selbständiger Betrieb vor. Die Fusion bezeichnet daher strenggenommen keine Betriebsverbindung, in der mehrere Betriebe über einen längeren Zeitraum hinweg zusammenarbeiten, sondern einen Prozeß, in dem mehrere Betriebe zu einem einzigen Betrieb verschmelzen. Jüngstes Beispiel für einen groß angelegten Fusionsprozeß ist das Verschmelzungsvorhaben der Hoesch AG mit der Friedrich Krupp AG.

Literaturverzeichnis

a) Einführende Literatur

BELLINGER, B.: Allgemeine und Spezielle Betriebswirtschaftslehre(n), in: HWB, hrsg. v. W. Wittmann u.a., 5. Aufl., Stuttgart 1993, Sp. 68-84

DIEDERICH, H.: Grundtatbestände der Betriebswirtschaftslehre, in: Allgemeine Betriebswirtschaftslehre - Handbuch für Studium und Prüfung, hrsg. v. H. Jacob, 5. Aufl., Wiesbaden 1988, S. 17-116

RAFFEE, H.: Gegenstand, Methoden und Konzepte der Betriebswirtschaftslehre, in: Vahlens Kompendium der Betriebswirtschaftslehre, Bd. 1, hrsg. v. M. Bitz u.a., 2. Aufl., München 1989, S. 1-46

SCHWEITZER, M.: Gegenstand der Betriebswirtschaftslehre, in: Allgemeine Betriebswirtschaftslehre, Bd. 1: Grundfragen, hrsg. v. F.X. Bea, E. Dichtl und M. Schweitzer, 6. Aufl., Stuttgart 1992, S. 17-56

VON STEIN, J.H.: Betriebswirtschaftslehre, Gegenstand der, in: HWB, hrsg. v. W. Wittmann u.a., 5. Aufl., Stuttgart 1993, Sp. 470-482

b) Weiterführende Literatur

ALBACH, H.; ALBACH, R.: Das Unternehmen als Institution - Rechtlicher und gesellschaftlicher Rahmen - Eine Einführung, Wiesbaden 1989

BEA, F.X.: Entscheidungen des Unternehmens, in: Allgemeine Betriebswirtschaftslehre, Bd. 1: Grundfragen, hrsg. v. F.X. Bea, E. Dichtl und M. Schweitzer, 6. Aufl., Stuttgart 1992, S. 309-424

BITZ, M. u.a. (Hrsg.): Vahlens Kompendium der Betriebswirtschaftslehre, Bd. 1 und 2, 2. Aufl., München 1989 bzw. 1990

BRAUN, W.: Forschungsmethoden der Betriebswirtschaftslehre, in: HWB, 5. Aufl., hrsg. v. W. Wittmann u.a., Stuttgart 1993, Sp. 1220-1236

BUSSE VON COLBE, W.; LASSMANN, G.: Betriebswirtschaftstheorie, Bd. 1: Grundlagen, Produktions- und Kostentheorie, 5. Aufl., Berlin u.a. 1991

CHMIELEWICZ, K.: Forschungskonzeptionen der Wirtschaftswissenschaft, 2. Aufl., Stuttgart 1979

CORSTEN, H.: Betriebswirtschaftslehre der Dienstleistungsunternehmungen. Einführung, 2. Aufl., München/Wien 1990

CORSTEN, H. (Hrsg.): Lexikon der Betriebswirtschaftslehre, 2. Aufl., München/Wien 1993

ELLINGER, T.; HAUPT, R.: Produktions- und Kostentheorie, 2. Aufl., Stuttgart 1990

GERUM, E.: Unternehmungsverfassung, in: HWO, hrsg. v. E. Frese, 3. Aufl., Stuttgart 1992, Sp. 2480-2502

GROCHLA, E.: Betrieb, Betriebswirtschaft und Unternehmung, in: HWB, hrsg. v. W. Wittmann u.a., 5. Aufl., Stuttgart 1993, Sp. 374-390

GUTENBERG, E.: Einführung in die Betriebswirtschaftslehre, Wiesbaden 1958 (Nachdruck 1990)

GUTENBERG, E.: Grundlagen der Betriebswirtschaftslehre, Erster Bd.: Die Produktion, 24. Aufl., Berlin/Heidelberg/New York 1983

HAHN, O.: Allgemeine Betriebswirtschaftslehre, München/Wien 1990

HAMEL, W.: Betriebsverfassung, in: HWB, hrsg. v. W. Wittmann u.a., 5. Aufl., Stuttgart 1993, Sp. 424-442

HEINEN, E.: Einführung in die Betriebswirtschaftslehre, 9. Aufl., Wiesbaden 1985.

JACOB, H. (Hrsg.): Allgemeine Betriebswirtschaftslehre - Handbuch für Studium und Prüfung, 5. Aufl., Wiesbaden 1988 (Nachdruck 1990)

KERN, W.: Industrielle Produktionswirtschaft, 5. Aufl., Stuttgart 1992

KLEIN-BLENKERS, F.; REISS, M.: Geschichte der Betriebswirtschaftslehre, in: HWB, hrsg. v. W. Wittmann u.a., 5. Aufl., Stuttgart 1993, Sp. 1417-1433

KOSIOL, E.: Einführung in die Betriebswirtschaftslehre - Die Unternehmung als wirtschaftliches Aktionszentrum, Wiesbaden 1968

KOSIOL, E.: Bausteine der Betriebswirtschaftslehre - Eine Sammlung ausgewählter Abhandlungen, Aufsätze und Vorträge, Bd. 1: Methodologie, Grundlagen und Organisation, Berlin 1973

LÜDERS, J.: Standortanalyse, in: Unternehmensgründung - Handbuch des Gründungsmanagement, hrsg. v. W.K.M. Dieterle und E.M. Winckler, München 1990, S. 225-235

MARCH, J.G.; SIMON, H.A.: Organisation und Individuum - Menschliches Verhalten in Organisationen, Wiesbaden 1976

MELLEROWICZ, K.: Allgemeine Betriebswirtschaftslehre, Bd. I-V, 14. Aufl., Berlin 1973

MOXTER, A.: Methodologische Grundfragen der Betriebswirtschaftslehre, Köln/Opladen 1957

MÜLLER-MERBACH, H.: Einführung in die Betriebswirtschaftslehre, 2. Aufl., München 1976

NICKLISCH, H.: Die Betriebswirtschaft, 7. Aufl., Stuttgart 1932

PETERS, S.: Betriebswirtschaftslehre, 5. Aufl., München/Wien 1992

RAFFEE, H.: Grundprobleme der Betriebswirtschaftslehre, Göttingen 1974

ROSE, G.; GLORIUS, C.: Unternehmensformen und -verbindungen - Rechtsformen, Beteiligungsformen, Konzerne, Kooperationen, Umwandlungen, Verschmelzungen und Spaltungen in betriebswirtschaftlicher, rechtlicher und steuerlicher Sicht, Wiesbaden/Köln 1992

SCHÄFER, E.: Die Unternehmung- Einführung in die Betriebswirtschaftslehre, 10. Aufl., Wiesbaden 1980 (Nachdruck 1991)

SCHANZ, G.: Wissenschaftsprogramme der Betriebswirtschaftslehre, in: Allgemeine Betriebswirtschaftslehre, Bd. 1: Grundfragen, hrsg. v. F.X. Bea, E. Dichtl und M. Schweitzer, 6. Aufl., Stuttgart 1992, S. 57-139

SCHEUCH, F. (Hrsg.): Allgemeine Betriebswirtschaftslehre - Texte für das Grundstudium, Wien 1990

SCHIERENBECK, H.: Grundzüge der Betriebswirtschaftslehre, 10. Aufl., München/Wien 1989 (4. Nachdruck 1992).

SCHNEIDER, D.: Allgemeine Betriebswirtschaftslehre, 3. Aufl., München/Wien 1987 (Nachdruck 1991)

SCHULTZ, R.: Betriebswirtschaftslehre - Sozialökonomische Einführung, München/Wien 1988

SEIDEL, E.; MENN, H.: Ökologisch orientierte Betriebswirtschaft, Stuttgart u.a. 1988

SELCHERT, F.W.: Einführung in die Betriebswirtschaftslehre - in Übersichtsdarstellungen, 3. Aufl., München/Wien 1991

SEYFFERT, R.: Über Begriff, Aufgaben und Entwicklung der Betriebswirtschaftslehre, 5. Aufl., Stuttgart 1963

SIEBEN, G.; SCHILDBACH, T.: Betriebswirtschaftliche Entscheidungstheorie, 3. Aufl., Düsseldorf 1990

SPECHT, G.: Einführung in die Betriebswirtschaftslehre, Stuttgart 1990

STAEHLE, W.H.: Funktionen des Managements - Eine Einführung in einzelwirtschaftliche und gesamtgesellschaftliche Probleme der Unternehmungsführung, 2. Aufl., Bern/Stuttgart 1989

STEINMANN, H.; GERUM, E.: Unternehmensordnung, in: Allgemeine Betriebswirtschaftslehre, Bd. 1: Grundfragen, hrsg. v. F.X. Bea, E. Dichtl und M. Schweitzer, 6. Aufl., Stuttgart 1992, S. 216-307

STÜDEMANN, K.: Allgemeine Betriebswirtschaftslehre, 2. Aufl., München/Wien 1990

THOMMEN, J.-P.: Allgemeine Betriebswirtschaftslehre - Umfassende Einführung aus managementorientierter Sicht, Wiesbaden 1991

ULRICH, H.: Die Unternehmung als produktives soziales System - Grundlagen der allgemeinen Unternehmungslehre, 2. Aufl., Bern/Stuttgart 1970

WEBER, W.: Einführung in die Betriebswirtschaftslehre, Wiesbaden 1991 (Nachdruck 1992)

WITTMANN, W. u.a.(Hrsg.): HWB, 5. Aufl., Stuttgart 1993

WÖHE, G.: Methodologische Grundprobleme der Betriebswirtschaftslehre, Meisenheim 1959

WÖHE, G.: Einführung in die Allgemeine Betriebswirtschaftslehre, 17. Aufl., München 1990

ZELEWSKI, S.: Einführung in Grundlagen der Betriebswirtschaftslehre, Arbeitsbericht Nr. 47 des Industrieseminars der Universität zu Köln, Köln 1993

B. Planung und Entscheidung

Wolfgang Ossadnik

1. Planung und Entscheidung als Managementfunktion

1.1 Definition und Gegenstandsbereiche der Planung und Entscheidung

1.1.1 Terminologische Grundlagen

Der Erfolg wirtschaftlichen Handelns ist an Handlungszielen zu messen. Inwieweit diese durch wirtschaftliches Handeln realisiert werden können, hängt zugleich von der Entwicklung der von Handlungsträgern nicht beeinflußbaren künftigen Umwelt ab. Erst durch die Konfrontation bestimmter Maßnahmen mit der künftigen ökonomischen Realität läßt sich wirtschaftlicher Handlungserfolg bestimmen.

Da künftige ökonomische Realität aufgrund des Mangels an ökonomischen Kausaltheorien (nomologischen Hypothesen) nicht mit hinreichender Präzision vorhergesagt werden kann, besteht ein großer Bedarf der Handlungsträger nach Zukunftsorientierung und systematischer Vorbereitung sich künftig auswirkender Maßnahmen. Diesem Zweck der Vorbereitung und Gestaltung künftigen Handelns dient die Planung.

Planung heißt Vorbereitung künftigen Handelns auf der Grundlage systematisch prognostizierter Entwicklungen innerhalb und außerhalb der Grenzen des durch ein Handlungssystem Beeinflußbaren.

Gegenstand der folgenden Betrachtungen ist die Planung von Unternehmen als wirtschaftlichen Handlungssystemen.

Planung ist als eine Phase im Ablauf des Managementprozesses *(vgl. ZELEWSKI A. 5.2)* in einem Unternehmen zu verstehen (vgl. WILD 1982, S. 37; SCHREYÖGG/STEINMANN 1992, S. 103). Werden qua Planung künftig zu erreichende Ziele und alternativ mögliche Maßnahmen zur Zielrealisation festgelegt, dann besteht ein Orientierungsrahmen für die prozessual nachgelagerten Managementfunktionen der Organisation, Personalführung *(vgl. REISS C.)* und Kontrolle. So folgt auf die Planung die Organisation als Entwurf einer Prozeß- und Gebildestruktur für den arbeitsteiligen zielorientierten Aufgabenvollzug. Hieran schließt sich die Funktion der Personalführung an. Schließlich koppelt die Kontrolle in Form von Soll-Ist-Vergleichen zwischen Vollzugsdaten und

Planungsdaten Informationen an die Planung zurück, um damit erneut einen Managementprozeß zu initialisieren (vgl. Abbildung B. 1).

Die Planung umfaßt sowohl die Festlegung der zu erreichenden Ziele als auch der zu ihrer Realisierung durchzuführenden Maßnahmen. Die sich dabei stets stellende Aufgabe, zwischen einander ausschließenden Alternativen eine Wahl zu treffen, kann zugleich als Entscheidung bezeichnet werden.

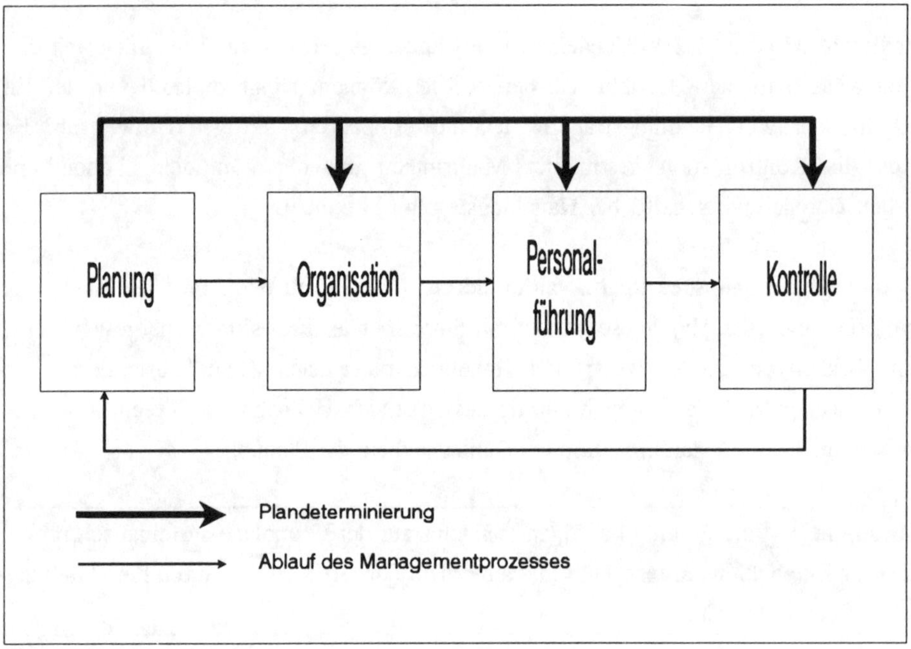

Abbildung B. 1: Der plandeterminierte Managementprozeß

Während somit Planung anzustrebende Handlungszwecke festzulegen, Transparenz über alternativ mögliche Maßnahmen zur Zweckerreichung und (auf der Basis ihrer Konsequenzen) über deren Rationalität herzustellen sowie die Ausführung von Maßnahmen vorzubereiten hat, fällt der Entscheidung die enger gefaßte Aufgabe zu, auf der Basis von Informationen über Ziele, hierdurch implizierte Auswahlregeln sowie Alternativen und deren zielrealisationsrelevanten Konsequenzen eine Rangordnung unter diesen Alternativen zu erstellen, aus der sich die zu wählende günstigste Alternative ergibt.

Planung impliziert, Unternehmensziele aufeinander abzustimmen und festzulegen, Handlungsprobleme zu definieren und sie dadurch zu lösen, daß Handlungsalternativen generiert, Konsequenzen prognostiziert sowie bewertet werden und dadurch eine zieloptimale Alternative ausgewählt werden kann. Entscheidungen weisen hierzu analoge Strukturen auf: Auch bei ihnen müssen entweder Ziele bestimmt (Zielentscheidungen) oder auf der Basis von Zielinformationen adäquate Handlungsalternativen generiert und bewertet werden (Maßnahmenentscheidungen).

1.1.2 Planungs- und Entscheidungsproblematik

Gemeinsames Charakteristikum von Planungs- und Entscheidungsproblemen ist es, daß Handlungsträger den - möglicherweise nur vagen - Eindruck haben, daß ein eingetretener bzw. voraussichtlich eintretender Zustand von einem angestrebten Zustand in inakzeptabler Weise abweicht. Dabei gilt es zunächst, diese in der Realität subjektiv wahrgenommene Zustandslücke präzise zu beschreiben und dabei die Abweichung so zu "problematisieren", daß das zu lösende Problem damit zugleich definiert wird. Eine solche Problemkonzeptualisierung liefert die Ausgangsvoraussetzungen für eine Konkretisierung von Handlungszwecken bzw. -normen und hieraus konstruierbaren Auswahlregeln sowie für die Generierung von Handlungsalternativen und die Bildung von Erwartungen über künftige Umweltzustände und Handlungskonsequenzen (vgl. Abbildung B. 2). Damit ist die eigentliche Problemlösung impliziert.

Die Lösung eines definierten Problems der Realität (Realproblem) bedarf prinzipiell der Unterstützung durch Modellkonstrukte, die der Begrenztheit menschlicher Informationsverarbeitungs- und Denkkapazität Rechnung tragen (vgl. Abbildung B. 3). So mündet die Beschreibung eines Realproblems ein in ein (implizites oder explizites) Realmodell. Während implizite Realmodelle bereits intuitive Problemlösungen ermöglichen, sind explizite Realmodelle häufig selbst noch zu unübersichtlich und unstrukturiert, als daß mit ihrer Hilfe Handlungsalternativen generiert, bewertet und die optimale Problemlösung ausgewählt werden könnte(n).

Erst die Vereinfachung solcher Realmodelle zu Formalmodellen erlaubt den Einsatz effizienter mathematischer Methoden und mit ihnen das Treffen einer Wahl (vgl. C. SCHNEEWEISS 1984, S. 486 und 1992, S. 4).

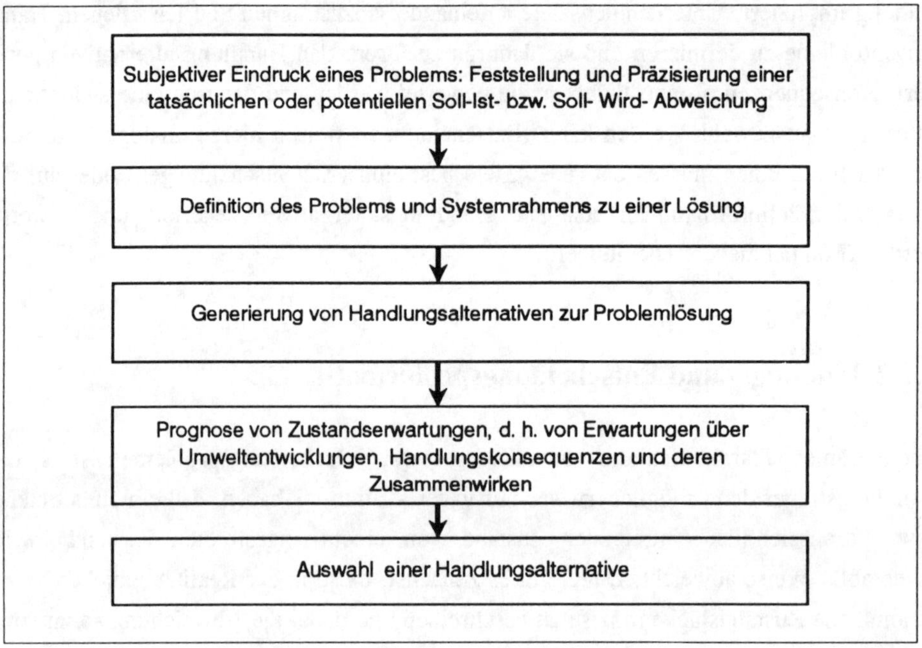

Abbildung B. 2: Erkennung, Definition und Lösung eines Problems

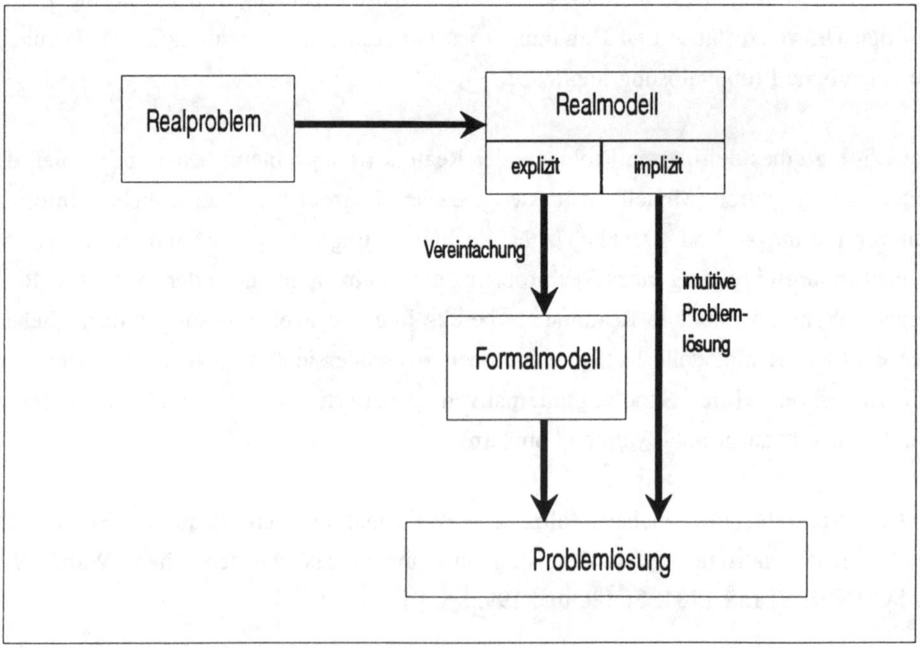

Abbildung B. 3: Der Prozeß modellgestützter Problemlösung

Die Güte einer Problemlösung hängt von der Güte der vorausgegangenen Problemdefinition ab. Daß sich eine solche Problemdefinition nicht ad hoc einstellt, sondern erarbeitet werden muß, sei an einem Beispiel aufgezeigt.

Beispiel 1: Die Klick GmbH ist der Nachfolger eines ostdeutschen Betriebes, der seit vielen Jahren Kameras und sonstige optische Geräte mit Zubehör hergestellt hat. Nach der Wiedervereinigung ist der Betrieb in den Besitz des Managements und sonstiger Mitarbeiter gelangt. In letzter Zeit hat sich die rückläufige Absatzentwicklung derart verstärkt, daß die Existenz des Unternehmens in Frage gestellt ist. Eine umfassende Bestandsaufnahme und Analyse der Krisensituation ergibt, daß die Produkte der Klick GmbH besonders der japanischen Konkurrenz wegen veralteter Fertigungstechnologie (stark manueller Fertigungsbetrieb), hohen Produktionskosten sowie antiquiertem Produktdesign nicht gewachsen sind. Im Rahmen weiterer Untersuchungen stellt sich außerdem heraus, daß das Unternehmen auf dem osteuropäischen Markt, aber auch in Westeuropa über einen erheblichen Bekanntheitsgrad verfügt. Zum Erfolg auf dem Kameramarkt bedürfte das Unternehmen in Anbetracht aktueller Trends wie (1) der zunehmenden elektronischen Unterstützung von Kamerafunktionen und hiermit einhergehender Bedienungsvereinfachungen bei preiswerten Massenmodellen sowie (2) einer gleichzeitigen Renaissance mechanischer Kameras, für die bei hoher Qualität auch hohe Preise gezahlt werden, umfangreicher Investitionen. Würde man dem erstgenannten Trend (im Rahmen einer Überlebensstrategie) folgen, wären lange Entwicklungszeiten, sehr aufwendige Investitionen in moderne, computergestützte Fertigungstechnologie und Umschulungsmaßnahmen erforderlich. Im zweiten Fall wäre die notwendige Vorlaufzeit für eine Sanierung kürzer, könnte der Investitionsumfang geringer ausfallen, da der manuelle Fertigungsprozeß beibehalten würde; allerdings wären die vorhandenen, weitgehend veralteten Aggregate z.T. zu ersetzen, z.T. - auch aus Gründen der Qualitätssicherung - durch hochwertige Produktionstechnik zu ergänzen. Zugleich zeichnet sich das Problem des Zusammenbrechens angestammter osteuropäischer Märkte und die hiermit einhergehende Notwendigkeit ab, für Kompensation auf westlichen Märkten durch gezielte Werbung und Aufbau eines geeigneten Vertriebsnetzes zu sorgen. Wesentliche beschaffungsseitige Probleme würden auch im Falle einer veränderten Geschäftskonzeption nicht auftreten.

Nur eine entsprechend sorgfältige Problemdefinition stellt sicher, daß wesentliche Aspekte bei der Formulierung von Problemlösungsstrategien erfaßt werden. So liefert etwa die Konkretisierung des mit den verschiedenen Investitionsstrategien verbundenen Kapitalbedarfs Hinweise darauf, ob für die Klick GmbH eine Fremdfinanzierung möglich oder die Suche nach neuen Gesellschaftern oder nach Partnern für eine strategische Allianz geboten ist. Möglichkeiten zur Lösung des Problems werden jedoch erst an späterer Stelle von Interesse sein.

1.1.3 Zwecke sowie Einsatz von Mitteln als Objekte der Planung und Entscheidung

Einer unter Betriebswirten verbreiteten Auffassung zufolge ist die Betriebswirtschaftslehre **wertfrei** angelegt *(vgl. ZELEWSKI A. 1.1)*. Demnach darf sie sich nicht darin einmischen, welche Ziele die Praxis verfolgen sollte (so z.B. Gewinn-/Renditemaximierung, Erhaltung von Arbeitsplätzen, Vermeidung von Umweltbelastungen, etc.), sondern sie hat sich auf "wertfreie" Mitteleinsatzempfehlungen zu beschränken.

Indes basiert die Vorstellung, man könne Mittel zur Erreichung eines vorgegebenen Zweckes als wertfrei kategorisieren und vom normativen Charakter des Gewollten abkoppeln, auf sehr trügerischen Prämissen. Ob ein realer Sachverhalt dem "Reich der Zwecke" oder dem "Reich der Mittel" zuzuordnen ist, wird nicht durch seine objektive Beschaffenheit, sondern durch gedankliche Ordnungsleistungen der praktisch Handelnden entschieden: So kann die Verfügbarkeit hochleistungsfähiger Fertigungstechnik ein anzustrebendes Ziel, aber auch ein Mittel zur Bewirkung übergeordneter Ziele (z.B. Rentabilität) sein. Letztlich ist jedes Mittel zugleich Zweck und jeder Zweck zugleich Mittel, und die Vorstellung, ein Sachverhalt könne entweder nur dem Reich der Zwecke **oder** nur dem Reich der Mittel angehören, ist somit unsinnig. Bereits bei der zunehmenden Konkretisierung und Detaillierung eines vorgegebenen allgemeinen Ziels ("Gewinn") sind die zu formulierenden Feinziele Mittel zur Erreichung des übergeordneten Zwecks. Da das Werturteilsfreiheitspostulat offensichtlich nicht schlüssig ist, kann die Betriebswirtschaftslehre ihre Mitwirkung an der Spezifikation praxisleitender Zielordnungen nicht verweigern. Von daher wird im folgenden davon ausgegangen, daß nicht nur der Einsatz von Mitteln, sondern auch Handlungszwecke Gegenstand von Planung und Entscheidung sein können.

1.2 Planung und Entscheidung als Forschungsobjekte

1.2.1 Planung als Forschungsobjekt

In der Planungsforschung wird zwischen einem synoptischen und einem inkrementalen Planungsprinzip unterschieden.

Synoptische Planung orientiert sich an langfristig ausgerichteten, zukunftsweisenden Vorstellungen über die Entwicklung eines Unternehmens und seiner relevanten Umwelt (vgl. PFOHL 1981, S. 280 f.). Durch langfristige Ziele beschriebene künftige Normzustände eines Unternehmens bilden den Ausgangspunkt praktischer Problemlösungsbemühungen. Anhand einer Analyse umweltbedingter, entwicklungsabhängiger Chancen und Risiken werden die Stärken und Schwächen eines Unternehmens identifiziert, darauf aufbauend werden dann Maßnahmen als Mittel zur Erreichung angestrebter Ziele formuliert und ausgewählt.

Diesem Ansatz steht das **Inkrementalprinzip** entgegen, das unter der Prämisse entworfen ist, daß synoptische Planung mit ihren Rationalitätsansprüchen die Planungsträger überfordere und von daher unrealistisch sei. Der Planer soll nach diesem Konzept nur solche Ziel- und Mittelalternativen in Betracht ziehen, die ihm aufgrund seiner Erfahrungen und seiner persönlichen Gedankenwelt vertraut sind (vgl. LINDBLOM 1965). Grund für Planungsaktivitäten besteht erst dann, wenn Probleme akut auftreten, an die man sich dann in kleineren Änderungsschritten anzunähern hat.

Die inkrementale Planung verzichtet vollständig auf die Analyse langfristiger Gefahren und Chancen für die Erreichung bestimmter Ziele und auf die rationale Auswahl langfristiger globaler Ziele und Mittel und operiert stattdessen mit Hilfe einer "Stückwerktechnologie" (vgl. SCHREYÖGG 1984, S. 223 ff.). Durch die risikoaverse Grundhaltung eines inkrementalen Unternehmenplaners ist dem Planer der Blick für die Risiken und Chancen verstellt, die sich für ein Unternehmen in weiterer Zukunft abzeichnen können. Wenn sich aber der Planer vor größeren Veränderungsschritten scheut, wird längerfristig der Bestand eines Unternehmens aufs Spiel gesetzt. Dagegen regt synoptische Planung das systematische Durchdenken von Problemen in Gesamtzusammenhängen, das kritische Hinterfragen herkömmlicher Verhaltensmuster sowie die Entwicklung innovatorischer Problemlösungen an und trägt somit dazu bei, krisenhaften Entwicklungen vorzubeugen.

Nach dem Inkrementalprinzip hängt die Güte einer Handlungsalternative von ihren Aussichten ab, durch die Mitglieder einer Organisation vor dem Hintergrund ihrer persönlichen Interessen und Problemdefinitionen akzeptiert zu werden. Damit wird allerdings auf den elementaren Anspruch verzichtet, unternehmerische Handlungspraxis zu **rationalisieren**. Dagegen ist die synoptische Planungskonzeption, rationales Handeln im Unternehmen im Sinne seiner Ziele zu fördern, zwar dem Leitbild einer zukunftsorientierten systematischen Gesamtunternehmensplanung verpflichtet und auf die Erreichung eines bestmöglichen Erfolges der Planung gerichtet. Dieser Ansatz geht jedoch vom Paradigma eines **unipersonalen** Entscheidungsträgers aus und läßt dabei unberücksichtigt, daß die vielfältigen subjektiven Rationalitäten der Mitarbeiter eines Unternehmens nicht ohne weiteres mit den Unternehmenszielen kompatibel sind. Soll der Erfolg von Unternehmensplanungen sichergestellt werden, dürfen diese weder ausschließlich dem synoptischen, noch dem inkrementalen Planungsprinzip, wie sie in der Abbildung B. 4 gegenübergestellt sind, folgen. Statt dessen müssen (aus einer deskriptiven Perspektive) die bei den Mitarbeitern einschließlich der Planungsträger zu erwartenden individuellen Rationalitäten als kurzfristig nicht veränderbare Rahmenbedingungen der Planung akzeptiert werden. Zugleich muß innerhalb dieses Rahmens im Interesse der langfristigen Überlebensfähigkeit eines Unternehmens synoptische Planungsrationalität durch geeignete Kopplungen zwischen Unternehmens- und Individualzielerreichung, z.B. in Form von Anreizsystemen, ergänzt werden (vgl. OSSADNIK 1991, S. 215).

	Synoptische Planung	Inkrementale Planung
Kerngedanke	Festlegung anzustrebender Soll-Zustände sowie Formulierung von Strategien zur Erreichung der künftigen Norm-Zustände auf der Basis zukunftsweisender Vorstellungen über die Entwicklung eines Unternehmens und seiner Umwelt	Konzentration auf Ziel- und Mittelalternativen, die bereits vertraut sind; Verzicht auf komplexe vorausschauende Überlegungen zugunsten einer Annäherung an akut gewordene Probleme mittels kleiner Änderungsschritte
Vorteile	Zukunftsorientierung und gesamthafte Perspektive der Unternehmensplanung; rationales und nicht bequemes Handeln steht im Vordergrund	Geringe Beanspruchung der Planungsträger
Nachteile	Stärkere Beanspruchung der Planungsträger aufgrund der Komplexität der Vorgehensweise; Ausrichtung auf uni- und nicht auf multipersonale organisatorische Einheiten, wie sie Unternehmen darstellen	Mangelnde Zukunftsorientierung und unzureichende Vorbereitung überlebensnotwendiger Maßnahmen

Abbildung B. 4: Synoptische und inkrementale Planung im Überblick

1.2.2 Entscheidung als Forschungsobjekt

Als Erkenntnisobjekt der betriebswirtschaftlichen Entscheidungstheorie werden Entscheidungen aus einer deskriptiven sowie einer präskriptiven Richtung erforscht. Die **deskriptive Entscheidungstheorie** befaßt sich mit der Frage, wie Entscheidungen in der Wirklichkeit getroffen werden, und warum sie so und nicht anders getroffen werden.

Neben der Explikation begrifflich-theoretischer Bezugsrahmen besteht der Hauptgegenstand der deskriptiven Entscheidungstheorie in der Aufstellung allgemeingültiger Hypothesen über menschliches Entscheidungsverhalten sowie in der Erklärung beobachteter Entscheidungen als Realisationen des behaupteten gesetzesartigen Zusammenhangs. Derartige Erklärungen weisen eine einheitliche Formalstruktur auf (vgl. HEMPEL/ OPPENHEIM 1953, S. 322), die sich auf folgende Elemente zurückführen läßt:

1. Ein **Explanandum** als Menge empirisch gewonnener Aussagen über den zu erklärenden Sachverhalt.

2. Ein **Explanans** mit einem Gesetz, das im Rahmen einer allgemeingültigen "Wenn-dann"-Aussage bei Vorliegen bestimmter Voraussetzungen (Antezedensbedingungen) das Eintreten einer bestimmten Konsequenz mit Notwendigkeit behauptet.

Für ein ökonomisches Kausalgesetz der Art "Immer wenn die Bedingungskonstellation A herrscht, treffen Entscheider eine Entscheidung der Struktur B!" lassen sich eine beobachtete Entscheidung B und eine gleichzeitig registrierte Ausgangsbedingung A mit Hilfe dieser gesetzesartigen Aussage **erklären**. Eine Erklärung besteht stets in der Ermittlung eines unbekannten Explanans aus einem bekannten Explanandum.

Zur Formulierung deskriptiver Aussagensysteme und zur Formulierung entsprechender Erklärungsmodelle hat insbesondere der verhaltensorientiert ausgerichtete Zweig der Betriebswirtschaftslehre beigetragen. Dabei sind allerdings Modelle von großer Allgemeingültigkeit, aber auch großen logischen Spielraums des Explanans von solchen zu trennen, deren Spielraum so eng ist, daß das Explanans lediglich auf die individuellen Ausgangsbedingungen eines Individuums zutrifft. Damit können solche Modelle Entscheidungsverhalten nicht allgemeingültig, sondern nur für ein einziges Individuum erklären.

Die **präskriptive Entscheidungstheorie** ist eine Theorie der rationalen Wahl: Für gegebene Ziele eines Entscheidungsträgers wird nach Regeln gesucht, mit denen Handlungsalternativen im Hinblick auf ihre Konsequenzen in eine Rangordnung der Vorziehenswürdigkeit überführt werden können.

Unklar ist dabei, inwieweit aus entscheidungstheoretischer Sicht Aussagen über die Realisierungswürdigkeit von Zielen wünschenswert bzw. zulässig sind. Während der sog. bekennend-normative Zweig der Entscheidungstheorie *(vgl. ZELEWSKI A. 1.1)* nur bestimmte Ziele (z.B. Gewinnmaximierung) als entscheidungsmaßgeblich akzeptiert, überläßt die praktisch-normative Entscheidungstheorie die Wahl der entscheidungsmaßgeblichen Ziele und Auswahlregeln dem Entscheidungsträger. Die bekennend-normative Entscheidungstheorie muß sich dabei das Argument gefallen lassen, daß in freiheitlichen Gesellschaftsordnungen die Rationalität individueller Ziele nicht **normiert** werden kann. Die Vertreter der praktisch-normativen Entscheidungstheorie müssen hingegen zur Kenntnis nehmen, daß eine Unterstützung praktischer Entscheidungen durch die Entscheidungstheorie nicht ohne Aufgabe des (immer noch vielfach reklamierten) Anspruchs auf wertfreie Praxisberatung möglich ist.

1.3 Die Funktionen Planung/Entscheidung und Kontrolle im Systemkontext

1.3.1 Planung/Entscheidung und Kontrolle in kybernetischer Betrachtung

Planung mündet in die Entscheidung zugunsten eines bestimmten Plans und seiner Umsetzung und damit in die Fixierung von Sollgrößen für zeitlich nachgelagerte Realisationsprozesse ein. Ob die durch die Realisationsprozesse konstituierten Ist-Daten mit den planerisch fixierten Sollgrößen übereinstimmen, wird dann durch Kontrollen im Wege des Soll-Ist-Vergleichs festgestellt. Treten Soll-Ist-Abweichungen auf, kann über etwaige Maßnahmen zur Beseitigung festgestellter Abweichungen auf der Basis einer Abweichungsanalyse, die Abweichungsursachen klärt, entschieden werden.

Kontrollen sollen insofern dazu dienen, daß die durch geplante Maßnahmen anvisierten Ziele auch tatsächlich erreicht werden. Kontrolle wird daher auch als die Zwillingsfunktion der Planung bezeichnet, durch die erst eine wirksame zielorientierte Steuerung betrieblicher Strukturen und Prozesse möglich wird. M.a.W. ist Planung ohne Kontrolle sinnlos und Kontrolle ohne Planung unmöglich (vgl. SCHREYÖGG 1991, S. 277).

Der Zusammenhang zwischen Planung/Entscheidung und Kontrolle kann auch mit Hilfe der Formalwissenschaft **Kybernetik** aufgezeigt werden (vgl. BAETGE 1974): Aufgrund des Prinzips der **Rückkopplung** kehren kybernetische Systeme bei Feststellung einer Soll-Ist-Abweichung durch das Einleiten einer Korrekturmaßnahme (Lenkung) wieder in ihren Gleichgewichtszustand zurück. Die Korrektur erfolgt, indem die Differenz zwischen dem anvisierten und dem tatsächlichen Zustand verringert wird. Abbildung B. 5 stellt die angesprochenen Funktionen in Form eines einfachen Regelkreises als Elemente eines kybernetischen Systems dar.

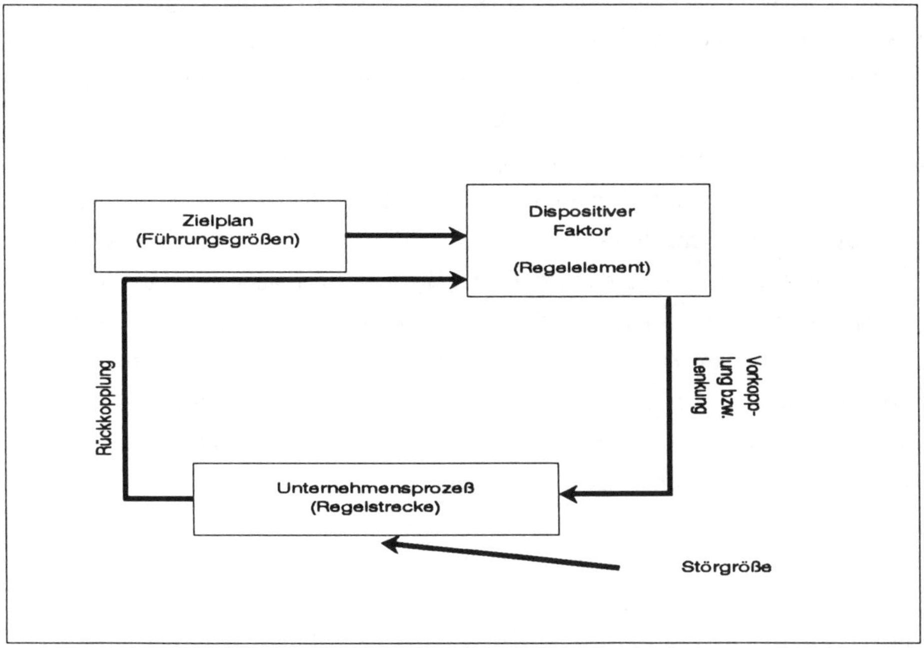

Abbildung B. 5: Einfacher Regelkreis

Kybernetische Analysen ermöglichen die Beschreibung und Vorhersage des Verhaltens von Systemen. Interpretiert man den Führungsprozeß in einem Unternehmen - ausgehend von seiner Aufbauorganisation - als System vermaschter Regelkreise, so lassen sich Führungsprobleme des Systems "Unternehmen" kybernetisch analysieren. Dabei wird das System "Unternehmen" durch Planung und Entscheidung gemäß dem Prinzip der **Vorkopplung** gesteuert: Zunächst wird dem System eine aus den Unternehmenszielen abgeleitete Führungsgröße als Sollzustand vorgegeben. Dieser Sollzustand ist in eine operationale Steuergröße, d.h. in Maßnahmen umzuwandeln, die auf die Regelstrecke einwirken. Das Ziel der Erreichung eines gleichgewichtigen Systemzustandes kann mit dieser Art der Steuerung (= Planung) in dem System "Unternehmen" allerdings nicht realisiert werden, weil externe Störgrößen die Regelstrecke beeinflussen können. Vielmehr müssen Informationen über den erreichten Ist-Zustand an die Planung rückgekoppelt werden (=Kontrolle).

1.3.2 Unterstützung der Führungsfunktionen Planung/Entscheidung und Kontrolle durch Controlling

Die Effizienz des u.a. durch Planung/Entscheidung und Kontrolle zu gestaltenden Führungsprozesses kann durch Controlling gesteigert werden *(vgl. TROSSMANN D. 2.4)*. Controlling vermag den bisher skizzierten Steuerungs- und Regelungsmechanismus um antizipative Steuerungsinformationen zu ergänzen. Systematisch verankertes Controlling erkennt frühzeitig potentielle Abweichungen und wehrt sie ab, bevor sie die Unternehmensprozesse (Regelstrecke) beeinflussen können. Dabei obliegt es einem solchen Controlling-System, die Einflußgrößen sowie den Entwicklungsstand der Unternehmensprozesse zu registrieren, mit denen ausführende Systeme Vorgaben des Führungssystems umsetzen. Ferner sind Störimpulse "von außen" zu beobachten. Aus der Gegenüberstellung des gesetzten Soll-Zustandes und eines unter Berücksichtigung des Entwicklungsstandes der Maßnahmen und ihrer externen Störungen zu erwartenden Ist- (bzw. Wird-)Zustandes sind potentielle Abweichungen zu identifizieren und auf der Basis einer Ursachenanalyse Störungen adäquat abzuwehren.

In diesem Gesamtsystem kann dem Controlling eine antizipative Lenkungsfunktion beigemessen werden, die zur Sicherstellung und Beschleunigung der Anpassung der Unternehmensaktivitäten an zukunftsweisende Entwicklungen beiträgt. Die Ergänzung der Managementfunktionen Planung/Entscheidung und Kontrolle im Interesse zielorientierter Führung stellt allerdings nur **eine** wesentliche Funktion des Controlling dar. Darüber hinaus hat Controlling mittels einer entsprechenden Kopplung von Steuerungs- und Regelungsinformationen sicherzustellen, daß über Lernprozesse zukünftige Steuerungsaktivitäten verbessert werden (vgl. BECKER 1990, S. 307 ff.).

2. Die Orientierungsfunktion von Planung und Entscheidung

2.1 Faktoren der Desorientierung von Handlungsträgern

2.1.1 Überblick

Planung und Entscheidung dienen als Managementfunktion der Ausrichtung zukünftiger Unternehmensprozesse auf die Unternehmensziele. Zukünftige Unternehmensprozesse werden durch Menschen gesteuert und ausgeführt, so daß die Hauptaufgabe von Planung und Entscheidung darin bestehen muß, die Handlungsträger an den Unternehmenszielen auszurichten. Diese Aufgabe wird allerdings dadurch erschwert, daß die Handlungsträger mit einem erheblichen Maß an **Komplexität, Unsicherheit** und **Unschärfe** konfrontiert sind. Im folgenden wird auf diese Faktoren der Desorientierung von Handlungsträgern näher einzugehen sein. Anschließend werden Möglichkeiten einer Orientierung von Handlungsträgern durch Planung und Entscheidung aufgezeigt.

2.1.2 Komplexität von Handlungsproblemen und Modelle zu ihrer Bewältigung

Die Komplexität unternehmerisch zu bewältigender Handlungsprobleme ist durch folgende Eigenschaften charakterisiert:

- Die von den Handlungsträgern eines Unternehmens zu verfolgenden Ziele sind vielfältig, ihre Beziehungen zueinander für den einzelnen Handlungsträger oft nicht überschaubar.
- Handlungsträger sind vielfach nicht in der Lage, die Anzahl potentieller Handlungsalternativen zu erkennen.
- Die den Handlungsträgern bekannten Handlungsalternativen weisen derart vielfältige Zielwirkungen auf, daß diese u.U. nicht gesamthaft erfaßt und verarbeitet werden können.

Die Komplexität der Umwelt eines Unternehmens wird häufig mit Stichworten wie kürzere Produktlebenszyklen, technischer Fortschritt, Wertewandel, Marktglobalisierung, usw. beschrieben. Die so klassifizierte Umweltkomplexität wirkt sich unmittelbar auf die Komplexität eines Unternehmens aus. So haben z.B. kürzere Produktlebenszyklen in Verbindung mit geändertem Nachfrageverhalten zu heterogenen Produktprogrammen und damit zu vermehrten Diversifikationstendenzen geführt.

Gedankliche Vorwegnahme zukünftigen Handelns setzt voraus, daß es gelingt, die Umwelt eines Unternehmens in ihren Wirkungszusammenhängen zu erfassen und exakt zu prognostizieren sowie sämtliche Unternehmensprozesse mit ihren Interdependenzen und Zielwirkungen vollständig zu identifizieren und vorherzusagen. Aufgrund dessen kann ein Planungs- und Entscheidungsproblem aus so vielen Elementen und Verknüpfungsmöglichkeiten (Strukturen) bestehen, daß die Anzahl der möglichen Strukturen die Anzahl der tatsächlich erfaßbaren Strukturen bei weitem übersteigt. Tatsächlich erfaßbare Strukturen sind in den Wirkungszusammenhängen ihrer Elemente bereits so vielfältig, daß eine Orientierung durch Planung ein vernetztes ganzheitliches Denken erfordert. Bezogen auf die Modellebene der Planung und Entscheidung bedeutet dies die Umsetzung des Prinzips größtmöglicher Simultanität. In der betriebswirtschaftlichen Literatur sind hierzu Planungs- und Entscheidungsmodelle entwickelt worden, die eine integrierte Gesamtunternehmensplanung ermöglichen sollen. Das Ziel dieser Modelle, Komplexität zu bewältigen, führte jedoch zunächst zu einer Komplexitätserweiterung in dem Sinne, daß die Modelle unüberschaubar und unlösbar wurden.

Die Managementfunktion der Planung und Entscheidung steht somit vor dem Problem einer adäquaten **Komplexitätsreduktion**: Einerseits muß das Entscheidungsmodell die zur Lösung des Realproblems relevanten Alternativen und ihre Zielwirkungszusammenhänge erfassen. Andererseits muß es überschaubar und lösbar sein.

2.1.3 Unsicherheit von Handlungsalternativen und deren Konsequenzen

Neben der Komplexität stellt die Unsicherheit einen weiteren Faktor der Desorientierung von Handlungsträgern in Unternehmen dar. Unsicherheit kennzeichnet zunächst allgemein einen **Mangel an Informationen** (unvollkommene Informationen). Dieser Mangel kann sich auf das Eintreten von Umweltzuständen, auf die Handlungsalternativen sowie deren Konsequenzen beziehen. Bezüglich der Handlungsalternativen sind Komplexität und Unsicherheit eng miteinander verbunden: Da die Komplexität von Planungs- und Entscheidungsproblemen eine große Anzahl potentieller Handlungsalternativen impliziert, besteht die Gefahr, daß der Handlungsträger die Anzahl der Handlungsalternativen nicht genau kennt und für ihn insoweit Unsicherheit besteht. Dieser Sachverhalt wird in der betriebswirtschaftlichen Entscheidungstheorie üblicherweise nicht thematisiert. Eine Unvollkommenheit der Informationen wird statt dessen nur für die Handlungskonsequenzen und das Eintreten möglicher Umweltzustände angenommen. Dabei wird unterstellt, daß die Handlungskonsequenzen unsicher sind, weil der Handlungsträger nicht mit Sicherheit vorhersagen kann, (1) welcher Umweltzustand künftig tatsächlich eintritt sowie gegebenenfalls (2) mit welcher Konsequenz aufgrund einer stochastischen Wirkungshypothese bei Eintreten eines bestimmten Umweltzustandes und Wahl einer bestimmten Alternative zu rechnen ist.

Die Entscheidungstheorie spricht bei bekannter Wahrscheinlichkeitsverteilung der Umweltzustände von einem Entscheidungsproblem bei **Risiko**. Die Unsicherheitssituation, in der dem Handlungsträger auch die Information über die Eintrittswahrscheinlichkeiten fehlt, wird als **Ungewißheit** bezeichnet.

Risikosituationen unterscheiden sich je nach verwendeter Wahrscheinlichkeitskonzeption. Bei routinemäßig anfallenden, sich wiederholenden Situationen können **objektive Eintrittswahrscheinlichkeiten** im Sinne statistisch ermittelbarer relativer Häufigkeiten herangezogen werden. Werden Handlungsträger dagegen mit neuartigen und einmaligen Situationen konfrontiert, können die Eintrittswahrscheinlichkeiten der Umweltzustände nicht mehr durch relative Häufigkeiten angegeben werden. An die Stelle objektiver Wahrscheinlichkeiten treten dann vielfach **subjektive Wahrscheinlichkeiten**, die die vernünftige personale Einschätzung des Eintritts von Zukunftslagen durch den Handlungsträger angeben. Die Ermittlung subjektiver Wahrscheinlichkeiten, d.h. die Messung von Glaubwürdigkeitsschätzungen in quantitativen Größen, ist allerdings außerordentlich schwierig (vgl. SCHNEIDER 1979, S. 90 ff.). Nur unter der Annahme "vollständiger Gewißheit über die Ungewißheit", d.h. wenn unterstellt werden kann, der Handlungsträger besitze vollkommene Kenntnis über alle potentiellen Zukunftslagen, können Glaubwürdigkeitsurteile quantifiziert werden. Aufgrund der Realitätsferne dieser Annahme und der Tatsache, daß in vielen unternehmerischen Planungs- und Entscheidungssituationen objektive Wahrscheinlichkeiten als relative Häufigkeiten nicht ermittelbar sind, basieren wahrscheinlichkeitsgestützte Formalmodelle zur Lösung von Planungs- und Entscheidungsproblemen bei Risiko auf kritikbedürftigen Prämissen.

2.1.4 Unschärfe von Handlungsproblemen

Eine Desorientierung von Handlungsträgern in Unternehmen kann ihre Ursache u.a. auch darin haben, daß das zu bewältigende Handlungsproblem nur **unscharf** definiert ist. So sind Ziele häufig nicht so weit operationalisiert, daß damit eindeutig erkennbar wäre, nach welchem Kriterium die Vorteilhaftigkeit von Handlungsalternativen zu beurteilen ist. Hat z.B. die bereits angeführte Klick GmbH die Zielsetzung "Verbesserung der Produktqualität" im Visier, so läßt sich aus einer solchen Zielformulierung noch nicht eindeutig darauf schließen, welche Handlungskonsequenzen zielrealisationsrelevant sind. Ob eine Verbesserung der Produktqualität eher mit der Durchführung von Qualitätszirkeln oder mit der Einführung eines computergestützten Qualitätssicherungssystems erreichbar ist, läßt sich aufgrund der unscharfen Zielvorgabe nicht eindeutig entscheiden.

Eine Orientierung von Handlungsträgern in derart unscharf definierten Problemsituationen könnte durch eine stärkere **Operationalisierung** vager Zielformulierungen erreicht werden. So ließe sich etwa im Fall der Klick GmbH die unscharfe Zielvorgabe "Verbesserung der Produktqualität" durch ein operationales Kriterium wie z.B. "Senkung der Ausschußquote" ersetzen. Mit einer solchen Operationalisierung würde festgelegt, welche Konsequenzen der genannten Alternativen wert- und damit maßrelevant sind. Auf dieser Basis könnten dann scharf definierte Formalmodelle entwickelt werden, durch die unter den Handlungsalternativen eine Rangordnung der Vorziehenswürdigkeit hergestellt wird.

Dem Vorteil einer Operationalisierung stünde jedoch deren Nachteil gegenüber, daß wichtige Aspekte der Produktqualität, wie z.B. das Qualitätserlebnis der Kunden, vernachlässigt würden. Stets führt der Versuch, unscharfe Zielvorgaben zu operationalisieren, nicht nur zu einem Verlust an logischen Spielräumen, sondern auch zu einer Verkürzung bzw. Vereinfachung von Problemen, die von Handlungsträgern aufgrund ihrer Komplexität eher vage als scharf formuliert wurden. Eine durch Anwendung eines scharf definierten Formalmodells als "optimal" ausgezeichnete Handlungsalternative gewährleistet noch nicht, daß das "richtige" Problem gelöst wird. Ist die Unschärfe einer Problemstellung bewußt intendiert und nicht nur das Ergebnis nachlässiger Formulierungsbemühungen, ist eine Problemlösung eher mit Hilfe unscharfer Formalmodelle erreichbar.

2.2 Zielplanung, Alternativengenerierung, Zustandsprognosen und Alternativenbewertung als Mittel der Orientierung von Handlungsträgern

2.2.1 Überblick

Planung und auch die hierin eingebettete Entscheidung lassen sich ablauforientiert in einer **Prozeßform** beschreiben, die die Phasen (vgl. WILD 1982, S. 37)

- Zielplanung,
- Analyse und Definition des Planungsproblems,
- Generierung von Handlungsalternativen zur Problemlösung,
- Prognose von Zuständen sowie
- Bewertung der Handlungsalternativen (Entscheidung)

umfaßt.

Die Phase der **Zielplanung**, die den Beginn eines Planungsprozesses markiert, umfaßt die Generierung und Auswahl der unternehmerisch zu verfolgenden Formal- und Sachziele.

Demnach wird die Klick GmbH im Falle ihrer Fortführung ein Formalziel zu planen haben, das im praktischen Regelfall in der Maximierung oder Satisfizierung eines langfristigen Durchschnittsgewinns besteht. Zur Erreichung dieses Formalziels wird als Sachziel die Produktion von Kameras mitsamt sonstigen optischen Geräten festgelegt. Entsprechend der Sanierungskonzeption sind sodann u.a. Absatz-Zielmärkte und Produktionsprogramme zu definieren, notwendige Investitionen und deren Finanzierung, Fertigungstechnologien sowie personalbezogene Weiterbildungs- bzw. Umschulungsmaßnahmen zu planen.

Die Zielplanungsphase liefert die Ausgangsbasis, um angestrebte Soll-Zustände zu beschreiben und im Vergleich mit einem voraussichtlich (im Falle einer Konstanz aller Handlungsvariablen) eintretenden Ist- bzw. Wird-Zustand die Soll-Ist-Abweichungen (Soll-Wird-Abweichungen) zu erkennen und deren Ursachen im Rahmen einer **Problemanalyse** zu identifizieren. Der für die Problemanalyse gewählte Systemrahmen ist - wie bereits am Beispiel der Klick GmbH aufgezeigt - entscheidend für die aus der Problemanalyse erwachsende Definition des Planungsproblems und wegweisend für dessen Lösung.

Der Problemanalyse nachgelagert ist die Suche nach bzw. die Konstruktion von Alternativen (**Alternativengenerierung**). Dabei sind solche Handlungsmöglichkeiten zu finden und/oder zu entwickeln, die geeignet erscheinen, die gesetzten Ziele zu erreichen und das erkannte Problem zu lösen. Eine solche Aufgabe läßt sich nicht durch rein empirische Wahrnehmung bewerkstelligen, sondern es bedarf kreativer Aktivitäten, um auch innovative Problemlösungen zu finden.

Im Falle der Klick GmbH wurden Problemlösungsperspektiven bereits angedeutet: Neben (1) der Massenfertigung preisgünstiger, benutzerfreundlicher, elektronikunterstützter Kleinbildkameras bieten sich die Möglichkeiten an, (2) eine qualitativ hochwertige konventionell mechanische Kamera überwiegend manuell zu fertigen und zu hohem Preis abzusetzen, aber (3) z.B. auch die Kameraproduktion ganz zugunsten einer ausschließlichen Fertigung optischen Zubehörs aufzugeben. Charakteristisch für die erste Problemlösungsperspektive ist ein sehr hoher Kapitalbedarf aufgrund der erforderlichen Investitionen in Sach- und Personalressourcen sowie ein längerer Entwicklungszeitraum, bis die Produktion aufgenommen werden kann. Kapital in der notwendigen Höhe wird nur durch Aufnahme neuer Gesellschafter oder völlige Übernahme durch Kapitalgeber beschaffbar sein. Der damit einhergehende Verlust von Eigentumsrechten würde sich für die derzeitigen Gesellschafter im Falle der zweiten Problemlösungsperspektive vermeiden lassen können, da ein geringeres Investitionsvolumen auch über Kredite finanzierbar erscheint. Bei der dritten Konzeption wäre der Finanzbedarf am geringsten, zugleich besteht aber ein erheblicher Druck zu Personalfreisetzungen, und der Verdrängungswettbewerb ist noch schärfer als bei den übrigen Strategien.

Sind Handlungsalternativen formuliert, die nicht gegen allgemeine Prämissen der Problemlösung oder zwingende Restriktionen verstoßen, gilt es die künftigen Wirkungen der Alternativen in Anbetracht zu erwartender Umweltzustände zu prognostizieren.

Prognosen sind unerläßliche Bestandteile von Plänen in Gestalt von ex ante Aussagen über eine künftige Realität. Aufgrund generell unsicherer Zukunft weisen Prognosen von Handlungskonsequenzen, die in Abhängigkeit von künftigen Umweltentwicklungen bedingt formuliert und mit Eintrittswahrscheinlichkeiten gewichtet sind, den größten Informationsgehalt für die Planungspraxis auf.

Will man z.B. die angesprochenen Sanierungskonzeptionen für die Klick GmbH beurteilen, müssen die für die Maßnahmen relevanten künftigen (Umwelt)zustände - z.B. auf den Beschaffungs-, Absatz- und Finanzmärkten -

und deren Eintrittswahrscheinlichkeiten vorhergesagt und die bei Eintreten dieser Zustände zu erwartenden Auswirkungen auf die (Teil- und Gesamt-)Ergebnissituation prognostiziert werden.

Sind die zielrealisationsrelevanten Wirkungen der Alternativen beschrieben, gilt es diese in eine Rangordnung der Vorziehenswürdigkeit zu überführen. Mit dieser **Bewertung** ist die eigentliche Entscheidung getroffen.

Im folgenden seien die skizzierten Phasen eines Planungsprozesses einschließlich methodischer Unterstützungen zu ihrer erfolgreichen Gestaltung eingehender betrachtet.

2.2.2 Die Phasen des Planungsprozesses und ihre methodische Unterstützung

2.2.2.1 Die Zielplanung

a) Logische Spielräume und Kreativitätserfordernisse

Ziele geben das Wollen wirtschaftlich Handelnder an und sind insofern Maßstäbe, anhand derer sich die Beurteilung der relativen Vorziehenswürdigkeit verfügbarer Handlungsalternativen auszurichten hat. Ohne Kenntnis von Zielen können Aktivitäten nicht sinnvoll geplant werden. Ziele stellen sowohl Voraussetzungen als auch Ergebnisse der Planung dar.

Einem "klassischen" Mißverständnis zufolge, lassen sich Kenntnisse über betriebliche Ziele dadurch erlangen, daß man auf der Basis von bestimmten unverrückbar gültigen Vorstellungen über die **Oberziele** (z.B. Maximierung von Gewinnen), die Unternehmer leiten, im Wege der Bildung von Zweck-Mittel-Relationen nach und nach ein System konsistenter eindeutiger **Unterziele** "ableitet". Es ist jedoch zu bedenken, daß sich aus allgemeinen Oberzielen keine zureichend begründeten Unterziele deduzieren (bzw. "herunterbrechen") lassen. Vage interpretationsbedürftige Oberziele enthalten so große logische Spielräume, daß eine ganze Reihe unterschiedlich spezifizierter Zielsysteme mit den betreffenden Globalzielvorgaben kompatibel sein können (vgl. OSSADNIK 1991, S. 70).

Der Mangel an logischer Eindeutigkeit bei der Bestimmung von Unterzielen mag von den für die Zielplanung Verantwortlichen als Verunsicherung empfunden werden. Gäbe es jedoch dieses Maß an Unbestimmtheit nicht und wären alle Spezifikationen eines Zielsystems bereits im vorhinein hinreichend begründet, wären zielplanerische Aktivitäten in jeder Hinsicht überflüssig.

b) Zielkonflikte im Unternehmen

Die Ziele eines Unternehmens können nicht dadurch geplant werden, daß die Eigner das Zielsystem des Unternehmens völlig in Eigenregie spezifizieren und es quasi **autokratisch** auf die betriebliche Handlungsebene transponieren. Hierbei bestünde die Gefahr, daß wesentliche Aspekte der Organisation "Unternehmen" übersehen werden würden. Andererseits können die Eigner die Formulierung handlungsleitender Normen auch nicht völlig dem Management überlassen, da dieses hierbei der Versuchung ausgesetzt wäre, die Normen derart vage ausfallen zu lassen, daß dem Management ein Mißerfolg nicht nachgewiesen werden kann. Es empfiehlt sich daher, die Entscheidungsfindung über Unternehmensziele **kollektiv** zu organisieren, indem sowohl die Eigner als auch das Management und gegebenenfalls die Mitarbeiter (sowie u.U. die an einem Unternehmen interessierten gesellschaftlichen Gruppen) einbezogen werden.

In Anbetracht der divergierenden Interessenlagen der an einem Zielentscheidungsprozeß beteiligten Individuen und Gruppen ist eine sanfte konfliktfreie Zielbildung, die zugleich die Interessen aller Beteiligter vollständig berücksichtigt, nicht vorstellbar. Sind einzelne Akteure nicht grundsätzlich dazu bereit, ihre Standpunkte zu überprüfen und gegebenenfalls zu relativieren, können die gegensätzlichen Standpunkte nicht zu einem eindeutigen Zielsystem zusammengeführt werden. In diesem Fall muß ein Kompromiß gefunden werden. Die Chancen hierfür würden sich wesentlich verbessern, wenn in einer Geschäftsordnung Mehrheitsregeln verankert wären, die einen für alle Teilnehmer gültigen fairen Mechanismus zur gemeinsamen Auswahl einer Konfliktregelungsalternative etablieren. Auf der Basis eines solchen Auswahlmechanismus könnte über alternative Zielsystementwürfe, die unter Umständen bereits ein Ergebnis von Einigungsbemühungen unter den Vertretern einer Gruppe mit ähnlichen Interessen darstellen, mehrheitlich abgestimmt und das Zustandekommen handlungsleitender Maximen unter Aufopferung von Minderheitsauffassungen ermöglicht werden *(vgl. 2.2.2.5 e)*.

c) Meßbarkeit und Beziehungen von Zielen

Bezüglich der Meßbarkeit der unternehmerisch anzustrebenden Sachverhalte werden operationale und nicht operationale Zielangaben unterschieden. Operationale Zielangaben enthalten eindeutige Meßvorschriften über den Inhalt, das anzustrebende Ausmaß und den Zeitbezug des Zieles. Grundsätzlich können drei verschiedene **Meßskalen** unterschieden werden (vgl. C. SCHNEEWEISS 1991, S. 40-48; ZIMMERMANN/GUTSCHE 1991, S. 11-13):

- Im Rahmen einer **Nominalskalierung** werden die Handlungskonsequenzen x_i^k (mit $i=1 \ldots m$) aus Sicht eines gegebenen Zieles k (mit $k=1 \ldots q$ und $k \in K$) numerisch spezifizierten Klassen zugeordnet. Für diese Klassen ist eine Rangordnung nicht definiert. Formal sind Nominalskalen wie folgt definiert:

$$x_i^k \neq x_{i^*}^k \rightarrow f_{nom}(x_i^k) \neq f_{nom}(x_{i^*}^k)$$

- Dagegen erfassen **ordinale** Meßvorschriften Rangunterschiede der Konsequenzen von Handlungsalternativen. Die Funktionsvorschrift einer Ordinalskala muß sowohl Dominanz- als auch Indifferenzbeziehungen zwischen Handlungskonsequenzen zum Ausdruck bringen können:

$$x_i^k \sim x_{i^*}^k \rightarrow f_{ord}(x_i^k) = f_{ord}(x_{i^*}^k)$$

$$x_i^k \succ x_{i^*}^k \rightarrow f_{ord}(x_i^k) > f_{ord}(x_{i^*}^k)$$

Ist die Funktionsvorschrift abhängig von der Anzahl der Alternativen, spricht man von **streng ordinaler** Skalierung. Ist dagegen das Meßergebnis unabhängig von der Anzahl der Alternativen, liegt eine **quasi-kardinale** Ordinalskala vor. Eine Ordinalskala vermag grundsätzlich nicht Präferenzen über die Abstände zwischen Werten zu erfassen.

- Mit **Kardinalskalen** lassen sich sowohl Rangordnungsunterschiede als auch Abstände zwischen den Zielrealisationswerten angeben: Für

$$f_{kard}(x_{i^{**}}^k),\ f_{kard}(x_{i^*}^k),\ f_{kard}(x_i^k) \quad \text{muß}$$

$$f_{kard}(x_{i^{**}}^k) - f_{kard}(x_{i^*}^k) \ >/=/<\ f_{kard}(x_{i^*}^k) - f_{kard}(x_i^k) \quad \text{gelten.}$$

Im Unterschied zu **absoluten** Kardinalskalen, bei denen eine beliebige Transformation der Skala eine einmal hergestellte Rangfolge unter den Alternativen ändert, können **Verhältnisskalen** proportional transformiert werden (keine Verschiebung des Nullpunktes), ohne daß sich die Rangfolge ändert. Kardinalskalen, die invariant gegenüber positiv linearen Transformationen sind (Verschiebung des Nullpunktes), werden **Intervallskalen** genannt.

Ziele wie "1 Mio. DM Gewinn", "Steigerung des Marktanteils auf 20%", "Senkung der Beschaffungskosten um 10%", etc. stellen kardinal skalierte Messungen dar. Qualitative Normvorstellungen wie z.B. Verbesserung der Produktqualität erlauben dagegen nur ordinale Messungen. Insgesamt sollte bei der Formulierung von Unternehmenszielen ein möglichst hohes Meßniveau angestrebt werden.

Die Ziele eines Unternehmens können in unterschiedlichen **Beziehungen** zueinander stehen *(vgl. ZELEWSKI A. 5.1.2)*. So kann die Niveauveränderung eines Zieles **ohne** Einfluß auf die Realisation eines zweiten Zieles sein. Darüber hinaus können aber Ziele auch derart miteinander verbunden sein, daß eine Veränderung im Realisationsniveau des einen Ziels mit **gleichgerichteten** Veränderungen im Realisationsniveau eines anderen Ziels einhergeht.

Neben positiven sind auch **negative** Korrelationsbeziehungen zwischen Zielen möglich, insofern als Erhöhungen beim Realisationsniveau des einen Ziels zu Verminderungen des Niveaus eines anderen Ziels führen und umgekehrt. Will man einen derartigen **Zielkonflikt** auflösen, muß eine übergeordnete Zielvorschrift formuliert werden, die Angaben über die Grenzrate der Substitution zwischen alternativen Ausprägungen miteinander konfligierender Zielgrößen enthält. Eine weitere Möglichkeit bestünde darin, nur für eine der konfliktären Zielgrößen (z.B. für den Gewinn) eine Extremierungsvorschrift anzugeben, für sämtliche übrigen Ziele aber ein festes Anspruchsniveau zu formulieren. So kann z.B. die Handlungsalternative bestimmt werden, die bei Einhaltung eines bestimmten Beschäftigungsniveaus (z.B. mindestens 500 Arbeitsplätze) den höchsten Gewinn verspricht.

d) Zielplanung durch Interaktion

Wenn die Planung von Unternehmenszielen letztlich ein multipersonal organisierter Prozeß ist, an dem unterschiedlichste Individuen und Gruppen teilnehmen, so bietet sich für die Organisation dieses Prozesses ein interaktives Verfahren an. Interaktive Verfahren beruhen auf der Hypothese, daß Zielträger ihre für eine Entscheidung benötigten Präferenzen nicht stets in wohldefinierter und stabiler Form abrufbar bereit halten, sondern daß sie diese erst im Wege des Durchspielens alternativer Präferenzordnungen unter Konfrontation mit deren Implikationen sukzessive entwickeln. Dies geschieht im Wechsel zwischen subjektiven Entscheidungsphasen, in denen Angaben über vertikale oder horizontale Zielordnungen gemacht werden und objektiven Berechnungsphasen, in denen die Implikationen der jeweils angegebenen Ziel- bzw. Präferenzinformationen offengelegt werden (vgl. DINKELBACH 1982, S. 200 ff.). Auf diese Weise sind sowohl horizontale als auch vertikale Zielordnungen zu spezifizieren. Erscheinen den Teilnehmern am Zielentscheidungsprozeß die sich daraus ergebenden Konsequenzen als inakzeptabel, müssen die Zielinhalte und gegebenenfalls -gewichte im nächsten Schritt revidiert und deren Auswirkungen erneut beurteilt werden usw., solange bis im Wege der sukzessiven Eingrenzung Zielgrößen gefunden sind, die im Hinblick auf ihre Konsequenzen jeweils als akzeptabel eingestuft werden *(vgl. zu möglichen Verfahren 2.2.2.5 b)*.

2.2.2.2 Problemanalyse

Eine Problemanalyse umfaßt sämtliche Ansätze, Abweichungen zwischen Angestrebtem und - im Falle einer Konstanz praktizierter Handlungsmuster - voraussichtlich Erreichbarem zu erkennen und auf Ursachen zurückzuführen sowie die Bedingungen zu formulieren, unter denen eine Beseitigung der Abweichung möglich ist.

Dies setzt zunächst eine Präzisierung der Problemkomponenten "anzustrebender Soll-Zustand", "im Falle einer Verhaltenskonstanz voraussichtlich eintretender Wird-Zustand" sowie deren Erfassung anhand von Merkmalen voraus. Symptome für Soll-Ist-Abweichungen sind sodann auf ihre Einflußgrößen zurückzuführen, auf deren Basis das Problem genauer formuliert und definiert werden kann. Die Problemdefinition sollte möglichst genau aufzeigen, was zur Lösung eines Problems erreicht werden muß, ohne daß bereits bestimmte Lösungswege vorgezeichnet, dargestellt oder ausgeschlossen sind.

Es fragt sich, durch welche Techniken die praktische Durchführung von Problemanalysen unterstützt werden kann. Im folgenden sei in diesem Zusammenhang auf die Lückenanalyse, die Stärken-Schwächen-Analyse, das Produkt-Lebenszyklus-Konzept, den Erfahrungskurveneffekt, die PIMS-Studie sowie die Portfolio-Analyse hingewiesen, die insbesondere der Analyse komplexer, langfristig ausgerichteter Probleme dienen.

Lückenanalysen ("Gap-Analysen") basieren auf zwei Zukunftsprojektionen: Zum einen werden die Zielgrößen in ihrer gewünschten angestrebten Entwicklung abgeschätzt, d.h. die Sollgrößen werden festgelegt, und zum anderen werden die Zielerreichungsgrade im Zeitablauf ermittelt, d.h. es werden aufgrund einer Extrapolation der Vergangenheitswerte die Ergebnisse abgeschätzt, die zu erwarten sind, falls keine zusätzlichen Unternehmensaktivitäten erfolgen. Als Differenz dieser beiden Entwicklungen ergibt sich dann die Lücke (vgl. PICOT 1981, S. 530).

Die Analyse zeigt also durch Gegenüberstellung einer geplanten Ziellinie mit den entsprechenden Ist- bzw. Wird-Größen der Entwicklung eine sich im Betrachtungszeitpunkt für einen zukünftigen Zeitpunkt abzeichnende Abweichung im Hinblick auf z.B. den Gewinn, Umsatz, Marktanteil, etc. auf. Dabei wird Bedarf zu weiterführender Ursachenforschung und gezielter Maßnahmenplanung deutlich.

Eine weitere Technik zur Erkennung und Analyse unternehmerischer Handlungsprobleme ist die **Stärken-Schwächen-Analyse**. Ausgehend von einer Analyse zu erwartender unternehmensexterner, d.h. umweltbezogener Entwicklungen, die für ein Unternehmen eine Gefahr oder eine Chance darstellen, sind die unternehmenseigenen Potentiale im Hinblick auf die Umweltentwicklungen daraufhin zu analysieren, ob es sich um eine "Stärke" oder um eine "Schwäche" handelt (vgl. z.B. SCHREYÖGG 1984, S. 111 ff.).

Dabei kann man sich einerseits an konkurrierenden Unternehmen orientieren, andererseits aber auch künftige Plan- oder Idealvorstellungen als Vergleichsbasis heranziehen. Das Ergebnis einer Stärken-Schwächen-Analyse kann in einem Stärken-Schwächen-Profil veranschaulicht werden, wie dies die Abbildung B. 6 am Beispiel der Klick GmbH demonstriert.

Ein weiterer für die Analyse unternehmerischer Entscheidungs- und Planungsprobleme relevanter Ansatz ist das **Produktlebenszykluskonzept**. Es verweist darauf, daß ein Produkt bestimmte Entwicklungsstadien durchläuft, konkret die Phasen der Produktentwicklung und -verwertung (vgl. z.B. PFEIFFER/BISCHOF 1981, S. 135 f.; DUNST 1982, S. 65 ff.).

Für den Zeitraum zwischen Produktidee und Produktfertigstellung bzw. Produktabsatz wird ein idealtypischer **Entstehungszyklus**, für die anschließende Produktverwertung ein idealtypischer **Marktzyklus** unterstellt. Generelle Hypothese des Marktzyklus ist es, daß der Absatz eines Produktes über die gesamte Zeit seiner Marktpräsenz nach einem bestimmten Grundmuster verläuft: Auf einen zunächst konvexen folgt ein konkaver Verlauf der Umsatzkurve, wie aus der Abbildung B. 7 ersichtlich ist.

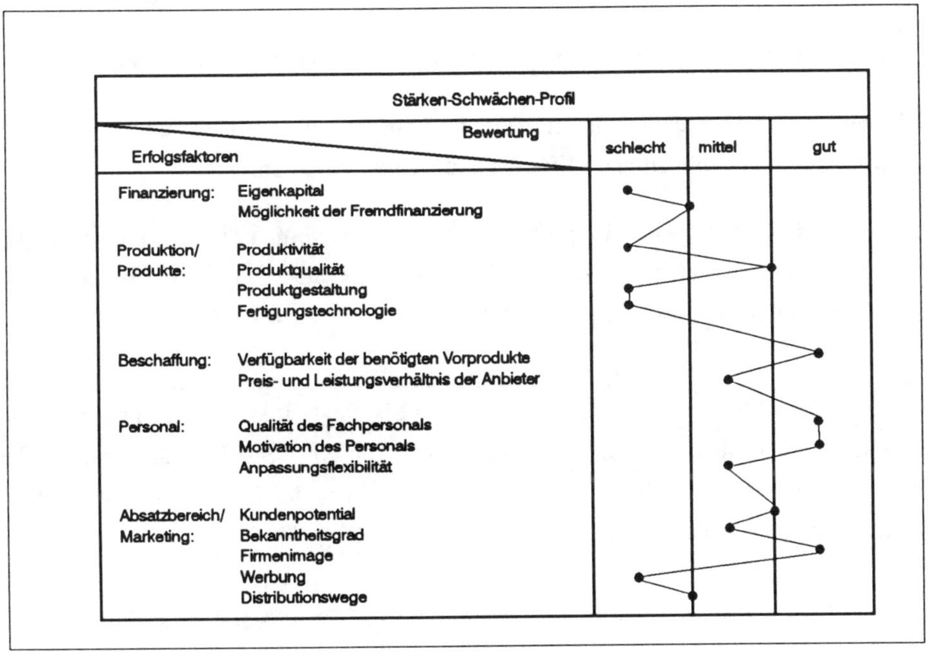

Abbildung B. 6: Stärken-Schwächen-Profil (der Klick GmbH)

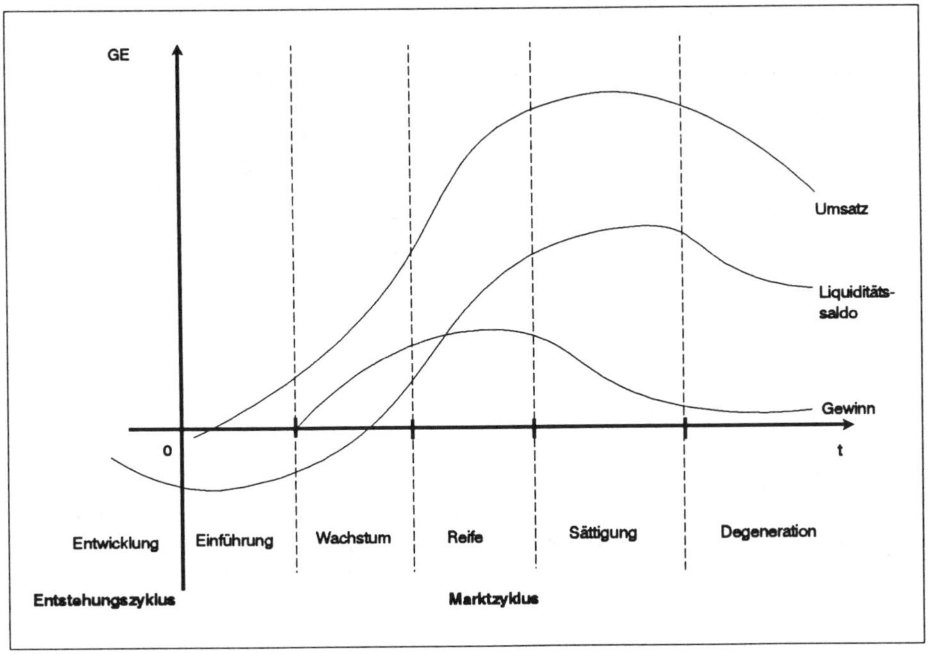

Abbildung B. 7: Idealtypischer Produktlebenszyklus

Aus dem Produktlebenszykluskonzept ergeben sich folgende Implikationen für die Analyse unternehmerischer Planungs- und Entscheidungsprobleme:

- Alle Produkte eines Unternehmens besitzen eine nur begrenzte Lebensdauer.
- Es besteht die Notwendigkeit, die Produkt-Markt-Kombinationen stets neu in Form von Produktinnovationen und -differenzierungen zu gestalten.
- Eine mittelfristig drohende Überalterung von Produkten muß durch geeignete Gegensteuerungsmaßnahmen verhindert werden, durch die eine "adäquate Mischung" von Produkten in unterschiedlichen Lebenszyklusphasen erreicht wird.

Ein weiterer bei der Analyse unternehmerischer Planungs- und Entscheidungsprobleme relevanter Ansatz ist die **Erfahrungskurve**. Unter diesem Begriff ist die Abhängigkeit der Entwicklung der langfristigen Gesamtkostenkurve von der Entwicklung der Gesamtproduktionsmenge zu verstehen (vgl. HENDERSON 1974, S. 19 ff.).

Dabei wird auf empirische Untersuchungen der Boston Consulting Group Bezug genommen, die zu der grundlegenden Aussage geführt haben, daß mit jeder Verdopplung der kumulierten Produktionsmenge die gesamten direkten oder indirekten Stückkosten eines neuen Produktes potentiell um durchschnittlich 20 - 30% zurückgehen (Abbildung B. 8).

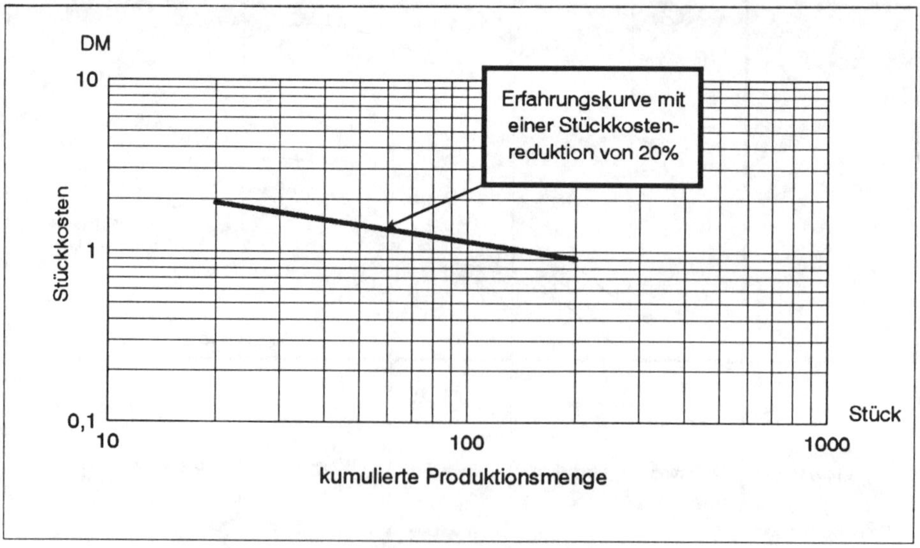

Abbildung B. 8: Erfahrungskurve (über logarithmische Skalierung linearisiert)

Die Kostensenkung ist indes nur **potentieller** Natur. Eine effiziente Führung des Unternehmens muß daher alle Kostensenkungsmöglichkeiten auch tatsächlich ausschöpfen. Die Erfahrungskurve impliziert einige für die Analyse unternehmerischer Planungs- und Entscheidungsprobleme wesentliche Feststellungen:

- Kosten verhalten sich umgekehrt proportional zu den Marktanteilen. Ein hoher Marktanteil sollte sich dementsprechend in niedrigeren Kosten niederschlagen.

- Wächst ein Unternehmen schneller als seine Konkurrenz, sollten auch seine Kosten schneller sinken als die der Konkurrenz.

- Kennt man den Degressionssatz, läßt sich der Kostenrückgang bei einer bestimmten Ausdehnung der Produktionsmenge vorausberechnen. Dies liefert die Grundlage für eine Kostenkontrolle einerseits sowie die Beurteilung des Managements andererseits.

- Ob eine Maßnahme zweckmäßig ist oder nicht, ergibt sich auch aufgrund einer Beurteilung des damit verbundenen Kostensenkungspotentials.

Ein weiteres Hilfsmittel für planungs- bzw. entscheidungsbezogene Problemanalysen ist das **PIMS-Konzept** ("Profit Impact of Market Strategy"). Das PIMS genannte empirische Forschungsprogramm verarbeitet die Datenbasis von rund 3.000 Geschäftseinheiten, die von 450 Unternehmen zur Verfügung gestellt wurden (vgl. BUZZELL/GALE 1987, S. XI, 32).

Eine **Geschäftseinheit** ist dabei definiert als ein Unternehmensbereich, der einen abgegrenzten Markt mit einer homogenen Produktgruppe beliefert und durch einen bestimmbaren Kreis von Wettbewerbern gekennzeichnet ist.

Im Rahmen einer multiplen Regressionsanalyse wurden die Einflußfaktoren identifiziert, die den Return-on-Investment *(ROI)* sowie den Cash Flow einer Geschäftseinheit als Vier-Perioden-Durchschnitt erklären. Dabei lag folgende Definition zugrunde:

$$ROI = \frac{\textit{Gewinn vor Steuern} + \textit{Zinsen auf langfristiges Fremdkapital}}{\textit{Eigenkapital} + \textit{langfristiges Fremdkapital}}$$

Von 37 identifizierten Einflußfaktoren erklären bereits die ersten 3 Determinanten 37% der Varianz des ROI einer Geschäftseinheit. Es handelt sich dabei um (1) den relativen Marktanteil, (2) die relative Produkt-/Servicequalität (vgl. zur Definition BUZZELL/ GALE 1987, S. 37) sowie (3) die wie folgt definierte Investitionsintensität *(InvI)*:

$$InvI = \frac{Aktiva - kurzfristige\ Verbindlichkeiten}{Umsatz}$$

Für die Analyse unternehmerischer Planungs- bzw. Entscheidungsprobleme hat die PIMS-Studie einen hohen Erkenntniswert. Liefert sie doch insbesondere bei unbefriedigenden ROI- oder Cash-Flow-Werten Hinweise auf etwaige Einfluß- bzw. Ursachenfaktoren. So konnten mit Hilfe der Ergebnisse der Regressionsanalyse Variablen identifiziert werden, die - im Rahmen branchenübergreifend gültiger "Laws of the Market" - Unterschiede des ROI oder Cash Flow zu demjenigen anderer Unternehmen erklären. Die durch die PIMS-Studie identifizierten Ursachenfaktoren für die Ergebnissituation der Geschäftseinheiten eines Unternehmens liefern darüber hinaus Grundlagen für ein weiterführendes Konzept der Identifikation, Analyse und Strukturierung von Planungs- bzw. Entscheidungsproblemen, wie es die Portfolio-Analyse darstellt.

Der Begriff der **Portfolio-Analyse** wird auf diversifizierte Unternehmen angewendet, deren Tätigkeitsspektrum als Zusammenstellung ("**Portfolio**") einzelner **strategischer Geschäftseinheiten** aufgefaßt wird (vgl. SZYPERSKI/WINAND 1978, S. 123 ff.; DUNST 1983, S. 107 ff.). Strategische Geschäftseinheiten erfüllen eine klar abgegrenzte selbständige Marktaufgabe mit zurechenbaren Produkten, Dienstleistungen sowie Sach- und Humanpotentialen.

Grundprinzip der Portfolio-Methode ist die Vereinfachung der für den Unternehmenserfolg maßgeblichen Faktoren auf wenige gewichtige Schlüsselfaktoren, anhand derer sowohl die tatsächliche als auch die angestrebte Lage der einzelnen Geschäftseinheiten eines Unternehmens beurteilt wird. Durch die Reduzierung auf einen unternehmens- und einen marktbezogenen Erfolgsfaktor ist es möglich, die strategische Position der einzelnen Geschäftsfelder approximativ in einem zweidimensionalen Schaubild in Form einer Matrix darzustellen. Nach der Definition geeigneter Intervalle (z.B. "hoch/niedrig", "günstig/ungünstig") für jeden dieser Erfolgsfaktoren können die strategischen Faktoren der Geschäftseinheit auf einfache Grundtypen zurückgeführt werden.

In der Unternehmensberatungspraxis finden verschiedene Portfolio-Modelle Anwendung. Das wohl bekannteste dieser Konzepte ist das **Marktwachstums-Marktanteils-Portfolio** der Boston Consulting Group (vgl. z.B. DUNST 1983, S. 108 ff.). Das Konzept kombiniert die Basishypothese des Erfahrungskurveneffektes sowie Ergebnisse der PIMS-

Studie und des Produktlebenszykluskonzepts miteinander: Geht man von dem im Produkt-Lebenszyklus-Konzept beschriebenen Grundmuster der Umsatzentwicklung eines Produktes aus, dann besteht zunächst infolge des Marktwachstums und hierdurch notwendig werdender Investitionsmaßnahmen ein hoher Finanzmittelbedarf, der sich negativ auf die Liquiditätssituation des Unternehmens auswirkt. Mit der durch das Marktwachstum und die Erringung von Marktanteilen einhergehenden Vervielfachung der kumulierten Ausbringungsmenge treten neben entsprechenden Umsatzsteigerungen auch Stückkosten senkende Erfahrungskurveneffekte auf, deren Ausschöpfung die Liquiditätslage verbessert. Mit stagnierendem bzw. rückläufigem Marktwachstum eines alternden Produkts werden Erweiterungsinvestitionen überflüssig, mit der Folge positiver Auswirkungen auf die Liquidität.

Das dem Matrix-Konzept zugrunde liegende Faktorensystem erklärt den Finanzmittelbedarf und -überschuß der Produkte eines Unternehmens. Auf der Basis dieses Faktorensystem werden die Produkte nach den vier Grundpositionen der Portfolio-Matrix (als sog. Stars, Geldsäcke (Cash Kühe), Fragezeichen und Arme Hunde) kategorisiert (vgl. Abbildung B. 9).

Dem Konzept der Marktwachstums-Marktanteils-Matrix liegt das Postulat eines Gleichgewichts zwischen strategisch unterschiedlich positionierten Geschäftseinheiten zugrunde: Einer bestimmten Zahl von Nachwuchsprodukten (Stars), zu deren Förderung hohe Finanzmittel bereitzustellen sind, muß eine ausreichende Zahl bereits erfolgreicher Produkte (Geldsäcke) mit positivem Liquiditätssaldo gegenüberstehen.

Die Anwendung der Portfolio-Methode hängt grundsätzlich davon ab, ob ein Unternehmen in strategische Geschäftseinheiten segmentiert werden kann.

Die Portfolio-Technik bietet sich insbesondere als Hilfsmittel an, um für verschiedene strategische Geschäftseinheiten eines Unternehmens Ziel- bzw. Normpositionen zu formulieren, die tatsächlichen Ist-Positionen gegenübergestellt werden können. Feststellbare Soll-Ist-Abweichungen konstituieren **Probleme**, die einer eingehenderen Analyse bedürfen. Insgesamt ist die Portfolio-Methode ein heuristisches Hilfsmittel zur Identifizierung unternehmerischer Planungs- und Entscheidungsprobleme, durch die Handlungsbedarf erkannt und auf Ursachen zurückgeführt werden kann.

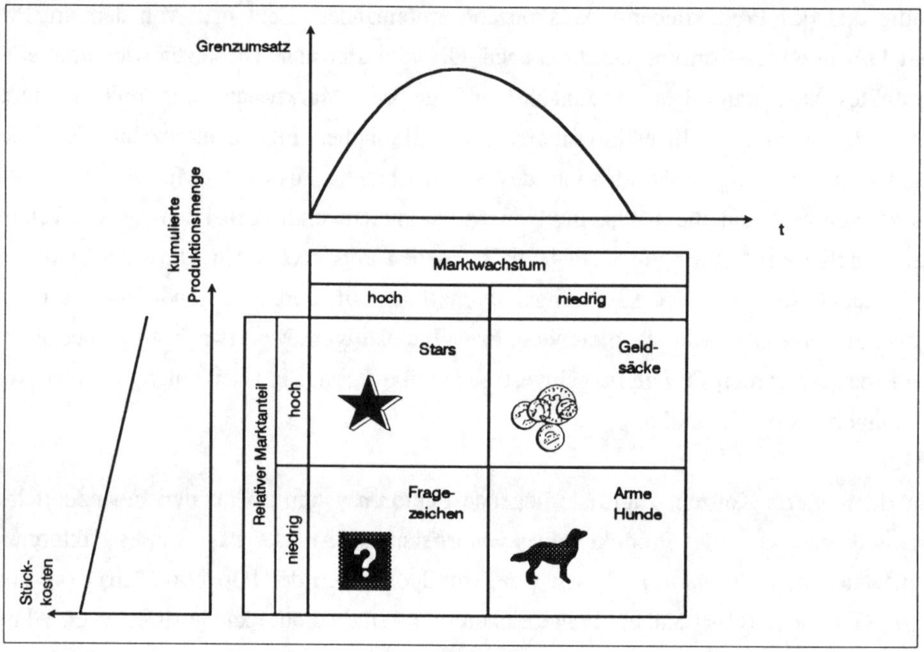

Abbildung B. 9: Die Marktwachstums-Marktanteils-Matrix und die ihr zugrunde liegenden Wirkungshypothesen

2.2.2.3 Generierung von Handlungsalternativen

Handlungsalternativen erschließen sich den Planungsträgern von Unternehmen nicht alleine durch empirisch beobachtendes "Absuchen" der Realität, sondern es bedarf vielmehr kreativer Leistungen zur **Erfindung** von Handlungsmöglichkeiten. Der Unterstützung derartiger Prozesse dienen Kreativitätstechniken wie das **Brainstorming**. Dabei versucht man, in einer möglichst hierarchiefrei organisierten Gruppe eine Vielzahl neuartiger und unkonventioneller Problemlösungen zu finden (vgl. SCHLICKSUPP 1989, Sp. 933). Während der Gruppenarbeit sind Kritik und Bewertung geäußerter Ideen untersagt. Zur Förderung wechselseitiger Assoziationen und Spontaneität sind die Ideen miteinander zu kombinieren. Nachdem die Ideen protokolliert worden sind, müssen in einer abschließenden Selektionsphase die Ergebnisse der Suchphase von einem Gremium überprüft werden.

Für Problemstellungen besonderer Komplexität bietet sich als Kreativitätstechnik die **Morphologische Methode** an. Dabei gilt es das Problem entsprechend seiner Komplexität in eine Reihe voneinander unabhängiger Elemente zu zerlegen. Die bekannteste Morphologische Methode ist der **Morphologische Kasten** (vgl. ZWICKY 1972, S. 130 ff.). Dabei wird das Problem zunächst in unabhängige Problemelemente zerlegt, für die jeweils eine Teillösung erarbeitet wird. Diese Teilelemente und Teillösungen werden dann in einer Matrix (Kasten) zusammengestellt. Durch die Kombination unterschiedlicher Teilprobleme mit unterschiedlichen Teillösungen lassen sich eine Vielzahl von z.T. nicht bedachten Problemlösungsalternativen gewinnen.

2.2.2.4 Prognose

Sowohl die von einem Unternehmen nicht beeinflußbaren Umweltzustände als auch die von bestimmten Handlungsalternativen in Konfrontation mit den Zustandsentwicklungen zu erwartenden Konsequenzen bedürfen einer Prognose. Hierfür empfiehlt sich eine methodische Kontrolle im Wege des Einsatzes quantitativer und/oder qualitativer Techniken (vgl. EMDE 1989, Sp 1645 ff.).

Als **quantitative Verfahren** beschreiben **Zeitreihenanalysen** beobachtete Werte in ihrer zeitlichen Entwicklung und folgern aus den Verlaufsmustern eine Aussage über die Fortsetzung der Zeitreihe in der Zukunft *(vgl. z.B. die Verfahren der Bedarfsplanung CORSTEN F. 5.4.2.1)*. Während Zeitreihenanalysen die Entwicklung einer prognoserelevanten Größe zeitabhängig beschreiben, sind **kausale Verfahren** durch den Anspruch charakterisiert, andere Variable als die Zeit als Bedingungsfaktoren für die Prognosegröße einzubeziehen. Gegenstand von **Regressionsanalysen** ist die Stärke der Beziehung zwischen Zeitreihen erklärender unabhängiger und prognoserelevanter abhängiger Daten, die in einem formalen Sinne untersucht wird. Die prognostische Verwendung von Regressionsanalysen bedarf allerdings ergänzender qualitativer Überlegungen (1) zur Beurteilung der kausalen Beziehung zwischen unabhängigen und abhängigen Variablen sowie (2) zur Schätzung der künftigen Ausprägung der unabhängigen Variablen. Dies gilt ähnlich für die komplexeren **ökonometrischen Modelle** sowie die Verfahren der **Input-Output-Analyse**.

Quantitative Verfahren sind so lange prognostisch verwendbar, wie der die Prognosegröße "produzierende" Strukturkomplex als konstant gelten kann. Eine solche **strukturelle Konstanz** ist in längerfristiger Hinsicht wenig wahrscheinlich. Daher tritt insbesondere bei mittel- und langfristigen Prognosen der Bedarf auf, quantitative Verfahren durch qualitative Überlegungen zu ergänzen.

<table>
<tr><td rowspan="9">Quantitative Verfahren</td><td rowspan="3">Zeitreihenanalysen</td><td>Einfache Trendextrapolation: Für eine Reihe von Vergangenheitswerten der zu prognostizierenden Größe wird ein Trend ermittelt, der in die Zukunft fortgeschrieben wird. Bei Konstanz der Umwelt wird sie für kurzfristige Prognosen (z. B. von Lagerbeständen) angewandt.</td></tr>
<tr><td>Gleitende Durchschnitte: Aus einer Zeitreihe wird eine weitere abgeleitet, indem jeweils das arithmetrische oder gewichtete Mittel gebildet wird. Saisonale Schwankungen können so für kurz- bis mittelfristige Prognosen geglättet werden.</td></tr>
<tr><td>Exponentielle Glättung: Wie bei der Methode der gleitenden Durchschnitte wird aus einer Zeitreihe eine neue ermittelt, wobei jedoch "jüngere", d. h. näher zum Zeitpunkt des zu prognostizierenden Wertes liegende Daten stärker gewichtet werden.</td></tr>
<tr><td rowspan="4">kausale Verfahren</td><td>Regressionsanalyse: Auf der Basis von Vergangenheitswerten wird eine mathematische Beziehung zwischen der Prognosevariablen und einer oder mehreren kausalen Größen hergestellt. Durch Prognose der kausalen Variablen kann damit der zu prognostizierende Wert bestimmt werden. Mit hoher Genauigkeit können so kurz- und mittelfristige Prognosen, z. B. für Umsatzentwicklungen von Produktgruppen oder Märkten, erstellt werden.</td></tr>
<tr><td>Ökonometrische Modelle: Ein System von Regressionsgleichungen wird aufgestellt, das einen größeren Wirtschaftsbereich erfaßt. Auf der Basis von Ausgangsdaten werden durch (meist simultane) Schätzung der kausalen Größen relativ sichere Prognosen von Marktentwicklungen anhand komplexer Größen (z. B. Investitionsvolumen) abgeleitet.</td></tr>
<tr><td>Erfahrungskurveneffekt: Anhand von Daten über die Entwicklung der kumulierten Produktionsmengen eines Produktes, einer Produktgruppe u. a. wird prognostiziert, inwieweit die zunehmende Erfahrung in der Produktion sich kostensenkend auswirkt.</td></tr>
<tr><td>Input-Output-Analyse: Auf der Basis der Strukturkonstanzhypothese werden aus langfristigen Daten über den Fluß von Gütern und Dienstleistungen zwischen verschiedenen Teilsystemen (Wirtschaftssektoren, Kostenstellen und anderen Unternehmensteilbereichen) Prognosen über Bedarfe abgeleitet.</td></tr>
<tr><td rowspan="3">Qualitative Verfahren</td><td colspan="2">Delphi-Methode: In diesem mehrstufigen Verfahren geben mehrere Experten anonym und schriftlich ihre Einschätzung zukünftiger Entwicklungen ab. Aus den verschiedenen Meinungen wird statistisch eine Gruppenmeinung ermittelt, die den Experten zu einer revidierten Prognose vorgelegt wird. Dies wird so lange wiederholt, bis sich ein gesicherter Gruppenkonsens herausgebildet hat. Diese Methode kommt vor allem bei langfristigen Prognosen zum Einsatz, z. B. bzgl. Technologieentwicklung oder Marktpotentialen neuer Produkte.</td></tr>
<tr><td colspan="2">Szenario-Technik: Ausgehend von einer gründlichen Beurteilung der gegenwärtigen Situation werden künftig mögliche Entwicklungen analysiert. Dabei werden systematisch mögliche Einflußfaktoren alternativer Entwicklungsmöglichkeiten zu in sich konsistenten Zukunftsbildern entwickelt, die eine langfristige Prognose von Chancen und Risiken z. B. hinsichtlich politischer oder gesamtwirtschaftlicher Entwicklungen ermöglichen. Vielfach wird die Szenario-Technik in Verbindung mit anderen Prognoseverfahren angewandt.</td></tr>
<tr><td colspan="2">Historische Analogie: In Analogie zu ähnlich strukturierten Entwicklungen in der Vergangenheit werden langfristige Prognosen bzgl. der Entwicklung von Produkten und Technologien aufgestellt.</td></tr>
</table>

Abbildung B. 10: Prognoseverfahren

Die in diesem Zusammenhang zu nennenden **qualitativen Prognoseverfahren** (z.B. Dephi-Methode, Szenario-Technik, Historische Analogie) verarbeiten quantitatives und qualitatives Wissen und beziehen dabei Strukturbrüche explizit in die Betrachtung ein. Durch die Aktivierung von Kreativitätspotentialen und die umfassende Berücksichtigung der Einschätzungen von Experten schaffen qualitative Verfahren oft erst die Voraussetzungen für den Einsatz quantitativer Verfahren. In dynamischen Wettbewerbswirtschaften bieten qualitative Verfahren sogar die einzige Möglichkeit, bei erwarteten Strukturbrüchen Prognosen methodisch kontrolliert herzuleiten. Die wichtigsten Prognosetechniken sind in der Abbildung B. 10 zusammengestellt.

2.2.2.5 Bewertung von Handlungsalternativen

a) Das Grundmodell der präskriptiven Entscheidungstheorie

Die Bewertung von Handlungsalternativen im Sinne der Herstellung einer Rangordnung der Vorziehenswürdigkeit ist das Erkenntnisobjekt der präskriptiven Entscheidungstheorie *(vgl. 1.2.2)*.

Im Rahmen des Grundmodells der präskriptiven Entscheidungstheorie, das von spezifischen Bewertungssituationen und -problemen abstrahiert, wird die Vielzahl denkmöglicher Bewertungsprobleme erfaßt. Dieses Grundmodell kombiniert - wie aus der Abbildung B. 11 ersichtlich - Informationen über

- die einem Entscheidungsträger verfügbaren Handlungsalternativen (**Entscheidungsfeldinformationen**) sowie
- die den Entscheidungsträger leitenden Normen, die sich in einer Definition der anzustrebenden Ergebnisse sowie Regeln zu ihrer Bewertung ausdrücken (**Zielinformationen**).

Von den **Entscheidungsfeldinformationen** bezeichnet der **Aktionsraum** den vom Entscheidungsträger beeinflußbaren Teil des Entscheidungsfeldes. Der Aktionsraum A umfaßt die Handlungsmöglichkeiten (bzw. synonym: Aktionen) a_i (mit $i=1 \ldots m$ und $a \in A$).

Dabei ist es unerheblich, ob es sich bei den verschiedenen betrachteten Aktionen um Einzelmaßnahmen oder jeweils um Programme von Maßnahmen handelt.

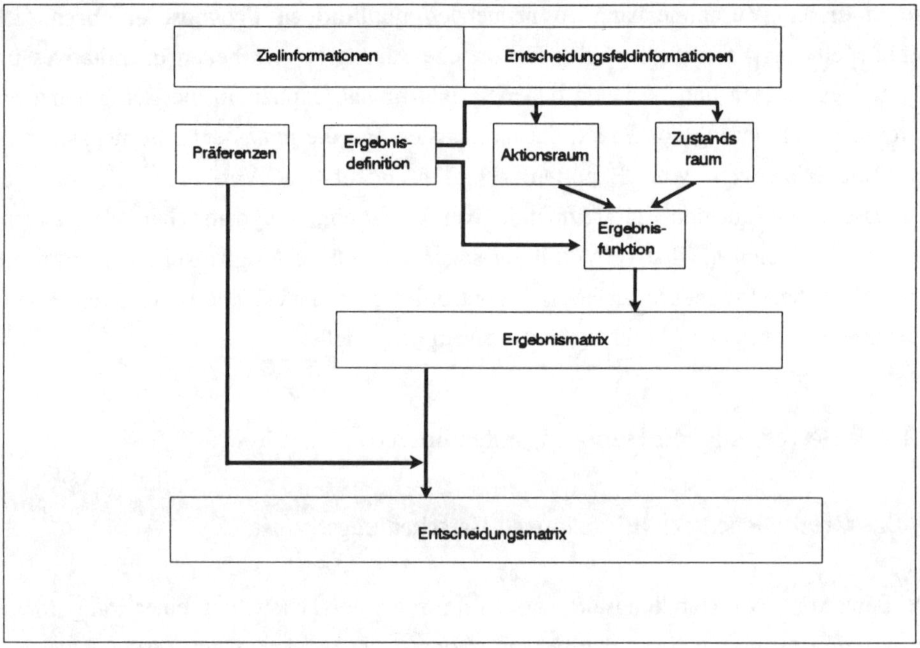

Abbildung B. 11: Grundmodell der präskriptiven Entscheidungstheorie

Welche Wirkungen einer Aktion entscheidungsrelevant sind, legt die **Ergebnisdefinition** fest, die als solche eine Zielinformation darstellt. Zu welchen Konsequenzen Aktionen führen, hängt vom Eintreten einer bestimmten Umweltlage ab. Unter der Kategorie Umwelt werden die Einflußfaktoren subsumiert, die ein Entscheidungsträger nicht beeinflussen kann. Der **Zustandsraum Z** umfaßt die Menge aller relevanten Umweltzustände z_j (mit $j=1 \ldots n$ und $z \in Z$).

Welche Ergebnisse bei Eintreten eines bestimmten Umweltzustandes und Wahl einer bestimmten Aktion zu erwarten sind, resultiert aus der durch eine **Ergebnisfunktion** vorgenommenen Zuordnung g: $(a_i, z_j) \rightarrow x_{ij}$.

Will ein Entscheidungsträger die ihm verfügbaren Aktionen in eine Rangordnung der Vorziehenswürdigkeit überführen, kann er dies nur mittels subjektiver **Zielinformationen** begründen. Aus ihnen ergibt sich, an welchen Merkmalen die Bewertung der Ergebnisse anzuknüpfen hat. So gibt das **Artenmerkmal** an, welche Arten von Ergebnissen wertrelevant sind. Aus der genauen Definition von Artenmerkmalen geht hervor, wie das Ergebnismerkmal "Höhe" zu messen ist. Im **Höhenmerkmal** legt der Entscheidungsträger fest, wie unterschiedliche Ausprägungen der Ergebnishöhe zu bewerten sind. Dabei kann die Ergebnisdefinition das wertrelevante Höhenmerkmal auf bestimmte Intervalle oder Werte einschränken. Als **Sicherheitsmerkmal** eines Ergebnisses gilt die Eintrittswahrscheinlichkeit. Das Sicherheitsmerkmal trägt der Annahme Rechnung, daß gleiche Ergebnisse in Abhängigkeit von unterschiedlichen Eintrittswahrscheinlichkeiten unterschiedlich bewertet werden. In der Wertordnung des Entscheidungsträgers ist der Zeitpunkt, zu dem oder der Zeitraum, innerhalb dessen ein Ergebnis eintritt, von Bedeutung. Mit dem **Zeitmerkmal** werden Zeitpunkte oder -intervalle angegeben, für die unterschiedliche Bewertungen gelten, wobei innerhalb eines Zeitintervalls Gleichwertigkeit gilt.

Die genannten wertrelevanten Merkmale müssen bei der Repräsentation der Ergebnisse ersichtlich sein. Für eine solche Repräsentation wird üblicherweise die Form einer Matrix (Ergebnismatrix) gewählt (vgl. Abbildung B. 12). Die Elemente x_{ij} dieser Matrix sind entweder Skalare, Vektoren oder auch Matrizen. Skalare ergeben sich dann, wenn bei einfacher Zielsetzung nur ein Zeitpunkt oder -intervall bei der Bewertung der Aktion zugrunde gelegt wird. Sind verschiedene Ergebnisarten (z.B. Gewinn und Schadstoffausstoß in einer Rechnungsperiode) und/oder unterschiedliche Zeitpunkte bei der Ergebnismessung relevant, so stehen die Einträge der Ergebnismatrix für entsprechende Vektoren bzw. Matrizen. Bei q Ergebnisarten und T Zeitpunkten steht ein Element x_{ij} für die Matrix

$$(x_{ij}^{kt})_{\substack{k=1 \dots q \\ t=1 \dots T}} = \begin{pmatrix} x_{ij}^{11} & x_{ij}^{21} & \cdot \; \cdot \; \cdot & x_{ij}^{q1} \\ \cdot & \cdot & & \cdot \\ \cdot & \cdot & & \cdot \\ \cdot & \cdot & & \cdot \\ x_{ij}^{1T} & x_{ij}^{2T} & \cdot \; \cdot \; \cdot & x_{ij}^{qT} \end{pmatrix}$$

Die Bewertung der derart repräsentierten Handlungskonsequenzen erfolgt durch **Präferenzrelationen**, durch die der Entscheidungsträger festlegt, welche Ergebnisse im Rahmen seiner Wertordnung weniger oder stärker anzustreben bzw. zu vermeiden sind. I.d.R. kann allein anhand der festgelegten Zielgrößen keine eindeutige Auswahl zwischen den Aktionen getroffen werden; wird doch eine Alternative die übrigen bezüglich sämtlicher wertrelevanten Merkmale nur im Ausnahmefall dominieren.

Umweltzustände / Aktionen	z_1	z_2	...	z_n
a_1	x_{11}	x_{12}	...	x_{1n}
a_2	x_{12}	x_{22}	...	x_{2n}
.	.	.		.
.	.	.		.
.	.	.		.
a_m	x_{m1}	x_{m2}	...	x_{mn}

Abbildung B. 12: Ergebnismatrix

Ermangelt es solcher Dominanzbeziehungen, sind die Handlungsalternativen im Hinblick auf die verschiedenen Ergebnismerkmale nach Maßgabe spezifischer Präferenzrelationen zu bewerten. Präferenzen bestimmen entweder nur (ordinale) Rangfolgen bzgl. der Vorteilhaftigkeit unterschiedlicher Ergebnisse oder sie ermöglichen auch (kardinale) Aussagen darüber, wie groß die Nutzenunterschiede zwischen verschiedenen Ergebnissen sind. Das Zielsystem sollte Angaben zu einer Arten-, Höhen-, Sicherheits- und Zeitpräferenz enthalten.

Mit der **Artenpräferenz** bewertet der Entscheidungsträger die relative Vorteilhaftigkeit unterschiedlicher Ergebnisarten im Verhältnis zueinander. Vergleicht man z.B. die Ergebnisse "Gewinn in DM" sowie "belastetes Abwasser in m^3", so drückt sich in der Aussage "1 DM Gewinn ist vorteilhafter als die Verringerung belasteten Abwassers um 1 m^3" eine ordinale, in der Aussage "1 DM Gewinn ist 1,5 mal vorteilhafter als die Verminderung belasteten Abwassers um 1 m^3" eine kardinale Artenpräferenz aus.

Die **Höhenpräferenz** bezeichnet die relative Vorteilhaftigkeit, die der Entscheidungsträger Ergebnissen mit unterschiedlichen Höhenmerkmalen beimißt. So kann aufgrund staatlicher Quotierungen eine Produktionsmenge bis zur Grenze $\bar{x}$ mit dem linear-konstanten Faktor 1, bei Überschreiten von $\bar{x}$ mit dem Faktor 0 gewichtet werden. Ein erzielter Gewinn x kann bezüglich seines Höhenmerkmals mit dem Höhenpräferenzkoeffizienten $\sqrt{x}$ bewertet werden.

Die **Sicherheitspräferenz** bringt zum Ausdruck, wie der Entscheidungsträger Aktionen mit unsicheren Ergebnissen bewertet. So kann die Präferenz z.B. vorsehen, unsichere Ergebnisse (proportional) mit ihren Eintrittswahrscheinlichkeiten zu gewichten.

Die **Zeitpräferenz** gibt an, wie Ergebnisse, die sich aufgrund ihres Zeitmerkmals unterscheiden, vom Entscheidungsträger als unterschiedlich vorteilhaft beurteilt werden. So werden in späteren Perioden anfallende Gewinne durch entsprechende numerische Transformation (z.B. Abzinsung) mit bereits früher anfallenden vergleichbar gemacht.

Je nachdem, ob die Präferenzen separat und sukzessive oder simultan bei der Bewertung zur Anwendung kommen, wird zwischen **Präferenzen niederer** und **Präferenzen höherer Ordnung** unterschieden. Wird das Präferenzsystem des Entscheidungsträgers auf dessen Ergebnismatrix angewendet, resultiert die sog. **Entscheidungsmatrix**:

$$U = \begin{pmatrix} u_{11} & \cdot & \cdot & \cdot & u_{1n} \\ \cdot & & & & \cdot \\ \cdot & & & & \cdot \\ \cdot & & & & \cdot \\ u_{m1} & \cdot & \cdot & \cdot & u_{mn} \end{pmatrix}$$

Voraussetzung hierfür ist allerdings, daß vollständige und transitive Präferenzrelationen gegeben sind. **Vollständigkeit** bedeutet, daß der Entscheidungsträger für jeweils zwei Ergebnisse eindeutig feststellen kann, welches er bevorzugt bzw. ob er diesen Ergebnissen gegenüber indifferent ist. **Transitivität** ist dann gegeben, wenn unter der Voraussetzung, daß ein Ergebnis x_{ij} einem weiteren Ergebnis x_{i*j} und dieses wiederum x_{i**j} vorgezogen wird, auch x_{ij} gegenüber x_{i**j} präferiert wird. Die Transitivität wird als logische Grundforderung für rationales Handeln verstanden. Erfolgt die Zuordnung der Nutzen mittels einer Ordinalskala (Kardinalskala), liegt eine **ordinale (kardinale) Nutzenfunktion** vor.

Mit dem skizzierten Grundmodell der präskriptiven Entscheidungstheorie (vgl. hierzu LAUX 1982, S. 32 ff.; SIEBEN/SCHILDBACH 1990, S. 14 ff.; SCHILDBACH 1984, S. 59 ff.; BAMBERG/COENENBERG 1991, S. 12 ff.) ist zunächst nur ein allgemeines Muster der Bewertung von Handlungsalternativen verfügbar, das nicht für jedes spezielle Bewertungs- bzw. Entscheidungsproblem explizite Strukturierungs- und Lösungsanweisungen geben kann. Auf speziellere Bewertungsprobleme wird in den nachfolgenden Abschnitten eingegangen.

b) Bewertung bei ein-/mehrfacher Zielsetzung

Richtet sich das Interesse einer Entscheidungsinstanz auf nur eine Ergebnisart zu einem Zeitpunkt und kann der Eintritt eines Umweltzustandes mit Sicherheit vorhergesagt werden, reduziert sich die Ergebnismatrix auf eine Ergebnisspalte. Transformiert man diese Ergebnisspalte mit Hilfe einer Nutzenfunktion, die die Höhenpräferenz eines Entscheidungsträgers abbildet, in eine Entscheidungsspalte, liegt die Präferenzordnung der Alternativen fest.

In vielen Fällen suchen aber Entscheidungsträger Handlungskonsequenzen von mindestens zweierlei Arten anzustreben und/oder zu vermeiden. In diesem Fall gilt es, sämtliche zielrealisationsrelevanten Konsequenzen der Aktionen zu erfassen und über eine Bewertung dieses **multikriterielle Entscheidungsproblem** zu lösen. Dabei ist die Frage von grundlegender Bedeutung, ob für jedes einzelne Ziel k eine Nutzenfunktion definiert werden kann, oder ob die Bewertungsrangfolge der Handlungsalternativen bezüglich eines Ziels k von einem anderen Ziel k' beeinflußt wird, also kontextabhängig ist.

Meist wird in der Entscheidungstheorie die Annahme der **Präferenzunabhängigkeit** getroffen, die besagt, daß für jedes Ziel k eine von anderen Zielen unabhängige Nutzenfunktion ermittelt werden kann (vgl. hierzu C. SCHNEEWEISS 1991, S. 96 f., 126 f.). Unter Vernachlässigung der Aktions-, Zeit- und Zustandsindizes läßt sich **starke Präferenzunabhängigkeit** zwischen q Zielen (Ergebnisarten) mit beliebigen Ergebnisausprägungen $x^k \neq \bar{x}^k \;\; \forall\, k \in K$ wie folgt definieren:

Bezeichnet $\vec{x}^{K_1}$ einen Ergebnisvektor mit $K_1 \subseteq K$ Ergebnisarten, dann sind q Ziele stark präferenzunabhängig, falls $(\vec{x}^{K_1}, \vec{\bar{x}}^{K \setminus K_1}) \succeq (\vec{\bar{x}}^{K_1}, \vec{\bar{x}}^{K \setminus K_1})$ für beliebige K_1 und $(\vec{x}^{K_1}, \vec{x}^{K \setminus K_1}) \succeq (\vec{\bar{x}}^{K_1}, \vec{x}^{K \setminus K_1})$ für beliebige Ausprägungen von $\vec{x}^{K \setminus K_1}$ gilt. Besteht K_1 nur aus einer einzelnen Zielart und sind diese Bedingungen erfüllt, liegt der Spezialfall **schwacher** Präferenzunabhängigkeit vor. Der dieser Bedingung nicht genügende Fall der **Präferenzabhängigkeit** sei durch ein Beispiel veranschaulicht.

Beispiel 2: Die Klick GmbH beabsichtige, die Qualität ihrer Produkte entweder über die "Einführung eines computergestützten Qualitätssicherungssystems (CAQ)" oder mit Hilfe von "Qualitätszirkeln" zu verbessern. Aufgrund von Finanzierungsengpässen schließen sich beide Aktionen aus. Beide Alternativen können entweder durch die Klick GmbH selbst oder durch eine externe Qualitätssicherungs- und Zertifizierungsinstanz durchgeführt werden. Unter der Prämisse, daß die EDV-Abteilung der Klick GmbH bereits ausgelastet ist und ein CAQ-System insgesamt als effizienter angesehen wird, könnte das Management der Klick GmbH z.B. folgende Präferenzaussagen treffen:

(CAQ, extern) B (Qualitätszirkel, extern)

(CAQ, intern) A (Qualitätszirkel, intern)

Auch wenn die Annahme schwacher Präferenzunabhängigkeit oftmals als realitätsfern erscheinen mag, läßt sich diese Eigenschaft durch geeignete Definitionen der Handlungsalternativen oder durch die Aggregation von Unterzielen zu einem Oberziel vielfach herstellen. In diesem Fall können für jede Zielart Teilnutzen separat ermittelt und in der Entscheidungsmatrix repräsentiert werden.

Will man Handlungsalternativen bezüglich q gegebener Ziele ordnen, können zunächst die **ineffizienten** Handlungsalternativen identifiziert werden. Diese sind dadurch charakterisiert, daß sie im Vergleich zu einer Handlungsalternative mindestens ein Ziel k schlechter und keines der übrigen Ziele $(K \backslash k)$ besser realisieren. Das auf effiziente Handlungsalternativen beschränkte Entscheidungsfeld könnte dann mit Hilfe einer Mehrzielpräferenzfunktion geordnet werden, in der die höhenpräferenzgerecht bewerteten Teilnutzen mit einer **Artenpräferenz** verknüpft sind:

$$\Phi(a_1) = f_{ART}\ (u_1\ (x_{i1}^{11}),\ ...,\ u_q\ (x_{i1}^{q1}))$$

Die Verfahren zur Lösung von Entscheidungsproblemen bei mehrfacher Zielsetzung unterscheiden sich grundsätzlich darin, ob sie die sog. Amalgamationsregel in einer Funktion f_{ART} abbilden oder nicht und auf welche Funktionsform sie dabei gegebenenfalls zurückgreifen. Ein systematischer Überblick über ausgewählte Verfahren ist aus der Abbildung B. 13 ersichtlich.

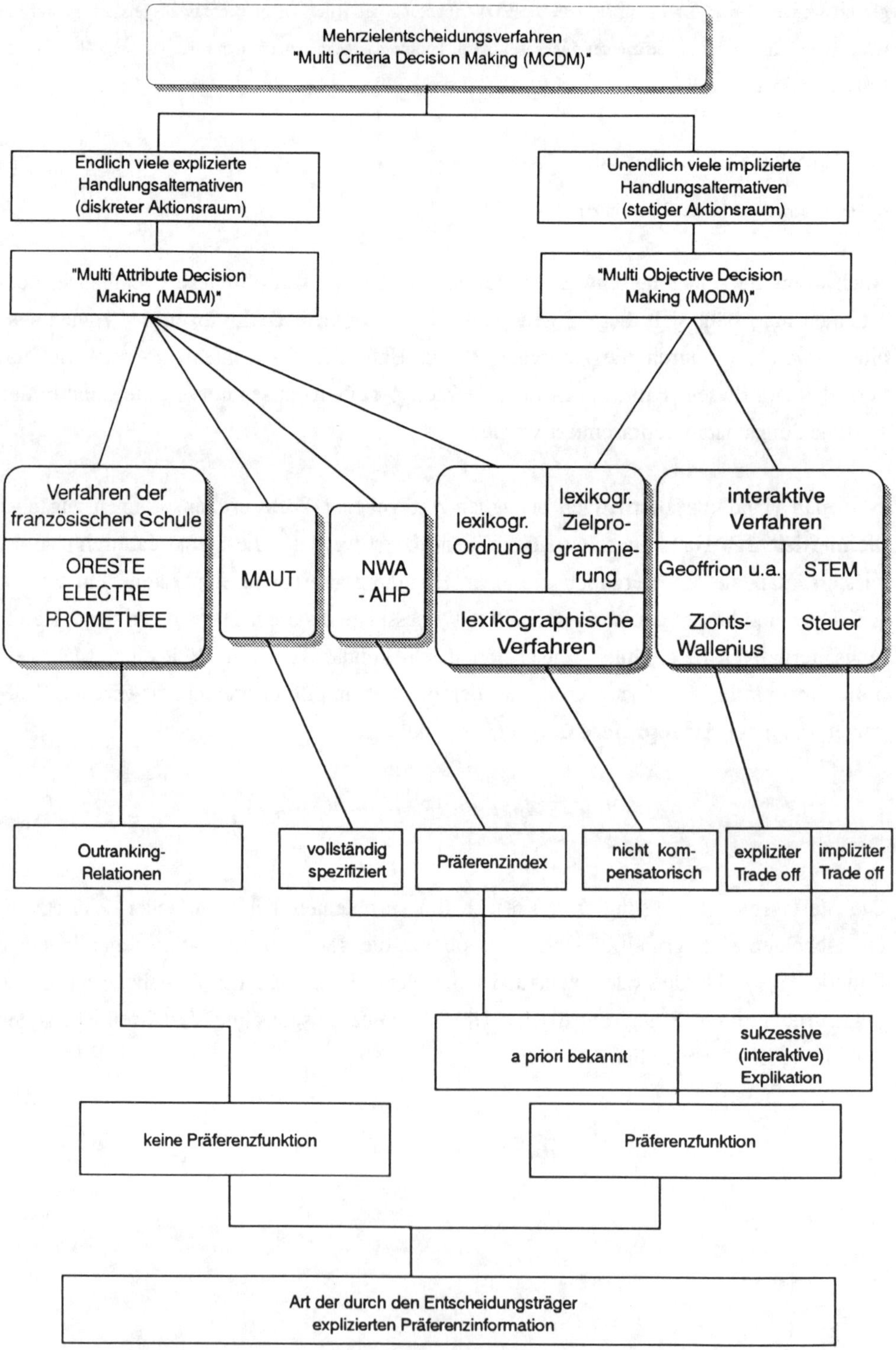

Abbildung B. 13: Mehrzielentscheidungsverfahren im Überblick

Zunächst ist eine Unterscheidung nach **Art** und **Struktur** des **Aktionsraumes** üblich.

Liegen genau spezifizierte, endlich viele Handlungsalternativen explizit vor, kann das Auswahlproblem mit Hilfe von Modellen gelöst werden, die sich unter der Kategorie "**Multi Attribute Decision Making (MADM)**" zusammenfassen lassen. Sind dagegen unendlich viele Handlungsalternativen nur durch die Beschränkung des Aktionsraumes implizit formuliert, sind zur Problemlösung i.d.R. aufwendige Vektoroptimierungsmodelle notwendig, die unter dem Begriff "**Multi Objective Decision Making (MODM)**" subsumiert werden.

Mehrzielentscheidungsverfahren lassen sich bezüglich der **Art** der zu verarbeitenden **Präferenzinformationen** danach unterscheiden, ob eine Präferenzfunktion vorliegt oder ob der Entscheidungsträger die Handlungsalternativen nicht in eine vollständige, transitive Präferenzordnung überführen kann.

Kann der Entscheidungsträger Präferenzen in Form von Austauschraten zwischen einzelnen Zielen angeben, so läßt sich eine Funktionsvorschrift f_{ART} formulieren. Ist er ferner in der Lage, die Konsequenzen in einer kardinalen Höhenpräferenzfunktion auszudrücken und liegt starke Präferenzunabhängigkeit vor, können die Handlungsalternativen mittels der **Multiattributiven Nutzentheorie (MAUT)** bewertet werden.

Vermag der Entscheidungsträger dagegen keine Substitutionsraten zwischen den Zielen anzugeben, sind die Verfahren der **Nutzwertanalyse** (NWA) - z.B. in Form eines Analytischen Hierarchieprozesses (AHP) - anwendbar (vgl. C. SCHNEEWEISS 1991, S. 120 ff.). Dabei müssen die Höhen- und die Artenpräferenz nicht simultan festgelegt werden; vielmehr erfolgt für gegebene zielartenspezifische Höhenpräferenzen ein holistischer Zielartenvergleich, bei dem die Artenpräferenz durch Zielgewichte ausgedrückt wird.

Können die Handlungskonsequenzen nur ordinal gemessen werden, läßt sich eine Bewertungsrangfolge mit der **lexikographischen Methode** herbeiführen, die die Zielarten nach Dominanzbeziehungen ordnet und die Alternativen nach dem dominanten Ziel bewertet. Ist dann noch keine eindeutige Auswahl einer Alternative möglich, ist das nächste Ziel in der Dominanzrangfolge zur Bewertung heranzuziehen. Bei diesem Verfahren kommt die Präferenzfunktion in der Rangfolge der Ziele zum Ausdruck. Sie ist im Vergleich zu den bisher vorgestellten Verfahren jedoch nicht kompensatorisch, da bei einer Alternative ein niedriger Realisationswert eines Zieles k nicht durch einen hohen Realisationswert eines anderen Zieles k' kompensiert werden kann. Eine Handlungsalternative, die bezüglich des wichtigsten Zieles das beste Ergebnis besitzt, wird auch dann gewählt, wenn sie bezüglich aller anderen (weniger wichtigen) Ziele die schlechtesten Zielwirkungen aufweist. Das **Verfahren der lexikographischen Ordnung** zählt zu den MADM-Verfahren. Mit der **lexikographischen Zielprogrammierung** existiert auch ein MODM-Verfahren, das eine kompensatorische Präferenzfunktion voraussetzt.

Die bisher skizzierten Verfahren gehen grundsätzlich davon aus, daß der Entscheidungsträger seine Präferenzen a priori in einer Präferenzfunktion auszudrücken vermag. Dies kann jedoch nicht mit Selbstverständlichkeit vorausgesetzt werden. Realistischer ist es anzunehmen, daß der Entscheidungsträger seine Präferenzvorstellungen sukzessive in ein Mehrzielentscheidungsverfahren einfließen läßt, nämlich dann, wenn ihm die konkreten Alternativen und ihre Auswirkungen erst bewußt werden. Auch wenn die Existenz einer Präferenzfunktion stets unterstellt wird, muß zur Problemlösung nicht die gesamte Funktion modelliert werden; vielmehr reicht es aus, wenn der Entscheidungsträger im Zuge der Bestimmung der optimalen Alternative schrittweise seine lokalen Präferenzen (in der Umgebung der realen Ergebnisausprägungen) offenbart. Diese **interaktiven** MODM-Verfahren (vgl. BENAYON, u.a. 1971, S. 366 ff.; GEOFFRION, u.a., S. 357; STEUER 1986; ZIONTS/WALLENIUS 1976, S. 652 ff.) unterscheiden sich danach, ob der Entscheidungsträger Substitutionsraten zwischen den Zielarten (**expliziter Trade off**) angibt oder nicht (**impliziter Trade off**).

Grundsätzlich ohne Präferenzfunktion kommen **Outranking-Verfahren** (vgl. C. SCHNEEWEISS 1991, S. 327 ff.; ZIMMERMANN/GUTSCHE 1991, S. 204 ff.) aus. Mit ihnen kann ein Entscheidungsträger Situationen bewältigen, in denen er intransitiv bewerten würde oder zwei Alternativen überhaupt nicht vergleichen könnte. Outranking-Verfahren erzeugen auf der Basis weniger inkonsistenter Präferenzurteile des Entscheidungsträgers Outranking-Relationen für sämtliche Paare von Handlungsalternativen, die die Dominanz einer Handlungsalternative a_i gegenüber einer Handlungsalternative a_{i*} angeben. Dominanz liegt bei diesen Verfahren dann vor, wenn eine Handlungsalternative a_i eine andere Handlungsalternative a_{i*} eher dominiert als umgekehrt. Im allgemeinen liefern diese Verfahren keine optimale Alternative, sondern nur eine ungeordnete Menge zufriedenstellender, d.h. nicht dominierter (effizienter) Handlungsalternativen.

Aus der Fülle der Mehrzielentscheidungsverfahren soll im folgenden mit dem AHP ein nutzwertanalytisches Verfahren vorgestellt werden, das bereits bei unterschiedlichsten multikriteriellen Entscheidungsproblemen eingesetzt worden ist (vgl. zu einem Überblick über die Einsatzmöglichkeiten des AHP-Verfahrens VARGAS 1990). Ausgangsbasis des AHP ist die Prämisse der Dekomponierbarkeit eines Oberzieles in mehrere Unterziele, die weiter in Unterziele aufgespalten werden können. Das Verfahren verlangt dem Entscheidungsträger ab, daß er Präferenzurteile über den Zielrealisationsgrad sämtlicher Alternativen bezüglich aller Ziele der untersten Hierarchieebene und die Zielgewichte der Ziele auf den darüberliegenden Ebenen angeben kann. Die Besonderheit des Verfahrens gegenüber anderen nutzwertanalytischen Verfahren besteht darin, daß die Präferenzurteile in Form von **paarweisen Vergleichen** sämtlicher Alternativen bezüglich eines jeden Zieles und sämtlicher Unterziele bezüglich der Oberziele zu artikulieren sind. Diese vergleichenden Präferenzurteile werden üblicherweise mit einer ordinalen Werteskala des aus Abbildung B. 14 ersichtlichen Typs in einer **Vergleichsmatrix** abgebildet.

Werte der Skala	Realisation eines Zieles k durch eine Alternative a_i im Vergleich mit einer Alternative a_j.	Wichtigkeit zweier Unterziele bezüglich eines Oberziels
1 3 (1/3) 5 (1/5) 7 (1/7) 9 (1/9) 2 (1/2), 4 (1/4), 6 (1/6), 8 (1/8)	gleichwertig etwas besser (schlechter) spürbar besser (schlechter) viel besser (schlechter) extrem besser (schlechter) Zwischenwerte	gleichwichtig etwas wichtiger (unwichtiger) spürbar wichtiger (unwichtiger) viel wichtiger (unwichtiger) extrem wichtiger (unwichtiger) Zwischenwerte

Abbildung B. 14: Ordinale Werteskala des AHP-Verfahrens

Die Elemente dieser Matrix geben die Wertrelationen der Handlungskonsequenzen in bezug auf ein Unterziel bzw. die Wichtigkeitsrelationen der Unterziele in bezug auf ein Oberziel an. Das AHP-Verfahren berechnet aus diesen Vergleichsmatrizen die Höhen- und Artenpräferenzen sowie die aus ihnen resultierenden absoluten Präferenzwerte. Sind die vergleichenden Präferenzurteile der Entscheidungsinstanz **konsistent**, dann stellen die **normierten** Spaltenvektoren der Vergleichsmatrix die Höhen- und Artenpräferenz dar. Konsistente Präferenzurteile liegen dann vor, wenn für beliebige Elemente einer Vergleichsmatrix $V = \{v_{ij}\}$ gilt: $v_{ij} \cdot v_{jk} = v_{ik}$. Eine Normierung der Spaltenvektoren kann entweder über die Division der Elemente des Spaltenvektors durch ihre Summe (Summennormierung) oder dadurch erfolgen, daß dem kleinsten Element die Zahl 0, dem größten Element die Zahl 1 und den übrigen Elementen in entsprechenden Verhältnissen Zwischenwerte zugewiesen werden (Bandbreitennormierung).

Sind mehr als zwei Ziele bzw. Alternativen miteinander zu vergleichen, dann stellen konsistente Präferenzurteile aufgrund der begrenzten Werteskala eher den Ausnahmefall dar: Schätzt ein Entscheidungsträger ein Ziel k 9-mal wichtiger ein als ein zweites Ziel k' und dieses um 7-mal wichtiger als ein drittes Ziel k'', so müßte er das erste Ziel 63-mal wichtiger einschätzen als das dritte. Dies ist aber mit der Skala, die den Höchstwert 9 aufweist, nicht vereinbar.

Sind die Präferenzurteile inkonsistent, sieht das AHP-Verfahren vor, die inkonsistenten Vergleichsmatrizen in konsistente Matrizen zu überführen, damit aus den normierten Spaltenvektoren Höhen- bzw. Artenpräferenzen abgeleitet werden können, die mit den ursprünglichen Vergleichsmatrizen, also den abgegebenen paarweisen Präferenzurteilen, möglichst genau übereinstimmen. Diese Transformation wird mit Hilfe der Eigenwertmethode durchgeführt (vgl. SAATY 1990, S. 12 f.; HARKER/VARGAS, S. 1391-1394). Dabei läßt sich über den maximalen Eigenwert λ_{max} genau ein Eigenvektor für jede Vergleichsmatrix ermitteln. Nach Normierung gibt dieser Eigenvektor entweder die konsistent approximierten Höhen- oder Artenpräferenzen des Entscheidungsträgers an. Die absoluten Präferenzwerte ergeben sich dann entsprechend der für ein nutzwertanalytisches Verfahren üblichen additiven Präferenzfunktion:

$$\Phi(a_i) = \sum_{k=1}^{q} g_k \cdot u_k(x_{i1}^{k1})$$

Mit Hilfe des maximalen Eigenwertes läßt sich auch ein Inkonsistenzmaß IK definieren, dessen Werte umso größer sind, je inkonsistenter die Präferenzurteile des Entscheidungsträgers sind:

$$IK = \frac{\lambda_{max} - m}{m - 1}$$

Im Falle von $IK > 0{,}1$ sind die Vergleichsurteile derart inkonsistent, daß die Entscheidungsträger ihre Präferenzurteile überprüfen sollten (vgl. hierzu SAATY 1980). Die Grundstruktur des Verfahrens sei an einem Beispiel demonstriert.

Beispiel 3: Zwecks kurz- und langfristiger Existenzsicherung verfolgt die Klick GmbH folgende Ziele:

- Verbesserung der angespannten Liquiditätslage,
- Verbesserung der Erfolgssituation,
- Aufbau eines Qualitätsimages.

Aufgrund einer eingehenden Analyse des Weltmarktes für Kameras hat die Klick GmbH die bereits angeführten Sanierungskonzeptionen zu folgenden Handlungsalternativen konkretisiert:

(a_1) Weiterentwicklung und Veredelung der bereits produzierten Kleinbild-Spiegelreflexkamera zu einem mechanischen Spitzenmodell (incl. Zubehör), das auf dem europäischen Markt konkurrenzfähig ist,

(a_2) Lizenzproduktion einer Autofocus(AF)-Spiegelreflexkamera (incl. Objektive) für einen japanischen Kamerahersteller,

(a_3) Spezialisierung als Zulieferbetrieb für andere Kamerahersteller,

(a_4) Produktion einer qualitativ-hochwertigen AF-Sucherkamera in Kooperation mit einem japanischen Unternehmen,

(a_5) Spezialisierung auf die Herstellung von hochqualitativem fototechnischen Zubehör überwiegend in Auftragsproduktion.

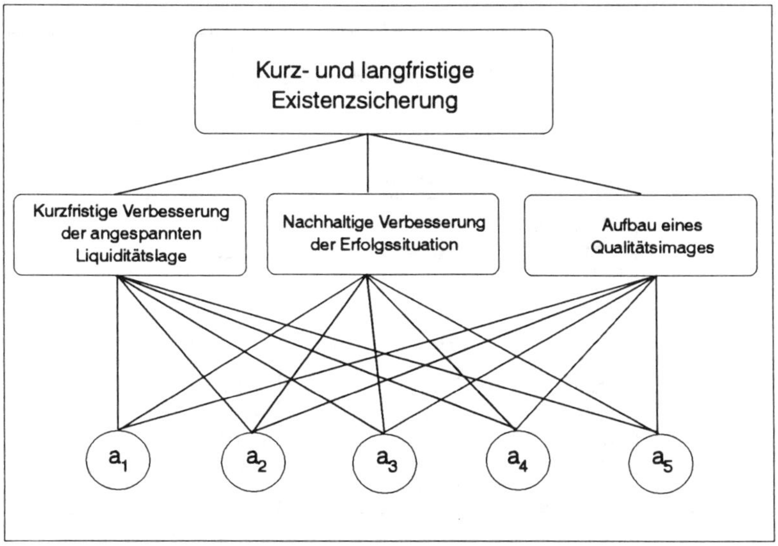

Abbildung B. 15: Hierarchische Struktur des Entscheidungsproblems

Die hierarchische Grundstruktur des skizzierten Entscheidungsproblems ist in der Abbildung B. 15 wiedergegeben. Die Klick GmbH beurteilt die Alternativen bezüglich der Unterziele wie in den Vergleichsmatrizen der Abbildung B. 16 dargestellt (Höhenpräferenzurteile). Die (Arten-)Präferenzurteile über die Wichtigkeit der Unterziele für das Oberziel "kurz- und langfristige Existenzsicherung" sind aus der Vergleichsmatrix der Abbildung B. 17 ersichtlich. Die Berechnung nach der Eigenwertmethode führt schließlich zu den in Abbildung B. 18 dargestellten Höhenpräferenzwerten und Artenpräferenzgewichten sowie den resultierenden absoluten Präferenzwerten. Aus der Präferenzordnung ($a_2 \succ a_4 \succ a_1 \succ a_5 \succ a_3$) ergibt sich die relative Vorziehenswürdigkeit der Alternative a_2. Die ebenfalls aus Abbildung B. 18 ersichtlichen Inkonsistenzwerte *IK* zeigen, daß die Höhenpräferenzurteile bezüglich des Erfolgszieles sehr inkonsistent sind; die Entscheidungsträger der Klick GmbH sollten in diesem Fall ihre Vergleichsurteile noch einmal überprüfen.

	Liquidität					**Erfolg**					**Qualität**				
	a_1	a_2	a_3	a_4	a_5	a_1	a_2	a_3	a_4	a_5	a_1	a_2	a_3	a_4	a_5
a_1	1	1/3	2	1	3	1	9	1	3	7	1	2	1/2	1/7	1/5
a_2	3	1	5	3	9	1/9	1	1/7	1/5	1/3	1/2	1	1/3	1/9	1/7
a_3	1/2	1/2	1	1/3	2	1	7	1	1/3	1/5	2	3	1	1/5	1/3
a_4	1	1/3	3	1	5	1/3	5	3	1	1/3	7	9	5	1	3
a_5	1/3	1/9	1/2	1/5	1	1/7	3	5	3	1	5	7	3	1/3	1

Abbildung B. 16: Vergleich der Handlungsalternativen bzgl. der Unterziele

	Liquidität	Erfolg	Qualität
Liquidität	1	7	5
Erfolg	1/7	1	1/3
Qualität	1/5	3	1

Abbildung B. 17: Vergleich der Wichtigkeit der Unterziele bzgl. des Oberziels

	Artenpräferenz			absolute Präferenzwerte
	Liquidität 0,731	Erfolg 0,081	Qualität 0,188	
	IK = 0,032			
	Höhenpräferenz			
a_1	0,169	0,451	0,064	0,172
a_2	0,491	0,032	0,04	**0,369**
a_3	0,086	0,139	0,107	0,094
a_4	0,205	0,145	0,522	0,26
a_5	0,048	0,233	0,267	0,104
IK	0,012	0,384	0,026	

Abbildung B. 18: Zusammenfassung der Ergebnisse

c) Bewertung in der Sicherheits- und Unsicherheitssituation

(a) Deterministische Entscheidungsbegründung in der Sicherheits- und Unsicherheitssituation

In der bereits definierten **Sicherheitssituation** stehen die Konsequenzen der Aktionen eindeutig fest. Modelle, in denen die Verfügbarkeit vollkommener Informationen vorausgesetzt wird, wurden bereits bei der Erörterung der Bewertungsproblematik bei ein- und mehrfacher Zielsetzung vorgestellt.

Derartige **deterministische** Modelle können auch dann zur Anwendung kommen, wenn zwar der Informationsstand unvollkommen ist, man jedoch die Kosten komplexerer Modelle, die der Unvollkommenheit der Informationen Rechnung tragen, in Anbetracht des zu erwartenden Nutzens für nicht gerechtfertigt hält. Dabei besteht die Möglichkeit, die Unvollkommenheit der Informationen im deterministischen Kalkül dadurch zu berücksichtigen, daß man die vom Modell zu verarbeitenden Größen "vorsichtig" schätzt, indem man Ausgangsgrößen durch Abschläge von positiven oder Zuschläge zu negativen Wertkomponenten entsprechend korrigiert. Ferner kann man bei Anwendung eines deterministischen Kalküls Transparenz über die Unsicherheit dadurch herstellen, daß man durch eine sog. **Sensitivitätsanalyse** feststellt, bis zu welcher Grenze die Ergebnisse von Handlungsalternativen unter dem Einfluß der Unsicherheit variieren können, ohne daß sich die Rangordnung der Alternativen ändert (*vgl. 2.2.2.5 g*). Die Konsequenzen der Unsicherheit entscheidungsrelevanter Basisdaten werden auf diese Weise allerdings nur sehr pauschal berücksichtigt, da die Wahrscheinlichkeitsverteilung des Ergebnisspektrums nicht erfaßt wird.

In vielen Situationen stellen deterministische Entscheidungsmodelle aber zu starke Vereinfachungen dar. Statt dessen bietet sich die Anwendung von Modellen an, die explizit die Unvollkommenheit der Informationen berücksichtigen und dabei entweder von der Prämisse einer Ungewißheits- oder Risikosituation ausgehen.

(b) Entscheidungsregeln in der Ungewißheitssituation

Für die Ungewißheitssituation sind mehrere Entscheidungsregeln vorgeschlagen worden, die berücksichtigen, daß für künftig mögliche Ergebnisse keine differenzierten Eintrittswahrscheinlichkeiten bekannt sind. Diese Regeln implizieren jeweils spezifische Sicherheitspräferenzen, d.h. sie sind nur dann sinnvoll anwendbar, wenn Übereinstimmung mit den jeweiligen Präferenzen eines Entscheidungsträgers besteht. Als wichtigste

Entscheidungsregeln seien im folgenden die Minimax-, die Maximin-, die Maximax-, die Pessimismus-Optimismus-, die Minimax-Risiko- sowie die Laplace-Regel vorgestellt (vgl. LAUX 1982, S. 116-123; BAMBERG/COENENBERG 1991, S. 104-115; SCHILDBACH 1984, S. 79-81).

Die **Minimax-Regel** ist sinnvoll nur bei Ergebnissen anwendbar, die positiv eingeschätzt werden. Hier wählt der Entscheidungsträger aus der Ergebnismatrix diejenige Alternative, bei der das minimal mögliche Ergebnis ein Maximum annimmt.

Entsprechend der Handlungsweise eines Pessimisten werden in der Ergebnismatrix zunächst die Minima über alle Zeilen (minimale Ergebnisse pro Alternative) und dann das Maximum dieser Zeilenminima gesucht:

$$\Phi(a_i) = \min_j x_{ij} \rightarrow Max\,!$$

Die der Minimax-Regel zugrunde liegende Sicherheitspräferenz findet bei Matrizen mit negativ (im Sinne von "Schäden") eingeschätzten Ergebnissen Ausdruck in der **Maximin-Regel**. Ihrzufolge entscheidet man sich für die Aktion, bei der das ungünstigste Ergebnis minimal ist.

Die Entscheidungsregel lautet also:

$$\Phi(a_i) = \max_j x_{ij} \rightarrow Min\,!$$

Beispiel 4: Die Klick GmbH zieht die in Beispiel 3 vorgestellten Handlungsalternativen in Betracht. Dabei habe sie für den Kameramarkt als relevante Umweltzustände zu berücksichtigen, ob

- sich AF-Spiegelreflex-, AF-Sucherkameras oder mechanische Modelle in den nächsten Jahren auf dem europäischen Markt durchsetzen,
- durch die EG Importbeschränkungen für japanische Produkte erlassen werden.

Eintrittswahrscheinlichkeiten für die verschiedenen Umweltzustände seien nicht bekannt. Auf der Basis der Gewinnprognose für die nächsten 5 Rechnungsperioden wird eine Ergebnismatrix aufgestellt, die unter Zugrundelegung der kardinalen Präferenz "je höher der Gewinn, desto besser" bewertet werden soll (Abbildung B. 19).

	AF-Spiegelreflexkamera		AF-Sucherkamera		mechanische Kamera	
	Einfuhr		Einfuhr		Einfuhr	
Alternativen	beschränkt z_1	frei z_2	beschränkt z_3	frei z_4	beschränkt z_5	frei z_6
mechanische Spiegelreflexkamera a_1	36,56	28,36	27,41	25,58	48,19	43,40
AF-Spiegelreflexkamera a_2	58,14	52,60	27,68	16,33	29,35	24,92
Zulieferer für deutsche Kamerahersteller a_3	27,05	24,77	27,05	24,77	27,05	24,77
AF-Sucherkamera a_4	27,29	17,19	57,31	51,85	28,38	24,56
fototechnisches Zubehör a_5	30,06	24,68	30,06	24,68	30,06	24,68

Abbildung B. 19: Ergebnismatrix für die Klick GmbH (aggregierte Werte für die nächsten 5 Rechnungsperioden in Mio. DM)

Die Bewertung erfolgt zunächst anhand der Minimax-Regel (vgl. Abbildung B. 20, Spalte 2) aufgrund derer sich die (fett gedruckte) Alternative a_1 als optimal erweist.

Die **Maximax-Regel** empfiehlt dem Entscheidenden die Wahl derjenigen Alternative, die beim Eintreten der für ihn jeweils günstigsten Umweltsituation zum besten Ergebnis führt. Pro Alternative werden nur die maximalen Ergebnishöhen ermittelt, und es wird diejenige gewählt, deren Maximum am größten ist (vgl. Abbildung B. 20, Sp. 3).

Bewertungsverfahren Alternativen	**Minimax-Regel** Zeilenminima	**Maximax-Regel** Zeilenmaxima	**Pessimismus-Optimismus-Regel** (Faktor: $\alpha = 0{,}48$)	**Laplace-Kriterium**
a_1	**25,58**	48,19	36,43	**34,92**
a_2	16,33	**58,14**	36,40	34,84
a_3	24,77	27,05	25,86	25,91
a_4	17,19	57,31	**36,45**	34,43
a_5	24,68	30,06	27,26	27,37

Abbildung B. 20: Bewertung nach verschiedenen Regeln in der Ungewißheitssituation (Beispiel Klick GmbH)

Die Maximax-Regel beschreibt das Verhalten eines extremen Optimisten, der seine Aktion unter der Annahme des Eintretens der jeweils günstigsten Umweltsituation auswählt:

$$\Phi(a_i) = \max_j x_{ij} \rightarrow Max\,!$$

Im Gegensatz zu den extremen Sicherheitspräferenzen der vorangegangenen Beispiele überläßt die **Pessimismus-Optimismus-Regel** dem Entscheidungsträger die Wahl, den Wert einer Aktion auf einem Kontinuum zwischen beiden Extrema einzuschätzen.

Durch Gewichtung mit dem Optimismusparameter α (zwischen 0 und 1) wird die individuelle Sicherheitspräferenz eines Entscheidungsträgers ausgedrückt.

Die Entscheidungsregel lautet dann:

$$\Phi(a_i) = a \max_j x_{ij} + (1-a) \min_j x_{ij} \rightarrow Max\,!$$

Gewählt wird die Alternative, für die die Summe der gewichteten Extremwerte den höchsten Wert annimmt (vgl. Abbildung B. 20, Sp. 4). Die Pessimismus-Optimismus-Regel vermag ein breiteres Spektrum individueller Einstellungen zur Unsicherheit als die zuvor genannten Regeln zum Ausdruck zu bringen.

Nach dem auf LAPLACE zurückgehenden Prinzip des unzureichenden Grundes werden alle möglichen Umweltzustände als gleichwahrscheinlich angesehen; ihnen kann also jeweils die Wahrscheinlichkeit $1/n$ zugeordnet werden. Optimal ist nach der **Laplace-Regel** die Aktion, bei der die als Vergleichsmaßstab dienende Summe aus den mit ihren Eintrittswahrscheinlichkeiten gewichteten Ergebnishöhen maximal ist.

Da die Eintrittswahrscheinlichkeiten für alle Alternativen gleich sind, ergibt sich nach dem **Laplace-Kriterium** die optimale Alternative (vgl. Abbildung B. 21, Sp. 5) gemäß

$$\Phi(a_i) = \sum_{j=1}^{n} \frac{1}{n} x_{ij} \rightarrow Max\,!$$

Durch die **Minimax-Risiko-Regel (Savage-Niehans-Regel)** soll der höchstmögliche durch Fehleinschätzung der Umweltsituation bedingte Nachteil minimiert werden. Zu diesem Zweck wird aus der Ergebnismatrix eine Matrix der relativen Nachteile abgeleitet, indem man jeden Eintrag x_{ij} durch die Differenz $\max_{i^*} x_{i^*j} - x_{ij}$ aus dem Spaltenmaximum und dem betreffenden Wert x_{ij} ersetzt (vgl. Abbildung B. 21).

Optimal ist die Aktion, für die sich der kleinste maximale Nachteil (Minimum der Zeilenmaxima) ergibt:

$$\Phi(a_i) = \max_j (\max_{i^*} x_{i^*j} - x_{ij}) \rightarrow Min\,!$$

	z_1	z_2	z_3	z_4	z_5	z_6	Zeilen-maxima
a_1	21,58	24,24	29,90	26,27	00,00	00,00	29,90
a_2	00,00	00,00	29,63	35,52	18,84	18,48	35,52
a_3	31,09	27,83	30,26	27,08	21,14	18,63	31,09
a_4	30,85	35,41	00,00	00,00	19,81	18,84	35,41
a_5	28,08	27,92	27,25	27,17	18,13	18,72	**28,08**

Abbildung B. 21: Schadensmatrix zur Bewertung mit der Savage-Niehans-Regel (Beispiel Klick GmbH)

(c) Entscheidungsregeln in der Risikosituation

(aa) Überblick

Zur Lösung der Entscheidungsproblematik in der Risikosituation, in der differenzierte Eintrittswahrscheinlichkeiten für künftige Ergebnisse angegeben werden können, sind zunächst die im Anschluß zu erörternden klassischen Entscheidungsregeln vorgeschlagen worden. Darauf folgend wird das auf dem Nutzen-Konzept basierende Bernoulli-Prinzip dargestellt.

(bb) Klassische Entscheidungsregeln

Gemeinsames Charakteristikum der klassischen Entscheidungsregeln ist es, daß sich die Präferenzordnung aus einer mathematischen Verknüpfung einzelner Streuungsparameter der Ergebnisfunktion herleitet (vgl. dazu H. SCHNEEWEISS 1967; LAUX 1982, S. 149-158). Nach dem **Erwartungswertprinzip (Bayes-** bzw. **μ-Regel)** wird diejenige Handlungsalternative gewählt, die den größten mathematischen Erwartungswert der Zielerreichung aufweist:

$$\mu_i = E(a_i) = \sum_{j=1}^{n} x_{ij} \cdot p_j = Max\,!$$

Der Nachteil dieser Entscheidungsregel liegt darin, daß sie eine indifferente Einstellung zum Risiko zum Ausdruck bringt und damit weder den Fall der **Risikosympathie** noch den der **Risikoaversion** berücksichtigt.

Beispiel 5: Für das in Abschnitt (b) eingeführte Entscheidungsproblem der Klick GmbH können die in Abbildung B. 22 aufgeführen Eintrittswahrscheinlichkeiten angegeben werden. Erwartungswertmaximal ist in diesem Fall die Alternative a_4.

Zustände / Eintritts-wahrschein-lichkeiten p_j / Aktionen	z_1 0,18	z_2 0,12	z_3 0,25	z_4 0,25	z_5 0,02	z_6 0,18	Erwar-tungs-werte
a_1	36,56	28,36	27,41	25,58	48,19	43,40	32,00
a_2	58,14	52,60	27,68	16,33	29,35	24,92	32,85
a_3	27,05	24,77	27,05	24,77	27,05	24,77	25,80
a_4	27,29	17,19	57,31	51,85	28,38	24,56	**39,25**
a_5	30,06	24,68	30,06	24,68	30,06	24,68	27,10

Abbildung B. 22: Ergebnismatrix zusammengefaßt mit Bewertung nach μ-Prinzip (Beispiel Klick GmbH)

Eine nicht risikoneutrale Risikopräferenz kann durch die **(μ,σ)-Regel** zum Ausdruck gebracht werden:

$$\Phi(a_i) = \Phi(\mu_i, \sigma_i)$$

Dabei bezeichnet σ_i die Standardabweichung, d.h. die Streuung der möglichen Konsequenzen der Alternative a_i:

$$\sigma_i = \sqrt{\sum_{j=1}^{n} (x_{ij} - \mu_i)^2 \cdot p_j}$$

Bei diesem Entscheidungsprinzip gibt der von σ abhängige Term an, in welchem Maße die Einstellung des Entscheidungsträgers von der der Risikoneutralität abweicht. Dieser Term kann sowohl linear als auch nicht-linear definiert sein. Bei linearen Termen drückt ein positives Vorzeichen Risikofreude, ein negatives Risikoaversion aus. Führen nichtlineare Terme zu konkaven Verläufen der Schar von Indifferenzkurven (d.h. Linien gleichen Präferenzniveaus bezüglich der Alternativen auf dem System der Koordinaten μ (Abszisse) und σ (Ordinate)), liegt risikoaverses Entscheidungsverhalten vor. Ist die Schar der Indifferenzkurven hingegen konvex, ist der Entscheidungsträger risikofreudig (vgl. Abbildung B. 23).

Aktionen a_i	$\Phi(a_i) = \mu_i - 0{,}9 \cdot \sigma_i$	$\Phi(a_i) = \mu_i - 0{,}2 \cdot \sigma_i^2$	$\Phi(a_i) = \mu_i + \frac{1}{2} \cdot \sigma_i$
a_1	**25,67**	22,10	35,53
a_2	18,67	-16,83	40,73
a_3	24,78	**25,54**	26,36
a_4	25,12	-10,06	**47,10**
a_5	24,69	25,67	28,44

Abbildung B. 23: Bewertung nach dem (μ, σ)-Prinzip (Beispiel Klick GmbH)

Weitere klassische Entscheidungsprinzipien knüpfen z.B. an der Schiefe einer Verteilung als Maß für ihre Asymmetrie, an der Verlustwahrscheinlichkeit sowie am Erwartungswert des Verlustes an. Grundsätzlich fragt es sich jedoch, ob Entscheidungsträger ihre Entscheidungen jeweils an einer bestimmten mathematischen Kombination einzelner Verteilungsparameter als vergröbertem Abbild eines wahrscheinlichkeitsverteilten Ergebnisspektrums ausrichten. Diese Vorgehensweise schließt die unmittelbare Bewertung der einzelnen Ergebnisse des Spektrums aus, wie sie für die Entscheidungsfindung in Risikosituationen wünschenswert wäre. Diesem Anspruch wird erst das im folgenden zu untersuchende Bernoulli-Prinzip gerecht, das zudem im Hinblick auf die Berücksichtigung unterschiedlicher Risikopräferenzen flexibler als die klassischen Kriterien ist.

(cc) Bernoulli-Prinzip

Nach dem Bernoulli-Prinzip (vgl. BERNOULLI 1738) handeln Entscheidungsträger in Risikosituationen dann rational, wenn sie die Alternativen nach dem Erwartungswert ihres Nutzens (vgl. v. NEUMANN/MORGENSTERN 1961, S. 26 ff.) ordnen:

$$\Phi(a_i) = E(u(a_i)) = \sum_{j=1}^{n} u(x_{ij}) \cdot p_j$$

Dies setzt voraus, daß den wahrscheinlichkeitsverteilten Ergebnissen jeweils einzeln über eine Nutzenfunktion Nutzengrößen zugeordnet werden können. Rationale Entscheidungen nach dem Bernoulli-Prinzip ergeben sich als logische Konsequenz, wenn nicht nur die Ergebnisse schwach transitiv und vollständig sind und damit geordnet werden können, sondern weiteren folgenden Axiomen genügt wird (vgl. auch C. SCHNEEWEISS 1991, S. 203-209):

- **Stetigkeitsaxiom**: Gilt für drei Ergebnisse die Beziehung $x_1 \prec x_2 \prec x_3$, dann existiert eine Wahrscheinlichkeit p *mit* $0 < p < 1$, so daß x_2 gleichwertig zu der Zweipunkteverteilung $\{(x_1, p), (x_3, 1-p)\}$ ist, d.h. für die Nutzenfunktion u gilt:

$$u(x_2) = p \cdot u(x_1) + (1-p) \cdot u(x_3)$$

- **Substitutionsaxiom**: Zwischen Ergebnissen oder Wahrscheinlichkeitsverteilungen von Ergebnissen besteht eine Präferenzrelation $x_1 \succeq x_2$ genau dann, wenn für beliebige Ergebnisse bzw. Wahrscheinlichkeitsverteilungen x_3 und beliebige Wahrscheinlichkeiten p $(0 < p < 1)$ gilt:

$$\{(x_1, p), (x_3, 1-p)\} \succeq \{(x_2, p), (x_3, 1-p)\}$$

Ausgangspunkt einer rationalen Entscheidungsfindung nach dem Bernoulli-Prinzip ist die kardinale Nutzenfunktion eines Entscheidungsträgers, die jedem unsicheren Ergebnis x einen Nutzenwert $u(x)$ zuordnet. Von zentraler Bedeutung für die Begründung und Interpretation von Nutzenfunktionen im Rahmen einer Entscheidungsfindung nach dem Bernoulli-Prinzip ist das Konzept des **Sicherheitsäquivalents**. Dabei handelt es sich um das sichere Ergebnis S, das ein Individuum als nutzengleich mit einem wahrscheinlichkeitsverteilten Ergebnisspektrum (x_{ij}) einschätzt.

Für

$$S \sim (x_{ij})$$

muß gelten:

$$u(S) = \sum_{j=1}^{n} u(x_{ij}) \cdot p_j ,$$

so daß sich über die Umkehrfunktion zur Nutzenfunktion u^{-1} das Sicherheitsäquivalent wie folgt ergibt:

$$S = u^{-1}(\sum_{j=1}^{n} u(x_{ij}) \cdot p_j)$$

Empirisch lassen sich Bernoulli-Nutzenfunktionen z.B. mit folgender Vorgehensweise ermitteln (vgl. RAMSEY 1931; LAUX 1982, S. 170-173; BAMBERG/COENENBERG 1991, S. 66-98 und C. SCHNEEWEISS 1991, S. 191-196):

1. Dem Entscheidungsträger wird ein (hypothetisches) Entscheidungsproblem mit zwei möglichen Aktionen a_1 und a_2 vorgelegt. Die Aktion a_1 hat dabei ein sicheres Ergebnis x_{11}, die Aktion a_2 hat mit der Wahrscheinlichkeit p ein Ergebnis x_{21} und mit der Wahrscheinlichkeit (1-p) ein anderes Ergebnis x_{22} zur Folge ($x_{21} < x_{22}$).

2. Durch Variation wird die Wahrscheinlichkeit $p*$ ermittelt, für die der Entscheidungsträger indifferent bzgl. der Aktionen a_1 und a_2 ist.

3. Anhand der so gewonnenen Aussagen über das Entscheidungsverhalten wird die Nutzenfunktion u des Entscheidungsträgers ermittelt.

Im folgenden wird davon ausgegangen, daß die Nutzenfunktion durch die Bedingungen $u(x_{21})=0$ und $u(x_{22})=1$ normiert ist und das sichere Ergebnis x_{11} zwischen den beiden unsicheren Ergebnissen x_{21} und x_{22} liegt. Für $p=0$ hätte die Aktion a_2 das sichere Ergebnis x_{22} zur Folge, so daß a_2 gegenüber a_1 vorzuziehen wäre. Für $p=1$ wäre hingegen a_1 zu bevorzugen.

Kann der Entscheidungsträger nun eine Wahrscheinlichkeit $p*$ angeben, für die

$$x_{11} \sim \{(x_{21}, p), (x_{22}, 1\text{-}p)\} \text{ gilt,}$$

dann ergibt sich aufgrund des Stetigkeitsaxioms und der Normierung:

$$E(u(a_1)) = E(u(a_2))$$

$$\rightarrow \quad u(x_{11}) \cdot 1 = u(x_{21}) \cdot p^* + u(x_{22}) \cdot (1-p^*)$$

$$\rightarrow \quad u(x_{11}) = 1-p^*$$

Durch Variation des Wertes von x_{11} kann man damit eine Nutzenfunkton u für alle x bestimmen, die zwischen x_{21} und x_{22} liegen. Die jeweils von x abhängigen Wahrscheinlichkeiten für Indifferenz zwischen a_1 und a_2 werden in der Funktion $p(x)$ ermittelt: $u(x) = 1 - p(x)$.

Bernoulli-Nutzenfunktionen drücken subjektive Einschätzungen des Nutzens risikobehafteter Ergebnisse aus, ermöglichen damit die Bestimmung des Nutzenerwartungswertes einer Aktion und liefern insofern den Maßstab für den Vergleich der Vorteilhaftigkeit von Handlungsalternativen in der Risikosituation.

Einige Grundtypen solcher Bernoulli-Nutzenfunktionen seien im folgenden diskutiert und die durch sie implizierten Risikopräferenzen offengelegt (vgl. ADAM 1993, S. 212-220). Die Ergebnisse x seien dabei positive monetäre Größen (z.B. Gewinne), und die Nutzenfunktion u sei für das geringste (größte) Ergebnis x^{min} (bzw. x^{max}) normiert durch $u(x^{min}) = 0$ sowie $u(x^{max}) = 1$ mit $x^{min}=0$ und $x^{max}=1$.

(1) Lineare Nutzenfunktion

Aufgrund der Normierung ergibt sich $u(x) = x$. Bewertet werden die Ergebnisse einer Aktion a_i allein anhand ihres Erwartungswertes:

$$E(u(x_{ij})) = E(x_{ij}) = \sum_{j=1}^{n} x_{ij} \cdot p_j$$

Lineare Nutzenfunktionen beschreiben **risikoneutrales** Entscheidungsverhalten.

(2) Konvexe Nutzenfunktion

Die Abbildung B. 24 zeigt eine typische konvexe Nutzenfunktion. Ergibt sich der Nutzen des Erwartungswertes mit $u(\sum_{j=1}^{n} x_{ij} \cdot p_j)$, gilt für konvexe Funktionen die **Jensensche Ungleichung**:

$$u(\sum_{j=1}^{n} x_{ij} \cdot p_j) \leq \sum_{j=1}^{n} u(x_{ij}) \cdot p_j$$

bzw. für das Sicherheitsäquivalent

$$\sum_{j=1}^{n} x_{ij} \cdot p_j \leq S,$$

d.h. ein sicheres Ergebnis (Sicherheitsäquivalent) muß größer als der Erwartungswert sein, um als gleichwertig zu der unsicheren Verteilung eingeschätzt zu werden. Hierin ist **risikofreudiges** Entscheidungsverhalten ausgedrückt.

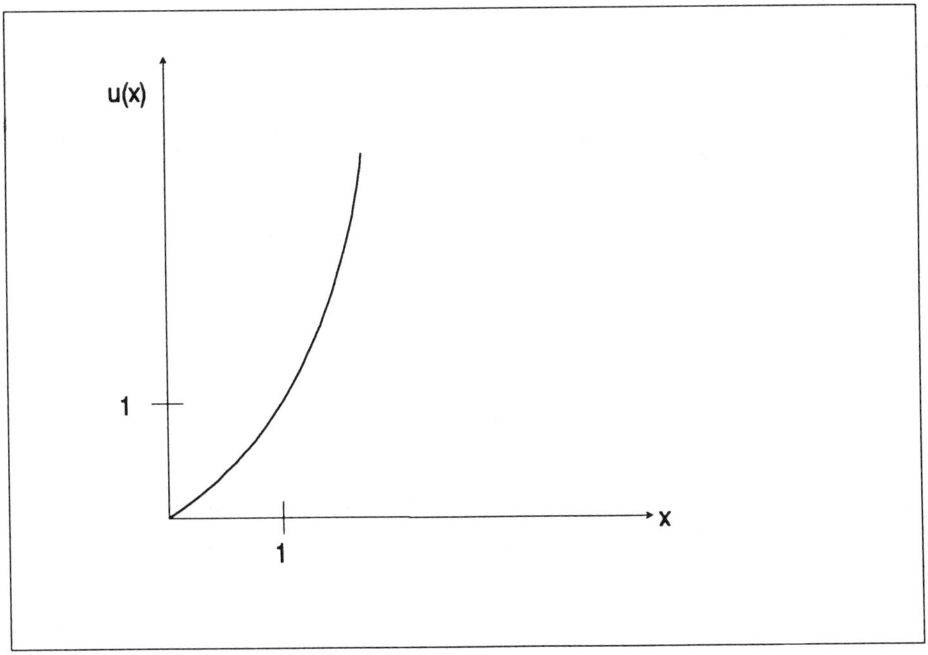

Abbildung B. 24: Konvexe Bernoulli-Nutzenfunktion

(3) Konkave Nutzenfunktion

Die Abbildung B. 25 stellt eine konkave Nutzenfunktion dar. Für eine konkave Nutzenfunktion kehrt sich die Jensensche Ungleichung um, d.h. das Sicherheitsäquivalent ist kleiner als der Erwartungswert. Dies entspricht **risikoaversem** Entscheidungsverhalten.

Häufig verhalten sich Entscheidungsträger in unterschiedlichen Situationen z.T. risikoscheu, z.T. risikofreudig. Dies läßt sich mit stückweise konkaven und konvexen Nutzenfunktionen darstellen. Ein Beispiel hierfür ist die Funktion nach Friedman und Savage (Abbildung B. 26).

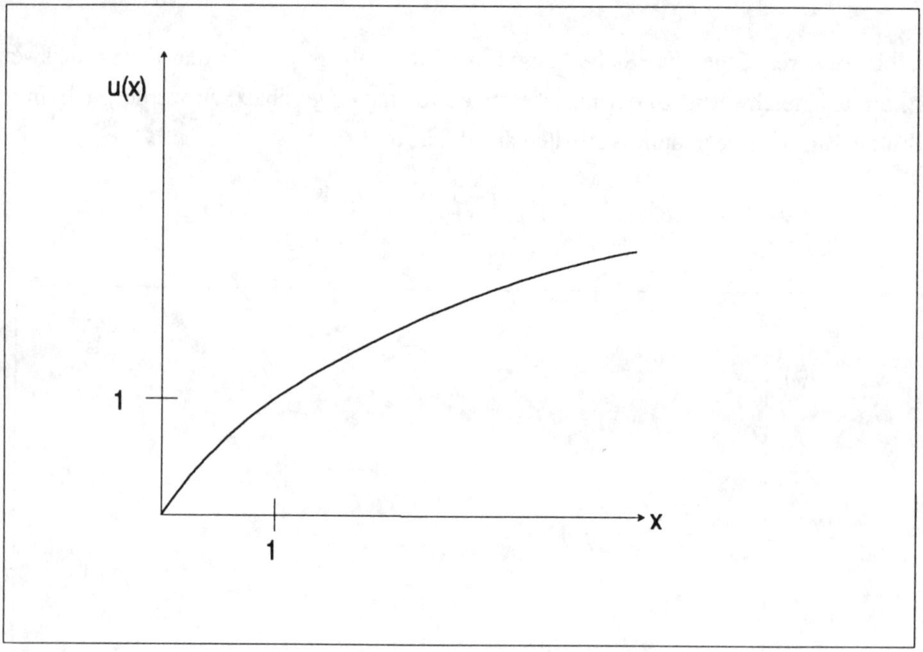

Abbildung B. 25: Konkave Nutzenfunktion

Beispiel 6: Für risikoneutrales, -averses und -freudiges Bewertungsverhalten ist die Entscheidungsfindung nach dem Bernoulli-Prinzip am Beispiel der Handlungsalternativen der Klick GmbH in der Abbildung B. 27 veranschaulicht.

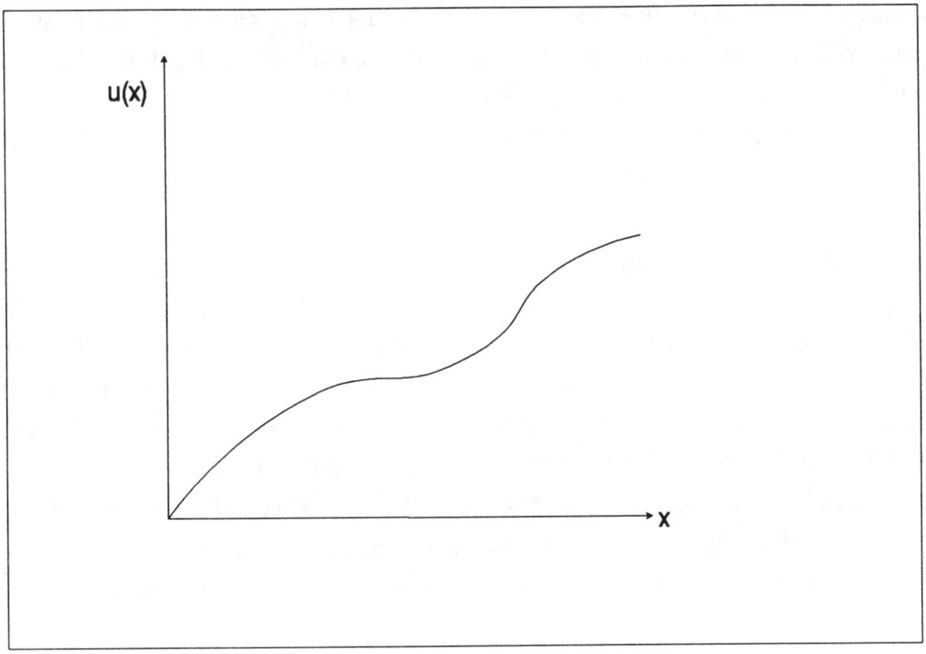

Abbildung B. 26: Nutzenfunktion nach Friedmann/Savage

	Erwartungswert in Mio.	Nutzenfunktion: $u(x)=\sqrt{x}$ (konkav)		Nutzenfunktion: $u(x)=x^{\frac{3}{2}}$ (konvex)	
		Sicherheitsäquivalent in Mio.	Bernoulli-Nutzen in Mio.	Sicherheitsäquivalent in Mio.	Bernoulli-Nutzen in Mio.
a_1	32,00	31,64	5,63	32,38	184,29
a_2	32,85	31,08	5,58	34,66	204,05
a_3	25,80	25,78	5,08	25,81	131,11
a_4	**39,25**	**37,57**	**6,13**	**40,84**	**260,95**
a_5	27,10	27,04	5,20	27,17	141,60

Abbildung B. 27: Bewertung nach dem Bernoulli-Prinzip (Beispiel Klick GmbH)

Das Bernoulli-Prinzip knüpft bei der Bestimmung des Ergebnisnutzens am Höhen- und Unsicherheitsmerkmal von Ergebnissen simultan an und stellt insoweit eine Präferenz höherer Ordnung dar. Im Vergleich zu einer Vorgehensweise, bei der Höhen- und Sicherheitspräferenz bei der Nutzenermittlung separat angewendet werden, entspricht eine auf das Bernoulli-Prinzip gestützte Entscheidungsfindung eher der Vernetztheit menschlicher Präferenzen.

Dennoch darf das Bernoulli-Prinzp keinesfalls als ein empirisches gehaltvolles Aussagensystem mißverstanden werden. Es stellt vielmehr eine präskriptive Regel dar, die bei Erfüllung der Axiome rationales Entscheiden ermöglicht. Die Anwendbarkeit der Regel steht und fällt aber mit der Bewältigung der deskriptiven Aufgabe, Bernoulli-Nutzenfunktionen empirisch zu bestimmen.

d) Bewertung bei Unschärfe

Unscharf formulierte Realprobleme - wie sie in Abschnitt 2.1.4 angeführt wurden - können in unscharf definierte Formalmodelle überführt werden. Dazu ist die **Theorie unscharfer Mengen** entwickelt worden (vgl. BELLMANN/ZADEH 1970; LEHMANN/WEBER/ZIMMERMANN 1992; ZIMMERMANN 1991). Im Gegensatz zu der klassischen Mengenlehre, in der die Aussage "*m* ist Element von *M*" entweder wahr oder falsch ist, sind die Elemente einer unscharfen Menge durch nicht-binäre Zugehörigkeitsgrade charakterisiert. Eine unscharfe Menge $\widetilde{M}$ wird in einer klassischen Menge *M* wie folgt definiert:

$$\widetilde{M} = \{(m, \upsilon_{\widetilde{M}}(m)), m \in M\}$$

Dabei bezeichnet $\upsilon_{\widetilde{M}}$ die Zugehörigkeitsfunktion. Deren Funktionswerte, die gewöhnlich auf das Intervall [0,1] beschränkt sind, geben den Grad der Zugehörigkeit eines Elementes $m \in M$ zu einer unscharfen Menge $\widetilde{M}$ an. So könnten z.B. die qualitativ höherwertigen Kameras des derzeitigen Sortiments der Klick GmbH als folgende unscharfe Menge $\widetilde{M}$ definiert sein:

$$\widetilde{M} = \{m_1, 0.5), (m_2, 0.8), (m_3, 1.0), (m_4, 0.9)\}$$

Unschärfe läßt sich ferner durch **linguistische Variable** ausdrücken, die keine numerischen, sondern begrifflich definierte Werte annehmen. Die Produktqualität stellt z.B. eine linguistische Variable dar, die die Werte "schlechte Qualität" und "gute Qualität" annehmen kann. Für jede Ausprägung der linguistischen Variable "Produktqualität" ist eine Zugehörigkeitsfunktion anzugeben, die bestimmt, ob ein Produkt eher eine "schlechte Qualität" oder eine "gute Qualität" besitzt. Bei der Klick GmbH ließen sich z.B. die Produkte zu den Ausprägungen der linguistischen Variable "Produktqualität" gemäß der Abbildung B. 28 zuordnen.

Im Rahmen der Theorie unscharfer Mengen sind bereits eine Vielzahl klassischer Entscheidungsmodelle zu unscharf formulierten Formalmodellen weiterentwickelt worden. Die größten Anstrengungen liegen dabei im Bereich mathematischer Programmierungsmodelle sowohl mit ein- als auch mit mehrfacher Zielsetzung. Mit der bereits weitentwickelten unscharfen Logik (Fuzzy Logic) wird in jüngster Zeit auch versucht, die Fuzzy-Set-Theorie zur Modellierung wissensbasierter Systeme in sog. Expertensystemen *(vgl. 4.)* heranzuziehen (vgl. GRAHAM 1991).

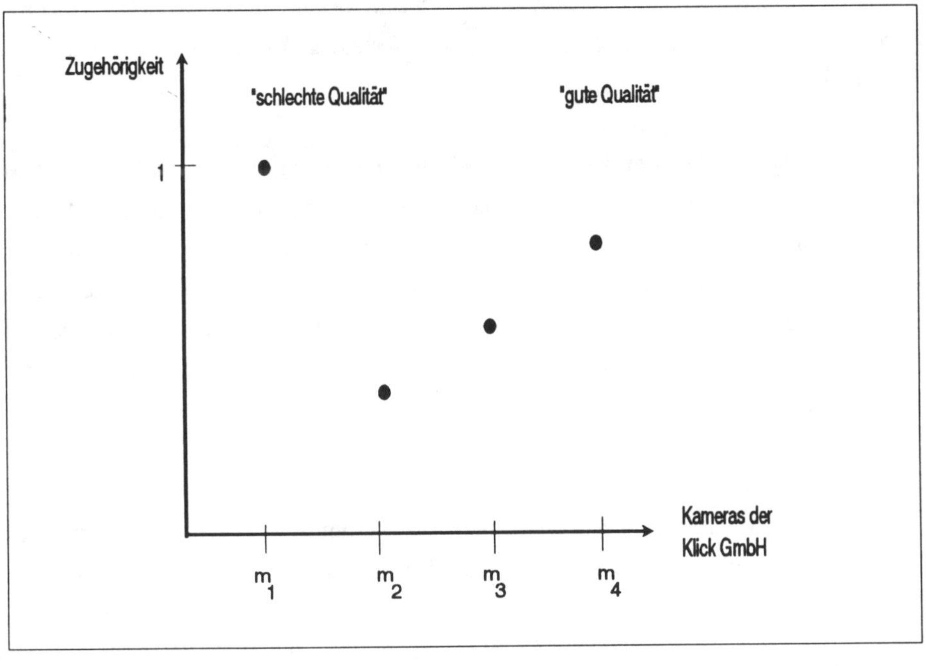

Abbildung B. 28: Beispiel einer linguistischen Variablen

e) Mehrpersonenentscheidungen

(a) Überblick

Wenn bisher Entscheidungsinstanzen als "eine Person" angesehen wurden, so wird dies den für reale Entscheidungsfindung charakteristischen Ausgangsbedingungen oftmals nicht gerecht. Werden doch praktische Entscheidungen vielfach von Gremien oder Verhandlungspartnern getroffen. Das gilt für die kollektive Festlegung der Geschäftspolitik durch den Vorstand einer Aktiengesellschaft oder für Verhandlungen um den Abschluß eines Liefervertrages zwischen Unternehmen. Im ersten Fall handelt es sich um eine **Kollektiventscheidung**, der zweite Fall wird als **spieltheoretische Entscheidung** bezeichnet. Diese beiden wichtigsten Richtungen innerhalb der Theorie der Mehrpersonenentscheidungen sollen kurz vorgestellt werden (vgl. C. SCHNEEWEISS 1991, S. 236-284).

(b) Kollektiventscheidungen

Kollektiventscheidungen werden von Gremien (Kollektiven) getroffen. Ein **Gremium** ist ein Zusammenschluß von Personen mit dem Zweck, bestimmte Entscheidungen vorzubereiten, unter Umständen diese Entscheidungen festzulegen und evtl. auch gemeinsam zu vertreten.

Unterschiedliche Erscheinungsformen von Gremien ergeben sich vor allem durch die Zahl der Mitglieder sowie deren persönliche Beziehungen zueinander, durch die Struktur aufgrund von Satzungen oder ähnlichen Reglementierungen, durch die Art der Entscheidungsfindung, die Bedeutung der jeweiligen Aufgaben und die Existenzdauer des Gremiums. Der Entscheidungsprozeß in einem Gremium ist verbunden mit einem Informationsaustausch, an den sich ein Wertabgleich zwischen den Positionen der einzelnen Mitglieder anschließt. Oft wird dieser Prozeß durch einen Mediator (z.B. Vorsitzenden) gelenkt.

Während bei kleineren Gremien (Teams) häufig einstimmige Beschlüsse angestrebt werden, ist dies für größere Gruppierungen meist nicht realisierbar (z.B. politische Wahlen). Es kommt dann zu formellen Abstimmungen. Damit erhebt sich die Frage nach den zugrunde zu legenden Abstimmungsmodalitäten. Bei einem **Mehrheitsentscheid** wird diejenige Alternative gewählt, die von einer Mehrheit gegenüber den anderen präferiert wird. Vergeben die Gruppenmitglieder statt dessen entsprechend ihrer individuellen Präferenzordnung **Rangpunkte** für die einzelnen Alternativen, wird die Alternative mit der höchsten Gesamtpunktzahl gewählt. Im Rahmen der **paarweisen Abstimmung** werden jeweils zwei Alternativen miteinander verglichen, wobei die jeweils unterlegene verworfen wird.

Diese Abstimmungsverfahren führen bei Zugrundelegung von ordinalen Präferenzen nicht in jedem Fall zu einer Lösung, wie die folgende beispielhafte Beurteilung dreier Alternativen durch ein dreiköpfiges Entscheidungsgremium demonstriert:

$$a_1 \prec a_2 \prec a_3$$

$$a_2 \prec a_3 \prec a_1$$

$$a_3 \prec a_1 \prec a_2$$

Aus diesem Grunde gehen die theoretischen Bemühungen dahin, einen Konsens herbeizuführen, der auf allgemein als "gerecht" anerkannten Prinzipien basiert. Gerecht ist eine Präferenzaggregation dann, wenn sie die folgenden Bedingungen erfüllt (vgl. LAUX 1988, S. 169 f.):

- **Ausschlußverbot:** Es sind alle individuellen Präferenzordnungen zu berücksichtigen.

- **Diktaturverbot:** Die aggregierte Präferenzordnung darf nicht mit einer individuellen Ordnung übereinstimmen.

- **Ordinalität:** Die Alternativen müssen sowohl individuell als auch kollektiv vollständig und transitiv zu ordnen sein.

- **Pareto-Effizienz:** In allen individuellen Präferenzordnungen vorgezogene Alternativen müssen auch in der kollektiven Präferenzordnung vorgezogen werden.

- **Stabilität:** Wenn eine Aggregationsregel zwei von mindestens drei Alternativen a_1 und a_2 in eine bestimmte Präferenzordnung gebracht hat, darf sich diese nicht aufgrund einer nachträglich geänderten individuellen Einschätzung gegenüber einer dritten Alternative a_3 verändern.

Bei mehr als zwei Alternativen und mindestens zwei Gremiumsmitgliedern lassen sich diese Forderungen nicht miteinander vereinbaren (**Unmöglichkeitstheorem** von Arrow, vgl. ARROW 1951, 1963). Um dennoch eine bestimmten Adäquatheitsprinzipien genügende Aggregation von Individualpräferenzen zu bewerkstelligen, sind entweder die Postulate abzuschwächen oder die Anzahl der Alternativen auf zwei zu reduzieren, da dann das **Möglichkeitstheorem** von Arrow zutrifft. In diesem Fall erfüllt die Mehrheitsentscheidung die obigen Postulate.

(c) Spieltheoretische Entscheidungen

In spieltheoretischen Entscheidungssituationen (vgl. v. NEUMANN/MORGENSTERN 1961; GÜTH 1992) stehen sich mehrere Partner oder Gegner gegenüber, die gegenseitig jeweils ausdrücklich die möglichen Handlungsweisen ihrer Gegenspieler in ihren Entscheidungen berücksichtigen (z.B. Schachspiel, Tarifverhandlungen, Verhandlungen über Unternehmenskauf, Verhandlungen über Kartell, Oligopolstrategien).

Spieltheoretische Situationen lassen sich anhand der **Anzahl** der beteiligten **"Spieler"** systematisieren. Spielt nur eine Person gegen die Umwelt, so entspricht dies der Situation von Entscheidungen unter Unsicherheit. In der Realität sind häufig Zwei-Personen-Spiele anzutreffen. Bei N-Personen-Spielen ($N>2$) bilden sich häufig Koalitionen. Man unterscheidet deshalb zwischen kooperativen und nicht-kooperativen Spielen. Kooperative Spiele sind i.d.R. mit Aushandlungen verbunden.

Im Unterschied zu Spielen in **extensiver Form**, bei denen alle möglichen Spielsituationen zwar ex ante abgebildet, aber noch keine Aktionsfolgen festgelegt sind, werden bei Spielen in **Normalform** Folgen von Maßnahmen ex ante festgelegt und während des Spiels beibehalten.

Weiterhin kann man eine Unterteilung in **Nullsummen-** und **Nichtnullsummenspiele** vornehmen. Nullsummenspiele sind dadurch charakterisiert, daß der Gewinn (Verlust) eines Spielers gleich ist dem Verlust (Gewinn) eines oder mehrerer anderer Spieler. Bei Nichtnullsummenspielen geht es darum, einen konstanten oder variablen Auszahlungsbetrag (z.B. einen Synergieeffekt) unter den Spielern zu verteilen.

f) Bewertung bei mehrstufigen Handlungsproblemen

Bei den bisher diskutierten Bewertungsverfahren für unterschiedliche Realproblemsituationen ist ein wesentlicher Faktor stets unberücksichtigt geblieben: die **Zeit**. Sowohl der Planungs- und Entscheidungsprozeß selbst als auch das durch Planung und Entscheidung zu bewältigende Realproblem besitzen jedoch eine zeitliche Struktur, die Bewertungsverfahren grundsätzlich erfassen müssen. Wenn bei der bisherigen Betrachtung implizit Ein-Zeitpunkt-Modelle im Vordergrund standen, werden im folgenden Problemsituationen betrachtet, die sich durch einen mehrperiodigen Planungszeitraum auszeichnen. Zur Bewältigung derartiger Planungs- und Entscheidungsprobleme sind in der Literatur Modelle entwickelt worden, die sich danach unterscheiden, in welcher Form die zeitliche Struktur des Problems berücksichtigt wird.

Während die bisher vorgestellten statischen Bewertungsmodelle keine Unterteilung des Planungszeitraumes vornehmen, gehen Modelle mehrperiodiger Planung davon aus, daß der Planungszeitraum in mehrere (i.a. äquidistante) Perioden aufgeteilt wird *(vgl. GROB I. 1.1)*. Die Handlungsalternativen stellen in solchen Modellen keine einmaligen Aktionen dar, sie beinhalten vielmehr eine Folge von Aktionen. In der Art und Weise wie diese Folge von Aktionen (Strategie) formuliert wird, lassen sich unterschiedliche Mehrperiodenplanungen differenzieren. In **komparativ statischen** Modellen sind die Handlungsalternativen als Folgen periodenspezifisch unabhängiger Aktionen modelliert. Wird dagegen die Abhängigkeit der Aktionen von zeitlich vorgelagerten Aktionen explizit berücksichtigt, spricht man von (starrer bzw. flexibler) **dynamischer Planung** (vgl. SCHNEIDER 1971; HAX/LAUX 1972; BOHR/SALIGER 1983; ADAM 1993, S. 255-261).

Bei **starrer Planung** wird auf der Basis des im Planungszeitpunkt vorhandenen Wissens über zukünftige Umweltentwicklungen darüber entschieden, welche Maßnahmen in den einzelnen Teilperioden des Planungszeitraumes festzulegen sind.

Starre Planung bedeutet allerdings nicht, daß von einer einmal gewählten Aktionsfolge unter keinen Umständen abgewichen werden darf. Wenn sich im Zuge des Planfortschrittes Umweltentwicklungen anders gestalten als im Planungszeitpunkt erwartet, kann der Handlungsträger darauf durch Revision und Neuformulierung eines starren Planes im Sinne der rollenden Planung reagieren. Starr geplante Maßnahmen für abgelaufene Planperioden können den Handlungsspielraum jedoch bereits soweit eingeengt haben, daß Anpassungshandlungen nicht mehr möglich sind.

Diesen Verlust möglicher Anpassungshandlungen versucht das Konzept der **flexiblen Planung** dadurch zu umgehen, daß Entscheidungen über Handlungsalternativen in späteren Perioden vom Eintreten der ex ante für möglich gehaltenen Umweltzustände abhängig gemacht und damit Verbesserungen im Informationsstand der Planungsträger berücksichtigt werden (vgl. OSSADNIK 1990).

Der Aktionsraum enthält im Unterschied zur starren bei flexibler Planung auch bedingt formulierte Strategien. Ein Beispiel soll mögliche Fehlentscheidungen der starren Planung durch einen Vergleich mit der flexiblen Planung verdeutlichen.

Beispiel 7: Die Logistikabteilung der Klick GmbH beabsichtigt, im Rahmen ihrer Auslieferungsplanung die (bezüglich der Fahrzeit) kürzeste Strecke von ihrer in der Stadt A ansässigen Produktionsstätte zu einem Großhändler in der osteuropäischen Stadt E festzulegen. Dabei sei zunächst von der in Abbildung B. 29 dargestellten Problemsituation ausgegangen.

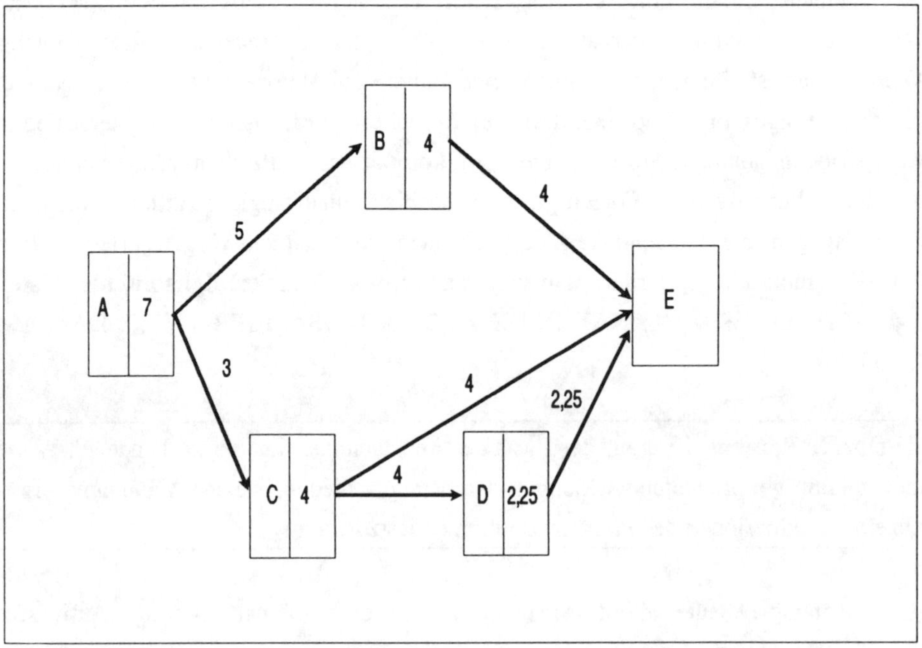

Abbildung B. 29: Deterministischer Entscheidungsbaum für eine Routenplanung (Beispiel Klick GmbH)

Der in dieser Abbildung dargestellte Graph wird auch als **deterministischer Entscheidungsbaum** bezeichnet. Er beinhaltet (rechteckige) Knoten, an denen Entscheidungen getroffen werden können (Entscheidungsknoten). Die Knoten sind über gerichtete Pfeile (Kanten) miteinander verbunden. Diese Kanten stellen die Aktionen dar. In der hier abgebildeten Problemsituation können sich die LKW-Fahrer in den Städten entscheiden, welche Fahrtroute (Kante) sie einschlagen wollen (Entscheidungsknoten A, B, C, D, E). Die mit Sicherheit zu erwartende Fahrtzeit ist an den Kanten des Graphen vermerkt. Die Stadt E ist von A über drei alternative Fahrtrouten zu erreichen. So besteht zunächst die Möglichkeit, entweder über B ($\overline{ABE}$) oder über C nach E zu gelangen. Wird über C gefahren, stehen die Fahrtrouten $\overline{ACDE}$ oder $\overline{ACE}$ offen. In Problemsituationen, die in kleinen Graphen abbildbar sind, können optimale mehrstufige Handlungsalternativen mit Hilfe des Roll-Back-Verfahrens ermittelt werden. Zur Bestimmung des hier interessierenden kürzesten Weges wird - ausgehend von der Stadt E - für die auf den alternativen Wegen vor E liegenden Städte der kürzeste Weg nach E gesucht. (In der Abbildung B. 29 ist die kürzeste Fahrtzeit jeweils in der rechten Hälfte der Entscheidungsknoten vermerkt). In den Städten B und D ist keine Auswahlmöglichkeit gegeben. Der kürzeste Weg von C nach E besteht in der direkten Verbindung zwischen C und E. Ist man bei dieser retrograden Analyse schließlich im Ausgangspunkt A angelangt, gilt es auf der Basis der für C und B ermittelten kürzesten Teilwege den kürzesten Gesamtweg $\overline{ACE}$ zu ermitteln.

Das Roll-Back-Verfahren impliziert das Bellmansche Optimalitätsprinzip und zählt zu den Verfahren der dynamischen Programmierung (vgl. BELLMAN 1957). Die Anwendung des Roll-Back-Verfahrens zur Lösung dynamischer Programme ist an die Voraussetzung geknüpft, daß die Ergebnisfunktion mehrstufiger Entscheidungen additiv zerlegbar ist.

In der skizzierten deterministischen Entscheidungssituation besteht kein Unterschied zwischen starren und flexiblen Plänen. Die Unterschiede beider Planungsmethoden werden erst in der stochastischen Situation deutlich. Im folgenden sei deshalb davon ausgegangen, daß die Fahrtzeit auf der Fahrtroute $\overline{CE}$ von den Wartezeiten an dem auf dieser Strecke befindlichen Grenzübergang abhängt und somit nicht mehr mit Sicherheit vorhergesagt werden kann. Die LKW-Fahrer besitzen jedoch die Möglichkeit, in der Stadt C einen Radiosender zu empfangen, der sie mit einer Wahrscheinlichkeit von 70% richtig über die Wartezeit an der Grenze informiert. Aus Vereinfachungsgründen sei angenommen, daß die Wartezeit aufgrund eines Rückstaus entweder fünf Stunden beträgt oder daß mit keinem Stau und keiner Wartezeit zu rechnen ist. Wenn ein LKW die Klick GmbH in A verläßt, hält sein Fahrer beide Möglichkeiten für gleichwahrscheinlich. Die skizzierte mehrstufige Unsicherheitssituation läßt sich mit dem aus Abbildung B. 30 ersichtlichen **Zustandsbaum** veranschaulichen. Die kreisförmigen Knoten symbolisieren jeweils Umweltzustände zu unterschiedlichen Zeitpunkten. Die Kanten stellen im Gegensatz zum Entscheidungsbaum keine Aktionen dar, sondern sie deuten die Abhängigkeit zweier Zustände an. Jeder Kante ist dann eine Zahl zugewiesen, die die Eintrittswahrscheinlichkeit eines Umweltzustandes in Abhängigkeit vom Eintreten eines zeitlich vorgelagerten Umweltzustandes angibt.

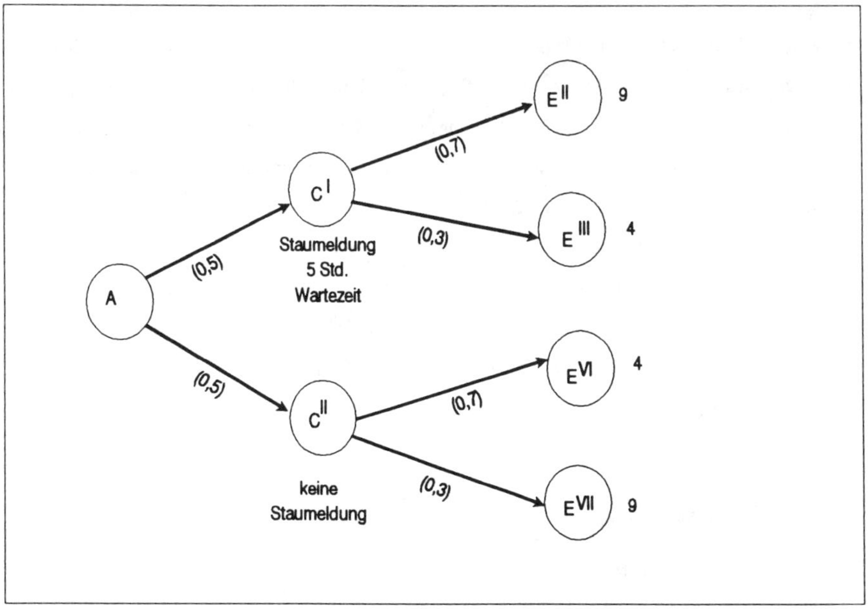

Abbildung B. 30: Zustandsbaum für Routenplanung (Beispiel Klick GmbH)

Faßt man diesen Zustandsbaum nun mit dem deterministischen Entscheidungsbaum zusammen, so erhält man den in Abbildung B. 31 dargestellten **stochastischen Entscheidungsbaum.**

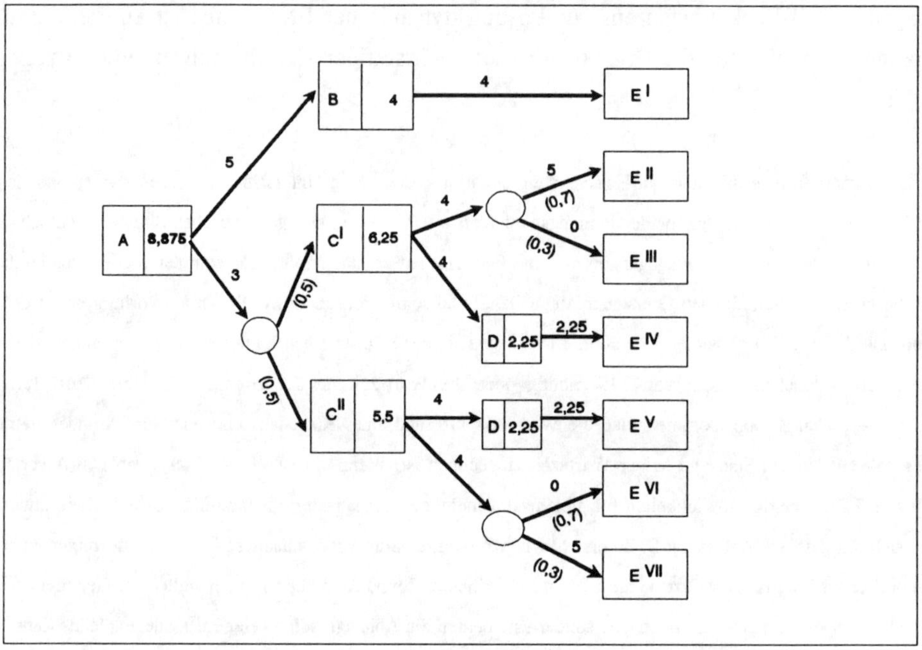

Abbildung B. 31: Stochastischer Entscheidungsbaum für Routenplanung (Beispiel Klick GmbH)

Dieser stochastische Entscheidungsbaum kann nun ebenfalls mit Hilfe des einfachen Roll-Back-Verfahrens analysiert werden. Die Entscheidung für eine bestimmte Folge von Aktionen hängt von dem zugrunde gelegten Entscheidungskriterium ab; ein risikoneutraler Entscheidungsträger würde die optimale Fahrtroute anhand des Kriteriums "minimaler Erwartungswert" bestimmen. Die Ergebnisse des Roll-Back-Verfahrens sind für dieses Kriterium wiederum im rechten Teil der Entscheidungsknoten vermerkt.

Wie bereits angeführt, wird die schrittweise Informationsverbesserung des Entscheidungsträgers bei starrer Planung vernachlässigt. Wählt ein LKW-Fahrer beispielsweise die Fahrtroute $\overline{ACE}$, so hat sich sein Informationsstand bei Ankunft in der Stadt C im Vergleich zum Beginn der Fahrt verbessert: im Radio wurde entweder ein Stau gemeldet oder nicht. Starre Planung vernachlässigt Eventualentscheidungen in späteren Zeitpunkten.
Die Logistikabteilung der Klick GmbH kann maximal von drei starren Planfahrtrouten ausgehen:

- $\overline{ABE}$ mit einer Fahrzeit von 9 Stunden,
- $\overline{ACDE}$ mit einer erwarteten Fahrzeit von 9,25 Stunden und
- $\overline{ACE}$ mit einer erwarteten Fahrzeit von 9,5 Stunden.

Bei starrer Planung wäre die Fahrtroute $\overline{ABE}$ optimal. Bei flexibler Planung, die die Einbeziehung eines verbesserten Informationsstandes vorsieht, erhöht sich die Anzahl möglicher Aktionsfolgen:

- $\overline{ABE}$,
- $\overline{ACE}$, falls Knoten C^{I} realisiert wird,
- $\overline{ACDE}$, falls Knoten C^{I} realisiert wird,
- $\overline{ACE}$, falls Knoten C^{II} realisiert wird,
- $\overline{ACDE}$, falls Knoten C^{II} realisiert wird.

Die Ergebnisse des Roll-Back-Verfahrens zeigen, daß nicht die starre Fahrtroute $\overline{ABE}$, sondern folgende bedingte Strategie mit einer Fahrzeit von 8,875 Stunden optimal ist: Die LKW-Fahrer fahren zunächst in die Stadt C. Wird im Radio ein Stau gemeldet (Knoten C^{I}), dann ist die Fahrt über D nach E optimal. Wird dagegen kein Stau gemeldet (Knoten C^{II}), dann ist die direkte Verbindung von C nach E günstiger. Es ist damit deutlich geworden, daß starre Planung zu Fehlentscheidungen führen kann.

Der entscheidende Vorteil der flexiblen Planung gegenüber der starren besteht darin, daß der Unsicherheit durch **Eventualentscheidungen** Rechnung getragen wird. Dabei wird die zu einem späteren Zeitpunkt zwischen alternativen Möglichkeiten definitiv zu treffende Wahl von der bis dahin eingetretenen und bekannten Umweltentwicklung abhängig gemacht. Das Konzept der flexiblen Planung muß allerdings versagen und einer außerordentlichen Neuplanung weichen, wenn Umweltentwicklungen eintreten, die nicht vom Entscheidungsträger vorhergesehen worden sind. Zudem hängt die Anwendbarkeit des Konzepts der flexiblen Planung davon ab, daß es gelingt, die Komplexität eines realen Entscheidungsproblems so zu reduzieren, daß es überschaubar in der Struktur eines Entscheidungsbaums abgebildet werden kann.

Starre und flexible Planung setzen voraus, daß Handlungsalternativen unterschiedlicher Stufen in diskreten Zeitabständen aufeinanderfolgen. Sind die Entscheidungen dagegen kontinuierlich zu treffen, versagen beide Planungs- und Entscheidungskonzepte. Dann muß das komplexere Instrumentarium der Kontrolltheorie zur Anwendung kommen (vgl. dazu FEICHTINGER/HARTL 1986).

g) Notwendigkeiten und Möglichkeiten der Bewertungsstabilisierung

Ergebnis der bisher vorgestellten Entscheidungsmodelle ist stets eine Präferenzrangfolge der Handlungsalternativen. Bevor die mit der Bewertung feststehende Entscheidung durchgesetzt wird, sollte die Entscheidungsinstanz die Stabilität dieser Rangfolge im Hinblick auf mehrere Faktoren analysieren. Zu nennen sind hier insbesondere die **Unsicherheit** von Umweltzuständen, **Präferenztoleranzen** sowie mögliche **Fehler** im Hinblick auf die **Modellkonstruktion** und **Datenmessung**.

Der Unsicherheit künftiger Umweltzustände kann man entweder - wie bereits ausgeführt - durch eine "vorsichtige" Schätzung einwertiger Daten oder auch durch Angabe von Eintrittswahrscheinlichkeiten für Handlungskonsequenzen Rechnung tragen. In beiden Fällen gilt es, die Stabilität einer einmal erzielten Präferenzordnung angesichts der Unsicherheit zu überprüfen. So muß z.B. die in einem sequentiellen Entscheidungsmodell (stochastischer Entscheidungsbaum) ermittelte optimale Strategie daraufhin untersucht werden, ob nicht geringfügige Variationen bei den unterstellten Übergangswahrscheinlichkeiten eine andere Strategie als optimal erscheinen lassen.

Bei der Bewertungsstabilisierung einwertiger Kalküle interessieren hingegen die beiden folgenden Fragestellungen (vgl. HAX 1985, S. 122-124):

1. Inwieweit dürfen die tatsächlichen Umweltzustände von den prognostizierten Umweltzuständen abweichen, ohne daß der Zielrealisationswert der ausgewählten Handlungsalternative um mehr als ε von dem ermittelten Optimum abweicht?

2. Wie hoch sind die maximalen Opportunitätskosten, die sich aufgrund einer falschen Prognose der Umweltzustände ergeben könnten?

Im ersten Fall wird eine bestimmte Variationsbreite ε für das Zielrealisationsniveau vorgegeben und die zugehörige Menge Z_ε zulässiger Umweltzustände bestimmt. Muß der Entscheidungsträger annehmen, daß ein Großteil der eintretenden Umweltzustände nicht Element dieser Menge ist, dann ist die ermittelte Optimalität der Aktion a^* mit den Ergebniskonsequenzen x^* instabil. Zur Bestimmung der Menge Z_ε ist in einem einwertigen Entscheidungsmodell für den Umweltzustand z^*, der aus der Menge Z aller für möglich gehaltenen Umweltzustände die größte Eintrittswahrscheinlichkeit besitzt, die optimale Handlungsalternative a^* auszuwählen:

$$x^* = g(z^*, a^*) = max_{a \in A}\, g(z^*, a)$$

Für die Menge Z_ε aller zulässigen Umweltzustände, gilt dann:

$$Z_\varepsilon = \{z | max_{a \in A}\, g(z, a) - g(z^*, a^*) \leq \varepsilon\}$$

Im zweiten Fall wird von der möglichen Schwankungsbreite der Parameter ausgegangen und die im ungünstigsten Fall eintretende Abweichung des Zielrealisationsniveaus vom Optimum ermittelt. Die höchstmögliche Abweichung $_{\in max}$ ergibt sich dann wie folgt:

$$\varepsilon_{max} = max_{z \in Z}\, \{max_{a \in A}\, g(z, a) - g(z, a^*)\}$$

Kennt der Entscheidungsträger ε_{max}, kann er entscheiden, ob er in Anbetracht dieser Abweichungsgefahr immer noch bereit ist, die Aktion a^* zu wählen.

Ein weiterer Einflußfaktor für die Instabilität einer Präferenzordnung sind mögliche **Präferenztoleranzen**. Ungenaue Präferenzurteile sind umso wahrscheinlicher, je komplexer das auf ein bestimmtes Entscheidungsproblem abstellende Präferenzsystem ist. Dies gilt z.B. für Systeme, die mehrere Zielarten umfassen und Entscheidungsträgern die implizite oder explizite Abgabe von Artenpräferenzurteilen abverlangen. Bei mehrzielorientierten Entscheidungsverfahren ist die Stabilität der ermittelten Bewertungsrangfolge im Hinblick auf die Zielgewichte zu überprüfen (vgl. ZANGEMEISTER/BOMSDORF 1983, S. 376 ff.).

Als instabil müssen Rangordnungen der Vorziehenswürdigkeit auch im Hinblick auf das herangezogene Formalmodell und die dabei verwendeten Meßdaten angesehen werden. Für die Lösung eines bestimmten Realmodells stehen i.d.R. mehrere Formalmodelle (linearer und nicht-linearer Struktur) zur Verfügung, die gegebenenfalls unterschiedliche Bewertungsrangfolgen erzeugen. Hat man aufgrund eines Meßfehlers etwa eine Alternative außer Acht gelassen, so kann sich die etwa mit Hilfe des AHP-Verfahrens ermittelte Präferenzordnung (z.B. $a_1 \succ a_2 \succ a_3$) bei zusätzlicher Berücksichtigung der übersehenen Alternative u.U. umkehren (z.B. $a_3 \succ a_1 \succ a_2 \succ a_4$).

3. Planungssysteme

3.1 Horizontale und vertikale Koordination von Unternehmensplänen

3.1.1 Horizontale Differenzierung der Planung und Notwendigkeit ihrer Koordination

Unternehmenspläne können sich auf die unterschiedlichsten Gegenstände - so etwa den Forschungs- und Entwicklungs-, Beschaffungs-, Produktions-, Absatz-, Finanzierungs- oder Personal- und Investitionsbereich - beziehen. Einzelne Vorhaben sollten grundsätzlich nicht isoliert für sich geplant, sondern gegenseitig (**horizontal**) aufeinander abgestimmt werden (vgl. auch MAG 1984, S. 42). So lassen sich z.B. Produktions- und Beschaffungspläne ohne Informationen über Absatzmöglichkeiten nicht sinnvoll formulieren. Auch kann ein Unternehmen ohne Kenntnis der Absatz-, Produktions- und Beschaffungspläne nicht über seine Investitions- und Finanzierungsprojekte entscheiden. Die Abstimmung der Planungen verschiedener Bereiche und Funktionen eines Unternehmens geht im Regelfall von den Möglichkeiten des Absatzmarktes und entsprechend gefaßten Absatzplänen aus. Auf dieser Basis sind für den Produktions-, Beschaffungs-, Forschungs- und Entwicklungs-, Logistik-, Finanzierungs- und Investitionsbereich unter Berücksichtigung bestehender Engpässe Handlungsalternativen zu formulieren und im Interesse einer bestmöglichen Realisierung der übergeordneten Unternehmensziele aufeinander abzustimmen. Die hieraus resultierenden Kombinationen möglicher Maßnahmenbündel sind sodann in eine Rangordnung der Vorziehenswürdigkeit zu überführen, aus der sich der Optimalplan ergibt.

3.1.2 Vertikale Differenzierung der Planung und die Notwendigkeit ihrer Koordination

Koordinationsbedarf zwischen verschiedenen Planungsbereichen besteht nicht nur in horizontaler, sondern auch in **vertikaler** Hinsicht zwischen Maßnahmen unterschiedlichen Komplexitätsgrades bzw. unterschiedlicher zeitlicher Reichweite. So können beschaffungs-, produktions- oder absatzbezogene Maßnahmen strategisch oder nachstrategisch dimensioniert sein, d.h. von tendenziell hohem oder geringerem Komplexitätsgrad sein.

Da sich das Kriterium der sachlichen Komplexität kaum metrisch skalieren läßt, wird ersatzweise auf das leichter meßbare Kriterium der zeitlichen Reichweite geplanter Maßnahmen abgestellt. Dabei wird entweder zwischen strategischer (langfristiger), taktischer (mittelfristiger) und operativer (kurzfristiger) oder nur zwischen strategischer und operativer Planung unterschieden. Im folgenden wird von einer zwei Ebenen umfassenden Planungssystematik ausgegangen, bei der auf **strategischer** Ebene Produkt-Markt-Kombinationen definiert und zu ihrer Erreichung notwendige Sach-, Personal- und Finanzkapazitäten geplant werden. Der durch die strategische Planung abgesteckte Handlungsrahmen ist dann auf **operativer** Ebene durch entsprechende Beschaffungs-, Produktions-, Absatz- und weitere Pläne umzusetzen. Von der strategischen bis hin zur operativen Ebene verringert sich der Aggregationsgrad der Pläne, nimmt ihr Differenziertheits- und Detailliertheitsgrad zu, werden aus unscharfen, oft qualitativ umschriebenen Normen zunehmend präzise definierte, quantifizierte Zielvorgaben.

Die vertikale Abstimmung der Planungsaktivitäten zwischen der strategischen und operativen Ebene kann - soweit die **ordentliche** (regelmäßige) Planung (im Rahmen eines gegebenen Planungskalenders auf der Basis festliegender Prämissen) betroffen ist - mit Hilfe der Top-down-, der Bottom-up- oder der Gegenstrom-Methode erfolgen. Einen Überblick über diese Methoden vermittelt Abbildung B. 32.

Je nach Wahl des Koordinationsverfahrens der Planungsebenen kommen unterschiedliche Mittel zum Einsatz. Während bei der progressiven Bottom-up-Koordination lediglich ein "Einsammeln" der Teilpläne und ein Prüfen der Planungsinhalte möglich ist (Koordination mittels Planvergleich), können bei der retrograden Top-down- und bei der Gegenstrom-Koordination verschiedenartige Steuerungsmittel zum Einsatz kommen:

- Aufstellung und Vorgabe expliziter Planungsnormen (z.B. Entscheidungsregeln),

- Aufstellung und Vorgabe impliziter Planungsnormen (z.B. Ziele, Strategien),

- Aufstellung und Vorgabe von Budgets und Budgetgrenzen.

Die zentral-bürokratische Top-down-Koordination kann als theoretisch überholt gelten. Sie hat lediglich für kleinere Unternehmen praktische Relevanz. In der abgemilderten Form einer Koordination durch Top-down-Budgetvorgaben ist dieses Lenkungsprinzip aber auch bei größeren Unternehmen verbreitet.

Verfahren	Top-down-Methode	Bottom-up-Methode	Gegenstromverfahren
Verlauf der Planung	Ein von der Unternehmensleitung global vorgebener strategischer Plan wird in den nachfolgenden Hierarchiestufen für den jeweiligen Verantwortungsbereich schrittweise in Teilplänen konkretisiert	Auf den unteren Hierarchieebenen festgelegte Teilpläne werden an übergeordnete Ebenen weitergeleitet und dort kontrolliert, integriert und ebenfalls weitergeleitet	Kombination aus Bottom-up- und Top-down-Methode
Vorteile	- globale Vorgabe eines Rahmenplans verspricht schnellere Planungsrealisation	- Motivation und Identifikation mit den Planinhalten seitens der Mitarbeiter auf unteren Planungsebenen - Verantwortliche verfügen über relevante Informationen und Erfahrungen im Hinblick auf Planungs- und Realisationsaufgaben	- Plan-Anstoß von oben oder unten - vertikale Interdependenzen werden berücksichtigt, indem bei abweichenden Zielvorstellungen über- bzw. untergeordneter Ebenen nach einem "Ausgleich" gesucht wird, der von allen akzeptiert wird
Nachteile	- Detailinformationen untergeordneter Instanzen werden nicht berücksichtigt - Gefahr der Vernachlässigung vertikaler Interdependenzen - keine Motivationswirkung für untere Ebenen	- Festlegung konfliktärer Einzelziele kann nicht zur Realisation eines Gesamtziels führen: (meist zeitaufwendige) Abstimmung und Integration der Einzelziele notwendig	- hohe Informationskosten durch lange Planungszeiten

Abbildung B. 32: Methoden zur vertikalen Koordination der Planung

Im Hinblick auf die Vielfalt praktischer Planungserfordernisse ist es kaum vorstellbar, daß alle realen Planungsprobleme stets durch alleinige Anwendung eines der Grundtypen vertikaler Planungsorganisation gelöst werden können. Statt dessen werden an den Einzelfall angepaßte Hybridisierungen dieser Grundtypen, aber auch Entwicklungen neuer Formen der Planungsorganisation zu empfehlen sein.

3.1.3 Koordination durch ein integriertes Planungs- und Kontrollsystem

Die mögliche Vielfalt von Plänen zeigt sich in Unterschieden im Inhalt, im Umfang, im Aggregations- und Differenziertheitsgrad sowie in der Operationalität und Flexibilität von Plänen. Um diese an den übergeordneten Unternehmenszielen auszurichten, bedarf es geeigneter Koordinationsmechanismen, die

- Planungsträger bzw. Planer,

- Teilpläne,

- Verfahren und Instrumente,

- Kontrollen und

- Informationen

zu einem zweckgerichteten Beziehungsnetz, d.h. einem **integrierten Planungs- und Kontrollsystem** zusammenfügen. Ein solches System sorgt über geeignete Verbindungen von Planungen und Kontrollen dafür, daß

- Planungen in horizontaler (d.h. sachlicher) und vertikaler (d.h. vornehmlich zeitlicher) Hinsicht aufeinander abgestimmt werden,

- die Realisation gültiger Planvorgaben kontrolliert sowie durch etwaige Gegensteuerungsmaßnahmen (Durchführungs- und Planfortschrittskontrollen) sichergestellt wird,

- die Tragfähigkeit einmal festgelegter Pläne in Anbetracht der laufenden Entwicklung (über gerichtete Prämissenkontrollen und ungerichtete strategische Überwachung) überwacht wird und gegebenenfalls notwendige Neuplanungen veranlaßt werden,

- Erfahrungen mit bereits abgeschlossenen und realisierten Planungszyklen in künftige Planungen einbezogen werden.

In einem solchen integrierten Planungs- und Kontrollsystem sind strategische und nachstrategische Kontrollen von zentraler Bedeutung. Grundsätzlich sind auf strategischer Ebene (1) Durchführungskontrollen, (2) Prämissenkontrollen und (3) die strategische Überwachung als Kontrollfunktionen zu unterscheiden (vgl. STEINMANN/SCHREYÖGG 1991, S. 202-206).

Im Rahmen von **Durchführungskontrollen** stehen Erkenntnisse über den bisherigen Grad der Realisation strategischer Maßnahmen im Vordergrund. Dabei wird man häufig auf bestimmte Meilensteine Bezug nehmen, wie etwa den Marktanteil eines neu eingeführten Produktes nach einem Jahr oder Ausschußquoten einer neuen Produktionstechnologie nach einer bestimmten Produktionsdauer oder die Zeitdauer bis zur Erzielung eines bestimmten Rationalisierungserfolges bei einer langfristigen Kostensenkungsstrategie. Die Durchführungskontrolle zielt im wesentlichen auf die Beantwortung der Frage ab, ob eine einmal festgelegte Strategie auf dem richtigen Wege ist, realisiert zu werden. Sie ist insoweit eine Feedback-Kontrolle.

Im Rahmen von **Prämissenkontrollen** müssen die zentralen Annahmen der strategischen Planung laufend überprüft werden. Sind Prämissen der strategischen Planung der Beeinflußbarkeit eines Unternehmens entzogen und würden bereits geringe Abweichungen zu Neuplanungsbedarf führen, so sind sie besonders intensiv zu kontrollieren. Prämissenkontrollen stellen stets Feed-forward-Kontrollen dar.

Die **strategische Überwachung** ergänzt die beiden bisher skizzierten Kontrollarten. Sie soll den durch den selektiven Charakter der Prämissen- und der Durchführungskontrolle bedingten Mangel in der Gesamtkontrolle und das damit verbundene Risiko auffangen. Für strategische Überwachung charakteristisch ist eine ungerichtete Beobachtungsaktivität, die die gewählten Geschäftsfelder und Wettbewerbskonzeptionen absichern soll. Diese Kontrollart ist folglich nicht vorregelbar. Strategische Überwachung ist zwangsläufig dem grundsätzlichen Problem ausgesetzt, daß relevante Informationen in ihrer Wirkung relativ unbestimmt sind. Daher muß der strategisch Verantwortliche stets das Risiko eines Nichteingreifens mit dem einer unnötigen bzw. fehlerhaften Anpassung abwägen.

Anders als auf der strategischen dominieren auf operativer Ebene die Feed-back-Kontrollen. Dabei knüpft die Kontrolle bei den geplanten Sollgrößen an, registriert die zu einem Zeitpunkt erreichten Ergebnisse und vergleicht diese mit den Plandaten. Während operative Kontrollen der Zielerreichung und der Effizienzförderung dienen, stellen strategische Kontrollen auf die Zielvalidierung ab, d.h. es wird explizit die Richtigkeit einer formulierten Strategie hinterfragt.

3.2 Simultan- und Sukzessivplanung

Für die Abstimmung sachlich (horizontal) und zeitlich (vertikal) differenzierter Bereiche der Planung werden zweierlei Konzepte diskutiert: die Simultan- und die Sukzessivplanung.

Simultanplanung versucht, sämtliche sachlichen und zeitlichen Interdependenzen zwischen Einzelentscheidungen verschiedener Bereiche zu erfassen und ein optimales Handlungsprogramm aus den Alternativen zu bestimmen.

Obwohl Simultanplanung verspricht, daß stets ein Totaloptimum und nicht eine "Secondbest-Lösung" erreicht wird, ist dieser Ansatz nicht unproblematisch. So führt der Anspruch, sämtliche einem Unternehmen verfügbare Handlungsvariablen zu identifizieren, Interdependenzen zwischen ihnen zu definieren und Handlungskonsequenzen unter Berücksichtigung einer zu erwartenden Umweltentwicklung numerisch zu spezifizieren, zu hoher Modellkomplexität. Die damit einhergehenden Kosten der Informationsversorgung und rechentechnischen Lösung führen zu erheblichen Praktikabilitätsproblemen. Auch wären die für die Unternehmenssteuerung Verantwortlichen damit überfordert, die Struktur eines einmal konstruierten Simultanplanungsmodells an die sich in dynamischen Wettbewerbswirtschaften ändernden Beziehungsgefüge zwischen verschiedenen Handlungsvariablen und Umweltparametern ständig anpassen zu müssen. Berücksichtigt man ferner, daß die mittels Simultanplanung zu lösenden Probleme nie voraussetzungslos wahrgenommen, sondern stets im Lichte vorgängig vorhandener Deutungsmuster definiert werden, muß davon ausgegangen werden, daß ein und dieselbe Planungssituation aufgrund unterschiedlicher Vorstellungen über die Begrenzung des Aktionsraumes sowie über die zwischen den Handlungsvariablen bestehenden Interdependenzen, etc. unterschiedliche Simultanplanungsmodelle zur Folge haben kann und sich demnach die Idee einer totalen Simultanplanung weder schlüssig denken noch konkret realisieren läßt. Dennoch ist das Konzept der Simultanplanung damit nicht als völlig fruchtlose Idee abqualifiziert. Versteht man Simultanplanung als gedankliches Regulativ, das dazu anspornt, Abhängigkeiten zwischen (1) autonomen Umwelt- und Handlungsvariablen sowie (2) zwischen Handlungsvariablen zu erkennen und zu spezifizieren, dann kommt auch diesem Konzept ein praktischer Nutzen zu (vgl. HEINHOLD 1989).

Ein vergleichsweise bescheidenerer Anspruch wird mit einer Sukzessivplanung verfolgt.

Bei der **Sukzessivplanung** werden die Pläne der einzelnen Teilbereiche in einer zu bestimmenden Reihenfolge nacheinander festgelegt. Durch die sukzessive Vorgehensweise werden einerseits bestehende Interdependenzen vernachlässigt, andererseits ist der Aufwand bei der horizontalen Koordination der verschiedenen Teilentscheidungen geringer als bei Simultanplanung.

Insofern gewährleistet Sukzessivplanung Praktikabilität, die eine konsequent gedachte Simultanplanung nicht zu gewährleisten vermag. Letzten Endes obliegt den für die Planung in einem Unternehmen Verantwortlichen die Entscheidung, in welchem Umfang Interdependenzen zwischen verschiedenen Planungsbereichen (simultan) "eingefangen" werden bzw. bei welchem Komplexitätsgrad dieser Prozeß zugunsten von Praktikabilitätsaspekten abgebrochen wird und die übrigen Teilbereiche dann nacheinander (im Sinne einer Sukzessivplanung) an die (teil)simultanen Pläne planerisch angepaßt werden.

4. Informatorische Fundierung von Planung und Entscheidung

Die Managementfunktion Planung und Entscheidung hat neben der gedanklichen Festlegung zukünftig anzustrebender Handlungszwecke mögliche Handlungsalternativen zur Zielerreichung aufzuzeigen sowie eine Handlungsalternative auszuwählen und deren Ausführung vorzubereiten. Jede dieser Teilaufgaben des Planungs- und Entscheidungsprozesses erfordert die Beschaffung und Verarbeitung sowohl qualitativer als auch quantitativer Informationen. Der Informationsbedarf ergibt sich dabei bereits aus der Definition des Realproblems und konkretisiert sich im Zuge der Konstruktion eines Real- bzw. Formalmodells. Mit der Problemdefinition sind also Menge und Qualität der im Rahmen der Planung zu beschaffenden Informationen determiniert. Konkret handelt es sich dabei um Informationen über

- Ziele des Unternehmens, deren Beziehungen und die anzustrebenden Realisationswerte dieser Ziele,
- mögliche Handlungsalternativen,
- deren Handlungskonsequenzen und
- mögliche Umweltentwicklungen sowie gegebenenfalls deren Eintrittswahrscheinlichkeiten.

Entscheidungen lassen sich erst dann treffen, wenn diese Informationen beschafft, verarbeitet und den Handlungsträgern bereitgestellt werden. Um der Notwendigkeit systematischer Informationsbeschaffung und -verarbeitung in der Unternehmenspraxis Rechnung zu tragen, wurden bereits in den 60er Jahren **Informationssysteme** entwickelt und auf Computern implementiert (vgl. WAGNER 1987; MERTENS/GRIESE 1988).

Die Entwicklung begann zunächst mit sog. "Electronic Data Processing"-Informationssystemen, die hauptsächlich die Erfassung, Speicherung und Verwaltung von Massendaten (bspw. der Lagerbestandsführung, der Lohn- und Gehaltsabrechnung, der Produktion und der Auftragswicklung) zum Gegenstand hatten. Derartige **Administrationssysteme** lieferten lediglich Informationen für operative Routineplanungen und -entscheidungen in einzelnen Unternehmensteilbereichen.

Mit der Entwicklung von "**Management Information Systems (MIS)**" wurde später versucht, die Datenbestände unterschiedlicher Administrationssysteme redundanzfrei in einer Datenbank zu speichern, zu verdichten und somit Informationen für bereichsübergreifende Planungen und Entscheidungen zur Verfügung zu stellen.

Die Idee, sämtliche planungs- und entscheidungsrelevanten Daten eines Unternehmens in einer Datenbank zu speichern und für jedes potentielle Planungs- und Entscheidungsproblem Berichts- und Abfragefunktionen zu implementieren, scheiterte jedoch an den begrenzten Möglichkeiten der Hard- und Softwaresysteme der 60er Jahre. Neben EDV-technischen Engpässen lag der Mißerfolg auch im Konzept der MIS begründet. Die Vorstellung, mit einer großen Datenbank sämtliche Planungs- und Entscheidungsprobleme eines Unternehmens lösen zu können, erwies sich als verfehlt; führte doch die Flut von Informationen eher zu einer Desorientierung der Planungs- und Entscheidungsträger. Infolgedessen kam es zur Entwicklung von Informationssystemen, die unter dem Oberbegriff "**Management Support-Systems (MSS)**" zu subsumieren sind (vgl. KRALLMANN 1987).

Die Hauptaufgabe dieser MSS besteht neben der problemspezifischen Bereitstellung von planungs- und entscheidungsrelevanten Informationen darin, den Problemlösungsprozeß durch geeignete Planungs- und Entscheidungsmethoden bzw. -modelle zu unterstützen.

In diesem Zusammenhang besonders hervorzuheben ist die Entwicklung von "**Decision-Support-Systems (DSS)**". DSS bestehen aus folgenden Komponenten (vgl. SPRAGUE 1987):

- einer **Datenbank**, die Zugriffsmöglichkeiten auf unternehmensexterne und -interne Datenbestände eröffnet,

- einer **Methoden- und Modellbank**, die die Benutzung sowohl quantitativer als auch qualitativer Entscheidungsmodelle ermöglicht und

- einer **Benutzerschnittstelle**, die Zugriffsmöglichkeiten auf die genannten Komponenten bietet.

DSS sollen Planungs- und Entscheidungsträger prinzipiell auf allen Führungsebenen des Unternehmens durch auf dem Computer implementierte Entscheidungsmodelle bei der Problembewältigung unterstützen. Sie sind dabei weder in der Lage, den gesamten Problemlösungsprozeß zu automatisieren, also selbständig ein Problem zu bewältigen, noch führt ihre Anwendung dazu, daß jedes potentielle Planungs- und Entscheidungsproblem gelöst werden kann.

Aus der Erkenntnis heraus, daß Planungs- und Entscheidungsfunktionen in der Unternehmenspraxis vor allem Gruppen übertragen werden, sind die DSS zu "**Group Decision Support Systems (GDSS)**" weiterentwickelt worden (vgl. VETSCHERA 1990). Komplexe, bereichsübergreifende Planungs- und Entscheidungsprobleme lassen sich vielfach nicht mehr durch einzelne Entscheidungsträger, sondern nur noch durch die Einbeziehung mehrerer Personen aus unterschiedlichen Fachabteilungen eines Unternehmens bewältigen. Hierdurch wird es möglich, daß unterschiedliches Wissen in den Problemlösungsprozeß einfließt. Effizientes Problemlösen in Gruppen erfordert vor allem einen reibungslosen Austausch von Informationen. Dabei reicht es nicht aus, ein GDSS aus unterschiedlichen DSS aufzubauen; es sind vielmehr Kommunikationsmöglichkeiten zwischen einzelnen Gruppenmitgliedern zu schaffen und gruppenspezifische Problemlösungsaktivitäten durch geeignete technische Hilfsmittel zu unterstützen. Während sich die GDSS der ersten Entwicklungsphase vor allem durch einfache elektronische Hilfsmittel für den Informationsaustausch und die Bereitstellung typischer DSS-Funktionen auszeichneten, besitzen neuere GDSS gruppenspezifische Funktionen (etwa aufgrund einer Implementation der Brainstorming- und der Delphi-Methode). Dabei übernehmen sie die Aufgaben eines Moderators, indem sie Kommunikationsmöglichkeiten, z.B. über ein Computernetzwerk, steuern.

GDSS lassen sich auf vielfältige Weise implementieren. In der als "**Decision Room**" bezeichneten Form eines GDSS arbeiten die Gruppenmitglieder in einem Raum an vernetzten Computern und kommunizieren über einen Großbildschirm. Verbreitet sind auch Videokonferenzen, die den Vorteil aufweisen, daß trotz einer möglichen räumlichen Trennung der Gruppenmitglieder Gruppensitzungen häufiger einberufen werden können.

DSS und GDSS sollen Planungs- und Entscheidungsträger aller Führungsebenen einer Unternehmung unterstützen. In der Unternehmenspraxis sind DSS und GDSS vorwiegend in den Controllingabteilungen der mittleren Führungsebene implementiert. Der geringe Einsatz computergestützter Informationssysteme auf der obersten Führungsebene resultiert daraus, daß der spezifische Informationsbedarf des Topmanagements durch herkömmliche DSS und GDSS nicht gedeckt wird. Handlungsträger der obersten Führungsebene sind im Hinblick auf ihre Planungen und Entscheidungen auf die rasche Verfügbarkeit aktueller Informationen angewiesen. DSS können vielfach nicht schnell genug an den Informationsbedarf angepaßt werden, mit der Konsequenz einer Produktion entscheidungsirrelevanter Informationen. Aufgrund der Komplexität von DSS ist ein

Topmanager i.d.R. auch nicht in der Lage, implementierte Entscheidungsmodelle eigenständig an seine Informationswünsche anzupassen. Dazu bedarf es immer noch eines EDV-Spezialisten.

In jüngster Zeit sind mit der Entwicklung von "**Executive Information Systems (EIS)**" Versuche unternommen worden, computergestützte Informationssysteme für das Topmanagement zu entwickeln, die sich flexibel an den wechselnden Informationsbedarf des Topmanagements anpassen können (vgl. z.B. SCHMIDHÄUSLER 1990). EIS ermöglichen einem Handlungsträger der obersten Führungsebene auch ohne spezielle EDV-Kenntnisse den raschen Zugriff auf für ihn relevante Informationen aus unternehmensinternen und -externen Datenbanken. Damit der Benutzer eines EIS schnell die für ihn relevanten Informationen aus den sehr umfangreichen Datenbanken extrahieren kann, besitzen diese Systeme spezifische Informationsverdichtungsfunktionen. So besteht z.B. vielfach die Möglichkeit, ausgehend von hochaggregierten Kennzahlen des Gesamtunternehmens disaggregierte Informationen (z.B. über den Produktions- oder Absatzbereich) abzurufen.

Besonders wichtig für die Akzeptanz eines EIS ist die Gestaltung seiner Benutzerschnittstelle. EIS sollten ad hoc und möglichst intuitiv benutzbar sein. Der einmalige Einarbeitungsaufwand muß auf ein Minimum reduziert werden. Ein weiteres wichtiges Charakteristikum eines EIS ist die Notwendigkeit seiner Verbindung mit anderen Informationssystemen des Unternehmens. Dazu ist ein hoher Grad an Datenintegrität nötig, damit die Aktualität, Richtigkeit und Konsistenz der Informationen gewährleistet werden kann. Letzlich stellt ein EIS jedoch nur ein technisches Hilfsmittel dar, das die Versorgung der Führungskräfte mit unternehmensinternen und -externen Informationen verbessert.

Die vorgestellten computergestützten Informationssysteme vermögen Entscheidungen nur zu unterstützen. Vollständige automatische Problemlösungen durch den Computer bleiben weiterhin eine Idealvorstellung, deren Erreichung nach wie vor ein Anliegen betriebswirtschaftlicher Forschung darstellt. In jüngerer Zeit sind in diesem Zusammenhang zunehmend wissensbasierte Ansätze in Form von **Expertensystemen (XPS)** zu beobachten. XPS versuchen, menschliches Expertenwissen und menschliche Denkweisen in Computerprogrammen zu implementieren, damit sie unternehmerische Planungs- und Entscheidungsprobleme selbständig lösen können. Das Wissen eines Experten besteht aus Fakten und Heuristiken. Die Fakten stellen eine Gesamtmenge von Informationen dar, die weitverbreitet, öffentlich verfügbar und von den Experten eines Gebietes allgemein akzeptiert sind. Heuristiken sind Regeln plausibler Schlußfolgerungen, die Experten bei der Entscheidungsfindung anwenden. Zur Bewältigung von Problemen müssen in Expertensystemen die folgenden fünf Komponenten zusammenarbeiten:

- Wissensbasis,
- Wissenserwerbskomponente,
- Inferenzkomponente,
- Erklärungskomponente,
- Dialogkomponente.

In der **Wissensbasis** ist das problemorientierte Wissen von Experten gespeichert; über die **Wissensakquisitionskomponente** kann es erweitert und verändert werden. Mit Hilfe einer **Inferenzkomponente**, die Deduktionsregeln zur Auswertung der Wissensbasis enthält, wird das Wissen verarbeitet und der Ablauf gesteuert. Die **Erklärungskomponente** macht dem Benutzer interne Verarbeitungsabläufe transparent; sie ist damit zugleich ein Instrument zur Fehleranalyse sowie zur Überprüfung der Korrektheit der Wissensbasis. Über die **Dialogkomponente** kann der Benutzer auf die genannten Komponenten zugreifen.

Die anfängliche Euphorie bei der Entwicklung von betriebswirtschaftlichen Expertensystemen ist mittlerweile einer realistischeren Einschätzung der Anwendungsmöglichkeiten und -probleme dieser Informationssysteme gewichen. So zeigte eine jüngste empirische Untersuchung (vgl. KRAEMER/SCHEER 1991, S. 211 ff.), daß Expertensystemanwendungen auf kleine Problemlösungsfelder begrenzt sind. Vor allem die geringe Anzahl lauffähiger Expertensysteme verdeutlicht die Hindernisse bei der Entwicklung, Implementierung und Anwendung. Trotzdem kann man Expertensystemen bei der Unterstützung und Lösung betriebswirtschaftlicher Planungs- und Entscheidungsprobleme auch in Zukunft noch gute Chancen einräumen.

Literaturverzeichnis

a) Einführende Literatur:

ADAM, D.: Planung und Entscheidung, Modelle, Ziele, Methoden, mit Fallstudien und Lösungen, 3. Aufl., Wiesbaden 1993

BAMBERG, G.; COENENBERG, A.G.: Betriebswirtschaftliche Entscheidungslehre, 6. Aufl., München 1991

DUNST, K.H.: Portfolio Management, Konzeption für die strategische Unternehmensplanung, 2. Aufl., Berlin/New York 1983

HENDERSON, B.D.: Die Erfahrungskurve in der Unternehmensstrategie, Frankfurt a.M./New York 1974

LAUX, H.: Entscheidungstheorie. Grundlagen, Berlin/Heidelberg 1982

MAG, W.: Planung, in: Vahlens Kompendium der Betriebswirtschaftslehre, Band 2, hrsg. v. J. Baetge u.a., München 1984, S. 1-52

PFEIFFER, W.; BISCHOFF, D.: Produktlebenszyklus - Instrumente jeder strategischen Produktplanung, in: Planung und Kontrolle, hrsg. v. H. Steinmann, München 1981, S. 133-165

OSSADNIK, W.: Die Aufstellung flexibler Unternehmenspläne, in: WiSt, 19. Jg. (1990a), S. 380-383

OSSADNIK, W.: Flexible Planung sequentieller Eventualmaßnahmen, in: WiSt, 19. Jg. (1990b), S. 421-424

PFOHL, H.-C.: Planung und Kontrolle, Stuttgart 1981

SCHILDBACH, T.: Entscheidung, in: Vahlens Kompendium der Betriebswirtschaftslehre, Band 2, hrsg. v. J. Baetge u.a., München 1984, S. 53-93

SCHLICKSUPP, H.: Kreativitätstechniken, in: HWPlan, hrsg. v. N. Szyperski, Stuttgart 1989, Sp. 930-943

SCHNEEWEISS, C.: Planung, Bd. 1: Systemanalytische und entscheidungstheoretische Grundlagen, Berlin/Heidelberg 1991

SIEBEN, G.; SCHILDBACH, T.: Betriebswirtschaftliche Entscheidungstheorie, 3. Aufl., Düsseldorf 1990

STEINMANN, H.; SCHREYÖGG, G.: Management, 2. Aufl., Wiesbaden 1992

WILD, J.: Grundlagen der Unternehmensplanung, 4. Aufl., Reinbek bei Hamburg 1982

b) Weiterführende Literatur:

ARROW, K. J.: Social choice and individual values, New York u.a. 1951 (1. Aufl.) und 1963 (2. Aufl.)

BAETGE, J.: Betriebswirtschaftliche Systemtheorie. Regelungstheoretische Planungs- und Überwachungsmodelle für Produktion, Lagerung und Absatz, Opladen 1974

BECKER, W.: Funktionsprinzipien des Controlling, in: ZfB, 60. Jg. (1990), S. 295-318

BELLMAN, R.: Dynamic Programming, Princeton 1957

BELLMAN, R.; ZADEH, L.A.: Decision-making in a fuzzy environment, in: Man.Sc., 17. Jg. (1970), S. 3141-3164

BERNOULLI, D.C.: Specimen theoriae novae de mensura sortis. Commentarii Academiae Scientiarum Imperialis Petropolitanae, 5. Jg. (1738), S. 175-192

BENAYON, R.; DE MONTGOLFIER, J.; TERGNY, J.; LARITCHEV, O.: Linear Programming with Multiple Objective Functions: STEP Method (STEM), in: Mathematical Programming, 1. Jg. (1971), S. 366-375

BOHR, K.; SALIGER, E.: Konzeptionen betriebswirtschaftlicher Planung und ihre gegenseitigen Beziehungen, in: ZfbF, 35. Jg. (1983), S. 963-985

BUZZELL, R.D.; GALE, B.T.: The PIMS-Principles. Linking Strategy to Performance, Boston 1987

DINKELBACH, W.: Entscheidungsmodelle, Berlin/New York 1982

EMDE, W.B.: Prognosetechniken und Systeme, in: HWPlan, hrsg. v. N. Szyperski, Stuttgart 1989, Sp. 1645-1658

FEICHTINGER, G.; HARTL, R.F.: Optimale Kontrolle ökonomischer Prozesse. Anwendungen des Maximumprinzips in den Wirtschaftswissenschaften, Berlin 1986.

GEOFFRION, A.M.; DYER, J.; FEINBERG, A.: An Interactive Approach for Multiple-Criterion Optimization with an Application to the Operation of an Academic Department, in: Man.Sc., 19. Jg. (1972), S. 357-368

GRAHAM, I.: Fuzzy logic in commercial expert systems. Results and prospects, in: Fuzzy Sets and Systems, 40. Jg. (1991), S. 451-472

GÜTH, W.: Spieltheorie und ökonomische (Bei)Spiele, Berlin/Heidelberg 1992

HARKER, P.T.; VARGAS, L.A.: The theory of ratio scale estimation: SAATY's Analytic Hierarchy Process, in: Man.Sc., 33. Jg. (1987), S. 1383-1403

HAX, H.: Investitionstheorie, 5. Aufl., Würzburg/Wien 1985

HAX, H.; LAUX, H.: Flexible Planung - Verfahrensregeln und Entscheidungsmodelle für die Planung bei Ungewißheit, in: ZfbF, 24. Jg. (1972), S. 318-340

HEINHOLD, M.: Simultane Unternehmensplanungsmodelle - ein Irrweg?, in: DBW, 49. Jg. (1989), S. 689-708

HEMPEL, C.G.; OPPENHEIM, P.: The Logic of Explanation, in: Readings in the Philosophy of Science, ed. by H. Feigel and M. Brodbeck, New York 1953, S. 319-352

KRALLMANN, H.: Betriebliche Entscheidungsunterstützungssysteme, in: ZfO, 56. Jg. (1987), S. 109-117

KRAEMER, W.; SCHEER, A.-W.: Wissensbasierte Problemlösung für betriebswirtschaftliche Anwendungsgebiete am Beispiel des Controlling, in: DBW, 51. Jg. (1991), S. 211-229

LAUX, H.: Entscheidungstheorie II. Erweiterung und Vertiefung, 2. Aufl., Berlin/Heidelberg 1988

LEHMANN, I.; WEBER, R.; ZIMMERMANN, H.-J.: Fuzzy Set Theory. Die Theorie der unscharfen Mengen, in: OR Spektrum, 14. Jg. (1992), S. 1-9

LINDBLOM, C.E.: The Intelligence of Democracy, New York/London 1965

MERTENS, P.; GRIESE, J.: Industrielle Datenverarbeitung, Bd. II: Informations-, Planungs- und Kontrollsysteme, 5. Aufl., Wiesbaden 1988

NEUMANN, v. J.; MORGENSTERN, O.: Spieltheorie und wirtschaftliches Verhalten, Würzburg 1961

OSSADNIK, W.: Die Steuerung der Investitionsaktivitäten öffentlicher Unternehmungen, Baden-Baden 1991

PICOT, A. : Strukturwandel und Unternehmensstrategie, in: WiSt, 10. Jg. (1981), S. 527-532 u. S. 563-571

RAMSEY, F.P.: The Foundations of Mathematics and other Logic Essays, London 1931

SAATY, T.L.: The Analytic Hierarchy Process, New York 1980

SAATY, T.L.: How to make a decision. The Analytic Hierarchy Process, in: EJOR, 48. Jg. (1990), S. 9-26

SCHNEEWEISS, C.: Elemente einer Theorie betriebswirtschaftlicher Modellbildung, in: ZfB, 54. Jg. (1984), S. 480-504

SCHNEEWEISS, C.: Planung, Bd. 2: Konzepte der Prozeß- und Modellgestaltung, Berlin/Heidelberg 1992

SCHNEEWEISS, H.: Entscheidungskriterien bei Risiko, Berlin/Heidelberg/New York 1967

SCHNEIDER, D.: Flexible Planung als Lösung der Entscheidungsprobleme unter Ungewißheit?, in: ZfbF, 23. Jg. (1971), S. 831-851

SCHNEIDER, D.: Meßbarkeitsstufen subjektiver Wahrscheinlichkeiten als Erscheinungsformen der Ungewißheit, in: ZfbF, 31. Jg. (1979), S. 89-122

SCHMIDHÄUSLER, F.J.: EIS-Executive Informations Systems, in: ZfO, 59. Jg. (1990), S. 118-127

SCHREYÖGG, G.: Unternehmensstrategie. Grundfragen einer Theorie strategischer Unternehmensführung, Berlin/New York 1984

SCHREYÖGG, G.: Planung und Kontrolle - Eine Zwillingsbeziehung in neuem Licht, in: Operations Research. Beiträge zur quantitativen Wirtschaftsforschung, hrsg. v. G. Fandel und H. Gehring, Berlin/Heidelberg 1991, S. 267-278

SPRAGUE, R.H.: DSS in Context, in: Decision Support System, 3. Jg. (1987), S. 197-202

STEUER, R.E.: Multiple Criteria Optimization: Theory, Computation and Application, New York u.a. 1986

SZYPERSKI, N.; WINAND, U.: Strategisches Portfolio-Management: Konzept und Instrumentarium, in: ZfbF, 30. Jg. (1978), S. 123-133

VARGAS, L.G.: An overview over the Analytic Hierarchy Process and its applications, in: EJOR, 48. Jg. (1990), S. 2-8.

VETSCHERA, R.: Group decision and negotiation support - a methodological survey, in: OR Spektrum, 12. Jg. (1990), S. 67-77

WAGNER, H.-P.: Computergestützte Informationssysteme in der Unternehmensplanung, München 1987

ZANGEMEISTER, C.; BOMSDORF, E.: Empfindlichkeitsuntersuchungen in der Nutzwertanalyse: Ermittlung kritischer Zielgewichte und Empfindlichkeitsmaße, in: ZfbF, 35. Jg (1983), S. 375-397

ZIMMERMANN, H.-J.; GUTSCHE, L.: Multi-Criteria Analyse, Berlin/Heidelberg 1991

ZIMMERMANN, H.-J.: Fuzzy set theory and its applications, 2. Aufl., Boston 1991

ZIONTS, S.; WALLENIUS, J.: An Interactive Programming Method for Solving the Multiple Criteria Problem, in: Man.Sc., 22. Jg. (1976), S. 652-663

ZWICKY, F.: Morphologisches Denken und Vorgehen, in: Die neuen Methoden der Entscheidungsfindung, hrsg. v. G.W. Tumm, München 1972, S. 130-143

C. Führung

Michael Reiß

1. Grundlagen der Führung

1.1 Anforderungen an Führungssysteme

Führung bezeichnet die Managementaktivitäten, die auf den Menschen im Unternehmen ausgerichtet sind. Bei der Führung handelt es sich um ein Tätigkeitsfeld, das wissenschaftlich wie praktisch interdisziplinär angelegt ist. Neben der Betriebswirtschaftlehre befassen sich vor allem die Psychologie, Soziologie sowie die Rechts- und Arbeitswissenschaften mit Führungsfragen.

Führung als eine Sparte des Managements begegnet uns sowohl in konkreten als auch in abstrakten Erscheinungsformen. Das Spektrum umfaßt u.a.

- **Führungskräfte** in den dezentralen Fachabteilungen und den zentralen Service-Abteilungen (vornehmlich Personal- und Organisationsabteilung),

- **Führungsverhalten**, dessen praktizierte Grundmuster man auch als Führungsstile bezeichnet,

- **Führungsgrundsätze**, die als Bestandteile von Organisationshandbüchern das Führungsverhalten reglementieren und

- **Führungsmodelle**, die als wissenschaftliche Theorien oder auch Alltagstheorien über die wesentlichen Einflußgrößen auf Führungsverhalten und Führungserfolg informieren.

Die Menschen, auf die Führung ausgerichtet ist, erfüllen in zielgerichteten sozialen Gebilden stets spezifische Aufgaben bzw. Funktionen. Diese funktionsorientierte Sichtweise schlägt sich in Bezeichnungen nieder, die sowohl die Menschen als auch die Menschenführung als Managementsparte näher kennzeichnen. Am weitesten verbreitet sind hier die Begriffe

- "**Personal**" ("Personalführung"),

- "**Mitarbeiter**" ("Mitarbeiterführung"),

- "**Humanressourcen**", auch "Humankapital", "Humanvermögen" oder "human assets" ("Human Resource Management") und

- "**Produktionsfaktor Arbeit**" ("Arbeitslehre bzw. -wissenschaft").

Die für die Führung charakteristische "Ausrichtung" am Personal, etwa in Form einer **Mitarbeiterorientierung** oder einer **Humanzentrierung**, ist in einer zweifachen Bedeutung zu verstehen: Menschen bilden einerseits das Gestaltungs**objekt** der Führung, wenn es beispielsweise um Bewerberauswahl oder um Personaleinsatz geht. Menschen stellen andererseits Gestaltungs**bedingungen** dar, an die man sich im Rahmen einer menschengerechten Arbeitsgestaltung (Ergonomie), des Entwurfs von maßgeschneiderten Arbeitszeiten, der Vermeidung von Überforderung oder einseitigen Belastung anpassen muß.

Bei der Führung handelt es sich zwar um eine traditionsreiche, dennoch aber keinesfalls durch und durch beherrschte oder gar ausgereizte Sparte des Managements. Verantwortlich dafür zeichnen nicht zuletzt aktuelle wie auch permanente **Herausforderungen**, die eine Beantwortung der Frage nach der richtigen oder gar optimalen Führung erheblich erschweren.

Aktuelle Herausforderungen verbinden sich mit Schlagworten wie **Wertewandel** bei Mitarbeitern, **Individualisierung** versus Standardisierung von Führungsmaßnahmen, **Coaching** als neuem Rollenbild für Führungskräfte, Führungskonzepte für **international** tätige Konzerne und Vereinbarkeit von Führungsbausteinen aus unterschiedlichen Kulturkreisen, etwa hinsichtlich der Übertragbarkeit **japanischer** Führungsprinzipien (Kaizen, Konsensus-Management u.ä.).

Permanente Herausforderungen äußern sich oft in Spannungsfeldern. Hierzu zählt das Konfliktfeld zwischen **Mitarbeiterorientierung** (z.B. Arbeitszufriedenheit) einerseits und **Unternehmensorientierung** (z.B. Arbeitsleistung) andererseits sowie zwischen **Gruppe** (Kooperation, "Mannschaftsleistung") und **Individuum** (Profilierung, Karriere). Ungelöst ist auch das Problem des optimalen Mischungsverhältnisses zwischen einer rational-wissenschaftlich fundierten Führung und einer auf Intuition, gesundem Menschenverstand und Fingerspitzengefühl basierenden Führung.

Uneinigkeit besteht des weiteren darüber, ob Führung eher als gezieltes "**Intervenieren**" oder aber als diffuses "**Kultivieren**" praktiziert werden soll. Vor dem Hintergrund der allgemeinen Verhaltensformel *Verhalten = f(Person, Umfeld)* stellt sich weiterhin die Frage, ob man sich auf die **Person** oder auf das **Arbeitsumfeld** als optimalen Ansatzpunkt für Führungsmaßnahmen konzentrieren soll. Darüber hinaus sind einige Fundamente der Führung, beispielsweise das adäquate Menschenbild (etwa Theorie X: "Menschen sind arbeits- und verantwortungsscheu" versus Theorie Y: "Menschen gewinnen Befriedigung aus der Arbeit und Übernahme von Verantwortung", vgl. WEINERT 1987, S. 175) alles andere als gesichert. Permanente Probleme bereitet beispielsweise auch die Vereinbarkeit zwischen den verschiedenen Grundformen des Mitarbeiterverhaltens, vor allem zwischen Routineleistung (Perfektionieren) auf der einen Seite und Problemlösungsleistung (Innovieren) auf der anderen Seite. Orientierungsprobleme dieser Art sind in der Führungsforschung als **Dilemmata** (Kontrolldilemma, organisatorisches Dilemma usw.) oder **Paradoxien** (z.B. bürokratisches Paradoxon) eingehend analysiert worden, ohne daß allerdings bisher überzeugende Konzepte oder gar "Rezepte" zu ihrer Überwindung entwickelt worden wären (vgl. z.B. FRESE 1992b, S. 300 ff.)

1.2 Positionierung der Führung

1.2.1 Stellenwert der Führung

Bereits aus der groben Charakterisierung von Führung ergeben sich erste Hinweise auf die Eingliederung der Führung in das Managementsystem einer Unternehmung. Eine solche Positionierung betrifft sowohl die bewertende Abklärung ihres **Stellenwerts** in der Rangskala der Managementfunktionen (Wie wichtig ist Führung?) als auch die rein beschreibende **Standortbestimmung** innerhalb des Gebäudes der Managementfunktionen (Wo steht Führung?).

In der Managementforschung werden Faktoren mit hohem Stellenwert für eine Unternehmung seit einiger Zeit als sog. kritische **Erfolgsfaktoren** bezeichnet. Zur Gruppe der kritischen Erfolgsfaktoren gehören laut dem bekannten, wenn auch nicht unkritisierten 7S-Schema die **Strategie**, **Struktur** (Organisation), **Systeme** (Informations-, Planungs- und Controllingsysteme), **Spezialkenntnisse** ("skills"), **Stammpersonal** ("staff"), **Stil** (Führungsstil) und **Selbstverständnis** (Unternehmungskultur) (vgl. STAEHLE 1991, S. 475). Offensichtlich enthält dieser Katalog der Erfolgsfaktoren explizite Führungsfaktoren, wozu man gemeinhin Stil, Stammpersonal, Spezialkenntnisse und Unternehmenskultur zählt, sowie "implizite" Führungsfaktoren, etwa die Struktur in Form der Führungs- und Arbeitsorganisation. Innerhalb der kritischen Erfolgsfaktoren ist es zu einer zusätzlichen Aufwertung der expliziten (sog. weichen) Führungsfaktoren gekommen: Humanzentrierte Managementkonzepte verdrängen derzeit system- bzw. technikzentrierte Managementkonzepte. Die Humanressourcen werden gewissermaßen zum Kernerfolgsfaktor bzw. zum zentralen Produktionsfaktor. Auch die sog. harten Erfolgsfaktoren wie z.B. Controlling- und Informationssysteme sollen führungsorientiert angelegt werden. Diese Forderung läßt sich durch ein verhaltensorientiertes Controlling und durch benutzergerechte Informationssysteme erfüllen. Sogar Strategien und Strukturen entfalten ihre Orientierungsfunktion dann und nur dann, wenn sie von den Mitarbeitern akzeptiert werden.

Aus praktischer Sicht bedarf diese führungszentrierte Sichtweise einer Relativierung. Richtig ist zwar, daß der Stellenwert von Führung im Sinne der Relevanz (Erfolgswirksamkeit, Ergiebigkeit, Attraktivität) von Führungsmaßnahmen als sehr hoch einzustufen ist. Falsch wäre es hingegen, Führung auch in der Rangskala der gut beherrschten und beeinflußbaren Erfolgsfaktoren (Handhabungskompetenz, Stärke) ganz oben zu positionieren. Die Kompetenz zur Beeinflußung von Mitarbeiterverhalten mit Hilfe der vorhandenen Führungsfähigkeiten fällt im Vergleich zur Beeinflußbarkeit von Systemen und Strategien eher geringer aus. Hier rangiert das Personal oft als Engpaßfaktor oder gar als Störfaktor. Mißt man den Stellenwert von Erfolgsfaktoren nun gleichzeitig auf den beiden Dimensionen "**Wirksamkeit**" und "**Beeinflußbarkeit**", läßt sich ein Portfolio der Erfolgsfaktoren konstruieren. Dort können dann die expliziten Führungsfaktoren "realistischer" positioniert werden (vgl. Abbildung C. 1).

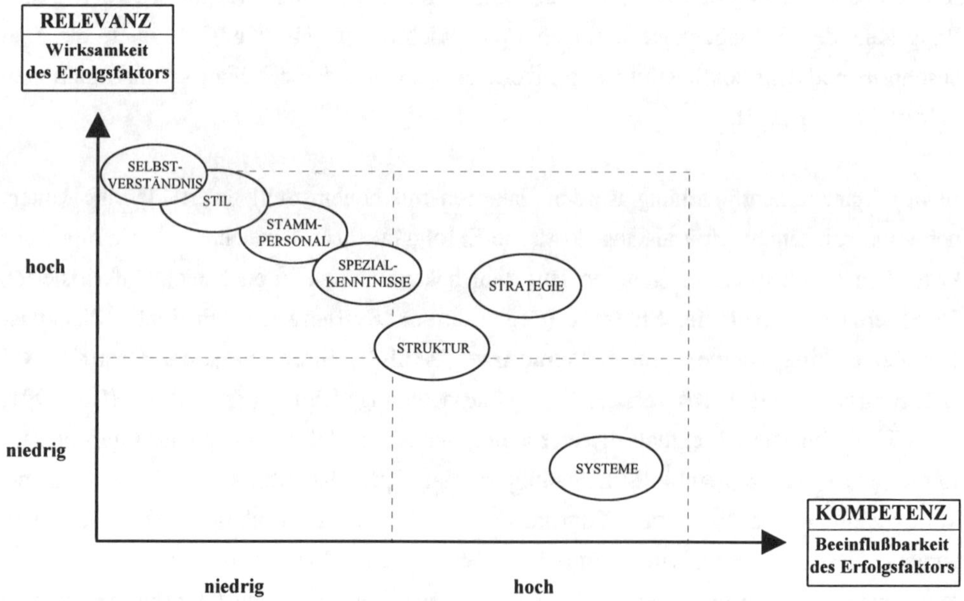

Abbildung C. 1: Erfolgsfaktoren-Portfolio

1.2.2 Standort der Führung

Die Standortpositionierung von Führung wird erschwert durch eine Unschärfe im Führungsverständnis. Sie äußert sich vornehmlich in der Existenz eines umfangmäßig engen und eines weiten Führungsbegriffs.

Der **enge Führungsbegriff** versteht Führung als "leadership". Führung vollzieht sich in der direkten Interaktion zwischen einem Vorgesetzten und seinen Mitarbeitern. Im Mittelpunkt aller Führungsaktivitäten steht die Aktivierung gegebener Qualifikations- und Motivationspotentiale zur Erfüllung von Aufgaben (vgl. WUNDERER/GRUNWALD 1980a, S. 52 ff. sowie STEINLE 1978, S. 13 ff.).

Führung im engeren Sinne läßt sich durch folgende Begriffsmerkmale kennzeichnen:

- Führung beinhaltet eine asymmetrische Rollenverteilung zwischen einem Führer einerseits und Folgern andererseits. Das bestehende Einfluß- bzw. Machtgefälle zugunsten des Führers beruht primär auf dessen Positionsmacht, die durch seine Stellung in der Hierarchie formal begründet wird.

- Führung erfolgt in direktem Kontakt, hauptsächlich durch persönliche Anweisung und Berichterstattung (Überwachung). Interaktionen zwischen den Mitarbeitern und der Personal- und Organisationsabteilung sowie Arbeitnehmervertretern (Betriebsrat) werden durch diese eng definierte Interaktionsarena nicht abgedeckt.

- Alle anderen Formen der Verhaltenssteuerung und -koordination wie z.B. organisatorische Regelungen (Stellenbeschreibungen), Richtlinien (etwa standardisierte Prozesse und Berufsbilder), Budgets und Kennzahlen stellen keine Führungsmittel, sondern sog. **Führungssubstitute** dar (vgl. SCHANZ 1993, S. 573 ff.). Da auch Organisation als Führungssubstitut fungiert, spricht man dann konsequenterweise von zwei separaten Managementfunktionen "Führung" **und** "Organisation".

Der **weite Führungsbegriff** versteht Führung als personen- bzw. verhaltensorientiertes Management. Zusammen mit den sachbezogenen Managementfunktionen wie Planung, Informationsmanagement und Controlling stellt die Personalführung einen integralen Baustein der Unternehmungsführung dar. Führung umfaßt alle interaktionellen und strukturellen Ansätze zur Gestaltung, Koordination und Steuerung des Personalverhaltens.

Im vorliegenden Beitrag wird der weite Führungsbegriff zugrundegelegt. Dafür sprechen folgende Gründe:

- Das Unternehmungsgeschehen wird immer weniger durch einseitig-asymmetrische Interaktionen zwischen Führern und Folgern und immer stärker durch symmetrische Interaktionen zwischen Interaktions-Partnern geprägt, die beide wechselseitig aufeinander Einfluß nehmen. Derartige Interaktionsformen werden als laterale **Kooperation**, horizontale **Selbstabstimmung** oder auch **Partizipation** bezeichnet. In diese Interaktionen gehen nicht nur positionsgebundene Machtbasen (z.B. Direktionsrecht des Arbeitgebers), sondern auch personengebundene Einflußbasen ein, beispielsweise Expertenmacht, Informationsvorsprung oder Vorbildfunktion (vgl. STAEHLE 1991, S. 372 ff.). Dadurch kommt es nur in seltenen Fällen zu einer stabilen asymmetrischen Rollenverteilung. Die Asymmetrie des Führungphänomens bezieht sich dann nicht mehr auf die Einflußrichtung, sondern beschränkt sich auf die Betrachtungsperspektive: Führung betrachtet die Interaktionen im Unternehmungsprozeß jeweils aus der Sicht des formal autorisierten Interaktionspartners.

- Strukturelle und interaktionelle Formen der Verhaltenssteuerung vermischen sich immer mehr. Betriebliche Zentralabteilungen wie beispielweise die Personalabteilung arbeiten zunehmend interaktiv. Sie benennen beispielsweise Personalreferenten, die in Interaktion mit den betroffenen Mitarbeitern die Betreuung bestimmter Belegschaftsgruppen übernehmen. Auszubildende, Trainees, bestimmte Abteilungen, die außertariflichen Angestellten usw. werden innerhalb eines Marketingansatzes (Personalmarketing) explizit als unternehmungsinterne Kundengruppen oder Zielgruppen der Führung behandelt (vgl. SCHOLZ 1991, S. 204 ff.).

- Der weite Führungsbegriff kann einem aktuellen Trend, nämlich der Verlagerung von Personalfunktionen aus den Personal- und Organisationsabteilungen in die Fachabteilungen (Führungskräfte vor Ort sollen mehr führen!) ohne Probleme Rechnung tragen.

- Zugleich wird man mit dem weiten Führungsbegriff aber auch der steigenden Bedeutung von Führungs"substituten" gerecht. Hierzu zählt nicht zuletzt die Tendenz zur intensiveren Selbstorganisation: Sie unterstützt die Entwicklung lokal gültiger Spielregeln innerhalb eines global vorgegebenen Rahmens aus Leitbildern, Richtlinien, Budgets usw. Dadurch wird jede Führungskraft, ja jeder einzelne Mitarbeiter gewissermaßen zu seinem eigenen Organisator bzw. Manager (vgl. REISS 1991; PROBST 1992, S. 481 ff.).

- Führung i.w.S. läßt sich nicht eindeutig an bestimmten **Personen** (z.B. professionellen Personal"leuten" und Organisatoren und deren Berufsverbänden) oder an bestimmten unternehmungsinternen **Institutionen** (Organisationseinheiten in Form der Personal- und Organisationsabteilungen, Mitbestimmungsorgane wie Betriebsrat, Sprecherausschüsse oder Frauenbeauftragte) "festmachen". Führung im weiteren Sinne liegt vor, wenn bestimmte **Führungsfunktionen** ausgefüllt werden (vgl. Abbildung C. 4).

FÜHRUNGSSTIL	◁ AUTORITÄRER FÜHRUNGSSTIL			KOOPERATIVER FÜHRUNGSSTIL ▷
VERHALTENS-DETERMINATION	Fremdbestimmung	Mitbestimmung		Selbstbestimmung
KOMPETENZ-VERTEILUNG	Entscheidungs-zentralisation	Partizipation		Delegation
KOORDINATIONS-FORM	Hierarchische Koordination	Laterale Koordination		
MANAGEMENT-PRINZIP	Management by Results	Management by Objectives	Management by Exception	Management by Delegation

Abbildung C. 2: Organisatorische Führungsstil-Konzepte

Organisation repräsentiert innerhalb des weiten Führungsverständnisses einen integralen Baustein der Führung. (Personal-)Führung ihrerseits bildet einen integrierten Baustein der Unternehmungsführung. Dieser integrative Aspekt kommt in Konzepten wie "Personalorganisation" oder "Führungsorganisation" zum Ausdruck. Anhand der traditionellen Klassifikation von Führungsstilen - einem klassischen Sektor der Führung - läßt sich die Verwobenheit von Personal und Organisation besonders gut veranschaulichen (vgl. Abbildung C. 2; vgl. STAEHLE 1991, S. 309 ff., SCHOLZ 1991, S. 399 ff.)

Bezeichnet man das Verhaltensmuster eines Vorgesetzten als (eher) autoritär oder kooperativ bzw. demokratisch, läßt sich ein direkter Zusammenhang herstellen zum zugrundeliegenden Prinzip der Verhaltensdetermination beim Mitarbeiter. Autoritäre Führungsstile sind für Unternehmungen kennzeichnend, in denen die Mitarbeiter fremdbestimmt ("Kommandowirtschaft") agieren, also kaum eigene Inititative und Verantwortung entwickeln. Kooperatives Führungsverhalten geht hingegen mit Mitbestimmung bei Entscheidungen bzw. mit Selbstbestimmung (self management) einher. Eng damit korreliert sind die organisatorischen Strukturdimensionen der Kompetenzverteilung (zwischen Vorgesetzten und Mitarbeitern) und der Koordination *(vgl. dazu 2.1.3.3 und 2.1.3.4)*. Schließlich läßt sich auch eine Brücke schlagen zwischen dem Führungsstil und dem praktizierten Management-Prinzip. Der autoritären Führung entspricht am ehestens einem Management by Results im Sinne einer Führung durch Zielvorgabe, beispielsweise durch zentral geplante Mengen-, Kosten- oder Umsatzkennzahlen. Das Management by Objectives basiert demgegenüber auf einer Zielvereinbarung zwischen Partnern und entspricht damit der Vorstellung von kooperativer Führung. Das Management by Delegation schafft Entscheidungsspielräume bei den Mitarbeitern, die diese selbstverantwortlich ausfüllen sollen. Nur bei Überschreiten bestimmter kritischer Werte ("Exception", Ausnahme) greift der Vorgesetzte im Sinne einer Führung nach dem Ausnahmeprinzip ein.

Die soeben vorgenommene Positionierung der Führung im weiteren Sinne mündet in eine **Standortbestimmung innerhalb der Unternehmungsführung** (vgl. Abbildung C. 3). Ordnet man die gängigen Managementfunktionen der Unternehmungsführung nach den drei groben Unternehmungssektoren der **Programmgestaltung** (Breite und Tiefe des Leistungsprogramms, Strategisches Management, Management von Leistungs- bzw. Wertschöpfungsprozessen), der **Ressourcengestaltung** (Personalmanagement, Informationsressourcen-Management, Anlagenmanagement, Materialmanagement, Management von Know-how und Kompetenzen usw.) und der **Organisationsgestaltung** (Arbeitsteilung, Koordination, Ablauforganisation, Relationship-Management u.ä.), dann läßt sich der Kernbereich der Führung definieren als Vereinigung von Personalmanagement (Humanressourcen-Management) und personalbezogener Organisationsgestaltung. Führung besteht also im wesentlichen aus einer aufeinander abgestimmten **Personal- und Organisationsarbeit**.

Wechselseitige Abhängigkeiten innerhalb und zwischen den drei Sektoren haben zur Folge, daß zusätzliche Bereiche der Organisationsgestaltung wie auch der Ressourcengestaltung zu Tätigkeitsfeldern der Führung werden. Dazu gehört beispielweise die Schnittstelle zwischen Prozeßtechnik, Personal und Organisation. Gerade im Zusammenhang mit der flexiblen und integrierten Automatisierung der Produktion (Flexible Fertigungssysteme, Computer Integrated Manufacturing) müssen von der Führung sowohl Konzepte einer technikgerechten Organisation (z.B. Fertigungsinseln) als auch einer menschengerechten Technik (z.B. Möglichkeiten der Maschinenprogrammierung und -wartung vor Ort) entworfen werden.

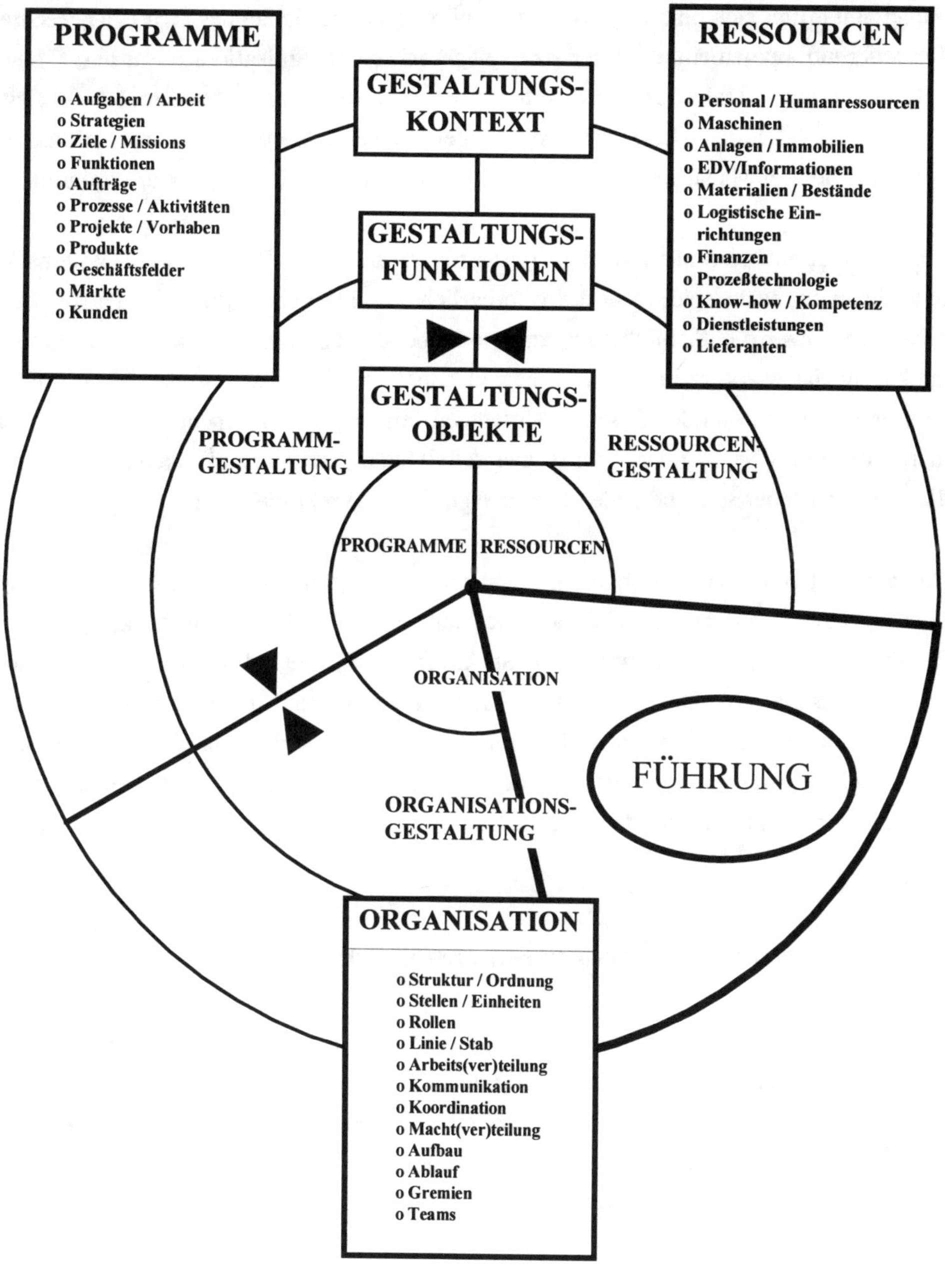

Abbildung C. 3: Führung im Rahmen der Unternehmungsführung

Außerdem ergibt sich eine Expansion der Führung in das Gebiet des **strategiegerechten Ressourcenmanagements** und der **strategiegerechten Organisationsgestaltung**. "Internationalisierung" und "Unternehmertum" (sog. Entre- bzw. Intrapreneuring; vgl. PROBST 1992, S. 199 f., S. 586) stellen beispielweise Managementkonzepte dar, die simultan alle drei Managementsektoren und damit auch den Führungssektor berühren.

Für Internationalisierungsstrategien (Osteuropa-Markt, EG-Binnenmarkt, Weltmarkt) muß die Führung beispielweise das erforderliche mobile und qualifizierte Personal bereitstellen sowie die Stammhausorganisation und die Organisation der Auslandsstützpunkte an die Markterschließungsstrategien anpassen. Strategiekonzepte des Entrepreneuring erfordern, daß das Gesamtunternehmen in kleinere "Unternehmen im Unternehmen" aufgeteilt ("segmentiert") wird, und daß "Unternehmerpersönlichkeiten" als Leiter dieser unternehmerisch agierenden Center *(vgl. 2.2.2.3)* rekrutiert werden.

Das Standortmodell (vgl. Abbildung C. 3) enthält zugleich auch Hinweise darauf, daß Führung sowohl auf betrieblichen als auch auf überbetrieblichen Entscheidungs- bzw. Regelungsebenen praktiziert wird. Das Spektrum der überbetrieblichen Führungsinstanzen im "Gestaltungskontext", reicht von supranationalen und nationalen Gesetzgebern, über Berufs- und Branchenverbände bis hin zu Tarifpartnern. Einrichtungen wie beispielsweise Haustarife verdeutlichen, daß die Grenzen zwischen betrieblicher und überbetrieblicher Führung fließend verlaufen.

1.3 Ganzheitliche Führungskonzeptionen

Die in diesem Lehrbuch zu vermittelnden Grundlagen der Führung sollen weniger einen vertiefenden Einblick in ausgewählte Führungsbausteine als vielmehr einen breit angelegten **Überblick** über Führungskonzepte vermitteln. Diesem Anliegen können nur ganzheitlich aufgebaute Konzeptionen gerecht werden, für die der weite Führungsbegriff einen besonders gut geeigneten Rahmen abgibt.

Ganzheitlichkeit verlangt zunächst **Flächendeckung** und verbietet Lücken im Führungskonzept. Viele der gängigen Management by-Ansätze (vgl. Abbildung C. 2) sind punktuell fixiert auf einzelne Bausteine wie beispielsweise die Organisation des Zielsetzungsprozesses. Da sie keine Angaben über die restlichen Führungsbausteine enthalten, genügen sie nicht den Anforderungen an ein integriertes Führungskonzept.

Ganzheitlichkeit erfordert des weiteren die Berücksichtigung der Verbindungen (Verbindungs- bzw. Schnittstellen) zwischen den einzelnen Bausteinen, ein Anspruch, der sich durch bloße additive Auflistungen von Führungsfunktionen nicht erfüllen läßt. Nur durch schnittstellenbewußte Ansätze kann man beispielsweise berücksichtigen, daß Organisation (Arbeitsinhalte, Arbeitszeiten, Kommunikationsmöglichkeiten) ein relevanter Anreiz innerhalb eines Anreizsystems darstellt, der auf das Fehlzeitenverhalten und Leistungsverhalten der Mitarbeiter einwirkt *(vgl. 4.2)*.

Schnittstellenmanagement erzwingt einen systemischen Zugang zu Führungsphänomenen, weshalb auch von Führungssystemen gesprochen wird *(vgl. 1.4)*.

Darüber hinaus muß für Ganzheitlichkeit das harmonische Zusammenwirken der einzelnen Bausteine gewährleistet sein. Diverse Führungsprinzipien sollen für einen solchen **harmonischen Fit** sorgen. Dazu zählen beispielsweise Äquivalenz- oder Gerechtigkeitsprinzipien (zwischen Lohn und Leistung, Anreizen und Beiträgen), das organisatorische Kongruenzprinzip (Ausgewogenheit von Rechten und Pflichten) sowie die Parallelität von Fordern und Fördern. Diesem Fit-Gedanken ist das Management by Objectives verpflichtet, welches die Kopplung zwischen den beiden Führungsbausteinen "Zielvereinbarung" (Fordern) und "Personalentwicklung" (Fördern) akzentuiert (vgl. STAEHLE 1991, S. 785 ff.) .

Schließlich verlangt man von der perfektioniertesten Spielart eines ganzheitlich konstruierten Führungssystems, daß **Synergie-Effekte** (nach der Formel "2+2=5") realisiert werden. Zu diesem Zweck müssen beispielsweise Trainingsmaßnahmen "on the job", "near the job" und "off the job" in einem Trainingsmix optimal kombiniert werden (vgl. Abbildung C. 24). Dadurch gelingt etwa im Rahmen eines EDV-Qualifizierungsprogramms der synergiestiftende Transfer zwischen allgemeinen EDV-Kenntnissen (Informationsbedarfsanalyse, EDV-Konfigurationen, Betriebssysteme usw.) und anwendungsspezifischem EDV-Know-how (z.B. Beherrschung der Anwendungssoftware für Finanzbuchhaltung).

Ganzheitliche Führungskonzepte werden häufiger im wissenschaftlichen als im praktischen Bereich entwickelt. Selbst in der Führungswissenschaft überwiegen dabei die punktuellen Bemühungen um einzelne Führungsbausteine. Vom Integrationsanliegen sind vor allem folgende Führungskonzepte geprägt.

Die **Organisationsentwicklung** beschäftigt sich mit groß angelegten Veränderungen, die sowohl strukturelle als auch personelle Anpassungen erfordern (z.B. der Wandel vom Industrie- zum Dienstleistungsunternehmen). In diesem Ansatz wurde ein mehr oder weniger integriertes Führungsinstrumentarium entwickelt, das sich aus Techniken auf der Ebene der Unternehmung, der Gruppen und des einzelnen Mitarbeiters zusammensetzt (vgl. STAEHLE 1991, S. 829 ff.).

Das **Personalmarketing** wendet den interaktiven Marketing-Ansatz auf die Beziehung zwischen Unternehmung und Mitarbeiter an. Unternehmungen vermarkten bestimmte Dienstleistungen (Arbeitsmöglichkeiten, Bildungsleistungen, Beratungsleistungen) gegenüber den Mitarbeiter (und auch den Fachabteilungen) als Kunden (vgl. BLEIS 1992; STRUTZ 1992).

Das **Humanressourcen-Management** integriert sowohl alle personalbezogenen Führungsfunktionen (Personalgestaltung und Arbeitsgestaltung) als auch die Personalführung in die Unternehmungsführung, nicht zuletzt in das strategische Management (vgl. STAEHLE 1991, S. 718). Ein weiteres spezifisches Anliegen dieses Führungskonzepts besteht in der Integration von Führungsmaßnahmen auf überbetrieblichen und innerbetrieblichen Ebenen, von gängigen Kooperationsmodellen im Berufsbildungssektor, über Arbeitssicherheit bis hin zur Organisation des Systems der Krankenversicherung (vgl. REISS 1993, S. 317 ff.).

In der Führungspraxis werden ganzheitliche Führungskonzepte in einigen Fällen durch bestimmte Führungsmaßnahmen bewußt konstruiert, hauptsächlich durch den Entwurf von Unternehmensvisionen, Führungsgrundsätzen und Grundsätzen für die Personal- und Organisationsarbeit. Oft lassen sich derartige Konzepte aber nur aus praktiziertem Führungsverhalten rekonstruieren. Dies trifft besonders auf das ganzheitliche Konzept der "Kultur" zu. Für eine ganzheitliche Führung sind neben den firmenspezifischen Unternehmungskulturen *(vgl. 6.)* auch Landeskulturen (etwa die amerikanische "hire and fire"-Mentalität in der Beschäftigungspolitik) oder branchenspezifische Kulturen (z.B. Dienstleistungskultur) relevant.

1.4 Aufbau eines Führungssystems

1.4.1 Spektrum der Führungsfunktionen

Während sich die Positionierung der Führung mit der Eingliederung der Führung in die Unternehmungsführung beschäftigt hat *(vgl. 1.2)*, geht es im folgenden um die übersichtliche und informative **Aufgliederung** eines ganzheitlich angelegten Führungssystems.

Zunächst wird man hier mit einer großen Fülle von sehr unterschiedlichen Funktionen der Personal- und Organisationsarbeit konfrontiert. Eine Auswahl von gängigen Führungsfunktionen ist in Abbildung C. 4 zusammengestellt.

PERSONALBESCHAFFUNG	FÜHRUNGSORGANISATION
PERSONALFREISETZUNG	ARBEITSORGANISATION
PERSONALBINDUNG	ABLAUFORGANISATION
PERSONALEINSATZ	TEAM-MANAGEMENT
PERSONALENTWICKLUNG	ARBEITSZEITMANAGEMENT
PERSONALERHALTUNG	ANREIZSYSTEME
	ARBEITSBEZIEHUNGEN
	KOMMUNIKATION
PERSONALMARKETING	PROJEKTMANAGEMENT
PERSONALCONTROLLING	ZIELVEREINBARUNG
PERSONALBERATUNG	STRUKTURANALYSE
PERSONALBETREUUNG	ORGANISATIONSPLANUNG
PERSONALFORSCHUNG	ARBEITSMARKTFORSCHUNG
PERSONALINFORMATIONSSYSTEME	ERFOLGSÜBERWACHUNG
PERSONALBEDARFSERMITTLUNG	IMPLEMENTIERUNG
	PROZESSBERATUNG
	MODERATION

Abbildung C. 4: Spektrum der Führungsfunktionen

Alle Versuche, diese Fülle nach einem einzigen Gliederungskriterium ordnen zu wollen, müssen fehl schlagen. Nur eine verfeinerte Systematik nach mindestens zwei Gesichtspunkten, etwa nach a) inhaltlichen Führungsdomänen *(vgl. 1.4.2)* und nach b) formalen

Managementfunktionen *(vgl. 1.4.3)* wird der Komplexität des gesamten Führungsbereichs gerecht.

1.4.2 Inhaltliche Führungsfunktionen: Führungsdomänen

Die inhaltliche Aufgliederung des Führungssektors trennt zwischen Führungsdomänen. Damit sind Funktionen gemeint, die sich sowohl hinsichtlich der Gestaltungstätigkeiten als auch der Gestaltungsobjekte voneinander unterscheiden.

In systemischer Betrachtung wird das Führungssystem hier in vier Teilsysteme zerlegt (vgl. Abbildung C. 5). Das Organisations-, Qualifikations-, Motivations- und Rekrutierungssystem decken zusammen die zentralen Domänen der Führung ab.

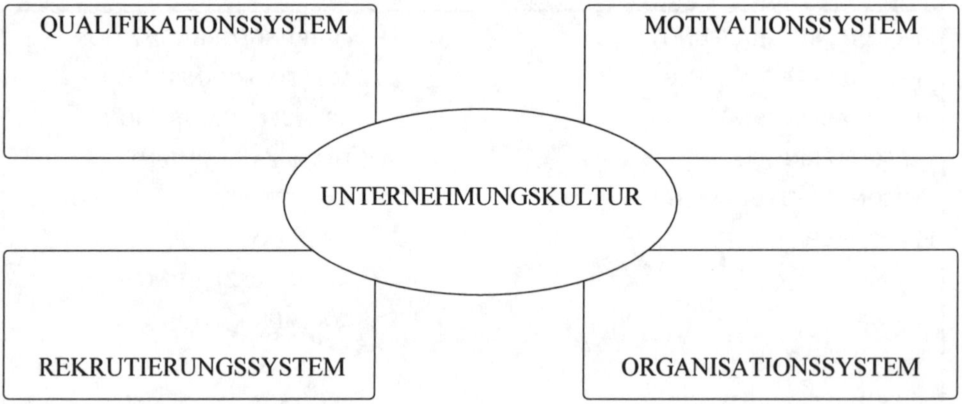

Abbildung C. 5: Subsysteme des Führungssystems

Eine solche Aufteilung kann allerdings nie vollkommen überschneidungsfrei vorgenommen werden. Relevante Schnittmengen lassen sich beispielsweise anhand der **Organisationsgestaltung** beschreiben:

Organisation gestaltet nicht nur den Arbeitsort, sondern auch den innerbetrieblichen Lernort (für ein Training on the job, *vgl. 3.2*) und liefert dadurch einen Beitrag zur Qualifikation der Mitarbeiter. Organisatorische Regelungen zu den Tätigkeitsinhalten eines Stelleninhabers und zur Transparenz seines Aufgabengebiets wirken sich des weiteren positiv oder negativ auf dessen Motivation aus. Außerdem beeinflußt ein organisatorisch festgelegter Stellenplan die Möglichkeiten der Rekrutierung von Mitarbeitern, sowohl im

Sinne eines akquisitorischen Potentials bei der Personalbeschaffung (Personalmarketing) als auch im Sinne eines Spektrums von internen Personalverwendungen bei der Personaleinsatz- und Laufbahnplanung.

Schnittmengen ergeben sich zudem aus der Tatsache, daß alle Subsysteme einen Beitrag zur **Anpassung der Personalkapazitäten** an qualitativ oder quantitativ geänderte Anforderungen liefern müssen (Technischer Fortschritt, Konjunkturschwankungen usw.). Für das Rekrutierungssystem stellt die quantitative Personalausdehnung bzw. -reduzierung definitionsgemäß die Kernaufgabe dar. Doch auch das Qualifikations-, Motivations- und Organisationssystem unterstützen Personalanpassungen. Qualifizierung und Motivierung beeinflussen das qualitative und quantitative Leistungspotential. Die Organisation von Arbeitszeitsystemen (Schichtsysteme, Pausendurchlauf, Jahresarbeitszeitvertrag usw.; vgl. SCHANZ 1993, S. 339 ff.) sorgt für eine bedarfsgerechte Modifikation des Zeitraums und Zeitpunkts der Verfügbarkeit von Personalkapazitäten.

Außerdem werden die Teilsysteme von der Unternehmungskultur überlagert (vgl. Abbildung C. 5). Hierbei handelt es sich um eine Führungsdomäne, die bereits vom Alltagsverständnis her kein streng separierbares Teilsystem darstellen kann, weil Denk- und Arbeitsweisen, "Sitten und Gebräuche" u.ä. alle Subsysteme durchdringen.

1.4.3 Formale Führungsfunktionen: Managementfunktionen

Wie alle Managementaktivitäten müssen auch Führungsaktivitäten in allen vier Domänen geplant, durchgeführt, kontrolliert und informatorisch fundiert werden. Das Spektrum der Führungsfunktionen (vgl. Abbildung C.4 unten) enthält demzufolge auch formale Managementfunktionen wie Personalplanung, Organisationsplanung, Personalbedarfsermittlung, Personalforschung (Ermittlung von Informationen über Personal und Arbeit, vgl. DRUMM 1992, S. 55 ff.), Personalcontrolling usw. Die Gesamtheit dieser führungsbezogenen Managementfunktionen läßt sich nach mehreren Gesichtspunkten strukturieren:

Eine einfache Systematik unterscheidet zwischen **Verwaltungsfunktionen** (Gehaltsabrechnung, Personalstatistik, Einhaltung arbeitsrechtlicher Bestimmungen für Kündigungsschutz usw.) und **Gestaltungsfunktionen** (z.B. Planung der Personalentwicklung und Arbeitsstrukturierung). Durch diese Differenzierung sensibilisiert, soll dann dafür gesorgt werden, daß nicht die (oft dringlichen) Verwaltungstätigkeiten die wichtigen Gestaltungsaufgaben im knappen Zeitbudget von Führungskräften zurückdrängen.

Zunehmende Bedeutung gewinnt die Trennung zwischen **strategischen** Führungfunktionen und **operativen** Führungsfunktionen. Im Rahmen der operativen Führung geht es vornehmlich um den Einsatz bestimmter Führungswerkzeuge (z.B. Techniken der Gesprächsführung und Moderation) sowie um die Anwendung von Grundsätzen und Prinzipien, die auf der strategischen Führungsebene aufgestellt werden. Zu diesen Führungsprinzipien zählen beispielsweise das Partizipationsprinzip, Transparenzprinzip, Pull- versus Push-Prinzip in der Ablauforganisation oder das Subsidiaritätsprinzip zwischen Selbst- und Fremdorganisation ("Selbstorganisation so viel wie möglich, Fremdorganisation so viel wie nötig!").

Strategische Führung zeichnet nicht zuletzt verantwortlich für die Pflege der Humanressourcen als Wettbewerbsfaktor. Auf der Ebene der strategischen Führung kommen naturgemäß strategische Managementinstrumente zum Einsatz, beispielsweise die Portfolio-Technik *(vgl. OSSADNIK B. 2.2.2.2)*. Man arbeitet mit verschiedenen Varianten von **Humanressourcen-Portfolien** (vgl. Abbildung C. 6) zur Optimierung der Zusammensetzung des Personals. Die Personalstruktur wird hierbei anhand von zwei wettbewerbsrelevanten Dimensionen beschrieben: Zum einen anhand der Potentialdimension, die den zukünftigen Leistungsbeitrag zur Erfüllung strategischer Programme erfaßt und zum anderen anhand der Leistungsdimension, auf der nach dem gegenwärtigen Leistungsbeitrag unterschieden wird (vgl. STAEHLE 1991; S. 746 f.).

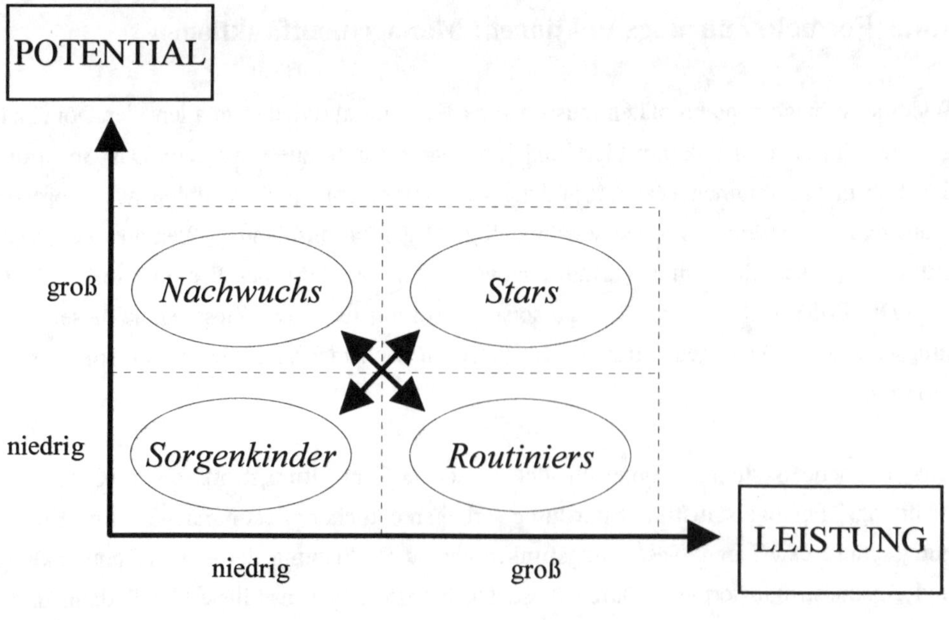

Abbildung C. 6: Humanressourcen-Portfolio

Jedes Humanressourcen-Portfolio besteht aus vier Personalkategorien, den Nachwuchskräften, Stars (Spitzenkräfte), Routiniers und Sorgenkindern. Die Portfolio-Optimierung durch gezielte Investitions- bzw. Desinvestitionsmaßnahmen in einzelne Personalkategorien setzt an den beiden "Diagonal-Achsen" an: Zum einen geht es um einen intergenerativen Ausgleich zwischen Routiniers einerseits und Nachwuchskräften andererseits. Zweitens soll innerhalb der Rahmenbedingungen die Proportion zwischen Stars (Einsatz von Assessment-Centern, Bindungs- und Fördermaßnahmen) und Sorgenkindern (z.B. durch Einsatz von Vorruhestandsregelungen) verbessert werden.

Schließlich läßt sich jeder Führungsprozeß formal in die **Standardphasen** eines interaktiven Problemlösungs- bzw. Managementprozesses zerlegen. Die Phasen der Zielbildung, Problemerkennung, Planung, Entscheidung, Implementierung, Durchführung, Kontrolle und informatorischen Fundierung stellen jede für sich eine Managementfunktion dar, die einen wesentlichen Beitrag zum Führungserfolg liefert. Gerade das Controlling bemüht sich um das integrative Zusammenwirken dieser Managementfunktionen. Dabei steht die Regelkreis-Integration *(vgl. OSSADNIK B. 1.3.1)* von Planung und Kontrolle unter Einbeziehung der Informationsbasis im Mittelpunkt der Betrachtung. Das Personalcontrolling (vgl. DRUMM 1992, 499 ff.) ist dabei deutlich weiter entwickelt als das Organisationscontrolling, welches sich auf Ansätze eines Projektcontrolling von Restrukturierungsvorhaben beschränkt.

Der Aufbau eines Führungssystems wird im folgenden zunächst - in komprimierter Form - anhand der wichtigen formalen Managementfunktionen erläutert *(vgl. 1.5 und 1.6)*. Daran schließt sich eine ausführlichere Behandlung der inhaltlichen Führungsdomänen an *(vgl. 2. bis 6.)*.

1.5 Phasen der Führung: Diagnose, Planung und Implementierung

1.5.1 Diagnose von Führungsbedarfen

1.5.1.1 Kontrolle und Problemerkennung im Führungsprozeß

Aufgabe der Diagnose ist die Ermittlung von Handlungsbedarfen für Führungsaktivitäten. Das Spektrum der typischen **Führungsbedarfe** reicht dabei von Bildungsbedarfen, organisatorischen Restrukturierungsbedarfen, kapazitativen Anpassungsbedarfen bis hin zur Notwendigkeit von Krisenmanagement bzw. Feuerwehraktionen.

Im Rahmen der **Kontrollphase** liefern Soll-Ist-Vergleiche bestimmte Hinweise auf bestehende Handlungsbedarfe. Derartige Vergleichsoperationen werden bei der Erfolgskontrolle der Personalauswahl oder bei der Wirksamkeitskontrolle von Abfindungsangeboten (als Mittel des Personalabbaus) durchgeführt. Diese ex-post angestellten Vergleiche ermöglichen jedoch nur eine reaktive Führungsarbeit, die erst einsetzt, wenn das Defizit (an Motivation, EDV-Qualifikation, eine "innere Kündigung" usw.) schon eingetreten ist.

Innerhalb der **Problemerkennungsphase** werden Handlungsbedarfe durch Soll-Wird-Vergleiche prognostisch ermittelt *(vgl. OSSADNIK B. 2.2.2.2)*. Zu diesem Zweck schätzt man beispielsweise die erwartete Lücke zwischen dem neuen **Anforderungsprofil** eines durch PC-Unterstützung modifizierten Arbeitsplatzes und dem zukünftigen **Eignungsprofil** des Stelleninhabers, wobei Selbststudium oder Übungseffekte durch learning by doing einkalkuliert werden. Diese antizipative Vorgehensweise eröffnet Möglichkeiten einer proaktiven Führung, etwa zur Bewältigung von erwarteten, aber noch nicht eingetretenen Personal- und Organisationsbedarfen *(vgl. zur Methodik der Bedarfsermittlung allgemein CORSTEN F. 5.4)*. So kann etwa die rechtzeitige Anpassung an geänderte demographische Gegebenheiten (z.B. Mangel an Auszubildenden) in die Wege geleitet werden. Ähnlich verhält es sich mit der Anpassung der Organisation des Personalwesens an organisatorische Dezentralisationstrends, beispielsweise an die Verselbständigung von Unternehmensteilen in Gesellschaften mit eigener Rechtsform.

1.5.1.2 Ermittlung von Personalbedarfen

Bei stabilen Rahmenbedingungen sowie bei hinreichend stetigen Entwicklungen kann der zukünftige Personalbedarf aus einer Fortschreibung des Personalbestands der vergangenen Perioden unter Anwendung geeigneter Extrapolationsmethoden ermittelt werden. Ist hingegen mit Instabilitäten, technischen oder organisatorischen Veränderungen zu rechnen, empfiehlt sich eine indirekte Bedarfsermittlung unter Rückgriff auf **Determinanten** des Personalbedarfs (vgl. MAG 1986, S. 45 ff.).

Die konventionelle Ermittlung des qualitativen und quantitativen Bruttobedarfs an Personal (sog. Soll-Personalbestand) vollzieht sich in der Abhängigkeitskette "Produktionsprogramm → Produktionstechnik → Organisation → Personal". Im Vordergrund der **qualitativen** Bedarfsermittlung steht die benötigte Fachkompetenz, z.B. Programmierungskenntnisse von Maschinenbedienern, Berufserfahrung oder Berufsbilder.

Quantifizierbare Programm-, Technik- und Organisations- und Personalgegebenheiten (Stücklisten, Produktionskoeffizienten, Leitungsspannen u.ä.) fungieren als Bedarfsdeterminanten des **quantitativen** Personalbedarfs (vgl. Abbildung C. 7). Die Ermittlung des Bedarfs an effektiv benötigtem Personal (Unter- oder Überdeckung) vollzieht sich in den drei groben Schritten der **Bruttopersonalbedarfsermittlung**, der Ermittlung des **zukünftig verfügbaren Personals** und der Saldierung dieser beiden Größen zum **Nettopersonalbedarf**.

Das Arbeitspensum, gemessen in zu montierenden Outputeinheiten, zu bedienenden Kunden, abzuwickelnden Aufträgen usw., wird durch die (tägliche, monatliche, halbjährliche usw.) Programmplanung bestimmt. Zur Umrechnung in erforderliche Personalstunden werden Kennzahlen in Form von Arbeitskoeffizienten benötigt. Sie geben an, wieviel Personenstunden zur Bewältigung einer Outputeinheit benötigt werden (z.B. 20 Stunden zur Montage eines Mittelklasse-Pkw). Im Falle angelaufener Rationalisierungsvorhaben werden diese Kennzahlen durch einzusparende Ratio-Vorgaben gegenüber der Vorperiode korrigiert. Erhöht wird der Soll-Personalbestand meist durch einen Reservebedarf (Vertretungen, Springer usw.), zu dessen Berechnung man auf Fehlzeitenquoten zurückgreift. Diese hängen wiederum u.a. davon ab, wie motivierend, belastend, gesundheitsgefährdend usw. die vorhandenen Arbeitsbedingungen sind. Vom so errechneten Soll-Personalbestand wird der erwartete Wird-Personalbestand abgezogen. Dies erfolgt im Rahmen der praxisüblichen Zugangs-Abgangs-Rechnung durch Subtraktion des

ERMITTLUNGSSCHRITTE		BEDARFSDETERMINANTEN
Grobgliederung	Feingliederung	
BRUTTOPERSONALBEDARF (SOLL-BESTAND)	ARBEITSPENSUM	Programmplanung
	x	
	PERSONALBEDARF/ PENSUMEINHEIT	Erzeugnisstruktur, Technologie, Erfahrung, Qualifikation, Organisation
	+ RESERVEBEDARF (Fehlzeitenausgleichsreserve, strategische Reserve, ...)	Arbeitsbedingungen, Organisation
- VERFÜGBARES PERSONAL (WIRD-BESTAND)	- (Ist-)PERSONALBESTAND	Beschäftigungsplanung, Anreizsysteme
	- (Wird-)ZUGÄNGE (Mehrarbeitspotential, Umsetzung, Rückkehr von Beurlaubung, ...)	Beschäftigungsplanung (Beschaffung, Bindung, Freisetzung), Anreizsysteme
	+ (Wird-)ABGÄNGE (Fluktuation, Pensionierung, Beförderung, Umsetzung, ...)	
= NETTOPERSONALBEDARF (SOLL-WIRD-ABWEICHUNG)		

Abbildung C. 7: Ermittlung des quantitativen Personalbedarfs

vorhandenen Ist-Personalbestands sowie der erwarteten Personalzugänge und durch Addition der Personalabgänge. Durch diese Operationen wird der Netto-Personalbedarf bestimmt, der dann primär durch Maßnahmen der Personalbeschaffung (im Falle einer Unterdeckung) oder Personalfreisetzung (im Falle einer Personalüberdeckung) zu decken ist.

Die Organisationstruktur spielt eine wesentliche Rolle bei der Bemessung des **indirekten Personals**. Der Bedarf an **Führungskräften** (Abteilungsleiter, Fachbereichsleiter usw.) läßt sich mit Hilfe von organisatorisch determinierten Leitungsspannen ermitteln. Die **Leitungsspanne** *(vgl. auch 2.2.3.1)* bezeichnet die Anzahl der direkt unterstellten Mitarbeiter eines Vorgesetzten. Sie schwankt im Rahmen der Führungsorganisation etwa zwischen 5 und 10 Mitarbeitern. Der Bedarf an **Unterstützungskräften** für "Sekretariatsaufgaben" (Schriftguterstellung, Graphikerstellung, Ablage usw.) im Büro bzw. für "Arbeitsvorbereitung", "Qualitätssicherung" und "Logistik" in der Fabrik ist ebenfalls organisatorisch determiniert, primär durch den Grad der Funktionsintegration dieser Servicefunktionen in die sonstigen Bürofunktionen (z.B. Sachbearbeiter mit Textverarbeitungs- und Graphik-Software) oder in die direkten Produktionsbereiche (Fertigungsinseln bzw. -segmente, Cost-Center usw.).

1.5.1.3 Ermittlung von Organisationsbedarfen

Das Leistungsprogramm, der Automatisierungsgrad, die Merkmale einzelner Mitarbeiter sowie Umfang und Zusammensetzung der Belegschaft (Alters-, Geschlechts-, Nationalitäten- und Qualifikationsstruktur) bestimmen den Organisationsbedarf. Diese Gestaltungsbedarfe zur (Re-)Strukturierung eines Unternehmens stellen die zweite Grundform von Führungsbedarfen dar.

Gemeinhin beeinflußt die Belegschaftsgröße (eines Produktionsstandorts oder Cost-Centers) bei konstanten Leitungsspannen die Anzahl der erforderlichen **Hierarchie-Ebenen** (sog. vertikale Spanne).

Hohe Flexibilitätsbedarfe im Gefolge eines variantenreichen Leistungsprogramms und kleiner Losgrößen sprechen nach herrschender Meinung für eine Ersetzung der Einzelplatzarbeit durch **Gruppenarbeit**. Produktions-Teams in Gestalt von sog. teilautonomen Gruppen funktionieren selbstorganisatorisch und setzen sich aus Mitgliedern mit breitem Qualifikationsspektrum zusammen. Dadurch werden diese Teams in die Lage versetzt, die beträchtlichen Flexibilitätsanforderungen zu bewältigen (vgl. STAEHLE 1991, S. 677 ff.).

In bestimmten Fällen müssen Stellen ad personam auf die spezifischen Eigenschaften eines individuellen Mitarbeiter zugeschnitten werden. Ein solcher Bedarf an maßgeschneidert-individualisierter statt personenunabhängig-standardisierter Organisationsarbeit stellt sich etwa bei Bemühungen um die Bindung von Stars (vgl. Abbildung C. 6), aber auch bei der Beschäftigung von Schwerbehinderten.

Die Einrichtung einer sog. **Fachhierarchie** parallel zu der stets vorhandenen Führungshierarchie stellt ein weiteres Beispiel für die Antwort der Organisation auf bestimmte Personalstrukturen dar (vgl. SCHANZ 1993, S. 411 f.). Eine Fachhierarchie für Experten (ohne Übernahme von Führungsverantwortung) umfaßt beispielsweise die Ebenen "Fachreferat", "Referat" und "Hauptreferat". Wichtige Beweggründe für die Einrichtung einer Parallelhierarchie sind der Spezialisierungsgrad in der Belegschaft (nicht nur in High-Tech-Unternehmen mit hohem Ingenieuranteil) sowie ein Mangel an Laufbahnstationen ("Karrierestau") in der Führungshierarchie, besonders dann, wenn dort Hierarchien abgeflacht werden.

1.5.2 Planung von Führungsmaßnahmen

1.5.2.1 Personaleinsatzplanung

Mit Planung wird hier speziell der Entwurf von Maßnahmen zur Deckung von Führungsbedarfen bezeichnet. Diese **Maßnahmenplanung** beschäftigt sich mit der Suche und Bewertung von geeigneten Führungsinstrumenten aus dem Organisations-, Qualifikations-, Motivations- oder Rekrutierungssystem. Für die phasenseitige Vorgehensweise (Alternativensuche und Alternativenbewertung mit sich anschließender bindender Entscheidung) sowie den Methodeneinsatz gelten grundsätzlich die generellen Gesetzmäßigkeiten der Planung und Entscheidung *(vgl. OSSADNIK B. 1.1.1)*. Dies sei anhand von zwei Beispielen erläutert.

Die Planung des Personaleinsatzes stellt einen Bereich der Führung dar, der stets sehr eng mit dem Einsatz quantitativer Optimierungsverfahren aus der Unternehmensforschung verbunden wurde (vgl. OECHSLER 1992, S. 66 ff.).

Bei der Einsatzplanung geht es um die Lösung von **Zuordnungsproblemen** zwischen Personen einerseits und Einsatzstellen, Einsatzzeiten bzw. Einsatzorten andererseits. Derartige Zuordnungsprobleme lassen sich in eine Matrixform bringen, in denen die Mitarbeiter über die Zeilen und die Stellen über die Spalten erfaßt werden.

Als Aktions- bzw. **Instrumentalparameter** kommen lediglich die zwei Ausprägungen einer Binärvariablen, nämlich Zuordnung ("1") eines Mitarbeiters zu einer Stelle oder die Unterlassung einer Zuordnung ("O") in Frage. Der **Bedingungsrahmen** besteht zum einen aus eher formalen Restriktionen, die für Einfachheit und Eindeutigkeit des Zuordnungsproblems sorgen sollen, beispielsweise der Ausschluß von Mehrplatzarbeit (Ein Mitarbeiter besetzt mehr als eine Stelle), Job Sharing (Zwei oder mehr Mitarbeiter teilen sich eine Stelle) sowie vakanten Stellen bzw. unbeschäftigen Mitarbeitern. Zum anderen sind inhaltliche Bedingungen zu beachten. Die inhaltlichen Gegebenheiten werden meist durch eine Matrix von Eignungskoeffizienten wiedergegeben. Sie informiert darüber, wie geeignet jeder Mitarbeiter für jede der in Betracht kommenden Stellen ist. **Zielsetzung der Einsatzplanung** ist die Maximierung der Gesamtleistung des Personals, gegebenenfalls auch die Minimierung der Gesamtkosten des Personaleinsatzes oder der Einarbeitungskosten. Für die Lösung eines durch Instrumentalvariablen, Bedingungen und Zielsetzung definierten Einsatzproblems kommen unterschiedliche Methoden in Betracht. Zunächst ist hier auf praxisnahe, qualitative Heuristiken in Form von "Faustregeln" zu denken, etwa die Regeln "Für jede Stelle den besten Mitarbeiter!" oder "Für jeden Mitarbeiter die beste Verwendung!". Außerdem stehen quantitative Optimierungsverfahren der linearen Optimierung zur Verfügung. Angesichts der Komplexität von Zuordnungs- bzw. Assignment-Problemen (vor allem die Unmöglichkeit der Totalenumeration aller Zuordnungen schon bei mittlerer Anzahl von Stellen und Mitarbeitern) muß dabei auf quantitative Heuristiken (etwa die sog. Ungarische Methode) zurückgegriffen werden.

1.5.2.2 Organisationsplanung

Für die Organisationsplanung spielen qualitative und heuristische Vorgehensweisen und Methoden eine ausschlaggebende Rolle, da organisatorische Planungsmodelle sich nur in wenigen Fällen (z.B. bei der Reihenfolgeplanung, *vgl. REESE G. 5.2.3*) quantifizieren und formalisieren lassen. Die Charakteristika der Organisationsplanung (vgl. KRÜGER 1983) seien anhand eines Beispiels aus der Aufbauorganisation erläutert. Bei einem nach Funktionsbereichen organisierten Automobilhersteller (F&E, Einkauf, Produktion, Marketing, Verwaltung, vgl. Abbildung C. 17) mit vier Produktlinien (Kompaktklasse, Mittelklasse, Oberklasse, Off-Road-Fahrzeuge) habe eine Organisationsdiagnose ergeben, daß niemand sich für die Produkte des Unternehmens, also die eigentlichen Erfolgspotentiale verantwortlich fühlt. Deshalb sollen Zuständigkeiten für die vier Produktlinien installiert werden. In der Phase der Alternativensuche geht es darum, sich einen Überblick über mögliche Organisationsformen zu verschaffen. Im wesentlichen können dabei drei Suchprinzipien zur Anwendung kommen: **Imitation** als Suchprinzip würde darauf hinauslaufen, unter Nutzung der Informationsangebote von Verbänden, Kongressen, praxisnahen Publikationen usw. nach Vorbildern zu suchen, deren praktizierte Lösung man kopieren kann. **Tradition** als Orientierungsgröße für die Alternativensuche bedeutet, daß man nur in der Nähe der in der Vergangenheit implementierten Organisationsformen nach neuen Lösungen sucht. So ist davon auszugehen, daß in der Vergangenheit mehr oder weniger regelmäßige und formelle "Meetings" der Funktionsbereichsleiter stattgefunden haben. Diese Informationstreffen ließen sich zu Gremien oder Kommissionen mit Produktverantwortung ausbauen, ohne daß dadurch die funktionale Gliederung des Unternehmens in Frage gestellt würde. **Kreativität** als Suchprinzip soll vom Ansatz her gezielt derartige Einschränkungen bei der Konstruktion des Alternativenraums vermeiden. Gerade analytische Kreativitätstechniken wie beispielsweise die morphologische Methode *(vgl. OSSADNIK B. 2.2.2.3)* erlauben durch Kombination mehrerer Strukturdimensionen das systematische Ausloten von Möglichkeitsfeldern für neue Organisationsformen.

Ausgangspunkt für die Konstruktion eines Möglichkeitsfeldes könnte im vorliegenden Beispiel die Unterscheidung zwischen primärorganisatorischen und sekundärorganisatorischen Lösungen für die Installation von Produktverantwortung sein (vgl. Abbildung C. 8 *sowie 2.2.2.5 und 2.1.3.2*).

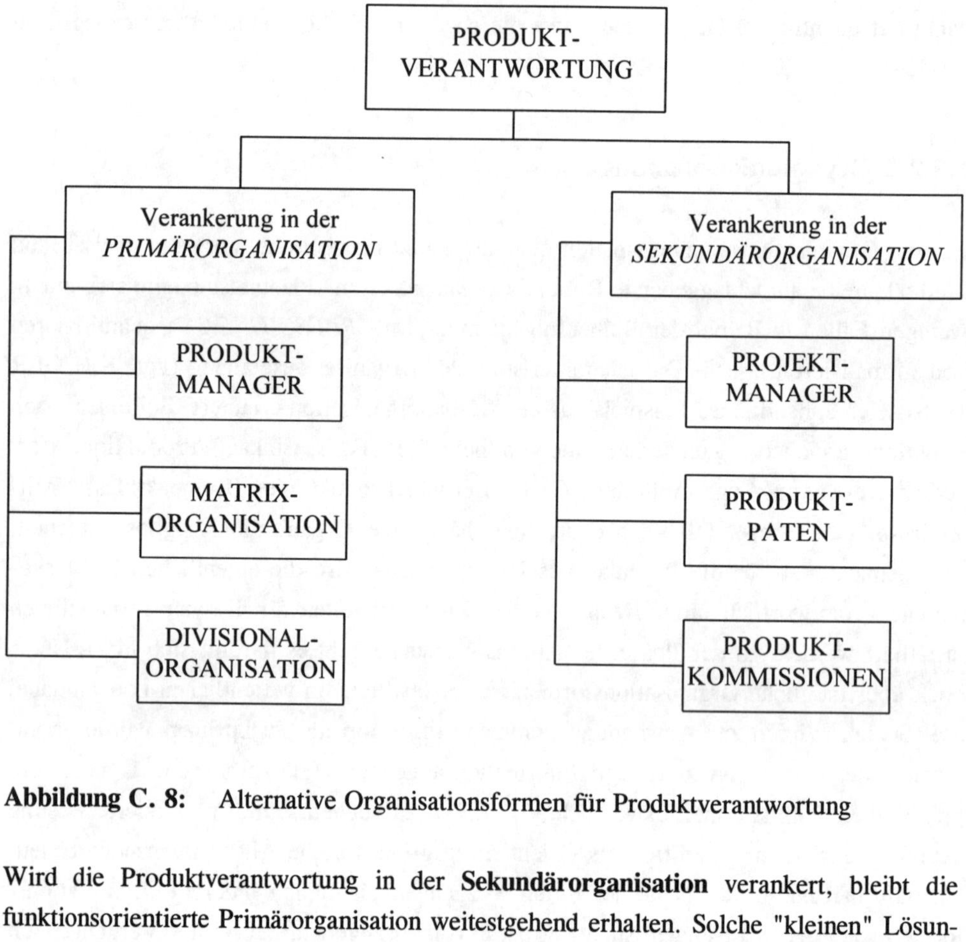

Abbildung C. 8: Alternative Organisationsformen für Produktverantwortung

Wird die Produktverantwortung in der **Sekundärorganisation** verankert, bleibt die funktionsorientierte Primärorganisation weitestgehend erhalten. Solche "kleinen" Lösungen umfassen die Einrichtung eines Projektmanagers (zeitlich begrenzt auf die Entwicklungsphase der Automobile), eines Produktpaten (ein Funktionsbereichmanager übernimmt nebenamtlich als Pate die Verantwortung für eine Produktlinie) oder einer Produktkommission (Gremium zur Abstimmung der Funktionsbereiche für jeweils eine Produktlinie).

Im Spektrum der **primärorganisatorischen** Alternativen repräsentiert die Produktmanager-Option die "kleine" Lösung. Allerdings umfaßt die Alternative "Produktmanager" selbst wiederum ein ganzes Möglichkeitsfeld, welches sich durch Anwendung der morphologischen Methode konstruieren läßt. Auf einer Dimension ist danach zu unterscheiden, ob die Produktmanager als Stabsstellen oder als Linienstellen in die Aufbauorganisation einbezogen werden sollen. Auch hier steht die Stabsalternative für die kleine Lösung, während die Linienlösung bereits einen großen Schritt in Richtung auf eine Funktions-Produkt-Matrixorganisation oder gar eine Divisionalorganisation darstellt. Auf einer zweiten Dimension kann danach differenziert werden, wo die Produktmanager in die vorhandene Aufbauorganisation integriert werden. Hier kommt eine Integration in einzelne Funktionsbereiche (z.B. den Marketingbereich) oder eine nicht bereichsintegrierte Lösung in Betracht. In diesem zweiten Fall sind die Produktmanager direkt der Unternehmungsleitung unterstellt.

Die auf der Alternativensuche aufbauende Alternativenbewertung läßt sich im Rahmen der Organisationsplanung nur in wenigen Fällen durch Optimierungsmethoden unterstützen. Oft muß man sich mit ordinalen Bewertungen innerhalb einer Nutzwertanalyse *(vgl. OSSADNIK B. 2.2.2.5 b))* begnügen, die auf Befragungen der Betroffenen oder von Experten basieren und gegebenfalls durch Daten aus empirischen Erhebungen angereichert werden können. Als Bewertungskriterien wären im vorliegenden Beispiel das Durchsetzungspotential ("Gewichtsklasse" des Projekt- bzw. Produktmanagers), Integrationspotential und die Kosten der produktverantwortlichen Stellen heranzuziehen. In vielen Fällen gelingen nur nominale Bewertungen anhand von Vorteilen (Stärken) oder Nachteilen (Schwächen), die dann in die Form einer **Argumentenbilanz** gebracht werden können. Am Beispiel der Matrixorganisation *(vgl. 2.2.3.2)* würde ein vereinfachte Argumentenbilanz etwa folgende Argumente enthalten: "Pro" Matrixorganisation spricht das beträchtliche Potential zur Ideenfindung im produktiven Spannungsfeld zwischen "Funktionsorientierung" und "Produktorientierung" sowie das Potential für eine Konsensfindung, also das Aushandeln von allseits akzeptierten Kompromißlösungen. "Contra" Matrix ist die Konflikthaftigkeit der Matrix-Konstruktion sowie die hohen Koordinationskosten bei einer Konsensfindung vorzubringen. Bei der Bewertung des Integrationspotentials der Matrix-Alternative kommt es offenbar zu einer Divergenz zwischen Effektivität der Integration (Qualität der erzielten Kompromisse) einerseits und der Effizienz der Integration (Zeitbedarf und Kosten des Integrationsprozesses) andererseits.

1.5.2.3 Mehrstufige Planung von Führungsmaßnahmen

Anspruchsvollere Planungsprobleme stellen sich im Führungsbereich dann, wenn nicht nur eine einzelne Führungsaktivität, sondern ein ganzes Bündel von Führungsmaßnahmen geplant werden soll. Da derartige Planungsprobleme nur in den seltensten Fällen durch Simultanplanung, in aller Regel hingegen durch mehrstufige Sukzessivplanung gelöst werden können *(vgl. OSSADNIK B. 3.2)*, stellt sich zwangsläufig die Frage nach der optimalen Reihenfolge der Einzelplanungen. Die Problematik der **optimalen Planungsprozedur** sei anhand eines klassischen Bereichs der Organisationsplanung illustriert.

In der Organisationsgestaltung hat sich eine Zweiteilung in die Planung von Aufbaustrukturen und Ablaufstrukturen eingebürgert *(vgl. 2.2.2.3)*. Lange Zeit wurde eine **aufbauorientierte Planungsprozedur** propagiert und praktiziert: Zuerst wird die Planung der Aufbauorganisation durchgeführt, die in der Bestimmung von Stellen und Unter- bzw. Überstellungsverhältnissen mündet. Damit ist die herkömmlich als primär relevant eingestufte Zuständigkeitsfrage abgeklärt. Danach werden Stelle für Stelle die Abläufe geplant, die durch die einzelnen Stelleninhaber abzuarbeiten sind. Entscheidende Schwachstelle dieser Planungsprozedur ist die Optimierung von **stellenübergreifenden** Prozessen, beispielsweise der Abwicklung eines Kundenauftrags, an der ja mehrere Stellen beteiligt sind. Um derartige erfolgsrelevante Prozesse sicherer, zuverläßiger, kundennäher usw. gestalten zu können, ist eine Umkehrung der Planungsreihenfolge empfohlen worden.

Im Rahmen einer derartigen **ablauforientierten** Vorgehensweise, die man auch als **Prozeßorganisation** (vgl. GAITANIDES 1983), mitunter auch pauschal als Prozeßmanagement bzw. Activity Based Management *(vgl. auch TROSSMANN D. 4.2.4)* bezeichnet, werden zuerst die relevanten Prozesse (Kernprozesse) geplant, wodurch ein Prozeßbild der Unternehmung entsteht. Anschließend verteilt man ganzheitlich definierte Prozeßsegmente auf Stellen. Die Stelleninhaber werden dadurch gewissermaßen zu Prozeßinhabern für ein Prozeßsegment und stimmen sich unter Beachtung der Prozeßschnittstellen mit anderen prozeßbeteiligten Stellen ab.

1.5.3 Implementierung von Führungsmaßnahmen

Mit der Planung und Entscheidung für eine bestimmte Führungsmaßnahme (etwa Matrixorganisation oder Projektorganisation, *vgl. 1.5.2.2*) ist ein Problemlösungsprozeß im Rahmen der Führung keinesfalls abgeschlossen.

Gerade bei der Planung von größeren Veränderungen im Führungssystem muß noch sichergestellt werden, daß diese Änderungen auch von den Betroffenen (Managern, Mitarbeitern, Betriebsräten usw.) akzeptiert werden. Diese Phase der Führung wird auch als **Einführung**, **Umsetzung**, **Promotion** oder **Implementierung** bezeichnet (vgl. KIRSCH/ESSER/GABELE 1979).

Oft muß in diese Phase mehr Zeit, Manpower und Energie investiert werden als in die Planungsphase. Hauptanliegen der Implementierungsarbeit ist die Überwindung von Akzeptanzbarrieren bzw. die Stärkung von Akzeptanzbasen für die einzuführende Neuerung (vgl. Abbildung C. 9).

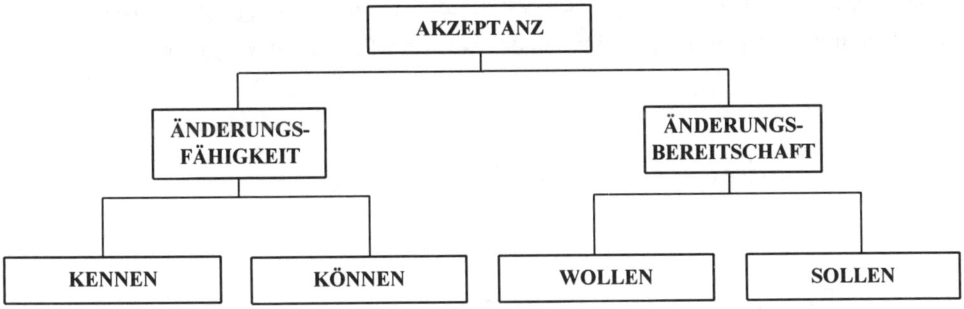

Abbildung C. 9: Akzeptanzfaktoren

Änderungsfähigkeit (auf der Basis einer Lernfähigkeit) und Änderungsbereitschaft (Lernbereitschaft, commitment) sind die beiden Säulen, auf der eine positive Akzeptanzhaltung der Betroffenen ruht. Fähigkeit setzt als Akzeptanzfaktoren "**Kennen**" und "**Können**" der Neuerung voraus. Hier sind nicht zuletzt Wissensbarrieren zu überwinden. Diesem Anliegen dient die Informationsarbeit und Qualifikationsarbeit, beispielsweise eine Aufklärung über das Tätigkeitsfeld von Produkt- und Projektmanagern und ein Training von Techniken der Marktforschung, strategischen Analyse und Moderation.

Von einer Akzeptanzbereitschaft kann man nur dann ausgehen, wenn die Betroffenen die Neuerung wollen, im einfachsten Fall, weil sie sich davon Vorteile etwa durch ein attraktiveres, weil erweitertes und angereichertes Arbeitsfeld *(vgl. 2.3)* versprechen. Die Verlierer einer Reorganisation, etwa die in ihrer Macht eingeschränkten Funktionsbereichsleiter, müssen durch geeignete Maßnahmen entschädigt werden. Änderungsbereitschaft läßt sich auch dadurch herbeiführen, daß man Betroffene aktiv in die Organisation des Übergangsprozesses vom alten zum neuen Führungssystem integriert. Durch Partizipationsmaßnahmen übernehmen Betroffene die Rolle von Beteiligten. Ähnlich verhält es sich, wenn Führungskräfte als Vorbilder bestimmte geänderte Verhaltensweisen vorleben sollen. Durch die Übernahme einer offiziellen Rolle als Promotor, Vorbild, Multiplikator, "Entwicklungshelfer" usw. für eine Neuerung wird ein "Sollen" als Akzeptanzfaktor geschaffen. Auch dadurch lassen sich motivationale Willensbarrieren gegenüber der Veränderung verringern bzw. ganz abbauen.

Für die Feingliederung der Implementierungsphase kristallisieren sich Phasenschemata heraus. Umfangreiche Neuerungen werden in aller Regel zuerst in einer **Pilotphase** getestet, bevor dann in einer **Diffusionsphase** eine (stufenweise) Flächendeckung in Angriff genommen wird. In der Pilotphase wird das neue Führungskonzept aufgrund von Erfahrungen in der Anwendung verbessert, eine Parallelisierung von Anwendung und Verbesserung, die vom Prototyping bei der Software-Entwicklung bekannt ist.

1.6 Informationssysteme für die Führung

1.6.1 Aufbau eines Informationssystems

Immer wenn Problemlösungsprozesse in der Führung nicht rein intuitiv auf der Basis von impliziten Modellen, privaten Wissensbasen und subjektiven Einstellungen ablaufen, sondern in transparenter und nachvollziehbarer Form vonstatten gehen (müssen), ergibt sich ein Bedarf an einer expliziten Fundierung der Diagnose, Planung und Implementierung durch Informationen. Derartige Führungsinformationen werden in **Informationssystemen für die Führung** bereitgestellt.

Es wäre falsch, die Herausforderung in diesen Informationssystemen hauptsächlich in ihren informationstechnischen Komponenten zu sehen *(vgl. auch OSSADNIK B. 4.)*. Zwar ist die Computerisierung von Personalinformationssystemen als Verwaltungssysteme (Lohn- und Gehaltsabrechnung, Personalstatistik) oder als Unterstützungssysteme (z.B. Expertensysteme) ein wichtiger Erfolgsfaktor. Ausschlaggebend für eine erfolgreiche Unterstützung der Personal- und Organisationsarbeit ist jedoch die inhaltliche Informationsbasis, die ein Informationssystem bereitstellen kann. Von einem Informationssystem für die Führung erwartet man vor allem Informationen über zwei Bereiche:
(1) **Personalbezogene Informationen** über Mitarbeiter, Bewerber, Berufsbilder usw.
(2) **Arbeitsbezogene Informationen** über einzelne Arbeitsplätze, übergreifende Arbeits-

prozesse, organisatorische Aufbau- und Ablaufstrukturen usw. (vgl. zur Informationsbasis der Personalwirtschaft DRUMM 1992, S. 43 ff.).

Bevor auf die einzelnen Informationskategorien zur Fundierung der Führung näher eingegangen wird, sei verdeutlicht, daß Informationssysteme stets auch den Charakter von **Kommunikationssystemen** besitzen. In diesen Zusammenhang ist darauf zu verweisen, daß sich sowohl die Erhebung als auch die Übertragung von führungsrelevanten Informationen häufig in Gesprächsform vollzieht, beispielsweise zwischen Vorgesetztem und Mitarbeiter (Mitarbeitergespräch, Fördergespräch, Kritikgespräch u.ä.) oder zwischen Personalabteilung (Personalreferent) und Fachabteilung (Fachvorgesetzter).

Bei der Konstruktion von Informationssystemen für die Führung interessieren demgemäß zunächst die **Informationsempfänger** ("Benutzer") und deren Informationsbedarfe. Zu diesem Kreis gehören Führungskräfte, Personal-, Organisations- und Controllingabteilungen, die Arbeitsverwaltung (für die Genehmigung von Kurzarbeit usw.), zukünftige Arbeitgeber und die Öffentlichkeit, Wissenschaftler, der einzelne Mitarbeiter, Arbeitnehmervertreter, Arbeitsgerichte usw. Bestimmungen des Datenschutzes definieren nicht zuletzt den Kreis der berechtigten Benutzer von bestimmten personalbezogenen Informationen.

Als **Quellen der Information** kommen in Betracht: Frühere Arbeitgeber, Personalberater, Gutachter (Experten für Zeitstudien, Psychologen, Juristen usw.), Personalreferenten (in Gesprächsrunden), Kollegen, die Belegschaft im Rahmen einer breit angelegten Mitarbeiterbefragung oder der einzelne Mitarbeiter im Rahmen eines individuellen Austrittsinterviews, d.h. einer Befragung von Führungskräften, die das Unternehmen auf eigenen Wunsch verlassen.

Die in Informationssystemen für die Führung bereitgestellten Informationen betreffen nicht nur zwei unterschiedliche Gegenstandsbereiche (Personal und Arbeit). Sie repräsentieren jeweils auch unterschiedliche formale Denkwerkzeuge, die alle in kombinierter Form zur fundierten Bewältigung von Führungsaufgaben benötigt werden. In Abbildung C. 10 werden drei Kategorien von Werkzeugen unterschieden und anhand von Beispielen erläutert.

	DATEN	METHODEN	MODELLE
	Fakten, Prognosen, Vorgaben, Kennzahlen, Statistiken	Analyse, Prognose, Planung, Darstellung, Erhebung, Verdichtung	Abhängigkeiten, Zusammenhänge, Gesetzmäßigkeiten, Hypothesen, Theorien
PERSONAL ARBEIT	BIOGRAPHISCHE ANGABEN BERUFLICHER WERDEGANG FEHLZEITENQUOTEN FLUKTUATIONSQUOTEN PERSONALSTRUKTUR ORGANISATIONSTRUKTUR LEITUNGSSPANNE VERTIKALE SPANNE KOSTENSTELLE STELLENANFORDERUNGEN ENTGELTGRUPPE	INTERVIEW-TECHNIK GESPRÄCHSTECHNIKEN ASSESSMENT CENTER PROGNOSEVERFAHREN ANALYSETECHNIKEN STICHPROBENVERFAHREN OPTIMIERUNGSALGORITHMEN ORGANIGRAMM FUNKTIONENDIAGRAMM KOMMUNIKATIONSMATRIX STELLENBESCHREIBUNG ARBEITSBEWERTUNG BETRIEBSKLIMA-FRAGEBOGEN	PERSÖNLICHKEITSMODELLE PERSONALKOSTENFUNKTION MOTIVATIONSTHEORIEN INTERAKTIONSTHEORIEN LERNTHEORIEN KONSISTENZMODELLE ORGANISATORISCHE EFFIZIENZ TRANSAKTIONSKOSTENMODELLE KONTINGENZANSÄTZE

Abbildung C. 10: Informationskategorien in Informationssystemen

1.6.2 Daten

Führungsrelevante Daten werden hauptsächlich in **Personaldatenbanken** und **Stellenbanken** (Arbeitsplatzdatenbanken) gesammelt. Sie enthalten Angaben über einzelne Mitarbeiter (biographische Daten, Weiterbildung, Beförderung, Familienstand usw.) bzw. einzelne Stellen (z.B. Arbeitswerte, Entgeltgruppe, Stellenbeschreibungen). Aus einer Verdichtung dieser Einzeldaten gewinnt man führungsrelevante Statistiken.

Hierzu zählen u.a. Statistiken der Altersstruktur, Qualifikationsstruktur, Schwerbehindertenbeschäftigung, Überstundenstatistik, Zugehörigkeitsstatistik. Einige dieser verdichteten Größen eignen sich als Kennzahlen. Dies gilt für die Fluktuationquote (Anzahl der Arbeitnehmerkündigungen/Personalbestand) und Fehlzeitenquote (Anzahl der Fehltage/Sollarbeitstage). In diesem Sinne kommen Kennzahlen nicht nur als Ist-Daten, sondern auch als Wird-Daten (Prognosen) und vor allem als Soll-Daten zum Einsatz. Voraussetzung dafür sind allerdings Regelungen, die eine einheitliche Konstruktion und Interpretation dieser Kennzahlen gewährleisten. Gerade bei der Fehlzeitenquote zeigen sich erhebliche Operationalisierungsprobleme, etwa im Zusammenhang mit der Einbeziehung von bezahlten Feiertagen oder Qualifizierungszeiten (Bildungsurlaub usw.).

1.6.3 Methoden

1.6.3.1 Diagnose- und Planungsmethoden

Unter Methoden als Denkwerkzeuge sind die Informationen subsumiert, mit deren Hilfe man andere Informationen erheben, übertragen, darstellen und für bestimmte Zwecke verarbeiten kann. Methoden stellen mit anderen Worten **Operationsvorschriften** für den Umgang mit Daten und Modellen dar.

Bei der Behandlung der Phasen des Führungsprozesses wurden bereits einige phasenspezifische Methoden angesprochen. **Prognosemethoden** kommen als Extrapolationsverfahren, Expertenbefragungen oder Zugangs-Abgangs-Rechnungen sowohl im Rahmen der Diagnose (sog. Lage-Prognose, etwa des Personalbestands) als auch der Alternativenbewertung (sog. Wirkungsprognose, z.B. des Qualifizierungserfolgs) zum Einsatz. Für Problemerkennung und Kontrolle ist man außerdem auf **Analysemethoden** (Analyse von Soll-Ist- und Soll-Wird-Abweichungen, statistische Stichproben und -testverfahren) etwa in Form der Lückenanalyse angewiesen. Methoden der Alternativensuche (z.B. Morphologische Methode, Brainstorming) und Alternativenbewertung (Nutzwertanalyse, algorithmische Optimierungsverfahren, Investitionsrechnungen von Qualifizierungsprogrammen u.ä.) wurden ebenfalls bereits skizziert.

1.6.3.2 Darstellungsmethoden

Zu Zwecken der Dokumentation und Präsentation werden in allen Domänen und Phasen der Führung immer wieder Darstellungen benötigt. Im Führungsbereich überwiegen verbale, tabellarische und graphische Darstellungen, vereinzelt kommen auch numerische Darstellungen anhand von Kennzahlen zum Einsatz. In der Organisationsgestaltung wurde das Handwerkszeug zur Erstellung von Darstellungen am intensivsten gepflegt, da die von Hause aus abstrakten organisatorischen Tatbestände nur durch anschauliche Darstellungsformen griffig und begreifbar gemacht werden können (HUB/FISCHER 1977, S. 42 ff.). Traditionsreich auf dem Gebiet der verbalen Darstellung sind die Verfahren zum Aufbau einer Stellenbeschreibung. Im Rahmen der **Stellenbeschreibungsmethodik** wird bestimmt, daß ein informatives "Bild" einer Stelle zumindest einige der in Abbildung C.11 zusammengefaßten Bausteine enthalten muß.

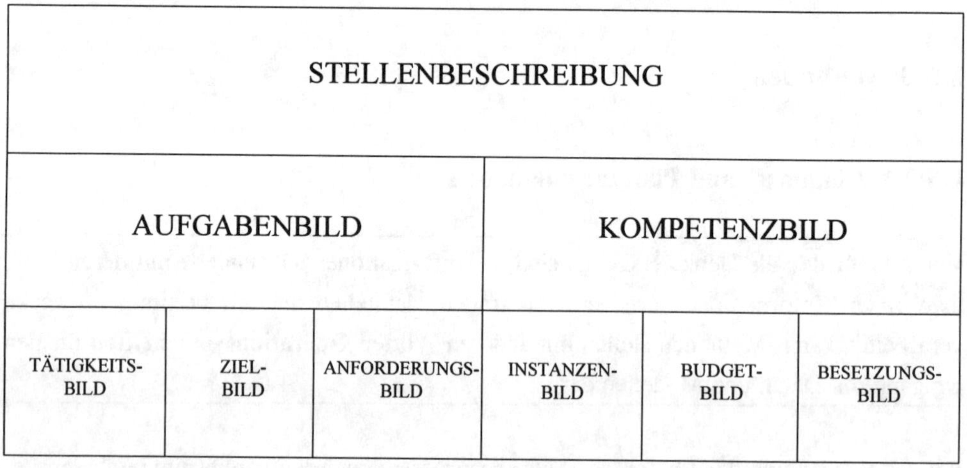

Abbildung C. 11: Bausteine einer Stellenbeschreibung

Stellenbeschreibungen geben grundsätzlich Auskunft über die Funktionen (**Aufgabenbild**) einer Stelle einerseits sowie über deren Ausstattung (**Kompetenzbild**) andererseits. Das Aufgabenbild zerfällt in aller Regel in eine Zusammenstellung von Tätigkeiten (Regel- und Sonderaufgaben), von Zielen (Kennzahlen, Meß- bzw. Beurteilungskriterien) sowie von Anforderungen an den Stelleninhaber (z.B. körperliche und geistige Belastungen, Berufsbild, Berufserfahrung). Das Instanzenbild positioniert die Stelle im Organigramm und klärt damit die Beziehungen zu den benachbarten Stellen, etwa die Unterstellungsverhältnisse sowie die Einordnung in eine Abteilung. Dem Budgetbild kann man u.a. die Einordnung einer Stelle in einen Kostenstellenplan einschließlich der Dotierung der Stelle entnehmen. Besetzungsbilder informieren über relevante Merkmale des Stelleninhabers und Stellvertreters.

Einen sehr weiten Anwendungsbereich besitzen in der Organisation die **graphischen Darstellungsmethoden**. Herkömmliche Schaubilder haben den Charakter von "Charts", die ein möglichst vollständiges und übersichtlich geordnetes "Inventar" von Stellen, Aufgaben, Funktionen, Schnittstellen usw. liefern. Abbildung C. 12 gibt einen Überblick über drei klassische Formen der Aufbaudarstellung anhand eines Beispiels aus der Produktionsorganisation.

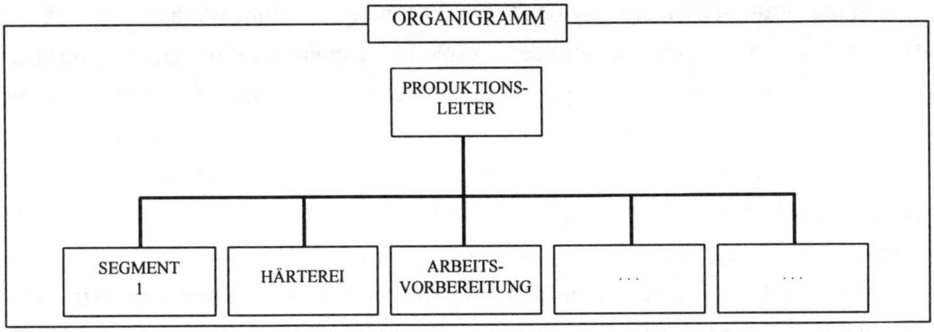

FUNKTIONENDIAGRAMM

STELLEN / AUFGABEN	PRODUKTIONS-LEITER	SEGMENT 1	HÄRTEREI	ARBEITS-VORBEREITUNG	...
AUFTRAGS-STEUERUNG	K	P, D	D	P	...
MONTAGE	-	P, D	-	P	...
VERSAND-VORBEREITUNG	E	P, E, D	-	-	...
WARTUNG	K	D	-	I, P	...
...	...	...	...	...	...

I = INFORMATION P = PLANUNG E = ENTSCHEIDUNG
K = KOORDINATION D = DURCHFÜHRUNG

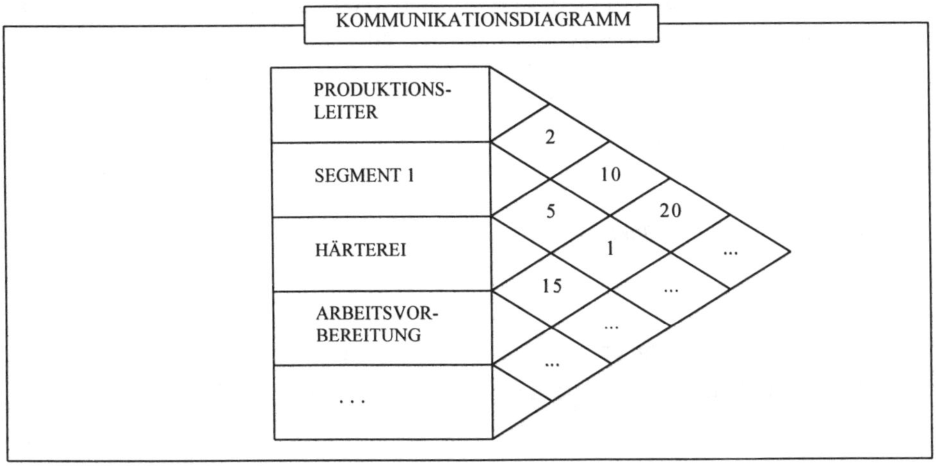

Abbildung C. 12: Aufbauorganisatorische Darstellungsmethoden

Das **Organigramm** liefert eine hierarchisch geordnete Zusammenstellung von Stellen sowie der zwischen ihnen bestehenden formellen Kommunikationskanäle (vertikale Kommunikation auf dem Dienstweg). Ein **Funktionendiagramm** informiert - wie ein einfacher Aufgabenverteilungsplan - über die Verteilung von Aufgaben (Zeilen) auf Stellen (Spalten). Spezifisch für das Funktionendiagramm sind die in den Feldern des Diagramms enthaltenen Angaben darüber, welche formale Problemlösungsfunktion (z.B. Planung, Koordination, Durchführung) eine bestimmte Stelle bei der Bewältigung einer bestimmten inhaltlich spezifizierten Aufgabe wahrnimmt. Ein **Kommunikationsdiagramm** dient der Darstellung von aufgaben- und schnittstelleninduzierten Kommunikationsvorgängen zwischen Organisationseinheiten. Die Felder erfassen die Kommunikationsintensität zwischen zwei Stellen, gemessen mit Hilfe der Anzahl und/oder Dauer der Besprechungen, Telefonate usw. In der Kommunikationsintensität kommt der zwischen jeweils zwei Stellen bestehende Koordinationsbedarf zum Ausdruck.

Für so manches Führungsproblem erweist sich die konventionelle Charting-Technik als wenig aussagefähig. Statt in "Kästchen" müssen Organisatoren oft in "Kräften" denken. Nur so läßt sich beispielsweise klären, ob ein Produktmanager in der Stabslösung durch kombinierten Einsatz seiner (bescheidenen) Amtsmacht, Expertenmacht und seiner Informationsmacht genügend Promotionspotential bzw. Durchsetzungs"power" aufbringen kann, um die Interessen des ihm anvertrauten Produkts wirkungsvoll zu vertreten *(vgl. 1.5.2.2)*. Vor diesem Hintergrund sind die Bemühungen zu sehen, die Charting-Technik zu einer "Mapping-Technik" weiter zu entwickeln. Organisatorische Maps geben u.a. Auskunft über vorhandene oder erforderliche Promotionspotentiale (z.B. das Gewicht eines "Schwergewichtsproduktmanagers") bzw. existierende Potentialdefizite, Kräftefelder (Zentrifugalkräfte, Market-Pull versus Technology-Push), Disharmonien (Misfits) und Konfliktfelder (zwischen Promotions- und Oppositionskräften).

1.6.3.3 Erhebungsmethoden

a) Erhebung personalbezogener Daten

Diese werden hauptsächlich bei der **Bewerberbeurteilung** und der **Mitarbeiterbeurteilung** erhoben. Dabei kommen verschiedenste Instrumente zum Einsatz (vgl. WEINERT 1987, S. 217 ff.). Die Palette der gängigen Methoden der Bewerberbeurteilung umfaßt

- den Personalbogen,
- das Vorstellungsinterview,
- diverse psychologische Tests (Intelligenztests, Konzentrationstests, Persönlichkeitstests),
- Arbeitszeugnisse,
- graphologische Gutachten und
- Arbeitsproben.

Die Mitarbeiterbeurteilung erfolgt grundsätzlich durch den direkten Vorgesetzten, meist in einem jährlichen Rhythmus (vgl. CURTH/LANG 1992, S. 237 ff.). Der Beurteilung werden Kriterien zur Messung der Leistungsergebnisse (Menge und Qualität) sowie des Leistungsverhaltens (Initiative, Sorgfalt, Zuverlässigkeit, Zusammenarbeit usw.) zugrunde gelegt (vgl. auch Abbildung C. 28). Deutlich seltener findet eine Beurteilung des schwer erfaßbaren Entwicklungspotentials (z.B. Flexibilitätspotential) statt. Als Sonderfälle sind die Beurteilung der Vorgesetzten durch ihre Untergebenen ("Aufwärtsbeurteilung") sowie die sog. Gleichgestelltenbeurteilung zwischen Kollegen zu nennen.

Bei Führungskräften erfolgt die Beurteilung häufig im Rahmen eines sog. **Assessment Center**, und zwar sowohl bei externen Bewerbern als auch bei internen Mitarbeitern, wenn Entscheidungen über Besetzung, Beförderung usw. anstehen. Dabei werden in einem Zeitraum von einem Tag bis zu zwei Tagen folgende typischen "Übungen" durchgeführt:

- Gruppendiskussionen (ohne Moderator).
- Postkorbübung: Der Posteingang eines Tages ist ansatzweise zu bearbeiten.
- Präsentationsübung: Eine komprimierte Darstellung eines Projekts zur Präsentation bei der Geschäftsleitung.
- Fallstudie, häufig aus dem strategischen Management.

Geschulte Beobachter (sog. Assessoren) beurteilen die Bewerber anhand von konkreten Verhaltensdimensionen, wie beispielsweise Organisation, Kooperation, Kommunikationsverhalten, Stressresistenz, Risikobereitschaft, Originalität, "Drive", Führungsfähigkeit u.ä.

b) Erhebung arbeitsbezogener Daten

Daten über einzelne Arbeitsplätze lassen sich durch objektive bzw. durch subjektive Verfahren erheben. Gemeinhin wird die Stellenbeschreibung und die Arbeitsbewertung (Erfassung des Schwierigkeitsgrads eines Arbeitsplatzes) sowie einige Fragebögen zu den eher objektiven Arbeitsplatzanalysen gerechnet. Subjektive Verfahren bezwecken weniger eine Beschreibung als vielmehr eine Bewertung der Arbeit, vor allem im Hinblick auf die Zufriedenheit mit den Arbeitsbedingungen. In bestimmten Fällen empfiehlt sich die parallele Anwendung von objektiven und subjektiven Datenerhebungen, etwa anhand einer objektiven Belastungsanalyse und einer subjektiven Beanspruchungsanalyse (vgl. STAEHLE 1991, S. 636 ff.).

Zur pauschalen Erfassung der Arbeitsbedingungen in einem gesamten Unternehmen kann auf Fragebögen zur Untersuchung des Betriebsklimas zurückgegriffen werden.

1.6.4 Modelle

Modelle erfassen Wenn-Dann-Zusammenhänge zwischen mehreren Führungsvariablen (vgl. Abbildung C. 10). Sie informieren über bestehende Abhängigkeiten, Regelmäßigkeiten oder Gesetzmäßigkeiten, die besonders für Prognose-, Erklärungs- und Gestaltungszwecke genutzt werden können.

Bei all diesen Anwendungen von Modellen wird von einem Komplex von unabhängigen Variablen auf einen Komplex von abhängigen Variablen geschlossen. Grundsätzlich sind alle Modelle unsicher und haben somit den Charakter von Hypothesen, mitunter sogar von Spekulationen. Diese Feststellung gilt für einfache Modelle in Formen von Kostenfunktionen, die meist einen Zusammenhang zwischen nur einer Kosteneinflußgröße (z.B. geleistete Arbeitsstunden) und einer Kostenart (z.B. direkte Personalentgelte) herstellen. Diese Behauptung gilt noch stärker für komplexere Aussagensysteme, die man oft als "Theorien" bezeichnet. Dabei sind für die Führung nicht nur wissenschaftliche Theorien, sondern auch implizite Alltags- oder persönliche Erfahrungstheorien von Bedeutung.

Da Modelle definitionsgemäß Zusammenhänge zwischen Führungsvariablen schaffen, ist eine strenge Trennung zwischen personalbezogenen und arbeitsbezogenen Modellen nicht möglich. Anhand des allgemeinen Verhaltensmodells *Verhalten= f(Person, Umwelt)* wird die Zusammenführung von Personen- und Arbeitsvariablen besonders einsichtig. Wesentliche Führungstheorien im Sinne von Modellen zur Erklärung und Prognose von Führungserfolg basieren folgerichtig auf der Interaktion von Persönlichkeitsvariablen und Situationsvariablen *(vgl. 4.1)*. Ältere Führungsmodelle, die den Führungserfolg etwa nur auf die Persönlichkeitseigenschaften des Führers (Durchsetzungsfähigkeit, Intelligenz usw.) zurückführen wollen (sog. Eigenschaftentheorie), können nicht überzeugen.

Bei den Führungsmodellen dominieren die Interaktionsmodelle. Das Interaktionsphänomen fungiert als gemeinsamer Nenner einer Klasse von denkbar heterogenen Ansätzen, wie beispielsweise Austauschtheorien, Anreiz-Beitrags-Theorie, Agency-Theorie, Transaktionskostentheorie oder Equity-Theorie (vgl. SCHANZ 1993, S. 559 ff. sowie die Beiträge in KIESER 1993).

2. Organisationssystem

2.1 Strukturbegriffe, Strukturbausteine und Strukturvarianten

2.1.1 Strukturbegriffe

Strukturphänomene sind innerhalb einer Unternehmung allgegenwärtig. Alle betriebswirtschaftlichen Teildisziplinen arbeiten mit diversen Formen von "Unternehmungsstrukturen", beispielsweise Bilanzstrukturen, Kostenstrukturen, Strukturen von Leistungsprogrammen oder Personalstrukturen. Vor diesem Hintergrund muß näher spezifiziert werden, was man sich unter "Organisationsstrukturen" vorzustellen hat.

Das Vorverständnis von Organisation enthält Hinweise darauf, daß Organisation und damit Organisationsstrukturen etwas mit **Spezialisierung**, **Rollen**, **Arbeitsteilung**, **Zuständigkeiten**, **Organisationseinheiten** (Stellen, Abteilungen, Sparten, Unternehmensbereichen usw.), **Kooperation**, **Kommunikation**, hierarchischer **Über-** und **Unterstellung** mit Anweisungsbeziehungen ("Linien") usw. zu tun hat. All diese Ordnungsphänomene lassen sich auf zwei organisatorische Basisphänomene zurückführen. Zum einen die **Differenzierung** von sozialen Gebilden in einzelne Teil-Einheiten, zum anderen die **Integration** dieser Einheiten zu einem Gesamtgebilde.

Es besteht Einigkeit darüber, daß Differenzierung und Integration die strukturbildenden Mechanismen eines Organisationssystems darstellen. Unterschiedliche Interpretationen dieser beiden Grundtatbestände haben allerdings zur Existenz von recht unterschiedlichen Organisationsbegriffen in der Betriebswirtschaftslehre bzw. in der Managementwissenschaft geführt (vgl. Abbildung C. 13; vgl. auch BÜHNER 1992, S. 1 ff.).

Der weite **institutionelle Organisationsbegriff** setzt Unternehmung mit Organisation gleich. Ergebnisseitig kommt dies in der Formel "Die Unternehmung ist eine Organisation" zum Ausdruck. In tätigkeitsorientierter Betrachtung ("funktionaler Organisationsbegriff") umfaßt "Organisation" alle Formen von planender, kontrollierender, strukturierender Regelung bzw. Gestaltung und fällt damit letztlich mit dem Begriff "Unternehmungsführung" zusammen.

Begriffsumfang / Begriffsinhalt	*Enger Organisationsbegriff* Organisation = STRUKTUR DER UNTERNEHMUNG ("instrumentell")	*Weiter Organisationsbegriff* Organisation = UNTERNEHMUNG ALS INSTITUTION ("institutionell")
Tätigkeitsorientierter Organisationsbegriff Organisation = ORGANISIEREN	Organisation = **UNTERNEHMUNGS-STRUKTURIERUNG**	Organisation = **UNTERNEHMUNGS-FÜHRUNG**
Ergebnisorientierter Organisationsbegriff Organisation = ORGANISIERT SEIN	Organisation = **UNTERNEHMUNGS-STRUKTUR**	Organisation = **UNTERNEHMUNG**

Abbildung C. 13: Systematik der Organisationsbegriffe

Der engere **instrumentelle Organisationsbegriff** versteht unter Organisation nur das durch Differenzierung und Integration entstehende Ordnungsmuster. Durch die Formulierung "Die Unternehmung hat eine Organisation" wird verdeutlicht, daß Organisation als Instrument zur effektiveren und effizienteren Erreichung der Unternehmungsziele eingesetzt wird.

Im Rahmen einer nach den einzelnen Managementfunktionen der Unternehmungsführung aufgegliederten Betriebswirtschaftslehre eignet sich nur der instrumentelle Organisationsbegriff. Zudem vermeidet er eine Schwäche des institutionellen Organisationsbegriffs: In Zeiten der strategischen Netzwerke, Allianzen, Quasi-Firmen, unternehmungsinternen Märkte usw. verliert jede Bezugnahme auf "die" Unternehmung als abgrenzbare Institution an Aussagefähigkeit.

Allerdings ist auch der instrumentelle Organisationsbegriff nur in einer "weiten" Fassung brauchbar. Organisationsgestaltung, also das Organisieren als Tätigkeit, darf nicht als deterministische, hochgradig reglementierbare Prozedur verstanden werden. Organisieren stellt vielmehr einen Prozeß dar, der zahlreiche **evolutionäre** Veränderungen beinhaltet, die nicht durch Regelungen beherrscht sind (vgl. PROBST 1992, S. 457 ff.). Analog deckt Organisation als Ergebnis derartiger Prozesse auch Strukturen ab, die keine Absicht (Zielgröße) eines Organisators widerspiegeln, sondern sich oft als nicht beabsichtigtes Resultat (Wirkungsgröße) des Organisierens herauskristallisieren. Hierzu zählen auch die sog. "informellen" Organisationsstrukturen.

Organisieren als Tätigkeit äußert sich oft in der Formulierung organisatorischer Regelungen, beispielsweise einer Stellenbeschreibung, eines Geschäftsverteilungsplans, Maschinenbelegungsplans, einer Geschäftsordnung für Gremien, von Unterschriften- bzw. Zeichnungsrechten sowie Vollmachten. Diese Regelungen können unterschiedlich streng bzw. einheitlich und dauerhaft formuliert werden. Man spricht hier meist vom **Organisationsgrad**. Traditionell wurde nur im Zusammenhang mit allgemeinen, standardisierten Regelungen mit hohem Organisationsgrad von Organisation gesprochen. Zwischenzeitlich hat es sich eingebürgert, auch vage, vorläufige Regelungen als Organisation aufzufassen. Solche improvisatorischen Regelungen unterstützen gerade aufgrund ihres geringen Organisationsgrades ein flexibles Organisieren.

2.1.2 Strukturbausteine

2.1.2.1 Spektrum der Strukturbausteine

Die Gesamtorganisation einer Unternehmung setzt sich aus mehreren heterogenen Strukturbausteinen zusammen. Insofern wäre es irreführend, gängige Organisationsschaubilder - wie beispielsweise ein Organigramm (vgl. Abbildung C. 12) - als eine vollständige Wiedergabe der Organisationsstruktur anzusehen. Vielmehr müssen auf mindestens vier Dimensionen jeweils mehrere Strukturbausteine unterschieden werden, wenn man sich ein aussagefähiges Gesamtbild einer Organisation machen will. Einen Überblick über vier dieser Strukturbausteine gibt die Abbildung C. 14.

2.1.2.2 Verteilungsstrukturen und Koordinationsstrukturen

Die Trennung zwischen Verteilungsstrukturen einerseits und Koordinationsstrukturen andererseits korrespondiert sehr eng mit den beiden organisatorischen Grundmustern der "Differenzierung" und der "Integration".

	Verteilungsstrukturen (Bildung organisatorischer Einheiten)	Koordinationsstrukturen (Abstimmung organisatorischer Einheiten)
AUFBAUSTRUKTUREN (Sachbezogene Strukturierung)	AUFBAUEINHEITEN Bereichseinheiten, Abteilungen, Stellen, Projektgruppen	AUFBAUKOORDINATION Kommunikation, Gremienbildung, Anweisung, Verhandlung, Hierarchie
ABLAUFSTRUKTUREN (Zeit- und raumbezogene Strukturierung)	ABLAUFEINHEITEN Lose, Stapel, Chargen, Prozesse (Vorgangsfolgen) Zeiteinheiten (Perioden, Episoden) Raumeinheiten (Lager- bzw. Speichereinheiten, Büro- bzw. Fabrikeinheiten)	ABLAUFKOORDINATION Parallelisierung, Staffelung, Synchronisierung, Emanzipation, Ortsgleichheit Prioritäten, Repetitivität, Varietät, Rundreisen

Abbildung C. 14: Bausteine einer Organisationsstruktur

Verteilung umfaßt sowohl die Verteilung von **Aufgaben** bzw. Arbeit (Pflichten, Lasten, Verantwortung) als auch die Verteilung von organisatorischen **Kompetenzen** (Rechte, Befugnisse, Macht, Einflußmöglichkeiten, Autorität). Aus dem Verteilungsvorgang resultiert ein Komplex von organisatorischen Einheiten, die durch ihre Pflichten und Rechte determiniert sind *(vgl. auch TROSSMANN D. 4.1.1)*. Nach dem sog. **Kongruenzprinzip** (vgl. GROCHLA 1982, S. 102) müssen optimale Verteilungsmaßnahmen für jede gebildete Organisationseinheit die Ausgewogenheit von Rechten und Pflichten sicherstellen.

Verteilungsstrukturen definieren eine bestimmte Rollenverteilung. Dabei lassen sich Rollen sehr pauschal beschreiben, wenn man etwa lediglich zwischen den Rollen "Auftraggeber" (principal) und "Auftragnehmer" (agent), "Kunde" und "Lieferant" oder Gruppenleiter, Abteilungsleiter, Hauptabteilungsleiter und Fachbereichsleiter differenziert. Konkretere Rollenspezifikationen nehmen Bezug auf die Rollen eines Einkaufsleiters, Kreditsachbearbeiters, Auftragszentrums oder Produktmanagers.

Koordinationsstrukturen regeln die Abstimmung der gebildeten Organisationseinheiten auf dem Wege der hierarchischen Kommunikation oder der horizontalen Kommunikation.

Die Abbildung C. 15 gibt einen Überblick für die formalen Grundtypen von Kommunikationsstrukturen (vgl. auch STAEHLE 1991, S. 280).

Abbildung C. 15 enthält neben einer formalen graphischen Darstellung auch eine (vereinfachte) Kommunikationsmatrix-Darstellung der Kommunikationsbeziehungen zwischen drei Typen von Bürokräften (Manager, Sekretariat, Sachbearbeiter). Im linken Teil der Abbildung befinden sich **zentralisierte** Kommunikationsstrukturen (z.B. Dienstwegkommunikation), im rechten Teil **dezentralisierte** Kommunikationsstrukturen (laterale Kommunikation).

Optimale Koordinationsstrukturen zeichnen sich vornehmlich dadurch aus, daß sie für eine Minimierung der Koordinationskosten (auch: Transaktionskosten) sorgen. Dadurch wird vermieden, daß zuviele Ressourcen für die Bewältigung von Koordinationsaufgaben verwendet werden und folglich nicht mehr für die eigentlichen Aufgaben bzw. Geschäfte zur Verfügung stehen.

Die Unterscheidung zwischen den beiden Strukturbausteinen "Verteilung" und "Koordination" ist nicht vollkommen **trennscharf**. Macht- bzw. Kompetenzverteilung (Hierarchie) dient einerseits auch als Koordinationsinstrument. Andererseits sollten bereits beim Entwurf einer Verteilungsstruktur die Koordinationskosten als Folgekosten einkalkuliert werden, indem die Koordinationsbedarfe zwischen den Stellen, sprich die Schnittstellen als Mengengerüst der Koordinationskosten, möglichst begrenzt werden.

Durch Verteilungsmaßnahmen werden unterschiedliche Typen von Organisationseinheiten gebildet, je nachdem, welche Arten von Aufgaben bzw. von Kompetenzen man in einer Einheit zusammenfaßt oder "**zentralisiert**" (vgl. GROCHLA 1982, S. 229 f. und S. 265 f. sowie auch Abbildung C. 12).

Stern

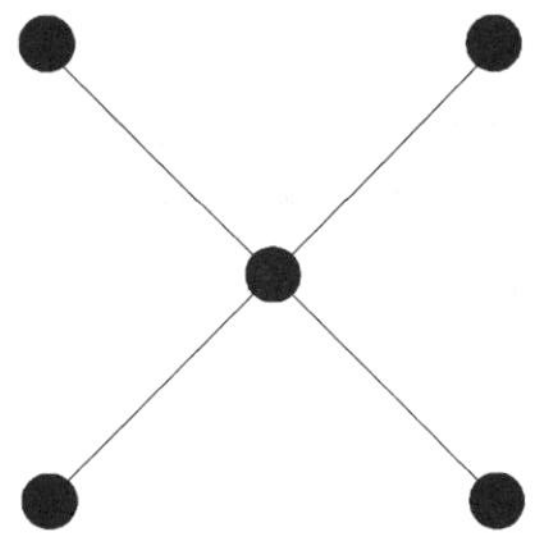

von \ an	Sekr.	Man.	Sachb.
Sekretärin		X	
Manager	X		X
Sachbe-arbeiter		X	

Kette

von \ an	Sekr.	Man.	Sachb.
Sekretärin			X
Manager	X		
Sachbe-arbeiter			

Kreis

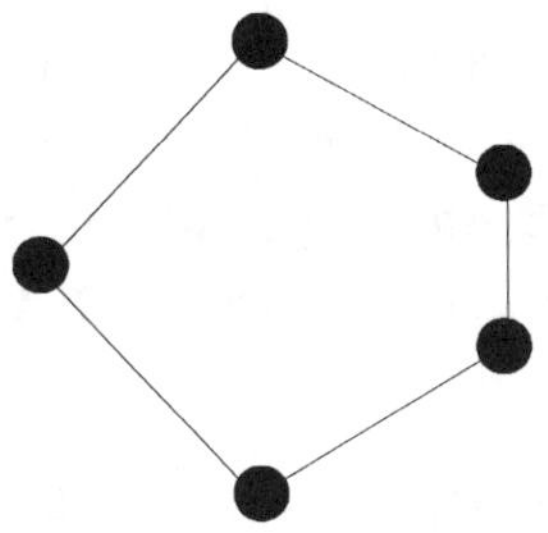

von \ an	Sekr.	Man.	Sachb.
Sekretärin		X	X
Manager	X		
Sachbe-arbeiter	X		

Vollstruktur

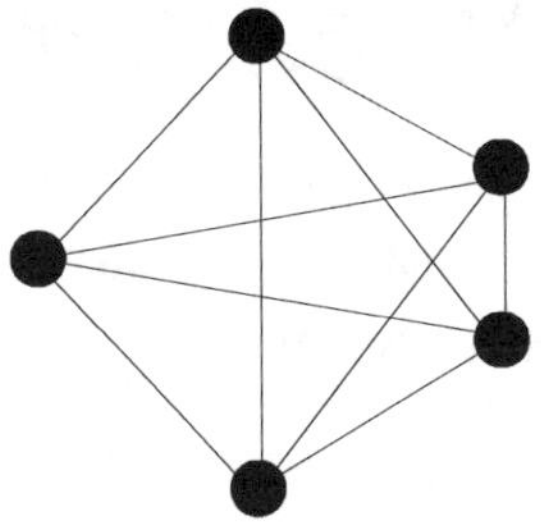

von \ an	Sekr.	Man.	Sachb.
Sekretärin		X	X
Manager	X		X
Sachbe-arbeiter	X	X	

Abbildung C. 15: Grundformen von Kommunikationsstrukturen

- Im Zusammenhang mit funktionalen Zuständigkeiten für Einkaufs-, Produktions-, Entwicklungs- bzw. Vertriebstätigkeiten (auch: Verrichtungen) ist von **Funktionseinheiten** oder Zweckeinheiten (Departments) die Rede. Hierzu zählen auch sog. Querschnittsfunktionen wie z.B. Logistik, Qualitätssicherung oder Umweltschutz. Werden hingegen alle Aufgaben in einer Stelle zusammengefaßt, die dasselbe Produkt, dieselbe Kundengruppe, allgemein also dasselbe "Objekt" betreffen, ist von **Objekteinheiten** die Rede.

- Wird nach Outputobjekten organisiert, entstehen also **Produkteinheiten** (z.B. für PC, Workstations, Mainframes, Netze, Software, Service), Kundeneinheiten (z.B. für OEM = Original Equipment Manufacturers oder Handel) oder geographische Regioneneinheiten (Europa, Asien/Pazifik, Amerika usw.), haben sich die Bezeichnungen "**Sparten**", "**Geschäftseinheiten**" oder "**Divisions**" eingebürgert. Eine besondere Variante von Objekteinheiten stellen Abteilungen wie die Personalabteilung, EDV-Abteilung oder auch Materialwirtschaft dar. Hier wird nicht nach Absatzobjekten, sondern nach Einsatzobjekten strukturiert.

- Bei der traditionellen Unterscheidung zwischen Stab und Linie ist die Art der zugeteilten Kompetenzen ausschlaggebend (vgl. HILL/FEHLBAUM/ULRICH 1989, S. 196 ff.). **Linieneinheiten** nehmen "harte" Kompetenzen für Entscheidung, Genehmigung oder Einspruch wahr. **Stabseinheiten**, die meist mit Fachleuten besetzt sind (z.B. juristische oder technische Experten), beschränken sich auf die Ausübung "weicher" Kompetenzen der Entscheidungsvorbereitung, also Datensammlung, Prognose, Vorschlagsrechte, aktive Unterrichtung und Planung im Sinne der Formulierung von Maßnahmenempfehlungen.

2.1.2.3 Aufbaustrukturen und Ablaufstrukturen

Das adäquate Zusammenspiel zwischen Aufbaugestaltung (statische Strukturaspekte) und Ablaufgestaltung (dynamische Strukturaspekte) ist in der Organisation ein gleichermaßen traditionsreiches wie umstrittenes Themengebiet. Die Trennung zwischen diesen beiden Bausteinen wird als Mittel der Komplexitätshandhabung für unumgänglich eingestuft, gleichzeitig jedoch bestenfalls als Notlösung erachtet.

Ablauforganisation strukturiert Unternehmensprozesse durch Spezifikation der **zeitlichen** und **räumlichen** Parameter. Es wird also bestimmt, wann, wo, in welcher Reihenfolge usw. bestimmte Aktivitäten bzw. Aktivitätenkomplexe stattfinden (vgl. auch KÜPPER 1982). Demgegenüber klärt die Aufbauorganisation die zeit-raum-unabhängigen **sachbezogenen** Parameter, insbesondere die Frage nach der Zuständigkeit für bestimmte Aufgaben (Wer-Frage).

Wie Abbildung C. 14 verdeutlicht, findet sich das Denken in Organisationseinheiten (Verteilungsstrukturen) und Abstimmung zwischen diesen Einheiten (Koordinationsstrukturen) auch in der Ablauforganisation wieder. **Ablaufeinheiten** stellen Aufgabenkomplexe oder Aufgabenklassen dar, die zeitlich und/oder räumlich zusammengehören. Das trifft beispielsweise auf bestimmte Vorgangsfolgen (z.B. Montageprozesse), Lose oder Stapel zu. Zeitliche Ablaufeinheiten lassen sich auf zwei Wegen definieren: Einmal durch den Zeitraum, der zur Abarbeitung eines Prozesses oder Stapels benötigt wird. Im Zusammenhang mit solchen Zykluszeiten, Taktzeiten, Nutzungszeiten von Anlagen, Lebenszyklen von Produkten kann von Episodeneinheiten gesprochen werden. Zum anderen lassen sich Ablaufeinheiten durch Kalenderzeiträume definieren. Im Unterschied zu den nicht vereinheitlichten **Episoden** handelt es sich bei diesen standardisierten Kalender-Zeiteinheiten (Minuten, Stunden, Tage, Quartale, Jahre usw.) um **Perioden** aus einer äquidistant angelegten Zeitrechnung. Auch bei der Bildung von Ablaufeinheiten ist das Kongruenzprinzip zu befolgen. Bei der zeitlichen Verteilung muß mit anderen Worten gewährleistet sein, daß einem eingehenden Auftrag (Lasteinheit) sowohl zeitpunktgenau als auch zeitraumgenau das kongruente Angebot an Kapazität (Leistungseinheit) gegenüber steht, wenn ein hoher Servicegrad erreicht werden soll. Daraus resultieren hohe Anforderungen an die flexible Organisation von Arbeits- und Betriebszeiten.

Ablaufkoordination im Sinne einer Abstimmung von Ablaufeinheiten (Prozesse, Aufträge, Perioden usw.) erfordert zwei Arten von Regelungen: Zeitliche Koordination erfolgt zum einen durch optimierte **Abstandsregelungen**. Bei Unsicherheit werden zeitliche Puffer in eine Vorgangsfolge eingebaut. Die Optimierung von sicheren Prozessen läuft auf die bewußte Eliminierung von Puffern (Zeit, Lagerbestände) hinaus. Diesem Anliegen dient die Synchronisierung von Prozessen, etwa die Zeitgleichheit von Teile-Anlieferung und Weiterverarbeitung in einem System der **fertigungssynchronen Anlieferung** (sog. Just-in-Time-Logistik bzw. Lieferabrufsysteme; vgl. BÜHNER 1992, S. 304 f.). Zeitliche Koordination basiert zum anderen auf optimierten **Abfolgeregelungen**.

Mit sog. Prioritätsregelungen will man beispielsweise die Abarbeitung eines Bestands aus mehreren Aufträgen optimieren.

Ein wichtiges Tätigkeitsfeld der Ablauforganisation ist die Optimierung von **Geschäftsprozessen** (Business Process Management bzw. Engineering). Geschäftprozesse wie beispielsweise die Auftragsabwicklung berühren zugleich drei Güterströme (vgl. Abbildung C. 16). Erstens die Realgüterebene (Warenprozeß, Materialfluß), wo zwischen Wareneingang und Warenausgang mehrstufige Transformations- und Logistikvorgänge stattfinden. Zweitens die Nominalgüterebene (Finanzprozeß, Geldfluß), wo mit Blick auf das Liquiditätsziel die Abstände (auch Abfolgen) zwischen Geldausgang und Geldeingang optimiert werden müssen. Schließlich drittens der Informationsprozeß, der sowohl den Warenprozeß als auch den Finanzprozeß steuert. Als Steuerungsinformationen werden beispielsweise Lieferanweisungen und Zahlungsanweisungen eingesetzt. Um die Prozeßsicherheit zu gewährleisten, sind diese Anweisungen mit Bestätigungen bzw. Buchungsoperationen in der Debitoren- und Kreditorenbuchhaltung gekoppelt. Typische Zielsetzungen der Ablauforganisation von Geschäftsprozessen ist neben Kundennähe und Prozeßsicherheit die Durchlaufzeitenverkürzung, die im Falle der Auftragsabwicklung auch die Zeiträume der Kreditvergabe bzw. Inanspruchnahme von Krediten abdeckt.

2.1.2.4 Makro-, Meso- und Mikrostrukturen

Sowohl der Gesamtbestand an Aufgaben als auch an Ressourcen einer Unternehmung (vgl. Abbildung C. 3) lassen sich in aggregierter oder in detaillierter Form betrachten und dann auch organisieren. Bewegen sich die organisatorischen Überlegungen auf einer hochaggregierten Ebene, etwa Gesamtauftragsbestand, Portfolio von Geschäftsfeldern, Gesamtumsatz, Gesamtbelegschaft usw., schaffen Organisationsmaßnahmen sog. **Rahmenstrukturen** bzw. **Makrostrukturen**. Makroorganisatorische Verteilungsstrukturen setzen sich aus Unternehmensbereichen (Sektoren), Geschäftsbereichen (Sparten, Lines of Business), Produktbereichen und Zentralbereichen (z.B. Zentraleinkauf) als Aufbaueinheiten zusammen. Auf der **Meso-Ebene** kommt es zur Bildung von Abteilungen, Werken, Standorten, Filialen bzw. Niederlassungen. Die **mikroorganisatorischen** Strukturen definieren die Arbeitsorganisation einer Unternehmung. Sie setzen sich aus Stellen zusammen, die von einer Person (z.B. Sachbearbeiter, Außendienstmitarbeiter) oder von einer Personenmehrheit (Gruppe, Team usw.) besetzt sein können.

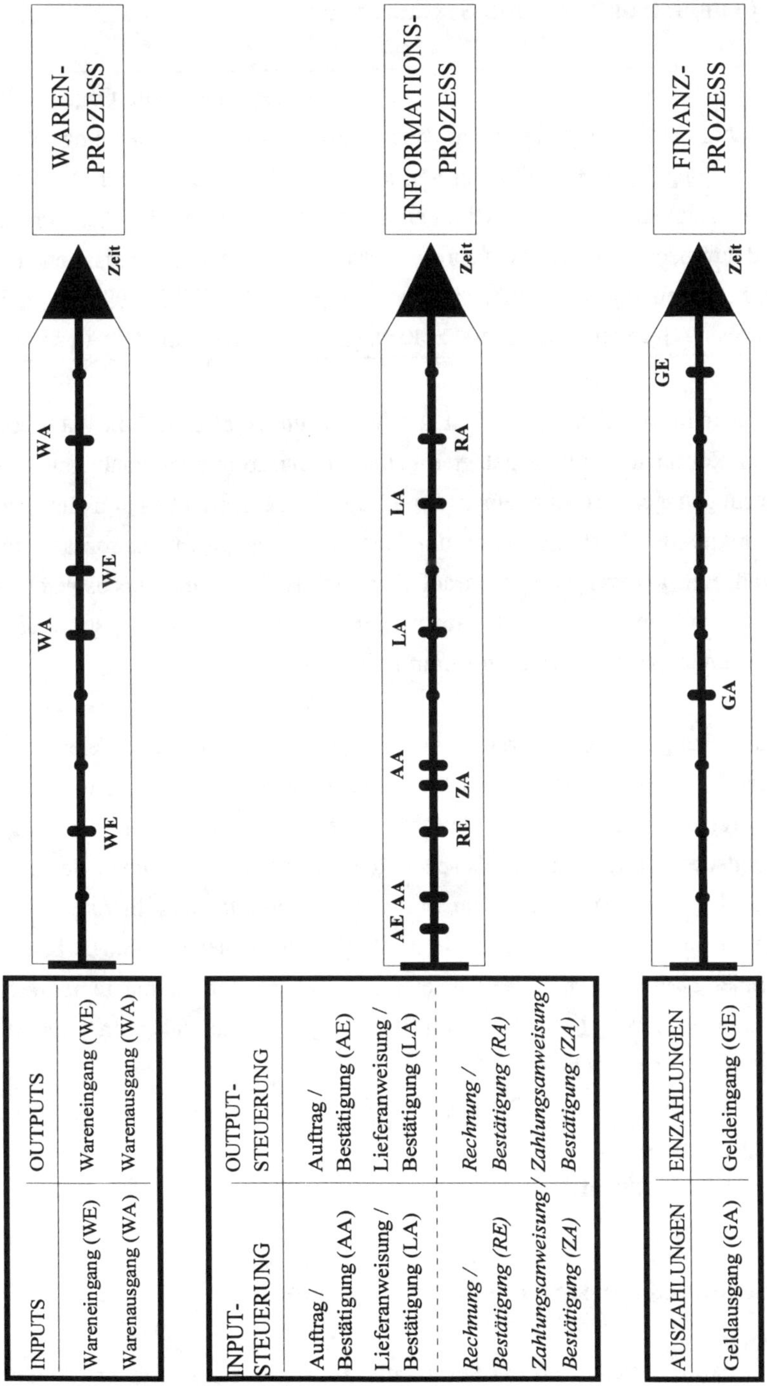

Abbildung C. 16: Ablauforganisation als Prozeßgestaltung

2.1.2.5 Primärstrukturen und Sekundärstrukturen

Im Organigramm einer Unternehmung sind in aller Regel nicht alle Organisationseinheiten vollständig erfaßt. Organigramme geben lediglich die auf Dauer eingerichteten Stellen und Abteilungen zur Bewältigung von laufenden Aufgaben wieder. Man spricht hier von **Primärorganisation**. Bei praktisch allen Unternehmungen wird diese Primärstruktur überlagert durch eine, meistens mehrere Zusatz- oder Sonderorganisationen. Typische Einheiten in diesen sog. **Sekundärorganisation** (vgl. STAEHLE 1991, S. 705 ff.) sind Projektgruppen, Gremien, Ausschüsse, "Kollegien", Beiräte oder Zirkel (Arbeitskreise).

Sie sind zuständig für Sonderaufgaben, Problemlösungen also, die die Funktionstüchtigkeit der auf Routineleistung ausgelegten Primärorganisation beeinträchtigen würden. Bei Problemlösungen geht es zum einen um Ideenmanagement, etwa um die Entwicklung neuer Produkte oder Verfahren bzw. um Lern- und Verbesserungsprozesse. Problemlösungen sind zum anderen aber auch auf dem Gebiet des Interessenausgleichs erforderlich. Deshalb vollziehen sich viele Abstimmungs- bzw. Koordinationsprozesse im Rahmen von sekundärorganisatorischen Kommissionen und Gremien.

Im Zusammenhang mit der Überlagerung (overlay) von Primär- und Sekundärstrukturen wird mitunter auch von "Dualorganisation" gesprochen. Beim Dualprinzip erfüllen dieselben Mitarbeiter unterschiedliche Aufgabentypen unter unterschiedlichen organisatorischen Arbeitsbedingungen, beispielsweise Regelaufgaben im Rahmen der hierarchisch aufgebauten Linientätigkeit und Sonderaufgaben innerhalb einer hierarchiefreien, vom Alltagsgeschäft abgekoppelten Teamarbeit. Diese Unterschiede in den Arbeitsbedingungen und Spielregeln zwischen permanenter Primärorganisation und temporärer Sekundärorganisation werden bildhaft durch die Gegenüberstellung von "Palästen" und "Zelten" zum Ausdruck gebracht.

2.1.3 Strukturvarianten

2.1.3.1 Strukturdimensionen und -konfigurationen

Während Strukturbausteine **additiv** verknüpfte Teilstrukturen darstellen, handelt es sich bei Strukturvarianten um **alternative** Erscheinungsformen von Organisationsstrukturen (vgl. GROCHLA 1982, S. 130 ff.). Hierzu zählen beispielsweise divisionale versus funktionale Rahmenstrukturen, Werkstattfertigung versus Fließfertigung, eindimensionale versus mehrdimensionale Organisation, Einlinien- versus Mehrliniensystem, Selbstorganisation oder Fremdorganisation bzw. steile oder flache Hierarchien. Auch die gängigen Organisationskonzepte der Stab-Linie-Organisation und der Gruppen- bzw. Team-Organisation dienen der Kennzeichnung von Strukturvarianten, und zwar anhand ihrer "charakteristischen" Organisationseinheiten. Anstelle von Varianten ist mitunter auch von "Grundformen", "Gestalten" oder "Konfigurationen" die Rede.

Einen systematischen Überblick über die Strukturvarianten erhält man methodisch dadurch, daß man a) die relevanten Merkmale einer Struktur definiert (sog. Strukturdimensionen) und b) auf jeder dieser Dimensionen die typischen Ausprägungen ermittelt. Eine Konfiguration wäre dann repräsentiert durch eine typische Ausprägungskombination (Profil, Muster) über diese Strukturdimensionen. In der Organisationswissenschaft wird mit einem Katalog von fünf bis zehn Strukturdimensionen gearbeitet (vgl. REMER 1989, S. 12 sowie KUBICEK/WELTER 1985). Hierzu zählen u.a.

- Spezialisierungsgrad
- Delegationsgrad
- Koordinationsform
- Programmierung
- Machtform
- Kommunikationssystem
- Formalisierung.

An dieser Stelle sollen nur drei Strukturdimensionen (Arbeitsteilung, Kompetenzteilung und Koordination) anhand ihrer typischen Ausprägungsvarianten näher charakterisiert werden.

2.1.3.2 Varianten der Arbeitsteilung

Dominieren in einem Organigramm auf der zweiten Ebene die Funktionseinheiten, liegt eine sog. **funktionale** Organisation vor (vgl. Abbildung C. 17). Arbeitsteilung basiert auf dem klassischen Prinzip der Spezialisierung nach bestimmten Tätigkeiten (Verrichtungen), das sowohl auf Geschäftsprozesse als auf technische Prozesse (Werkstätten als Funktionseinheiten in der Produktion) angewandt wird. Die die Unternehmung prägenden Entscheidungen werden von den Leitern der Funktionsbereiche getroffen.

Von einer **divisionalen** Organisation wird dann gesprochen, wenn die wesentlichen Entscheidungen in Geschäftseinheiten getroffen werden, das Unternehmen also aus den Geschäftseinheiten heraus geführt wird. In der Makrostruktur findet man beispielweise mehrere Sparten für jeweils eine Produktlinie, in der Mesostruktur sog. Fertigungssegmente, die für jeweils eine Teilefamilie zuständig sind (vgl. BÜHNER 1992, S. 261 ff.).

Jede Makro-Organisationseinheit führt ein hinreichend abgegrenztes Geschäft (Produkt-Markt-Kombination). In aller Regel befinden sich auf derselben Ebene wie die Geschäftsbereiche auch noch Funktionsbereiche (z.B. zentrale F&E). Diese haben die Funktion von **Zentralbereichen**, die sie beispielweise als Service-Einheiten gegenüber den Sparten im Rahmen einer internen Kunden-Lieferanten-Beziehung ausfüllen können.

Gemeinhin bezeichnet man die funktionalen und divisionalen "Archetypen" der Arbeitsteilung als **eindimensionale** Organisationsformen. Damit soll zum Ausdruck gebracht werden, daß die relevante Differenzierung in Organisationseinheiten nach nur einem Aufgabenmerkmal erfolgt. Die Existenz von Zentralbereichen signalisiert, daß Eindimensionalität im strengen Sinne meist nicht vorliegt.

Wird die Bildung von Organisationseinheiten in ausgewogener Form sowohl nach Funktionen als auch nach Objekten vorgenommen, ergibt sich eine zweidimensionale Organisationsstruktur. Man spricht hier von einer **Matrixorganisation**, bei drei Merkmalen von einer **Tensororganisation** (vgl. BLEICHER 1991, S. 593 ff.).

Unterhalb der Matrixleitung setzt sich die zweite Ebene aus zwei unterschiedlichen Formen von sog. Matrix-Stellen (Matrix-Manager) zusammen. Die dritte Ebene umfaßt die Matrix-Schnittstellen. Deren Spezifika geben dieser Organisationsform den Namen. Das

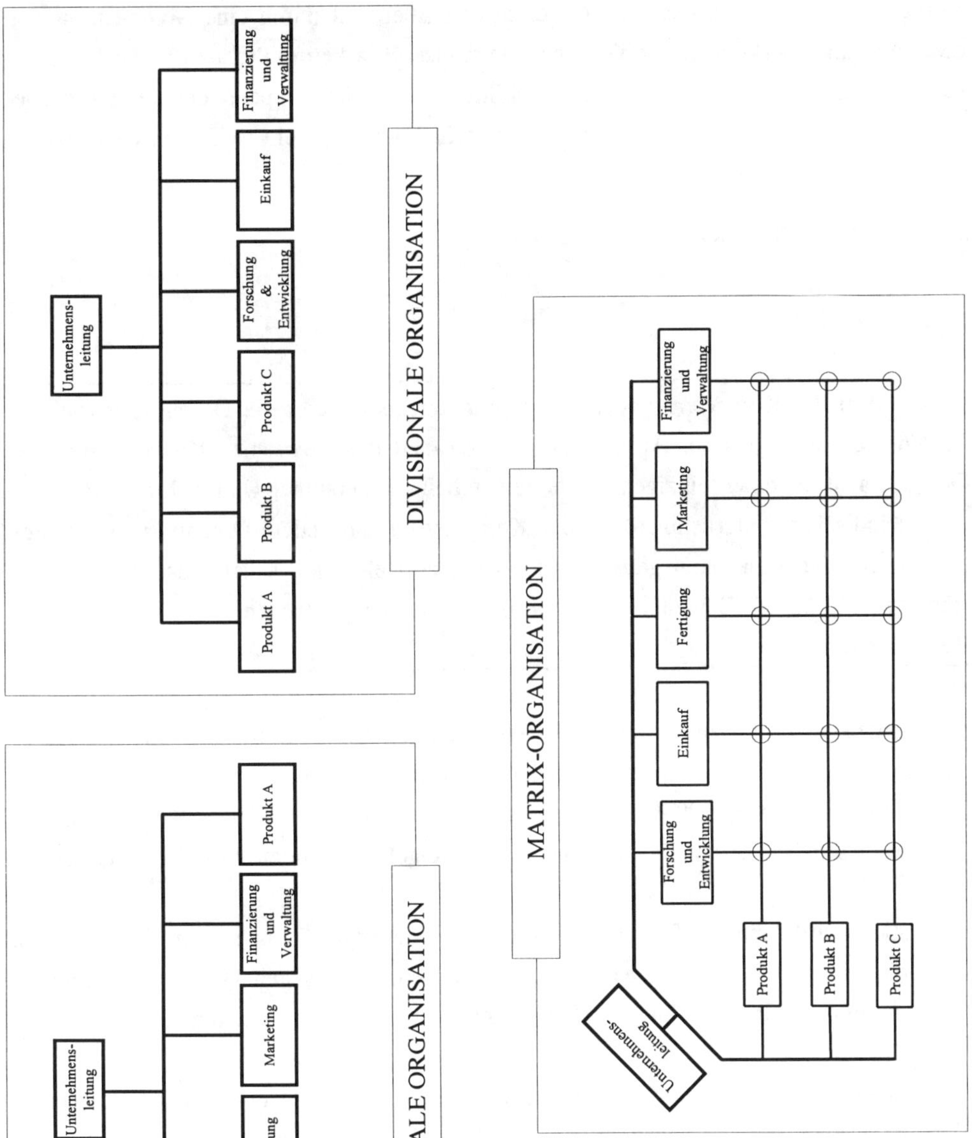

Abbildung C.17: Strukturvarianten der Aufbauorganisation

Aufgabengebiet jeder Einheit auf dieser dritten Ebene ist durch eine Kombination von zwei Aufgabenmerkmalen definiert, beispielsweise "Marketing/Produktgruppe B". Ausserdem geht aus dem Organigramm in Abbildung C. 17 die Doppelunterstellung unter jeweils zwei Vorgesetzte hervor. Man spricht deshalb auch von einem **Zweiliniensystem**.

2.1.3.3 Varianten der Kompetenzteilung

a) Delegation

Diese Form der Kompetenz- oder Machtverteilung beschreibt die Dezentralisation von Entscheidungsbefugnissen. Ausgehend vom Zustand einer extremen Konzentration der Gesamtmacht in einer einzigen Stelle (etwa beim Eigentümer-Unternehmer in einem mittelständischen Unternehmen) werden Kompetenzen auf andere Organisationseinheiten übertragen, die diese dann getrennt wahrnehmen. Delegation schafft also relativ selbständige (autonome) Einheiten, die innerhalb eines vorgegebenen Rahmens in eigener Regie handeln können.

Sog. **teilautonome Gruppen** in der Fertigung regeln beispielsweise die Anwesensheits- und Urlaubszeiten der Gruppenmitglieder in eigener Zeitsouveränität bzw. Zeithoheit (vgl. BÜHNER 1992, 100 f.). Delegation entlastet Vorgesetzte grundsätzlich von bestimmten Aufgaben, induziert allerdings in aller Regel eine erhöhte Koordinationslast.

Delegation wird beim Aufbau einer **Mehrebenen-Hierarchie** betrieben. Hier werden Kompetenzen auf das Top-Management (Direktoren, Bereichsleiter), mittlere Management (Abteilungsleiter) und untere Management (Gruppenleiter) übertragen.

Die **Stab-Linie-Organisation** basiert insofern auf dem Delegationsprinzip, als hierbei die Kompetenzen der Entscheidungsvorbereitung auf Stabsstellen ausgelagert werden.

Auch sog. **funktionalisierte** Organisationsformen stellen Anwendungen des Delegationsprinzips dar. Hierbei wird der Gesamtkomplex von Führungsfunktionen auf mehrere Vorgesetzte verteilt. Eine solche Teilung von Führungskompetenz mündet beispielweise in die Parallelität von fachlichen und disziplinarischen Vorgesetzten. Das in der Industrie verbreitete Prinzip der doppelten Leitung durch einen kaufmännischen und einen technischen Leiter beruht ebenfalls auf einer Funktionalisierung. Schließlich stellt auch die Einrichtung eines Controllers (als kaufmännisches Gewissen oder auch Gegenspieler der

Fachabteilungen) eine Spielart von funktionalisierter Unternehmungsführung dar. In allen Fällen provoziert die Funktionalisierung automatisch Mehrliniensysteme.

b) Partizipation

Anders als bei der Delegation werden bei der Partizipation bestimmte Kompetenzen nicht getrennt, sondern von mehreren Personen bzw. Stellen gemeinsam wahrgenommen (vgl. HILL/FEHLBAUM/ULRICH 1989, S. 235). Die Kompetenzteilung erfordert m.a.W. Abstimmungsregeln für eine koordinierte Entscheidungsfindung, etwa durch Mehrheitsbeschlüsse oder durch Einstimmigkeit (Konsensprinzip).

Dabei unterscheidet man zwischen **direkter** Partizipation, wenn die Betroffenen (als Beteiligte) persönlich an den Entscheidungsprozessen teilnehmen können (im Sinne einer "Mitbestimmung am Arbeitsplatz"). **Indirekte** Partizipation liegt hingegen vor, wenn die Wahrnehmung der individuellen Interessen über Interessenvertreter erfolgt. Als Interessenvertreter fungieren Betriebsräte, Sprecher der leitenden Angestellten oder Gruppensprecher bei teilautonomer Gruppenarbeit, die die Interessen ihres Teams in den Abstimmungsprozeß über Mengen und Termine zwischen mehreren Gruppen einbringen.

2.1.3.4 Varianten der Koordination

Im Rahmen der strukturellen Koordination läßt sich eine Zweiteilung in Selbstkoordination und Fremdkoordination vornehmen. **Selbstkoordination** erfolgt über direkte Kommunikation zwischen den zu koordinierenden Organisationseinheiten. Eine solche Selbstabstimmung vollzieht sich entweder im Rahmen von informellen Netzwerken oder aber als offizielle Verhandlungen, beispielweise zur Festlegung von Verrechnungspreisen im innerbetrieblichen Leistungsaustausch *(vgl. TROSSMANN D. 4.1.3.1)*

Bei der **Fremdkoordination** übernehmen Dritte die Koordinationsaufgabe. In einer Hierarchie ist dies normalerweise die übergeordnete Instanz. Fremdkoordination wird ebenfalls praktiziert durch Koordinationsorgane *(vgl. 2.2.3.3)*. Eine Controllingabteilung betreibt beispielsweise Fremdkoordination, indem sie Verrechnungspreise als Lenkpreise für die innerbetriebliche Leistungsverflechtung zentral vorgibt.

2.2 Flexible und integrierte Organisationsstrukturen

2.2.1 Anforderungen an Organisationsstrukturen

Die organisatorischen Grundphänomene der Differenzierung und der Integration stellen keinesfalls sicher, daß jede Organisationsstruktur automatisch für die Anpassungsfähigkeit (Flexibilität) und den Zusammenhalt (Integration) einer Unternehmung sorgt. Flexibilität und Integration stellen aus mindestens drei Gründen keine definitionsgemäß erfüllten Selbstverständlichkeiten, sondern echte Herausforderungen für die Organisationsgestaltung dar. Zum einen haben Prozesse der Habitualisierung, Routinisierung, Verkrustung usw. zur Folge, daß die Flexibilität einer Organisationsstruktur systemimmanent gefährdet wird. Zum anderen beeinträchtigen alle Prozesse der Teilung, Entkopplung, Verselbständigung infolge ihrer zentrifugalen Tendenzen stets die Integration. Schließlich erweist es sich aufgrund von Gegenläufigkeiten zwischen den beiden Anforderungen als besonders schwierig, gleichzeitig für Flexibilität und für Integration zu sorgen.

2.2.2 Flexible Organisationsstrukturen

2.2.2.1 Flexibilitätsbedarfe und Flexibilitätspotentiale

Flexibilitätsbedarfe ergeben sich aus Unsicherheiten und Veränderungen im Kontext der Organisationsgestaltung (vgl. Abbildung C. 3). Es handelt sich dabei einerseits um unternehmungsexterne Veränderungen in den marktlichen, ressourcenseitigen und organisatorischen Rahmenbedingungen, z.B. den gesetzlichen oder tarifvertraglichen Bestimmungen über Arbeitszeiten, Mindesttakzeiten oder Pausenregelungen. Andererseits um unternehmungsintern getroffene Strategieänderungen im Zusammenhang mit dem Einstieg in oder Ausstieg aus Geschäftsfeldern und der damit einhergehenden Ausdehnung bzw. Verringerung von Ressourcenkapazitäten.

Auf der operativen Ebene stellen beispielsweise Modifikationen von Kundenaufträgen und Ausfälle von Maschinen, EDV-Systemen und Mitarbeitern alltägliche Erscheinungsformen von Flexibilitätsbedarfen dar.

Den Flexibilitätsbedarfen muß die Organisation entsprechende Flexibilitätspotentiale gegenüberstellen. Zu diesem Zweck sind ganz allgemein in der Organisationsstruktur **Handlungsspielräume** zu schaffen. Dies gelingt durch den kombinierten oder isolierten Einsatz folgender Anpassungsmechanismen:

(1) Spielräume entstehen durch Formen der Arbeits- und Kompetenzteilung, die für eine hohe Autarkie und Autonomie der einzelnen Organisationseinheiten sorgen. Die Gesamtunternehmung agiert dann als ein (sog. multistabiles) Gebilde aus lose gekoppelten Organisationseinheiten (vgl. PROBST 1992, S. 434 ff.). Inflexibilitäten durch umfangreiche Gemeinkostenbereiche (z.B. bürokratisch gesteuerte Zentralbereiche) oder lange Entscheidungswege lassen sich unterbinden.

(2) Der Flexibilisierung dient des weiteren der Einbau von sog. organisatorischem **Slack**. Hierbei handelt es sich um Reserven in Gestalt von Sonderrechten, bewußter Unterforderung und Puffern im Materialfluß (z.B. Bestände).

(3) Außerdem wirkt eine **Verringerung des Organisationsgrades** flexibilitätsförderlich. Über eine dosierte Deregulierung werden strenge, ausführliche, langfristige Regelungen durch knappe, wenig detaillierte, vorläufige Regelungen ersetzt. In der Stellenbeschreibung eines Außendienstmitarbeiters wird beispielsweise auf Verhaltensregelungen über die Häufigkeit von Kundenbesuchen, den Einsatz von Werbemitteln usw. zugunsten einer rein ergebnisorientierten Steuerung mit Hilfe von Umsatz- oder Deckungsbeitragkennzahlen verzichtet.

Zwei traditionsreiche Formen von organisatorischen Flexibilitätspotentialen verdienen besondere Beachtung.

2.2.2.2 Projektorganisation

Bevorzugte Einsatzgebiete der Projektorganisation sind die Entwicklung von neuen Produkten und Verfahren (einschließlich EDV-Systeme), Bauvorhaben und Reorganisationsprojekte. Ganz allgemein eignet sich die Projektorganisation als eine auf Zeit eingerichtete "Übergangsorganisation" für allen Arten von Änderungsprozessen.

Der Flexibilisierungseffekt einer Einrichtung von Projektgruppen sowie Projektleitern resultiert aus der Auskopplung von neuartigen, zeitlich begrenzten, mit diversen Unsicherheiten und Risiken behafteten Sonderaufgaben aus der auf Routineleistung programmierten Linienorganisation.

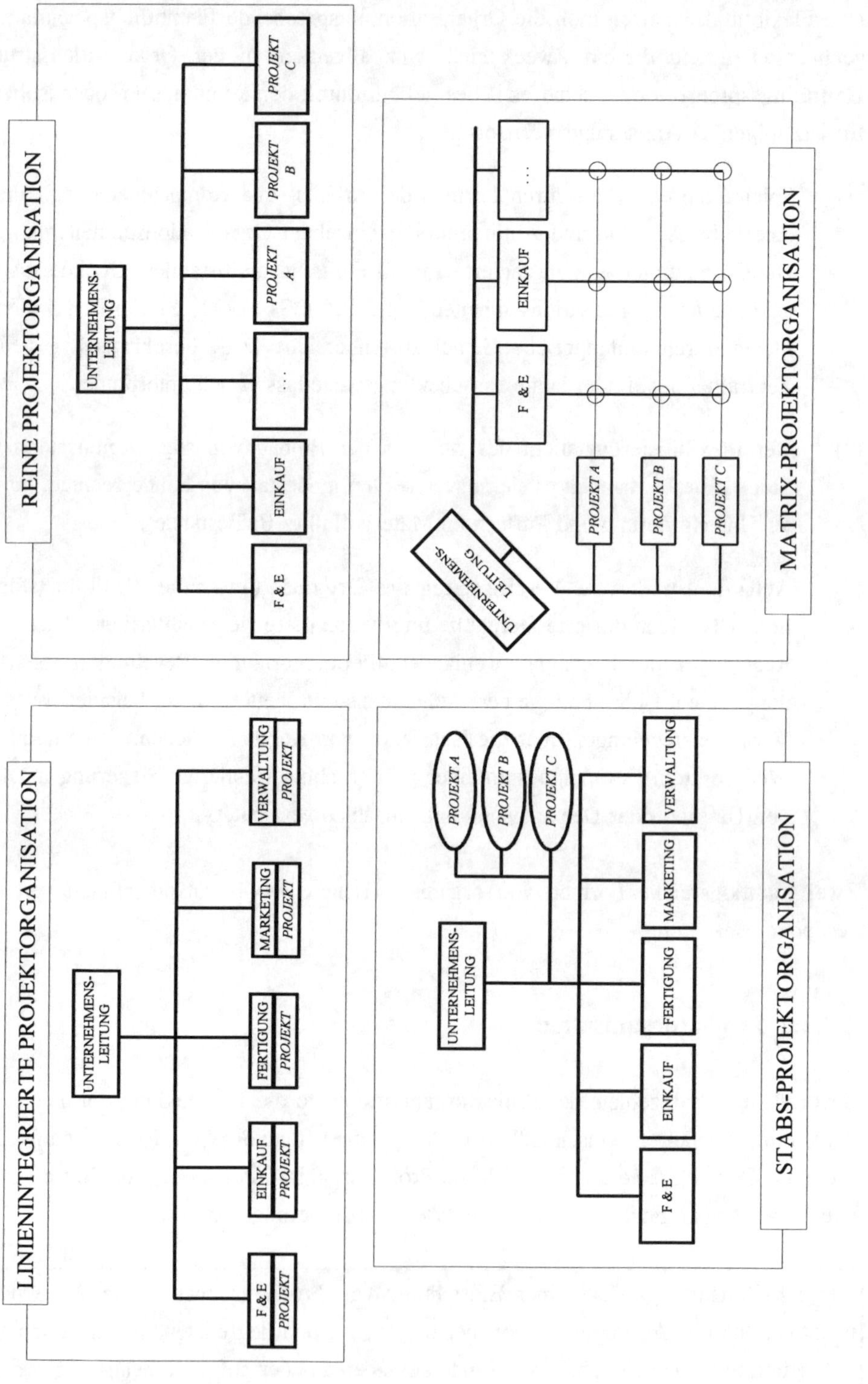

Abbildung C. 18: Grundformen der Projektorganisation

Dort herrschen Arbeitsbedingungen, die der erfolgreichen Bewältigung von Projektaufgaben im Wege stehen. In der Praxis hat sich keine Standardform einer Projektorganisation etabliert. Vielmehr konkurrieren im wesentlichen vier alternative Grundformen (vgl. Abbildung C. 18).

Die **linienintegrierte Projektorganisation** stellt die kleinste Lösung dar (vgl. FRESE 1991, S. 460 ff.). Hier arbeiten die Projektmitarbeiter weiterhin in der Linie. Lediglich ihr Aufgabenfeld wird durch bestimmte Zusatzaufgaben im Zusammenhang mit Projekten erweitert. Alltagsaufgaben und Projektaufgaben behindern sich bei einer solchen "on the job-Lösung" mit großer Wahrscheinlichkeit. Im Zweifel wird diese Rivalität zu Lasten der Projektarbeit gehen. Am anderen Ende der Skala steht die sog. **reine Projektorganisation** als große Lösung, bei der Projekteinheiten von ihrer Ausstattung her auf dieselbe Stufe gestellt werden wie die Linieneinheiten. Bei der innovativen Produktentwicklung (z.B. eine neue Produktlinie in einem Elektronikunternehmen) spricht man in einigen Fällen auch von "Venture Organisation" (vgl. GAITANIDES/WICHER 1986, S. 394 ff.).

Zwischen den beiden Extremen sind die **Stabs-Projektorganisation** und die **Matrix-Projektorganisation** *(vgl. 2.2.2.5)* angesiedelt. Sie beruhen auf einer Auskopplung der Projektarbeit in die Sekundärorganisation. Bei dieser empirisch sehr verbreiteten Organisationsform muß geprüft werden, ob die Projektorganisation über ausreichend Promotionspotential verfügt, um Innovationen generieren und implementieren zu können. Es hat sich gezeigt, daß für die Promotion von Produkt- oder Prozeßinnovationen drei Typen von Promotoren benötigt werden: (1) **Experten**, die als Fachpromotoren das fachliche Know-how einbringen. (2) **Sponsoren**, die aufgrund ihrer Verfügungsgewalt über Budgets und ihrer hochrangigen Position in der Hierarchie die Rolle der Machtpromotoren übernehmen können. (3) **Champions**, welche auf der Basis ihrer Sozial- und Handhabungskompetenzen für Änderungsprozesse das optimale Zusammenwirken von Experten und Sponsoren organisieren können (vgl. HAUSCHILDT/CHAKRABARTI 1988, S. 378 ff.).

2.2.2.3 Center-Konzepte

Die Primärorganisation läßt sich durch die Einrichtung von relativ autarken und autonomen Organisationseinheiten flexibilisieren. Das Gesamtunternehmen wird zu diesem Zweck segmentiert. Der Produktionsbereich wird auf dem Wege der Fertigungssegmentierung in "Fabriken in der Fabrik" und ein Konzern durch Geschäftssegmentierung in zahlreiche "Unternehmen im Unternehmen" aufgeteilt. Segmentierung entkoppelt die Organisationseinheiten sowohl aufgaben- als auch ressourcenseitig. Um die Ressourcen-Poolung zu verringern, müssen die Segmente aber mit eigenen Ressourcen, z.B. eigenem Know-how auf den Gebieten der Logistik, Qualitätssicherung und Instandsetzung ausgestattet werden. Nur dadurch erhalten sie die erforderliche Autarkie, die sie von der Unterstützung durch Zentralbereiche unabhängig macht.

Durch eine gleichzeitige Ausstattung mit zusätzlichen Entscheidungskompetenzen verfügen die Segmente auch über die notwendige Autonomie, um sich unternehmerisch verhalten zu können. Man spricht deshalb aus betriebswirtschaftlicher Sicht auch von **Centern**. Die Steuerung der Center erfolgt ergebnisorientiert über Kennzahlen.

Diese drücken die Kategorie von unternehmerischer Verantwortung aus, die das Center bzw. der Center-Leiter übernehmen (vgl. Abbildung C. 19).

CENTER-KONZEPTE			
KONZEPT	**ZIELGRÖSSE PFLICHTEN (Verantwortung)**	**INSTRUMENTALGRÖSSE(N) RECHTE (Kompetenz)**	**BEDINGUNGSGRÖSSE(N)**
UMSATZ-CENTER	**Umsatzerlöse**	**Absatzmarketing-Mix**	**Kostendeterminanten**
COST-CENTER	**Variable Kosten**	**Verbrauchsmengen, Beschaffungsmarketing-Mix**	**Absatzmengen und -preise (Umsatz), Investitionen (Fixkosten)**
PROFIT-CENTER	**Deckungsbeiträge**	**Marketing-Mix, Verbrauchsmengen**	**Investitionen**
INVESTMENT-CENTER	**Rentabilität**	**Marketing-Mix, Verbrauchsmengen, Investitionen**	**Finanzierung(skosten)**

Abbildung C. 19: Spektrum der Center-Konzepte

Umsatz-Center im Vertriebs- bzw. Außendienstbereich verfolgen Umsatzziele, zu deren Erreichung sie Instrumente aus dem Marketing-Mix einsetzen *(vgl. MEYER/MATTMÜLLER H. 1.2)*. Die **Cost-Center** mit ihrer Verantwortung für direkte Kosten sind für den Produktionsbereich charakteristisch. Der typische Leiter einer Fertigungsinsel kann weder die Vermarktung seiner Outputs noch die Investitionen in die maschinelle Ausstattung seiner Kostenstelle (allein) steuern. **Profit-Center**, beispielweise Geschäftseinheiten in einer Divisionalorganisation, sind in der Lage, sowohl die Kosten- als auch die Absatzseite zu beeinflussen. **Investment-Center** werden für den Return-on-Investment in ihrem Bereich verantwortlich gemacht. Das ist beispielweise der Fall bei Konzern-Tochtergesellschaften mit eigener Rechtsform, die als "Unternehmen im Unternehmen" eigene Investitionspolitik betreiben, welche sie beispielsweise durch Finanzmittel der Holding als konzerninterner Bank nach marktwirtschaftlichen Spielregeln finanzieren lassen.

2.2.3 Integrierte Organisationsstrukturen

2.2.3.1 Integrationsbedarfe und Integrationspotentiale

Integration bezeichnet die Ausrichtung mehrerer Teile auf das Ganze, meist auf ein gemeinsames Ziel. Dasselbe Anliegen liegt auch allen Bemühungen um "Koordination" zugrunde. Bisher hat sich keiner der zahlreichen Versuche einer sprachlichen Differenzierung zwischen "Integration" und "Koordination" durchsetzen können. Wie bei der Flexibilität muß eine brauchbare Definition von "Integration" relational angelegt sein, konkret als Relation zwischen Integrationsbedarfen und Integrationspotentialen.

Typische organisatorische Integrationsbedarfe äußern sich in der **Isolation** bestimmter Organisationseinheiten. Zwischen solchen "Inseln" mangelt es an Informations- und Ideenaustausch, obwohl sie durch gemeinsame Aufgaben und Ressourcen (**gepoolte** Interdependenz), durch einseitige Lieferbeziehungen (**sequentielle** Interdependenz) oder durch wechselseitigen Leistungsaustausch (**reziproke** Interdependenz) eng untereinander gekoppelt sind (vgl. FRESE 1991, S. 236 ff.). Eine zweite Grundform von Integrationsbedarf stellen **Konflikte** (Disharmonien, Inkompatibilitäten usw.) dar. Hier werden Spielregeln zur Konflikthandhabung benötigt. Schließlich wird ein Integrationsbedarf dann diagnostiziert, wenn Organisationseinheiten zwar zusammenarbeiten, dabei aber keine **Synergieeffekte**, beispielsweise Größenvorteile durch gemeinsamen Einkauf, Kostendegressionen oder wechselseitige Anregung auftreten.

Zur Deckung dieser allgegenwärtigen Bedarfe wurden organisatorische Integrationspotentiale entwickelt. Hierbei handelt es sich um Koordinationsmechanismen oder Spielregeln für die Interaktion zwischen Organisationseinheiten, die unter den Bezeichnungen "Markt", "Hierarchie", "Plan", "Verhandlung", "Vertrauen", "Clan" usw. in allen sozial- und wirtschaftswissenschaftlichen Disziplinen analysiert werden. Das Integrationspotential von organisatorischen Integrationskonzepten resultiert aus zwei, meist kombiniert eingesetzten Maßnahmen: Zum einen aus der Gestaltung der Kommunikation zwischen Stellen, zum anderen aus der Einrichtung von Stellen mit Koordinationsfunktion.

Das Integrationspotential der **Selbstabstimmung** basiert auf der lateralen Kommunikation zwischen Stellen in Form von Vereinbarungen (z.B. Zielvereinbarungen), Verhandlungen (über Verrechnungspreise), Meetings, marktlichen Abstimmprozessen zwischen Kunden und Lieferanten usw. (KIESER/KUBICEK 1992, S. 106 ff.).

Das Integrationspotential der **Hierarchie** beruht auf einer streng reglementierten, vertikalen Kommunikation. Dieser stets umstrittene, aber als unverzichtbar eingestufte Koordinationsmechanismus sieht vor, daß Kommunikation nur zwischen Einheiten auf unterschiedlichen Hierarchie-Ebenen erfolgt, wobei Anweisungen und Berichterstattung die typischen Kommunikationsinhalte darstellen (vgl. LAUX/LIERMANN 1993, S. 107 ff.).

Die Anzahl der direkten Kommunikationspartner wird durch Leitungsspannen (horizontale Spanne) bzw. durch die Anzahl der installierten Anweisungslinien festgelegt. Die Anzahl der Hierarchie-Ebenen (vertikale Spanne) entscheidet darüber, wie lang mehrstufige Kommunikationswege (Dienstwege) sind.

Im Gegensatz zur Selbstabstimmung läuft die Bildung **organisatorischer Einheiten mit Koordinationsfunktion** auf eine Fremdabstimmung hinaus. Das Integrationspotential dieser Koordinationseinheiten wird definiert durch ihre quantitative Koordinationskapazität, ihre qualitative Koordinationskompetenz (Verhandlungsführung, Moderation usw.) sowie ihre Integrität (Unparteilichkeit) in Streitfällen.

Zwei Grundformen integrierter Organisationsstrukturen sollen eingehender erörtert werden.

2.2.3.2 Matrixorganisation

Das Integrationspotential der Matrixorganisation (vgl. Abbildung C. 17) ruht auf zwei Säulen. Als Zweiliniensystem besitzt die Matrix zum einen offizielle **Kommunikationskanäle**, auf denen sich ein Interessenausgleich bewerkstelligen läßt. Als zweidimensionale Organisationsform sind in der Matrix durch die Matrix-Manager (zweite Ebene der Matrixorganisation) zum anderen bestimmte **Koordinationseinheiten** installiert. Ein Produkt-Matrix-Manager z.B. fungiert nicht zuletzt als Koordinator der Funktionsbereiche für seine Produktgruppe. Deren Koordinationsleistung hängt u.a. davon ab, welche Matrix-Variante implementiert wird. Das Spektrum umfaßt neben der Produkt-Funktionen-Matrix auch eine Regionen-Funktionen-Matrix, eine Produkt-Regionen-Matrix usw.

In bestimmten Fällen empfiehlt sich die Einrichtung einer Funktionen-Querschnittsfunktionen-Matrix.

Das Einsatzgebiet der Matrix ist dabei nicht auf die Rahmenstruktur einer Unternehmung beschränkt. Zu Integrationszwecken kann durchaus auch auf der Meso- bzw. Mikro-Ebene mit dem Matrix-Prinzip gearbeitet werden. Man denke hier beispielsweise an eine Matrixstrukturierung des Marketingbereichs nach Produkten (oder Kundengruppen) und nach Marketingfunktionen (Werbung, Vertrieb, Marktforschung usw., *vgl. MEYER/ MATTMÜLLER H. 2.*).

Um der matrixspezifischen Gefahr einer Innenorientierung zu begegnen, wurden Ansätze zu einer Verbesserung der Integrationseffizienz von Matrixstrukturen (Zeitbedarf und Kosten von Abstimmprozessen) entwickelt. Hierzu zählt u.a. die Ersetzung einer **symmetrischen** Matrix durch eine **asymmetrische** Matrix. Während bei der symmetrischen Matrix-Konstruktion beide Matrix-Dimension gleichen Einfluß besitzen, überwiegt bei der asymmetrischen Matrix-Konstruktion entweder die Produktdimension (bzw. geographische Dimension) oder die Funktionsdimension. Dadurch lassen sich im Zweifel schwerfällige Abstimmprozesse beschleunigen. Die schwächere Matrix-Dimension ist darauf angewiesen, ihren Interessen durch "Einflußmanagement" (Überzeugungsarbeit, Expertenmacht usw.) Geltung zu verschaffen (vgl. BLEICHER 1991, S. 567 ff.).

2.2.3.3 Koordinationsorgane

Neben den hierarchisch übergeordneten Instanzen (Vorgesetzte) stellen die sog. Koordinationsorgane eine zweite Form von Koordinationseinheiten dar. Wichtige Beispiele für unternehmungsinterne Koordinationsorgane sind in der Abbildung C. 20 zusammengestellt.

Bei den Koordinationsorganen handelt es sich um Organisationseinheiten, deren Hauptaufgabe in der Koordination anderer Einheiten besteht. Diese Charakterisierung trifft beispielsweise auf Projektmanager, Controller, Moderatoren, Drittparteien oder Einigungs- bzw. Einspruchsstellen zu. Zur Übernahme dieser Funktion eignen sich nur Personen, die über entsprechende methodische und soziale Kompetenzen verfügen.

Während die **Spezialisierung** auf Koordinationsaufgaben für die Einrichtung von Koordinationsorganen spricht, lassen sich gegen diesen Integrationsmechanismus u.a. die hohen **Kosten der Fremdkoordination** vorbringen. Dieser Einwand wiegt besonders schwer im Falle von hauptamtlich tätigen, mit mehreren Personen besetzten Koordinationsorganen, etwa einem nicht nach Ressorts zusammengesetzten Vorstand oder einem Auftragszentrum. In einer Management-Holding (vgl. BÜHNER 1992, S. 395 ff.) sollen im Vorstand in der Tat nicht in erster Linie die Ressortinteressen der Vertreter von Tochtergesellschaften in Einklang gebracht, sondern Orientierungsdaten für die konzernweite Portfolio-, Technologie- und Personalpolitik formuliert werden. Auch die Einrichtung eines Auftragszentrums, das mit Mitarbeitern aus Vertrieb, Fertigung, Logistik usw. besetzt ist, läßt sich trotz der nicht unerheblichen Personalkosten mit Verweis auf die verbesserte Koordination bei der Abwicklung von Kundenaufträgen (z.B. bessere Auskunftsfähigkeit über den aktuellen Status des Auftrags) rechtfertigen.

	EINPERSONEN-STELLEN	MEHRPERSONEN-STELLEN
HAUPTAMTLICHE KOORDINATIONS-ORGANE	Produktmanager Projektmanager Controller Schlichter Externe Berater	Ressortloser Vorstand (Holding-Vorstand) Auftragszentren
NEBENAMTLICHE KOORDINATIONS-ORGANE	Moderatoren Interne Berater Prozeß-Promotoren Prozeßmanager	Einigungsstellen/ Einspruchstellen Synergie-Ausschüsse Produktkommissionen Absatz-Komitees Lenkungsausschüsse Koordinationsgremien

Abbildung C. 20: Koordinationsorgane

2.3 Kontextgerechte Organisationsstrukturen

2.3.1 Kontextfaktoren der Organisationsgestaltung

Organisationsstrukturen müssen nicht nur "zielgerecht" ausgestaltet sein, indem sie einen Beitrag zur Flexibilität und Integration des gesamten Unternehmungsgeschehens liefern *(vgl. 2.2)*. Sie müssen sich auch in den Bedingungsrahmen oder Kontext "einpassen", innerhalb dessen sich die Unternehmungsprozesse vollziehen (vgl. Abbildung C. 3). Nebem dem unternehmungsexternen Gestaltungskontext (Absatzmärkte, Arbeitsmärkte, Branchenstrukturen, Gesetzgebung usw.) besteht der Kontext des Organisationssystems auch aus den Programm- und Ressourcengegebenheiten, die bereits vor Beginn der Organisationsplanung als "Daten" festgeschrieben wurden.

Aus der Fülle der Kontextfaktoren verdienen folgende Gegebenheiten besondere Beachtung: Unternehmungen im allgemeinen und damit auch Organisationssysteme im speziellen müssen **umsystemgerecht** gestaltet werden. Diese pauschale Forderung wird beispielsweise im Gesetz der erforderlichen Varietät zum Ausdruck gebracht: Systeme können sich in einem bestimmten Umsystem nur dann erfolgreich behaupten, wenn sie ebensoviel Flexibilitätspotentiale besitzen wie das Umsystem Flexibilitätsbedarfe in Form von Störungen und Dynamik produziert (vgl. PROBST 1992, S. 173). Außerdem müssen Organisationsstrukturen sich an den Leistungsprogrammen ausrichten, vor allem dadurch, daß sie **strategiegerecht** konzipiert werden. Ohne eine organisatorische Unterstützung können Diversifikationsstrategien, Strategien der Differenzierung oder Kostenführerschaft nicht erfolgreich umgesetzt werden. Eine Anpassung an die Ressourcengegebenheiten mündet insbesondere in die Forderung nach einer **mitarbeitergerechten** sowie einer **technikgerechten** Organisationsgestaltung.

Das Einpassen der Organisationsstruktur in den Strategie-, Human- und Technikressourcen-Kontext läuft nicht immer auf eine **einseitige** Anpassung (sog. **Kontingenz**) der Organisation an diese Gegebenheiten hinaus. Als Orientierungsgröße fungiert vielmehr die Idee der Stimmigkeit (**Konsistenz**) zwischen mehreren Sektoren der Unternehmungsführung. Ein solcher Fit läßt sich oft nur durch eine wechselseitige Anpassung von Strategie, Struktur, Technik und Personal verwirklichen (vgl. STAEHLE 1991, S. 58 ff.).

2.3.2 Strategiegerechte Organisationsstrukturen

Die Bemühungen um eine Anpassung der Organisationsstruktur an die Unternehmungsstrategie werden meist auf das Postulat "**structure follows strategy**" komprimiert (vgl. BÜHNER 1985; WERKMANN 1989 sowie SCHERTLER 1993). Herkömmlich wird dabei mit einfachen Abhängigkeiten operiert, beispielsweise mit der Formel "**Diversifikation → Divisionalisierung**".

Damit wird zum Ausdruck gebracht, daß Diversifikation als Antwort auf unsichere, kurzlebige Märkte organisatorisch durch eine Divisionalorganisation unterstützt werden sollte (vgl. Abbildung C. 3). Auch die Matrixorganisation zählt zu den strategiegerechten Organisationsformen. Bei der Matrix sollen simultan zwei Wettbewerbsfaktoren organisatorisch unterstützt werden: Die Flexibilitätspotentiale über eine kundennahe Geschäftsführung durch die Sparten und die Nutzung von Integrationspotentialen durch die Funktionsbereiche (Größenvorteile durch Zentraleinkauf, Synergieeffekte in der F&E durch Ideentransfer zwischen verwandten Entwicklungsprojekten).

Eine derart enge Kopplung zwischen Strategie und Struktur erweist sich als wenig ergiebig. Zunächst gilt es zu berücksichtigen, daß sich das Spektrum von strategiegerechten Organisationsformen nicht auf ein paar wenige Grundstrukturen reduzieren läßt. So müssen Strategien des Einstiegs in neue Produkte und/oder neue Märkte nicht nur durch unternehmungsinterne Divisionalisierung, sondern außerdem durch unternehmungsübergreifende Organisationsformen in Gestalt von strategischen Allianzen, Joint Ventures und anderen Kooperationsformen abgesichert werden (vgl. BLEICHER 1991, S. 680 ff.). Außerdem besitzen auch das Projektmanagement, Prozeßmanagement oder Kundenmanagement (z.B. das Key-Account-Management von Großkundenbeziehungen) durchaus strategische Relevanz.

Schließlich muß man beachten, daß die Strategie-Struktur-Schnittstelle deshalb unscharf definiert ist, weil Strategien als Ausschöpfen von marktlichen Erfolgspotentialen mehrdeutig definiert sind. Ein Geschäftsfeld, das nach der "Struktur folgt Strategie"-Formel organisatorisch durch eine Geschäftseinheit betreut werden soll, läßt sich auf unterschiedliche Weise abgrenzen bzw. segmentieren (*vgl. MEYER/MATTMÜLLER H. 2.2*). Folglich lassen sich auch Geschäftseinheiten sehr unterschiedlich definieren, ein Umstand, dem durch das Konzept der Geschäftssegmentierung Rechnung getragen werden soll (vgl. Abbildung C. 21; vgl. FRESE 1991, S. 563 ff.).

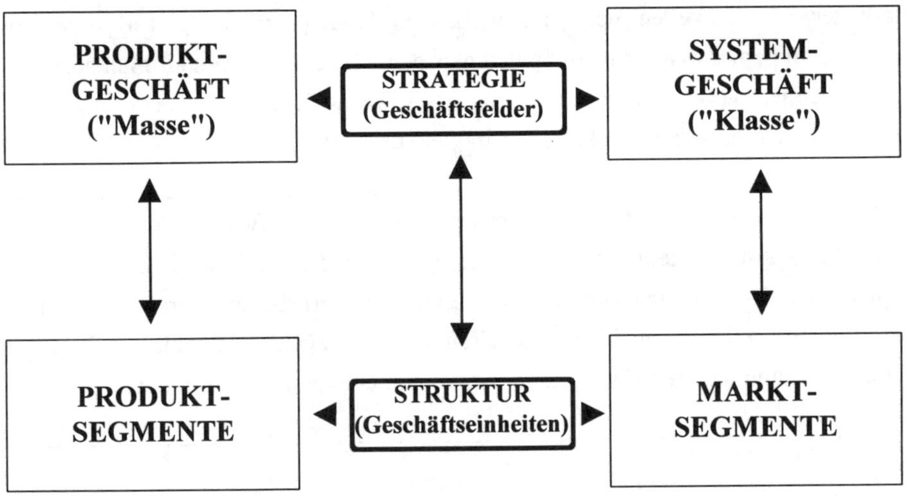

Abbildung C. 21: Geschäftssegmentierung

Hersteller von Hardware- und Software-Produkten betreiben oft gleichzeitig ein Produktgeschäft und ein Systemgeschäft. Beim Produktgeschäft geht es um standardisierte Produkte, die nur durch Massenvorteile (Kostendegression, Erfahrungseffekte, economies of scale usw.) gewinnbringend an anonyme Kunden vermarktet werden können. Das Systemgeschäft zeichnet sich hingegen dadurch aus, daß für bestimmte Kundengruppen oder Großkunden maßgeschneiderte Problemlösungen angeboten werden. Hierbei handelt es sich um kundenangepaßte ("customerisierte") Konfigurationen aus integrierten Hardware- und Software-Produkten mit hohem Service-Anteil. Der Wettbewerbsvorteil liegt in der "Klasse" dieser Systemangebote, ihrer Qualität sowie Kundenspezifität begründet. Produktgeschäft und Systemgeschäft werden durch unterschiedliche Formen von Geschäftseinheiten unterstützt (vgl. Abbildung C. 21). Anders als bei der klassischen Divisionalisierung (vgl. Abbildung C. 17) treten bei der Geschäftssegmentierung gleichzeitig Produkteinheiten und Kundeneinheiten (gegebenfalls auch Regioneneinheiten) als "Business Units" auf.

2.3.3 Mitarbeitergerechte Organisationsstrukturen

Zentrale Ansatzpunkte für eine Anpassung der Organisation an die Fähigkeiten und Bedürfnisse der einzelnen Mitarbeiter sind die Verteilungsstrukturen, insbesondere die Stellenbildung, sowie die Koordinationsstrukturen, also die Gestaltung der Interaktions- und Kommunikationsmöglichkeiten (Gruppenarbeit, laterale Kooperation usw.). Die Stellenbildung gilt gemeinhin dann als mitarbeitergerecht, wenn sie für den einzelnen

Mitarbeiter Möglichkeiten der persönlichen Entfaltung, sinnvolle Tätigkeiten usw. schafft. Zu diesem Zweck müssen Stellen ganzheitlich gebildet werden. Man spricht hier von Segmentierung als Gegenbegriff zur hocharbeitsteiligen Fragmentierung, die für tayloristische Organisationsstrukturen charakteristisch ist.

Ganzheitliche Handlungsfelder (Handlungsspielräume, vgl. OECHSLER 1992, S.151 f.) werden durch zwei Verteilungsparameter festgelegt, wie Abbildung C. 22 anhand eines Beispiels aus dem Montagebereich eines Industrieunternehmens veranschaulicht: Die Arbeitsteilung bestimmt den Tätigkeitspielraum (Arbeitszyklus, Autarkie der Stelle). Die Kompetenzteilung legt den Entscheidungsspielraum und damit die Autonomie einer Stelle fest.

Die Ausdehnung eines fragmentierten Tätigkeitsspielraums wird als Arbeitserweiterung (job enlargement) bezeichnet. Für die Ausdehnung des Entscheidungsspielraums hat sich der Begriff "Arbeitsanreicherung" (job enrichment) durchgesetzt (vgl. HILL/FEHLBAUM/ULRICH 1989, S. 305 ff.). Job Enrichment beruht auf dem Delegationsprinzip. Der Erfolg von Anreicherungsmaßnahmen hängt von der Bereitschaft der Mitarbeiter ab, zusätzliche Verantwortung (z.B Qualitätsverantwortung) zu übernehmen. Parallel dazu müssen die vorgesetzten Stellen dazu bereit sein, Kompetenzen abzutreten.

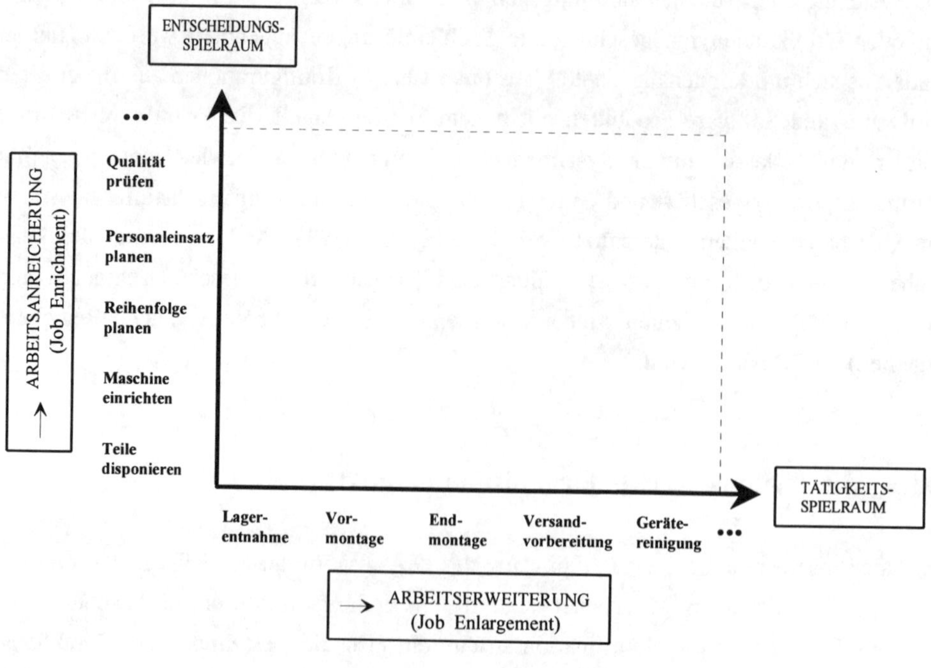

Abbildung C. 22: Arbeitserweiterung und Arbeitsanreicherung

3. Qualifikationssystem

3.1 Fach-, Methoden- und Sozialkompetenz

Qualifikation als Gestaltung von Fähigkeiten und Fertigkeiten (Wissen, Kennen, Können) aller Mitarbeiter stellt eine der klassischen Führungsaufgaben dar. Das Qualifikations- bzw. Qualifizierungssystem zeichnet verantwortlich für die Erhaltung und Entwicklung des Wettbewerbsfaktors "Kompetenz", für rohstoffarme Länder mit einer hochtechnisierten Wirtschaft letztlich die zentrale Ressource. **Kompetenz** bezeichnet hierbei das Qualifikationspotential der Humanressourcen und ist vom organisatorischen Kompetenzbegriff (Befugnisse einer Stelle) zu unterscheiden. Vor dem Hintergrund dieser Wettbewerbsrelevanz ist das beträchtliche Investment in breit angelegte Qualifizierungsoffensiven zu sehen, die zusätzlich zur normalen laufenden Qualifizierungsarbeit (Erstausbildung, Anpassungsfortbildung) initiiert werden. Die auslösenden Qualifizierungsbedarfe ergeben sich aus markanten Kontextveränderungen (vgl. Abbildung C. 3). Mit **Qualifizierungsoffensiven** antwortet die Führung auf Herausforderungen wie z.B.

- Beherrschung neuer Technologien (Mikroelektronik),

- Veränderungen der Arbeitsorganisation (Gruppenarbeit, Projektarbeit) mit deutlich gestiegener Kooperationsintensität,

- Strategien der Internationalisierung und Kundenorientierung und

- Wertewandel bei Managern und Mitarbeitern.

Qualifizierung als Führungsaufgabe im Unternehmen vollzieht sich im Gestaltungskontext des überbetrieblichen Bildungssystems. Auf dem Gebiet der Berufsbildung sind im Rahmen eines dualen Systems die Zuständigkeiten organisatorisch auf Staat und Unternehmen verteilt. Die dabei praktizierte Arbeits-, Kompetenz- und Kostenteilung erstreckt sich auf alle drei Sektoren der Berufsbildung: Berufsvorbereitung (Erst-**Ausbildung**), Berufsbegleitung (**Fortbildung**) und Berufsveränderung (**Weiterbildung**). Ablaufseitig ergibt sich die Notwendigkeit einer betrieblicher Qualifizierung aus dem allseits akzeptierten Modell des lebenslangen Lernens, welches angesichts der permanent steigenden Qualifizierungsanforderungen und -bedürfnisse an die Stelle des Dreistadienmodells ("Schule - Arbeit - Ruhestand") getreten ist.

Zwischen den beiden Führungsaufgaben der Qualifizierung einerseits und der **Personalentwicklung** andererseits bestehen enge Verwandtschaftsbeziehungen (vgl. HENTZE 1991a, S. 313 ff.). Personalentwicklung i.e.S. (personnel development, management development) kann mit Qualifizierung (Bildungsarbeit) gleichgesetzt werden. Personalentwicklung i.w.S. deckt neben der Gestaltung von Fähigkeiten auch die Beeinflussung der Bereitschaftskomponente ab. Bei der Entwicklung dieser Motivationsaspekte geht es vornehmlich um die Beeinflussung von Arbeitseinstellungen, beispielsweise mit dem Ziel einer verstärkten Involvierung in oder eines Commitment zum persönlichen Arbeitsgebiet eines Mitarbeiters.

Personalentwicklung umfaßt zudem alle Bemühungen um die Förderung der Lernmotivation. Eine solche Einsicht in die Notwendigkeit von permanenten Lernprozessen stellt alles andere als eine Selbstverständlichkeit dar, weil Lernen immer den Mut zur Veränderung trotz bestehender Mißerfolgsrisiken voraussetzt und das Ablösen vom vertrauten Status quo beinhaltet.

Qualifikation stellt in aller Regel einen Verbund aus mehreren Kategorien von Kompetenzen dar. Hier hat sich eine Dreiteilung in Fach-, Methoden- und Sozialkompetenz eingebürgert (vgl. CURTH/LANG 1991, S. 47 ff.). Ein funktionstüchtiges Qualifikationssystem sollte demzufolge diese drei Kompetenz-Sparten in ausgewogener Weise abdecken.

Fachkompetenz wird überwiegend mit Spezialkenntnissen in Verbindung gebracht. Als Fachleute gelten gemeinhin die **Spezialisten** auf dem Gebiet des technischen Vertriebs, des Qualitätsmanagements, der Arbeitsvorbereitung usw. Nur sehr langsam kristallisieren sich auch Ausbildungsgänge und Berufsbilder für die fachliche Qualifizierung von **Generalisten** heraus. In der Hochschulausbildung entspricht etwa der Ausbildungsgang des Wirtschaftsingenieurs der Vorstellung von einer generalistischen Hybridqualifikation. Grundsätzlich wird erwartet, daß jeder Mitarbeiter über generische Qualifikationen ("Allgemeinbildung") verfügt. Dazu gehört vor allem ein ganzheitliches Verständnis für die Zusammenhänge im Unternehmen, das sich am besten über eine Beschäftigung mit den fachbereichsübergreifenden Unternehmungsprozessen (Produktentwicklung, Unternehmungsplanung, Auftragsabwicklung, Waren- und Informationslogistik usw.) gewinnen läßt.

Methodenkompetenz bezeichnet - vereinfacht ausgedrückt - die Fähigkeiten zur Handhabung von Problemen. Das Methodenspektrum umfaßt dabei allgemein anwendbare Verfahren der Informationssuche, Analyse, Urteilsbildung (Bewertung), Entdeckung von Zusammenhängen, Handhabung von Unsicherheiten und Risiken, Präsentation sowie Kompetenzen auf den Gebieten Organisation, EDV, Statistik und Zeitmanagement.

Sozialkompetenz umschreibt die Gesamtheit der Fähigkeiten zum Umgang mit Menschen. Dazu zählen Kommunikationsfähigkeiten, Einfühlungsvermögen und Team-Fähigkeit, welche ihrerseits auf einer Kooperationsfähigkeit, zugleich aber auch auf Fertigkeiten ("skills") zur Handhabung von allgegenwärtigen Konflikten in einer Gruppe (Bewußtmachen von Spannungen, Suche nach Kompromissen usw.) beruht. Für Führungskräfte bedeutet Sozialkompetenz vor allem die Fähigkeit, geeignete Mitarbeiter auszuwählen, zu motivieren und zu qualifizieren sowie Gruppenprozesse zu organisieren.

Lange Zeit konzentrierte sich die betriebliche Bildungsarbeit auf die Vermittlung von Fachkompetenzen, nicht zuletzt deshalb, weil die Methoden- und Sozialkompetenzen als automatisch anfallende Kuppelprodukte des fachlichen Arbeitens angesehen wurden. Diese Sichtweise hat sich zwischenzeitlich in gewisser Weise umgekehrt. Die überfachlichen Methoden- und Sozialkompetenzen fungieren nun als sog. **Schlüsselqualifikationen** zur Erschließung des fachlichen Know-how. Der "ideale" Mitarbeiter zeichnet sich weniger durch hochgradige fachliche Spezialisierung und Profilierung, als vielmehr durch hohe Anpassungsfähigkeit (vielseitige Verwendbarkeit, Lernfähigkeit und -bereitschaft) sowie Kooperationsfähigkeit aus.

3.2 Träger und Orte der Qualifizierung

Qualifizierungssysteme müssen auch organisiert werden (vgl. Abbildung C. 23). Zusätzlich zu den Inhalten der Qualifizierung (Fachliche, methodische- und interaktive Fähigkeiten) ist organisatorisch vor allem abzuklären, wer für die Durchführung von Qualifizierungsmaßnahmen zuständig ist ("Trainer" als Träger der Qualifizierung) und wo Qualifizierungsmaßnahmen stattfinden sollen (Orte der Qualifizierung).

Träger der Qualifizierung: Hier bietet sich eine Unterscheidung nach dem Grad der Spezialisierung und der damit einhergehenden Professionalisierung an. Hauptamtliche Trainer sind für eine Tätigkeit im Bildungswesen spezialisiert. Sie fungieren als **"Lehrer"**, etwa als Seminarleiter, Referenten oder Organisatoren von Workshops. In einigen Fällen arbeiten auch **Moderatoren** (für die Unterstützung von Lernprozessen in Projektgruppen oder Zirkeln) als hauptamtliche Trainer. Organisatorisch können diese Spezialisten **unternehmungsintern** in Personal- bzw. Bildungsabteilungen angesiedelt sein. Oder es handelt sich um **unternehmungsexterne** Anbieter von Trainings- und Schulungsleistungen (z.B. Akademien, Kongreß- und Seminarveranstalter, Business Schools). Meist wird eine Mischung von Eigenerstellung und Fremdbezug ("Outsourcing") bei Bildungsdiensten praktiziert. Einen Sonderfall stellt das **Inhouse-Outsourcing** dar, bei dem der rechtlich in einer Tochtergesellschaft verselbständigte Bildungsbereich die Bereitstellung von Qualifizierungsangeboten (gegen Verrechnung) übernimmt.

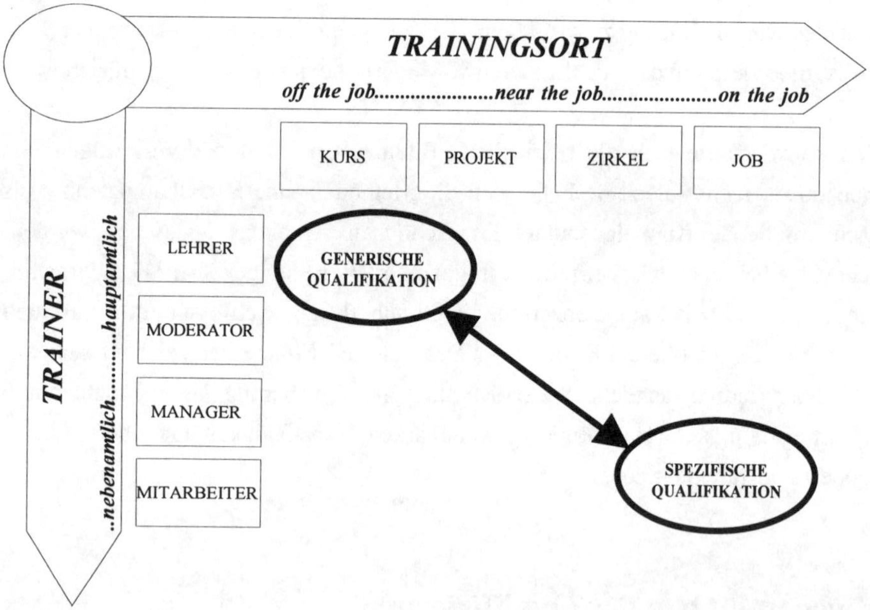

Abbildung C. 23: Organisation eines Qualifikationssystems

Alle anderen Trainer üben ihre Trainerfunktion im Nebenamt aus. Dafür haben sie zusätzlich zu ihrer Fachqualifikation im Rahmen von "Train-the-Trainer-Programmen" eine Zusatzqualifikation erworben (Ausbildereignungsprüfung, Moderatorenschulung u.ä.). **Manager** füllen ihre Funktion als Führungskraft häufig in der Rolle des Moderators oder des Coach aus. Schließlich agiert jeder einzelne **Mitarbeiter** als Trainer. Innerhalb von selbstorganisierten Lernprozessen in einem Team übernimmt oft der Kollege eine Trainerfunktion. Im Rahmen eines Selbststudiums (Selbstmanagement, lernprogrammunterstützter Erwerb von EDV-Kenntnissen usw.) ist jeder Mitarbeiter sein eigener Trainer.

Orte der Qualifizierung: Die Lernorte werden meist nach ihrer Nähe zur alltäglichen Arbeit ("job") kategorisiert (vgl. Abbildung C. 23). **Off-the-job-Training** vollzieht sich "auf der Schulbank", also in Kursen, Seminaren usw., die inhaltlich und räumlich vom alltäglichen Arbeitsprozeß abgekoppelt sind. Deshalb ist hier dafür Sorge zu tragen, daß der Transfer der erworbenen Fertigkeiten vom Off-the-job-Lernfeld in das Funktionsfeld (job) gelingt. Beim **On-the-job-Training** fallen Lernort und Arbeitsort weitestgehend zusammen. Hierzu muß u.a. gewährleistet sein, daß beim Lernen am Arbeitsplatz auch Fehler gemacht werden können, ohne daß dadurch die alltägliche Aufgabenerfüllung gefährdet wird.

Zwischen diesen beiden Trainingsorten ist das Lernen in **Zirkeln** (Qualitätszirkel in Fabrik und Büro), **Lernstatt**, **Projektgruppen** und Abstimmungs**gremien** (Kommissionen, Councils) angesiedelt (vgl. BREISIG 1990). Hierbei liegt insofern **Near-the-job-Qualifizierung** vor, als die Aufgaben und Lernfelder in diesen sekundärorganisatorischen Einrichtungen zwar inhaltlich mit der Alltagsarbeit korrespondieren, z.B. wenn es um die Verbesserung von Abläufen und Zusammenarbeit geht. Zeitlich sind diese Gruppenaktivitäten jedoch aus der laufenden Aufgabenerfüllung ausgekoppelt. Außerdem gelten für diese Lernprozesse andere Spielregeln als für die alltägliche Routine.

Eine Konzentration der Qualifizierungsarbeit auf nur eine Träger-Ort-Konstellation in Abbildung C. 23 kommt nicht in Betracht. Die Kunst der Qualifikationspolitik besteht darin, im Rahmen von konkreten Qualifizierungsprogrammen - etwa bei der EDV-Qualifizierung - die optimale Kombination von off-, near- und on-the-job-Maßnahmen zu realisieren. Dabei orientiert man sich an folgender Leitidee: Allgemeinbildung (generische Qualifikation) wird off-the-job vermittelt. Für firmen-, abteilungs- bzw. arbeitsplatzspezifische Lerninhalte eignet sich am besten die Qualifizierung am Arbeitsplatz oder in der Nähe des Arbeitsplatzes. Als erfolgsentscheidend für ein derartiges Qualifizierungsmix erweist sich ein zweiseitiger Transfer: zum einen der Lerntransfer vom Seminar zur Anwendung am Arbeitsplatz. Zum anderen die Übertragung von spezifischen Fähigkeiten von einem Anwendungsfeld auf weitere Anwendungsfelder.

3.3 Qualifizierungsprogramme

Eine Spezifizierung und Komplettierung weiterer Parameter des Qualifizierungssystems ist erforderlich, wenn konkrete Qualifizierungsprogramme aufgestellt werden sollen. Unter diesen Trainings- bzw. Schulungsprogrammen versteht man Maßnahmenbündel für die Qualifizierung bestimmter Zielgruppen (z.B. Trainees, Projektleiter) zur Deckung eines Qualifizierungsbedarfs in einer bestimmten Qualifikationssparte (z.B. EDV-

Qualifikation, Marktanalyse, Kundenberatung) im Rahmen einer konkreten Budgetierung der einzelnen Qualifizierungsmaßnahmen. Qualifizierungsprogramme legen über die Angabe von Trainern und Trainingsorten (vgl. Abbildung C. 23) hinaus noch folgende Bestimmungsgrößen der Personalentwicklung fest:

Qualifizierungsbedarf: Die **qualitative** Bedarfsermittlung macht grundsätzlich eine Aussage über die Lücke zwischen Anforderungsprofil und Fähigkeitsprofil. Die Bedarfsermittlung erfolgt partizipativ: Zum einen im Mitarbeitergespräch zwischen Vorgetztem und Mitarbeiter. Hierbei eröffnet sich die Möglichkeit, auch die Qualifizierungsbedürfnisse und die Entwicklungswürdigkeit (Entwicklungspotential) der betroffenen Mitarbeiter in den Entwurf eines Qualifizierungsplans einfließen zu lassen. Zum anderen dienen auch die Abstimmungsgespräche zwischen Vorgesetzten und Personalabteilung der Ermittlung von Qualifizierungsnotwendigkeiten. Eine zusätzliche Informationsquelle stellt das Assessment Center dar. Innerhalb der **quantitativen** Bedarfsermittlung wird abgeklärt, wieviele Tage pro Jahr und Mitarbeiter für Schulungszwecke erforderlich sind.

Zielgruppen: Besonders im Falle einer kundenorientierten Ausrichtung eines zentralen Servicebereichs "Bildung" kommt es zu einer Aufteilung des gesamten Abnehmerkreises von Schulungsdienstleistungen in mehrere Ziel- bzw. Kundengruppen. Schulungen werden differenziert angeboten für Facharbeiter und ungelernte Arbeiter, für Ingenieure und Kaufleute bzw. je nach Zugehörigkeit zu einer Hierarchie-Ebene (Senior Managers, Nachwuchskräfte usw.) bzw. je nach Muttersprache der zu schulenden Mitarbeiter innerhalb eines internationalen Konzerns. Zielgruppendifferenzierung und Bedarfsermittlung dienen zusammen der Annäherung an das Ideal einer individualisierten Qualifizierung.

Qualifizierungsinstrumente: Der reichhaltige Fundus an Instrumenten läßt sich nach ihrem hauptsächlichen Einsatzort einteilen (vgl. MENTZEL 1989, S. 176 ff.). Hierbei wird meist eine Zweiteilung oder eine Dreiteilung vorgenommen (vgl. Abbildung C. 24).

ARBEITSPLATZGEBUNDENE QUALIFIZIERUNG		ARBEITSPLATZUNGEBUNDENE QUALIFIZIERUNG
"On-the -Job-Training"	"Near-the-Job-Training"	"Off-the-Job-Training"
○ ARBEITSUNTERWEISUNG ○ JOB ROTATION ○ GELENKTE ERFAHRUNGS-VERMITTLUNG ○ ASSISTENTEN-, VERTRETUNGS-, NACHFOLGERFUNKTION ○ ÜBERNAHME VON SONDER-AUFGABEN	○ PROJEKT- / GREMIEN-ARBEIT ○ ÜBUNGSFIRMEN ○ ZIRKELARBEIT, LERNSTATT, ERFA-GRUPPEN ○ LERNINSELN	○ SELBSTSTUDIUM ○ LEHRVORTRAG ○ LEHRGESPRÄCH ○ FALLMETHODE ○ ROLLEN- / PLANSPIELE ○ LABORGRUPPEN

Abbildung C. 24: Instrumente der Qualifizierung

Das Instrumentarium der **arbeitsplatzgebundenen** Qualifizierung umfaßt zunächst die Arbeitsunterweisung (durch den Vorgesetzten), Job Rotation als systematischer Arbeitsplatzwechsel (der auch die Auslandsentsendung umfaßt) sowie die Anleitung und Beratung durch den Vorgesetzten (Coaching, vgl. LOOSS 1991). Qualifizierung am Arbeitsplatz kann des weiteren durch Wahrnehmung von Assistenten-, Vertretungs- und Nachfolgerfunktionen im Gespann mit einem Stelleninhaber sowie durch die Übernahme von Sonderaufgaben erfolgen.

Bei der **arbeitsplatzungebundenen** Qualifizierung haben Selbststudium, Lehrvortrag bzw. dialogische Stofferarbeitung im Lehrgespräch, Fallmethode, Rollen- und Planspiel trotz unterschiedlicher Trainingsinhalte (Verkäuferschulung, Information über Gesetzesänderungen usw.) einen gemeinsamen Nenner: die aktive Einbeziehung der Lernenden. Laborgruppen werden in Form von Selbsterfahrungsgruppen, im gruppendynamischen bzw. Sensitivity-Training vornehmlich zur Vorbereitung auf Gruppenarbeit, Übernahme von Führungsfunktionen und Handhabung von Konflikten eingesetzt. Die einzelnen Instrumente werden dabei durch unterschiedliche konventionelle oder moderne Medien unterstützt. Hier umfaßt die Palette u.a. Print-Medien (Umdrucke), visuelle Präsentationstechnik, Video-Aufzeichnungen und Computer Based Teaching.

Zwischen diesen beiden Grundtypen sind die Lernformen in Gruppen "near-the-job" positioniert. Übungsfirmen (für die Erstausbildung), Erfahrungsaustausch-Gruppen und Lerninseln komplettieren das bereits umrissene Spektrum von **arbeitsplatznahen Qualifizierungsinstrumenten**.

4. Motivationssystem

4.1 Komponenten der Motivation

Alle Führungsaktivitäten sollen letztlich das Zusammenwirken von Fähigkeit (Können, *vgl. 3.*) und Bereitschaft (Wollen) bei den Mitarbeitern beeinflussen. Diese Einflußnahme vollzieht sich durch Schaffung von geeigneten Kontextbedingungen (z.B. Entlohnungs- und Arbeitszeitsysteme) oder im Rahmen von Interaktionen (etwa Kritik- bzw. Fördergespräche). Fähigkeit und Bereitschaft verhalten sich grundsätzlich komplementär zueinander. Nur in einem begrenzten Bereich können sich Wollen ("Ehrgeiz") und Können ("Talent") gegenseitig kompensieren.

Ohne Kenntnisse über die motivationalen Verhaltensdeterminanten und deren Zusammenspiel läßt sich Führung ganz allgemein und speziell Motivation im Sinne einer Motivierung der Mitarbeiter nicht in fundierter Form praktizieren (vgl. SCHANZ 1993, S. 61 ff.). In Führungspraxis und -wissenschaft existieren diverse, betont einfach aufgebaute Modelle des Motivationsgeschehens. Sie enthalten nur wenige Variablen, anhand derer das Mitarbeiterverhalten erklärt, vorhergesagt und gestaltet werden soll. Einige dieser einfachen Modelle operieren nur mit Anreizen als Motivationsvariablen, andere nur mit Motiven.

Unter **Anreizen** versteht man u.a. tarifliche und übertarifliche Entgelte, Sozialleistungen, Sicherheit des Arbeitsplatzes, Betriebsklima und Arbeitsbedingungen, Situationsaspekte also, die einer positiven oder negativen Bewertung durch sog. Anreizwerte (Valenzen) unterzogen werden.

Demgegenüber handelt es sich bei **Motiven** um relativ zeitstabile Soll-Vorstellungen für die Lebensbereiche "Sicherheit", "Anerkennung", "persönliche Entwicklung" u.ä. Sie fungieren als Maßstäbe für die Bewertung von allen arbeitsbezogenen Situationsaspekten.

Dabei wird meist ein Katalog von wenigen Grundmotiven oder -bedürfnissen zugrundegelegt (vgl. Abbildung C. 25).

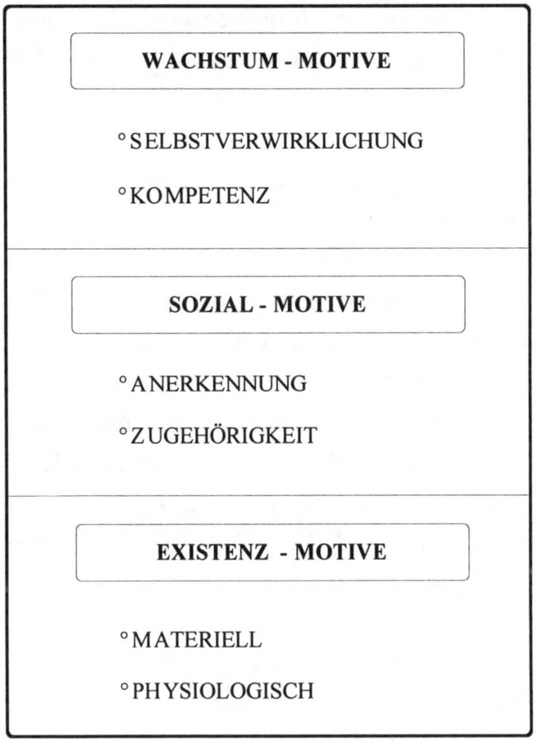

Abbildung C. 25: Grundmotive

Zwischen den drei Motivklassen wird häufig eine Hierarchie unterstellt, die allerdings mehrdeutig definiert ist. Bedürfnisse nach körperlicher Sicherheit (z.B. Schutz gegen Gesundheitsrisiken) und materieller Sicherheit (z.B. Einkommenssicherheit, Lohnfortzahlung) besitzen auch in hochentwickelten Wirtschaftssystemen einen nicht zu unterschätzenden Stellenwert. Im sozialen Bereich wird Verhalten vornehmlich durch Bedürfnisse nach Zugehörigkeit zu einer Gruppe (z.B. Unterstützung) sowie nach Anerkennung durch Vorgesetzte und Kollegen motiviert. Wachstum betrifft hauptsächlich die Entwicklung der persönlichen Kompetenz (Bewältigung herausfordernder neuer Aufgabenstellungen) sowie das Streben nach Selbstverwirklichung.

Negative Erfahrungen bei der praktischen Anwendung dieser einfachen Modelle verdeutlichen, daß eine Fokussierung auf einzelne Bausteine des Motivationsgeschehens mit Blick auf Einfachheit und Überschaubarkeit zwar sehr attraktiv, im Hinblick auf Effektivität und Effizienz der Führung jedoch nicht ausreichend ist. Erfolgreiche Führungskräfte müssen mehrere Motivationsvariablen gleichzeitig berücksichtigen. Diesem Anliegen wird man allerdings durch eine rein quantitative Ausdehnung der Bedürfniskataloge auf über 5000 Instinkte nicht gerecht. Ausschlaggebend ist vielmehr die Erfassung der Verknüpfungen zwischen einer überschaubaren Anzahl von Fähigkeits- und Bereitschaftsdeterminanten.

Diese beiden Determinantengruppen lassen sich auf unterschiedlichen Ebenen abbilden. Auf der **Situationsebene** geht es um die Stärke von aktuellen Verhaltenstendenzen, die durch bestimmte Situationsmerkmale induziert werden. Die Stärke dieser Verhaltenstendenzen ergibt sich als Produkt aus zwei situativen Zustandsgrößen ("state"-Variablen), konkret dem aktuellem Fähigkeitszustand (einschließlich Ermüdung, Informationsstand usw.) und dem Bereitschaftszustand, also der Motivation i.e.S. einer momentanen Motiviertheit. Parallel dazu ist eine Betrachtung auf einer situationsunabhängigen **Potentialebene** erforderlich. Das Leistungspotential eines Mitarbeiters ist hier definiert als Produkt aus Fähigkeitspotential und Bereitschaftspotential. Dahinter stehen relativ dauerhafte Persönlichkeitsmerkmale ("trait"-Variablen) wie z.B. Motive, Einstellungen und Interessen.

Neben dieser vertikalen Differenzierung von Verhaltensdeterminanten ist eine horizontale Verfeinerung notwendig. Die Bereitschaftskomponente wird nicht nur durch Valenzen, also Bewertungen oder Gefühle bestimmt. Vor allem die sog. Weg-Ziel-Theorien haben in überzeugender Weise dargelegt, daß auch der Verstand, sprich sog. **kognitive** Elemente, als Bestimmungsfaktoren der Motivation berücksichtigt werden müssen (vgl. WEINERT 1987, S. 272 ff.).

Hierzu zählen auf der Potentialebene u.a. persönliche **Grundannahmen** (z.B. über die Natur des Menschen oder gesellschaftliche Entwicklungstrends) und sog. **implizite Theorien**, z.B. Lerntheorien ("Probieren geht über Studieren") oder die Effizienz der Gruppenarbeit ("Viele Köche verderben den Brei"). Teilweise stammt diese "Wissensbasis" aus der Gesellschafts- oder Firmenkultur, in der die einzelnen Mitarbeiter leben *(vgl. 6.1)*. Auf der Verhaltensebene repräsentieren sog. **Erwartungen** die relevanten kognitiven Verhaltensdeterminanten. Die Stärke einer Erwartung läßt sich durch subjektive Wahrscheinlichkeiten messen.

Die Zusammenhänge zwischen Valenzen und Kognitionen als Bestimmungsgrößen der Motivation kann man durch eine Vierquadranten-Darstellung veranschaulichen (vgl. Abbildung C. 26). Die einzelnen Quadranten sind in einer mehrstufigen Abhängigkeitsbeziehung verkettet. Betrachtet man die Zusammenhänge "im Uhrzeigersinn" ausgehend von den Valenzen bis hin zur Anstrengung, ergibt sich ein finale Abhängigkeit der Wege von den angestrebten Zielen. Im Mittelpunkt des Motivationsprozesses steht die Instrumentalität der Mittel zur Erreichung der Ziele. In umgekehrter Richtung liegt ein kausale Ursache-Wirkung-Beziehung zwischen den Bestimmungsgrößen der Motivation vor. Die Zusammenhänge werden hauptsächlich durch Erwartungen abgebildet.

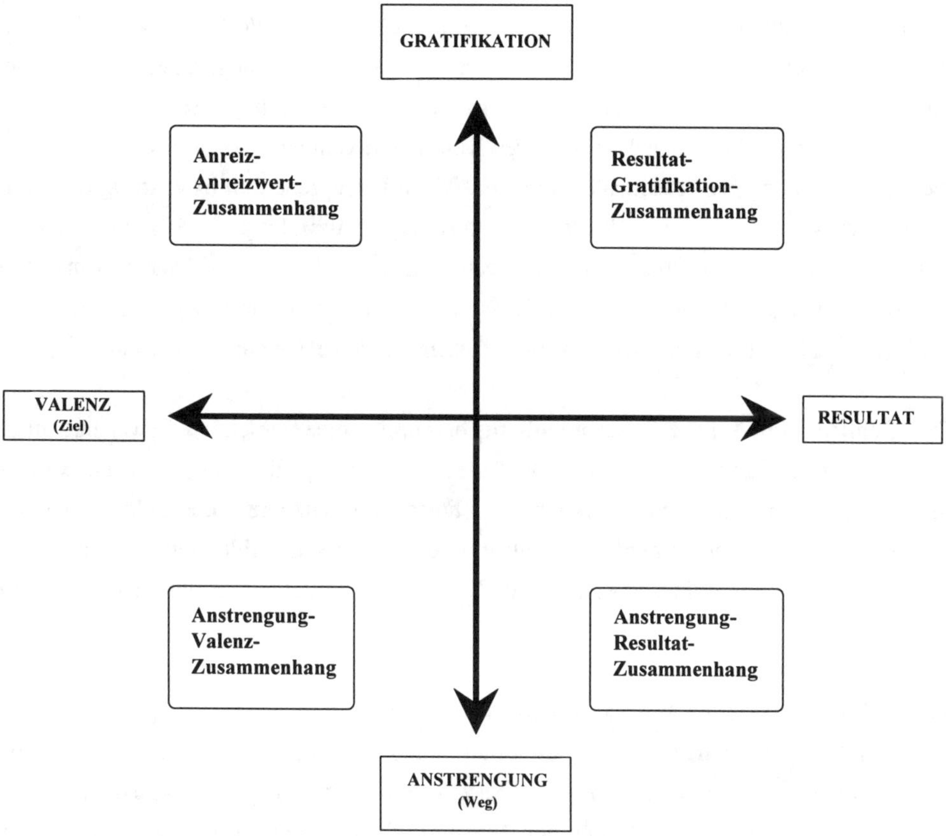

Abbildung C. 26: Determinanten der Motivation

Anstrengung-Resultat-Erwartungen geben die subjektive Wahrscheinlichkeit an, durch persönliches Engagement einen bestimmten Erfolg erzielen zu können. Die Stärke dieser Erwartungen wird u.a. von der Transparenz der relevanten Prozesse, der Einschätzung der eigenen Kompetenz usw. beeinflußt. **Resultat-Gratifikation-Erwartungen** bringen zum Ausdruck, wie sicher ein bestimmtes Handlungsergebnis durch positive Anreize ("Gratifikation") von der Unternehmung, von Kollegen, Vorgesetzten usw. honoriert wird.

Bei Akkordentlohnung kann dieser Zusammenhang als sehr sicher angesehen werden. In einem betrieblichen Vorschlagswesen (vgl. HEIDACK/BRINKMANN 1987), innerhalb dessen Mitarbeiter ihre Verbesserungsvorschläge einreichen, die in einem langwierigen Prozeß von Gutachtern bewertet und von Zentralabteilungen auf ihr Einsparungspotential hin überprüft werden, ist in aller Regel eine spürbar geringere Wahrscheinlichkeit anzusetzen. Unsicherheiten prägen auch eine Verhaltensform, die für die Führung zunehmend an Bedeutung gewinnt, nämlich das unternehmerische Verhalten von Managern und Mitarbeitern. Dieses Verhalten wird durch spezifische Führungssysteme im Rahmen eines sog. Entrepreneuring (auch: Intrapreneurship) systematisch gefördert. Unternehmer beziehen jedoch bekanntlich kein sicheres Kontrakteinkommen, sondern ein unsicheres, weil erfolgsabhängiges "Residualeinkommen". Von Entrepreneuren bzw. Intrapreneuren, beispielsweise den Leitern von Profit-Centern (vgl. Abbildung C. 19) wird deshalb erwartet, daß sie sich nicht nur mit technischen Risiken und Chancen (unsichere Anstrengung-Resultat-Zusammenhänge!), sondern auch mit marktlichen Risiken und Chancen (unsichere Resultat-Gratifikation-Zusammenhänge!) arrangieren können.

Der **Gratifikation-Valenz-Zusammenhang** beschreibt eine subjektive Bewertungsfunktion. Wertvolle Hinweise auf den Verlauf dieser Bewertungsfunktion liefert die Nutzentheorie, etwa in Form des Gesetzes vom abnehmenden Grenznutzen des Geldes. Der **Anstrengung-Valenz-Zusammenhang** stellt eine durch logische Ableitung ermittelte "Direkt-Verbindung" zwischen angestrebtem Ziel und als Mittel eingesetztem Engagement her.

Mit Hilfe des skizzierten Motivationsmodells können auch relevante Sonderfälle der Verhaltensmotivation erklärt werden. Dies sei an zwei Beispielen illustriert. Für sog. **intrinsisch** motivierte Mitarbeiter *(vgl. 4.2)* besteht typischerweise ein 1:1-Zusammenhang zwischen Arbeit (bzw. Bewältigung der Arbeit durch Anstrengung und Leistungsresultate) und Gratifikation: Die Arbeitsinhalte selbst bzw. die durch Arbeit erzielten Resultate werden als befriedigend empfunden. In einem dienstaltersabhängigen Entgelt- und Beförderungssystem (sog. **Senioritätsprinzip**) wird die Motivationsvariable "Anstrengung" (vgl. Abbildung C. 26) durch die Variable "Kompetenz" (gemessen durch das Dienstalter) ersetzt. Die Gratifikation nimmt nicht explizit auf Leistungsresultate Bezug, sondern honoriert direkt die durch Dienstalter und Berufserfahrung erworbene und in den Leistungsprozeß eingebrachte Qualifikation. Das übliche System der Regelbeförderung sorgt für sehr sichere Gratifikationserwartungen.

Die Motivationsdeterminanten in Abbildung C. 26 sind grundsätzlich **multiplikativ** miteinander verknüpft, was sich letztlich in der Formel *Motivation = Erwartungsstärke x Valenz* niederschlägt. Selbst hohe Anreizwerte - z.B. eine attraktive Karriere - lösen also nicht quasi automatisch starke Motivationen aus, besonders dann nicht, wenn die zugehörigen Karriere-Erwartungen unsicher sind. Die Erwartungsbildung wird wiederum sowohl von Persönlichkeitsvariablen (u.a. sog. Attributionsmuster, Selbstkonzept, vgl. STAEHLE 1991, S. 222 ff.) als auch von Arbeitsvariablen beeinflußt. Große Bedeutung besitzt dabei die Transparenz von Arbeitsprozessen, eine Motivationsdeterminante, für die die Organisationsgestaltung (transparente Zuständigkeiten und Abläufe) sowie Informationspolitik (z.B. Visualisierung von Zusammenhängen) zuständig ist.

4.2 Aufbau von Anreizsystemen

Das Anreizsystem stellt traditionell den zentralen Baustein des Motivationssystems dar. Im Modell der mehrstufigen Verhaltensdetermination lassen sich Anreizsysteme naturgemäß an der Dimension "Gratifikation" festmachen (vgl. Abbildung C. 26). Der Systemaspekt eines Anreiz-"Systems" erschöpft sich allerdings nicht in einer bloßen systematischen Zusammenstellung aller Anreize, die im Rahmen der Führung zum Einsatz kommen. System betrifft vielmehr Vernüpfungen, und zwar sowohl zwischen verschiedenen Anreizen innerhalb eines Anreiz-Mix, zwischen Anreizen und "Anreizwert" (Valenz) sowie zwischen Anreiz und Leistungsvariablen (Resultat, Anstrengung). Der Leistung-Gratifikation-Zusammenhang läßt sich aus dem Kontext der individuellen Verhaltensverursachung (vgl. Abbildung C. 26) auskoppeln und in den Kontext der Führungsinteraktion zwischen Mitarbeiter und Unternehmung (bzw. deren Führungskräfte) verlagern (vgl. Abbildung C. 27). In dieser Interaktionsbeziehung steht dann Leistung für die **Beiträge** eines Mitarbeiter in das Unternehmensgeschehen, während **Anreize** die Gegenleistung der Unternehmung für diese eingebrachten Beiträge repräsentieren. Eine solche Denkweise entspricht auch dem Ansatz der sog. Anreiz-Beitrags-Theorie (vgl. BÜHNER 1992, S. 82).

Drei Bausteine legen den Grundaufbau eines Anreizsystems fest. Das **Anreiz-Mix** als geordnete Zusammenstellung aller zum Einsatz kommenden Anreize. Das **Beitrags-Mix**, welches die Inputs enthält, die ein Mitarbeiter in Form von Einsatz, Qualifikation, Arbeitszeit, Arbeitsleid usw. in den Unternehmungsprozeß einbringt. Schließlich eine **Zuordnungsvorschrift** zwischen bestimmten Ausprägungen von Beitrags-/Anreizarten und Beitrags-/Anreizvolumen.

Der Verlauf einer Lohnfunktion stellt die wohl bekannteste Form einer quantifizierten Anreiz-Beitrag-Zuordnung dar. Solche Anreizbemessungsfunktionen lassen sich immer dann konstruieren, wenn sowohl die Beiträge (z.B. produzierte Gutteile) als auch die Anreize (Entgelt pro Gutteil) quantifizierbar sind.

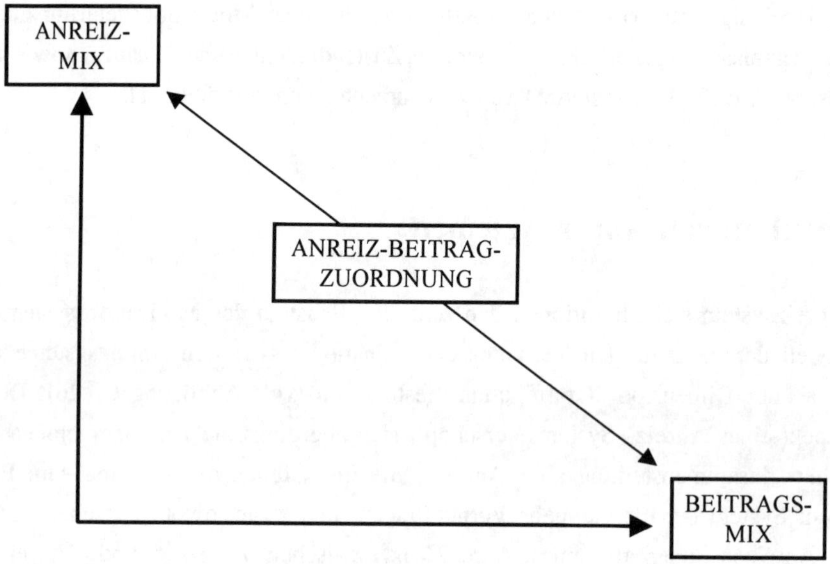

Abbildung C. 27: Grundaufbau eines Anreizsystems

Der Gesamtaufbau eines Anreizssystems wird noch durch weitere Modellbausteine spezifiziert. Hierzu zählt zum einen die **Aufbauorganisation** eines Anreizsystems. Sie entscheidet u.a. darüber, wer über das Ausmaß der zu erbringenden Beiträge bestimmt, etwa im Falle der Anordnung oder der Genehmigung von Überstunden. Außerdem ist organisatorisch zu regeln, wer über die Höhe bzw. Verteilung von Anreizen zu befinden hat. Bestimmte Entgelte werden durch Tarifvertrag determiniert, die Vergabe von Prämien meist durch den Vorgesetzten oder auch Teamführer festgelegt. Für die Prämienfestsetzung im Rahmen des traditionellen betrieblichen Vorschlagswesens ist - auf der Basis der Bestimmungen einer Betriebsvereinbarung - eine Fachkommission zuständig. Mitunter hat der Mitarbeiter selbst Einflußmöglichkeiten auf die Zusammensetzung seines Anreiz-Mix, etwa wenn Überstunden wahlweise durch Freizeit(ausgleich) oder Auszahlung abgegolten werden können. Dieses Prinzip ist konstituierend für sog. **Cafeteria-Systeme** (vgl. DRUMM 1992, S. 437 f.). Hier legt der einzelne Beschäftigte innerhalb eines vorgegebenen Budgetrahmens ("Tablett in einer Cafeteria") fest, wie sich sein Anreizbudget anteilig aus Direktentgelten, Betriebsrente, Dienstwagen usw. zusammensetzt. Gängige Auswahloptionen für eine derart maßgeschneiderte Anreizzusammenstellung bestehen zwischen Gewinnbeteiligung oder Altersversorgung, Jahresurlaub oder Langzeiturlaub, ausgezahlte Entgelte oder geldwerte Leistungen (private Nutzung von Dienstwagen, Rechtsbeistand usw.).

Nicht nur durch Fremdbestimmung oder Selbstbestimmung, auch durch Mitbestimmung können die Bausteine eines Anreizssystems (vgl. Abbildung C. 27) konkretisiert werden. Eine derart partizipative Vorgehensweise kommt beispielsweise in Pensumvereinbarungen (für Tagespensen in der Produktion) oder Zielvereinbarungen im Rahmen eines Management by Objectives zum Ausdruck.

Auch **Ablaufaspekte** prägen das Funktionsprinzip und die Funktionstüchtigkeit eines Anreizsystems. Hierzu rechnen die sog. Entgeltmodalitäten, also etwa die Auszahlungstermine für das monatliche Gehalt, für Prämien, Erfolgsbeteiligungen oder Weihnachtsgratifikationen. Das Timing des Einsatzes von Anreizen besitzt gerade aus lerntheoretischer Sicht erhebliche Relevanz (vgl. WEINERT 1987, S. 244 f.). Besonders in sog. Theorien der Verhaltenskonditionierung wird deutlich, daß meist nur eine möglichst prompte Rückmeldung von Belohnung oder Bestrafung für die entsprechende Verstärkung erwünschter Verhaltensweisen (z.B. Pünktlichkeit, Sauberkeit am Arbeitsplatz, Unterstützung von Kollegen) sorgen kann.

Anreiz-Mix: Eine systematische Erfassung des Anreiz-Mix wird durch verschiedene Faktoren erschwert. Zum einen entscheiden subjektive Bewertungen (Valenzen), ob eine Situationsvariable (positiven) Anreizcharakter besitzt oder nicht. Das hat zur Folge, daß grundsätzlich jeder Situationsaspekt als potentieller Anreiz berücksichtigt werden muß. Die Kataloge von Anreizen umfassen deshalb meist deutlich mehr Faktoren als die offiziellen Anreizsysteme. Das Spektrum reicht von Geld *(zum Spektrum der monetären Anreize vgl. 4.3)* über Qualifizierungsmöglichkeiten, bestimmte Arbeitskollegen, Aufstiegsmöglichkeiten, Arbeitsinhalte, Betriebsklima bis hin zum Freizeitwert des Firmenstandorts. Zum anderen beinhaltet ein und derselbe Situationsaspekt mehrere Anreizfacetten. Beförderung stellt in aller Regel sowohl einen finanziellen Anreiz als auch eine Anerkennung dar.

Zur Handhabung dieses äußerst weiten Spektrums behilft man sich mit groben Klassifizierungen. Hierzu zählt die Unterscheidung zwischen intrinsischen Anreizen und extrinsischen Anreizen. **Intrinsische Anreize** sind in der Arbeit selbst enthalten, etwa die durch Job Enlargement- und Job Enrichment-Initiativen vergrößerten Handlungsspielräume (vgl. Abbildung C. 22).

Extrinsische Anreize werden in Form von Lob bzw. Tadel, finanzieller Gratifikation, Beförderung usw. eingesetzt. Man kann dabei zwischen materiellen Anreizen (z.B. monetäre oder geldwerte Incentives für Außendienstmitarbeiter) und immateriellen Anreizen (z.B. Auszeichnungen im Rahmen eines Wettbewerbs um einen Quality-Award für das beste Qualitätsteam des Jahres) unterscheiden.

Beitrags-Mix: Hier dominieren eindeutig die Leistungsbeiträge eines Mitarbeiters (vgl. Abbildung C. 28). Dabei wird allerdings ein weit gefaßter Leistungsbegriff zugrundegelegt, der auch die bereitgestellte nominale oder effektive Arbeitszeit (Kapazität), Loyalität und Treue gegenüber dem Arbeitgeber, eingebrachte Berufsbildung und -erfahrung u.ä. mit einbezieht. Die Erfassung dieser Leistungsbeiträge erfolgt durch Leistungsbeurteilungssysteme (auch: Meßsysteme) anhand von vorgegebenen, teilweise tarifvertraglich gereregIten Leistungskriterien (vgl. Abbildung C. 28).

BEREICHE / LEISTUNGS-GRÖSSEN	ROUTINE-LEISTUNG	LERN-LEISTUNG	KOOPERATIONS-LEISTUNG
LEISTUNGS-ERGEBNIS	Mengen/ Werte	Einsparung/ Originalität	Kompromiß-qualität/ Einigungszeit
LEISTUNGS-VERHALTEN	Disziplin/ Sorgfalt	Ideenreichtum	Fairneß
LEISTUNGS-POTENTIAL	Fach-kompetenz	Methoden-kompetenz	Sozial-kompetenz

Abbildung C. 28: Leistungskriterien

Die traditionelle Unterscheidung der Leistungskriterien setzt an drei Leistungsrößen in der Abhängigkeitskette: Potential → Verhalten → Verhaltensergebnis an. Das **Leistungspotential** repräsentiert die strategisch relevanteste, dafür aber auch am schwierigsten zu messende Leistungsgröße. Sie liefert den Ansatzpunkt für eine personengerechte Entlohnung der vorgehaltenen Qualifikation *(vgl. 4.3)*. Das **Leistungsverhalten** erfaßt die besser einer Messung zugänglichen Inputgrößen in Form von Anstrengung, investierter Arbeitszeit, Disziplin, persönlichem Einsatz usw. **Leistungsergebnisse** sind schließlich der ideale Ansatzpunkt für eine Kennzahlensteuerung im Rahmen von Center-Konzepten (vgl. Abbildung C. 19).

Aus der Warte der strategischen Führung gewinnt eine zweite Unterscheidung von Leistungskriterien an Bedeutung. Die gängigen Systeme der Leistungsbeurteilung konzentrieren sich auf die Erbringung von **Routineleistungen**. Zur langfristigen Absicherung der Wettbewerbsfähigkeit sind jedoch zwei andere Leistungskriterien bei weitem relevanter: **Lernleistung** und **Kooperationsleistung**. Um Lernprozesse zu stimulieren, wurden Erfolgskriterien für das Ideenmanagement entwickelt, beispielweise Anzahl der Vorschläge/Mitarbeiter, Durchschnittsprämie/Vorschlag oder Ersparnis/Mitarbeiter. Lernprozesse lassen sich auch dadurch fördern, daß man nicht die absolute Höhe einer Leistung, sondern deren positive **Veränderungsraten** im Zeitablauf (etwa Umsatzsteigerungen) als Bemessungsgröße für Prämien usw. einsetzt. Mitunter kann man Verbesserungen durch bewußte Schaffung von Wettkampfsituationen (Ranking, Wettbewerbe, Benchmarking usw.) erzielen.

Die Förderung der Kooperationsleistung erfolgt nicht zuletzt dadurch, daß der Erfolg von übergreifenden Prozessen (z.B. Produktentwicklung), ganzen Abteilungen bis hin zum gesamten Unternehmungserfolg in die Beurteilungssysteme aufgenommen werden.

Hohe Kosten und Schwierigkeiten bei der differenzierten Erfassung einzelner Leistungskriterien haben dazu geführt, daß man vielfach auf einfachere Meßsysteme zurückgreift. Diese operieren mit pauschalen **Ersatzkriterien**, beispielsweise das bereits erwähnte Senioritätsprinzip mit dem Berufsalter als Indikator für Qualifikation. Ähnlich geht man bei der Zeitentlohnung vor, bei der die Arbeitszeit als Indikator für Leistung fungiert. Zeiterfassungssysteme erlauben es, hier anstelle der oft nur beschränkt aussagefähigen vereinbarten Arbeitszeit (laut Arbeitsvertrag) die effektiv geleistete Arbeitszeit (Präsenzzeit) als Bemessungsgrundlage heranzuziehen. Differenzen zwischen Soll- und Ist-Arbeitszeit dienen als Auslöser für ein gezieltes Fehlzeitenmanagement.

Anreiz-Beitrag-Zuordnung: Die Zuordnungsvorschrift zwischen Beiträgen und Anreizen läßt sich bei quantitativen Variablen als Zuordnungsfunktion beschreiben. Aus der Sicht der Unternehmung handelt es sich dabei um eine Kostenfunktion, aus der Sicht des Mitarbeiters um eine Verdienst- bzw. Einkommensfunktion. Ein zweites Beschreibungsmerkmal ist die Sicherheit bzw. Berechenbarkeit der Anreiz-Beitrag-Zuordnung. Gerade bei Lern-, Wettbewerbs- und Kooperationsprozessen ist diese Berechenbarkeit leider nicht gegeben. Die Erwartungsstärken fallen deshalb tendenziell niedrig aus.

4.3 Monetäre Anreizsysteme

Innerhalb des Motivationssystems beschäftigt sich die Betriebswirtschaftslehre am intensivsten mit den monetären Anreizen, also Geldleistungen und geldwerten materiellen Leistungen der Unternehmung an ihre Mitarbeiter. Verantwortlich dafür zeichnet auf der einen Seite das Faktordenken der Produktionstheorie, aus dem sich eine Akzentsetzung auf die Kosten des Faktors Arbeit (**Personalkosten**, vgl. SCHOLZ 1991, S. 451 ff.) ableitet. Auf der anderen Seite denken Betriebswirtschaftler in Marktbeziehungen, die auch die Arbeitsmärkte umfassen. Dort werden Beiträge des Marktpartners durch Entgelte kompensiert, weshalb anstelle von monetären Anreizsystemen auch von **Entgeltsystemen** in einem weiteren Sinne gesprochen werden kann. Im Mittelpunkt der betriebswirtschaftlichen Modellierung monetärer Anreizsysteme stehen die traditionellen **Lohnformen** (vgl. Abbildung C. 29).

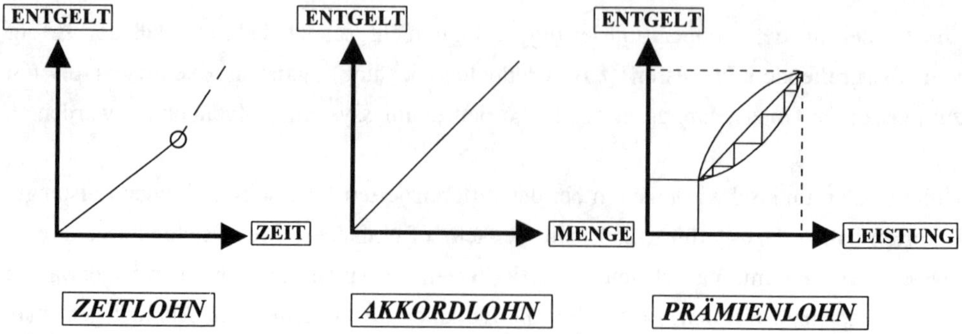

Abbildung C. 29: Lohnformen

Unabhängig von der effektiven Leistung wird beim **Zeitlohn** die nominale oder effektive Arbeitszeit mit einem Stundensatz entgolten. Liegt die geleistete Arbeitszeit chronologisch außerhalb der Normalarbeitszeit oder übersteigt sie chronometrisch die Länge der

Normalarbeitzeit, kommt es zu Mehrarbeit, die mit höheren Stundensätzen entlohnt werden muß (Zuschläge von 25%, 50% usw.). In den Stundensätzen drückt sich durchaus ein indirekter Bezug zur Leistung aus. In die Ermittlung dieser Stundensätze geht nämlich u.a. der Schwierigkeitsgrad der Erfüllung der Arbeitsaufgaben bei "normaler" Leistung eines durchschnittlichen Arbeiters ein. Dieses Ermittlungsverfahren wird als Arbeitsbewertung bezeichnet. Die Arbeitsschwierigkeit wird gemessen anhand eines meist tarifvertraglich geregelten Anforderungskatalogs, der körperliche und geistige Anforderungen, die übernommene Verantwortung sowie die Belastungen durch Umgebungseinflüsse am Arbeitsplatz umfaßt (vgl. HENTZE 1991b, S. 80 ff.).

Akkordlohn und Prämienlohn zählen zu den Leistungslöhnen, weil die Entgelthöhe mit einer Leistungsgröße variiert. Beim **Akkordlohn** fungiert die Menge als einziger Leistungsmaßstab, die Verdienstfunktion steigt grundsätzlich proportional. Beim **Prämienlohn** kommen diverse Leistungsgrößen in Betracht. Gebräuchlich sind neben der Mengenleistung an Gutteilen (Qualität), der Nutzungsgrad von Anlagen oder die Ersparnis an Material. Im Unterschied zum Akkordlohn müssen diese Bemessungsgrundlagen separat ermittelt werden. Ein weiteres, wichtiges Unterscheidungsmerkmal stellt der Verlauf der Prämienfunktion dar. Die zunehmende Attraktivität dieser Lohnform resultiert nicht zuletzt aus dem großen Gestaltungsspielraum, der sich durch die Wahlmöglichkeiten zwischen proportionalen, progressiven, degressiven oder stufenförmigen Prämienfunktionen eröffnet. Die Prämienfunktion setzt dabei auf einem Grundlohn auf. Charakteristisch für die Prämienentlohnung sind schließlich die Obergrenzen sowohl für die Leistung (X-Achse) als auch die Prämienhöhe (Y-Achse).

Beim Geld handelt es sich um einen Anreiz, dessen tatsächliche Motivationswirkung in Wissenschaft und Praxis stets kontrovers beurteilt wurde. Für eine große Bedeutung spricht u.a. die Tatsache, daß Geld quasi eine Joker-Funktion im Anreizsystem übernimmt, weil es zur Befriedigung verschiedenster Bedürfnisse verwendet werden kann. Die Motivationsfunktion ist dann eher kritisch zu sehen, wenn man die dominante Sichtweise von Geld als extrinsische Kompensation für Arbeitsleid aufgibt und intrinsischen Arbeitsaspekten einen größeren Stellenwert beimißt.

Gegenwärtig finden in den praktizierten Entgeltsystemen Umwälzungen statt. Der Stellenwert der Akkordentlohnung geht zurück, die Anteile von variablen Entgelten am Gesamtentgelt nehmen zu, die Relevanz von Betriebsrenten sowie von Beteiligungsmodellen (u.a. zur Fundierung von Unternehmertum) steigt. Die drei Grundbausteine eines monetären Anreizsystems lassen sich im einzelnen wie folgt charakterisieren:

Entgeltmix: Es enthält im wesentlichen drei Kategorien von Entgelten: (1) Direktentgelte (Lohn, Gehalt) laut Arbeitsvertrag in Form von Monatsgehältern und Zuschlägen für Mehrarbeit. (2) Monetäre Sozialleistungen. (3) Beteiligungen am Erfolg und am Kapital.

Die quantitative Zusammensetzung des Gesamtentgelts läßt sich anhand von Erfahrungswerten konkretisieren, die allerdings von Land zu Land, Branche zu Branche und Firma zu Firma recht stark streuen. In Deutschland machen die Sozialleistungen als der sog. zweite Lohn zwischen 70% und 80% des Direktentgelts (erster Lohn) aus. Mit zunehmender Hierarchie-Ebene steigt der Anteil von Beteiligungen am Unternehmungserfolg (Tantiemen von Geschäftsführern, leitenden Angestellten) auf bis zu 30% des gesamten Direktentgelts. Die **Direktentgelte** bestehen in aller Regel aus einem Zeitlohnanteil, einem leistungsbezogenen Anteil und einem Soziallohnanteil.

Monetäre Sozialleistungen setzen sich zu einem Drittel aus **gesetzlichen** Leistungen (z.B. Beiträge des Arbeitsgebers zur Sozialversicherung und zur gesetzlichen Lohnfortzahlung) und zu zwei Dritteln aus **tarifvertraglichen** Leistungen (vermögenswirksame Leistungen, Urlaubsgeld, Weihnachtsgeld usw.) und **freiwilligen** Leistungen (Betriebsrenten, Beratungsleistungen (z.B. in finanziellen Angelegenheiten), Betriebswohnungen, Fahrtkostenzuschüsse usw. zusammen. Einige Leistungen sind einkommensabhängig, z.B. die Entgeltfortzahlung im Krankheitsfall bzw. die Betriebsrenten, andere werden eher unabhängig von Mitarbeiterleistung und damit -einkommen gewährt (z.B. Urlaubsgeld oder Essenszuschüsse).

Besonderen Stellenwert besitzt die betriebliche Altersversorgung. Sie wird in folgenden Varianten praktiziert (vgl. DRUMM 1992, S. 440 f.):

- Direktzusage (unternehmensinterne Anlage eines Pensionsfonds)

- Pensionszusage unter Einschaltung einer Unterstützungskasse bzw. Pensionskasse

- Direktversicherung (z.B. bei einer Lebensversicherungsgesellschaft).

Unter **Beteiligungen am Erfolg** versteht man Boni, Prämien, Tantiemen usw., die auf das Ergebnis einer größeren organisatorischen Einheit (Gesamtunternehmen, Geschäftseinheit, Werk, Center usw.) über einen mittelfristigen Zeitraum (z.B. Jahresergebnis bzw. Einsparung/Jahr) berechnet werden. Dabei läßt sich zwischen Beteiligungen am **Gewinn** (Erfolg i.e.S.), am **Umsatz/Ertrag** oder an **Kosteneinsparungen** differenzieren. Zusätzlich zur Beteiligung an diesen zeitraumabhängigen Stromgrößen wird des weiteren eine **Beteiligung am Kapital** als zeitpunktbezogener Bestandsgröße praktiziert.

Nach dem Kongruenzprinzip sollte die Beteiligung an bestimmten Ergebnissen konsequenterweise Hand in Hand gehen mit Partizipation als Beteiligung an der Entscheidungsfindung *(vgl. 2.1.3.3)*.

Bei der konkreten Ausgestaltung eines Beteiligungsmodells (speziell von Kapitalbeteiligungen) sind u.a. folgende Parameter spezifikationsbedürftig (vgl. BERTHEL 1992, S. 335 ff.):

- Operationale Bestimmung der Beteiligungsbasis (z.B. Erfolg als Bilanzgewinn laut handelsrechtlichem Jahresabschluß)
- Beteiligungsquote der Gesamtbelegschaft
- Individuelle Beteiligungsquote (einzelner Mitarbeiter)
- Fungibilität von Kapitalanteilen (z.B. Sperrfristen für den Verkauf von Belegschaftsaktien).

Bei der Kapitalbeteiligung von Mitarbeitern und Managern sind folgende Ausgestaltungsformen üblich (vgl. SCHANZ 1993, S. 541 ff.): (1) Fremdkapitalbeteiligung (z.B. Arbeitnehmerdarlehen) (2) Eigenkapitalbeteiligung (z.B. Belegschaftsaktien, als Sonderfall auch Management Buy Out, d.h. die Übernahme bedeutender Kapitalanteile durch das Top-Management) und (3) Eigenkapitalähnliche Beteiligungen (Stille Beteiligung und Genußrechte).

Leistungs-Mix: Das Beitrags-Mix setzt sich aus quantifizierbaren Bezugsgrößen zusammen, die als Bemessungsgrundlagen für Entgelte fungieren. Die gängigen Leistungskriterien (vgl. Abbildung C. 28) sind für Entgeltsysteme noch in folgender Hinsicht spezifikationsbedürftig: Bei Leistungsergebnissen ist eine Differenzierung zwischen **Einzelleistung** und **Gruppenleistung** vorzunehmen. Mit dem Vordringen ganzheitlicher Arbeitsformen (teilautonome Teams, Fertigungsinseln usw.) steigt der Stellenwert von Gruppenleistungskriterien, z.B. der Nutzungsgrad oder die Gemeinkostenersparnis durch Integration von Gemeinkostenfunktionen in eine Gruppe. Ähnliches gilt für Verbesserungsvorschläge von Gruppen innerhalb eines Ideenmanagements. In einigen Fällen ist auch der Zeitbezug von Leistungskriterien erklärungsbedürftig, besonders dann, wenn die Leistungsresultate nicht als einmalige Periodenleistungen, sondern als mehrperiodige Gesamtleistung über den Lebenszyklus eines Produkts anfallen.

Entgeltbemessung: Die Zuordnungsvorschrift zwischen Leistungsbeiträgen und Entgelten muß dem Äquivalenzpostulat genügen. Hier haben sich mehrere konkurrierende Vorstellungen von Entgeltgerechtigkeit herausgebildet. Sie kommen meist in kombinierter Form zur Anwendung (vgl. SCHANZ 1993, S. 474 ff.). Das Prinzip der **Anforderungsgerechtigkeit** fordert eine Äquivalenz von Arbeitsschwierigkeit und Arbeitsentgelt. **Leistungsgerechte** Entgelte sollen eine Gleichwertigkeit von Entgelt und Leistung sicherstellen, wobei zwischen effektiver Leistung und potentieller Leistung unterschieden werden kann. Wird das vorgehaltene qualitative Leistungspotential zugrundegelegt, welches in bestimmten Fällen durch die Arbeitsanforderungen gar nicht effektiv genutzt wird, spricht man auch von personengerechter Entlohnung (z.B. Qualifikationslohn). **Sozial-** bzw. **bedürfnisgerechte** Entgelte berücksichtigen besondere Belastungsfaktoren im außerberuflichen Bereich (z.B. Familien- und Krankheitslasten). Sie schlagen sich u.a. in den Soziallohnkomponenten des Gesamtentgelts nieder. Die **Marktgerechtheit** von Entgelten bringt hauptsächlich die Knappheit der angebotenen Arbeitsqualifikation auf dem Arbeitsmarkt zum Ausdruck. Sie äußert sich nicht in einer Entgeltkomponente, sondern wirkt als Niveaufaktor für die Entgelthöhe.

Für die Gestaltung der Zuordnungsvorschrift spielen auch Flexibilitäts- und Handhabungsaspekte eine Rolle. Durch eine Reduktion der Anzahl von Gehaltsgruppen (z.B. bei außertariflichen Angestellten von acht auf fünf) ergeben sich breitere "Gehaltsbänder", die mehr Gestaltungsspielraum für eine Entgeltdifferenzierung zwischen Mitarbeitern innerhalb derselben Gehaltsgruppe eröffnen.

Die konkreten Verlaufsformen von Verdienstfunktionen stellen in aller Regel Kombinationen der archetypischen Lohnformen dar (vgl. Abbildung C. 29) dar. Als Gestaltungsparameter kommen Sockelbeträge (garantierte Mindestentgelte, "Fixum" usw.), Obergrenzen sowie die Steigung oder Sprünge in Entgeltfunktionen in Betracht.

5. Rekrutierungssystem

5.1 Spektrum der Rekrutierungspolitik

Die Rekrutierungspolitik umfaßt alle Führungsaktivitäten zur bedarfsgerechten Versorgung von Unternehmungen oder Unternehmungseinheiten mit Personal durch beschäftigungspolitische Maßnahmen.

Die betriebliche Beschäftigungspolitik nimmt Einfluß auf den Personalbestand (Gesamtbelegschaft bzw. Teile der Belegschaft) durch Gestaltung von Beschäftigungsverhältnissen. Sie ist an der Schnittstelle zwischen Unternehmung und Arbeitsmarkt angesiedelt. Der Arbeitsmarkt erstreckt sich nicht nur auf den externen, sondern auch auf den internen Arbeitsmarkt. Wesentliche Rekrutierungsmaßnahmen erfolgen durch Placement-Entscheidungen, etwa Implacement (Einführung neuer Mitarbeiter), Replacement (Umsetzung, Versetzung) oder Outplacement (Vermittlung neuer Arbeitsmöglichkeiten für freigesetzte Mitarbeiter). Die Ziele der **quantitativen** Beschäftigungspolitik bestehen in der Erhaltung des Personalbestands (z.B. Ausgleich von Fluktuation) bei minimalen Fluktuationskosten bzw. einer quantitativen Kapazitätsanpassung an Wachstums- bzw. Schrumpfungsprozesse. Im Mittelpunkt der **qualitativen** Rekrutierungsmaßnahmen steht die Vertragsgestaltung, beispielsweise die Entscheidung zwischen Arbeitsvertrag und Werkvertrag, die Bestimmung der Vertragsdauer, Vollzeit- oder Teilzeitbeschäftigung und weitere Beschäftigungskonditionen.

Das Gesamtspektrum der Rekrutierungspolitik umfaßt vornehmlich die

- Bemühungen um Arbeitsmarkttransparenz,
- Selektion von Mitarbeitern *(vgl. 1.6.3.3)*,
- vertragliche Gestaltung des Beschäftigungsverhältnisses (z.B. optimale Bindungsintensität),
- Einführung und Sozialisation neuer Mitarbeiter,
- Umsetzung und Job Rotation sowie
- Freisetzung von Personal.

Der hier zugrundegelegte weite Rekrutierungsbegriff enthält offensichtlich auch alle Aktivitäten der "**Dekrutierung**". Rekrutierung umfaßt also Maßnahmen zur Beseitigung einer Unterdeckung sowie einer Überdeckung des Soll-Personalbestands. Das Rekrutierungssystem wird mit recht konträren Herausforderungen konfrontiert.

Der Wechsel zwischen den expansiven und kontraktiven Phasen einer konjunkturell oder auch strukturell bedingten Über- und Unterdeckung des Personalbestands verlangt eine besondere Anpassungsfähigkeit. Dabei wird von der Rekrutierungspolitik eine hohe Anpassungsgeschwindigkeit an Bedarfsänderungen gefordert. Sowohl Beschaffungszeiten (Fluktuationskosten durch Vakanzen!), Freisetzungszeiten (Kostenremanenzen durch Kündigungsfristen!) als auch Umsetzungszeiten (Umsetzungsklauseln, Änderungskündigung) sollen minimiert werden. Flexibilität erfordert außerdem eine Durchlässigkeit zwischen den einzelnen Gesellschaften eines Konzerns, den Landes- und Regionalgesellschaften eines international tätigen Unternehmens sowie zwischen Laufbahnzweigen (Führungslaufbahn, Fachlaufbahn, Projektleiterlaufbahn). Diese Durchlässigkeit setzt ihrerseits wiederum eine Transparenz der internen Arbeitsmärkte voraus *(vgl. 1.6)*.

Außerdem muß sich die Rekrutierungspolitik ganzheitlich in das Führungssystem einfügen. Rekrutierungs- wie auch Dekrutierungsmaßnahmen stehen ja oft in direkter Konkurrenz zu anderen Subsystemen des Führungsssystems (vgl. Abbildung C. 5). Die Deckung einer Personallücke kann nicht nur durch Personalbeschaffung, sondern alternativ auch durch Qualifizierung erfolgen. Bei der Beseitigung eines Personalüberhangs stellt die Personalfreisetzung durch Entlassungen nur die ultima ratio dar. Zuvor sind alle anderen Maßnahmen der zeitlichen Anpassung der Personalkapazität, Umschulung usw. auszuschöpfen.

5.2 Personalbeschaffung

Personalbeschaffung bezweckt die Schließung einer Personallücke durch Bereitstellung von Personalkapazität. Die Beschaffungspolitik bewegt sich innerhalb von Rahmenbedingungen, die durch rechtliche Bestimmungen (z.B. Betriebsverfassungsgesetz) und durch Unternehmungsgrundsätze festgelegt werden. Hierzu zählt etwa die Regel "Interne geht vor externer Rekrutierung".

Personalbeschaffung umfaßt sowohl Aktivitäten der Personalselektion als auch arbeitsmarktgerichtete Aktivitäten (vgl. DRUMM 1992, S. 244 ff.). In beiden Bereichen stellen sich Optimierungsprobleme. Im Zusammenhang mit der **Personalselektion** gilt es beispielsweise, die optimale Kombination von Auswahlverfahren zu ermitteln. Als Bewertungskriterien dienen hierbei neben den die Trefferquote beeinflußenden Gütemerkmalen von Testverfahren (Objektivität, Reliabilität, Validität) auch die Kosten des Auswahlverfahrens. Die Optimierung vollzieht sich meist in einem mehrstufigen Auswahlverfahren, an dessen Beginn grobe Screening-Tests (z.B. Personalbogen) mit hoher Eliminationsquote zum Einsatz kommen.

Die marktgerichteten Funktionen bilden den Kern des **Personalmarketing**. Sie lassen sich nach den vier Sparten des Marketing-Mix in vier Instrumentenkomplexe strukturieren *(vgl. MEYER/MATTMÜLLER H. 1.2)*

Die **Kontrahierungspolitik** findet ihren Niederschlag im Vertrag (Kontrakt), der zwischen Mitarbeiter und Unternehmung geschlossen wird. Hand in Hand mit den unterschiedlichen Vertragsformen sind auch Vertragskonditionen zu gestalten, insbesondere mit Blick auf eine optimale Bindungsintensität. Neben Entgeltfragen *(vgl. 4.3)* geht es dabei um Vereinbarungen zu Probezeit, Wettbewerbsverbote (Karenzzeiten), spezifische Kündigungsfristen, Residenzpflicht und Reglementierung der Nebentätigkeit.

Das Instrumentarium der **Kommunikationspolitik** in Form von Insertion, Hochschulkontakten, Öffentlichkeitsarbeit (Imagepflege), Direktansprache (Abwerbung, Headhunting) wird zur Verbesserung des akquisitorischen Potentials auf dem Arbeitsmarkt genutzt.

Bei der **Beschaffungswege-Politik** stehen neben der direkten Personalbeschaffung mehrere Wege der indirekten Beschaffung unter Einschaltung von Beschaffungsmittlern (hauptsächlich Arbeitsamt, Personalberater, Personalüberlassungsunternehmen) zur Verfügung.

In Analogie zur Produktgestaltung betreiben Unternehmen auch eine **Manpowergestaltung**. Vornehmlich über das Duale Berufsbildungssystem nehmen Firmen Einfluß auf die Beschaffenheit des Personals als Beschaffungsobjekts, beispielsweise bei der Festlegung der Berufsbilder (z.B. in der Metall- und Elektroindustrie).

5.3 Personalzuordnung

Dieser Sektor der Rekrutierungspolitik setzt sich aus zwei grundverschiedenen Typen von Zuordnungs- bzw. Zuweisungsaufgaben zusammen: Einerseits aus Zuordnungen "**Person zu Arbeit**", andererseits aus Zuordnungen "**Person zu Person**".

Die klassische Stellenbesetzung bildet den Kern der stellenbezogenen Personaleinsatzplanung *(Assignment-Probleme vgl. 1.5.2.1)*. Räumliche Zuordnungsprobleme sind hauptsächlich im Außendienst, beim Auslandseinsatz (Entsendung/Repatriierung) und im Zusammenhang mit Heimarbeit (auch: Tele-Heimarbeit) zu lösen. Im Mittelpunkt der zeitlichen Zuordnungsplanung steht die Schichtplanung. Hier unterscheidet man Schichten mit konstanter und unterschiedlicher Schichtstärke, bis hin zum Extremfall der mannlosen Schichten (Geisterschichten).

Zu den anspruchsvolleren Sonderfällen der konventionellen Planung des Personaleinsatzes zählen die Mehrplatzarbeit, Job Rotation sowie der Personaltransfer. Transferprobleme stellen sich u.a. im Zusammenhang mit parallelen Laufbahnsystemen (Transfer von Fach- in Führungslaufbahn) sowie an der Schnittstelle zwischen Linientätigkeit und Projekttätigkeit.

Person-Person-Zuordnungen müssen bei engen, interdependenten Arbeitsbeziehungen vorgenommen werden. Diese Gegebenheiten liegen beispielsweise bei der Gespann-Bildung für Job Sharing und bei der Gruppenarbeit vor. Für die Zusammensetzung von Gruppen wird häufig mit folgender Faustregel gearbeitet: Möglichst homogene Zusammensetzung für Routineaufgaben (z.B. Gruppenakkord), eher heterogene Zusammensetzung für Prozesse der Ideenfindung.

5.4 Personalfreisetzung

Personalfreisetzung bezeichnet die Reduzierung der Personalkapazität durch Auflösung von Beschäftigungsverhältnissen. Sieht man einmal von den Personalabgängen durch Erreichen der Altersgrenze ab, erfolgt stets eine Freisetzung auf den internen und externen Arbeitsmarkt.

Freisetzung wird oft mit Kündigung eines Arbeitsverhältnisses gleichgesetzt. Kündigung bildet jedoch nur den "harten" Kern der gesamten Freisetzungspolitik. Alle Freisetzungsaktivitäten vollziehen sich innerhalb von Rahmenbedingungen zum Schutz der Arbeitsverhältnisse, sei es durch das Kündigungsschutzgesetz, durch den tarifvertraglich geregelten Schutz älterer Arbeitnehmer, durch Rationalisierungsschutzabkommen oder durch Mitwirkungsrechte des Betriebsrates. Aus juristischer Sicht können innerhalb dieser Restriktionen drei Gründe zu einer Kündigung führen (vgl. SCHANZ 1993, S. 184 f.).

- Bei der **betriebsbedingten Kündigung** sind (nachzuweisende) betriebliche Erfordernisse im Gefolge von technischen oder organisatorischen Änderungen bzw. Absatzschwierigkeiten ausschlaggebend.

- Eine **personenbedingte Kündigung** läßt sich u.a. durch fehlende Eignung oder Dauerleiden begründen.

- Eine **verhaltensbedingte Kündigung** wird durch die Verletzung arbeitsvertraglicher Pflichten ausgelöst.

Anhand der durch Automatisierung und Rationalisierung induzierten betriebsbedingten Kündigung soll ein Überblick über das Möglichkeitsfeld von Freisetzungsmaßnahmen gegeben werden. Sieht man einmal von einer Personalreduzierung durch Änderung der Vertragsform in freie Mitarbeit oder Subunternehmer-Vertragsbindungen sowie durch aktive Personalüberlassung ab, kommen hierfür Maßnahmenpakete aus Entlassung und diversen flankierenden Maßnahmen in Betracht (vgl. DRUMM 1992, S. 223 ff.):

- Zunächst ist hier eine Überführung in einen auf ein bis zwei Jahre befristeten **Qualifizierungsvertrag** zu denken. Für die Verteilung der Qualifizierungskosten auf Unternehmen, Arbeitsverwaltung und betroffene Mitarbeiter werden unterschiedliche Modelle praktiziert.

- Des weiteren wird vereinzelt eine **befristete Entlassung** (mit Wiedereinstellungszusage) angewandt.

- Bei der Entlassung mit **Existenzgründunghilfe** für ein eigenes Unternehmen (Spin offs, Beratungsunternehmen, Kantine usw.) gewährt die entlassende Firma eine Anschubfinanzierung durch Auftragsvergabe, Beraterverträge mit ehemaligen Führungskräften usw.

- Eine weitere Variante verbindet eine Entlassung mit der Vermittlung eines neuen Beschäftigungsverhältnisses, im Falle von Outsourcingmaßnahmen etwa eine Beschäftigung beim Zulieferer oder mit Beratungsleistungen im Rahmen eines sog. **Outplacement**.

- Verbreitet sind schließlich Aufhebungsverträge mit Abfindungen bzw. Kopplungen zwischen Entlassung und **Vorruhestandsregelungen** oder mit gleitendem Ruhestand.

Die Bemühungen sind darauf gerichtet, Sozialplanverpflichtungen und die damit verbundene Sozialauswahl zu vermeiden. Die Sozialauswahl sorgt dafür, daß ältere Mitarbeiter im Unternehmen verbleiben können, ein Selektionsmechanismus, der sich möglicherweise negativ auf die Ausgewogenheit des Humanressourcen-Portfolios (vgl. Abbildung C. 6) auswirkt.

6. Unternehmungskultur

6.1 Anatomie der Unternehmungskultur

Bereits bei der Beschreibung des Aufbaus eines Führungssystems wurde die Unternehmungskultur als überlagernder Baustein von den "instrumentellen" Subsystemen abgegrenzt (vgl. Abbildung C. 5).

Die abstrakte Beschaffenheit von Kultur kommt auch in Charakterisierungen wie "Selbstverständnis" oder "kollektives Bewußtsein" einer Unternehmung zum Ausdruck. Hierin liegt die Verwandtschaft zwischen Kultur und Managementkonstrukten wie z.B. "Image" oder "Klima" begründet.

Eine Unternehmenskultur wirkt nach außen (Corporate Identity, Grundsätze für den Umgang mit Kunden und Lieferanten usw.) und nach innen. Aus der Sicht der Führung interessiert primär die Innenwirkung der Unternehmenskultur (Identifikation, Wir-Gefühl, Zusammengehörigkeit). Bestimmte unternehmungsexterne Imageaspekte - wie z.B. das akquisitorische Potential auf dem Arbeitsmarkt - besitzen jedoch auch für die Führung große Relevanz.

Es gibt nicht die Standardkultur, sondern ein recht breites Spektrum von Kulturtypen. Sie unterscheiden sich beispielweise hinsichtlich ihrer Grundorientierung, etwa Kunden-, Konkurrenz-, Innovations-, Mitarbeiter- oder Kostenorientierung (vgl. hierzu auch SCHOLZ 1991, S. 410 ff.).

Erwartungen, daß sich so etwas wie "die" Erfolgskultur für ein exzellentes Unternehmen herauskristallisieren würde, lassen sich nicht bestätigen. Jedes Unternehmen muß sich unter Berücksichtigung der Gesellschaftskultur um eine passende Kultur bemühen.

Der Aufbau bzw. die Anatomie einer Unternehmungskultur umfaßt eine vertikale und eine horizontale Dimension. Abbildung C. 30 gibt den **vertikalen Aufbau** wieder.

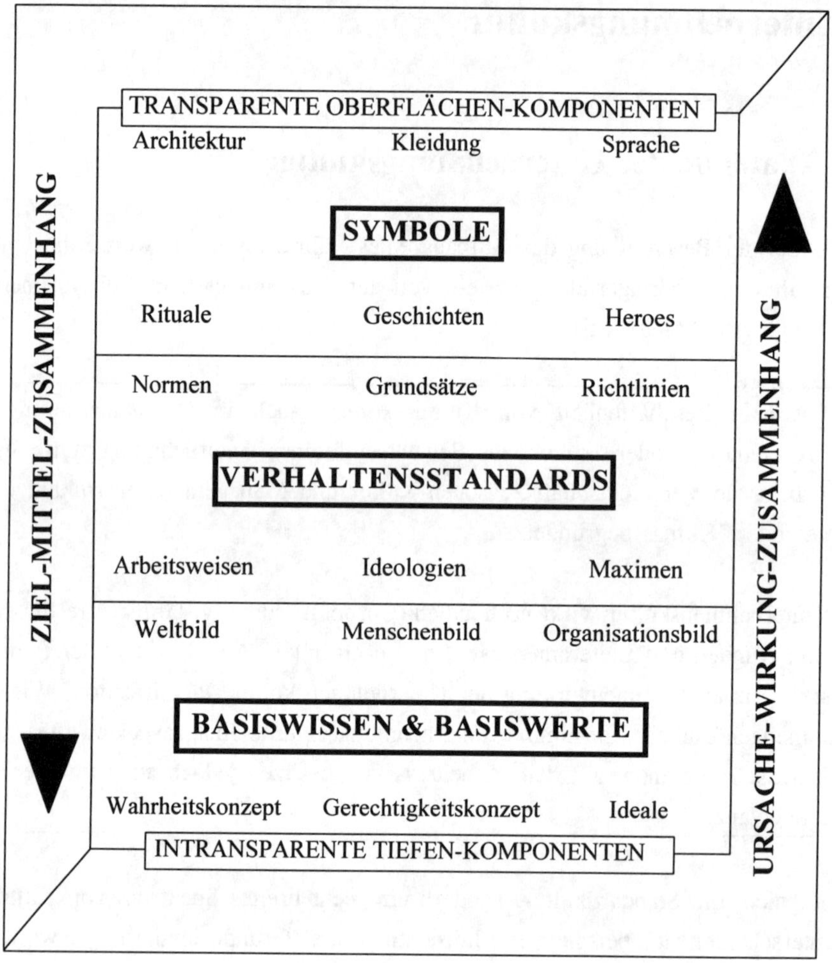

Abbildung C. 30: Anatomie der Unternehmungskultur

Die Kulturkomponenten an der beobachtbaren Oberfläche einer Unternehmungskultur werden meist als **Symbole** oder **Artefakte** bezeichnet. Kultur schlägt sich hier u.a. in der Architektur (Großraumbüros, Farbgebung, Chef-Etage u.ä.), Kleidung (Uniform, "T-shirt-" versus "Nadelstreifen"-Kultur) und bestimmten Sprachregelungen (company language, Formen der Anrede) nieder. Außerdem spielen Personen mit Vorbildcharakter (u.a. die sog. Heroes in Gestalt der Firmengründer), Geschichten (stories, Legenden, Mythen) aus kritischen Phasen der Unternehmungsentwicklung sowie Rituale (informelle Treffen, alltägliches Meeting, Auszeichnungen) eine wichtige Rolle.

Auf der zweiten Ebene befinden sich weniger konkrete Kulturkomponenten in Form von **Verhaltensstandards**. Diese sind teilweise in Leitbildern, Visionen, Führungsgrundsätzen, Arbeitsordnungen oder Richtlinien als Verhaltenscodex festgehalten. Teilweise lassen sie sich auch nur als "gelebte" Verhaltensmuster aus dem beobachteten Verhalten rekonstruieren. Relevante Verhaltensmuster betreffen typische Arbeitsweisen (z.B. diszipliniert versus hemdsärmelig) und Denkweisen, also Maximen (etwa Offenheit versus Geheimniskrämerei auf dem Gebiet der Kommunikationskultur) oder auch Ideologien (Team-Ideologie: "Wir arbeiten grundsätzlich im Team").

Die dritte Kulturebene enthält die abstrakten Komponenten, die am wenigsten durch explizite Dokumente oder Äußerungen transparent gemacht werden. Es handelt sich um einen Bestand an **Basiswissen** (Grundannahmen) und **Basiswerten**, der das Verhalten aller Unternehmungsmitglieder steuert. Dazu zählen auf der Wissensseite bestimmte Annahmen über das Funktionieren der Welt (Determiniertheit, Vorhersagbarkeit bzw. Gestaltbarkeit von Prozessen, Markt, Plan, Religion, Gesetzmäßigkeiten, kollektive Theorien), über den Menschen (sog. Menschenbilder) sowie organisatorische Gebilde ("Unternehmung=Organismus" versus "Unternehmung=Maschine"). Bei den Werten spielen die kollektiven Vorstellungen zur Wahrheitsfindung (über "Zahlen und Fakten" oder Intuition und Fingerspitzengefühl, Wissenschaftsgläubigkeit, "Ohne Measurement kein Management!") oder Gerechtigkeit ("Gleiche Belastung, gleicher Lohn!", Gleichbehandlung, Chancengleichheit usw.) eine zentrale Rolle. Schließlich stellen auch kollektive Werte und Ideale wie beispielsweise Stolz, Ehrlichkeit, Offenheit, Solidarität und Vertrauen einen charakteristischen Kulturbaustein dar.

Der horizontale Aufbau einer Unternehmungskultur soll der Existenz von **Subkulturen** Rechnung tragen. Ein solcher Kulturpluralismus entsteht in international tätigen Großunternehmen zwangsläufig zwischen Stammhauskultur und den nationalen Gastlandkulturen. Multikulturelle Konstellationen resultieren außerdem aus der Vielfalt von berufsständischen Orientierungen (z.B. Controlling-, Marketing- und Engineering-Kultur in Industrieunternehmen) bzw. funktionsbereichsspezifischen Arbeitsauffassungen (etwa Innendienst versus Außendienst). Je nach Heterogenität der Subkulturen kommt es zu Spannungsfeldern. Diese können die Erfüllung der Funktionen einer Unternehmungskultur *(vgl. 6.2)* erschweren. Sie sind zugleich auch Auslöser für einen Kulturwandel.

6.2 Funktionen der Unternehmungskultur

Die Funktion des von Hause aus unscharf definierten Kulturkonzepts (z.B. "Tugenden", Unternehmungs"geist") in praktischen und wissenchaftlichen Führungskonzepten ist sehr umstritten (vgl. NEUBERGER/KOMPA 1987). Eine Gruppe von Fachvertretern sieht im Rückgriff auf das Kulturkonstrukt nicht nur einen unseriösen "Kult", sondern auch ein Armutszeugnis für die Führungsforschung. Für eine andere Gruppe fungiert Kultur als der Erfolgsfaktor und Erklärungsfaktor für exzellente Führung schlechthin ("Unternehmung ist eine Kultur"). Hier wird vor allem mit den **Funktionen** argumentiert, die ein kollektiver Vorrat an Grundwerten, Denk- und Arbeitsweisen und Umgangsformen im Unternehmungsgeschehen erfüllen kann (vgl. ähnlich HEINEN 1987, S. 147 ff.):

- Die **Koordinationsfunktion** ergibt sich nicht zuletzt daraus, daß Kultur als Ähnlichkeit in den Werthaltungen, Überzeugungen und Vorgehensweisen ein Mittel zur Komplexitätsreduktion darstellt, mit dessen Hilfe sich Koordinationskosten erheblich reduzieren lassen.

- Die **Integrationsfunktion** sorgt für ein Gefühl der Zusammengehörigkeit und Solidarität im Unternehmen.

- Die **Motivationsfunktion** der Unternehmenskultur unterstreicht deren Verstärkerwirkung bei der Mobilisierung von Motivationspotentialen.

- Mit der **Identifikationsfunktion** ist die sinnstiftende Wirkung von Kultur angesprochen (z.B. die Rolle einer Unternehmung im gesamtwirtschaftlichen Prozeß der Güterversorgung).

6.3 Positionierung der Unternehmungskultur

Untersuchungen zu den kritischen Erfolgsfaktoren enthalten Hinweise auf den hohen Stellenwert der Unternehmungskultur. Allerdings zeigen sie auch, daß man Unternehmen nicht ausschließlich durch Kultur steuern kann. Eine Unternehmungskultur kann ihre Koordinations- und Integrationsfunktion *(vgl. 6.2)* nur dann entfalten, wenn ein flankierendes Investment in weitere, kulturkonforme Koordinationsinstrumente erfolgt, z.B. Matrix-Strukturen, Berichtswege und Informationssysteme *(vgl. auch 2.2.3)*.

Größere Schwierigkeiten bereitet die Standortpositionierung von Unternehmungskulturen im Managementsystem. Einige Ansätze gehen explizit oder implizit davon aus, daß Unternehmungskultur ein eigener Sektor der Unternehmungsführung darstellt, der sich von anderen Sektoren hinreichend separieren läßt (vgl. Abbildung C. 1). Diese Sichtweise trifft zwar auf den Modus der Führung zu: Anders als in den klassischen Domänen des Führungssystems (vgl. Abbildung C. 5) wird im Kultursektor nicht mit abstrakt formulierten, perfektionierten Regelwerken, sondern mit anschaulichen, einprägsamen und damit eingängigen Slogans operiert. Falsch wäre hingegen die Annahme, daß sich Kultur inhaltlich mit anderen Gegenständen beschäftigt als das strategische Management, Personalmanagement oder die Organisationsgestaltung. Ähnlich wie das Controlling erstreckt sich die Unternehmungskultur prinzipiell auf alle Sektoren des Unternehmensgeschehens. Daraus ergibt sich zwangsläufig eine Überlagerung der Steuerungsinhalte, was in Abbildung C. 31 illustriert wird.

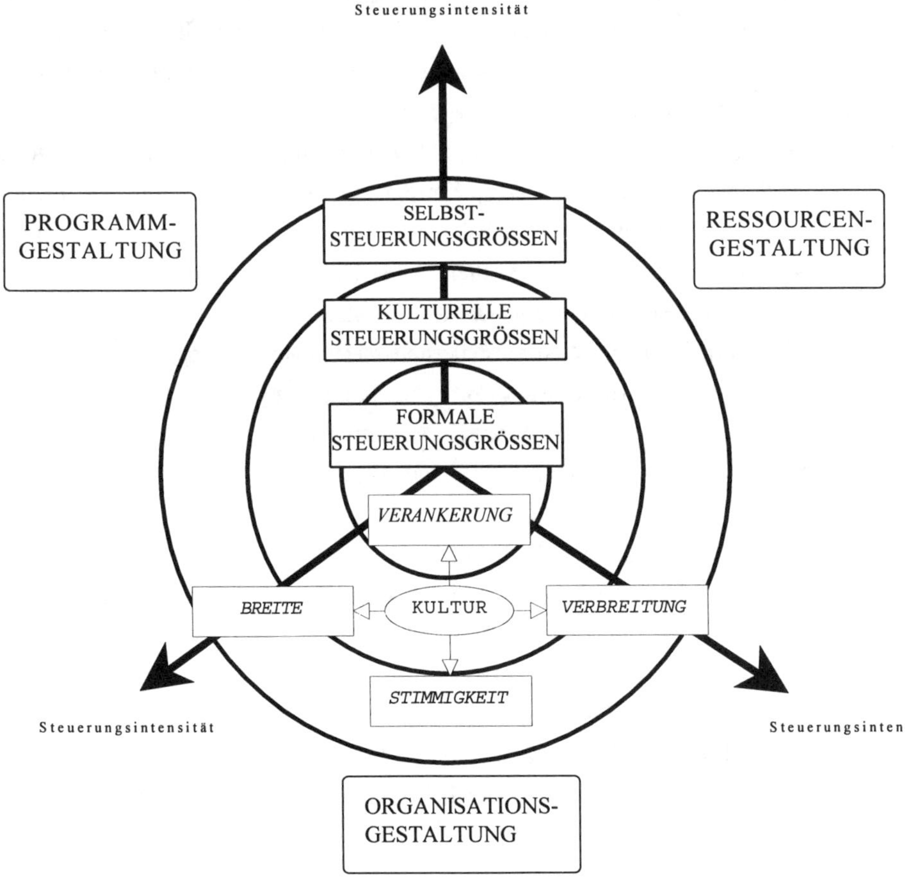

Abbildung C. 31: Standortbestimmung der Unternehmungskultur

Die Überlagerung auf dem Gebiet der strategischen Programmgestaltung geht beispielsweise aus Maximen wie "Schuster bleib bei deinem Leisten!" hervor, die mit dem formellen Strategiekonzept der Konzentration auf Kernkompetenzen und Stammgeschäft korrespondiert. Lebenslange Beschäftigung in einer familiären Betriebsgemeinschaft ("Bei uns wird niemand entlassen") überschneidet sich zwangsläufig mit den beschäftigungspolitischen Maßnahmenkonzepten der Rekrutierungspolitik. Die Vision von der "Entfaltung der Initiative und Kreativität des einzelnen" entspricht auf dem Gebiet der formellen Organisationsgestaltung den selbstorganisatorischen Organisationsformen des Job enrichment (vgl. Abbildung C.22), der teilautonomen Gruppen oder Center-Konzepte (vgl. Abbildung C. 19).

Kultur repräsentiert also keinen eigenen Sektor der Verhaltenssteuerung, wohl aber eine **spezifische Steuerungsebene**. Das Mitarbeiterverhalten wird letztlich unmittelbar durch Steuerungsgrößen im Motivationsgeschehen jedes einzelnen Mitarbeiters gesteuert (vgl. Abbildung C. 31). Jede Führungsmaßnahme ist der Versuch einer Einflußnahme auf eben diese **Selbststeuerungsgrößen** (Erwartungen, Motive, Anreizbewertungen, Anstrengung, implizite persönliche Theorien usw., *vgl. 4.1*). Dazu setzt man Steuerungsgrößen der formalen Steuerungsebene ein, sprich Anweisungen, Kennzahlen, Budgets, Stellenbeschreibungen, Führungsgrundsätze, Entlohnungsformen. Die kulturelle Steuerungsebene umfaßt die kollektiven, internalisierten "Handlungsprogramme" (vgl. Abbildung C. 30) und läßt sich am besten zwischen Selbststeuerung und formaler Steuerung lokalisieren. Kultur fungiert gewissermaßen als Vehikel, mit dessen Hilfe formelle Steuerungsimpulse verläßlich in die Selbststeuerungsmechanismen transportiert werden. Dieser erfolgsverstärkende Vermittlungsprozeß gelingt allerdings nur dann, wenn zwischen Kultur einerseits und Struktur, Strategie, Systeme usw. andererseits eine Konformität bzw. Stimmigkeit gegeben ist (*vgl. 6.4* und Abbildung C. 31).

Die in der Führungsforschung aktuell diskutierten Fragen vom Typus "Kultur statt Struktur?" sind offensichtlich dann falsch gestellt, wenn sie auf Steuerungsinhalte und nicht auf Steuerungsebenen gemünzt sind. Mit Hilfe des Positionierungsmodells in Abbildung C. 31 lassen sich auch weitere, relevante Positionierungsprobleme analysieren. Beispielhaft sei hier die Stimmigkeit zwischen Unternehmungskultur und umgebender Branchen- bzw. Gesellschaftskultur genannt, die im Zusammenhang mit der Transferierbarkeit japanischer Führungsmethoden in westliche Führungssysteme eine große Bedeutung besitzt.

6.4 Gestaltung der Unternehmungskultur

Die Gestaltung der Unternehmungskultur gehorcht nicht den konventionellen Regeln des Managements. Sprachlich wird diese Besonderheit durch den Gegensatz zwischen "**Konstruieren** von gemachten Führungssystemen" versus "**Kultivieren** von gewachsenen Führungssystemen" zum Ausdruck gebracht. Verantwortlich dafür ist ein Dilemma, welches in Abbildung C. 30 durch die Richtung des Ziel-Mittel-Zusammenhangs bzw. des Ursache-Wirkung-Zusammenhangs zwischen den drei Kulturebenen angedeutet wird. Nach den Regeln der Kunst sollten sich kausale und finale Zusammenhänge entsprechen. Management identifiziert demzufolge Ursachen und nutzt diese dann als Mittel der Veränderung für eine verbesserte Zielerreichung. Im Falle der Kultur würde dies erfordern, daß man auf den kollektiven Fundus an Basiswerten und Basiswissen Einfluß nimmt. Genau dies ist jedoch nicht möglich. Die Werkzeuge der Kulturpolitik konzentrieren sich auf die Wirkungs- bzw. Symptomebene (Symbole und Verhaltensstandards). Lediglich über Ausstrahlungseffekte kann es zu einer Beeinflußung der Ursachenebene (Basiswerte und Basiswissen) kommen.

Die Unternehmungsführung gestaltet eine Firmenkultur durch Corporate Identity-Programme, Logo, Leitbilder, Visionen und Missionen usw. Innerhalb dieses Rahmens leistet die Führung ihren Beitrag zur Kulturarbeit, z.B. zur Entwicklung von unternehmerischen Verhaltensweisen. Eine Möglichkeit für punktuell konzentrierte Kulturarbeit bietet die Gründungsphase einer Unternehmung bzw. eines Unternehmungsteils, beispielsweise eines neuen Produktionsstandorts oder einer Auslandsniederlassung. Ein weiterer relevanter Angriffspunkt für die Sozialisation oder auch Akkulturation auf die Firmenkultur ist die Phase der **Einführung von neuen Mitarbeitern**. Oft werden dort Paten bzw. Mentoren als Kulturvermittler eingesetzt. Sie machen die neuen Mitarbeiter mit den Führungsgrundsätzen, formellen und informellen Arbeitsweisen, mit der Unternehmensgeschichte usw. vertraut. Dazu gehören auch Bemühungen um einen Einstellungswandel, nicht zuletzt bei Hochschulabgängern. Zu diesem Zweck werden bestimmte Haltungen beim Mitarbeiter erschüttert ("unfreezing", vgl. auch SCHANZ 1993, S. 329 ff.).

Ziel jeder Kulturgestaltung ist eine "optimale Kultur", wobei Optimalität an der Erfüllung der Kulturfunktionen gemessen wird (vgl. 6.2). Optimalität betrifft zwei Gütemerkmale der Kultur: den passenden Kulturtyp und die richtige Kulturstärke (vgl. STEINMANN/SCHREYÖGG 1992, S. 592 ff.).

Die Erfassung der **Stärke einer Unternehmungskultur** orientiert sich an mehreren Kriterien, von denen vier in Abbildung C. 31 erfaßt sind. Kulturstärke läßt sich zum einen durch die **Breite** beschreiben. Mit diesem Grad der Flächendeckung soll erfaßt werden, für wieviele Sektoren der Unternehmungsführung Kulturbausteine (Symbole, Maximen, Annahmen, Mythen usw.) existieren.

Zweitens eignet sich der **Verbreitungsgrad** als Maßgröße für Kulturstärke. Er erfaßt, wieviele Mitarbeiter die Unternehmungskultur verinnerlicht haben. Ein geringer Verbreitungsgrad signalisiert nicht zuletzt die Existenz von ausgeprägten Subkulturen. Der **Verankerungsgrad** wird an der Schnittstelle zwischen Kultur und Selbststeuerung gemessen. Er bringt die Intensität der Verinnerlichung zum Ausdruck. **Stimmigkeit** betrifft die Vereinbarkeit von Kultur mit den formellen Bestandteilen des Führungssystems (Controlling, Organisationsgestaltung usw.). Dadurch soll das Aufkommen einer doppelten Führungsmoral verhindert werden. Eine Konformitätslücke liegt etwa vor, wenn ein Unternehmen den Slogan "Mitarbeiter sind unsere Stärke!" propagiert, die Kosten der Personalentwicklung aber als Sozialleistungen kontiert.

Die Kulturstärke darf nicht so ausgeprägt sein, daß sie Änderungen im Kulturtyp behindert. Dadurch würde beispielsweise die Umstellung auf Service-Kultur in Industrieunternehmungen letztlich unterbunden. Eine historisch gewachsene, aber obsolet gewordene Behördenkultur in öffentlichen Unternehmen würde zementiert, obwohl eine Ablösung durch eine Unternehmerkultur angezeigt ist. Mit Blick auf die Notwendigkeiten eines Kulturwandels sollte im Kulturmanagement also keinesfalls der maximale Verbreitungs- bzw. Verankerungsgrad angestrebt werden.

Literaturverzeichnis

a) Einführende Literatur:

BERTHEL, J.: Personalmanagement. Grundzüge für Konzeptionen betrieblicher Personalarbeit, 3. Aufl., Stuttgart 1992

BÜHNER, R.: Betriebswirtschaftliche Organisationslehre, 6. Aufl., München/Wien 1992

DRUMM, H.J.: Personalwirtschaftslehre, 2. Aufl., Berlin u.a. 1992

FRESE, E.: Grundlagen der Organisation: Die Organisationsstruktur der Unternehmung, 4. Aufl., Wiesbaden 1991

HENTZE, J.: Personalwirtschaftslehre, Band 1, 5. Aufl., Bern u.a. 1991a

HENTZE, J.: Personalwirtschaftslehre, Band 2, 5. Aufl., Bern u.a. 1991b

HILL, W.; FEHLBAUM, R.; ULRICH, P.: Organisationslehre (Bd. 1): Ziele, Instrumente und Bedingungen der Organisation sozialer Systeme, 4. Aufl., Bern/Stuttgart 1989

HILL, W.; FEHLBAUM, R.; ULRICH, P.: Organisationslehre (Bd. 2): Theoretische Ansätze und praktische Methoden der Organisation, 4. Aufl., Bern/Stuttgart 1992

KIESER, A.; KUBICEK, H.: Organisation, 3. Aufl, Berlin/New York 1992

KRÜGER, W.: Grundlagen der Organisationsplanung, Gießen 1983

MAG, W.: Einführung in die betriebliche Personalplanung, Darmstadt 1986

MARR, R.; STITZEL, M.: Personalwirtschaft: Ein konfliktorientierter Ansatz, München 1979

OECHSLER, W.: Personal und Arbeit: Einführung in die Personalwirtschaft, 4. Aufl., München/Wien 1992

REMER, A.: Organisationslehre, Berlin/New York 1989

SCHANZ, G.: Personalwirtschaftslehre, 2. Aufl., München 1993

SCHOLZ, C.: Personalmanagement, 2. Aufl., München 1991

STAEHLE, W.H.: Management, 6. Aufl., München 1991

b) Weiterführende Literatur:

ACKERMANN, K.-F.; REBER, G.V.: Personalwirtschaft, Stuttgart 1981

BEER, M. u.a.: Human Resource Management, New York/London 1985

BEYER, H.-T.: Personallexikon, 2. Aufl., München/Wien 1991

BLEICHER, K.: Organisation: Strategien - Strukturen - Kultur, 2. Aufl., Wiesbaden 1991

BLEICHER, K.: Unternehmungsentwicklung und organisatorische Gestaltung, Stuttgart/New York 1979

BLEIS, T.: Personalmarketing: Darstellung und Bewertung eines kontroversen Konzeptes, München/Mering 1992

BREISIG, T.: It´s Team Time, Köln 1990

BÜHNER, R.: Strategie und Organisation. Analyse und Planung der Unternehmensdiversifikation mit Fallbeispielen, Wiesbaden 1985

BÜHNER, R.: Strategie und Organisation. Neuere Entwicklungen, in: ZfO, 58. Jg. (1989), S. 223-232

CONRADI, W.: Personalentwicklung, Stuttgart 1983

CORSTEN, H.: Überlegungen zu einem Innovationsmanagement - organisationale und personale Aspekte, in: Die Gestaltung von Innovationsprozessen, hrsg. v. H. Corsten, Berlin 1989, S. 1-56

CURTH, M.; LANG, B.: Management der Personalbeurteilung, 2. Aufl., München/Wien 1991

ECKARDSTEIN, D. VON; SCHNELLINGER, F.: Betriebliche Personalpolitik, 3. Aufl., München 1978

EIFF, W. VON (Hrsg.): Organisation - Erfolgsfaktor der Unternehmensführung, Landsberg a.L. 1991

FAMULARO, J. (ed.): Handbook of Human Resource Administration, 2. Aufl., New York u.a. 1985

FOMBRUN, C.; TICHY, N.; DEVANNA, M. (ed.): Strategic Human Resource Management, New York 1984

FRESE, E. (Hrsg.): HWO, 3. Aufl., Wiesbaden 1992a

FRESE, E.: Organisationstheorie, 2. Aufl., Wiesbaden 1992b

GAITANIDES, M.: Prozeßorganisation, München 1983

GAITANIDES, M.; WICHER, H.: Strategien und Strukturen innovationsfähiger Organisationen, in: ZfB, 56. Jg. (1986), S. 385-403

GAUGLER, E.; WEBER, W. (Hrsg.): HWP, 2. Aufl., Stuttgart 1992

GAUGLER, E.: Interdependenzen zwischen Personalpolitik und Unternehmensorganisation, in: ZfbF, 34. Jg. (1982), S.113-127

GLASL, F.: Konfliktmanagement: Ein Handbuch für Führungskräfte und Berater, 3. Aufl., Bern/Stuttgart 1992

GROCHLA, E.: Grundlagen der organisatorischen Gestaltung, Stuttgart 1982

GRÜNEFELD, H.-G.: Personalinformationssystem: Entwicklung, Anwendung, Nutzen, Wiesbaden 1991

HAUSCHILDT, J.; CHAKRABARTI, A.K.: Arbeitsteilung im Innovationsmanagement, in: ZfO, 57. Jg. (1988), S. 378-388

HEIDACK, C.; BRINKMANN, E.P.: Unternehmenssicherung durch Ideenmanagement, 2. Aufl., Freiburg i.Br. 1987

HEINEN, E.: Unternehmenskultur - Perspektiven für Wissenschaft und Praxis, Wiesbaden 1987

HUB, H.; FISCHER, W.: Techniken der Aufbauorganisation, Stuttgart 1977

KIESER, A.; REBER, G.; WUNDERER, R. (Hrsg.): HWFü, Stuttgart 1987

KIESER, A. (Hrsg.): Organisationstheorien, Stuttgart u.a. 1993

KIRSCH, W.; ESSER, W.-M.; GABELE, E.: Das Management des geplanten Wandels von Organisationen, Stuttgart 1979

KRÜGER, W.: Organisation der Unternehmung, Stuttgart 1984

KUBICEK, H.; WELTER, G.: Messung der Organisationsstruktur, Stuttgart 1985

KÜPPER, H.-U.: Ablauforganisation, Stuttgart 1982

LATTMANN, C.: Die Personalabteilung, in: DU, 39. Jg. (1985), S.192-211

LAUX, H.; LIERMANN, F.: Grundlagen der Organisation, 3. Aufl., Berlin u.a. 1993

LOOS, W.: Coaching für Manager, Problembewältigung unter 4 Augen, Landsberg a.L. 1991

LORSCH, J.W. (ed.): Handbook of Organizational Behavior, Englewood Cliffs 1987

MADAUSS, B.J.: Handbuch Projektmanagement, 5. Aufl., Stuttgart 1993

MENTZEL, W.: Unternehmenssicherung durch Personalentwicklung: Mitarbeiter motivieren, fördern und weiterbilden, 4. Aufl., Freiburg i.Br. 1989

MINTZBERG, H.: Die Mintzberg-Struktur, Landsberg a.L. 1991

NEUBERGER, O.; KOMPA, A.W.: Wir die Firma. Der Kult um die Unternehmenskultur, München 1987

POTTHOFF, E.; TRESCHER, K.: Controlling in der Personalwirtschaft, Berlin/New York 1986

PROBST, G.J.B.: Organisation: Strukturen, Lenkungsinstrumente, Entwicklungsperspektiven, Landsberg a.L. 1992

REISS, M.: Humanisierung in der Führungsforschung: Personalisierung, Autonomisierung, Subjektivierung und Individualisierung, in: ZfO, 50. Jg. (1981), S. 276-287

REISS, M.: Personalarbeit statt Organisationsarbeit? Selbstorganisation als Herausforderung für Personalmanagement und Organisationsgestaltung, in: Moderne Industriegesellschaft, hrsg. v. M. v. Hauff, Ludwigsburg/Berlin 1991, S. 223-241

REISS, M.: Human-Ressourcen-Management, in: Lexikon der Betriebswirtschaftslehre, hrsg. v. H. Corsten, 2. Auflage, München/Wien 1993, S. 317-322

RKW-Handbuch Führung + Organisation, hrsg. v. E. Potthoff, Berlin 1978

RKW (Hrsg.): RKW-Handbuch Praxis der Personalplanung, 2. Aufl., Neuwied u.a. 1990

RÖTHIG, P.: Organisation und Personal, in: ZfO, 54. Jg. (1985), S.153-159

SCHANZ, G. (Hrsg.): Handbuch Anreizsysteme, Stuttgart 1991

SCHANZ, G.: Organisationsgestaltung: Struktur und Verhalten, München 1982

SCHERTLER, W.: Unternehmungsorganisation, 5. Aufl., München/Wien 1993

SCHMIDT, G.: Methode und Techniken der Organisation, 9. Aufl., Gießen 1991

SCHMIDT, H.; HAGENBRUCK, H.; SÄMANN, W. (Hrsg.): Handbuch der Personalplanung, Frankfurt/New York 1975

SCOTT, W.R.: Grundlagen der Organisationstheorie, Frankfurt/New York 1986

SEIDEL, E.; REDEL, W.: Führungsorganisation, München 1987

SEIDEL, E.: Grundbegriffe der betrieblichen Organisationslehre, in: WISU, 15. Jg. (1986), S. 225-231

STEINLE, C.: Führung, Stuttgart 1978

STEINLE, C.: Organisation und Wandel, Berlin/New York 1985

STEINMANN, H.; SCHREYÖGG, G.: Management: Grundlagen der Unternehmensführung, 3. Aufl., Wiesbaden 1992

STOGDILL, R.M.: Handbook of Leadership: A survey of theory and research, 3. Aufl., New York/London 1990

STRUTZ, H. (Hrsg.): Strategien des Personalmarketing, Wiesbaden 1992

THOM, N.: Personalentwicklung als Instrument der Unternehmensführung, Stuttgart 1987

WAGNER, D.: Organisation, Führung und Personalmanagement, 2. Aufl., Freiburg i.Br. 1991

WAGNER, D.; ZANDER, E.; HAUKE, C. (Hrsg.): Handbuch der Personalleitung, München 1992

WEBER, W.; MAYRHOFER, W.; NIENHÜSER, W.: Grundbegriffe der Personalwirtschaft, Stuttgart 1993

WEICK, K.E.: Der Prozeß des Organisierens, Frankfurt a.M. 1985

WEINERT, A.B.: Lehrbuch der Organisationspsychologie, 2. Aufl., München/ Weinheim 1987

WELGE, M.: Unternehmensführung (Bd.2): Organisation, Stuttgart 1987

WERKMANN, G.: Strategie und Organisationsgestaltung, Frankfurt a.M. 1989

WIMMER, P.: Personalplanung: problemorientierter Überblick - theoretische Vertiefung, Stuttgart 1985

WITTLAGE, H.: Methoden und Techniken praktischer Organisationsarbeit, 2. Aufl., Herne/Berlin 1986

WUNDERER, R.; GRUNWALD, W.: Führungslehre (Bd. 1): Grundlagen der Führung, Berlin 1980a

WUNDERER, R.; GRUNWALD, W.: Führungslehre (Bd. 2): Kooperative Führung, Berlin 1980b

D. Internes Rechnungswesen

Ernst Troßmann

1. Notwendigkeit eines internen Rechnungswesens

Wirtschaftliches Handeln in seinem Ergebnis nachzuvollziehen, es mitzuverfolgen und es auch mit Zahlen vorzubereiten, ist die Absicht aller betrieblicher Rechnungen. Ansätze dazu reichen weit in die Geschichte zurück, wenn sich auch die Art und Weise solcher betriebswirtschaftlicher Rechnungen gewandelt hat. Schon frühzeitig wurde die Bedeutung des Rechenwerks eines Betriebes für eine eher pauschale Beurteilung erkannt. So will man mit bestimmten Zahlen seine Größe abschätzen, die Kreditwürdigkeit, die Verläßlichkeit als Lieferant oder Kunde bewerten, die allgemeine Situation erfassen oder auch die Höhe zu zahlender Steuern oder ausschüttbarer Gewinne festsetzen. Das Gemeinsame solcher Rechnungen ist, daß sich die darin vermittelten Informationen an Betriebsexterne richten und mit ihnen eine bestimmte Wirkung erzielt werden soll. Der Informationsadressat will sich mit Hilfe des Rechensystems einen Einblick in die betriebliche Lage verschaffen, ohne selbst alle Details zu kennen und untersuchen zu wollen. Dies ist dem Rechnungsersteller bekannt. So liegt es nahe, daß er versuchen mag, die Informationsvermittlung so zu betreiben, daß die damit erzielte Wirkung am ehesten in der gewünschten Richtung ausfällt. Daher sind für alle solche Rechnungen genaue Regeln erforderlich, in denen Form, Methode und Inhalt der Rechnung festgelegt sind. Durch die beschriebenen Merkmale läßt sich das **externe Rechnungswesen** kennzeichnen.

Aus den nach außen gerichteten Zwecken des externen Rechnungswesens ergibt sich, daß die hier aufgestellten Zahlenwerke bisweilen einen einseitigen Charakter annehmen. Ihr Inhalt muß deshalb nicht falsch sein, aber er orientiert sich vielfach stark an der durch ihn hervorgerufenen Wirkung. So werden manche Sachverhalte möglicherweise sehr ausführlich, andere knapp oder gar nicht erwähnt. Soweit Spielräume, etwa in der Bewertung von Gütern bestehen, nutzt man sie in nur eine der beiden möglichen Richtungen. Kurzum, auch wenn alle für die externe Rechnung bestehenden Regeln eingehalten werden, wird das dargestellte Ergebnis nicht den Informationsstand vermitteln, den der Ersteller der Rechnung über die zu berichtenden Größen tatsächlich hat. In manchen Fällen zwingen ihn die Vorschriften sogar dazu, wider besseres Wissen und bessere Absicht eine Rechnung unvollständig oder unzutreffend aufzumachen. Zahlreiche Beispiele bieten hier die Vorschriften über Bilanzierungsge- und -verbote sowie über die Bewertung in der Bilanz *(vgl. hierzu KUSSMAUL E.)*.

Alle diese Überlegungen machen deutlich, daß für die eigene Information über die betriebliche Lage, insbesondere für die Fundierung von eigenen Entscheidungen, andere Rechnungen erforderlich sind. Man faßt sie unter der Sammelbezeichnung "**internes Rechnungswesen**" zusammen.

Merkmal ist, daß die hier aufgestellten Rechnungen nur für betriebsinterne Adressaten bestimmt sind, und auch hier vielfach nur für einen kleineren Kreis von Entscheidungsträgern.

Deshalb kommt es nicht darauf an, dem Adressaten einen für den Betrieb günstigen Eindruck zu vermitteln, um ihn dadurch zu erwünschten Handlungen zu bewegen. Vielmehr ist es der generelle Zweck jeder internen Rechnung, möglichst "richtige" Zahlen bereitzustellen. Sie sollen ohne Verzerrungen, Verfremdungen oder gar Manipulationen informieren. Freilich sind auch solche Informationen zielbezogen. Sie sollen aber nicht den Zielen des Informationslieferanten entsprechen, sondern dem Informationsempfänger erlauben, zutreffende Beurteilungen hinsichtlich seiner **eigenen** Ziele vorzunehmen. Im Falle entscheidungsorientierter Informationen etwa ist jede Alternative so zu bewerten, daß eine für den Entscheidungsträger optimale Entscheidung möglich wird.

Die Notwendigkeit des internen Rechnungswesens liegt also auf der Hand. Aus ihrem Zweck heraus ist auch klar, daß sie im Gegensatz zum externen Rechnungswesen keinesfalls gesetzlich geregelt oder gar vorgeschrieben sein muß. Vielmehr liegt es am Geschick jedes einzelnen Betriebs, sich ein brauchbares internes Rechnungswesen selbst einzurichten. Der Nutzen davon liegt ebenfalls bei ihm.

Auch das interne Rechnungswesen hat eine lange Tradition. Da aber nicht nur ihr Inhalt (was sinnvoll ist), sondern auch ihre Methodik lange Zeit als "geheime Kunst" betrachtet worden ist, sind typische Konzepte des internen Rechnungswesens nicht so lange bekannt wie etwa die Methode der doppelten Buchführung, die Basis des externen Rechnungswesens.

2. Kennzeichnung des internen Rechnungswesens

2.1 Das interne Rechnungswesen als Teil des betrieblichen Rechnungswesens

Die bisher besprochene Einteilung in internes und externes Rechnungswesen orientiert sich am **Informationsempfänger**. Zu einer generellen Einteilung des Rechnungswesens eignet sich daneben die **Häufigkeit** der Informationserstellung. Einmal kann die Information in periodischer Wiederholung laufend bereitgestellt werden. Zum anderen kann es sich um situationsbezogene, fallweise Rechnungen handeln. Eine ähnliche Unterteilung geht bereits auf SCHMALENBACH (1963, S. 280) zurück, der ursprünglich zwischen Grundrechnungen und Sonderrechnungen unterschieden hat. Die Sonderrechnungen entsprechen den situationsbezogenen Rechnungen im hier vertretenen Sinn. Bei einer Grundrechnung handelt es sich dagegen um eine laufende Erfassung und erste Aufbereitung von Zahlen eines bestimmten Bereichs, die als Basis für verschiedene Auswertungsrechnungen dienen kann. Eine Grundrechnung braucht also noch keine empfängerbezogen aufbereitete Information zu liefern. Sie stellt lediglich das Datengerüst dafür bereit. Nur in manchen Fällen ist eine standardmäßig durchgeführte periodische Rechnung auch eine Grundrechnung im Sinne Schmalenbachs. Teilweise gehen periodisch durchgeführte Rechnungen weit über das Prinzip einer Grundrechnung hinaus, z.B. indem sie Zahlen liefern, die speziell auf die Bedürfnisse einer bestimmten betrieblichen Instanz ausgerichtet und nur von dieser adäquat verwendbar sind. Aus der Sicht des Informationsverwenders ist wichtig, ob ihm bestimmte Zahlen ohnehin regelmäßig zugeführt werden, oder ob er sie in besonderen Rechnungen eigens erzeugen muß. Für eine Systematik des Rechnungswesens eignet sich daher vor allem auch die Unterscheidung in **periodische** und **fallweise** Rechnungen.

Eine Grobeinteilung des gesamten betrieblichen Rechnungswesens nach dem Kriterium der Erstellungshäufigkeit sowie ergänzend nach dem Informationsadressaten findet sich in Abbildung D. 1.

Die periodischen Rechnungen kann man insgesamt in die drei großen Gebiete der Bilanzrechnung, Finanzrechnung sowie Kosten- und Leistungsrechnung einteilen. Das typische Gebiet des externen Rechnungswesens ist die **Bilanzrechnung** *(vgl. KUSSMAUL E. 2.1.1)*.

Rechnungswesen				
Periodische Informationsbereitstellung durch das Rechnungswesen				
Bilanzrechnung	zusätzliche externe Rechnungen	Finanzrechnung	Kosten- und Leistungs-rechnung	zusätzliche interne Rechnungen
Aperiodische Informationsbereitstellung durch Sonderrechnungen				
Sonderbilanzen	Investitions- und Finanzierungs-rechnungen	Sonderrechnungen mit Kosten- und Leistungsgrößen	Analyse-rechnungen	Planungs-rechnungen

Abbildung D. 1: Systematik des Rechnungswesens

Hinzu kommen aber eine Reihe externer Rechnungen, die betriebs-, branchen- oder gebietsspezifisch sind. Kerngebiet des internen Rechnungswesens ist die **Kosten- und Leistungsrechnung**. In Deutschland zählt sie zu den ältesten und am weitesten entwickelten Gegenständen der Betriebswirtschaftslehre. Von einer anfänglich bloßen Technik des Rechnens ist sie inzwischen zu einem umfassenden, institutionalisierten Informationsinstrument der Unternehmungsführung geworden (vgl. SCHWEITZER/KÜPPER 1991, S. 25). Auch hier treten zur Grundform der Kosten- und Leistungsrechnung zusätzliche interne Rechnungen hinzu, die auf die Besonderheiten des betrieblichen Anwendungsfalls ausgerichtet sind.

Das dritte Gebiet des Rechnungswesens, die **Finanzrechnung,** kann teilweise dem externen, teilweise aber auch dem internen Rechnungswesen zugeordnet werden. Während die Kosten- und Leistungsrechnung vorwiegend mit internen Verrechnungsgrößen arbeitet, werden in der Finanzrechnung die konkreten Ein- und Auszahlungen des Betriebes untersucht. Hinzu kommen die eingegangenen Zahlungsverpflichtungen sowie Eventualverbindlichkeiten, wie sie durch Wechselgeschäfte, Bürgschaften oder sonstige Marktbeziehungen aus dem Umsatzprozeß entstehen können. Der Verwendungszweck einer Finanzrechnung kann in der Unternehmung oder außerhalb liegen. Daher kommt ihr insofern eine Zwischenrolle zu. Ein spezieller (externer) Finanzplan ist etwa hauptsächlich für einen potentiellen Kapitalgeber bestimmt und dient ausschließlich dazu, günstige Voraussetzungen für dessen Kreditgewährung zu schaffen. Auch liegt eine enge Verknüpfung von Finanzierungsrechnungen mit dem Gebiet der Bilanzrechnung vor. Ein typisches

Beispiel hierfür ist die im Rahmen der langfristigen Kapitalbindungsplanung verwendete Kapitalflußbilanz, die aus Bewegungsbilanzen abgeleitet werden kann. In großen Teilen kann man die Finanzrechnung aber auch zum internen Rechnungswesen zählen, jedenfalls, soweit es um die Planung und Steuerung der Zahlungsmittelflüsse in der Unternehmung geht. Dieses Gebiet wird im vorliegenden Sammelwerk im Beitrag Investition und Finanzierung *(vgl. GROB I.)* behandelt.

Die periodischen Standarderfassungen und -auswertungen des internen Rechnungswesens, insbesondere der Kosten- und Leistungsrechnung, sind in vielen Betrieben in vergleichbarer Form institutionalisiert. Betriebsspezifisch sind neben den einzelfallbezogenen Auswertungsrechnungen auch zahlreiche weitere interne Rechnungen, die periodisch ausgeführt werden. Sie liefern zusätzliche Statistiken, Kennzahlen oder sonstige Zahleninformationen verschiedenster Art. Je nach Verwendungszweck kann es sich im einzelnen handeln um:

- funktionsbezogene Informationen
  - zur Beschaffung: Mengen und Werte einzelner Einsatzgüter oder Beschaffungshäufigkeiten;
  - zur Lagerung: Lagerbestände, Lagerumsatz, Lieferbereitschaftsgrad;
  - zum Transport: Transportdauer, Transportverluste einzelner Wege oder Transportmittel;
  - zur Fertigung und ihren einzelnen Stellen: Rüstzeiten, Wartezeiten, Ausfallhäufigkeit;
  - zum Absatz: Auftragseingang bzw. Kundenanfragen, andere Geschäftsanbahnungen, Auftragserledigung, kunden- oder regionenbezogene Zahlen;
- einsatzgüterbezogene Informationen
  - zum Personal: Präsenzgrad, Krankenstand, Fluktuation, Leistungsgrade;
  - zum Material: Verbrauchsmengen, Materialnutzungsgrade, Produktionskoeffizienten, Lagerzeiten;
  - zu den Anlagen: Alter, Reparaturkosten, Ausfallraten, Einsatzzeiten;
- produktbezogene Informationen
  - zu einzelnen Produkten: Absatzmengen, Marktdurchdringungsgrad, Marktanteil;
  - zu Produktgruppen: Baureihenalter, regionale Nachfrageverteilung, Nachfrageelastizitäten.

Für jeden Betrieb sind die angeführten Gebiete von unterschiedlicher Bedeutung. In Industriebetrieben liegen Schwerpunkte der angesprochenen Informationserstellung in den fertigungsbezogenen Zahlen. Je nach Abhängigkeit vom Beschaffungs- oder Absatzmarkt wird man den darauf bezogenen Informationen besonderes Gewicht beimessen. Schließlich spielen auch der Fertigungstyp *(vgl. REESE G. 2.4; 3.3)* und die daraus folgende Planungssystematik des Betriebes *(vgl. OSSADNIK B. 3.)* eine Rolle für die Frage, welchen Informationen vorrangige Bedeutung zukommt. Letztlich kann die gesamte innerbetriebliche Informationsaufbereitung, soweit sie durch Zahlen fundiert wird, als Anwendungsbereich des internen Rechnungswesens angesehen werden. Im hier betrachteten Zusammenhang soll jedoch der Schwerpunkt auf das zentrale Gebiet der Kosten- und Leistungsrechnung gelegt werden, während die weiteren Teilgebiete des internen Rechnungswesens im Zusammenhang mit dem jeweiligen Anwendungsfall in den anderen Kapiteln dieses Buches angesprochen werden.

2.2 Gestaltungsprinzip interner Rechnungen

Interne Rechnungen sind frei von gesetzlichen Vorschriften. Sie können daher ausschließlich nach Zweckmäßigkeitsüberlegungen gestaltet werden. Maßgebend für Inhalt und Aufbau einer internen Rechnung ist damit der Zweck, für den sie aufgestellt wird.

Nun ergibt ergibt sich eine gewisse Schwierigkeit dadurch, daß man Zwecke verschiedener Tiefe angeben kann. Eher vordergründig wäre der Zweck einer Berechnung damit angegeben, über einen bestimmten Sachverhalt exaktes quantitatives Wissen zu benötigen. Vordergründig ist dies deshalb, weil damit noch völlig offen ist, wie diese Zahl weiterverarbeitet wird, welcher Ursache der Wunsch nach exaktem Wissen entspringt, welcher "tiefere" Zweck also dahinter steht.

Gliedert man danach, was mit der bereitgestellten Information geschieht, kann man allgemein folgende vier Kategorien von **Rechnungszwecken** unterscheiden:

- Dokumentation,
- Prognose,
- Steuerung,
- Kontrolle.

Jede Kategorie kann man nach ihren Inhalten tiefer aufgliedern. Dann präzisiert man, **was** im einzelnen dokumentiert, prognostiziert, vorgegeben bzw. kontrolliert werden soll. Hieraus ergeben sich die Aufgaben der Informationserfassung und -aufbereitung etwa der Kosten- und Leistungsrechnung im einzelnen (*vgl. 3.1*).

Für die Frage der Gestaltung einer internen Rechnung ist im Gegensatz zu dieser Verfeinerung ein weiteres Zurückschreiten in der Begründungskette wesentlich. Eine Reihe von Fragen, die im Zusammenhang mit der konkreten Ausprägung einer internen Rechnung auftreten, lassen sich nämlich nur dann eindeutig beantworten, wenn außer der Weiterverwendungsart auch der dahinter stehende, eigentliche Verwendungszweck der bereitzustellenden Zahlen im einzelnen geklärt ist. Es muß also ergründet werden, **wozu** man die o.g. Aufgaben der Dokumentation, der Prognose, der Vorgabe bzw. der Kontrolle jeweils erfüllen will. Viele Antwortmöglichkeiten gibt es dazu nicht. Die wichtigste Ursache ist das Bedürfnis nach Fundierung einer **Entscheidung**. Man braucht etwa eine Kostenprognose für eine Maßnahme, weil diese Maßnahme zu einer Alternative gehört, über die zu entscheiden ist. Man braucht eine Vorgabezahl, um eine organisatorische Einheit zielentsprechend steuern zu können. Von mehreren möglichen Vorgabewerten soll also derjenige gewählt werden, bei dessen Verwendung die beste Zielerreichung gewährleistet erscheint. Diese typischen Beispiele deuten an, daß es sinnvoll ist, den Rechenzweck so lange zurückzuverfolgen, bis ein eindeutiges Kriterium für die Berechnungsart gefunden ist. Obwohl eine entscheidungsorientierte Rechnung häufig als schwierig angesehen wird, ist sie doch der einfachste Fall, was die Begründungsbasis betrifft. Immer dann, wenn eine Rechnung letztlich zu Entscheidungszwecken aufgemacht wird, hat man ein Kriterium für die "Richtigkeit" der Zahlen. Diejenige Zahl nämlich ist richtig, die angibt, in welchem Ausmaß die betrachtete Maßnahme das in der Entscheidungssituation verfolgte Ziel positiv oder negativ beeinflußt. In der Durchführung kann es allerdings noch zahlreiche Einzelfragen der Ausfüllung dieses Anspruchs geben, jedenfalls aber ist das Prinzip der Rechnung geklärt.

Als problematisch erweisen sich häufig Rechenzwecke der **Dokumentation** und der **Kontrolle**. Läßt sich auch hier ein Entscheidungszweck herausfinden, kann die Rechnung auf eine saubere Grundlage gestellt werden. Dies trifft etwa dort zu, wo eine Kontrollrechnung als Gegenstück zu einer bestimmten vorherigen Planungsrechnung beabsichtigt ist. Dann rechnet man in der Kontrolle nach denselben Prinzipien wie in der ursprünglichen Rechnung. Läßt sich dagegen der Hintergrund einer gewünschten Rechnung nicht genauer eingrenzen, wird es auch mit deren Ausgestaltung schwierig. Beispielsweise wirft eine dokumentierende interne Ergebnisrechnung für das vergangene Jahr zahlreiche Fragen auf. Wie sind Lagerentnahmen, Endbestände, Arbeitsstunden, Verbräuche selbst produzierter Einsatzgüter u.a. zu bewerten? Hierzu bedarf es einer Reihe von Regeln. Deren Zweckmäßigkeit könnte freilich wieder nur an einem übergeordneten Rechenzweck beurteilt werden. Die stringenteste Rückführung auf Grundannahmen entsteht bei der axiomatisierten Vorgehensweise (vgl. SCHWEITZER 1993). Axiome sind vergleichsweise einfache Grundaussagen, deren Vorliegen bzw. deren Akzeptanz leicht überprüft werden kann. Treffen sie für einen Betrachtungsgegenstand zu, muß man auch die Folgerungen akzeptieren, die sich aus ihnen ergeben. Gelingt es, die Ausgestaltungsform einer Rechnung auf einige wenige Axiome zurückzuführen, kann man daher leicht deren Adäquanz für einen Anwendungsfall überprüfen.

Die diskutierte Problematik verdeutlicht einerseits, warum entscheidungsorientierte Rechnungen im Kern die prinzipiell einfacheren sind, und andererseits, warum auch im internen Rechnungswesen eine Reihe von Abbildungsregeln aufgestellt werden muß, wenn nicht eindeutig entscheidungsorientierte Rechnungen konstruiert werden sollen, die nicht eindeutig spezifiziert sind.

2.3 Grundbegriffe der verschiedenen Teilgebiete des Rechnungswesens

Die unterschiedlichen Ausrichtungen der einzelnen Teilgebiete des Rechnungswesens haben zur Folge, daß zweckmäßig auch unterschiedliche Begriffe für die zentralen Rechengrößen verwendet werden.

> Die zentralen Begriffe der Finanzrechnung sind **Einnahmen** und **Ausgaben** sowie **Einzahlungen** und **Auszahlungen**, für die Erfolgsermittlung in externen Rechensystemen sind es **Ertrag** und **Aufwand**, in der Kosten- und Leistungsrechnung sind es die **Kosten** und **Leistungen**.

Ehe man sich mit Einzelheiten der verschiedenen Rechensysteme beschäftigt, ist ein Blick auf die Unterschiede in den Begriffssetzungen zweckmäßig.

Alle vier genannten Begriffspaare umfassen eine positive (Zugangs-) und eine negative (Abgangs-)Komponente. Hintergrund ist also jeweils die Vorstellung einer Bestandsgröße, die durch Zu- oder Abgang verändert wird. Betrachtet man etwa die liquiden Mittel, so wird deren Erhöhung als **Einzahlung**, deren Verringerung als **Auszahlung** definiert. Freilich kommt es darauf an, wie man liquide Mittel abgrenzt. Ursprünglich hat man darunter nur die Zahlungsmittel verstanden, die als Münzgeld und Banknoten der eigenen Währung körperlich vorhanden ("in der Kasse") waren. Heute rechnet man vielfach auch Sichtguthaben auf Bankkonten dazu, u.U. auch noch nicht gutgeschriebene Besitzschecks, bestimmte Verrechnungsguthaben innerhalb des eigenen Konzerns oder bei Marktpartnern usw. Die jeweiligen Negativgrößen verkleinern den Zahlungsmittelbestand entsprechend, also Schulden auf Kontokorrentkonten, noch nicht abgebuchte Beträge ausgegebener eigener Schecks, gegebenenfalls gewisse Verrechnungsschulden bei anderen. Das bedeutet insgesamt, daß jeder Betrieb zunächst festlegen muß, wie weit in seinem Fall der Begriff der liquiden Mittel gefaßt werden soll, ehe von Ein- und Auszahlungen gesprochen werden kann.

Weiter reicht in jedem Fall der Begriff der **Einnahmen** und **Ausgaben**. Ihren Hintergrund bildet die Bestandsgröße des Geldvermögens, dessen Veränderung mit den genannten Begriffen erfaßt werden soll. Zum Geldvermögen zählt neben den liquiden Mitteln auch die positive oder negative Differenz an Geldforderungen und Geldschulden. Auch hier bedarf die Grundgröße, das Geldvermögen, zunächst einer eindeutigen Definition. Allerdings treten weniger Abgrenzungsprobleme auf, da i.d.R. alle Forderungen und Verbindlichkeiten einbezogen werden, die auf Geld lauten, und zwar unabhängig von ihrer (Rest-)Laufzeit.

Da man gleichzeitig alle Größen mit ihrem Nominalwert (ohne Zinszu- oder -abschläge) addiert, ergibt sich bei größeren zeitlichen Unterschieden zusätzlich die Notwendigkeit, Zwischengrößen zu definieren. Dies erklärt u.a., warum im Bereich der internen Finanzplanung nicht einfach pauschal mit Einnahmen und Ausgaben gerechnet werden kann, sondern eine Differenzierung notwendig ist.

Die verbleibenden Größen Ertrag, Aufwand, Leistungen und Kosten gehen sämtlich implizit von der Vorstellung eines betrieblichen (Rein-)Vermögens aus, deren Veränderung sie messen. Sie sollen also den "Erfolg" einer Maßnahme in Zahlen fassen. Vorgänge, die sie berühren, werden deshalb auch als erfolgswirksam bezeichnet. Wichtig dabei ist zunächst, daß es einer Kenntnis der absoluten Höhe des Vermögens nicht bedarf; vielmehr genügt es meistens, seine Veränderung zu kennen. Das (Rein-)Vermögen kann in die beiden Teile Geldvermögen und Sachvermögen untergliedert werden. Daraus ergibt sich, daß eine Geldvermögensänderung (etwa eine Ausgabe) nicht gleichzeitig auch eine Reinvermögensänderung (etwa einen Aufwand) mit sich bringen muß. Vielmehr kann zwar das Geldvermögen kleiner, aber das Sachvermögen um den gleichen Betrag größer werden. So wäre beispielsweise der Kauf einer Maschine oder eines Materialvorrats einzustufen. Dies zeigt, welch unterschiedliche Aussagen man mit den Grundbegriffen des

Rechnungswesens anstrebt. Während die Ein- und Auszahlungen ebenso wie die Einnahmen und Ausgaben auf die Zahlungsfähigkeit und die Geldverfügbarkeit abstellen, geht es bei den anderen Begriffen um den Gesamteffekt einer Maßnahme auf das Vermögen. Ist er positiv, übersteigen also die Erträge einer Maßnahme deren Aufwand (bzw. die Leistungen einer Maßnahme deren Kosten), dann bringt diese Maßnahme einen Gewinn, andernfalls Verlust.

Aus den bisherigen Überlegungen wird deutlich, daß Gewinn und Verlust durchaus davon abhängig sind, mit welchem Wert das Geld- und vor allem das Sachvermögen sowie deren Änderung angesetzt wird. Dies erklärt die Existenz verschiedener Größen zur Messung erfolgswirksamer Vorgänge. So verwendet man die Begriffe Ertrag und Aufwand für die positiven bzw. negativen Wirkungen auf den Erfolg, wie er im externen Rechnungswesen gemessen wird. Ertrag und Aufwand (oder Aufwendungen) sind also die typischen Bezeichnungen in der handelsrechtlichen Rechnungslegung *(vgl. KUSSMAUL E. 3.5.1)*

Im internen Rechnungswesen kommen verschiedene Begriffe vor. Soweit es vorwiegend um finanzielle Größen geht (etwa in der internen Finanzplanung oder bei Investitionsrechnungen), verwendet man die entsprechenden Begriffe der Zahlungsmittel- bzw. Geldvermögensrechnung. Die Kosten- und Leistungsrechnung dagegen hat ihren Namen von den hier verwendeten Erfolgsgrößen. **Leistungen** und **Kosten** unterscheiden sich inhaltlich in verschiedenen Punkten von den externen Erfolgsgrößen Ertrag und Aufwand. Es handelt sich um Rechengrößen mit einem internen Analyse- oder Entscheidungszweck. Vor allem hier interessiert man sich nicht nur für die Gesamtänderung (also zusätzlichen Gewinn oder Verlust), sondern im einzelnen entscheidungsbezogen für ihre Entstehung.

Die Erfolgswirkungen sollen zunächst danach getrennt werden, ob sie auf gezielte Maßnahmen im Beschaffungs-, Fertigungs- und Absatzbereich zurückzuführen sind, also mit der Produktionsaufgabe des Betriebes zusammenhängen, oder aus anderen Gründen entstanden sind. Man engt also den Betrachtungsgegenstand der Kosten- und Leistungsrechnung auf diejenigen Maßnahmen ein, die mit den betrieblichen Sachaufgaben zu tun haben, die also **sachzielbezogen** sind (vgl. SCHWEITZER/KÜPPER 1991, S. 33 f.). Ferner ist es häufig sinnvoll - und in anderen Fällen unschädlich -, die Erfolgswirkung in eine Mengen- und eine Bewertungskomponente zu zerlegen. Damit lassen sich Leistungen und Kosten wie folgt definieren (vgl. SCHWEITZER/KÜPPER 1991, S. 28, 44):

Leistung umfaßt die bewertete sachzielbezogene Güterentstehung einer betrieblichen Maßnahme oder einer Periode.

Kosten umfassen den bewerteten sachzielbezogenen Güterverbrauch einer betrieblichen Maßnahme oder einer Periode.

Im Vergleich zu den Begriffen des Ertrags und des Aufwands ergeben sich also folgende Unterschiede: Wegen des Sachzielbezugs werden als Kosten möglicherweise andere Güterverbräuche oder Güterverbräuche in anderer Höhe betrachtet als für die Aufwandsberechnung. Wegen der anderen Aufgabenstellung des internen Rechnungswesens werden auch gleiche Güterverbrauchsmengen für die Kostenrechnung möglicherweise anders bewertet als für die Aufwandsrechnung. Entsprechendes gilt für Erträge und Leistungen. Somit entsteht schließlich auch ein unterschiedlicher Erfolg im externen und internen Rechnungswesen. Zur genauen Unterscheidung bezeichnet man den im internen Rechnungswesen ermittelten Erfolg auch als **Betriebsergebnis** (im Gegensatz zum handelsrechtlichen Gewinn oder Verlust). Es umfaßt den Periodenerfolg (Gewinn oder Verlust) aller Produkte eines Abrechnungszeitraums. Soweit keine Verwechslungen zu befürchten sind oder nur einzelne Produktarten oder -gruppen betrachtet werden, verwendet man allerdings auch den allgemeinen Ausdruck Gesamtgewinn oder Periodenerfolg.

2.4 Internes Rechnungswesen als zentraler Baustein des betrieblichen Controlling

Das interne Rechnungswesen wird in der Wirtschaftspraxis seit einigen Jahren dem **Controlling** zugerechnet, teilweise auch mit ihm gleichgesetzt. Deshalb lohnt sich ein Blick auf die Aufgabenstellung des Controlling und die Einordnung des internen Rechnungswesens in dessen Aufgabenbereich.

Die Meinungsvielfalt, die zum Begriff des Controlling noch vor einigen Jahren die Fachdiskussion beherrscht hat, ist unterdessen einigen wenigen Grundauffassungen gewichen, die zudem einen gemeinsamen Ausgangspunkt haben: Controlling wird als **Teilfunktion der betrieblichen Führung** angesehen (vgl. z.B. KÜPPER 1990, KÜPPER/WEBER/ZÜND 1990, HORVATH 1992). Die verschiedenen Auffassungen zum Controlling unterscheiden sich darin, wie die Führungsteilaufgabe genauer abgegrenzt werden soll, die man dem Controlling zuordnet.

Als logisch haltbar und praktisch realisierbar haben sich diejenigen Ansätze erwiesen, die Controlling durch die Art der auszuführenden Führungsaufgabe definieren. Die hier unterscheidbaren Formen lassen sich gleichzeitig als Entwicklungsschritte auffassen, die das Controlling in vielen Betrieben bis zu einer gewissen Stufe durchlaufen hat. Sie lassen sich wie folgt umschreiben:

(1) **Controlling als Rechnungswesen:** Controlling ist für die gesamte Bereitstellung und Aufbereitung quantitativer Informationen zuständig. Hier ist Controlling lediglich eine andere Bezeichnung für das traditionelle Gebiet des Rechnungswesens.

(2) **Controlling als internes Rechnungswesen:** Aus der Aufgabenstellung des gesamten Rechnungswesens wird gezielt die Bereitstellung und Aufbereitung entscheidungsorientierter Informationen herausgegriffen. Controlling in diesem Sinn umfaßt somit zumindest die Kosten- und Leistungsrechnung, i.d.R. aber das gesamte interne Rechnungswesen.

(3) **Controlling als Integration von internem Rechnungswesen und operativ-taktischer Planung:** Neben der Informationsbereitstellung durch das interne Rechnungswesen weist man dem Controlling hier auch die Verwendung dieser quantitativen Informationen zu. Damit umfaßt es das interne Rechnungswesen sowie die operative und taktische Planung einschließlich der Budgetierung *(vgl. OSSADNIK B. 3.1.2)*. Meist kommt noch die Kontrolle im operativen und taktischen Bereich hinzu. Controlling bezeichnet jetzt eine bestimmte Form einer Aufgaben-(Um-)Verteilung im Führungsbereich. Anlaß für diese Konzeption sind die Abstimmungsprobleme, die durch eine organisatorische Trennung von Informationsbereitstellung und Informationsverwendung entstehen können. Besonders sensibel sind hier die Bereitstellung von Zahlen aus dem internen Rechnungswesen einerseits und deren Verwendung in Ansätzen der operativen und taktischen Planung andererseits. Eine zielgerichtete Arbeit ist in beiden Bereichen nur möglich, wenn bereitgestellte Informationen und ihre Verarbeitung in Planungsmethoden aufeinander abgestimmt sind. Dieses Controlling-Konzept dürfte gegenwärtig die häufigste betriebliche Erscheinungsform sein.

(4) **Erweiterung zum strategischen Controlling:** Der Gedanke der Abstimmung von Informationsbereitstellung durch das Rechnungswesen und Informationsverwendung in der Planung trifft nicht nur für die operativen und taktischen Aufgaben zu, er gilt generell. Daher liegt es nahe, auch für den strategischen Bereich eine Abstimmung auf entsprechende Weise herbeizuführen. So entsteht zusätzlich ein

strategisches Controlling. Der Vorschlag, Controlling in diese Richtung auszuweiten, insbesondere seine Logik und Realisierbarkeit, ist in der Literatur intensiv diskutiert worden (vgl. z.B. COENENBERG/BAUM 1990).

Welche dieser Formen in welcher Detailausprägung jeweils im betrieblichen Anwendungsfall adäquat ist, bestimmen Zweckmäßigkeitsüberlegungen. Dies mag die Vielfalt in den Erscheinungsformen des Controlling in der betrieblichen Praxis erklären. Verglichen mit anderen Funktionen der betrieblichen Führung tritt eine zentrale Grundkonzeption, die hinter solchen Ausprägungsformen stehen mag, jedoch noch nicht klar hervor.

Eine solche Konzeption läßt sich allerdings erkennen, wenn man den in Form 3 (Controlling als Integration von internem Rechnungswesen und operativ-taktischer Planung) angelegten Gedanken erweitert um die **Koordination** von Informationsbereitstellung und Informationsverwendung (vgl. BAUMGARTNER 1980, HORVATH 1992, S. 111). Faßt man die originäre Aufgabe des Controlling etwas weiter, kann sie als **generelle Koordination im Führungsbereich** verstanden werden (vgl. KÜPPER 1988, S. 169; 1990, S. 789).

Zur Veranschaulichung dient Abbildung D. 2. Sie macht deutlich, daß mit Controlling eine Koordination auf der Führungsebene angesprochen ist. Zur Abgrenzung von den Koordinationsproblemen in den Funktionsbereichen des betrieblichen Güterflusses bezeichnet man die vom Controlling zu lösende Problematik als **Sekundärkoordination.**

Auch wenn man die Aufgabenstellung in der hier beschriebenen Weise weit faßt, bleibt ein Hauptarbeitsgebiet des Controlling die Koordination von internem Rechnungswesen und den Anwendungsbereichen der internen Informationen. Wichtige Controlling-Instrumente setzen am internen Rechnungswesen an. Es ist die Grundlage für die Zahlenbestückung vieler Planungsmethoden, für die Vorgabe und Analyse innerbetrieblicher Kennzahlen, für die Budgetierung, für die Bestimmung interner Lenkpreise zur optimalen Steuerung der innerbetrieblichen Güterflüsse sowie für zahlreiche weitere Planungs- und Steuerungsinstrumente.

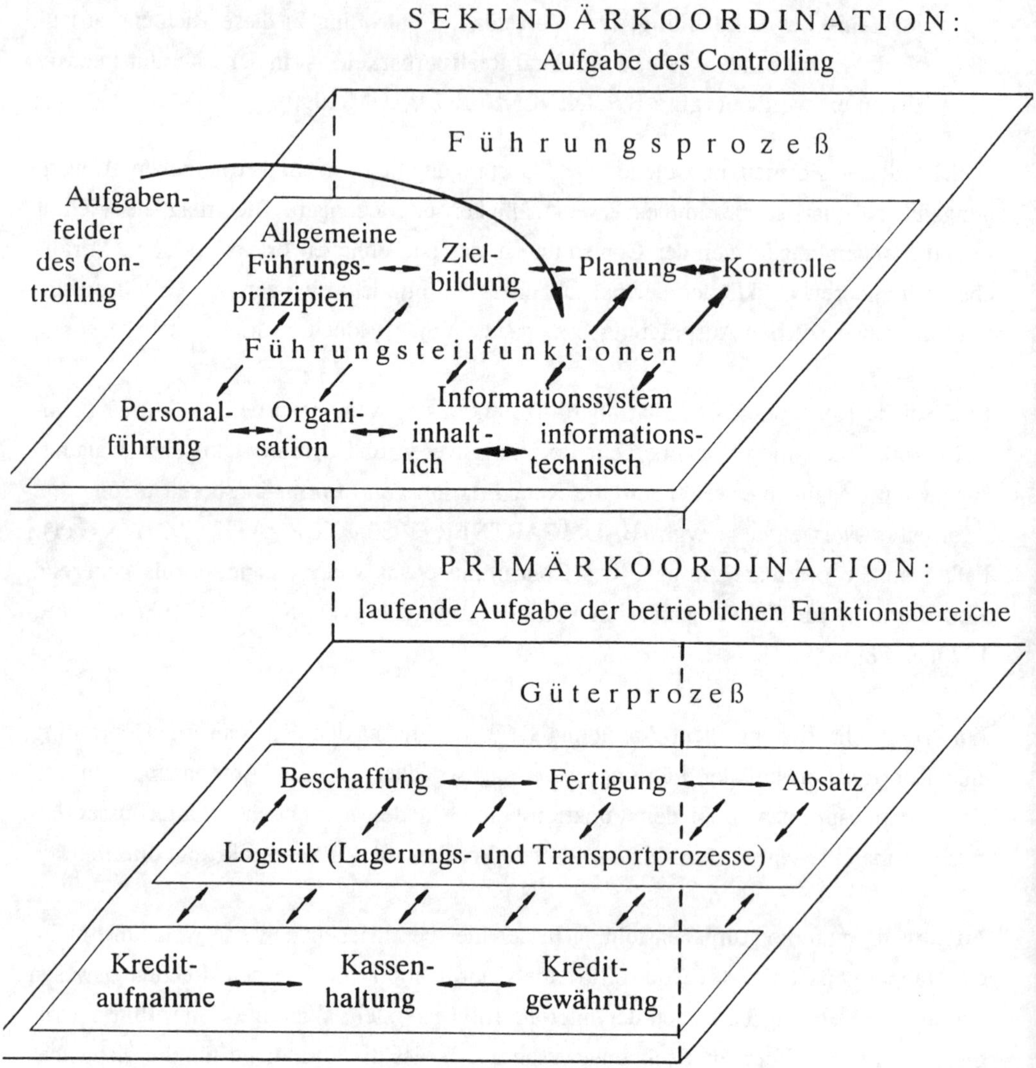

Abbildung D. 2: Schematische Darstellung der Funktion des Controlling

3. Aufgabenstellungen und Lösungskonzepte der Kosten- und Leistungsrechnung

3.1 Aufgabenstellungen einer Kosten- und Leistungsrechnung

Die Aufgabe einer Kosten- und Leistungsrechnung besteht allgemein darin, interne Informationen über den Wertschöpfungsprozeß bereitzustellen. Er umfaßt die Realgüterphasen der Beschaffung, der Fertigung sowie des Absatzes mit den dazugehörenden logistischen Prozessen der Lagerung, des Transports und der Umgruppierung. Insgesamt geht es also um die Erfüllung der Sachaufgabe der Unternehmung, d.h. die Art und Menge der Produkte sowie die Art des Produzierens. Dementsprechend werden die Rechengrößen der Kosten- und Leistungsrechnung auch als sachzielbezogene Rechengrößen definiert.

Die Zahleninformationen, die im Bereich der Kosten- und Leistungsrechnung bereitgestellt werden, lassen sich nach verschiedenen Gesichtspunkten einteilen. Inhalt und Methode der Rechnung werden weitgehend durch den Anwendungsbereich der Kosten- und Leistungsrechnung bestimmt. Er ist deshalb vielfach auch Grundlage für die organisatorische Untergliederung der Kosten- und Leistungsrechnungsabteilungen in den Betrieben. Grob können vor allem zwei große Anwendungsbereiche der Kosten- und Leistungsrechnung unterschieden werden. Einmal handelt es sich um **produktbezogene** Informationen. Sie sollen im Zusammenhang mit dem einzelnen Produkt, der Produktart oder einzelnen Aufträgen bereitgestellt werden. Zum anderen handelt es sich um Zahleninformationen, die sich auf organisatorische Einheiten des Betriebes (Kostenstellen) beziehen. Sie sind also **stellenbezogen**. Hinzu treten fallweise Aufgaben der Kosten- und Leistungsrechnung, die sich in speziellen Entscheidungssituationen ergeben und auch übergreifender Art sein können. Im folgenden soll ein kurzer Überblick über die verschiedenen Aufgabentypen gegeben werden, die nach dieser Einteilung von der Kosten- und Leistungsrechnung zu lösen sind.

Produktbezogene Aufgabe der Kosten- und Leistungsrechnung ist die Bereitstellung von Informationen über die einzelne Produktart bzw. einen einzelnen Auftrag. Dabei handelt es sich zunächst vor allem um die Berechnung von Kostensätzen pro Mengeneinheit einer Produktart, die **Kalkulation**. Für solche Rechnungen ist die Bezeichnung "Stückrechnungen" gebräuchlich, auch dann, wenn die Produkte keine Stückgüter sind. Der zweite Anwendungsfall produktbezogener Rechnungen sind Erfolgsrechnungen. Sie beziehen sich als **Artikelerfolgsrechnungen** auf die einzelne Produktart bzw. als Auftragserfolgsrechnung auf die Kombination von Produktarten und -mengen, wie sie bei einem einzelnen Auftrag eines Kunden oder einer innerbetrieblichen Stelle zustande kommen. Solche einheitsbezogenen Erfolgsrechnungen setzen die Kenntnis sowohl eines Kalkulationswertes als auch einer Leistungsgröße voraus. Der dritte Anwendungsbereich produktbezogener Rechnungen ist die **Bewertung von selbsterstellten Leistungen**. Sie wird einerseits gebraucht, um den innerbetrieblichen Güterfluß zu bewerten. Insoweit fließen die Ergebnisse solcher Berechnungen auch in die stellenbezogene Kostenrechnung ein. Andererseits ist die Bewertung selbsterstellter Leistungen aber auch dort von Bedeutung, wo zu einem bestimmten Stichtag neben der mengenmäßigen auch eine wertmäßige Information über den vorhandenen Bestand erforderlich ist. Dies trifft vor allem im Industriebereich zu, wo Lagerbestände an Halb- und Fertigfabrikaten sowohl für die interne als auch für die externe Abrechnung bewertet werden müssen.

Die **stellenbezogenen** Aufgaben der Kosten- und Leistungsrechnung betreffen organisatorische Entscheidungs- bzw. Verantwortungseinheiten. Dies sind betriebliche Stellen, Abteilungen oder ganze Teilbetriebe. Über diese Einheiten sollen Informationen bereitgestellt werden. Diese Informationen können im einzelnen verschiedene Zwecke haben und sind dementsprechend verschieden aufzubauen. So kann es darum gehen, die künftig entstehenden Kosten vorherzusagen. Für eine derartige **Kostenprognose** bedarf es einer Kostenhypothese als Grundlage. Ihre präziseste Formulierung findet sie in einer Kostenfunktion. Sie kann beispielsweise durch eine Übertragung bisheriger Kostenentwicklungen auf zukünftige Perioden gewonnen werden.

Ein zweiter Anwendungsfall ist durch die Kostensteuerung gegeben. Hier werden den einzelnen organisatorischen Einheiten **Kostenbudgets** vorgegeben, die sie als Ziel erfüllen sollen. Die Leistung dieser Einheit wird nach Ablauf der Periode u.a. daran gemessen, in welchem Ausmaß die Kostenvorgabe eingehalten werden konnte. Zur Ermittlung derartiger Kostenbudgets bedarf es über die reine Prognose hinaus auch methodischer Komponenten, die die Vorteilhaftigkeit im Hinblick auf die betrieblichen Ziele bewerten. Letztlich handelt es sich bei der Bestimmung der Kostenbudgets um eine Optimierungsaufgabe *(vgl. OSSADNIK B. 2.2.2.5)*. Ebenso wie Kostenbudgets können auch Leistungsbudgets stellenbezogen vorgegeben werden. Entsprechendes gilt für den Erfolg als Differenz von Leistung und Kosten.

Die dritte Aufgabe einer stellenbezogenen Informationsbereitstellung ist die **Kontrolle**. Hier geht es darum, die Kosten oder die Leistungen einer Stelle der Höhe und der Struktur nach zu untersuchen. Mittel dazu sind der Zeitvergleich, der Betriebsvergleich und der Soll-Ist-Vergleich *(vgl. OSSADNIK B. 3.1.3)*. Eine Kontrolle setzt also neben der Ist-Erfassung auch immer die Bereithaltung einer Vergleichsgröße voraus. Sie kann durch andere Vergangenheitsinformationen, durch frühere Prognoseinformationen oder frühere Vorgabegrößen gegeben sein.

Als spezielle Aufgaben einzelner Entscheidungssituationen sind zahlreiche Fälle denkbar, in denen Kosten- und Leistungsinformationen erforderlich sind. Beispielsweise kann es sich um Vergleichsrechnungen zur Verfahrenswahl, zur Entscheidung über Eigenfertigung oder Fremdbezug *(vgl. CORSTEN F. 4.1)* oder zu anderen fallweise auftretenden Entscheidungen im Beschaffungs-, Fertigungs- oder Absatzbereich handeln.

3.2 Lösungskonzepte der Kosten- und Leistungsrechnung

3.2.1 Interne Rechnung als Spezialfall planungsbezogener Informationsbereitstellung

Die angeführten Aufgabenstellungen, die mit Hilfe der Kosten- und Leistungsrechnung gelöst werden sollen, präzisieren **inhaltlich** die in *Abschnitt 2.2* besprochenen allgemeinen Zwecke der Dokumentation, Prognose, Steuerung und Kontrolle. Ausnahmslos sind sie der betrieblichen Planung oder einer zugehörigen Kontrolle zuzuordnen, wenn auch die Planungsteilschritte bisweilen - wie in manchen Fällen der Steuerung - stark abgekürzt verlaufen mögen.

Das Rechnungswesen soll Informationen für den Planungsprozeß bereitstellen. Damit liefert es einen Teil der Planungsgrundlagen. Welche Bedeutung er hat, hängt von der **Funktion** ab, die die bereitgestellte Information im Planungsprozeß übernimmt. Allgemein lassen sich nach diesem Merkmal folgende Informationsarten unterscheiden (vgl. WILD 1982, S. 123):

- **faktische Informationen:** Sie beschreiben die Wirklichkeit, d.h. vergangene oder gegenwärtige Ist-Zustände.

- **prognostische Informationen:** Sie sagen künftig Eintretendes voraus.

- **explanatorische Informationen:** Sie geben Ursachen für bekannte Sachverhalte an.

- **logische Informationen:** Sie decken Ableitungen auf, die sich bereits aus konsequentem Zusammenfügen bekannter Einzelinformationen ergeben.

- **instrumentale Informationen:** Sie erfassen Mittel-Zweck-Relationen.

- **konjunktive Informationen:** Sie formulieren mögliche Zustände, Zusammenhänge, Entwicklungen.

- **explikative Informationen:** Sie erläutern definitorisch Begriffe, stellen also Sprachregelungen dar.

- **normative Informationen:** Sie drücken Ziele, Werturteile, Normen aus.

Den Kosten- und Leistungsinformationen kommt sicher fallweise ein unterschiedlicher Charakter zu. Auch wird ihnen gerade in der praktischen Anwendung häufig ein Informationsgehalt auch in Fällen zugesprochen, wo er tatsächlich nicht besteht. Zumindest werden bisweilen manche Zahlen aus dem Kosten- und Leistungsrechnungs-Bereich nur gewohnheitsmäßig produziert. Daher ist es zweckmäßig, bei der Informationsbeurteilung nach dem **Relevanzprinzip** vorzugehen. Für einen Planungsprozeß oder eine Teilphase davon sind solche Informationen relevant, ohne die ein rationales Vorgehen zu einem anderen Ergebnis kommen könnte. Gilt für eine bestimmte Information dagegen, daß der Planungsprozeß unabhängig von ihrem Vorhandensein oder Fehlen zum gleichen Ergebnis führt - und zwar bei jeder denkbaren Ausprägung der Information, z.B. ihrer zahlenmäßigen Größe - dann ist sie irrelevant.

Nach dem **Relevanzprinzip** sind für eine Entscheidungssituation diejenigen Informationen relevant, in denen sich die Alternativen unterscheiden (können).

Untersucht man die im vorhergehenden Abschnitt angesprochenen Rechenzwecke danach, welche Informationen für sie relevant sind und welcher Informationsart sie im Planungsprozeß zuzuordnen sind, ergibt sich folgendes:

- Im Vordergrund stehen Zukunftsinformationen. Einige Ausnahmen sind die realisierten Zahlen eines Ist-Zustandes, die für Kontrollzwecke gebraucht werden.

- Zweck der Rechnung ist explizit oder implizit i.d.R. eine Entscheidung. Neben den schon genannten Vergangenheitsinformationen scheint es hier zunächst mancherlei Ausnahmen zu geben, etwa die Prognose der Kosten einer Kostenstelle. Fragt man aber weiter, wozu eine solche Information letztlich dient, stellt sich heraus, daß auch hier wieder Entscheidungsfragen im Hintergrund stehen, etwa personelle oder organisatorische Änderungen oder die (häufig unausgesprochene) Alternative, die betreffende Abteilung zu schließen.

Insgesamt sind damit die relevanten Kosten- und Leistungsrechnungs-Informationen hauptsächlich als **entscheidungsbezogene Prognose-Informationen** zu kennzeichnen. Die anderen Informationsarten treten ergänzend hinzu. Wichtig ist aber, daß die zentralen Informationen, die mit Hilfe der Kosten- und Leistungsrechnung bereitgestellt werden sollen, aus Prognosen zu gewinnen sind.

Konsequenz dieser Überlegungen ist, daß vor der konkreten Rechnung eigentlich methodische Überlegungen anzustellen wären, wie sie für jede betriebliche Prognose typisch sind. Im Bereich der Kosten- und Leistungsrechnung wird dieser Teilschritt herkömmlich jedoch eher stiefmütterlich vollzogen, namentlich in praktischen Anwendungen. Freilich: Eine Rechnung, deren theoretische Basis fehlt oder nicht durchdacht ist, entpuppt sich regelmäßig als problematisch - oft allerdings erst nach vielen darauf aufbauenden Überlegungen.

Welches sind die Schritte, die für eine fundierte entscheidungsbezogene Prognose durchzuführen sind? Grundlegend ist, die Entscheidungsvariablen herauszuarbeiten, die disponiert werden sollen. Für jede alternative Wahl dieser Größen braucht man die zugehörige Höhe der Kosten und der Leistungen. Also ist festzustellen, welche Kosten und Leistungen überhaupt von der betrachteten Entscheidung abhängen. Für diese Positionen ist dann eine Prognose in Abhängigkeit von der Alternativenwahl zu stellen *(vgl. OSSADNIK B. 2.2.2.4)*. Voraussetzung dafür ist eine Hypothese über den Zusammenhang von disponierbaren Größen als unabhängige Variable und den Kosten bzw. Leistungen als abhängige Variable.

In vielen Fällen gestalten sich die Antworten auf diese Fragen recht einfach, ohne gleich falsch zu sein. So ist der disponierbare Parameter häufig die Produktionsmenge. Und die Hypothese, mit der prognostiziert wird, lautet: Es wird alles so bleiben, wie es im Vorjahr war. Dann kann man etwa die Stückkosten für das einzelne Produkt in derjenigen Höhe ansetzen, die sich aus einer vergangenheitsorientierten Nachrechnung ergibt.

Es ist auch nicht wichtig, um jeden Preis eine andere Prognosegrundlage zu schaffen, wenn die bisher verwendete verläßlich scheint. Aber: Man muß sich darüber im klaren sein, unter welcher Hypothese man arbeitet. Es gibt durchaus Fälle, in denen sich eine naheliegende und unzweifelhaft scheinende Rechenmethode als Prognoserechnung entpuppt und unter diesem Blickwinkel dann besser durch ein zweckmäßigeres Prognoseverfahren ersetzt wird.

3.2.2 Kostenfunktionen als Grundlage für Planungsrechnungen

Die methodisch sicherste Grundlage für Kostenprognosen sind Kostenfunktionen. Sie stellen die präzisierte Fassung einer kostentheoretischen Aussage dar. In der **betrieblichen Kostentheorie** werden allgemeine Zusammenhänge über Gütereinsatz und -ausbringung untersucht und formuliert *(vgl. REESE G. 4.6)*. Kostenfunktionen geben quantitativ exakt an, in welcher Weise die Kostenhöhe von ihren Bestimmungsgrößen abhängt. Auf diese Weise wird ein allgemeiner Zusammenhang zwischen den Ausprägungen von Kosteneinflußgrößen und der Kostenhöhe quantitativ formuliert. Formal ist eine Kostenfunktion eine mathematische Abbildungsvorschrift, die gegebenen Bestimmungsgrößen einen zugehörigen Geldbetrag zuordnet. Zu den unabhängigen Variablen gehören vor allem die Produktionsmengen, aber darüber hinaus auch zahlreiche weitere Einflußgrößen.

Das Gebiet der **betrieblichen Kostentheorie** ist vergleichsweise weit entwickelt, ohne daß die Kostenrechnung in einem entsprechend großen Maße darauf aufzubauen scheint. Zum einen mag dieser erste Blick trügen. Zum anderen mag ein Grund in der vermeintlichen Kompliziertheit kostentheoretischer Ansätze liegen, wo doch für die Kostenrechnung eher einfache Konzepte gesucht sind. Tatsächlich muß hier - wie bei jedem etwas aufwendigeren Planungsverfahren - abgewogen werden, welchen Zusatznutzen die für die Lösung zusätzlich zu investierende Mühe erbringt. Unzweifelhaft aber gibt es Anwendungsfälle, wo sich auch außerordentlich komplizierte Analysen noch sicher lohnen - ebenso wie es Beispiele gibt, bei denen schon der kleinste Planungsaufwand den potentiellen Überschuß aufzuzehren droht. Keinesfalls aber kann pauschal die Vorzugswürdigkeit eines Rechenansatzes nur mit dessen Einfachheit begründet werden, wie es mitunter in manchen oberflächlichen Argumentationen geschieht.

Deshalb soll im folgenden angedeutet werden, welche methodischen Prinzipien aus der betrieblichen Kostentheorie für die Kostenrechnung herangezogen werden können, um planungsbezogene Kosten- und Leistungsrechnungen zu fundieren.

Ausgangspunkt der Kostentheorie war ursprünglich der traditionelle Ansatz einer einfachen Abhängigkeit der Kosten von der Produktionsmenge. Abbildung D. 3 zeigt eine typische Graphik dazu.

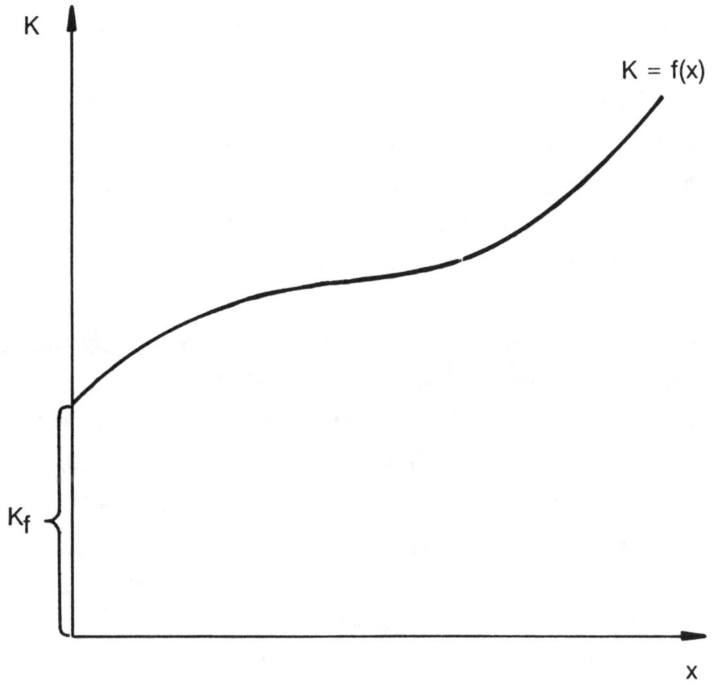

Abbildung D. 3: Beispiel einer traditionellen Kostenfunktion mit s-förmigem Verlauf

Spätestens GUTENBERG (1983, Erstauflage 1951) hat mit seiner produktionstechnisch begründeten Analyse von Verbrauchsfunktionen nachgewiesen, daß mit der Produktionsmenge als alleiniger Kosteneinflußgröße die Kosten nicht hinreichend erklärt werden können. Vielmehr sind weitere Einflußgrößen heranzuziehen. Über sie bestimmen sich die Art des Zustandekommens der gewünschten Produktionsmenge und auch die Kosten. Ein Kostenrechnungssystem, das diese Zusammenhänge umfassend berücksichtigt, ist die in *Abschnitt 4.2.2* behandelte Grenzplankostenrechnung nach KILGER. Als wichtige derartige Einflußgrößen hat bereits Gutenberg hervorgehoben:

- die Produktionsdauer,

- die Produktionsgeschwindigkeit (Intensität als erzeugte Produktionsmenge pro Zeiteinheit),

- die Art und Anzahl eingesetzter Produktionsstellen.

Diese Größen dienen jeweils als Maß für die zeitliche, intensitätsmäßige bzw. quantitative Anpassung der Produktion an kleinere oder größere Produktionsmengen.

Eine Kostenfunktion, mit der die Kostenhöhe einigermaßen verläßlich erklärt und prognostiziert werden kann, muß deshalb mindestens die drei genannten Arten von Einflußgrößen umfassen. Berücksichtigt man weiter, daß in einem Betrieb im allgemeinen mehrere Produkte, vielfach in mehrstufiger Fertigung hergestellt werden und die Produktionsbedingungen zudem von Produktionsstelle zu Produktionsstelle, gegebenenfalls auch von Produktart zu Produktart unterschiedlich festgelegt werden und auch im Zeitablauf nicht gleich bleiben, dann wird deutlich, daß nur die Formulierung von Kostenfunktionen für **betriebliche Teileinheiten** praktikabel sein kann.

In der betriebswirtschaftlichen Kostentheorie sind an Beispielen aus unterschiedlichsten Branchen vielfältige Kostenabhängigkeiten zahlreicher Einflußgrößen untersucht worden (vgl. zu einem Überblick z.B. FANDEL 1991, S. 221 ff.). Sie lassen sich in die Gruppe der technisch-physikalischen Einflußgrößen und die Gruppe der betriebswirtschaftlich-organisatorischen Einflußgrößen einteilen. Beispiele von technisch-physikalischen Größen sind die Stärke des Einsatzmaterials, seine Stabilität und Zusammensetzung sowie andere Materialeigenschaften, die Betriebstemperatur, der Druck bei chemischen Reaktionen, die Intensität und sonstige Eigenschaften der Produktionsstelle sowie die Umgebungstemperatur, die Luftfeuchtigkeit und ähnliche nicht beeinflußbare Umwelteinflüsse. Zur Klasse der betriebswirtschaftlich-organisatorischen Kosteneinflußgrößen gehören dagegen die Aufteilung der Gesamtproduktionsmenge in Lose, die Arbeitsverteilung auf Stellen und Personen sowie in der Zeit, die Größe von Zwischenlägern, die Reihenfolge der Auftragsbearbeitung an den einzelnen Produktionsstellen sowie weitere Merkmale der gesamten Produktionsorganisation.

Solche detaillierten Analysen sind charakteristisch für die betriebliche Kostentheorie. Als zweites tritt die Strukturanalyse der betrieblichen Produktionszusammenhänge hinzu. Die produktionstheoretischen Ansätze hierzu erfassen den mehrstufigen, verflochtenen Zusammenhang der betrieblichen Produktionsstellen sowie ihre zeitliche Struktur und die dadurch eröffneten zusätzlichen Entscheidungsmöglichkeiten (vgl. KLOOCK 1969, TROSSMANN 1983).

Die skizzierten Erkenntnisse der betriebswirtschaftlichen Kostentheorie legen folgende Vorgehensweise für eine fundierte Kostenprognose nahe:

(1) Man zerlegt gedanklich den zu untersuchenden Produktionsprozeß so lange in kleinere Einheiten, wie zu erwarten ist, daß sich dadurch die Kostenanalyse vereinfacht, etwa weil sich Einflüsse verschiedener Kosteneinflußgrößen dadurch trennen lassen (vgl. HEINEN 1983, S. 220). Beispielsweise untersucht man also verschiedene Maschinenplätze, Lagerstellen, Vertriebsstellen usw. getrennt. Eine wirtschaftliche Grenze für eine derartige Feingliederung wird man dort ansetzen, wo trotz sachlich möglicher tieferer Gliederung ein Analysevorteil wegen der geringen Kostenhöhe nicht mehr zu erwarten ist.

(2) Für jede so definierte Einheit (Produktionsstelle) sucht man herauszufinden, welche Kosteneinflußgrößen bestehen und wie sich durch sie die Kostenhöhe bestimmen läßt. Da es i.d.R. eine große Zahl solcher Kosteneinflußgrößen gibt, kommt es darauf an, die wichtigsten davon herauszufinden. Obwohl für die betriebliche Kostenanalyse kaum angewendet, sind hierzu die Methoden der Faktorenanalyse, auch der Diskriminanz- oder Clusteranalyse geeignet (vgl. zu den Methoden z.B. OPITZ 1980). Die konkrete Gestalt der Kostenfunktionen läßt sich nach Vorentscheidung über deren passende Form durch eine Regressionsanalyse bestimmen.

(3) Die nach Punkt 2 gewonnenen Einzelfunktionen der beteiligten Stellen sind gemäß ihrer strukturellen Verknüpfung zusammenzuführen, um die generellen Aussagen über Kosten von Produkten, Stellen oder anderen Entscheidungsgrößen zu erhalten. Hilfestellung dazu leisten die schon angesprochenen Strukturanalysen der betriebswirtschaftlichen Produktionstheorie.

3.2.3 Kostenkategorisierung als Lösungsprinzip

Die im vorhergehenden Abschnitt skizzierte allgemeine Vorgehensweise zur Gewinnung fundierter Grundlagen für die Kostenplanung ist im Bereich der Kostenrechnung in der geschilderten ausführlichen Form nicht üblich. Vielmehr wird, gerade im praktischen Anwendungsfall, aber auch in der entsprechenden wissenschaftlichen Literatur, häufig vereinfacht vorgegangen. Das praktische Vorgehen basiert auf einer Kategorisierung der Kosten. Man trifft sie in zwei Hauptformen an:

- Erstens wird nach **fixen** und **variablen Kosten**,
- zweitens nach **Einzel-** und **Gemeinkosten** unterschieden.

Voraussetzung ist in beiden Fällen die Orientierung an einer **Bezugsgröße**. In Frage kommen z.B. die Produktionsmenge, die Produktionsintensität, die Arbeitszeit, die Anzahl der Losgrößen sowie alle anderen produktionstheoretischen Einflußgrößen, darüber hinaus aber auch weitere Analysegrößen.

Für die erste Unterscheidung ist maßgeblich, wie sich die Kosten bei Variation der gewählten Bezugsgröße verhalten. Bezugsgrößenvariable Kosten ändern sich, bezugsgrößenfixe nicht.

Variable Kosten einer Bezugsgröße ändern sich in Abhängigkeit von dieser Größe; fixe Kosten einer Bezugsgröße haben bei jeder Ausprägung dieser Größe die gleiche Höhe.

Wenn explizit dazu nichts gesagt wird, ist als Bezugsgröße i.d.R. die Ausbringungsmenge (einer Stelle mit eindeutig definierbaren Produktionsergebnissen) gemeint. Fix sind dann diejenigen Kosten, die unabhängig von der Ausbringungsmenge stets in gleicher Höhe anfallen. Variabel sind Kosten, die sich bei Variation der Ausbringungsmenge ändern. Der einfachste Fall sind dabei proportional-variable Kosten. Sie sind dadurch charakterisiert, daß sie in gleichem Maße zunehmen wie die Ausbringungsmenge. Steigt diese also z.B. um 10%, erhöhen sich auch die proportionalen Kosten um diesen Prozentsatz. Je nach Art der Änderung können aber verschiedene weitere Unterarten der variablen Kosten unterschieden werden. Die üblichste Klassifikation richtet sich nach einem Vergleich mit proportional-variablen Kosten. Formal kann man diesen Vergleich in Form der **Kostenelastizität** erfassen. Für eine einvariablige Kostenfunktion der Art

$$K = f(x)$$

mit x als Produktionsmenge ist die Kostenelastizität $\varepsilon\ (x)$ wie folgt definiert:

$$\varepsilon\ (\bar{x}) \ = \ \underbrace{\frac{df}{dx}(\bar{x})}_{(a)} \ : \ \underbrace{\frac{f(\bar{x})}{\bar{x}}}_{(b)}$$

Die Kostenelastizität bei der Menge x ist damit der Quotient aus den Grenzkosten (a) und den Durchschnittskosten (b) in diesem Punkt. Damit lassen sich folgende Kostenkategorien unterscheiden:

- unterproportionale Kosten (0 < ε < 1)

- proportionale Kosten (ε = 1)

- überproportionale Kosten (ε > 1)

- rückläufige Kosten (ε < 0).

Für die gleichen Kostenkategorien sind auch die Bezeichnungen degressiv, proportional, progressiv bzw. regressiv üblich. Abbildung D. 4 zeigt diese Kostenkategorien am Beispiel einer einfachen Kostenfunktion (vgl. SCHWEITZER/KÜPPER 1974, S. 215 ff.).

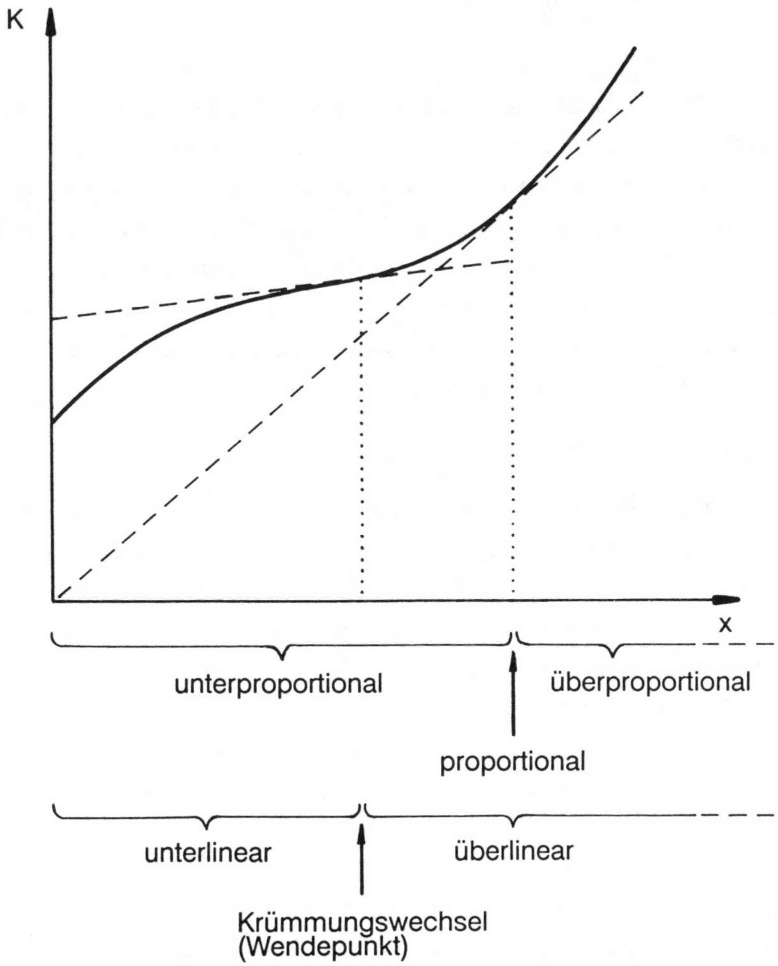

Abbildung D. 4: Unterscheidung von Kostenkategorien nach dem Verlauf der Kostenfunktion

Die ebenfalls denkbare Untergliederung nach der Höhe der 2. Ableitung

$$\frac{d^2 f}{dx^2} \quad \text{in}$$

- unterlineare (2. Ableitung negativ),
- lineare (2. Ableitung null),
- überlineare (2. Ableitung positiv)

Kosten ist lediglich für Verlaufsanalysen wichtig, die im Hinblick auf die Kostengestaltung aber von geringerer Bedeutung sind als die übliche Einstufung nach der Proportionalität.

Hat man - wie bei realitätsnahen Kostenanalysen zu erwarten - Kostenfunktionen mit mehreren Einflußgrößen, dann kann die beschriebene Kostenkategorisierung nach jeder Variablen getrennt vorgenommen werden. Dies ersetzt zwar nicht eine Analyse der Gesamtwirkung von Maßnahmen, erlaubt aber eine erste, einfache Betrachtung der Kostenzusammenhänge. Die Bezeichnungen fix und variabel sind dazu näher zu präzisieren. So ist von produktionsmengenfixen und -variablen, von intensitätsfixen und -variablen, von losgrößenfixen und -variablen Kosten zu sprechen. Allgemein führt jede unabhängige Variable einer Kostenabhängigkeit zu fixen und variablen Kosten in bezug auf diese Größen.

Die Grobeinteilung in fixe und variable Kosten, gegebenenfalls mit tieferer Untergliederung, gestattet eine erste Beurteilung der Kostenwirkung einer Entscheidungssituation. Voraussetzung ist, daß die Größen, in denen sich Alternativen unterscheiden, als Bezugsgrößen einer Kostenfunktion auftreten. Dann können die **fixen** Kosten dieser Bezugsgröße als **entscheidungsirrelevant**, die **variablen** als **entscheidungsrelevant** erkannt werden. Das Treffen einer rationalen Entscheidung verlangt somit lediglich die Kenntnis dieser variablen Kosten. Über die anderen Kosten muß lediglich die Tatsache, daß sie fix sind, bekannt sein; ihre Höhe dagegen ist ohne Bedeutung und braucht daher nicht festgestellt zu werden. Die Analyse vereinfacht sich weiter, wenn die variablen Kosten zudem als proportional vorausgesetzt werden (können). Dann genügt die Kenntnis der proportionalen Kosten pro Einheit. Sie beschreiben den Verlauf der zugehörigen Kostenfunktion. In vielen Fällen der praktischen Kostenrechnungsarbeit geht man von diesem Ansatz aus. Als Entscheidungsvariable und damit als Bezugsgröße der Kosten wählt man die Ausbringungsmenge. Im Hinblick auf die oben entwickelte Argumentationskette muß freilich darauf hingewiesen werden, daß damit vielfach eine so starke Vereinfachung und

Vergröberung verbunden ist, daß die Verwendbarkeit der so gewonnenen Aussagen fraglich erscheinen kann.

Das zweite Prinzip der Kostenkategorisierung ist die Trennung in Einzel- und Gemeinkosten. Merkmal dieser Einteilung ist die **Zurechenbarkeit**. Ursprünglich wurde dieses Merkmal nur auf die einzelne Produkteinheit angewendet. Die Frage lautet dann: Welcher Kostenbetrag kann der nächsten Produkteinheit eindeutig zugerechnet werden? Dies sind die Einzelkosten des Produkts (auch: **direkte Kosten**). Im Falle der Sachgüterproduktion sind das i.d.R. die Materialkosten und - je nach Lohnform bzw. Berechnungsmodus - gegebenenfalls auch Teile der Lohnkosten oder Provisionen. Beispielsweise berechnen sich in der Möbelherstellung die Einzelkosten eines Schrankes aus dem verwendeten Holz, den Furnieren, Glasplatten und anderen Einbauteilen, den Beschlägen sowie gegebenenfalls Verpackungsmaterialien pro Stück. Soweit manuell produziert wird, rechnet man auch die Lohnkosten, die für die am betrachteten Möbelstück eingesetzte objektbezogene Arbeit angefallen sind, zu den Einzelkosten. Alle anderen Kosten werden als Gemeinkosten (auch: **indirekte Kosten**) bezeichnet.

Das Merkmal der Zurechenbarkeit kann man allerdings nicht nur auf die einzelne Produkteinheit, das Stück anwenden, sondern auf jede beliebige Bezugsgröße des betrieblichen Produktionszusammenhangs.

Einzelkosten einer Bezugsgröße lassen sich dieser Größe direkt zurechnen, entstehen also unmittelbar beobachtbar für die nächste Einheit dieser Größe zusätzlich. Gemeinkosten lassen sich dieser Bezugsgröße nicht zurechnen.

Daher lassen sich beispielsweise unterscheiden:

- Produkteinzel- und -gemeinkosten,
- Kostenstellen-Einzel- und -Gemeinkosten,
- Produktionsbereichs-Einzel- und -Gemeinkosten.

Im Rechenkonzept nach RIEBEL *(vgl. 4.2.3)* ist die Möglichkeit, nach allen beliebigen Größen in Einzel- und Gemeinkosten zu unterscheiden, Grundlage des ganzen Rechenansatzes.

Auf den ersten Blick scheinen die Unterschiede zwischen den beiden besprochenen Einteilungen nicht groß zu sein. Voraussetzung ist natürlich, daß man in beiden Fällen nach der gleichen Bezugsgröße einteilt. So kann man beispielsweise für die Produktionsmenge als Bezugsgröße zunächst feststellen, daß jeder Einzelkostenbetrag auch zu den variablen Kosten zählen muß. Denn wenn man eine Kostenposition dem einzelnen Stück separat zurechnen kann, bewegen sich offenbar die Gesamtkosten in mindestens dieser Höhe nach oben, wenn das weitere Stück produziert wird. Ebenso liegt auf der Hand, daß jeder fixe Kostenbetrag gleichzeitig auch der einzelnen Produkteinheit nicht zugerechnet werden kann, da ja für das nächste Stück auch keine neuerlichen Fixkostenanteile anfallen. Offen bleibt, wie Abbildung D. 5 zeigt, also nur die Position der variablen Gemeinkosten, in denen sich beide Einteilungen unterscheiden könnten (vgl. SCHWEITZER/KÜPPER 1991, S. 317). Es müßte sich dabei um Kosten handeln, die zwar bei steigender Produktionsmenge ebenfalls steigen, sich aber dennoch nicht dem einzelnen Stück zurechnen lassen. In der Tat gibt es solche variablen Gemeinkosten. Beispiel dafür sind etwa Kosten für Betriebsstoffe wie Energie, Heizung, aber auch Kosten anderer Einsatzgüter, die für verschiedene Produktarten gemeinsam benutzt werden. Der letztgenannte Fall trifft vor allem für die **Kuppelproduktion** zu. Bei ihr zählen die Materialkosten des Kuppelprozesses nicht zu den Einzelkosten, wohl aber zu den variablen Kosten.

<table>
<tr><td>Gliederungs-kriterium</td><td colspan="4">Kosten</td></tr>
<tr><td>Zurechenbarkeit auf eine Ausbringungs-mengeneinheit</td><td>Einzelkosten</td><td colspan="3">Gemeinkosten
unechte | echte</td></tr>
<tr><td></td><td colspan="4">(in bezug auf die Ausbringungsmenge)</td></tr>
<tr><td>Abhängigkeit von der Aus-bringungsmenge</td><td colspan="3">(ausbringungsmengen-)
variable Kosten</td><td>(ausbringungsmengen-)
fixe Kosten</td></tr>
</table>

Abbildung D. 5: Gegenüberstellung der Einteilungen in fixe und variable Kosten sowie in Einzel- und Gemeinkosten

3.3 Lösung produktbezogener Aufgaben der Kosten- und Leistungsrechnung

3.3.1 Pauschalierung der Kostenabhängigkeiten in der Kalkulation

Ziel der Kalkulation ist es, die Kosten für eine Produkteinheit zu ermitteln. Nach den Überlegungen im vorhergehenden *Kapitel 3.2* würde dies bei exakter Vorgehensweise eine umfangreichere Analyse erfordern, zumindest soweit es um Plankalkulationen geht. Demgegenüber ist das hierzu praktizierte Verfahren eher einfach, ohne daß es immer mit entsprechenden Einbußen an Korrektheit und Präzision verbunden wäre. Es läßt sich wie folgt darstellen:

Man ermittelt zunächst die Einzelkosten für eine Produkteinheit. Hierunter fallen zum einen Materialeinzelkosten, zum anderen Fertigungseinzelkosten in Form von direkt zurechenbaren, objektbezogenen Löhnen. Nun gibt es eine Reihe von Kosten, die man zwar dem einzelnen Stück zurechnen möchte, die aber keine Einzelkosten sind. Diese Gemeinkosten werden daher über Bezugsgrößen den Produkten zugerechnet. Damit entsteht eine proportional-variable Kostenbeziehung. Im typischen Fall teilt man die Gemeinkosten in drei Gruppen ein, wobei jeweils auch noch tiefere Untergliederungen vorkommen:

(1) Gemeinkosten, die als proportional zu einer Bezugsgröße aus dem Materialbereich angenommen werden. Sie heißen **Materialgemeinkosten**,

(2) Gemeinkosten, die als proportional zu einer Bezugsgröße aus dem Fertigungsbereich angenommen werden: **Fertigungsgemeinkosten**,

(3) weitere Gemeinkosten, die weder dem einen noch dem anderen genannten Bereich zugeordnet werden können. Sie werden als **Verwaltungs- und Vertriebsgemeinkosten** bezeichnet.

Die einfachste Version, diese Zurechnung vorzunehmen, besteht darin, die Materialgemeinkosten als prozentualen Anteil den Materialeinzelkosten zuzuschlagen, ebenso die Fertigungsgemeinkosten den Fertigungslöhnen.

Die Summe aus den bisherigen Positionen bildet die **Herstellkosten**. Diese wiederum werden als Basis für die Berechnung der anteiligen Verwaltungs- und Vertriebsgemeinkosten verwendet. Addiert man sie zu den Herstellkosten, erhält man die **Selbstkosten.** Insgesamt ergibt sich also das in Abbildung D. 6 anhand eines Beispiels gezeigte Schema der **Zuschlagskalkulation**.

Position	Bezugsgrundlage	Betrag	Summe
(1)	(2)	(3)	(4)
Materialeinzelkosten Materialgemeinkosten	 Einzelkosten * 20 %	120,00 DM 24,00 DM	
Materialkosten			144,00 DM
Fertigungsbereich I: Fertigungseinzellöhne Fertigungsgemeinkosten Fertigungsbereich II: Fertigungseinzellöhne Fertigungsgemeinkosten	 Löhne * 125 % 0,5 Std. * 90 DM/Std.	 56,00 DM 70,00 DM 135,00 DM 45,00 DM	
Fertigungskosten			306,00 DM
Herstellkosten			450,00 DM
Verwaltungs- und Vertriebsgemeinkosten	 Herstellkosten * 8 %		 36,00 DM
Selbstkosten			486,00 DM

Abbildung D. 6: Beispiel zum Schema der Zuschlagskalkulation

In diesem Beispiel ist der Fertigungsbereich in zwei Fertigungsstellen aufgegliedert. Basis für die Berechnung der jeweiligen Fertigungsgemeinkosten sind im Fertigungsbereich I die Fertigungseinzelkosten, also die Fertigungslöhne, auf die prozentual die Fertigungsgemeinkosten berechnet werden, und in Fertigungsbereich II die Fertigungsstunden, für die in Form eines Stundensatzes Gemeinkosten angesetzt werden.

Wie das Beispiel der Abbildung D. 6 bereits andeutet, gibt es zahlreiche Varianten der Zuschlagskalkulation. Sie läßt sich vergröbern, indem man durch Zusammenfassen von Positionen noch stärker pauschalisiert. Sie kann aber auch z.B. durch tiefere Aufgliederung der Positionen weiter differenziert werden. Die verschiedenen Kalkulationsformen, die aus der Umsetzung dieser Idee entstehen, werden in *Abschnitt 4.1.4* behandelt.

An dieser Stelle ist die Überlegung wichtig, daß die Lösungsidee produktbezogener Probleme in einer Pauschalierung der Kostenabhängigkeiten liegt. Soweit überhaupt Gemeinkosten zugerechnet werden, geschieht dies bei allen Formen der Kalkulation auf eine pauschale Weise. Dieses Prinzip ist aber nicht grundsätzlich als Schwachstelle anzusehen. Vielmehr ist es eine der zentralen Lösungsideen der Kosten- und Leistungsrechnung. In vielen Fällen setzt die Lösung eines Problems eine gewisse Vereinfachung voraus. Tatsächlich führt die Pauschalierung in der Kalkulation in vielen Anwendungsfällen zu hinreichend präzisen Ergebnissen. Dort kann man daher diese übliche Kalkulationstechnik als zweckmäßige Methode ansehen. Freilich gibt es auch Fälle, die eine präzisere Vorgehensweise erfordern, etwa schon dort, wo produktionstechnische Entscheidungsgrößen die Kostenhöhe maßgeblich mitbestimmen.

Für die weitere Verwendung der kalkulierten Beträge ist von Bedeutung, in welchem Umfang Gemeinkosten auf die Produkte verrechnet werden. Prinzipiell gibt es hier mehrere Möglichkeiten. So können alle auftretenden Kosten, also variable und fixe Kosten, über die Gemeinkostenzuschläge auf das einzelne Produkt zugerechnet werden. Dieses Vorgehen war in früheren Jahren am meisten verbreitet und ist auch heute noch da und dort in der Praxis anzutreffen. Man bezeichnet diese Form als **Vollkostenrechnung**.

Werden nur Einzelkosten und variable Gemeinkosten auf die Produkte verrechnet, so erhält man insgesamt die variablen Selbstkosten des Produkts. Verzichtet man völlig auf die Verrechnung von Gemeinkosten auf Produkte, handelt es sich bei der Kalkulation lediglich um die Summierung der Einzelkosten. Die Rechnung auf der Basis von variablen Kosten sowie die auf der Basis von Einzelkosten werden als Formen der **Teilkostenrechnung** bezeichnet.

3.3.2 Berechnung von Stückerfolgen und Deckungsbeiträgen

Auf Basis der Kalkulationsergebnisse kann man eine Erfolgsgröße pro Stück als Differenz zum Verkaufserlös berechnen. Diese Differenz nennt man **Stückerfolg**, soweit es sich bei den verwendeten Stückkosten um Vollkosten handelt, und **Deckungsbeitrag**, wenn lediglich Teilkosten verrechnet werden.

Der **Stückerfolg** ergibt sich also, indem vom Nettoverkaufserlös pro Stück die nach Vollkostenrechnung ermittelten Kosten pro Stück abgezogen werden. Damit ist jedoch klar, daß es einen eindeutigen Stückerfolg eines Produktes nicht geben kann. Da jede Zurechnung der fixen Kosten auf die Produktart und innerhalb dieser auf die einzelne Produkteinheit willkürlich ist, können die anteiligen Fixkosten pro Stück allenfalls einer vereinbarten Rechenvorschrift entsprechen - das Kriterium der Richtigkeit ist also nur im

Sinne einer Regelkonformität anwendbar. Entsprechend aussagearm ist ein so ermittelter Stückerfolg. Abbildung D. 7 zeigt die Daten einer Fünfproduktunternehmung, in der alle Produkte über die gleiche Fertigungsanlage laufen.

Produktart	A	B	C	D	E
Planmenge	5.000 ME	10.000 ME	6.000 ME	6.000 ME	10.000 ME
Fertigungszeit-bedarf pro Stück	1 Min.	0,4 Min.	0,5 Min.	1 Min.	0,2 Min.
Materialkosten pro Stück	13,– DM	22,– DM	16,– DM	20,– DM	16,– DM
variable Fertigungs-kosten pro Stück	6,– DM	6,– DM	5,– DM	4,– DM	8,– DM
Stückerlös	29,– DM	27,– DM	24,– DM	26,– DM	30,– DM

Abbildung D. 7: Daten für die Kosten- und Leistungsrechnung einer Fünfprodukt-unternehmung

Diese Fertigungsanlage verursacht im betrachteten Zeitraum Fixkosten in Höhe von 100.000,-- DM. Sie fallen an für die Herstellung der Produktionsbereitschaft für eine Periode. Ist die Anlage produktionsbereit, dann gilt dies für alle fünf Produktarten. Soll beispielsweise nur eine davon produziert werden, verringert sich der Fixkostenbetrag dadurch nicht.

Entschließt man sich im betrachteten Beispiel, einer weit verbreiteten Übung folgend, zum Zwecke einer Vollkostenrechnung die Fixkosten auf die einzelnen Produkte nach ihrer zeitlichen Inanspruchnahme der Fertigungskapazität zu verteilen, erhält man zunächst einen Fixkostenanteil von 5,-- DM pro Minute Fertigungszeit. Daraus ergeben sich die in Abbildung D. 8 angegebenen Vollkosten und Stückerfolge. Die Produkte B und D weisen hier einen Stückverlust von jeweils 3,-- DM pro Stück aus. (vgl. Abbildung D. 8)

Die Resultate der Vollkostenrechnung legen nahe, auf die verlustbringenden Produkte B und D zu verzichten. Bei oberflächlicher, falscher Rechnung ermittelt man den neuen Gewinn aufgrund der vorliegenden Stückerfolge mit 78.000,-- DM. Die angezeigte Verbesserung besteht jedoch nur scheinbar, da jetzt Teile des Fixkostenblocks nicht gedeckt sind.

Produktart	A	B	C	D	E
Planmenge	5.000 ME	10.000 ME	6.000 ME	6.000 ME	10.000 ME
Fertigungs-zeitbedarf	5.000 Min.	4.000 Min.	3.000 Min.	6.000 Min.	2.000 Min.
Fixkosten-verteilung	25.000 DM	20.000 DM	15.000 DM	30.000 DM	10.000 DM
variable Stück-kosten	19,– DM	28,– DM	21,– DM	24,– DM	24,– DM
anteilige Fixkosten pro Stück	5,– DM	2,– DM	2,50 DM	5,– DM	1,– DM
volle Selbst-kosten	24,– DM	30,– DM	23,50 DM	29,– DM	25,– DM
Stückerlös	29,– DM	27,– DM	24,– DM	26,– DM	30,– DM
Stückerfolg	5,– DM	– 3,– DM	0,50 DM	– 3,– DM	5,– DM
Erfolg je Produktart	25.000 DM	–30.000 DM	3.000 DM	– 18.000 DM	50.000 DM
Gesamt-erfolg			30.000 DM		

Abbildung D. 8: Kosten- und Leistungsdaten für die Fünfproduktunternehmung bei Vollkostenrechnung

Es handelt sich um 20.000,-- DM sowie 30.000,-- DM, die vorher den Produkten B und D zugerechnet worden waren. Die korrekte Differenz zwischen Erlösen und Gesamtkosten beträgt bei Verzicht auf Produkt B und Produkt D tatsächlich 28.000,-- DM. Der Gewinn wird also kleiner, wenn man die als Verlustbringer identifizierten Produkte wegläßt.

Die berechneten Vollkosten pro Stück verleiten somit nicht nur dazu, den Gesamtgewinn bei verändertem Produktionsprogramm falsch zu berechnen (das wäre akzeptierbar und könnte durch entsprechendes Training der Anwender vermieden werden), sie verleiten auch - was schlimmer ist - zu Fehlentscheidungen. Dabei muß festgehalten werden, daß die in Abbildung D. 8 ursprünglich berechneten Zahlen korrekt (regelkonform) sind; auch der ermittelte Gesamtgewinn trifft zu. Das Problem liegt nicht in der rechnerischen Korrektheit, sondern in der Gefahr der Fehlinterpretation. Genau genommen, gelten die berechneten Vollkosteninformationen und Stückerfolge nur bei exakt den angegebenen

Ausbringungsmengen aller fünf Produkte. Schon wenn bei einem Produkt auch nur ein Stück mehr oder weniger hergestellt wird, müßten nach der verwendeten Regel der Fixkostenschlüsselung (hier nach dem Verhältnis der Fertigungszeiten) neue Werte berechnet werden. Dies zeigt: Sogar wenn man die Regel für die Fixkostenschlüsselung für akzeptabel hält, kann man die so ermittelten Stückkosten und Stückerfolge nicht verwenden, da mit jeder Interpretation zumindest eine gedankliche Variation um eine Einheit verbunden ist.

In Abbildung D. 9 ist zum gleichen Beispielfall eine Deckungsbeitragsrechnung dargestellt. An die Stelle des Stückerfolges tritt hier der **Stückdeckungsbeitrag.** Er ergibt sich als Differenz zwischen dem Nettoerlös und den angesetzten Teilkosten pro Stück.

Produktart	A	B	C	D	E
Planmenge	5.000 ME	10.000 ME	6.000 ME	6.000 ME	10.000 ME
Stückerlös variable Stückkosten	29,– DM 19,– DM	27,– DM 28,– DM	24,– DM 21,– DM	26,– DM 24,– DM	30,– DM 24,– DM
Stück-deckungs-beitrag	10,– DM	– 1,– DM	3,– DM	2,– DM	6,– DM
Deckungs-beitrag je Produktart	50.000 DM	–10.000 DM	18.000 DM	12.000 DM	60.000 DM
Gesamt-deckungs-beitrag fixe Kosten Gesamterfolg	130.000 DM 100.000 DM 30.000 DM				

Abbildung D. 9: Deckungsbeitragsrechnung für das Beispiel der Fünfproduktunternehmung

Für die Rechnung mit variablen Kosten gilt also:

Stückdeckungsbeitrag = *Nettoverkaufserlös pro Stück ./. variable Stückkosten.*

Nach dieser Definition ist die Berechnung eines Deckungsbeitrags eindeutig festgelegt. In der praktischen Durchführung können die absoluten Werte höchstens von der Präzision abhängen, mit der die eingehenden Größen ermittelt werden. Gegenüber dem Vollkostenansatz ist aber festzuhalten, daß die Definition nicht inhaltlich unbestimmt bleibt.

Die Zahlen in Abbildung D. 9 geben Auskunft darüber, welchen Beitrag die fünf Produkte zum Abdecken des gemeinsamen Fixkostenblocks bieten. Der Stückdeckungsbeitrag zeigt, ob das Produkt überhaupt pro Stück einen Zuwachs bringt oder nicht. Nach Multiplikation mit der Menge erhält man den Gesamteffekt der Produktart. So kann bereits hier entnommen werden, daß der Verzicht auf die Produkte B und D den Gesamtgewinn um 12.000,-- DM - 10.000,-- DM = 2.000,-- DM reduziert.

Im Vergleich mit der Vollkostenrechnung in Abbildung D. 8 ist wichtig, daß Produktart B tatsächlich ein Verlustträger ist, während Produktart D einen positiven Stückdeckungsbeitrag bringt. Man erkennt also unmittelbar, daß durch Verzicht auf Produkt B der Gewinn auf 40.000 gesteigert, durch Verzicht auf Produkt D hingegen um 12.000 vermindert würde. Ferner stellt sich heraus, daß die Produkte A und E, nach Vollkostenrechnung mit dem gleichen Stückerfolg ausgewiesen, im Deckungsbeitrag doch starke Unterschiede haben.

Die Deckungsbeitragsrechnung ist für alle Zwecke der Analyse, Planung und Disposition besser geeignet als eine Stückerfolgsrechnung auf Vollkostenbasis. Das Prinzip der Deckungsbeitragsrechnung läßt sich zudem verfeinern. Voraussetzung ist, daß sich die Fixkosten nach Produktarten und übergeordneten Einheiten hierarchisch zuordnen lassen. In Modifikation des obigen Beispiels mag eine genauere Analyse der Fixkosten die in Abbildung D. 10 wiedergegebene Zuordnungshierarchie ergeben.

Hier gibt es Fixkosten, die der einzelnen Produktart zurechenbar sind, und nur anfallen, wenn sie produziert wird, also etwa fixe Rüstkosten oder Kosten für die Produktions- und Absatzbereitschaft dieses Produkts. Ferner treten Fixkosten auf, die den Produktgruppen zugerechnet werden können. Dies sind Bereitstellungskosten für Maschinen oder Material oder Lageranlagen, die zwar nicht produktartspezifisch, aber doch produktgruppenspezifisch sind. Schließlich gibt es die nicht genauer zurechenbaren Fixkosten der Gesamtunternehmung. Im Beispiel liegt also ein dreistufiges System der Fixkostenzuordnung vor. In einer entsprechend dreistufig aufgebauten Deckungsbeitragsrechnung kann dies berücksichtigt werden.

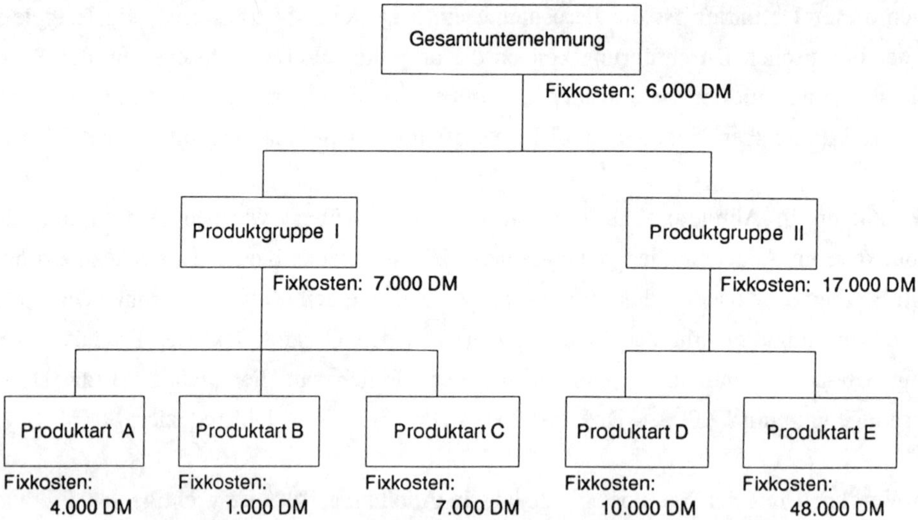

Abbildung D. 10: Beispiel einer hierarchischen Zuordnung von fixen Kosten

Produktgruppe	I			II	
Produktart	A	B	C	D	E
Planmenge	5.000 ME	10.000 ME	6.000 ME	6.000 ME	10.000 ME
Stückdeckungsbeitrag (Deckungsbeitrag I)	10,– DM	– 1,– DM	3,– DM	2,– DM	6,– DM
Deckungsbeitrag–summe I	50.000 DM	– *)	18.000 DM	12.000 DM	60.000 DM
produktartfixe Kosten	4.000 DM	–	7.000 DM	10.000 DM	48.000 DM
Deckungsbeitrag II	46.000 DM	–	11.000 DM	2.000 DM	12.000 DM
Deckungsbeitrag–summe II	57.000 DM			14.000 DM	
produktgruppen–fixe Kosten	7.000 DM			17.000 DM	
Deckungsbeitrag III	50.000 DM			– 3.000 DM	
Deckungsbeitrag–summe III	47.000 DM				
Fixkosten der Unternehmung	6.000 DM				
Periodenerfolg	41.000 DM				

*) B wird nicht produziert

Abbildung D. 11: Beispiel einer mehrstufigen Deckungsbeitragsrechnung

Abbildung D. 11 zeigt das Rechensystem dazu. Bei dreistufiger Fixkostengliederung gibt es dementsprechend außer dem betrieblichen Gesamtgewinn drei Arten von Deckungsbeiträgen:

- Für jede Produktart den Deckungsbeitrag pro Stück (nach Abdecken der variablen Stückkosten),
- den Gesamtdeckungsbeitrag für jede Produktart (nach Abdeckung der produktartfixen Kosten),
- den Deckungsbeitrag für jede Produktgruppe (nach Abdeckung der produktgruppenfixen Kosten).

Die stufenbezogenen Deckungsbeiträge sind in Abbildung D. 11 als Deckungsbeitrag I, Deckungsbeitrag II und Deckungsbeitrag III bezeichnet. Sie liefern für jede Entscheidungsgröße eine entsprechende Beurteilungsgröße. Hinzu kommt für die Gesamtbeurteilung der Periodenerfolg. Die typischen Interpretationen lauten:

- Ist der Stückdeckungsbeitrag positiv, dann lohnt sich auch die Produktion einer weiteren Produkteinheit, falls sich die Produktion dieser Produktart überhaupt lohnt.
- Ist der Deckungsbeitrag für die Produktart positiv, dann lohnt sich die Produktion dieser Produktart, falls innerhalb der Produktgruppe überhaupt produziert wird.
- Ist der Deckungsbeitrag einer Produktgruppe positiv, dann lohnt es sich, die Produktionsbereitschaft für diese Produktgruppe herzustellen, falls der Betrieb überhaupt produziert.
- Ist der Gesamtgewinn positiv, dann sind die Planwerte für Produktion und Absatz insgesamt günstig.

Die Konsequenz aus einem negativen Deckungsbeitrag ist an allen Positionen gleich: Sowie der Deckungsbeitrag negativ wird, ist erwiesen, daß bis hierher Produktion und Absatz der betreffenden Produkte mit den angegebenen Daten nicht gewinnbringend ist.

Entsprechend dem Vorgehen beim dreistufigen Fall verläuft die Analyse bei der **mehrstufigen Deckungsbeitragsrechnung** allgemein (auch: mehrfach gestufte Deckungsbeitragsrechnung). Gegenüber der **einstufigen Deckungsbeitragsrechnung** (auch "einfache Deckungsbeitragsrechnung", **direct costing**) hat sie den Vorteil, daß sie aufgrund der Fixkostengliederung auch die Beurteilung von Teilbereichen der Produktion ermöglicht.

Beachtenswert dabei ist der Fall, daß der Deckungsbeitrag einer Produktionsstufe negativ ist, während alle anderen in der Beurteilungsfolge positive Salden aufweisen. Abbildung D. 11 enthält einen derartigen Fall mit einem Betrag von - 3.000,-- DM als negativem Deckungsbeitrag der Produktgruppe II. Die Deckungsbeiträge dieser Produktgruppe sind so niedrig, die Mengen so gering bzw. die zugehörigen Fixkosten so hoch, daß diese Produktgruppe nicht gewinnbringend ist. Der Verlust in Produktgruppe II wird jedoch durch den hohen Deckungsbeitrag von 50.000,-- DM in Produktgruppe I ausgeglichen und sogar übertroffen. Dadurch ergibt sich in der Gesamtunternehmung insgesamt wieder ein positives Ergebnis. Dieses könnte durch den vollständigen Verzicht auf Produktgruppe II sogar noch um 3.000,-- DM gesteigert werden. In einer einstufigen Deckungsbeitragsrechnung wäre eine derartige Situation nicht sichtbar geworden. Hier liegt der Hauptvorteil der mehrstufigen Deckungsbeitragsrechnung.

3.3.3 Preisgrenzenberechnung bei knappen Kapazitäten

Jede entscheidungsbezogene Kalkulation dient letztlich einer Preisgrenzenberechnung. Soll ein Kundenzusatzauftrag auf seine Vorteilhaftigkeit hin überprüft werden, wird man zunächst die Kosten ermitteln, die unmittelbar für ein Stück dieses Auftrags anfallen. Dies sind höchstens die variablen Kosten pro Stück. Man könnte die Berechnung auch auf die Produkteinzelkosten beschränken. Die Frage, welche von beiden produktbezogenen Größen die angemessene ist, hat in der Kostenrechnungsliteratur zu heftigen Auseinandersetzungen geführt. Hauptvertreter der beiden Positionen sind einerseits KILGER (vgl. z.B. 1988, S. 90 ff.) für die variablen Kosten, andererseits RIEBEL (vgl. 1990, S. 577 ff.) für die Einzelkosten. Eindeutig ist aber, daß mehr als die variablen Kosten nicht anzusetzen sind.

Trifft ein Zusatzauftrag auf eine Situation ausgelasteter Kapazitäten, dann sind mit der Aufnahme des Zusatzauftrags in das Produktionsprogramm nicht nur die unmittelbar anfallenden Kosten verbunden, sondern es werden auch bisher eingeplante Produkte von den Einsatzkapazitäten verdrängt. Man würde also den Zusatzauftrag nur dann annehmen, wenn er einerseits seine variablen Kosten (bzw. Einzelkosten) abdeckt sowie andererseits mindestens soviel an Deckungsbeitrag erbringt, wie mit den benötigten Kapazitäten auf andere Weise hätte verdient werden können. Dies ist der Grundgedanke der auf BÖHM/WILLE (1977) zurückgehenden sog. **Standardgrenzpreisrechnung**, die nach folgendem Schema arbeitet:

	Grenzkosten des Produkts
+	*Grenzdeckungsbeitrag der eingesetzten Kapazitäten*
=	*Grenzpreis des Produkts*

Die Grenzkosten umfassen die zusätzlich anfallenden Stückkosten des Produktes, also z.B. die variablen Kosten. Im Grenzdeckungsbeitrag einer Kapazität sollen die durch Verzicht auf einen anderweitigen Einsatz entgehenden Deckungsbeiträge erfaßt werden. Die solcherart ergänzte Kalkulation wird erleichtert, wenn für die einzelnen Einsatzgüter die Grenzdeckungsbeiträge bereits bekannt sind. Sie richten sich nach dem geplanten Produktions- und Absatzprogramm. Die Einplanung des Zusatzauftrags verringert die Kapazitäten, die für das bisherige Produktions- und Absatzprogramm noch zur Verfügung stehen. Bei optimaler Planung ergibt sich daraus ein verändertes optimales Absatzprogramm. Es kann z.B. nicht nur eine Minderproduktion mancher Produkte, sondern auch eine Mehrproduktion von anderen umfassen. Daher können die zutreffenden Grenzdeckungsbeiträge erst nach einer entsprechenden Planung angegeben werden. I.d.R. ist davon auszugehen, daß die Position der entgehenden Deckungsbeiträge nicht vernachlässigbar ist. Es handelt sich um den Mindestbeitrag, den der Zusatzauftrag einbringen muß, um überhaupt angenommen zu werden. Er steigt mit der Höhe der Deckungsbeiträge. Das heißt, daß sich eine gute Deckungsbeitragssituation der bisher bereits eingeplanten Produkte in entsprechend hohen Mindestpreisen für Zusatzaufträge niederschlägt.

Da bei nicht ausgelasteten Kapazitäten der Grenzdeckungsbeitrag null ist, kann nach dem skizzierten Schema allgemein vorgegangen werden.

3.4 Lösung stellenbezogener Aufgaben der Kosten- und Leistungsrechnung

3.4.1 Prinzip der stellenbezogenen Plankostenrechnung

Zu den wichtigsten stellenbezogenen Aufgaben, die mit Hilfe der Kosten- und Leistungsrechnung zu erfüllen sind, gehören die Planung und Kontrolle der Kosten von Kostenstellen. Die **Kostenplanung** ist dabei als Voraussetzung für eine fundierte Kontrolle anzusehen. Grundlage der Planung sind kostentheoretische Aussagen. Sie lassen sich dort am besten untersuchen, wo nicht nur die Kosten eindeutig zurechenbar, sondern vor allem auch deren Bestimmungsgrößen operational quantifizierbar und damit meßbar sind. Dies trifft i.d.R. am ehesten im Fertigungsbereich zu. Freilich gibt es auch hier Unterschiede. Die wenigsten Probleme wirft tendenziell die Fertigung von Sachgütern auf. Je mehr die Produkte immateriellen Charakter haben, wie Dienstleistungen, Informationen, Rechte, desto mehr Schwierigkeiten der Messung treten auf. Aber auch der Produktionstyp spielt eine Rolle. Je mehr losweise Fertigung, insbesondere Chargenfertigung vorliegt, je höher der Automationsgrad ist, und je weiter sich die Fertigungsstruktur vom Typ des Montageprozesses entfernt, desto ungünstiger ist die Ausgangslage für die Kosten- und Leistungsrechnung.

Im folgenden soll zunächst die einfachste Situation angenommen werden. Hier läßt sich die Höhe der Kosten mit befriedigender Genauigkeit durch eine einzige Bestimmungsgröße erklären. Sie wird als **Beschäftigung** oder **Beschäftigungsgrad** bezeichnet. Dies ist in den zutreffenden Fällen die Ausbringungsmenge. Auch für die Gestalt der Kostenfunktion sei hier die denkbar einfachste Variante vorausgesetzt. Hier sind die variablen Kosten ausschließlich proportional. Abbildung D. 12 zeigt ein Beispiel dazu.

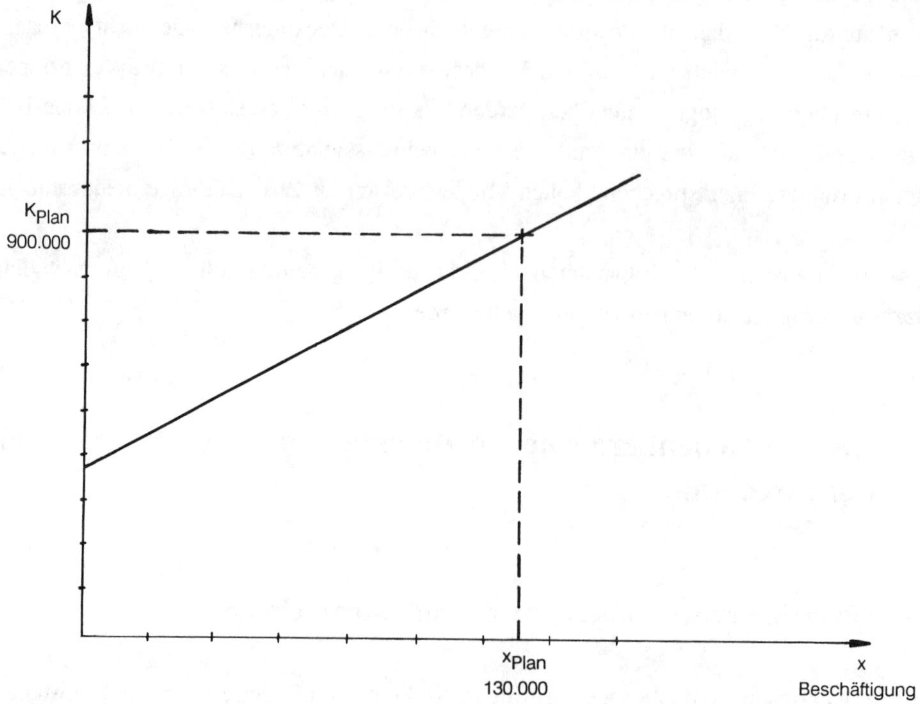

Abbildung D. 12: Beispiel einer einvariabligen Kostenplanung mit linearer Kostenfunktion

Mit einer derartigen Vorgabe ist die Kostenplanung für eine Stelle wie folgt durchzuführen:

- Es ist die geplante Ausbringungsmenge für die Planperiode zu bestimmen. Für unser Beispiel sei von der Zahl x^{plan} = 130.000 ausgegangen. Dies ist die **Planbeschäftigung.**

- Für die Planbeschäftigung werden mit Hilfe der Kostenfunktion die **Plankosten** K^{plan} der Folgeperiode bestimmt.

Damit ist die Kostenplanung beendet. Weitere Überlegungen können erst innerhalb und nach der Planperiode angestellt werden.

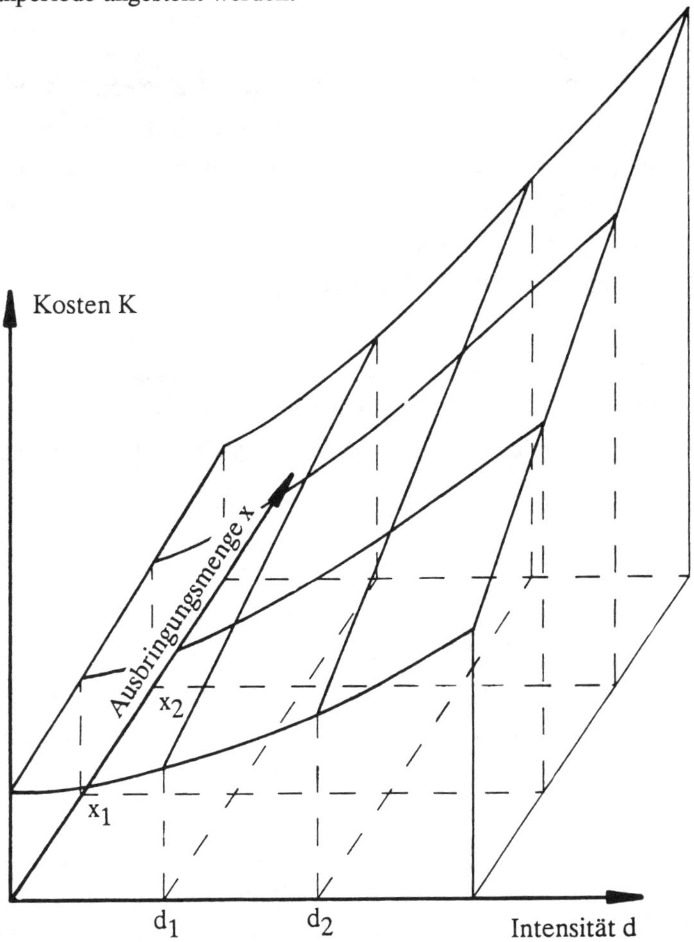

Abbildung D. 13: Beispiel zur Kostenplanung mit einer zweidimensionalen Kostenfunktion

Etwas aufwendiger gestaltet sich die Kostenplanung bei **mehrdimensionalen Kostenfunktionen.** Hier müßte im ersten Schritt festgestellt werden, wie hoch die Ausprägung jeder der berücksichtigten Kostenbestimmungsgrößen ist, also etwa der einzelnen Produktarten, der Fertigungsintensität, der anderen Fertigungsparameter. Aus der Kombination dieser Bestimmungsgrößen ergibt sich gemäß der mehrdimensionalen Kostenfunktion die Höhe der Plankosten. Abbildung D. 13 zeigt ein Beispiel für eine Kostenfunktion mit zwei Kostenbestimmungsgrößen: der Ausbringungsmenge x und der Intensität d.

3.4.2 Anwendung der Plankostenrechnung für Budgetierung und Prognose

Eine Plankostenrechnung einer betrieblichen Stelle kann zwei unterschiedlichen Zwecken dienen. Entweder ist sie darauf ausgerichtet, die Kosten einer Folgeperiode möglichst treffend vorherzusagen, dann spricht man genauer von einer **Prognosekostenrechnung**; oder sie bezweckt, eine Kostenzahl als Steuerungsgröße zu ermitteln, die dem Kostenstellenverantwortlichen als Zielgröße vorgegeben wird. In diesem Fall spricht man von **Standardkostenrechnung** oder **Budgetkostenrechnung**.

Eine **Prognosekostenrechnung** soll der Unternehmungsführung, mindestens aber den übergeordneten Einheiten der untersuchten Stellen, einen möglichst treffsicheren Eindruck vermitteln, wie groß die Kosten der Planungsperiode aus heutiger Sicht sein werden.

Diese Prognosegrößen sind nur in organisatorisch übergeordneten Einheiten sinnvoll verwendbar. Hier kann man etwa die Prognosekosten der verschiedenen Stellen einer Abteilung bzw. der verschiedenen Abteilungen eines Bereiches zusammenfassen, um so eine prognostizierte Zahl für die Kosten der Abteilung bzw. des Bereichs zu haben. Prinzip ist dabei stets, die zu **erwartenden** Kosten zu planen. Dagegen geht es **nicht** um die Kosten bei günstigster, zielentsprechender Verfahrensweise in den Produktionsstellen.

Auch für Planfortschrittskontrollen in den untergeordneten Stellen muß eine Prognosekostenrechnung herangezogen werden. Hier wird aufgrund der aktuellen Höhe der relevanten Kostenbestimmungsgrößen während der laufenden Planperiode ein Prognosekostenbetrag berechnet und mit den Zielgrößen verglichen. Der Zweck dieser Art der Plankostenrechnung liegt also in jedem Fall bei der Unternehmungsführung.

Bei der **Budgetkostenrechnung**, der zweiten Art einer Plankostenrechnung, geht es darum, die Kosten einer optimalen Politik in der betrachteten Kostenstelle zumindest pauschal zu bestimmen.

Hier wird also nicht nur prognostiziert, sondern auch eine günstige Gestaltung der Kosten angestrebt. Die so ermittelte Budgetzahl wird dem Kostenstellenleiter zur Orientierung und Motivation, gegebenenfalls auch als Budget vorgegeben. Später, nach Ablauf der Periode, wird daran die erbrachte Leistung gemessen. Somit erfüllt auch diese Art von Budget eine wichtige Funktion für die Unternehmungsführung. Es ist ein Steuerungsparameter. Schon daher gehen in seine Bestimmung auch die betrieblichen Ziele ein. Der Zielbezug kann daran erkannt werden, daß bei sonst gleichen Bedingungen das Budget für eine Kostenstelle größer oder kleiner ausfällt, je nachdem, welches Ziel für die Budgetierung vorherrschend ist *(vgl. OSSADNIK B. 2.2.2.1)*. Die Prognosekostenrechnung kommt dagegen ohne Zielberücksichtigung aus; sie muß es auch, denn ihr Rechenzweck ist nicht die Bestimmung einer günstigen, sondern der tatsächlichen Entwicklung.

Beide Arten von Plankostenrechnungen erfüllen also ihre eigenen Zwecke, beide werden gebraucht. Im hierarchischen Aufbau der Unternehmung findet man in jeder Instanz, die untergeordneten Einheiten Kostenbudgets vorgibt, einen Anwendungsfall für die Budgetkostenrechnung. Hier wird man nach den Zielen der betrachteten Instanz die Kostenbudgets der einzelnen Teilbereiche bestimmen. Andererseits wird man parallel dazu für die gleichen Einheiten auch eine Prognosekostenrechnung durchführen, um Planungsdaten zur voraussichtlichen Kostenentstehung zu haben. Während in der Budgetkostenrechnung also berechnet wird, wie hoch die Kosten einer Abteilung sein sollen, erhält man aus der Prognosekostenrechnung auf Basis der Vergangenheitserfahrung und gegebenenfalls zusätzlicher Hypothesen eine Information darüber, wie weit diese Vorgabe erreicht (oder eben nicht erreicht) wird. Es liegt auf der Hand, daß der untergeordneten Einheit nicht beide Zahlen bekannt sein dürfen. Weiß man dort, in welchem Ausmaß die Einhaltung des vorgegebenen Budgets erwartet wird, korrigiert man die Vorgabe bereits vorab entsprechend und nimmt als eigentlich angestrebtes Budget diese Prognosegröße. Freilich dürfte dies zur Konsequenz haben, daß auch dieses Budget verfehlt wird, so daß die Prognose ebenfalls nicht zutrifft. Als Voraussetzung der Prognose galt ja die Vorgabe des festgelegten Budgets.

So unterschiedlich die beiden Arten der Plankostenrechnung inhaltlich auch sind, methodisch unterscheiden sie sich kaum. In beiden Fällen gelangt man zu den Plankosten auf die oben skizzierte Weise. Der Unterschied liegt bereits in der Gewinnung der Kostenfunktion. So ist zur Feststellung der Verbrauchsmengen von Einsatzgütern im Falle der Prognosekostenrechnung eine Erfahrungsanalyse, im Falle der Budgetkostenrechnung eine Optimierung erforderlich. Für die Bewertung zieht man in der Prognosekostenrechnung die voraussichtlichen Ist-Preise, in der Budgetkostenrechnung festgelegte Standardpreise heran. Für letztere bieten sich, je nach Stelle, auch optimale, d.h. bei geschickter Politik erreichbare Preise an.

3.4.3 Aufbau von Abweichungsanalysen

Nach Ablauf der Periode, für die die Plankostenrechnung aufgestellt wurde, können die tatsächlich entstandenen Ist-Kosten ermittelt werden. Spätestens jetzt ist eine Kontrolle in Form eines Soll-Ist-Vergleichs möglich. Auf ähnliche Weise können allerdings auch schon während der Planperiode Zwischenvergleiche angestellt werden. An die Stelle des Ist-Wertes, der ja erst am Ende der Periode feststeht, tritt dann ein Prognosewert. Er kann auf der Basis der bis zum Analysezeitpunkt schon vorliegenden Daten aus der laufenden Periode bestimmt werden und ist im allgemeinen um so verläßlicher, je weiter die Periode schon vorangeschritten ist. Die eigentliche Analyse der gewonnenen Daten unterscheidet sich nicht von der am Ende der Periode.

Die Abweichungsanalyse soll zunächst am Fall einer eindimensionalen Kostenfunktion erläutert werden. Hierzu wird das Beispiel aus Abbildung D. 12 fortgeführt. Angenommen wird, die **Plankosten** in Höhe von 900.000,-- DM seien als Budget vorgegeben worden. Nun wird festgestellt, daß die tatsächlichen Kosten bei 1.130.000,-- DM liegen. Die Produktionsmenge ist ebenfalls nicht wie geplant realisiert worden. Anstelle der geplanten 130.000 Stück sind lediglich 65.000 Stück produziert worden. Dies wird als **Ist-Beschäftigung** bezeichnet. Ehe vorschnell nicht vergleichbare Zahlen einander gegenübergestellt werden, sind verschiedene Umrechnungen vorzunehmen. So ist im ersten Schritt zu trennen, inwieweit ein höherer Ist-Kostenbetrag durch gestiegene Preise oder durch einen Mehrverbrauch an Einsatzgütern zustande gekommen ist. Entsprechendes gilt, soweit dies vorkommt, für Ist-Kosten oder Teilbeträge, die niedriger ausgefallen sind als geplant.

Die Ist-Kosten berechnen sich aus Ist-Verbrauchsmenge und Ist-Preisen. Aus diesen **Ist-Kosten zu Ist-Preisen** berechnet man die **Ist-Kosten zu Planpreisen**, indem man die gleiche Kostenbewertung vornimmt wie ursprünglich bei der Kostenplanung. Die Differenz bezeichnet man als **Preisabweichung**:

Preisabweichung = *Ist-Kosten zu Ist-Preisen*
./. Ist-Kosten zu Planpreisen.

Für diese Preisabweichung ist der Kostenstellenleiter nicht verantwortlich. Vielmehr kann hier eine Verantwortung allenfalls im Bereich der Beschaffung gesucht werden. Aber auch dazu bedürfte es einer genaueren Analyse, um festzustellen, inwieweit etwa ein Mehrpreis, der im Einkauf entstanden ist, auf mangelndes Geschick bei der Lieferantenauswahl oder bei der Konditionenverhandlung zurückzuführen ist - oder etwa auf die allgemeinen Marktlage, dergegenüber die eigenen Einkäufer vielleicht sogar besonders günstig abschließen konnten. Diese Detailanalyse ist im Bereich der Beschaffung durchzuführen *(vgl. CORSTEN F. 5.3.1)*. Ausgangspunkt ist jedoch die ermittelte Preisabweichung.

Die Ist-Kosten zu Planpreisen mögen im Beispiel 1.010.000,-- DM betragen. Jede Abweichung, die von diesem Betrag zu den Plankosten besteht, ist auf Unterschiede zwischen Soll und Ist in den Verbrauchsmengen zurückzuführen. Hierbei ist zu berücksichtigen, daß auch die produzierte Menge anders war als geplant; im Beispiel war sie niedriger. Daher hätten auch die Kosten dafür niedriger ausfallen müssen. Dies wird in den Soll-Kosten ausgedrückt.

Soll-Kosten sind die für die Ist-Beschäftigung zu planenden Kosten.

Man ermittelt sie allgemein, indem man die Bestimmungsgrößen der Kosten für die Ist-Situation in die Kostenfunktion einsetzt. Im Beispiel liegen sie bei

$$K_S = 380.000,\text{-- DM} + 4,\text{-- DM/Stück} \cdot 65.000 \text{ Stück}$$
$$= 640.000,\text{-- DM}.$$

Die Soll-Kosten sind die Basis für den Kostenvergleich der verbrauchten Mengen. Man berechnet die **Verbrauchsabweichung**:

Verbrauchsabweichung = *Ist-Kosten zu Plan-Preisen*
./. Soll-Kosten.

Die Verbrauchsabweichung gibt an, in welcher Höhe Kosten aus Gründen eines Mehrverbrauchs zusätzlich entstanden sind. Hier liegt die Verantwortung möglicherweise beim Kostenstellenleiter, dessen Produktionsmanagement diesen Mehrverbrauch veranlaßt haben kann. Freilich ist es auch hier denkbar, daß die Ursachen anderswo liegen. Eine

Maschine mag ausgefallen sein, das Einsatzmaterial mag ungewöhnlich fehlerhaft gewesen sein oder es mußte mit weniger oder geringer qualifiziertem Personal gearbeitet werden. Ob solche Gründe vorliegen und inwieweit sie vom Kostenstellenleiter zu vertreten sind, wird Gegenstand einer genaueren Untersuchung sein müssen, die durch die berechnete Verbrauchsabweichung veranlaßt wird. Grundlage ist eine fundierte Berechnung der Verbrauchsabweichung auf die beschriebene Weise. Das Beispiel der Abbildung D. 14 zeigt, daß nicht nur die Berechnung der Verbrauchsabweichung von Bedeutung ist, sondern vor allem auch ihre Interpretation sowie ihre Erläuterung gegenüber den Beteiligten.

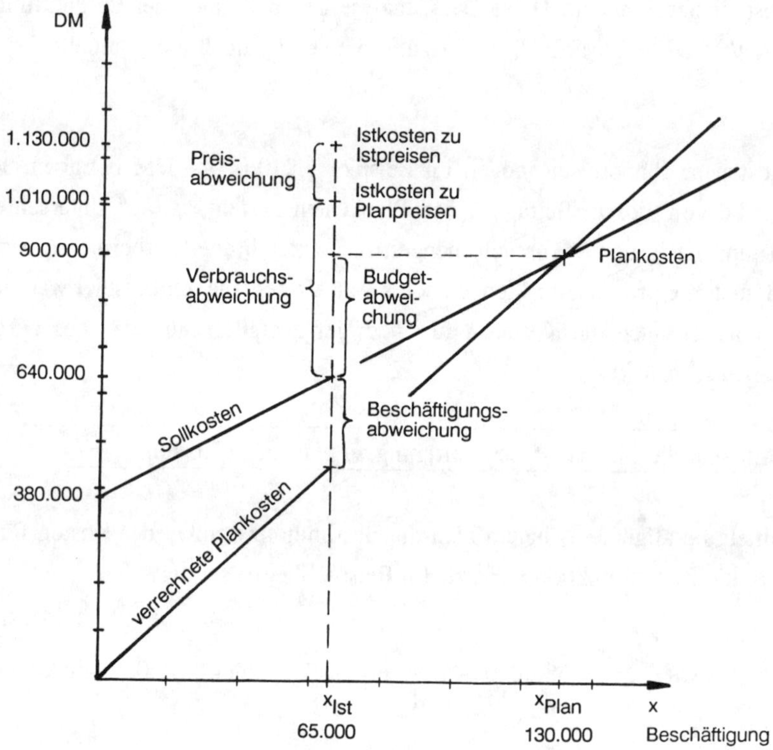

Abbildung D. 14: Abweichungsanalyse bei der Plankostenrechnung mit einer Variablen

Zur Analyse von Abweichungen gehört auch die Festlegung, wann überhaupt eine Abweichung vorliegt. Hier gilt es, praktikable Toleranzgrenzen festzulegen, innerhalb derer die Plangrößen noch als erreicht gelten. Einerseits soll dadurch die langwierige Untersuchung von Kleinstabweichungen vermieden werden, andererseits darf nicht durch Übergehen einer inhaltlich bedeutenden Abweichung ein Frühwarnsignal unbeachtet bleiben. Die Festlegung adäquater Empfindlichkeitsschwellen dient der Koordination von Planung, Kontrolle, zugehöriger Informationsbereitstellung und deren Wirkung als Führungsinstrument. Sie ist deshalb eine typische Controlling-Aufgabe.

Die Verbrauchsabweichung ist bei eindimensionalen Kostenfunktionen die wichtigste Abweichungsart. Daneben kann man in der traditionellen Abweichungsanalyse verschiedene weitere Abweichungsarten ermitteln. Sie sind in Abbildung D. 14 ebenfalls eingetragen. Die Preisabweichung wurde schon oben erläutert. Die Plan-Ist-Abweichung ergibt sich als Differenz von Planvorgabe und realisiertem Wert. Sie ist nahezu ohne jeglichen Informationsgehalt. Als **Budgetabweichung** bezeichnet man die Änderung des vorzugebenden Budgets, die durch die veränderte Ausbringung erforderlich wird. Sie ist also die Differenz zwischen Plankosten und Soll-Kosten. Mit der Beschäftigungsabweichung schließlich soll ein Wert für die Minder- oder Mehrproduktion gegenüber dem Plan gefunden werden. Man proportionalisiert zunächst die Plankosten. Hieraus ergeben sich die **verrechneten Plankosten**, wie in Abbildung D. 14 eingetragen. Die Differenz zwischen Soll-Kosten und verrechneten Plankosten bei Ist-Beschäftigung bezeichnet man üblicherweise als **Beschäftigungsabweichung**. Diese Größe ist für eine fundierte Kostenanalyse völlig ohne Bedeutung. Bei ihr handelt es sich nämlich genau genommen nicht um eine Kostenabweichung, sondern um den Teil der fixen Kosten, der wegen der kleineren Ausbringungsmenge rechnerisch nicht abgedeckt ist. Dieser Teil der fixen Kosten wird daher bisweilen auch (irreführend) als "Leerkosten", der andere Teil als "Nutzkosten" bezeichnet. Voraussetzung für diese Aussage ist freilich eine (entscheidungslogisch nicht begründbare) Gleichverteilung der Kosten über die Plan-Ausbringungsmenge. Eine Beschäftigungsabweichung mißt man demgegenüber sinnvoller mengenmäßig als Differenz zwischen Plan- und Istbeschäftigung (vgl. KLOOCK 1981, S. 502).

Bei mehrdimensionalen Kostenfunktionen sind nach den gleichen Prinzipien wie im eindimensionalen Fall für jede einzelne Einflußgröße Abweichungen berechenbar. Dies erlaubt, eine insgesamt auftretende Kostenabweichung in Teile zu zerlegen, die von verschiedenen organisatorischen Einheiten zu verantworten bzw. auf nicht beeinflußbare Bestimmungsgrößen zurückzuführen sind. Ein Problem bilden allerdings die beim Zusammentreffen mehrerer Ursachen auftretenden Abweichungsarten höherer Ordnung. Bei größerer Verbrauchsmenge eines Zwischenprodukts und bei größerem Materialverbrauch pro Stück für die Herstellung des Zwischenprodukts selbst entsteht beispielsweise ein Mehrverbrauch an Material für die Zusatzmenge des Zwischenprodukts, der letztlich zwei Ursachen hat. Dies ergibt eine sog. quadratische Abweichung, die neben den einfachen Abweichungen vorliegt. Treffen weitere Abweichungsursachen zusammen, entstehen Abweichungen dritter und höherer Ordnung (zu den Analysemethoden derartiger Abweichungen vgl. KILGER 1988, S. 169 ff., KLOOCK/SIEBEN/SCHILDBACH 1991, S. 160 ff.).

3.5 Lösung weiterer Planungsprobleme mit Hilfe der Kosten- und Leistungsrechnung

3.5.1 Ansätze zur Produktionsprogrammplanung

3.5.1.1 Produktionsprogrammplanung bei einem Kapazitätsengpaß

Ein typisches Anwendungsgebiet der Kosten- und Leistungsrechnung sind die laufenden Entscheidungen im Produktionsbereich, insbesondere die Zusammenstellung des Produktionsprogramms. Die Bereitstellung passender Kostenrechnungszahlen hierzu ist prinzipiell problemlos, solange die einzelnen Aufträge unabhängig voneinander, also nicht durch gemeinsame Beschränkungen verbunden sind. Für solchermaßen isolierte Einzelentscheidungen über Aufträge kann der auftragsbezogene Deckungsbeitrag zur Entscheidungsfindung herangezogen werden. Bei einem positiven Wert ist die Aufnahme des Auftrags im Produktionsprogramm vorteilhaft, andernfalls nicht. Die Struktur der Produktionsprogrammentscheidung ändert sich, wenn Engpässe auftreten, die mehrere Produkte gemeinsam betreffen. Hier wiederum ist ein einfacher Sonderfall dadurch gekennzeichnet, daß genau ein Engpaß vorliegt. Diese Situation sei zunächst betrachtet.

Zur Erläuterung soll von folgendem Beispiel ausgegangen werden. Im angenommenen Betrieb kann man die vier Produkte A, B, C, D produzieren. Kostenverhältnisse und Verkaufspreise für die Planungsperiode stehen fest und sind bekannt. Darüber hinaus weiß man aus Marktuntersuchungen, wieviel der Markt maximal zum festgelegten Preis aufnehmen könnte. Für den Beispielfall sind alle diese Angaben in Abbildung D. 15 zusammengestellt.

In der geschilderten Situation gilt es zu entscheiden, in welchen Mengen die einzelnen Produkte hergestellt und angeboten werden sollen. Ehe weitere Überlegungen angestellt werden, empfiehlt es sich, die gleiche Prüfung durchzuführen, wie sie auch im Fall ohne Kapazitätsbeschränkung angezeigt wäre.

Produktart	A	B	C	D
Stückerlös variable Stückkosten	229,– DM 184,– DM	214,– DM 176,– DM	176,– DM 141,– DM	199,– DM 167,– DM
Fixkosten	350.000,– DM			
maximale Absatz- mengen	8000 Stk.	5000 Stk.	3500 Stk.	2500 Stk.
Fertigungszeit je Stück auf Anlage I	8 Min.	7 Min.	5 Min.	5 Min.
verfügbare Kapazität auf Anlage I	1000 Std. = 60.000 Min.			

Abbildung D. 15: Daten für eine Produktionsprogrammplanung bei einem Engpaß

Man berechnet also zunächst für jede Produktart den Deckungsbeitrag pro Stück. Nur Produkte, die hier einen nicht-negativen Wert aufweisen, werden weiterverfolgt. Dann kann man - ebenfalls wie im einfachen Fall - prüfen, ob bei jeweils maximaler Menge überhaupt ein Gewinn erwartet werden kann. Man ermittelt also den Gesamtdeckungsbeitrag bei jeweils höchstmöglicher Absatzmenge der Produkte und deckt mit der Summe den Fixkostenbetrag ab. Der so ermittelte Überschuß ist möglicherweise nicht realisierbar, da die Einhaltung der Kapazitätsrestriktion noch nicht geprüft wurde. Dennoch ist diese Kontrollrechnung wichtig: Zeigt sich nämlich hier bereits, daß auch bei größtmöglicher Menge keine Kostendeckung erreicht wird, ist offensichtlich keine differenziertere Überlegung nötig.

Produktart	A	B	C	D
Stückdeckungs- beitrag	45,– DM	38,– DM	35,– DM	32,– DM
Deckungsbeitrag je Produktart bei Maximalabsatz	360.000 DM	190.000 DM	122.500 DM	80.000 DM
Gesamtdeckungs- beitrag bei Maximalabsatz – Fixkosten	752.500 DM 350.000 DM			
Gesamterfolg	402.500 DM			

Abbildung D. 16: Deckungsbeitragsrechnung für das Beispiel aus Abbildung D. 15 bei Maximalabsatz

Im vorliegenden Beispiel fallen diese Vorprüfungen positiv aus (vgl. Abbildung D. 16). Die betrachtete Produktion kann also vorteilhaft sein. Potentieller Engpaß ist jedoch die Produktionszeit auf der von allen Produkten belegten Fertigungsanlage I. Eine Überprüfung des Bedarfs an Einsatzzeit dieser Anlage ergibt, daß nicht alle Produkte mit jeweils maximaler Menge produzierbar sind. Die Rechnung zeigt Abbildung D. 17.

Produktart	A	B	C	D
Kapazitätsbedarf je Produktart bei Maximalabsatz	8 * 8000 = 64.000 Min.	7 * 5000 = 35.000 Min.	5 * 3500 = 17.500 Min.	5 * 2500 = 12.500 Min.
Gesamtbedarf bei Maximalabsatz	129.000 Min.			

Abbildung D. 17: Kapazitätsprüfung für das Beispiel aus Abbildung D. 15

Damit ist für alle Produkte zu entscheiden, ob sie jeweils mit Maximalmenge oder gegebenenfalls mit einer geringeren Menge hergestellt werden sollen. Angestrebt wird dabei, den Deckungsbeitrag in der Summe möglichst groß zu machen. Eine Orientierung am Stückdeckungsbeitrag ist zur Lösung dieser Frage nicht zielführend. Wie das Produkt A im Beispiel zeigt, belegt ein Produkt mit vergleichsweise großem Stückdeckungsbeitrag möglicherweise die Fertigungsanlage sehr lange, so daß es günstiger sein kann, ein anderes Produkt zu fördern. Das eigentliche Problem besteht nicht in einer Produktauswahl, sondern darin, die knappe Fertigungszeit optimal zuzuteilen. Daher sind Zahlen zweckmäßig, die angeben, welcher Deckungsbeitrag bei alternativer Verwendung der Fertigungszeit erzielt wird. Dies leistet für jedes Produkt der Deckungsbeitrag pro Engpaßeinheit.

Der **Deckungsbeitrag pro Engpaßeinheit** eines Produkts gibt an, welcher Deckungsbeitrag zusätzlich erzielt wird, wenn eine Einheit der knappen Kapazität zur Produktion dieses Produkts verwendet wird.

Beispiele sind der Deckungsbeitrag pro Maschinenstunde, der Deckungsbeitrag pro Abteilungs-Einsatzstunde, der Deckungsbeitrag pro Kilogramm Materialeinsatz, der Deckungsbeitrag pro Stück eingesetzten Zwischenprodukts usw.

Der Deckungsbeitrag pro Engpaßeinheit wird auch als **spezifischer**, **relativer** oder **engpaßbezogener** Deckungsbeitrag eines Produkts bezeichnet, im Gegensatz zum absoluten Deckungsbeitrag pro Stück des Produkts. Die Deckungsbeiträge pro Engpaßeinheit erlauben es, die Produkte nach ihrer Günstigkeit bei der Verteilung der knappen Kapazität zu ordnen. Für das Beispiel wird in Abbildung D. 18 die Rangfolge C - D - A - B errechnet. Die vorhandene Kapazität wird sukzessive den Produkten zugeteilt. In der gefundenen Reihenfolge erhält jedes Produkt so viel an Kapazität zugewiesen, wie zur Produktion der maximalen Absatzmenge erforderlich ist. Im Beispiel erhalten also zunächst Produkt C, danach Produkt D usw. Kapazitäten zugeteilt. Reicht die Restkapazität nicht mehr aus, um die Produktion bis zur Absatzgrenze sicherzustellen, muß anhand der Produktionskoeffizienten *(vgl. REESE G. 4.2)* die noch produzierbare Menge berechnet werden. Die in der gefundenen Reihenfolge späteren Produkte gehen leer aus. Im Beispiel wird von Produkt A nur ein Teil der absetzbaren Menge hergestellt, von Produkt B dagegen nichts.

Produktart	A	B	C	D
Deckungsbeitrag pro Engpaßeinheit auf Fertigungsanlage I	5,63 DM	5,43 DM	7,00 DM	6,40 DM
Rangfolge	III	IV	I	II
Produktionsmenge	3750 Stk.	–	3500 Stk.	2500 Stk.
Deckungsbeitrag je Produktart	168.750 DM	–	122.500 DM	80.000 DM
Gesamtdeckungs-beitrag	371.250 DM			
– Fixkosten	350.000 DM			
Gesamterfolg	21.250 DM			

Abbildung D. 18: Deckungsbeitragsrechnung für das Beispiel aus Abbildung D. 15 bei optimalem Produktionsprogramm

Nach der beschriebenen Entscheidungsrechnung erhält man eine Verteilung der Engpaßkapazität, die bei den gegebenen Umständen den maximal möglichen Deckungsbeitrag bringt. Natürlich kann dieser Deckungsbeitrag dennoch zu klein sein, um Gewinn zu bringen. Deshalb ist es sinnvoll, den tatsächlich erzielbaren Gesamtgewinn abschließend zu berechnen (vgl. für das Beispiel Abbildung D. 18). Ist er negativ, kann bei den gegebenen Verhältnissen ein positives Ergebnis nicht erreicht werden.

3.5.1.2 Produktionsprogrammplanung bei mehreren Engpässen

Die beschriebene Methode der Produktionsprogrammplanung ist nur bei einem Engpaß anwendbar. Liegen gleichzeitig mehrere Engpässe vor, könnte man zwar ebenfalls jeweils die Deckungsbeiträge pro Engpaßeinheit berechnen. Man hätte aber für jede knappe Kapazität eigene Werte. Sie führen im allgemeinen zu verschiedenen Rangordnungen der Produkte. Abbildung D. 19 zeigt dies an einem Beispiel. Es unterscheidet sich vom bisherigen darin, daß zwei weitere Einsatzgüter beschränkt sind. Es handelt sich einmal um die Bearbeitung auf einer weiteren Fertigungsstufe, zum anderen um einen knappen Rohstoff. Die Produktionskoeffizienten sind ebenfalls in Abbildung D. 19 angegeben. Der Einsatzbedarf übersteigt in allen drei Fällen die verfügbare Kapazität.

Produktart	A	B	C	D
Stückerlös	229,– DM	214,– DM	176,– DM	199,– DM
variable Stückkosten	184,– DM	176,– DM	141,– DM	167,– DM
maximale Absatzmenge	8000 Stk.	5000 Stk.	3500 Stk.	2500 Stk.
Fertigungszeit pro Stück auf Anlage M I	8 Min.	7 Min.	5 Min.	5 Min.
Fertigungszeit pro Stück auf Anlage M II	5 Min.	4 Min.	6 Min.	5 Min.
Bedarf an Rohstoff R III pro Stück	10 ME	6 ME	10 ME	12 ME
verfügbare Kapazität				
auf Anlage M I	60.000 Min.			
auf Anlage M II	50.000 Min.			
Rohstoffvorrat R III	90.000 ME			

Abbildung D. 19: Beispiel zur Produktionsprogrammplanung bei mehreren Engpässen

Eine Rangordnung soll angeben, in welcher Reihenfolge die knappen Einsatzgüter den Produkten zugewiesen werden sollen, um den Deckungsbeitrag zu maximieren. Eine Kapazitätszuordnung ist nur sinnvoll, wenn sie für alle Einsatzgüter gleichermaßen erfolgt. Andernfalls hätte man für ein Produkt zwar das eine Einsatzgut ausreichend, während ein anderes fehlt. Man könnte das Produkt also nicht vollständig produzieren. Damit sind die berechneten Rangfolgen bei mehreren Engpässen nur verwendbar, wenn sie alle übereinstimmen. Dies ist höchstens zufällig der Fall.

Die für dieses Beispiel in Abbildung D. 20 beispielhaft berechneten Rangordnungen sind somit letztlich nutzlos.

Produktart	A	B	C	D
Stückdeckungsbeitrag	45,– DM	38,– DM	35,– DM	32,– DM
Deckungsbeitrag pro Engpaßeinheit auf Fertigungsanlage M I	5,63 DM	5,43 DM	7,00 DM	6,40 DM
Rangfolge	III	IV	I	II
Deckungsbeitrag pro Engpaßeinheit auf Fertigungsanlage M II	9,00 DM	9,50 DM	5,83 DM	6,40 DM
Rangfolge	II	I	IV	III
Deckungsbeitrag pro Engpaßeinheit des Rohstoffs R III	4,50 DM	6,33 DM	3,50 DM	2,67 DM
Rangfolge	II	I	III	IV

Abbildung D. 20: Rangfolgen der Produkte nach den Deckungsbeiträgen verschiedener Engpässe

Diese Schwierigkeit tritt bereits ab dem zweiten Engpaß auf. Das bedeutet, daß nur für Produktionsplanungsprobleme mit genau einem Engpaß die einfache Lösungsmethode mit dem Deckungsbeitrag pro Engpaßeinheit als Steuerungsgröße angewendet werden kann. In allen anderen Engpaßsituationen muß ein allgemeines Lösungsverfahren herangezogen werden. Bei den vorliegenden Zusammenhängen läßt sich die **lineare Planungsrechnung** anwenden.

Allgemein definiert man unbekannte x_j für die gesuchten Produktionsmengen der Produkte $j = 1, \ldots, n$. Das Problem ist durch folgende Daten gekennzeichnet, die vor der Rechnung zu erfassen bzw. zu ermitteln sind:

- Der Stückdeckungsbeitrag d_j für jedes Produkt j.
- Die Absatzhöchstmenge h_j für jedes Produkt j.
- Die im Planungszeitraum verfügbare Kapazität b_i des Einsatzgutes i für jedes der n Güter mit beschränkten Kapazitäten ($i = 1, \ldots, m$).

- Der Produktionskoeffizient a_{ij}, der die Menge des Einsatzgutes i angibt, die für eine Einheit des Produktes j erforderlich ist.

- Zielkriterium ist die Maximierung des Gesamtdeckungsbeitrags D.

Damit kann folgendes Modell der linearen Planungsrechnung für die Produktionsprogrammplanung aufgestellt werden:

Ziel:

$$D = d_1x_1 + d_2x_2 + \dots + d_nx_n \rightarrow max!$$

Nebenbedingungen:

Kapazitätsbeschränkungen der Produktion:

$$\begin{array}{lllll}
a_{11}x_1 & +a_{12}x_2 & +\dots + a_{1n}x_n & \leq & b_1 \\
a_{21}x_1 & +a_{22}x_2 & +\dots + a_{2n}x_n & \leq & b_2 \\
\vdots & & & & \vdots \\
a_{m1}x_1 & +a_{m2}x_2 & +\dots + a_{mn}x_n & \leq & b_m
\end{array}$$

Absatzbeschränkungen:

$$\begin{array}{lllll}
x_1 & & & \leq & h_1 \\
 & x_2 & & \leq & h_2 \\
\vdots & & & & \vdots \\
 & & x_n & \leq & h_n
\end{array}$$

Nichtnegativitätsbedingungen:

$$x_1, \quad x_2, \quad \dots, \quad x_n \quad \geq 0$$

Die Lösung dieses linearen Modells ergibt ein optimales Produktions- und Absatzprogramm. Im Beispiel lautet das Modell:

Ziel:

$$D = 45x_1 + 38x_2 + 35x_3 + 32x_4 \text{ -> max!}$$

Nebenbedingungen:

Kapazitätsbeschränkungen der Produktion:

$$\begin{array}{lllll} 8x_1 & +7x_2 & +5x_3 & +5x_4 & \leq 60.000 \\ 5x_1 & +4x_2 & +6x_3 & +5x_4 & \leq 50.000 \\ 10x_1 & +6x_2 & +10x_3 & +12x_4 & \leq 90.000 \end{array}$$

Absatzbeschränkungen:

$$\begin{array}{lllll} x_1 & & & & \leq 8.000 \\ & x_2 & & & \leq 5.000 \\ & & x_3 & & \leq 3.500 \\ & & & x_4 & \leq 2.500 \end{array}$$

Nichtnegativitätsbedingungen:

$$x_1, \quad x_2, \quad x_3, \quad x_4 \quad \geq 0$$

Als Lösung erhält man

- für die Produktionsmengen

$$x_1 = 1.000;$$

$$x_2 = 3.500;$$

$$x_3 = 3.500;$$

$$x_4 = 2.000.$$

- und für den Gesamtdeckungsbeitrag

$$D = 364.500,\text{-- DM.}$$

Natürlich könnte man auch im Falle nur eines Engpasses den Weg über die Formulierung als lineares Planungsmodell wählen. Man würde letztlich genau die gleichen Rechenschritte durchführen, wie sie oben ohne Rückgriff auf die Interpretation als lineares

Planungsmodell erläutert wurden. Dies zeigt, daß die Produktionsprogrammplanung bei einem Engpaß ein Sonderfall ist, der es erlaubt, die ohnehin anfallenden Rechenschritte unmittelbar einleuchtend zu erläutern. Die Besonderheit des Falles eines Engpasses ermöglicht es, eine Optimierungsaufgabe mit dem einfachen Instrumentarium der Kosten- und Leistungsrechnung zu lösen. Ab dem zweiten Engpaß fällt diese Möglichkeit weg, und es müssen Optimierungstechniken eingesetzt werden.

3.5.2 Berechnung von Break-even-Punkten

3.5.2.1 Break-even-Analysen zur Produktionsentscheidung

Die im vorhergehenden Abschnitt besprochenen Methoden zur Produktionsprogrammplanung bieten eine Entscheidungshilfe bei der Festsetzung der Produktionsmengen innerhalb bekannter Absatzmöglichkeiten. Voraussetzung ist stets, daß die maximal absetzbare Menge bekannt ist. Damit ist die Grundfrage, ob sich die Produktion einer Produktart überhaupt lohnen kann, einfach zu beantworten, indem man den Deckungsbeitrag bei maximaler Absatzmenge berechnet. Allenfalls kann noch das Problem bestehen, daß bei knappen Kapazitäten diese Maximalmenge nicht produzierbar ist. Möglicherweise wird dann die Menge auch auf null zurückgefahren. Dennoch betreffen die in der Produktionsprogrammplanung typischerweise behandelten Fragen also die Mengenfestlegung bei gegebener Vorentscheidung über die Produktionsbereitschaft der Produktart.

Gezielt auf die grundsätzliche Frage, ob ein Produkt überhaupt angeboten werden soll oder nicht, richtet sich die **Break-even-Analyse**. Das Grundmodell läßt sich wie in Abbildung D. 21 darstellen. Hier nimmt man eine einfache Abhängigkeit der Kosten von der Ausbringungsmenge an, wobei die variablen Kosten als linear angenommen werden. Dem stellt man die Erlöse gegenüber, bei denen man von einem konstanten Stückerlös ausgeht. Wenn der Stückerlös die proportionalen Stückkosten übersteigt, also der Stückdeckungsbeitrag positiv ist, ergibt sich aus dieser Gegenüberstellung ein (Mengen-)Punkt, bei dem die Erlöse gerade mit den Kosten übereinstimmen. Dies ist der **Break-even-Punkt** oder die **Gewinnschwelle.** Bei geringeren Mengen wird Verlust erwirtschaftet, bei höheren Gewinn. Rechnerisch ergibt sich der Break-even-Punkt durch Gleichsetzen von Gesamtkosten und Gesamterlös:

$$K^f + k^v \cdot x = e \cdot x$$

Die Symbole K^f, k^v, e bezeichnen fixe Kosten, variable Stückkosten und den Nettostückerlös. Auflösung nach der Menge x ergibt:

$$x = \frac{K^f}{e - k^v} = \frac{K^f}{d}$$

Der Break-even-Punkt errechnet sich also als Quotient aus Fixkosten und dem Stückdeckungsbeitrag d. Er kann daher auch so interpretiert werden, daß er diejenige Menge angibt, bei der die Deckungsbeiträge gerade die Fixkosten abdecken.

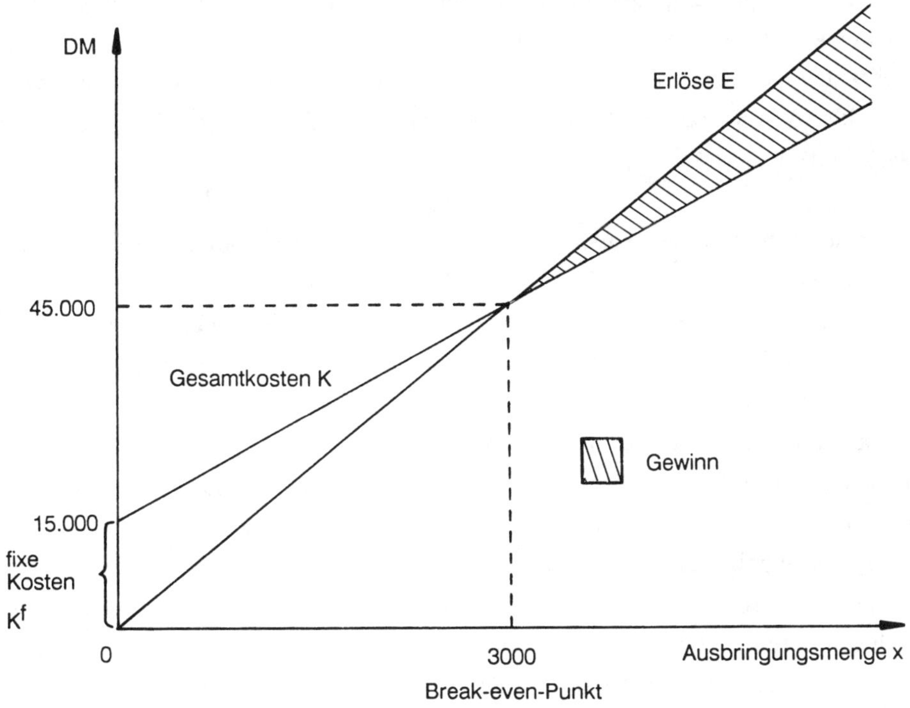

Abbildung D. 21: Grundmodell der Break-even-Analyse

Der Zweck einer Break-even-Analyse liegt weniger darin, bei laufender Produktion die Gewinnschwelle festzustellen. Vielmehr ist sie ein Instrument, vor Aufnahme der Produktion deren Vorteilhaftigkeit abzuschätzen. Insbesondere dann, wenn die voraussichtliche, z.B. jährliche Absatzmenge schwer vorherzusagen ist, kommt dieser Weg in Frage. Bei bekannter Absatzmenge könnte der Deckungsbeitrag direkt berechnet werden. Bei unbekannter Absatzmenge erlaubt die Break-even-Analyse, eine "Grenzmenge" zu berechnen, an der sich die Vorteilhaftigkeit einer Produktionsaufnahme entscheidet. Die vorherige Frage "Wieviel werden wir jährlich von diesem Produkt absetzen?" wird ersetzt durch die Frage "Wird der jährliche Absatz dieses Produkts voraussichtlich über oder unter der Menge x liegen?", wobei für die Menge x die konkret berechnete Break-even-Menge einzusetzen ist.

Zur Interpretation dieser Frage muß man beachten, daß der Break-even-Punkt aus Größen ermittelt wird, die entweder selbst festgelegt werden (so der Preis) oder innerbetrieblicher Herkunft sind. Damit sind die Input-Daten der Rechnung einfach festzustellen. Die Absatzmöglichkeiten haben damit nichts zu tun. Das bedeutet, daß die Größenordnung des Absatzes völlig unabhängig vom errechneten Break-even-Punkt ist. Nun gibt es häufig auch bei großer Ungewißheit über eine Größe immer noch eine gewisse Vermutung wenigstens über deren Größenordnung. Daher ist es möglich, daß auch von einer unbekannten Absatzmenge noch mit großer Sicherheit gesagt werden kann, sie sei keinesfalls so groß (oder so klein) wie der Break-even-Punkt. Für solche Fälle ist die Entscheidung klar.

Offen sind noch diejenigen Fälle, bei denen sich die ungewisse Absatzmenge gerade um den Break-even-Punkt bewegt. Nur hier ist für die Produktionsentscheidung eine weitere Analyse des Absatzpotentials diskutabel. Zwei Arten von Fehlentscheidungen sind möglich: Im einen Fall nimmt man die Produktion auf, und der spätere Absatz liegt unter dem Break-even-Punkt. Im anderen Fall wird die Produktion abgelehnt, obwohl der Absatz später über dem Break-even-Punkt gelegen hätte. Mit der Break-even-Analyse kann man den möglichen Verlust bzw. den entgehenden Gewinn bei beiden Typen von Fehlentscheidungen berechnen, wenn man bestimmte Mindestabsatzmengen voraussetzt. Damit erhält man beispielsweise erste Anhaltspunkte darüber, ob sich die (sicheren) Kosten einer genaueren Absatzmarktuntersuchung gegenüber den (möglichen) Kosten einer Fehlentscheidung rechtfertigen lassen. Freilich kann eine einfache Break-even-Analyse eine präzisere Risikoanalyse der Absatzsituation nicht ersetzen. Immerhin ermöglicht sie aber mit einfachen Mitteln eine erste Grobeinteilung.

3.5.2.2 Break-even-Analysen zur Verfahrenswahl

Der Anwendungsbereich der Break-even-Analyse ist nicht auf die Entscheidung über die Aufnahme der Herstellung eines Produkts beschränkt. Vielmehr ist sie als allgemeine Methode zur Berechnung von Vorteilhaftigkeitsgrenzen anzusehen. Ein zweiter wichtiger Anwendungsfall liegt in der Verfahrenswahl der Produktion. Dieses Problem ist typischerweise dadurch gekennzeichnet, daß für eine bestimmte Produktion zwei oder mehr Herstellungsverfahren zur Auswahl stehen, die sich in fixen und variablen Kosten unterscheiden. Auch hier nimmt man im einfachsten Fall an, daß die variablen Kosten nur von der Ausbringungsmenge abhängen, und zwar linear. Von Interesse ist dann die Situation, daß bei einem Verfahren die fixen Kosten kleiner, dagegen die proportionalen Kosten größer sind als bei anderen Verfahren. Für den Vergleich von zwei Verfahren zeigt Abbildung D. 22 diese Situation. Dann gibt es eine Ausbringungsmenge x, bei der die Kosten bei beiden Produktionsverfahren gerade gleich sind. Unterhalb dieser Menge ist Verfahren 1, oberhalb davon Verfahren 2 kostengünstiger. Auch hier gibt der Break-even-Punkt eine Vorteilhaftigkeitsschwelle an. Sie betrifft die Günstigkeit des einzelnen Verfahrens. Diese Menge wird deshalb auch **kritische Menge** genannt. Zu ihrer Berechnung setzt man die Kosten beider Verfahren gleich:

$$K_1^f + k_1^v \cdot x = K_2^f + k_2^v \cdot x$$

und löst nach x auf:

$$x = \frac{K_2^f - K_1^f}{k_1^v - k_2^v}$$

Die kritische Menge liegt also dort, wo der Nachteil eines Verfahrens in den Fixkosten durch seine kumulierten Vorteile in den proportionalen Kosten gerade ausgeglichen wird.

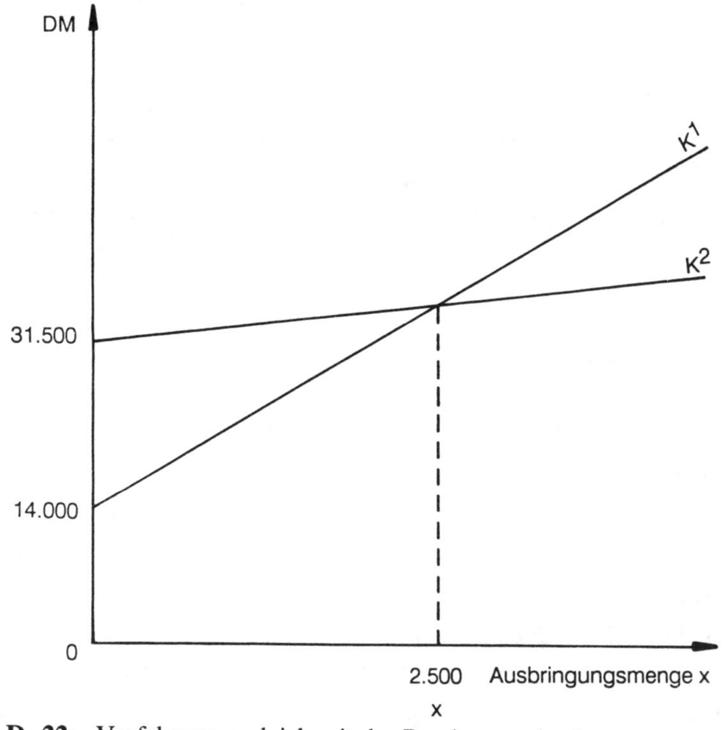

Abbildung D. 22: Verfahrensvergleich mit der Break-even-Analyse

Als gängiges Beispiel solcher Verfahrensvergleiche gilt der sukzessive Übergang auf stärker automatisierte Produktionsanlagen, der mit einem Anstieg der fixen Kosten bei gleichzeitigem Sinken der proportionalen Kosten verbunden ist. Für mehrfache Verfahrenswechsel bei stetig steigender Produktionsmenge entwickelt sich dann die Kostensituation gemäß dem Muster der Abbildung D. 23.

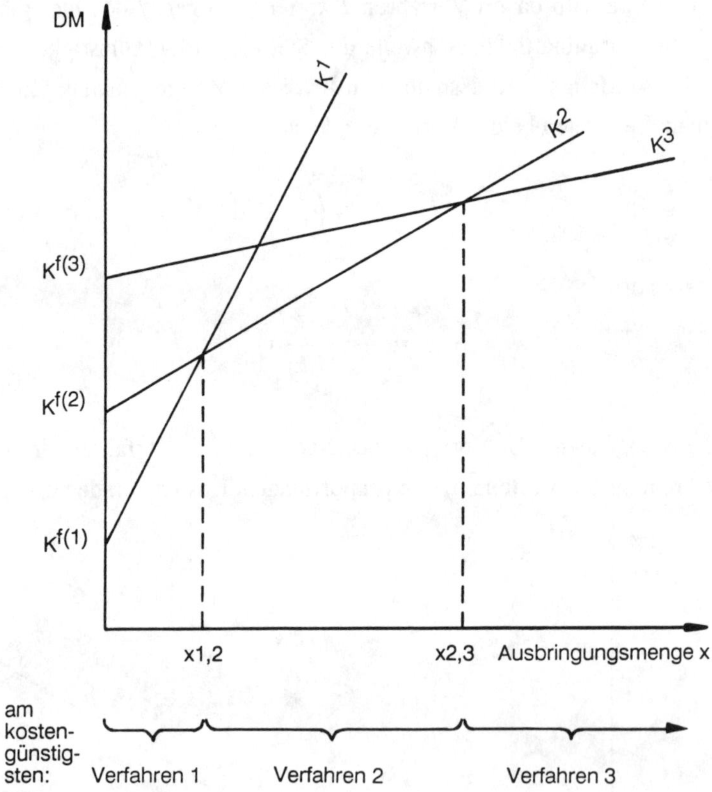

Abbildung D. 23: Aufeinanderfolge kritischer Mengen beim mehrfachen Verfahrensvergleich

Im Einzelfall allerdings wäre die Höhe mengenfixer und -variabler Kosten sowie die sonstige Kostensituation genau zu erfassen. Vielfach treffen gerade bei der Verfahrenswahl allgemeine Vermutungen über Kostenverhältnisse nicht zu. Auch bei weniger automatisierten Produktionsverfahren sind die mengenbezogenen Fixkosten oft nicht niedrig, wenn man berücksichtigt, daß auch verschiedene Personalkosten durchaus nicht mengenvariabel sind. In solchen Fällen sind oft auch Einflußgrößen wie Flexibilität oder Revidierbarkeit der Entscheidung bedeutend. Das heißt nicht, daß dann die Break-even-Analyse zur Entscheidungsfindung ungeeignet wäre. Sie muß aber auf den Entscheidungsfall angepaßt werden.

3.5.2.3 Erweiterungen der Break-even-Analyse

Die Break-even-Analyse ist im Grundmodell ein einfaches Verfahren. Ihre Einfachheit ist teilweise auch dadurch begründet, daß sie Bedingungen voraussetzt, die zwar die Lösung übersichtlich gestalten, jedoch nicht unbedingt das zu lösende Problem immer genau erfassen.

Die engen Anwendungsbedingungen im Grundmodell der Break-even-Analyse lassen sich wie folgt kennzeichnen (vgl. SCHWEITZER/TROSSMANN 1986, S. 27 ff.):

(1) Anwendungsfall ist eine einstufige Einproduktfertigung.

(2) Es werden zwei Wirkungen einer Entscheidung betrachtet, i.d.R. die Kosten und die Erlöse.

(3) Beide Wirkungsgrößen werden als abhängig von einer einzigen Einflußgröße angenommen.

(4) Diese Einflußgröße ist in beiden Fällen die Beschäftigung, d.h. in der Regel die Ausbringungsmenge. Weitere Einflußgrößen werden entweder als vernachlässigbar oder als bereits über die Beschäftigung indirekt berücksichtigt angesehen.

(5) Die Kosten sind in zwei Komponenten zerlegbar: die beschäftigungsfixen Kosten sowie die proportional-beschäftigungsvariablen Kosten.

(6) Die Erlöse sind proportional beschäftigungsabhängig.

(7) Alle Größen werden als sicher bekannt vorausgesetzt; es handelt sich also um ein deterministisches Modell.

(8) Alle Daten und Funktionen des Modells sind statisch; Veränderungen oder zeitliche Entwicklungen werden nicht berücksichtigt.

Durch entsprechende Modellerweiterungen lassen sich alle diese Bedingungen überwinden. Die Break-even-Rechnung wird dadurch zwar komplizierter, jedoch auch für Anwendungsfälle brauchbar, für die das Grundmodell wegen seiner begrenzenden Voraussetzungen nicht einsetzbar ist. Im hier behandelten Zusammenhang ist insbesondere die Berücksichtigung kostentheoretischer Zusammenhänge von Bedeutung. Gerade die Erfassung der Kostenwirkungen auch anderer Entscheidungsgrößen als der Produktionsmenge, aber auch die Berücksichtigung der Wirkung unbeeinflußbarer Kosteneinflußgrößen ist für die Entscheidungsvorbereitung wichtig. Hierfür kommen je nach Produktionstyp zahlreiche Größen in Frage, etwa die Produktionsmengen anderer Güter im Produktionsverbund, die Intensitäten der Prozesse, die Merkmale von Einsatzgütern. Die zusätzliche Bedeutung von Zielgrößen, die nicht unmittelbar quantifiziert vorliegen, etwa der Produktionsflexibilität, wurde schon beim Problem der Verfahrenswahl angedeutet. Zur Erweiterung der traditionellen Break-even-Analyse auf nicht standardmäßige Anwendungsfälle gibt es zahlreiche methodische Ansätze (im einzelnen dargestellt bei SCHWEITZER/TROSSMANN 1986, S. 43 ff., 99 ff.).

3.5.3 Instrumentarium der Kosten- und Leistungsrechnung zur Lösung weiterer Planungsprobleme

Die Entscheidungsfragen, zu deren Lösung die Kosten- und Leistungsrechnung beitragen kann, sind durch die Beispiele in diesem Kapitel erst angedeutet. Allgemein gibt es in den verschiedenen Bereichen des betrieblichen Umsatzprozesses eine Vielfalt ständig oder fallweise auftretender betrieblicher Entscheidungsprobleme, zu deren Lösungen man Informationen der Kosten- und Leistungsrechnung heranzieht.

Bei Entscheidungen im **Beschaffungsbereich** ist beispielsweise über Bestellmengen, über optimale Sicherheitsbestände, über die Lieferantenwahl oder die Beschaffungsmenge zu entscheiden *(vgl. CORSTEN F. 5.)*. Dazu braucht man etwa die Kosten der Lagerung einzelner Güterarten oder Güterklassen, die Kosten, die beim Fehlen benötigter Gütervorräte anfallen, die Kosten alternativer Beschaffungswege usw. Je nachdem, welches Modell man zur Entscheidungsvorbereitung heranzieht, insbesondere inwieweit dort Größen vorgegeben oder der Optimierung unterworfen werden, sind auch verschiedene Leistungsgrößen zur Entscheidungsfindung notwendig, so der Wert termingerecht und qualitativ bereitgestellter Einsatzgüter, der Wert eines verläßlichen Lieferanten oder der Wert eines Sicherheitsbestandes.

Die typischen Entscheidungsprobleme des **Fertigungsbereichs** sind stark vom Produktionstyp abhängig. So ist bei der Serienfertigung über die optimale Losgröße zu entscheiden, bei Mehrproduktfertigung über die Auftragsreihenfolge und die Maschinenbelegungsplanung *(vgl. REESE G 5.2)*. Andere Beispiele für Problemstellungen im Fertigungsbereich sind die Arbeitsplangestaltung, die Verfahrenswahl, die Taktgestaltung bei der Fließfertigung. Kostengrößen, die zur Lösung derartiger Fragestellungen benötigt werden, sind beispielsweise die produktbezogenen und gegebenenfalls reihenfolgeabhängigen Rüstkosten, die Kosten der Lagerung vor den Fertigungsstellen, die Kosten pro Einsatzstunde eines Produktionsprozesses, insbesondere die Maschinenstundensätze.

Probleme des **Absatzbereichs** sind z.B. die Sortimentspolitik, die Wahl von Distributionswegen, die Entwicklung von Werbestrategien, allgemein die Zusammenstellung des absatzpolitischen Instrumentariums *(vgl. MEYER/MATTMÜLLER H. 2.)*. Auch hierzu werden verschiedene Kosten- und Leistungsgrößen gebraucht, um die spezifische Kostenwirkung erwogener Maßnahmen auszudrücken. Dies sind etwa Kosten für die Verwaltung einer weiteren Produktart, Kosten einzelner Werbemaßnahmen, Kosten einer Sonderangebotsaktion, Kosten von Verkaufsförderungsmaßnahmen, Kosten für den Aufbau einer Herstellermarke.

Die angeführten Beispiele sollen einzelne Schlaglichter auf die Vielfalt denkbarer Entscheidungsprobleme werfen, die in der operativen und taktischen Planungsebene des Betriebs auftreten und die zumindest teilweise quantitativ und unter Verwendung von Kosten- und Leistungsrechnungs-Daten gelöst werden. Die Breite der willkürlich ausgewählten Beispiele zeigt, daß letztlich alle betrieblichen Entscheidungsprobleme in Frage kommen.

Im Gegensatz zu den bisher in diesem Kapitel behandelten Entscheidungsfällen gibt es im allgemeinen keine Standardlösungsmethode. Vielmehr hängt das gewählte Lösungsverfahren vom Kenntnisstand, dem Einfallsreichtum und dem Geschick der Planungsträger sowie von der Verfügbarkeit EDV-technischer Hilfsmittel ab. In Frage kommt das gesamte Methodenspektrum des Operations Research sowie jede Art von heuristischem Ansatz. Vielfach genügen auch einfache Vergleichsrechnungen ohne aufwendige Optimierungsmethodik, insbesondere dann, wenn nur wenige Alternativen zur Wahl stehen. Immer ist es aber so, daß die Entscheidungsmethode bestimmt, in welchem Ausmaß Informationen der Kosten- und Leistungsrechnung für die Lösungsfindung eingesetzt werden und welche einzelnen Größen dies sind.

Die Kosten- und Leistungsrechnung ist in jedem Fall ein **zentraler Datenlieferant** für die meisten betrieblichen Entscheidungsrechnungen. Vorwiegend bestückt die Kosten- und Leistungsrechnung dabei die Zielfunktionskoeffizienten, während die weiteren Daten von Entscheidungsrechnungen, insbesondere jene für die Konkretisierung von Nebenbedingungen, vielfach unbewertete, technische Größen sind.

4. Realisationsformen der Kosten- und Leistungsrechnung

4.1 Aufbauelemente der Kosten- und Leistungsrechnung

4.1.1 Prinzipielle Struktur der Kosten- und Leistungsrechnung

Für die Durchführung der Kosten- und Leistungsrechnung hat sich eine Standardstruktur entwickelt, die unbeschadet möglicher inhaltlicher Unterschiede in fast allen betrieblichen Anwendungsfällen vorzufinden ist. Diese Grundstruktur gliedert die Kosten- und Leistungsrechnung in drei große Bereiche:

- die Kostenartenrechnung,
- die Kostenstellenrechnung,
- die Kostenträgerrechnung und die damit verbundene Betriebsergebnisrechnung.

Die Aufgaben der **Kostenartenrechnung** liegen grundsätzlich in einer Erfassung der Kosten. Wichtig dabei ist, die Kosten nicht nur ihrem Betrag nach korrekt zu erfassen, sondern vor allem auch in die vorher gebildeten Kostenarten einzugruppieren. Hierdurch soll eine vollständige und systematisch gegliederte Übersicht über die Kosten gewonnen werden. Ziel der **Kostenstellenrechnung** ist es, die Kosten für Abteilungen, Bereiche oder andere betriebliche Organisationseinheiten zuzurechnen. Ausgangspunkt ist die Beobachtung, daß viele Kosten nicht an derjenigen Stelle im Betrieb erfaßbar sind, in der die zugehörigen Güterverbräuche anfallen. So werden die Kosten materieller Einsatzgüter zunächst im Beschaffungsbereich sichtbar, die Kosten personeller Arbeitsleistung bei der Lohn- und Gehaltszahlung, verschiedene andere Kosten bedürfen erst einer Berechnung, sind also letztlich im Rechnungswesenbereich beobachtbar. Die Frage, in welchen betrieblichen Stellen die jeweiligen Güter verbraucht worden sind, ist somit besonders interessant. Allerdings verlangt ihre Beantwortung eine genaue Definition des Verteilungskriteriums. Die Vielfalt der Möglichkeiten wird deutlich, wenn man sich überlegt, daß ein bestimmter Güterverbrauch zwar in einer ersten Stelle anfällt, aber für eine zweite Stelle erfolgt und von einer dritten Stelle veranlaßt wird.

In der Kostenstellenrechnung steht also die zweckbezogene Zurechnung der Kosten auf die Stellen im Vordergrund, während die Höhe der so definierten Kosten insgesamt bereits nach der Kostenartenrechnung feststeht.

Die Kostenstellenrechnung kann damit als typische **Verteilungsrechnung** charakterisiert werden.

Das Ergebnis der Kostenstellenrechnung gibt nicht an, welche Kosten den absatzbestimmten Produkten zugerechnet werden können. Nur ausnahmsweise kann das Ergebnis der Arbeit einer Kostenstelle direkt als absatzfähiges Produkt angesehen werden. Allgemein interessiert aber gerade auch die Frage, wie groß die Kosten der absatzbestimmten Einheiten sind. Die an den Markt abgehenden Produkte sind vielfach als letzter Zweck der Kostenentstehung anzusehen. Hier liegt die Aufgabe der **Kostenträgerrechnung.** Man muß bei der Vielfalt der Bedarfsdeckungsaufgaben der Betriebe und ihrer Produktionsprozesse aus heutiger Sicht davon ausgehen, daß nicht alle betrieblichen Produkte auch gegen einen direkt zurechenbaren Verkaufserlös abgesetzt werden. Mitunter gibt es komplizierte Leistungsverbunde oder indirekte Honorierungen der Produktionsergebnisse. Daher kann der Zweck einer Kostenträgerrechnung nicht nur und nicht immer darin gesehen werden, positionsweise eine Gegenrechnung zum Verkaufserlös aufzustellen. Unabhängig aber davon, welche Positionen später einander gegenübergestellt werden können, sind als Grundlage derartiger Rechnungen die Kosten der Produkte erforderlich. Sie liefert die Kostenträgerrechnung. Kostenträger sind immer die betrieblichen Produkte, ob sie nun als solche einzeln oder im Verbund verkauft werden oder nicht.

Daher kann die Kostenträgerrechnung auch als produktbezogene Kostenrechnung charakterisiert werden. Sie ist eine weitergeführte Verteilungsrechnung, die i.d.R. die Ergebnisse der Kostenstellenrechnung bereits verwendet.

Nach der traditionell üblichen Vorgehensweise hängen die beiden Verteilungsrechnungen, die in der Kostenstellen- und der Kostenträgerrechnung vorgenommen werden, wie folgt zusammmen: Will man die Kosten pro Stück eines Endprodukts ermitteln, können die Einzelkosten des Produkts direkt in die Kostenträgerrechnung übernommen werden. Die Produktgemeinkosten nehmen dagegen den Weg über die Kostenstellenrechnung. Hier werden sie, wie Abbildung D. 24 zeigt, zunächst auf Kostenstellen verteilt, danach über Zuschlagstechniken auf die Kostenträger zugerechnet. Diese Verteilungsstruktur ist unabhängig davon, ob die Kosten einer Kostenart jeweils vollständig oder nur teilweise weiterverrechnet werden.

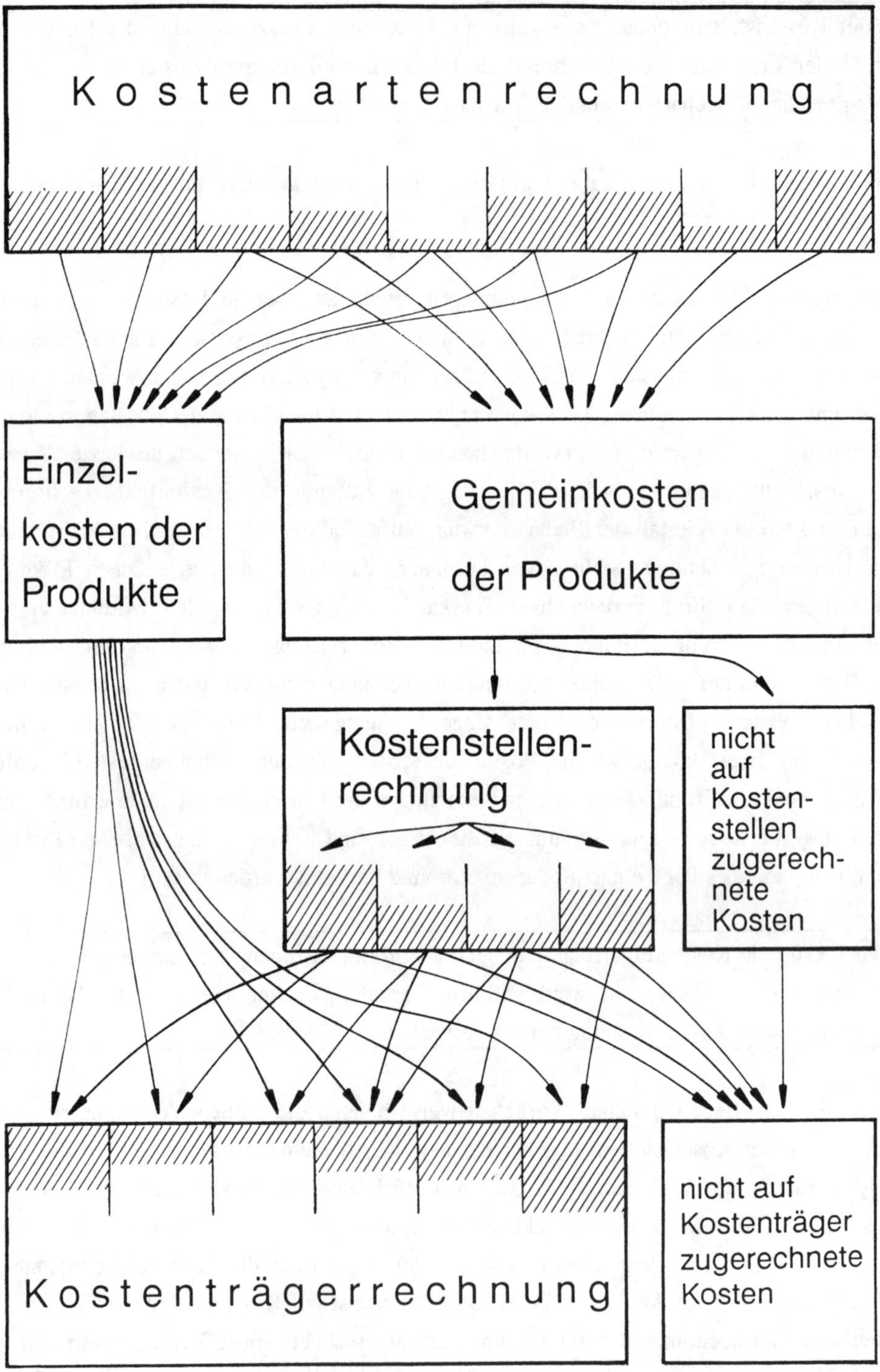

Abbildung D. 24: Struktur der Kostenerfassung und -verteilung im üblichen Aufbau der Kostenrechnung

Die Kostenträgerrechnung hat verschiedene Ausprägungsformen. Man unterscheidet danach, ob stückbezogen oder periodenbezogen vorgegangen wird. Die **Kostenträgerstückrechnung** ist die Kalkulation. Hier berechnet man die Kosten für eine Mengeneinheit einer Produktart. Gegenstand der **Kostenträgerzeitrechnung** sind die Kosten für die gesamte Menge einer Abrechnungsperiode, z.B. eines Jahres.

Die Kostenträgerrechnung ist der Ausgangspunkt der **Betriebsergebnisrechnung.** Die Kalkulationsergebnisse fließen in die Stückerfolgs- bzw. Stückdeckungsbeitragsrechnung ein, die Kostenträgerzeitrechnung in die periodenbezogene Betriebsergebnisrechnung bzw. die verschiedenen Formen der ein- oder mehrdimensionalen Gesamtdeckungsbeitragsrechnung.

Für die **Leistungsrechnung** ist im Regelfall eine Untergliederung analog zur Kostenrechnung nicht erforderlich. Dies gilt dann, wenn die erzeugten Produkte prinzipiell nach Arten getrennt verkauft werden. Die Kostenrechnung ist letztlich deshalb in der beschriebenen Form untergliedert, um den Vergleich mit am Markt erzielten Verkaufserlösen je Produktart zu ermöglichen. Liegen also die Verkaufserlöse, d.h. die externen Leistungen, in dieser Form vor, ist verständlich, daß die Leistungsrechnung einen entsprechenden Rechenweg wie die Kostenrechnung nicht benötigt. Leistungsrechnung und Leistungsträgerrechnung stimmen dann überein, eine besondere Leistungsarten- und Leistungsstellenrechnung ist nicht erforderlich.

In manchen Sonderfällen freilich ist auch der Aufbau einer besonderen Leistungsarten- und Leistungsstellenrechnung sinnvoll. Das gilt dann, wenn die angebotenen Produkte nicht einzeln vom Marktpartner honoriert, sondern im Absatzverbund verkauft werden. Dann müssen in der Tat zunächst die Leistungsarten erfaßt, gegebenenfalls auch über Leistungsstellen zugeordnet werden. Der Vergleich mit der Kostenseite läßt sich hier aber zweckmäßig dadurch erreichen, daß entweder Leistungsarten oder Leistungsträger zu den jeweils passenden Kombinationen der Gegenseite zusammengefügt werden. Neue Probleme einer Verteilungsrechnung treten also hierbei nicht auf.

4.1.2 Die Kostenartenrechnung

Kostenarten lassen sich nach verschiedenen Merkmalen unterscheiden. Zur Kostenerfassung eignet sich vor allem eine Gliederung nach der Art der verbrauchten Einsatzgüter. Hier unterscheidet man in folgende neun **Kostenarten** (vgl. SCHWEITZER/ KÜPPER 1991, S. 144):

(1) Materialkosten

(2) Lohn- und Gehaltskosten

(3) Kosten für Fremddienste

(4) Informationskosten

(5) Kosten für Rechte (wie Konzessionen, Lizenzen)

(6) Abschreibungen

(7) Wagniskosten, etwa in Form von Versicherungsbeiträgen oder erwarteten Schadensbeträgen

(8) Abgaben

(9) Zinsen.

Für die kostenrechnerische Analyse ist der **Verbrauchstyp** dieser Kostenarten von Bedeutung. Hier gruppiert man danach, von welchen Einflußgrößen der Verbrauch abhängt. Grundlegend ist insbesondere die Unterscheidung in Repetiergüter und Potentialgüter. **Repetiergüter** sind für jede Erzeugung einer weiteren Produkteinheit erneut einzusetzen. Sie sind pro einmaliger Durchführung des Produktionsprozesses verbraucht; sei es, daß sie wie z.B. Rohstoffe selbst in das Produkt eingehen, sei es, daß sie auf andere Weise, etwa als Betriebsstoffe für jede neue Produkteinheit zusätzlich anfallen. Bei den Repetiergütern liegt demgemäß ein kurzfristiger Verbrauch vor. **Potentialgüter** "verbrauchen" sich dagegen langfristig. Kurzfristig eingesetzt und im eigentlichen Sinn verbraucht wird dagegen ihre Leistungsabgabe. In manchen Fällen beschafft man die Leistungen von Potentialgütern einheitenweise, etwa durch stunden- oder stückbezogene Arbeitsverträge mit dem Personal oder durch jederzeit kündbares Leasing von Anlagegütern. Dann können solche Potentialgütereinsätze wie Repetiergüter behandelt werden. Im Regelfall dagegen beschafft man von den Potentialgütern einen ganzen Vorrat von Leistungsabgabemöglichkeiten, etwa durch den Kauf einer Maschine. Dann entstehen die typischen Probleme der Kostenzurechnung, da der einmaligen Ausgabe eine längere Zeit der Güternutzung, d.h. der Abgabe von Leistungseinheiten gegenübersteht *(vgl. 2.3)*. Zu den Kosten für langfristige Verbräuche zählen vor allem die Abschreibungen, gegebenenfalls auch Gehaltskosten, Lizenzgebühren und Zinskosten.

Neben der Fristigkeit des Güterverbrauchs ist der **Umfang der Beeinflußbarkeit** ein Einteilungskriterium für die Kosten. Grundsätzlich sind alle Kosten beeinflußbar. Allerdings unterscheiden sich die Kostenarten darin, inwieweit eine Beeinflussung auch kurzfristig wirksam wird bzw. nach der Entscheidung über den grundsätzlichen Gütereinsatz noch möglich ist. So läßt sich ein kurzfristig noch disponibler und ein kurzfristig nicht mehr disponibler Güterverbrauch auseinanderhalten, und zwar für jeden beliebigen Zeitraum. Der Zeitraum ist dann als Bindungs- oder Festlegungsfrist zu interpretieren. Kurzfristig disponibel z.B. ist häufig der Verbrauch an Repetiergütern. Er ist auch nach Entscheidung über die Produktion noch vermeidbar, indem man sich beispielsweise entschließt, auf die aktuell anstehende Produktion doch zu verzichten. Neben den Repetiergüterverbräuchen rechnen dazu auch die produktionsmengenbezogenen Verbräuche der Potentialgütereinsätze, etwa in Form der Leistungsabschreibung. Das Gegenstück dazu bilden die Verbräuche, die trotz unterbleibender aktueller Produktion aufgrund früher getroffener Grundsatzentscheidung laufend weiterhin anfallen, jedenfalls bis zum Ablauf der zugehörigen Bindungsdauer bzw. zur nächsten Revisionsmöglichkeit. Dies betrifft etwa den Verbrauch durch Zeitverschleiß, der bei Maschinen anfällt oder den Verschleiß durch wirtschaftliche Veralterung. Beides kann durch Zeitabschreibungen erfaßt werden. Auch Gehälter und andere Positionen, die aus rechtlichen und anderen Gründen auch bei gegenteiliger Entscheidung über einen gewissen Mindestzeitraum weiterhin anfallen, gehören hierher.

Die häufig genannte Einteilung in **freiwilligen Verbrauch** und **Zwangsverbrauch** betrifft ebenfalls die Disponierbarkeit. Von einem Zwangsverbrauch spricht man insbesondere bei Wagniskosten und bei Abgaben. Wagniskosten entstehen z.B. durch mögliche Forderungsausfälle, Gewährleistungs- und andere Haftungsverpflichtungen, die Zwangsvernichtung von Beständen und den Zwangsverschleiß von Anlagen. Letztere können neben den schon genannten wirtschaftlichen Gründen auch durch natürliche Ereignisse (wie Brand oder Überschwemmung) eintreten. Abgaben werden deshalb zum Zwangsverbrauch gerechnet, weil man hierzu gesetzlich, vertraglich oder geschäftspolitisch verpflichtet ist. In jedem Fall ist bei den angeführten Fällen ein anfallender Verbrauch nicht mehr disponibel, weil er die unabwendbare Konsequenz einer früheren Grundsatzentscheidung ist, die man zugunsten anderer Wirkungen in Kauf genommen hat.

In der praktischen Durchführung kann die Kostenartenrechnung auf verschiedene Rechensysteme aufbauen, die aus anderen Gründen in der Unternehmung ohnehin betrieben werden. Dies gilt zumindest für die vergangenheitsbezogene Kostenerfassung. So bestehen schon aus Gründen der Mengenkontrolle sowie auch aus Gründen der Buchführung Aufzeichnungen über die Verbräuche an Roh-, Hilfs- und Betriebsstoffen. Das gleiche gilt für den Bestand an Anlagegütern, an Halb- und Fertigfabrikaten sowie für die bezahlten Löhne und Gehälter. Insbesondere die Stoff- und Materialrechnung sowie die Lohn- und Gehaltsrechnung bilden gemeinsame **vorgelagerte Nebenrechnungen** für das interne wie das externe Rechnungswesen *(vgl. KUSSMAUL E.)*. Allerdings unterscheiden sich beide häufig im Wertansatz. Während die Mengenkomponente übereinstimmt, richtet man deren Bewertung im externen Rechnungswesen an den einschlägigen Vorschriften des Handels- und Steuerrechts aus, wohingegen sich die in der Kosten- und Leistungsrechnung verwendeten Festpreise, Verrechnungspreise oder Lenkpreise an den jeweils verfolgten Zielen der internen Dokumentation, Prognose, Steuerung und Kontrolle orientieren.

In einigen Positionen zeigt sich der grundsätzliche Unterschied zwischen externem und internem Rechnungswesen aber auch schon am Ansatz des Güterverbrauchs. Dies gilt für solche Positionen, bei denen der Ausgabenbezug nicht unmittelbar und gleichzeitig mit dem Güterverbrauch vorliegt, sondern indirekt gegeben ist. Beispiele sind die kalkulatorischen Abschreibungen, die kalkulatorischen Zinsen sowie die kalkulatorischen Zusatzkosten. Letztere bezeichnen Kosten, denen keine entsprechende Position im externen Rechnungswesen gegenübersteht. Dies trifft etwa für die kalkulatorischen Raumkosten oder die kalkulatorischen Wagniskosten zu. Bei diesen Kosten wird in der Erfassung häufig anstelle einer Trennung in Mengen- und Wertkomponente die **undifferenzierte Werterfassung bzw. Wertfestsetzung** gewählt.

In der täglichen Arbeit der Kostenartenrechnung bestimmt vor allem die Nachrechnung entstandener Kosten, die **Istkostenrechnung**, das Erscheinungsbild. Dennoch ist für die Zwecke des internen Rechnungswesens generell die **Prognose** entstehender Kosten von größerer Bedeutung. Sie fußt jedoch in verschiedener Weise auf der vergangenheitsorientierten Rechnung. Bei der Prognose der Kosten ist es zweckmäßig, für Einzel- und Gemeinkosten getrennte Überlegungen anzustellen. Zur Prognose der **Einzelkosten** *(vgl. 3.2.3)* kann man auf das geplante Produktionsprogramm zurückgreifen. Über die Stücklisten, Rezepturen bzw. andere Mengenplanungsgrundlagen gelangt man zum Materialbedarf und damit zu den Materialkosten. Die Arbeitspläne mit ihren Angaben über Arbeitsgänge und Gangzeiten gestatten es, auf entsprechende Weise die objektbezogenen Arbeitszeiten und die zugehörigen Lohnkosten zu berechnen. Aus den Auftragsdaten kann man ergänzend Sondereinzelkosten und andere spezifische Kostenkomponenten entnehmen. Diese Vorgehensweise kann als Anschlußplanung gekennzeichnet werden. Sie erfordert Planungsausgangszahlen in Form des geplanten Produktionsprogramms, gegebenenfalls auch der genauen Auftragsdaten. Soweit diese erforderlichen Daten nicht vorhanden sind, müssen sie prognostiziert werden. Da die den Einzelkosten zugrundeliegenden Güterverbräuche für Produktionsplanungszwecke ohnehin gebraucht werden, ist dieser Schritt i.d.R. keine für die Kostenrechnung spezifisch auszuführende Zusatzaufgabe.

Die Planung der **Gemeinkosten** *(vgl. 3.2.3)* wird häufig pauschal vorgenommen, indem die Methode der Gemeinkostenzuschläge angewendet wird. Nur sie sind dann zu prognostizieren. Hierzu bietet es sich an, die Vergangenheitsentwicklung der Zuschlagssätze als Prognosebasis heranzuziehen und in eine Trendrechnung einzubringen. Diese pauschale Verfahrensweise ergibt allerdings keine aufgegliederten Kostenzahlen für die einzelnen Gemeinkostenarten. Ist dies erwünscht, muß für jede von ihnen eine eigene Prognose erstellt werden. Auch hierzu sind vergangenheitsbezogene (verbrauchsorientierte) Methoden einsetzbar. Je stärker nach einzelnen Arten differenziert ist, desto eher lassen sich aber auch Kostenfunktionen aufstellen, die eine kausale Prognose ermöglichen. Hier wird die Kostenentstehung auf eine oder mehrere Kosteneinflußgrößen zurückgeführt.

Eine stark aufgegliederte Analyse in der Kostenartenrechnung ist zwar im Hinblick auf die Präzision und Verläßlichkeit der Ergebnisse vorteilhaft, sie erweist sich andererseits aber als sehr aufwendig. Daher empfiehlt sich i.d.R. eine mehr oder weniger starke **Kostenkategorisierung.**

<table>
<tr><td colspan="6">Verfahren der Kostenauflösung</td></tr>
<tr><td>Merkmal</td><td colspan="5">Ausprägung</td></tr>
<tr><td>(1) Differenziertheit</td><td colspan="4">nicht differenziert (global, summarisch)</td><td>analytisch</td></tr>
<tr><td rowspan="2">(2) Zeitbezug</td><td colspan="2" rowspan="2">unter Verwendung von Istkostenzahlen</td><td colspan="3">unter Verwendung von Plankostenzahlen</td></tr>
<tr><td>zu Prognose- zwecken</td><td colspan="2">zu Entscheidungszwecken</td></tr>
<tr><td rowspan="3">(3) Begründungsart</td><td rowspan="3">Festlegung</td><td colspan="4">Herleitung aus mehreren Kostenzahlen</td></tr>
<tr><td rowspan="2">in einem Streupunkt- diagramm nach Augenmaß</td><td rowspan="2">durch Regressions- analyse</td><td colspan="2">nach der mathematischen Methode</td></tr>
<tr><td>bei finitesimaler Betrachtung (= Zwei-Punkt- Methode)</td><td>bei infini- tesimaler Betrachtung</td></tr>
</table>

Abbildung D. 25: Überblick über die Methoden der Kostenspaltung

Sie bildet dann die Grundlage für eine entsprechend aufgebaute Planung in der Kostenstellen- und Kostenträgerrechnung. Eine Art der Kategorisierung ist die Einteilung in Kostenträgereinzel- und -gemeinkosten, auf die häufig bereits die Kostenartenrechnung ausgerichtet wird. Für eine kausale Kostenprognose mit Hilfe entsprechender Kostenfunktionen müssen die Kosten jeder Kostenart allerdings zusätzlich zumindest nach Verlaufskategorien einer Einflußgröße genauer untergliedert werden.

Bisweilen erfaßt man allerdings die Kosten auch undifferenziert als Gesamtsumme. Dann muß für die weitere Kostenrechnungsarbeit wenigstens nach den Grundkategorien produktionsmengenfix und -variabel eingeteilt werden. Im einen Fall muß also eine ergänzende, im anderen Fall eine erstmalige **Kostenspaltung** vorgenommen werden. Die Methoden hierzu können Abbildung D. 25 entnommen werden (vgl. TROSSMANN 1986).

4.1.3 Die Kostenstellenrechnung

4.1.3.1 Vorgehensweise in der Kostenstellenrechnung

In der Kostenstellenrechnung werden ermittelte Istkosten oder prognostizierte Plankosten auf die Kostenstellen verteilt. Welche Kostenarten es im Betrieb gibt und in welcher Höhe sie anfallen, ergibt sich aus der Kostenartenrechnung. Die Festlegung der Kostenstellen dagegen ist grundlegende Aufgabe der Kostenstellenrechnung.

Eine **Kostenstelle** ist eine Abrechnungseinheit des Betriebes.

Sie wird bei zweckmäßiger Definition gleichzeitig eine organisatorische Einheit sein. In Frage kommen also Abteilungen, Hauptabteilungen, Bereiche, aber auch Unterabteilungen, Arbeitsgruppen, einzelne Stellen oder andere Verantwortungseinheiten.

Wie ein Betrieb in Kostenstellen eingeteilt wird, bestimmt sich nach den Kostenrechnungszwecken. Vielfach steht die Verwendung der Rechenergebnisse in der Kostenträgerrechnung im Vordergrund. Dann richtet sich die Kostenstellenbildung nach den unterschiedlichen Abhängigkeiten der über Gemeinkostenzuschläge zuzurechnenden Gemeinkostenarten von den jeweiligen Einzelkosten und anderen Bezugsgrößen der Kostenverteilung. Wenn sich die Kosten zweier Kostenstellen im Verhältnis zu einer Kostenbezugsgröße nahezu gleich verhalten, d.h. mit ihr im jeweils gleichen Prozentsatz steigen oder fallen, dann können sie abrechnungstechnisch zu einer einzigen Kostenstelle zusammengefaßt werden. Anders wäre allerdings der Sachverhalt zu beurteilen, wenn zwar in der Vergangenheit ein etwa gleichartiges Kostenverhalten zu beobachten war, es jedoch auf verschiedene Bestimmungsgrößen zweier verschiedener Entscheidungsträger zurückzuführen ist, deren Management bisher zum Parallelverhalten der Kosten geführt hat. Hier würde bei einer Zusammenfassung der Kostenstellen die isolierte Berechen- und Kontrollierbarkeit der beiden unabhängigen Verantwortungseinheiten verloren gehen.

Nicht immer freilich ist die Entscheidung über die Kostenstellenbildung so eindeutig wie in den skizzierten beiden Beispielen. Vor allem kennt man das Kostenverhalten in einer Kostenstelle erst dann genau, wenn man sie schon gebildet hat. Deshalb werden die Kostenstellen vielfach aufgrund von Vermutungen definiert. Neben der Verantwortlichkeit spielen dabei auch Gesichtspunkte der räumlichen Anordnung, der Produktionstechnik, des Produktbezugs oder einfach der historischen Entwicklung im Betrieb eine Rolle. Im Industriebetrieb ist es gängig, zumindest je eine Material-, eine Verwaltungs- sowie eine Vertriebskostenstelle und mehrere Fertigungsstellen zu unterscheiden. Die Stellen, in denen objektbezogene Produktionsleistungen erbracht werden, wo also am abzusetzenden Produkt direkt gearbeitet wird, heißen auch **Hauptkostenstellen**. Zusatzleistungen, etwa für Kundendienst, Schulungen, Reparaturen für Kunden, werden in **Nebenkostenstellen** erbracht. Alle anderen Stellen sind **Hilfskostenstellen**. In ihnen werden Leistungen erbracht, die nur indirekt mit den verkauften Produkten zu tun haben. Material-, Verwaltungs- und Vertriebsstellen sind demgemäß Hilfskostenstellen. Hauptkostenstellen sind i.d.R. Fertigungsstellen. Im Fertigungsbereich gibt es jedoch auch Hilfskostenstellen, z.B. die Fertigungsvorbereitung, die Modellschreinerei oder die Qualitätskontrolle.

Die Kostenstellenrechnung wird typischerweise im **Betriebsabrechnungsbogen** vorgenommen. Der Grundaufbau des Betriebsabrechnungsbogens ist der Abbildung D. 26 zu entnehmen. In den Zeilen sind die einzelnen Kosten aufgeführt; die Spalten sind den Kostenstellen zugeordnet. Aufgabe der Kostenstellenrechnung ist es, in der Nachrechnung die angefallene Summe jeder Kostenart auf die einzelnen Kostenstellen zu verteilen. Dabei können die Kostenträgereinzelkosten aus der Kostenstellenrechnung ausgenommen bleiben, da sie auch ohne den Umweg über die Kostenstellen den Kostenträgern zugerechnet werden können.

Die Kostenträgergemeinkosten lassen sich im Hinblick auf die Schwierigkeit der Kostenstellenverteilung in zwei Arten gliedern: die Kostenstelleneinzel- und die Kostenstellengemeinkosten. **Kostenstelleneinzelkosten** sind direkt den Kostenstellen zurechenbar, so etwa die Gehälter von Meistern, Abteilungsleitern oder anderen Mitarbeitern, deren

Tätigkeitsbereich völlig innerhalb einer Kostenstelle liegt. Andere Beispiele dafür sind Maschinenkosten oder Kosten für Hilfsstoffe, die eindeutig bestimmten Kostenstellen zurechenbar sind. Die Verteilung dieser Kosten auf die Kostenstellen ist prinzipiell problemlos. Hier liegen jeweils Informationen vor, aufgrund derer eine Verteilung vorgenommen werden kann, so die Personalzuordnung, die Anlagenstandorte, Materialentnahmescheine, Stromzähler usw.

Für die **Kostenstellengemeinkosten** fehlen derartige Grundlagen. Handelt es sich um unechte Kostenstellengemeinkosten, dann könnten die Kosten bei genauer Messung als Kostenstelleneinzelkosten behandelt werden, man verzichtet allerdings aus wirtschaftlichen Gründen darauf. Bei den echten Kostenstellengemeinkosten wäre auch bei größtem technischen Aufwand eine "richtige" Verteilung nicht erreichbar. Beispiele hierfür sind die Kosten der Betriebsführung, aber auch die Kosten für Heizung, Raum, Gebäudebewachung, usw. Sollen solche Kosten dennoch auf die Kostenstellen verteilt werden, bleibt nur der Griff zu willkürlichen Verteilungsschlüsseln. Gängige Beispiele sind - je nach Kostenart - die Mitarbeiterzahl, die Fläche der Kostenstellenräume, ihr Volumen, die Produktionsmenge, die Anzahl der bearbeiteten Aufträge, die Menge verarbeiteten Materials, die Anzahl der Fenster oder freihändig festgelegte Äquivalenzzahlen. Der Betriebsabrechnungsbogen in Abbildung D. 26 enthält derartige Beispiele. Bei einigen Kostenarten wurde ein Teil der angefallenen Kosten nicht auf die Kostenstellen verteilt, so z.B. 5.300,-- DM der Heizkosten. Hier handelt es sich um gesamtbetriebliche Gemeinkosten, die eine Bereitschaftsleistung des Gesamtbetriebs betreffen und für die eine Verteilung auf die gewählten Kostenstellen nicht sinnvoll erscheint.

Kostenarten				Kostenstellen					
Nummer	Bezeichnung	Verteilungs-grundlage	Gesamt-betrieb	K1 Kantine	K2 Schlosserei	K3 Lager	K4 Lackiererei	K5 Montage	K6 Verwaltung
(1)	(2)	(3)	(4)	(5)	(6)	(7)	(8)	(9)	(10)
4121	Gehälter	Gehaltsliste	70.200	5.600	5.200	4.800	10.100	9.700	16.200
4221	Hilfslöhne	Arbeitswerte	492.400	24.100	29.000	19.500	162.700	218.900	38.200
4335	Hilfs- und Betriebsstoffe	Materialentnahmescheine	210.200	6.600	18.100	14.500	88.300	77.700	5.000
4347	Wasser	Zähler	36.900	6.000	4.900	4.000	12.300	7.600	2.100
4357	Strom	Zähler	38.500	6.200	6.100	5.900	9.500	8.600	2.200
4369	Heizkosten	Raum	42.400	3.800	5.300	7.500	8.400	8.100	4.000
4374	Büromaterial	Materialentnahmescheine	8.300	400	300	1.200	500	700	5.200
4438	Instandhaltungsmaterial	Fläche	41.400	6.900	5.500	5.000	9.300	9.600	5.100
4679	Versicherung	versicherter Wert	19.500	900	1.300	4.700	4.100	3.100	800
	Summe		959.800	60.500	75.700	67.100	305.200	344.000	78.800

Abbildung D. 26: Beispiel eines Betriebsabrechnungsbogens

In Spalte 3 ist als Zusatzinformation die jeweilige Verteilungsgrundlage angegeben. Diese Spalte wäre im Anwendungsfall nicht vorhanden. Im übrigen unterscheidet sich der Betriebsabrechnungsbogen in Abbildung D. 26 von einem Betriebsabrechnungsbogen der betrieblichen Praxis nur durch die geringe Anzahl von Fertigungsstellen und die wenigen Kostenarten.

Die Verteilung der Kosten auf die Kostenstellen bezeichnet man als **Primärkostenrechnung.** Als ihr Ergebnis hat man für jede Kostenstelle die Summe der sie betreffenden (Kostenträger-) Gemeinkosten. Genauer handelt es sich um die unmittelbar für diese Kostenstelle angefallenen Kosten.

Im zweiten Schritt, der **Sekundärkostenrechnung,** wird berücksichtigt, daß in manchen Kostenstellen auch Leistungen erbracht werden, die in andere Kostenstellen eingegangen sind. Sie heißt deshalb auch **innerbetriebliche Leistungsverrechnung.**

Eine Sekundärkostenrechnung ist aus zwei Gründen erforderlich. Zum einen hat man wegen der Übersichtlichkeit und zur Rechenvereinfachung Kostenstellen gebildet, deren Leistungen völlig in andere Kostenstellen eingehen. Beispiele sind das betriebseigene Strom- oder Wasserwerk, die eigene Reparaturabteilung, die Raumpflege, die Fensterreinigung, die Werkzeugmacherei, die Kantine, der Fahrdienst. Man hätte die Kosten jeweils gleich den verbrauchenden Kostenstellen zurechnen können. Um ein mehrfaches Wiederholen der gleichen Rechnung zu vermeiden, bietet es sich hier an, die Kosten einer solchen Stelle zunächst insgesamt zu berechnen und danach zu verteilen. Nach der Sekundärkostenrechnung ist die Funktion solcher Kostenstellen erfüllt, ihre Endsumme ist null. Sie heißen daher auch **Vorkostenstellen,** die verbleibenden Kostenstellen sind die **Endkostenstellen.**

Der zweite Anlaß für die Sekundärkostenrechnung sind Leistungen, die Kostenstellen untereinander austauschen. Auch bei völligem Verzicht auf die Bildung separater Vorkostenstellen läßt sich eine Sekundärkostenrechnung wegen eines solchen Leistungsverbundes im allgemeinen nicht vermeiden.

4.1.3.2 Methoden der Sekundärkostenrechnung

Für die Durchführung der Sekundärkostenrechnung sind drei Fälle zu unterscheiden, die sich danach richten, welcher Art die Leistungsverflechtung zwischen der Kostenstellen

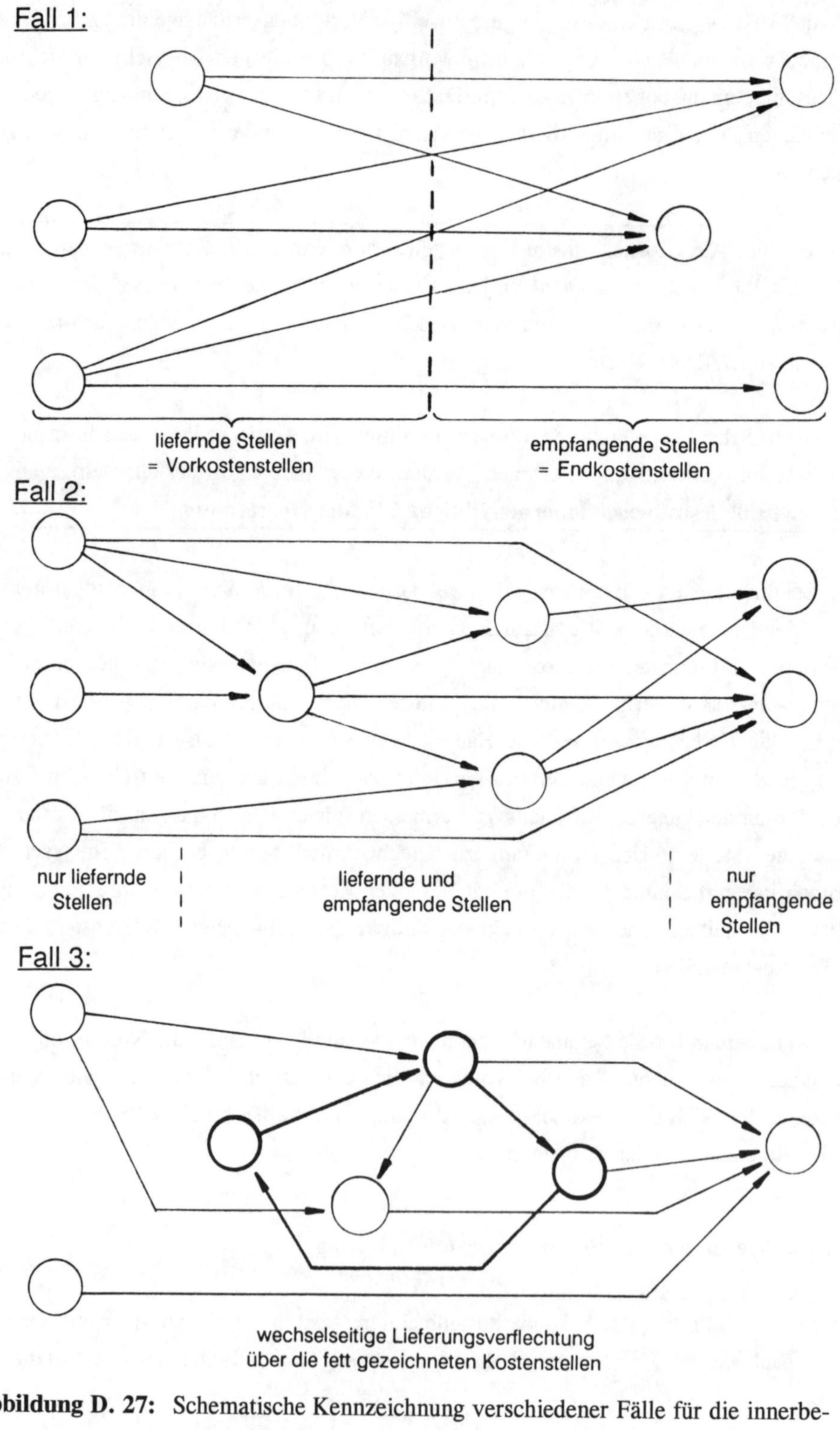

Abbildung D. 27: Schematische Kennzeichnung verschiedener Fälle für die innerbetriebliche Leistungsverrechnung

ist. Die drei Fälle lassen sich wie folgt kennzeichnen (vgl. KLOOCK/SIEBEN/SCHILDBACH 1991, S. 115 f.):

(1) Die Kostenstellen lassen sich überschneidungsfrei in innerbetrieblich liefernde und empfangende einteilen. Dies stimmt mit der Einteilung in Vor- und Endkostenstellen überein. Eine innerbetriebliche Lieferung von Endkostenstellen gibt es hier nicht.

(2) Die Kostenstellen lassen sich so ordnen, daß innerbetriebliche Lieferungen immer nur von vorderen auf hintere Kostenstellen erfolgen. Es gibt also keine "Rückwärts"-, Kreislauf- oder wechselseitigen Lieferungen.

(3) Eine Ordnung wie im Fall 2 ist nicht möglich. Es liegt also direkt oder indirekt wechselseitiger Leistungsaustausch vor.

In Abbildung D. 27 sind die drei Fälle graphisch skizziert. Die Beschreibung zeigt, daß sie von steigender Schwierigkeit sind. Ein Verfahren, mit dem Fall 3 bearbeitet werden kann, ist auch für die einfacheren Fälle 2 und 1 geeignet, allerdings nicht unbedingt zweckmäßig. Für die einfacheren Fälle empfehlen sich Verfahren, die auf deren besondere Struktur ausgerichtet sind.

innerbetriebliche Leistung			an Kostenstelle			
von Kostenstelle	Verrechnungsgrundlage	Summe	Lager	Schneiderei	Polsterei	Vertrieb
Fuhrpark	Kilometer	40.000 km	11.000 km	4.000 km	5.000 km	20.000 km
Werkstatt	Arbeitsstunden	1.080 Std.	108 Std.	324 Std.	432 Std.	216 Std.

Kostenstellen	Vorkostenstellen		Endkostenstellen			
	Fuhrpark	Werkstatt	Lager	Schneiderei	Polsterei	Vertrieb
primäre Kosten	20.000 DM	15.000 DM	30.000 DM	50.000 DM	60.000 DM	30.000 DM
Sekundärkostenrechnung:						
Umlage Fuhrpark	−20.000 DM	–	5.500 DM	2.000 DM	2.500 DM	10.000 DM
Umlage Werkstatt	–	−15.000 DM	1.500 DM	4.500 DM	6.000 DM	3.000 DM
Kostenstellenkosten nach Sekundärkostenrechnung	0 DM	0 DM	37.000 DM	56.500 DM	68.500 DM	43.000 DM

Abbildung D. 28: Beispiel einer Sekundärkostenverrechnung nach dem Blockumlageverfahren

Für Fall 1 kann das **Blockumlageverfahren** angewendet werden. Hier werden alle Vorkostenstellen in einem einzigen Arbeitsgang auf die Endkostenstellen umgelegt. Die Sekundärkostenrechnung besteht demnach aus nur einem Schritt, bei dem die Kosten aller liefernden Stellen auf die empfangenden Stellen verteilt werden. Ein Beispiel zeigt Abbildung D. 28.

Für Fall 2 eignet sich das in der betrieblichen Praxis sehr verbreitete **Stufenverfahren.** Hier werden die Kostenstellen in der vorher gefundenen Ordnung der Lieferungsbeziehungen abgeschlossen. Es empfiehlt sich, diese Reihenfolge auch bereits beim äußeren Aufbau des Betriebsabrechnungsbogens einzuhalten. Der Reihe nach wird für jede Kostenstelle die Summe ermittelt und gemäß den gelieferten Leistungsmengen auf die empfangenden Kostenstellen verteilt. Ein Beispiel zeigt Abbildung D. 29.

innerbetriebliche Leistung			an Kostenstelle				
von Kostenstelle	Verrechnungsgrundlage		Schlosserei	Lager	Fertigung I	Fertigung II	Vertrieb
Kantine	Mitarbeiter	40 Ma.	4 Ma.	2 Ma.	12 Ma.	16 Ma.	6 Ma.
Schlosserei	Stunden	500 Std.	0 Std.	50 Std.	200 Std.	250 Std.	0 Std.

Kostenstelle	Vorkostenstellen		Endkostenstellen			
	Kantine	Schlosserei	Lager	Fertigung I	Fertigung II	Vertrieb
Kostenstellenkosten nach der Primärkostenrechnung	12.000 DM	18.000 DM	40.000 DM	95.000 DM	120.000 DM	35.000 DM
Sekundärkostenrechnung:						
Umlage Kantine	–12.000 DM	1.200 DM	600 DM	3.600 DM	4.800 DM	1.800 DM
Umlage Schlosserei		–19.200 DM	1.920 DM	7.680 DM	9.600 DM	0 DM
Kostenstellenkosten nach der Sekundärkostenrechnung	0 DM	0 DM	42.520 DM	106.280 DM	134.400 DM	36.800 DM

Abbildung D. 29: Beispiel zur Sekundärkostenverrechnung mit dem Stufenverfahren

Bei gegenseitigem Leistungsaustausch kann durch einfaches sukzessives Verteilen eine zutreffende Lösung nicht gefunden werden. Hier ist ein Ansatz als **lineares Gleichungssystem** erforderlich. Eine Beispielkonstellation ist in Abbildung D. 30 gegeben. An diesem Fall sei die Vorgehensweise erläutert. Für die sechs Kostenstellen $j=1,\ldots,6$ ist die Primärkostensumme bekannt. Gesucht ist die jeweilige Endkostensumme für die gesamte Leistung der Kostenstelle, unabhängig davon, ob sie an innerbetriebliche oder außerbetriebliche Stellen weitergegeben wurde. Hierfür werden die Symbole K_j eingeführt. Die Kostensumme K_1 für die Stelle 1 setzt sich aus der Primärkostensumme und den Kosten für diejenigen Lieferungen zusammen, die Kostenstelle 1 von anderen Kostenstellen erhalten hat. Dies sind im Beispiel 10% der Produktion der Kostenstelle 2, 10% der Summe aus Kostenstelle 3 sowie auch 5% der in Kostenstelle 1 selbst erbrachten Leistung.

Die Kostensumme K_1 berechnet sich also wie folgt:

$$K_1 = 30.000 + 0{,}05\,K_1 + 0{,}1\,K_2 + 0{,}1\,K_3$$

Für die anderen Kostenstellen lauten die entsprechenden Gleichungen:

$$\begin{aligned}
K_1 &= 30.000 + 0{,}05\,K_1 + 0{,}1\,K_2 + 0{,}1\,K_3 \\
K_2 &= 48.000 + 0{,}1\,K_1 + 0{,}15\,K_2 + 0{,}1\,K_3 \\
K_3 &= 40.000 + 0{,}05\,K_1 + 0{,}05\,K_2 + 0{,}4\,K_3 \\
K_4 &= 65.000 + 0{,}3\,K_1 + 0{,}15\,K_2 + 0{,}1\,K_3 \\
K_5 &= 52.000 + 0{,}3\,K_1 + 0{,}3\,K_2 + 0{,}2\,K_3 \\
K_6 &= 75.000 + 0{,}2\,K_1 + 0{,}25\,K_2 + 0{,}1\,K_3
\end{aligned}$$

Geht man allgemein von n Kostenstellen aus und bezeichnet man die Primärkostensumme einer Stelle j mit P_j sowie den Anteil, den Stelle j von Stelle i erhalten hat, mit c_{ij}, dann läßt sich das Gleichungssystem zur Kostenverteilung allgemein wie folgt schreiben:

$$\begin{aligned}
K_1 &= P_1 + c_{11}K_1 + c_{21}K_2 + \dots + c_{n1}K_n \\
K_2 &= P_2 + c_{12}K_1 + c_{22}K_2 + \dots + c_{n2}K_n \\
&\vdots \\
K_n &= P_n + c_{1n}K_1 + c_{2n}K_2 + \dots + c_{nn}K_n
\end{aligned}$$

oder:

$$K_j = P_j + \sum_{i=1}^{n} c_{ij}K_i$$

Die Lösung eines derartigen Gleichungssystems bereitet keine Schwierigkeiten: Es ist linear und lösbar, wenn die realen Verhältnisse korrekt abgebildet wurden, und es ergibt sich eine eindeutige Lösung. Für das Beispiel erhält man folgendes Ergebnis:

$$K_1 = 42.366{,}86 \text{ DM}$$

$$K_2 = 57.492{,}25 \text{ DM}$$

$$K_3 = 44.992{,}96 \text{ DM}$$

$$K_4 = 105.581{,}01 \text{ DM}$$

$$K_5 = 95.455{,}62 \text{ DM}$$

$$K_6 = 108.963{,}37 \text{ DM}$$

innerbetriebliche Leistung		an Kostenstelle					
von Kosten-stelle	Gesamtmenge	K1 Heiz-werk	K2 Reparatur	K3 Lager	K4 Preßwerk	K5 Fräserei	K6 Dreherei
Heizwerk	100.000 kWh	5.000 kWh	5.000 kWh	5.000 kWh	30.000 kWh	30.000 kWh	25.000 kWh
Reparatur	720 Std.	72 Std.	36 Std.	36 Std.	180 Std.	216 Std.	180 Std.
Lager	500 m²	50 m²	50 m²	0 m²	150 m²	150 m²	100 m²

Kostenstellen		Vorkostenstellen			Endkostenstellen		
	Summe	K1 Heizwerk	K2 Reparatur	K3 Lager	K4 Preßwerk	K5 Fräserei	K6 Dreherei
primäre Kosten	310.000 DM	30.000 DM	48.000 DM	40.000 DM	65.000 DM	52.000 DM	75.000 DM
Kosten der Kostenstelle		42.367 DM	57.492 DM	44.993 DM	105.581 DM	95.456 DM	108.963 DM
Sekundär-kosten-rechnung:							
Heizwerk		−40.248 DM	2.118 DM	2.118 DM	12.710 DM	12.710 DM	10.592 DM
Reparatur		5.749 DM	−54.617 DM	2.875 DM	14.373 DM	17.248 DM	14.372 DM
Lager		4.499 DM	4.499 DM	−44.993 DM	13.498 DM	13.498 DM	8.999 DM
Kosten nach Sekundär-kosten-rechnung	310.000 DM	0 DM	0 DM	0 DM	105.581 DM	95.456 DM	108.963 DM

Abbildung D. 30: Darstellung des Ergebnisses der Sekundärkostenverrechnung eines wechselseitigen Leistungsaustausches im Betriebsabrechnungsbogen

Zu beachten ist, daß dies die jeweilige Gesamtkostensumme der Kostenstelle ist. Von dieser Summe werden somit die Kosten berechnet, mit denen andere Kostenstellen wegen der Lieferung aus der betrachteten Stelle belastet werden. Um denselben Kostenbetrag wird jedoch jeweils die liefernde Kostenstelle entlastet, so daß die Summe K_j im allgemeinen nicht im Betriebsabrechnungsbogen in einer Ergebniszeile auftritt. Die Abrechnung für den Betriebsabrechnungsbogen des Beispiels zeigt Abbildung D. 30.

Das Gleichungssystem zum gegenseitigen Leistungsaustausch kann auch **iterativ** gelöst werden, ein Rechenverfahren, das sich insbesondere für die computertechnische Realisierung empfiehlt.

Kostenstellen	Summe	K1 Heizwerk	K2 Reparatur	K3 Lager	K4 Preßwerk	K5 Fräserei	K6 Dreherei
primäre Kosten	310.000	30.000,00	48.000,00	40.000,00	65.000,00	52.000,00	75.000,00
Iteration 1:							
Heizwerk		−28.500,00	1.500,00	1.500,00	9.000,00	9.000,00	7.500,00
Reparatur		4.800,00	−45.600,00	2.400,00	12.000,00	14.400,00	12.000,00
Lager		4.000,00	4.000,00	−40.000,00	12.000,00	12.000,00	8.000,00
Summe	310.000	10.300,00	7.900,00	3.900,00	98.000,00	87.400,00	102.500,00
Iteration 2:							
Heizwerk		−9.785,00	515,00	515,00	3.090,00	3.090,00	2.575,00
Reparatur		790,00	−7.505,00	395,00	1.975,00	2.370,00	1.975,00
Lager		390,00	390,00	−3.900,00	1.170,00	1.170,00	780,00
Summe	310.000	1.695,00	1.300,00	910,00	104.235,00	94.030,00	107.830,00
Iteration 3:							
Heizwerk		−1.610,25	84,75	84,75	508,50	508,50	423,75
Reparatur		130,00	−1.235,00	65,00	325,00	390,00	325,00
Lager		91,00	91,00	−910,00	273,00	273,00	182,00
Summe	310.000	305,75	240,75	149,75	105.341,50	95.201,50	108.760,75
Iteration 4:							
Heizwerk		−290,46	15,29	15,29	91,73	91,73	76,44
Reparatur		24,08	−228,71	12,04	60,19	72,23	60,19
Lager		14,98	14,98	−149,75	44,93	44,93	29,95
Summe	310.000	54,34	42,30	27,33	105.538,34	95.410,38	108.927,33
Iteration 5:							
Heizwerk		−51,62	2,72	2,72	16,30	16,30	13,58
Reparatur		4,23	−40,19	2,12	10,58	12,69	10,58
Lager		2,73	2,73	−27,33	8,20	8,20	5,47
Summe	310.000	9,68	7,56	4,83	105.573,41	95.447,56	108.956,95
Iteration 6:							
Heizwerk		−9,20	0,48	0,48	2,90	2,90	2,42
Reparatur		0,76	−7,19	0,38	1,89	2,27	1,89
Lager		0,48	0,48	−4,83	1,45	1,45	0,97
Summe	310.000	1,72	1,35	0,86	105.579,66	95.454,19	108.962,23
Iteration 7:							
Heizwerk		−1,64	0,09	0,09	0,52	0,52	0,43
Reparatur		0,13	−1,28	0,07	0,34	0,40	0,34
Lager		0,09	0,09	−0,86	0,26	0,26	0,17
Summe	310.000	0,31	0,24	0,15	105.580,77	95.455,37	108.963,17
Kosten nach Sekundärkosten-rechnung	310.000	0 DM	0 DM	0 DM	105.581 DM	95.455 DM	108.963 DM

Abbildung D. 31: Iterative Lösung des gegenseitigen Leistungsaustausches für das Beispiel aus Abbildung D. 30

Hierbei werden die Kostenstellenbe- und -entlastungen für die innerbetrieblichen Leistungsströme jeweils blockweise nach den vorliegenden Kostenstellensummen berechnet. Bei korrekter Lösung hätten nach diesem Schritt die Vorkostenstellen einen Saldo von null. Da die liefernden Kostenstellen jedoch unter Umständen ebenfalls Kosten zugerechnet bekommen, wird die Rechnung erneut durchgeführt, wobei als Grundlage die neu ermittelten Kostenstellensummen genommen werden. Das Verfahren wird so lange wiederholt, bis ein unverteilter Rest von weniger als einer Geringfügigkeitsgrenze (z.B. eine DM) bleibt. Für das exakt gelöste Beispiel aus Abbildung D. 30 zeigt Abbildung D. 31 die iterative Lösung.

Die geschilderten Verfahren der innerbetrieblichen Leistungsverrechnung sind für den jeweiligen Anwendungsfall als exakte Verfahren zu kennzeichnen. An ihrer Stelle sind auch **heuristische Verfahren** gebräuchlich. So werden bei wechselseitigem Leistungsaustausch anstelle des Gleichungsverfahrens **Verrechnungspreise** für die innerbetrieblichen Leistungen verwendet. Dies sind geschätzte Kostensätze pro Einheit. Würden sie der Lösung über dem Gleichungsansatz entsprechen, verbliebe nach dem Kostenstellenausgleich mit diesen Verrechnungssätzen auf den Vorkostenstellen ein Saldo von null. Davon kann freilich nicht ausgegangen werden. Deshalb muß bei diesem Verfahren ein Restausgleich nach irgendeinem Schlüssel vorgesehen werden, wenn tatsächlich die gesamten Vorkosten verteilt sein sollen. Abbildung D. 32 zeigt ein Beispiel zum Verfahren mit Verrechnungspreisen. Die Restbeträge werden hier nach dem Verhältnis der bis dahin aufgelaufenen Kosten der Endkostenstellen ausgeglichen.

Kostenstellen	K1 Heizwerk	K2 Reparatur	K3 Lager	K4 Preßwerk	K4 Fräserei	K4 Dreherei
Bezugseinheit	kWh	Stunden	m²			
Verrechnungspreis in DM pro Bezugseinheit	0,44	90	120			
Kosten nach der Primärkostenrechnung	30.000	48.000	40.000	65.000	52.000	75.000
Umlage						
Heizwerk	−41.800	2.200	2.200	13.200	13.200	11.000
Reparatur	6.480	−61.560	3.240	16.200	19.440	16.200
Lager	6.000	6.000	−60.000	18.000	18.000	12.000
Summe	680	−5.360	−14.560	112.400	102.640	114.200
Deckungsausgleich *)	−680	5.360	14.560	−6.568	−5.998	−6.674
Kosten nach der Sekundärkostenrechnung	0	0	0	105.832	96.642	107.526

*) Umlagerest: − 19.240 DM
Summe verteilter Kosten: 329.240 DM
Deckungsausgleichszuschlag: − 5,84 %

Abbildung D. 32: Sekundärkostenverrechnung mit Verrechnungspreisen und Deckungsausgleich

Wenn sich in aufeinanderfolgenden Abrechnungsperioden keine markanten Kostensprünge ergeben, bietet es sich an, einen korrigierten Wert der Vorperiode als aktuellen Verrechnungspreis zu wählen. Allerdings: Auch ein korrigierter Schätzwert kann nur als heuristische Annäherung an den tatsächlichen Wert angesehen werden. Das beschriebene Verfahren mit Verrechnungspreisen wird teilweise auch als **Gutschrift-Lastschrift-Verfahren** oder als Kostenstellenausgleichsverfahren bezeichnet. Diese Bezeichnungen sollten für dieses spezielle Verfahren jedoch **vermieden** werden, da sie auf Merkmale abstellen, die mehreren Sekundärrechnungsverfahren zukommen.

Weitere heuristische Verfahren, die in der betrieblichen Anwendung vorzufinden sind, bestehen darin, ein prinzipiell exaktes Verfahren für einen einfachen Fall auch auf den komplizierteren Fall anzuwenden, wo eigentlich seine Anwendungsvoraussetzungen nicht mehr gegeben sind. So könnte man etwa die Blockumlage anwenden, obwohl es auch Leistungen von Vorkostenstellen an andere Vorkostenstellen gibt. Man "spart" rechentechnisch einige wenige Arbeitsschritte. Oder man könnte das Treppenverfahren anwenden, obwohl ein gegenseitiger Leistungsaustausch vorliegt. Mindestens eine, im allgemeinen aber mehrere Leistungsbeziehungen müssen dann für die Rechnung ignoriert werden. Derartige Rechnungen führen ausnahmslos zu unkorrekten Ergebnissen. Die Rechenersparnis und der Gewinn an Einfachheit des Verfahrens können heute kaum noch als Argument für diese Art von Heuristik angeführt werden. Von jeder ordentlichen Kostenrechnungs-Software muß erwartet werden, daß auch für den kompliziertesten Fall der innerbetrieblichen Leistungsverrechnung ein Verfahrensteil vorgesehen ist. Da auch die Dateneingabe bei einem unpassenden Verfahren nicht einfacher wird, könnte der Vorteil des "einfacheren", aber unzutreffenden Verfahrens nur noch in einigen Pfennigbruchteilen Stromkosten für den Rechner liegen - es sei denn, der zuständige Kostenrechnungs-Anwender kennt die Verfahren nicht hinreichend.

Weitere Verfahren der Sekundärkostenrechnung, die in der Literatur genannt werden, unterscheiden sich entweder nur durch den Namen von den hier besprochenen, oder es handelt sich bei ihnen ebenfalls um heuristische Verfahrensvarianten, die aus heutiger Sicht kaum noch empfehlenswert sein dürften.

4.1.3.3 Ergebnisse der Kostenstellenrechnung

Die Verfahren der Kostenstellenrechnung schließen mit der Berechnung von **Gemeinkostenzuschlägen.** Hierzu müssen die Zuschlagsbasen bekannt sein, die später in der Kalkulation herangezogen werden. Dann kann man jetzt die den Gemeinkostenbeträgen entsprechenden Ausprägungen dieser Zuschlagsbasen für den jeweiligen Abrechnungszeitraum rekonstruieren und die tatsächlich realisierten Gemeinkostenzuschläge ermitteln. Werden beispielsweise in der Kalkulation die für das Anliefern, Lagern und allgemeines Handling angefallenen variablen Kosten als Materialgemeinkosten auf die Einzelkosten des Materials zugeschlagen, sind für eine abgelaufene Periode folgende Zahlen erforderlich:

- die insgesamt angefallenen variablen Kosten für Anlieferung, Lagerung und Handling, wobei "variabel" hier bedeutet, daß diese Kosten mit der Ausbringungsmenge der Produkte variieren,

- sowie die Einzelkosten der im gleichen Zeitraum insgesamt eingesetzten Materialien, unabhängig davon, wie lange sie im einzelnen tatsächlich gelagert werden; Einzelkosten sind hier die Einstandspreise einschließlich angefallener Nebenkosten, soweit diese nicht in die Materialgemeinkosten eingerechnet wurden.

Betragen die angeführten Materialgemeinkosten eines Jahres z.B. 48.000,-- DM bei einem Einstandswert des eingesetzten Materials von 600.000,-- DM im gleichen Zeitraum, ergibt sich ein Materialgemeinkostenzuschlag von 8% für dieses Jahr. Dieser Satz kann einerseits mit früheren Materialgemeinkosten oder mit einer angestrebten (maximalen) Sollhöhe verglichen werden. Andererseits kann er auch als Grundlage für die Gemeinkostenberechnung in der Kalkulation verwendet werden.

Während die realisierten Ist-Gemeinkostenzuschläge für eine Kontrolle der Vergangenheit unabdingbar sind, muß ihre Verwendung in der Kalkulation problematisiert werden. Diese Kalkulationen braucht man vor allem für die Zukunft. Daher sind die dort verwendeten Gemeinkostenzuschläge als künftige Werte anzusehen. Es empfiehlt sich demgemäß eine sorgfältige Prognose. Man kann etwa von prognostizierten Kostenartenbeträgen ausgehen und alle in diesem Abschnitt behandelten Rechnungen mit diesen Prognosezahlen durchführen. So gelangt man unmittelbar zu prognostizierbaren Gemeinkostenzuschlägen.

Ein anderer Weg bestünde darin, die in aufeinanderfolgenden Abrechnungsperioden jeweils in der Nachrechnung festgestellten Gemeinkostenzuschläge in eine Trendrechnung einzubringen, um die Gemeinkostenzuschläge zu prognostizieren, die in der laufenden Geschäftsperiode zu erwarten sind.

Die angeführten Verwendungsvarianten zeigen, daß auch bei verändertem Recheninhalt die Methoden der Kostenstellenrechnung gleich bleiben. Dies gilt insbesondere für den Einsatz der Kostenstellenrechnung innerhalb eines Systems der Voll- oder der Teilkostenrechnung. Der Betriebsabrechnungsbogen kann ohne weiteres sowohl auf Vollkosten als auch auf Teilkosten, beispielsweise auf variable Kosten, ausgelegt werden. Alle Zahleninhalte, alle Verrechnungen, alle Ergebnisse beziehen sich somit entweder auf die gesamten Kosten einer Kostenart oder etwa nur auf variable Kosten. Will man mit Vollkosten rechnen, muß man es hinnehmen, daß zahlreiche Kostenverteilungen im Betriebsabrechnungsbogen nur willkürlich vorgenommen werden können. Die Brauchbarkeit der Ergebnisse wird dadurch sehr fraglich.

Bei einem Teilkostenkonzept wird von einer Kostenart im allgemeinen nicht der Gesamtbetrag auf die Kostenstellen verteilt, sondern nur ein Teil, z.B. die ausbringungsmengenvariablen Kosten. I.d.R. interessiert man sich auch dann dafür, welche Teile der fixen Kosten den Kostenstellen noch zugerechnet werden können. Dies betrifft Kostenstelleneinzelkosten, die fix und daher Kostenträgergemeinkosten sind. Für sie scheidet eine weitere Zurechnung aus, so daß sie nicht in die Berechnung der Gemeinkostenzuschläge eingehen. Dennoch ist die Höhe solcher Fixkosten für jede Kostenstelle von Interesse, etwa dann, wenn eine mehrstufige Deckungsbeitragsrechnung aufgebaut werden soll. In solchen Fällen wendet man das bisher beschriebene Vorgehen auf einen Betriebsabrechnungsbogen an, in dem die Spalten jeder Kostenstelle wie auch die Summenspalte jeweils drei Unterspalten für die ausbringungsmengenfixen und -variablen sowie die gesamten Kosten haben. Ein Beispiel zeigt Abbildung D. 33.

Für die Primärkostenrechnung gibt die Aufgliederung der Kosten in die Kategorien fix und variabel zunächst nur eine zusätzliche Information. Sie vermeidet aber Willkür bei der Kostenverteilung, da sie fixe Kostenstellengemeinkosten, wie sie etwa bei den Heizkosten in Höhe von 5.300,-- DM oder den Versicherungskosten in Höhe von 4.600,-- DM anfallen, unverteilt läßt. In der Sekundärkostenrechnung zeigt sich hingegen der Unterschied zur Vollkostenrechnung deutlich: Hier wird nur der variable Teil der primären Stellenkosten weiterverrechnet. Im vorliegenden Beispiel werden die Kantinenkosten im Verhältnis 0 : 1 : 1 : 2 : 2 : 1, die Kosten der Schlosserei im Verhältnis 0 : 0 : 3 : 14 : 15 : 0 zugerechnet. Die Gemeinkostenzuschläge betreffen ebenfalls nur die variablen Kosten; dementsprechend werden als Zuschlagsbasis der Verwaltungs- und Vertriebsgemeinkosten nur die variablen Herstellkosten verwendet.

Kostenart \ Kostenstelle		Gesamtbetrieb			Allgemeine Hilfskostenstellen: K1 Kantine			K2 Schlosserei			Material-hilfsstelle: K3 Lager			Fertigungs-hauptkostenstellen: K4 Lackiererei			K5 Montage			Verwaltungs-hilfsstelle: K6 Verwaltung		
Nr.	Bezeichnung	gesamt	fix	variabel	gesamt	fix	variabel	gesamt	fix	variabel	gesamt	fix	variabel	gesamt	fix	variabel	gesamt	fix	variabel	gesamt	fix	variabel
(1)	(2)	(3)	(4)	(5)	(6)	(7)	(8)	(9)	(10)	(11)	(12)	(13)	(14)	(15)	(16)	(17)	(18)	(19)	(20)	(21)	(22)	(23)
4121	Gehälter	70.200	70.200	0	5.600	5.600	0	5.200	5.200	0	4.800	4.800	0	10.100	10.100	0	9.700	9.700	0	16.200	16.200	0
4221	Hilfslöhne	492.400	238.700	253.700	24.100	15.700	8.400	29.000	19.600	9.400	19.500	4.200	15.300	162.700	80.300	82.400	218.900	96.400	122.500	38.200	22.500	15.700
4335	Hilfs- und Betriebsstoffe	210.200	61.300	148.900	6.600	3.900	2.700	18.100	7.600	10.500	14.500	4.300	10.200	88.300	20.000	68.300	77.700	23.100	54.600	5.000	2.400	2.600
4347	Wasser	36.900	15.100	21.800	6.000	2.800	3.200	4.900	2.800	2.100	4.000	2.200	1.800	12.300	3.400	8.900	7.600	3.100	4.500	2.100	800	1.300
4357	Strom	38.500	17.800	20.700	6.200	3.300	2.900	6.100	4.200	1.900	5.900	2.300	3.600	9.500	2.900	6.600	8.600	3.700	4.900	2.200	1.400	800
4369	Heizkosten	42.400	26.600	15.800	3.800	2.600	1.200	5.300	3.300	2.000	7.500	3.200	4.300	8.400	4.500	3.900	8.100	5.300	2.800	4.000	2.400	1.600
4374	Büromaterial	8.300	7.300	1.000	400	400	0	300	300	0	1.200	900	300	500	500	0	700	700	0	5.200	4.500	700
4438	Instandhaltungsmaterial	41.400	23.000	18.400	6.900	4.500	2.400	5.500	3.500	2.000	5.000	2.800	2.200	9.300	5.000	4.300	9.600	3.200	6.400	5.100	4.000	1.100
4679	Versicherung	19.500	12.800	6.700	900	700	200	1.300	200	1.100	4.700	400	4.300	4.100	3.500	600	3.100	2.800	300	800	600	200
primäre Kosten		959.800	472.800	487.000	60.500	39.500	21.000	75.700	46.700	29.000	67.100	25.100	42.000	305.200	130.200	175.000	344.000	148.000	196.000	78.800	54.800	24.000
Sekundärkostenrechnung:																						
Umlage Kantine							− 21.000			3.000			3.000			6.000			6.000			3.000
Umlage Schlosserei							0			− 32.000			3.000			14.000			15.000			0
Kosten nach der Sekundärkostenrechnung		959.800	472.800	487.000	39.500	39.500	0	46.700	46.700	0	73.100	25.100	48.000	325.200	130.200	195.000	365.000	148.000	217.000	81.800	54.800	27.000
Bezugsgröße											Lagerwert: 600.000 DM			lackierte Fläche: 150.000 m²			Fertigungsdauer: 70.000 Min.			variable Herstellkosten: 460.000 DM		
Zuschlagssatz											8 % des Lagerwertes			1,30 DM/m²			3,10 DM/Min.			5,87 % der Herstellkosten		

Abbildung D. 33: Beispiel eines Betriebsabrechnungsbogens mit getrenntem Ausweis von fixen und variablen Kosten

Im einzelnen sind die Werte wie folgt zu interpretieren:

- Materialgemeinkostenzuschlag: Es entstehen variable Materialgemeinkosten in Höhe von 8% der Materialeinzelkosten.
- Fertigungsgemeinkostenzuschlag I (für die Lackiererei): Pro m^2 bearbeitete Fläche entstehen in der Lackiererei 1,30 DM variable Fertigungsgemeinkosten.
- Fertigungsgemeinkostenzuschlag II (für die Montage): Pro Minute Bearbeitungszeit entstehen in der Montage 3,10 DM variable Fertigungsgemeinkosten.
- Verwaltungs- und Vertriebsgemeinkostenzuschlag: Pro 100,-- DM variable Herstellkosten fallen 5,87 DM variable Verwaltungs- und Vertriebsgemeinkosten an.

Auf der Basis einer derartig aufgegliederten Kostenstellenrechnung läßt sich für jede Kostenstelle eine einfache Plankostenrechnung auf Basis einer unabhängigen Variablen durchführen. Ohne Kostenstellenrechnung wäre dies mit den Kenntnissen der Kostenartenrechnung lediglich für den Gesamtbetrieb möglich gewesen. Soll in der Kostenplanung für die einzelnen Kostenstellen stärker differenziert vorgegangen werden, sollen also etwa verschiedene Kosteneinflußgrößen berücksichtigt werden, dann muß auf analoge Weise auch die Kostenstellenrechnung tiefer gegliedert werden.

4.1.4 Die stückbezogene Kostenträgerrechnung

In der Kalkulation als stückbezogener Kostenträgerrechnung werden die in der Kostenarten- und Kostenstellenrechnung ermittelten Teilergebnisse zusammengefügt. Auch hier sind die Methoden nicht abhängig vom Recheninhalt. Beispielsweise kalkuliert man mit Vollkosten methodisch genauso wie mit variablen Kosten.

Die allgemeinste Kalkulationsmethode ist sicher die **Zuschlagskalkulation**. Ein Beispiel hierzu ist bereits in Abbildung D. 6 vorgestellt worden. Es zeigt eine verbreitete Standardform der Zuschlagskalkulation, in der lediglich die drei Kostengruppen der Materialkosten, Fertigungskosten sowie Verwaltungs- und Vertriebskosten vorkommen. Nur die beiden erstgenannten sind dabei überhaupt in Einzel- und Gemeinkosten untergliedert, wobei im Standardfall die Einzelkosten gleichzeitig Grundlage der Gemeinkostenzurechnung sind. Diese Einteilung und Interpretation der Kalkulationspositionen ist um zwei Zusatzaspekte zu ergänzen. Der eine betrifft die Einzelkosten, der andere die Gemeinkostenzurechnung.

In manchen Fällen gibt es Einzelkosten einer Produktart, die in die bisherige Systematik nicht passen. Sie lassen sich zwar einerseits dem einzelnen Stück direkt zurechnen, andererseits aber vergrößert sich der Gemeinkostenbetrag durch den Anfall dieser Kosten nicht in gleichem Maß wie bei den anderen Einzelkosten. Beispielsweise ist einer von mehreren hergestellten Produktarten eine stückbezogene Lizenzgebühr zuzurechnen, die einem Lizenzgeber zu zahlen ist. Für die anderen Produkte fällt diese Position nicht an. Werden die Materialgemeinkosten nach dem Materialeinsatz, die Fertigungsgemeinkosten nach den Fertigungslöhnen berechnet, so hätten die beschriebenen Einzelkosten für die Lizenzgebühr die Konsequenz, daß - bei welcher Zuordnung auch immer - für dieses Produkt ein höherer Betrag an Gemeinkosten zugerechnet werden würde.

Derartige Posten klassifiziert man daher als Einzelkosten, denen kein Gemeinkostenzuschlag zugerechnet wird. Sie heißen **Sondereinzelkosten**.

I.d.R. betreffen sie nur einzelne Produktarten. Man unterscheidet Sondereinzelkosten der Fertigung und Sondereinzelkosten des Vertriebs. Zu letzteren gehören beispielsweise Provisionen.

Die geschilderten Probleme der Kostenzurechnung entstehen durch eine gewisse Uneinheitlichkeit der Einzelkosten. Andererseits kann es sich auch in der Gemeinkostenzurechnung empfehlen, tiefer zu **differenzieren**. So kann man die Materialgemeinkosten oder einen Teil von ihnen beispielsweise mengenbezogen statt wertbezogen zurechnen. D.h., man stellt fest, welcher Betrag an Materialgemeinkosten pro Mengeneinheit des Einsatzmaterials zuzurechnen ist. Weiter kann man die Materialgemeinkosten z.B. nach Einkaufs-, Lager-, Transportgemeinkosten untergliedern und als Zuschlagsbasis den Einkaufswert, die Lagermenge und die Entfernungskilometer heranziehen. Ebenso werden die Fertigungsgemeinkosten nicht immer über einen Zuschlag auf die Lohnkosten, sondern auch als Fertigungsgemeinkosten pro Fertigungsstunde oder einer anderen Mengenbezugsgröße berechnet. Mengengrößen als Bezugsbasis bieten sich dann an, wenn etwa der Wert aufgrund von Preisschwankungen oder Tariferhöhungen als Zuschlagsgrundlage weniger geeignet ist, da er sich rascher ändert als die zuzurechnenden Gemeinkosten.

Allgemein läßt sich das Prinzip der Zuschlagskalkulation beliebig verfeinern, indem die Gemeinkosten und die Zuschlagsbasen weiter differenziert werden. Dann werden anstelle umfassender Zuschläge mehr **spezifische Zuschläge** für verschiedene Kostengruppen oder einzelne Positionen gebildet. Dies geht einher mit einer stärkeren Differenzierung der Kostenstellen- und erforderlichenfalls der Kostenartenrechnung.

Ein Beispiel kann dem Kalkulationsschema in Abbildung D. 34 entnommen werden.

Position	Bezugsgrundlage	Betrag	Summe
(1)	(2)	(3)	(4)
Materialeinzelkosten		87,00 DM	
Einkaufsgemeinkosten	Einkaufswert * 6 %	5,22 DM	
Lagergemeinkosten	60 kg * 0,08 DM/kg	4,80 DM	
Transportgemeinkosten	26 km * 0,50 DM/km	13,00 DM	
Materialkosten			110,02 DM
Fertigungsbereich I:			
Fertigungslöhne		82,00 DM	
Fertigungsgemeinkosten	Löhne * 125 %	102,50 DM	
Fertigungsbereich II:			
Fertigungslöhne		176,00 DM	
Maschine I	1,5 Std. * 95 DM/Std.	142,50 DM	
Maschine II	0,9 Std. * 80 DM/Std.	72,00 DM	
Sondereinzelkosten der Fertigung		98,00 DM	
Fertigungskosten			673,00 DM
Herstellkosten			783,02 DM
Verwaltungsgemeinkosten	Herstellkosten * 5 %		39,15 DM
Versandkosten		78,00 DM	
Vertriebslagerkosten	70 kg * 0,08 DM/kg	5,60 DM	
Vertriebsgemeinkosten	Versandkosten * 165 %	128,70 DM	
Sondereinzelkosten des Vertriebes		87,00 DM	
Vertriebskosten			299,30 DM
Selbstkosten			1.121,47 DM

Abbildung D. 34: Beispiel einer stark differenzierten Form der Zuschlagskalkulation

Insbesondere im Fertigungsbereich von Industriebetrieben bietet sich eine starke Differenzierung nach einzelnen Fertigungsstellen an. Wenn dabei bis auf einzelne Maschinen herabgegangen wird, spricht man von der **Maschinenplatzrechnung**. Hier ist für jedes Produkt zunächst festzustellen, wie lange es auf den einzelnen Maschinen bearbeitet wird. Die Kalkulation der Fertigungskosten gestaltet sich dann so, daß für jede Maschine die Bearbeitungszeit mit dem zugehörigen Maschinensatz multipliziert wird. Abbildung

D. 35 zeigt ein Beispiel einer derartigen Maschinenplatzrechnung, die ebenfalls als stark gegliederte Zuschlagskalkulation zu interpretieren ist.

Position	Bezugsgrundlage	Betrag	Summe
(1)	(2)	(3)	(4)
Materialeinzelkosten		120,00 DM	
Materialgemeinkosten	Einzelkosten * 20 %	24,00 DM	
Materialkosten			144,00 DM
Fertigungsbereich I:			
Fertigungseinzellöhne		54,00 DM	
Maschine 1	48 Sek. * 0,25 DM/Sek.	12,00 DM	
Maschine 2	32 Sek. * 0,15 DM/Sek.	4,80 DM	
Maschine 3	8 Min. * 2,40 DM/Min.	19,20 DM	
Maschine 4	4 Min. * 1,15 DM/Min.	4,60 DM	
Maschine 5	45 Min. * 0,78 DM/Min.	35,10 DM	
Summe Bereich I:		129,70 DM	
Fertigungsbereich II:			
Fertigungseinzellöhne		47,00 DM	
Maschine 6	12 kg * 3,50 DM/kg	42,00 DM	
Maschine 7	8 Min. * 4,30 DM/Min.	34,40 DM	
Maschine 8	2 Min. * 9,95 DM/Min.	19,90 DM	
Summe Bereich II:		143,30 DM	
Fertigungsbereich III:			
Fertigungseinzellöhne		33,00 DM	
Maschine 9	45 Sek. * 1,08 DM/Sek.	48,60 DM	
Summe Bereich III:		81,60 DM	
Sonstige Fertigungs-gemeinkosten	Fertigungslöhne * 37 % 134,00 DM * 37 %	49,58 DM	
Fertigungskosten			404,18 DM
Herstellkosten			548,18 DM
Verwaltungs- und Vertriebsgemeinkosten	Herstellkosten * 7 %		38,37 DM
Selbstkosten			586,55 DM

Abbildung D. 35: Beispiel einer Maschinenplatzrechnung

Andere Arten der Kalkulation kommen für spezielle Produktionstypen in Frage. So ist die Zuschlagskalkulation darauf ausgelegt, daß verschiedene Produkte unterschiedliche Ausprägungen der jeweiligen Zuschlagsbasen haben (können). Trifft dies nicht zu, ist eine entsprechende Untergliederung nicht erforderlich. Der typische Fall, bei dem sich eine größere Mühe zur Unterscheidung potentiell verschiedener Kostenpositionen nicht lohnt, ist die Einproduktfertigung, falls außerdem an keiner Stelle Zwischenproduktmengen hinzutreten oder abgehen. Es liegt also ein **glatter** Produktionsprozeß vor. Wird die gleiche Produktart auf diese Weise in Massenfertigung hergestellt, bedarf es keiner besonderen Kalkulationsmethode zur Feststellung der Stückkosten. Dies ist der Anwendungsfall der **Divisionsrechnung**.

Auch hier kann allerdings auf eine Differenzierung der Kostenartenrechnung nicht verzichtet werden, wenn etwa fixe und variable Kosten auseinandergehalten werden sollen. Ebenso ist eine Kostenstellenrechnung nicht entbehrlich, soweit hier eigene Entscheidungsbereiche liegen.

Dies wird bereits deutlich, wenn ein mehrstufiger Produktionsprozeß mit Zwischenlägern vorliegt. Hat man beispielsweise wie in Abbildung D. 36 fünf Produktionsstufen, bei denen die Produktionsmengen und damit die Zwischenlagermengen wechseln können, dann sind für die einzelnen Produktionsstufen Kostenstellen zu bilden. Die dort ermittelten Stufenkosten werden gemäß dem Rechenschema in Abbildung D. 36 auf die einzelne Mengeneinheit umgerechnet. Zusätzlich zu berücksichtigen ist dabei, daß die Maßeinheit wegen des fortschreitenden Produktionsprozesses in den verschiedenen Fertigungsstufen wechseln kann. Sie betrifft jeweils am Eingang einer Stufe die Mengeneinheiten des Zwischenproduktes der Vorgängerstufe, am Ausgang derselben Stufe jedoch die Mengeneinheiten des jetzt davon erstellten Zwischenprodukts.

Produktions-stufe	Einsatz-menge	Ausbringungs-menge	Stufen-kosten	Kosten des eingesetzten Zwischen-produktes	Gesamt-kosten der Produktions-stufe	Kosten je Produkt-einheit
I	7.500 kg	7.500 kg	150.000 DM	–	150.000 DM	20,00 DM
II	8.000 kg	7.200 kg	20.000 DM	160.000 DM	180.000 DM	25,00 DM
III	7.200 kg	72.000 Stück	36.000 DM	180.000 DM	216.000 DM	3,00 DM
IV	75.000 Stück	70.000 Stück	41.000 DM	225.000 DM	266.000 DM	3,80 DM
V	60.000 Stück	6.000 Dosen	24.000 DM	228.000 DM	252.000 DM	42,00 DM

Abbildung D. 36: Beispiel einer fünfstufigen Divisionsrechnung

Solange es bei der Einproduktfertigung pro Produktionsstelle bleibt, wirft auch ein **mehrstufig-divergenter Produktionsprozeß** keine neuen methodischen Probleme auf. Das gleiche Rechenverfahren wie im glatten Fall muß hier mehrfach nebeneinander angewendet werden. Abbildung D. 37 zeigt ein Beispiel dieser Produktionsstruktur. Die Kalkulation dazu ist in Abbildung D. 38 dargestellt.

Eine Differenzierung nach mehreren Gemeinkostenarten erscheint dann vorteilhaft, wenn sich die zuzurechnenden Kosten je Produktart deshalb unterscheiden, weil auch die Zuschlagsbasen eine verschiedene Höhe haben.

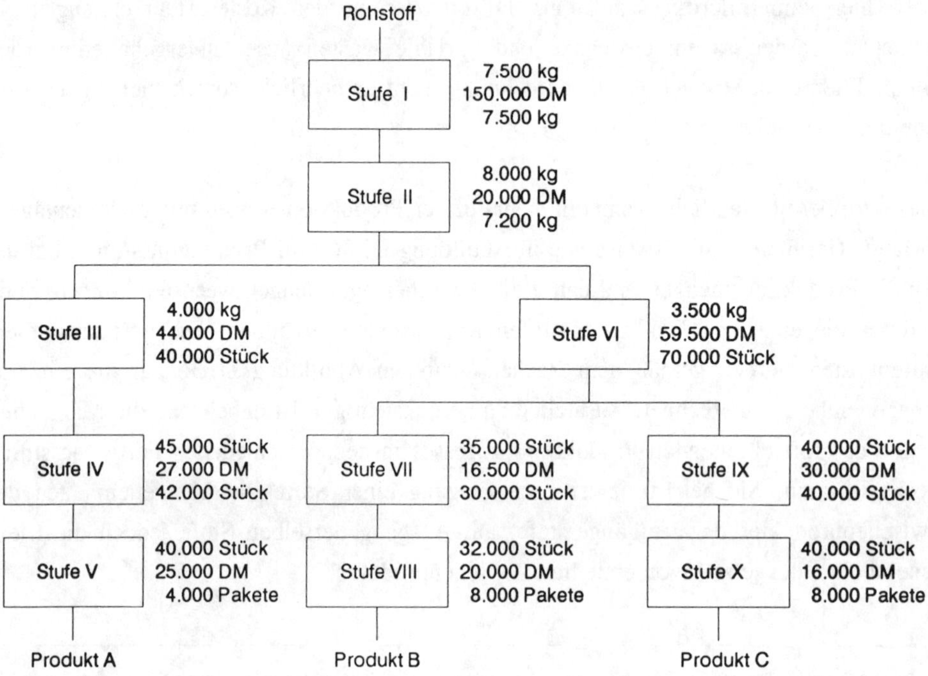

Abbildung D. 37: Beispiel eines Problems zur mehrstufig-divergenten Divisionsrechnung

Produktions-stufe	Einsatz-menge	Ausbringungs-menge	Stufen-kosten	Kosten des eingesetzten Zwischen-produktes	Gesamt-kosten der Produktions-stufe	Kosten je Produkt-einheit
I	7.500 kg	7.500 kg	150.000 DM	–	150.000 DM	20,00 DM
II	8.000 kg	7.200 kg	20.000 DM	160.000 DM	180.000 DM	25,00 DM
	Produkt A					
III	4.000 kg	40.000 Stück	44.000 DM	100.000 DM	144.000 DM	3,60 DM
IV	45.000 Stück	42.000 Stück	27.000 DM	162.000 DM	189.000 DM	4,50 DM
V	40.000 Stück	4.000 Pakete	25.000 DM	180.000 DM	205.000 DM	51,25 DM
	Zwischenprodukt der Stufe VI					
VI	3.500 kg	70.000 Stück	59.500 DM	87.500 DM	147.000 DM	2,10 DM
	Produkt B					
VII	35.000 Stück	30.000 Stück	16.500 DM	73.500 DM	90.000 DM	3,00 DM
VIII	32.000 Stück	8.000 Pakete	20.000 DM	96.000 DM	116.000 DM	14,50 DM
	Produkt C					
IX	40.000 Stück	40.000 Stück	30.000 DM	84.000 DM	114.000 DM	2,85 DM
X	40.000 Stück	8.000 Pakete	16.000 DM	114.000 DM	130.000 DM	16,25 DM

Abbildung D. 38: Lösung des Falles aus Abbildung D. 37

In manchen Fällen aber zeigen die gefertigten Produktarten gerade in diesen Positionen starke Übereinstimmung, so daß auch eine differenzierte Form der Zuschlagsrechnung keine unterschiedlichen Ergebnisse erbringt. Dann bieten sich vereinfachte Formen der Kalkulation an. Sie orientieren sich am Grenzfall der Einproduktfertigung. Wie eine Einproduktfertigung sind alle diejenigen Produktionsstrukturen zu betrachten, bei denen sich für jede Produktionsstelle die verschiedenen auftretenden Produkte letztlich auf eine normierte Größe umrechnen lassen, weil sie sich in ihrer Kostenstruktur ähneln. Faktisch liegt dann zwar eine Mehrproduktfertigung vor; rechentechnisch sind sie aber auf den Einproduktfall zurückgeführt. Dies geschieht durch Äquivalenzzahlen. Mit ihnen können die zunächst nicht vergleichbaren Mengen der verschiedenen Produktarten auf eine Standardmenge umgerechnet werden. Ein Beispiel einer solchen **Äquivalenzzahlenkalkulation** zeigt Abbildung D. 39.

Kosten der Produktionsstufe:				87.500 DM	
Produkt	Produktions-menge	Äquivalenz-zahl	Schlüssel-zahl	Gesamtkosten je Produkt	Stück-kosten
A	2.000 Stk.	2 m²/Stk.	4.000 m²	28.000 DM	14,00 DM
B	3.000 Stk.	2,5 m²/Stk.	7.500 m²	52.500 DM	17,50 DM
C	1.000 Stk.	1 m²/Stk.	1.000 m²	7.000 DM	7,00 DM
Summe			12.500 m²	87.500 DM	
Kosten je Schlüsseleinheit:			7,– DM/m²		

Abbildung D. 39: Beispiel einer Äquivalenzzahlenkalkulation

Durch die Normierung mit den Äquivalenzzahlen gelingt es, die vorliegende Mehrproduktfertigung wie eine Einproduktfertigung zu behandeln. Dies kommt hauptsächlich bei Produkten vor, die schon wegen ihres gleichartigen Fertigungsprozesses eng verwandt sind. Als Äquivalenzzahlen kommen dann die wenigen Merkmale in Frage, in denen sie sich unterscheiden, etwa Größe, Länge, Gewicht, Fertigungszeit. Typische Anwendungsfälle einer Äquivalenzzahlenkalkulation sind Schnittprodukte, die nur ein- oder zweidimensional festgelegt sind, wie Bleche verschiedener Dicke oder verschiedenen Zuschnitts, Papiere oder textile Stoffe, ferner Stangen, Bänder, Platten, Draht. Aber auch Stückgüter konstruktiver Verwandtschaft kommen für eine Äquivalenzzahlenkalkulation in Betracht, etwa Nägel, Schrauben, standardisierte Möbel oder die verschiedenen Grössen des gleichen Kleidungsstücks.

4.1.5 Die periodenbezogene Erfolgsrechnung

Den letzten Schritt einer konkreten Kosten- und Leistungsrechnung bildet die **periodenbezogene Erfolgsrechnung**. Sie ist die Gegenüberstellung einer Kostenträger**zeit**- und der ihr entsprechenden Leistungsrechnung. Das Prinzip ist einfach: Man vergleicht die Kosten und die Leistungen der gleichen Mengen und berechnet das Betriebsergebnis.

In den Einzelheiten zeigt sich allerdings doch, daß hierbei einige Freiheitsgrade bestehen, die definitorisch geschlossen werden müssen. So tritt ein erstes Problem dann auf, wenn Fertigungs- und Absatzmengen nicht übereinstimmen. Soll der Vergleich auf Basis der produzierten oder der verkauften Menge durchgeführt werden? Der Erlös enthält lediglich die Werte für die verkaufte Menge. In den Kosten sind dagegen auch die Lagerzugänge enthalten. Würde man sich zu einer **Produktionserfolgsrechnung** entschließen, wäre ergänzend zu fragen: Mit welchem Erlös sollen die zwar produzierten, aber noch nicht abgesetzten Erzeugnisse angesetzt werden? Will man dagegen eine **Absatzerfolgsrechnung**, lautet die Frage: Sollen die Kosten für die Lagerproduktion einfach als nicht entstanden angesehen werden? Und, falls es Lagerentnahmen gegeben hat: Mit welchen Kosten sollen sie berücksichtigt werden? Es liegt auf der Hand, daß man hier mit guten Argumenten zu völlig unterschiedlichen Antworten gelangen kann.

Üblicherweise richtet man sich in der internen Betriebsergebnisrechnung nach dem Realisationszeitpunkt, der auch im externen Rechnungswesen angewendet wird: Der Erfolg gilt dann als realisiert, wenn die Ware verkauft ist *(vgl. KUSSMAUL E. 3.3)*. Die Betriebsergebnisrechnung ist somit eine **Absatzerfolgsrechnung**. Alle Kosten werden auf diejenige Menge umgerechnet, die auch verkauft worden ist. Die Kosten von Lagerzugängen rechnet man also wieder ab oder man ergänzt zu ihrer Neutralisation Erlöse gerade in der gleichen Höhe. Lagerabgänge werden entsprechend berücksichtigt, wobei man regelmäßig die Kosten der laufenden Periode nimmt, also so tut, als seien auch diese Produkte in der jetzt laufenden Periode erzeugt worden. Es muß ausdrücklich darauf hingewiesen werden, daß derartige Regeln als Konventionen anzusehen sind. Wie im gesamten internen Rechnungswesen läßt sich problemlos davon abweichen, hier sogar, ohne die Logik sonstiger Rechnungen zu stören.

Die Betriebsergebnisrechnung wird meistens in Kontoform dargestellt. Während sich in der übrigen Kosten- und Leistungsrechnung die Kontodarstellung auch als äußeres Zeichen der Loslösung von der Buchführung mehr und mehr verloren hat, ist sie hier erhalten geblieben und wegen ihrer illustrativen Wirkung auch zweckmäßig. Analog zur Gewinn- und Verlustrechnung im externen Rechnungswesen sind zwei Formen möglich: das

Gesamtkostenverfahren und das Umsatzkostenverfahren *(vgl. auch KUSSMAUL E. 3.5.3)*. In beiden Fällen stehen links die Kosten, rechts die Erlöse.

Beim **Gesamtkostenverfahren** werden die einzelnen Kostenarten mit den in der Abrechnungsperiode angefallenen Beträgen aufgeführt. Sie betreffen bei den Herstellungskosten die hergestellten Mengen, bei den Vertriebskosten die abgesetzen Mengen. Rechts stehen die Erlöse der verkauften Mengen, nach Produktarten gegliedert. Wegen der ungleichen Mengengrundlage müssen die Kosten der Bestandsveränderungen als Korrekturposten eingebracht werden. Die linke Seite ist um die Herstellkosten der Lagerentnahmen (der Bestandsminderungen) zu ergänzen, die rechte Seite um die Herstellkosten der Lagerzugänge (Bestandsmehrungen).

Beim **Umsatzkostenverfahren** werden die Kosten der verkauften Produkte vorab berechnet und nach Produktarten gruppiert auf der linken Seite aufgeführt. Eine besondere Berücksichtigung von Bestandsänderungen erübrigt sich daher.

Abbildung D. 40 enthält die Daten eines Dreiproduktbeispiels und die Kalkulation der variablen Selbstkosten.

Produkt	Summe	A	B	C
hergestellte Menge		8.000 kg	7.500 kg	5.000 kg
abgesetzte Menge		5.000 kg	8.000 kg	3.000 kg
Stückerlös		29,– DM	49,– DM	54,– DM
Materialkosten	204.050	58.100 DM	85.250 DM	60.700 DM
Lohnkosten	139.850	35.900 DM	53.250 DM	50.700 DM
Lizenzkosten	9.600	2.000 DM	4.000 DM	3.600 DM
Provisionskosten	35.000	10.000 DM	16.000 DM	9.000 DM
variable Kosten	388.500	106.000 DM	158.500 DM	124.000 DM

Kalkulation zu variablen Kosten:	A	B	C
Materialkosten	7,26 DM	11,37 DM	12,14 DM
Lohnkosten	4,49 DM	7,10 DM	10,14 DM
Lizenzkosten	0,25 DM	0,53 DM	0,72 DM
variable Herstellkosten	12,00 DM	19,00 DM	23,00 DM
Provisionskosten	2,00 DM	2,00 DM	3,00 DM
variable Selbstkosten	14,00 DM	21,00 DM	26,00 DM

Abbildung D. 40: Daten eines Beispiels zur Betriebsergebnisrechnung

Mit diesen variablen Selbstkosten sind in Abbildung D. 41 beide Formen der Betriebsergebnisrechnung durchgeführt worden. Aufgrund der Konzeption stimmen die Betriebsergebnisse nach dem Gesamtkostenverfahren und nach dem Umsatzkostenverfahren nicht nur in diesem Beispiel, sondern immer überein.

Gesamtkostenverfahren

Gesamtkosten der Periode:		Erlöse der Periode:	
variable Materialkosten	204.050 DM	Produkt A: 5000*29 DM =	145.000 DM
variable Lohnkosten	139.850 DM	Produkt B: 8000*49 DM =	392.000 DM
Lizenzkosten	9.600 DM	Produkt C: 3000*54 DM =	162.000 DM
Provisionskosten	35.000 DM		
fixe Materialkosten	17.100 DM	Bestandsmehrungen zu variablen Herstellkosten:	
fixe Gehaltskosten	111.375 DM	Produkt A: 3000*12 DM =	36.000 DM
fixe Lohnkosten	160.675 DM	Produkt C: 2000*23 DM =	46.000 DM
fixe Kosten für Marktforschung	29.000 DM		
Abschreibungen	23.000 DM		
Abgaben	9.800 DM		
Zinskosten	3.550 DM		
Bestandsminderungen zu variablen Herstellkosten:			
Produkt B: 500*19 DM =	9.500 DM		
Betriebsergebnis:	28.500 DM		
Summe	781.000 DM	Summe	781.000 DM

Umsatzkostenverfahren

Variable Kosten der abgesetzten Produkte:		Erlöse der abgesetzten Produkte:	
Produkt A: 5000*14 DM =	70.000 DM	Produkt A: 5000*29 DM =	145.000 DM
Produkt B: 8000*21 DM =	168.000 DM	Produkt B: 8000*49 DM =	392.000 DM
Produkt C: 3000*26 DM =	78.000 DM	Produkt C: 3000*54 DM =	162.000 DM
Fixkosten:	354.500 DM		
Betriebsergebnis:	28.500 DM		
Summe:	699.000 DM	Summe:	699.000 DM

Abbildung D. 41: Betriebsergebnisrechnung für das Beispiel aus Abbildung D. 40 nach dem Gesamtkostenverfahren und dem Umsatzkostenverfahren

Im Beispiel der Abbildung D. 40 waren alle Kalkulationen auf Basis variabler Kosten durchgeführt worden. Um die Abhängigkeit des Betriebsergebnisses vom inhaltlichen Rechensystem zu zeigen, soll dasselbe Beispiel jetzt mit einer Vollkostenkalkulation abgerechnet werden. Die Kalkulationen sind in Abbildung D. 42 gezeigt, sie enthalten nunmehr eine Fixkostenschlüsselung auf die Produkte. In Abbildung D. 43 ist die Betriebsergebnisrechnung einmal nach dem Gesamtkostenverfahren, einmal nach dem Umsatzkostenverfahren dargestellt.

Produkt	Summe	A	B	C
variable Kosten	388.500	106.000 DM	158.500 DM	124.000 DM
auf die Produkte zuge- schlüsselte Fixkosten:				
fixe Materialkosten	17.100	9.600 DM	3.000 DM	4.500 DM
fixe Gehaltskosten	111.375	36.800 DM	42.375 DM	32.200 DM
fixe Lohnkosten	160.675	63.200 DM	58.875 DM	38.600 DM
Abschreibungen	23.000	9.600 DM	6.000 DM	7.400 DM
Abgaben	9.800	6.800 DM	1.500 DM	1.500 DM
Zinskosten	3.550	2.000 DM	750 DM	800 DM
fixe Kosten für Marktforschung	29.000	15.000 DM	8.000 DM	6.000 DM
Summe der fixen Kosten	354.500	143.000 DM	120.500 DM	91.000 DM
Summe der Kosten	743.000	249.000 DM	279.000 DM	215.000 DM

Vollkostenkalkulation	A	B	C
variable Herstellkosten	12,00 DM	19,00 DM	23,00 DM
anteilige Fixkosten pro Stück:			
fixe Materialkosten	1,20 DM	0,40 DM	0,90 DM
fixe Gehaltskosten	4,60 DM	5,65 DM	6,44 DM
fixe Lohnkosten	7,90 DM	7,85 DM	7,72 DM
Abschreibungen	1,20 DM	0,80 DM	1,48 DM
Abgaben	0,85 DM	0,20 DM	0,30 DM
Zinskosten	0,25 DM	0,10 DM	0,16 DM
volle Herstellkosten	28,00 DM	34,00 DM	40,00 DM
Provisionskosten (variabel)	2,00 DM	2,00 DM	3,00 DM
fixe Kosten für Marktforschung	3,00 DM	1,00 DM	2,00 DM
volle Selbstkosten	33,00 DM	37,00 DM	45,00 DM

Abbildung D. 42: Vollkostenkalkulation für die Produkte aus Abbildung D. 40

Wieder ergibt sich nach beiden Verfahren das gleiche Ergebnis; jedoch ist es ein anderes als bei Anwendung der Teilkostenrechnung. Eine Analyse der Unterschiede ergibt, daß u.a. alle Bestandsmehrungen hier höher bewertet werden. Genau genommen, tut man in der Vollkostenrechnung so, als sei wegen der Lagerzunahme nicht nur der sie betreffende Teil der variablen, sondern auch ein Teil der Fixkosten nicht entstanden. Diesen Fixkostenteil "rechnet man sich gut". Andererseits ergibt sich für die Lagerentnahme bei Gut A, daß jetzt mehr Fixkosten für A verrechnet werden, als überhaupt angefallen sind.

Allgemein muß immer davon ausgegangen werden, daß das Betriebsergebnis bei Vollkostenkalkulation eine andere Höhe annimmt als bei Teilkostenkalkulation.

Gesamtkostenverfahren bei Vollkostenrechnung

Gesamtkosten der Periode:		Erlöse der Periode:	
variable Materialkosten	204.050 DM	Produkt A: 5000*29 DM =	145.000 DM
variable Lohnkosten	139.850 DM	Produkt B: 8000*49 DM =	392.000 DM
Lizenzkosten	9.600 DM	Produkt C: 3000*54 DM =	162.000 DM
Provisionskosten	35.000 DM		
fixe Materialkosten	17.100 DM	Bestandsmehrungen zu vollen Herstellkosten:	
fixe Gehaltskosten	111.375 DM	Produkt A: 3000*28 DM =	84.000 DM
fixe Lohnkosten	160.675 DM	Produkt C: 2000*40 DM =	80.000 DM
fixe Kosten für Marktforschung	29.000 DM		
Abschreibungen	23.000 DM		
Abgaben	9.800 DM		
Zinskosten	3.550 DM		
Bestandsminderungen zu vollen Herstellkosten: Produkt B: 500*34 DM =	17.000 DM		
Betriebsergebnis:	103.000 DM		
Summe	863.000 DM	Summe	863.000 DM

Umsatzkostenverfahren

Selbstkosten der abgesetzten Produkte:		Erlöse der abgesetzten Produkte:	
Produkt A: 5000*33 DM =	165.000 DM	Produkt A: 5000*29 DM =	145.000 DM
Produkt B: 8000*37 DM =	296.000 DM	Produkt B: 8000*49 DM =	392.000 DM
Produkt C: 3000*45 DM =	135.000 DM	Produkt C: 3000*54 DM =	162.000 DM
Betriebsergebnis:	103.000 DM		
Summe:	699.000 DM	Summe:	699.000 DM

Abbildung D. 43: Betriebsergebnisrechnung für das Beispiel aus Abbildung D. 40 bei Vollkostenkalkulation

Für die Betriebsergebnisrechnung ist das dargestellte Konto bei entsprechender inhaltlicher Ausfüllung eine aussagefähige Form der Erfolgsrechnung. Eine mehrstufige Deckungsbeitragsrechnung, wie oben in *Kapitel 2* dargestellt, zielt letztlich auf denselben Zweck ab. Vergleicht man beide Rechnungen, stellt sich heraus, daß sie sich zweckmäßig ergänzen.

> Liegt bei der **Deckungsbeitragsrechnung** das Gewicht mehr auf der Beurteilung der einzelnen Produkte und Produktionsstufen, so steht bei der **Betriebsergebnisrechnung** der Gesamterfolg sowie bei der Form des Gesamtkostenverfahrens zusätzlich die Aufgliederung der Kostenstruktur im Vordergrund.

4.2 Ausgewählte Konzepte der Kosten- und Leistungsrechnung

4.2.1 Systematik der Kosten- und Leistungsrechnungen

In den bisherigen Abschnitten wurden die Einzelelemente betrachtet, aus denen sich ein System der Kosten- und Leistungsrechnung zusammensetzt. In einem solchen System sind alle Komponenten nach einem durchgehenden Prinzip aufgebaut. Die verschiedenen Methodenbausteine der Kosten- und Leistungsrechnung sind je nach Systemausprägung von größerer oder kleinerer Bedeutung.

Systeme der Kosten- und Leistungsrechnung lassen sich nach zwei Hauptmerkmalen einteilen: dem **Zeitbezug** und dem **Umfang der Kostenzurechnung**, der in der Kalkulation berücksichtigt ist.

Nach dem **Zeitbezug** läßt sich die vergangenheitsbezogene **Istrechnung** und die zukunftsbezogene **Planrechnung** unterscheiden. Die Istrechnung ist eine Nach-, die Planrechnung eine Vorrechnung. Bei der Planrechnung lassen sich danach, welchen Zweck sie verfolgt, genauer zwei Ausprägungsformen unterscheiden, die schon oben angesprochen wurden *(vgl. 3.4.2)*: Die Prognose- und die Budgetrechnung. Letztere wird auch als Standardrechnung bezeichnet. Eine Zwischenstellung zwischen Vor- und Nachrechnung nimmt die Normalkosten- oder Normkostenrechnung ein. Dabei handelt es sich um eine Übergangsform der Kostenrechnung, die in der betrieblichen Praxis entstanden ist. Sie soll letztlich die Aufgaben erfüllen, die man heute der Plankostenrechnung zuspricht. Die Istkostenrechnung ist dafür schon deswegen ungeeignet, weil sie allerlei Zufälligkeiten enthält, die in der abgelaufenen Abrechnungsperiode aufgetreten sind, aber nicht als typisch gelten können. Solange aber keine Planrechnung vorhanden ist, die gezielt auf die künftig zu erwartenden Größen ausgerichtet wäre, verwendet man an ihrer Stelle eine Rechnung, die sich aus den Durchschnitten mehrerer Istkostenrechnungen der vergangenen Perioden aufbaut: die **Normalkostenrechnung.** Vorstellung dabei ist, daß sich im langjährigen Durchschnitt das "normale Betriebsgebaren" zeigt, das auch für die Folgeperioden zu erwarten ist. Diese Normalkostenrechnung wird nach jeder neuen Istrechnung fortgeschrieben und als Planungsgrundlage verwendet. Es liegt auf der Hand, daß damit eine regelrechte Planrechnung nicht ersetzt werden kann. Insbesondere ist nicht davon auszugehen, daß sich durchschnittliche Kosten der Vergangenheit wieder einstellen, ohne zu prüfen, ob die bisherigen Bedingungen auch künftig zutreffen.

Das zweite Merkmal zur Einteilung der Kosten- und Leistungsrechnungs-Systeme betrifft den **Zurechnungsumfang** in der Kostenträgerrechnung. In der Vollkostenrechnung werden sämtliche Kosten des Betriebes auf die Produkte umgelegt. Die Systeme der Teilkostenrechnung dagegen rechnen manche Teile der Kosten nicht den Produkten, sondern anderen Entscheidungstatbeständen zu. Der Ausdruck Teilkostenrechnung darf also nicht so mißverstanden werden, als blieben hier ganze Kostenkategorien unberücksichtigt. Vielmehr besteht ihr Prinzip darin, mehr als nur eine Art von Zurechnungsobjekten für die Kosten vorzusehen.

Aus der Kombination der beiden Merkmale erhält man die Konstruktionsprinzipien der Kosten- und Leistungsrechnungs-Systeme. Eine Übersicht hierzu vermittelt Abbildung D. 44 (vgl. SCHWEITZER/KÜPPER 1991, S. 124):

Zeitlicher Bezug		Ist-Kosten- und -Leistungsrechnung	„Normal"-kostenrechnung	Plan-Kosten- und -Leistungsrechnung	
Umfang der Kostenrechnung / Zweck der Rechnung		Nachrechnung	mehrperiodiger Ausgleich	Zweck der Planrechnung: Vorgabe ⇓ Standard-Kosten- und -Leistungsrechnung	Prognose ⇓ Prognose-Kosten- und -Leistungsrechnung
Vollkostenrechnung (alle Kosten werden auf Produkte umgerechnet)		1	4	7	10
Teilkostenrechnung	mit variablen Kosten	2	5	8	11
	mit relativen Einzelkosten	3	6	9	12

Abbildung D. 44: Systeme der Kosten- und Leistungsrechnung

Die hier genannten Systeme stellen denkbare Formen dar, die nicht alle relevant sind. Die traditionelle Kosten- und Leistungsrechnung ist durch die Typen 1 und 4 gekennzeichnet. Die Form 7 bzw. 10 läßt sich auch als Plankostenrechnung ausgestalten. Die Systeme der Teilkostenrechnung sind teilweise als Ist-, teilweise als Plankostenrechnungen konzipiert. Die Normalkostenrechnung existiert nur als Vollkostenrechnung, d.h., die Typen 5 und 6 kommen nicht vor.

Die in Abbildung D. 44 aufgeführten Kosten- und Leistungsrechnungs-Systeme sind logisch nach Einteilungsmerkmalen gebildet. Historisch entstanden sind sie jedoch in unsystematischer Folge und unter verschiedenen Bezeichnungen. So handelt es sich bei den zunächst entstandenen Formen der Teilkostenrechnung ausschließlich um Systeme auf der Basis von variablen Kosten. Sie betonen allerdings jeweils unterschiedliche Elemente der Kostenrechnung: Unter einer **Deckungsbeitragsrechnung** versteht man kostenträgerbezogene Rechnungen, die anstelle eines Stückerfolgs einen Deckungsbeitrag ausweisen. Immer handelt es sich hierbei um eine Gegenüberstellung von Kosten und Leistungen, so daß die Deckungsbeitragsrechnungen als kombinierte Kostenträger- und Leistungsrechnungen gekennzeichnet werden können. Das unter der Bezeichnung **direct costing** diskutierte System läßt sich als (einfache, einstufige) Deckungsbeitragsrechnung kennzeichnen. Als **Grenzplankostenrechnung** schließlich wird ein Rechenkonzept mit variablen Kosten bezeichnet, das den Schwerpunkt auf die Kostenstellenrechnung legt. Hinter solchen verschiedenen Bezeichnungen verbergen sich demnach keine Alternativkonzepte der Kosten- und Leistungsrechnung, sondern nur zu verschiedenen Zeitpunkten entstandene Teilbereiche des gleichen Rechensystems, nämlich des Systems auf der Basis von variablen Kosten.

Anders verhält es sich mit den Systemen der Teilkostenrechnung auf Basis **relativer Einzelkosten**. Diese Art der Teilkostenrechnung gibt es nur in einer einzigen Ausprägungsform. Sie unterscheidet sich grundsätzlich von den verschiedenen Formen des Rechnens mit variablen Kosten.

Nachfolgend werden einige ausgewählte Systeme der Kosten- und Leistungsrechnung besprochen.

4.2.2 Das System der Grenzplankostenrechnung

Das bekannteste System einer Kostenrechnung auf Basis variabler Kosten ist die von KILGER vorgeschlagene Grenzplankostenrechnung. Er hat dieses System erstmals 1961 in geschlossener Form veröffentlicht und später in mehrfacher Hinsicht ergänzt (zu einer Gesamtdarstellung vgl. KILGER 1988, S. 135 ff., zu einer Kurzdarstellung vgl. TROSSMANN 1992, S. 226 ff.). Charakteristische Grundlage sind **lineare Kostenfunktionen**. An die Stelle einer einzigen Kosteneinflußgröße, wie es typisch für die traditionelle Vorgehensweise ist, treten bei KILGER präzise definierte Kosteneinflußgrößen, die er **Kostenbestimmungsfaktoren** nennt. Bereits für den Fertigungsbereich geht er davon aus, daß neben der Produktionsmenge eine Reihe weiterer Einflußgrößen existieren, die für eine verläßliche Kostenplanung zu berücksichtigen sind. Deshalb stellt er ein System von allgemeinen Kostenbestimmungsfaktoren zusammen (vgl. KILGER 1988, S. 136 ff.), auf die sich in den meisten Industriebetrieben der mengenmäßige Verbrauch an Einsatzgütern zurückführen läßt. Da nach seiner Konzeption ein Standard-Planpreissystem verwendet wird, geben die Einflußgrößen des mengenmäßigen Verbrauchs zugleich ein vollständiges System von Kosten-Bestimmungsgrößen ab.

Die vier Hauptbestimmungsfaktoren sind die Entscheidungen über folgende Größen:

- Aufbau und Gestaltung von Nutzungspotentialen für die Gesamtunternehmung,
- Kapazitäten betrieblicher Teilbereiche,
- Art und Ausmaß der in den betrieblichen Teilbereichen durchführbaren Verfahren,
- Ausbringungen und Produktionsmerkmale der betrieblichen Teilbereiche, worunter neben dem Produktionsprogramm auch die Einzelheiten der Produktionsgestaltung einschließlich der kurzfristigen Verfahrenswahl zu verstehen sind.

Die Plankostenrechnung in diesem System ist insgesamt eher für kurzfristige Anwendungen konzipiert. Deshalb kann sie von gegebenen Nutzungspotentialen, Kapazitäten und Verfahrensspektren ausgehen. Als Anwendungsbereich der Kostenanalyse verbleiben damit die zuletzt genannten **Produktionsentscheidungen**. Hier sind Kostenfunktionen aufzubauen, die die Kostenhöhe in Abhängigkeit von den Kostenbestimmungsfaktoren der Produktion angeben. Die anderen drei Gruppen der Hauptbestimmungsfaktoren beeinflussen die Parameter der Funktionen. Unabhängige Variable sind die Ausbringungsmengen sowie die weiteren gefundenen Kostenbestimmungsfaktoren.

Auch wenn man sich zunächst auf die Ausbringungsmengen beschränkt, kann nur im Ausnahmefall mit einer einzigen Maßgröße gearbeitet werden. Im allgemeinen muß davon ausgegangen werden, daß für jede Kostenstelle, in der mehrere verschiedene (Zwischen- oder End-) Produkte erzeugt werden, mehrere Variable benötigt werden. Aber auch bei nur einer Produktart sind möglicherweise mehrere Bezugsgrößen erforderlich, insbesondere dann, wenn zwei oder mehr qualitativ verschiedene Fertigungszeiten in der betrachteten Kostenstelle unterschieden werden müssen. Allgemein unterscheidet KILGER aufgrund der skizzierten Problematik zwei Arten der Kostenverursachung (vgl. KILGER 1988, S. 142): die **homogene** und die **heterogene Kostenverursachung**.

Bei der **homogenen Kostenverursachung** werden alle kostenbestimmenden Faktoren einer Kostenstelle in eine einzige Bezugsgröße b umgerechnet. In diesem Fall erhält man damit eine einvariablige Kostenfunktion der Art

$$K = f(b) \quad \text{mit} \quad f(b) = K^f + k^v \cdot b.$$

Dies trifft nicht nur bei Einproduktfertigung zu, sondern auch dann, wenn aus irgendwelchen Gründen mehrere, unabhängige Bezugsgrößen als zueinander **proportional** angesehen werden können. So mögen die Kosten einer Stelle teils fertigungszeitabhängig, teils gewichtsabhängig sein. Folglich bräuchte man zwei Bezugsgrößen für die Kostenerklärung. Verhalten sich die Fertigungszeiten aller Produkte dieser Stelle jedoch (zufällig) proportional zu ihrem Gewicht, so genügt es, eine der beiden Bezugsgrößen zu verwenden, und die gesamten Kosten darauf zu beziehen.

Die Möglichkeit, mit Hilfe der **Fertigungszeit** verschiedene Produkte vergleichbar zu machen, liegt in mehreren Anwendungsfällen vor. Dann werden die Produktionsmengen dieser Güter in die jeweilige Fertigungszeit umgerechnet, die in der betrachteten Kostenstelle erforderlich ist. Die Gesamtfertigungszeit entsteht durch eine mit den Fertigungszeiten pro Mengeneinheit der einzelnen Produkte gewichtete Summe der Produktionsmengen. Diese Gesamtfertigungszeit mißt nunmehr die eigentlich mehrdimensionale Ausbringung der Kostenstelle eindimensional.

Ein solcher Übergang auf eine einfache Bezugsgröße ist jedoch eher der Ausnahmefall. Er ist häufig zu ungenau oder scheidet aus Gründen einer eingeschränkten Vergleichbarkeit der Produkte aus.

Bei der **heterogenen Kostenverursachung** sind mehrere Bezugsgrößen erforderlich. Hierfür kann es zwei Arten von Ursachen geben. Bei der **produktbedingten Heterogenität** verhindern die unterschiedlichen Produkteigenschaften die Verwendung einer einzigen Bezugsgröße. Beispielsweise sind die Kosten teilweise vom Gewicht der Produkte abhängig, teilweise jedoch auch vom Wert der Einsatzmaterialien. Gleichzeitig besteht für jedes Produkt ein anderes Gewichts-Materialwert-Verhältnis.

Die **verfahrensbedingte Heterogenität** erfordert deshalb mehrere Variable, weil die gleiche Produktionsleistung auf verschiedene Weise mit unterschiedlichen Kosten erbracht werden kann. Die kurzfristige Planung legt fest, nach welchen Verfahren die angestrebten Produktionsmengen produziert werden sollen. Ein typisches Beispiel einer verfahrensbedingten Heterogenität ist die zusätzliche Differenzierung der Bezugsgröße Fertigungszeit in eine Rüstzeit und eine Ausführungszeit.

In die Kategorie der verfahrensbedingten Kostenheterogenität sind auch die **Anpassungsformen** im kostentheoretischen Ansatz nach Gutenberg einzuordnen. Sie verdeutlichen, daß eine Veränderung der Produktionsmenge durch ganz unterschiedliche produktionspolitische Maßnahmen erreicht werden kann. So kann eine höhere Produktionsmenge durch längeres Arbeiten, eine erhöhte Produktionsgeschwindigkeit oder eine größere Zahl von Produktionsstellen ereicht werden. Diese Formen der zeitlichen, intensitätsmäßigen und quantitativen Anpassung führen jeweils zu eigenen Kostenkonsequenzen. Ihre Kenntnis ist also für eine treffende Kostenprognose wesentlich. Damit sind dies typische Beispiele für eine Abhängigkeit der Kostenentwicklung von Verfahrensalternativen der Produktion, also für verfahrensbedingte Kostenheterogenität.

Die Kostenfunktionen für den Fall heterogener Kostenverursachung haben allgemein folgende Gestalt:

$$K = f(b_1, b_2, \ldots, b_n)$$

Charakteristikum der Vorgehensweise von KILGER ist jedoch die Voraussetzung, daß jede solche mehrvariablige Kostenfunktion in Summanden jeweils einvariablig-linearer Teilfunktionen zerlegt werden kann. Die mehrvariablige Kostenfunktion hat also genauer folgende Struktur:

$$K = K_0^f + (K_1^f + k_1^v \cdot b_1) + (K_2^f + k_2^v \cdot b_2) + \ldots + (K_n^f + k_n^v \cdot b_n). .$$

Insgesamt kann also das Planrechnungssystem KILGER's durch folgende zwei Annahmen gekennzeichnet werden:

- Kostenfunktionen mit mehreren Bezugsgrößen sind **separabel**, d.h., sie addieren sich aus mehreren, jeweils einvariabligen Teilfunktionen,
- alle Kostenabhängigkeiten sind **linear**.

Die Voraussetzung der Separabilität vereinfacht die konkrete Rechenarbeit erheblich. So lassen sich alle Einflüsse, die durch das Zusammenwirken mehrerer Bezugsgrößen zustande kommen, rechentechnisch durch einfache Additionen abbilden. Die Voraussetzung der Linearität gestattet es, die einzelnen Kostenabhängigkeiten durch jeweils höchstens zwei Parameter zu erfassen und zu berechnen.

Die Voraussetzung ausschließlich linearer Funktionen ist deshalb bemerkenswert, weil KILGER auch eine Reihe von Einflußgrößen berücksichtigt, für die nichtlineare Kostenbewegungen nicht ausgeschlossen werden können. Er begründet jedoch sowohl für die homogene als auch für die heterogene Kostenverursachung eingehend, daß - außer bei Intensitätsvariationen - nichtlineare Kostenfunktionen entweder nicht vorkommen oder die Linearitätsabweichung nicht von praktischer Relevanz ist (vgl. KILGER 1988, S. 150, 158; zu einer Diskussion der Linearitätsannahme im System KILGER's vgl. KLOOCK 1981, S. 512). Variationen der Intensität, d.h. Änderungen der Produktionsgeschwindigkeit, führen in der Tat meistens zu **nichtlinearen Kostenverläufen.** Um derartige Nichtlinearitäten ohne Systemänderung zu berücksichtigen, schlägt KILGER eine Approximation durch lineare Teilstücke vor. Für jedes Teilintervall gilt dann eine eigene Bezugsgröße. Falls es sich bisher um eine Situation homogener Kostenverursachung gehandelt hat, ist durch diese formale Maßnahme an ihre Stelle jetzt die heterogene getreten. Obwohl nach KILGER für andere Fälle nicht relevant, erlaubt ein solches formales Rückführen auf die heterogene Kostenverursachung, jede markante Nichtlinearität in die mehrvariablige lineare Struktur des KILGER'schen Systems zu integrieren.

In der Anwendung des Rechensystems von KILGER liegt das Hauptgewicht in der stellenbezogenen Planung und Kontrolle. Ein zentraler Grundsatz KILGER's ist es, die dafür erforderlichen Kostenfunktionen **analytisch** zu gewinnen (vgl. Abbildung D. 25). Dies bedeutet, daß in der Kostenstelle jede Kostenart einzeln betrachtet wird, um die hier bestehenden Abhängigkeiten zu untersuchen. Die für die einzelnen Kostenarten gefundenen Funktionen werden dann zur gemeinsamen Kostenstellenfunktion zusammengefaßt. Im Gegensatz zu dieser analytischen Vorgehensweise steht der Versuch, für die Summe der Kosten einer Stelle pauschal eine einzige, gemeinsame Kostenfunktion zu finden. Ausgangspunkt der Überlegungen KILGER's ist es, daß der analytische Aufbau einer Kostenfunktion zu genaueren und verläßlicheren Ergebnissen führt.

In jeder Kostenstelle sind damit zunächst die zu untersuchenden Kostenarten festzulegen. Für jede Kostenart stellt man eine eigene Kostenfunktion auf, die der Planung und später der Kontrolle der Kostenstellenkosten zugrunde gelegt wird. Zweckmäßig ist es dabei, bei möglichst vielen Kostenarten schon dieselben Bezugsgrößen zu verwenden, soweit die Genauigkeit dies zuläßt. Nach der Summation verbleiben dann weniger Kostenteilfunktionen. Den Gesamtablauf einer stellenbezogenen Kostenplanung und -kontrolle nach KILGER zeigt die Abbildung D. 45.

Das gesamte Rechensystem der Grenzplankostenrechnung ist davon abhängig, in welcher Weise es gelingt, geeignete Bezugsgrößen zu wählen.

Am einfachsten ist der Fall, daß die Kosten nur von den Produktionsergebnissen der Kostenstelle abhängen und sich diese vollständig quantitativ erfassen lassen. Dann können die Produktionsmengen selbst als Bezugsgrößen dienen.

In allen anderen Fällen entsteht das Problem, die Bezugsgrößen nach Art und Anzahl möglichst geschickt festzulegen.

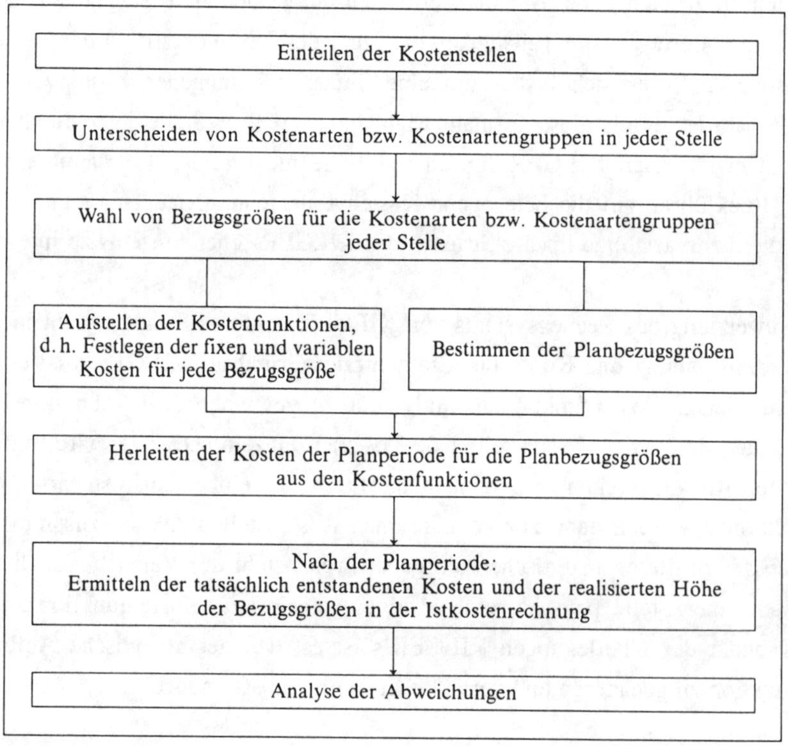

Abbildung D. 45: Ablaufschritte der Plankostenrechnung nach KILGER

Ähnlich wie in Fertigungskostenstellen kann man die Idee der Bezugsgrößendefinition auch für Kostenstellen anwenden, die Hilfs- und Nebenleistungen bereitstellen. So kann für die Materialprüfung beispielsweise die Anzahl der entnommenen Proben oder die Anzahl der durchgeführten Analysen eine geeignete Bezugsgröße sein. Ähnliche Beispiele gelten etwa für den Einkauf, die Läger, den Versand, die Buchhaltung, das Lohn- und Gehaltsbüro (vgl. KILGER 1988, S. 338). Gemeinsam ist den bisher genannten Bezugsgrößen, daß sie unmittelbar die Produktionsergebnisse, den Output, der Kostenstellen messen. Sie heißen daher **direkte Bezugsgrößen**. Wo eine derartige Messung nicht mit vertretbarem Aufwand möglich ist, muß auf **indirekte Bezugsgrößen** übergegangen werden. In Frage kommen beispielsweise die geplanten Beträge einzelner Kostenarten, also von Inputgrößen. Solche indirekten Bezugsgrößen treten insbesondere bei Verwaltungsstellen oder bei manchen Vorkostenstellen auf. Es liegt auf der Hand, daß indirekte Bezugsgrößen nur sehr eingeschränkt eine brauchbare Planungsgrundlage abgeben.

Trotz einer Vielzahl von Bezugsgrößen ergibt sich aus den Aufbauprinzipien des KILGER'schen Systems eine übersichtliche und eindeutige Kontrollstruktur. Auf Basis der angenommenen linearen Kostenteilfunktionen kann für jede definierte Bezugsgröße ein eigener Soll-Ist-Vergleich mit einer Abweichungsanalyse vorgenommen werden.

Allerdings ist die flexible Plankostenrechnung nach KILGER nicht auf die stellenbezogene Kostenplanung und -kontrolle beschränkt. Vielmehr ist sie als allgemeines Prinzip für den Aufbau eines Gesamtsystems der Kosten- und Leistungsrechnung anzusehen. Weitere wichtige Anwendungen der flexiblen Plankostenrechnung sind daher die Kalkulation, die Erfolgsrechnung sowie allgemeine Entscheidungsrechnungen für verschiedene Zwekke. Sie stimmen darin überein, daß sich alle Rechnungen an linearen Kostenfunktionen mit beliebigen Einflußgrößen als unabhängiger Variable orientieren.

4.2.3 Das System der Einzelkostenrechnung

Das System der Kostenrechnung mit relativen Einzelkosten geht auf Paul RIEBEL zurück. Im Gegensatz zu anderen Kostenrechnungskonzeptionen wird in diesem System ein enger Kostenbegriff verwendet, der sich an Ausgaben orientiert. Kosten sind hier die durch eine Entscheidung **zusätzlich ausgelösten Ausgaben** einschließlich der Ausgabenverpflichtungen bzw. Auszahlungen (vgl. RIEBEL 1990, S. 427, 712).

RIEBEL geht von einer strikten Entscheidungsorientierung der Kosten- und Leistungsrechnung aus. Diese äußert sich zunächst im Zurechnungsprinzip, das er für die Kosten- und Leistungsrechnung formuliert. Es ist als **Identitätsprinzip** der Kostenzurechnung (vgl. RIEBEL 1990, S. 418 ff.) unterdessen als Grundlage des entscheidungsorientierten Rechnungswesens schlechthin anzusehen.

Nach dem **Identitätsprinzip** sind Leistungen und Kosten nur dann einander zurechenbar, wenn sie auf die gleiche Entscheidung zurückzuführen sind.

Erlaubt wird zudem nur der Ansatz direkt zurechenbarer Kosten und Leistungen, also von Einzelkosten und Einzelleistungen. Eine Zurechnung von Kosten nur aufgrund von

Kostenfunktionen ohne Einzelnachweis des direkten Entscheidungszusammenhangs lehnt RIEBEL ab. So werden zwar die produktionsbezogenen Einzelkosten, nicht aber die weiteren variablen Kosten, also die variablen Gemeinkosten, dem Produkt zugerechnet.

Hier liegt der inhaltliche Hauptunterschied des RIEBEL'schen Systems zur Grenzplankostenrechnung.

Nun gibt es im Betrieb ein umfassendes System von Entscheidungen, die aufeinander aufbauen und teilweise untereinander als Vor- oder Folgeentscheidungen anzusehen sind. Daher ist im System RIEBEL's zunächst eine **Bezugsobjekthierarchie** zu bilden. Sie umfaßt die interessierenden Entscheidungsgrößen und ordnet sie hierarchisch. Je nach Entscheidungssituation werden unterschiedliche Objekte betrachtet. Damit ergeben sich, wie Abbildung D. 46 zeigt, unterschiedliche Bezugsobjekthierarchien (vgl. RIEBEL 1990, S. 406).

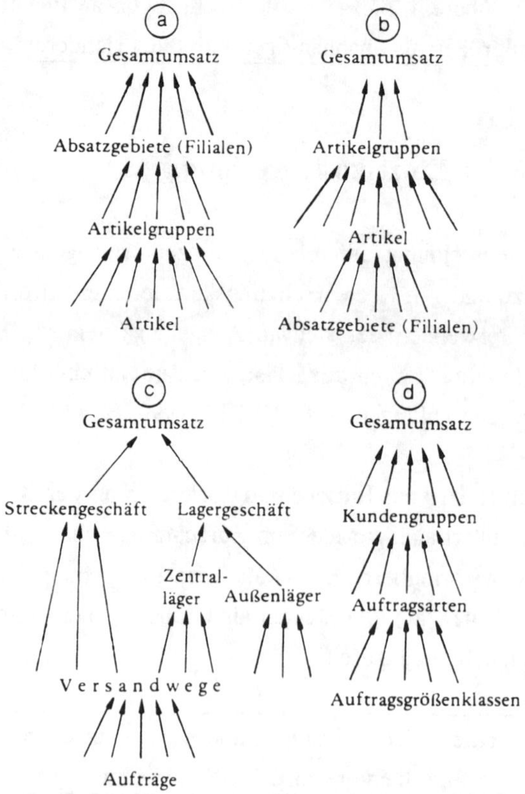

Abbildung D. 46: Beispiel alternativer Bezugsobjekthierarchien im System RIEBEL's

Jede Kostenzurechnung setzt die Kenntnis eines zugehörigen Elements der Bezugsobjekthierarchie voraus, auf das die Kosten direkt zurechenbar sind. So werden alle Kosten letztlich als Einzelkosten einer passenden Bezugsgröße angesehen. Man spricht daher auch von **relativen Einzelkosten**.

Findet sich keine andere passende Bezugsgröße, kann im Grenzfall immer die oberste Größe einer solchen Bezugsobjekthierarchie herangezogen werden. Dieses Zurechnungsprinzip hat eine besondere Eigenschaft: Wenn eine bestimmte Position nämlich einer bestimmten Bezugsgröße zurechenbar ist, trifft dies auch für jede höhere Bezugsgröße der Hierarchie zu. Deshalb ist ergänzend eine Regel erforderlich, welche von mehreren Bezugsgrößen im Konkurrenzfall heranzuziehen ist. Hierzu wird festgelegt, daß diejenige Bezugsgröße zu wählen ist, die möglichst weit unten in der Bezugsobjekthierarchie steht. Man geht also so weit in der Bezugsobjekthierarchie herab, wie eine Kostenzurechnung ohne Willkür möglich ist. Für die tiefer stehenden Ebenen der Bezugsobjekthierarchie wären dann die betrachteten Kosten als Gemeinkosten zu klassifizieren, in der gewählten Ebene sind es Einzelkosten.

Neben der Zurechnung zu Bezugsgrößen ist im System der Einzelkostenrechnung auch von Bedeutung, in welcher Weise die Kosten **disponibel** sind. Hierzu hat RIEBEL eine eigene Systematik entwickelt, zu der ein Beispiel in Abbildung D. 47 wiedergegeben ist (vgl. RIEBEL 1990, S. 151).

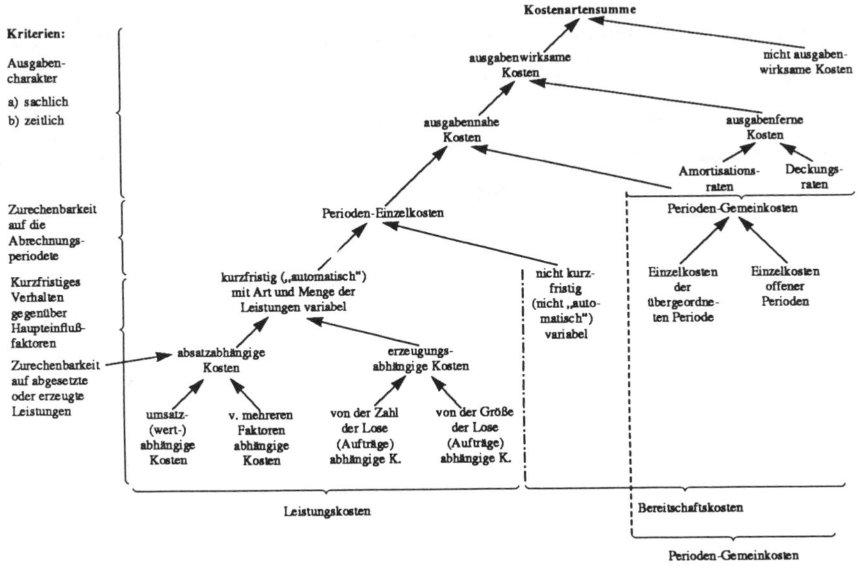

Abbildung D. 47: Kostenkategorien im System der Einzelkostenrechnung

Grundlegend in diesem System ist die Unterscheidung von Leistungskosten und Bereitschaftskosten. **Leistungskosten** stimmen mit den produktbezogenen Einzelkosten überein, d.h., sie ändern sich mit der Produktionsmenge, und zwar i.d.R. proportional. **Bereitschaftskosten** entstehen für die Vorhaltung einer Produktions-, Absatz-, Lagerungs- oder auch Führungs- und Verwaltungsbereitschaft. Letztere sind also am ehesten mit den produktionsmengenfixen Kosten vergleichbar, werden aber wesentlich differenzierter als diese untersucht. Wie die Aufgliederung in Abbildung D. 47 zeigt, werden die Bereitschaftskosten nach der Dauer der damit erzielten Wirkung sowie nach ihrer Ausgabenwirksamkeit eingeteilt. Bereitschaftskosten geschlossener Perioden entstehen für das Bereitstellen, Rüsten und sonstige Vorbereiten von Kapazitäten für eine Produktions(teil)periode, die innerhalb des Planungszeitraums liegt. Die Wirkung der Bereitstellungsmaßnahme ist also nach der Planungsperiode vorbei. Das bedeutet, daß sich innerhalb der Planungsperiode entscheidet, ob die Herstellung der Bereitschaft auch lohnend war. Gerade dies ist bei den Bereitschaftskosten offener Perioden nicht gegeben. Hier reicht die Wirkung der heutigen Maßnahme über die jetzige Planungsperiode hinaus. Damit entsteht das Problem einer adäquaten Beurteilung mit Fristengleichheit bei positiven und negativen Konsequenzen einer Entscheidung. Jede länger laufende Investition ist ein typisches Beispiel für diese Situation. Fallen Kosten für derartige mehrperiodige Prozesse an, handelt es sich um Bereitschaftskosten offener Perioden. Neben diesen Grundkategorien können nach weiteren Merkmalen Unterklassen der Kosten gebildet werden - bis hin zu einzelnen Kostenarten (vgl. Abbildung D. 47).

Kombiniert man die Einteilung nach Kostenkategorien und -arten einerseits mit der, die sich aus der Bezugsobjekthierarchie ergibt, andererseits, erhält man zwangsläufig ein Schema für eine differenzierte Kostenzurechnung insgesamt. Hierfür hat RIEBEL einen **Kostensammelbogen** vorgeschlagen. Abbildung D. 48 zeigt einen Kostensammelbogen für ein Anwendungsbeispiel (vgl. RIEBEL 1990, S. 457).

Er ist in den Zeilen nach den Kostenkategorien aus Abbildung D. 48 gegliedert, während die Spalten in etwa eine der Bezugsobjekthierarchien aus Abbildung D. 46 darstellen. In einem solchen Sammelbogen können die Kosten regelentsprechend eingruppiert werden, wie es das Beispiel der Abbildung D. 48 in den Zahlen zeigt.

	0		I	II	III	IV	V	VI	VII	VIII	IX	X	XI	XIII	XIV	XV	XVI	XVII	XVIII	XIX	XX
	Zurechnungsobjekte (Bezugsgrößen) →		Kostenstellen							Kostenträger										Kostenträger insgesamt	Gesamt-Summe
			Produktionsstellen			Vertriebsstellen		Sonstige		Erzeugnisgruppe a					Gr. a	Erzeugnisgr. b insg.	eigene Erzeugnisse Σ	Handelsware Artikelgruppe			
	↓ Kostenkategorien und Kostenarten		P_A	P_B	P_C	V_A	V_B	U	Σ	a_1	a_2	a_3	a_4	a_5				ah	bh		
1	ausgabennahe Kosten / Perioden-Einzelkosten / kurzfristige (»automatisch«) variable Kosten / absatzbedingte variable Kosten	Provisionen	–	–	–	–	–	–	–	22	25	8	71	30	–	261	417	57	73	547	547
2		Umsatzsteuer	–	–	–	–	–	–	–	28	32	11	92	39	–	410	612	18	22	652	652
3		Σ umsatzabhängige Kosten	–	–	–	–	–	–	–	50	57	19	163	69	–	671	1029	75	95	1199	1199
4		Ausgangsfrachten	–	–	–	288	–	–	288	–	–	–	–	–	–	–	–	–	–	–	288
5		K. d. Auftragsabwickl.	–	–	–	29	41	–	70	–	–	–	–	–	–	–	–	–	–	–	70
6		Σ v. mehr. Fakt. abhäng. absatzbed. variable K.	–	–	–	317	41	–	358	–	–	–	–	–	–	–	–	–	–	–	358
7		Σ	–	–	–	317	41	–	358	50	57	19	163	69	–	671	1029	75	95	1199	1557
8	erzeugungsb. Kosten	Rohstoffe (Wareneinsatz*)	–	–	–	–	–	–	–	304	440	66	1471	737	–	3725	6743	1297	1508	9548	9548
9		Packstoffe	–	–	–	–	–	–	–	22	17	–	54	31	–	396	520	–	–	520	520
10		Σ	–	–	–	–	–	–	–	326	457	66	1525	768	–	4121	7263	1297	1508	10068	10068
11		Σ	–	–	–	317	41	–	358	376	514	85	1688	837	–	4792	8292	1372	1603	11267	11625
12	kurzfristige nichtvariable Kosten	Energie, Betriebsstoffe	19	169	42	44	73	40	387	–	–	–	–	–	–	–	–	–	–	–	387
13		Büromaterial	–	–	–	41	52	36	129	–	–	–	–	–	–	–	–	–	–	–	129
14		Reisespesen	–	–	–	59	86	37	182	–	–	–	–	–	–	–	–	–	–	–	182
15		Porti, Telefongebühren	–	–	–	92	132	64	288	–	–	–	–	–	–	–	–	–	–	–	288
16		Löhne, einschl. Sozialabg.	431	1167	526	28	34	46	2232	–	–	–	–	–	–	–	–	–	–	–	2232
17		Gehälter, einschl. Sozialabg.	56	137	38	197	202	201	831	–	–	–	–	–	–	–	–	–	–	–	831
18		Steuern, Beitr., Gebühren	–	–	–	–	–	241	241	–	–	–	–	–	–	–	–	–	–	–	241
19		Σ	506	1473	606	461	579	665	4290	–	–	–	–	–	–	–	–	–	–	–	4290
20		Σ	506	1473	606	778	620	665	4648	376	514	85	1688	837	–	4792	8292	1372	1603	11267	15915
21	Perioden-gemein-kosten	Fremdreparaturen	62	169	64	8	12	20	335	–	–	–	–	–	–	–	–	–	–	–	335
22		Werbekosten	–	–	–	40	55	30	125	–	–	–	–	–	101	75	176	–	–	176	301
23		Beratungs- u. Prüfungsk.	–	22	–	–	17	42	81	–	–	–	–	–	33	–	33	–	–	33	114
24		Σ	62	191	64	48	84	92	541	–	–	–	–	–	134	75	209	–	–	209	750
25		Σ	568	1664	670	826	704	757	5189	376	514	85	1688	837	134	4867	8501	1372	1603	11476	16665
26	ausgabenferne Periodengemeinkosten	Abschreibungen	118	111	34	57	70	52	442	–	–	–	–	–	–	–	–	–	–	–	442
27		Rückstellungen	–	–	–	–	–	20	20	–	–	–	–	–	–	–	–	–	–	–	20
28		Σ	118	111	34	57	70	72	462	–	–	–	–	–	–	–	–	–	–	–	462
29	Gesamtkosten		686	1775	704	883	774	829	5651	376	514	85	1688	837	134	4867	8501	1372	1603	11476	17127
30	Σ Perioden-Gemeinkosten		180	302	98	105	154	164	1003	–	–	–	–	–	134	75	209	–	–	209	1212
31	Σ ausgabennahe, kurzfristig nicht variable Perioden-Einzel- und Gemeinkosten		568	1664	670	509	663	757	4831	–	–	–	–	–	134	75	209	–	–	209	5040

* bei Handelsware

Abbildung D. 48: Beispiel eines Kostensammelbogens nach RIEBEL

Der Kostensammelbogen ist grundlegend für das Rechnen mit relativen Einzelkosten. Er ist als kombinierte Kostenarten-, -stellen- und -trägerrechnung zu verstehen. Dies zeigen auch die entsprechenden Positionen des Beispielfalls. Ein Kostensammelbogen ersetzt also eine besondere Kostenstellenrechnung und ist eine besondere Art der Kalkulation. Er bildet eine **Grundrechnung der Kosten**, von der ausgehend alle erforderlichen Auswertungsrechnungen erstellt werden können, ob sie nun eine Kostenstelle oder einen Kostenträger betreffen. Mit der Unterscheidung von Grund- und Auswertungsrechnungen orientiert sich RIEBEL an der gleichen Untergliederung, die Schmalenbach als generelles Aufbauprinzip der Kostenrechnung vorgeschlagen hat (vgl. SCHMALENBACH 1963, S. 280, RIEBEL 1990, S. 430 ff., 444 ff. und Kapitel 2.1).

Zum Gesamtsystem der Grundrechnung gehören neben der Grundrechnung der Kosten auch die **Grundrechnung der Potentiale**, z.B. der Produktionsanlagen, und die **Grundrechnung der Erlöse**. Deren zweckmäßiger Aufbau ist bisher erst teilweise untersucht worden (vgl. jedoch MÄNNEL 1983 sowie RIEBEL 1990, S. 437 ff., 620 und KOCH 1992).

Zu den **Auswertungsrechnungen** sind alle einzelfallbezogenen Rechnungen zu zählen. Sie können Kostenträger oder Kostenstellen betreffen. Typische Beispiele sind die Kalkulation von Preisgrenzen, die Berechnung entgehender Deckungsbeiträge, die Programmplanung mit engpaßbezogenen Deckungsbeiträgen, aber auch die Vorgabe und laufende Kontrolle von Soll-Deckungsbeiträgen der Kostenstellen. Die mathematische Durchführung unterscheidet sich nicht von der bei anderen Kostenrechnungssystemen. Es ist aber darauf hinzuweisen, daß im System RIEBEL's der Ausdruck Deckungsbeitrag stets die Differenz von Einzelerlös und Einzelkosten bedeutet. Die Deckungsbeiträge in der Einzelkostenrechnung sind daher fast immer deutlich höher als die bei den Systemen mit variablen Kosten. Gerade bei hoch automatisierten industriellen Produktionsprozessen, aber auch bei vielen Dienstleistungsbetrieben, sind die variablen Gemeinkosten vergleichsweise hoch. Dort wird der inhaltliche Unterschied zu Rechnungen mit variablen Kosten besonders markant.

Zur Frage, welches Rechensystem besser geeignet ist, betriebliche Entscheidungen zu fundieren, gibt es bis heute kontroverse Meinungen. Die Fachdiskussion hebt vor allem die jeweiligen **Nachteile** hervor, die zweifellos jedem der Systeme anhaften (vgl. vor allem KILGER 1988, S. 93 ff. sowie RIEBEL 1990, S. 597). Sie liegen beim System RIEBEL's im vermuteten Realisierungsaufwand, beim System KILGER's dagegen eher in den Vereinfachungen, die sich in manchen Entscheidungsfragen offenbaren, auf die das Konzept nicht hinreichend ausgerichtet ist. In der praktischen Anwendung überwiegt bei weitem das System der Grenzplankostenrechnung. Dies allein kann jedoch kaum als Qualitätsargument angesehen werden, da die Verbreitung dieses Systems nicht zuletzt durch die Verfügbarkeit passender Software wesentlich gefördert wurde - ein Tatbestand, der gerade die praktische Durchsetzung des gleichzeitig auch jüngeren Systems RIEBEL's bisher behindert hat. Unterdessen sind freilich auch verschiedene Anwendungsfälle praktischer Umsetzungen des Systems der Einzelkostenrechnung bekannt geworden, so daß das immer wieder angeführte Argument mangelnder Praktikabilität zumindest nicht allgemein zutreffen dürfte (vgl. z.B. SINZIG 1990).

4.2.4 Die Prozeßkostenrechnung

Seit einigen Jahren beobachtet man im industriellen Bereich eine zunehmende Veränderung der Kostenstruktur. Waren zu Beginn unseres Jahrhunderts die Gesamtkosten einer Produktion nahezu vollständig durch Material und produktbezogene Arbeit erfaßt, so bringen es diese Komponenten in heutigen industriellen Produktionsprozessen oft kaum noch auf einen Anteil von 10%. Gründe hierfür mögen in der steigenden Automation oder auch in einer wachsenden Variantenvielfalt, die mit kleineren Produktionsmengen einhergeht, liegen. Zudem ist die **Bedeutung sekundärer Leistungen** erheblich gestiegen. Dies gilt beispielsweise für Leistungen an Marktpartner, die aus marketingpolitischen Gründen ohne unmittelbares Entgelt angeboten werden.

Für die besonderen Probleme, die die veränderten Kostenstrukturen für die Kostenrechnung aufwerfen, wird seit einigen Jahren die Prozeßkostenrechnung als neuer und adäquater Lösungsansatz vorgeschlagen. Ihre Idee ist einfach: In einem Industriebetrieb werden neben der eigentlichen Produkterstellung zahlreiche sekundäre Leistungen erbracht. Sie hängen allenfalls indirekt mit der materiellen Ausbringung zusammen. Beispiele sind Verwaltungsaktivitäten, Verhandlungen mit Marktpartnern, Kundenberatungen, Beschaffungsmaßnahmen, Versuchs- und Entwicklungsprojekte sowie interne Verwaltungsprozesse. Alle diese Leistungen sind für den Betrieb i.d.R. in irgendeiner Weise von Nutzen. Sie fallen je nach Auftragslage möglicherweise in unterschiedlicher Menge an, und sie verursachen Kosten. Der einzige Unterschied zu den betrieblichen Ausbringungsgütern besteht darin, daß sie nicht als Ausbringungsgüter unmittelbar an den Markt abgegeben werden und ihnen daher ein Erlös nicht direkt zugerechnet werden kann. Insgesamt liegen aber alle Komponenten eines Produktionsprozesses vor. MILLER/VOLLMANN (1985), durch deren Aufsatz die Idee der Prozeßkostenrechnung erstmals breiter bekannt geworden ist, sprechen von der "verborgenen Fabrik".

Die **Prozeßkostenrechnung** geht diese Produktionsprozesse im indirekten Bereich an. Sie sollen kostenrechnerisch wie marktgängige Endprodukte behandelt werden. Weitergehende Ansätze der Prozeßkostenrechnung streben zusätzlich an, die von den tatsächlich verkauften Endprodukten zu tragenden Kosten für Sekundärleistungen zuzurechnen, indem festgestellt wird, wieviel von welchem (verborgenen) Zwischenprodukt pro Endprodukteinheit erforderlich ist.

Als Prozeßkostenrechnung (**Activity-Based-Accounting**) sind bisher in Einzelheiten unterschiedliche Rechenmethoden bekannt geworden. Sie orientieren sich an den jeweils behandelten, verschiedenen Anwendungsfällen und vermitteln daher insgesamt ein uneinheitliches Bild. Grundzüge und wichtige Beispiele sind etwa den Veröffentlichungen von KAPLAN/ATKINSON (1989), HORVATH/MAYER (1989), RAU/RÜD (1991), COOPER (1992), FRIEDL (1993) zu entnehmen.

Trotz der Verschiedenheit im Detail läßt sich ein prinzipielles Vorgehen der Prozeßkostenrechnung herausschälen. Es ist durch folgende Einzelschritte zu kennzeichnen, die in Abbildung D. 49 schematisch dargestellt sind.

(1) Für jede Kostenstelle sind die verschiedenen **Prozesse** (Activities) zu definieren, die dort realisiert werden. In einer Verwaltungskostenstelle können beispielsweise folgende Prozesse auftreten: Verbuchung eines einfachen Geschäftsvorfalls, buchhalterisches Nachprüfen einer Reklamation, Kontrolle von Kontenabschlüssen, Erstellen eines Monatsberichts oder das innerbetriebliche Erteilen einer Auskunft über einen Kunden. Im Grenzfall umfaßt eine Kostenstelle gerade einen einzigen Prozeß.

(2) Für jeden Prozeß sind die **Kosten** festzustellen, die auf ihn in einer Periode entfallen. Dies ist als Nachrechnung für einen abgelaufenen Zeitraum oder als Vorrechnung für die Folgeperiode denkbar.

(3) Es wird analysiert, von welchen Bezugsgrößen die Häufigkeiten der verschiedenen Prozesse abhängen, die im ersten Schritt unterschieden wurden. Beispielsweise kann die Zahl der erforderlichen Bonitätsprüfungen davon abhängen, wieviele Lieferungen an Stammkunden und an die Laufkundschaft erfolgen. Die gleiche Einflußgröße kann etwa auch die Anzahl der Reklamationsfälle oder der Buchungen bestimmen. Daneben mag es weitere Einflußgrößen geben, die ebenfalls die gleichen Prozeßhäufigkeiten mitbestimmen. Allgemein ist entsprechend der Darstellung in Abbildung D. 49 ein Katalog von Bezugsgrößen für die Häufigkeit der

durchzuführenden Prozesse zu finden. Diese Bezugsgrößen werden vielfach als **Cost-Driver** ("Kostentreiber") bezeichnet. Die Vorstellung dabei ist, hierfür möglichst unmittelbar beeinflußbare oder zumindest einfach erfaßbare Größen zu wählen.

(4) Die Kosten für die Cost-Driver gewinnt man aus den Kosten der Prozesse. Die bisher bekannten Ansätze der Prozeßkostenrechnung streben dabei regelmäßig an, einen Kostensatz pro Cost-Driver-Einheit zu berechnen, eine **Cost-Driver-Rate**.

(5) Sollen die Kosten dem Produktionsprogramm zugerechnet werden, ist für jede Produktart sowie für die Produktgruppen und -bereiche die jeweils anzusetzende Cost-Driver-Menge zu erfassen. Rechnet man mit Cost-Driver-Raten, kann das herkömmliche Kalkulationsschema einfach um entsprechende Summanden verlängert werden. Die verschiedenen Gemeinkostenzuschläge, die weiterhin auftreten, werden dadurch niedriger.

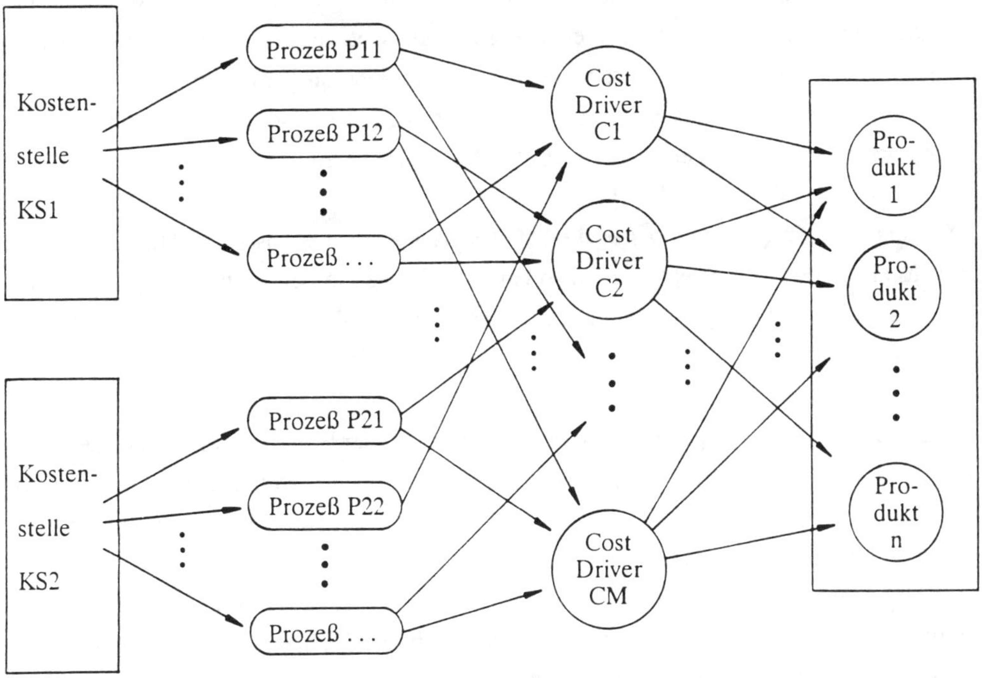

Abbildung D. 49: Methodisches Prinzip der Prozeßkostenrechnung

Die skizzierten Schritte geben die Grobstruktur der Prozeßkostenrechnung wieder. Welcher Aufwand mit ihr verbunden ist und welche zusätzliche Präzision sie bringt, hängt von der Ausgestaltung der einzelnen Schritte ab. Beeinflußt wird dies vor allem durch die Anzahl der Prozesse einerseits und die Festlegung zu berücksichtigender Cost-Driver andererseits.

Zur Frage, **wie viele Prozesse** man unterscheiden soll, wird man sich am angestrebten Verwendungszweck der Rechenergebnisse orientieren. Die Definition eines Prozesses hat letztlich den Sinn, die für ihn anfallenden Kosten präziser zu planen. Unter diesem Aspekt erscheinen insbesondere solche Prozesse wichtig, die vergleichsweise hohe Kosten verursachen und in großer Häufigkeit auftreten. Prozesse, von denen dies bekannt ist oder zumindest vermutet wird, werden also vordringliche Betrachtungsgegenstände einer Prozeßkostenrechnung sein.

Eine getrennte Kostenberechnung von Prozessen lohnt sich aber nur dann, wenn sie auch getrennt disponibel sind. In vielen Fällen lassen sich verschiedene Prozesse zwar gedanklich unterscheiden, treten aber im betrieblichen Ablauf immer in nahezu gleicher Kombination auf. Möglicherweise ist in einer Beschaffungsabteilung die erstmalige Bestellung eines Neuteils stets mit einer dreimaligen Angebotseinholung sowie mit der Neuanlage eines Lieferstammdatensatzes verbunden. Für die Kostenanalyse genügt es dann, solche Prozeßkombinationen als einen einzigen Prozeß zu definieren.

Die Unterscheidung der Prozesse, die der weiteren Analyse als isolierte Untersuchungsgegenstände zugrunde gelegt werden sollen, ist allgemein eine wichtige Aufgabe, da sie nicht nur die Struktur der Rechnung, sondern auch die Verwendbarkeit der Ergebnisse maßgeblich beeinflußt.

Ähnliche Überlegungen gelten auch für die **Auswahl der Cost-Driver**. Auch hier sind die Realisierbarkeit der Kostenberechnung, die Relevanz des Kostenbetrages und vor allem die Korrelation zwischen verschiedenen Cost-Driver-Kandidaten von Bedeutung. Hinzu kommt die Frage der direkten oder nur indirekten Beeinflußbarkeit oder Erfaßbarkeit des Cost-Drivers. Stehen mehrere miteinander voll korrelierte Cost-Driver zur Wahl, spielt es für die Genauigkeit und Fundiertheit der Rechnung keine Rolle, welchen davon man als Bezugsgröße herausgreift. Vorteilhaft ist es, solche zu bevorzugen, die unmittelbar als Steuerungsgröße verwendbar oder als unbeeinflußbarer Kostenbestimmungsfaktor erfaßbar sind. Ein Beispiel zum ersten Fall ist die festzulegende Variantenzahl, zum zweiten Fall der zu prognostizierende Anteil an Laufkundschaft. Zu beachten ist, daß im praktischen Anwendungsfall regelmäßig keine volle Korrelation vorliegt, sondern nur eine teilweise. Die Frage der Bezugsgrößenwahl umfaßt daher auch zusätzlich den Aspekt der Genauigkeit, in der bestehende Kostenabhängigkeiten erfaßt und mit einer kleinen Zahl von Bezugsgrößen abgebildet werden können.

Für die konkrete Kostenzurechnung auf die Cost-Driver gibt es zwei Methoden. Ausgangspunkt sind in beiden Fällen die Kostensummen für die verschiedenen Prozesse. Der naheliegende Weg besteht darin, hieraus **direkt** die konkreten Kosten pro einmaliger Durchführung des Prozesses zu ermitteln (vgl. COOPER/KAPLAN 1988, S. 99). Dazu muß für jeden Prozeß die Anzahl seiner Realisationen bekannt sein, auf die sich die angegebene Kostensumme bezieht. Weiß man ferner die erforderlichen Prozeßhäufigkeiten pro Cost-Driver-Einheit, können die Cost-Driver-Raten komponentenweise zusammengestellt werden.

Diese Vorgehensweise wird in der Prozeßkostenrechnung allerdings nur teilweise angewendet. Häufig überspringt man die Berechnung der Kosten pro Prozeßeinheit. Sie werden für das eigentliche Anliegen nicht gebraucht. Dann verzichtet man auf die Feststellung der Prozeßmenge und beschränkt sich stattdessen auf die Erfassung bzw. Prognose von Kostenanteilsätzen der folgenden Art: Für jeden Prozeß wird angegeben, wieviel Prozent seiner Kosten auf welche Cost-Driver entfallen (vgl. HORVATH/MAYER 1989, S. 216). Dies entspricht einer mittelbaren Berechnung der Gesamtkosten pro Cost-Driver-Art, indem die Kostenanteile der verschiedenen Prozeßarten addiert werden (vgl. RAU/RÜD 1991, S. 15). Die Berechnungsweise nach dieser **indirekten Methode** zeigt Abbildung D. 50 schematisch.

Die berechneten Cost-Driver-Raten bilden die Grundlage für die verschiedenen **Anwendungen,** die mit der Prozeßkostenrechnung vorgenommen werden können. So eignet sich die Prozeßkostenrechnung als Grundlage für eine Kostenstellenrechnung, die einerseits nach dem üblichen Schema aufgebaut ist, andererseits aber um die spezifische Berücksichtigung der Sekundärleistungen ergänzt ist. Dies bedeutet, daß in der Planung der Stellenkosten u.a. die für die Kostenstelle geplante Menge der Cost-Driver als Grundlage der Kostenplanung angegeben werden muß. Insgesamt entsteht dadurch exakt die Situation, die für eine outputorientierte Kostenbudgetierung angestrebt ist: Man kennt die Bedingungen, unter denen eine betriebliche Stelle ihre Leistungen erbringen soll, und sucht die dafür anzusetzenden Kosten (vgl. TROSSMANN 1992b, S. 511 ff.).

Kostenstellen und Prozesse	Kosten-abhängig-keit	Gesamtsumme des Prozesses	Cost Driver (Bezugsgrößen der Kostenfunktionen): Cost Driver C1	Cost Driver C2	Cost Driver C3	…	Cost Driver CM	Nicht Cost-Driver-abhängig	Σ
			C1	C2	C3	…	CM		
Prozeß P11	Anteil Betrag	100 % 45.000,–	20 % 9.000,–	8 % 3.600,–	15 % 6.750,–	…	3 % 1.350,–	30 % 13.500,–	
Prozeß P12	Anteil Betrag	100 % 27.000,–	5 % 1.350,–	27 % 7.290,–	5 % 1.350,–	…	20 % 5.400,–	10 % 2.700,–	
⋮		⋮	⋮	⋮	⋮		⋮	⋮	
Prozeß …	Anteil Betrag	100 % 16.000,–	10 % 1.600,–	0 % –	0 % –	…	2 % 320,–	80 % 12.800,–	
Kostenstelle KS1, gesamt		320.000,–							320.000,–
Prozeß P21	Anteil Betrag	100 % 32.000,–	15 % 4.800,–	12 % 3.840,–	3 % 960,–	…	5 % 1.600,–	20 % 6.400,–	
Prozeß P22	Anteil Betrag	100 % 17.000,–	8 % 1.360,–	20 % 3.400,–	12 % 2.040,–	…	10 % 1.700,–	25 % 4.250,–	
⋮		⋮	⋮	⋮	⋮		⋮	⋮	
Prozeß …	Anteil Betrag	100 % 12.000,–	0 % –	50 % 6.000,–	25 % 3.000,–	…	5 % 600,–	8 % 960,–	
Kostenstelle KS2, gesamt		260.000,–							260.000,–
⋮		⋮	⋮	⋮	⋮	…	⋮	⋮	⋮
Kostenstelle KS…, gesamt		410.000,–							410.000,–
Summe		3.300.000,–	44.185,–	167.160,–	52.311,60	…	67.200,–	598.000,–	3.300.000,–
Cost-Driver-Angaben:									
- Dimension			TDM	Anzahl Bearbeitungsfälle	Anteil Laufkundschaft	…	Anzahl Buchungen		
- Gesamtmenge			2.800	5.600	30 %		24.000		
Cost-Driver-Rate			15,78 DM/TDM	29,85 DM/Fall	1743,72 DM/Prozentpunkt		2,80 DM/Buchung		

Abbildung D. 50: Berechnung von Cost-Driver-Raten nach der indirekten Methode

Ein zweiter Anwendungsbereich der Prozeßkostenrechnung liegt in der Kalkulation von absatzbestimmten Endprodukten. Dieser zweite Anwendungsfall ist in der Literatur zur Prozeßkostenrechnung bisher besonders hervorgehoben worden. Allerdings zeigt er auch die Problematik, die mit dem nicht hinreichend durchdachten Anwenden einer Prozeßkostenrechnung verbunden sein kann, die daher auch unzureichend fundiert ist. Der Vorteil der Prozeßkostenrechnung wird in den Publikationen hierzu vielfach durch einen Vergleich mit einer Zuschlagskalkulation auf Basis der Vollkosten demonstriert. Besonders markante Vorteile ergeben sich immer dann, wenn bei der Vergleichsmethode nur die Materialeinzelkosten und die Fertigungsstunden als direkt erfaßbare und zurechenbare Größen herangezogen werden. Kalkuliert man auf Basis dieser beiden Größen nach einer

Vollkostenmethode, erhält man i.d.R. nahezu unbrauchbare Werte. Führt man jetzt eine Prozeßkostenrechnung ein und verwendet dabei auch nur wenige Cost-Driver als zusätzliche Bezugsgrößen für die Zurechnung der bisher undifferenziert betrachteten Gemeinkosten, so ergibt sich eine deutlich höhere Genauigkeit der Kostenzurechnung. Es liegt auf der Hand, daß auf diese Weise der Vorteil der Prozeßkostenrechnung auch ohne jede Kalkulation von vorneherein klar ist; dies kann aber ernsthaft nicht als überzeugendes Argument für ihre Qualität angesehen werden.

Beurteilt man die Güte eines Kostenrechnungssystems danach, inwieweit es sich eignet, entscheidungsorientierte Informationen bereitzustellen, so ist ein inhaltlicher und ein methodischer Aspekt von Bedeutung: Entscheiden kann man nur über beeinflußbare Größen. Relevant sind daher nur solche Kosten, die von diesen Größen abhängen. Von zwei zur Auswahl stehenden Kostenrechnungskonzepten eignet sich also bei sonst gleichen Bedingungen dasjenige besser, das inhaltlich eher als **Teilkostenrechnung** aufgebaut ist und diese Kostenabhängigkeiten aufzeigt. Methodisch ist bei sonst gleichem Aufbau dasjenige vorzugswürdig, das mehr beeinflußbare Kostenbestimmungsgrößen berücksichtigt. Daraus ergibt sich insgesamt, daß ein System mit einer möglichst umfassenden Berücksichtigung der verschiedenen Kosteneinflußgrößen, das aber insgesamt auf Teilkostenbasis arbeitet, für Entscheidungszwecke die präzisesten Informationen liefert. Wäre nicht auch der Aufwand für die Erfassung und Aufbereitung der Daten zu berücksichtigen, müßte dies gleichzeitig das zweckmäßigste Kostenrechnungssystem sein.

Die Prozeßkostenrechnung hat als Grundmerkmal die Aufgliederung in zahlreiche Bezugsgrößen, die insbesondere betriebliche Sekundärleistungen erfassen. Diese Bereiche sind in früheren Kostenrechnungskonzepten vielfach vernachlässigt worden. Hier liegt der Vorteil der Prozeßkostenrechnung. Die gegenwärtig diskutierten Vorschläge zur Prozeßkostenrechnung sind jedoch fast ausnahmslos als Vollkostenrechnungen konzipiert und weisen in diesem Punkt daher die typischen Probleme aller Vollkostenrechnungsansätze auf. Dies ist in der Diskussion um die Prozeßkostenrechnung vielfach hervorgehoben worden (vgl. beispielsweise FRANZ 1990, FRIEDL 1993).

Für eine Beurteilung des Kerns der Prozeßkostenrechnung ist darüber hinaus von Bedeutung, daß ihr methodisches Konzept, nämlich die Kostenanalyse des betrieblichen Sekundärbereichs mit Hilfe geeigneter Bezugsgrößen, mit dem der Grenzplankostenrechnung nach KILGER weitgehend übereinstimmt. Hierauf hat vor allem FRANZ (1990, S. 127 ff.) in einer kostentheoretischen Analyse der Prozeßkostenrechnung hingewiesen. Insbesondere finden sich zahlreiche der heute als neu diskutierten Cost-Driver bei KILGER bereits in einer Auflistung früherer Jahre als Beispiele typischer Bezugsgrößen für

Kostenstellen, in denen Sekundärleistungen erbracht werden. Methodisch ist also die Prozeßkostenrechnung streng genommen kein neuer Ansatz. Vielmehr entspricht sie in wichtigen Kernpunkten der Grenzplankostenrechnung nach KILGER. Sie ist aber ohne Rückgriff auf diese entwickelt worden. Dies erklärt auch die völlig andere Terminologie. Eine derartige Entwicklung war freilich nur möglich, da die Anwendung der Grenzplankostenrechnung zwar auch auf Kostenstellen außerhalb des Fertigungsbereichs konzeptionell vorbereitet war, jedoch kaum größere Praxisanwendungen dazu bekannt geworden sind. Die Prozeßkostenrechnung hat gerade diese Bereiche als Arbeitsfeld herausgegriffen. Sie kann deshalb auch als Mittel angesehen werden, außerhalb industrieller Fertigungshauptstellen eine kostentheoretisch fundierte Planung weiter zu verbreiten. Besonders darauf zu achten ist jedoch hierbei, daß nicht auf der einen Seite vergeben wird, was auf der anderen Seite gewonnen wurde. Die bisher in der Literatur diskutierten Ansätze zur Prozeßkostenrechnung machen insbesondere deutlich, daß hier die Gefahr eines Rückfalls in Vollkostenrechnungskonzepte besonders groß ist.

4.2.5 Weitere Kostenrechnungskonzepte im Überblick

Neben den hier dargestellten gibt es noch verschiedene weitere Kosten- und Leistungsrechnungs-Systeme. Sie sind teilweise einfacher Struktur, betreffen nur Teilbereiche oder sind spezielle Systeme für bestimmte Branchen. Das traditionelle System der Vollkostenrechnung ist in diesem Teilkapitel nicht nochmals besonders aufgeführt worden. Es ergibt sich, wenn alle Teilsysteme auf Vollkostenbasis aufgebaut werden. Die Problematik einer derartigen Rechnung ist bereits an anderer Stelle verdeutlicht worden *(vgl. 3.3.2)*.

Ein Konzept, das wie das System KILGER's mit variablen Kosten arbeitet, sich jedoch im einzelnen davon unterscheidet, ist die **Einflußgrößenrechnung nach LASSMANN**. Dieses Rechensystem geht von einer detaillierten Analyse der Mengenstruktur der Produktion aus, wobei der Zusammenhang zwischen verschiedenen Einflußgrößen und den Mengen der Einsatzgüter untersucht wird. Anwendungsfälle liegen im Bereich der Montanindustrie, für die das System konkret zur Kostenanalyse eingesetzt worden ist (vgl. LASSMANN 1980 sowie zu einer zusammengefaßten Darstellung auch SCHWEITZER/KÜPPER 1991, S. 419).

Ebenfalls auf variablen Kosten basieren verschiedene Kosten- und-Leistungsrechnungs-Systeme, die für Dienstleistungsbetriebe entwickelt worden sind. Teilweise können sie als Weiterentwicklung der Grenzplankostenrechnung nach dem Ansatz KILGER's interpretiert werden. Anwendungsbereiche liegen u.a. im Krankenhaus- und Hochschulbereich sowie bei Bundesbahn und Bundespost (vgl. VIKAS 1991, KÜPPER 1988).

Im innerbetrieblichen Bereich wird in vielen Betrieben seit einigen Jahren der frühzeitigen Kostenprognose eine besondere Bedeutung beigemessen. In Industriebetrieben gilt dies vor allem für die Aufgabe der **konstruktionsbegleitenden Kalkulation.** Mit ihr sollen nicht nur über einen langen Vorlauf die Kosten prognostiziert werden. Vielmehr soll auch ermöglicht werden, konstruktive Alternativen in ihrer Kostenwirkung zu beurteilen. Diese Aufgabe erweist sich deshalb als schwierig, weil nicht immer eindeutig übersehbar ist, zu welchen Folgeentscheidungen in späteren Schritten des Entwicklungsprozesses die Wahl einer konstruktiven Variante führt. Besondere Probleme ergeben sich daher auch für die Kostenkontrolle im laufenden Konstruktions- und Produktionsprozeß. Konzepte zur konstruktionsbegleitenden Kostenrechnung sind u.a. von GRÖNER (1991) und KRAUS (1993) vorgelegt worden.

Die Überlegungen, die zu einer konstruktionsbegleitenden Kostenrechnung führen, deuten einen grundsätzlichen Tatbestand an:

> Alle Entscheidungen im Produktionsbereich zeigen ihre Wirkungen auch in den Kosten. Wirksames **Kostenmanagement** ist daher gleichzeitig immer auch Produktionsmanagement. Die Kosten stellen aber regelmäßig nur eines der Ziele dar, die mit Produktionsentscheidungen verfolgt werden. Daher ist ein isoliertes Kostenmanagement oder gar ein "Fixkosten-" oder "Gemeinkostenmanagement" nicht denkbar. Allerdings ist es zweckmäßig, sich sowohl in den eigentlichen Entscheidungsbereichen als auch in der Kostenrechnung über die Querbeziehungen Gedanken zu machen.

In diese Richtung können auch solche Ansätze eingeordnet werden, die sich in der Bezeichnungsweise als Teilgebiet der Kostenrechnung darstellen, tatsächlich aber die Schnittstellen zu Funktionsbereichen betreffen. So ist das **Target Costing** (vgl. KAPLAN/ATKINSON 1989, S. 429) in erster Linie als Ansatz zu verstehen, von den Rahmenbedingungen des Absatzes, etwa der Marktlage, heraus auf die mögliche Maximalkostenhöhe zu schließen. Ähnlich verhält es sich mit dem **Quality Costing** oder anderen Ansätzen der aktuellen Diskussion.

5. Ausblick: Entwicklungen im internen Rechnungswesen

Das interne Rechnungwesen und insbesondere ihr Kernbereich, die Kosten- und Leistungsrechnung, zählt zu den ältesten Teilgebieten der Betriebswirtschaftslehre. Dennoch sind manche typischen Merkmale erst vergleichsweise spät in den Vordergrund gerückt. So verhält es sich z.B. mit der konsequenten Abkoppelung des internen vom externen Rechnungswesen, aber auch mit der entscheidungsorientierten Ausrichtung des internen Rechnungswesens.

Die Fachdiskussion zum internen Rechnungswesen zeigt sich dem Betrachter in zweierlei Weise: Zum einen orientiert sie sich an aktuellen Schlagwörtern, behandelt aber vielfach eher Äußerlichkeiten oder befaßt sich unter neuen Bezeichnungen mit prinzipiell bereits geklärten Fragen. Teilweise dringt sie freilich auch zu Grundsatzfragen vor und gibt wertvolle Anregungen zur wissenschaftlichen Weiterentwicklung.

Zum anderen verläuft die Fachdiskussion aber im Hintergrund und betrifft die wissenschaftlichen Grundlagen des internen Rechnungswesens. Eines der hier gegenwärtig diskutierten Probleme ist die Abgrenzung der verschiedenen Teile des internen Rechnungswesens, so vor allem die Schnittstelle zwischen Investitions- und Kostenrechnung. Die herkömmliche Zuordnung, die in langfristigen Entscheidungen das Anwendungsfeld der Investitionsrechnung *(vgl. GROB I.)*, in den kurzfristigen das der Kosten- und Leistungsrechnung sieht, scheint sich nicht aufrecht erhalten zu lassen. Auch mit "kurzfristigen" Entscheidungen legt man sich häufig langfristig fest; auch bei "langfristigen" Entscheidungen stellt man prinzipiell die gleichen Überlegungen an wie im kurzfristigen Fall. Konsequenz davon ist ein Zusammenwachsen von Investitions- und Kostenrechnung. So strebt der investitionstheoretische Ansatz der Kostenrechnung, der von KÜPPER (1985) vertreten wird, an, die Wertansätze der kurzfristig orientierten Kostenrechnung aus Investitionsüberlegungen heraus abzuleiten. Ähnliche Ansatzpunkte sind zum Zusammenhang der Finanzierungsrechnung zu den anderen Teilen des internen Rechnungswesens denkbar. Die Analyse solcher Schnittstellen liefert wichtige Schritte auf dem Weg zu einer **integrierten internen Unternehmungsrechnung**.

Literaturverzeichnis

a) Einführende Literatur:

HUMMEL, S.; MÄNNEL, W.: Kostenrechnung, Bd. 1: Grundlagen, Aufbau und Anwendung, 4. Aufl., Wiesbaden 1986, Bd. 2: Moderne Verfahren und Systeme, 3. Aufl. (Nachdruck), Wiesbaden 1993

KAPLAN, R.S.; ATKINSON, A.A.: Advanced Management Accounting, 2. Aufl., Englewood Cliffs (NJ) 1989

KILGER, W.: Flexible Plankostenrechnung und Deckungsbeitragsrechnung, 9. Aufl., Wiesbaden 1988

KLOOCK, J.; SIEBEN, G.; SCHILDBACH, T.: Kosten- und Leistungsrechnung, 6. Aufl., Düsseldorf 1991

MÄNNEL, W. (Hrsg.): Handbuch Kostenrechnung, Wiesbaden 1992

SCHERRER, G.: Kostenrechnung, in: Allgemeine Betriebswirtschaftslehre, Bd. 2: Führung, hrsg. v. F.X. Bea, E. Dichtl und M. Schweitzer, 6. Aufl., Stuttgart 1993, S. 461-550

SCHWEITZER, M.; KÜPPER, H.-U.: Systeme der Kostenrechnung, 5. Aufl., Landsberg a.L. 1991

b) Weiterführende Literatur:

BAUMGARTNER, B.: Die Controller-Konzeption, Bern/Stuttgart 1980

BÖHM, H.-H.; WILLE, F.: Deckungsbeitragsrechnung, Grenzpreisrechnung und Optimierung, 6. Aufl., München 1977

CHMIELEWICZ, K.; SCHWEITZER, M. (Hrsg.): Handwörterbuch des Rechnungswesens (HWR), 3. Aufl., Stuttgart 1993

COENENBERG, A.G.: Kostenrechnung und Kostenanalyse, Landsberg a.L. 1992

COENENBERG, A.G.; BAUM, H.-G.: Strategisches Controlling. Grundfragen der Planung und Kontrolle, Stuttgart 1990

COOPER, R.: Activity-Based-Costing, in: Handbuch Kostenrechnung, hrsg. v. W. Männel, Wiesbaden 1992, S. 360-383

COOPER, R.; KAPLAN, R.: How Cost-Accounting Distorts Product Costs, in: Management Accounting, o.Jg. (1988), S. 20 - 27

EISELE, W.: Technik des betrieblichen Rechnungswesens. Buchführung - Kostenrechnung - Sonderbilanzen, 5. Aufl., München 1993

FANDEL, G.: Produktion I. Produktions- und Kostentheorie, 3. Aufl., Berlin u.a. 1991

FRANZ, K.-P.: Die Prozeßkostenrechnung. Darstellung und Vergleich mit der Plankosten- und Deckungsbeitragsrechnung, in: Finanz- und Rechnungswesen als Führungsinstrument, hrsg. v. D. Ahlert u.a., Wiesbaden 1990, S. 109-156

FRIEDL, B.: Prozeßkostenrechnung als Instrument eines programmorientierten Kostenmanagement, in: Neuere Entwicklungen des Kostenmanagement, hrsg. v. K. Dellmann und K.-P. Franz, Bonn/Stuttgart 1993, (erscheint demnächst)

GRÖNER, L.: Entwicklungsbegleitende Vorkalkulation, Berlin/Heidelberg 1991

GUTENBERG, E.: Grundlagen der Betriebswirtschaftslehre, Bd. 1: Die Produktion, 24. Aufl., Berlin u.a. 1983

HABERSTOCK, L.: Kostenrechnung, Bd. 1: Einführung, 8. Aufl., Hamburg 1987, Bd. 2: (Grenz-) Plankostenrechnung, 7. Aufl., Hamburg 1986/87

HEINEN, E.: Betriebswirtschaftliche Kostenlehre. Kostentheorie und Kostenentscheidungen, 6. Aufl., Wiesbaden 1983

HORNGREN, C.T.; FOSTER, G.: Cost Accounting. A Managerial Emphasis, 6. Aufl., Englewood Cliffs (NJ) 1987

HORVATH, P.: Controlling, 4. Aufl., München 1992

HORVATH, P.; MAYER, R.: Prozeßkostenrechnung. Der neue Weg zu mehr Kostentransparenz und wirkungsvolleren Unternehmensstrategien, in: Controlling, 1. Jg. (1989), S. 214-219

KLOOCK, J.: Betriebswirtschaftliche Input-Output-Modelle, Wiesbaden 1969

KLOOCK, J.: Erfolgsrechnungen auf der Basis produktionsanalytischer Kostenrechnungen, in: Operations Research Proceedings zur DGOR Jahrestagung 1980, hrsg. v. G. Fandel u.a., Berlin/Heidelberg/New York 1981, S. 502-520

KOCH, J.: Die Grundrechnung der Potentiale im entscheidungsorientierten Rechnungswesen, Thun/Frankfurt a.M, 1992

KRAUS, R.: Vorkalkulation bei langfristiger Einzelfertigung, Frankfurt a.M. 1993

KÜPPER, H.-U.: Investitionstheoretische Fundierung der Kostenrechnung, in: ZfbF, 37. Jg (1985), S. 26-46

KÜPPER, H.-U.: Koordination und Interdependenz als Baustein einer konzeptionellen und theoretischen Fundierung des Controlling, in: Betriebswirtschaftliche Steuerungs- und Kontrollprobleme, hrsg. v. W. Lücke, Wiesbaden 1988, S. 163-183

KÜPPER, H.-U.: Industrielles Controlling, in: Industriebetriebslehre, hrsg. v. M. Schweitzer, München 1990, S. 781-891

KÜPPER, H.-U.; WEBER, J.; ZÜND, A.: Zum Verständnis und Selbstverständnis des Controlling. Thesen zur Kostenbildung, in: ZfB, 60. Jg. (1990), S. 281-293

MÄNNEL, W.: Grundkonzeption einer entscheidungsorientierten Erlösrechnung, in: KRP, o.Jg. (1983), S. 55-70

MILLER, J.G.; VOLLMANN, T.E.: The hidden factory, in: HBR, 63. Jg. (1985), Sept./Oct., S. 142-150

OPITZ, O.: Numerische Taxonomie, Stuttgart/New York 1980

RAU, K.-H.; RÜD, M.: Erfahrungen mit der Prozeßkostenrechnung, in: KRP, o.Jg. (1991), S. 13-17

RIEBEL, P.: Einzelkosten- und Deckungsbeitragsrechnung. Grundfragen einer markt- und entscheidungsorientierten Unternehmensrechnung, 6. Aufl., Wiesbaden 1990

RIEBEL, P.; SINZIG, W.: Zur Realisierung der Einzelkosten- und Deckungsbeitragsrechnung mit einer relationalen Datenbank, in: ZfbF, 33. Jg. (1981), S. 457-489

SCHMALENBACH, E.: Kostenrechnung und Preispolitik, 8. Aufl., Köln/Opladen 1963

SCHWEITZER, M.: Axiomatik, in: HWR, hrsg. v. K. Chmielewicz und M. Schweitzer, 3. Aufl., Stuttgart 1993, Sp. 113-124

SCHWEITZER, M.; KÜPPER, H.-U.: Produktions- und Kostentheorie der Unternehmung, Reinbek bei Hamburg 1974

SCHWEITZER, M.; TROSSMANN, E.: Break-even-Analysen. Grundmodell, Varianten, Erweiterungen, Stuttgart 1986

SINZIG, W.: Datenbankorientiertes Rechnungswesen, 3. Aufl., Berlin u.a. 1990

TROSSMANN, E.: Grundlagen einer dynamischen Theorie und Politik der betrieblichen Produktion, Berlin 1983

TROSSMANN, E.: Kostenspaltung, in: WISU, 15. Jg. (1986), S. 333-336

TROSSMANN, E.: Flexible Plankostenrechnung nach Kilger, in: Handbuch Kostenrechnung, hrsg. v. W. Männel, Wiesbaden 1992a, S. 226-246

TROSSMANN, E.: Gemeinkosten-Budgetierung als Controlling-Instrument in Bank und Versicherung, in: Controlling. Grundlagen, Informationssysteme, Anwendungen, hrsg. v. K. Spremann und E. Zur, Wiesbaden 1992b, S. 511-540

TROSSMANN, E.: Kostentheorie und Kostenrechnung, in: HWB, hrsg. v. W. Wittmann u.a., 5. Aufl., Stuttgart 1993, Sp. 2385-2401

VIKAS, K.: Neue Konzepte für das Kostenmanagement: controllingorientierte Modelle für Industrie- und Dienstleistungsunternehmen, Wiesbaden 1991

WILD, J.: Grundlagen der Unternehmungsplanung, 4. Aufl., Opladen 1982

E. Externes Rechnungswesen

Heinz Kußmaul

1. Einordnung des externen Rechnungswesens und gesetzliche Vorschriften

1.1 Einordnung des externen Rechnungswesens

Die Aufgabe des betrieblichen Rechnungswesens besteht in der **Aufzeichnung** und **Überwachung** von Güter- und Finanzbewegungen, die dadurch entstehen, daß ein Unternehmen mit anderen Wirtschaftseinheiten in Kontakt tritt.

Die **Güter- und Finanzbewegungen** eines Unternehmens sind darin begründet, daß ein Unternehmen nicht isoliert für sich allein existieren kann, sondern über Beschaffungs- und Absatzmärkte sowie den Geld- und Kapitalmarkt mit anderen Wirtschaftseinheiten und über den gesetzlichen Zwang zur Zahlung von Steuern mit dem Staat (Gebietskörperschaften) verbunden ist (vgl. dazu und zum folgenden WÖHE/KUSSMAUL 1991, S. 1 ff.). Eine schematische Darstellung dieses Zusammenhangs bietet Abbildung E. 1 (entnommen aus WÖHE 1990b, S. 11).

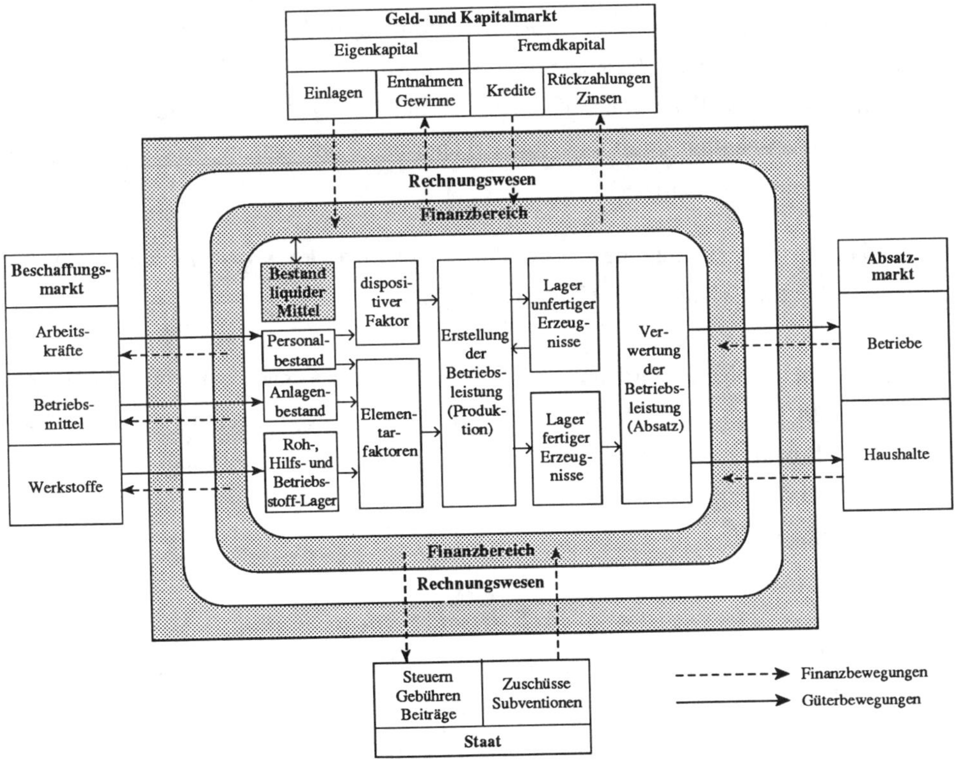

Abbildung E. 1: Güter- und Finanzbewegungen des Betriebes

Auf der Grundlage der **Dokumentationsfunktion** hat das betriebliche Rechnungswesen einerseits die Aufgabe der **Rechnungslegung** mit der Informations- und Zahlungsbemessungsfunktion (externes Rechnungswesen) und andererseits die Aufgabe der **Unternehmenssteuerung** mit der Kontroll- und Planungsfunktion (internes Rechnungswesen) zu erfüllen *(vgl. TROSSMANN D. 2.2)*. Aus diesem Grunde haben sich die Bereiche des externen und internen Rechnungswesens mit jeweils mehreren Teilgebieten entwickelt, die in enger Verbindung miteinander stehen und zum Teil auf das gleiche Zahlenmaterial - allerdings unter verschiedenen Gesichtspunkten bzw. mit unterschiedlichen Zielsetzungen - zurückgreifen.

Zur regelmäßigen Erfassung der Güter- und Finanzbewegungen eines Unternehmens für Zwecke der Rechnungslegung dienen folgende Teilgebiete:

- **Finanzbuchführung**: Chronologische und sachlich geordnete wertmäßige Erfassung aller Geschäftsvorfälle (ab der Gründung bis zur Liquidation eines Unternehmens);
- **Inventar**: Ergebnis der art-, mengen- und wertmäßigen Erfassung von Vermögensbeständen und Schulden durch körperliche Bestandsaufnahme (Inventur);
- **Jahresabschluß**: Bündelung der Finanzbuchführung und des Inventars in der Bilanz (Gegenüberstellung von Vermögen und Schulden) und der Gewinn- und Verlustrechnung (Gegenüberstellung von Aufwendungen und Erträgen), bei Kapitalgesellschaften und Genossenschaften zusätzlich mit Erläuterungen im Anhang (Bereitstellung zusätzlicher Informationen);
- **Lagebericht**: Darstellung des Geschäftsverlaufs und der wirtschaftlichen Situation von Kapitalgesellschaften und Genossenschaften.

Neben der regelmäßigen (jährlichen) Rechenschaftslegung können außerordentliche (einmalige) rechtliche und wirtschaftliche Anlässe Gründe zur Aufstellung von Zwischenbilanzen (z.B. bei der Umstellung des Wirtschaftsjahres) und Sonderbilanzen (z.B. Gründungs-, Kapitalerhöhungs-, Fusions-, Umwandlungs-, Sanierungs-, Auseinandersetzungs-, Liquidationsbilanz) sein.

1.2 Gesetzliche Vorschriften

1.2.1 Gesetzliche Buchführungsvorschriften

Mit dem Bilanzrichtlinien-Gesetz von 1985 wurden die Rechtsgrundlagen für die externe Rechnungslegung und damit für den Jahresabschluß aller Kaufleute einheitlich im Ersten Abschnitt des Dritten Buches des HGB (§§ 238-263) zusammengefaßt. Nach § 238 Abs. 1 HGB ist jeder **Kaufmann** verpflichtet, Bücher zu führen und in diesen seine Handelsgeschäfte und die Lage seines Vermögens nach den Grundsätzen ordnungsmäßiger Buchführung ersichtlich zu machen (vgl. dazu und zu den folgenden Ausführungen WÖHE/KUSSMAUL 1991, S. 21 ff.).

Als Kaufmann bezeichnet das HGB denjenigen, der ein Handelsgewerbe betreibt. Wer eine der in § 1 Abs. 2 HGB aufgezählten gewerblichen Tätigkeiten (**Grundhandelsgewerbe**) ausübt, ist kraft Gesetzes Kaufmann und unterliegt damit den Vorschriften über die Führung von Handelsbüchern ("**Mußkaufleute**").

Bei Kaufleuten, deren Betrieb nach Art und Umfang einen eingerichteten kaufmännischen Geschäftsbetrieb erfordert, ohne daß ein in § 1 Abs. 2 HGB aufgezähltes Grundhandelsgewerbe vorliegt ("**Sollkaufleute**" gemäß § 2 HGB), wird die Kaufmannseigenschaft erst durch die Eintragung in das Handelsregister begründet. Die Buchführungspflicht beginnt aber nicht erst mit der Eintragung im Handelsregister, sondern gilt bereits von dem Zeitpunkt an, von dem die Verpflichtung zur Eintragung vorliegt, d.h. sobald nach Art und Umfang ein in kaufmännischer Weise eingerichteter Geschäftsbetrieb erforderlich ist.

Die Vorschriften des Handelsgesetzbuches gelten grundsätzlich **nicht für Land- und Forstwirte**. Für den Fall, daß ein land- und forstwirtschaftlicher Betrieb jedoch nach Art und Umfang einen eingerichteten kaufmännischen Geschäftsbetrieb erfordert oder dem land- und forstwirtschaftlichen Betrieb ein gewerblicher Nebenbetrieb (z.B. Sägewerk, Mühle) angegliedert ist, **kann** der Land- und Forstwirt den Haupt- oder Nebenbetrieb ins Handelsregister eintragen lassen und dadurch Kaufmannseigenschaft erlangen ("**Kannkaufleute**" gemäß § 3 HGB).

Bei "**Formkaufleuten**" (§ 6 HGB) wird die Kaufmannseigenschaft aufgrund der Rechtsform des Betriebes erworben. Personenhandelsgesellschaften und Kapitalgesellschaften sind kraft Gesetzes immer Kaufleute im Sinne des HGB.

Eine **Ausnahme von der Buchführungspflicht** macht § 4 HGB: Die Vorschriften über die Handelsbücher u.a. finden auf Handwerker sowie auf andere Personen, deren Gewerbebetrieb nicht über den Umfang eines Kleingewerbes hinausgeht, keine Anwendung, selbst wenn sie ein Grundhandelsgewerbe i.S. des § 1 Abs. 2 HGB betreiben (sog. "**Minderkaufleute**"). Eine Eintragung ins Handelsregister kommt für diese Kaufleute nicht in Betracht.

Über die Bestimmungen zur Aufzeichnung der Geschäftsvorfälle hinaus enthält § 238 Abs. 2 HGB für den Kaufmann die Verpflichtung, "eine mit der Urschrift übereinstimmende Wiedergabe der abgesandten Handelsbriefe (Kopie, Abdruck, Abschrift oder sonstige Wiedergabe des Wortlauts auf einem Schrift-, Bild- oder anderen Datenträger) zurückzubehalten". Die Regelungen zur Führung der Handelsbücher beinhaltet § 239 HGB, jene zur Aufstellung des Inventars § 240 HGB. Gemäß § 240 Abs. 1 HGB hat jeder Kaufmann "zu Beginn seines Handelsgewerbes seine Grundstücke, seine Forderungen und Schulden, den Betrag seines baren Geldes sowie seine sonstigen Vermögensgegenstände genau zu verzeichnen und dabei den Wert der einzelnen Vermögensgegenstände und Schulden anzugeben". Diese art-, mengen- und wertmäßige Erfassung der Bestände stellt die Grundlage sowohl für die erste Eröffnungsbilanz und die daraus abgeleiteten Konten der Buchführung als auch für die Abschlußbuchungen zur Vorbereitung des Jahresabschlusses dar.

Neben den Vorschriften des Handelsgesetzbuches müssen die Buchführungs- und Aufzeichnungspflichten für steuerliche Zwecke entsprechend den §§ 140 ff. der **Abgabenordnung (AO)** beachtet werden.

Der Wortlaut des § 140 AO, wonach jeder, der nach anderen Gesetzen als den Steuergesetzen Bücher und Aufzeichnungen zu führen hat, die für die Besteuerung von Bedeutung sind, die Verpflichtungen, die ihm nach diesen Gesetzen obliegen, auch im Interesse der Besteuerung zu erfüllen hat, ermöglicht nicht nur die automatische Übernahme der handelsrechtlichen Buchführungsvorschriften ins Steuerrecht, sondern umfaßt auch spezielle Aufzeichnungspflichten für bestimmte Betriebe. Derartige Aufzeichnungspflichten ergeben sich z.B. aus dem Depotgesetz (§ 14), dem Börsengesetz (§ 33) oder der Apothekenbetriebsordnung.

§ 141 AO erweitert die Buchführungs-, Inventar- und Abschlußpflichten auf gewerbliche Unternehmen, die handelsrechtlich nicht buchführungspflichtig sind, sowie auf Land- und Forstwirte bei Überschreiten folgender Grenzen für den einzelnen Betrieb:

(1) Umsätze einschließlich der steuerfreien Umsätze, ausgenommen die Umsätze nach § 4 Nr. 8 bis 10 des Umsatzsteuergesetzes, von mehr als 500.000 DM im Kalenderjahr oder

(2) ein Betriebsvermögen von mehr als 125.000 DM oder

(3) selbstbewirtschaftete land- und forstwirtschaftliche Flächen mit einem Wirtschaftswert (§ 46 des Bewertungsgesetzes) von mehr als 40.000 DM oder

(4) ein Gewinn aus Gewerbebetrieb von mehr als 36.000 DM im Wirtschaftsjahr oder

(5) ein Gewinn aus Land- und Forstwirtschaft von mehr als 36.000 DM im Kalenderjahr.

Mit dieser Vorschrift wird der Kreis der zur Buchführung für steuerliche Zwecke Verpflichteten über die Personen hinaus ausgedehnt, die aufgrund handelsrechtlicher Vorschriften zur Führung von Büchern verpflichtet sind; damit werden vor allem Minderkaufleute im Sinne des § 4 HGB und Land- und Forstwirte zusätzlich erfaßt.

1.2.2 Gesetzliche Vorschriften zur Aufstellung des Jahresabschlusses

Gesetzliche Vorschriften zur Aufstellung des Jahresabschlusses finden sich im HGB und im Publizitätsgesetz (vgl. dazu und zum folgenden WÖHE/KUSSMAUL 1991, S. 28 ff.).

1.2.2.1 Nach dem HGB zur Rechnungslegung verpflichtete Unternehmen

§ 242 Abs. 1 und 2 HGB verpflichtet grundsätzlich jeden Kaufmann im Sinne dieses Gesetzes zur Aufstellung eines (handelsrechtlichen) **Jahresabschlusses**, der sich gemäß § 242 Abs. 3 HGB aus Bilanz sowie Gewinn- und Verlustrechnung zusammensetzt.

§ 264 Abs. 1 und § 336 Abs. 1 HGB erweitern den Jahresabschluß bei Kapitalgesellschaften und Genossenschaften um einen Anhang; darüber hinaus ist noch ein Lagebericht aufzustellen, der jedoch keinen Bestandteil des Jahresabschlusses darstellt.

Kapitalgesellschaften erfahren durch § 267 HGB zusätzlich eine Einteilung in drei - für die Bilanzierung, Prüfung und Offenlegung entscheidende - Größenklassen, die in Abbildung E. 2 aufgeführt sind.

Größenklassen der Kapitalgesellschaften nach § 267 HGB			
Größenmerkmal	kleine Kapitalgesellschaften (§ 267 Abs.1)	mittelgroße Kapitalgesellschaften (§ 267 Abs.2)	große Kapitalgesellschaften (§ 267 Abs.3)
Bilanzsumme in DM	≤ 3,9 Mio.	> 3,9 Mio. ≤ 15,5 Mio.	> 15,5 Mio.
Umsatzerlöse in DM	≤ 8,0 Mio.	> 8,0 Mio. ≤ 32,0 Mio.	> 32,0 Mio.
Arbeitnehmer	≤ 50	> 50 ≤ 250	> 250

Abbildung E. 2: Größenklassen der Kapitalgesellschaften nach § 267 HGB

Kleine Kapitalgesellschaften sind solche, die mindestens zwei der für sie in Abbildung E. 2 aufgeführten Merkmale nicht überschreiten, **große Kapitalgesellschaften** sind solche, die mindestens zwei der für sie aufgeführten Merkmale überschreiten. Die übrigen werden als **mittelgroße Kapitalgesellschaften** bezeichnet; es sind diejenigen, die mindestens zwei Merkmale der kleinen Kapitalgesellschaften überschreiten und gleichzeitig mindestens zwei Merkmale der großen Kapitalgesellschaften nicht überschreiten. Dabei müssen die Größenmerkmale an zwei aufeinanderfolgenden Abschlußstichtagen erfüllt sein. Kapitalgesellschaften, deren Anteile an einer Börse innerhalb der EG "zum amtlichen Handel oder zum geregelten Markt zugelassen oder in den geregelten Freiverkehr einbezogen sind", oder bei denen "die Zulassung zum amtlichen Handel oder zum geregelten Markt beantragt ist", gelten nach § 267 Abs. 3 HGB jedoch immer als große.

Für kleine und mittelgroße Kapitalgesellschaften hat der Gesetzgeber einige Erleichterungen, insbesondere bei der Gliederung der Bilanz und Gewinn- und Verlustrechnung, bei den Aufstellungsfristen sowie bei Umfang und Form der Offenlegung, vorgesehen. Des weiteren sind kleine Kapitalgesellschaften nicht prüfungspflichtig.

Nach dem HGB sind darüber hinaus weitere Unternehmen zur Rechnungslegung verpflichtet; so haben Konzerne gemäß § 290 HGB einen **Konzernabschluß** aufzustellen. Dabei verzichtet das HGB auf eine gesetzliche Definition des Konzernbegriffs und faßt den Kreis der **verbundenen Unternehmen** anders, tendenziell enger als das Aktiengesetz. Nach § 271 Abs. 2 HGB sind verbundene Unternehmen "solche Unternehmen, die als Mutter- oder Tochterunternehmen (§ 290) in den Konzernabschluß eines Mutterunternehmens nach den Vorschriften über die Vollkonsolidierung einzubeziehen sind, das als oberstes Mutterunternehmen den am weitestgehenden Konzernabschluß ... aufzustellen hat, auch wenn die Aufstellung unterbleibt, oder das einen befreienden Konzernabschluß nach § 291 oder nach einer nach § 292 erlassenen Rechtsverordnung aufstellt oder aufstellen könnte; Tochterunternehmen, die nach § 295 oder § 296 nicht einbezogen werden, sind ebenfalls verbundene Unternehmen".

Nach dieser Definition ist der Inhalt des Begriffs "verbundene Unternehmen" im HGB "identisch mit dem Begriff 'Konzernunternehmen', und zwar unabhängig davon, ob das einzelne Konzernunternehmen in einen Konzernabschluß eines inländischen oder ausländischen Mutterunternehmens tatsächlich einbezogen wird und unabhängig davon, ob das Mutterunternehmen an der Spitze des betreffenden Gesamtkonzerns tatsächlich einen Konzernabschluß aufstellt oder nicht" (VON WYSOCKI/WOHLGEMUTH 1986, S. 17).

1.2.2.2 Nach dem Publizitätsgesetz zur Rechnungslegung verpflichtete Unternehmen

Das Publizitätsgesetz erweitert die Rechnungslegungspflichten auf Unternehmen, die nicht Kapitalgesellschaften oder Genossenschaften sind - bzw. als Sonderfall der Kredit- oder Versicherungsbranche zugehören, für die generell Rechnungslegungspflichten bestehen - und die bestimmte Größenmerkmale erfüllen.

Diese Pflicht zur Rechnungslegung entsteht, wenn für ein Unternehmen für den Tag des Ablaufs eines Geschäftsjahrs (Abschlußstichtag) und für die zwei darauf folgenden Abschlußstichtage jeweils mindestens **zwei der drei nachstehenden Merkmale** zutreffen:

(1) Die Bilanzsumme einer auf den Abschlußstichtag aufgestellten Jahresbilanz übersteigt 125 Mio. DM.

(2) Die Umsatzerlöse des Unternehmens in den zwölf Monaten vor dem Abschlußstichtag übersteigen 250 Mio. DM.

(3) Das Unternehmen hat in den zwölf Monaten vor dem Abschlußstichtag durchschnittlich mehr als 5.000 Arbeitnehmer beschäftigt.

Nach § 5 Abs. 1 PublG haben die vom Publizitätsgesetz betroffenen Unternehmen nur die Bilanz und Gewinn- und Verlustrechnung - wie große Kapitalgesellschaften in den ersten drei Monaten des Geschäftsjahrs - unter sinngemäßer Beachtung des Inhalts und der Gliederung des Jahresabschlusses aufzustellen. Soweit ein Unternehmen nicht in der Rechtsform eines Einzelunternehmens oder einer Personengesellschaft geführt wird, hat es nach § 5 Abs. 2 PublG den Jahresabschluß um einen Anhang zu erweitern und einen Lagebericht zu erstellen.

Für Einzelunternehmen und Personengesellschaften gelten nach § 5 Abs. 4 und 5 PublG Besonderheiten. So verbietet § 5 Abs. 4 PublG eine Aufnahme des Privatvermögens in die Bilanz sowie der auf das Privatvermögen entfallenden Aufwendungen und Erträge in die Gewinn- und Verlustrechnung. Die Gliederung der Gewinn- und Verlustrechnung darf gemäß § 5 Abs. 5 PublG nach den für das jeweilige Unternehmen geltenden Bestimmungen vorgenommen werden.

Der Jahresabschluß und der Lagebericht von Unternehmen, die dem Publizitätsgesetz unterliegen, sind nach § 9 PublG durch einen Abschlußprüfer zu **prüfen** und unter sinngemäßer Anwendung der Offenlegungsvorschriften für Kapitalgesellschaften **offenzulegen**.

2. Bestandteile, Aufgaben, Grundprinzipien und Theorien des Jahresabschlusses

2.1 Bestandteile des Jahresabschlusses

2.1.1 Bilanzbegriff und Bilanzarten

Die Bilanz gibt - meist in Kontoform, wie dies auch Abbildung E. 3 zeigt - einen Überblick über das im Betrieb vorhandene Vermögen (Aktivseite) und Kapital als Summe aller Verpflichtungen des Betriebes (Passivseite). Während die Passivseite Auskunft über die Herkunft der finanziellen Mittel gibt (Mittelherkunft), zeigt die Aktivseite, in welcher Form diese Mittel angelegt wurden (Mittelverwendung) (vgl. dazu und zu den weiteren Ausführungen in diesem Kapitel WÖHE 1992, S. 30 ff.).

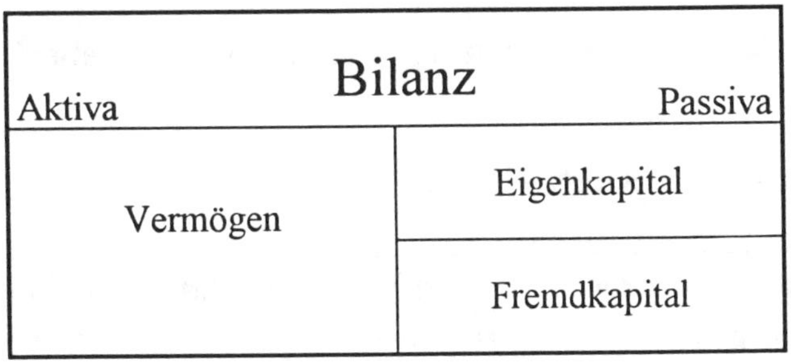

Abbildung E. 3: Grundstruktur einer Bilanz

Die Summe der Aktiva und Passiva ist stets gleich, d.h. jeder auf der Passivseite stehende Anspruch eines Gesellschafters oder Gläubigers wird - außer im Falle eines Verlustes - durch die auf der Aktivseite ausgewiesenen Vermögenswerte gedeckt. Erhöht sich das Eigenkapital (Reinvermögen) als Differenz des Bruttovermögens und des Fremdkapitals durch den betrieblichen Umsatzprozeß, so wird das Eigenkapital vergrößert (Gewinn); bei einer Verminderung des Vermögens wird die Eigenkapitalposition entsprechend kleiner (Verlust).

Ist infolge von Verlusten das Eigenkapital aufgebraucht und reicht das Vermögen nicht mehr zur Deckung des Fremdkapitals aus, so kann die Bilanz auch bei Betrieben, die aufgrund ihrer Rechtsform kein festes Nominalkapital ausweisen müssen, nur durch einen Verlustposten ausgeglichen werden. In einem solchen Fall liegt eine Überschuldung (**Unterbilanz**) vor.

Neben den Beständebilanzen, die das Vermögen und Kapital eines Betriebes zu einem Stichtag ausweisen, gibt es auch sog. Bewegungsbilanzen, die die Veränderung der Bilanzposten während einer Periode in Form einer Gegenüberstellung von Mittelverwendung und Mittelherkunft zeigen. Bewegungsbilanzen dienen der Darstellung finanzwirtschaftlicher Vorgänge und hierbei insbesondere der Liquiditätslage.

Abbildung E. 4 (entnommen aus BIEG/KUSSMAUL 1993, S. 62 sowie mit näheren Erläuterungen S. 61 ff.) gibt einen schematischen Überblick über eine mögliche Systematisierung der Bilanzarten. Eine weitere Unterscheidung ist jene in Bilanzen nach Handelsrecht und in Bilanzen nach Steuerrecht (vgl. dazu mit einer weiteren Unterteilung FEDERMANN 1992, S. 30 ff.). Aufbau und Inhalt der Bilanz werden ausführlich in *Kapitel 3.4* behandelt.

2.1.2 Gewinn- und Verlustrechnung, Anhang und Lagebericht

2.1.2.1 Gewinn- und Verlustrechnung

Die Gewinn- und Verlustrechnung gibt Auskunft über die Art, Höhe und Quellen des Erfolges. Sie ist eine periodische Erfolgsrechnung, die die Erträge und Aufwendungen des abgelaufenen Wirtschaftsjahres ausweist.

Im Gegensatz zur Bilanz, bei der es sich um eine zeitpunktbezogene **Bestandsgrößenrechnung** handelt, ist die Gewinn- und Verlustrechnung eine zeitraumbezogene **Stromgrößenrechnung**, bei der sich der Periodenerfolg als Saldo der Erträge und Aufwendungen der Abrechungsperiode ergibt (vgl. SIEBEN/GATZEN 1991, S. 225 f.). Nähere Einzelheiten bezüglich der Gewinn- und Verlustrechnung enthält *Kapitel 3.5*.

Unterscheidungskriterium	Bilanzarten		
Häufigkeit der Bilanzaufstellung	regelmäßig erstellte Bilanzen | ordentliche Bilanzen	einmalig bzw. unregelmäßig erstellte Bilanzen | außerordentliche Bilanzen	
Grundlagen der Bilanzaufstellung	gesetzlich vorgeschriebene Bilanzen	vertraglich vereinbarte Bilanzen	freiwillig erstellte Bilanzen
Adressatenkreis	interne Bilanzen | Bilanz als Führungsinstrument der Unternehmung	externe Bilanzen | Bilanz als Publizitätsinstrument der Unternehmung	
Abrechnungskreis	Einzelbilanzen	zusammengefaßte Bilanzen: Gemeinschafts-/Generalbilanzen Konzernbilanzen	
Länge des Abrechnungszeitraums	Totalbilanzen	Periodenbilanzen: Jahresbilanzen Zwischenbilanzen – Tagesbilanzen – Wochenbilanzen – Monatsbilanzen – Vierteljahresbilanzen – Halbjahresbilanzen	
Zukunfts- bzw. Vergangenheitsorientierung	Planbilanzen (prospektiv)	Ist-Bilanzen (retrospektiv)	
zeitliche Dimension der Bilanzwerte	Beständebilanzen (zeitpunktbezogen)	Bewegungsbilanzen (zeitraumbezogen)	
Informationsschwerpunkt	Erfolgsbilanzen	Vermögensbilanzen	Liquiditätsbilanzen
Detailliertheit der Bilanzgliederung	Bruttobilanzen	Nettobilanzen	
Branchenbezug	Industriebilanzen	Bankbilanzen	Versicherungsbilanzen | ... | ... | ...

Abbildung E. 4: Bilanzarten

2.1.2.2 Anhang

Der in §§ 284-288 HGB geregelte Anhang nimmt - als dritter Bestandteil des Jahresabschlusses - folgende Funktionen wahr (vgl. dazu BIEG/KUSSMAUL 1993, S. 137 ff.; *vgl. mit weiteren Ausführungen zum Anhang Kapitel 3.6.1*).

- **Interpretationsfunktion** (Interpretation der Posten von Bilanz und GuV-Rechnung durch Angabe der Bilanzierungs- und Bewertungsmethoden sowie der Abweichungen von bisher angewandten Methoden);
- **Korrekturfunktion** (Darstellung der Abweichungen zum Vorjahresabschluß, die auf Änderungen bisher angewandter Bilanzierungs- und Bewertungsmethoden beruhen);
- **Entlastungsfunktion** (Ausweiswahlrechte zwischen Bilanz bzw. GuV-Rechnung und Anhang zur Verbesserung der Übersichtlichkeit der beiden anderen Bestandteile des Jahresabschlusses);
- **Ergänzungsfunktion** (Aufnahme von Informationen über nicht bilanzierungsfähige Sachverhalte).

2.1.2.3 Lagebericht

Der in § 289 HGB geregelte Lagebericht ist eine schriftliche Darstellung des Geschäftsverlaufs und der wirtschaftlichen Situation, die von bestimmten Unternehmen in Ergänzung des Jahresabschlusses aufzustellen ist. Der Lagebericht stellt eine Gesamtbeurteilung des Unternehmens dar, die aus der Sicht der Geschäftsleitung jährlich wiederkehrend vorzunehmen ist. Im Lagebericht können neben den Pflichtangaben auch freiwillige Angaben (z.B. Kapital- und Finanzflußrechnung) gemacht werden (vgl. CASTAN 1991, S. 366 und außerdem ausführlich *Kapitel 3.6.2*).

2.2 Aufgaben des Jahresabschlusses

Mit der handels- und steuerrechtlichen Rechnungslegung verfolgt der Gesetzgeber verschiedenartige Zwecke (vgl. Abbildung E. 5; entnommen aus KUSSMAUL/LUTZ 1993a, S. 343; vgl. zum folgenden ausführlich BIEG/KUSSMAUL 1993, S. 16 ff. und 26 ff. sowie KUSSMAUL/LUTZ 1993a, S. 342 f.).

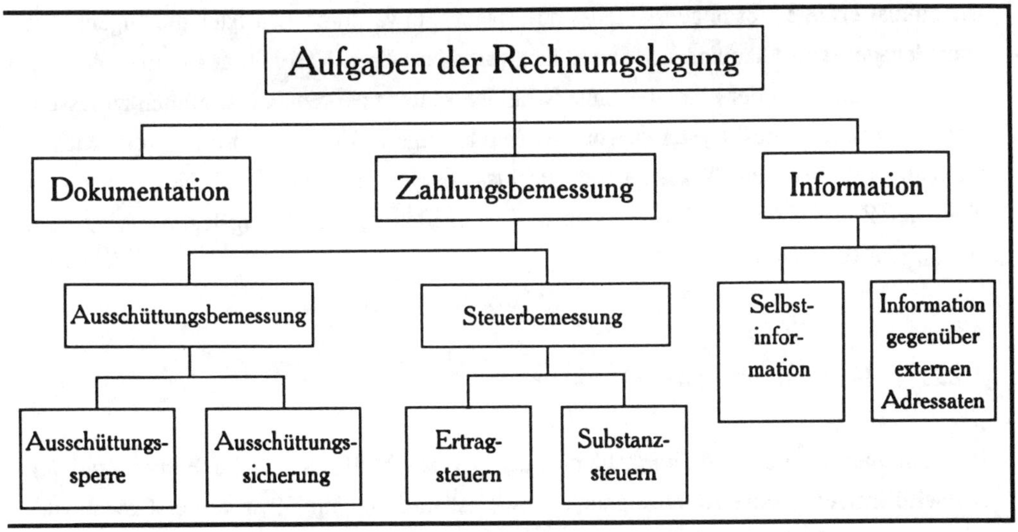

Abbildung E. 5: Aufgaben der Rechnungslegung

2.2.1 Dokumentationsfunktion

Die Dokumentation stellt die Grundlage für die Aufgaben der Zahlungsbemessung und der Information dar. Durch den Zwang

- zur Aufzeichnung aller Geschäftsvorfälle aufgrund der Buchführungspflicht des Vollkaufmanns (vgl. § 238 Abs. 1 HGB),
- zu ihrer Fixierung in regelmäßig zu erstellenden Jahresabschlüssen (vgl. § 242 HGB) und
- zur Beachtung der Aufbewahrungsfristen für Handelsbücher, Inventare und Jahresabschlüsse (vgl. § 257 HGB),

m.a.W. durch die Dokumentation der Geschäftsvorfälle in Buchführung und Jahresabschlüssen, wird eine Beweis- und Sicherungsfunktion gewährleistet.

Durch ordnungsgemäße Aufzeichnungen und regelmäßige Abschlüsse werden Urkundenbeweise geschaffen, weil erstens die Richtigkeit des Jahresabschlusses von sachverständigen Dritten anhand der einbezogenen Buchhaltungsunterlagen überprüft werden kann, zweitens nachträgliche Veränderungen der Buchhaltungsunterlagen ohne Veränderung der Zahlen des Jahresabschlusses nicht möglich sind und drittens es unmöglich ist, einmal erfaßte Vermögensgegenstände später - etwa durch den oder die Eigentümer zum Schaden von Gläubigern - ohne Nachweis über ihren Verbleib aus dem Unternehmen zu entnehmen oder einmal erfaßte Schulden später unerkennbar wegfallen zu lassen. Die **Schaffung eines Systems von Aufzeichnungs-, Jahresabschluß- und Aufbewahrungspflichten** zur Wahrung der Rechtssicherheit im kaufmännischen Bereich ist einer der Zwecke der handelsrechtlichen Vorschriften zur Rechnungslegung (vgl. dazu ausführlich BIEG/KUSSMAUL 1993, S. 16 ff.).

2.2.2 Zahlungsbemessungsfunktion

Die Zahlungsbemessungsfunktion beinhaltet als **erste Teilfunktion** die **Bemessung der Ausschüttungen** an die Anteilseigner ("Gewinnermittlung zum Zwecke der Gewinnverteilung"). Bei Kapitalgesellschaften, deren Unternehmensleitung nicht aus dem Kreis der Gesellschafter stammt, bestehen vor allem zwei Konflikte, die durch gesetzliche Vorschriften im Bereich der Gewinnermittlung und Gewinnverwendung zu regeln sind. Auf der einen Seite müssen Gläubiger durch Ausschüttungsobergrenzen davor geschützt werden, daß übermäßig hohe Zahlungen an die Anteilseigner fließen, weil dadurch das Haftungsvermögen der Gesellschaft geschmälert und das Kreditrisiko des Kapitalgebers erheblich verschärft wird (Ausschüttungssperre; Gläubigerschutz durch Kapitalerhaltung). Auf der anderen Seite sollen Ausschüttungsuntergrenzen verhindern, daß die Unternehmensleitung den ausschüttbaren Betrag willkürlich verkleinert. Dadurch soll garantiert werden, daß den Anteilseignern, insbesondere den Kleinaktionären von Publikums-Aktiengesellschaften, eine gewisse Mindestausschüttung zufließt (Ausschüttungssicherung). Über diese ausdrücklich im Gesetz genannte Zahlungsbemessungsfunktion für Anteilseigner hinaus kann die handelsrechtliche Rechnungslegung auch Zahlungsbemessungsfunktionen für andere Personen wahrnehmen, wenn die Verträge mit dem Unternehmen ganz oder teilweise erfolgsabhängig ausgestaltet sind und der Jahresabschluß als Berechnungsgrundlage dient (z.B. Gewinnschuldverschreibungen, partiarische Darlehen, stille Gesellschaften, Genußrechte, Erfolgsbeteiligungen der Arbeitnehmer, Vergütungen von Geschäftsführung und Überwachungsorganen).

Die **zweite Teilfunktion** der Zahlungsbemessungsfunktion ist die **Bemessung von Steuerzahlungen** an den Fiskus. Ein Zusammenhang zur handelsrechtlichen Rechnungslegung ist hier nur indirekt gegeben, weil Grundlage der Steuerberechnung nicht der handelsrechtliche Jahresabschluß, sondern bei Ertragsteuern (Körperschaftsteuer, Gewerbeertragsteuer sowie bei Personenunternehmen die Einkommensteuer) die Steuerbilanz und bei Substanzsteuern (insb. Vermögensteuer, Gewerbekapitalsteuer) die

Vermögensaufstellung ist; allerdings sind Steuerbilanz und Vermögensaufstellung über das Maßgeblichkeitsprinzip eng mit der Handelsbilanz verknüpft (vgl. dazu KUSSMAUL/LUTZ 1993a, S. 345 ff. sowie *zum Maßgeblichkeitsprinzip Kapitel 2.3.4.3*). Abbildung E. 6 verdeutlicht die unterschiedlichen Zahlungsbemessungsinteressen der Bilanzadressaten (vgl. dazu COENENBERG 1992, S. 12 ff.; *vgl. auch ZELEWSKI A. 5.1.4*).

Die als Eigenkapitalgeber am Gewinn beteiligten **Anteilseigner** stellen keine homogene Gruppe dar. In Abhängigkeit von der Rechtsform des Unternehmens kann es sich um Anteilseigner handeln, deren Haftung auf die Kapitaleinlage beschränkt ist (Aktionäre, Kommanditisten und Gesellschafter einer GmbH) oder deren Haftung unbeschränkt ist (OHG-Gesellschafter, Komplementäre, Einzelunternehmer). Gesetzliche Vorschriften müssen verhindern, daß die Gruppe der internen Bilanzadressaten, die den Jahresabschluß aufstellt (sei es der Vorstand einer Publikumsaktiengesellschaft, sei es der Komplementär einer KG), einen nur ihren Bedürfnissen entsprechenden Gewinn ermittelt, dagegen die u.U. anders gerichteten Bedürfnisse der einflußlosen externen Bilanzadressaten (z.B. Kleinaktionäre, aber auch Kommanditisten) unberücksichtigt bleiben. Soweit derzeitige wie potentielle Anteilseigner an einer jährlichen Mindestausschüttung interessiert sind, kommt dem Jahresabschluß im Rahmen der Regelung von Zahlungsbemessungsinteressen die Aufgabe zu, eine **Mindestausschüttung** sicherzustellen (vgl. BIEG/KUSSMAUL 1993, S. 29 ff.).

2.2.3 Informationsfunktion

Der Jahresabschluß hat auch die Aufgabe, seinen Adressaten Informationen zu vermitteln, mit deren Hilfe sie eigenverantwortliche Entscheidungen im Zusammenhang mit dem bilanzierenden Unternehmen treffen können.

Das Informationsinteresse beschränkt sich nicht nur auf die derzeitigen Anteilseigner und Gläubiger; auch potentielle Anteilseigner und Gläubiger sowie andere Personengruppen und Institutionen besitzen ein Informationsinteresse. Aufgrund der unterschiedlichen Interessenlagen und der zum Teil ungleichgewichtigen Machtverteilung zwischen Gläubigern und Anteilseignern, zwischen Mehrheitsgesellschaftern und Minderheitsgesellschaftern sowie zwischen Groß- und Kleingläubigern sind gesetzliche Regelungen geboten, die einerseits die Rechte der einzelnen Interessengruppen gegeneinander abgrenzen,

Zahlungsbemessungsinteresse	**negativ**	**positiv**
Adressaten	Gläubiger, Arbeitnehmer	Anteilseigner (Eigenkapitalgeber), gewinnbeteiligte Arbeitnehmer, Fiskus
Zielvorstellungen	Erhaltung des Nettohaftungskapitals (Eigenkapitals); Folgeaufträge u.ä.	Mindestausschüttungen bzw. möglichst hohe Ausschüttungen (je nach Adressatengruppe unterschiedliche Präferenzen)
Maßnahmen bzw. Vorschriften zur Sicherung der Ziele	– Verbot der Rückgewähr von Einlagen (§ 57 Abs. 1 Satz 1 AktG); – Beschränkung der Ausschüttung auf den Bilanzgewinn (§ 58 Abs. 5 AktG); – mittelbare Ausschüttungssperre durch Definition von zwingenden Wertobergrenzen für die Vermögensgegenstände im Rahmen der Gewinnermittlung (§ 253 Abs. 1 HGB); – Nichtigkeit des Jahresabschlusses bei Überbewertung von Vermögensgegenständen (§ 256 Abs. 5 AktG); – Bildung von Rücklagen durch den Vorstand bis zu 50% des Jahresüberschusses (§ 58 Abs. 2 Satz 1 AktG; beachte aber auch Satz 2 und 3); – Verpflichtung zur Bildung einer gesetzlichen Rücklage (§ 150 Abs. 2 AktG); – Bildung einer Rücklage für eigene Anteile (§ 272 Abs. 4 HGB); – Möglichkeit der Bildung einer Rücklage in Höhe des Eigenkapitalanteils von Wertaufholungen bei Vermögensgegenständen (§ 58 Abs. 2a AktG); – Ausschüttungssperre bei Inanspruchnahme von Bilanzierungshilfen durch Verpflichtung zur Bildung einer entsprechend hohen Gewinnrücklage (Aufwendungen für die Ingangsetzung und Erweiterung des Geschäftsbetriebs, § 269 HGB; aktive latente Steuern, § 274 Abs. 2 Satz 3 HGB)	– Begrenzung der Thesaurierungsmöglichkeit durch Vorstand und Aufsichtsrat (§ 58 AktG); – Anspruch auf Bilanzgewinn (§ 58 Abs. 4 AktG); – Recht zur Anfechtung des Gewinnverwendungsbeschlusses durch den Aktionär, wenn Teile des seiner Verwendungskompetenz unterliegenden Gewinns vorgetragen oder thesauriert werden, obwohl eine solche Maßnahme nach vernünftiger kaufmännischer Beurteilung nicht notwendig ist, um Lebens- und Widerstandsfähigkeit der Gesellschaft zu sichern und dadurch unter die Aktionäre kein Gewinn in Höhe von mindestens 4% des Grundkapitals (abzüglich noch nicht eingeforderter Einlagen) verteilt werden kann (§ 254 AktG); – Höchstwertvorschriften gelten, von wenigen Ausnahmen abgesehen, auch als Mindestwertvorschriften (Fixwertprinzip; § 253 Abs. 1 HGB); – Festlegung von Wertuntergrenzen bei Kapitalgesellschaften (§ 279 Abs. 1 HGB), die nicht unterschritten werden dürfen (Begrenzung von Willkürreserven); – Beschränkung der allein steuerrechtlich begründeten Abschreibungen (§ 254 HGB) auf die Fälle der sog. umgekehrten Maßgeblichkeit (§ 279 Abs. 2 HGB) für Kapitalgesellschaften; – relatives Wertaufholungsgebot für Kapitalgesellschaften (§ 280 HGB, aber auch § 58 Abs. 2a AktG und § 29 Abs. 4 GmbHG)

Abbildung E. 6: Zahlungsbemessungsinteressen der Bilanzadressaten

was durch eine **Mindestinformation für die externen einflußlosen Bilanzadressaten** realisiert wird, und die andererseits die **Bilanzadressaten vor falschen oder unvollständigen Informationen schützen**, durch die sie zu Fehlentscheidungen veranlaßt werden könnten.

Der Jahresabschluß soll den Beteiligten Informationen vermitteln, anhand derer sie selbst Entscheidungen bezüglich des vorhandenen oder zukünftigen finanziellen Engagements in dem betreffenden Unternehmen treffen können. Die durch den Jahresabschluß zu vermittelnden Informationen sollen folglich die derzeitigen und potentiellen Unternehmensbeteiligten in die Lage versetzen, Entscheidungen entsprechend der individuellen Risikoneigung treffen zu können. In Abbildung E. 7 sind die Informationsinteressen der beiden wichtigsten Adressatengruppen kurz dargestellt (vgl. dazu und zu den vorherigen Ausführungen dieses Kapitels BIEG/KUSSMAUL 1993, S. 55 ff.).

Adressaten	**Gläubiger** (z.B. Darlehensgeber, Lieferanten, Vermieter, Verpächter, Arbeitnehmer)	**Interne Anteilseigner** (z.B. Eigentümer von Einzelunternehmen, Großanteilseigner von Kapitalgesellschaften) **Externe Anteilseigner** (nicht an der Geschäftsführung beteiligte Anteilseigner von Personen- und Kapitalgesellschaften)
Ziele/Aufgaben	Termin- und betragsgerechter Eingang der vertraglich fixierten Ansprüche	**Interne:** Selbstinformation (z.B. Information darüber, ob man den eingegangenen Verpflichtungen nachkommen kann) **Externe:** Informationen zur Entscheidung darüber, ob ein finanzielles Engagement beibehalten, aufgegeben, erweitert oder eingeschränkt werden soll
Informationen über	– Sicherungsmöglichkeiten – Liquiditäts- und Erfolgslage – Eventuelle Möglichkeit eines Unternehmenszusammenbruchs	– Liquiditäts- und Erfolgslage – Eventuelle Möglichkeit eines Unternehmenszusammenbruchs

Abbildung E. 7: Informationsinteressen der Bilanzadressaten

2.3 Grundprinzipien des Jahresabschlusses

2.3.1 Grundsätze ordnungsmäßiger Buchführung i.e.S.

Der Gesetzgeber hat den Begriff "Ordnungsmäßigkeit der Buchführung und Bilanzierung" nirgends definiert, er hat aber die in das Dritte Buch des HGB übernommenen früheren Vorschriften über die Führung von Handelsbüchern durch Regelungsinhalte der 4. EG-Richtlinie angereichert, die bereits als nicht kodifizierte Grundsätze ordnungsmäßiger Buchführung (GoB) angewendet wurden (z.B. über die Bilanzaufstellung, die Erstellung einer Gewinn- und Verlustrechnung, die Bewertung, die Gebote der Vollständigkeit und der Stetigkeit). Diese Vorschriften der §§ 238 bis 263 HGB gelten **für alle Kaufleute**, sind also von der Rechtsform und der Betriebsgröße unabhängig (vgl. dazu und zum folgenden WÖHE/KUSSMAUL 1991, S. 35 ff.).

2.3.1.1 Materielle und formelle Ordnungsmäßigkeit

Ordnungsmäßig ist die Buchführung dann, wenn sich ein "**sachverständiger Dritter**" aus den Aufzeichnungen ein Bild über die Lage des Unternehmens machen kann. Grundsätzlich müssen die Aufzeichnungen der Geschäftsvorfälle vollständig und richtig sein, es darf nichts ausgelassen, aber auch nichts fingiert werden; ferner darf keine Buchung ohne Beleg erfolgen (**materielle Ordnungsmäßigkeit**). Außerdem müssen alle Buchungen klar und übersichtlich ausgeführt sein, wozu eine zeitgerechte und geordnete Vornahme der Eintragungen in Büchern und der sonst erforderlichen Aufzeichnungen geboten ist (**formelle Ordnungsmäßigkeit**).

2.3.1.2 Einzelanforderungen an die formelle Ordnungsmäßigkeit

Um von formeller Ordnungsmäßigkeit sprechen zu können, müssen folgende **Einzelanforderungen** erfüllt sein (vgl. dazu und zu den weiteren Ausführungen in diesem Abschnitt WÖHE/KUSSMAUL 1991, S. 42 ff.):

(1) **Fortlaufende Eintragungen und Belege**: Nach § 239 HGB (bzw. für steuerliche Zwecke dem weitgehend inhaltsgleichen § 146 AO) müssen die Eintragungen in den Büchern vollständig, richtig, zeitgerecht und geordnet erfolgen; es dürfen keine nachträglichenVeränderungen von Buchungen oder Aufzeichnungen vorge-

nommen werden, die den ursprünglichen Inhalt nicht mehr erkennen lassen (vgl. dazu ausführlich KUSSMAUL 1990, § 239, Rn. 1 ff.).

(2) **Aufbewahrungsfristen**: Nach § 257 Abs. 1 HGB (bzw. für steuerliche Zwecke dem weitgehend inhaltsgleichen § 147 Abs. 1 AO) sind aufzubewahren:

"1. Handelsbücher, Inventare, Eröffnungsbilanzen, Jahresabschlüsse, Lageberichte, Konzernabschlüsse, Konzernlageberichte sowie die zu ihrem Verständnis erforderlichen Arbeitsanweisungen und sonstigen Organisationsunterlagen,

2. die empfangenen Handelsbriefe,

3. Wiedergaben der abgesandten Handelsbriefe,

4. Belege für Buchungen in den nach § 238 Abs. 1 HGB zu führenden Büchern (Buchungsbelege)."

Die Fristen für die Aufbewahrung der unter 1. genannten Unterlagen betragen gemäß § 257 Abs. 4 HGB 10 Jahre, für die übrigen in § 257 Abs. 1 HGB bzw. in § 147 Abs. 1 AO - dort werden zusätzlich sonstige Unterlagen, soweit sie für die Besteuerung von Bedeutung sind, erwähnt - aufgezählten Unterlagen 6 Jahre.

(3) **Buchführungssystem und Art der zu führenden Bücher**: Nach geltendem Bilanzrecht hat der Kaufmann theoretisch die Wahl zwischen der einfachen und der doppelten Buchführung. Praktisch ergibt sich jedoch das Erfordernis der doppelten Buchführung aus der Verpflichtung zur Aufstellung einer Gewinn- und Verlustrechnung in § 242 Abs. 2 HGB, da die einfache Buchführung keine Erfolgskonten besitzt und folglich eine Feststellung des Gewinns oder Verlustes der Periode mittels einer Erfolgsrechnung nicht möglich ist.

Neben gebundenen Büchern ist auch die **Loseblatt-Buchführung** gestattet. Für die unbaren Geschäftsvorfälle ist in der Regel zusätzlich ein **Kontokorrentbuch** - möglichst unterteilt nach Schuldnern und Gläubigern - zu führen, damit der Betrieb über den Stand seiner Forderungen und Verpflichtungen gegenüber seinen Geschäftspartnern auf dem laufenden gehalten wird. Dieser Zweck des Kontokorrentbuches kann jedoch durch Führung besonderer Personenkonten oder durch eine geordnete Ablage der nicht ausgeglichenen Rechnungen (**Offene-Posten-Buchführung**) erfüllt werden.

(4) **Beachtung des Kontenrahmens:** Der Kontenrahmen ist ein Organisations- und Gliederungsplan für das gesamte Rechnungswesen. Man unterscheidet zwischen Gemeinschaftskontenrahmen (GKR) und Industriekontenrahmen (IKR).

Der dem Prozeßgliederungsprinzip folgende **Gemeinschaftskontenrahmen** (bzw. Kontenplan) ist nach dem **dekadischen System** in 10 Kontenklassen, die ihrerseits weiter unterteilt werden, eingeteilt (vgl. dazu Abbildung E. 8). Die Kontenklassen 0 bis 3 sowie 8 und 9 sind für alle Betriebe in ihrem Inhalt im Prinzip gleich. Die dazwischen liegenden Klassen sind in den Kontenrahmen der einzelnen Wirtschaftszweige auf die besonderen Gegebenheiten jedes Wirtschaftszweiges abgestellt.

Gemeinschaftskontenrahmen

Kontenklasse	
0	Anlagevermögen, langfristige Verbindlichkeiten, Eigenkapital, Rückstellungen, Rechnungsabgrenzungsposten
1	Finanzumlaufvermögen, kurzfristige Verbindlichkeiten, Durchgangs-, Übergangs- und Privatkonten
2	Abgrenzungskonten (zur Realisierung einer scharfen Trennung zwischen der Geschäftsbuchführung, aus der die Schlußbilanz und die Gewinn- und Verlustrechnung entwickelt werden, und der Kostenrechnung; dazu grenzt Klasse 2 die Aufwendungen von den Kosten und die neutralen Erträge von den Betriebserträgen in sachlicher und zeitlicher Hinsicht ab)
3	Bestände und Einkäufe an Stoffen und Waren
4	Kostenarten
5	Kostenstellen (im GKR offengelassen und damit nicht verbindlich)
6	Kostenstellen oder Herstellkonten (im GKR offengelassen und damit nicht verbindlich)
7	Bestände an Halb- und Fertigfabrikaten (Kostenträger)
8	Erträge der betrieblichen Tätigkeit (durch Umsatzerlöse und Bestandsveränderungen)
9	Abschluß (u.a. mit Gewinn- und Verlustkonten und Bilanzkonten)

Abbildung E. 8: Grundstruktur eines Gemeinschaftskontenrahmens

Der dem Abschlußgliederungsprinzip folgende **Industriekontenrahmen** ist ebenfalls nach dem dekadischen System aufgebaut und umfaßt 10 Kontenklassen (vgl. dazu Abbildung E. 9). Eine strenge Trennung von Finanz- und Betriebsbuchführung (Zweikreissystem) soll eine betriebsindividuelle Gestaltung der Betriebsabrechnung gestatten, ohne daß die Einheitlichkeit des Rechnungswesens in Frage gestellt wird.

Industriekontenrahmen	
Kontenklasse	
0	Immaterielle Vermögensgegenstände und Sachanlagen
1	Finanzanlagen
2	Umlaufvermögen und aktive Rechnungsabgrenzung
3	Eigenkapital und Rückstellungen
4	Verbindlichkeiten und passive Rechnungsabgrenzung
5	Erträge
6	Betriebliche Aufwendungen (Material- und Personalaufwendungen, Abschreibungen u.a.)
7	Weitere Aufwendungen (Steuern, bestimmte Abschreibungen, Zinsen, außerordentliche Aufwendungen u.a.)
8	Ergebnisrechnungen (Eröffnungs- und Schlußbilanzkonto, Gewinn- und Verlustkonto, Konten der Kostenbereiche für die GuV im Umsatzkostenverfahren, Korrekturkonten für kurzfristige Erfolgsrechnung, kurzfristige Erfolgsrechnung, innerjährige Rechnungsabgrenzung)
9	Kostenrechung (einschl. Abgrenzungskonten zwischen Finanz- und Betriebsbuchführung: Erfassung der neutralen Erfolge, der kostenrechnerischen Zusatzkosten und sonstigen Korrekturen; Aufnahme der verrechneten Kosten und Leistungen in ein gesondertes Konto nach Kosten- und Leistungsarten)

Abbildung E. 9: Grundstruktur eines Industriekontenrahmens

2.3.2 Inventar

2.3.2.1 Begriff, Aufgaben und Anforderungen

Die Durchführung einer körperlichen Bestandsaufnahme zum Bilanzstichtag (**Inventur**) und die Erstellung eines Bestandsverzeichnisses (**Inventar**) ist ein wesentliches Erfordernis für die Ordnungsmäßigkeit der Buchführung (vgl. dazu und zum folgenden WÖHE/KUSSMAUL 1991, S. 51 ff.). § 240 Abs. 1 und 2 HGB verpflichtet jeden Kaufmann, jährlich neben der Bilanz für den Bilanzstichtag ein Inventar aufzustellen. Die Inventur für den Bilanzstichtag braucht nicht am Bilanzstichtag vorgenommen zu werden. Sie muß aber zeitnah, d.h. in der Regel innerhalb einer Frist von zehn Tagen vor oder nach dem Bilanzstichtag durchgeführt werden; die zwischen dem Tag der Bestandsaufnahme und dem Bilanzstichtag eingetretenen Bestandsveränderungen sind an Hand von Belegen oder von Aufzeichnungen nachzuweisen.

Das Inventar nimmt eine Kontrollfunktion durch den Vergleich der Istbestände mit den sich aus den Büchern ergebenden Beständen (Sollbestände) in Art, Menge und Wert wahr; Differenzen sollen festgestellt und ihr Zustandekommen erklärt werden. § 241 Abs. 3 HGB läßt zu, daß am Schluß des Geschäftsjahres diejenigen Vermögensgegenstände nicht verzeichnet zu werden brauchen, die nach Art, Menge und Wert in ein **besonderes Inventar** aufgenommen worden sind, das für einen Tag innerhalb der letzten drei Monate vor oder der beiden ersten Monate nach dem Bilanzstichtag aufgestellt worden ist; durch Anwendung eines den Grundsätzen ordnungsmäßiger Buchführung entsprechenden **Fortschreibungs- oder Rückrechnungsverfahrens** ist sicherzustellen, daß der am Schluß des Geschäftsjahres vorhandene Bestand an Vermögensgegenständen am Bilanzstichtag ordnungsgemäß bewertet werden kann. Dieses **Wertnachweisverfahren** ermöglicht es den Betrieben, die Inventurarbeiten auf einen größeren Zeitraum zu verteilen und somit einen übermäßigen Arbeitsanfall am Jahresende zu vermeiden.

§ 241 Abs. 1 HGB erlaubt, daß bei der Aufstellung des Inventars "der Bestand der Vermögensgegenstände nach Art, Menge und Wert auch mit Hilfe anerkannter mathematisch-statistischer Methoden aufgrund von Stichproben ermittelt werden" darf, sofern das Verfahren den Grundsätzen ordnungsmäßiger Buchführung entspricht und das Inventar den gleichen Aussagewert wie ein mittels körperlicher Bestandsaufnahme aufgestelltes Inventar hat.

2.3.2.2 Inventur des Vorratsvermögens

Bei der Inventur des Vorratsvermögens sind grundsätzlich sämtliche Gegenstände des Vorratsvermögens zu erfassen; bei Wertlosigkeit ist ein Erinnerungswert anzusetzen. Die Vollständigkeit der Erfassung sämtlicher Vermögensgegenstände muß nachprüfbar sein. § 241 Abs. 2 HGB läßt neben der körperlichen **Stichtagsinventur** auch die sog. **permanente Inventur** zu. Sie unterscheidet sich von der Stichtagsinventur dadurch, daß die körperliche Aufnahme der Bestände über das ganze Jahr verteilt wird und nicht für alle Wirtschaftsgüter an einem Stichtag (Bilanzstichtag) erfolgt. Für die Anwendung der permanenten Inventur müssen laufend geführte Unterlagen (Lagerbücher, Lagerkartei) vorhanden sein, in denen die zwischen dem Aufnahmetag und dem Bilanzstichtag durch Zu- und Abgänge eintretenden Veränderungen durch Fortschreibung in den Lagerkarteien erfaßt werden. Die Vorteile dieses Inventurverfahrens (Verteilung der Inventurarbeiten über das ganze Jahr, günstige Auswirkung auf betriebliche Dispositionen) haben dazu geführt, daß sich die permanente Inventur in der Praxis immer mehr durchsetzt.

2.3.2.3 Inventur des Anlagevermögens

Nach § 240 HGB und §§ 140, 141 AO ist der Kaufmann verpflichtet, ein **Verzeichnis der Gegenstände des beweglichen Anlagevermögens** aufzustellen; aufzunehmen sind auch Anlagegüter, die bereits auf den Erinnerungswert abgeschrieben worden sind. **Geringwertige Anlagegüter**, die im Jahr der Anschaffung oder Herstellung in voller Höhe als Aufwand verrechnet worden sind, brauchen nach Abschnitt 31 EStR nicht aufgenommen zu werden, wenn ihre Anschaffungs- oder Herstellungskosten 100 DM nicht übersteigen oder wenn sie auf einem besonderen Konto verbucht worden sind. Nicht in das Bestandsverzeichnis aufzunehmen sind Vermögensgegenstände, die mittels eines steuerlich zulässigen Festwertes angesetzt sind. Sie müssen an jedem Hauptfeststellungszeitpunkt für die Feststellung des Einheitswertes des Betriebsvermögens (i.d.R. jedes dritte Jahr) durch körperliche Bestandsaufnahme erfaßt werden, wobei die Vorschriften über die permanente Inventur und das Wertnachweisverfahren durch das besondere Inventar sinngemäß gelten.

2.3.3 Verletzung der Buchführungsvorschriften

Als Folgen der Verletzung von Buchführungspflichten sieht das Gesetz bei einfachem (§ 283 b StGB) bzw. betrügerischem **Bankrott** (§ 283 StGB) Freiheits- und Geldstrafen vor (vgl. dazu und zum folgenden WÖHE/KUSSMAUL 1991, S. 54 f.). **Urkundenfälschung** liegt vor, wenn falsche Eintragungen in den Büchern vorgenommen oder Eintragungen nachträglich geändert wurden und die so "manipulierten" Bücher Grundlage von Steuererklärungen sind oder als Beweismittel vor Gericht vorgelegt werden.

Fehlt es an der Ordnungsmäßigkeit der Buchführung, so daß die Finanzbehörden nicht in der Lage sind, die Besteuerungsgrundlagen aus den Büchern zu ermitteln, erfolgt eine **Schätzung**, bei der nach § 162 Abs. 1 AO alle Umstände zu berücksichtigen sind, die für die Schätzung von Bedeutung sind. Ursache für die fehlende Ordnungsmäßigkeit der Buchführung können sowohl **formelle** als auch **materielle** Mängel sein, wobei je nach Schwere des Mangels die Ordnungsmäßigkeit der Buchführung verneint wird, die Fehler der Buchführung korrigiert werden oder die Ordnungmässigkeit nicht beanstandet wird.

2.3.4 Grundsätze ordnungsmäßiger Bilanzierung

Bei den Grundsätzen ordnungsmäßiger Bilanzierung ist zum einen die Bedeutung der Generalnorm zu diskutieren, zum anderen sind die einzelnen Grundsätze darzustellen (vgl. dazu - mit weiteren Verweisen - BAETGE 1992, S. 51 ff. und WÖHE/KUSSMAUL 1991, S. 55 ff.).

2.3.4.1 Generalnorm des § 264 Abs. 2 HGB

Die Vorschrift des § 243 Abs. 1 HGB, wonach alle Kaufleute den Jahresabschluß nach den Grundsätzen ordnungsmäßiger Buchführung aufzustellen haben, wird durch § 264 Abs. 2 Satz 1 HGB **für Kapitalgesellschaften** dahingehend ergänzt, daß der Jahresabschluß "unter Beachtung der Grundsätze ordnungsmäßiger Buchführung ein den tatsächlichen Verhältnissen entsprechendes Bild der Vermögens-, Finanz- und Ertragslage der Kapitalgesellschaft zu vermitteln" hat (sog. "true and fair view").

Die Generalnorm kann keine Bedeutung bei der Anwendung von Bilanzierungs- und Bewertungsvorschriften erlangen, die **zwingendes Recht** sind. Es stellt sich jedoch die Frage, ob die Generalnorm die Anwendung von **gesetzlichen Wahlrechten** bei der Bilanzierung und Bewertung oder von Ermessensspielräumen beeinflußt. Insbesondere steuerlich bedingte Vorschriften **widersprechen der Generalnorm**, da sie zu einem Vermögens-, Finanz- und Ertragsausweis führen, der ein den tatsächlichen Verhältnissen entsprechendes Bild nicht vermitteln kann. Die Problematik derartiger Verstöße gegen die Generalnorm relativiert sich durch die Bestimmung des § 264 Abs. 2 Satz 2 HGB; danach sind zusätzliche **Angaben** im Anhang zu machen, wenn besondere Umstände dazu führen, daß der Jahresabschluß ein den tatsächlichen Verhältnissen entsprechendes Bild der Vermögens-, Finanz- und Ertragslage nicht vermitteln kann.

2.3.4.2 Die Grundsätze im einzelnen

Die Abbildungen E. 10 bis E. 12 vermitteln einen Überblick über die allgemeinen Grundsätze, die Grundsätze für die Bilanzierung dem Grunde nach und die Grundsätze für die Bilanzierung der Höhe nach.

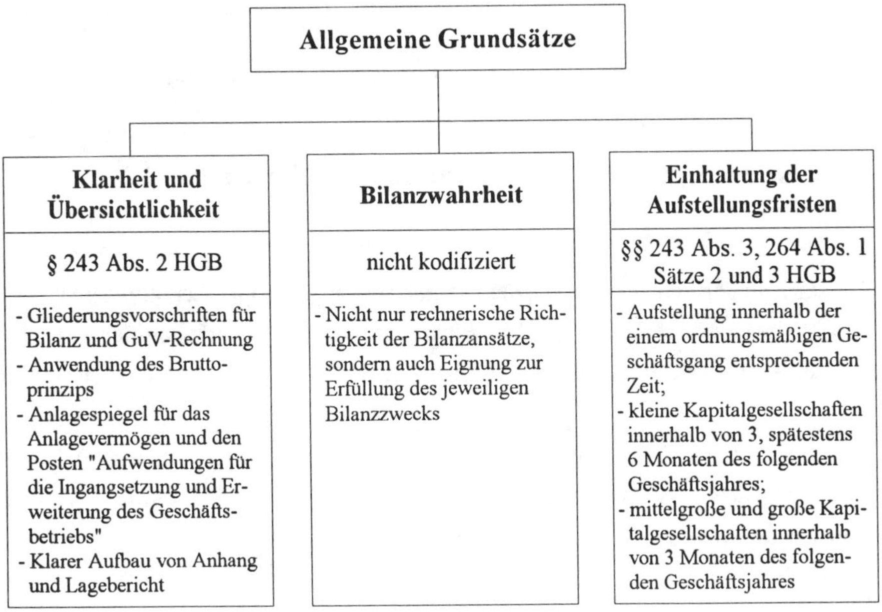

Abbildung E. 10: Allgemeine Grundsätze

Grundsätze für die Bilanzierung dem Grunde nach

Bilanzidentität	Vollständigkeit	Darstellungsstetigkeit (formale Bilanzkontinuität)	Verrechnungsverbot (Bruttoprinzip)
§ 252 Abs. 1 Nr. 1 HGB	§ 246 Abs. 1, §§ 284 f. HGB	§ 265 Abs. 1 HGB	§ 246 Abs. 2 HGB
Mengen- und wertmäßige Übereinstimmung der Ansätze in der Eröffnungsbilanz und der vorangegangenen Schlußbilanz	Ausweis sämtlicher Vermögensgegenstände, Schulden, Rechnungsabgrenzungsposten, Aufwendungen, Erträge sowie bei Kapitalgesellschaften sämtlicher Pflichtangaben im Anhang und Lagebericht	- Beibehaltung der Bilanzgliederung und der GuV-Gliederung zum Zwecke der Vergleichbarkeit - Kontinuität der Bilanzierungsmethoden - Abweichungen in der Gliederung nur wegen besonderer Umstände erlaubt; bei Kapitalgesellschaften Pflicht der Erläuterung im Anhang	- Verrechnungsverbot von Posten der Aktivseite mit Posten der Passivseite, von Aufwendungen mit Erträgen sowie von Grundstücksrechten mit Grundstückslasten

Abbildung E. 11: Grundsätze für die Bilanzierung dem Grunde nach

2.3.4.3 Gesetzlich geregelte Interdependenzen zwischen Handels- und Steuerbilanz

Das deutsche Steuerrecht kennt den Begriff der selbständigen **Steuerbilanz** nicht. Nach § 60 EStDV ist es nur erforderlich, dem Finanzamt die unter Beachtung der steuerlichen Vorschriften korrigierte Handelsbilanz einzureichen.

§ 5 Abs. 1 Satz 1 EStG bestimmt, daß Betriebe, die buchführungspflichtig sind und regelmäßig Abschlüsse erstellen müssen oder die freiwillig Bücher führen und Abschlüsse erstellen, für den Schluß des Wirtschaftsjahres das Betriebsvermögen anzusetzen haben, "das nach den handelsrechtlichen Grundsätzen ordnungsmäßiger Buchführung auszuweisen ist". Dieser Grundsatz wird als **Grundsatz der Maßgeblichkeit der Handelsbilanz für die Steuerbilanz** bezeichnet.

Bei strenger Anwendung des Maßgeblichkeitsprinzips folgt daraus, daß alle handelsrechtlichen Aktivierungs- und Passivierungsgebote, -verbote und -wahlrechte und alle

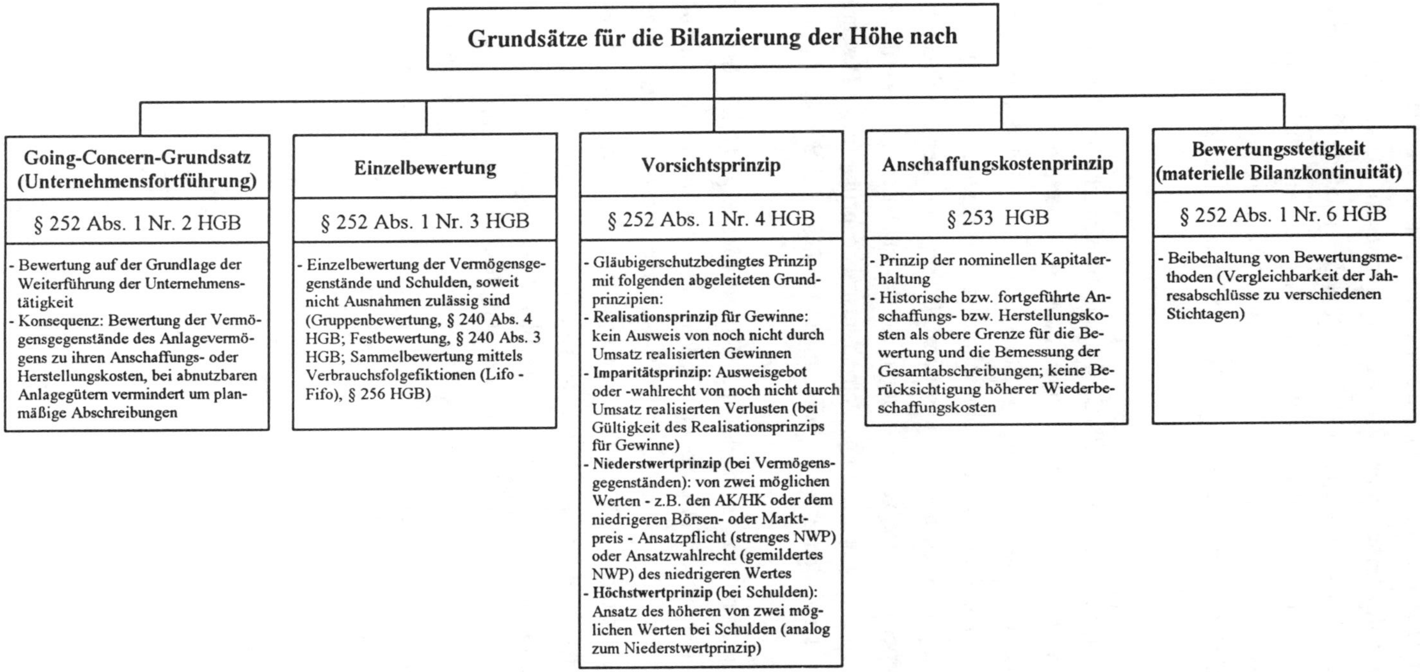

Abbildung E. 12: Grundsätze für die Bilanzierung der Höhe nach

Bewertungswahlrechte auch für die Steuerbilanz gelten, soweit keine zwingenden steuerrechtlichen Vorschriften eine andere Bilanzierung verlangen. Der Große Senat des BFH hat in seinem Beschluß vom 3.2.1969 (BStBl. II, S. 291) jedoch die Auffassung vertreten, daß der Grundsatz der Maßgeblichkeit der Handelsbilanz für die Steuerbilanz nur für handelsrechtliche Aktivierungs- und Passivierungsgebote und -verbote, nicht dagegen für handelsrechtliche Aktivierungs- und Passivierungswahlrechte gelte (vgl. WÖHE/ KUSSMAUL 1991, S. 68 ff.).

Durch die Regelung des § 5 Abs. 6 EStG, wonach die Vorschriften über die Entnahmen und Einlagen, über die Zulässigkeit der Bilanzänderung, über die Betriebsausgaben, über die Bewertung und über die Absetzung für Abnutzung oder Substanzverringerung befolgt werden müssen, kommt es in der Steuerbilanz zu strengeren ("gewinnerhöhenden") Bewertungsregelungen als in der Handelsbilanz. Dieser sog. Bewertungsvorbehalt führt z.B. zu einer steuerlichen Begrenzung der degressiven Abschreibungssätze ("30%-Regelung") und zu einer Begrenzung des Betriebsausgabenabzugs (u. a. Beschränkung bei Bewirtungsaufwendungen oder der Aufwendungen für Jagd und Yacht).

Eine enge Verknüpfung von Handels- und Steuerbilanz ergibt sich **bei steuerlichen Wahlrechten** im Bereich der Ansatz- und Bewertungsregelungen durch die **umgekehrte Maßgeblichkeit**: Will der Steuerpflichtige bestimmte Steuervergünstigungen in Anspruch nehmen, für die es ein Wahlrecht gibt (z.B. Sonderabschreibungen, erhöhte Absetzungen, sog. steuerfreie Rücklagen), dann kann er diese wegen der Regelung des § 5 Abs. 1 Satz 2 EStG, wonach steuerrechtliche Wahlrechte bei der Gewinnermittlung "in Übereinstimmung mit der handelsrechtlichen Jahresbilanz auszuüben" sind, nur bei übereinstimmender Handhabung in der Handelsbilanz wahrnehmen. Formal ist damit die Maßgeblichkeit der Handelsbilanz für die Steuerbilanz zwar gewahrt, materiell erfolgt jedoch eine Umkehrung des Maßgeblichkeitsprinzips (vgl. BIEG/KUSSMAUL 1993, S. 69 ff.).

Die Zusammenhänge zwischen Handels- und Steuerbilanz sind vereinfacht in Abbildung E. 13 (entnommen aus KUSSMAUL 1992a, S. 456) dargestellt.

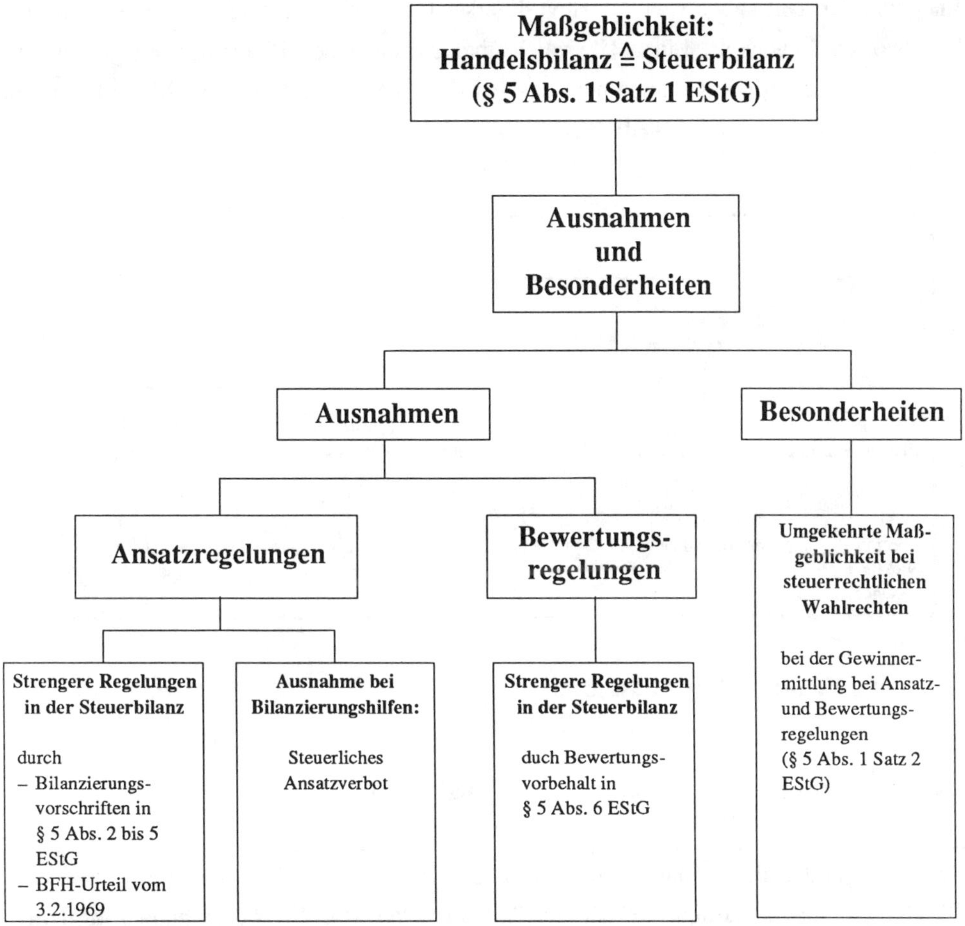

Abbildung E. 13: Zusammenhänge zwischen Handels- und Steuerbilanz (Maßgeblichkeitsprinzip)

2.4 Theorien des Jahresabschlusses

2.4.1 Bilanzziele und Bilanzauffassungen

Bilanztheorien haben zwei grundlegende Aufgaben zu erfüllen. Sie sollen einerseits den Wesensgehalt der Bilanzen erklären und Empfehlungen für die Ausgestaltung der Bilanz im Hinblick auf bestimmte Rechnungsziele ableiten (**formelle Bilanztheorie**). Andererseits müssen sie - ausgehend von bestimmten Bilanzzwecken - Bilanzierungs-, Bewertungs- und Gliederungsregeln so formulieren, daß die mit der Bilanzierung verfolgten Ziele auch erreicht werden können (**materielle Bilanztheorie;** vgl. HEINEN 1986, S. 34).

Im Laufe der Zeit haben sich aufgrund diverser Gegebenheiten sehr unterschiedliche Bilanztheorien entwickelt. Einen Überblick über die einzelnen Bilanztheorien gibt Abbildung E. 14 (modifiziert entnommen aus BIEG/KUSSMAUL 1993, S. 20; vgl. zu den Ausführungen in *Kapitel 2.4* BIEG/KUSSMAUL 1993, S. 18 ff.).

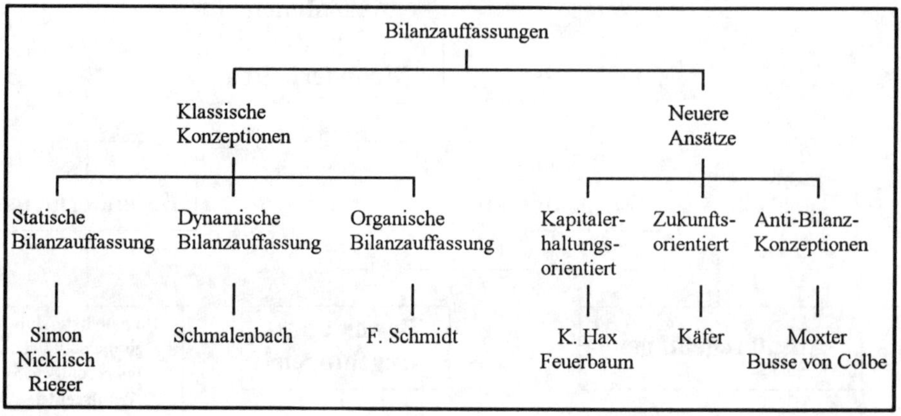

Abbildung E. 14: Bilanzauffassungen

2.4.1.1 Statische Interpretation des Bilanzinhalts

Nach Ansicht der älteren statischen Bilanzauffassung, als deren Begründer Hermann Veit SIMON gilt, hat die Bilanz primär die Aufgabe, den **Stand des Vermögens und der Schulden** eines Unternehmens zu einem bestimmten Zeitpunkt darzustellen (Status).

Die Bilanz ist also eine auf die Rechenschaftslegung (Offenlegung der Vermögens- und Kapitalstruktur) gerichtete und dem Gläubigerschutz dienende Vermögensbilanz. Die statische Auffassung zeigt sich insbesondere in den handelsrechtlichen Vorschriften über die Aufstellung von Inventar (§§ 240, 241 HGB) und Bilanz (§ 242 HGB), über die Begrenzung der Bildung von Rückstellungen und Rechnungsabgrenzungsposten (§§ 249, 250 HGB) sowie über die Bewertung (§§ 252 Abs. 1 Nr. 3, 253, 280 HGB).

Hinsichtlich der grundsätzlichen Bewertungsvoraussetzungen zeigt die statische Bilanzauffassung **zwei Ausprägungen**. Die **Zerschlagungsstatik** ermittelt das Vermögen unter der **Fiktion der Unternehmenszerschlagung als Gläubigerzugriffsvermögen**. Hieraus folgt die Tendenz, das Vermögen zu Marktpreisen zu bewerten, da der Zerschlagungswert des Gesamtvermögens die Summe der jeweiligen **Einzelveräußerungspreise** der vorhandenen einzelveräußerungsfähigen Objekte darstellt (vgl. MOXTER 1977, S. 672). Im Gegensatz dazu geht die **Fortführungsstatik** davon aus, daß für den Kaufmann nicht der Zerschlagungswert, sondern der **Wert bei Unternehmensfortführung ("going concern")** von Interesse sei (vgl. MOXTER 1984, S. 6). Diese Bewertungsalternative wird für die Handels- und Steuerbilanz gewählt (§ 252 Abs. 1 Nr. 2 HGB; § 5 Abs. 1 Satz 1 EStG).

Bewertungsmaßstab für die Vermögensgegenstände ist bei SIMON der "Betriebswert", in dem sich die spezifische Bedeutung eines Gegenstandes für den betreffenden Betrieb (Kaufmann) ausdrückt. Mit dieser Bewertungskonzeption wurde der Weg zu der heute als **Teilwert** bekannten Wertkonzeption geebnet; der **Teilwert** ist dabei gemäß § 6 Abs. 1 EStG als derjenige Betrag zu verstehen, den der Erwerber des ganzen Betriebs im Rahmen des Gesamtkaufpreises für das einzelne Wirtschaftsgut ansetzen würde, wobei davon auszugehen ist, daß der Erwerber den Betrieb fortführt.

Die "neueren" **Statiker** (z.B. NICKLISCH und RIEGER) orientieren sich grundsätzlich an den **Anschaffungswerten** und betonen die Bedeutung der **Bilanzgliederung**.

2.4.1.2 Dynamische Interpretation des Bilanzinhalts

Der Begründer der dynamischen Bilanzauffassung, Eugen SCHMALENBACH, sieht den Hauptzweck der Bilanz in der Ermittlung eines **vergleichbaren Periodenerfolgs** zur Messung der Wirtschaftlichkeit; die dynamische Bilanz ist eine Erfolgsbilanz (vgl. SCHMALENBACH 1962, S. 44 ff.).

Die dynamische Auffassung zeigt sich insbesondere in den handelsrechtlichen Vorschriften zum Vollständigkeitsgebot (§ 246 HGB), zur Zulässigkeit von Rechnungsabgrenzungsposten überhaupt (§ 250 HGB) sowie zur Zulässigkeit bestimmter Aufwandsrückstellungen und von Bilanzierungshilfen (vor allem §§ 249 Abs. 1 Satz 2 und Abs. 2, 255 Abs. 4, 269 und 274 HGB).

Nach dieser Bilanzauffassung kann der Gesamterfolg eines Unternehmens nur mit Hilfe einer Totalbilanz, die die gesamte Lebensdauer des Unternehmens umfaßt und somit alle wirtschaftlichen Aktivitäten widerspiegelt, ermittelt werden. Für Zwecke der Betriebssteuerung und der externen Rechenschaftslegung sind "Zwischenabrechnungen" notwendig, d.h. die Totalperiode wird in Teilperioden aufgeteilt. Durch diese Aufsplittung der Totalperiode in Teilperioden entsteht die Bilanz. Sie hat die Aufgabe, alle in der betrachteten Periode noch nicht abgeschlossenen Geschäfte, d.h. solche Geschäftsvorfälle, die zwar zu Auszahlungen bzw. Einzahlungen, aber noch nicht zu Aufwendungen bzw. Erträgen geführt haben, aufzunehmen. Die Bilanz bezweckt den Ausweis der noch nicht "ausgelösten" Posten der Erfolgsrechnung (vgl. SCHMALENBACH 1962, S. 74). Die Bilanz nach SCHMALENBACH hat die in Abbildung E. 15 dargestellte Struktur (entnommen aus BIEG/KUSSMAUL 1993, S. 24).

Bilanz Aktiva	Passiva
1. Liquide Mittel 2. Auszahlung, noch nicht Aufwand (z.B. Maschinen, die über mehrere Perioden genutzt werden; unverbrauchte Rohstoffe; Mietvorauszahlungen; Vorauszahlungen an Lieferanten) 3. Auszahlung, noch nicht Einzahlung (z.B. gewährte Darlehen) 4. Ertrag, noch nicht Aufwand (z.B. selbsterstellte Anlagen, die in späteren Perioden genutzt werden) 5. Ertrag, noch nicht Einzahlung (z.B. Debitoren; Fertigerzeugnisse)	1. Kapital 2. Aufwand, noch nicht Auszahlung (z.B. Lieferantenverbindlichkeiten) 3. Einzahlung, noch nicht Auszahlung (z.B. Aufnahme von Darlehen) 4. Aufwand, noch nicht Ertrag (z.B. rückständige Instandsetzungen durch den eigenen Betrieb) 5. Einzahlung, noch nicht Ertrag (z.B. Vorauszahlungen von Kunden)

Abbildung E. 15: Dynamische Bilanz nach SCHMALENBACH

2.4.1.3 Organische Bilanzauffassung

Die von Fritz SCHMIDT entwickelte **organische Bilanztheorie** zeichnet sich im wesentlichen dadurch aus, "daß die Bewertung der Bilanzposten unter Berücksichtigung des organischen Zusammenhangs zwischen dem Unternehmen und der volkswirtschaftlichen Entwicklung erfolgt. Damit rückt die substantielle Erhaltung der Betriebswirtschaften in den Vordergrund des Interesses" (HEINEN 1986, S. 62).

Bei der organischen Bilanztheorie wird die Bilanz als **Instrument zur gütermäßigen Erfolgsermittlung** angesehen. Die Bilanz stellt eine in Geldeinheiten ausgedrückte Güterrechnung dar, mit deren Hilfe die Substanzerhaltung des Unternehmens festgestellt werden soll. Angestrebt wird die Eliminierung von Scheingewinnen (und Scheinverlusten), die sich aufgrund von Preisänderungen am Beschaffungsmarkt ergeben (vgl. HEINEN 1986, S. 62 f.).

Die organische Auffassung zeigt sich insbesondere in den handelsrechtlichen Vorschriften zur Zulässigkeit der Festbewertung (§ 240 Abs. 3 HGB), von Bewertungsvereinfachungsverfahren und hierbei vor allem des Lifo-Verfahrens (§ 256 HGB) sowie der Abschreibung "im Rahmen vernünftiger kaufmännischer Beurteilung" (§ 253 Abs. 4 HGB). Auf die einzelnen Kapitalerhaltungskonzeptionen wird ausführlich in *Kapitel 2.4.2* eingegangen.

2.4.1.4 Weitere Bilanzauffassungen

Die bilanztheoretischen Diskussionen der letzten Jahre beschäftigten sich u.a. mit **kapitalerhaltungsorientierten Konzepten**, die bei gegebener Inflation eine Ausschüttung und Besteuerung von sog. "Scheingewinnen" mit konventionellen bilanziellen Mitteln verhindern sollen. Bezüglich der sog. "Scheinverluste" und ihrer Eliminierung werden verschiedene Ansichten vertreten. Als bekannteste diesbezügliche Ausführungen in der Literatur gelten die Konzeptionen des "symmetrischen doppelten Minimums" von K. HAX und der "Polaren Bilanz" von FEUERBAUM (vgl. dazu FEDERMANN 1992, S. 100).

Nach Ansicht der Vertreter (insbesondere KÄFER mit seiner "Bilanz der Zukunftsgrößen") der **zukunftsorientierten Bilanzauffassung**, die vor allem den starken Vergangenheitsbezug der herkömmlichen Bilanzen kritisieren, muß die Bilanz die **zukünftige Entwicklung im betrieblichen Güter- und Geldbereich** darstellen. Das Vermögen wird einheitlich als Erwartung künftigen Güter- und Leistungszugangs, Eigen- und Fremdkapital als Erwartung künftigen Güter- und Leistungsabgangs gedeutet; nur so könne die Bilanz notwendige Informationen für Unternehmensentscheidungen liefern (vgl. HEINEN 1986, S. 78 ff.).

Die von MOXTER und BUSSE VON COLBE vertretenen **Anti-Bilanz-Konzeptionen** wolen die vergangenheitsorientierte Bilanz durch finanzwirtschaftliche **Zahlungsstromrechnungen (Kapitalflußrechnungen)** ersetzen. Ihrer Ansicht nach können nur so Prognosen über zukünftige Zahlungsströme, die die zukünftige Gewinnausschüttung und Liquidität beeinflussen, vorgenommen werden (vgl. HEINEN 1986, S. 90 ff.).

2.4.2 Erfolgsmessung: Kapitalerhaltung und Substanzerhaltung

Voraussetzung für eine ungestörte Fortführung des Betriebsprozesses ist die Erhaltung der Leistungsfähigkeit des Unternehmens. Unternehmenserhaltung kann grundsätzlich **nominell** (in Geldeinheiten) oder **substantiell** (in Gütereinheiten) angestrebt werden. Um die Unternehmenserhaltung zu gewährleisten, dürfen den Betrieb Mittel für Gewinnausschüttungen und Steuerzahlungen nur in der Höhe verlassen, wie sie über die zur Unternehmenserhaltung erforderlichen Vermögenswerte hinaus erwirtschaftet wurden. Ein Jahresabschluß aufgrund handels- oder steuerrechtlicher Vorschriften, der Geldwertänderungen in der Periode nicht berücksichtigt, kann dieser Forderung nur unzureichend gerecht werden (vgl. WÖHE 1992, S. 360). Das Problem, **wie** das Unternehmen zu "erhalten" sei, hat verschiedene Kapitalerhaltungskonzeptionen hervorgebracht, die in Abbildung E. 16 (in Anlehnung an WÖHE 1992, S. 374) übersichtsartig aufgeführt sind. Die Theorie des ökonomischen Gewinns als alternatives Gewinnermittlungskonzept wird an dieser Stelle nur erwähnt, weil sie "dem Bilanzrecht fremd ist" (WÖHE 1992, S. 363).

2.4.2.1 Nominelle Kapitalerhaltung

Handels- und Steuerbilanz gehen vom Prinzip der nominellen Kapitalerhaltung (Mark = Mark) aus, das eine konstante Kaufkraft im Zeitablauf unterstellt. Die Leistungsfähigkeit eines Unternehmens ist nach dem Nominalwertprinzip dann gewahrt, wenn das **nominelle Geldkapital** von Periode zu Periode gleichbleibt. Ein Gewinn im Sinne der nominellen Kapitalerhaltung liegt folglich dann vor, wenn das Eigenkapital am Ende der Periode - unter Beachtung von Entnahmen und Einlagen - das Eigenkapital zu Beginn der Periode übersteigt (vgl. generell sowie zur Struktur der Beispiele hier und im weiteren Verlauf von *Kapitel 2.4.2* BIEG/KUSSMAUL 1993, S. 32 ff.).

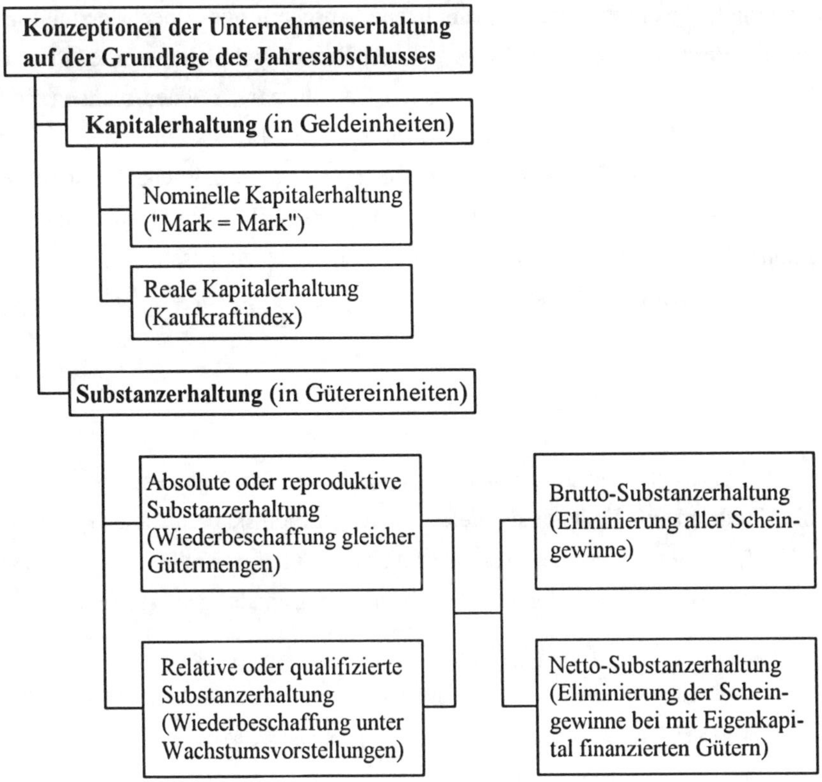

Abbildung E. 16: Konzeptionen der Unternehmenserhaltung

Beispiel: Ein Betrieb besitzt zu Beginn einer Periode 100.000 Einheiten zu Anschaffungskosten von 5,-- DM/Einheit, die völlig mit Eigenkapital finanziert sind. Am Ende der Periode werden diese Vermögensgegenstände zu 8,-- DM/Einheit verkauft.

Umsatzerlös	800.000 DM
./. Anschaffungskosten ("Wareneinsatz")	500.000 DM
= nomineller Gewinn	300.000 DM

Dieser Gewinn unterliegt in vollem Umfang der Besteuerung und kann nach Abzug der Steuerlast zur Gewinnausschüttung verwendet werden, ohne daß dadurch das nominelle Anfangskapital verändert würde. Bei steigenden Preisen (z.B. bei allgemeiner Geldentwertung oder Verteuerung von Produktionsfaktoren) kann die Leistungsfähigkeit nicht aufrecht erhalten werden. Die ursprünglichen Anschaffungs- oder Herstellungskosten, die über die Verrechnung als Aufwand an den Betrieb gebunden werden (nur der Rest stellt besteuerungs- und ausschüttungsfähigen Gewinn dar), reichen nicht mehr aus, um Vermögensgegenstände in gleichem Umfang zu beschaffen. Bei vollständiger Verwendung des nominellen Gewinns (Umsatzerlös ./. ursprüngliche Anschaffungs- oder Herstellungskosten) für Ertragsteuern und Gewinnausschüttungen vermindert sich die Produktionsfähigkeit des Betriebes. Um diesen Mangel zu beseitigen, wurden weitere Kapitalerhaltungstheorien entwickelt.

2.4.2.2 Reale Kapitalerhaltung

Nach dem Prinzip der realen Kapitalerhaltung bleibt das Eigenkapital dann erhalten, wenn die Kaufkraft des Endkapitals gleich der des Anfangskapitals einer Periode ist, wobei die Kaufkraft jeweils an der Veränderung eines Kaufpreisindex, nicht an der Preisänderung des wiederzubeschaffenden Vermögensgegenstands, gemessen wird.

Beispiel: Geht man beispielsweise von einer Inflationsrate - gemessen an der Veränderung des Großhandelspreisindex - von 20% aus, so führt eine Gewinnermittlung durch realen Vermögensvergleich im obigen Beispiel zu folgendem Ergebnis:

		Umsatzerlös	800.000 DM
		Anfangskapital = Warenwert zu Beginn der Periode	500.000 DM
	+	20% Steigerung des Großhandelspreisindex	100.000 DM
./.	=	Anfangskapital gemessen in Kaufkraft am Periodenende	600.000 DM
=		besteuerungs- und ausschüttungsfähiger Betrag	200.000 DM

Der **reale Gewinn** ist um 100.000 DM niedriger als der nominelle Gewinn. Der nach vollständiger Gewinnverwendung verbleibende Betrag von 600.000 DM entspricht kaufkraftmäßig dem Betrag von 500.000 DM zu Beginn der Periode. Die Differenz zwischen Nominalgewinn und Realgewinn stellt einen inflationsbedingten **Scheingewinn** dar.

2.4.2.3 Absolute oder reproduktive Substanzerhaltung

Die absolute (materielle, reproduktive) Substanzerhaltung orientiert sich an der Erhaltung einer mengenmäßig und technisch gleichen Faktormenge. Sie ist dann erreicht, wenn aus dem Umsatzerlös alle im Laufe der Periode verbrauchten Güter **in gleicher Menge und gleicher Qualität wiederbeschafft** werden können. Ein positiver Differenzbetrag zwischen Umsatzerlösen und Wiederbeschaffungskosten kann für Steuer- und Gewinnzahlungen verwendet werden, ohne daß die Leistungsfähigkeit des Betriebes beeinträchtigt wird. Um dies zahlenmäßig zu verdeutlichen, wird der nominelle Gewinn in einen "echten" (Umsatz-)Gewinn und einen Scheingewinn zerlegt.

Beispiel: Eine Wiederbeschaffung der verbrauchten Einheiten ist zu einem Preis von 6,50 DM/Einheit möglich.

Umsatzerlös	800.000 DM	
./. Anschaffungskosten	500.000 DM	
= nomineller Gewinn		300.000 DM
Umsatzerlös	800.000 DM	
./. Wiederbeschaffungskosten	650.000 DM	
= "echter Gewinn"	150.000 DM	150.000 DM
= "Scheingewinn"		150.000 DM

2.4.2.4 Relative oder qualifizierte Substanzerhaltung

Bei diesem Prinzip gilt die Unternehmenssubstanz als gesichert, wenn das Unternehmen seine **bisherige Stellung im Vergleich zu anderen Unternehmen sicherstellen** kann. Es wird also der technische Fortschritt und das Wachstum der Volkswirtschaft bzw. einzelner Wirtschaftszweige berücksichtigt, der Nachteil der statisch ausgeprägten absoluten Substanzerhaltungskonzeption somit vermieden.

Beispiel: Eine Wiederbeschaffung der verbrauchten Einheiten, bei der jedoch dem neuesten technischen Standard entsprechende Produkte gekauft werden sollen, gelingt nur zu 7,-- DM/Einheit. Will man relative Substanzerhaltung erreichen, so errechnet sich folgender Gewinn:

Umsatzerlös	800.000 DM	
./. Anschaffungskosten	500.000 DM	
= nomineller Gewinn		300.000 DM
Umsatzerlös	800.000 DM	
./. Wiederbeschaffungskosten des technisch verbesserten Produkts	700.000 DM	
= "echter Gewinn"	100.000 DM	100.000 DM
= "Scheingewinn"		200.000 DM

Der Betrieb kann die ursprüngliche Menge der verbrauchten Einheiten nur dann dem neuesten technischen Standard entsprechend wiederbeschaffen, wenn er nicht mehr als 100.000 DM Auszahlungen für Steuern und Gewinnausschüttungen erbringen muß.

2.4.2.5 Kapitalerhaltungskonzeption und Gewinnbegriff

Abbildung E. 17 (modifiziert entnommen aus WÖHE 1992, S. 375) zeigt die Erfolgsdefinition der verschiedenen Kapitalerhaltungskonzeptionen.

Die Gewinnermittlung nach Handels- und Steuerrecht basiert ausschließlich auf dem Nominalwertprinzip. Der Gesetzgeber hält an dieser Konzeption fest, da er glaubt, nur auf diese Weise die Rechenschaftslegungs- und Dokumentationsfunktion der Bilanz sicherstellen zu können. Außerdem wird davon ausgegangen, daß einerseits durch entsprechende legale bilanzpolitische Maßnahmen (Bildung stiller Rücklagen) der Ausweis von Scheingewinnen - allerdings i.d.R. nur zeitlich befristet - vermieden und andererseits durch eine entsprechende Gewinnverwendungs- und Rücklagenpolitik (Bildung offener Rücklagen) die Substanzerhaltung sichergestellt werden kann.

Kapitalerhaltungs-konzeption	**Erfolgsdefinition**
(1) Nominelle Kapitalerhaltung	(1) Umsatzerlös ./. Anschaffungskosten
(2) Reale Kapital-erhaltung	(2) Umsatzerlös ./. Anschaffungskosten x (1 + Preisindexsteigerung)
(3) Absolute/ reproduktive Substanzerhaltung	(3) Umsatzerlös ./. Wiederbeschaffungskosten **gleichartiger** Produkte
(4) Relative/ qualifizierte Substanzerhaltung	(4) Umsatzerlös ./. Wiederbeschaffungskosten **technisch verbesserter** Produkte

Abbildung E. 17: Gewinnbegriff verschiedener Kapitalerhaltungskonzeptionen

3. Jahresabschlußerstellung

Bei der bilanziellen Behandlung bestimmter Sachverhalte sind **drei Fragen** zu klären: **erstens** die des Bilanzansatzes (Bilanzierung dem Grunde nach), **zweitens** die der gliederungstechnischen Einordnung (Bilanzierung dem Ausweis nach) und **drittens** die der Bewertung (Bilanzierung der Höhe nach). Aufbauend auf den entsprechenden *Grundkapiteln 3.1 bis 3.3* werden die speziellen gesetzlichen Regelungen zur Bilanzierung in Aktiv- und Passivseite in *Kapitel 3.4* dargestellt, in den *Kapiteln 3.5 und 3.6* wird auf die beiden anderen Bestandteile des Jahresabschlusses, die Gewinn- und Verlustrechnung und den Anhang sowie auf das ergänzende Rechenwerk des Lageberichts eingegangen, ehe in *Kapitel 3.7* auf Fragen der Prüfung und Offenlegung des Jahresabschlusses Bezug genommen wird (die Ausführungen in *Kapitel 3.* sind teilweise entnommen bzw. basieren auf folgenden, nach ihrem Erscheinungszeitpunkt geordneten Veröffentlichungen: KUSSMAUL 1993a, S. 18 ff.; KUSSMAUL 1993b, S. 55 ff.; KUSSMAUL 1993c, S. 403 ff.; KUSSMAUL 1993d, S. 850 ff.; KUSSMAUL 1992a/93e; BIEG/KUSSMAUL 1993, S. 73 ff.).

3.1 Bilanzierungsfähigkeit (Bilanzierung dem Grunde nach)

3.1.1 Überblick

Die Problematik bei der Bilanzerstellung resultiert daraus, daß zunächst festzulegen ist, welche Vermögenswerte und Schulden zwingend in die Bilanz aufgenommen werden müssen, Berücksichtigung finden dürfen oder nicht aktivierungs- bzw. passivierungsfähig sind. Die Bilanzierungsfähigkeit bezeichnet somit die Möglichkeit, als Aktivposten (Aktivierungsfähigkeit) bzw. Passivposten (Passivierungsfähigkeit) in der Bilanz berücksichtigt zu werden. Die grundlegenden Zusammenhänge im Bereich der Ansatzregelungen sind in Abbildung E. 18 (entnommen aus KUSSMAUL 1992a, S. 457) aufgeführt.

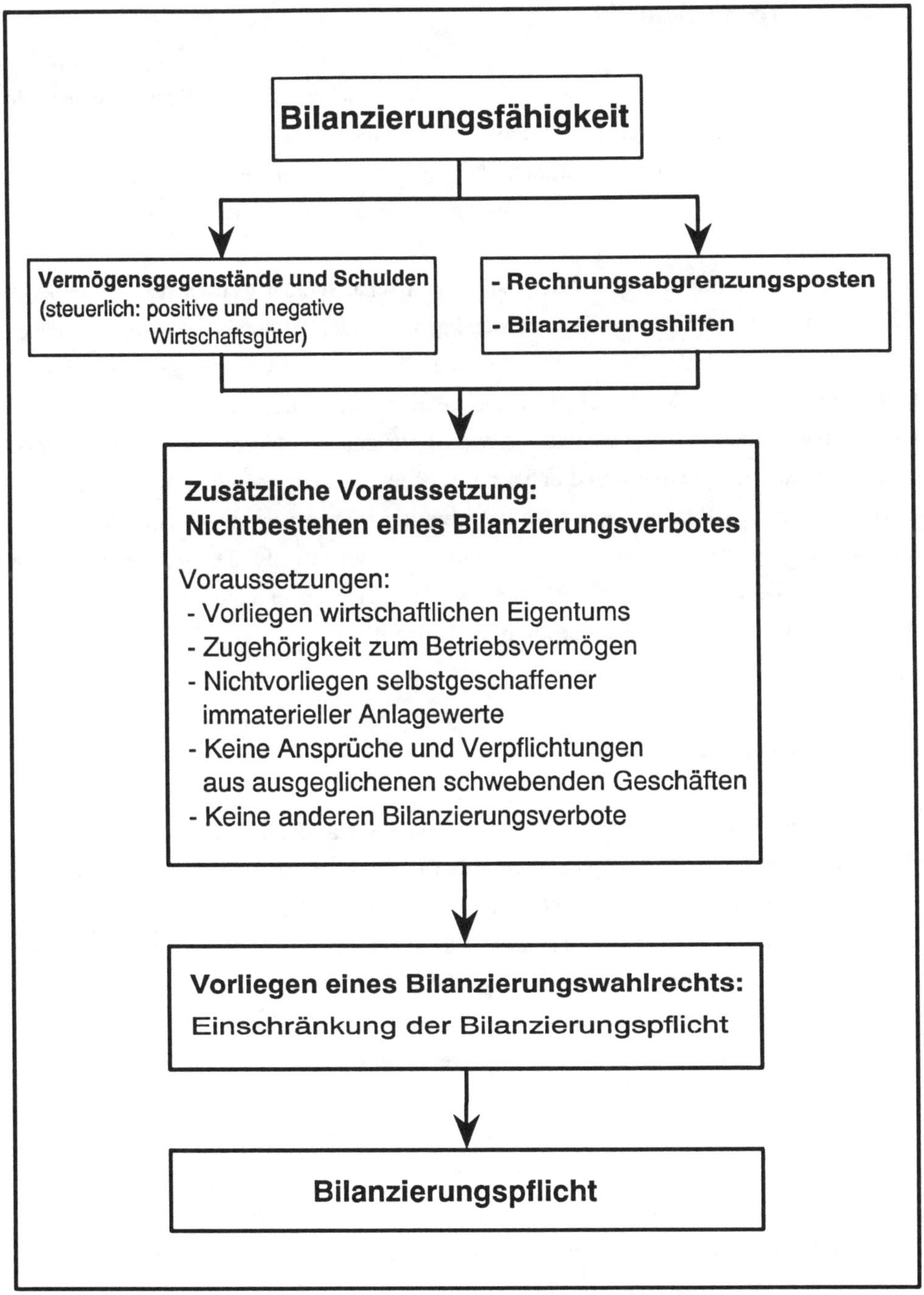

Abbildung E. 18: Grundlegende Zusammenhänge im Bereich der Ansatzregelungen

3.1.2 Aktivierungspflicht

Nach § 246 Abs. 1 HGB hat der Jahresabschluß "sämtliche Vermögensgegenstände, Schulden, Rechnungsabgrenzungsposten, Aufwendungen und Erträge zu enthalten, soweit gesetzlich nichts anderes bestimmt ist". Der Gesetzgeber verzichtet jedoch auf eine abschließende Definition der Begriffe "Vermögensgegenstand" und "Schulden".

Vermögensgegenstände (steuerlich: positive Wirtschaftsgüter) werden nach allgemeiner Anschauung mit den Kriterien der selbständigen Verkehrsfähigkeit (i.S. von selbständiger Verwertbarkeit), des Vorhandenseins eines Vorteils und der selbständigen Bewertbarkeit einschließlich der hinreichenden Konkretisierung (als Sache, Recht oder greifbarer wirtschaftlicher Wert) charakterisiert. Abgrenzungsprobleme ergeben sich vor allem bei immateriellen Gütern und dabei insbesondere bei den rechtlich nicht geschützten Vorteilen. Bei den **Posten der aktiven Rechnungsabgrenzung** muß kein aktivierungsfähiger Vermögensgegenstand gegeben sein. Die Sonderrolle der Rechnungsabgrenzungsposten liegt darin begründet, daß sie der periodengerechten Gewinnermittlung (Erfolgsperiodisierung) in genau bestimmten Fällen dienen.

3.1.3 Aktivierungsverbote

Von der Bilanzierung ausgeschlossen sind die **Gegenstände, die dem Bilanzierenden nicht zuzurechnen sind**. Maßgebend ist dabei nicht das juristische Eigentum, sondern die **wirtschaftliche Verfügungsmacht**. So fallen nach § 246 Abs. 1 Sätze 2 und 3 HGB juristisches und wirtschaftliches Eigentum beim Kauf unter Eigentumsvorbehalt und bei der Sicherungsübereignung auseinander, so daß der Käufer bzw. der unmittelbar Nutzungsberechtigte Bilanzierungssubjekt ist (Maßgeblichkeit des wirtschaftlichen und nicht des juristischen Eigentums). In umfassenderer Form finden sich steuerlich relevante Regelungen zum wirtschaftlichen Eigentum in § 39 Abs. 1 Satz 2 AO; danach besitzt derjenige das wirtschaftliche Eigentum, der die tatsächliche Herrschaft über einen Vermögensgegenstand derart ausübt, daß er den rechtlichen Eigentümer im Regelfall für die gewöhnliche Nutzungsdauer von der Einwirkung auf den Vermögensgegenstand wirtschaftlich ausschließen kann. Wichtige andere Anwendungsfälle für das wirtschaftliche Eigentum sind unter bestimmten Voraussetzungen z.B. Leasing-Verträge, Pensionsgeschäfte und Bauten auf fremden Grundstücken.

In die Bilanz dürfen darüber hinaus nur die zum **Betriebsvermögen** gehörigen Güter aufgenommen werden (Problem der Abgrenzung des Betriebsvermögens vom Privatvermögen vor allem bei Einzelkaufleuten und Personengesellschaften). Darüber hinaus ist zu beachten, ob der Bilanzierung von Sachverhalten konkrete **Bilanzierungsverbote** gegenüberstehen.

Die wichtigste explizite Ausschlußregel für Gegenstände des Anlagevermögens aus der Bilanz ist in § 248 Abs. 2 HGB (analog in § 5 Abs. 2 EStG) geregelt, wonach immaterielle Vermögensgegenstände des Anlagevermögens nicht aktiviert werden dürfen, wenn sie nicht entgeltlich erworben wurden. **Selbstgeschaffene immaterielle Gegenstände des Anlagevermögens** dürfen - im Unterschied zu denen des Umlaufvermögens - nicht in die Bilanz aufgenommen werden. Dies betrifft die immateriellen Einzelgüter (Konzessionen, gewerbliche Schutzrechte und ähnliche Rechte und Werte sowie Lizenzen an solchen Rechten und Werten) genauso wie den (originären) Geschäfts- oder Firmenwert, d.h. die Differenz zwischen Ertrags- und Substanzwert (z.B. aufgrund eines Kundenstamms, der Belegschaftsqualität, eines guten Rufs oder aus Mehrwerten durch die Faktorkombination). Der Grundsatz ordnungsmäßiger Buchführung, wonach **Ansprüche und Verpflichtungen aus beiderseits noch nicht erfüllten Verträgen (aus schwebenden Geschäften)** nicht ausgewiesen werden dürfen, führt dazu, daß u.a. Lieferansprüche oder Nutzungsvorteile (z.B. Mietrechte) und damit zusammenhängende Zahlungsverpflichtungen (und umgekehrt Lieferverpflichtungen bzw. Auftragsbestände oder Nutzungsverpflichtungen und damit zusammenhängende Zahlungsansprüche) regelmäßig nicht in der Bilanz erscheinen dürfen, solange aus dem Vertrag kein drohender Verlust zu erwarten ist.

3.1.4 Aktivierungswahlrechte

Wahlrechte für die Aufnahme von Gegenständen des Anlage- und Umlaufvermögens sind vor allem auf Vereinfachungsregelungen (der Grundsatz ordnungsmäßiger Buchführung, wonach **Vermögensgegenstände des Anlagevermögens mit Anschaffungskosten bis zu 100 DM** nicht aktiviert werden müssen) und auf Sonderregelungen im Umfeld der Bilanzierungshilfen zurückzuführen. Für **aktivische Bilanzierungshilfen** besteht grundsätzlich ein Wahlrecht und keine Bilanzierungspflicht, da sie reine Hilfsposten darstellen, durch deren Inanspruchnahme eine in der Anfangsphase sonst eventuell eintretende Überschuldung verhindert und/oder eine periodengerechte Aufwandsverrechnung ermöglicht werden soll. Solche Bilanzierungshilfen stellen die in § 269 HGB geregelten "Aufwendungen für die Ingangsetzung und Erweiterung des Geschäftsbetriebs" sowie die "aktiven latenten Steuern" (§ 274 Abs. 2 HGB) dar. Auch das Bilanzierungswahlrecht für den entgeltlich erworbenen Geschäfts- oder Firmenwert (§ 255 Abs. 4 HGB) kann grundsätzlich als Bilanzierungshilfe angesehen werden. **Steuerrechtlich** besteht für diese Posten dagegen **kein Wahlrecht**. Während die "Aufwendungen für die Ingangsetzung und Erweiterung des Geschäftsbetriebs" und die "aktiven latenten Steuern" in der Steuerbilanz nicht aktiviert werden dürfen, ist ein Geschäfts- oder Firmenwert unbedingt aktivierungspflichtig.

Weitere handelsrechtliche Wahlrechte betreffen erstens - nach herrschender, wenn auch strittiger Ansicht - unentgeltlich erworbene materielle Gegenstände des Anlagevermögens sowie unentgeltlich erworbene materielle und immaterielle Gegenstände des Umlaufvermögens, zweitens nach § 250 Abs. 3 HGB als spezielle Form eines Rechnungsabgrenzungspostens das Disagio und drittens nach § 250 Abs. 1 Satz 2 HGB als transitorische Rechnungsabgrenzungsposten i.w.S. die Erfassung aufwandsberücksichtigter Zölle und Verbrauchsteuern sowie aufwandsberücksichtigter Umsatzsteuer auf Anzahlungen jeweils im Vorratsvermögen. In den genannten drei Fällen kommt es steuerrechtlich allerdings zu einer Ansatzpflicht, entweder aufgrund expliziter gesetzlicher Regelung in § 5 Abs. 5 EStG oder unter Heranziehung der Rechtsprechung des BFH zur Auslegung des in § 5 Abs. 1 EStG fixierten Maßgeblichkeitsgrundsatzes (vgl. BFH-Beschluß vom 3.2.1969, BStBl. II 1969, S. 291), wonach handelsrechtliche Aktivierungswahlrechte außer bei Bilanzierungshilfen zu steuerrechtlichen Aktivierungsgeboten führen.

3.1.5 Passivierungspflicht

Das Vollständigkeitsgebot des § 246 Abs. 1 HGB sorgt auch für eine grundsätzliche Passivierungspflicht aller Schulden und der passiven Rechnungsabgrenzungsposten, soweit gesetzlich nichts anderes bestimmt ist; aus § 247 Abs. 1 HGB ergibt sich darüber hinaus die Passivierungspflicht des Eigenkapitals.

Schulden (steuerlich: negative Wirtschaftsgüter) sind definiert als bestehende oder hinreichend sicher erwartete wirtschaftliche Belastungen des Vermögens, die auf einer rechtlichen oder wirtschaftlichen Leistungsverpflichtung des Unternehmens (gegenüber Dritten) beruhen sowie selbständig bewertbar und als solche selbständig abgrenzbar (d.h. nicht nur Ausfluß des allgemeinen Unternehmerrisikos) sind. Unter dem Begriff "Schulden" werden somit Verbindlichkeiten und Rückstellungen subsumiert.

Wie bei den aktiven Rechnungsabgrenzungsposten muß auch bei den **Posten der passiven Rechnungsabgrenzung** keine passivierungsfähige Schuld gegeben sein; sie müssen aber - bei grundsätzlicher Gleichbehandlung in Handels- und Steuerbilanz - bei Erfüllung der Voraussetzungen ausgewiesen werden. Das Eigenkapital als aus der Bilanz zu ermittelnder Saldo ist ein bilanztechnisch notwendiger Posten, auch wenn es als Verpflichtung des Unternehmens an seine Anteilseigner gesehen werden kann. Für passivische Bilanzierungshilfen, Sonderposten und besondere bilanzielle Sachverhalte existiert grundsätzlich ein Wahlrecht und keine Bilanzierungspflicht (vgl. ausführlicher KUSSMAUL 1993e, S. 59 f.).

3.1.6 Passivierungsverbote

Von der Bilanzierung ausgeschlossen sind grundsätzlich - sofern nicht anderweitige Sonderregelungen bestehen - die Sachverhalte, die keine Schuld und damit keine hinreichend konkretisierte (wirtschaftliche) Belastung des Vermögens darstellen. Neben dem Grundsatz ordnungsmäßiger Buchführung, wonach **Ansprüche und Verpflichtungen aus ausgewogenen schwebenden Geschäften** - bei Unausgewogenheit zu Lasten des Unternehmens ist eine Rückstellung für drohende Verluste aus schwebenden Geschäften zu bilden - nicht bilanziert werden dürfen, und der **gesetzlichen Begrenzung der Rückstellungsbildung** in § 249 HGB auf die dort genannten Zwecke (mit der Folge, daß der Rückstellungsbegriff nicht willkürlich, sondern nur im Rahmen gesetzlicher Regelungen über die oben genannten Kriterien für eine Schuld hinaus ausgedehnt werden kann) sorgen insbesondere **steuerliche Regelungen** für spezielle Bilanzierungsverbote in der Steuerbilanz. In diesem Zusammenhang ist auf die engen steuerlichen Voraussetzungen für die Bildung von Rückstellungen wegen Verletzung fremder Patent-, Urheber- oder ähnlicher Schutzrechte und für die Bildung von Jubiläumsrückstellungen in § 5 Abs. 3 und 4 EStG hinzuweisen; darüber hinaus wird von der Rechtsprechung über die Regelung des § 160 AO ein Passivierungsverbot für Schulden und Lasten hergeleitet, deren Gläubiger nicht benannt werden. Durch die BFH-Rechtsprechung zur Auslegung des in § 5 Abs. 1 EStG fixierten Grundsatzes der Maßgeblichkeit der Handelsbilanz für die Steuerbilanz (vgl. BFH-Beschluß vom 3.2.1969, BStBl. II 1969, S. 291), wonach handelsrechtliche Passivierungswahlrechte zu steuerrechtlichen Passivierungsverboten führen, haben darüber hinaus insbesondere handelsrechtliche Wahlrechte bei der Rückstellungsbildung steuerrechtliche Passivierungsverbote zur Folge. Außerdem dürfen in die Bilanz nur die zum Betriebsvermögen gehörigen Schulden aufgenommen werden

(Abgrenzungsproblem zwischen Betriebs- und Privatvermögen vor allem bei Einzelkaufleuten und Personengesellschaften).

3.1.7 Passivierungswahlrechte

Wahlrechte auf der Passivseite bestehen insbesondere bei der **Bildung sog. steuerfreier Rücklagen** im Sonderposten mit Rücklageanteil (§ 247 Abs. 3 und § 273 HGB; einheitlich in Handels- und Steuerbilanz auszuüben), bei **Rückstellungen für unterlassene Instandhaltungen**, die zwischen dem 4. und 12. Monat nach Ende des Geschäftsjahrs nachgeholt werden (§ 249 Abs. 1 HGB; steuerlich besteht ein Passivierungsverbot), bei **Aufwandsrückstellungen** für bestimmte Aufwendungen (§ 249 Abs. 2 HGB; steuerlich besteht ein Passivierungsverbot) und für **bestimmte Altersversorgungszusagen** (Art. 28 Abs. 1 EGHGB (Einführungsgesetz zum Handelsgesetzbuch); Anwendungsfälle: handels- und steuerrechtlich Pensionsrückstellungen für vor dem 1.1.1987 erteilte Zusagen; nur handelsrechtlich bei steuerlichem Verbot für mittelbare und ähnliche unmittelbare Verpflichtungen).

3.2 Bilanzgliederung (Bilanzierung dem Ausweis nach)

3.2.1 Prinzipien der Bilanzgliederung

Der Grundsatz der Klarheit und Übersichtlichkeit der Rechnungslegung (§ 243 Abs. 2 HGB) erfordert einen entsprechenden äußeren Aufbau der Bilanz sowie eine sachgerechte Darstellung aller in der Bilanz enthaltenen Informationen.

Für den **äußeren Aufbau** der Bilanz gibt es grundsätzlich die zwei Gestaltungsmöglichkeiten der **Kontoform** (Vermögensgegenstände werden auf der Aktivseite, Verbindlichkeiten und das Eigenkapital werden auf der Passivseite ausgewiesen) und der **Staffelform** (Aktivseite und Passivseite werden untereinander dargestellt).

Die **Gliederung des Bilanzinhalts** läßt sich nach mehreren Kriterien vornehmen (vgl. dazu Abbildung E. 19).

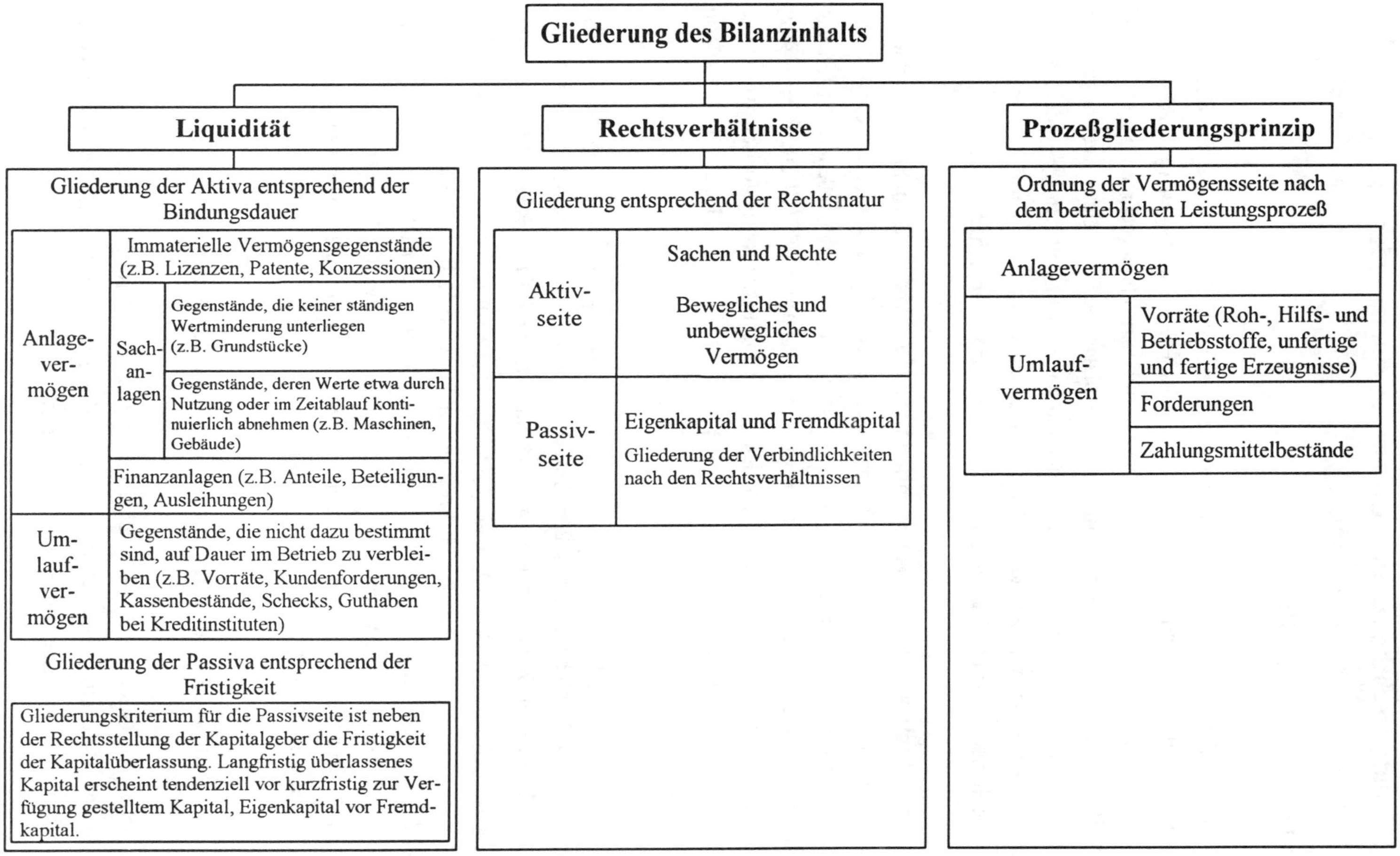

Abbildung E. 19: Kriterien der Gliederung des Bilanzinhalts

3.2.2 Handelsrechtliche Vorschriften zur Bilanzgliederung

3.2.2.1 Gliederung der Bilanz nach § 266 HGB

Das in § 266 HGB vorgeschriebene Gliederungsschema der Bilanz ist nur für **Kapitalgesellschaften** und Unternehmen, die dem Publizitätsgesetz unterliegen (§ 5 Abs. 1 PublG), verbindlich. Für Personengesellschaften und Einzelunternehmen regelt § 247 Abs. 1 HGB lediglich, daß in der Bilanz "das Anlage- und das Umlaufvermögen, das Eigenkapital, die Schulden sowie die Rechnungsabgrenzungsposten gesondert auszuweisen und hinreichend aufzugliedern" sind. Eine Orientierung an den für Kapitalgesellschaften geltenden Vorschriften erscheint aber auch für sie empfehlenswert.

Unter Berücksichtigung der Spezialvorschriften im HGB, AktG und GmbHG, die jeweils bei der gegenüber dem Gliederungsschema des § 266 HGB zusätzlich eingefügten Bilanzposition angegeben werden, ergibt sich das auf den folgenden Seiten dargestellte vollständige Bilanzgliederungsschema (vgl. dazu genauer SCHILDBACH 1992, S. 158 f.), das für große und mittelgroße Kapitalgesellschaften obligatorisch ist; kleine Kapitalgesellschaften hingegen dürfen gemäß § 266 Abs. 1 Satz 3 HGB eine verkürzte Bilanz aufstellen.

§ 266 Abs. 1 HGB sieht für Kapitalgesellschaften die Kontoform als verbindlich vor; die Gliederung des Bilanzinhalts nach § 266 Abs. 2 und 3 HGB orientiert sich auf der Aktivseite vornehmlich am Kriterium der Liquidierbarkeit und auf der Passivseite am Kriterium der Fälligkeit, aber auch das Ablaufgliederungsprinzip sowie das Prinzip der Gliederung entsprechend den Rechtsverhältnissen spielen eine Rolle. Abweichend von der Gliederung nach der Liquidierbarkeit werden etwa die Vorräte nach dem Ablaufprinzip gegliedert; Roh-, Hilfs- und Betriebsstoffe stehen am Anfang des Produktionsprozesses und werden daher auch vor den unfertigen Erzeugnissen und diese wiederum vor den fertigen Erzeugnissen und Waren ausgewiesen.

3.2.2.2 Allgemeine Grundsätze für die Gliederung nach § 265 HGB

Neben dem vom Gesetzgeber vorgeschriebenen Bilanzgliederungsschema (§ 266 HGB) enthält § 265 HGB allgemeine Grundsätze zur Gliederung der Bilanz und der Gewinn- und Verlustrechnung. Insbesondere sind zu nennen:

- Grundsatz der **Darstellungsstetigkeit** (§ 265 Abs. 1 HGB): Danach ist die "Form der Darstellung, insbesondere die Gliederung der aufeinanderfolgenden Bilanzen und Gewinn- und Verlustrechnungen, ... beizubehalten, soweit nicht in Ausnahmefällen wegen besonderer Umstände Abweichungen erforderlich sind" (§ 265 Abs. 1 Satz 1 HGB). Nach § 265 Abs. 1 Satz 2 HGB sind entsprechende Abweichungen "im Anhang anzugeben und zu begründen".

- Grundsatz der **Vorjahresbetragsangabe** (§ 265 Abs. 2 HGB): Danach ist in der Bilanz und in der Gewinn- und Verlustrechnung "zu jedem Posten der entsprechende Betrag des vorhergehenden Geschäftsjahrs anzugeben" (§ 265 Abs. 2 Satz 1 HGB). Ist ein Vergleich der Beträge nicht möglich, "so ist dies im Anhang anzugeben und zu erläutern" (§ 265 Abs. 2 Satz 2 HGB); dies kann die Folge der Durchbrechung des Grundsatzes der Darstellungsstetigkeit sein. "Wird der Vorjahresbetrag angepaßt, so ist auch dies im Anhang anzugeben und zu erläutern" (§ 265 Abs. 2 Satz 3 HGB).

- **Mitzugehörigkeitsvermerk** (§ 265 Abs. 3 HGB): Ausleihungen, Forderungen und Verbindlichkeiten an verbundene Unternehmen oder Unternehmen, mit denen ein Beteiligungsverhältnis besteht, könnten in vielen Fällen auch anderen Bilanzpositionen zugeordnet werden; diese "Doppelzugehörigkeit" ist die notwendige Folge mehrerer nebeneinander angewendeter Gliederungsprinzipien für die Bilanz. Zur Wahrung des Grundsatzes der Bilanzklarheit ist deshalb die Mitzugehörigkeit zu anderen Bilanzposten beim Ausweisposten zu vermerken oder im Anhang anzugeben, wenn allein hierdurch die Klarheit und Übersichtlichkeit des Jahresabschlusses hergestellt werden kann (§ 265 Abs. 3 Satz 1 HGB). Die Mitzugehörigkeit zu einem anderen Posten ist somit nicht in jedem Fall zwingend zu vermerken, sondern im Einzelfall von der Bedeutung, der den jeweiligen Vermögenswerten und Schulden bei der Gesamtbeurteilung der wirtschaftlichen Verhältnisse eines Unternehmens zukommt (absolute und relative Größe der betreffenden Beträge), abhängig.

- Grundsatz der **Jahresabschlußergänzung bei Vorschriftenkonkurrenz** (§ 265 Abs. 4 HGB): Sind für die Gliederung des Jahresabschlusses verschiedene Gliederungsvorschriften maßgebend, da das betreffende Unternehmen mehrere Geschäftszweige betreibt, so "ist der Jahresabschluß nach der für einen Geschäftszweig vorgeschriebenen Gliederung zu ergänzen" (§ 265 Abs. 4 Satz 1 HGB). Nach § 265 Abs. 4 Satz 2 HGB ist die Ergänzung im Anhang anzugeben und zu begründen.

Aktivseite

- Ausstehende Einlagen auf das gezeichnete Kapital, davon eingefordert (§ 272 Abs. 1 HGB);
- Aufwendungen für die Ingangsetzung und Erweiterung des Geschäftsbetriebs (§ 269 HGB);

A. **Anlagevermögen**

I. Immaterielle Vermögensgegenstände

1. Konzessionen, gewerbliche Schutzrechte und ähnliche Rechte und Werte sowie Lizenzen an solchen Rechten und Werten;
2. Geschäfts- oder Firmenwert,
   - davon Verschmelzungsmehrwert (§ 348 Abs. 2 AktG);
3. geleistete Anzahlungen;

II. Sachanlagen

1. Grundstücke, grundstücksgleiche Rechte und Bauten einschließlich der Bauten auf fremden Grundstücken;
2. technische Anlagen und Maschinen;
3. andere Anlagen, Betriebs- und Geschäftsausstattung;
4. geleistete Anzahlungen und Anlagen im Bau;

III. Finanzanlagen

1. Anteile an verbundenen Unternehnen;
2. Ausleihungen an verbundene Unternehmen;
3. Beteiligungen;
4. Ausleihungen an Unternehmen, mit denen ein Beteiligungsverhältnis besteht;
- *Ausleihungen an Gesellschafter (§ 42 Abs. 3 GmbHG);*
5. Wertpapiere des Anlagevermögens;
6. sonstige Ausleihungen;
   - davon an persönlich haftende Gesellschafter und deren Angehörige (§ 286 Abs. 2 AktG);

B. **Umlaufvermögen**

I. Vorräte

1. Roh-, Hilfs-, und Betriebbsstoffe;
2. unfertige Erzeugnisse, unfertige Leistungen;
3. fertige Erzeugnisse und Waren;
4. geleistete Anzahlungen;

II. Forderungen und sonstige Vermögensgegenstände

1. Forderungen aus Lieferungen und Leistungen, davon mit einer Restlaufzeit von mehr als einem Jahr;
2. Forderungen gegen verbundene Unternehmen, davon mit einer Restlaufzeit von mehr als einem Jahr;
3. Forderungen gegen Unternehmen, mit denen eine Beteiligungsverhältnis besteht, davon mit einer Restlaufzeit von mehr als einem Jahr;
- *Forderungen gegenüber Gesellschaftern (§ 42 Abs. 3 GmbHG), davon mit einer Restlaufzeit von mehr als einem Jahr;*
- *Eingeforderte Einlagen auf das gezeichnete Kapital (§ 272 Abs. 1 HGB), davon mit einer Restlaufzeit von mehr als einem Jahr;*
- *Eingeforderte Nachschüsse (§ 42 Abs. 2 GmbHG), davon mit einer Restlaufzeit von mehr als einem Jahr;*
- *Einzahlungsverpflichtungen persönlich haftender Gesellschafter (§ 286 Abs. 2 AktG), davon mit einer Restlaufzeit von mehr als einem Jahr;*
4. sonstige Vermögensgegenstände
   - davon Kredite an persönlich haftende Gesellschafter und deren Angehörige (§ 286 Abs. 2 AktG), davon mit einer Restlaufzeit von mehr als einem Jahr;

III. Wertpapiere

1. Anteile an verbundenen Unternehmen;
2. eigene Anteile;
3. sonstige Wertpapiere;

IV. Schecks, Kassenbestand, Bundesbank- und Postgiroguthaben, Guthaben bei Kreditinstituten;

- *Steuerabgrenzungsposten nach § 274 Abs. 2 HGB;*

C. **Rechnungsabgrenzungsposten**

- *Disagio (§ 268 Abs. 6 HGB);*
- *andere Rechnungsabgrenzungsposten;*

- *Nicht durch Eigenkapital gedeckter Fehlbetrag (§ 268 Abs. 3 HGB);*
- *Nicht durch Vermögenseinlagen gedeckter Verlustanteil persönlich haftender Gesellschafter (§ 286 Abs. 2 AktG).*

Passivseite

A. Eigenkapital

I. Gezeichnetes Kapital (oder Eingefordertes Kapital § 272 Abs. 1 HGB);
– *Kapitalanteil der persönlich haftenden Gesellschafter (§ 286 Abs. 2 AktG);*

II. Kapitalrücklage

– davon während des Geschäftsjahres eingestellt (§ 152 Abs. 2 AktG);
– davon für das Geschäftsjahr entnommen (§ 152 Abs. 2 AktG);
– davon eingeforderte Nachschüsse (§ 42 Abs. 2 GmbHG);

III. Gewinnrücklagen

1. Gesetzliche Rücklage;
2. Rücklage für eigene Anteile (und für Anteile eines herrschenden oder eines mit Mehrheit beteiligten Unternehmens, § 272 Abs. 4 HGB);
3. satzungsmäßige Rücklagen;
4. andere Gewinnrücklagen;
   – davon gemäß § 58 Abs. 2a AktG bzw. § 29 Abs. 4 GmbHG;

„Zu den einzelnen Posten der Gewinnrücklagen sind ... jeweils gesondert anzugeben“:
– „die Beträge, die die Hauptversammlung aus dem Bilanzgewinn des Vorjahrs eingestellt hat;“
– „die Beträge, die aus dem Jahresüberschuß des Geschäftsjahrs eingestellt werden;“
– „die Beträge, die für das Geschäftsjahr entnommen werden“ (§ 152 Abs. 3 AktG);

IV. Gewinnvortrag/Verlustvortrag; oder Bilanzgewinn/Bilanzverlust, davon Gewinn-/Verlustvortrag (§ 268 Abs. 1 HGB);

V. Jahresüberschuß/Jahresfehlbetrag;

– *Ertrag aufgrund höherer Bewertung gemäß dem Ergebnis der Sonderprüfung (§ 261 Abs. 1 AktG);*
– *Ertrag aufgrund höherer Bewertung gemäß gerichtlicher Entscheidung (§ 261 Abs. 2 AktG);*
– *Sonderposten mit Rücklageanteil (§ 273 HGB);*

B. Rückstellungen

1. Rückstellungen für Pensionen und ähnliche Verpflichtungen;
2. Steuerrückstellungen;
– *Rückstellungen für latente Steuern (§ 274 Abs. 1 HGB);*
3. sonstige Rückstellungen;

C. Verbindlichkeiten

1. Anleihen,
   davon konvertibel,
   davon mit einer Restlaufzeit bis zu einem Jahr,
2. Verbindlichkeiten gegenüber Kreditinstituten,
   davon mit einer Restlaufzeit bis zu einem Jahr;
3. erhaltene Anzahlungen auf Bestellungen (soweit auf Vorräte, alternativ auch offen von den Vorräten absetzbar, § 268 Abs. 5 Satz 2 HGB),
   davon mit einer Restlaufzeit bis zu einem Jahr;
4. Verbindlichkeiten aus Lieferungen und Leistungen,
   davon mit einer Restlaufzeit bis zu einem Jahr;
5. Verbindlichkeiten aus der Annahme gezogener Wechsel und der Ausstellung eigener Wechsel,
   davon mit einer Restlaufzeit bis zu einem Jahr;
6. Verbindlichkeiten gegenüber verbundenen Unternehmen,
   davon mit einer Restlaufzeit bis zu einem Jahr;
7. Verbindlichkeiten gegenüber Unternehmen, mit denen ein Beteiligungsverhältnis besteht,
   davon mit einer Restlaufzeit bis zu einem Jahr;
– *Verbindlichkeiten gegenüber Gesellschaftern (§ 42 Abs. 3 GmbHG),*
  davon mit einer Restlaufzeit bis zu einem Jahr;
8. sonstige Verbindlichkeiten,
   davon aus Steuern,
   davon im Rahmen der sozialen Sicherheit,
   davon mit einer Restlaufzeit bis zu einem Jahr;

D. Rechnungsabgrenzungsposten

Abbildung E. 20: Gliederung der handelsrechtlichen Bilanz

- Grundsatz der **Zulässigkeit stärkerer Aufgliederungen** (§ 265 Abs. 5 HGB): Eine weitere Untergliederung der Positionen der Bilanz sowie Gewinn- und Verlustrechnung ist unter Beachtung der in § 266 HGB vorgeschriebenen Gliederung zulässig, um die Klarheit und Übersichtlichkeit des Jahresabschlusses zu verbessern (vgl. dazu § 243 Abs. 2 HGB).

- Grundsatz des **Nichtausweises von Leerposten** (§ 265 Abs. 8 HGB): "Ein Posten der Bilanz oder der Gewinn- und Verlustrechnung, der keinen Betrag ausweist, braucht nicht aufgeführt zu werden, es sei denn, daß im vorhergehenden Geschäftsjahr unter diesem Posten ein Betrag ausgewiesen wurde".

3.2.2.3 Horizontale Gliederung des Anlagevermögens im Anlagespiegel

Im **Anlagevermögen** ist neben der vertikalen Gliederung für Kapitalgesellschaften auch eine **horizontale Gliederung** vorgeschrieben. Nach § 268 Abs. 2 HGB muß die Entwicklung der einzelnen Posten des Anlagevermögens in der Bilanz oder im Anhang **in Form eines Anlagespiegels** dargestellt werden. Danach sind die gesamten Anschaffungskosten (AK) und Herstellungskosten (HK), die Zugänge, die Abgänge, die Umbuchungen und die Abschreibungen in ihrer gesamten Höhe sowie die Zuschreibungen des Geschäftsjahrs gesondert aufzuführen, während die Abschreibungen des Geschäftsjahrs jeweils bezogen auf den betreffenden Posten entweder in der Bilanz oder im Anhang zu vermerken bzw. anzugeben sind. Eine mögliche Form des Anlagespiegels ist in Abbildung E. 21 dargestellt (entnommen aus KUSSMAUL 1991, S. 24).

Horizontale Gliederung des Anlagevermögens / Vertikale Gliederung des Anlagevermögens	(1) Ursprüngliche Anschaffungs-/ Herstellungskosten	(2) (+) Zugänge (zu AK/HK)	(3) (–) Abgänge (zu AK/HK)	(4) (+ –) Umbuchungen (zu AK/HK)	(5) (+) Zuschreibungen (des Geschäftsjahrs)	(6) (–) Abschreibungen (kumuliert)	(7) Abschreibungen (des Geschäftsjahrs)	(8) (=) Restbuchwert am 31.12.	(9) Restbuchwert am Ende des Vorjahrs
Aufwendungen für die Ingangsetzung und Erweiterung des Geschäftsbetriebs									
	Gesonderte Angabe für jeden Posten								
Einzelne Posten des Anlagevermögens (entsprechend der Bilanzgliederung) ⋮									

Abbildung E. 21: Schema eines Anlagespiegels

3.3 Bewertung (Bilanzierung der Höhe nach)

3.3.1 Vorbemerkungen

Nach § 252 Abs. 1 Nr. 3 HGB sind Vermögensgegenstände grundsätzlich einzeln zu bewerten (Grundsatz der Einzelbewertung). Die Bewertung erfolgt **im Zugangsfalle** zu einem Ausgangs- bzw. Basiswert (Anschaffungs- oder Herstellungskosten). In Ausnahmefällen (z.B. bei der Bewertung gleichartiger Vorräte) kann nach § 252 Abs. 2 HGB von der Einzelbewertung abgewichen werden und statt dessen ein Wertermittlungsverfahren zur Bewertung von Gütergesamtheiten herangezogen werden. Der - bei abnutzbaren Anlagegütern um planmäßige Abschreibungen korrigierte - Ausgangs- bzw. Basiswert wird prinzipiell auch **am Bilanzstichtag** zugrunde gelegt. Die handelsrechtlichen Bewertungsvorschriften enthalten zur Realisierung des Vorsichtsprinzips bestimmte (niedrigere) Vergleichs- oder Korrekturwerte, die grundsätzlich auch steuerlich relevant sind. Auch Wertkorrekturen, die zu Wertansätzen unterhalb der Vergleichs- oder Korrekturwerte führen (fakultative Werte), sind handelsrechtlich zulässig, steuerrechtlich aber nur in beschränktem Umfang möglich. Abbildung E. 22 (entnommen aus KUSSMAUL 1993e, S. 13) zeigt die Zusammenhänge zwischen den einzelnen Wertkategorien auf.

3.3.2 Grundlegende bilanzielle Wertbegriffe (Ausgangs- oder Basiswerte)

3.3.2.1 Anschaffungskosten

Die Anschaffungskosten sind ein Wertmaßstab für alle nicht selbsterzeugten, entgeltlich erworbenen Gegenstände. Sie umfassen nach § 255 Abs. 1 HGB "die gesamten Aufwendungen, die geleistet werden, um einen Vermögensgegenstand zu erwerben und ihn in einen betriebsbereiten Zustand zu versetzen, soweit sie dem Vermögensgegenstand einzeln zugeordnet werden können".

Der **Anschaffungspreis** umschließt alle Aufwendungen zum Erwerb des Vermögensgegenstandes. Als **Anschaffungsnebenkosten** sind z.B. bei **Grundstücken** die Grunderwerbsteuer, Notargebühren, Grundbuchgebühren, Maklerprovision und Vermessungsgebühren, bei **anderen Vermögensgegenständen** Eingangsfrachten, Anfuhr- und Ab-

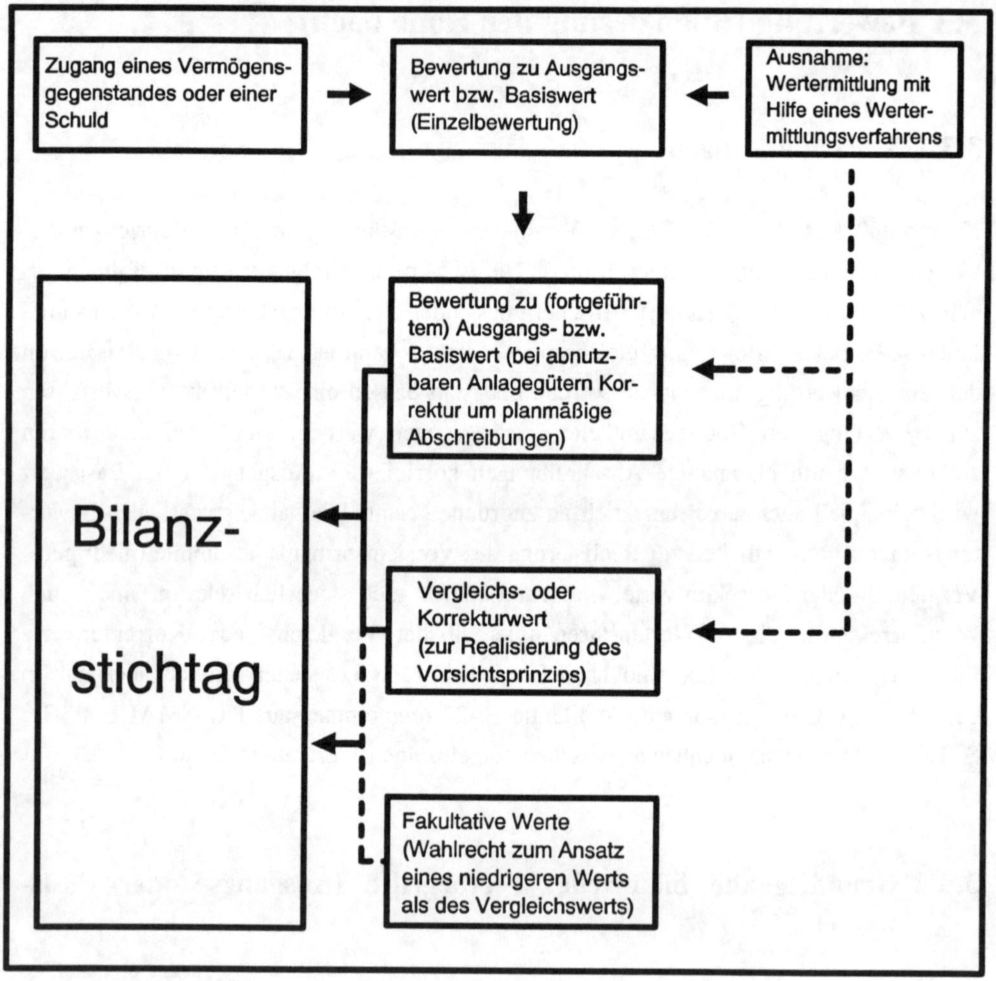

Abbildung E. 22: Zusammenhänge zwischen den einzelnen Wertkategorien

ladekosten, Transportversicherungen und Montagekosten zu berücksichtigen. **Nachträgliche Anschaffungskosten** verursachen solche Aufwendungen, die erst längere Zeit nach dem Erwerb des Vermögensgegenstandes im Rahmen von Umbau- oder Ausbauarbeiten anfallen. Die wesentlichsten **Anschaffungspreisminderungen** sind Skonti,

Rabatte und Boni. Nicht zu den Anschaffungskosten gehören Geldbeschaffungskosten, die zur Finanzierung einer Anschaffung aufgewendet werden. Die sich ergebenden Anschaffungskosten sind - soweit das Unternehmen zum Vorsteuerabzug berechtigt ist - als Nettogröße und damit ohne die in den einzelnen Anschaffungskostenbestandteilen enthaltenen Umsatzsteuerbeträge zu verstehen.

3.3.2.2 Herstellungskosten

Alle vom Unternehmen ganz oder teilweise selbsterstellten Güter des Anlage- und Umlaufvermögens (eigenbetrieblich genutzte selbsterstellte Anlagen, unfertige und fertige Erzeugnisse), die am Bilanzstichtag noch vorhanden sind, sind mit den Herstellungskosten zu bewerten.

Herstellungskosten sind nach § 255 Abs. 2 Satz 1 HGB "die Aufwendungen, die durch den Verbrauch von Gütern und die Inanspruchnahme von Diensten für die Herstellung eines Vermögensgegenstandes, seine Erweiterung oder für eine über seinen ursprünglichen Zustand hinausgehende Verbesserung entstehen".

Der Begriff "Herstellung" umfaßt jedoch nicht nur die Fertigung als eigentlichen Herstellungsvorgang, vielmehr schließt er "auch die Beschaffung, den Transport und die Lagerung der zur Fertigung benötigten Kostengüter (Produktionsfaktoren) ein" (WÖHE 1992, S. 401).

Aktivierungspflichtig sind jedoch nicht alle Kostenbestandteile, die bei der Erstellung der Betriebsleistung anfallen, vielmehr besteht für bestimmte Kostenarten ein Aktivierungswahlrecht bzw. ein Aktivierungsverbot, wobei für den handelsrechtlichen Jahresabschluß (§ 255 Abs. 2 HGB) und die Steuerbilanz (Abschnitt 33 EStR) unterschiedliche, wegen des nicht im Gesetz geregelten Herstellungskostenbegriffs im Steuerrecht z.T. umstrittene, Regelungen gelten.

Einen Überblick über die derzeit maßgebenden handels- und steuerrechtlichen Wertunter- bzw. Wertobergrenzen der Herstellungskosten gibt Abbildung E. 23 (entnommen aus BIEG/KUSSMAUL 1993, S. 101; vgl. hierzu KÜTING/WEBER 1986, S. 68 sowie WÖHE/KUSSMAUL 1991, S. 170 f.).

Der Vergleich zeigt, daß sich die **Wertobergrenzen** nach Handelsrecht und Steuerrecht nicht unterscheiden, die **Wertuntergrenzen** jedoch differieren. Neben den in der Handelsbilanz aktivierungspflichtigen Einzelkosten sind in der Steuerbilanz noch die fixen und variablen Material- und Fertigungsgemeinkosten sowie der durch die Fertigung veranlaßte Wertverzehr des Anlagevermögens zu aktivieren. In der Praxis setzen die Unternehmen in der Regel die Herstellungskosten in Handels- und Steuerbilanz in gleicher Höhe an, d. h. die steuerrechtlich aktivierungspflichtigen Herstellungskosten werden auch in der Handelsbilanz aktiviert.

Kostenarten / Bewertungsgrundlage	Handelsrecht (§ 255 Abs. 2 HGB)	Steuerrecht (Abschn. 33 Abs. 1 EStR)
1. Materialeinzelkosten 2. Fertigungseinzelkosten 3. Sondereinzelkosten der Fertigung	Aktivierungspflicht (Satz 2)	Aktivierungspflicht (Satz 2)
Handelsrechtliche Wert**unter**grenze	= Gesamte Einzelkosten	
4. Materialgemeinkosten 5. Fertigungsgemeinkosten 6. Wertverzehr des Anlagevermögens, soweit durch die Fertigung veranlaßt	Aktivierungswahlrecht (Satz 3)	Aktivierungspflicht (Satz 2)
Steuerrechtliche Wert**unter**grenze		= Gesamte Einzelkosten + bestimmte Gemeinkosten
7. Kosten der allgemeinen Verwaltung 8. Aufwendungen für soziale Einrichtungen 9. Aufwendungen für freiwillige Sozialleistungen 10. Aufwendungen für betriebliche Altersversorgung	Aktivierungswahlrecht (Satz 4)	Aktivierungswahlrecht (Satz 2)
11. Fremdkapitalzinsen	Aktivierungswahlrecht (unter der Voraussetzung des Abs. 3)	Aktivierungswahlrecht (unter der Voraussetzung des Abs. 7)
Handels- und steuerrechtliche Wert**ober**grenze	= Gesamte Einzel- und Gemeinkosten (außer Vertriebskosten)	= Gesamte Einzel- und Gemeinkosten (außer Vertriebskosten)
12. Vertriebskosten	Aktivierungsverbot (Satz 6)	Aktivierungsverbot (Satz 4)

Abbildung E. 23: Handels- und steuerrechtliche Wertunter- bzw. Wertobergrenzen der Herstellungskosten

Die Ermittlung der Herstellungskosten basiert auf den Daten der **Kostenrechnung** *(vgl. TROSSMANN D. 3.3.1)*. Entsprechend dem Grundprinzip der Kostenrechnung sind jeder erstellten Betriebsleistung diejenigen Kosten zu belasten, die sie tatsächlich verursacht hat. Der handelsrechtliche Begriff "Herstellungskosten" ist dabei deshalb ungenau, weil nicht sämtliche in der Kostenrechnung verrechnete Kosten berücksichtigt werden dürfen. Vielmehr sind nur **aufwandsgleiche** Kosten in die Herstellungskosten einzubeziehen, nicht dagegen die sog. kalkulatorischen Kosten (z.B. kalkulatorischer Unternehmerlohn), da es ansonsten zum Ausweis unrealisierter Gewinne käme.

Das Handelsrecht - analog mit weniger Wahlrechten das Steuerrecht - richtet sich bei der Ermittlung der Herstellungskosten nach dem Kriterium der Zurechenbarkeit der einzelnen Kosten auf einen Kostenträger. Nach § 255 Abs. 2 HGB sind solche Bestandteile aktivierungspflichtig, die den Charakter von Einzelkosten haben, d.h. Kosten, die einem Kostenträger direkt (unmittelbar) zugerechnet werden können. Gemeinkosten können im Wege der Umlage oder Schlüsselung dem einzelnen Kostenträger zugeordnet werden; nach § 255 Abs. 2 HGB besteht jedoch ein Wahlrecht für ihre Aktivierung.

3.3.2.3 Sonstige grundlegende bilanzielle Wertbegriffe

Verbindlichkeiten sind gemäß § 253 Abs. 1 Satz 2 HGB zu ihrem **Rückzahlungsbetrag** anzusetzen. Der Rückzahlungsbetrag ist als derjenige Betrag definiert, den der Schuldner bei Fälligkeit aufbringen muß, um seine Verbindlichkeit zu erfüllen. Der dem Schuldner zugeflossene Betrag - Verfügungsbetrag - spielt bei der Bewertung der Verbindlichkeit nur insoweit eine Rolle, als die positive Differenz zwischen Rückzahlungsbetrag und Verfügungsbetrag als Disagio aktiviert werden darf (§ 250 Abs. 3 HGB) und die negative Differenz als passiver Rechnungsabgrenzungsposten angesetzt werden muß. Für **Rentenverpflichtungen** gilt nach § 253 Abs. 1 Satz 2 HGB ein Ansatz mit dem **Barwert**. Dabei sind unter dem Begriff "Rentenverpflichtungen" solche Verpflichtungen zu verstehen, bei denen über eine vorab vereinbarte sichere Frist oder eine nicht genau bekannte, z.B. an die Lebenszeit eines Menschen gebundene Frist, regelmäßig wiederkehrende Leistungen in Geld oder in anderen Werten zu erbringen sind. Für die Berechnung des Barwertes müssen die voraussichtliche Dauer und die Höhe der Leistungen bekannt sein. Die Beträge sind mit einem angemessenen Zinssatz auf den Bilanzstichtag abzuzinsen.

Bei der Bewertung von **Rückstellungen** ist nach § 253 Abs. 1 Satz 2 HGB derjenige Betrag anzusetzen, der **nach vernünftiger kaufmännischer Beurteilung** notwendig ist. Im Unterschied zu Verbindlichkeiten ist bei Rückstellungen das Bestehen einer Verbindlichkeit und/oder ihr Umfang unsicher. Rückstellungen sind daher in Höhe der wahrscheinlichen Inanspruchnahme des Unternehmens (d.h. mit dem Betrag, für den die größte Wahrscheinlichkeit besteht) und unter Berücksichtigung der bestehenden Risiken zu bilanzieren (vgl. dazu COENENBERG 1992, S. 239 ff.).

3.3.3 Wertkorrekturen in Handels- und Steuerbilanz (Vergleichs- oder Korrekturwerte)

3.3.3.1 Aus dem Börsen- oder Marktpreis abgeleiteter Wert

Für Vermögensgegenstände des Umlaufvermögens sind nach § 253 Abs. 3 Satz 1 HGB "Abschreibungen vorzunehmen, um diese mit einem niedrigeren Wert anzusetzen, der sich aus einem Börsen- oder Marktpreis am Abschlußstichtag ergibt". Als **Börsenpreis** gilt der an einer inländischen oder ausländischen Börse bei tatsächlichen Umsätzen amtlich festgestellte oder im Freiverkehr ermittelte Preis. Der **Marktpreis** ist derjenige Betrag, "der zu einem bestimmten Zeitpunkt für Waren einer bestimmten Gattung von durchschnittlicher Qualität an einem Handelsplatz" gefordert bzw. gezahlt wurde (so COENENBERG 1992, S. 83, der auf S. 82 ff. ausführlich auf die Wertkorrekturen in Handels- und Steuerbilanz eingeht). Dem Börsen- oder Marktpreis sind Anschaffungsnebenkosten hinzuzurechnen, Anschaffungskostenminderungen sind davon abzuziehen.

Bei der Wertfeststellung stellt sich unter Umständen die Frage, ob eine Orientierung am Absatz- oder Beschaffungsmarkt erfolgen soll. Für Roh-, Hilfs- und Betriebsstoffe sowie Erzeugnisse, die auch von anderen Firmen bezogen werden könnten, ist der Beschaffungsmarkt maßgeblich. Für unfertige und fertige Erzeugnisse, für Überbestände an Roh-, Hilfs- und Betriebsstoffen und für Wertpapiere ist der Absatzmarkt Orientierungspunkt. Bei Handelswaren und Überbeständen an unfertigen und fertigen Erzeugnissen ist der niedrigste Wert, der sich auf beiden Märkten ergibt, anzusetzen.

Falls **kein Börsen- oder Marktpreis** feststellbar ist, muß ein niedrigerer Vergleichswert ermessensabhängig durch Heranziehung des niedrigeren am Abschlußstichtag **beizulegenden Wertes** bestimmt werden.

3.3.3.2 Niedrigerer am Abschlußstichtag beizulegender Wert

Aus § 253 Abs. 2 Satz 3 HGB ergibt sich wegen des Imparitätsprinzips als Korrekturwert für Gegenstände des **Anlagevermögens** der niedrigere "**beizulegende Wert**". Da eine gesetzliche Definition des "beizulegenden Wertes" fehlt, sind zu dessen Bestimmung die Grundsätze ordnungsmäßiger Buchführung heranzuziehen.

Für Gegenstände des **Anlagevermögens** können die Anschaffungs- oder Herstellungskosten eines vergleichbaren Gegenstandes als Maßstab dienen. Bei abnutzbaren Gegenständen ist der Wiederbeschaffungszeitwert, d.h. der Wiederbeschaffungswert abzüglich planmäßiger Abschreibungen, als Wertmaßstab zugrunde zu legen. Ist in Ausnahmefällen ein Verkauf von Anlagegütern geplant, so leitet sich der beizulegende Wert vom Absatzmarkt ab. Er entspricht dem Einzelverkaufspreis unter Berücksichtigung der bis zum Verkauf noch anfallenden Aufwendungen wie Erlösschmälerungen, Verpackungskosten und sonstige Vertriebskosten. Unter bestimmten Voraussetzungen dient also der Börsen- oder Marktpreis als Ausgangsgröße bei der Bestimmung des beizulegenden Wertes.

Bei Vermögensgegenständen des **Umlaufvermögens** ist der niedrigere "beizulegende Wert" nur dann von Bedeutung, wenn kein Börsen- oder Marktpreis festzustellen ist (§ 253 Abs. 3 Satz 2 HGB). Bei unfertigen und fertigen Erzeugnissen, die zum späteren Verkauf bestimmt sind, ist der vorsichtig geschätzte Verkaufserlös abzüglich noch entstehender Kosten als Wertmaßstab heranzuziehen. Dabei findet das Verfahren der sog. **verlustfreien Bewertung** Anwendung. Hierbei sind die Vermögenswerte am Bilanzstichtag so weit abzuwerten, daß bei einer Veräußerung nach dem Bilanzstichtag kein Verlust entsteht. Die Ermittlung dieses beizulegenden Wertes erfolgt durch eine **retrograde Bewertung** nach folgendem Schema:

	Vorsichtig geschätzter Verkaufserlös
./.	Noch anfallende Herstellungskosten
./.	Erlösschmälerungen (Rabatte, Skonti)
./.	Verpackungs- und Frachtkosten
./.	Noch anfallende Verwaltungskosten
./.	Sonstige Vertriebskosten
./.	Kapitaldienstkosten (vom Bilanzstichtag bis zum Veräußerungszeitpunkt entstehender Zinsverlust)
=	Aktueller beizulegender Wert

Für Gegenstände des Umlaufvermögens, die noch nicht in die Produktion eingegangen sind (insbesondere Roh-, Hilfs- und Betriebsstoffe), ist der "beizulegende Wert" vom Beschaffungsmarkt abzuleiten; er orientiert sich in diesem Fall am Wiederbeschaffungszeitwert.

3.3.3.3 Teilwert

Im **Steuerrecht** dient der **niedrigere Teilwert** als Vergleichs- oder Korrekturwert. Nach § 6 Abs. 1 Nr. 1 Satz 3 EStG ist der Teilwert jener "Betrag, den ein Erwerber des ganzen Betriebs im Rahmen des Gesamtkaufpreises für das einzelne Wirtschaftsgut ansetzen würde; dabei ist davon auszugehen, daß der Erwerber den Betrieb fortführt". Zwar weicht die (gesamtwertorientierte) Teilwertdefinition von der (einzelwertorientierten) Definition des beizulegenden Wertes i.w.S. (niedrigerer beizulegender Wert einschließlich des niedrigeren Börsen- oder Marktpreises) theoretisch erheblich ab, in der praktischen Handhabung ergibt sich aber - insbesondere durch die höchstfinanzrichterlichen Teilwertvermutungen und -interpretationen - eine weitgehende Annäherung der Begriffsinhalte, d.h. auch im Steuerrecht sind aktuelle Werte maßgebend, die vom jeweils maßgebenden Markt (Absatz- oder Beschaffungsmarkt) abgeleitet werden.

3.3.4 Fakultative Werte

Über die Wertkorrekturen auf die niedrigeren Vergleichs- oder Korrekturwerte hinaus sind im Handelsrecht in bestimmten Fällen weitere Abschreibungen zulässig, die zu (noch) niedrigeren Wertansätzen führen können als es dem aktuellen Stichtagswert entspricht. Dabei handelt es sich um drei Wertbegriffe (vgl. auch FEDERMANN 1992, S. 280 ff.):

(1) **"Niedrigerer Zukunftswert"**: Nach § 253 Abs. 3 Satz 3 HGB dürfen **erwartete Wertschwankungen** bei Gegenständen des Umlaufvermögens bereits vor ihrem Eintritt durch außerplanmäßige Abschreibungen berücksichtigt werden, "soweit diese nach vernünftiger kaufmännischer Beurteilung notwendig sind, um zu verhindern, daß in nächster Zukunft der Wertansatz dieser Vermögensgegenstände aufgrund von Wertschwankungen geändert werden muß".

(2) **"Niedrigerer Vorsichtswert"**: Nach § 253 Abs. 4 HGB können **Nicht-Kapitalgesellschaften** über die planmäßigen und außerplanmäßigen Abschreibungen nach § 253 Abs. 2 und 3 HGB hinaus Abschreibungen im Rahmen vernünftiger kaufmännischer Beurteilung vornehmen (Bildung ermessensabhängiger stiller Willkürrücklagen, z.B. zur Kapitalerhaltung).

(3) **"Niedrigerer steuerlicher Wert"**: Nach § 254 Satz 1 HGB können auch in der Handelsbilanz eigentlich nur steuerrechtlich zulässige, d.h. auf steuerlichen Wahlrechten beruhende Abschreibungen berücksichtigt werden. Damit werden steuerliche Vergünstigungsregelungen (z.B. Sonderabschreibungen) auch indirekt in der Handelsbilanz wirksam (**umgekehrte Maßgeblichkeit**).

3.4 Bilanzierung in Aktiv- und Passivseite

3.4.1 Bestandteile von Aktiv- und Passivseite

Zu den Bestandteilen der **Aktivseite** einer Bilanz zählen

- das **Anlagevermögen** (alle Vermögensgegenstände, die "bestimmt sind, dauernd dem Geschäftsbetrieb zu dienen" (§ 247 Abs. 2 HGB),

- das **Umlaufvermögen** (Gegenstände, die nicht bestimmt sind, dauernd dem Geschäftsbetrieb zu dienen),

- die **Rechnungsabgrenzungsposten** (Bilanzposten mit dem Ziel der Erfolgsperiodisierung in genau bestimmten Fällen; als klassischer Anwendungsfall sind Dauerschuldverhältnisse wie z.B. Mietverträge zu erwähnen, bei denen in der Abrechnungsperiode Auszahlungen erbracht werden, die erst in einer späteren Periode zu Aufwendungen führen) und

- (eventuell) **Bilanzierungshilfen** (Bilanzhilfsposten mit dem Ziel, eine in der Anfangsphase eines Unternehmens eventuell eintretende Überschuldung zu verhindern bzw. eine periodengerechte Aufwandsverrechnung zu ermöglichen).

Abbildung E. 24 zeigt - in Anlehnung an die Vorschriften zur Bilanzgliederung nach § 266 HGB - die Struktur der Aktivseite *(vgl. zur Bilanzgliederung im Detail Kapitel 3.2).*

Bilanzierungshilfen	– Aufwendungen für die Erweiterung und Ingangsetzung des Geschäftsbetriebs – Abgrenzungen für latente Steuern
Anlagevermögen	– Immaterielle Vermögensgegenstände – Sachanlagen – Finanzanlagen
Umlaufvermögen	– Vorräte – Forderungen und sonstige Vermögensgegenstände – Wertpapiere – Zahlungsmittel
Rechnungsabgrenzungsposten	– Disagio – Andere

Abbildung E. 24: Bestandteile der Aktivseite einer Bilanz

Die **Passivseite** einer Bilanz repräsentiert - nach Abzug der aktivischen und passivischen Wertberichtigungen - das Kapital eines Unternehmens (vgl. KUSSMAUL 1992a, S. 456).

Bestandteile der Passivseite sind

- das **Eigenkapital** (von den rechtlichen Eigentümern von außen oder - durch Einbehaltung von Gewinnen - von innen zur Verfügung gestellte Mittel),
- das **Fremdkapital** (von Dritten zur Verfügung gestellte Mittel, die regelmäßig einen ergebnisunabhängigen Zahlungsanspruch gewähren),
- die **Rechnungsabgrenzungsposten** (Bilanzposten mit dem Ziel der Erfolgsperiodisierung in genau bestimmten Fällen; analog zu den aktivischen Rechnungsabgren-

zungsposten liegen sie insbesondere dann vor, wenn in der Abrechnungsperiode Einzahlungen anfallen, die erst in einer späteren Periode zu Erträgen führen),

- sonstige Passiva (insbesondere der **Sonderposten mit Rücklageanteil**, der einerseits die sog. steuerfreien Rücklagen beinhaltet und in den andererseits die steuerlich bedingten Abschreibungen als Wertberichtigungen aufgenommen werden können).

Das Fremdkapital besteht neben den **Verbindlichkeiten**, auf die die obige Klammerdefinition zugeschnitten ist, aus den **Rückstellungen**, die ähnlich wie die Rechnungsabgrenzungsposten der periodenrichtigen Erfolgsabgrenzung dienen. Rückstellungen werden für ungewisse Verpflichtungen angesetzt, deren wirtschaftliche Ursache in der laufenden Periode liegt, bei denen aber noch nicht feststeht, ob sie überhaupt und - wenn ja - in welcher Höhe und zu welchem Fälligkeitstermin sie zu Auszahlungen oder Mindereinzahlungen führen.

In Anlehnung an das Gliederungsschema des § 266 HGB ergibt sich die in Abbildung E. 25 aufgezeigte Struktur der Passivseite *(vgl. zur Bilanzgliederung im Detail Kapitel 3.2).*

Eigenkapital	- Gezeichnetes Kapital - Kapitalrücklage - Gewinnrücklagen - Gewinnvortrag/Verlustvortrag - Jahresüberschuß/Jahresfehlbetrag
Zwischen Eigen- und Fremdkapital	- Sonderposten mit Rücklageanteil
Fremdkapital	- Rückstellungen (mit weiteren Untergliederungen) - Verbindlichkeiten (mit weiteren Untergliederungen)
Rechnungsabgrenzungsposten	

Abbildung E. 25: Bestandteile der Passivseite einer Bilanz

3.4.2 Bewertung der Aktivseite

3.4.2.1 Bewertung des Anlagevermögens

Basierend auf § 253 Abs. 2 HGB gelten für die Bewertung der Gegenstände des Anlagevermögens folgende allgemeine Regelungen:

(1) Im **Zugangszeitpunkt** hat eine Bewertung zu den Anschaffungskosten (bei entgeltlich erworbenen Gegenständen) oder den Herstellungskosten (bei ganz oder teilweise selbst erstellten Gegenständen) zu erfolgen. Von dem Prinzip der Einzelbewertung läßt § 240 HGB Ausnahmen zu. Danach ist bei gleichartigen und annähernd gleichwertigen Gegenständen der Ansatz des gewogenen Durchschnittswerts möglich (§ 240 Abs. 4 HGB), ferner gestattet § 240 Abs. 3 HGB für das Sachanlagevermögen den Ansatz von Festwerten bei Gegenständen, die regelmäßig ersetzt werden und deren Gesamtwert für das Unternehmen von nachrangiger Bedeutung ist, "sofern ihr Bestand in seiner Größe, seinem Wert und seiner Zusammensetzung nur geringen Veränderungen unterliegt. Jedoch ist in der Regel alle drei Jahre eine körperliche Bestandsaufnahme durchzuführen."

(2) Bei den **abnutzbaren Gegenständen** des Anlagevermögens werden planmäßige Abschreibungen verrechnet (§ 253 Abs. 2 Satz 1 HGB), womit sich die fortgeführten Anschaffungs- oder Herstellungskosten ergeben.

(3) Bei den **nicht abnutzbaren Gegenständen** des Anlagevermögens werden genauso wie bei den abnutzbaren Anlagegütern Vergleichswerte herangezogen; sind diese niedriger als die (fortgeführten) Anschaffungs- oder Herstellungskosten, dann **darf** eine **außerplanmäßige Abschreibung** zur Realisierung des (gemilderten) Niederstwertprinzips vorgenommen werden (in bestimmten Fällen, nämlich der vorübergehenden Wertminderung außerhalb des Finanzanlagevermögens, hat sie bei Kapitalgesellschaften zu unterbleiben).

(4) Eine nach (3) mögliche außerplanmäßige Abschreibung **muß** vorgenommen werden, wenn es sich um eine **voraussichtlich dauernde Wertminderung** handelt (§ 253 Abs. 2 Satz 3 HGB).

(5) Eine weitere **Unterschreitung** der so ermittelten Werte kommt in zwei Fällen in Betracht:

-- Unternehmen, die nicht in der Rechtsform einer Kapitalgesellschaft geführt werden, dürfen **Wertabschläge im Rahmen vernünftiger kaufmännischer Beurteilung** vornehmen (§ 253 Abs. 4 HGB). Diese Vorschrift gibt Nicht-Kapitalgesellschaften die Möglichkeit, in der Handelsbilanz (nicht in der Steuerbilanz) bewußt stille Rücklagen zu bilden.

-- Außerordentliche Abschreibungen können auch vorgenommen werden, um Gegenstände mit einem **steuerlich zulässigen Wert** (zur Realisierung des umgekehrten Maßgeblichkeitsprinzips) anzusetzen (§ 254 HGB).

(6) Fallen die Gründe für eine außerplanmäßige Abschreibung weg, so kann der niedrigere Wert nach § 253 Abs. 5 HGB beibehalten werden, es ist aber auch eine Zuschreibung - maximal bis zu den (fortgeführten) Anschaffungs- oder Herstellungskosten - möglich. Für Kapitalgesellschaften sieht § 280 Abs. 1 HGB ein **Wertaufholungsgebot** vor, das jedoch durch § 280 Abs. 2 HGB gemildert wird. Danach kann von der "Zuschreibung nach Absatz 1 ... abgesehen werden, wenn der niedrigere Wertansatz bei der steuerrechtlichen Gewinnermittlung beibehalten werden kann und wenn Voraussetzung für die Beibehaltung ist, daß der niedrigere Wertansatz auch in der Bilanz beibehalten wird".

(7) Die **handelsrechtlichen Bewertungsvorschriften** werden durch den Bezug des § 5 Abs. 1 Satz 1 EStG auf die handelsrechtlichen Grundsätze ordnungsmäßiger Buchführung **maßgeblich für die Steuerbilanz**. Dieser Zusammenhang wird durch die **umgekehrte Maßgeblichkeit** verstärkt; nach § 5 Abs. 1 Satz 2 EStG dürfen steuerrechtliche Wahlrechte bei der Gewinnermittlung (insbesondere Vergünstigungsregelungen wie z.B. Sonderabschreibungen) nur in Übereinstimmung mit der handelsrechtlichen Jahresbilanz ausgeübt werden. **Eingeschränkt wird der Zusammenhang** zwischen beiden Rechenwerken **durch den Bewertungsvorbehalt** in § 5 Abs. 6 EStG, der in den §§ 6 ff. EStG umfassend ausgefüllt ist.

Einen Überblick über die handelsrechtlichen Bewertungsvorschriften für das Anlagevermögen vermittelt Abbildung E. 26 (leicht modifiziert entnommen aus KÜTING/WEBER 1986, S. 42; alle aufgeführten Vorschriften beziehen sich auf das HGB).

ANLAGEVERMÖGEN
(Vermögensgegenstände, die bestimmt sind, dauernd dem Geschäftsbetrieb zu dienen; § 247 Abs. 2)

Nutzung zeitlich begrenzt

Ausgangswert:
Anschaffungskosten oder
Herstellungskosten (§ 253 Abs. 1)

./. planmäßige Abschreibungen
(§ 253 Abs. 2 Satz 1)

Nutzung zeitlich unbegrenzt

Ausgangswert:
Anschaffungskosten (§ 253 Abs. 1)

./. außerplanmäßige Abschreibungen

Dauernde Wertminderungen
(§ 253 Abs. 2 Satz 3);
MUßVORSCHRIFT

- vorübergehende Wertminderungen bei Vermögensgegenständen des Finanzanlagevermögens (§ 253 Abs. 2 Satz 3); KANNVORSCHRIFT
- vorübergehende Wertminderungen bei Vermögensgegenständen des Sachanlagevermögens (§ 253 Abs. 2 Satz 3 in Verbindung mit § 279 Abs. 1 Satz 2); KANNVORSCHRIFT nur für Nicht-Kapitalgesellschaften
- als Folge steuerlicher Vorschriften zulässiger Wert (§ 254); KANNVORSCHRIFT; alternativ darf die steuerliche Sonderabschreibung auch in den Sonderposten mit Rücklageanteil eingestellt werden (§ 281) *

./. Wertabschläge
bei Nicht-Kapitalgesellschaften, sofern diese im Rahmen vernünftiger kaufmännischer Beurteilung vorgenommen werden (§ 253 Abs. 4);
KANNVORSCHRIFT

\+ Zuschreibungen,
die von Kapitalgesellschaften grundsätzlich bis zur Wertobergrenze der (fortgeschriebenen) Anschaffungs- bzw. Herstellungskosten vorgenommen werden müssen (§ 280 Abs. 1; beachte jedoch die Relativierung des Wertaufholungsgebotes in § 280 Abs. 2).
Für Nicht-Kapitalgesellschaften besteht ein Aufwertungswahlrecht (§ 253 Abs. 5)

* Die Regelung gilt ausdrücklich nur für Kapitalgesellschaften. Sie kann (darf) jedoch auch bei Nicht-Kapitalgesellschaften Anwendung finden.

Abbildung E. 26: Bewertung des Anlagevermögens nach den Vorschriften des Handelsrechts

3.4.2.2 Planmäßige Abschreibungen

Bei **abnutzbaren Gegenständen des Anlagevermögens** kommt es durch technische Entwertung (z.B. Verschleiß), wirtschaftliche Entwertung (z.B. durch technischen Fortschritt) und/oder durch vertragliche Begrenzung der Nutzungszeit (z.B. bei befristeten Rechten) zu einer Abnahme ihres Nutzungspotentials im Zeitablauf. Die planmäßigen Abschreibungen haben die Aufgabe, eine **Verteilung der Anschaffungs- oder Herstellungskosten auf die voraussichtliche Nutzungsdauer** vorzunehmen, wobei eine bestimmte Abschreibungsmethode nicht gefordert wird.

Zur Aufstellung eines **Abschreibungsplans** sind das **Abschreibungsverfahren,** die voraussichtliche **Nutzungsdauer,** der **Abschreibungsbeginn** sowie - zur Korrektur des Zugangswertes - ein eventuell vorhandener **Restverkaufserlös** (falls der Gegenstand bei seinem Ausscheiden noch einen nennenswerten Zeitwert hat) festzulegen. Die voraussichtliche Nutzungsdauer wird aufgrund der bisherigen Erfahrungen geschätzt, wobei regelmäßig eine Orientierung an den für steuerliche Zwecke geschaffenen AfA-Tabellen erfolgt.

Die Verteilung der Anschaffungs- oder Herstellungskosten auf die voraussichtliche Nutzungsdauer erfolgt mit Hilfe **normierter Verteilungsmethoden**, bei denen entweder die Zeit oder die Leistung als Verteilungskriterium in Betracht kommen. Im wesentlichen können folgende **Abschreibungsverfahren** unterschieden werden:

(1) **Zeitabschreibung** (Unabhängigkeit des jährlichen Abschreibungsbetrages bei allen zeitabhängigen Abschreibungsmethoden vom tatsächlichen Beschäftigungsgrad):

- **Lineare Abschreibung**: Dabei wird ein jährlich gleichbleibender Abschreibungsbetrag verrechnet.

- **Degressive Abschreibung**: Während bei der geometrisch-degressiven Abschreibung (Buchwertabschreibung) ein jährlich gleichbleibender Abschreibungssatz vom jeweiligen Restbuchwert (fortgeschriebene Anschaffungs- oder Herstellungskosten) berechnet wird, nimmt die Abschreibung bei der arithmetisch-degressiven (digitalen) Abschreibung jährlich um einen konstanten Betrag ab. Eine stufenweise degressive Abschreibung ist steuerlich vor allem für die Gebäudeabschreibung in § 7 Abs. 5 EStG vorgesehen; dabei sinkt der Abschreibungs-Prozentsatz im Zeitablauf in bestimmten Jahreszonen.

- **Progressive Abschreibung**: In Umkehrung zur degressiven Abschreibung nehmen die Abschreibungsbeträge im Zeitablauf zu.

(2) **Leistungsabschreibung (variable Abschreibung)**: Der jährliche Abschreibungsbetrag ist abhängig von der jährlichen Inanspruchnahme in Relation zum Gesamtnutzungspotential. Es erfolgt eine Verteilung der Anschaffungs- oder Herstellungskosten nach den mit dem betreffenden Anlagegut pro Jahr erstellten Leistungen (z.B. Stückzahl oder gefahrene Kilometer), die in Beziehung zum voraussichtlichen Gesamtleistungspotential des Anlagegutes gesetzt werden.

Handelsrechtlich sind grundsätzlich alle Verfahren zulässig, sofern sie den Grundsätzen ordnungsmäßiger Buchführung entsprechen und damit nicht den wirtschaftlichen Gegebenheiten des Abnutzungsverlaufs völlig widersprechen. Folglich werden progressive Abschreibungsverfahren nur in seltenen Fällen anwendbar sein. Auch ein Wechsel zwischen verschiedenen Abschreibungsverfahren ist prinzipiell möglich; allerdings ist der in § 252 Abs. 1 Nr. 6 HGB geregelte Grundsatz der Bewertungsstetigkeit zu beachten, der einen im vorhinein nicht eingeplanten Methodenwechsel - nicht einen von vornherein eingeplanten Wechsel des Abschreibungsverfahrens - auf begründete Ausnahmefälle begrenzt.

Steuerrechtlich sind zwar die Abschreibungsverfahren des Handelsrechts maßgeblich, allerdings führt der Bewertungsvorbehalt des § 5 Abs. 6 EStG, der insbesondere im § 7 EStG gesetzlich umfassend ausgefüllt ist, zu einer Einschränkung der Maßgeblichkeit der Handelsbilanz für die Steuerbilanz. Die steuerliche Regelabschreibungsmethode zur Erfassung der Absetzung für Abnutzung (AfA) ist gemäß § 7 Abs. 1 EStG die lineare Abschreibung. Bei wirtschaftlicher Begründung und bei Nachweis des jährlichen Umfangs der Leistung wird die Leistungsabschreibung bei beweglichen Anlagegütern anerkannt; die in § 7 Abs. 6 EStG geregelte Absetzung für Substanzverringerung ist ein Spezialfall der variablen Abschreibung, die bei Bergbauunternehmen, Steinbrüchen, Kiesgruben und anderen Abbaubetrieben anwendbar ist. Der Anwendungsbereich degressiver Abschreibungsverfahren wird u.a. dadurch eingeschränkt, daß erstens bei der geometrisch-degressiven Abschreibung der Abschreibungssatz höchstens das Dreifache des entsprechenden linearen Abschreibungssatzes, maximal aber 30% betragen darf, zweitens die arithmetisch-degressive Abschreibung (aus § 11 a EStDV) gestrichen wurde (obwohl sie z.T. weiterhin für zulässig gehalten wird) und drittens außerplanmäßige Abschreibungen teilweise neben degressiven Abschreibungen nicht gestattet sind.

Während bei beweglichen Wirtschaftsgütern ein Übergang von der linearen zur degressiven Abschreibung nach § 7 Abs. 3 EStG unzulässig ist, gestattet dieselbe Vorschrift einen Wechsel von der degressiven zur linearen Abschreibung. Ein Übergang von der Leistungsabschreibung zur linearen Abschreibung und umgekehrt gilt als zulässig, wohingegen zwischen degressiver Abschreibung und Leistungsabschreibung nicht gewechselt werden darf. Ein Wechsel der Gebäudeabschreibung ist grundsätzlich nicht gestattet.

Wenn - wie in der Praxis häufig - nur eine Bilanz aufgestellt wird, die den steuerlichen Vorschriften entspricht, haben die betreffenden Unternehmen bei der Auswahl der Abschreibungsverfahren die restriktiveren steuerlichen Vorschriften zu beachten.

3.4.2.3 Bewertung des Umlaufvermögens

Basierend auf § 253 Abs. 3 HGB gelten für die Bewertung der Gegenstände des Umlaufvermögens folgende allgemeine Regelungen:

(1) Im **Zugangszeitpunkt** sind die Gegenstände des Umlaufvermögens zu den Anschaffungskosten (bei entgeltlichem Erwerb) oder Herstellungskosten (bei ganz oder teilweise selbsterstellten Gegenständen bzw. Erzeugnissen) zu bewerten. In Abweichung von dem in § 252 Abs. 1 Nr. 3 HGB geregelten **Grundsatz der Einzelbewertung** werden im Umlaufvermögen vor allem aus Gründen der Vereinfachung bei der Ermittlung des Zugangswerts folgende **Bewertungsregelungen** zugelassen:

- **Gruppenbewertung**: Gleichartige Vermögensgegenstände des Vorratsvermögens sowie andere gleichartige oder annähernd gleichwertige bewegliche Vermögensgegenstände dürfen nach § 240 Abs. 4 HGB zu einer Gruppe zusammengefaßt und mit dem gewogenen Durchschnittswert angesetzt werden.

- **Festwert**: Nach § 240 Abs. 3 HGB ist im Umlaufvermögen bei Roh-, Hilfs- und Betriebsstoffen der Ansatz von Festwerten bei Gegenständen zulässig, die regelmäßig ersetzt werden und deren Gesamtwert für das Unternehmen von nachrangiger Bedeutung ist, "sofern ihr Bestand in seiner Größe, seinem Wert und seiner Zusammensetzung nur geringen Veränderungen unterliegt. Jedoch ist in der Regel alle drei Jahre eine körperliche Bestandsaufnahme durchzuführen".

- **Sammelbewertung**: Für den Wertansatz gleichartiger Vermögensgegenstände des Vorratsvermögens kann nach § 256 HGB eine bestimmte Verbrauchsfolge unterstellt werden. Anstatt den gewogenen Durchschnittswert heranzuziehen, können auch das Fifo-Verfahren (First in, first out; die zuerst zugegangenen Gegenstände gelten als zuerst entnommen), das Lifo-Verfahren (Last in, first out; die zuletzt zugegangenen Gegenstände gelten als zuerst entnommen) und andere Verbrauchsfolgeunterstellungen - insbesondere das Hifo-Verfahren (Highest in, first out; die Gegenstände mit den höchsten Anschaffungs- oder Herstellungskosten gelten als zuerst entnommen) - herangezogen werden, soweit es den Grundsätzen ordnungsmäßiger Buchführung entspricht. In allen Fällen können permanente Verfahren (Bewertung nach jedem Zugang) oder periodische Verfahren (Bewertung am Ende des Geschäftsjahrs) verwendet werden.

(2) Auch bei Gegenständen des Umlaufvermögens werden **Vergleichswerte** herangezogen; sind diese niedriger als die Anschaffungs- oder Herstellungskosten, so **muß** eine **außerplanmäßige Abschreibung** zur Realisierung des (strengen) Niederstwertprinzips vorgenommen werden.

(3) Eine **außerplanmäßige Abschreibung** darf zum Ansatz eines niedrigeren **fakultativen Wertes** führen. Zu denken ist dabei an den

- "niedrigeren Zukunftswert" (§ 253 Abs. 3 Satz 3 HGB),
- "niedrigeren Vorsichtswert" (§ 253 Abs. 4 HGB, nicht bei Kapitalgesellschaften),
- "niedrigeren steuerlichen Wert" (§ 254 HGB).

(4) Bei **Wegfall der Gründe** für eine außerplanmäßige Abschreibung **kann** der **niedrigere Wertansatz** nach § 253 Abs. 5 HGB **beibehalten** werden. Allerdings kann auch eine **Zuschreibung** höchstens bis zu den ursprünglichen Anschaffungs- oder Herstellungskosten erfolgen. Für Kapitalgesellschaften sieht § 280 Abs. 1 HGB zwar ein **Wertaufholungsgebot** vor, das aber durch den Bezug auf steuerliche Vorschriften in § 280 Abs. 2 HGB relativiert wird.

(5) Auch bei der Bewertung des Umlaufvermögens gilt das Prinzip der **Maßgeblichkeit** der Handelsbilanz für die Steuerbilanz und ihre Umkehrung *(vgl. dazu Abschnitt 3.4.2.1)*. Insbesondere bei der Bestimmung der Herstellungskosten, bei der

Heranziehung von Bewertungsvereinfachungsregelungen (vor allem die Nichtzulässigkeit der Hifo-Methode) und bei der Ermittlung der Vergleichswerte (Nichtzulässigkeit des "niedrigeren Zukunftswerts" und des "niedrigeren Vorsichtswerts") treten strengere steuerliche Regelungen zutage.

Einen Überblick über die handelsrechtlichen Bewertungsvorschriften für das Umlaufvermögen vermittelt Abbildung E. 27 (leicht modifiziert entnommen aus KÜTING/ WEBER 1986, S. 71; alle aufgeführten Vorschriften beziehen sich auf das HGB).

3.4.2.4 Außerplanmäßige Abschreibungen und Zuschreibungen

Außerplanmäßige Abschreibungen können oder müssen bei allen **Aktiva** - also im Anlage- und Umlaufvermögen - zur Berücksichtigung außergewöhnlicher Wertminderungen, zur Bildung stiller Reserven oder zur Berücksichtigung steuerlicher Begünstigungsregelungen vorgenommen werden.

Dabei kann zwischen folgenden Arten außerplanmäßiger Abschreibungen unterschieden werden:

(1) **Außerplanmäßige Abschreibungen zur Realisierung des Niederstwertprinzips:** Während im Anlagevermögen das gemilderte Niederstwertprinzip - Abschreibung nur bei voraussichtlich dauernder Wertminderung (§ 253 Abs. 2 HGB) - gilt, greift im Umlaufvermögen nach § 253 Abs. 3 HGB das strenge Niederstwertprinzip mit der Folge, daß dort Abschreibungen auf den niedrigeren Börsen- oder Marktpreis am Abschlußstichtag oder - ersatzweise - auf den niedrigeren beizulegenden Wert vorgeschrieben sind.

Die (fortgeführten) Anschaffungs- oder Herstellungskosten werden also mit dem beizulegenden Wert verglichen, der nur als niedrigerer Wert zur Anwendung kommen kann oder muß. Für steuerliche Zwecke wird anstatt vom beizulegenden Wert vom Teilwert gesprochen, der aber analog zum beizulegenden Wert ausgelegt wird.

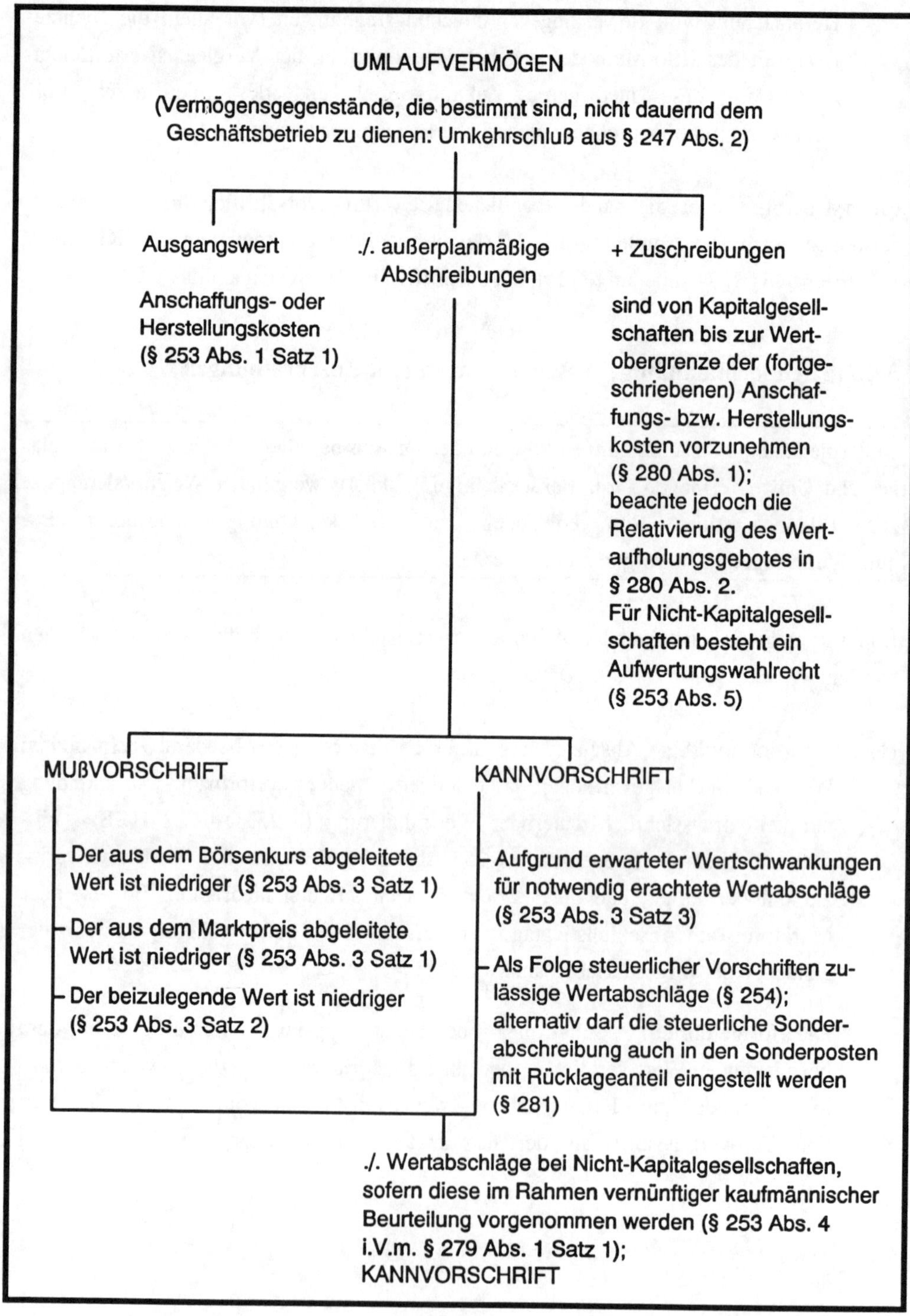

Abbildung E. 27: Bewertung des Umlaufvermögens nach den Vorschriften des Handelsrechts

Bei Kapitalgesellschaften gelten nach § 279 Abs. 1 HGB die oben genannten Regelungen grundsätzlich auch; bei voraussichtlich vorübergehender Wertminderung ist eine Abschreibung aber nur auf Vermögensgegenstände, die Finanzanlagen sind, möglich, während bei immateriellen Vermögensgegenständen und Sachanlagen eine außerplanmäßige Abschreibung dann unterbleiben muß (es sei denn, daß diese über die umgekehrte Maßgeblichkeit zustande kommt). Eine voraussichtlich dauerhafte Wertminderung liegt vor, wenn sich der beizulegende Wert bei abnutzbaren Anlagegegenständen voraussichtlich während eines erheblichen Teils der Restnutzungszeit unter den (fortgeführten) Anschaffungs- oder Herstellungskosten befindet.

(2) **Außerplanmäßige Abschreibungen zur Berücksichtigung des "niedrigeren Zukunftswerts":** Nach § 253 Abs. 3 Satz 3 HGB dürfen außerplanmäßige Abschreibungen - nur im Umlaufvermögen - "vorgenommen werden, um zu verhindern, daß in der nächsten Zukunft der Wertansatz dieser Vermögensgegenstände aufgrund von Wertschwankungen geändert werden muß". Dieser niedrigere Zukunftswert soll eine negative Wertentwicklung innerhalb der folgenden etwa zwei Jahre vorwegnehmen; er kommt aber steuerlich nur in Ausnahmefällen - bei Übereinstimmung mit der Teilwertinterpretation - zum Ansatz.

(3) **Außerplanmäßige Abschreibungen zur Berücksichtigung des "niedrigeren Vorsichtswerts":** Nach § 253 Abs. 4 HGB können außerplanmäßige Abschreibungen im Anlage- und Umlaufvermögen "im Rahmen vernünftiger kaufmännischer Beurteilung" vorgenommen werden. Diese ermessensabhängigen und zur Bildung stiller Rücklagen führenden Abschreibungen - deren Ausmaß in der Literatur je nach Auslegung der Vorschrift umstritten ist - sind nach § 279 Abs. 1 HGB bei Kapitalgesellschaften nicht zulässig. Steuerlich sind sie ohnehin grundsätzlich nicht gestattet.

(4) **Außerplanmäßige Abschreibungen zur handelsbilanziellen Berücksichtigung steuerlicher Begünstigungsregelungen:** Nach § 254 HGB dürfen Abschreibungen "auch vorgenommen werden, um Vermögensgegenstände des Anlage- und Umlaufvermögens mit dem niedrigeren Wert anzusetzen, der auf einer nur steuerrechtlich zulässigen Abschreibung beruht". Bei Kapitalgesellschaften sind derartige Abschreibungen nach § 279 Abs. 2 HGB nur insofern zulässig, "als das Steuerrecht ihre Anerkennung bei der steuerrechtlichen Gewinnermittlung davon abhängig macht, daß sie sich aus der Bilanz ergeben". Da diese Fälle inzwischen in § 5 Abs. 1 Satz 2 EStG mit der sog. umgekehrten Maßgeblichkeit umfassend geregelt sind, resultieren daraus sowohl ein enger Zusammenhang von Handels-

und Steuerbilanz als auch eine weitreichende Berücksichtigung steuerlicher Wahlrechte in der Handelsbilanz. Wenn ein Unternehmen eine Sofortabschreibung auf geringwertige Anlagegegenstände nach § 6 Abs. 2 EStG, Sonderabschreibungen (neben planmäßigen Abschreibungen), erhöhte Absetzungen (anstatt planmäßiger Abschreibungen) oder anderweitige steuerliche Abschläge (insbesondere ein Importwarenabschlag nach § 80 EStDV oder Abschläge z.B. nach § 6 b EStG) vornehmen will, dann kann es dies in Handels- und Steuerbilanz parallel durchführen oder in beiden Rechenwerken in gleicher Weise unterlassen.

Sind die **Gründe für eine außerplanmäßige Abschreibung weggefallen**, so darf nach § 253 Abs. 5 HGB der niedrigere Wert beibehalten werden; es kann aber auch eine **Zuschreibung** vorgenommen werden (Höchstgrenze: Anschaffungs- bzw. Herstellungskosten; bei abnutzbaren Anlagegütern die um die planmäßigen Abschreibungen verminderten Anschaffungs- bzw. Herstellungskosten). § 280 Abs. 1 HGB sieht für Kapitalgesellschaften ein Wertaufholungsgebot vor, das aber in § 280 Abs. 2 HGB relativiert wird; danach kann von einer Zuschreibung "abgesehen werden, wenn der niedrigere Wertansatz bei der steuerrechtlichen Gewinnermittlung beibehalten werden kann und wenn Voraussetzung für die Beibehaltung ist, daß der niedrigere Wertansatz auch in der Bilanz beibehalten wird". Da in der Steuerbilanz fast durchweg die umgekehrte Maßgeblichkeit greift und keine Beibehaltungsgebote mehr zu beachten sind, liegt auch bei Kapitalgesellschaften de facto in fast allen Fällen ein **Wertaufholungswahlrecht** vor. Abbildung E. 28 (entnommen aus KUSSMAUL 1993e, S. 59) zeigt die Wertaufholung nach Handels- und Einkommensteuerrecht für Kapitalgesellschaften.

3.4.3 Bewertung der Passivseite

3.4.3.1 Allgemeiner Überblick

Auch für Schulden gilt nach § 252 Abs. 1 Nr. 3 HGB grundsätzlich das Prinzip der Einzelbewertung. Schulden und andere Passiva werden bei ihrem Zugang mit einem Ausgangs- bzw. Basiswert (bei Verbindlichkeiten z.B. der Rückzahlungsbetrag) belegt. In Ausnahmefällen (z.B. bei Garantierückstellungen) kann nach § 252 Abs. 2 HGB von der Einzelbewertung abgewichen werden und statt dessen ein Wertermittlungsverfahren zugrunde gelegt werden. Zur Realisierung des Vorsichtsprinzips sind handels- und steuerrechtlich die Ausgangs- bzw. Basiswerte am Bilanzstichtag auch auf der Passivseite mit (höheren) Vergleichs- oder Korrekturwerten zu vergleichen.

Vermögens-kategorien	Rechtsgrundlagen *	
	Handelsrecht	Einkommensteuerrecht
1. ANLAGEVERMÖGEN - Nutzung zeitlich nicht begrenzt	Aufwertungsgebot (§ 280 Abs. 1), jedoch: faktisches Aufwertungswahlrecht (§ 280 Abs. 2)	Aufwertungswahlrecht (§ 6 Abs. 1 Nr. 2 Satz 3)
- Nutzung zeitlich begrenzt	Aufwertungsgebot (§ 280 Abs. 1), jedoch: faktisches Aufwertungswahlrecht (§ 280 Abs. 2)	Aufwertungswahlrecht (§ 6 Abs. 1 Nr. 1 Satz 4)
2. UMLAUFVERMÖGEN	Aufwertungsgebot (§ 280 Abs. 1), jedoch: faktisches Aufwertungswahlrecht (§ 280 Abs. 2)	Aufwertungswahlrecht (§ 6 Abs. 1 Nr. 2 Satz 3)

*** Die jeweils aufgeführten Vorschriften des Handelsrechts beziehen sich auf das HGB, diejenigen des Steuerrechts auf das EStG.**

Abbildung E. 28: Wertaufholung nach Handels- und Einkommensteuerrecht für Kapitalgesellschaften

Grundsätzlich sind zur Realisierung der umgekehrten Maßgeblichkeit auch Wertkorrekturen möglich, die zu Wertansätzen oberhalb der Vergleichswerte führen.

Die Bewertung des Kapitals erfolgt im Zugangszeitpunkt nach verschiedenen Maßstäben (vgl. dazu im einzelnen *Kapitel 3.4.3.2*). Die Maßgeblichkeit der Handelsbilanz für die Steuerbilanz sorgt auch hier dafür, daß die handelsrechtlichen Grundsätze ordnungsmäßiger Buchführung maßgeblich für die Steuerbilanz werden; die Umkehrung des Prinzips gilt ebenso (z.B. dürfen die im Sonderposten mit Rücklageanteil erfaßten sog. steuerfreien Rücklagen in der Steuerbilanz nur in Übereinstimmung mit der Handelsbilanz angesetzt werden). Zur Einschränkung des handelsrechtlichen Wahlbereichs finden in Anwendung des in § 5 Abs. 6 EStG fixierten Bewertungsvorbehalts handelsrechtliche

Bewertungsvorschriften nur dann Anwendung, wenn keine expliziten steuerlichen Bewertungsbestimmungen bestehen (was auf der Passivseite nur in wenigen Fällen - insbesondere bei der Bewertung von Pensionsrückstellungen - der Fall ist).

3.4.3.2 Die Bewertungsmaßstäbe im einzelnen

§ 253 Abs. 1 HGB sieht für **Verbindlichkeiten** den **Rückzahlungsbetrag** als Bewertungsmaßstab vor. Dies gilt auch dann, wenn der Auszahlungsbetrag geringer als der Rückzahlungsbetrag ist; der Unterschiedsbetrag (Disagio) darf in diesem Fall handelsrechtlich entsprechend § 250 Abs. 3 HGB bzw. muß steuerrechtlich gemäß § 5 Abs. 5 EStG als aktivischer Rechnungsabgrenzungsposten ausgewiesen werden. **Rentenverpflichtungen** sind nach § 253 Abs. 1 HGB mit ihrem Barwert anzusetzen.

Rückstellungen sind aufgrund derselben Vorschrift "nur in Höhe des Betrags anzusetzen, der nach vernünftiger kaufmännischer Beurteilung notwendig ist". Diese Formulierung (Ansatz "**eines nach vernünftiger kaufmännischer Beurteilung notwendigen Werts**") deutet auf vorhandene Ermessensspielräume bei der Bewertung hin, die durch das Wort "nur" im Sinne einer Berücksichtigung der vorsichtig geschätzten Belastung, die voraussichtlich und wahrscheinlich resultiert, nach oben begrenzt werden. Bei einzelnen Rückstellungen (z.B. Garantie- und Kulanzrückstellungen) können in Abweichung vom Grundsatz der Einzelbewertung pauschale Bewertungsverfahren herangezogen werden. Besondere Bewertungsverfahren sind vor allem (daneben u.a. bei Rückstellungen für drohende Verluste aus schwebenden Geschäften und bei Rückstellungen für latente Steuern) für die **Pensionsrückstellungen** vorgesehen, wo das **Teilwertverfahren** handels- und steuerrechtlich (hier speziell in § 6 a EStG geregelt; mit zahlreichen Voraussetzungen wie u.a. dem vorgeschriebenen Rechnungszins von 6%, die über die handelsrechtlichen Anforderungen hinausgehen) vorgeschrieben ist.

Während innerhalb des **Eigenkapitals** für das **gezeichnete Kapital** der Nennwert nach § 283 HGB als Bewertungsansatz vorgeschrieben ist, ergeben sich die Wertansätze für die anderen Bestandteile des Eigenkapitals entweder als Nominalbeträge der Zuführungen von außen oder als verbleibende - positive oder negative - Erfolgsbestandteile.

Die Bewertung des **Sonderpostens mit Rücklageanteil** (§ 247 Abs. 3, § 273, § 281 Abs. 1 HGB) erfolgt zum **Nennbetrag** und damit zu dem Betrag, in dessen Höhe für

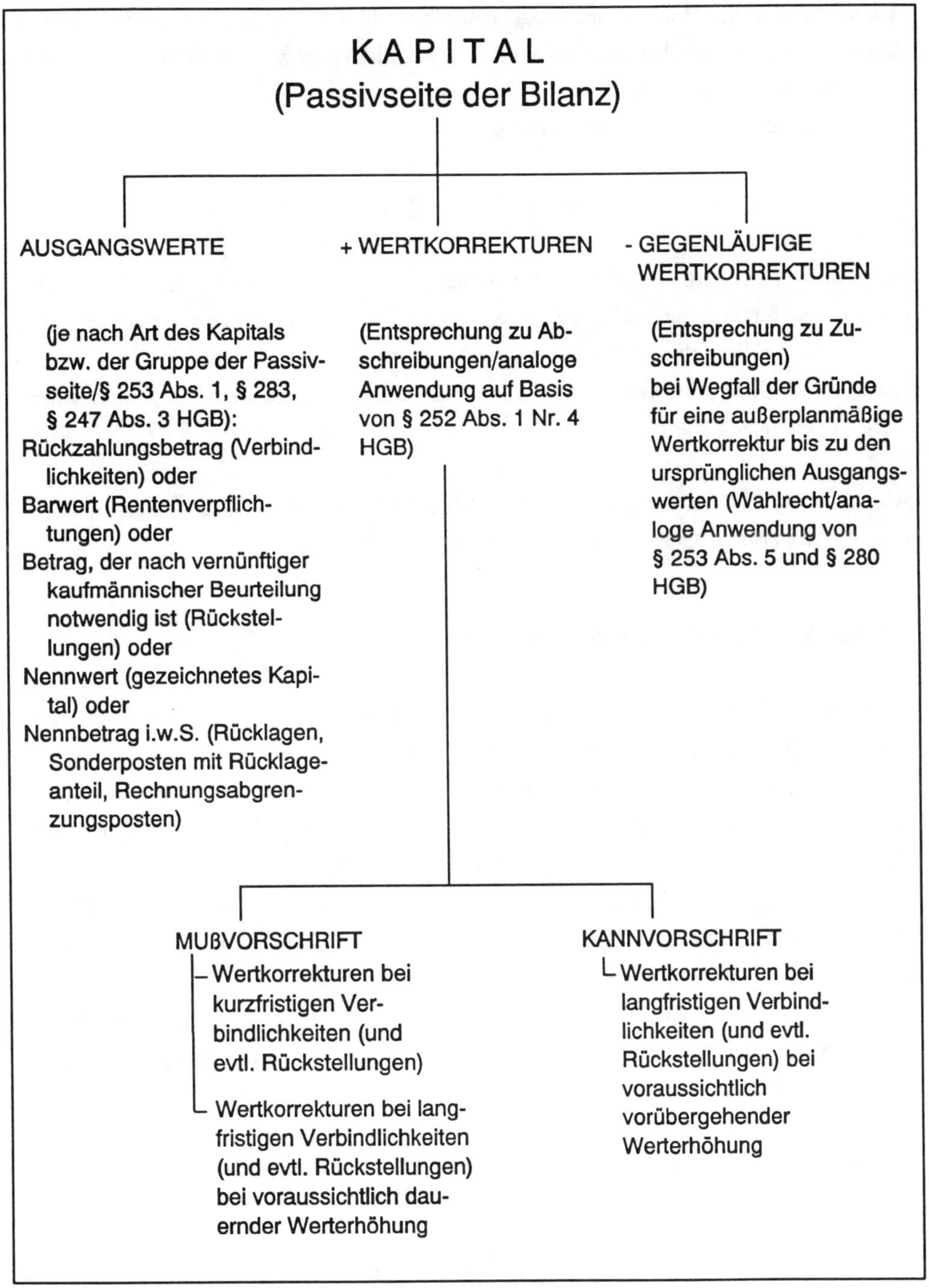

Abbildung E. 29: Bewertung des Kapitals (der Passivseite der Bilanz) nach den Vorschriften des Handelsrechts

steuerliche Zwecke Passivposten (sog. steuerfreie Rücklagen) gebildet werden, oder in dessen Höhe steuerlich bedingte Abschreibungsanteile passivisch ausgewiesen werden. In ähnlicher Weise ergibt sich die **Bewertung der Rechnungsabgrenzungsposten** als **Nennbetrag des abzugrenzenden Betrages**.

Für die **Schulden** werden - ausgehend von den Zugangswerten - Vergleichswerte herangezogen. Bei höheren Vergleichswerten muß oder darf eine **außerplanmäßige Korrektur** (analog zu außerplanmäßigen Abschreibungen) vorgenommen werden. Bei Wegfall der Gründe für eine außerplanmäßige Korrektur kann - bei analoger Anwendung von § 253 Abs. 5 HGB - der höhere Wert beibehalten werden; es kann aber auch eine **gegenläufige Korrektur** (das Gegenteil von einer Zuschreibung) maximal bis zum Zugangswert vorgenommen werden.

Abbildung E. 29 (entnommen aus KUSSMAUL 1993e, S. 62) vermittelt einen Überblick über die Bewertungsmaßstäbe für die Passivseite der Bilanz.

3.4.3.3 Außerplanmäßige Korrekturen

Um dem **Vorsichtsprinzip** - mit seinen Ausprägungen des Realisations- und Imparitätsprinzips - Rechnung zu tragen, findet für Verbindlichkeiten das **Höchstwertprinzip** Anwendung; eine gesetzliche Regelung fehlt jedoch. Entsprechend dem auf der Aktivseite gültigen Niederstwertprinzip hätte dies - z.B. bei Fremdwährungsverbindlichkeiten oder bei sehr hoch verzinslichen Verbindlichkeiten - zur Folge, daß bei kurzfristigen Verbindlichkeiten eine Wertkorrektur auf den höheren beizulegenden Wert erfolgen müßte, während bei langfristigen Verbindlichkeiten ein Wahlrecht für eine Wertkorrektur - außer bei voraussichtlich dauernder Werterhöhung, was eine Pflicht zur Wertkorrektur hervorrufen würde - bestünde (**analoge Anwendung des strengen und gemilderten Niederstwertprinzips** im Umlaufvermögen und im Anlagevermögen; manche Meinungen gehen von einer generellen Anwendung des strengen Höchstwertprinzips unabhängig von der Bindungsdauer aus, was m.E. aber nicht konsequent ist). Für steuerliche Zwecke wird anstatt vom beizulegenden Wert vom Teilwert gesprochen, der aber analog zum beizulegenden Wert ausgelegt wird.

Bei **Wegfall der Gründe für eine außerplanmäßige Korrektur** sollte ebenfalls eine **analoge Anwendung der Zuschreibungsregelungen** der §§ 253 Abs. 5 und 280 HGB gültig sein, auch wenn dies durch den Wortlaut der entsprechenden Regelungen, der sich nur auf Vermögensgegenstände bezieht, nicht gedeckt ist. Unter Heranziehung des Vorsichtsprinzips (§ 252 Abs. 1 Nr. 4 HGB) sind auch die Regelungen zu den Zuschreibungen entsprechend auf Verbindlichkeiten zu übertragen, weshalb es grundsätzlich zu einem Beibehaltungswahlrecht für den höheren Wert und alternativ zu einer Korrekturmöglichkeit maximal bis zum ursprünglichen Zugangswert kommt. Dies gilt auch für Kapitalgesellschaften; dabei wird begründend entweder auf die Regelung des § 280 Abs. 2 HGB mit dem durch Bezug auf das Steuerrecht zustande kommenden faktischen Wertkorrekturrecht oder auf die generelle Nichtanwendbarkeit der Wertaufholungsregelung des § 280 HGB (mit der Folge, daß ausschließlich die Regelung des § 253 Abs. 5 HGB mit dem generellen Wertkorrekturrecht zum Tragen kommt) verwiesen.

3.5 Gewinn- und Verlustrechnung (GuV-Rechnung)

Die Gewinn- und Verlustrechnung als zweiter Bestandteil des Jahresabschlusses wird in der Folge detailliert dargestellt (vgl. dazu insbesondere BIEG/KUSSMAUL 1993, S. 124 ff., woraus auch einzelne Passagen entnommen wurden, sowie grundlegend in ähnlicher Weise COENENBERG 1992, S. 281 ff.; FEDERMANN 1960 ff., Rn. 10 ff.; WÖHE 1992, S. 267 ff.).

3.5.1 Konto- oder Staffelform

§ 275 Abs. 2 und 3 HGB schreibt für Kapitalgesellschaften zwingend eine Gliederung der Gewinn- und Verlustrechnung nach der **Staffelform** vor (vgl. dazu Abbildung E. 30; entnommen aus BIEG/KUSSMAUL 1993, S. 127).

	Umsatzerlöse
+/–	Erhöhung/Verminderung des Bestandes an fertigen und unfertigen Erzeugnissen
+	andere aktivierte Eigenleistungen
=	Gesamtleistung
–	Materialaufwand
=	Rohertrag/Rohaufwand
+	verschiedene Ertragsarten
–	verschiedene Aufwandsarten
=	Jahresüberschuß/-fehlbetrag

Abbildung E. 30: Aufbau der GuV-Rechnung bei Anwendung der Staffelform

Eine Gliederung nach der **Kontoform** (vgl. dazu Abbildung E. 31; entnommen aus BIEG/KUSSMAUL 1993, S. 127) käme für die GuV-Rechnung ebenfalls in Betracht, jedoch können bei dieser Form keine sachlich zusammengehörigen Erfolgskomponenten zusammengefaßt werden.

Aufwendungen		Erträge	
Aufwandsarten	______	Ertragsarten	______
Gewinn	______	(Verlust)	______
Summe	======	Summe	======

Abbildung E. 31: Aufbau einer GuV-Rechnung nach der Kontoform

Bei der **Staffelform** erfolgt eine vertikal fortlaufende Skontration, so daß man ausgehend von den Umsatzerlösen über mehrere Zwischenstufen bis zum Jahresergebnis gelangt. Diese **Zwischenstufen** verbessern die Aussagekraft der GuV-Rechnung erheblich. Da von der Gliederung der GuV-Rechnung nur in Ausnahmefällen abgewichen werden darf, sind die Posten der GuV-Rechnung immer in der gleichen Weise zu ermitteln und auszuweisen. Die bei der Staffelform ausgewiesenen Zwischenstufen können unmittelbar zur Berechnung von Kennzahlen, die einen zwischenbetrieblichen oder interperiodischen Vergleich erlauben, herangezogen werden.

3.5.2 Brutto- oder Nettoprinzip

Das früher zulässige **Nettoprinzip**, bei dem bestimmte Aufwendungen und Erträge miteinander aufgerechnet werden, was zu einer Beeinträchtigung der Aussagefähigkeit führt, wurde durch das Bruttoprinzip abgelöst. Das **Bruttoprinzip**, bei dem sämtliche Aufwendungen und Erträge ohne Saldierung gegenübergestellt werden, ist in § 246 Abs. 2 HGB fixiert, wo explizit auf ein **Verrechnungsverbot** von Posten der Bilanz und der GuV-Rechnung hingewiesen wird. § 275 Abs. 2 und 3 HGB folgt weitgehend dem Bruttoprinzip. Eine Abweichung vom Verrechnungsverbot sieht § 276 HGB vor; danach dürfen kleine und mittelgroße Kapitalgesellschaften bestimmte Posten zusammenfassen (Zusammenfassung der Posten gemäß § 275 Abs. 2 Nr. 1 bis 5 oder Abs. 3 Nr. 1 bis 3 und 6 zu dem Posten "Rohergebnis").

3.5.3 Gesamtkosten- oder Umsatzkostenverfahren

Die Zielsetzung der GuV-Rechnung - Ermittlung des in der Periode erwirtschafteten Erfolges - kann nur erreicht werden, wenn Aufwendungen und Erträge der Periode auf ein gleiches Mengengerüst bezogen werden. In der Praxis ergeben sich insofern Schwierigkeiten, daß sich produzierte und abgesetzte Mengen i.d.R. nicht entsprechen; die Folge sind Veränderungen der Erzeugnisbestände. Der Gesetzgeber stellt daher zwei Verfahren - das Gesamtkostenverfahren (§ 275 Abs. 2 HGB) und das Umsatzkostenverfahren (§ 275 Abs. 3 HGB) - zur Auswahl, die beide betragsmäßig zum gleichen Ergebnis führen, sich aber darin unterscheiden, in welcher Weise Bestandsveränderungen bei der Ermittlung des Periodenergebnisses berücksichtigt werden *(vgl. TROSSMANN D. 4.1.5)*.

Beim **Gesamtkostenverfahren** werden die erzielten Erträge auf das Mengengerüst der Periodenaufwendungen bezogen, d.h. sämtliche in der betrachteten Periode angefallenen Erträge werden sämtlichen Aufwendungen gegenübergestellt, die bei der Leistungserstellung angefallen sind. Dagegen werden beim **Umsatzkostenverfahren** dem Ertrag aus Umsatzerlösen nur diejenigen Aufwendungen gegenübergestellt, welche für die verkauften Produkte angefallen sind.

Das Gesamtkostenverfahren ist primär produktions- und periodenbezogen. Die Aufwendungen können unverändert von den nach den konventionellen Kontenrahmen gegliederten, buchhalterischen Aufwandskonten übernommen werden; einer ausgebauten Kosten- und Erlösrechnung bedarf es bei Anwendung des Gesamtkostenverfahrens nicht. Eine schlüsselmäßige Zurechnung der Aufwendungen auf die einzelnen Funktionsbereiche (Herstellung, Vertrieb, Verwaltung) ist nicht erforderlich, so daß auch somit keine zusätzlichen Abgrenzungs- und Manipulationsspielräume eröffnet werden.

Beim Umsatzkostenverfahren können die Aufwendungen dagegen nicht unverändert aus der nach den konventionellen Kontenrahmen gegliederten Finanzbuchhaltung übernommen werden. Die Zuordnung der Aufwendungen zum Herstellungs-, Vertriebs- oder Verwaltungsbereich sowie zu den abgesetzten Produkten erfordert eine Kosten- und Erlösrechnung, was wiederum aufgrund der dazu notwendigen Schlüsselung zusätzlich Möglichkeiten zur Ausweisgestaltung bietet. Das Umsatzkostenverfahren ist im angelsächsischen Raum weit verbreitet und somit insbesondere für Unternehmen interessant, die auf eine internationale Vergleichbarkeit Wert legen oder die ausländischen Konzernen angehören, die dieses Verfahren praktizieren.

<table>
<tr><th colspan="2">Gliederung der Gewinn- und Verlustrechnung (§ 275 HGB)</th></tr>
<tr><th>Gesamtkostenverfahren
(§ 275 Abs. 2 HGB)</th><th>Umsatzkostenverfahren
(§ 275 Abs. 3 HGB)</th></tr>
<tr><td>1. Umsatzerlöse
2. Erhöhung oder Verminderung des Bestands an fertigen und unfertigen Erzeugnissen
3. andere aktivierte Eigenleistungen
4. sonstige betriebliche Erträge
5. Materialaufwand:</td><td>1. Umsatzerlöse</td></tr>
<tr><td>a) Aufwendungen für Roh-, Hilfs- und Betriebsstoffe und für bezogene Waren
b) Aufwendungen für bezogene Leistungen</td><td>2. Herstellungskosten der zur Erzielung der Umsatzerlöse erbrachten Leistungen</td></tr>
<tr><td>6. Personalaufwand:
a) Löhne und Gehälter</td><td>3. Bruttoergebnis vom Umsatz</td></tr>
<tr><td>b) soziale Abgaben und Aufwendungen für Altersversorgung und für Unterstützung,
davon für Altersversorgung
7. Abschreibungen:
a) auf immaterielle Vermögensgegenstände des Anlagevermögens und Sachanlagen sowie auf aktivierte Aufwendungen für die Ingangsetzung und Erweiterung des Geschäftsbetriebs</td><td>4. Vertriebskosten</td></tr>
<tr><td>b) auf Vermögensgegenstände des Umlaufvermögens, soweit diese die in der Kapitalgesellschaft üblichen Abschreibungen überschreiten</td><td>5. allgemeine Verwaltungskosten
6. sonstige betriebliche Erträge</td></tr>
<tr><td colspan="2">8. (7.) sonstige betriebliche Aufwendungen
9. (8.) Erträge aus Beteiligungen,
davon aus verbundenen Unternehmen
10. (9.) Erträge aus anderen Wertpapieren und Ausleihungen des Finanzanlagevermögens,
davon aus verbundenen Unternehmen
11. (10.) sonstige Zinsen und ähnliche Erträge,
davon aus verbundenen Unternehmen
12. (11.) Abschreibungen auf Finanzanlagen und auf Wertpapiere des Umlaufvermögens
13. (12.) Zinsen und ähnliche Aufwendungen,
davon an verbundene Unternehmen
14. (13.) Ergebnis der gewöhnlichen Geschäftstätigkeit
15. (14.) außerordentliche Erträge
16. (15.) außerordentliche Aufwendungen
17. (16.) außerordentliches Ergebnis
18. (17.) Steuern vom Einkommen und vom Ertrag
19. (18.) sonstige Steuern
20. (19.) Jahresüberschuß/Jahresfehlbetrag</td></tr>
</table>

Abbildung E. 32: Gliederung der Gewinn- und Verlustrechnung nach § 275 HGB

3.5.4 Gliederung der Gewinn- und Verlustrechnung

Bei den in § 275 Abs. 2 und 3 HGB angeführten Gliederungsschemata für Kapitalgesellschaften handelt es sich um Mindestgliederungen, die erweitert werden dürfen, sofern der Grundsatz der Klarheit und Übersichtlichkeit dadurch nicht beeinträchtigt wird. Abbildung E. 32 (entnommen aus WÖHE/KUSSMAUL 1991, S. 233) zeigt eine Gegenüberstellung der beiden Gliederungsschemata.

§ 277 Abs. 3 Satz 2 HGB schreibt eine Ergänzung für die Gliederung der Gewinn- und Verlustrechnung vor; Erträge und Aufwendungen aus Verlustübernahme und um die aufgrund einer Gewinngemeinschaft, eines Gewinnabführungs- oder Teilgewinnabführungsvertrages erhaltenen oder abgeführten Gewinne sind gesondert auszuweisen. Außerdem sind nach § 277 Abs. 3 Satz 1 HGB die außerplanmäßigen Abschreibungen auf Vermögensgegenstände des Anlagevermögens auf den niedrigeren beizulegenden Wert und auf den niedrigeren Zukunftswert gesondert auszuweisen oder im Anhang anzugeben.

3.5.5 Prinzip der Erfolgsspaltung

Die Gliederungsschemata zeigen, daß man sowohl beim Gesamtkosten- als auch beim Umsatzkostenverfahren das Ergebnis der gewöhnlichen Geschäftstätigkeit vom außerordentlichen Ergebnis unterscheidet. Dies wird noch deutlicher in Abbildung E. 33 (entnommen aus WÖHE/KUSSMAUL 1991, S. 234), wo anhand der verkürzten Gliederung der Unterschied zwischen Gesamtkostenverfahren und Umsatzkostenverfahren sowie die Erfolgsspaltungskonzeption des HGB zum Ausdruck kommen.

Das Ergebnis der gewöhnlichen Geschäftstätigkeit wird üblicherweise nach dem Kriterium der Betriebszugehörigkeit in ein ordentliches betriebliches Ergebnis (Betriebserfolg) und ein ordentliches betriebsfremdes Ergebnis (Finanzerfolg) unterteilt.

Neben der **Erfolgsermittlungsrechnung**, in der die Erträge und Aufwendungen einer Periode zur Ermittlung des Jahresüberschusses bzw. Jahresfehlbetrags gegenübergestellt werden, stellt die Gewinn- und Verlustrechnung auch eine **Ergebnisverwendungsrechnung** dar. Ausgehend vom Jahresergebnis wird - wie in Abbildung E. 34 (entnommen aus BIEG/KUSSMAUL 1993, S. 133; in ähnlicher Weise FEDERMANN 1960 ff., Rn. 20) dargestellt - der verwendbare Bilanzgewinn (-verlust) ermittelt.

Gliederung der Gewinn- und Verlustrechnung in verkürzter Form						
Gesamtkostenverfahren (§ 275 Abs. 2 HGB)			**Umsatzkostenverfahren** (§ 275 Abs. 3 HGB)			
Posten						Posten
1		Umsatzerlöse			Umsatzerlöse	1
2	+/./.	Bestandsveränderungen der fertigen und unfertigen Erzeugnisse		./.	Herstellungskosten der zur Erzielung der Umsatzerlöse erbrachten Leistungen	2
3	+	andere aktivierte Eigenleistungen		=	Bruttoergebnis vom Umsatz	3
4	+	sonstige betriebliche Erträge		./.	Vertriebskosten	4
5	./.	Materialaufwand		./.	allg. Verwaltungskosten	5
6	./.	Personalaufwand		+	sonstige betriebliche Erträge	6
7	./.	Abschreibungen		./.	sonstige betriebliche Aufwendungen	7
8	./.	sonstigen betriebliche Aufwendungen				
	=	Betriebsergebnis				
9-13	+	Finanzergebnis				8-12
14	=	Ergebnis der gewöhnlichen Geschäftstätigkeit				13
15-17	+/./.	außerordentliches Ergebnis				14-16
18-19	./.	Steuern				17-18
20	=	Jahresüberschuß/Jahresfehlbetrag				19

Abbildung E. 33: Gliederung der Gewinn- und Verlustrechnung in verkürzter Form

Pos.		Bezeichnung
20		Jahresüberschuß/Jahresfehlbetrag
21	+/–	Gewinnvortrag/Verlustvortrag aus dem Vorjahr
22	+	Entnahmen aus der Kapitalrücklage
23	+	Entnahmen aus Gewinnrücklagen
23 a	+	Ertrag aus der Kapitalherabsetzung
24	–	Einstellung in Gewinnrücklagen
25	–	Einstellung in die Kapitalrücklage
26	=	**Bilanzgewinn/Bilanzverlust**
27	+	Ertrag aufgrund höherer Bewertung gemäß einer Sonderprüfung oder gerichtlichen Entscheidung

Abbildung E. 34: Darstellung der Ergebnisverwendung beim Gesamtkostenverfahren

Für Aktiengesellschaften und Kommanditgesellschaften auf Aktien ist die Darstellung der Ergebnisverwendung nach § 158 AktG in der GuV-Rechnung oder im Anhang vorgeschrieben. Ist der Ergebnisverwendungsvorschlag und -beschluß nicht aus dem Jahresabschluß ersichtlich, so hat eine GmbH nach § 325 HGB diese Angaben mit dem Ausweis des Jahresergebnisses offenzulegen.

3.5.6 Grundsätze ordnungsmäßiger Buchführung im Zusammenhang mit der Gewinn- und Verlustrechnung

Da die Gewinn- und Verlustrechnung bei allen Kaufleuten Bestandteil des Jahresabschlusses ist, gelten die **Grundsätze ordnungsmäßiger Buchführung** gemäß § 243 Abs. 1 HGB auch für die GuV-Rechnung. Neben den allgemeinen Prinzipien sind für Kapitalgesellschaften zusätzliche Grundsätze zu beachten. Abbildung E. 35 (in Anlehnung an FEDERMANN 1960 ff., Rn. 21 und WÖHE 1992, S. 288 f.) zeigt die allgemeinen und speziell für Kapitalgesellschaften geltenden Prinzipien, die im Zusammenhang mit der Gewinn- und Verlustrechnung von Bedeutung sind.

3.6 Anhang und Lagebericht

Der Anhang als dritter Bestandteil des Jahresabschlusses sowie der Lagebericht als ergänzendes Rechenwerk werden in der Folge mit ihren wesentlichen Merkmalen aufgeführt (vgl. dazu ausführlicher BIEG/KUSSMAUL 1993, S. 136 ff. sowie in ähnlicher Weise COENENBERG 1992, S. 351 ff. und WÖHE 1992, S. 267 ff.).

3.6.1 Anhang

Bilanz und Gewinn- und Verlustrechnung können der Aufgabe, ein den tatsächlichen Verhältnissen entsprechendes Bild der Vermögens-, Finanz- und Ertragslage zu vermitteln, nicht immer gerecht werden.

Aus diesem Grunde hat der Gesetzgeber in §§ 284 ff. HGB den Anhang als drittes gleichwertiges Informationsinstrument geregelt. Mittels zusätzlicher Angaben, Darstellungen, Begründungen, Aufgliederungen und Informationen über finanzielle Daten, die sich weder in der Bilanz noch in der Gewinn- und Verlustrechnung niedergeschlagen haben, soll der Erkenntniswert des Jahresabschlusses verbessert werden.

	Grundsatz	Rechtsvorschrift
Für alle Unternehmen	– Zeitgerechte Aufstellung – Stichtagsprinzip – Periodisierungsprinzip – Erhellungsprinzip – Fortführungsprinzip – Klarheits- und Übersichtlichkeitsprinzip – Grundsatz des Verrechnungsverbots – Gebot der Vollständigkeit – Vorsichtsprinzip – Gebot der Willkürfreiheit – Grundsätze der Wesentlichkeit und Wirtschaftlichkeit – Nominalwert-, Anschaffungs- und Herstellungskostenprinzip	§ 243 Abs. 3 HGB § 242 Abs. 1 HGB § 252 Abs. 1 Nr.5 HGB § 252 Abs. 1 Nr.4 HGB § 252 Abs. 1 Nr.2 HGB § 243 Abs. 2 HGB § 246 Abs. 2 HGB § 246 Abs. 1 HGB § 252 Abs. 1 Nr.4 HGB
Zusätzliche Grundsätze für Kapitalgesellschaften	(1) Gliederungskontinuität; Abweichungen in Ausnahmefällen sind im Anhang anzugeben und zu erläutern	§ 265 Abs. 1 HGB
	(2) Angabe des entsprechenden Vorjahresbetrages bei jedem Posten; ggf. Angabe und Erläuterung nicht vergleichbarer Beträge im Anhang	§ 265 Abs. 2 HGB
	(3) Beachtung des Mindestgliederungsschemas (oder Beachtung von Formblättern bei abweichendem Geschäftszweig)	§ 275 HGB § 330 HGB
	– Aufstellung in Staffelform	§ 275 Abs. 1 S. 1 HGB
	– Aufstellung nach dem Gesamtkosten- oder dem Umsatzkostenverfahren	§ 275 Abs. 1 S. 1 HGB
	– Beachtung der vorgeschriebenen Reihenfolge der Posten	§ 275 Abs. 1 S. 2 HGB
	– Gesonderter Ausweis der vorgeschriebenen Posten	§ 275 Abs.2 und 3 HGB
	– Größenabhängige Erleichterungen für kleine und mittelgroße Kapitalgesellschaften	§ 276 HGB
	(4) Abweichungen vom Mindestgliederungsschema	
	– Bei Vorhandensein mehrerer Geschäftszweige mit verschiedenen Gliederungsschemata Anwendung eines Schemas und Ergänzung der Gewinn- und Verlustrechnung nach den anderen Schemata	§ 265 Abs. 4 HGB
	– Weitergehende Untergliederungen von Positionen zulässig	§ 265 Abs. 5 S. 1 HGB
	– Hinzufügung neuer Positionen zulässig, wenn ihr Inhalt nicht von einem vorgeschriebenen Posten gedeckt wird	§ 265 Abs. 5 S. 2 HGB
	– Änderung der Gliederung und Bezeichnung der mit arabischen Zahlen versehenen Posten zulässig, wenn wegen Besonderheiten im Interesse der Klarheit und Übersichtlichkeit erforderlich	§ 265 Abs. 6 HGB
	– Möglichkeit der Zusammenfassung der mit arabischen Zahlen versehenen Posten, wenn dadurch die Klarheit der Darstellung vergrößert wird oder wenn sie einen für die Vermittlung eines den tatsächlichen Verhältnissen entsprechenden Bildes unerheblichen Betrag enthalten	§ 265 Abs. 7 HGB
	– Führung von Leerposten (ein Posten der Mindestgliederung weist keinen Betrag aus) nur dann, wenn im vorhergehenden Geschäftsjahr unter diesem Posten ein Betrag ausgewiesen wurde	§ 265 Abs. 8 HGB

Abbildung E. 35: Grundsätze ordnungsmäßiger Buchführung im Zusammenhang mit der Gewinn- und Verlustrechnung

Der Anhang ist von den Vertretern (Organen) der Kapitalgesellschaft i.d.R. in den ersten drei Monaten des laufenden Geschäftsjahres für das vergangene Geschäftsjahr aufzustellen (vgl. § 264 Abs. 1 Satz 1 HGB); größenabhängige Erleichterungen gibt es für kleine und mittelgroße Kapitalgesellschaften. § 336 HGB dehnt die Pflicht zur Aufstellung eines Anhangs auf Genossenschaften aus, allerdings mit den für Kapitalgesellschaften analogen größenspezifischen Erleichterungen. § 5 Abs. 2 PublG bezieht Unternehmen, die unter die Bestimmungen des Publizitätsgesetzes fallen und nicht in der Rechtsform einer Personenhandelsgesellschaft oder eines Einzelunternehmens geführt werden, ebenfalls in den Kreis der Aufstellungspflichtigen ein.

Inhalt	(1) Angaben zur Erläuterung der Bilanz und Gewinn- und Verlustrechnung, die aufgrund von Einzelvorschriften wahlweise in der Bilanz bzw. GuV-Rechnung oder im Anhang gemacht werden müssen (§ 284 Abs. 1 HGB) (2) Pflichtangaben, die nur im Anhang zu machen sind – § 284 Abs. 2 HGB: Erläuterungen zur Bilanz und GuV-Rechnung – § 285 HGB: Sonstige Pflichtangaben – Rechtsformabhängige Einzelangaben nach AktG, GmbHG u.a. (3) Unterlassen von Angaben – § 286 Abs. 1 HGB: Schutzklausel zugunsten der Bundesrepublik Deutschland oder eines ihrer Länder – § 286 Abs. 2, 3 Nr. 2 HGB: Unterlassen bestimmter Angaben, die der Kapitalgesellschaft oder einem Unternehmen, von dem sie mindestens 20 % der Anteile besitzt, einen erheblichen Nachteil zufügen können – § 286 Abs. 3 Nr. 1 HGB: Unterlassen bestimmter Angaben, soweit sie für die Darstellung der Vermögens-, Finanz- und Ertragslage von untergeordneter Bedeutung sind – § 287 HGB: Unterlassen der in § 285 Nr. 11 HGB geforderten Angaben über Unternehmen, an denen die Kapitalgesellschaft mit mindestens 20 % beteiligt ist, wenn diese Angaben in einer gesonderten Aufstellung des Anteilsbesitzes gemacht werden, auf die im Anhang hinzuweisen ist – § 288 HGB: Größenabhängige Erleichterungen (4) Freiwillige Erweiterungen, soweit die Klarheit und Übersichtlichkeit und das Bild der tatsächlichen Verhältnisse nicht beeinträchtigt werden (auch im Lagebericht möglich) – Sozialbericht – Kennzahlen, graphische Darstellungen, Kapitalflußrechnung, Netto-Substanzerhaltungsrechnung u.a.

Abbildung E. 36: Inhalt des Anhangs einer Bilanz

Einige Regelungen im Aktiengesetz (z.B. § 160 AktG), im GmbH-Gesetz (z.B. § 42 Abs. 3 GmbHG) und im Handelsgesetzbuch (§ 338 HGB) enthalten unternehmensspezifische Zusatzangaben für AG, KGaA, GmbH sowie Genossenschaften. Eine kurze Zusammenfassung über den Inhalt des Anhangs gibt Abbildung E. 36 (modifiziert entnommen aus WÖHE 1990a, S. 221 f.).

Bei der Aufstellung des Anhangs ist neben inhaltlichen auch formalen Anforderungen Genüge zu leisten. Eine **Gliederungsvorschrift** - wie für Bilanz und Gewinn- und Verlustrechnung - hat der Gesetzgeber **nicht gefordert**, jedoch hat die Literatur eine Vielzahl von Gliederungsvorschlägen hervorgebracht. Ein Systematisierungsansatz sieht so aus (vgl. dazu BRINK 1992, S. 19 sowie COENENBERG 1992, S. 354):

(1) Allgemeine Angaben zu den Bilanzierungs- und Bewertungsmethoden und den Grundlagen der Währungsumrechnung;

(2) Erläuterungen zu den einzelnen Posten der Bilanz und Gewinn- und Verlustrechnung;

(3) sonstige Angaben (z.B. Angaben über die Vermögens-, Finanz- und Ertragslage, Angabe der Namen der Organmitglieder).

3.6.2 Lagebericht

Ähnlich wie der Anhang hat der Lagebericht, der nicht Bestandteil des Jahresabschlusses ist, reine Informationsfunktion. Der Lagebericht soll den Einblick in die wirtschaftliche Lage eines Unternehmens in sachlicher Hinsicht durch zusätzliche Angaben über das Unternehmen und dessen Umwelt und in zeitlicher Hinsicht durch zukunftsorientierte Informationen ergänzen (vgl. COENENBERG 1992, S. 377).

§ 289 Abs. 1 HGB fordert von Kapitalgesellschaften, daß der Lagebericht zumindest den Geschäftsverlauf und die Lage so darstellt, daß ein den tatsächlichen Verhältnissen entsprechendes Bild vermittelt wird.

Ferner soll der Lagebericht gemäß § 289 Abs. 2 HGB auch eingehen auf

- Vorgänge von besonderer Bedeutung, die nach dem Schluß des Geschäftsjahrs eingetreten sind,

- die voraussichtliche Entwicklung,
- den Bereich Forschung und Entwicklung.

Eine Besonderheit besteht bei abhängigen Aktiengesellschaften; diese haben eine Schlußerklärung des Abhängigkeitsberichtes (vgl. § 312 Abs. 3 AktG), aus der hervorgeht, ob die Gesellschaft bei Ausführung von Weisungen der herrschenden Gesellschaft eine angemessene Gegenleistung erhalten hat und ob eingetretene Nachteile ausgeglichen worden sind, in den Lagebericht aufzunehmen. Soweit die Klarheit und Übersichtlichkeit sowie das Bild der tatsächlichen Verhältnisse nicht beeinträchtigt werden, kann der Lagebericht durch freiwillige Angaben erweitert werden (z.B. Sozialbericht, Kennzahlen, graphische Darstellungen u.a.).

Kapitalgesellschaften haben den Lagebericht i.d.R. in den ersten drei Monaten des Geschäftsjahres für das vergangene Geschäftsjahr aufzustellen (vgl. § 264 Abs. 1 Satz 1 HGB); größenabhängige Erleichterungen gibt es für kleine und mittelgroße Kapitalgesellschaften. § 336 HGB erweitert die Pflicht auf Genossenschaften; § 5 Abs. 2 PublG sieht die Aufstellung eines Lageberichts durch die gesetzlichen Vertreter eines Unternehmens, das nicht in der Rechtsform einer Personengesellschaft oder des Einzelkaufmanns geführt wird, vor.

3.7 Prüfung und Offenlegung des Jahresabschlusses

3.7.1 Prüfung des Jahresabschlusses

Die Pflicht, den vom Unternehmen aufgestellten Jahresabschluß (ggf. Konzernabschluß) durch einen Abschlußprüfer prüfen zu lassen, knüpft teils an die Rechtsform, teils an die Größe oder den Geschäftszweig an, in dem das Unternehmen tätig ist (vgl. dazu und zum folgenden FORSTER 1991, S. 442 ff.).

Eine **Prüfungspflicht** besteht danach für

- AG, KGaA, GmbH (§ 316 Abs. 1 HGB; kleine Kapitalgesellschaften sind gemäß § 267 HGB von der Prüfungspflicht befreit),
- Genossenschaften (§ 53 Abs. 2 GenG),

- Unternehmen, die unter das Publizitätsgesetz fallen (§ 6 Abs. 1 PublG),

- Kreditinstitute (§ 27 KWG), Versicherungsunternehmen (§ 55 VAG), gemeinnützige Wohnungsunternehmen (§ 26 WGG), Bausparkassen (§ 1 Abs. 1 und § 13 BauSpKG i.V.m. § 27 KWG), Kapitalanlagegesellschaften (§§ 2 Abs. 1, 25 Abs. 3 KAGG i.V.m. § 27 KGW),

- Wirtschaftsbetriebe der öffentlichen Hand sowie bestimmte Spezialinstitute (Deutsche Bundesbank, Kreditanstalt für Wiederaufbau, Deutsche Ausgleichsbank).

Für alle gesetzlich vorgeschriebenen Pflichtprüfungen gilt, daß der Jahresabschluß gemäß § 316 Abs. 1 Satz 2 HGB erst nach Durchführung der Prüfung festgestellt werden kann. Unternehmen, die keiner Pflichtprüfung unterliegen, können sich freiwillig prüfen lassen.

Als **Abschlußprüfer** kommen Wirtschaftsprüfer und Wirtschaftsprüfungsgesellschaften, genossenschaftliche oder andere Prüfungsverbände oder vereidigte Buchprüfer bzw. Buchprüfungsgesellschaften (bis zu mittelgroßer GmbH; keine großen Kapitalgesellschaften und keine Aktiengesellschaften) in Betracht. Der Prüfer ist - i.d.R. von der Haupt- bzw. Gesellschafterversammlung - für jede Prüfung neu zu wählen (vgl. § 318 Abs. 1 HGB). Die Wiederwahl eines Abschlußprüfers ist grundsätzlich möglich und üblich. Nach § 319 Abs. 2 und 3 HGB muß die Unabhängigkeit und Unbefangenheit des Prüfers gegenüber dem geprüften Unternehmen gewährleistet sein.

Die Prüfung erstreckt sich neben **Jahresabschluß und Lagebericht** auch auf die **Buchführung**. Mittels der Prüfung soll festgestellt werden, ob die gesetzlichen Vorschriften zur Rechnungslegung bzw. ergänzende Regelungen der Satzung oder des Gesellschaftsvertrages beachtet wurden.

Dazu gewährt das Gesetz dem Abschlußprüfer weitgehende Einsichts- und Auskunftsrechte (vgl. § 320 HGB). Die Ergebnisse der Prüfung werden in einem schriftlichen Prüfungsbericht zusammengefaßt; nach § 321 Abs. 1 Satz 4 HGB sind nachteilige Veränderungen der Vermögens-, Finanz- und Ertragslage gegenüber dem Vorjahr und Verluste, die das Jahresergebnis nicht unwesentlich beeinflußt haben, aufzuführen und ausreichend zu erläutern. Eine Berichtspflicht besteht nach § 321 Abs. 2 HGB auch dann, wenn der Abschlußprüfer bei Wahrnehmung seiner Aufgaben Tatsachen feststellt, die den Bestand des Unternehmens oder seine Entwicklung wesentlich beeinträchtigen können oder die schwerwiegende Verstöße der gesetzlichen Vertreter gegen Gesetz, Gesellschaftsvertrag oder Satzung erkennen lassen (sog. Redepflicht).

Entsprechen der Jahresabschluß und die Buchführung den gesetzlichen Vorschriften sowie den Grundsätzen ordnungsmäßiger Buchführung, so wird ein (formelhafter) Bestätigungsvermerk erteilt (vgl. § 322 HGB). Sind wesentliche Einwendungen zu erheben, so ist das Testat einzuschränken oder zu versagen. Eine etwaige Versagung ist durch einen Vermerk zu erklären, in dem auch die Gründe der Versagung anzugeben sind.

3.7.2 Offenlegung des Jahresabschlusses

Um der Informationsfunktion des Jahresabschlusses gerecht zu werden, legt das HGB in §§ 325-329 HGB der Offenlegung des Jahresabschlusses besondere Bedeutung bei. Form und Umfang der Offenlegung werden auch hier von der Größe der Kapitalgesellschaft bestimmt. Nach § 325 Abs. 1 HGB sind von allen Kapitalgesellschaften beim **Handelsregister** einzureichen:

- Jahresabschluß mit Bestätigungsvermerk oder Vermerk über dessen Versagung,
- Lagebericht,
- Bericht des Aufsichtsrats,
- Vorschlag und Beschluß über die Verwendung des Ergebnisses (soweit sich dies nicht aus dem Jahresabschluß ergibt).

Im Bundesanzeiger ist bekanntzumachen, bei welchem Handelsregister und unter welcher Nummer die Unterlagen eingereicht wurden; **große Kapitalgesellschaften** haben die vorbezeichneten Unterlagen im **Bundesanzeiger** bekanntzumachen (vgl. § 325 Abs. 1 und 2 HGB). **Kleine Kapitalgesellschaften** haben gemäß § 326 HGB nur die **Bilanz** und den **Anhang** beim Handelsregister einzureichen, außerdem - soweit sich dies nicht aus dem Jahresabschluß ergibt - auch den Vorschlag und den Beschluß über die Ergebnisverwendung. Für **mittelgroße Kapitalgesellschaften** sieht § 327 HGB **Erleichterungen** bei der Offenlegung (verkürzte Form der Bilanz, verkürzte Form der GuV-Rechnung, Weglassen bestimmter Angaben im Anhang) vor. Für Genossenschaften (§ 339 HGB) und Unternehmen, die unter das PublG fallen (§ 9 PublG), bestehen ebenfalls Offenlegungspflichten mit ähnlichem Umfang.

Das Registergericht kann nach § 335 HGB Unternehmen, die ihre Offenlegungspflichten nicht befolgen, mit der Festsetzung von Zwangsgeldern (höchstens 10.000,-- DM) zur Pflichterfüllung anhalten.

4. Grundzüge des Konzernabschlusses

4.1 Begriff des Konzerns und rechtliche Grundlagen

Unter einem Konzern versteht man einen Zusammenschluß rechtlich selbständiger Unternehmen unter eine wirtschaftliche Einheit. § 18 AktG sieht die **einheitliche Leitung** als konstituierendes Merkmal für ein Konzernverhältnis.

§ 290 HGB und § 11 PublG schließen sich dieser Definition an, wobei das HGB zusätzlich das Vorliegen einer Beteiligung fordert. Einen Überblick über verschiedene Arten von Konzernen auf der Grundlage des Aktienrechts gibt Abbildung E. 37.

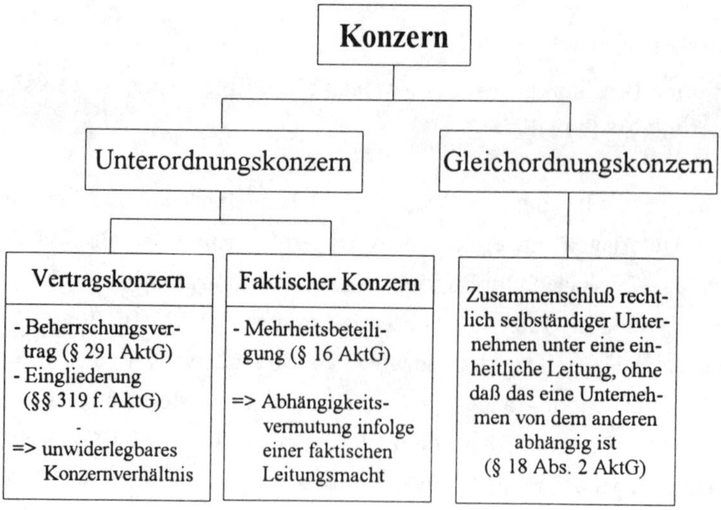

Abbildung E. 37: Konzernarten

Für Unternehmen, die in einem Unterordnungskonzern zusammengeschlossen sind, gelten die Vorschriften der §§ 290 ff. HGB. Danach haben Unternehmen, die unter der einheitlichen Leitung einer Kapitalgesellschaft (Mutterunternehmen) mit Sitz im Inland stehen und bei denen das Mutterunternehmen eine Beteiligung nach § 271 Abs. 1 HGB an dem (den) anderen Unternehmen (im Zweifel mehr als 20% der Anteile) hält, in den ersten fünf Monaten des Konzerngeschäftsjahrs für das vergangene Konzerngeschäftsjahr einen Konzernabschluß und einen Konzernlagebericht aufzustellen. Vorschriften zur Konzernrechnungslegung finden sich im wesentlichen in den §§ 290-315 HGB und §§ 11-13 PublG. Bestimmte Unternehmen werden in den §§ 291-293 HGB von der Pflicht zur Aufstellung eines Konzernabschlusses befreit.

4.2 Aufgaben und Bestandteile des Konzernabschlusses

Der Konzernabschluß - bestehend aus Konzernbilanz, Konzernerfolgsrechnung und Konzernanhang - stellt eine Konsolidierung der Einzelabschlüsse unter Aufrechnung der Positionen dar, die eine Folge der wirtschaftlichen Beziehungen zwischen den rechtlich selbständigen Konzernunternehmen sind (vgl. WÖHE 1990a, S. 229).

Die Aufgabe des Konzernabschlusses besteht darin, ein den tatsächlichen Verhältnissen entsprechendes Bild der Vermögens-, Finanz- und Ertragslage des Konzerns zu vermitteln. Dem Konzernabschluß kommt also nur eine **Informationsfunktion** zu, weshalb er die Einzelabschlüsse der einbezogenen Unternehmen nicht ersetzen kann. Neben dem Konzernabschluß trägt der Konzernlagebericht, der nicht Bestandteil des Konzernabschlusses ist, zur Erfüllung der Informationsfunktion bei.

4.3 Konsolidierungsgrundsätze

Im wesentlichen gelten auch bei der Aufstellung des Konzernabschlusses die für die Aufstellung des Jahresabschlusses in *Kapitel 3.* dargestellten Grundsätze. Abbildung E. 38 gibt einen Überblick über die zu beachtenden Konsolidierungsgrundsätze (vgl. dazu COENENBERG 1992, S. 403 ff.).

Grundsatz	Inhalt und rechtliche Grundlage
Klarheit und Übersichtlichkeit	Festlegung in § 297 Abs. 2 S. 1 HGB; ferner hat der Konzernabschluß nach § 297 Abs. 2 S. 2 HGB "unter Beachtung der Grundsätze ordnungsmäßiger Buchführung ein den tatsächlichen Verhältnissen entsprechendes Bild von der Vermögens-, Finanz- und Ertragslage des Konzerns zu vermitteln".
Fiktion der rechtlichen Einheit	Die Vermögens-, Finanz- und Ertragslage der einbezogenen Unternehmen ist so darzustellen, "als ob diese Unternehmen insgesamt ein einziges Unternehmen wären" (§ 297 Abs. 3 S. 1 HGB). Mit dieser Vorschrift wird dem Konzern eine fiktive Rechtspersönlichkeit beigemessen, in der fiktiv die Rechtspersönlichkeiten der einbezogenen Konzernunternehmen aufgehen.
Stetigkeit der Konsolidierungsmethoden	Die einmal gewählten Konsolidierungsmethoden sollen im Interesse der Vergleichbarkeit der aufeinanderfolgenden Konzernabschlüsse grundsätzlich beibehalten werden. Abweichungen sind in Ausnahmefällen zulässig, wobei dann eine Erläuterung im Konzernanhang zu erfolgen hat (§ 297 Abs. 3 Sätze 2-5 HGB).
Einheitliche Bilanzierung und Bewertung	§§ 300 Abs. 2 und 308 Abs. 1 i.V.m. §§ 252 Abs. 1 Nr. 6 und 265 Abs. 1 HGB
Einheitlichkeit des Konsolidierungsstichtages	Alle Konzernunternehmen sollen auf der Basis eines auf den Konzernabschlußstichtag erstellten Einzelabschlusses in den konsolidierten Abschluß einbezogen werden (§ 299 HGB).
Vollständigkeit des Konzernabschlusses	Nach § 300 Abs. 2 S. 1 HGB sind "die Vermögensgegenstände, Schulden und Rechnungsabgrenzungsposten sowie die Erträge und Aufwendungen der in den Konzernabschluß einbezogenen Unternehmen ... unabhängig von ihrer Berücksichtigung in den Jahresabschlüssen dieser Unternehmen vollständig aufzunehmen, soweit nach dem Recht des Mutterunternehmens nicht ein Bilanzierungsverbot oder ein Bilanzierungswahlrecht besteht".
Wesentlichkeit und Wirtschaftlichkeit	Der Konzernabschluß bedingt einen hohen technischen Aufwand zu seiner Erstellung; da er jedoch nur eine Informationsfunktion hat und z.B. keine Ausschüttungsrechte ver brieft, kann eine strikte Anwendung der Grundsätze im Einzelfall zu einem unangemessen hohen Aufwand führen. Aus diesem Grund kann auf Konsolidierungsvorgänge, die zu unverhältnismäßig hohen Kosten und Verzögerungen führen, verzichtet werden (§§ 291, 292, 293, 296, 298, 303, 304, 305, 308, 312 HGB).

Abbildung E. 38: Konsolidierungsgrundsätze

4.4 Verpflichtung zur Aufstellung von Konzernabschlüssen und Konzernlageberichten

Das HGB verpflichtet Mutterunternehmen in der Rechtsform einer Kapitalgesellschaft mit Sitz im Inland, das Publizitätsgesetz insbesondere Personengesellschaften zur Aufstellung eines Konzernabschlusses. Die Verpflichtung nach dem HGB (§ 290) besteht bei Vorliegen einer Mutter-/Tochterbeziehung nach dem **Konzept der einheitlichen Leitung** oder nach dem "**Control-Konzept**"; das Publizitätsgesetz stellt allein auf die einheitliche Leitung ab (vgl. dazu und zum folgenden insbesondere LANFERMANN 1991, S. 331). Von einer **einheitlichen Leitung** ist auszugehen, wenn die Muttergesellschaft die Geschäftspolitik der Tochterunternehmen und sonstige grundsätzliche Fragen ihrer Geschäftsführung abstimmt und im Konfliktfall das Konzerninteresse überwiegt.

Das **Control-Konzept** greift (unabhängig von der Existenz einer einheitlichen Leitung) gemäß § 290 Abs. 2 HGB dann, wenn dem Mutterunternehmen bei einem Tochterunternehmen

- die Mehrheit der Stimmrechte der Gesellschafter zusteht,
- das Recht zusteht, die Mehrheit der Mitglieder des Verwaltungs-, Leitungs- oder Aufsichtsorgans zu bestellen oder abzuberufen, und sie gleichzeitig Gesellschafterin ist oder
- das Recht zusteht, einen beherrschenden Einfluß aufgrund eines mit diesem Unternehmen geschlossenen Beherrschungsvertrags oder aufgrund einer Satzungsbestimmung dieses Unternehmens auszuüben.

Nach § 11 Abs. 1 PublG ist eine inländische Nichtkapitalgesellschaft zur Aufstellung eines Konzernabschlusses verpflichtet, wenn dieses Unternehmen mit Sitz im Inland die einheitliche Leitung über ein anderes Unternehmen ausübt und für drei aufeinanderfolgende Konzernabschlußstichtage jeweils mindestens zwei der drei folgenden Merkmale zutreffen:

-	Konzernbilanzsumme	>	125 Mio. DM
-	Konzernumsatz	>	250 Mio. DM
-	Zahl der Arbeitnehmer der inländischen Konzernunternehmen	>	5.000

Abbildung E. 39 enthält einen Überblick über die Normen, die für die Erstellung eines Konzernabschlusses maßgeblich sind (entnommen aus COENENBERG 1992, S. 408).

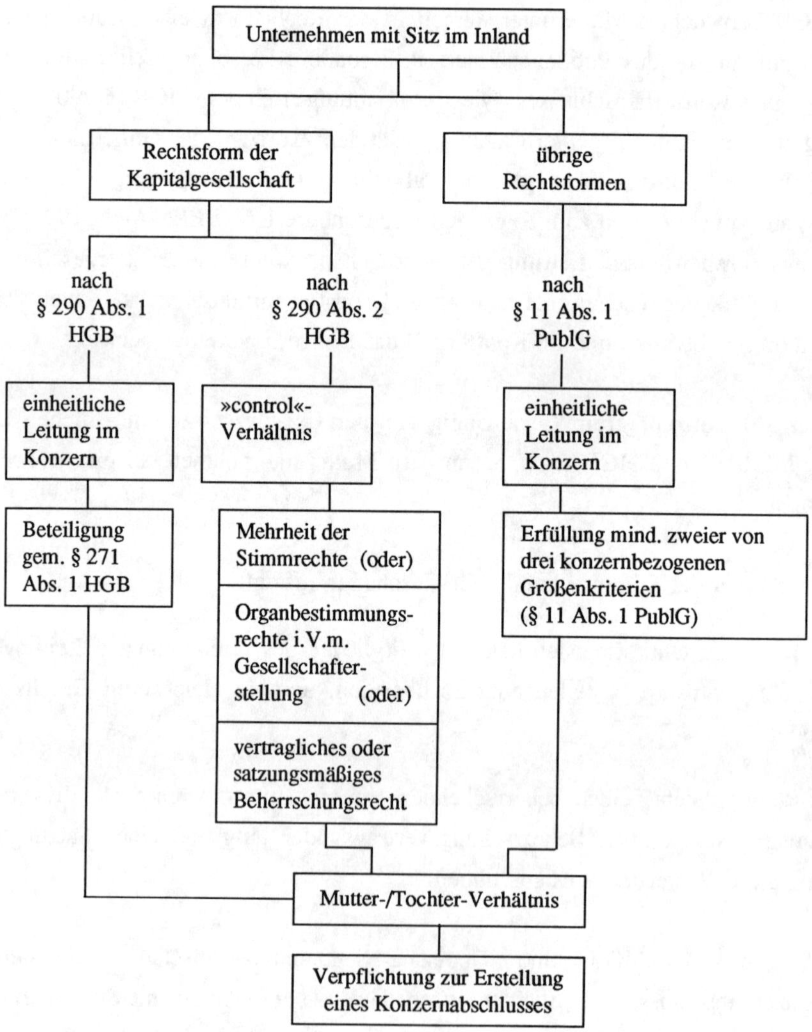

Abbildung E. 39: Verpflichtende Normen zur Erstellung eines Konzernabschlusses

Ist eine Muttergesellschaft gleichzeitig auch Tochterunternehmen, so braucht nach §§ 291 und 292 HGB ein Konzernabschluß nicht aufgestellt zu werden, wenn ein **befreiender Konzernabschluß** auf höherer Ebene aufgestellt wird. Eine Befreiung nach dem HGB tritt - außer in dem Fall, daß eines der einbezogenen Unternehmen an der Börse notiert wird - auch dann ein, wenn die in § 293 HGB aufgeführten Größenmerkmale nicht erreicht werden; dabei gelten für Kreditinstitute und Versicherungsunternehmen abweichende Kriterien.

4.5 Konsolidierungskreis

§ 294 Abs. 1 HGB bestimmt, daß grundsätzlich das Mutterunternehmen und sämtliche Tochtergesellschaften in den Konzernabschluß einzubeziehen sind. Der Sitz der Tochterunternehmen spielt dabei keine Rolle, es gilt das sog. "Weltabschlußprinzip". Die in den Konsolidierungskreis aufgenommenen Tochterunternehmen unterliegen der **Vollkonsolidierung**, d.h. daß ein Konzernunternehmen prinzipiell mit allen Aktiva und Passiva sowie Aufwendungen und Erträgen in den konsolidierten Abschluß einfließt, soweit diese nicht durch spezielle Konsolidierungsmaßnahmen modifiziert oder eliminiert werden.

Ausnahmen zu dem vorgenannten Grundsatz sind in Form von Konsolidierungsverboten (§ 295 HGB) und Konsolidierungswahlrechten (§ 296 HGB) geregelt. Die **Einbeziehung einer Tochtergesellschaft** in den Konsolidierungskreis kommt nach § 295 Abs. 1 HGB **nicht in Betracht**, wenn sich die Tätigkeit von der Tätigkeit der anderen einbezogenen Unternehmen derart unterscheidet, daß die Aufgabe des Konzernabschlusses, ein den tatsächlichen Verhältnissen entsprechendes Bild der Vermögens-, Finanz- und Ertragslage zu vermitteln, nicht mehr realisiert werden kann. Die Nichteinbeziehung einer Tochtergesellschaft ist nach § 295 Abs. 3 HGB im Anhang zu begründen. Kommt eine Einbeziehung bzw. Vollkonsolidierung einer Tochtergesellschaft nicht in Betracht, dann ist zu prüfen, ob ein Einbezug nach der Equity-Methode (vgl. dazu COENENBERG 1992, S. 420) möglich ist.

Konsolidierungswahlrechte bei entsprechender Begründungspflicht im Konzernanhang ergeben sich aus § 296 HGB; danach braucht ein Tochterunternehmen - neben dem Fall einer untergeordneten Bedeutung eines Tochterunternehmens - nicht in den Konzernabschluß einbezogen zu werden, wenn

- erhebliche und andauernde Beschränkungen die Ausübung der Rechte des Mutterunternehmens in bezug auf das Vermögen oder die Geschäftsführung dieses Unternehmens nachhaltig beeinträchtigen,
- die für die Aufstellung des Konzernabschlusses erforderlichen Angaben nicht ohne unverhältnismäßig hohe Kosten oder Verzögerungen zu erhalten sind oder
- die Anteile des Tochterunternehmens ausschließlich zum Zwecke ihrer Weiterveräusserung gehalten werden.

4.6 Konzernbilanz

4.6.1 Bilanzstichtag

Nach § 299 HGB ist der Konzernabschluß grundsätzlich auf den Stichtag des Jahresabschlusses des Mutterunternehmens aufzustellen. Weicht der Abschlußstichtag eines einbezogenen Unternehmens von diesem Stichtag ab, so hat die Konsolidierung auf der Grundlage eines Zwischenabschlusses zu erfolgen, wenn der Abschlußstichtag des Tochterunternehmens mehr als drei Monate zurückliegt. Beträgt die Abweichung weniger als drei Monate und wird freiwillig ein Zwischenabschluß nicht erstellt, können eventuell eingetretene Vorgänge von besonderer Bedeutung für die Vermögens-, Finanz- und Ertragslage entweder in der Konzernbilanz, in der Konzern-GuV-Rechnung oder im Konzernanhang berücksichtigt werden.

4.6.2 Bewertung und Währungsumrechnung

In § 308 HGB ist der Grundsatz der **Einheitlichkeit der Bewertung** kodifiziert. Dies bedeutet, daß die in den Konzernabschluß übernommenen Vermögensgegenstände und Schulden nach den auf den Jahresabschluß des Mutterunternehmens anwendbaren Bewertungsmethoden einheitlich zu bewerten sind (vgl. dazu WÖHE 1990a, S. 247). Da nicht alle einbezogenen Unternehmen bestehende Bilanzierungswahlrechte oder -methoden gleich ausüben, ist es sinnvoll, wenn die Tochterunternehmen zum Zwecke der Vereinheitlichung eine sog. Handelsbilanz II aufstellen, die den Bewertungsmethoden des Mutterunternehmens entspricht. Das Mutterunternehmen wird i.d.R. die anwendbaren Wahlrechte determinieren, jedoch können diese Wahlrechte losgelöst von den Einzelabschlüssen ausgeübt werden, d.h. auch der Einzelabschluß des Mutterunternehmens kann unter anderen Bewertungsgrundlagen aufgestellt sein als der Konzernabschluß.

Bei der Konsolidierung ausländischer Einzelabschlüsse können Schwierigkeiten auftreten, da eine Umrechnung der Fremdwährungsbeträge in DM erfolgen muß. Das Gesetz enthält keine Vorschriften darüber, welche Grundsätze zur Umrechnung anzuwenden sind (vgl. dazu ausführlich mit weiteren Verweisen COENENBERG 1992, S. 434 ff.).

4.6.3 Kapitalkonsolidierung

Bei der Kapitalkonsolidierung treten an die Stelle der im Einzelabschluß ausgewiesenen Anteile an den einbezogenen Tochterunternehmen die entsprechenden Vermögensgegenstände, Schulden u.ä. der Tochterunternehmen. Ohne diese Verrechnungen käme es zu Doppelzählungen in dem Umfang, wie das Mutterunternehmen an den Tochterunternehmen beteiligt ist. Im Konzernanhang ist anzugeben, welche Konsolidierungsmethode angewandt wurde. Das Gesetz läßt verschiedene Methoden der Kapitalkonsolidierung zu; Abbildung E. 40 zeigt zusammenfassend die Methoden der Kapitalkonsolidierung (in Anlehnung an COENENBERG 1992, S. 454 ff., insbesondere S. 455 und S. 468).

Die folgenden vereinfachten Beispiele zeigen den Zweck der Kapitalkonsolidierung auf (in Anlehnung an WÖHE 1990a, S. 249 f.).

Methoden			Inhalt
Vollkonsolidierung	Erwerbsmethode; § 301 HGB	Buchwertmethode; § 301 Abs. 1 S. 2 Nr. 1 HGB	Die dem Mutterunternehmen gehörenden Anteile sind mit dem Eigenkapital der Tochterunternehmen aufzurechnen. **Problem:** Wertansatz der Anteile stimmt nicht überein mit Eigenkapital der Tochtergesellschaft; es entstehen Differenzen: – Buchwert > anteiliges EK (z.B. stille Reserven); – Buchwert < anteiliges EK (stille Lasten, negative Zukunftsaussichten). **Lösung:** Zuordnung der Differenzen zu Bilanzposten, soweit sich der Zeitwert vom Buchwert unterscheidet. Bleibt ein nicht aufzuteilender Restbetrag übrig, so erfolgt ein Ausweis als – Geschäftswert (Goodwill); – negativer Unterschiedsbetrag (Badwill).
		Neubewertungsmethode; § 301 Abs. 1 S. 2 Nr. 2 HGB	Bei dieser Methode werden die Differenzen (stille Reserven/stille Lasten) bereits in einer der Konsolidierung vorgelagerten Handelsbilanz (Handelsbilanz II) zugeordnet. Eine Begrenzung erfolgt insofern, als das anteilige Eigenkapital nicht mit einem Betrag angesetzt werden darf, der die Anschaffungskosten des Mutterunternehmens für die Anteile an dem einbezogenen Tochterunternehmen überschreitet (§ 301 Abs. 1 S. 4 HGB).
	Interessenzusammenführungsmethode; § 302 HGB ("Pooling of interests")		Kennzeichen dieser Methode: – Der Beteiligungsbuchwert wird nur gegen das anteilige gezeichnete Kapital des Tochterunternehmens aufgerechnet. – Die Buchwerte gehen unverändert aus der Handelsbilanz II des Tochterunternehmens in den Konzernabschluß ein. – Eine Aufrechnungsdifferenz wird sofort erfolgsneutral gegen das Konzernkapital verrechnet. Voraussetzungen nach § 302 HGB: – Dem Mutterunternehmen gehören mindestens 90% des Kapitals des Tochterunternehmens. – Dem Erwerb der Anteile liegt **kein** Kauf, sondern ein Tauschvorgang zugrunde. – Eine eventuell zusätzliche Barabgeltung darf 10% des Nennbetrages oder des rechnerischen Werts der ausgegebenen Anteile nicht übersteigen.
Quotenkonsolidierung; § 310 HGB			Anwendung bei Vorliegen von **Gemeinschaftsunternehmen.** Nach § 310 HGB ist ein Unternehmen dann als Gemeinschaftsunternehmen einzuordnen, wenn ein in den Konzernabschluß einbezogenes Mutterunternehmen oder Tochterunternehmen dieses Unternehmen **gemeinsam** mit einem/mehreren **nicht** in den Konzernabschluß einbezogenen Unternehmen führt. Wichtig ist die **tatsächliche Führung** des Gemeinschaftsunternehmens durch **die Gesellschafterunternehmen.** Steht einem beteiligten Unternehmen z.B. das Sonderrecht der alleinigen Führung zu, liegt kein Gemeinschaftsunternehmen, sondern ein Tochterunternehmen vor, d.h. die Regeln der Vollkonsolidierung sind anzuwenden. Die Definitionen "Gemeinschaftsunternehmen" und "Tochterunternehmen" schließen sich also gegenseitig aus.
Equity-Methode; § 312 HGB			Anwendung bei Vorliegen von assoziierten Unternehmen, d.h. bei Unternehmen, die nicht in den Konzernabschluß einbezogen sind, auf dessen Geschäfts- oder Finanzpolitik ein in den Konzernabschluß einbezogenes Unternehmen einen **maßgeblichen Einfluß ausübt** und gleichzeitig eine Beteiligung nach § 271 Abs. 1 HGB hält. Die an diesem Unternehmen bestehende Beteiligung ist nach der in § 312 HGB erläuterten Equity-Methode zu bewerten und gesondert mit entsprechender Bezeichnung in der Konzernbilanz auszuweisen.

Abbildung E. 40: Methoden der Kapitalkonsolidierung

Beispiel: Muttergesellschaft A ist zu 100% an der Tochtergesellschaft B beteiligt.

A	Bilanz A (in TDM)		P
Beteiligung	500	Gezeichnetes	
Verschiedene		Kapital	1.100
Aktiva	900	Rücklagen	300
	1.400		1.400

A	Bilanz B (in TDM)		P
Verschiedene		Gezeichnetes	
Aktiva	500	Kapital	400
		Rücklagen	100
	500		500

A	Konzernbilanz (in TDM)		P
Verschiedene		Gezeichnetes	
Aktiva	1.400	Kapital	1.100
		Rücklagen	300
	1.400		1.400

Bei einer Addition der Einzelbilanzen würde sich ein Kapital für beide Gesellschaften von 1.900 TDM ergeben (Gezeichnetes Kapital 1.500 TDM, Rücklagen 400 TDM). Im Konzern als wirtschaftliche Einheit dürfen aber nur 1.400 TDM ausgewiesen werden; die Beteiligung der Muttergesellschaft von 500 TDM wird mit dem Kapital der Tochtergesellschaft verrechnet, um Doppelzählungen zu vermeiden.

Beispiel: Muttergesellschaft A ist zu 80% an der Tochtergesellschaft B beteiligt.

A	Bilanz A (in TDM)		P
Beteiligung	400	Gezeichnetes	
Verschiedene		Kapital	1.100
Aktiva	1.000	Rücklagen	300
	1.400		1.400

A	Bilanz B (in TDM)		P
Verschiedene		Gezeichnetes	
Aktiva	500	Kapital	400
		Rücklagen	100
	500		500

A	Konzernbilanz (in TDM)			P
Verschiedene		Gezeichnetes		
Aktiva	1.500	Kapital		
		Konzern	1.100	
		Minderheiten	80	
			1.180	1.180
		Rücklagen		
		Konzern	300	
		Minderheiten	20	
			320	320
	1.500			1.500

In diesem Beispiel wurde die 80%ige Beteiligung, die A an B hält (400 TDM), gegen das gezeichnete Kapital und die Rücklagen aufgerechnet. Die Anteile der Minderheiten in Höhe von 20% des gezeichneten Kapitals (80 TDM) und der Rücklagen (20 TDM) werden in der Konzernbilanz gesondert ausgewiesen.

4.6.4 Forderungs- und Schuldenkonsolidierung

Nach der für die Konzernrechnungslegung angewandten **Einheitstheorie** kann der Konzern keine Forderungen und Verbindlichkeiten gegenüber sich selbst haben, d.h. die zwischen den in den Konzernabschluß einbezogenen Unternehmen bestehenden Forderungen und Schulden sind zu verrechnen (vgl. § 303 HGB). Das Gesetz enthält allerdings keine umfassende Aufzählung, welche Forderungen und Schulden davon betroffen sind. Für die Aufrechnung kommen neben den "Forderungen und Verbindlichkeiten gegenüber verbundenen Unternehmen" auch z.B. geleistete bzw. erhaltene Anzahlungen, Rechnungsabgrenzungen und Rückstellungen in Betracht, weil die Begriffe "Forderungen und Verbindlichkeiten" nicht im engen bilanztechnischen Sinne zu verstehen sind (vgl. dazu LANFERMANN 1991, S. 333 f.). Stehen sich Forderungen und Verbindlichkeiten nicht in gleicher Höhe gegenüber (z.B. abgezinste Forderungen, Verbindlichkeiten zum Rückzahlungsbetrag), so kann dennoch eine Aufrechnung erfolgen. Der in einem solchen Fall entstehende Restbetrag ist dann für die Schuldenkonsolidierung erfolgswirksam. Eine Schuldenkonsolidierung kann nach § 303 Abs. 2 HGB unterbleiben, "wenn die wegzulassenden Beträge für die Vermittlung eines den tatsächlichen Verhältnissen entsprechenden Bildes der Vermögens-, Finanz- und Ertragslage des Konzerns nur von untergeordneter Bedeutung sind".

4.6.5 Konsolidierung des Erfolges

Unter Beachtung der Einheitstheorie müssen Gewinne und Verluste, die aus innerkonzernlichen Lieferungen und Leistungen entstehen, eliminiert werden. Die Zwischenergebniseliminierung ist Ausdruck des Realisationsprinzips, denn ein Konzern als wirtschaftliche Einheit kann erst Gewinne bzw. Verluste erzielen, wenn Umsätze mit außerhalb des Konzernes stehenden Wirtschaftseinheiten getätigt wurden (vgl. dazu und zum folgenden LANFERMANN 1991, S. 333 und WÖHE 1990a S. 253 f.). Umgesetzt wird dieses Prinzip mittels Bewertung zu Konzernanschaffungs- bzw. Konzernherstellungskosten.

Nach § 304 HGB verpflichten folgende Voraussetzungen zu einer Eliminierung von Zwischenergebnissen:

- Es muß sich um Vermögensgegenstände (Sachen, Rechte) handeln;

- die Gegenstände müssen am Stichtag des Konzernabschlusses bei einem in den Konzern einzubeziehenden Unternehmen vorhanden sein;

- die Gegenstände müssen ganz oder teilweise Lieferungen oder Leistungen anderer in den Konzern einbezogener Unternehmen darstellen.

Da die Konzernanschaffungskosten in analoger Anwendung des § 255 Abs. 1 HGB zu ermitteln sind, also keine Ermessensspielräume vorliegen, sind erstere eindeutig bestimmt. Im Gegensatz dazu können die Konzernherstellungskosten in Analogie zu § 255 Abs. 2 HGB in der "Bandbreite" des Konzernmindestwerts bzw. -höchstwerts schwanken. Da sich ein Zwischenergebnis aus der Differenz zwischen dem Ansatz in der Handelsbilanz II und dem Konzernwert errechnet, erfolgt eine Aufspaltung des Zwischenergebnisses wegen bestehender Ermessensspielräume in einen eliminierungspflichtigen und einen eliminierungsfähigen Bestandteil (vgl. dazu COENENBERG 1992, S. 488 ff.).

Eine Zwischenergebniseliminierung kann gemäß § 304 Abs. 2 HGB unterbleiben, wenn

- die Lieferung oder Leistung zu marktüblichen Bedingungen vorgenommen worden ist und die Ermittlung der Konzernanschaffungs- bzw. -herstellungskosten einen unverhältnismäßig hohen Aufwand erfordern würde (bei einer Berichtspflicht im Anhang für den Fall, daß die Unterlassung einen wesentlichen Einfluß auf die Vermögens-, Finanz- und Ertragslage des Konzerns hat),

- die Behandlung der Zwischenergebnisse für die Vermittlung eines den tatsächlichen Verhältnissen entsprechenden Bildes der Vermögens-, Finanz- und Ertragslage des Konzerns von untergeordneter Bedeutung ist.

Das folgende vereinfachte Beispiel zeigt die Technik der Ausschaltung konzerninterner Gewinne (vgl. WÖHE 1990a, S. 254 f.).

Beispiel: Die Muttergesellschaft A ist zu 100% an der Tochtergesellschaft B beteiligt.
A liefert Fabrikate im Wert von 200 TDM an B, die diese zunächst als Vorräte hält. Die Herstellungskosten bei A sollen der Einfachheit halber mit den Konzernherstellungskosten übereinstimmend 180 TDM betragen.

A	Bilanz A (in TDM)		P
Beteiligung	200	Gezeichnetes	
Forderungen	200	Kapital	680
Sonstige Aktiva	400	Rücklagen	100
		Gewinn	20
	800		800

A	Bilanz B (in TDM)		P
Vorräte	200	Gezeichnetes	
Sonstige Aktiva	200	Kapital	200
		Verbindlich-keiten	200
	400		500

A	Konzernbilanz (in TDM)		P
Vorräte	180	Gezeichnetes	
Sonstige Aktiva	600	Kapital	680
		Rücklagen	100
	780		780

Um die Werte der Konzernbilanz zu erhalten, sind folgende Schritte vorzunehmen:

- Konsolidierung der Beteiligung A mit dem Kapital B (da 100% Beteiligung)
  ⇒ Kapitalkonsolidierung.
- Forderung A (200 TDM) wird mit Verbindlichkeit B (200 TDM) verrechnet
  ⇒ Forderungs- und Schuldenkonsolidierung.
- Die Vorräte (180 TDM) werden ohne den Zwischengewinn (20 TDM) bilanziert, da aus Konzernsicht noch keine Gewinnrealisierung stattgefunden hat
  ⇒ Erfolgseliminierung.

4.7 Konzern-Gewinn- und Verlustrechnung

Ausdruck der Einheitstheorie, die auch Eingang in die Konzern-Gewinn- und Verlustrechnung findet, ist die Aufrechnung aller Erträge und Aufwendungen, die aus Geschäften zwischen den in den Konzernabschluß einbezogenen Unternehmen entstanden sind. Aufwendungen und Erträge dürfen erst dann ausgewiesen werden, wenn sie durch den Geschäftsverkehr mit Dritten realisiert wurden.

Die in § 305 HGB vorgesehene **Vollkonsolidierung** erfordert demnach die Eliminierung aller Innenumsatzerlöse. Neben den Umsatzerlösen betrifft die Eliminierung im wesentlichen die Posten "Sonstige betriebliche Aufwendungen und Erträge" (einschließlich Konzernumlagen), "Zinserträge und -aufwendungen" und die "Ergebnisübernahmen" (vgl. dazu und zum folgenden LANFERMANN 1991, S. 334).

Abbildung E. 41 (entnommen aus COENENBERG 1992, S. 511) vermittelt einen Überblick über die konsolidierbaren GuV-Positionen.

Konsolidierungspositionen der GuV

Gesamtkostenverfahren	Umsatzkostenverfahren
– Umsatzerlöse	– Umsatzerlöse
– Veränderungen des Bestandes an fertigen und unfertigen Erzeugnissen	–
– Andere aktivierte Eigenleistungen	–
– Materialaufwand	– Herstellungskosten der zur Erzielung der Umsatzerlöse erbrachten Leistungen
– Sonstige betriebliche Erträge/Aufwendungen	– Sonstige betriebliche Erträge/Aufwendungen
– Erträge aus Beteiligungen – Erträge aus anderen Wertpapieren und Ausleihungen des Finanzanlagevermögens – Sonstige Zinsen und ähnliche Aufwendungen – Erträge und Aufwendungen aus Verlustübernahmen/Gewinnabführungen	

Abbildung E. 41: Schematische Darstellung der konsolidierbaren GuV-Positionen

Die Konsolidierung der Innenumsatzerlöse kann je nach Sachverhalt unterschiedlich erfolgen:

- Verrechnung mit den Aufwendungen des Empfängers, wenn z.B. ein gelieferter Gegenstand weiterveräußert wurde;

- Umgliederung in den Posten "Bestandsveränderungen", wenn z.B. ein von einem Konzernunternehmen hergestelltes Produkt bei einem anderen Konzernunternehmen noch im Bestand ist;

- Umgliederung in den Posten "Andere aktivierte Eigenleistungen", wenn es sich um die Lieferung eines hergestellten Gegenstandes in das Anlagevermögen handelt.

Die Konzern-GuV-Rechnung ist in der ungekürzten Form des § 275 Abs. 1 bzw. Abs. 2 HGB zu gliedern. Sowohl das Umsatzkosten- als auch das Gesamtkostenverfahren sind zulässig. Eine Eliminierung und Umgliederung der Innenumsatzerlöse zeigen folgende vereinfachte Beispiele (in Anlehnung an WÖHE 1990a, S. 260 f.).

Beispiel: Muttergesellschaft A produziert aus dem Rohstoff X Halbfabrikate Y und liefert diese an die Tochtergesellschaft B. Diese bearbeitet die Halbfabrikate Y, die bei ihr als Materialaufwand verbucht werden, zu Fertigfabrikaten Z und verkauft diese an Konzernfremde weiter. Es entsteht kein Zwischengewinn beim Verkauf von A an B. B verkauft Z an Konzernfremde zu 820 TDM weiter.

Gewinn- und Verlustrechnung der Gesellschaft A (in TDM)		**Gewinn- und Verlustrechnung der Gesellschaft B (in TDM)**	
	TDM		TDM
Umsatzerlöse Y	550	Umsatzerlöse Z	820
Materialaufwand	./. 300	Materialaufwand (Einkauf Y von A)	./. 550
	= 250		= 270
Personalaufwand (Löhne)	./. 250	Personalaufwand (Löhne)	./. 150
Gewinn	= 0	Gewinn	= 120

Konzern-Gewinn- und Verlustrechnung (in TDM)	
	TDM
Umsatzerlöse	820
Materialaufwand	./. 300
	= 520
Personalaufwand (Löhne)	./. 400
Gewinn	= 120

Nach Aufrechnung der Innenumsatzerlöse A (550 TDM) mit dem Materialaufwand bei B (550 TDM) verbleibt ein Außenumsatz von 820 TDM; bei Addition der "Einzel-GuV-Rechnungen" würde sich ein Umsatz von 1.370 TDM ergeben, der um diesen Innenumsatz zu hoch wäre.

Ist noch kein Außenumsatz erfolgt, so muß in der Konzern-Gewinn- und Verlustrechnung eine Umgliederung von Umsatzerlösen in Bestandsveränderungen (oder andere aktivierte Eigenleistungen) erfolgen.

Beispiel: Situation wie zuvor; ein Außenumsatz hat jedoch noch nicht stattgefunden. Die von B weiterverarbeiteten Fabrikate liegen bei B auf "Vorrat".

Gewinn- und Verlustrechnung der Gesellschaft A (in TDM)		**Gewinn- und Verlustrechnung der Gesellschaft B (in TDM)**	
	TDM		TDM
Umsatzerlöse	550	Erhöhung des Bestandes an Fertigfabrikaten	700
Materialaufwand	./. 300	Materialaufwand	./. 550
	= 250		= 150
Personalaufwand (Löhne)	./. 250	Personalaufwand (Löhne)	./. 150
Gewinn	= 0	Gewinn	= 0

Konzern-Gewinn- und Verlustrechnung (in TDM)	
	TDM
Erhöhung des Bestandes an Fertigfabrikaten	700
Materialaufwand	./. 300
	= 400
Personalaufwand (Löhne)	./. 400
Gewinn	= 0

4.8 Konzernanhang und Konzernlagebericht

Der **Konzernanhang**, der als dritter Bestandteil des Konzernabschlusses in §§ 313, 314 HGB geregelt ist, hat die Aufgaben,

- die Konzernbilanz und Konzern-GuV-Rechnung durch Ausweiswahlrechte zu entlasten,
- Posten der Konzernbilanz und Konzern-GuV-Rechnung zu erläutern,
- die Konzernbilanz und Konzern-GuV-Rechnung um Informationen zu ergänzen, die dort nicht enthalten sind.

Zu berichten ist u.a. über die angewandten Bilanzierungs- und Bewertungsmethoden, über Abweichungen von Bilanzierungs-, Bewertungs- und Konsolidierungsmethoden zu den in Vorjahren angewandten Methoden, über die zugrunde liegende Währungsumrechnungsmethode, über die Abgrenzung des Konsolidierungskreises, über den Anteilsbesitz sowie über zahlreiche, im Einzelabschluß analog geregelte Sachverhalte.

Im **Konzernlagebericht**, dessen Aufgabe es ist, zusätzliche Informationen zum Jahresabschluß bereitzustellen, sind nach § 315 Abs. 1 HGB "zumindest der Geschäftsverlauf und die Lage des Konzerns so darzustellen, daß ein den tatsächlichen Verhältnissen entsprechendes Bild vermittelt wird". Nach § 315 Abs. 2 HGB soll der Lagebericht auch eingehen auf "Vorgänge von besonderer Bedeutung, die nach dem Schluß des Konzerngeschäftsjahrs eingetreten sind"; darüber hinaus ist über "die voraussichtliche Entwicklung des Konzerns" und den "Bereich Forschung und Entwicklung des Konzerns" gesondert zu berichten.

4.9 Prüfung und Offenlegung

Der nach § 290 HGB aufzustellende Konzernabschluß und der Konzernlagebericht sind durch einen Abschlußprüfer nach Maßgabe der §§ 317 bis 324 HGB zu prüfen. § 298 Abs. 3 i.V.m. § 315 Abs. 3 HGB gestattet die Zusammenfassung des Konzernanhangs und des Konzernlageberichts mit dem Anhang und dem Lagebericht des Mutterunternehmens; eine gemeinsame Offenlegung dieser Unterlagen ist dann geboten, eine Zusammenfassung der Prüfungsberichte und der Bestätigungsvermerke erlaubt. § 322 HGB sieht auch für den Konzernabschluß einen formelmäßigen Bestätigungsvermerk vor. Dieser Vermerk oder ein Vermerk über die Versagung des Konzernabschlusses sind im Bundesanzeiger bekannt zu machen (vgl. § 325 Abs. 3 HGB).

5. Jahresabschlußpolitik und Jahresabschlußanalyse

5.1 Jahresabschlußpolitik

5.1.1 Allgemeines

Die voranstehenden Kapitel befaßten sich weitgehend mit der Rechnungslegung der Unternehmen. Der Jahresabschluß bildet die Beziehungen zwischen den Unternehmen und ihrer Umwelt ab, was völlig unproblematisch wäre, wenn der Bilanzierungszeitraum die gesamte Lebensdauer (Totalperiode) abdecken würde. Jahresabschlüsse werden gemäß § 242 Abs. 1 Satz 1 HGB aber jährlich erstellt, d.h. es wird ein Ausschnitt aus der Totalperiode gewählt. Dies kann zu Problemen führen, weil z.B. bestimmte Produktionsvorgänge nicht abgeschlossen sind oder Waren geliefert, aber noch nicht bezahlt wurden. Die Aufstellung des Jahresabschlusses führt an den Bilanzstichtagen daher zu folgenden Fragen (vgl. dazu KUSSMAUL/LUTZ 1993a, S. 344):

- Welche Sachverhalte sollen angesetzt werden (Bilanzierung)?
- In welcher Höhe soll ein Ansatz erfolgen (Bewertung)?
- An welcher Stelle soll ein Ausweis erfolgen (Ausweis)?

Prinzipiell sind die vom Gesetzgeber erlassenen Normen bei der Aufstellung des Jahresabschlusses strikt zu beachten. Jedoch räumt das Gesetz eine Reihe von Bewertungs- und Bilanzierungswahlrechten ein; außerdem beruhen wichtige Bilanzposten auf Schätzungen und Prognosen, die nicht immer genau nachzuvollziehen sind, so daß Spielräume für die bilanzpolitische Gestaltung des Jahresabschlusses durchaus gegeben sind (vgl. dazu und zu den weiteren Aussagen in Kapitel 5 KUSSMAUL/LUTZ 1993a, S. 342 ff.; KUSSMAUL/LUTZ 1993b, S. 399 ff.; KUSSMAUL/LUTZ 1993c, S. 440 ff. und S. 479 ff.).

5.1.2 Ziele der Bilanzpolitik

Die bilanzpolitischen Ziele hängen eng mit den Rechnungslegungsaufgaben zusammen, wie aus Abbildung E. 42 (entnommen aus KUSSMAUL/LUTZ 1993a, S. 345) deutlich zu erkennen ist.

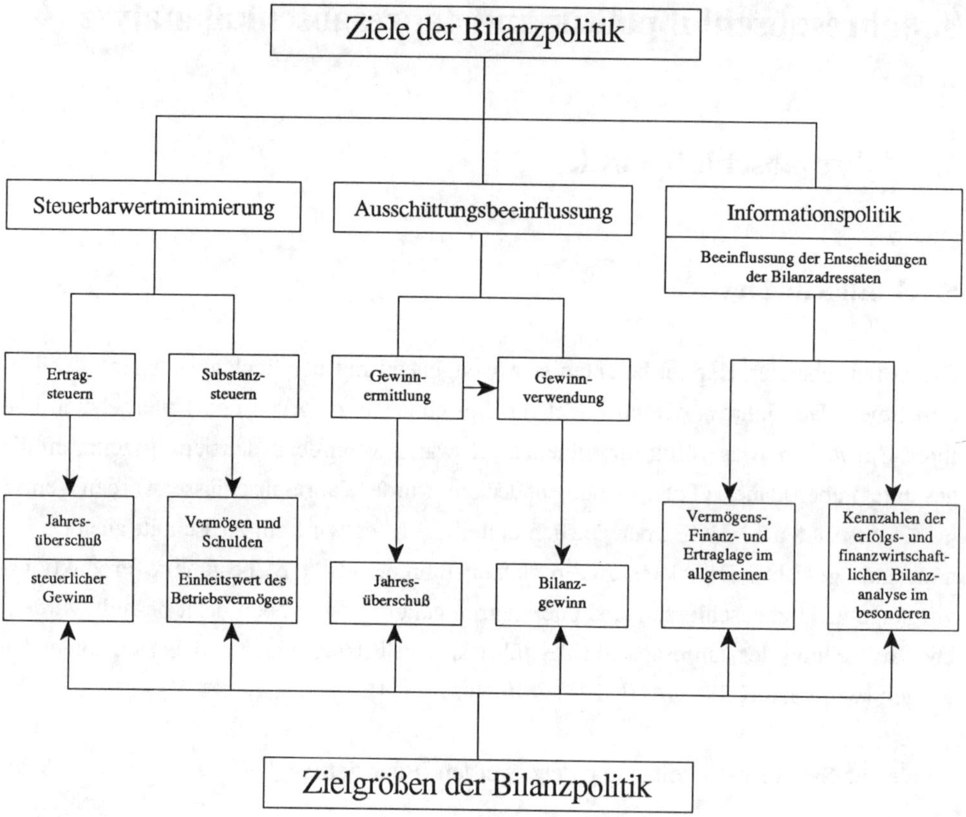

Abbildung E. 42: Ziele und Zielgrößen der Bilanzpolitik

Die bilanzpolitischen Überlegungen zur **Steuerbarwertminimierung** (= Minimierung der zukünftigen Steuerzahlungen) setzen an der Bemessungsgrundlage der jeweiligen Einzelsteuerarten an. Handelrechtliche Zielgrößen der Steuerbarwertminimierung sind der Jahresüberschuß, aus dem der steuerliche Gewinn abgeleitet wird, und die Differenz zwischen Vermögen und Schulden, auf welcher im Ergebnis der Einheitswert des Betriebsvermögens basiert.

Die **Ausschüttungsbeeinflussung** zielt auf den Ausweis des Ergebnisses, das den Gesellschaftern zur Verwendung (Ausschüttung bzw. Entnahme oder Thesaurierung) zusteht oder an das Ansprüche Dritter anknüpfen (z.B. Tantiemen). Zielgrößen sind auch hier der Jahresüberschuß im Bereich der Gewinnermittlung und der Bilanzgewinn im Bereich der Gewinnverwendung, wobei dem Jahresüberschuß eine größere Bedeutung zukommt, da bei der Gewinnermittlung wesentlich mehr Gestaltungsspielräume bestehen.

Die **Informationspolitik** richtet das Interesse auf die Beeinflussung der verschiedenen Bilanzadressaten (insbesondere Gläubiger und Anteilseigner). Das Hauptaugenmerk liegt dabei auf der positiven oder negativen Darstellung der Vermögens-, Finanz- und Ertragslage, da die Verhaltensweisen von aktuellen und potentiellen Kapitalgebern von Kennzahlen über die Vermögens-, Finanz- und Ertragslage geprägt und deren Beurteilungen danach ausgerichtet werden.

5.1.3 Instrumente der Bilanzpolitik

Einen Überblick über die bilanzpolitischen Instrumente gibt Abbildung E. 43 (entnommen aus KUSSMAUL/LUTZ 1993b, S. 399). In der Folge beschränken sich die Ausführungen auf die Instrumente des handels- und steuerrechtlichen Einzelabschlusses, die speziellen Instrumente der Konzernbilanzpolitik bleiben ausgeklammert.

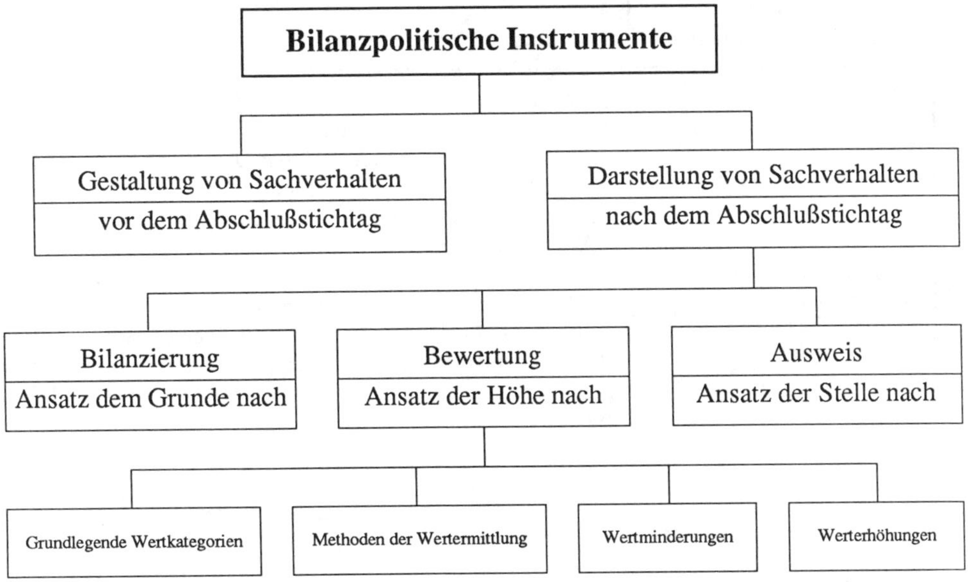

Abbildung E. 43: Bilanzpolitische Instrumente

Durch die **Gestaltung von Sachverhalten**, die bereits vor dem Abschlußstichtag ansetzt, läßt sich die ausgewiesene Erfolgs-, Vermögens- und Finanzlage beeinflussen. Möglichkeiten stellen z.B. die Beschleunigung oder Verzögerung von Umsatzakten, die Vornahme oder Unterlassung von Teilabrechnungen sowie die Verschiebung von Aufwendungen (z.B. Reparaturen) in die nächste Periode dar. Generell läßt sich der Erfolgs-,

Vermögens- und Finanzausweis auch durch "außergewöhnliche Gestaltungen" beeinflussen. Dazu zählen u.a.:

- die Ausgliederung von Forschungsaktivitäten zur Umgehung des Aktivierungsverbots für nicht entgeltlich erworbene immaterielle Vermögensgegenstände des Anlagevermögens (vgl. § 248 Abs. 2 HGB),
- Leasing-, Factoring- und Franchising-Verträge,
- Verkauf und gleichzeitige Rückvermietung von Sachanlagevermögen ("Sale-and-lease-back"-Verfahren),
- Ausgestaltung der betrieblichen Altersversorgung (mittelbare oder unmittelbare Pensionszusage).

Instrumente der Sachverhaltsdarstellung	**Erläuterungen**
Wahlrechte	Gesetzlich fixierte Wahlrechte, wenn bei einem gegebenen Sachverhalt zwei Alternativen zulässig sind (z.B. Bilanzierungswahlrecht für das Disagio nach § 250 Abs. 3 S. 1 HGB; Bewertungswahlrecht bei der Bestimmung des Umfangs der Herstellungskosten nach § 255 Abs. 2 und 3 HGB).
Spielräume	Bei Fehlen von gesetzlichen Definitionen; unbestimmte Rechtsbegriffe (z.B. Vermögensgegenstand, Schulden) bedürfen der Interpretation, wobei gesetzlich nicht ausdrücklich gewollte Spielräume entstehen. **Verfahrensspielräume** betreffen Interpretationen zur Art der Wertermittlung (z.B. Gemeinkostenschlüsselung, Berücksichtigung von Beschäftigungsschwankungen bei der Ermittlung der Herstellungskosten). **Individualspielräume** betreffen Interpretationen bestimmter Sachverhalte bezüglich deren Einfluß auf Bilanzierung und/oder Bewertung (z.B. Rückstellungsbildung nur dann, wenn eine Inanspruchnahme mit einer gewissen „Mindestwahrscheinlichkeit" erfolgt; Schätzung der Nutzungsdauer von Vermögensgegenständen).

Abbildung E. 44: Instrumente der Sachverhaltsdarstellung

Die **Darstellung von Sachverhalten**, die erst nach dem Abschlußstichtag bei der Aufstellung des Jahresabschlusses einsetzt, wird durch zahlreiche gesetzliche Vorschriften reglementiert. Unter **Ausweis** ist dabei nicht nur die Gliederung und der Ausweis in Bilanz und Gewinn- und Verlustrechnung zu verstehen, sondern auch die zielorientierte Gestaltung von Anhang und Lagebericht. Im Unterschied zu diesem formellen Instrument der Bilanzpolitik haben die materiellen Instrumente der **Bilanzierung** und **Bewertung** einen Einfluß auf die Höhe des Jahresüberschusses.

Neben der vorgenannten Aufgliederung werden die Instrumente der Sachverhaltsdarstellung nach der Grundlage des Aktionsparameters üblicherweise in **Wahlrechte** und **Spielräume** unterteilt (vgl. dazu Abbildung E. 44).

Die wichtigsten bilanzpolitischen Instrumente werden im folgenden in Form von Übersichten dargestellt; dabei werden auch die Ansatzpunkte (Aktiv- bzw. Passivseite der Bilanz) der Instrumente sowie die gegenseitigen Interdependenzen zwischen Handels- und Steuerbilanz aufgezeigt. Einen Überblick über die **Instrumente der Bilanzierung** und deren Auswirkungen gibt Abbildung E. 45.

Bei der Systematisierung der **Bewertungsinstrumente** wird eine Systematik gewählt, die zwischen Wertkategorien, Wertermittlungsmethoden, Wertminderungen und Werterhöhungen unterscheidet (vgl. dazu FEDERMANN 1992, S. 356 ff.). **Wertkategorien** sind jene Wertmaßstäbe, die primär für zu bilanzierende Sachverhalte in Frage kommen (Anschaffungs- und Herstellungskosten für Vermögensgegenstände, Barwert für Rentenverpflichtungen ohne zu erwartende Gegenleistung, Rückzahlungsbetrag für Verbindlichkeiten und der nach vernünftiger kaufmännischer Beurteilung notwendige Wert für Rückstellungen; vgl. § 253 Abs. 1 HGB). **Methoden der Wertermittlung** dienen der konkreten Bestimmung dieser Wertkategorien. Im wesentlichen geht es um die Bewertungsvereinfachungsverfahren, die eine Durchbrechung des Einzelbewertungsgrundsatzes darstellen (Gruppenbewertung, Festbewertung, Sammelbewertung und Pauschalbewertung). **Wertminderungen** entstehen auf der Aktivseite durch planmäßige oder außerplanmäßige Abschreibungen, **Werterhöhungen** durch Zuschreibungen.

Die folgenden Ausführungen behandeln die vier genannten Bereiche zunächst für die Aktivseite (vgl. dazu Abbildung E. 46), Besonderheiten auf der Passivseite werden anschließend skizziert.

Aktivseite	**Passivseite**
(1) Aufwendungen für die Ingangsetzung und Erweiterung des Geschäftsbetriebs (§ 269 HGB) (2) Aktivische latente Steuern (§ 274 Abs. 2 HGB) (3) Derivativer Geschäfts- oder Firmenwert (§ 255 Abs. 4 HGB) (4) Disagio (§ 250 Abs. 3 S. 1 HGB) (5) Als Aufwand berücksichtigte Zölle und Verbrauchsteuern, soweit sie auf Vermögensgegenstände des Vorratsvermögens entfallen, die am Abschlußstichtag ausgewiesen werden (§ 250 Abs. 1 S. 2 Nr. 1 HGB) (6) Als Aufwand berücksichtigte Umsatzsteuer auf am Abschlußstichtag auszuweisende oder von den Vorräten offen abgesetzte Anzahlungen (§ 250 Abs. 1 S. 2 Nr. 2 HGB)	(1) Rückstellungen für unterlassene Aufwendungen für Instandhaltungen (Nachholung außerhalb der ersten drei Monate des Folge geschäftsjahres, § 249 Abs. 1 S. 3 HGB) (2) Sog. „Aufwandsrückstellungen" (§ 249 Abs. 2 HGB; Rückstellungen für ihrer Eigenart genau umschriebene, dem Geschäftsjahr oder einem früheren Geschäftsjahr zuzuordnende Aufwendungen, die am Abschlußstichtag wahrscheinlich oder sicher sind, aber hinsichtlich ihrer Höhe oder des Zeitpunktes ihres Eintritts unbestimmt sind) (3) Pensionsrückstellungen (Zusage vor dem 1.1.1987, vgl. Art. 28 Abs. 1 EGHGB) (4) Sonderposten mit Rücklageanteil (§ 247 Abs. 3, § 273 HGB)
Auswirkungen: **Handelsrechtlich:** Inanspruchnahme eines Aktivierungswahlrechts führt zu einer Erhöhung des Aktivvermögens (Erhöhung Jahresüberschuß) **Steuerrechtlich:** für (1) und (2) besteht steuerliches Aktivierungsverbot; für (3) bis (6) besteht steuerliches Aktivierungsgebot (Anwendung des Maßgeblichkeitsprinzips)	**Auswirkungen:** **Handelsrechtlich:** Inanspruchnahme eines Passivierungswahlrechts führt zu einer Erhöhung der Passivseite (Verminderung Jahresüberschuß) **Steuerrechtlich:** für (1) und (2) besteht steuerliches Passivierungsverbot; für (3) gilt explizit steuerliches Passivierungswahlrecht (§ 6 a EStG), für (4) ein steuerliches Passivierungswahlrecht unter Bezug auf die umgekehrte Maßgeblichkeit

Abbildung E. 45: Instrumente der Bilanzierung

Die **Bewertung auf der Passivseite** ist weitaus weniger ausführlich geregelt als die Bewertung auf der Aktivseite. Aus § 253 Abs. 1 Satz 2 HGB ist zu entnehmen, daß Verbindlichkeiten mit ihrem **Rückzahlungsbetrag**, Rentenverpflichtungen, für die keine Gegenleistung mehr zu erwarten ist, zu ihrem **Barwert** und Rückstellungen nur **in Höhe des Betrags anzusetzen** sind, der nach vernünftiger kaufmännischer Beurteilung notwendig ist. Insbesondere bei der Bewertung von Rückstellungen bestehen bilanzpolitische Spielräume, wie z.B. bei der Festlegung des Zinssatzes bei Pensionsrückstellungen, der pauschalen Ermittlung von Garantierückstellungen und der Bestimmung des Umfangs der Aufwandsrückstellungen. Außerdem bestehen Wahlrechte durch eine analoge Anwendung der Regelung zur außerplanmäßigen Abschreibung auf den niedrigeren beizulegenden Wert im Anlagevermögen auf langfristige Schulden sowie durch eine analoge Anwendung der Zuschreibungsregelungen bei Wegfall der Gründe für eine außerplanmäßige Korrektur von Schulden.

Aktivseite	
Art des Bewertungs-instruments	**Inhalt: Wahlrechte und Spielräume**
Wertkategorien	**Anschaffungskosten:** Relativ enge Definition, daher wenige bilanzpolitische Aktionsparameter (z.B. Spielräume bei der Abgrenzung der direkten Zurechenbarkeit von Anschaffungsnebenkosten) **Herstellungskosten:** (1) Wahlrecht für Material- und Fertigungsgemeinkosten (§ 255 Abs. 2 S. 3 HGB) (2) Wahlrecht für allgemeine Verwaltungskosten, Aufwendungen für soziale Einrichtungen des Betriebes, für freiwillige soziale Leistungen, betriebliche Altersversorgung, Fremdkapitalzinsen (§ 255 Abs. 2 S. 4 und Abs. 3 HGB) **Steuerrechtlich** gilt für die Herstellungskosten: (1) Gebot; (2) Wahlrecht
Wertermittlungsmethoden	(1) Grundsatz: **Einzelbewertung** (§ 252 Abs. 1 Nr. 3 HGB) (2) **Festbewertung:** für Vermögensgegenstände des Sachanlagevermögens und Roh-, Hilfs- und Betriebsstoffe unter bestimmten Vorraussetzungen (vgl. § 256 S. 2 i.V.m. § 240 Abs. 3 HGB) (3) **Gruppen- bzw. Durchschnittsbewertung**: für gleichartige Vermögensgegenstände des Vorratsvermögens sowie für bestimmte andere Vermögensgegenstände (vgl. § 256 S. 2 i.V.m. § 240 Abs. 4 HGB) (4) **Sammelbewertung:** für gleichartige Vermögensgegenstände des Vorratsvermögens (Unterstellung einer bestimmten Verbrauchs- oder Veräußerungsfolge; vgl. § 256 S. 1 HGB) **Steuerrechtlich** zulässig: – Festbewertung (Vorraussetzung: Festbewertung wurde auch in der Handelsbilanz gewählt) – Durchschnittsbewertung – Sammelbewertung: Lifo-Verfahren (§ 6 Abs. 1 Nr. 2a EStG)
Wertminderungen	**Planmäßige Abschreibungen** Bei Vermögensgegenständen des Anlagevermögens, deren Nutzung zeitlich begrenzt ist: Wahlmöglichkeit bei Abschreibungsvolumen, -methode und -zeitraum **Außerplanmäßige Abschreibungen** Hier werden lediglich die fakultativen Abwertungen für Kapitalgesellschaften angeführt: (1) Abschreibung auf den am Abschlußstichtag beizulegenden Wert bei Gegenständen des Finanzanlagevermögens, sofern die Wertminderung vorübergehend ist (vgl. § 253 Abs. 2 S. 3 i.V.m. § 279 Abs. 1 S. 2 HGB) (2) Abschreibung auf den niedrigeren Wert zur Vermeidung von Wertschwankungen in der nächsten Zukunft bei Vermögensgegenständen des Umlaufvermögens ("naher Zukunftswert", vgl. § 253 Abs. 3 S. 3 HGB) (3) Abschreibung auf den niedrigeren Wert, der auf einer nur steuerrechtlich zulässigen Abschreibung beruht, bei Vermögensgegenständen des Anlage- und Umlaufvermögens (vgl. § 254 S. 1 HGB) **Steuerrechtlich** (1) i.d.R. zulässig, (2) regelmäßig unzulässig, (3) unter Bezug auf die umgekehrte Maßgeblichkeit zulässig
Werterhöhungen	**Zuschreibung** nach erfolgter außerplanmäßiger Abschreibung, wenn die Gründe für diese Abschreibung weggefallen sind (§ 280 Abs. 1 S. 1 HGB Pflicht für Kapitalgesellschaften; jedoch Relativierung gemäß § 280 Abs. 2 HGB, daher faktisch weitgehend Wahlrecht) **Steuerrechtlich** unter Bezug auf die umgekehrte Maßgeblichkeit i.d.R. zulässig

Abbildung E. 46: Instrumente der Bewertung für die Aktivseite einer Bilanz

5.2 Jahresabschlußanalyse

5.2.1 Begriff und Aufgaben der Jahresabschlußanalyse

Die Auswertung von Jahresabschlüssen soll internen und externen Gruppen Aussagen über die Vermögens-, Finanz- und Ertragslage eines Unternehmens ermöglichen. Interne Bilanzinteressenten sind dabei i.d.R. nicht nur auf die Daten des Jahresabschlusses und Lageberichts angewiesen, sondern es stehen ihnen meist noch weitere Quellen (z.B. Daten des Rechnungswesens oder der Finanzabteilung) zur Verfügung.

Die folgenden Ausführungen zur Jahresabschlußanalyse beschränken sich auf die außerhalb des Unternehmens stehenden Interessenten (z.B. Gläubiger, Arbeitnehmer, Lieferanten, Konkurrenz). Mit Hilfe einer Jahresabschlußanalyse erwartet sich dieser Personenkreis u.a. Aussagen über die Erfüllung seiner finanziellen Ziele und Ansprüche; weiterhin soll ein Urteil über die wirtschaftliche und finanzielle Lage und die Entwicklung des Unternehmens ermöglicht werden.

Die Durchführung einer Jahresabschlußanalyse geht mit einer **methodischen Aufbereitung von Daten** aus dem Jahresabschluß einher. Erst nach einer solchen Aufarbeitung (z.B. Zusammenfassung bestimmter Bilanzposten, Zerlegung der Erfolgsrechnung in ein ordentliches und außerordentliches Ergebnis) können **Kennzahlen** gebildet werden, von denen sich der Interessenkreis **Erkenntnisse über die Finanz- und Erfolgslage** eines Unternehmens erhofft.

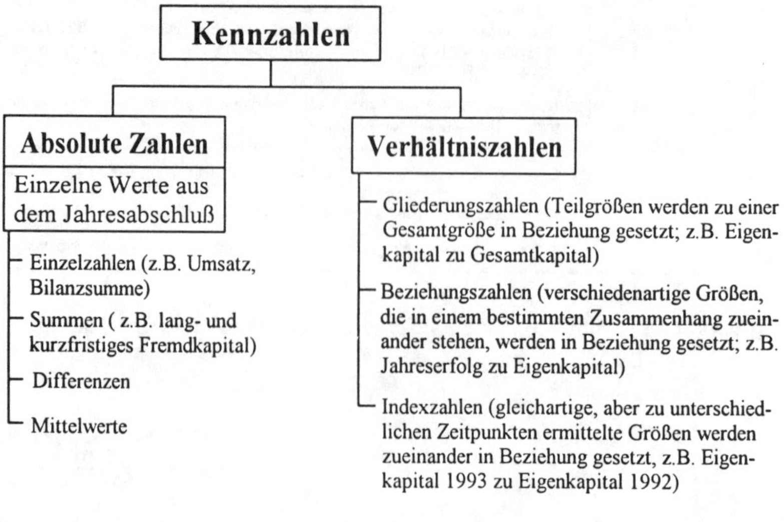

Abbildung E. 47: Einteilung von Kennzahlen (nach ihrer formalen Struktur)

Kennzahlen können entsprechend ihrer formalen Struktur nach der in Abbildung E. 47 aufgezeigten Weise eingeteilt werden. Abbildung E. 48 gibt einen Überblick zur Bilanzanalyse mit Hilfe von Kennzahlen.

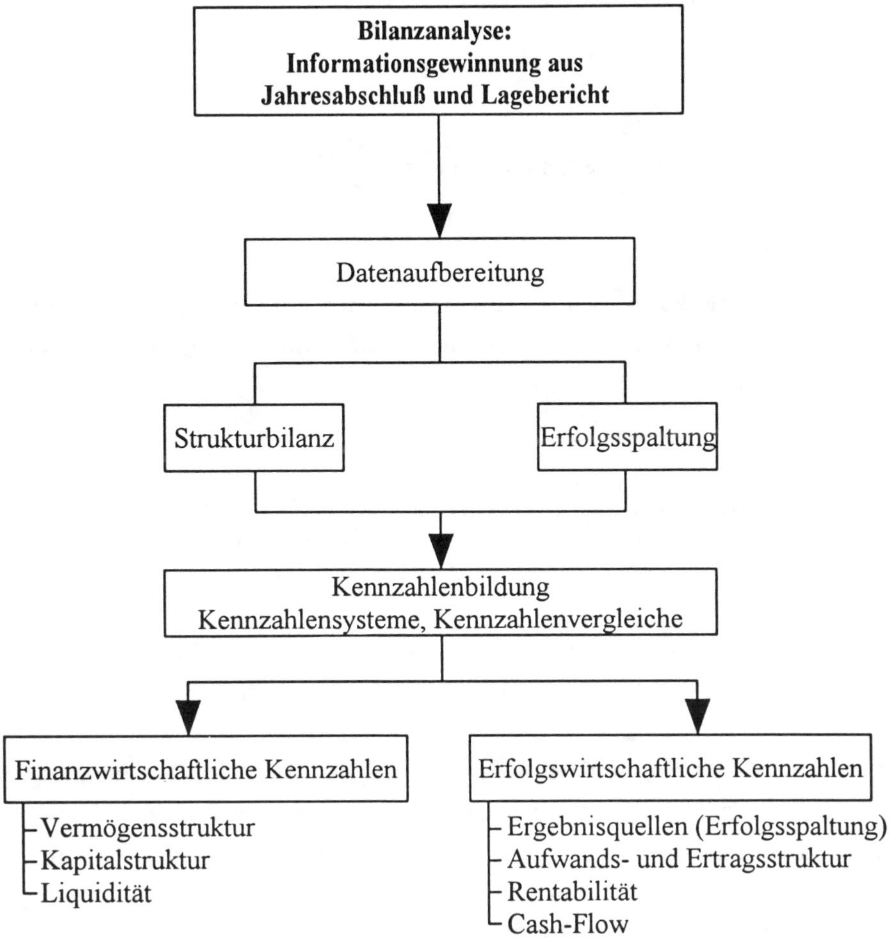

Abbildung E. 48: Schematische Darstellung der Bilanzanalyse mit Hilfe von Kennzahlen

5.2.2 Finanzwirtschaftliche Kennzahlen

5.2.2.1 Kennzahlen zur Vermögensstruktur

Zur Analyse des Vermögensaufbaus werden wichtige Bestandteile des Vermögens herausgegriffen und anhand sog. Intensitätskennzahlen in Relation zum Gesamtvermögen (bzw. zur Bilanzsumme) betrachtet (vgl. dazu und zu den anderen Ausführungen in Kapitel 5.2 KUSSMAUL 1984, S. 145 ff. und S. 192 ff.).

Man unterscheidet u.a. zwischen Anlagevermögensintensität und Umlaufvermögensintensität.

$$\textbf{Anlagevermögensintensität} = \frac{\text{Anlagevermögen}}{\text{Bilanzsumme}} \cdot 100$$

Bei dieser Kennzahl können nur Veränderungen analysiert werden; als Ursache für eine Erhöhung kommt z.B. eine Erhöhung des Anlagevermögens durch Investitionen in Frage.

$$\textbf{Umlaufvermögensintensität} = \frac{\text{Umlaufvermögen}}{\text{Bilanzsumme}} \cdot 100$$

Eine Erhöhung der Umlaufvermögenintensität kann z.B. auf einer Zunahme der Vorräte, der Forderungen oder des Bestandes an liquiden Mittel basieren.

Kennzahlen zur Vermögensumschlagshäufigkeit bzw. zur Vermögensumschlagsdauer sowie zu Umsatzrelationen werden herangezogen, um Aussagen über die Nutzungsintensität und Angemessenheit der Vermögensbestände zu erhalten. So kann z.B. ein im Zeitablauf verringerter Lagerumschlag auf Absatzstockungen zurückzuführen sein, was eine negative Beurteilung zur Folge hätte.

$$\textbf{Lagerumschlag} = \frac{\text{Waren - bzw. Materialeinsatz}}{\text{Durchschnittlicher Vorratsbestand}}$$

5.2.2.2 Kennzahlen zur Kapitalstruktur

Bei der Kapitalstrukturanalyse wird nach Herkunft und Zusammensetzung der Finanzierungsmittel gefragt. Von besonderem Interesse ist dabei die Eigenkapitalquote. Tendenziell wird unterstellt, daß das Risiko der Gläubiger umso geringer ist, je kleiner der Anteil des Fremdkapitals am Gesamtkapital ist.

$$\textbf{Eigenkapitalquote} = \frac{\text{Eigenkapital}}{\text{Bilanzsumme}} \cdot 100$$

Um eine verbesserte Aussage über die Eigenkapitalquote zu erhalten, wird häufig ein Zusammenhang zur Vermögensseite hergestellt, da die Mittelherkunft nicht unabhängig von der Mittelverwendung ist. Die "**goldene Bilanzregel**" fordert die Einhaltung bestimmter Kapital-Vermögens-Relationen und tritt in folgenden Ausprägungen auf:

- Das Anlagevermögen ist vollständig mit Eigenkapital zu finanzieren.
- Das Anlagevermögen ist durch langfristiges Kapital (Eigenkapital und Fremdkapital) zu finanzieren.
- Das langfristige Vermögen (Anlagevermögen und langfristig gebundenes Umlaufvermögen wie sog. eiserne Bestände an Vorratsvermögen) ist durch langfristiges Kapital zu finanzieren.

Kritisch anzumerken ist, daß derartige Regeln auf stichtagsbezogenen Daten beruhen, daß die Beurteilung ihrer Einhaltung allein aus der Bilanz nicht gesichert ist und daß sie zudem keinen Schutz vor Liquiditätsschwierigkeiten gewähren. In der Praxis orientieren sich Kapitalgeber jedoch häufig an der Einhaltung der Finanzierungsregeln zur Beurteilung ihrer Investitions- und Finanzierungsentscheidungen.

5.2.2.3 Kennzahlen zur Liquidität

Die verschiedenen Ausprägungen der **Liquiditätskennzahlen** setzen bestimmte Teile des Umlaufvermögens in Beziehung zum kurzfristigen Fremdkapital; sie stimmen inhaltlich überein mit der "goldenen Bilanzregel".

$$\textbf{Liquidität 1. Grades} = \frac{\text{Zahlungsmittel}}{\text{kurzfristige Verbindlichkeiten}} \cdot 100$$

$$\textbf{Liquidität 2. Grades} = \frac{\text{Zahlungsmittel + kurzfristige Forderungen}}{\text{kurzfristige Verbindlichkeiten}} \cdot 100$$

$$\textbf{Liquidität 3. Grades} = \frac{\text{Zahlungsmittel + kurzfristige Forderungen + Vorräte}}{\text{kurzfristige Verbindlichkeiten}} \cdot 100$$

Die Liquiditätskennzahlen sollen Auskunft darüber geben, ob und inwieweit die kurzfristigen Verbindlichkeiten in ihrer Höhe und Fälligkeit mit den Zahlungsmittelbeständen und anderen kurzfristigen Deckungsmöglichkeiten übereinstimmen.

Liquiditätsprognosen mit Hilfe dieser Kennzahlen werden hauptsächlich aus folgenden Gründen als unzulänglich angesehen:

- Die Liquiditätskennzahlen geben nur den Stand zum Bilanzstichtag wieder.
- Die Bilanz enthält keinerlei Aussagen über die genaue Fälligkeit von Verbindlichkeiten.
- Bestimmte künftige Aufwendungen, die mit Auszahlungen verbunden sind (z.B. Personal- und Zinsaufwand), sind aus der Bilanz nicht ersichtlich.
- Bilanzpolitische Maßnahmen können die am Bilanzstichtag ausgewiesene Liquidität beeinflussen (z.B. Wahl der Beschaffungs- bzw. Zahlungstermine).

Neben den bilanzorientierten Kennzahlen zur Liquidität werden auch stromgrößenorientierte Liquiditätskennzahlen herangezogen, die insbesondere auf dem Cash-Flow basieren *(vgl. zum Cash-Flow Kapitel 5.2.3.3)*.

5.2.3 Erfolgswirtschaftliche Kennzahlen

5.2.3.1 Ergebnisquellenanalyse und Kennzahlen zur Aufwands- und Ertragsstruktur

Um die künftige Erfolgssituation eines Unternehmens einschätzen zu können, ist es für den Bilanzanalytiker von bedeutendem Interesse, welche Erfolgskomponenten nachhaltig zu erwarten sind, welche Komponenten aus der eigentlichen Betriebstätigkeit und welche aus unregelmäßigen bzw. einmaligen Ereignissen resultieren.

Deshalb wird oftmals eine **Aufspaltung des Erfolges** in ein ordentliches Betriebsergebnis, ein ordentliches betriebsfremdes Ergebnis und ein außerordentliches Ergebnis vorgenommen. In bestimmten Fällen ist eine derartige Zuordnung jedoch nicht eindeutig möglich (vgl. dazu insbesondere COENENBERG 1992, S. 673 ff.). Für solche Sachverhalte bietet sich u.a. eine Spaltung des Erfolges nach den Regelungen des § 275 Abs. 2 und 3 HGB an.

Die darin vorgesehenen Gliederungsmöglichkeiten der Gewinn- und Verlustrechnung nach dem Gesamtkosten- bzw. Umsatzkostenverfahren geben Auskunft über die Aufwandsstruktur, indem sie beim Gesamtkostenverfahren z.B. die Anteile der Material- und Personalaufwendungen an der Gesamtleistung oder am Gesamtaufwand anzeigen bzw. beim Umsatzkostenverfahren die Anteile der Herstellungs-, Vertriebs- und Verwaltungskosten am Umsatz beschreiben. Aus diesen Informationen lassen sich aussagefähige Intensitätskennzahlen bilden, die einen präzisen Einblick in die Situation der Betriebsstruktur zulassen. Die **Aufwandsanalyse** soll mit dazu beitragen, die Wirtschaftlichkeit des Leistungsprozesses zu beurteilen (vgl. BAETGE/KÖSTER 1991, S. 87).

5.2.3.2 Kennzahlen zur Rentabilität

In diesem Kapitel werden die allgemein als am wichtigsten angesehenen Kennzahlen zur Rentabilität herausgegriffen und erläutert *(vgl. auch GROB I. 2.3.2.2)*.

Unter **Rentabilität** wird eine **Beziehungszahl** verstanden, bei der eine Erfolgsgröße zu einer Größe in Beziehung gesetzt wird, die für die Erzielung des Erfolgs einen maßgebenden Beitrag leistet. Der Vorteil gegenüber absoluten Erfolgszahlen liegt darin, daß der Erfolg in Bezug zu einer Basisgröße gesetzt und damit relativiert wird.

$$\textbf{Eigenkapitalrentabilität} = \frac{\text{Jahresüberschuß oder Gesamtergebnis vor Steuern}}{\text{Eigenkapital}} \cdot 100$$

Diese Kennzahl dürfte hauptsächlich für die Unternehmenseigner von Interesse sein, wobei beim Soll-Ist-Vergleich als Sollgröße die Verzinsung auf dem Kapitalmarkt in Frage kommt.

Bei der Gesamtkapitalrentabilität wird das dem gesamten Kapital (auch Fremdkapital) zurechenbare Ergebnis in Relation zum (jahresdurchschnittlichen) Gesamtkapital gesetzt:

$$\textbf{Gesamtkapitalrentabilität} = \frac{\text{Gesamtergebnis vor Steuern} + \text{Fremdkapitalzinsen}}{\text{Gesamtkapital}} \cdot 100$$

Grundsätzlich sollte die Gesamtrentabilität den durchschnittlichen Fremdkapitalzins übersteigen. Dies ist der Fall, wenn zusätzlich aufgenommenes Fremdkapital im Unternehmen besser verzinst wird, als es an Zinsen kostet. Die Zinsdifferenz zwischen der Verzinsung des im Unternehmen eingesetzten Gesamtkapitals und den bezahlten Zinsen auf das Fremdkapital trägt zu einer Erhöhung der Eigenkapitalrentabilität bei. Die Steigerung der Eigenkapitalrentabilität durch eine höhere Verschuldung bezeichnet man als "**Leverage-Effekt**" *(vgl. GROB I. 4.1)*. Unter dem "Sicherheitsaspekt" betrachtet ist die - in diesem Fall rentabilitätsmäßig positiv zu beurteilende - zunehmende Verschuldung allerdings eher skeptisch zu beurteilen.

Die **Umsatzrentabilität** wird häufig für Betriebs- und Branchenvergleiche herangezogen.

$$\textbf{Umsatzrentabilität} = \frac{\text{Ordentliches Betriebsergebnis}}{\text{Umsatz}} \cdot 100$$

5.2.3.3 Cash-Flow

Der Begriff **Cash-Flow** bedeutet in wörtlicher Übersetzung "Zahlungsstrom" und geht als Saldogröße aus Einzahlungen und Auszahlungen einer Abrechnungsperiode hervor. Der Cash-Flow soll dem Bilanzanalytiker helfen, die Finanzlage eines Unternehmens zu beurteilen; aber auch zur Beurteilung der Vorteilhaftigkeit von Investitions- und Finanzierungsprojekten und der Erfolgslage wird der Cash-Flow herangezogen. Die Hauptaufgabe des Cash-Flow ist es, Aussagen über die Fähigkeit des Unternehmens zu machen, zukünftige Zahlungsüberschüsse zu erwirtschaften bzw. bestehenden Zahlungsverpflichtungen nachzukommen.

In der Literatur wurden zahlreiche Vorschläge zur Ermittlung des Cash-Flow aufgezeigt. Diese Darstellung beschränkt sich auf eine einfache Ermittlung nach der **direkten** und **indirekten** Methode (vgl. dazu die Abbildungen E. 49 und E. 50).

	Betriebseinzahlungen der Periode (aus Umsatzprozeß)
./.	Betriebsauszahlungen der Periode (aus Umsatzprozeß)
=	Cash-Flow der Periode (auf direktem Wege ermittelt)

Abbildung E. 49: Direkte Ermittlung des Cash-Flow

	Jahresüberschuß nach Steuern
+	nicht-auszahlungswirksame Aufwendungen (z.B. Abschreibungen, Erhöhung der Pensions- oder Garantierückstellungen)
./.	nicht-einzahlungswirksame Erträge (z.B. aktivierte Eigenleistungen, Bestandserhöhungen fertiger und unfertiger Erzeugnisse, Zuschreibungen)
=	Cash-Flow der Periode (auf indirektem Wege ermittelt)

Abbildung E. 50: Indirekte Ermittlung des Cash-Flow

5.2.4 Kennzahlensysteme und Kennzahlenvergleiche

Aussagen über die Vermögens-, Finanz- und Ertragslage mit Hilfe einzelner Kennzahlen sind für den Bilanzanalytiker nicht immer befriedigend; aus diesem Grund wurden **Kennzahlensysteme** geschaffen, wobei durch die Kombination verschiedener Kennzahlen bessere Erkenntnisse über die Lage des Unternehmens gewonnen werden.

Die in der betrieblichen Praxis am häufigsten angewandten Kennzahlensysteme sind das Du-Pont-Kennzahlensystem, wobei die Analyse des Return on Investment im Vordergrund steht, das Kennzahlensystem von REICHMANN/LACHNIT (vgl. REICHMANN/ LACHNIT 1976, S. 705 ff.) sowie das System des Zentralverbands der Elektrotechnischen Industrie (ZVEI). Die Ausführungen in diesem Abschnitt beschränken sich auf das wohl bekannteste Schema, das Du-Pont-Kennzahlensystem. Das System stützt sich überwiegend auf Daten aus dem Finanzbereich (Erfolgsrechnung, Bilanz) und kann daher auch bei externen Analysen zu Rate gezogen werden. Als oberste Zielsetzung des Unternehmens wird der **Return on Investment** gesehen, der (je nach Definition) als Verzinsung der eingesetzten Vermögenskomponenten interpretiert werden kann. Die Spitzenkennzahl (ROI) wird dabei systematisch aufgespalten, um differenzierte Einblicke in das betriebliche Geschehen zu erhalten und Schwachstellen aufzudecken.

Abbildung E. 51 zeigt den Return on Investment in einer einfachen Form (eine beispielhafte Darstellung mit weiterführender Untergliederung kann entnommen werden KUSSMAUL 1992b, S. 3).

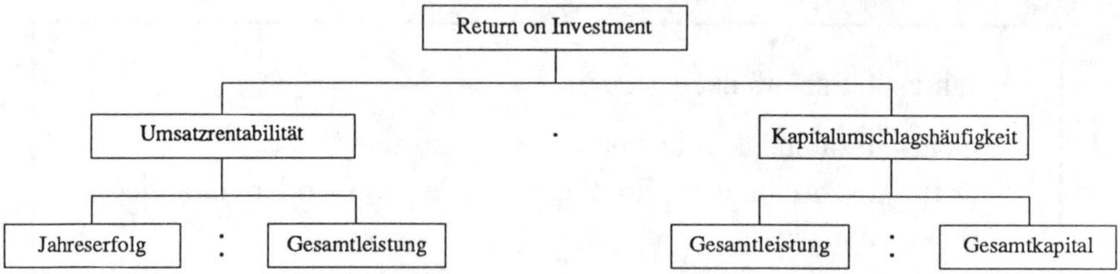

$$\text{Oder: Return on Investment} = \underset{\text{Umsatzrentabilität}}{\underset{\downarrow}{\frac{\text{Jahreserfolg}}{\text{Gesamtleistung}}}} \cdot \underset{\text{Kapitalumschlag}}{\underset{\downarrow}{\frac{\text{Gesamtleistung}}{\text{Gesamtkapital}}}}$$

Abbildung E. 51: Grobstruktur des Return on Investment (ROI)

Neben der Heranziehung eines Kennzahlensystems setzt eine systematische Vorgehensweise der Kennzahlenanalyse auch einen **Kennzahlenvergleich** (Zeitvergleich, Branchenvergleich, Soll-Ist-Vergleich) voraus. Ein Kennzahlenvergleich in Form eines **Zeit-**

vergleichs, d.h. die Beurteilung von Kennzahlen, die aus aufeinanderfolgenden Jahresabschlüssen gewonnen werden, ist weitaus aussagekräftiger als eine **Einzelanalyse**. Voraussetzung für einen sinnvollen Zeitvergleich ist u.a. die konstante Anwendung von Bewertungs- und Bilanzierungsmethoden, möglichst ohne Beeinflussung der Kennzahlenbildung durch den gezielten Einsatz des bilanzpolitischen Spielraums. Der größte Vorteil des Zeitvergleichs ist darin zu sehen, daß trotz unterschiedlicher absoluter Höhe der Kennzahlenwerte relative Verbesserungen oder Verschlechterungen im Zeitablauf als Signale für Veränderungen der wirtschaftlichen Lage des Unternehmens angesehen werden können (vgl. KUSSMAUL 1992c, S. 1).

Beim **Betriebsvergleich** werden die Unternehmenskennzahlen mit den Istwerten oder den Durchschnittszahlen der Branche verglichen. Ziel dieser Analyse ist es, die relativen Stärken und Schwächen des Unternehmens im Vergleich zu anderen Unternehmen zu bestimmen und Informationen für die Beseitigung möglicher Schwachstellen zu erhalten. Die Nachteile eines solchen Vergleichs liegen aber ebenso auf der Hand: Durchschnittszahlen sind immer nivelliert und somit nicht besonders aussagekräftig; auch die Zuordnung zu einer bestimmten Branche kann problematisch sein, ebenso erschwert die unterschiedliche Anwendung der Rechnungslegungsvorschriften die Vergleichbarkeit.

5.2.5 Grenzen und Probleme der Jahresabschlußanalyse

Zukunftsbezogene Informationen für die Beurteilung der finanz- und erfolgswirtschaftlichen Unternehmensentwicklung sind unerläßlich; die Daten aus dem Jahresabschluß sind jedoch stichtagsbezogen und Veröffentlichungen erfolgen erst mit mehrmonatiger "Verspätung", so daß die Erkenntniswerte aus dem Jahresabschluß nur sehr begrenzt sind. Aussagen über die zukünftige Entwicklung können bei Kapitalgesellschaften bestenfalls dem Lagebericht entnommen werden (vgl. § 289 Abs. 2 Nr. 2 HGB).

Weiterhin umfassen die offenlegungspflichtigen Jahresabschlußbestandteile nicht alle zur Unternehmensbeurteilung relevanten Daten; so fehlen z.B. Angaben über die Qualität des Managements oder Personals, über technisches und organisatorisches Know-how, Produktqualität oder bestimmte rechtliche Bindungen. Durch die Ausnutzung bilanzpolitischer Wahlrechte und Spielräume können Vermögens- und Erfolgsausweis erheblich beeinflußt sein. Änderungen der angewandten Bilanzierungs- und Bewertungsmethoden sind zwar im Anhang (vgl. § 284 Abs. 4 Nr. 1 HGB) zu erläutern, sie erschweren dennoch die Vergleichbarkeit aufeinanderfolgender Jahresabschlüsse. Bilanzpolitisch motivierte Sachverhaltsgestaltungen (z.B. Sale-and-lease-back) oder die Einflußnahme auf bestimmte Kennzahlen (z.B. Umwandlung kurzfristiger Kredite in langfristige Kredite unmittelbar vor dem Bilanzstichtag) beeinträchtigen ebenfalls die Aussagen über die Vermögens-, Finanz- und Ertragslage. Je besser der Zugang des Bilanzinteressenten zu unternehmensinternen Daten ist, was letztendlich von seiner Machtposition abhängt, desto aussagekräftiger sind die vorgenommenen Analysen.

Eine systematische Aufbereitung des aus dem Jahresabschluß und dem Lagebericht erhältlichen "Datenmaterials" kann die Informationsmängel zwar nicht beseitigen, aber trotzdem sinnvolle Aussagen zur Entwicklung der Vermögens-, Finanz- und Ertragslage ermöglichen (vgl. dazu COENENBERG 1992, S. 548 ff.).

Literaturverzeichnis

a) Einführende Literatur

BIEG, H.; KUSSMAUL, H.: Grundlagen der Bilanzierung, Wiesbaden 1993

WÖHE, G.: Die Handels- und Steuerbilanz, 2. Aufl., München 1990a

WÖHE, G.: Einführung in die Allgemeine Betriebswirtschaftslehre, 17. Aufl., München 1990b

WÖHE, G.; KUSSMAUL, H.: Grundzüge der Buchführung und Bilanztechnik, München 1991

b) Weiterführende Literatur:

ALBERS, W. (Hrsg.): Handwörterbuch der Wirtschaftswissenschaften, Stuttgart 1977

BAETGE, J.: Bilanzen, 2. Aufl., Düsseldorf 1992

BAETGE, J.; KÖSTER, H.: Bilanzanalyse, in: Lexikon des Rechnungswesens, hrsg. v. W. Busse von Colbe, München/Wien 1991, S. 84-89

BRINK, H.-J.: Anhang, in: Lexikon des Rechnungswesens, hrsg. v. W. Busse von Colbe, München/Wien 1991, S. 16-20

BUSSE VON COLBE, W. (Hrsg.): Lexikon des Rechnungswesens, 2. Aufl., München/Wien 1991

CASTAN, E.: Lagebericht, in: Lexikon des Rechnungswesens, hrsg. v. W. Busse von Colbe, München/Wien 1991, S. 366-368

COENENBERG, A. G.: Jahresabschluß und Jahresabschlußanalyse, 13. Aufl., Landsberg a.L. 1992

CORSTEN, H. (Hrsg.): Lexikon der Betriebswirtschaftslehre, 2. Aufl., München/Wien 1993

FEDERMANN, R.: Gewinn- und Verlustrechnung, in: Handbuch der Bilanzierung, hrsg. v. R. Federmann, Freiburg i.Br. 1960 ff., Stand: Mai 1993

FEDERMANN, R.: Bilanzierung nach Handelsrecht und Steuerrecht, 9. Aufl., Berlin 1992

FEDERMANN, R. (Hrsg.): Handbuch der Bilanzierung, Freiburg i.Br. 1960 ff., Stand: Mai 1993

FORSTER, K.-H.: Prüfung des Jahresabschlusses, in: Lexikon des Rechnungswesens, hrsg. v. W. Busse von Colbe, München/Wien 1991, S. 442-446

HEINEN, E.: Handelsbilanzen, 12. Aufl., Wiesbaden 1986

KUSSMAUL, H.: Kennzahlen und Kennzahlensysteme - ihre Möglichkeiten und Grenzen für die externe Analyse des Jahresabschlusses, in: StB, 35. Jg. (1984), S. 145-159 und S. 191-201

KUSSMAUL, H.: Führung der Handelsbücher, Kommentierung § 239 HGB, in: Handbuch der Rechnungslegung, hrsg. v. K. Küting und C.-P. Weber, 3. Aufl., Stuttgart 1990

KUSSMAUL, H.: Anlagespiegel, in: Lexikon des Rechnungswesens, hrsg. v. W. Busse von Colbe, München/Wien 1991, S. 23-31

KUSSMAUL, H.: Ansatz und Bewertung im handels- und steuerrechtlichen Jahresabschluß, in: StB, 43. Jg. (1992a), S. 455-458 und StB, 44. Jg. (1993e), S. 13-16 und S. 57-63

KUSSMAUL, H.: Kennzahlensysteme zur externen Unternehmensanalyse, Management-Kurzinfo 19/92, in: Managen & Sanieren 1992b

KUSSMAUL, H.: Kennzahlenvergleiche zur externen Unternehmensanalyse, Management-Kurzinfo 16/92, in: Managen & Sanieren 1992c

KUSSMAUL, H.: Abschreibungen, in: Lexikon der Betriebswirtschaftslehre, hrsg. v. H. Corsten, 2. Aufl., München/Wien 1993a, S. 18-24

KUSSMAUL, H.: Anlagevermögen, in: Lexikon der Betriebswirtschaftslehre, hrsg. v. H. Corsten, 2. Aufl., München/Wien 1993b, S. 55-61

KUSSMAUL, H.: Kapital, in: Lexikon der Betriebswirtschaftslehre, hrsg. v. H. Corsten, 2. Aufl., München/Wien 1993c, S. 403-409

KUSSMAUL, H.: Umlaufvermögen, in: Lexikon der Betriebswirtschaftslehre, hrsg. v. H. Corsten, 2. Aufl., München/Wien 1993d, S. 850-855

KUSSMAUL, H.; LUTZ, R.: Grundlagen der Bilanzpolitik, in: WiSt, 22. Jg. (1993a), S. 342-347

KUSSMAUL, H.; LUTZ, R.: Instrumente der Bilanzpolitik - Systematisierungsmöglichkeiten und Bewertungskriterien, in: WiSt, 22. Jg. (1993b) S. 399-403

KUSSMAUL, H.; LUTZ, R.: Instrumente der Bilanzpolitik - Wichtige Aktionsparameter der Bilanzierung und Bewertung, in: WiSt, 22. Jg. (1993c), S. 440-445 und S. 479-484

KÜTING, K.; WEBER, C.-P.: Der Übergang auf die neue Rechnungslegung, 4. Aufl., Stuttgart 1986

KÜTING, K.; WEBER, C.-P. (Hrsg.): Handbuch der Rechnungslegung, 3. Aufl., Stuttgart 1990

LANFERMANN, J.: Konzernabschluß, in: Lexikon des Rechnungswesens, hrsg. v. W. Busse von Colbe, München/Wien 1991, S. 330-335

MOXTER, A.: Bilanztheorien, in: HdWW, Band I, hrsg. v. W. Albers, Stuttgart 1977

MOXTER, A.: Bilanzlehre, Band I: Einführung in die Bilanztheorie, 3. Aufl., Wiesbaden 1984

REICHMANN, T.; LACHNIT, L.: Planung, Steuerung und Kontrolle mit Hilfe von Kennzahlen, in: ZfbF, 28. Jg. (1976), S. 705-723

SCHMALENBACH, E.: Dynamische Bilanz, 13. Aufl., Köln/Opladen 1962

SIEBEN, G.; GATZEN, M.: Gewinn- und Verlustrechnung, in: Lexikon des Rechnungswesens, hrsg. v. W. Busse von Colbe, München/Wien 1991, S. 225-229

WÖHE, G.: Bilanzierung und Bilanzpolitik, 8. Aufl., München 1992

WYSOCKI, K. VON; WOHLGEMUTH, M.: Konzernrechnungslegung, 3. Aufl., Tübingen/Düsseldorf 1986

F. Beschaffung

Hans Corsten

1. Herausforderungen des Beschaffungsmanagement

Den Schwerpunkt der Forschungen auf dem Gebiet der Beschaffung bilden quantifizierbare dispositive Teilprobleme, wie etwa die Beschaffungsmengen- und -zeitplanung. Bis zum heutigen Zeitpunkt fehlt es an einer umfassenden Beschaffungslehre, wobei die Ansätze wie z.B. von GROCHLA/SCHÖNBOHM (1980) und LIPPMANN (1979) die Ausnahme bilden.

Darüber hinaus wird die Beschaffung bis in die jüngste Zeit hinein von der Vorstellung beherrscht, daß es sich bei ihr um eine abgeleitete Aufgabe handelt, d.h. es erfolgt eine Unterordnung der Beschaffungsentscheidungen unter die Produktions- und Absatzentscheidungen, weil der Bedarf an zu beschaffenden Produktionsfaktoren aus der Produktions- und/oder Absatzplanung abgeleitet wird. In einer solchen Sichtweise treten operative Fragestellungen ins Zentrum der Überlegungen, während strategische Probleme weitgehend unberücksichtigt bleiben. Bei dieser Betrachtungsweise der Beschaffung als reine Vollzugsaufgabe verwundert es nicht, daß ihr in der betriebswirtschaftlichen Literatur in der Vergangenheit eine eher geringe Bedeutung zuerkannt wurde. In jüngster Zeit scheint sich jedoch eine Tendenz zu einem Bedeutungswandel abzuzeichnen. Als Gründe hierfür sind zu nennen (vgl. FIETEN 1979a, S. 1200 f.; FRIEDL 1990, S. 67; GÜNTER 1993, S. 198 f.):

- Um ihre **Wettbewerbsfähigkeit** zu erhalten und zu stärken, und im Zuge der Internationalisierung der Unternehmungstätigkeit, gehen Unternehmungen in verstärktem Maße dazu über, auf die weltweit kostengünstigsten und gleichzeitig hochwertigen Zukaufteile zurückzugreifen (global sourcing), d.h. im Extremfall sind die Beschaffungstätigkeiten der Unternehmung auf weltweite Bezugsquellen ausgerichtet.

- Die **Fertigungstiefe** vieler Unternehmungen (z.B. bei den Automobilherstellern) ist in der jüngeren Vergangenheit deutlich gesunken und wird voraussichtlich auch in Zukunft weiter abnehmen (outsourcing).

- Es zeigt sich ein Trend zu einer abnehmenden Zahl von **Lieferanten** pro Zukaufteil, wobei im Extremfall eine Konzentration auf einen Lieferanten vorgenommen wird (single sourcing), mit der Konsequenz,

  -- daß die Beziehungen zwischen Lieferanten und Abnehmern eine andere Ausprägung und Qualität erlangen (z.B. hin zu produktiven Partnerschaften) und

-- daß Fragen der Qualitätssicherung, insbesondere im Rahmen der Lieferantenwahl eine zunehmende Bedeutung erlangen (z.B. Aufbau und Einführung von Qualitätssicherungssystemen).

- Die Beziehungen zwischen Lieferanten und Abnehmern hat nicht zuletzt im Zuge der **Lean-Production-Debatte** weitere Aktualität erlangt (vgl. PFEIFFER/WEISS 1992, S. 70 ff.). Dabei sind insbesondere die folgenden Elemente zu nennen:

-- Pyramidisierung der Zuliefererstruktur, d.h. einzelne Lieferanten übernehmen die Funktion eines Systemlieferanten (Systemführer oder Systemträger), denen eine führende und systembildende Rolle zukommt (system sourcing; modular sourcing), während die anderen Sublieferanten auf einer untergeordneten Stufe agieren.

-- Einbindung der Zulieferer in die Produktentwicklung (z.B. im Rahmen eines Simultaneous Engineering), wobei dem Systemlieferanten häufig die Entwicklungsverantwortung in hohem Maße übertragen wird, was eine partnerschaftliche Einbindung dieser Lieferanten bedingt. Dabei kann es vorkommen, daß zunächst in den Lieferanten investiert werden muß, bevor dieser in der Lage ist, den Anforderungen des Abnehmers zu entsprechen (Lieferantenqualifizierung und -entwicklung).

-- Arbeit auf der Grundlage von Kostenzielen (Target costing), die zwischen Lieferant und Abnehmer gemeinsam formuliert werden, d.h. es werden in der Produktplanungsphase produktbezogene Kostenvorgaben gebildet. Hierunter sind die Kosten zu verstehen, die ein Produkt bei Erstellung und Vertrieb höchstens verursachen darf, wenn ein vorgegebenes ökonomisches Ziel erreicht werden soll.

-- Produktionssynchronisation zwischen Lieferanten und Abnehmer (Just-in-Time), die nicht, wie in der Automobilindustrie teilweise zu beobachten ist, die Last der Bestände auf die Zulieferer abzuwälzen versucht, sondern eine Aktivitäten-Synchronisation zwischen den Vertragspartnern anstrebt.

- In vielen Unternehmungen hat die Beschaffung für die Erreichung ökonomischer und ökologischer **Unternehmungsziele** erhebliche Bedeutung erlangt.

- Die Interdependenzen zwischen der Beschaffung und anderen Funktionsbereichen macht eine **Koordination** dieser Bereiche erforderlich, die durch die zunehmende Dynamik und Diskontinuität des unternehmerischen Umsystems, insbesondere der Beschaffungsmärkte, noch verschärft wird.

Diese Gründe sprechen dafür, zunächst mit einer umfassenderen Sichtweise der Beschaffung zu beginnen, ehe dann auf einzelne, ausgewählte Instrumente des Beschaffungsmanagement eingegangen wird.

2. Charakterisierung der Beschaffung

2.1 Beschaffungsbegriff und -konzeptionen

Allgemein lassen sich unter dem Begriff der Beschaffung alle diejenigen Aktivitäten subsumieren, die darauf gerichtet sind, der Unternehmung die Produktionsfaktoren zur Verfügung zu stellen, die sie im Rahmen ihrer Sachzielerfüllung benötigt, die sie aber nicht selbst zu produzieren vermag, d.h. die Beschaffungsvorgänge leiten den betrieblichen Wertschöpfungsprozeß ein. Die **Beschaffung** geht folglich mit einer **Veränderung der Verfügungsgewalt** über die Produktionsfaktoren einher, was jedoch nicht bedeutet, daß die beschaffende Unternehmung in jedem Fall das juristische Eigentum an diesen Gütern erlangen muß (vgl. TROSSMANN 1991, S. 8 f.). Mit dieser begrifflichen Spezifikation ist eine Grundlage dafür geschaffen, den Beschaffungsbegriff von dem Begriff "Einkauf" abzugrenzen. Beim **Einkauf** geht es primär um die Realisation der Beschaffungspläne, d.h. er ist ein Vollzugsorgan, das lediglich auf die Erlangung der Verfügungsgewalt über die zu beschaffenden Produktionsfaktoren ausgerichtet ist und folglich eine Teilphase der Beschaffung darstellt.

Unterschiedliche Auffassungen herrschen in der betriebswirtschaftlichen Literatur (vgl. HAMMANN/LOHRBERG 1986, S. 5 ff.; LIPPMANN 1979, S. 26 ff.) jedoch hinsichtlich der folgenden Aspekte:

- Objektumfang des Beschaffungsbegriffs,

- Bedeutung und Wirkungsdauer der Beschaffungsentscheidungen und

- Phasenumfang des Beschaffungsbegriffs.

Während Vertreter einer **engen Auffassung** nur das Material als Beschaffungsobjekte in ihre Überlegungen einbeziehen und in diesem Zusammenhang den Begriff der **Materialwirtschaft** verwenden, dem dann die Aufgaben der Materialbeschaffung, -verwaltung und -verteilung zugeordnet werden, subsumieren die Vertreter einer **weiten Auffassung** neben dem Material auch Anlagen, Dienstleistungen, menschliche Arbeitsleistungen, Kapital, Informationen und Rechte unter den Beschaffungsbegriff, d.h. es werden sämtliche materiellen und immateriellen Erscheinungsformen der Produktionsfaktoren erfaßt (vgl. CORSTEN 1990, S. 45 ff.; FIETEN 1981, S. 140). Darüber hinaus ist zu berücksichtigen, daß die Beschaffungsobjekte sehr häufig nicht in singulärer Form auftreten, sondern **Leistungsbündel** darstellen, die aus einer Mehrzahl von materiellen und immateriellen Komponenten bestehen. Durch derartige Angebotsbündel, auch Problemlösungen genannt, werden die herkömmlichen Kategorienschemata gesprengt. Um diese Spannweite verständlich zu machen, sollen im folgenden die Argumentationsweisen der Vertreter "enger" und "weiter" Auffassungen skizziert werden.

Eine Einengung der Beschaffungsfunktion auf einzelne Erscheinungsformen der Produktionsfaktoren wird i.d.R. damit begründet, daß die Bereitstellung der anderen Produktionsfaktoren spezifischen organisatorischen Einheiten in einer Unternehmung übertragen werden. So obliegt die Personalbeschaffung der Personalabteilung *(vgl. REISS C. 5.1)*, die Kapitalbeschaffung der Finanzabteilung, die Beschaffung von Maschinen, Betriebsausstattungen etc. der Anlagen- oder Investitionsabteilung und die Beschaffung von Rechten der Rechtsabteilung. Demgegenüber lassen sich die Beschaffungsaktivitäten für Informationen, da diese in Abhängigkeit von der intendierten Zielsetzung von unterschiedlichsten Organisationseinheiten beschafft werden können (z.B. durch die Marktforschungsabteilung, der Finanzabteilung etc.) nicht eindeutig einem Funktionsbereich zuordnen.

Diese Betrachtungsweise geht ferner davon aus, daß die unterschiedlichen zu beschaffenden Objektkategorien im Rahmen der Beschaffung so unterschiedliche Probleme aufwerfen, daß eine gemeinsame Behandlung unzweckmäßig erscheint. Dabei liegt implizit die Vorstellung zugrunde, daß die Unterschiede zwischen den einzelnen Objektkategorien wichtiger sind als evtl. vorhandene Ähnlichkeiten hinsichtlich gemeinsamer Verrichtungen im Rahmen der Durchführung von Beschaffungsprozessen (vgl. GROCHLA/KUBICEK 1976, S. 260).

Die vorangegangenen Ausführungen machen deutlich, daß die betonten Unterschiede zwischen den erwähnten Objektkategorien i.d.R. auf inhaltliche Aspekte abzielen, während die Betonung von Gemeinsamkeiten primär an der formalen Ebene ansetzen. So betonen GROCHLA/KUBICEK (1976, S. 263), daß der bloße Hinweis auf die Unterschiedlichkeiten der einzelnen Objektkategorien kein ausreichender Grund gegen eine Beschaffungslehre sei, die sämtliche materiellen und immateriellen Produktionsfaktoren umfaßt. Als Argumente für eine weite Fassung des Beschaffungsbegriffs sind zu nennen (vgl. GROCHLA 1977, S. 188 f.):

- Bei allen Produktionsfaktoren stellt sich z.B. das grundsätzliche Entscheidungsproblem zwischen Eigenfertigung und Fremdbezug.

- Die Beschaffung der Produktionsfaktoren bedingen marktliche Aktivitäten, die ein Marketingdenken erforderlich werden lassen (Beschaffungsmarketing), das z.B. Marktuntersuchungen beinhaltet, die zu einem großen Teil mit den gleichen methodischen Instrumenten durchgeführt werden, wie im Absatzbereich.

- Die strategischen Ziele im Rahmen der Beschaffung der erforderlichen Produktionsfaktoren sind in der Festlegung und dem Ausbau der unternehmerischen Position auf den Beschaffungsmärkten und in der Beseitigung oder Reduzierung von marktinduzierten Störungen des Leistungserstellungsprozesses zu sehen.

Ein weiterer Aspekt, der aus der Sicht der Vertreter für eine weite Beschaffungskonzeption spricht, ist darin zu sehen, daß zwischen den zu beschaffenden Produktionsfaktoren vielfältige **Interdependenzen** bestehen, die **substitutiver** oder **komplementärer Natur** sein können, und durch eine Ausweitung des Objektumfanges deutlich werden, wie die folgenden Beispiele zeigen sollen:

- Zwischen personellen und maschinellen Aktionsträgern bestehen häufig substitutionale Beziehungen (Mechanisierung und Automatisierung), die Interdependenzen zwischen der Personal- und Anlagenbeschaffung hervorrufen. Werden etwa im Rahmen einer Automatisierungsmaßnahme personalsparende Anlagen im Produktionsprozeß eingesetzt, dann ergibt sich hieraus ein Koordinationsbedarf mit der Personalplanung.

- Zwischen der Beschaffung von Anlagen und der Beschaffung von Roh-, Hilfs- und Betriebsstoffen können komplementäre Beziehungen bestehen. So wird etwa der Bedarf an Betriebsstoffen von den in Zukunft einzusetzenden Anlagen determiniert.

- Eine generelle Interdependenz besteht darüber hinaus zwischen der Beschaffung von Kapital und der Beschaffung aller übrigen Produktionsfaktoren. Diesen wechselseitigen Abhängigkeiten kann nur durch eine integrierte Beschaffungsplanung entsprochen werden.

Ein weiterer Aspekt im Rahmen der Diskussion der Beschaffungsfunktion ist in der **Bedeutung** und **Wirkungsdauer** der **Beschaffungsentscheidungen** zu sehen. Der Beschaffung werden dabei häufig dispositive Aufgaben auf der operativen Ebene zugewiesen, d.h. ihr obliegt die Aufgabe, aus anderen Plänen den Bedarf abzuleiten und zu befriedigen. Die Beschaffungsfunktion wird in dieser Sichtweise unter dem Aspekt der Bereitstellung betrachtet, von der allenfalls restriktive Wirkungen auf andere Funktionen oder Phasen ausgehen können, falls die konkreten Bedingungen auf dem Beschaffungsmarkt eine zielkonforme Bereitstellung nicht erlauben. Dabei wird vernachlässigt, daß Beschaffungsmärkte auch Impulse für die unternehmerischen Entscheidungen geben können, indem z.B. durch Innovationen auf der Inputseite Chancen für andere Funktionsbereiche aufgedeckt werden. Hieraus resultiert, daß nicht nur der Absatz-, sondern auch der Beschaffungsmarkt Chancen für die Realisation unternehmerischer Ziele eröffnet.

Dies bedeutet, daß im Rahmen der Beschaffungsfunktion neben operativen auch **strategische Entscheidungen** zu treffen sind, die in der Beschaffungsliteratur häufig vernachlässigt werden. In dieser strategischen Dimension sind die folgenden Aspekte von besonderer Bedeutung (vgl. FIETEN 1979b, S. 18 ff.):

- Festlegen von Grundsätzen für die Beschaffung, d.h. es ist ein Leitbild zu entwerfen, das als Grundlage des Handelns dient:
    - Grundsätze für die Auftragsvergabe,
    - Beziehungen zu den Lieferanten,
    - Abgrenzung der Beschaffungsmärkte,
    - Grundsätze der Bedarfsstreuung,
    - Führungsgrundsätze in der Beschaffung.
- Entwickeln von Beschaffungsstrategien.
- Entwerfen einer Organisation für den Beschaffungsbereich sowie einer strategischen Beschaffungsplanung und -kontrolle (vgl. BRINK 1983, S. 1096).

Als dritter Aspekt im Rahmen einer Ausweitung der Beschaffungsfunktion ist der **Phasenumfang** zu nennen. Hierzu wird der Beschaffungsprozeß in einzelne Teilprozesse (Phasen) untergliedert. Derartige Phaseneinteilungen verfolgen eine doppelte Zielsetzung, und zwar sollen einerseits die einzelnen Teilprozesse abgebildet und anderseits die prozessuale Abfolge dieser Phasen erfaßt werden. Grundsätzlich tritt bei der Zerlegung eines Prozesses in Phasen das Problem auf, diese voneinander abzugrenzen. Jede einzelne Phase, die einen bestimmten Zeitraum umfaßt, läßt sich durch zeitpunktbezogene Anfangs- und Endereignisse abgrenzen. Was jedoch konkret als Anfangs- und Endereignis herangezogen werden soll, ist häufig nur auf der Grundlage von Praktikabilitätsüberlegungen möglich, d.h. es dürfte i.d.R. schwierig sein, allgemein akzeptierte Phasenabgrenzungen zu identifizieren.

In den weiteren Überlegungen soll zum Beschaffungsprozeß neben dem Einkauf, d.h. der Erlangung der Verfügungsgewalt über die entsprechenden Güter, auch deren innerbetriebliche Behandlung in der Form der Lagerhaltung und des Transportes gezählt werden. Da **Lagerhaltung** und **Transport** jedoch auch in anderen betrieblichen Funktionsbereichen auftreten, bedarf diese Abgrenzung einer weiteren Spezifikation. Dies betrifft insbesondere die Abgrenzung zum Funktionsbereich der Produktion.

Generell gilt ein Gut dann als beschafft, wenn es zur Erfüllung der ihm zugedachten Funktion zur Verfügung steht. Dies bedeutet, daß eine Lagerhaltung vor der Verwendung in der Produktion als Teil des Beschaffungsprozesses zu interpretieren ist.

Die Grenze zwischen Produktion und Beschaffung ergibt sich auf der Grundlage dieser Überlegungen an der Stelle, an der die bereitgestellten Objekte zum Zwecke der Leistungserstellung genutzt werden. Analoge Überlegungen gelten dann ebenfalls für die Abgrenzung zwischen Produktion und Absatz.

2.2 Abgrenzung und Beziehungen zwischen Beschaffung, Materialwirtschaft und Logistik

In einem ersten Schritt seien zunächst die Begriffe Beschaffung und Materialwirtschaft abgegrenzt. Während die Beschaffung alle Aktivitäten umfaßt, die darauf gerichtet sind, der Unternehmung die Güter zur Verfügung zu stellen, die sie im Rahmen ihrer Sachzielerfüllung benötigt, die sie aber nicht selbst zu produzieren vermag, umfaßt die Materialwirtschaft alle betrieblichen Aufgaben, die das Material betreffen, d.h. es liegt ihr eine **objektbezogene Betrachtung** zugrunde. Zur **Materialwirtschaft** sind alle Vorgänge in einer Unternehmung zu subsumieren, die der Bereitstellung des Materials am Einsatzort zum Zwecke der Leistungserstellung dienen. Damit wird es erforderlich, den Begriff des Materials zu klären. In den weiteren Ausführungen wird der Materialbegriff ausschließlich auf die Inputseite bezogen, d.h. es handelt sich um Produktionsfaktoren (= Güter, die im Produktionsprozeß kombiniert werden, um andere Güter zu erstellen).

Unter **Material** sind dann naturgegebene oder bereits verarbeitete Sachgüter zu verstehen, die in Produktionsprozessen eingesetzt werden und dabei ihre Fähigkeit zur Realisation anderer produktiver Zwecke verlieren. Dabei soll die Recyclierbarkeit von Materialien nicht ausgeschlossen werden. Materialien sind folglich Repetierfaktoren, die nicht nur in Industrieunternehmungen, sondern auch in Dienstleistungsunternehmungen (z.B. Treibstoffe in Verkehrsbetrieben, Büromaterialien) auftreten.

Ebenfalls ist kein Aggregatzustand oder Komplexitätsgrad für den Materialbegriff konstitutiv und es ist irrelevant, wie viele Produktionsprozesse das Gut im volkswirtschaftlichen Transformationsprozeß vorher durchlaufen hat. So ist etwa Mehl für eine Mühle Endprodukt, für eine Bäckerei hingegen Material. Material kann aber auch bereits Output einer betrachteten Produktionsstufe gewesen sein und durch Wiedereinsatz (Recycling) erneut als Input auftreten.

Zum Material gehören zunächst Roh-, Hilfs- und Betriebsstoffe:

- **Rohstoffe** gehen in das zu erstellende Produkt ein und sind sowohl in mengen- als auch in wertmäßiger Hinsicht für das Produkt von besonderer Bedeutung, d.h. sie werden zum Hauptbestandteil des Erzeugnisses.

- **Hilfsstoffe** gehen zwar ebenfalls in das zu erstellende Produkt ein, sind jedoch in mengen- und wertmäßiger Hinsicht für das Produkt von geringer Bedeutung, d.h. es handelt sich um untergeordnete Bestandteile wie Nägel, Schrauben etc. Darüber hinaus zählt zu den Hilfsstoffen auch Verpackungsmaterial, wenn dies für die Verkaufsfähigkeit des Produktes notwendig und im Verkaufspreis enthalten ist.

- Demgegenüber werden **Betriebsstoffe** nicht zu einem Bestandteil der zu erstellenden Produkte, sondern sie sind für die Realisation des Produktionsprozesses notwendig, d.h. sie dienen der Ingangsetzung und Aufrechterhaltung der Produktion. Hierzu zählen Brennstoffe, Reinigungs- und Schmiermaterial etc.

Darüber hinaus zählen zu den Materialien

- Reparaturmaterialien,

- Einbauteile,

- Zubehörteile und

- ganze Aggregate (z.B. Elektromotor für einen Staubsauger), wenn diese in den jeweiligen Produktionsprozeß eingesetzt und Bestandteil des Produktes werden.

Hauptziel der Materialwirtschaft ist es, die benötigten Materialien in der erforderlichen Menge, der erforderlichen Güte, zum richtigen Zeitpunkt, am richtigen Ort zur Verfügung zu stellen. Neben dieser Sicherungsaufgabe, die einen primär technischen Charakter aufweist, tritt als ökonomische Aufgabenstellung die mit der Bereitstellung des Materials verbundenen Kosten zu optimieren hinzu (**materialwirtschaftliches Optimum**). Der Materialwirtschaft obliegt damit die Aufgabe, die Unternehmung mit den für die Produktion erforderlichen Repetierfaktoren zu versorgen, d.h. sie hat Aufgaben der Materialbeschaffung, -lagerung und -bereitstellung zu erfüllen. Darüber hinaus hat sie die Entsorgung zu bewerkstelligen, wodurch eine Erweiterung des Materialbegriffs um die Abfallprodukte erforderlich ist.

Im Zusammenhang mit der Beschaffung wird weiterhin der Begriff der Logistik genannt, da die beschaffungswirtschaftlichen Tätigkeiten logistische Probleme aufwerfen.

Auch wenn sich der Logistikbegriff in der betriebswirtschaftlichen Literatur zunehmender Beliebtheit erfreut, kann nicht von einer einheitlichen Begriffsbestimmung ausgegangen werden (zu unterschiedlichen Abgrenzungen vgl. z.B. BARTELS 1980, S. 54 ff.; ENDLICHER 1981, S. 13 ff.; PFOHL 1990, S. 11). Dies gilt insbesondere für die der **Logistik** zuzuweisenden Aufgabenfelder, bei denen erhebliche Unschärfebereiche und Meinungsverschiedenheiten herrschen. Einigkeit herrscht hingegen darüber, daß es sich bei der Logistik nicht um eine Funktion handelt, die auf der gleichen Ebene wie die betrieblichen Kernfunktionen Beschaffung, Produktion und Absatz anzusiedeln ist, sondern um eine **Querschnittsfunktion**, die diese Funktionen überlagert. Die Eigenständigkeit der Logistik als betriebliche Funktion wird dann in der von ihr zu erfüllenden **Koordinationsfunktion** gesehen *(zur funktionalen Perspektive der Betriebswirtschaftslehre vgl. ZELEWSKI A. 5.2)*

Aufgabe der Logistik ist es, den Güterfluß und den dazugehörigen Informationsfluß in einer Unternehmung zu planen, zu steuern und zu kontrollieren, d.h. ihr obliegt eine Gestaltungs-, Lenkungs- und Kontrollfunktion der Aktivitäten von Lieferanten zur Unternehmung, innerhalb der Unternehmung und von der Unternehmung zum Nachfrager. Als zentrale Ziele der Logistik ergeben sich damit einerseits die Realisation eines Versorgungsservice, d.h. die Produktionsstellen in der Unternehmung sind mit den jeweiligen Gütern termin- und mengengerecht zu versorgen und anderseits ein Lieferservice (Lieferzeit, -zuverlässigkeit, -bereitschaft und -flexibilität), d.h. die Auslieferung an die

Nachfrager. Entsprechend läßt sich die Logistik auf der Grundlage des betrieblichen Realgüterprozesses in

- Beschaffungslogistik,
- Produktionslogistik und
- Distributions-(Absatz-)logistik

untergliedern. Abbildung F. 1 soll den Zusammenhang zwischen diesen Erscheinungsformen und der Beschaffung sowie der Materialwirtschaft verdeutlichen (vgl. FRIEDL 1990, S. 65; TROSSMANN 1991, S. 17).

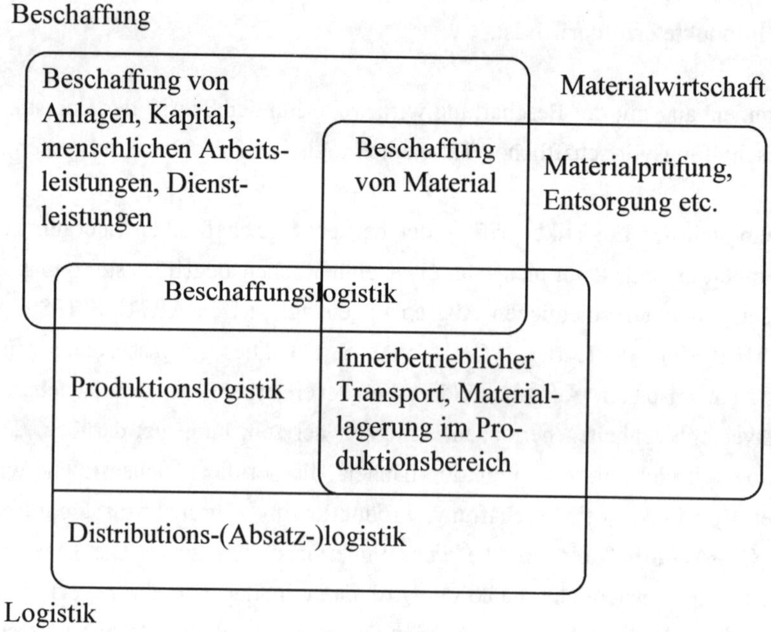

Abbildung F. 1: Abgrenzung von Beschaffung, Materialwirtschaft und Logistik

Zur Beschaffung zählen alle sachzielbezogenen Bereitstellungsaktivitäten von Gütern, die von der Unternehmung nicht selbst hergestellt werden.   Die Materialwirtschaft umfaßt alle leistungserstellungsbezogenen Materialbereitstellungsvorgänge.

Aufgabe der Logistik ist die Planung, Steuerung und Kontrolle des Güter- und Informationsflusses innerhalb der Unternehmung sowie zwischen der Unternehmung und seinen Lieferanten bzw. Kunden.

2.3 Die Beschaffungsaufgabe im Zielsystem der Unternehmung

Die Beschaffung ist ein Subsystem des übergeordneten Systems Unternehmung. Damit bildet das gesamtunternehmerische Zielsystem den Rahmen für die Beschaffungsziele und für die im Beschaffungsbereich zu fällenden Entscheidungen *(vgl. zum Zielsystem ZELEWSKI A. 5.1.2; OSSADNIK B. 2.2.2.1; REESE G. 3.1)*. Beim unternehmerischen Zielsystem ist zwischen Sach- und Formalzielen zu unterscheiden.

Durch das **Sachziel** wird das Handlungsprogramm der Unternehmung festgelegt, d.h. es enthält Informationen über Art, Menge, Qualität und Zeitpunkt der zu produzierenden und am Markt abzusetzenden materiellen und immateriellen Güter.

Auf der Grundlage der Spezifikation des Sachziels und den daraus abgeleiteten Aufgaben läßt sich der Bedarf an Produktionsfaktoren bestimmen. Umfang und Art der Beschaffungsaufgaben werden dabei durch Art und Umfang der Festlegung der Teilbereichsaufgaben der Unternehmung determiniert. So kann z.B. die Aufteilung von Aufgaben auf die Alternativen Eigenfertigung und Fremdbezug sowohl die Breite als auch die Tiefe des Produktionsprogramms beeinflussen. Sie hat folglich unmittelbare Auswirkungen auf die Beschaffungsaufgaben.

Bei der Erfüllung der Beschaffungsaufgaben sieht sich eine Unternehmung - in dynamischer Betrachtung - ständigen Änderungen der Umweltbedingungen gegenüber:

- veränderte Bedingungen auf dem Beschaffungs- und Absatzmarkt,
    - konjunkturelle und/oder saisonale Schwankungen,
    - Verhältnis der Marktteilnehmer,
    - Machtverschiebungen, z.B. durch Fusionen, Auftreten neuer Marktteilnehmer usw.,
    - Verknappungserscheinungen,

- neue technische Entwicklungen,
- neue rechtliche Rahmenbedingungen,
- politische oder sozio-kulturelle Veränderungen.

Eine Unternehmung muß derartige Veränderungen beobachten und versuchen, die Bedingungen auf den relevanten Märkten und in den jeweiligen Bereichen in ihrem Sinne zu beeinflussen oder ihr(e) Sachziel(e) aktiv, zumindest aber reaktiv zu verändern. Dies ist insbesondere in Zeiten wachsender Umweltturbulenzen notwendig.

Zur Bewältigung dieser **Umweltturbulenzen** ist für die Unternehmung eine informative Umweltkoppelung von grundlegender Bedeutung, wobei die folgenden Informationen eine besondere Relevanz erlangen:

- Informationen über die Entwicklung der relevanten Umwelt (Prognosen);
- Informationen über die voraussichtlichen Auswirkungen der Aktionen (Projektionen);
- Informationen über den jeweiligen Systemzustand sowie Kontrollinformation über den Erfolg getätigter Aktionen.

Zur Realisation einer so verstandenen informativen Umweltkoppelung ist es erforderlich, daß die Unternehmung ein Früherkennungssystem aufbaut, wobei beim Aufbau eines solchen Systems die folgenden Komponenten von Bedeutung sind:

- Bestimmung relevanter Beobachtungsbereiche,
- Definition geeigneter Frühwarnindikatoren,
- Identifikation der Informationsquellen und
- Aufbau von geeigneten Informationskanälen.

Neben den relevanten Veränderungen in der Unternehmungsumwelt sind auch die Veränderungen unternehmungsinterner Faktoren zu beachten. Aus beiden Bereichen können für die Unternehmung sowohl Chancen als auch Risiken erwachsen. Aufgabe der Beschaffungsfunktion ist es folglich, einerseits die sich bietenden Chancen für die Unternehmung zu nutzen und die Versorgung mit den notwendigen Produktionsfaktoren sicherzustellen und anderseits Strategien zu entwickeln, die geeignet erscheinen, Risiken von der Unternehmung abzuwenden.

Demgegenüber geben die **Formalziele** der Unternehmung die Kriterien an, auf deren Grundlage die Entscheidungen in der Unternehmung getroffen werden.

Damit haben die Formalziele die beiden folgenden grundlegenden Aufgaben zu erfüllen:

- **Bewertungsfunktion** im Rahmen von Entscheidungskalkülen (hierbei obliegt ihnen die Aufgabe, dem menschlichen Handeln eine Orientierung zu bieten und es damit zu steuern; aus diesem Grund wird auch häufig von einer Steuerungsfunktion gesprochen).

- **Koordinationsfunktion** (die Ziele sollen sicherstellen, daß dezentral getroffene, interdependente Entscheidungen auf das oder die Oberziel(e) einer Organisation bezogen sind. In dieser Sichtweise werden die Ziele als Führungsinstrument verstanden).

Allgemein kann unter einem **Beschaffungsziel** eine Aussage über einen wünschenswerten Zustand verstanden werden, der das Ergebnis von Beschaffungshandlungen darstellt. Grundsätzlich sind Ziele vollständig zu definieren, d.h. sie sind hinsichtlich des Zielinhaltes, des angestrebten Zielerreichungsausmaßes und des zeitlichen Bezugs zu spezifizieren. Während mit dem **Zielinhalt** der Zustand präzisiert wird, der mit einer Handlung realisiert werden soll, wird mit dem Merkmal **Zielerreichungsausmaß** die angestrebte Ausprägung des Ziels zum Ausdruck gebracht. Attribute, die zur Messung des Zielerreichungsgrades geeignet sind, werden als Zielkriterien bezeichnet. Das Merkmal **zeitlicher Bezug des Zieles** erfaßt den Zeitpunkt bzw. den Zeitraum für die Zielerreichung.

Aus der Zielforschung ist bekannt, daß eine Unternehmung i.d.R. nicht nur ein einzelnes Ziel anstrebt, sondern es sich um ein **Zielbündel** handelt. Damit ist es von Interesse, in welchen Beziehungen diese Ziele zueinander stehen. Es lassen sich die folgenden **Beziehungen** unterscheiden:

- Interdependenzbeziehungen,

- Präferenzbeziehungen und

- Instrumentalbeziehungen.

Interdependenzbeziehungen sind entscheidungsfeldabhängige Beziehungen zwischen den Zielen, d.h. mit ihrer Hilfe lassen sich Aussagen darüber formulieren, inwieweit die

Erreichung der Ziele korreliert ist. Dabei wird zwischen Zielkomplementarität, Zielkonkurrenz und Zielindifferenz unterschieden:

- **Indifferenz** oder Unabhängigkeit liegt vor, wenn der Zielerreichungsgrad eines Ziels den Zielerreichungsgrad der anderen Ziele nicht beeinflußt.

- **Konkurrenz** oder Konflikt ist gegeben, wenn der Zielerreichungsgrad eines Ziels den Zielerreichungsgrad der anderen Ziele beeinträchtigt.

- **Komplementarität** liegt vor, wenn der Zielerreichungsgrad eines Ziels den Zielerreichungsgrad der anderen Ziele positiv beeinflußt.

Demgegenüber sind **Präferenzbeziehungen** vom Entscheidungsträger abhängige Zielbeziehungen, mit deren Hilfe eine Aussage über die Dringlichkeit bzw. über die Rangfolge der Bedeutung der Ziele formuliert wird. Derartige Präferenzbeziehungen sind immer dann zu bilden, wenn zwischen einzelnen Zielsetzungen Konflikte bestehen.

Instrumentalbeziehungen begründen Mittel-Zweck-Verhältnisse zwischen den Zielen und führen zu einer Einteilung in Ober- und Unterziele. Verhalten sich Unter- und Oberziele komplementär zueinander, dann liegt ein unproblematischer Fall vor. Befinden sich Unter- und Oberziele hingegen in einer konfliktären Beziehung zueinander, dann hängt die Eignung des Unterziels als Mittel zur Erreichung des Oberziels davon ab, in welchem Ausmaß das Oberziel erreicht werden soll. Durch eine solche Über- und Unterordnung von Zielen entsteht eine **Zielhierarchie**, die eine hinsichtlich der Instrumentalbeziehungen geordnete Gesamtheit der Ziele darstellt. An Zielhierarchien werden die folgenden Bedingungen gestellt (vgl. SCHNEEWEISS 1991, S. 65 f.):

- Operationalität, d.h. den Zielen müssen Attribute (Kriterien) zugeordnet werden, die mindestens ordinal meßbar sind.

- Vollständigkeit, d.h. die Ziele müssen sämtliche Aspekte des Oberziels erfassen.

- Redundanzfreiheit, d.h. die Ziele auf einer Operationalisierungsstufe sollen jeweils unterschiedliche Aspekte des Oberziels beleuchten.

Wird die Zielhierarchie um die Präferenzbeziehungen ergänzt, dann entsteht ein **Zielsystem**.

Unter einem Beschaffungszielsystem ist die Gesamtheit der Beschaffungsziele sowie der zwischen ihnen existierenden Präferenz- und Instrumentalbeziehungen zu verstehen.

Auch wenn die Unternehmungsziele den Rahmen für die Entwicklung eines Beschaffungszielsystems darstellen, läßt sich das Zielsystem der Beschaffung nicht mittels logischer Deduktion aus dem Gesamtzielsystem der Unternehmung herleiten, sondern es ist vielmehr in einem mehrstufigen Prozeß zu entwickeln, wobei zwischen

- Zielbildungsprozeß und

- Zielerreichungsprozeß

zu unterscheiden ist (vgl. CORSTEN 1988, S. 338).

Im Rahmen des Zielbildungsprozesses werden die Ziele selbst zu Entscheidungsvariablen.

Der **Zielbildungsprozeß** kann als ein interaktiver Prozeß zwischen den beteiligten Personen, Gruppen oder Organisationen verstanden werden, wobei die Art und Weise wie dieser Prozeß der Zielbildung erfolgt, abhängig ist von dem in der Unternehmung praktizierten Führungsstil, der hierarchischen Einordnung der Beschaffung in die Unternehmung, der Qualifikation der Mitarbeiter, der Beschaffungsführung und der jeweiligen Beschaffungsmarktsituation.

Unternehmungsführung und Beschaffungsführung können dabei unterschiedliche Formen der **Partizipation** im Rahmen der Entwicklung der Beschaffungsziele praktizieren. Das Spektrum wird dabei durch die beiden folgenden Extremalformen begrenzt:

- die Unternehmungsleitung gibt die zu realisierenden Ziele der Beschaffungsführung vor;

- die Beschaffung bildet die Ziele selbständig, und die Unternehmungsleitung beschränkt sich auf eine bereichsübergreifende Koordination.

Im weiteren wird unterstellt, daß die Beschaffungszielbildung im Rahmen eines **kooperativen Abstimmungsprozesses** zwischen Unternehmungsleitung und Beschaffungsführung erfolgen. Diese Vorgehensweise erscheint insbesondere unter dem Aspekt der Akzeptanz des aufgestellten Zielsystems von Bedeutung, da davon ausgegangen werden kann, daß die Mitglieder der Beschaffung sich mit einem so entstandenen Zielsystem eher identifizieren und sich dies auch positiv auf den Zielerreichungsprozeß auswirkt. Die Abbildung F. 2 gibt die Wechselbeziehungen zwischen diesen beiden Prozessen wieder.

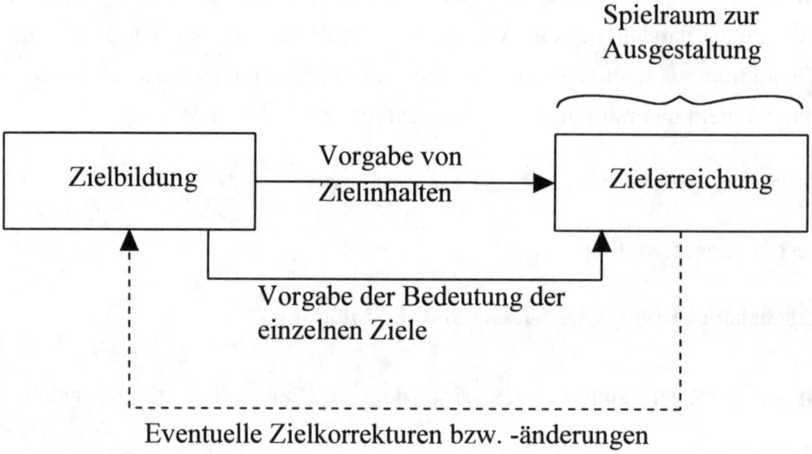

Abbildung F. 2: Wechselwirkungen zwischen Zielbildung und Zielerreichung

Der "Spielraum zur Ausgestaltung" in der Phase der Zielerreichung ergibt sich (vgl. KAPPLER/SODEUR/WALGER 1979, S. 138)

- einerseits aufgrund des Sachverhaltes, daß häufig (bewußte oder unbewußte) Zielunklarheiten bestehen und

- anderseits dadurch, daß häufig keine kausal begründeten Ziel-Mittel-Ketten, sondern lediglich Ziel-Mittel-Vermutungen existieren.

Dieser **Zielbildungsprozeß** läßt sich weiter in einzelne Phasen untergliedern (vgl. WILD 1974, S. 57 ff.):

- **Zielsuche**: Grundlage hierfür bilden zunächst die Unternehmungsziele, aus denen die Beschaffungsziele abgeleitet werden sollen. Darüber hinaus sind in diesem Zusammenhang die problemorientierten Beschaffungsziele (vgl. HAUSCHILDT 1976, S. 331 f.) zu berücksichtigen, d.h. diejenigen Probleme, die aus den unternehmungsinternen und -externen Gegebenheiten im Beschaffungsbereich resultieren.

- **Zielpräzisierung** und **-operationalisierung**, d.h. die Ziele sind hinsichtlich Inhalt, Ausmaß und Zeitbezug zu konkretisieren.

- **Zielstrukturierung**, d.h. es sind die Instrumental- und Präferenzbeziehungen in die Überlegungen einzubeziehen.

- **Realisierbarkeitsprüfung**, dies beinhaltet einerseits eine Kompatibilitätsprüfung zum Aufdecken von Zielkonflikten, um dann gegebenenfalls Änderungsmaßnahmen einleiten zu können und anderseits eine Prüfung dahingehend, ob die angestrebten Ziele mit den zur Verfügung stehenden Mitteln überhaupt realisierbar sind.

- **Zielentscheidung**, d.h. bei Existenz von Zielalternativen ist eine Entscheidung darüber zu treffen, welche der Ziele verwirklicht werden sollen.

Dieser Zielbildungsprozeß ist kein einmalig ablaufender, sondern ein permanenter Prozeß, in dem auf der Grundlage von Rückkoppelungsprozessen ein ständiger Lernprozeß vollzogen wird. Die Zielkontrolle stellt damit ebenfalls einen unerläßlichen Bestandteil des Zielbildungsprozesses dar.

Treten im Rahmen der Zielbildung zwischen den Interessengruppen Konflikte auf, dann ist nach Möglichkeiten zu ihrer Überwindung zu suchen. Ausgangspunkte sind dabei die **Konfliktursachen**, wobei sich die folgenden Ursachen unterscheiden lassen (vgl. KRÜGER 1979, S. 383; STREBEL 1981, S. 460):

- Unschärfe in der Zielformulierung,

- konzeptionell bedingte Ursachen, d.h. es liegen logische Widersprüche vor,

- präferenzen- und normenbedingte Ursachen,

- Ursachen, die im kognitiven Bereich liegen (z.B. durch unterschiedlichen Informationsstand oder unterschiedliche Fähigkeiten in der Informationsverarbeitung),

- unvereinbare Zielerreichungsniveaus,

- mittelbedingte Ursachen (Mittelwahl oder Mitteldosierung).

Hinsichtlich der Unschärfe in der Zielformulierung ergibt sich eine interessante Ambivalenz: Einerseits kann diese Unschärfe zwar Konfliktursache sein, anderseits ist aber zu beachten, daß sich hieraus auch ein Spielraum für eine Konsensbildung ergibt (vgl. CORSTEN 1988, S. 341).

Im Rahmen einer **Konfliktregelung** oder **-austragung**, der Fall der Konfliktunterdrückung wird in diesem Zusammenhang nicht beachtet, erscheinen die folgenden Möglichkeiten von Interesse:

- Auffinden von konfliktfreien Zielerreichungsgraden. Liegt ein Konflikt nur bei der Kombination bestimmter Zielerreichungsniveaus vor, dann ist zu versuchen, über vereinbarte Zielerreichungsniveaus, z.B. durch die Festlegung von Mindestniveaus, den Konflikt zu überwinden.

- Zeitliche Hintereinanderschaltung von Zielen. Diese Möglichkeit erscheint insbesondere bei einem totalen Konflikt anwendbar.

- Veränderung der Rangordnung.

- Aufnahme neuer Ziele in das Zielsystem.

- Zielaufgabe.

Zeigt diese Konfliktaustragung Erfolg, dann schließt der Zielbildungsprozeß mit einem autorisierten Zielsystem ab und mündet in den **Zielerreichungsprozeß**, in dem die gleichen Formen der Mitwirkung unterschieden werden können, wie im Rahmen der Zielbildung. Wurden die Beschaffungsziele und -pläne erstellt, dann obliegt es der Unternehmungsführung in einem nächsten Schritt, diese Pläne mit den Plänen der anderen Unternehmungsbereiche bereichsübergreifend zu koordinieren.

Abschließend stellt sich damit die Frage, welche Ziele im Beschaffungsbereich von besonderer Bedeutung sind. Im Zentrum der Überlegungen stehen häufig die Beschaffungskosten. Jedoch erscheint eine alleinige Ausrichtung an diesem Wertkriterium zu eng. Neben dem Kostenziel seien die folgenden weiteren Ziele genannt (vgl. BLOECH 1986, S. 122, HAMMANN/LOHRBERG 1986, S. 48; KOPPELMANN 1986, S. 307):

- Versorgungssicherheit, und zwar in

  -- quantitativer,

  -- qualitativer,

  -- räumlicher und

  -- zeitlicher Hinsicht, d.h. es wird die Sicherung einer langfristigen Versorgungsbasis angestrebt.

- Sicherung bzw. Steigerung der Beschaffungsflexibilität.

- Marktziele (z.B. Veränderung der Machtverhältnisse auf den Beschaffungsmärkten).

- Kommunikationsziele (z.B. Ausbau von Lieferantenbeziehungen).

Neben diesen Zielsetzungen werden in jüngster Zeit auch ökologische Ziele immer häufiger erwähnt. In diesem Zusammenhang sind zu nennen (vgl. CORSTEN/GÖTZELMANN 1989, S. 354 f.):

- Verwendung schadstoffarmer Güter;

- Wiederverwendung eines möglichst großen Teils der zum Einsatz gelangenden Güter (Recyclingobjekte, vgl. CORSTEN/REISS 1991, S. 612 f.);

- ökologisch induzierte Begrenzung des Materialeinsatzes.

3. Organisation der Beschaffung

Unter Organisation wird die Strukturierung von Systemen zur Erfüllung von Daueraufgaben verstanden. Strukturierung bedeutet dabei die Herstellung einer Ordnung der Elemente eines Systems, wodurch zwischen den Elementen Gleich-, Über- und Unterordnungsbeziehungen entstehen.

Zur Erfüllung der Beschaffungsaufgaben werden diese auf eine oder mehrere Aktionseinheit(en) übertragen, die als **Beschaffer** oder als **Beschaffungsstelle** bezeichnet werden. Aufgabe des Beschaffers ist es, den oder die Lieferanten, auf der Grundlage eines Vertrages, dazu zu verpflichten, die erforderlichen Güter zu liefern. Gleichzeitig verpflichtet sich der Beschaffer, die vereinbarte Vergütung an den Lieferanten zu entrichten.

Bedarfsträger sind demgegenüber die Aktionseinheiten, die die zu beschaffenden Güter zu ihrer Aufgabenerfüllung benötigen.

Damit obliegt dem Beschaffer die Aufgabe, das zwischen dem Lieferanten und Bedarfsträger existierende Spannungsverhältnis zum Ausgleich zu bringen, indem auf einer vertraglichen Grundlage die materiellen, finanziellen, raumzeitlichen und informationellen Transaktionsprozesse in beiderseitigem Einvernehmen vollzogen werden.

Im Rahmen einer organisatorischen Analyse des Beschaffungskomplexes sind die beiden folgenden Problemstellungen zu unterscheiden:

- Einordnung der Beschaffung in die Unternehmungsorganisation und
- die organisatorische Gestaltung des Beschaffungsbereiches selbst.

3.1 Die Beschaffung in der Unternehmungsorganiation

Für die Einordnung der Beschaffung in die Unternehmungsorganisation gilt zunächst das grundlegende **Postulat der Kongruenz** zwischen der Bedeutung einer Aufgabe für die Unternehmung und der Stellung ihrer Träger im Leitungssystem *(vgl. zur Gliederung der betrieblichen Funktionen ZELEWSKI A. 5.2)*. Dabei ist festzustellen, daß die hierarchische Einordnung der Beschaffung häufig tiefer ist, als dies bei vergleichbaren Funktionen (z.B. Produktion, Marketing) der Fall ist (vgl. MEIER 1988, S. 113 f.). Die Bedeutung der Beschaffung ergibt sich aus ihrer Relevanz für die gesamtunternehmerische Zielerreichung. Bei Heranziehung des Erfolgszieles der Unternehmung läßt sich die Relevanz durch die Kosten bestimmen, die durch die zu beschaffenden Güter hervorgerufen werden, d.h. durch den Anteil der Beschaffungskosten an den Gesamtkosten der Unternehmung. Darüber hinaus sind folgende Kriterien zu nennen, die Einfluß auf die Einordnung der Beschaffung in die Unternehmungsorganisation haben können:

- Unternehmungsgröße,
- Rechtsform und Eigentumsverhältnisse,
- Anzahl der Lieferanten,
- Machtpotential der Lieferanten,
- geographische Streuung der organisatorischen Teilbereiche,
- Entwicklungsstadium der Organisation,
- Produktionsprogramm,

- Umweltdynamik, d.h. Häufigkeit und Ausmaß der Marktveränderungen und

- Produktionstechnologien.

Diese sicherlich nicht vollständige Aufzählung zeigt, daß eine Fülle von Kriterien auf die organisatorischen Gestaltungsmöglichkeiten der Beschaffung Einfluß nehmen und die Bedeutung und Zusammensetzung der Kriterien nur im konkreten Einzelfall bestimmt werden können *(vgl. allgemein zu den konstitutiven Entscheidungen ZELEWSKI A. 5.5)*.

Im Rahmen der Überlegungen zur organisatorischen Integration der Beschaffung in die Unternehmungsorganisation sollen die beiden Formen einer funktionalen und einer divisionalen Organisation betrachtet werden.

Funktionale Organisationsstrukturen sind dadurch charakterisiert, daß auf der obersten Leitungsebene die Aufgabensegmentierung nach dem **Verrichtungsprinzip** erfolgt, d.h. gleiche oder gleichartige Verrichtungen werden zusammengefaßt und einer organisatorischen Einheit übertragen.

Es entsteht folglich ein Funktionsbereich Beschaffung, der für die wirtschaftliche Versorgung der Bedarfsträger in den anderen Funktionsbereichen verantwortlich ist. Für die Beschaffung ergeben sich dann die beiden folgenden grundlegenden Eingliederungsmöglichkeiten:

- die Beschaffung stellt ein **eigenständiges Subsystem** auf der gleichen Ebene wie die Funktionen Produktion und Absatz etc. dar, oder

- die Beschaffung wird **in ein anderes funktionales Subsystem**, etwa der Produktion eingegliedert, was insbesondere dann der Fall sein wird, wenn die Unternehmung der Beschaffungsfunktion eine geringere Bedeutung für das Unternehmungsergebnis zuordnet als den anderen Funktionen (vgl. Abbildung F. 3).

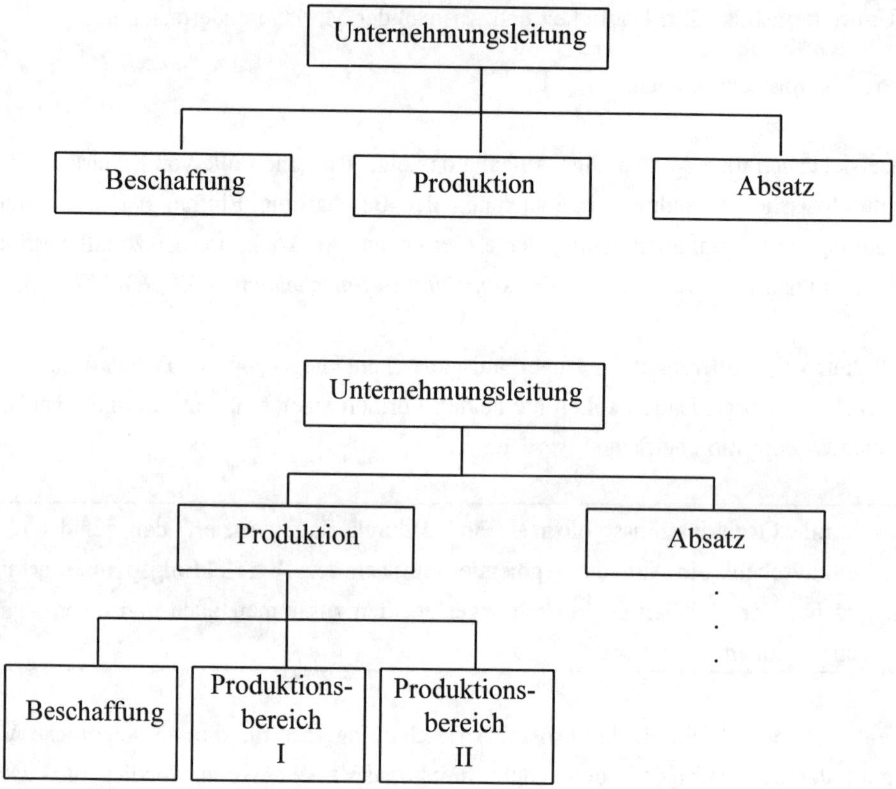

Abbildung F. 3: Einordnung der Beschaffung in eine funktionale Organisationsstruktur

Tendenziell gilt, daß die hierarchische Einordnung der Beschaffung auf unterschiedlichen Ebenen der Unternehmungshierarchie die Bedeutung der Beschaffungsentscheidungen in der jeweiligen Unternehmung widerspiegelt. Erfolgt eine Einordnung der Beschaffung auf der obersten Leitungsebene, gleichberechtigt neben den anderen Funktionsbereichen, dann kann davon ausgegangen werden, daß neben den operativ-dispositiven auch die strategischen Entscheidungen in angemessenem Umfang berücksichtigt werden können. Demgegenüber ist bei einer Eingliederung in ein anderes Subsystem wie etwa der Produktion, die Gefahr immanent, daß lediglich die operativ-dispositiven Probleme Berücksichtigung erlangen.

Darüber hinaus ist die Koordination der Beschaffung mit den Nachbarbereichen Entwicklung, Produktion und Absatz von Interesse. Die **Koordination** mit den Bedarfsträgern kann beispielsweise über die Unternehmungsplanung erfolgen. So wird etwa aus dem Absatzplan der Produktionsplan und hieraus wiederum der Beschaffungsplan abgeleitet.

Werden dem Beschaffungsbereich darüber hinaus auch logistische Aufgaben übertragen, dann ergibt sich ein weiterer Koordinationsbedarf mit dem Funktionsbereich der Produktion. Dies zeigt sich besonders deutlich im Rahmen einer produktionssynchronen Beschaffung nach dem Just-in-Time (JIT) Konzept *(vgl. 5.3.2)*. Um diese Koordinationsproblematik zwischen den unterschiedlichen Funktionsbereichen zu bewerkstelligen, erscheinen gemischte Teams aus Einkäufer, Produktentwickler, Qualitätsexperten, Produktions- und Marketingmitarbeitern eine zweckmäßige Form. Eine derartige Beteiligung mehrerer Entscheidungsträger an den Beschaffungsentscheidungen ist auch das zentrale Anliegen des **Buying Center-Konzeptes** (vgl. WEBSTER/WIND 1972, S. 78 ff.; *MEYER/MATTMÜLLER H. 3.1.2.2*), worunter keine formale Gruppe zu verstehen ist, sondern ein Buying Center ist als "Kreis der Beteiligten" zu interpretieren (GÜNTER 1993, S. 203).

Zur Entlastung von Führungskräften werden häufig auf höheren Leitungsebenen sog. **Stäbe** eingerichtet. Hierbei handelt es sich um Aktionseinheiten, die keine Anordnungsbefugnisse gegenüber anderen Stellen haben. In der Praxis sind jedoch Stabsstellen im Beschaffungswesen eher die Ausnahme. Als Aufgaben für solche Stellen seien beispielhaft genannt:

- Beschaffungsmarktforschung,
- Entwicklung strategischer Konzepte,
- Investitionsanalysen und
- Wertanalysen.

Erfolgt die Segmentierung der Unternehmungsaufgaben nach dem **Objektprinzip**, d.h. es werden gleiche oder gleichartige Objekte zusammengefaßt, dann ergibt sich eine **divisionale Organisationsstruktur**.

Als Objekte dienen dabei beispielsweise Produkte oder Produktgruppen. Es lassen sich die beiden folgenden Möglichkeiten unterscheiden:

- Innerhalb der gebildeten **Sparten** (Divisionen) werden die Beschaffungsaufgaben organisatorisch zusammengefaßt, so daß spartenbezogene Beschaffungsabteilungen entstehen. Diese Vorgehensweise führt zu einer dezentralen Eingliederung der Beschaffung. Existiert keine zentrale Koordinationsstelle, dann operieren die einzelnen Beschaffungsabteilungen unabhängig voneinander und sind ausschließlich für eine wirtschaftliche Versorgung der jeweiligen Sparte verantwortlich. Abbildung F. 4 gibt diese Struktur in vereinfachter Form wieder.

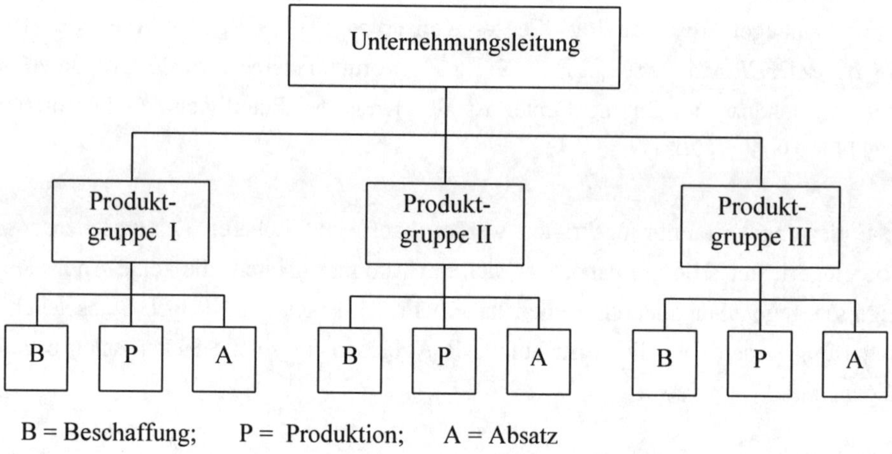

Abbildung F. 4: Dezentrale Einordnung der Beschaffung in eine divisionale Organisationsstruktur

Die **Vorteile** dieser dezentralen Eingliederung sind vor allem in den folgenden Punkten zu sehen:

-- flexible spartenbezogene Beschaffung,

-- gute Abstimmung zwischen Bedarfsträgern und Beschaffung und

-- klare Zurechnung der Ergebnisse zu den Sparten.

Damit sind in der Verkürzung der Kommunikationswege und in der Reduktion der Komplexität die wesentlichen Vorteile einer dezentralen Eingliederung der Beschaffung zu sehen.

Demgegenüber ist in der Duplizierung organisatorischer Einheiten eine wesentliche **Schwachstelle** dieser Möglichkeit zu sehen, da diese einerseits mit einem hohen Aufwand hinsichtlich der Koordination und anderseits eine Konzentration auf operativ-dispositive Aufgaben einhergehen kann. Ferner geht eine dezentrale Einordnung mit dem Nachteil einher, daß eine Bündelung von Nachfragepotentialen auf den Beschaffungsmärkten unterbleibt.

- Als zweite Möglichkeit bietet sich an, die Beschaffungsaufgaben aus den Sparten auszugliedern und **funktionsorientierte Zentralbereiche** zu bilden, die dann der Unternehmungsleitung unmittelbar unterstellt werden. Diese Zentralbereiche werden mit dem Ziel gebildet, gleichartige Entscheidungs- und Leitungsaufgaben auf der oberen Führungsebene wahrnehmen zu können (vgl. KREIKEBAUM 1992, Sp. 2603 ff.), d.h. durch die Zentralisation erfolgt letztlich eine Spezialisierung. Im Gegensatz zu Stabsstellen obliegen den Zentralbereichen auch Leitungsbefugnisse, wobei ihnen die folgenden zentralen Aufgaben übertragen werden können:

  -- Serviceleistungen für die Sparten,

  -- Unterstützung der Unternehmungsleitung im Rahmen der Wahrnehmung von Führungsaufgaben und

  -- Steuerungs-, Koordinations- und Kontrollaufgaben gegenüber den Sparten im Auftrag der Unternehmungsleitung.

Ziel dieser Vorgehensweise ist die Nutzung von synergetischen Effekten. Abbildung F. 5 gibt diese Struktur wieder.

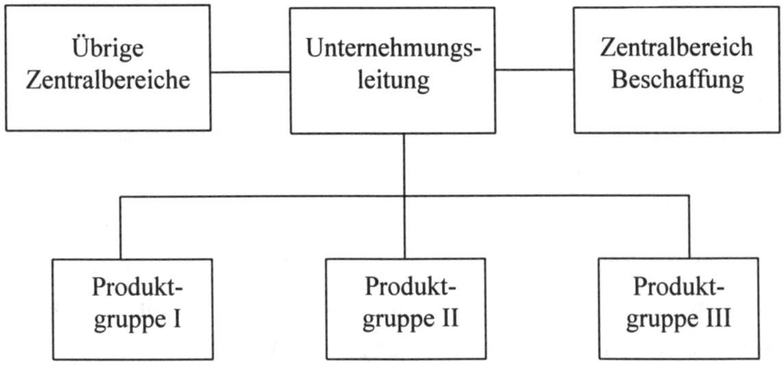

Abbildung F. 5: Zentrale Einordnung der Beschaffung in eine divisionale Orgnaisationsstruktur

Damit lassen sich die folgenden **Vorteile** dieser Einordnung nennen (vgl. FIETEN 1992, Sp. 349):

-- Möglichkeiten zur Bedarfsvereinheitlichung,

-- Möglichkeiten zur Bündelung des Beschaffungsvolumens und

-- Realisierung einer einheitlichen Beschaffungspolitik.

Demgegenüber geht sie einerseits mit einer gewissen **Schwerfälligkeit** und anderseits mit der Gefahr einer nur **mangelhaften Abstimmung** mit den Bedarfsträgern in den einzelnen Sparten einher.

Neben diesen beiden Extremalformen einer vollständigen Zentralisation oder Dezentralisation bietet sich als **Zwischenlösung** eine Kombination der dezentralen und zentralen Einordnung an, wie sie in Abbildung F. 6 dargestellt wird.

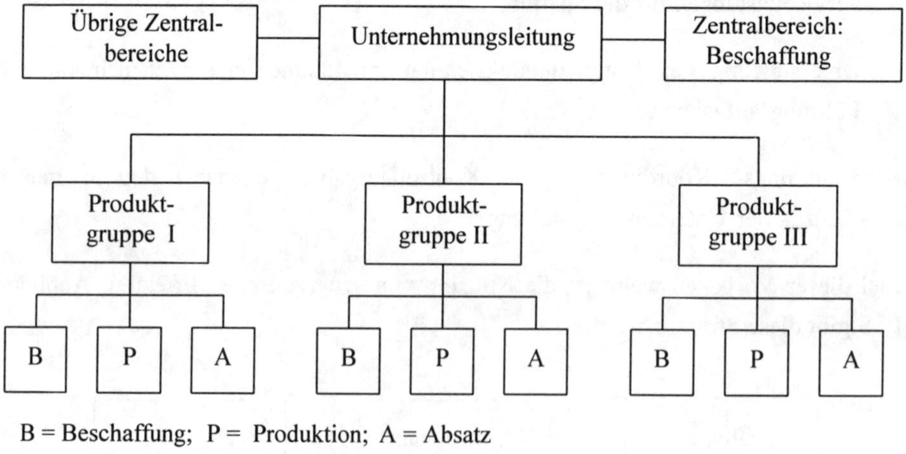

Abbildung F. 6: Kombinierte Einordnung der Beschaffung in eine divisionale Organisationsstruktur

Während dem Zentralbereich die Verantwortung für die Beschaffungsobjekte übertragen wird, die spartenübergreifend von Bedeutung sind, werden die spartenspezifischen Beschaffungsobjekte den Beschaffungsabteilungen in den Sparten zugeordnet. Bei den Beschaffungsgütern, die aus den Sparten ausgegliedert und dem Zentralbereich zugeordnet werden, handelt es sich i.d.R. um Objekte mit Mehrfachverwendung (z.B. Rohstoffe, Energie) oder um investive Objekte, deren Beschaffung umfangreicheres Expertenwissen erfordert. Liegen hingegen keine Überschneidungen der Bedarfe vor, dann können dem Zentralbereich Beschaffung auch Aufgaben der Beschaffungsplanung und -kontrolle übertragen werden.

3.2 Die organisatorische Gestaltung der Beschaffung

Beim **inneren Aufbau** des Beschaffungsbereiches lassen sich die beiden klassischen Kriterien der Aufgabenanalyse die "Verrichtung" und das "Objekt" heranziehen. Erfolgt eine **verrichtungsorientierte Strukturierung** der Beschaffungsaufgabe, dann sind etwa die folgenden Teilaufgaben zu unterscheiden:

- Beschaffungsvorbereitung,
- Beschaffungsanbahnung,
- Abschluß (Beschaffungsvertrag),
- Beschaffungsrealisation

oder:

- Disposition,
- Einkauf,
- Einkaufsabwicklung,
- Wareneingang

oder:

- Bedarfsanalyse und -ermittlung,
- Erkundung des Beschaffungsmarktes und Analyse der Lieferquellen,
- Lieferantenverhandlung,
- Bewertung und Auswahl von Lieferanten,
- Vertragsabschluß,
- Anlieferung und Bereitstellung der Beschaffungsgüter bei den Bedarfsträgern.

Auf der Grundlage einer **objektorientierten Betrachtung** lassen sich beispielsweise die folgenden Teilaufgaben unterscheiden:

- Material-,
- Energie-,
- Investitionsgüter- und
- Dienstleistungsbeschaffung.

Das Differenzierungsausmaß des Subsystems Beschaffung hängt dabei insbesondere

- von der Aufgabendifferenzierung und
- vom Aufgabenumfang

ab. Kleine und mittlere Unternehmungen verzichten häufig ganz auf eine Untergliederung dieses Funktionsbereiches. Demgegenüber können in komplexen, mehrstufigen Beschaffungsbereichen die angesprochenen Kriterien auch nacheinander zur Anwendung gelangen oder auch noch weitere Kriterien wie Phase oder Region hinzutreten (zu einem Beispiel für eine mehrstufige Organisation des Beschaffungsbereiches vgl. ROTH/FIETEN 1980, S. 561 ff.).

4. Der Beschaffungsprozeß

4.1 Determinanten des Beschaffungsprozesses

Zunächst steht jeder Unternehmung offen, die erforderlichen Güter selbst zu erstellen oder sie von einem Anbieter zu erwerben. Dabei wird der Entscheidungsspielraum der nachfragenden Unternehmung insbesondere durch die folgenden Faktoren eingeengt (vgl. ENGELHARDT/SCHWAB 1982, S. 505):

- Dem Nachfrager steht nicht das notwendige Know-how zur Verfügung.
- Die vorhandenen personellen, finanziellen und sachlichen Ressourcen reichen zur Leistungserstellung nicht aus.

- Eine Know-how-Erlangung kommt aus Zeit- oder Kostengründen nicht in Betracht.
- Rechtliche Faktoren bedingen, daß die zu erbringende Leistung durch einen Externen erbracht wird.
- Es fehlen Anbieter, oder sie sind nicht in der Lage, die geforderte Leistung in quantitativer, qualitativer und/oder zeitlicher Hinsicht zu erbringen.

Die Entscheidung **Eigenfertigung oder Fremdbezug** (make or buy) wird dabei durch die folgenden Faktoren beeinflußt:

- Kostenüberlegungen,
- Unsicherheiten
  - hinsichtlich der erforderlichen Zeit,
  - hinsichtlich des Ergebnisses und
  - hinsichtlich der Preise,
- Qualitätsüberlegungen,
- Geheimhaltungsüberlegungen,
- Möglichkeiten der Einflußnahme,
- Einschränkungen der Entscheidungsfreiheit.

Die Ausprägungen und die Bedeutung der einzelnen Faktoren sind dabei vom konkreten Einzelfall abhängig (zu einem Nutzwertmodell vgl. MÄNNEL 1992, S. 197 ff.).

Das Entscheidungsproblem Eigenfertigung oder Fremdbezug kann einerseits aus strategischer und anderseits aus operativer Sicht analysiert werden *(zum Strategiebegriff vgl. MEYER/MATTMÜLLER H. 2.2)*

In **strategischer Sichtweise** hat die Entscheidung über die Eigenfertigung oder den Fremdbezug von Produktionsfaktoren Auswirkungen auf den Aufbau und die Dimensionierung der Produktionskapazitäten. Damit ist diese Entscheidung ein grundlegendes Element der zu entwickelnden **Versorgungsstrategie** und läßt sich folglich nicht nur unter Kostengesichtspunkten treffen, sondern es sind Faktoren wie Versorgungssicherheit, Kapitalbedarf, Wahrung des eigenen Know-how-Potentials etc. zu beachten. Als eine spezifische Erscheinungsform des Fremdbezugs sei auf das **Subcontracting** verwiesen, bei dem eine Auslagerung von Teilaufgaben der Produktion auf Unterlieferanten vollzogen wird.

Demgegenüber sind in einer **operativen Betrachtungsweise** dieses Entscheidungsproblems die Kapazitäten gegeben, d.h. es ist von der Voraussetzung auszugehen, daß einer Unternehmung für die entsprechende Güterart beide Alternativen offenstehen. Unter diesen Gegebenheiten hat die Unternehmung eine Entscheidung unter Kosten- und Kapazitätsgesichtspunkten darüber zu treffen, welche konkrete Mengenaufteilung auf die Alternativen Eigenfertigung und Fremdbezug erfolgen soll. Damit stellt sich die Frage nach den für die Entscheidung **relevanten Kosten**, worunter diejenigen Kosten zu verstehen sind, deren Entstehung von den Entscheidungsparametern dieses Problems funktional abhängen *(vgl. TROSSMANN D. 2.2)*. Folglich sind für dieses Entscheidungsproblem nur die ausbringungsabhängigen (variablen) Kosten relevant, da die Kosten der Betriebsbereitschaft oder Kapazität nicht durch diese Entscheidung berührt werden. Es sind somit nur die Kosten als Vergleichsmaßstab heranzuziehen, die bei einer Eigenfertigung zusätzlich entstehen bzw. bei einem Verzicht auf diese Möglichkeit nicht entstünden. Damit stellt sich die weitergehende Frage, welche Kostenarten im Rahmen der Eigenfertigung relevant sind. Unproblematisch erscheinen die Material- und Fertigungseinzelkosten und evtl. anfallende Rüstkosten. Nicht generell entscheidbar ist hingegen die Zurechnung der Fertigungslohnkosten, da ihre Abbaufähigkeit von einer Vielzahl von Faktoren abhängt. Liegt darüber hinaus eine Engpaßsituation vor, dann sind Opportunitätskosten zu berücksichtigen, wobei dieses Problem bei mehreren Engpässen mit Hilfe der linearen Optimierung zu lösen ist:

$$K = \sum_{i=1}^{n} k_i x_i^e + \sum_{i=1}^{n} p_i x_i^f \rightarrow Min!$$

unter Beachtung der folgenden Restriktionen:

$$\sum_{i=1}^{n} h_{ij} x_i^e \leq b_j$$

$$x_i^e + x_i^f = x_i^b$$

und

$$x_i^e \geq 0; \;\; x_i^f \geq 0$$

mit:

K = Kosten

k_i = entscheidungsrelevante Kosten des Teils i bei Eigenfertigung

x_i^e = Eigenfertigungsmenge des Teils i

x_i^f = Fremdbezugsmenge des Teils i

x_i^b = Gesamtbedarf des Teils i

h_{ij} = Produktionskoeffizient des Teils i bezogen auf Ressource j

b_j = maximal zur Verfügung stehende Menge von Ressource j

P_i = Preis bei Fremdbezug des Teils i

Generell geht eine Selbsterstellung mit den folgenden Vorteilen einher:

- größere Unabhängigkeit von anderen Unternehmungen;
- Geheimhaltung ist leichter realisierbar;
- evtl. Nutzung ungenügend ausgelasteter Kapazitäten;
- höhere Einflußmöglichkeit auf den Produktionsprozeß, die dazu führen kann, daß eine höherwertige Leistung entsteht.

Eine Beschaffung von anderen Unternehmungen geht dagegen mit den folgenden Vorteilen einher:

- es liegt eine geringere Kapitalbelastung vor, zumindest in dem Fall, in dem neue Kapazitäten aufgebaut werden müssen;
- je nach vertraglicher Ausgestaltung ist eine höhere Flexibilität gegeben;
- es können Spezialerfahrungen genutzt werden, die zu
    -- einer qualitativ höherwertigen Leistung,
    -- kürzeren Erstellungszeiten und
    -- niedrigen Kosten

  führen können.

Der Beschaffungsprozeß wird im wesentlichen durch die Entscheidung Eigenfertigung oder Fremdbezug, die durch vielschichtige sachliche und zeitliche Faktoren beeinflußt wird, determiniert.

4.2 Phasen des Beschaffungsprozesses

Die Einteilung des Beschaffungsprozesses in einzelne Phasen wird in der Literatur unterschiedlich vorgenommen. Gemeinsam ist den meisten Einteilungsvorschlägen, daß sie mit der Bedarfsermittlung oder Bedarfsfeststellung beginnen und mit einer Kontrolle enden. Die weitergehende Differenzierung zwischen diesen Eckpunkten weist bei den einzelnen Autoren unterschiedliche Feinheitsgrade auf. Den weiteren Ausführungen wird die folgende **Phaseneinteilung** des Beschaffungsprozesses zugrunde gelegt:

- Bedarfsermittlung,
- Informationsbeschaffung,
- Beurteilung und Entscheidung,
- Realisation und
- Kontrolle.

Ziel der **Bedarfsermittlung** ist die Spezifikation des Bedarfs, und zwar in

- quantitativer,
- qualitativer,
- zeitlicher und
- örtlicher Hinsicht.

Die quantitative Bedarfsermittlung ist abhängig von der Untersuchungsperiode und von der aktuellen und zukünftig zu erwartenden Absatzlage. Während bei einer nachfrageorientierten Produktion auf Vergangenheitsdaten zurückgegriffen wird und mit Hilfe mathematischer Prognosemodelle eine Fortschreibung in die Zukunft erfolgt *(vgl.*

5.4.2.1), wird bei einer Produktion für den anonymen Markt eine programmgebundene Bedarfsermittlung durchgeführt *(zu den Methoden vgl. 5.4.2.2)*. Für die qualitative Bedarfsermittlung sind i.d.R. produktions- und/oder absatzbedingte Vorgaben gegeben, an die sich die Beschaffung zu orientieren hat. Die zeitliche Bedarfsermittlung legt fest, zu welchen Zeitpunkten die jeweiligen Bedarfsträger über die nachgefragten Objekte verfügen müssen. Die Frage der räumlichen Bedarfsermittlung wird insbesondere dann relevant, wenn die Beschaffung zwar zentral durchgeführt wird, die Bedarfsträger hingegen dezentralisiert sind.

Bei der **Informationsbeschaffung** handelt es sich um eine systematische Informationssuche, die sich einerseits auf allgemeine gesamtwirtschaftliche Daten (z.B. konjunkturelle Lage, allgemeine Auftragslage, Wirtschaftswachstum) und anderseits auf spezielle Daten hinsichtlich der zu beschaffenden Objekte und der relevanten Beschaffungsmärkte bezieht. In diesem Zusammenhang erlangt die Beschaffungsmarktforschung zentrale Bedeutung. Sie soll die Unternehmung in die Lage versetzen, auf der Grundlage einer systematischen Beobachtung und Analyse der Beschaffungsmärkte und der auf sie einwirkenden Umwelteinflüsse, fundierte und in ihren Konsequenzen absehbare Entscheidungen zu treffen. Dabei sind vor allem die folgenden Informationen von Interesse:

- Angebotsseite
  - Beschaffungsquellen
    - Anzahl und Marktstruktur
    - relative Größe
    - Preisstruktur
    - Zuverlässigkeit
    - Terminierung
    - Ausstattung
    - regionale Verteilung
  - Beschaffungswege (z.B. direkte Abnahme vom Produzenten oder von zwischengeschalteten Vermittlern)
  - Staatliche Einflüsse

- Nachfrageseite
  - -- Mitnachfrager
  - -- Struktur der Gesamtnachfrage (insbesondere zum Abschätzen der eigenen Stellung im Beschaffungsmarkt)
- Beschaffungsobjekt
  - -- Substitutionsmöglichkeiten
  - -- Qualität der Objekte

Auswahl und Detaillierung dieser Informationssuche können dabei nicht für sämtliche zu beschaffende Güter in gleicher Weise erfolgen. Es ist vielmehr notwendig, die zu beschaffenden Objekte nach ihrer Bedeutung für die Unternehmung zu strukturieren und auf dieser Grundlage den Umfang und den Detaillierungsgrad der Informationssuche zu bestimmen. Als Kriterien bieten sich beispielsweise der Beschaffungswert oder die Vertragsdauer an. Eine Möglichkeit zur Fokussierung der Aktivitäten bietet die **ABC-Analyse** *(vgl. 5.4.1)*, auf deren Grundlage sich die Güter, z.B. nach dem Kriterium der Beschaffungswerte in drei Klassen einteilen lassen, für die sich die Bezeichnung A, B und C weitgehend durchgesetzt hat. Für die Güter der Gruppe A ist dann die intensivste Informationssuche erforderlich, da sie den höchsten Beschaffungswert repräsentieren (dies sind i.d.R. ca. 20% der Güter, die ca. 80% der Beschaffungswerte umfassen; auch 80/20-Regel genannt). Demgegenüber sind die Marktforschungsaktivitäten für die Faktoren der Gruppen B und C geringer anzusetzen. Dies kann sich darin dokumentieren, daß die Informationssuche nur fallweise und/oder in geringerem Umfang vorgenommen wird.

Die Suche nach Substitutionsmöglichkeiten kann unterschiedliche Ursachen haben:

- Suche nach innovativen Leistungen,
- zu schwache Stellung im Beschaffungsmarkt,
- zu hohe Versorgungsunsicherheit und
- Suche nach ökologisch verträglicheren Gütern.

Auf der Grundlage dieser Informationssuche wird es möglich, ein Beschaffungsprogramm zu formulieren, in dem neben Quantität und Qualität die möglichen Beschaffungstermine und die potentiellen Beschaffungsquellen enthalten sind *(vgl. 5.3)*.

Zur **Realisation** der Beschaffung gehört einerseits der

- Abschluß eines Vertrages und anderseits
- die Beschaffungsabwicklung.

Zunächst verpflichten sich die Vertragsparteien zur Erbringung einer Leistung, d.h. der Anbieter ist zur Übergabe der nachgefragten Leistung und der Beschaffer zur Zahlung eines Entgeltes verpflichtet. Mit dem Abschluß des Vertrages legt der Nachfrager damit verbindlich fest, welche Leistungen er bei welchem Anbieter beschaffen möchte.

Grundsätzlich lassen sich **individuelle und standardisierte Beschaffungsverträge** unterscheiden, wobei dem Beschaffer bei letzteren nur eine geringe Einflußmöglichkeit bleibt, insbesondere dann, wenn standardisierte, niedrigpreisige Güter vorliegen. Neben diesen reinen Formen sind in der Praxis Kombinationen üblich.

Basiert der Vertrag auf Individualvereinbarungen, dann ist eine präzise Formulierung der einzelnen Vertragskomponenten erforderlich. In diesem Zusammenhang scheinen vor allem die folgenden Komponenten von Bedeutung zu sein:

- Genaue und detaillierte Bezeichnung der Leistung in qualitativer und quantitativer Hinsicht (insbesondere im Hinblick auf eine durchzuführende Kontrolle, weil diese an den festgelegten Beurteilungskriterien anzusetzen hat);
- Festlegung der Selbstbeteiligung des Beschaffers nach Art, Intensität, Zeit und Ort;
- Auskunfts- und Informationspflichten;
- Verschwiegenheitspflicht;
- Fragen des Urheberrechts;
- Art und Intensität der zum Einsatz gelangenden Gestaltungsmittel (Mensch, Zeit, Anlagen und Ort);
- evtl. Unterauftragsvergabe;

- Festlegung des Preises;
- Konditionen;
  - -- Bedingungen der Leistungsabgabe
    - · Lieferzeit
    - · Erfüllungsort
    - · Kundendienst;
  - -- Bedingungen für die Leistungsannahme
    - · Prüfungsfristen
    - · Probezeiten;
  - -- Zahlungsbedingungen
    - · Vorauszahlungen
    - · Rabatte, Boni, Skonti;
  - -- Bedingungen für den Streitfall (Garantie, Gerichtsstand usw.).

Gerade der zuletzt genannte Komplex der Konditionen bietet vielfältige Möglichkeiten, die Position der beschaffenden Unternehmung gegenüber den Mitnachfragern zu verbessern. Aufgrund der vielfältigen Ausgestaltungsformen ist hierin zwar einerseits ein individuell zu handhabendes Instrument zu sehen, anderseits führt dies jedoch zu einer Intransparenz auf dem Beschaffungsmarkt *(vgl. auch den Aspekt der Nachfragemacht durch Kooperation bei ZELEWSKI A. 5.5.4.2)*. Bei der Preisfestlegung ist zu beachten, daß beim Erwerb von Leistungsbündeln häufig **Kombinationspreise** zum Einsatz gelangen, bei denen es nicht möglich ist, den einzelnen Komponenten ihre Preise zuzuordnen. Der Beschaffer sollte darauf bedacht sein, daß dieser Globalpreis durch den Lieferanten in Einzelpreise zerlegt wird, um eine Intransparenz bei der Preisgestaltung zu vermeiden oder zumindest zu reduzieren.

Individualverträge sind i.d.R. das Ergebnis von z.T. längerfristigen Verhandlungsprozessen. Ursächlich sind dabei konfliktäre Vorstellungen der Beteiligten über die Lösung eines Problems. Sowohl der Anbieter als auch der Beschaffer gehen in die Verhandlungen mit bestimmten Vorstellungen (Forderungen und Zugeständnisse). Weisen die Verhandlungsbereiche der Beteiligten eine Schnittmenge auf, dann entsteht ein Einigungsbereich, in dessen Grenzen eine Einigung grundsätzlich möglich ist. Der Interessenausgleich wird insbesondere von den folgenden Determinanten beeinflußt (vgl. GROCHLA/SCHÖNBOHM 1980, S. 73):

- dem Verhältnis von angebotener zu nachgefragter Menge,
- der Kapazitätsauslastung und Flexibilität des Lieferanten,
- dem Bedarfsvolumen des Nachfragers und der Dringlichkeit des Bedarfs und
- der gegebenen Marktform und den Marktverhältnissen.

Da derartige Verhandlungsprozesse i.d.R. sehr zeitaufwendig sind, werden sie nur für die Beschaffungsobjekte durchgeführt, die für die Unternehmung von besonderer Bedeutung sind, wobei sich die folgenden Kriterien für eine Beurteilung anbieten:

- Novitätsgrad der Beschaffungsobjekte;
- relative Bedeutung der Beschaffungsobjekte, gemessen an den Beschaffungskosten;
- Abweichungsausmaß der Angebote von den eigenen Zielvorstellungen etc.

Am Ende der Verhandlung sollte ein Kompromiß stehen, der für beide Vertragsparteien akzeptabel erscheint. Mit dem Vorliegen eines rechtsgültigen Vertrages ist die Abschlußaktivität erfolgreich abgeschlossen.

Ein Beschaffungsobjekt gilt jedoch erst dann als bereitgestellt, wenn es für den Bedarfsträger verwendbar ist, d.h. der Beschaffungsprozeß ist abgeschlossen, wenn die beschafften Objekte in die Verwendungssphäre übergehen.

Nach Abschluß der Leistung hat der Beschaffer die entsprechende Gegenleistung in der Form eines Entgeltes zu entrichten.

Kontrolle ist ein **Informationsgewinnungsprozeß**. Charakteristisch für die Kontrolle ist dabei die Gegenüberstellung von Vergleichs- und Kontrollgrößen, d.h. eine Erfolgsbeurteilung von Handlungen in Form von Soll-Ist-Vergleichen (vgl. CORSTEN/REISS 1989, S. 615 ff.) und deren Auswertung für das künftige Unternehmungsgeschehen (vgl. KLOOCK 1979, Sp. 1526). Kontrolle ist damit mehr als die Durchführung eines Vergleiches zwischen geplanten und realisierten Werten. Kontrollaktivitäten sind letztlich die Grundlage dafür,

- Fehler in der Planung und/oder

- Fehler in der Realisation

zu erkennen, um adäquate Maßnahmen zu ihrer Beseitigung ergreifen zu können, d.h. Ziel der Kontrolle ist es, einen **unternehmungszielkonformen Aufgabenvollzug** sicherzustellen.

Als **Elemente** der Kontrolle sind zu nennen:

- **Kontrollobjekte** (dies sind alle personalen und sachlichen Objekte einer Unternehmung, über deren reale Erscheinungen die Kontrolle Informationen gewinnen kann);

- **Kontrollverfahren** (hierzu zählen die Regeln zur Messung der Istwerte, sowie zu deren Verarbeitung im Rahmen von Soll-/Ist-Vergleichen und Abweichungsanalysen);

- **Kontrollträger** (hierbei kann es sich um einzelne Organisationsmitglieder oder um Abteilungen handeln, aber auch um organisationsexterne Einrichtungen);

- **Kontrollzeitpunkte** (hierbei sind insbesondere der Realisationszeitpunkt des Kontrollobjektes und der Durchführungszeitpunkt der Kontrolle von Bedeutung).

Kontrolle ist einerseits unter Koordinations- und anderseits unter Motivationsüberlegungen von Bedeutung. Auf dieser Grundlage lassen sich die folgenden **Funktionen der Kontrolle** unterscheiden:

- Koordinationsfunktion

  -- Aufdeckungsfunktion

  -- Erklärungsfunktion

- Motivationsfunktion.

Primäre Aufgabe der **Koordinationsfunktion** ist die Abstimmung zwischen Planung und Kontrolle, wobei insbesondere die drei folgenden Aufgaben zu nennen sind:

- Istwertermittlung,

- Vergleich von Soll- und Istwerten sowie die Feststellung von Abweichungen,

- Analyse der Abweichungen hinsichtlich ihrer Ursachen.

Damit ergeben sich als weitere spezifische Funktionen im Rahmen der Koordination

- die **Aufdeckungsfunktion** (Abweichungen sollen identifiziert werden) und

- die **Erklärungsfunktion** (Abweichungsursachen sollen ermittelt und erklärt werden).

Kontrollen haben nur dann einen Nutzen, wenn die mit ihrer Hilfe ermittelten Informationen für zukünftige Handlungen von Bedeutung sind, d.h. wenn sie einen **Informationswert**, definiert als Differenz zwischen Informationsertrag und -kosten, aufweisen.

Im Rahmen von **Motivationsüberlegungen** sind Kontrollen ein Instrument zur zieladäquaten Beeinflussung menschlicher Verhaltensprozesse, wobei zwischen einer extrinsischen und intrinsischen Motivation zu unterscheiden ist. In extrinsischer Sicht kann sie einerseits mit einer vorbeugenden Wirkung gegen Verhaltensabweichungen einhergehen und anderseits als Basis für den Einsatz von "Belohnungen" und "Bestrafungen" dienen. Demgegenüber resultiert eine intrinsische Motivation aus der individuellen Bedeutung der Information für den jeweiligen Mitarbeiter.

Wie bereits betont, ist es Aufgabe der Kontrolle, Fehler in der Planung und/oder in der Realisation zu erkennen, um einen unternehmungszielkonformen Aufgabenvollzug sicherzustellen. Während als **Planungsfehler** insbesondere die fehlerhafte Situationsbeschreibung und Durchführung von Planungsverfahren (sie entsteht durch Unzulänglichkeiten der Planungsträger im Rahmen der Anwendung von Planungsverfahren und durch unzureichende Informationen über den Stand und die Entwicklung des methodischen Planungs-Know-hows) zu nennen sind, können sich **Realisationsfehler** im Rahmen der Prozeßrealisation und/oder des -ergebnisses niederschlagen. Diese Fehler sind Grundlage für die unterschiedlichen Formen der Kontrolle, wobei sich die folgenden Erscheinungsformen unterscheiden lassen:

- **Prämissenkontrolle**: Sie soll sicherstellen, daß Abweichungen hinsichtlich der Einflußgrößenentwicklung und in der modellmäßigen Abbildung **vor** der Planrealisation rechtzeitig erkannt werden.

- **Realisationskontrolle**: Es werden die vorgegebenen Sollwerte als Kontrollgrößen mit den tatsächlich realisierten Istwerten verglichen.

- **Metakontrolle**: Sie soll sicherstellen, daß das angewandte mit dem vorgegebenen Planungsverfahren in Einklang steht.

Abbildung F. 7 gibt den Zusammenhang zwischen den einzelnen Kontrollformen und den auftretenden Fehlern zusammenfassend wieder.

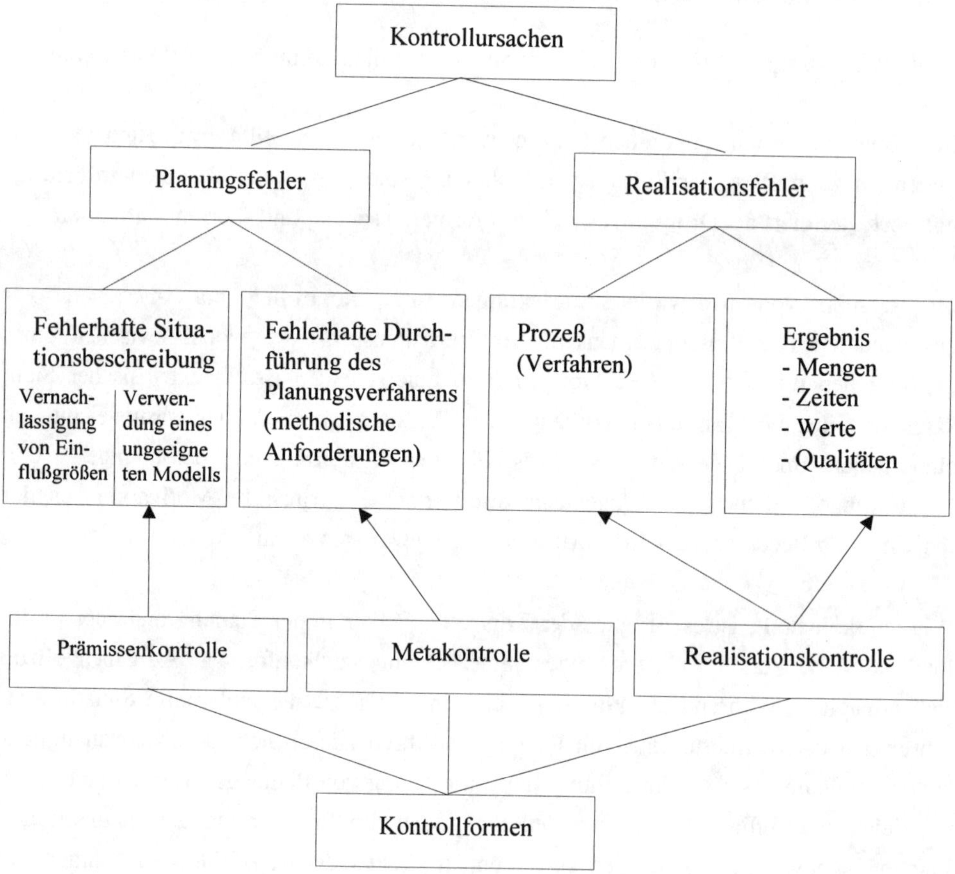

Abbildung F. 7: Zusammenhang zwischen Kontrollformen und Fehlerarten

Voraussetzung zur Durchführung von Kontrollen ist das Vorhandensein von Zielen, die als Sollvorgabe in den Kontrollprozeß einfließen. Gegenstand der Kontrolle, d.h. Kontrollobjekt können dabei grundsätzlich alle Komponenten sein, die Gegenstand des Vertrages sind. Hierin zeigt sich noch einmal die Bedeutung der Spezifikation der einzelnen Vertragskomponenten. Im Rahmen der Kontrolle sind sie folglich die Grundlage für die Formulierung der Sollwerte und der Ermittlung der Istwerte. Neben der

- inhaltlichen Überprüfung der Rechnung,
- Terminkontrolle,
- Konditionenkontrolle und der
- rechnerischen Richtigkeit

kommt der **Qualitätskontrolle** eine besondere Bedeutung zu. Dem Beschaffer obliegt damit die Aufgabe, die **Bewertungsmaßstäbe** vor der Beschaffung in Interaktion mit dem Lieferanten hinsichtlich

- Inhalt,
- Menge,
- Zeit und
- Raum

in präziser Form zu formulieren. Ist dies nicht der Fall, tritt eine Bewertungsunsicherheit auf. In dieser Situation ist die durch den Beschaffer empfundene Zufriedenheit und Unzufriedenheit in starkem Maße abhängig von dem im Rahmen der Interaktion zwischen Lieferanten und Beschaffer geschaffenen Vertrauen.

Generell lassen sich bei der **Qualitätskontrolle** zwei Situationen unterscheiden:

- Istqualität = Sollqualität; dies bedeutet, daß der Beschaffer in qualitativer Hinsicht mit der Leistung zufrieden ist.
- Istqualität ≠ Sollqualität.

Im Fall einer Abweichung der Ist- von der Sollqualität stellt sich die Frage nach den Ursachen für diese Abweichungen. Als denkbare Ursachen kommen zunächst alle beim Lieferanten zum Einsatz gelangenden Produktionsfaktoren in Betracht. Aber auch auf der Beschafferseite können die Ursachen für eine solche Abweichung liegen, und zwar einerseits in der Tätigkeit des Beschaffers selbst und anderseits in den dem Lieferanten zur Bearbeitung überlassenen Objekten. Abbildung F. 8 gibt die möglichen Ursachen systematisierend wieder.

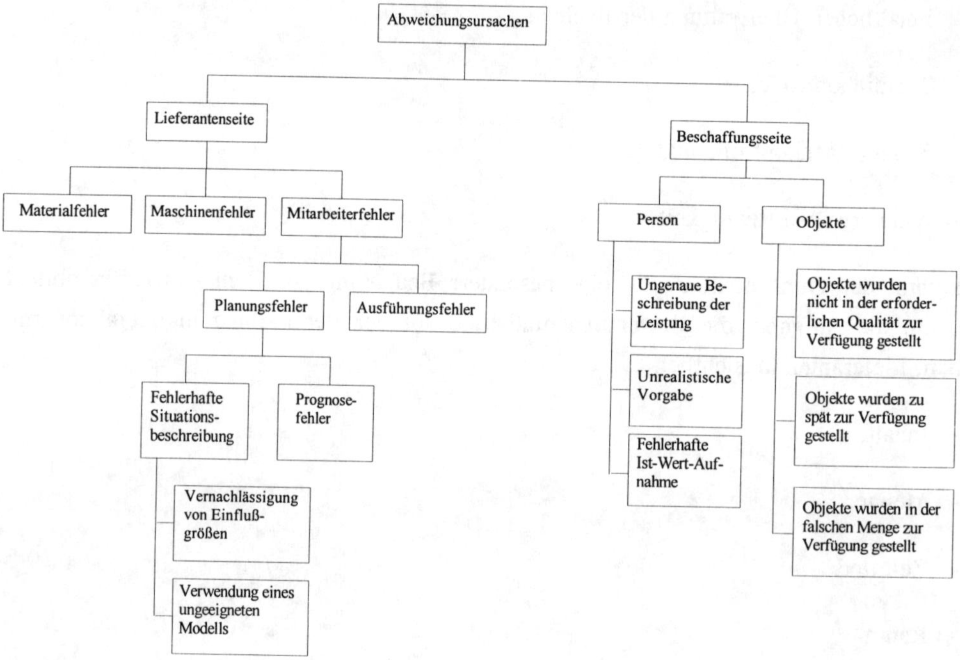

Abbildung F. 8: Abweichungsursachen

Darüber hinaus kann zwischen kontrollierbaren und nicht kontrollierbaren Abweichungsursachen unterschieden werden (vgl. STREITFERDT 1983, S. 160 f.). Nicht kontrollierbare Abweichungen sind das Ergebnis zufälliger Abweichungen. Sie liegen dann vor, wenn eine große Zahl verschiedener Ursachen wirksam gewesen ist, wobei die Wirkung jeder einzelnen dieser Ursachen für sich allein genommen unbedeutend gewesen wäre.

Treten Abweichungen auf, dann sollte der Lieferant auf jeden Fall entsprechende Erklärungen vornehmen und, wenn möglich und erforderlich, eine nachträgliche Anpassung an die entsprechenden Sollwerte durchführen.

5. Instrumente des Beschaffungsmanagement

5.1 Elemente des beschaffungspolitischen Instrumentariums

Um die beschaffungspolitischen Zielsetzungen zu realisieren, bedarf es des Einsatzes eines beschaffungspolitischen Instrumentariums. Hierunter sind alle **Aktionsparameter** zu verstehen, die zur Erfüllung der Beschaffungsaufgaben und zur Realisierung akquisitorischer Wirkungen auf dem Beschaffungsmarkt mit dem Ziel eingesetzt werden, die Beschaffungsziele im Rahmen der gesamtunternehmerischen Zielsetzungen zu verwirklichen. Hierzu zählen die folgenden Komponenten (vgl. ENGELHARDT 1979, Sp. 365 f.; HAMMANN/LOHRBERG 1986, S. 51 ff.; MÄNNEL 1980, S. 1111; TROSSMANN 1991, S. 18 ff.):

- Leistungspolitik
  - Beschaffungsprogrammpolitik
  - Bezugspolitik
  - Kommunikationspolitik
  - Finanzierungspolitik
- Entgeltpolitik
- Kontrahierungspolitik (Gestaltung der Verträge).

Zur **Leistungspolitik** werden alle Maßnahmen der beschaffenden Unternehmung gezählt, die sich auf Art und/oder Umfang der Leistungen und ihre Lieferanten beziehen.

Im Rahmen des **Beschaffungsprogramms** werden Art, Menge, Qualität und Termine der zu beschaffenden Güter festgelegt, d.h. es wird die art- und mengenmäßige Zusammensetzung und deren zeitliche Verteilung der durch die Unternehmung nachgefragten Güter fixiert. Hinsichtlich der nachgefragten Güterarten ergeben sich für die Unternehmungen zahlreiche Möglichkeiten zur Bildung von Beschaffungsverbunden, d.h. der Zusammenfassung unterschiedlicher Güterarten. Diese **Beschaffungsverbunde** können unterschiedlich induziert werden:

- **Anbieterinduziert**: Dies ist dann der Fall, wenn ein Lieferant nicht bereit ist, eine nachgefragte Menge einer einzelnen Güterart zu befriedigen, jedoch bereit wäre, bei Zusammenfassung unterschiedlicher Güterarten die Belieferung aufzunehmen.

- **Nachfrageinduziert**: Ein Beschaffungsauftrag wird nur dann erteilt, wenn sich der Lieferant verpflichtet, die unterschiedlichen nachgefragten Objekte gemeinsam zu liefern.

Gemeinsam ist diesen beiden Varianten, daß ihre Realisation vom herrschenden Marktseitenverhältnis und damit von den Machtverhältnissen auf den Beschaffungsmärkten abhängt. Darüber hinaus seien die folgenden weiteren Gründe für die Bildung von Beschaffungsverbunden genannt:

- **Kosteninduziert**: Wenn die beschaffenden Unternehmungen, bedingt durch die Bildung eines Verbundes, die mit der Beschaffung einhergehenden Kosten zu reduzieren vermögen.

- **Marktinduziert**: Wenn der Nachfrager, z.B. aufgrund mangelnder Markttransparenz keine alternativen Anbieter kennt und damit gezwungen ist, unterschiedliche Objektkategorien beim Anbieter zu beschaffen.

- **Unsicherheitsinduziert**: Bedingt durch eine langfristige Verbindung mit dem Anbieter, verspricht sich der Beschaffer auch bei bisher noch nicht erworbenen Leistungen eine Unsicherheitsreduktion. Sie steht damit im engen Zusammenhang mit dem Phänomen der Anbietertreue.

- **Technologieinduziert**: Wenn aufgrund mangelnder Kompatibilität oder qualitativer Divergenzen die Beschaffung unterschiedlicher Objekte nur bei dem gleichen Anbieter sinnvoll ist.

Bei der **Mengenpolitik** geht es um eine Regelung des Umfanges der zu beschaffenden Objekte, d.h. um die jeweils zu erwerbenden Mengen einzelner Objekte für einen bestimmten Zeitraum. Primär sind dabei die zu realisierenden kostenmäßigen Konsequenzen durch Rabatte etc. von Interesse. Unter Qualitätsgesichtspunkten geht es um die durchzuführenden Qualitätskontrollen mit dem Ziel der Qualitätssicherung. Unter **Qualität** werden dabei alle Eigenschaften eines Gutes verstanden, d.h. die Qualität stellt ein mehrdimensionales Phänomen dar, das aus produkt- und nachfrager-(kunden-)orientierter Sicht analysiert werden kann. Während sich in einem produktorientierten Ansatz die Qualität auf der Grundlage bestimmter Produktmerkmale und deren Ausprägungen präzisieren läßt, ergibt sich bei einem nachfrage-(kunden-)orientierten Konzept die Qualität aus der Subjekt-Objekt-Beziehung und knüpft damit an der Qualitätswahrnehmung an. Da ein kundenorientiertes Qualitätskonzept auf Informationen darüber angewiesen ist, welche Merkmale in welchen Ausprägungen für die Qualitätsbeurteilung von Bedeutung sind, ergibt sich unmittelbar eine komplementäre Beziehung zwischen diesen Ansätzen. Damit erlangt die Absatz- und Beschaffungsmarktforschung eine besondere Relevanz. Es wird somit die Forderung nach einem koordinierten Vorgehen dieser beiden Erscheinungsformen der Marktforschung evident.

In einem nächsten Schritt sind für die Eigenschaften (Merkmale) Standards festzulegen, wobei es sich um einen subjektiven Bewertungsvorgang handelt. Für die durchzuführende Qualitätskontrolle liegt es nahe, aus der Vielzahl der Eigenschaften eine Anzahl relevanter Eigenschaften zu bestimmen, die dann einer Kontrolle zu unterziehen sind, wobei die Kontrollintensität abgestuft werden kann. Darüber hinaus stellt sich die Frage, ob eine Qualitätskontrolle permanent oder nur fallweise erfolgen soll. Zur Bestimmung qualitätspolitisch relevanter Merkmale bietet sich z.B. die ABC-Analyse an. Ferner sind die einmal festgelegten Qualitätsstandards, z.B. auf der Grundlage wertanalytischer Untersuchungen einer ständigen Überprüfung zu unterziehen und gegebenenfalls zu revidieren. Neben diesen Modalitäten ist zu eruieren, inwieweit es möglich erscheint, Prüfungsleistungen auf den Lieferanten zu übertragen und damit entsprechende Kostensenkungen zu ermöglichen. Die Realisierbarkeit dieser Möglichkeit wird entscheidend von den gegebenen Machtverhältnissen auf dem Beschaffungsmarkt beeinflußt.

Aufgabe der **Terminpolitik** ist die Sicherung der Bereitstellung der Güter zu den verwendungsbestimmten Terminen. Damit umfaßt die Terminpolitik alle Maßnahmen zur Ausgestaltung der Terminvereinbarungen und ihrer Kontrolle.

Im Rahmen der **Bezugspolitik** werden die drei folgenden Problemkomplexe relevant:

- Lieferantenwahl,

- Erschließung und Sicherung von Beschaffungswegen und

- physischer Bezug (Transport und Lagerung).

Um eine **Lieferantenauswahlentscheidung** *(vgl. 5.3.1)* in fundierter Weise treffen zu können, ist es zunächst erforderlich, die als wichtig erachteten Entscheidungskriterien zu bestimmen. Als **Kriterien**, die häufig Verwendung finden, seien genannt:

- Qualität der Grundleistung
- Breite des Sortiments
- Umfang und Qualität der
  - -- Vorleistungen (z.B. Beratungsleistungen)
  - -- Nebenleistungen (z.B. Transport-, Montageleistungen)
  - -- Folgeleistungen (z.B. Wartungsleistungen)
- Preis inklusive Rabatte etc.
- Lieferkonditionen
- Terminierung
- Zuverlässigkeit
- Dauer der Geschäftsbeziehungen
- Intensität bestehender Verflechtungen
- Finanzkraft
- Importrisiken
- Lieferantenimage (Erfahrung, Ruf, Vertriebsattraktivität)
- Bereitschaft zu Kompensations-(Gegen-)geschäften
- Verbundene Unternehmungen
- Geographische Lage.

Auf der Grundlage eines Punktbewertungsverfahrens (Scoring-Modell) können dann die alternativen Lieferanten vergleichend gegenübergestellt werden.

Hinsichtlich der Bedeutung der angeführten Kriterien scheinen

- Qualität,
- Preis,

- Terminierung und

- Zuverlässigkeit,

unabhängig von der Branche, eine herausragende Stellung im Entscheidungskalkül der Unternehmungen einzunehmen.

Ob monetären oder eher qualitativen Aspekten im Rahmen der Beschaffungsentscheidung eine größere Bedeutung zukommt, hängt entscheidend von der Transparenz der zu erbringenden Leistung ab. Handelt es sich um weitgehend standardisierte Güter, dann scheinen Kostenüberlegungen eine dominante Stellung einzunehmen. Demgegenüber treten qualitative Aspekte bei individualisierenden Leistungen in den Vordergrund (vgl. ENGELHARDT/SCHWAB 1982, S. 509). Bei dieser Sichtweise ist zu beachten, daß auch bei einer kostenorientierten Betrachtung ein qualitatives Mindestniveau gefordert wird und bei einer qualitätsorientierten Beurteilung die Kosten als Restriktion die Entscheidung beeinflussen. In welchem Umfang und mit welchem Differenzierungsgrad die einzelnen Komponenten in den Entscheidungsprozeß einfließen, hängt dabei von der Bedeutung der Leistung für die Unternehmung ab.

Bei der Erschließung und Sicherung von **Beschaffungswegen** geht es um die Reduzierung von Unsicherheiten, die durch die Bezugsquellen (Lieferanten-, Länderrisiken) und durch die Träger logistischer Funktionen verursacht werden. Dieses Sicherungsinteresse zeigt sich in analoger Weise beim Lieferanten, der gleichfalls seine Absatzmärkte und -wege sichern muß. Aus diesem Grunde ergeben sich häufig bilaterale Lieferbeziehungen auf der Basis langfristiger Verträge, d.h. Anbieter und Nachfrager legen ein bestimmtes Liefervolumen fest. Darüber hinaus stellt sich in diesem Zusammenhang die Frage, ob die Güter direkt vom Hersteller beschafft, ob Beschaffungsvermittler (etwa Händler, Kommissionäre etc.) oder bestimmte Marktveranstaltungen (z.B. Warenbörsen, Auktionen, Ausschreibungen, Ausstellungen etc.) zwischengeschaltet werden sollen (vgl. FRIEDL 1990, S. 239).

Im Rahmen der logistischen Funktionen **Transport** und **Lagerung** ist festzulegen, in welchem Umfang diese Aufgaben durch den Lieferanten und den Beschaffer zu erfüllen sind. Hierzu bedarf es gesonderter vertraglicher Regelungen. Ein analoges Problem hierzu stellt auf der Absatzseite die Distributionspolitik dar, die Element des absatzpolitischen Instrumentariums ist.

Ein weiterer Aspekt, der im Rahmen der **Bezugspolitik** zu thematisieren ist, sind die potentiellen Abhängigkeiten zwischen beschaffender Unternehmung und den Lieferanten. Um hierbei einer zu starken Abhängigkeit von einem Lieferanten entgegenzuwirken, wird häufig ein "**multiple sourcing**" (= order splitting) empfohlen, d.h. es soll eine Aufteilung wichtiger Güter auf mehrere Lieferanten erfolgen, selbst dann, wenn dies mit Kostennachteilen einhergehen sollte. Eine entgegengesetzte Vorgehensweise stellt das "**single sourcing**" dar, d.h. bestimmte Güter werden ausschließlich von einem als besonders leistungsfähig eingeschätzten Lieferanten bezogen. Zwischen diesen Extremaltypen liegt das "**dual sourcing**", d.h. es erfolgt eine Aufteilung der Beschaffungsmengen auf zwei Lieferanten.

Als Faktoren, die ein solches "single sourcing" als zweckmäßig erscheinen lassen, sind zu nennen:

- die steigenden Qualitätsanforderungen und Übertragung der Qualitätssicherung auf den Lieferanten,
- der Einsatz von technisch immer weiter ausgereiften Vorprodukten,
- die Ausnutzung von Mengeneffekten und
- die Beschaffungssicherung.

Darüber hinaus können auch die Machtstrukturen auf dem jeweiligen Beschaffungsmarkt diese Entscheidung maßgeblich beeinflussen.

Zur **Kommunikationspolitik** gehören alle Aktivitäten, die der Anbahnung und Pflege von Lieferanten-Beschaffer-Beziehungen dienen. Ziel der Kommunikationspolitik ist dabei die Beeinflussung des Lieferanten im Sinne des Nachfragers, wobei zwischen persönlichen und nichtpersönlichen Formen zu unterscheiden ist. Die nichtpersönliche Kommunikation, z.B. in Form einer schriftlichen Anfrage oder Versendung von Werbematerial auf dem Postwege, dient i.d.R. der Informationsbeschaffung in einer frühen Phase des Beschaffungsprozesses.

Bei den persönlichen Kommunikationsbeziehungen kann es sich einerseits um die Einholung allgemeiner Informationen und anderseits um eine intensive fachliche Beratung handeln. In allen Fällen ist die persönliche Form jedoch dazu geeignet, eine Vertrauensbasis zwischen den Verhandlungspartnern aufzubauen.

Ebenfalls zur Kommunikationspolitik gehören die **Public-Relations-Aktivitäten**, die mit dem Ziel eingesetzt werden, ein positives Abnehmerimage zu erlangen *(vgl. MEYER/MATTMÜLLER H. 2.3.4)*. Dieses wird jedoch auch maßgeblich durch die konkreten Verhaltensweisen der Nachfrager geprägt.

Die **Finanzierungspolitik** umfaßt alle Finanzierungsleistungen der nachfragenden Unternehmungen bezüglich ihrer Lieferanten, wobei sich die folgenden Formen unterscheiden lassen:

- Erbringung von Eigenleistungen,

- Beschaffung von Fremdleistungen,

- Vermittlung von Fremdleistungen.

Der Umfang dieser Leistungen dürfte eng mit dem Komplexitätsgrad und dem Umfang der zu beschaffenden Objekte korrelieren.

Zur **Entgeltpolitik** zählen alle Maßnahmen, die sich auf die Festsetzung von Art, Umfang und Zeitpunkt der Entgelte für die beanspruchte Leistung durch den Lieferanten beziehen. Bei der Art des Entgeltes kann zwischen monetärem und nichtmonetärem Entgelt unterschieden werden. Im zuletzt genannten Fall können materielle oder immaterielle Güter als Gegenleistungen angeboten werden, d.h. es liegen Gegengeschäfte vor.

Der Entgeltumfang hängt zunächst von der Art der Preisbestimmung ab. Bei einer **Preisnormierung** müssen alle Nachfrager die gleichen Preise entrichten. Derartige Normpreise können beispielsweise durch Gesetze und Verordnungen, aber auch durch privatrechtliche Vereinbarungen von Berufsverbänden oder Interessenvereinigungen festgesetzt werden. In diesen Fällen hat der Beschaffer folglich keine Einflußmöglichkeit auf den zu entrichtenden Entgeltumfang. Dgemgegenüber ergeben sich bei einer **Preisdifferenzierung** und **-aushandlung** Ansatzpunkte für eine Beeinflussung, wobei deren Umfang von den jeweiligen Marktbedingungen abhängig ist.

Tendenziell gilt in diesem Zusammenhang, daß mit zunehmender Individualisierung der zu erbringenden Leistungen das Entgelt in einem Verhandlungsprozeß bestimmt wird. Demgegenüber ist bei standardisierten Leistungen eine Tendenz zur Vereinheitlichung von Entgeltforderungen gegeben.

Bei der Festlegung des Zeitpunktes der Entgeltleistung lassen sich die drei folgenden grundsätzlichen Möglichkeiten unterscheiden:

- Vorleistung (das Entgelt wird vor Erbringung der Anbieterleistung entrichtet);

- Zug um Zug (es werden bestimmte Leistungsabschnitte festgelegt, zu denen dann Teile des Entgeltes zu entrichten sind);

- Die Leistung des Entgeltes erfolgt nach Erbringung der Anbieterleistung.

Die **Kontrahierungspolitik** zielt auf die Vertragsgestaltung durch die Unternehmung ab. Generell kann dabei zwischen

- Standard- und

- Individualabrede

unterschieden werden. Während bei der **Standardabrede** vorformulierte Verträge Verwendung finden, handelt es sich bei der **Individualabrede** um einen Prozeß des Aushandelns. Darüber hinaus ist es möglich und in der Praxis auch durchaus üblich, Standard- und Individualabreden kombinativ zu verwenden. Eine weitere spezifische Variante stellen die im Rahmen der Bereitstellungsprinzipien noch näher zu behandelnden Rahmenverträge dar, mit deren Hilfe z.B. eine Vorgabe von Jahreslieferungen erfolgt (Vormerkvertrag, Optionsvertrag, Kauf auf Abruf, Sukzessivlieferungsvertrag) und die Unternehmung dann in diesem Rahmen Liefermengen und -zeiten variieren kann.

Wie im Falle des Absatzmarketing, so ist es auch im Rahmen des Beschaffungsmarketing erforderlich, die beschaffungspolitischen Instrumente zu einem **Mix**, d.h. einem aufeinander abgestimmten Instrumenteneinsatz zu integrieren. Dabei ist zu betonen, daß sich nach heutigem Erkenntnisstand keine allgemeingültigen Aussagen über zweckmäßige Kombinationen der dargestellten Instrumente tätigen lassen. Generell gelten jedoch auch in diesem Bereich zwei Grundthesen, die beim Einsatz von Instrumenten immer zu beachten sind:

- Die Wirkungen der meisten beschaffungspolitischen Instrumente sind mit einem time lag verbunden.

- Die Wirkungen der Instrumente verteilen sich über einen Wirkungszeitraum.

5.2 Portfolioanalyse als Grundlage für die Formulierung von Beschaffungsstrategien

Unter **Beschaffungsstrategien** sind langfristig wirksame Bündel von Beschaffungsmaßnahmen zu verstehen, auf deren Grundlage die Unternehmung versucht, ein langfristig nutzbares Versorgungspotential zu erschließen und/oder ein vorhandenes Potential weiter zu sichern (vgl. FIETEN/WESTPHAL/WUNDERLICH 1982, S. 105). Hierzu zählt ebenfalls die Frage Eigenfertigung versus Fremdbezug (make or buy). In strategischer Hinsicht betrifft diese Entscheidung den Aufbau von Produktionskapazitäten, wobei neben den Kosten die folgenden Kriterien relevant sind: Sicherung der Produktpolitik, Versorgungssicherheit, Wahrung des eigenen Know-how-Potentials und Kapitalbedarf.

Zur Entwicklung von Beschaffungsstrategien bietet sich die Portfolio-Methode an, d.h. es ist ein beschaffungsorientierter Portfolio-Ansatz zu konzipieren, wobei sich die folgenden fünf Schritte unterscheiden lassen (vgl. FRANKEN 1984, S. 67 ff.):

- Festlegung Strategischer-Ressourcen-(oder Beschaffungs-)Einheiten (SRE);
- Ermittlung der Erfolgsfaktoren und Bildung zweier Faktorklassen;
- Operationalisierung der Erfolgsfaktoren und Indexbildung für die beiden Faktorklassen;
- Positionierung der SRE in einer Matrix;
- Strategieentwurf zur Behandlung der SRE auf der Grundlage ihrer Positionierung in der Portfolio-Matrix.

Zur Bildung Strategischer-Ressourcen-Einheiten lassen sich z.B. die folgenden Kriterien heranziehen:

- die Materialarten,
- die Beschaffungsmärkte und/oder
- die Lieferanten.

Dabei ist eine **Unabhängigkeitsprüfung** vorzunehmen, d.h. es ist der Frage nachzugehen, ob Beschaffungsaktivitäten in einem abgegrenzten Bereich verändert werden können, ohne hierdurch die Bedingungen in anderen Bereichen erfolgsrelevant zu beeinflussen. Gegen eine Unabhängigkeit können etwa die folgenden Gegebenheiten sprechen:

- Zwei oder mehrere Materialarten sind Bestandteile des gleichen Produktes oder werden von demselben Lieferanten bezogen.
- Ein Lieferant ist auf zwei getrennten Märkten tätig, die beide für die beschaffende Unternehmung relevant sind.
- Zwei Lieferanten einer Materialart stehen in einer Beziehung (z.B. ökonomischer oder rechtlicher Art) zueinander.

Die heranzuziehenden Erfolgsfaktorklassen zur Charakterisierung eines Beschaffungsportfolios hängen vom konkreten Portfolio ab. So sind bei einem Anfälligkeits-Portfolio die beiden folgenden Faktorklassen von Bedeutung (vgl. ALBACH 1978, S. 710 ff.):

Umweltfaktoren

- Stabilitätspolitik
- Steuerpolitik
- Tarifpolitik
- Außenwirtschaft/ Absatzmärkte
- Rohstoffe
- Nachfrageverschiebungen
- Konkurrenz
- Außenfinanzierung
- Technische Entwicklung

Unternehmungsfaktoren

- Spezialisierungsgrad der Maschinen
- Fluktuation
- Altersstruktur der Mitarbeiter
- Standorte
- Feuer
- Wasser
- Verkehrsanbindung
- Mitbestimmung
- Streiks
- Arbeitsschutz
- Umweltschutz
- Sabotage

Demgegenüber lassen sich beim Marktmacht-Portfolio (Beschaffungs-Interaktions-Portfolio) die folgenden Klassen bilden:

- Angebotsmacht
  - -- Anzahl der Anbieter
  - -- Knappheit des Gesamtangebotes

-- Verteilung der Marktanteile zwischen den Anbietern u.a.

- Nachfragemacht (der Unternehmung relativ zu den anderen Nachfragern)

-- Marktanteil

-- Finanzkraft

-- Anteil der langfristig vertraglich abgesicherten Mengen

-- relative Flexibiliät der Produktion.

Im Rahmen des Handlungsstärke-Beschaffungsattraktivitäts-Portfolio erfolgt die folgende Faktorauswahl (vgl. KRALJIC 1977):

Lieferantenmarkt	Eigene Unternehmung
- Marktgröße	- Einkaufsvolumen
- Marktwachstum/Kapazitätsausbau	- Bedarfsentwicklung/Kapazitätsausbau
- Kapazitätsauslastung/Engpaßrisiko	- Kapazitätsauslastung
- Wettbewerbsposition/Struktur	- Relativer Marktanteil (im Vergleich zum größten Wettbwerber)
- Rentabilität der Lieferanten	- Ertragskraft des Hauptfolgeproduktes
- Kosten-/Preisstruktur der Lieferanten	- Möglichkeit der Preiswietergabe
- Gewinnschwellenstabilität	- Folgekosten des Lieferausfalls
- Einzigartigkeit des Produktes/ Technologische Stabilität	- Eigener Integrationsgrad
- Eintrittsbarrieren	- "Eintrittsgeld" für neue Quellen/ Eigenproduktion
- Logistische Stabilität	- Logistische Absicherung

Mit der sich anschließenden Operationalisierung der Erfolgsfaktoren und der Indexbildung wird die Meßproblematik angesprochen. Hierbei ist es einerseits notwendig, die unterschiedlichen Merkmalsausprägungen der einzelnen Faktoren festzulegen und anderseits sind die Methoden ihrer Feststellung zu bestimmen. Für eine Indexbildung ist es weiterhin notwendig, die einzelnen Merkmale auf einer einheitlichen Skala abzubilden.

Darauf aufbauend kann in einem nächsten Schritt eine Positionierung der Strategischen-Ressourcen-Einheiten in der Portfolio-Matrix, die je nach Abstufung als 4- oder 9-Felder-Matrix dargestellt wird (vgl. Abbildung F. 9), erfolgen.

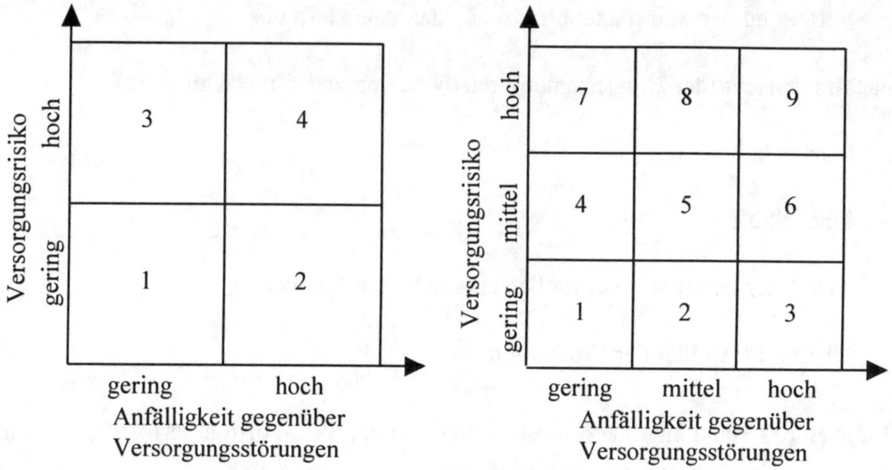

Abbildung F. 9: Portfolio-Matrizen

Für die einzelnen SRE sind Beschaffungsstrategien für die einzelnen Matrixfelder in der Form von **Normstrategien** aufzustellen, mit denen eine grobe Stoßrichtung für die jeweiligen Strategischen-Ressourcen-Einheiten angegeben wird. Folgende Normstrategien (vgl. FIETEN 1979b, S. 20; FRANKEN 1984, S. 73) werden für die einzelnen Feldergruppen empfohlen:

- Felder 4,7,8: **aktive Abschöpfungsstrategie**,
- Felder 1,5,9: **selektive Strategie**,
- Felder 2,3,6: **Investitionsstrategie**.

Während bei einer "Abschöpfungsstrategie" das Streben nach einer ökonomisch optimalen Versorgung im Zentrum der Überlegungen steht, verlangt eine "selektive Strategie" ein sorgfältiges Abwägen zwischen den Zielen "Versorgungswirtschaftlichkeit" und "Versorgungssicherheit". Demgegenüber steht bei einer Investitionsstrategie die "Versorgungssicherheit" im Vordergrund.

Bei der Anwendung derartiger Normstrategien erscheint jedoch Vorsicht angeraten (Abbildung F. 10 gibt beispielhaft diese Normstrategien wieder).

Strategie / Handlungsparameter	Abschöpfungsstrategie	Selektive Strategie	Investitionsstrategie
Bedarf/Bestellmenge	Bedarf streuen und in kostenoptimale Bestellmengen zerlegen	Verteilen des Bedarfs auf die verfügbaren Lieferanten; selektive Bestellmengenoptimierung	Bedarf auf wenige Lieferanten konzentrieren, um zu einem attraktiven Nachfrager zu werden
Preis	Aushandeln günstiger Einstandspreise ("ausreizen")	Mit Zurückhaltung günstige Preise aushandeln ("Ausgleich suchen")	Zurückhaltung in der Preispolitik; Versorgungssicherheit dominiert
Rechtliche Gestaltung	Keine langfristigen Bindungen (Gelegenheitskauf zu Tagespreisen)	Mischung von Gelegenheitskauf und längerfristigen Verträgen (Fallweise entscheiden)	Längerfristige Verträge
Sicherheitsbestand	Sicherheitsbestände niedrig halten	Situativ entscheiden (Sicherheitsbestände tendenziell erhöhen)	Sicherheitsbestände ausbauen
Qualität	Lieferanten Auflagen zur Qualitätssicherung und -verbesserung machen	Lieferanten bei Qualitätssicherung und -verbesserung unterstützen	Lieferanten aktiv in allen Qualitätsfragen unterstützen
Wertschöpfungskette	Anteil der Eigenfertigung nicht erhöhen	Überprüfen des Anteils der Eigenfertigung; evtl. vertikale Integration	Anteil der Eigenfertigung erhöhen (vertikale Integration)

Abbildung F. 10: Normstrategien

So ist ihre explizite Ausgestaltung z.B. von den entsprechenden Materialarten abhängig. Darüber hinaus zeigt sich, daß sich diese Normstrategien nur dann eindeutig zuordnen lassen, wenn für die SRE entweder eine extrem günstige oder extrem ungünstige Position gegeben ist. Demgegenüber lassen sich in den Feldern, die die Diagonale in dieser Matrix bilden und letztlich die "kritischen Einheiten" darstellen, keine eindeutigen Zuordnungen der Normstrategien vornehmen. In diesen Fällen sind vielmehr situationsspezifische Optimierungsüberlegungen anzustellen.

Eine mehrstufige Vorgehensweise schlägt ALBACH (1978, S. 709 f.) mit dem Geschäftsfeld-Ressourcen-Portfolio vor, mit dessen Hilfe versucht wird, die Risiken auf der Beschaffungsseite zu erfassen und das in seiner ursprünglichen Fassung auf ANSOFF/LEONTIADES (1976) zurückgeht. Ausgangspunkte bilden dabei eine

- Ressourcen-Matrix und eine
- Produktmatrix,

die mittels einer Gesamtbeurteilung in eine Ressourcen-Geschäftsfeld-Matrix überführt werden, um auf dieser Basis eine Identifikation kritischer Geschäftsfeld-Ressourcen-Kombinationen zu erreichen. Abbildung F. 11 gibt die Grundstruktur dieses Ansatzes wieder.

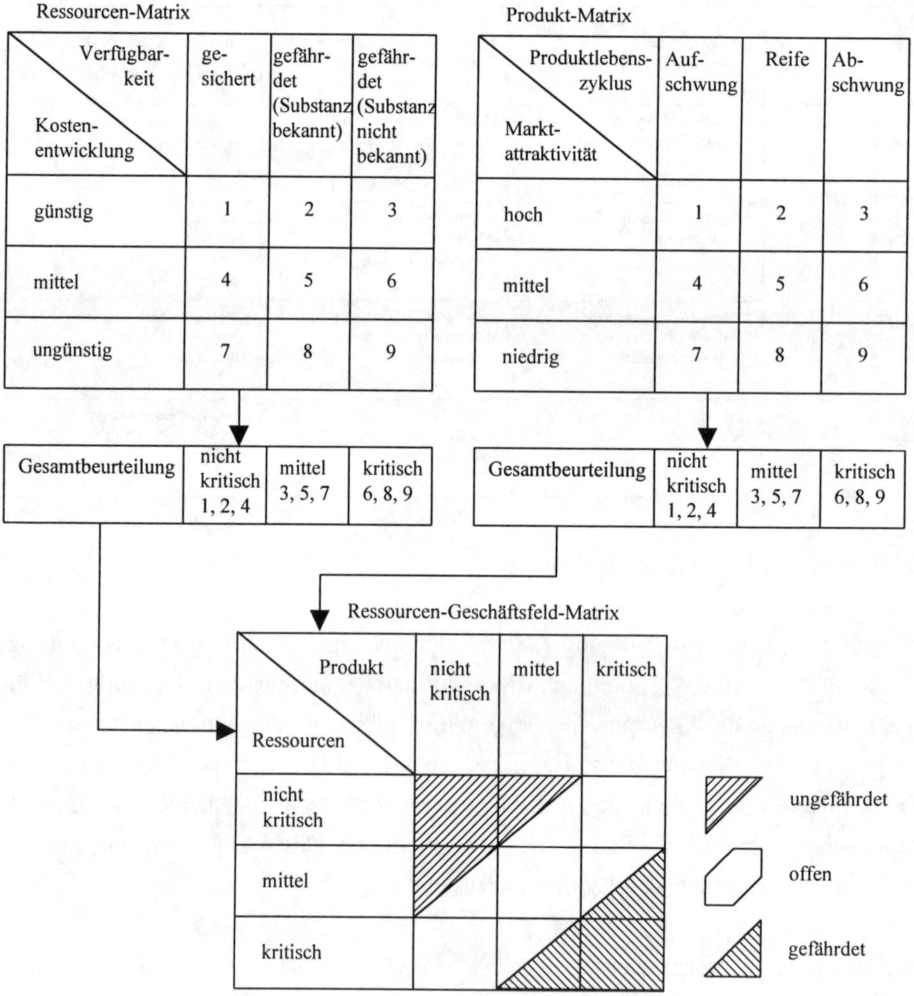

Abbildung F. 11: Ressourcen-Geschäftsfeld-Portfolio

Aufgabe der Beschaffungsstrategie muß es folglich sein, Produkte aus den als kritisch identifizierten Geschäftsfeld-Ressourcen-Kombinationen herauszuführen, was z.B. mit Hilfe einer Ressourcensubstitution möglich wäre.

Durch die Hervorhebung der strategischen Bedeutung der Beschaffung und des damit verbundenen Chancencharakters verliert die Beschaffung ihren mehr passiven und dienenden Charakter und wird durch ein aktives Beschaffungsverhalten ersetzt, das durch die Erforschung und Beeinflussung der Märkte charakterisiert ist. Hieraus kann in einem weiteren Schritt die Forderung nach einem **Beschaffungsmarketing** abgeleitet werden (vgl. HAMMANN/LOHRBERG 1986), indem strategische Überlegungen in den Vordergrund treten. Unter einem Beschaffungsmarketing, das sich allerdings erst in einem Vorfeld der Theoriebildung befindet, wird dabei eine systematische Beschaffungsforschung, die als Grundlage für die Aufstellung einer Beschaffungspolitik dient, verstanden, die nicht nur Daten des Beschaffungsmarktes sammelt und einsetzt, sondern mit deren Hilfe dann auf dem Beschaffungsmarkt eingewirkt werden kann und Bedingungen geschaffen werden, die die Position einer Unternehmung am Beschaffungsmarkt stärkt und erhält.

5.3 Bezugsquellenplanung

5.3.1 Lieferantenauswahl

Die generelle Beurteilung der Lieferanten ist insbesondere unter langfristigen Gesichtspunkten von Bedeutung, da hierin das gesamte Marktangebot und die grundsätzlichen Möglichkeiten der Lieferanten zur Realisation von Angeboten analysiert werden.

Um die Lieferanten und die von ihnen erstellten Angebote zu beurteilen, ist die Aufstellung von Kriterienkatalogen erforderlich. Hierbei kann es zweckmäßig sein, eine **zweistufige Vorgehensweise** zu realisieren, wobei der ersten Stufe die Aufgabe einer Vorselektion zukommt. Auf dieser Grundlage können dann die Lieferanten ausgewählt werden, die in die engere Wahl einzubeziehen und die einer differenzierteren Bewertung zu unterziehen sind.

Im Rahmen der vorzunehmenden Vorselektion können als Beurteilungskriterien Restriktionen in

- qualitativer,
- quantitativer,

- zeitlicher und
- örtlicher Hinsicht

herangezogen werden.

Bei den **qualitativen** Ansprüchen ist zunächst zu prüfen, ob der jeweils potentielle Lieferant in der Lage ist, die durch die beschaffende Unternehmung gesetzten Qualitätsstandards zu erfüllen. Ist es keinem der Lieferanten möglich, den gesetzten qualitativen Anforderungen zu genügen, kann die Unternehmung zunächst die Möglichkeit einer Selbsterstellung überprüfen oder Ausschau nach weiteren Lieferanten halten. Ist keine dieser beiden Alternativen von Erfolg beschieden und kann nicht auf Substitute ausgewichen werden, dann ist die Unternehmung angehalten, ihre Qualitätsstandards kritisch zu hinterfragen und evtl. zu korrigieren. Darüber hinaus können qualitative Beschränkungen beim Anbieter auch aus

- gesetzlichen Restriktionen,
- Standesregeln und aus
- moralisch, ethischen und sittlichen Bedenken

resultieren.

Von einer **quantitativen** Restriktion ist dann zu sprechen, wenn die durch den Lieferanten angebotenen Mengen an Gütern niedriger sind als die Nachfrage. Ist keiner der Lieferanten in der Lage, die nachgefragte Menge zu liefern, bietet sich ein Auftragssplitten an.

Eine **zeitliche** Restriktion liegt vor, wenn die Lieferung nur innerhalb eines vorgegebenen Zeitraums angeboten wird oder innerhalb der durch den Nachfrager gewünschten Frist nicht erbracht werden kann.

Ist das Angebot an bestimmte **örtliche** Gegebenheiten gebunden, liegt eine räumliche Restriktion vor, wie dies etwa bei Messen oder Versteigerungen der Fall ist.

Diejenigen Lieferanten, die nach dieser (groben) Vorselektion in die engere Wahl einbezogen werden, müssen dann in einer zweiten Stufe ein differenzierteres Bewertungsverfahren durchlaufen. Dieser Auswahlprozeß kann auf der Grundlage eines **Punktbewer-**

tungsverfahrens (Scoring-Modell, Nutzwertanalyse) erfolgen, das in den folgenden Schritten abläuft:

- Aus den möglichen Kriterien werden die als relevant erachteten ausgewählt und mit den potentiellen Lieferanten in eine tabellarische Gegenüberstellung gebracht.

- Es erfolgt eine Bewertung der einzelnen Lieferanten im Hinblick auf jedes Kriterium, indem auf der Grundlage einer subjektiven Schätzung jedem Einflußfaktor ein Punktwert, z.B. zwischen 1 und 10, zugeordnet wird.

- Die so ermittelten Faktorwerte werden zu einem Gesamtwert (Scoring-Index) für jeden Lieferanten zusammengefaßt und eine Rangfolge gebildet.

- Auf der Basis der so ermittelten Scoring-Indizes kann dann eine Entscheidung für einen oder mehrere Lieferanten erfolgen.

Abbildung F. 12 gibt ein beispielhaftes Lieferantenanalyse-System auf der Grundlage eines Punktbewertungsverfahrens wieder (vgl. ENGELHARDT/GÜNTER 1981, S. 63).

Bewertungs-kriterien	Gewich-tungs-faktoren	Lieferant A Punkt-zahl	Lieferant A gewich-tet	Lieferant B Punkt-zahl	Lieferant B gewich-tet	Lieferant C Punkt-zahl	Lieferant C gewich-tet
1. Qualitätsbereich							
- Technische Qualität	3	5	15	4	12	3	9
- Ausschußquoten	2	4	8	3	6	2	4
- Service	2	2	4	3	6	2	4
Zwischensumme 1			27		24		17
2. Finanzieller Bereich							
- Preis	3	1	3	2	6	3	9
- Rabattgewährung	1	1	1	2	2	2	2
- Lieferantenkredite	2	2	4	1	2	1	2
Zwischensumme 2			8		10		13
3. Lieferbedingungen							
- Liefergenauigkeit	2	3	6	2	4	3	6
- Liefersicherheit	3	2	6	1	3	1	3
- Verhalten bei Reklamationen	2	2	4	3	6	2	4
Zwischensumme 3			16		13		13
4. Allgemeine Kriterien							
- Zufriedenheit mit den bisherigen Lieferbeziehungen	3	3	9	4	12	3	9
- Ruf des Lieferanten	1	5	5	3	3	2	2
- Kapazität	1	1	1	2	2	4	4
- Gegengeschäft	1	2	2	3	3	2	2
- Kooperationsbereitschaft	2	4	8	1	2	3	6
Zwischensumme 4			25		22		23
Gesamtsumme			76		69		66
Rangfolge			I		II		III

Abbildung F. 12: Lieferantenanalyse-System

Es sei angemerkt, daß die Dimension Kostenentwicklung durch die Dimension Verfügbarkeit beeinflußt werden kann und damit die geforderte Unabhängigkeit nicht gegeben ist. Dies ist etwa dann der Fall, wenn eine Gefährdung der Verfügbarkeit vorliegt, die sich ungünstig auf die Kostenentwicklung auswirken kann.

Ein Problemkomplex, der im Rahmen der Lieferantenauswahl zunehmend an Bedeutung gewinnt, sind Fragen der Qualitätssicherung, da eine steigende Anzahl von Unternehmungen von ihren Lieferanten den Nachweis eines funktionierenden Qualitätssicherungssystems verlangt.

Einem **Qualitätssicherungssystem** obliegt die Aufgabe, sämtliche Grundsätze und Vorgehensweisen die zur Qualitätssicherung gehören, systematisch festzulegen und so sicherzustellen, daß nur Produkte produziert werden, die den gestellten Anforderungen genügen.

Der Lieferant kommt damit in die Situation, dem Abnehmer einen Nachweis über seine Qualitätssicherungsmaßnahmen zu erbringen, d.h. es wird eine vertragliche Vereinbarung darüber getroffen, daß er dem Abnehmer sein Qualitätssicherungssystem offenlegt. Die Beurteilung kann entweder durch den Abnehmer selbst (Kundenaudit) oder durch eine unabhängige und neutrale Zertifizierungsgesellschaft (Deutsche Gesellschaft zur Zertifizierung von Qualitätssystemen mbH; DQS) erfolgen. Im Rahmen eines **Qualitätssicherungssystem-Audit** werden alle Forderungen eines Qualitätssicherungssystems in den betroffenen Unternehmungsbereichen systematisch danach beurteilt,

- ob die notwendigen Qualitätssicherungsmaßnahmen festgelegt sind,
- ob sie wirksam sind und
- ob sie nachweislich durchgeführt werden.

Bei einem positiven Abschluß eines Qualitätssicherungssystem-Audit bestätigt ein **Qualitätssicherungssystem-Zertifikat** die Qualitätsfähigkeit einer Unternehmung oder eines Unternehmungsbereichs, d.h. Ziel der Zertifizierung ist es, den potentiellen Abnehmern die Fähigkeit zu bestätigen, eine geforderte Qualität zu erbringen. Das DQS-Zertifikat hat eine Laufzeit von 3 Jahren, die aufgrund von positiven Ergebnissen der jährlichen DQS-Überwachungsaudits und nach einem **Re-Audit** jeweils um weitere 3 Jahre verlängert werden kann.

Grundlage für die Darlegung des Qualitätssicherungssystems ist dabei das **internationale Normenwerk** DIN/ISO 9000 bis 9004:

- DIN/ISO 9000: Qualitätsmanagement- und Qualitätssicherungsnormen - Leitfaden zur Auswahl und Anwendung.

- DIN/ISO 9001: Modell zur Darlegung der Qualitätssicherung in Design/Entwicklung, Produktion, Montage und Kundendienst.

- DIN/ISO 9002: Qualitätssicherungssysteme - Modell zur Darlegung der Qualitätssicherung in Produktion und Montage.

- DIN/ISO 9003: Qualitätssicherungssysteme - Modell zur Darlegung der Qualitätssicherung bei der Endprüfung.

- DIN/ISO 9004: Qualitätsmanagement und Elemente eines Qualitätssicherungssystems - Leitfaden.

DIN/ISO 9000 ist ein Leitfaden zur Auswahl und Anwendung der für eine Unternehmung richtigen Qualitätssicherungsnorm. Welche Maßnahmen in welchem Umfang in einer konkreten Situation ergriffen werden, hängt neben Verordnungen, Sicherheitsvorschriften und Gesetzen, insbesondere von

- den marktlichen Gegebenheiten (Kunden, Konkurrenten),

- den Produkten und

- den unternehmungsinternen Abläufen

ab. Entwickelt ein Zulieferer selbst Produkte und hat damit in großem Umfang Verantwortung für Funktion, Zuverlässigkeit und Gewährleistung, dann wird er sich für ein Zertifikat nach **DIN/ISO 9001** entscheiden. Montiert oder produziert er hingegen primär nach Kundenvorgaben, dann wird der Lieferant ein Zertifikat nach **DIN/ISO 9002** anstreben. Während die Vorschläge der **DIN/ISO 9003** für die Zertifizierung in der Praxis nur eine geringe Bedeutung haben, stellt **DIN/ISO 9004** die Grundlage für die Erstellung eines **Qualitätssicherungs-Handbuches** dar, in dem die durch die jeweilige Unternehmung übernommenen und angepaßten Elemente und Forderungen zur Darlegung der Qualitätssicherung erfaßt sind. Damit legt das Qualitätssicherungs-Handbuch die Qualitätspolitik einer Unternehmung offen und beschreibt in differenzierter Form das Qualitätssicherungssystem.

Neben der Lieferantenauswahl sind jedoch auch in einer umfassenderen Betrachtung die **Lieferantenbeziehungen** in die Überlegungen einzubeziehen, mit dem Ziel, leistungsfähige Beschaffungsquellen zu erschließen und/oder zu erhalten. Diese Lieferantenbeziehungen lassen sich wie folgt strukturieren (vgl. MEIER 1988, S. 158 ff.):

- Lieferantenentwicklung,

- Lieferantenförderung und

- Lieferantenpflege.

Bei der **Lieferantenentwicklung** steht der Aufbau neuer Beziehungen im Zentrum des Interesses. Sie wird etwa dann erforderlich, wenn

- das nachgefragte Produkt auf dem Beschaffungsmarkt bislang nicht angeboten wird, oder

- die am Beschaffungsmarkt anbietenden Lieferanten sind nicht in der Lage zu liefern oder sie wollen die nachfragende Unternehmung nicht beliefern.

Bei der **Lieferantenförderung** geht es um die Stärkung bestehender Lieferanten, d.h. die Lieferanten erfahren durch die nachfragende Unternehmung eine Beratung und aktive Unterstützung, die sich beispielsweise auf die folgenden Punkte beziehen können:

- Vermittlung von organisatorischem Wissen,

- Vermittlung von technischen Know-how, etwa im Rahmen von Entwicklungs- oder Erprobungsarbeiten,

- Personalschulung und

- Kreditgewährung.

Die Förderung verfolgt das Ziel, die Leistungsfähigkeit des Lieferanten und der nachfragenden Unternehmung zu steigern.

Die **Lieferantenpflege** strebt demgegenüber an, das bestehende Leistungspotential der Lieferanten und ein partnerschaftliches Verhältnis zu diesen zu erhalten. Sie zielt damit auf den Erhalt und den Aufbau guter Geschäftsbeziehungen zu den Lieferanten ab.

5.3.2 Bereitstellungsplanung

Grundsätzlich lassen sich die drei folgenden Bereitstellungsprinzipien unterscheiden (vgl. GROCHLA 1978, S. 24 ff.):

- Vorratshaltung,
- Einzelbeschaffung im Bedarfsfall und
- produktionssynchrone Anlieferung.

Bei der **Vorratshaltung** erfolgt eine mehr oder weniger weitgehende Entkoppelung von Beschaffung und Produktion. Die beschafften Materialien werden auf Lager genommen und dort auf Abruf bereitgehalten. Durch diese Vorgehensweise lassen sich Störungen des Produktionsprozesses, bedingt durch stockenden Materialfluß, weitgehend vermeiden. Da diese Vorratshaltung i.d.R. mit der Beschaffung größerer Mengen einhergeht, lassen sich durch die Ausnutzung von Preis- und Transportkostenstaffelungen günstigere Beschaffungskosten realisieren. Diesem Vorteil steht der Nachteil einer entsprechend hohen Kapitalbindung entgegen, der sich durch die Vereinbarung von Sukzessivlieferungsverträgen mildern läßt.

Bei einer **Beschaffung im Einzelfall** wird erst dann ein Beschaffungsvorgang ausgelöst, wenn bereits ein durch einen Auftrag spezifizierter Bedarf gegeben ist. Hierdurch werden die Kapitalbindungskosten verringert, wobei diesem Vorteil erhebliche Nachteile gegenüberstehen:

- Erschwerung der Terminplanung und evtl.
- Unterbrechung des Produktionsprozesses (es treten Maschinenstillstandszeiten und Beschaffungsprobleme für die hiervon betroffenen Mitarbeiter auf).

Die hierdurch verursachten Kosten können die potentiellen Kosteneinsparungen im Materialbereich nicht nur kompensieren, sondern z.T. auch übersteigen. In der Praxis wird das Prinzip der Einzelbeschaffung im Bedarfsfall fast nur in Unternehmungen mit Einzelfertigung und nicht vorhersehbarem Materialbedarf realisiert.

Die **produktionssynchrone Anlieferung** ist dadurch charakterisiert, daß Beschaffungs- und Produktionskurve gleich verlaufen, d.h. die Produktion wird unmittelbar aus den Anlieferungen versorgt. Grundlage dieser Bereitstellungsform sind i.d.R. Lieferverträge, z.B. in der Form von Rahmenverträgen, die den Lieferanten verpflichten, die erforderlichen Materialmengen zu bestimmten Terminen bereitzustellen. Dieses altbekannte Beschaffungsprinzip hat in jüngster Zeit eine begriffliche Neuprägung erfahren und wird seitdem in der Literatur als **Just-in-Time (JIT)-Konzept** bezeichnet. Kerngedanke des JIT-Konzeptes ist eine bedarfszeitpunktgenaue Bereitstellung der Bedarfsmengen in der geforderten Qualität (in der BRD wurde dieses Konzept von WILDEMANN übernommen; vgl. z.B. WILDEMANN 1988, S. 137 ff.). Ziel dieses Konzeptes ist es, eine Erhöhung oder Aufrechterhaltung der Produktionsflexibilität zu erreichen, unwirtschaftliche Lagerbestände abzubauen und die Durchlaufzeiten zu reduzieren.

Grundlage des Just-in-Time-Konzepts ist ein zwischen dem Beschaffer und dem Lieferanten geschlossener **Rahmenvertrag**, d.h. es wird eine Liefervereinbarung über einen längeren Zeitraum (z.B. ein Jahr) getroffen, in der eine bestimmte Gesamtliefermenge vereinbart wird. Die kurzfristige Materialversorgung erfolgt dann über ein flexibles Abrufsystem, d.h. der Abnehmer realisiert im Rahmen der Gesamtliefermenge einen verbrauchsgesteuerten Abruf von Teilmengen. Es bedarf folglich eines **Lieferabrufssystems** an der Schnittstelle zwischen Materialabnehmer und -zulieferer (vgl. FANDEL 1988, S. 49). Der Rahmenvertrag bildet für den Lieferanten darüber hinaus eine Basis für die Planung seiner Kapazitätsbereitstellung.

Für eine erfolgreiche Anwendung des JIT-Konzeptes ist es notwendig, daß der Lieferant einen hohen **Qualitätsstandard** und eine Gewähr für termingerechte und mengenmäßig exakte Anlieferung zu bieten vermag. Die Qualitätskontrolle wird dabei im Idealfall vollständig auf den Zulieferer übertragen, wobei i.d.R. die Materialeingänge anfangs stichprobenartig durch den Abnehmer kontrolliert werden, um nach Erreichen des vereinbarten Standards dann vollständig durch den Lieferanten durchgeführt zu werden.

Mit dem JIT-Konzept verbunden ist ein Übergang von einer **Mehrquellenversorgung** (multi sourcing) auf eine **Einquellenversorgung** (single sourcing), was den Übergang von einer Kurzfristorientierung zu einer langfristigen kooperativen Zusammenarbeit mit dem Lieferanten bedingt (vgl. SCHULTE 1991, S. 362). In der Automobilindustrie ist dieses single sourcing in immer stärkerem Maße zu beobachten. Hierdurch bedingt nimmt die gegenseitige Abhängigkeit zwischen den Partnern in erheblichem Umfang zu. Während für den Abnehmer diese Vorgehensweise mit einem erhöhten Versorgungsrisiko, bedingt durch die Reduktion der Anzahl der Lieferanten, einhergehen kann, entsteht für den Lieferanten das Risiko durch den Sachverhalt, daß er häufig seine gesamte oder zumindest einen Großteil seiner Produktionskapazität für einen Abnehmer in Anspruch nimmt und damit vom Marktgeschehen abgekoppelt werden kann. Bedingt durch die hohe Abhängigkeit werden für den Fall von Lieferausfällen i.d.R. hohe Konventionalstrafen für den Lieferanten fällig, was bei diesem erhebliche logistische und produktionstechnische Anstrengungen zur Sicherung der Versorgung des Abnehmers induziert. Die hierdurch entstehenden Kosten kann der Lieferant insbesondere dann nicht an den Abnehmer weitergeben, wenn dieser eine starke Verhandlungsposition inne hat, wie dies etwa bei den Realisationen des JIT-Konzeptes in der Automobilindustrie häufig gegeben ist. Um einseitige Abhängigkeiten zu vermeiden, sollte eine Unternehmung eine **Zweiquellenversorgung (dual sourcing)** anstreben, da häufig aufgrund schwankender Nachfrage und größerer Entfernungen zwischen den Vertragspartnern Engpässe entstehen können. Dabei werden unterschiedliche Ziel-Liefermengen (z.B. 80% zu 20%) vereinbart, wobei der Hauptlieferant dann den Grundbedarf erfüllt und die entsprechend schwankenden Spitzen durch einen zweiten Anbieter abgedeckt werden, was i.d.R. zu höheren Kosten führt.

Für wen die JIT-Anlieferung einen höheren Nutzen bringt, hängt insbesondere von den drei folgenden Aspekten ab (vgl. WILDEMANN 1988, S. 152 f.):

- Bestandsverantwortung,
- Übernahme der Lagerkosten und
- Bestimmung des Fakturierungszeitpunktes.

Abbildung F. 13 gibt die beiden Extremalsituationen wieder, die zugleich das Spektrum realer Erscheinungsformen markieren.

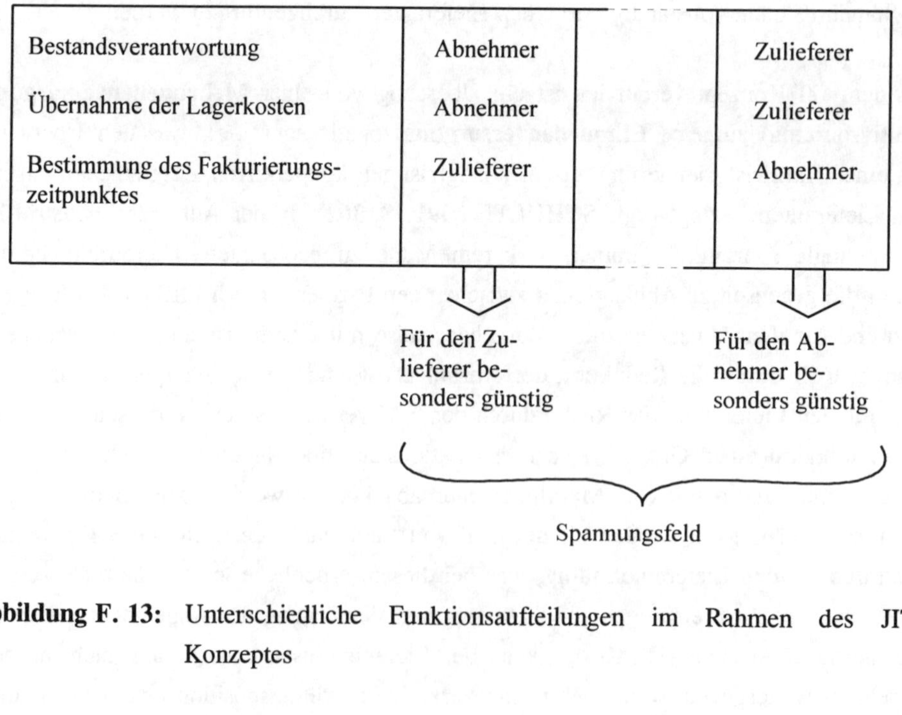

Abbildung F. 13: Unterschiedliche Funktionsaufteilungen im Rahmen des JIT-Konzeptes

Im Rahmen der Integration des Lieferanten lassen sich grundsätzlich die folgenden Formen unterscheiden (vgl. MEIER 1988, S. 274; SCHULTE 1991, S. 362 ff.):

- Direktanbindung,
- Zwischenschaltung eines Lagers und
- Lieferantenansiedlung in Werksnähe des Abnehmers.

Die **Direktanbindung**, als die weitestgehende Ausbaustufe, bedarf eines schnellen und fehlerfreien Informationsaustausches auf der Grundlage standardisierter Datensätze. Sie setzt kompatible Produktionskapazitäten zwischen Lieferant und Abnehmer voraus. Die Materialanforderung erfolgt erst dann, wenn beim Abnehmer konkrete Kundenaufträge vorliegen, aus denen Produktionsaufträge abgeleitet wurden. Mengen, Anliefertermin und Ort werden auf der Grundlage des Rahmenvertrages verbindlich mitgeteilt. Da diese Vorgehensweise eine Synchronisation der Produktionen der Vertragspartner voraussetzt, die in der Praxis in den seltensten Fällen gegeben sein dürfte, stellt dieses Modell eher die Ausnahme dar.

Bei der **Zwischenschaltung eines Lagers** erfolgt eine Losgrößenproduktion durch den Lieferanten auf Lager. Die JIT-Anlieferung wird dann aus diesem zwischengeschalteten Lager vollzogen, wodurch das Synchronisationserfordernis zwischen den Produktionen von Abnehmer und Lieferant weit geringer ist, als im zuletzt genannten Modell. Dieses Lager kann sich sowohl beim Lieferanten als auch bei einem Spediteur (Speditionsmodell) befinden. Im **Speditionsmodell** liefert der Lieferant ausnahmslos in ein Speditionslager, und zwar auf der Grundlage der durch den Abnehmer getätigten Abrufe, die dieser unmittelbar dem Lieferanten mitteilt. Der Abnehmer ruft die benötigten Teile aus dem Speditionslager ab, wobei dem Spediteur die Aufgabe zufällt, die angeforderten Materialien zu kommissionieren und "Just-in-Time" anzuliefern. Der Spediteur übernimmt die Funktionen der Materialannahme, der Lagerhaltung und -bestandsführung, der Kommissionierung und Anlieferung nach Abruf sowie die Auskunfterteilung.

Als dritte Möglichkeit bietet sich die **Lieferantenansiedlung** in unmittelbarer Nähe des Abnehmers an, wie dies in dem vielzitierten Fall von Daimler-Benz und Keiper Recaro praktiziert wird (montagesynchrone Anlieferung von Fahrzeugsitzen).

Darüber hinaus stellt sich die Frage, welche Materialien für eine JIT-Anlieferung in besonderem Maße geeignet sind, da es nicht das Ziel einer Unternehmung sein kann, das gesamte Teilespektrum produktionssynchron zu beschaffen. Eine kostengünstige Lösung bedarf hingegen einer differenzierenden Betrachtung. In diesem Zusammenhang kann auf die bekannten Verfahren zur Teileklassifikation aus dem Bereich der Materialwirtschaft zurückgegriffen werden *(vgl. 5.4.1)*:

- Klassifikation des Materials nach der wertmäßigen Bedeutung und

- Klassifikation des Materials nach dem Bedarfsverlauf (Prognosegenauigkeit).

Während für die wertmäßige Klassifikation die ABC-Analyse angewendet wird, erfolgt beim Bedarfsverlauf eine Einteilung auf der Basis der RSU-Analyse (auch XYZ-Analyse genannt). Durch Kombination dieser beiden Verfahren ergibt sich die folgende Abbildung (vgl. MEIER 1988, S. 273; WILDEMANN 1988, S. 174).

Wertmäßige Bedeutung / Prognosegenauigkeit	A	B	C
R (X)	• hoher Verbrauchswert • hohe Prognosegenauigkeit ► stetiger Verbrauch	• mittlerer Verbrauchswert • hohe Prognosegenauigkeit ► stetiger Verbrauch	• niedriger Verbrauchswert • hohe Prognosegenauigkeit ► stetiger Verbrauch
S (Y)	• hoher Verbrauchswert • mittlere Prognosegenauigkeit ► schwankender Verbrauch	• mittlerer Verbrauchswert • mittlere Prognosegenauigkeit ► schwankender Verbrauch	• niedriger Verbrauchswert • mittlere Prognosegenauigkeit ► schwankender Verbrauch
U (Z)	• hoher Verbrauchswert • niedrige Prognosegenauigkeit ► unregelmäßiger Verbrauch	• mittlerer Verbrauchswert • niedrige Prognosegenauigkeit ► unregelmäßiger Verbrauch	• niedrigerVerbrauchswert • niedrige Prognosegenauigkeit ► unregelmäßiger Verbrauch

Abbildung F. 14: Raster zur Bestimmung JIT-geeigneter Teile

Damit erscheinen die Materialien mit den Merkmalskombinationen AR, BR, AS und BS für eine produktionssynchrone Beschaffung geeignet. Demgegenüber weisen C-Teile einen zu niedrigen Jahresverbrauchswert auf, weshalb sich der Aufwand für den Aufbau einer JIT-Steuerung nicht lohnt. U-Teile fallen zu unregelmäßig an, was mit der Konsequenz einhergeht, daß sie zu lange im Pufferlager lägen. Unter Berücksichtigung dieser beiden Aspekte erscheint es nicht vertretbar, die CR-Teile als in besonderem Maße für ein JIT-Konzept geeignet einzustufen (vgl. WILDEMANN 1988, S. 174).

Ein weiteres Bereitstellungssystem, das in den sechziger Jahren in der Automobilindustrie entwickelt wurde und zunehmend auch im Rahmen unternehmungsübergreifender Abnehmer-Zulieferer-Beziehungen zur Anwendung gelangt, ist das **Fortschrittszahlenkonzept**. Unter einer Fortschrittszahl wird dabei eine sich auf ein Teil oder eine Materialart beziehende kumulierte Mengengröße verstanden, die sich aus einer i.d.R. jährlich mit einem Stichtag beginnenden Kumulation der Stückzahlen des betreffenden Teils ergibt. Dabei wird zwischen Soll- und Ist-Fortschrittszahlen unterschieden. Während die **Ist-Fortschrittszahl** diejenige Menge eines Teils angibt, die bis zu einem bestimmten Zeitpunkt tatsächlich bereitgestellt oder produziert wurde, kennzeichnet die **Soll-Fortschrittszahl** die Menge eines Teiles, die i.d.R. ausgehend vom Jahresanfang bis zu einem bestimmten Zeitpunkt bereitzustellen ist, um das vorgegebene Programm zu realisieren. Durch die vergleichende Gegenüberstellung von Ist- und Soll-Fortschrittszahlen lassen sich dann leicht die **zeitlichen** und **mengenmäßigen Puffer** oder **Rückstände** ermitteln.

Auf der Grundlage eines überbetrieblichen Datenaustausches werden zwischen Abnehmern und Zulieferern Aufträge und Abrufe ausgetauscht, wobei etwa im Bereich der Automobilindustrie eine Tendenz zu täglichen Abrufen besteht, um so die Bestände vor der Montage so niedrig wie möglich zu halten. Voraussetzung hierfür ist eine enge Geschäftsbeziehung zwischen Abnehmer und Zulieferer, deren rechtliche Grundlage i.d.R. jährlich ausgehandelte Rahmenverträge darstellen. In diesem Rahmenvertrag verpflichtet sich der Abnehmer zur Deckung einer bestimmten Quote seines Gesamtbedarfs durch den jeweiligen Zulieferer. Im Gegenzug verpflichtet sich dieser zur bedarfsgerechten Lieferung. Die jeweilige Lieferung wird dabei jedoch nicht durch einen Einkaufsvorgang, sondern lediglich durch die Mitteilung einer Fortschrittszahl ausgelöst.

Unabdingbare **Voraussetzungen** für den erfolgreichen Einsatz des Fortschrittszahlenkonzepts zur überbetrieblichen Koordination der Abnehmer-Zulieferer-Beziehung sind damit

- der Abschluß von Rahmenverträgen zwischen Zulieferern und Abnehmern und
- die Abstimmung der Informationssysteme von Zulieferer und Abnehmer.

5.4 Materialbedarfsplanung

5.4.1 Klassifikationsmöglichkeiten des Materials

Ziel der Materialbedarfsermittlung ist es, den in Zukunft anfallenden Materialbedarf nach Menge und Termin so genau wie möglich und mit wirtschaftlich vertretbarem Aufwand zu bestimmen. Wegen der dabei entstehenden Planungskosten und der Maßgabe eines wirtschaftlich vertretbaren Aufwandes ist es i.d.R. nicht möglich, sämtliche zur Beschaffung anstehenden Repetierfaktoren mit der gleichen Intensität zu planen (z.B. Hilfsstoffe wie Schrauben etc.). Diese allgemein gehaltene Maßgabe reicht jedoch als Handlungsmaxime nicht aus, sondern bedarf einer weiteren Spezifikation, d.h. für die Bedarfsermittlung sind weitergehende Klassifikationen heranzuziehen, die eine Fokussierung der Aktivitäten erlauben. In diesem Zusammenhang bietet sich einerseits das Kriterium "wertmäßige Bedeutung" und anderseits das Kriterium "Bedarfsverlauf" an, die im folgenden behandelt werden sollen.

Da bereits in Unternehmungen mittlerer Größe die Zahl der zu disponierenden und zu kontrollierenden Materialarten leicht in die Zehntausende geht, erscheint es zweckmäßig, die Materialien hinsichtlich ihrer Wertigkeit zu Gruppen zusammenzufassen. Ziel dieser Maßnahme ist es, aufwendigere Vorgehensweisen im Rahmen der Bedarfsermittlung dort einzusetzen, wo der größtmögliche ökonomische Effekt zu erwarten ist (vgl. HAUPT 1979, Sp. 1 ff.).

Ausgangspunkt der Überlegungen bildet die nachfolgende Abbildung, die einen Überblick über die Bedarfsmengen und Preise unterschiedlicher Materialarten in einer fiktiven Unternehmung enthält.

Material-nummer	Verbrauchs-mengen/Periode	Preis je Mengeneinheit [DM]	Gesamtverbrachs-wert pro Periode [DM]
4711	1.800	6,80	12.240,--
4712	1.200	8,30	9.960,--
4713	300	52,--	15.600,--
4714	1.000	1,70	1.700,--
4715	1.500	1,60	2.400,--
4716	200	75,--	15.000,--
4717	1.000	1,--	1.000,--
4718	3.000	0,30	900,--
4719	4.000	0,10	400,--

Abbildung F. 15: Ausgangssituation: Materialverbrauch

In einem nächsten Schritt werden die Materialverbräuche nach ihrem wertmäßigen Verbrauch in absteigender Reihenfolge sortiert und ihre relative wertmäßige Bedeutung, d.h. welcher Anteil am Gesamtverbrauchswert des in einem bestimmten Zeitraum verbrauchten Materials auf einzelne Teile entfällt. Hierzu wird eine **Werthäufigkeitstabelle** aufgestellt, die dann offenlegt, wieviel Prozent des gesamten Periodenverbrauchs der Repetierfaktoren auf wieviel Prozent der Verbrauchsfaktorarten entfallen. Abbildung F. 16 gibt dies für das angeführte Beispiel wieder.

Material-nummer	Verbrauchs-mengen	%-Anteil	%-Anteil kumuliert	Verbrauchs-wert	%-Anteil	%-Anteil kumuliert
4713	300	2,14	2,14	15.600,--	26,35	26,35
4716	200	1,43	3,57	15.000,--	25,34	51,69
4711	1.800	12,86	16,43	12.240,--	20,68	72,37
4712	1.200	8,57	25,00	9.960,--	16,82	89,19
4715	1.500	10,71	35,71	2.400,--	4,05	93,24
4714	1.000	7,14	42,85	1.700,--	2,87	96,11
4717	1.000	7,14	49,99	1.000,--	1,69	97,80
4718	3.000	21,43	71,42	900,--	1,52	99,32
4719	4.000	28,57	99,99	400,--	0,68	100,00

Abbildung F. 16: Werthäufigkeitstabelle

Auf der Grundlage der kumulierten Prozentwerte der Materialanzahl und des Verbrauchswertes läßt sich eine **Lorenzkurve** erstellen, deren 45°-Linie einer Gleichverteilung der Verbrauchswerte entspricht (vgl. Abbildung F. 17).

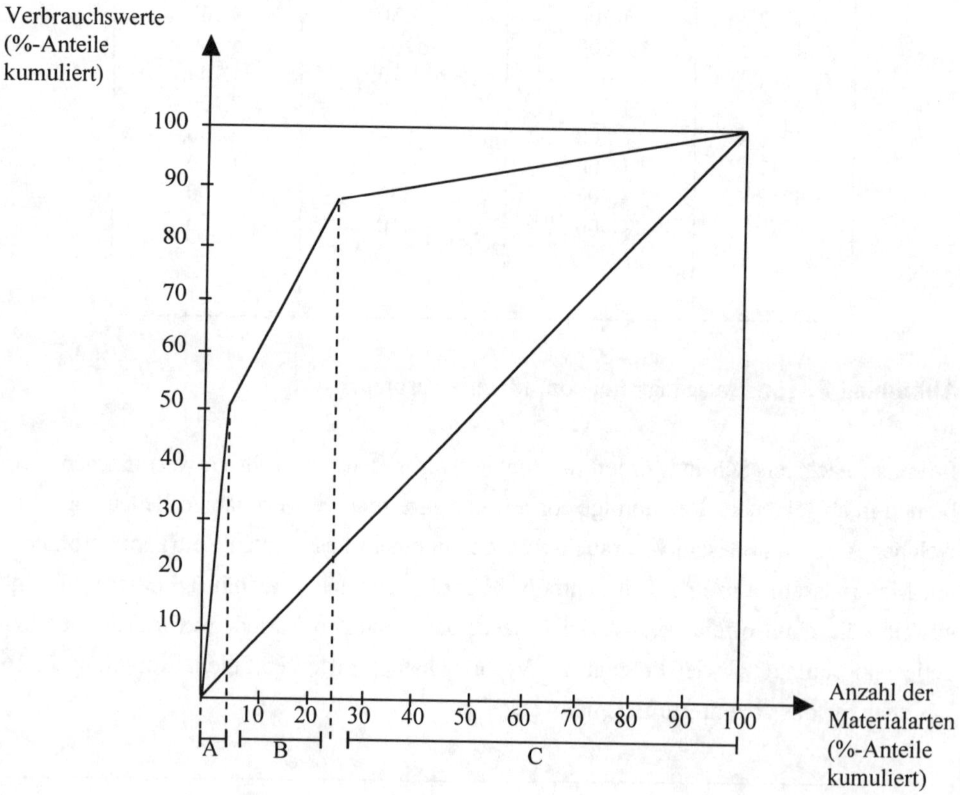

Abbildung F. 17: Lorenzkurve

Abbildung F. 17 zeigt eine Ungleichverteilung, wie sie für industrielle Unternehmungen typisch ist. Sie bildet den Ausgangspunkt für eine Klassifikation in A-, B- und C-Teile, wie sie im Rahmen der ABC-Analyse üblich ist.

Die **ABC-Analyse** basiert auf der Erfahrung, daß in der industriellen Praxis häufig eine geringe Anzahl an Materialien einen hohen Anteil am Gesamtverbrauchswert des Materials aufweist.

Auf dieser Grundlage lassen sich Empfehlungen für die Materialdispositionen formulieren:

- **A-Teile** sollen möglichst programmgesteuert disponiert werden;
- **B-Teile** können mit verbrauchsorientierten Verfahren disponiert werden;
- **C-Teile** können auf der Grundlage von groben Schätzungen disponiert werden.

Auch wenn dieses Verfahren in der betrieblichen Praxis, insbesondere aufgrund seiner Einfachheit, einen hohen Verbreitungsgrad erfahren hat, darf nicht unberücksichtigt bleiben, daß die Festlegung der Klassengrenzen ein rein subjektiver Vorgang ist und damit die in Abbildung F. 17 eingezeichnete Einteilung lediglich **eine mögliche Klassenbildung** darstellt. So wäre es durchaus denkbar, die Klasse der B-Teile zu Lasten der C-Teile zu vergrößern und umgekehrt. TEMPELMEIER (1992, S. 13) weist damit zu Recht in diesem Zusammenhang darauf hin, daß eine entscheidungstheoretisch fundierte Abgrenzung der jeweiligen Gruppen mit erheblichen Schwierigkeiten verbunden ist, da dies voraussetzt, daß sich die mit der Zuordnung einer Materialart zu einer Klasse verbundenen ökonomischen Konsequenzen quantifizieren lassen, was jedoch i.d.R. nicht möglich ist, da sich weder die Nutzen- noch die Kostenänderungen bei diesen Klassengrenzenänderungen hinreichend erfassen lassen.

Bei der Analyse des **Bedarfsverlaufs** einer Materialart über eine längere Zeitspanne lassen sich charakteristische Verlaufsmuster identifizieren:

- **konstanter** (regelmäßiger) Bedarf (Trend nullter Ordnung), d.h. es liegt ein gleichbleibender Bedarf vor, der nur zufällige Schwankungen um ein konstantes Niveau aufweist;
- **trendförmiger** Bedarf (speziell linearer Trend);
- **saisonal** schwankender Bedarf.

Neben diesen regelmäßigen Verlaufsformen sind ferner sehr unregelmäßige Verläufe denkbar, wobei zwischen stark schwankendem und sporadisch auftretendem Bedarf zu unterscheiden ist. Die Bedarfsverlaufsformen lassen sich, wie in Abbildung F. 18 dargestellt, klassifizieren (vgl. TEMPELMEIER 1992, S. 27).

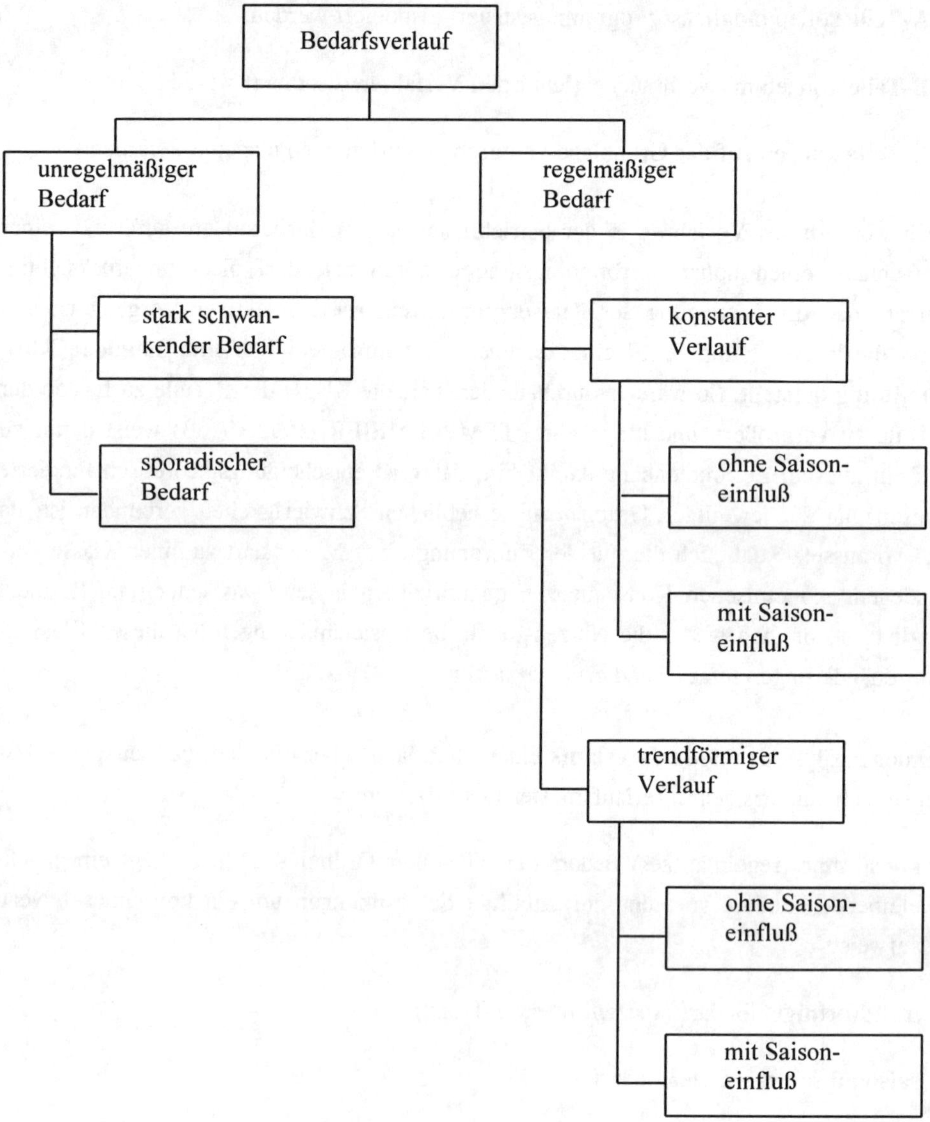

Abbildung F. 18: Bedarfsverlaufsformen

Mit Hilfe von Testverfahren kann eine Zuordnung zu den einzelnen Bedarfsverlaufsklassen vorgenommen werden. Voraussetzung hierfür ist, daß Verbrauchsmengen r_t $(t = 1, \ldots, T)$ für einen Zeitraum von mindestens zwei Jahren vorliegen.

So kann die Trennung zwischen einem regel- und einem unregelmäßigen Bedarf auf der Basis eines **Störpegels** (SP) erfolgen, der sich aus der quotialen Verknüpfung des arithmetischen Mittels $\bar{r}$ und der mittleren absoluten Abweichung vom arithmetischen Mittel *(MAA)* ergibt:

$$\bar{r} = \frac{1}{T}\sum_{t=1}^{T} r_t \qquad MAA = \frac{1}{T}\sum_{t=1}^{T} |r_t - \bar{r}|$$

Als Störpegel ergibt sich dann:

$$SP = \frac{MAA}{\bar{r}}$$

Nimmt dieser Störpegel einen Wert an, der > 0,5 ist, dann kann vermutet werden, daß ein stark schwankender Bedarfsverlauf gegeben ist.

Als Indikator für einen **sporadischen Bedarf** kann etwa die Anzahl der Perioden herangezogen werden, in denen kein Bedarf auftritt, der mit der Gesamtheit der Perioden quotial verknüpft wird:

$$\frac{\textit{Anzahl der Perioden ohne Bedarf}}{\textit{Gesamtzahl der Perioden}}$$

Ist dieser Quotient ≥ 0,4, dann ist davon auszugehen, daß ein sporadischer Bedarfsverlauf vorliegt.

Zur Identifikation eines **grundsätzlichen Verlaufsmusters** einer Zeitreihe bietet sich der Autokorrelationskoeffizient an. Unter **Autokorrelation** wird der Sachverhalt verstanden, daß die Paare von Beobachtungswerten derselben Zeitreihe intertemporal korreliert sind. Der Autokorrelationskoeffizient für eine Zeitverschiebung um τ Perioden kann dann als ein Maß für die Stärke dieses Zusammenhangs zwischen den Paaren der Beobachtungswerte verstanden werden, zwischen denen ein zeitlicher Abstand von τ Perioden gegeben ist. Der **Autokorrelationskoeffizient** ist wie folgt definiert:

$$\varsigma_\tau = \frac{\frac{1}{T-\tau} \cdot \sum_{t=1}^{T-\tau} (r_t - \bar{r}) \cdot (r_{t+\tau} - \bar{r})}{\frac{1}{T} \cdot \sum_{t=1}^{T} (r_t - \bar{r})^2}$$

mit:

T = Länge der Zeitreihe

r_t = Beobachtungswert der t-ten Periode

$\bar{r}$ = arithmetisches Mittel der Beobachtungen.

Die **Autokorrelationsfunktion**, deren graphische Darstellung als Autokorrelogramm bezeichnet wird, ergibt sich aus der funktionalen Beziehung zwischen der Höhe des Autokorrelationskoeffizienten und der Länge der Zeitverschiebung. Über das dominante Verlaufsmuster der Zeitreihe gibt die Form des Autokorrelogramms Aufschluß. So deutet etwa eine stetig abnehmende Korrelationsfunktion auf das Vorliegen eines Trends hin. Ein trendmäßiger Bedarfsverlauf läßt sich ferner mit Hilfe der linearen Regression identifizieren, bei der die Abweichungen der tatsächlichen Werte von deren Mittelwert auf ein systematisches Verlaufsmuster hin untersucht werden.

In der Praxis hat sich analog zur ABC-Analyse eine einfachere Vorgehensweise (RSU-Analyse) verbreitet, die von der folgenden Dreiteilung ausgeht:

- **R-Teile**: es handelt sich um einen regelmäßigen (konstanten) Bedarfsverlauf, der nur gelegentliche Niveauveränderungen aufweist;

- **S-Teile**: es liegt ein saisonal schwankender oder trendförmiger Bedarfsverlauf vor;

- **U-Teile**: es liegt ein unregelmäßiger Verlauf vor.

Auf der Grundlage dieser Einteilung werden dann Empfehlungen für die Anwendung der unterschiedlichen Bereitstellungsprinzipien *(vgl. 5.3.2)* formuliert:

- Für R-Teile in Abhängigkeit von den situativen Gegebenheiten einsatzsynchrone Anlieferung oder Vorratshaltung.

- Für S-Teile: Vorratshaltung.

- Für U-Teile: Bereitstellung im Bedarfsfall.

Darüber hinaus läßt sich durch die kombinative Verknüpfung der ABC- mit der RSU-Analyse eine Neunfelder-Matrix aufstellen, auf deren Grundlage unterschiedliche Planungsintensitäten und -verfahren differenziert eingesetzt werden können (vgl. Abbildung F. 19).

	A	B	C
R	RA	RB	RC
S	SA	SB	SC
U	UA	UB	UC

Abbildung F. 19: Kombination der ABC- mit der RSU-Analyse

Während etwa bei RA-, RB-, SA- und SB-Teilen differenzierte Planungsaktivitäten angezeigt erscheinen, können bei den anderen Teilen vereinfachte Planungsverfahren mit niedrigerer Planungsintensität zum Einsatz gelangen.

5.4.2 Verfahren der Materialbedarfsermittlung

Zur Bestimmung des Materialbedarfs stehen die beiden folgenden Verfahrensgruppen zur Verfügung:

- verbrauchsorientierte und
- programmorientierte Verfahren.

5.4.2.1 Verbrauchsorientierte Verfahren

Den Ausgangspunkt einer **verbrauchsorientierten Bedarfsbestimmung** bilden Vergangenheitswerte, wobei unterstellt wird, daß die in der Vergangenheit aufgetretenen Bedarfswerte Realisationen einer Zufallsvariablen sind. Voraussetzung für die Anwendung dieser Verfahren ist folglich ein ausreichendes Zahlenmaterial vergangener Bedarfswerte, die in die Zukunft zu extrapolieren sind. Generell ist ihr Einsatz bei sog. C-Teilen angezeigt und darüber hinaus, wenn programmgebundene Verfahren nicht eingesetzt werden können, weil das Produktionsprogramm noch nicht festliegt oder ungeplanter Verbrauch auftritt.

Auf der Grundlage mathematisch-statistischer Prognosemodelle werden Vergangenheitswerte in die Zukunft extrapoliert. Damit eine möglichst hohe Vorhersagegenauigkeit erreicht werden kann, muß das zum Einsatz gelangende Prognosemodell an den identifizierten Bedarfsverlauf angepaßt sein.

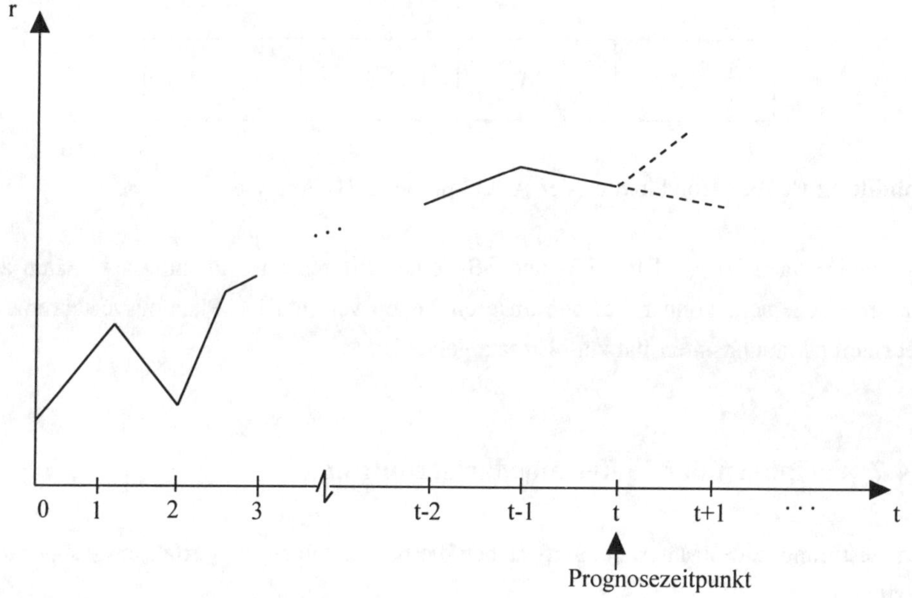

Abbildung F. 20: Exemplarische Zeitreihe

Abbildung F. 20 zeigt, daß die Realisationen der Variablen *r* bis zum Zeitpunkt *t* bekannte Vergangenheitsdaten darstellen und zum Zeitpunkt *t* eine Prognose für den Zeitpunkt $t + 1$ usw. erstellt werden soll. Von zentraler Bedeutung ist dabei die Beurteilung der **Prognosequalität**, wobei zwischen einer ex-ante- und einer ex-post-Beurteilung zu unterscheiden ist (vgl. HANSMANN 1983, S. 14 f.). Während bei einer **ex-ante-Beurteilung** die Prognose überprüft wird, bevor die tatsächlichen Werte im Prognosezeitraum vorliegen, und sich eine Beurteilung nur auf die Auswahl der kausalen Variablen, der gewählten Funktionsform, der Länge des Beobachtungszeitraumes und evtl. nachhaltigen Veränderungen der Struktur der Zeitreihe im Beobachtungszeitraum bezieht, erfolgt bei einer **ex-post-Beurteilung** die Gegenüberstellung der prognostizierten mit den tatsächlich eingetretenen Werten, d.h. die mit Hilfe des Prognosemodells errechneten ex-post-Prognosewerte werden mit den tatsächlichen Verbrauchswerten verglichen. Als **Qualitäts-** oder **Gütekriterium** für die Prognosen wird dabei der sog. **Prognose**

fehler (e_t) herangezogen, der sich aus der Differenz zwischen dem tatsächlich angefallenen Wert (r_t) und dem prognostizierten Wert ($\hat{r}_t$) ergibt:

$$e_t = r_t - \hat{r}_t$$

Aus dieser allgemeinen Form des Prognosefehlers lassen sich weitere **spezifische Prognosefehler** ableiten. Beispielhaft seien die folgenden genannt (vgl. CORSTEN/PECKEDRATH 1986, S. 14):

- Mittlerer absoluter Fehler:

$$\frac{1}{T}\sum_{t=1}^{T}\left|r_t - \hat{r}_t\right| \quad \rightarrow Min!$$

  Durch diese Vorgehensweise wird das Auftreten eines negativen Fehlers vermieden.

- Mittlere quadratische Abweichung *(MQA)* bzw. die Wurzel aus der mittleren quadratischen Abweichung *(WMQA)*:

$$MQA = \frac{1}{T}\sum_{t=1}^{T}\left(r_t - \hat{r}_t\right)^2 \quad \rightarrow Min!$$

$$WMQA = \sqrt{\frac{1}{T}\sum_{i=1}^{T}\left(r_t - \hat{r}_t\right)^2} \quad \rightarrow Min!$$

  Im Vergleich zum mittleren absoluten Fehler erhalten die größeren Abweichungen eine stärkere Gewichtung.

- Theil'scher Ungleichheitskoeffizient *(TU)*:

$$TU = \sqrt{\frac{\sum_{t=1}^{T}\left(r_t - \hat{r}_t\right)^2}{\sum_{t=1}^{T}\left(r_t - r_{t-1}\right)^2}}$$

  Beim Theil'schen Ungleichheitskoeffizienten handelt es sich um ein normiertes Fehlermaß:

-- Wird $TU = 1$, dann weichen die Prognosewerte im Durchschnitt von den tatsächlichen Werten ebenso stark ab wie die jährlichen Änderungen der Daten selbst. In diesem Fall liegt eine schlechte Prognose vor.

-- Ist $TU = 0$, dann liegt keine Fehlprognose vor.

- Variationskoeffizient: $\frac{WMQF}{\bar{r}} \rightarrow Min! \quad mit \quad \bar{r} \neq 0$

  Hierbei ist die Anpassung um so besser, d.h. der Prognosefehler um so niedriger, je näher der Variationskoeffizient bei Null liegt.

Als **Ursachen** für **Prognosefehler** sind zu nennen:

- Das verwendete Prognosemodell ist ungeeignet (z.B. weil Bedarfsverlauf und Prognosemodell nicht aneinander angepaßt sind).

- Die Zeitreihe weist Strukturbrüche auf (Zeitstabilitätshypothese ist verletzt), d.h. es treten unvorhersehbare Ereignisse auf. Die Zeitstabilitätshypothese unterstellt, daß die Prognosefunktion nicht nur die Vergangenheit einer Größe adäquat abzubilden vermag, sondern ebenfalls für die Zukunft Gültigkeit besitzt, d.h. sie geht davon aus "..., daß das Ursachensystem, das die in der Vergangenheit beobachteten Sachverhalte 'produziert' hat, sich zumindest bis zu dem Zeitpunkt, auf den sich die Prognose bezieht, nicht wesentlich ändern wird." (WILD 1974, S. 93).

Für die Gütebeurteilung eines Prognosemodells ist dabei neben dem Niveau des Prognosefehlers insbesondere dessen Streuung von Interesse.

Im folgenden seien einige ausgewählte Prognoseverfahren vorgestellt, die von einem regelmäßigen Bedarfsverlauf ausgehen (zu entsprechenden Darstellungen vgl. z.B. FRANKEN 1984, S. 108 ff.; TEMPELMEIER 1992, S. 39 ff.):

- Bedarfsermittlung mit Hilfe des gleitenden Mittelwertes.

- Bedarfsermittlung mit Hilfe des exponentiellen Glättens.

- Bedarfsermittlung mit Hilfe von Trendfunktionen.

Bei der **gleitenden Mittelwertbildung** wird aus den tatsächlich in der Vergangenheit aufgetretenen Verbrauchswerten ein Mittelwert errechnet, der als Prognosewert für den zukünftigen Bedarf herangezogen wird. Dabei werden nicht sämtliche Vergangenheitswerte berücksichtigt, sondern lediglich die n neuesten Verbrauchswerte. Für die Verbrauchswerte $r_{t-n+1}, \ldots, r_{t-1}, r_t$ ergibt sich als n-periodischer ungewogener gleitender Mittelwert $\bar{r}_{0,t}$ die folgende Beziehung:

$$\bar{r}_{o,t} = \frac{1}{n} \sum_{k=t-n+1}^{t} r_k$$

Der so ermittelte Wert ist der Prognosewert (*PW*) für den Zeitpunkt $t+1$ (PW_{t+1}). Das Hauptproblem hierbei ist die Festlegung der Größe n, d.h. die Anzahl der in die Berechnung aufzunehmenden Perioden. Dabei ist zu beachten, daß einerseits die Vorhersage um so eher auf Verbrauchsschwankungen reagiert, je kleiner n ist, und anderseits n nicht beliebig klein sein darf, weil dann zufällige Schwankungen der Zeitreihe nicht genügend ausgeglichen werden können.

Das folgende Beispiel soll das Verfahren der gleitenden Durchschnittsbildung verdeutlichen.

t	1	2	3	4	5	6	7
Monat	Jan.	Feb.	März	April	Mai	Juni	Juli
Materialmenge in Tonnen	145	165	153	167	175	186	182

Für $n = 4$ ergibt sich für den Monat August der folgende Prognosewert:

$$PW_8 = (r_4 + r_5 + r_6 + r_7) / 4$$

$$PW_8 = (167 + 175 + 186 + 182) / 4 = 174{,}5$$

Liegt der Wert für den Monat August vor ($t=8$), dann entfällt für die Prognose für September ($t+1 = 9$) der Wert für den Monat April t-4 = 4 und der Wert für den Monat August ($t=8$) wird hinzugenommen.

Während in die Berechnung des gleitenden Mittelwertes die Vergangenheitswerte mit der gleichen Gewichtung einfließen, ist es die **Grundidee** des **exponentiellen Glättens**, die Zeitreihenwerte, die dem Prognosezeitraum am nächsten liegen, mit einem höheren

Gewicht in die Berechnung einfließen zu lassen als Zeitreihenwerte weiter zurückliegender Perioden. Das exponentielle Glätten 1. Ordnung geht von der folgenden **Rekursionsformel** aus:

$$PW_{t+1} = \alpha \cdot r_t + (1-\alpha) \cdot PW_t$$

mit

PW_{t+1} = Prognosewert für die nächste Periode

r_t = jüngster Beobachtungswert

PW_t = ehemaliger Schätzwert für den jetzt vorliegenden Beobachtungswert

Ein zentrales Problem stellt dabei die **Festsetzung des Glättungsparameters** α dar, mit dem die einzelnen Zeitreihenwerte gewichtet werden. Wird ein hoher Wert für α festgelegt, dann hat dies zur Folge, daß der letzte Zeitreihenwert im Vergleich zu den früheren Werten stärker gewichtet wird. Nimmt α den Wert 1 an, dann bedeutet dies, daß der Prognosewert PW_{t+1} gleich r_t ist und folglich die restliche Vergangenheit nicht mehr berücksichtigt wird. Die Wahl eines hohen Wertes für α erscheint nur dann zweckmäßig, wenn eine grundlegende Änderung der Zeitreihe erwartet wird, d.h. ein Strukturbruch gegeben ist. Demgegenüber gewichtet ein niedriger α-Wert die Werte der Vergangenheit stärker als die letzten Zeitreihenwerte, wobei bei $\alpha = 0$ der letzte Zeitreihenwert überhaupt keine Berücksichtigung erfährt. Dies bedeutet, daß ein niedriger α-Wert dann zweckmäßig ist, wenn der letzte Zeitreihenwert als eine singuläre Erscheinung (Ausreißer) aufgefaßt wird.

Abbildung F. 21 zeigt die unterschiedlichen Wirkungen eines "kleinen" und "großen" α-Wertes.

	"Großes" α	"Kleines" α
Berücksichtigung von Vergangenheitswerten	gering	stark
Berücksichtigung neuester Werte	stark	gering
Glättung der Zeitreihe	gering	stark
Anpassung an Niveauverschiebungen	schnell	langsam

Abbildung F. 21: Tendenzielle Wirkungen unterschiedlicher α-Werte

Die vorangegangenen Ausführungen lassen deutlich erkennen, daß es nicht möglich ist, ex ante einen optimalen Wert für den Glättungsparameter α zu fixieren. Aus diesem Grunde wurden Überlegungen zu einer Dynamisierung des α-Wertes durchgeführt, wodurch die Möglichkeit zu einer Anpassung von α an die Entwicklung der Zeitreihe geschaffen ist (vgl. hierzu HANSMANN 1983, S. 40 f.)

Ein Beispiel soll das exponentielle Glätten 1. Ordnung verdeutlichen. In Abbildung F. 22 sind die Verbrauchswerte einer Materialart in Tonnen aufgeführt. Um die Bedeutung des Glättungsfaktors α zu demonstrieren, werden Prognosen für $\alpha = 0{,}1$ und $\alpha = 0{,}5$ erstellt und die jeweiligen Prognosefehler ermittelt.

Monat	Verbrauchsmenge (r_t)	PW_t für $\alpha = 0{,}1$	Prognosefehler (e_t) $r_t - PW_t$	PW_t für $\alpha = 0{,}5$	Prognosefehler (e_t) $r_t - PW_t$
1	230	–	–	–	–
2	250	230	20,0	230	20
3	240	232	8,0	240	0
4	260	232,8	27,2	240	20
5	270	235,52	33,48	250	20
6	255	238,97	16,03	260	5
7	290	240,58	40,42	257,5	32,5
8	Prognose	244,52	S =145,13	273,75	S = 97,5

Abbildung F. 22: Beispiel zur exponentiellen Glättung 1. Ordnung

Um den Prognoseprozeß zu initialisieren, ist ein Startwert (r_0) erforderlich, der z.B. entweder mit Hilfe einer Durchschnittsbildung über die ersten n Beobachtungen geschätzt werden kann, oder es wird die erste Beobachtung als Startwert herangezogen, eine Vorgehensweise, die dem vorliegenden Beispiel zugrunde liegt. Für $\alpha = 0{,}1$ ergibt sich:

$$PW_{1+1} = 0{,}1 \cdot 230 + 0{,}9 \cdot 230 = 230$$

$$PW_{2+1} = 0{,}1 \cdot 250 + 0{,}9 \cdot 230 = 232$$

$$PW_{3+1} = 0{,}1 \cdot 240 + 0{,}9 \cdot 232 = 232{,}8$$

$$PW_{4+1} = 0{,}1 \cdot 260 + 0{,}9 \cdot 232{,}8 = 235{,}52$$

$$PW_{5+1} = 0{,}1 \cdot 270 + 0{,}9 \cdot 235{,}52 = 238{,}97$$

$$PW_{6+1} = 0{,}1 \cdot 255 + 0{,}9 \cdot 238{,}97 = 240{,}58$$

$$PW_{7+1} = 0{,}1 \cdot 290 + 0{,}9 \cdot 240{,}58 = 244{,}52$$

Weist die zu untersuchende Zeitreihe einen Trend oder einen Saisonzyklus auf, dann ist das exponentielle Glätten 1. Ordnung als Prognosemodell nicht geeignet. In diesen Fällen bietet sich unter anderem das **exponentielle Glätten 2. Ordnung** an, das analog zur Vorgehensweise bei der Glättung 1. Ordnung erfolgt, jedoch wird zusätzlich eine Glättung der Schätzwerte vollzogen, so daß sich eine weitere geglättete Reihe ergibt. Die Differenz zwischen diesen beiden Reihen dient dann der Trendkorrektur. Den weiteren Berechnungen wird das folgende Gleichungssystem zugrunde gelegt:

$$Sch_t^1 = \alpha \cdot r_t + (1-\alpha) \cdot Sch_{t-1}^1$$

$$Sch_t^2 = \alpha \cdot r_t + (1-\alpha) \cdot Sch_{t-1}^2$$

Mit der allgemeinen linearen Prognosefunktion:

$$Sch_{t+1} = a_t + b_t \cdot \hat{t},$$

wobei sich die Parameter a_t und b_t dieser Prognosefunktion mit Hilfe der folgenden Gleichungen bestimmen lassen:

$$a_t = 2 \cdot Sch_t^1 - Sch_t^2$$

$$b_t = \frac{1}{1-\alpha} \left(Sch_t^1 - Sch_t^2\right)$$

mit:

Sch_t^1 = Schätzwert 1. Ordnung für die Beobachtungsperiode t

Sch_{t-1}^1 = Schätzwert 1. Ordnung der Vorperiode

Sch_t^2 = Schätzwert 2. Ordnung für die Beobachtungsperiode t

Sch_{t-2}^2 = Schätzwert 2. Ordnung der Vorperiode

a_t = absoluter Wert des Trends

b_t = Steigungsmaß der Prognosefunktion

$\hat{t}$ = auf t folgende Periode(n)

Auch dieses Verfahren sei an einem Beispiel verdeutlicht (α = 0,4).

Monat	Verbrauchs-menge	Glättung 1. Ordnung	Glättung 2. Ordnung	a	b	Prognose Sch $_{t+\hat{t}}$
1	50	50	50	50	0	-
2	55	52	50,8	53,2	0,8	50
3	58	54,4	52,24	56,56	1,44	54
4	60	56,64	54,00	59,28	1,76	58
5	Prognose					61,04

Abbildung F. 23 Beispiel zum exponentiellen Glätten 2. Ordnung

In der Praxis finden die Verfahren der exponentiellen Glättung zweiter und höherer Ordnung kaum Anwendung. Hierfür sind die folgenden Gründe verantwortlich:

- höherer Rechenaufwand,
- die Koeffizienten lassen sich ökonomisch nicht mehr sinnvoll interpretieren, und
- die Prognoseergebnisse werden kaum oder gar nicht verbessert.

Aufgabe der **Trendberechnung** ist es, eine Funktion zu finden, die sich dem Verlauf der tatsächlichen Werte optimal anpaßt, wobei als Anpassungskriterium die Summe der quadrierten absoluten Abstände d_i zwischen der Trendfunktion T_i und dem tatsächlichen Wert r_i herangezogen wird, die es zu minimieren gilt:

$$d_1^2 + d_2^2 + d_3^2 + \ldots + d_n^2 \quad \rightarrow \quad Min!$$

oder:

$$\sum_{i=1}^{n} (r_i - T_i)^2 \qquad \rightarrow \quad Min!$$

Unter der Voraussetzung, daß der Trend eine lineare Funktion ist, gilt:

$$T_i = a + b \cdot t_i$$

mit:

a = absolutes Glied der Trendfunktion

b = Steigung der Trendfunktion

t_i = die zu bestimmenden Zeitpunkte

Graphisch ergibt sich damit das folgende Bild.

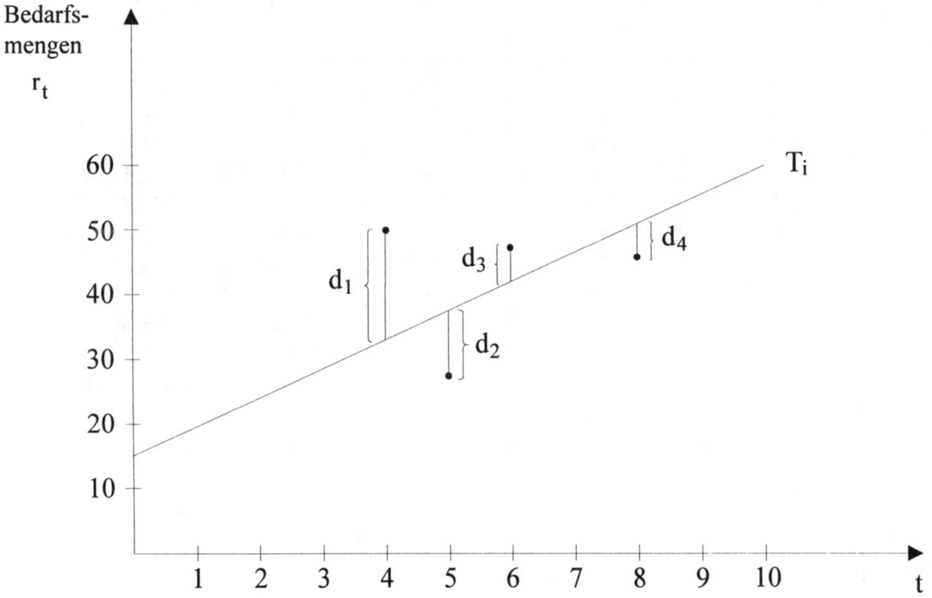

Abbildung F. 24: Trendfunktion

Wird die lineare Trendfunktion in die o.a. Minimumbedingung eingesetzt, dann ergibt sich:

$$\sum_{i=1}^{n}\left[r_i-\left(a+b\cdot t_i\right)\right]^2 \;\rightarrow\; Min!$$

Die Parameter a und b sind in dieser Bedingung unbekannt. Um sie zu bestimmen, ist diese Bedingung partiell nach a und b zu differenzieren und gleich Null zu setzen. Es ergeben sich die beiden folgenden **Normalgleichungen**, mit deren Hilfe sich die Parameter a und b schätzen lassen:

$$n \cdot a + b \cdot \sum_{i=1}^{n} t_i = \sum_{i=1}^{n} r_i$$

$$a \cdot \sum_{i=1}^{n} t_i + b \cdot \sum_{i=1}^{n} t_1^2 = \sum_{i=1}^{n} r_i \cdot t_i$$

Das folgende Beispiel soll dieses Verfahren verdeutlichen.

Numerierung der Jahre t_i	Verbrauchs-mengen in Tonnen r_i	t_i^2	$r_i \cdot t_i$	Prognose-werte T_i
1	100	1	100	100
2	120	4	240	110,7
3	110	9	330	121,4
4	130	16	520	132,1
5	150	25	750	142,8
6	160	36	960	153,5
7	150	49	1050	164,2
8	170	64	1360	174,9
9	190	81	1710	185,6
10	200	100	2000	196,3
55	1480	385	9020	207

n = 10

Abbildung F. 25: Beispiel zur Trendberechnung

Durch Einsetzen der Werte in die beiden Normalgleichungen ergibt sich:

$$10\,a + 55\,b = 1480 \qquad / \cdot 7$$

$$55\,a + 385\,b = 9020$$

Damit lassen sich die Parameter *a* und *b* errechnen:

$$70\,a + 385\,b = 10360$$

$$\underline{-\,55\,a + 385\,b = \;\;9020}$$

$$15\,a = 1340$$

$$a = 89{,}3$$

$$b = 10{,}7$$

Für T_{11} erhalten wir dann den folgenden Prognosewert:

$$T_{11} = 89{,}3 + 11 \cdot 10{,}7$$

$$T_{11} = 207$$

Liegt hingegen kein linearer, sondern ein nichtlinearer Trend vor, dann kann mit dem exponentiellen Glätten zweiter Ordnung gearbeitet werden. Dazu ist es erforderlich, die nichtlineare Trendfunktion durch eine logarithmische lineare Trendfunktion zu ersetzen. Darüber hinaus können auch Verfahren des exponentiellen Glättens höherer Ordnung zur Anwendung gelangen, wobei jedoch mit relativ kleinen α-Werten gearbeitet werden muß, da sonst die Gefahr besteht, daß Zufallsschwankungen als systematische Schwankungen interpretiert werden (vgl. KÜPPER 1989, S. 221).

5.4.2.2 Programmgebundene Verfahren

Basis für die Materialbedarfsplanung bietet in diesem Fall das kurzfristige Produktionsprogramm. Die weiteren Überlegungen beziehen sich ausschließlich auf die **Materialbedarfsplanung für mehrteilige Stückgüter** (zur Materialbedarfsplanung für Fließgüter vgl. z.B. KILGER 1986, S. 300 ff.), wobei von der Voraussetzung ausgegangen wird, daß sowohl das kurzfristige Produktionsprogramm als auch die Erzeugnisstruktur bekannt sind. Die **Erzeugnisstruktur** gibt an, aus welchen Bauteilen und Einzelteilen sich das zu erstellende Erzeugnis zusammensetzt. Sie läßt sich graphisch mit Hilfe eines gerichteten Graphen darstellen, wobei ein Graph aus Knoten, Kanten und Mengen besteht. Im Rahmen der graphischen Darstellung der Erzeugnisstruktur ist zwischen einem Erzeugnisbaum und einem Gozintographen zu unterscheiden.

Beim **Erzeugnisbaum** werden die Knoten so angeordnet, daß damit die Grundstruktur des produktionstechnischen Ablaufs und der Materialfluß ersichtlich sind (vgl. Abbildung F. 26).

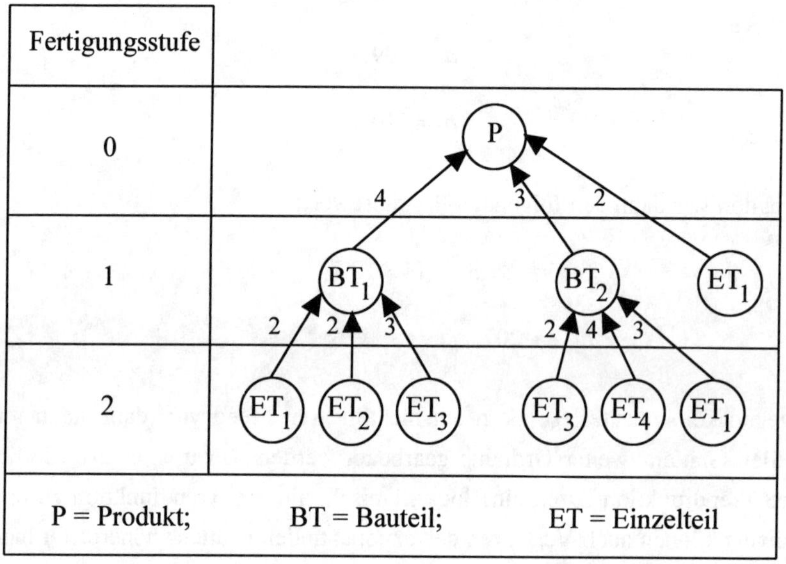

Abbildung F. 26: Erzeugnisbaum

Die Abbildung zeigt, daß jeder Knoten genau einen Nachfolger, aber mehrere Vorgänger haben kann. Die Bauteile und Einzelteile werden jeweils an den Stellen angeführt, an denen sie in der Erzeugnisstruktur vorkommen. Dies geht mit der Konsequenz einher, daß einzelne Bauteile und/oder Einzelteile an mehreren Stellen des Erzeugnisbaumes auftreten können, was zu Redundanzen bei der Speicherung von Erzeugnisbäumen führt. Um dies zu vermeiden, gelangen Gozintographen zur Anwendung.

Ein Gozintograph (*GG*) ist ein gerichteter, bewerteter Graph, der wie folgt definiert ist (ZÄPFEL 1982, S. 74 f.):

$$GG = (V, E, h)$$

mit:

$V =$ Knotenmenge (Menge aller Erzeugnisse, Bauteile, Einzelteile).

$E =$ Pfeilmenge (Input-Output-Beziehung): Menge der technologischen Mengenbeziehungen.

$h =$ Pfeilbewertung (Produktionskoeffizienten): sie gibt an, mit wieviel Mengeneinheiten ein Element in eine übergeordnete Komponente eingeht.

Für den dargestellten Erzeugnisbaum läßt sich der folgende Gozintograph aufstellen:

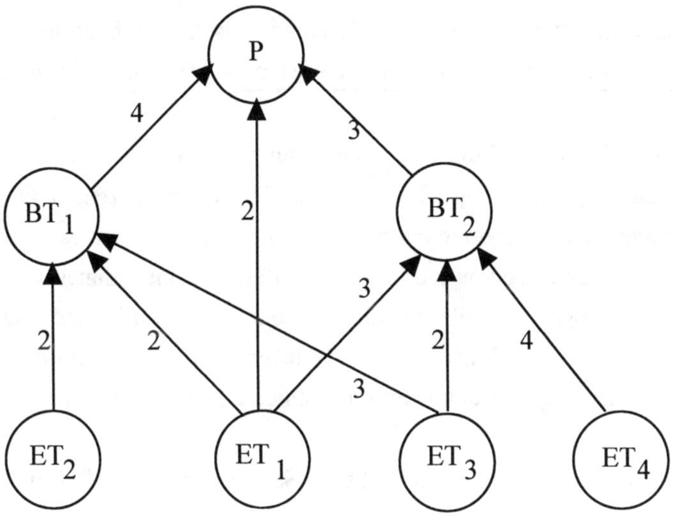

Abbildung F. 27: Gozintograph

Es ergibt sich eine redundanzfreie Darstellung, da jede Komponente nur durch einen Knoten dargestellt wird. Algebraisch läßt sich dieser Gozintograph durch das folgende Gleichungssystem erfassen:

$$r_{BT_1} = 4\ r_p$$

$$r_{BT_2} = 3\ r_p$$

$$r_{ET_1} = 2\ r_{BT_2}$$

$$r_{ET_1} = 2\ r_{BT_1} + 3\ r_{BT_2} + 2\ r_p$$

$$r_{ET_3} = 3\ r_{BT_1} + 2\ r_{BT_2}$$

$$r_{ET_4} = 4\ r_{BT_2}$$

Dieses unbestimmte Gleichungssystem läßt sich durch die Vorgabe der gewünschten Menge von r_p lösen, d.h. durch sukzessives Einsetzen läßt sich der erforderliche Teilebedarf ermitteln.

Neben dieser graphischen Darstellung ist die Erzeugnisstruktur auch in tabellarischer Form als Stückliste erfaßbar.

Unter einer **Stückliste** ist eine mengenmäßige Aufstellung der in ein Endprodukt oder Bauteil eingehenden Teile zu verstehen. Sie ist analytisch aufgebaut und geht damit von dem jeweils übergeordneten Teil aus und erfaßt seine Zerlegung in Einzel- oder Bauteile.

Hiervon zu unterscheiden sind die **Teileverwendungsnachweise**, denen eine synthetische Betrachtungsweise zugrunde liegt. Sie geben an, für welche Erzeugnisse die Teilearten als Bedarf auftreten und erlangen dann besondere Bedeutung, wenn es um das Auffinden von Wiederholteilen geht. Hieraus resultiert ihre Relevanz im Rahmen von Änderungen, um deren Auswirkungen auf übergeordnete Komponenten und auf die Erzeugnisse erfassen zu können. Stücklisten und Teileverwendungsnachweise sind folglich Betrachtungen der Erzeugnisstruktur mit unterschiedlichen Blickrichtungen.

In der Praxis gibt es die unterschiedlichsten **Stücklistenarten**. Beispielhaft seien im folgenden einige Erscheinungsformen dargestellt:

- **Mengenübersichtsstückliste**: Sie gibt die Gesamtmengen aller in ein Erzeugnis einfließenden Komponenten an, ohne dabei Auskunft über die Stellung der einzelnen Komponenten in der Erzeugnisstruktur zu geben.

Sachnummer	Benennung	Menge
BT_1	...	4
BT_2	...	3
ET_1	...	19
ET_2	...	8
ET_3	...	18
ET_4	...	12

- **Strukturstückliste**: Es werden die Mengen der einzelnen Teile unter Berücksichtigung der Erzeugnisstruktur und damit der entsprechenden Produktionsstufen angeführt.

Produktionsstufe	Sachnummer	Benennung	Menge
1	BT_1	...	4
.2	ET_2	...	2
.2	ET_1	...	2
.2	ET_3	...	3
1	BT_2	...	3
.2	ET_1	...	3
.2	ET_3	...	2
.2	ET_4	...	4
1	ET_1	...	2

- **Baukastenstückliste**: Sie führen die in die Baugruppen und Endprodukte direkt eingehenden Teile auf. Dies hat zur Konsequenz, daß für jede Baugruppe eine getrennte Stückliste erstellt werden muß.

Baukastenstückliste für Erzeugnis P		
Sachnummer	Benennung	Menge
BT_1	...	4
BT_2	...	3
ET_1	...	2

Baukastenstückliste für Bauteil BT_1		
Sachnummer	Benennung	Menge
ET_1	...	2
ET_2	...	2
ET_3	...	3

Baukastenstückliste für Bauteil BT_2		
Sachnummer	Benennung	Menge
ET_1	...	3
ET_3	...	2
ET_4	...	4

- **Dispositionsstückliste**: Sie gibt Auskunft über die Dispositionsreihenfolge der Teile, d.h. das Erzeugnis wird in Dispositionsstufen aufgeteilt und die Teile auf der untersten Stufe ihrer Verwendung zusammengefaßt.

Dispositionsstufe	Sachnummer	Benennung	Menge
3	P	...	1
2	BT_1	...	4
2	BT_2	...	3
1	ET_1	...	19
1	ET_2	...	8
1	ET_3	...	18
1	ET_4	...	12

Eine Stücklistenart deren Bedeutung, bedingt durch die Verbreitung der Variantenproduktion, ständig zunimmt, ist die **Variantenstückliste**. Ein wesentliches Ziel des Variantenproduzenten ist letztlich darin zu sehen, eine Mehrfachverwendung von Baugruppen und Teilen in kundenspezifischen Produkten zu erreichen (typische Beispiele finden sich z.B. in der Automobilindustrie, dem Werkzeugmaschinenbau und der Elektroindustrie). Dadurch bedingt, lassen sich für die der Endmontage vorgelagerten Produktionsstufen Bedarfe aus unterschiedlichen Kundenaufträgen zu Produktions- oder Beschaffungslosen in optimaler Weise zusammenführen. Varianten sind Produkte mit hoher Ähnlichkeit, wobei zwischen Struktur- und Mengenvarianten zu unterscheiden ist. Während von **Strukturvarianten** dann gesprochen wird, wenn sich die Produkte hinsichtlich einer oder mehrerer Stücklistenposition(en) so voneinander unterscheiden, daß alternative und/oder zusätzliche Komponenten auftreten, liegt eine **Mengenvariante** dann vor, wenn Produkte zwar die gleichen Komponenten aufweisen, sich jedoch hinsichtlich ihrer Anzahl die pro Einheit erforderlich sind unterscheiden. Die Erfassung, Speicherung und Pflege gesonderter Stücklisten für sämtliche Produktvarianten würde nicht nur mit erheblichen Redundanzen einhergehen, sondern auch einen hohen Aufwand im Rahmen des Änderungsdienstes und der Disposition induzieren. Aus diesem Grunde wurden unterschiedliche Formen von Variantenstücklisten entwickelt. Grundidee beim Aufbau von Variantenstücklisten ist dabei die Unterscheidung in Gleich- und Variantenteile. Während die Erfassung der Gleichteile in einer **Basis-** oder **Grundstückliste** erfolgt, werden variantenspezifische Teile in sog. **Zubehör-** oder **Ergänzungsstücklisten** erfaßt, d.h. es wird zwischen Muß- und Kannpositionen differenziert. Es können die folgenden Formen unterschieden werden (vgl. CLAASSEN 1969, S. 530 ff.; GERLACH/WIENDAHL 1970, S. 461 ff.; GLASER/GEIGER/ROHDE 1992, S. 20 ff.; ZIMMERMANN 1988, S. 137 ff.):

- Ergänzungsstücklisten,
- Plus/Minus-Stücklisten und
- Typenstücklisten.

Bei den **Ergänzungsstücklisten** werden die Teile, die in allen Produkten einer Typenreihe mit der gleichen Anzahl vorkommen, zu einer fiktiven Baugruppe zusammengefaßt (Basisstückliste), der dann zur Identifikation eine besondere Sachnummer zugeordnet wird. Für jede Produktvariante wird dann eine Ergänzungsstückliste erstellt, die in ihrer ersten Stücklistenposition die fiktive Baugruppe und in die weiteren Stücklistenpositionen den variantenspezifischen Teilebedarf ausweist. Durch Verknüpfung der Gleichteilestückliste mit der entsprechenden Ergänzungsstückliste läßt sich dann für die jeweilige Variante die spezifische Stückliste erstellen.

Auch bei den **Plus-/Minus-Stücklisten** wird zunächst eine Basisstückliste erstellt. Durch zusätzliche Stücklisten werden dann die Abweichungen von diesem Grundtyp erfaßt. Gelangen zusätzliche Komponenten zur Anwendung, dann werden diese im Rahmen einer Plus-Stückliste berücksichtigt. Weist eine Produktvariante hingegen weniger Komponenten auf, dann geschieht die Anpassung mittels einer Minus-Stückliste. Durch Verknüpfung lassen sich wiederum die jeweiligen Stücklisten erstellen.

Bei den **Typenstücklisten** handelt es sich um sog. Mehrfachstücklisten, d.h. es werden alle Produktvarianten einer Typenreihe mit dieser Stückliste erfaßt (teilweise wird in diesem Zusammenhang von einer Sammelstückliste gesprochen). Für jede Produktvariante enthält jede Stücklistenposition ein gesondertes Mengenfeld mit der Angabe des Produktionskoeffizienten, d.h. jeder Produktvariante wird eine Mengenspalte zugeordnet.

Der **Gesamtbedarf** r_k für ein Erzeugnis k ergibt sich aus dem Primärbedarf π_k, der stets vorgegeben ist und dem Sekundärbedarf s_k eines Erzeugnisses, der sich aus den Bedarfen der nachfolgenden Komponenten ergibt, die in die übergeordnete Komponente j eingehen, multipliziert mit den jeweiligen Produktionskoeffizienten (h_{kj}):

$$r_k = s_k + \pi_k \quad und \quad s_k = \sum_{j=1}^{n} h_{kj} \cdot r_j$$

Dabei sind die folgenden Begriffe zu spezifizieren:

- **Primärbedarf**: die aus dem geplanten Produktionsprogramm abgeleiteten Erzeugnismengen.

- **Sekundärbedarf**: Materialbedarf, der sich aus den Erzeugnismengen ergibt.

Durch Einsetzen von s_k in r_k ergibt sich:

$$r_k = \sum_{j=1}^{n} h_{kj} \cdot r_j + \pi_k$$

oder in Matrixschreibweise

$$r = A \cdot r + \pi$$

mit:

$A =$ Direktbedarfsmatrix (sie besteht aus den für den Gozintographen geltenden Input-Output-Relationen, d.h. sie nimmt in den Zeilen und Spalten die Einzel-, Bauteile und Endprodukte, und zwar geordnet nach zunehmendem Reifegrad, auf.)

Werden **Lagerbestände** in die Überlegungen einbezogen, dann wird zusätzlich zwischen Brutto- und Nettobedarf unterschieden. Während unter **Bruttobedarf** der periodenbezogene Gesamtbedarf aller Bau- und Einzelteile verstanden wird, gibt der **Nettobedarf** diejenige Menge eines Teiles an, die in der Planperiode nicht verfügbar ist. Der Nettobedarfsrechnung obliegt damit die Aufgabe zu überprüfen, ob der Bruttobedarf bereits durch den Lagerbestand abgedeckt ist. Der Nettobedarf läßt sich wie folgt errechnen:

Bruttobedarf - Werkstattbestand - Bestellbestand - Reservierungsbestand - Sicherheitsbestand = Nettobedarf

Unter **Werkstattbestand** sind die Teile zu verstehen, die aus dem Lager bereits entnommen wurden und sich in der Produktion befinden. Mit dem **Bestellbestand** wird der Bestand an offenen Bestellungen erfaßt. Erfolgt die Lieferung, dann ist auch der Bestellbedarf periodengerecht vom Bruttobedarf zu subtrahieren. Der **Reservierungsbestand** (auch Vormerkbestand genannt) umfaßt diejenigen Teile des Lagerbestandes, die für geplante Aufträge vorgemerkt sind und zu einem geplanten Termin aus dem Bestand entnommen werden. Zur Absicherung gegenüber außergewöhnlichen Ereignissen (z.B. unvorhergesehene Bedarfsabweichungen) dient der **Sicherheitsbestand**.

Zur Ermittlung des Nettobedarfs ist die Gleichung $r = A \cdot r + \pi$ nach r (= Gesamtbedarfsvektor) aufzulösen:

$$E \cdot r - A \cdot r = \pi \qquad E = \text{Einheitsmatrix}$$

Durch Umformung ergibt sich:

$$(E - A) \cdot r = \pi \qquad (E-A) = \text{Technologiematrix}$$

Die **Technologiematrix** resultiert aus der Subtraktion der Direktbedarfsmatrix von der Einheitsmatrix. Zur Berechnung des Vektors r (= gesamter Bedarf für sämtliche Teile in Abhängigkeit von dem vorgegebenen Primärbedarf) ist die Gleichung nach r aufzulösen, was mit Hilfe der Inversion der Technologiematrix geschieht:

$$r = (E - A)^{-1} \cdot \pi \qquad (E - A)^{-1} = \text{Verflechtungsmatrix}$$

In den Spalten dieser **Verflechtungsmatrix** befinden sich die Mengenübersichtsstücklisten, die angeben, aus welchen Komponenten ein Produkt besteht, und die Zeilen liefern die Teileverwendungsnachweise, die angeben, welche Mengen einer bestimmten Komponente in den anderen Komponenten oder Produkten enthalten sind.

5.5 Beschaffungsmengenplanung

Zentrales Anliegen der Beschaffungsmengenplanung ist die Bestimmung der optimalen, d.h. der kostenoptimalen Bestellmenge *(vgl. zur adäquaten Problemstellung, der Seriengrößenplanung REESE G. 5.2.2; TROSSMANN D. 3.2.2)*. Hierfür ist es zunächst erforderlich, die im Rahmen der Bedarfsdeckung der Materialart anfallenden **Bereitstellungskosten** zu erfassen, wobei sich die folgenden Kostenarten unterscheiden lassen (vgl. GLASER 1986, S. 13 f.):

- Beschaffungskosten
  -- unmittelbare
  -- mittelbare
- Lagerhaltungskosten
- Fehlmengenkosten

Während mit den **unmittelbaren** Beschaffungskosten alle diejenigen Kosten erfaßt werden, die direkt mit dem Kauf der Materialien verbunden sind (Menge · Preis), handelt es sich bei den **mittelbaren** Beschaffungskosten um Kosten, die in direktem Zusammenhang mit der Materialdisposition anfallen. Grundsätzlich gilt, daß mit zunehmender Bestellmenge die gesamten Beschaffungskosten fallen und umgekehrt.

Die **Lagerhaltungskosten** setzen sich aus den Kapitalbindungskosten und den Lagerkosten zusammen. Die Höhe der **Kapitalbindungskosten** hängt von dem in den Lagerbeständen gebundenen Kapital, der Kapitalbindungsdauer und der Zinshöhe ab. Die **Lagerkosten** umfassen alle Kosten, die durch die Pflege und das Handling der gelagerten Materialien entstehen. Generell gilt, daß die Lagerhaltungskosten mit zunehmender Bestellmenge steigen und umgekehrt. Damit weisen Beschaffungs- und Lagerhaltungskosten in Abhängigkeit von der Bestellmenge eine gegenläufige Tendenz auf.

Fehlmengenkosten werden dadurch hervorgerufen, daß der Materialbedarf nicht oder nicht zum erforderlichen Zeitpunkt gedeckt werden kann. Beispiele für Fehlmengenkosten sind etwa Stillstandskosten infolge von Produktionsunterbrechungen, Konventionalstrafen bei Nichteinhaltung von Lieferterminen oder entgangene Gewinne bei Absatzeinbußen.

Das **Grundmodell** zur Ermittlung der kostenoptimalen Bestellmenge geht auf F. HARRIS (1915), K. STEFANIC-ALLMAYER (1927) und K. ANDLER (1929) zurück. Ziel dieses Ansatzes ist es, den terminierten Gesamtbedarf einer Periode so in Bestellmengen aufzuspalten, daß die mit der Beschaffung einhergehenden Kosten minimiert werden. Dem Modell liegen die folgenden Prämissen zugrunde:

- es wird nur eine Materialart betrachtet,
- konstanter Materialbedarf pro Zeiteinheit,
- vorgegebener Jahresbedarf,
- es treten keine Fehlmengen auf,
- konstante Materialqualität,
- konstante Beschaffungspreise,
- isolierte Beschaffung, d.h. es existieren keine Verbundbeziehungen der Bestellkosten,
- konstante Kosten pro Bestellung,
- beliebig teilbare Beschaffungsmengen,
- beliebig bestimmbare Lieferzeitpunkte,
- es existieren keine Restriktionen hinsichtlich der Beschaffungsmenge, der Lagermenge etc.,
- es existieren keine Sicherheitsbestände,
- am Lager treten keine Mengenverluste auf,
- die Lieferung ist sofort in vollem Umfang verfügbar,
- der Lagerbestand ist gleich Null und
- die variablen Lager- und Bestellkosten verhalten sich proportional zur Bestellmenge.

Es gelten die folgenden Abkürzungen:

M = Gesamtbedarf der Materialart der Planungsperiode (z.B. ein Jahr)

p = Einstandspreis pro Einheit

K_f = bestellmengenfixe Kosten

i = Zinskostensatz (als Jahressatz)

l = Lagerkostensatz (als Jahressatz)

x = unbekannte Bestellmenge (Entscheidungsvariable)

n = M/x = Bestellhäufigkeit pro Jahr

K_B = Bestellkosten pro Jahr

K_{Bi} = Kapitalbindungskosten

K_m = mittelbare Beschaffungskosten

K_L = Lagerhaltungskosten

Zur Ermittlung der Kapitalbindungskosten wird der folgende Verlauf des Lagerzugangs und -abgangs unterstellt (vgl. Abbildung F. 28):

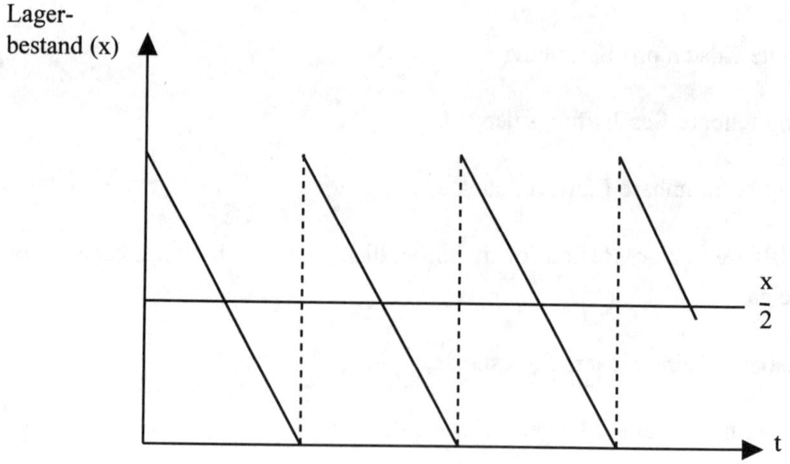

Abbildung F. 28: Verlauf des Lagerzugangs und -abgangs

Unter der Voraussetzung eines kontinuierlichen Lagerabgangs ist im Durchschnitt die halbe Bestellmenge ($x/2$) als Lagerbestand vorhanden. Die Höhe des hierin gebundenen Kapitals ist:

$$\frac{x \cdot p}{2}$$

Die **Kapitalbindungskosten** (Gesamtzinsen pro Jahr) ergeben sich aus:

$$K_{Bi} = \frac{x \cdot p \cdot i}{2 \cdot 100}$$

Neben den Kapitalbindungskosten sind die **Lagerkosten** zu berücksichtigen. Zinssatz $i/100$ und Lagerkostensatz $l/100$ werden dabei als globaler Lagerhaltungskostensatz ermittelt:

$$\frac{i}{100} + \frac{l}{100} = \frac{k_l}{100}$$

Für die **Lagerhaltungskosten** gilt:

$$K_L = \frac{x \cdot p \cdot k_l}{2 \cdot 100}$$

Die **mittelbaren Beschaffungskosten** eines Vorganges ergeben sich aus:

$$K_m = K_f \cdot n = \frac{K_f \cdot M}{x}$$

Für die **Bestellkosten** gilt:

$$K_B = M \cdot p$$

Damit lautet die **Gesamtkostenfunktion**:

$$K = M \cdot p + \frac{K_f \cdot M}{x} + \frac{x \cdot p \cdot k_l}{2 \cdot 100}$$

Um das **Kostenminimum** zu ermitteln, ist diese Funktion nach x zu differenzieren und die 1. Ableitung gleich Null zu setzen (zusätzlich muß die 2. Ableitung positiv sein):

$$\frac{dK}{dx} = \frac{K_f \cdot M}{x^2} + \frac{p \cdot k_l}{200} = 0\ ; \quad \frac{d^2K}{dx^2} = \frac{2 \cdot K_f \cdot M}{x^3} > 0, \ \textit{für}\ x > 0$$

$$\frac{K_f \cdot M}{x^2} = \frac{p \cdot k_l}{200}$$

$$x^2 = \frac{200 \cdot K_f \cdot M}{p \cdot k_l}$$

$$x_{opt} = \sqrt{\frac{200 \cdot K_f \cdot M}{p \cdot k_l}}$$

Für die optimale Bestellhäufigkeit gilt:

$$n_{opt} = \frac{M}{x_{opt}}$$

Graphisch läßt sich dieser beschriebene Sachverhalt wie folgt darstellen:

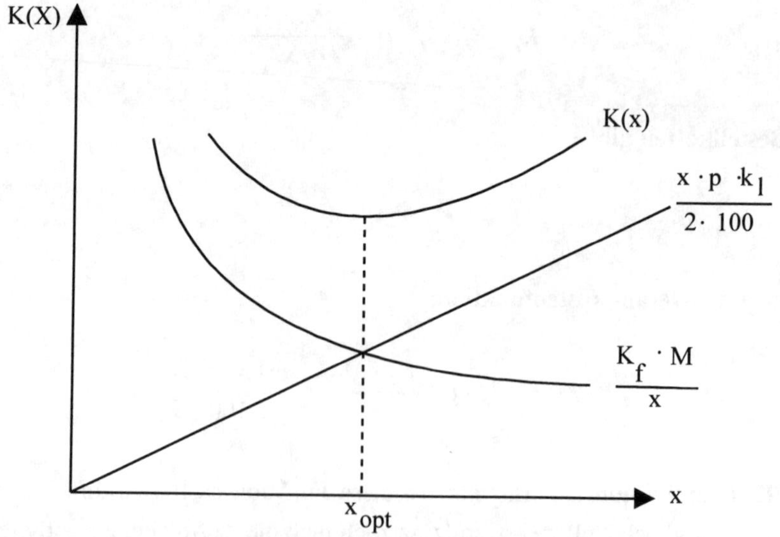

Abbildung F. 29: Graphische Darstellung der optimalen Bestellmenge

Die Abbildung macht deutlich, daß sich die kostenoptimale Bestellmenge bei Gleichheit der Lagerhaltungs- und Bestellkosten ergibt.

Dieses Grundmodell hat eine Vielzahl an Erweiterungen erfahren (vgl. z.B. BOGASCHEWSKY 1989, S. 543 ff.). Im folgenden wird nur die Berücksichtigung von Rabattstufen als mögliche Erweiterung vorgestellt.

In den bisherigen Ausführungen wurde der Preis als konstante Größe unterstellt. In der Praxis ist es hingegen häufig der Fall, daß der Preis je Mengeneinheit einer Materialart von der Bestellmenge abhängig ist, und mit zunehmender Bestellmenge abnimmt. Dabei wird im folgenden keine stetige Abnahme des Preises betrachtet, sondern nur der Fall einer **Mengenrabattstaffelung**, d.h. es erfolgt eine Veränderung des Einstandspreises durch Abschläge in Abhängigkeit von der Bestellmenge. Innerhalb der Wertebereiche der Bestellmengen ist der dazugehörige Beschaffungspreis konstant. Dies bedeutet, daß der Preis p einer Materialeinheit bei Erreichen bestimmter Werte der Bestellmenge (x_1, x_2, ..., x_n) im Vergleich zu seinem Ausgangsniveau sprunghaft variiert. Der niedrigere Preis gilt dann für die gesamte Bestellmenge. In Abhängigkeit von der Bestellmenge ergibt sich bei n Rabattstufen die folgende Beziehung:

$$p = \begin{cases} p_0, & 0 \leq x < x_1 \\ p_1, & x_1 \leq x < x_2 \\ \vdots & \vdots \quad \vdots \quad \vdots \\ p_n, & x \geq x_n \end{cases}$$

Diejenige Menge, ab der es einen bestimmten Rabatt gibt, wird als **Rabattgrenze** bezeichnet. Ist z.B. die Bestellmenge kleiner als x_1, gilt p_0, liegt die Bestellmenge hingegen im Intervall $x_1 \leq x < x_2$ gilt p_1, wobei $p_1 < p_0$ ist. Bedingt durch die Rabattstaffelung, weist die Gesamtkostenfunktion für diejenige Bestellmenge, die der Mindestmenge einer neuen Rabattzone entspricht, eine Sprungstelle auf. Dies geht mit der Konsequenz einher, daß auch die Sprungstellen auf Optimalität zu überprüfen sind. Abbildung F. 30 gibt diese Situation wieder.

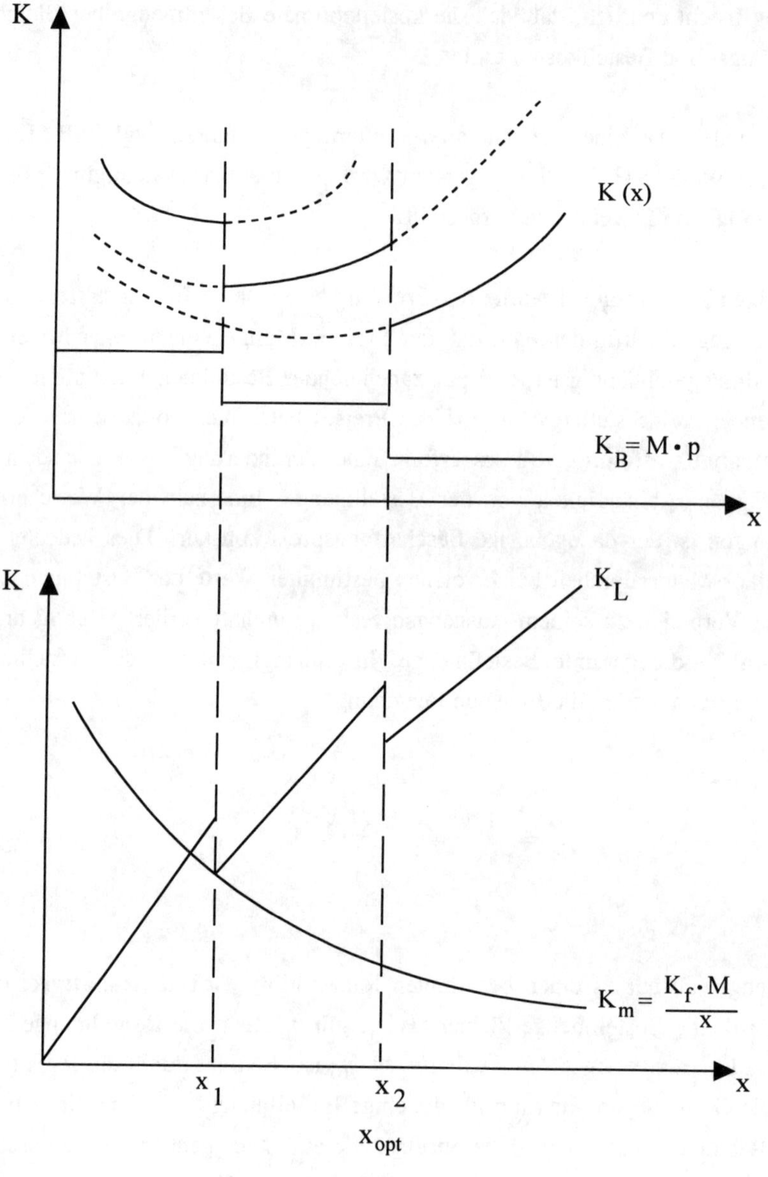

Abbildung F. 30: Kostenfunktion mit Rabattstaffelung

Im dargestellten Fall befindet sich das Optimum an einer Rabattgrenze. Dies ist häufig der Fall, weil der Rabatteinfluß i.d.R. stärker wirkt als die Veränderung bei den Bestell- und Lagerhaltungskosten. Als Kostenfunktion ergibt sich:

$$K_0 = M \cdot p_0 + \frac{K_f \cdot M}{x} + \frac{x \cdot p_o \cdot k_l}{200}, \quad falls \quad x < x_1$$

$$K_1 = M \cdot p_1 + \frac{K_f \cdot M}{x} + \frac{x \cdot p_1 \cdot k_l}{200}, \quad falls \quad x_1 \leq x < x_2$$

$$K_2 = M \cdot p_2 + \frac{K_f \cdot M}{x} + \frac{x \cdot p_2 \cdot k_l}{200}, \quad falls \quad x_2 \leq x < x_3$$

Diese Kostenfunktionen unterscheiden sich

- durch die Bestellkosten und
- durch die Lagerhaltungskosten.

Demgegenüber werden die mittelbaren Beschaffungskosten hiervon nicht berührt. Abbildung F. 30 belegt, daß die mittelbaren Beschaffungskosten durch die Preisveränderungen nicht beeinflußt werden. Die Lagerkostenfunktion zeigt hingegen die Wirkung der Rabattstaffelung auf $(x_1; x_2)$. Dies liegt darin begründet, daß an den Rabattgrenzen niedrigere Preise wirksam werden, wodurch sich die Basis für die Ermittlung der Kapitalbindungskosten verändert. Aus diesem Grunde weist diese Funktion einerseits in den einzelnen Intervallen unterschiedliche Steigungen und anderseits unterschiedliche Sprungstellen auf.

Die Funktion der Bestellkosten (K_B) zeigt einen stufenweisen Verlauf, da sich bei Konstanz der Beschaffungsmenge der Beschaffungspreis pro Mengeneinheit sprunghaft an der Rabattgrenze verändert. Die Gesamtkostenfunktion *K(x)* ergibt sich durch Aggregation dieser Teilfunktionen.

Bei der Berechnung des Kostenminimums erscheint es zweckmäßig, zunächst zu überprüfen, ob sich das Minimum bei Unterstellung des höchsten Preisnachlasses ergibt, da dann das Optimum bereits gefunden ist. Ist dies nicht der Fall, dann ist es erforderlich, die Rabattstufen in absteigender Reihenfolge auf ein Minimum zu untersuchen. Das kleinste der ermittelten Minima ist dann das globale Minimum und folglich die optimale Bestellmenge.

5.6 Beschaffungszeitplanung

Zur Sicherstellung eines kontinuierlichen Produktionsablaufs ist es erforderlich, die sich aus den Bedarfsplänen ergebenden Materialmengen rechtzeitig bereitzustellen, um einerseits Bestandslücken durch eine Bestellung der erforderlichen Materialmengen aufzufüllen und anderseits Fehlmengen zu vermeiden. Eine Bestellung ist immer dann auszulösen, wenn ein bestimmter Bestand, der als **Meldemenge** bezeichnet wird, erreicht ist. Die Meldemenge muß so dimensioniert sein, daß sie ausreicht die während der Beschaffungszeit auftretenden Materialentnahmen zu gewährleisten. Unter **Beschaffungszeit** ist der Zeitraum zu verstehen, der mit der Bedarfsmeldung beginnt und zu dem Zeitpunkt endet, wenn das Material für den beabsichtigten Zweck im betrieblichen Leistungsprozeß zur Verfügung steht. Unter der Voraussetzung eines stetigen und gleichbleibenden Lagerabgangs läßt sich die Meldemenge wie folgt darstellen:

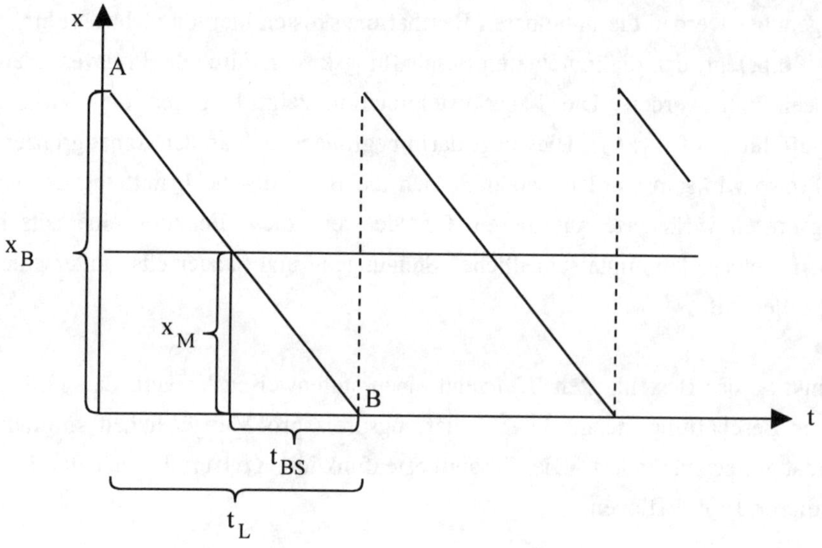

x_B = Beschaffungsmenge; x_M = Meldemenge;

t_{BS} = Beschaffungszeit; t_L = Lagerdauer.

Abbildung F. 31: Meldemenge bei stetigem Bedarfsverlauf

Die Strecke $\overline{AB}$ gibt den Verlauf einer kontinuierlichen Materialentnahme im Zeitraum t_L an. Im Zeitraum t_L nimmt der Bestand, ausgehend von der Höhe x_B Mengeneinheiten auf Null Einheiten ab. Die Steigerung der Geraden $\overline{AB}$ ist:

$$me_t = \frac{x_b}{t_L}$$

Damit gibt die Größe me_t die Materialentnahme pro Zeiteinheit an (ME/ZE). Die Beschaffungszeit beträgt t_{BS}. Aufgrund des Strahlensatzes gilt:

$$\frac{x_B}{t_L} = \frac{x_M}{t_{BS}} = me_t$$

Durch Auflösung nach x_M ergibt sich die Gleichung zur Ermittlung der Meldemenge:

$$x_M = \frac{x_B}{t_L} \cdot t_{BS}$$

oder:

$$x_M = me_t \cdot t_{BS}$$

Die **Meldemenge** läßt sich folglich durch die Multiplikation der Materialentnahme pro Zeiteinheit mit der Beschaffungszeit ermitteln.

Den bisherigen Ausführungen lag die Prämisse sicherer Erwartungen, d.h. vollkommener Sicherheit, zugrunde. Unsicherheiten können bei den folgenden Informationen auftreten:

- beim **Meldebedarf** (insbesondere, wenn er auf der Basis verbrauchsgebundener Verfahren ermittelt wird, *vgl. 5.4.2.1*)
- bei der **Beschaffungszeit** (z.B. bedingt durch Lieferschwierigkeiten der Lieferanten),
- weitere **Unsicherheitsfaktoren** (z.B. Fehllieferungen, außerplanmäßige Lagerverluste).

Die Lagerhaltung ist damit kein deterministisches, sondern ein stochastisches Problem. **Lagerhaltung** ist grundsätzlich dann erforderlich, wenn zwischen zwei Stellen einer Materialflußkette asynchrone Mengenbeziehungen existieren, und zwar dergestalt, daß die auf einen Zeitpunkt bezogenen kumulierten Zugänge größer sind als die kumulierten Abgänge. Lagerbestände sind damit Güter, die erst zu einem späteren Zeitpunkt einer Verwendung zugeführt werden sollen, jedoch zu einem früheren Zeitpunkt zur Verfügung stehen. Als grundsätzliche Aufgabe der Lagerwirtschaft ergibt sich folglich die Abstimmung unterschiedlich dimensionierter Güterströme unter Beachtung ökonomischer Gegebenheiten. Durch den Aufbau von Beständen wird eine Reduzierung oder

Vermeidung von Störungen bei Bedarfsschwankungen in den verschiedenen Phasen des Leistungsprozesses möglich. Unter einem **Lager** ist jeder Bestand an beweglichen materiellen Gütern zu verstehen, der in einem bestimmten Zeitraum nicht unmittelbar im Leistungsprozeß involviert ist (vgl. ZÄPFEL 1989, S. 93). Ein Lager kann dabei die folgenden **Funktionen** erfüllen:

- **Ausgleichs-** oder **Koordinationsfunktion**: Güterzugang und Bedarf können in mengenmäßiger und zeitlicher Hinsicht voneinander abweichen. Während ein mengenmäßiger Ausgleich dann vorliegt, wenn in einem Zeitraum das Lagerzugangs- und das Lagerabgangsvolumen voneinander abweichen, resultiert die Notwendigkeit eines zeitlichen Ausgleichs aus der unterschiedlichen zeitlichen Verteilung der Zu- und Abgänge.

- **Sicherungsfunktion**: Die Notwendigkeit der Lagerbildung resultiert hierbei aus der Unsicherheit der Informationen. Die Lagerbestände stellen somit Sicherheitsäquivalente dar.

- **Spekulationsfunktion**: Ursache hierfür sind erwartete Material- oder Absatzpreisveränderungen. Daneben können auch Qualitätsänderungen relevant sein.

- **Veredelungsfunktion**: In diesem Zusammenhang wird auch von Produktivfunktion gesprochen (z.B. Gärung, Reifung, Alterung).

In Abhängigkeit von den unterschiedlichen Phasen des betrieblichen Leistungsprozesses können Lager wie folgt differenziert werden:

- Als **Beschaffungslager** verbinden sie die betriebliche Umwelt in der Form der Beschaffungsmärkte mit der Unternehmung.

- Als **Zwischenlager** dienen sie im Produktionsbereich als Ausgleich zwischen unterschiedlichen Produktionsstufen und -prozessen.

- Als **Absatzlager** übernehmen sie einen Ausgleich zwischen Produktionsprozessen und Absatzvorgängen.

Die weiter oben beschriebenen Unsicherheitsursachen lassen sich auf die drei folgenden Aspekte zurückführen (vgl. GROCHLA 1978, S. 112 ff.):

- Entnahmeüberziehungen,

- Beschaffungszeitüberziehungen und

- Fehllieferungen.

Entnahmeüberziehungen liegen dann vor, wenn die Materialanforderungen seitens der Produktion höher sind als die geplanten Verbrauchsmengen. Ursachen können einerseits Planungsfehler (z.B. bei verbrauchsorientierter Bedarfsermittlung) und anderseits Realisationsfehler (z.B. erhöhter Ausschuß) sein. Abbildung F. 32 gibt den Sachverhalt der Entnahmeüberziehungen wieder.

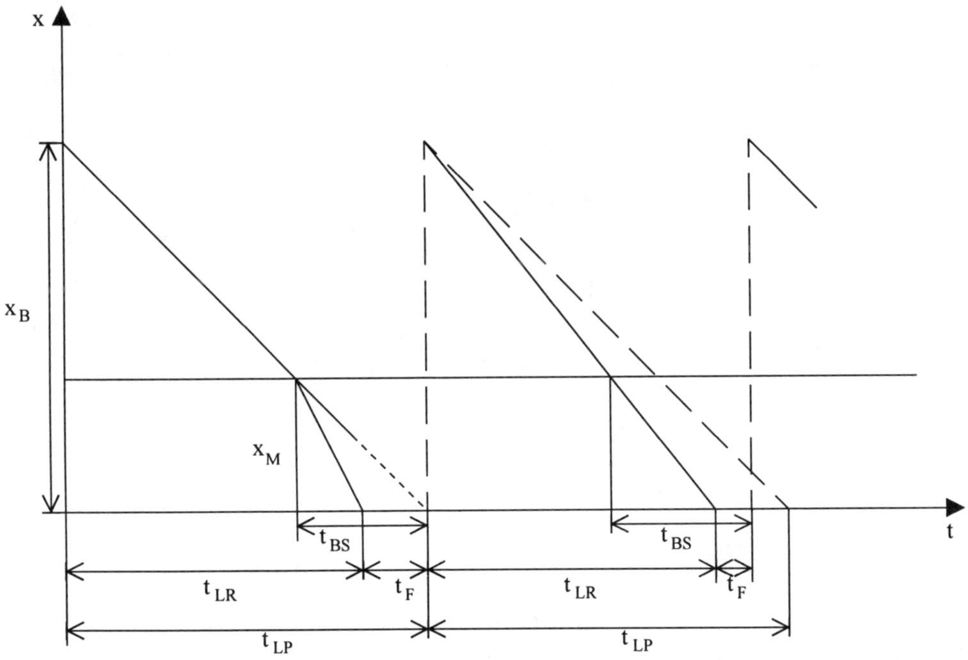

Abbildung F. 32: Entnahmeüberziehung

In dieser Abbildung werden die beiden folgenden Situationen unterschieden:

- Die Entnahmeüberziehung tritt erst ab dem Meldebestand (x_M) auf, d.h. die Bestellung erfolgte bereits. Damit ist die realisierte Lagerdauer (t_{LR}) kürzer als die geplante (t_{LP}). Die sich hieraus ergebende Zeitdifferenz t_F führt unter sonst gleichen Bedingungen dazu, daß nach Entnahme der letzten Materialeinheit keine neue Lieferung erfolgte und damit Produktionsstockungen eintreten.

- Die Entnahmeüberziehung ist von Anfang an gegeben (zweites Intervall). In diesem Fall wird der Meldebestand früher erreicht und damit eine Bestellung ausgelöst. Bei konstanter Beschaffungszeit reicht die Restmenge jedoch ebenfalls nicht aus, um in diesem Zeitraum ununterbrochen zu produzieren. In der Zeitdifferenz t_F ist wiederum eine Produktionsunterbrechung unausweichlich.

Durch die Einführung von Sicherheitsbeständen lassen sich derartige Versorgungslücken hingegen vermeiden.

Bei **Beschaffungszeitüberziehung** handelt es sich i.d.R. um Lieferzeitüberschreitungen. Abbildung F. 33 gibt diese Situation wieder.

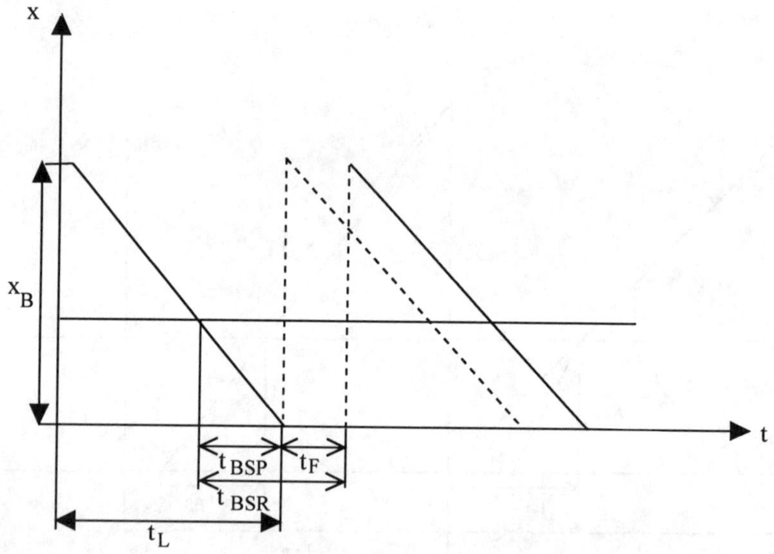

Abbildung F. 33: Beschaffungszeitüberziehung

Die Abbildung zeigt, daß die realisierte Beschaffungszeit (t_{BSR}) größer ist als die geplante (t_{BSP}), so daß sich eine Zeitdifferenz t_F ergibt, die eine Versorgungslücke widerspiegelt.

Fehllieferungen liegen dann vor, wenn die Bestellmenge größer ist als die Liefermenge, wobei Fehllieferungen sowohl auf quantitative als auch auf qualitative Divergenzen zurückgeführt werden können. Während quantitative Differenzen in der Materialannahme im Rahmen der Materialeingangsprüfung durch Zählen, Wiegen usw. festgestellt werden können, lassen sich qualitative Mängel erst bei der Qualitätsprüfung feststellen, teilweise aber auch erst im Rahmen des Produktionsvollzugs. Wie bei den beiden vorangegangenen Ursachen können auch durch Fehllieferungen Versorgungslücken entstehen.

Um derartigen **Versorgungslücken** zu begegnen, ist eine Sicherheitsbestandsplanung zu realisieren. In Abhängigkeit von den Ursachen ist dabei zu unterscheiden, ob die Versorgungslücke auf einer Entnahmeüberziehung, einer Beschaffungszeitüberziehung oder auf mehreren Ursachen basiert.

Um **Entnahmeüberziehungen** entgegenzuwirken, wird in der betrieblichen Praxis häufig mit einer Faustformel gearbeitet. Es hat sich als zweckmäßig erwiesen, 1/3 des geplanten Verbrauchs während der Wiederbeschaffungszeit als Sicherheitsbestand vorzuhalten. Soll diese grobe Vorgehensweise präzisiert werden, dann wird es erforderlich, die Lagerhaltungskosten für den Sicherheitsbestand und die potentiellen Fehlmengenkosten in die Überlegungen einzubeziehen. Um dies zu erreichen, ist es notwendig, Informationen über die **Wahrscheinlichkeitsverteilung** des in einem Bestellzyklus anfallenden Materialbedarfs zu haben. Als wahrscheinlichkeitstheoretisches Modell wird i.d.R. die Normalverteilung gewählt. Zielsetzung ist dabei nicht die vollständige Vermeidung von Fehlmengen, sondern die Sicherstellung eines **Servicegrades** (Lieferbereitschaft), der unter 100% liegt, d.h. der Materialbedarf, der in dem Bestellzyklus zur Verfügung steht, soll eine bestimmte **Bedarfsdeckungswahrscheinlichkeit** ermöglichen, die unter eins liegt. Abbildung F. 34 gibt die Dichtefunktion des Materialbedarfs auf der Grundlage einer Normalverteilung wieder.

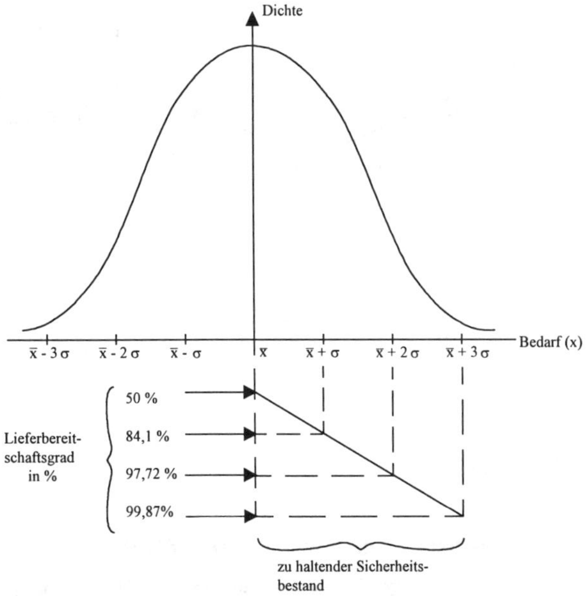

Abbildung F. 34: Normalverteilung

Parameter der Normalverteilung sind dabei $\bar{x}$ (arithmetisches Mittel) und σ (Standardabweichung). Auf dieser Grundlage läßt sich die Frage beantworten, wie groß der Sicherheitsbestand bemessen sein muß, wenn der vorgegebene Servicegrad z.B. 97,72% beträgt.

Durch die Festsetzung eines gewünschten **Servicegrades** läßt sich der Sicherheitsbestand als ganzzahliges Vielfaches der Standardabweichung bestimmen.

Zu beachten ist, daß die Höhe der Lagerhaltungskosten von dem geplanten Servicegrad abhängig ist, wobei generell gilt, daß mit zunehmendem Servicegrad die Lagerhaltungskosten ebenfalls steigen. Zwischen den Zielen "Servicegrad" und "Minimierung der Lagerhaltungskosten" besteht folglich eine konfliktäre Beziehung. Erschwerend zu diesem Zielkonflikt kommt hinzu, daß die Bewertung unterschiedlicher Servicegrade mit erheblichen Problemen einhergeht. Ein **optimaler Servicegrad** läßt sich aus der Gegenüberstellung der Fehlmengen- und Lagerhaltungskosten bestimmen (vgl. Abbildung F. 35).

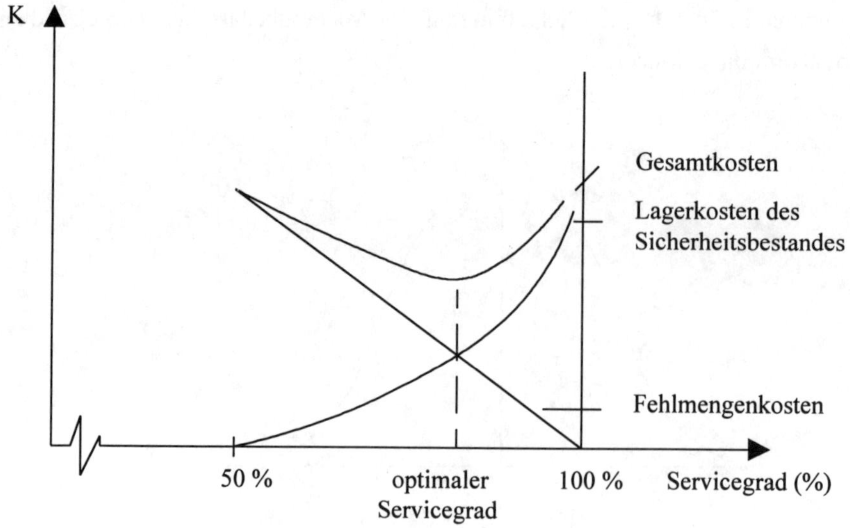

Abbildung F. 35: Optimaler Servicegrad

Bei der Planung des Sicherheitsbestandes gegen **Beschaffungszeitüberziehungen** geht es um eine Analyse der Abweichungen von der geplanten Beschaffungszeit, wobei die beiden folgenden Situationen zu unterscheiden sind:

- Die realisierte Beschaffungszeit ist kürzer als die geplante Beschaffungszeit: $t_{BSR} < t_{BSP}$.

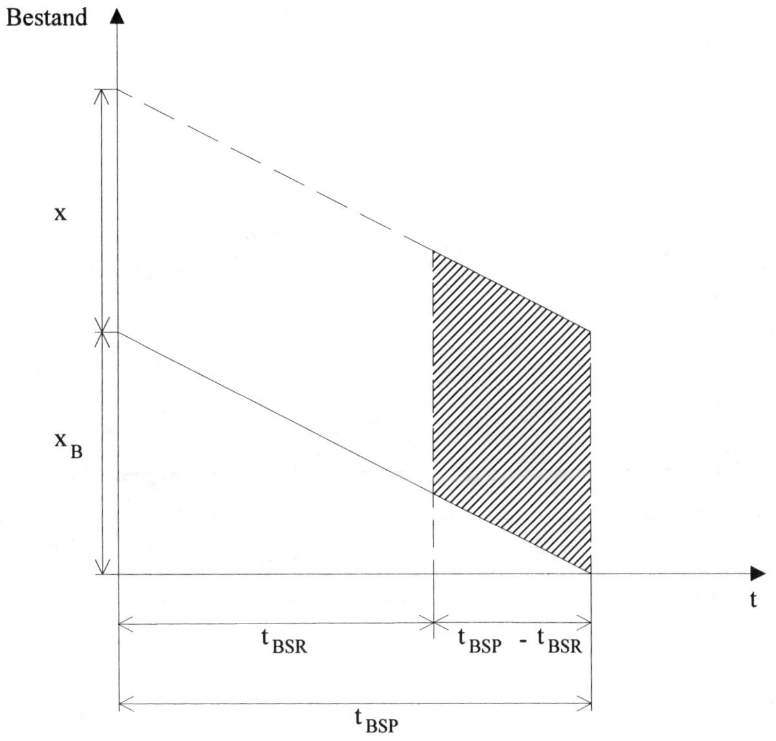

Abbildung F. 36: Realisierte Beschaffungszeit < geplante Beschaffungszeit

Die Abbildung zeigt, daß in dem Zeitraum t_{BSP} - t_{BSR} ein nicht geplanter Materialvorrat der Beschaffungsmenge (x) auftritt.

- Die realisierte Beschaffungszeit ist länger als die geplante Beschaffungszeit: $t_{BSR} > t_{BSP}$.

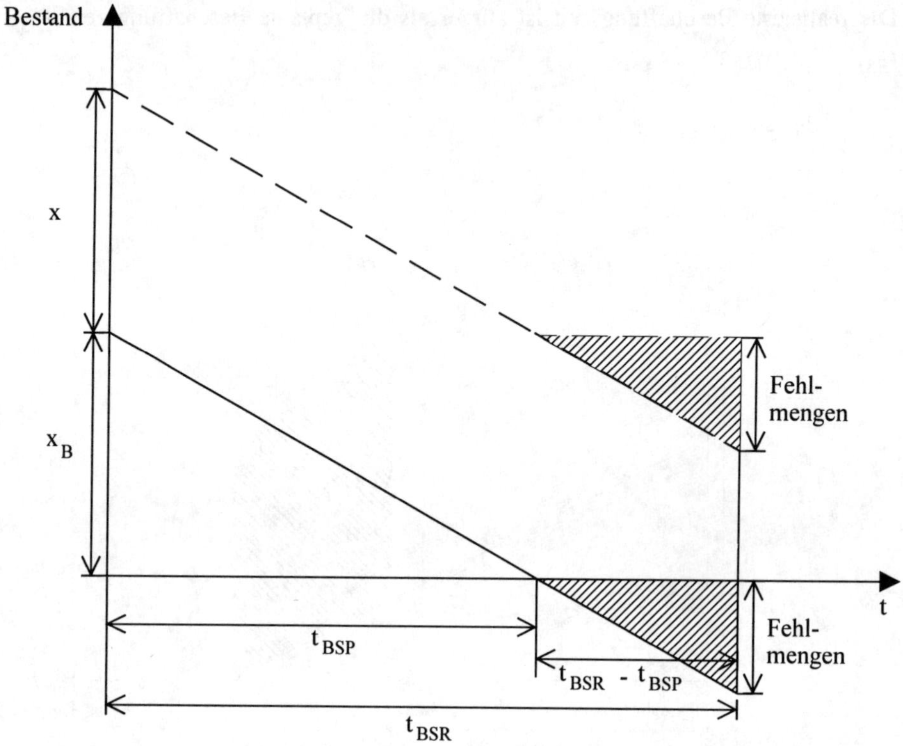

Abbildung F. 37: Realisierte Beschaffungszeit > geplante Beschaffungszeit

In diesem Fall tritt im Zeitraum t_{BSR} - t_{BSP} eine Fehlmenge auf (vgl. die schraffierte Fläche in Abbildung F. 37), die sich aus der Multiplikation des Mengenverbrauchs pro Zeiteinheit mit der entsprechenden Zeitdifferenz ergibt.

Um die optimale, einzuplanende Beschaffungszeit unter der Voraussetzung eines konstanten Bedarfs pro Zeiteinheit zu ermitteln, sind die Lagerhaltungskosten einerseits und die Fehlmengenkosten anderseits gegeneinander abzuwägen.

Im Fall $t_{BSR} < t_{BSP}$ ergeben sich folgende Lagerhaltungskosten:

$$K_L = k_L \cdot x \cdot (t_{BSP} - t_{BSR})$$

Unter der Voraussetzung einer diskreten Verteilung der effektiven Beschaffungszeiten lassen sich die durchschnittlichen Lagerhaltungskosten wie folgt darstellen:

$$\bar{k}_L = k_L \cdot x \sum_{t_{BSR}=0}^{t_{BSP}} W(t_{BSR}) \cdot (t_{BSP} - t_{BSR})$$

$W(t_{BSR})$ = Wahrscheinlichkeit des Eintretens einer Beschaffungszeit

Für den Fall $t_{BSR} > t_{BSP}$ ergeben sich die Fehlmengenkosten einer bestimmten realisierten Beschaffungszeit, unter der Voraussetzung, daß die Fehlmengenkosten eine Funktion der Menge sind, aus folgendem Ausdruck:

$$K_{Fe} = k_{Fe} \cdot me_t \cdot (t_{BSR} - t_{BSP})$$

Für die durchschnittlichen Fehlmengenkosten gilt:

$$\bar{k}_{Fe} = k_{Fe} \cdot me_t \cdot \sum_{t_{BSR}=t_{BSP}+1}^{\infty} W(t_{BSR}) \cdot (t_{BSR} - t_{BSP})$$

Für den zu minimierenden Erwartungswert der Gesamtkosten in Abhängigkeit von der geplanten Beschaffungszeit ergibt sich:

$$E[K(t_{BSP})] = \bar{k}_L + \bar{k}_{Fe}$$

Mit der optimalen geplanten Beschaffungszeit t_{BSP}^{opt} läßt sich der optimale Meldestand bestimmen:

$$x_{opt} = x_t \cdot t_{BSP}^{opt}$$

In Analogie zur Entnahmeüberziehung kann die Problemstellung der Beschaffungszeitüberziehung auch dergestalt gelöst werden, daß ausgehend von der Wahrscheinlichkeitsverteilung der Beschaffungszeiten die Zeit bestimmt wird, die mit der durch den vorgegebenen Servicegrad gegebene Wahrscheinlichkeit erreicht und unterschritten wird. Wird diese zu planende Beschaffungszeit dann mit dem Bedarf pro Zeiteinheit multipliziert, ergibt sich der mit der gewünschten Bedarfsdeckungswahrscheinlichkeit zu realisierende Meldebestand.

Zum Fall einer kombinierten Vorratssicherung für Entnahme- und Beschaffungszeitüberziehungen siehe die Ausführungen bei GROCHLA (1978, S. 124 ff.).

Neben diesen wahrscheinlichkeitstheoretisch fundierten Überlegungen wurden weitere Lagerhaltungspolitiken entwickelt, die sich durch einen einfachen Aufbau und einen niedrigen Planungsaufwand auszeichnen. In diesen Ansätzen erfolgt jedoch keine Optimierung der jeweiligen Aktionsparameter, sondern es werden lediglich grobe Anhaltspunkte als Entscheidungshilfe formuliert. Sie werden in der betriebswirtschaftlichen Literatur als **heuristische Lagerhaltungspolitiken** bezeichnet *(zu Heurismen vgl. ZELEWSKI A. 4.2.3)*. Unter der Annahme, daß der Bedarf pro Zeiteinheit eine variable Größe ist, sind die Bestellmengen und -zeitpunkte die entscheidenden Aktionsparameter. In den zu formulierenden Lagerhaltungspolitiken sind die Zeit- und Mengenkomponenten zu bestimmen, so daß sich die beiden folgenden Steuerungen unterscheiden lassen:

- **Mengensteuerung**, d.h. Politiken, die die Bestellmenge festlegen
  - -- zu jedem Bestellzeitpunkt t wird eine feste Bestellmenge x bestellt;
  - -- zum Bestellzeitpunkt t wird diejenige Menge bestellt, die erforderlich ist, um einen bestimmten Lagerbestand S (Sollbestand) zu erreichen;
- **Zeitsteuerung**, d.h. Politiken, die den Zeitpunkt der Bestellung festlegen
  - -- der Bestellzyklus ist gegeben, d.h. eine Bestellung erfolgt immer nach t Zeiteinheiten;
  - -- die Bestellung erfolgt dann, wenn der Lagerbestand eine vorgegebene Menge s unterschreitet.

Durch Kombination lassen sich die folgenden vier Grundformen bilden:

Bestelltermin t / Bestellmenge x	fest	variabel
fest	t, x-Politik	s, x-Politik
variabel	t, S-Politik	s, S-Politik
mit: s = Meldebestand S = Sollbestand		

Abbildung F. 38: Grundformen heuristischer Lagerhaltungspolitiken

Diese **zweielementigen Politiken** seien im folgenden näher behandelt:

- ***t,x* - Politik:** In konstanten Zeitintervallen wird stets die gleiche Menge eines Materials bestellt:

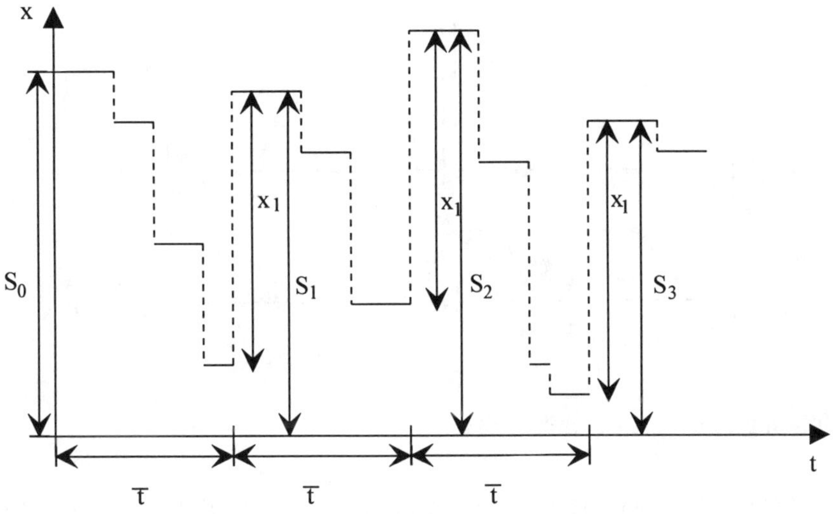

Abbildung F. 39: *t,x* - Politik

Die Abbildung zeigt, daß diese Vorgehensweise mit sehr unterschiedlichen Lagerbeständen einhergeht, so daß eine solche Politik als eher unzweckmäßig zu bezeichnen ist.

- ***s,x* - Politik:** Bei der Lagerentnahme wird eine Überprüfung durchgeführt, ob der Meldebestand s erreicht oder unterschritten ist. Ist dies gegeben, dann erfolgt die Bestellung einer konstanten Menge. In diesem Fall ist die Bestellmenge konstant, und der Bestellzeitpunkt variabel.

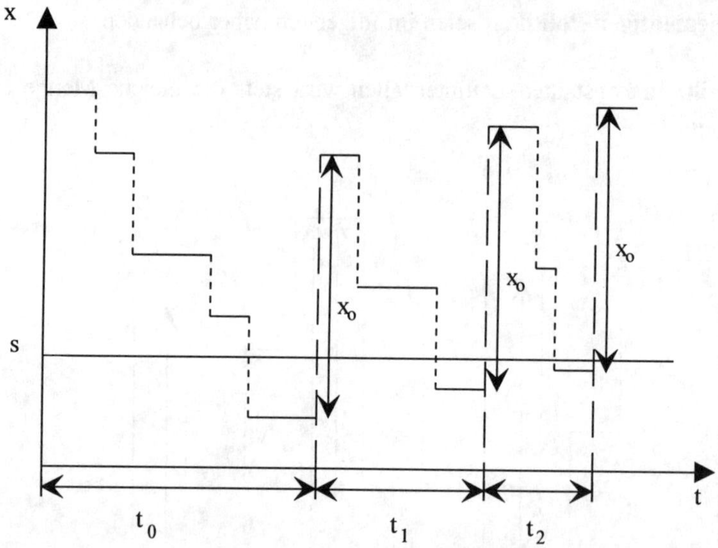

Abbildung F. 40: *s,x* - Politik

- ***s,S* - Politik:** Bei jeder Lagerentnahme wird überprüft, ob der Lagerbestand den Meldebestand s erreicht oder unterschritten hat. Ist dies gegeben, dann wird eine Lagerauffüllung bis zum Sollbestand *S* vorgenommen. Während der nach einem Zugang erreichte Lagerbestand konstant ist, variieren Bestellmenge und Bestellzeitpunkt.

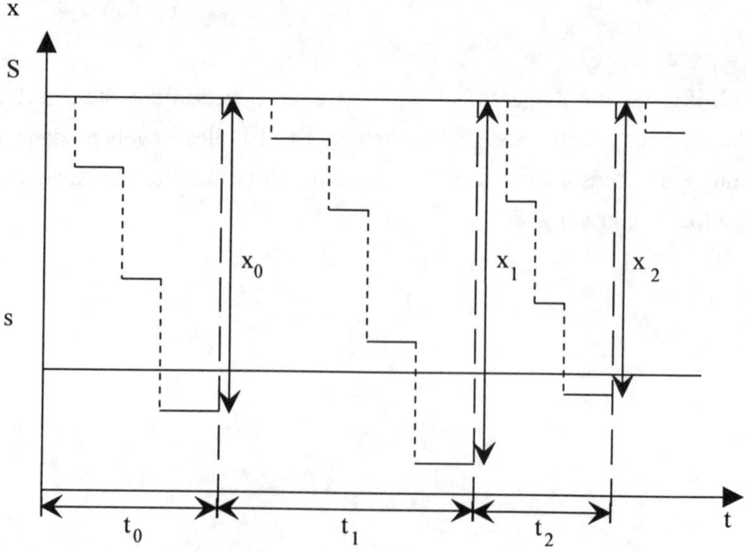

Abbildung F. 41: *s,S* - Politik

- ***t,S* - Politik:** Es erfolgt eine Auffüllung des Lagerbestandes in einem regelmäßigen Bestellzyklus auf den Sollbestand *S*. Während in dieser Situation der Bestellzeitpunkt konstant ist, ist die Bestellmenge eine variable Größe.

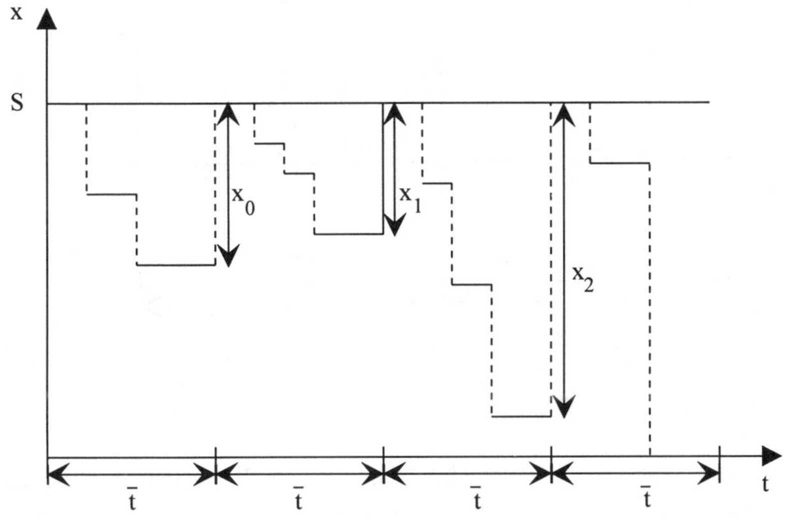

Abbildung F. 42: *t,S* - Politik

Die Abbildung zeigt, daß das Lager zwar in regelmäßigen Abständen auf den Sollbestand aufgefüllt wird, jedoch bei sehr unregelmäßigen Lagerabgangsverläufen auch ein Fehlbestand eintreten kann.

Neben diesen zweielementigen sind ferner die beiden folgenden **dreielementigen Politiken** zu unterscheiden:

- ***t,s,S* - Politik:** Der Lagerbestand wird in konstanten Zeitabständen überprüft. Zeigt sich bei dieser Prüfung, daß der Meldebestand *s* erreicht oder unterschritten ist, dann erfolgt eine Auffüllung auf den Sollbestand *S*. Der Unterschied zur *t,S* - Politik liegt folglich darin, daß nur dann bestellt wird, wenn *s* erreicht oder unterschritten ist. Bei unregelmäßigen Lagerabgangsverläufen geht diese Politik mit der Gefahr des Eintretens von Fehlmengen einher. Dieser Gefahr steht jedoch der positive Effekt gegenüber, daß der Lagerbestand im Vergleich zur *t,S* - Politik reduziert werden kann.

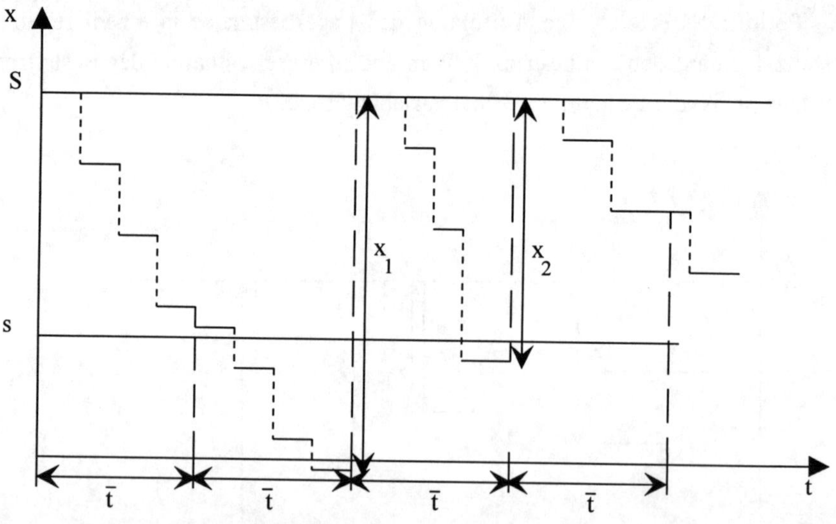

Abbildung F. 43: *t,s,S* - Politik

- ***t,s,x* - Politik**: Der Lagerbestand wird in konstanten Zeitabständen überprüft. Zeigt sich bei dieser Prüfung, daß der Meldebestand erreicht oder unterschritten ist, dann wird eine konstante Menge des Materials bestellt. Im Vergleich zur *t,x*-Politik, liegt der durchschnittliche Lagerbestand, bedingt durch die Einführung der Meldemenge *s*, niedriger, geht aber wie die *t,s,S* - Politik mit der Gefahr des Auftretens von Fehlmengen einher.

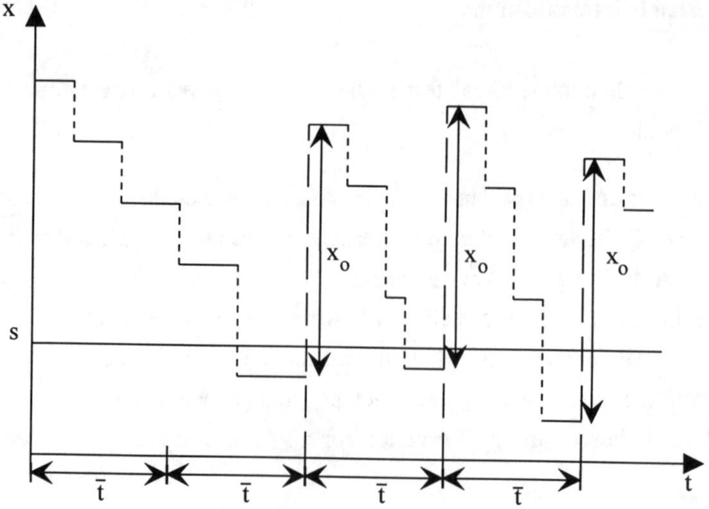

Abbildung F. 44: *t,s,x* - Politik

Die dargestellten heuristischen Vorgehensweisen zeichnen sich durch einen einfachen Aufbau aus und sind mit einem geringen Planungsaufwand realisierbar. Es ist jedoch zu beachten, daß weder die Bestellmengen noch die Bestellzeitpunkte eine Optimierung erfahren, sondern es werden lediglich grobe Anhaltspunkte formuliert.

Literaturverzeichnis

a) Einführende Literatur

BARTELS, H.G.: Logistik, in: HdWW, hrsg. v. W. Albers u.a., Bd. 5, Stuttgart 1980, S. 54-73

BOGASCHEWSKY, R.: Statische Materialdisposition im Beschaffungsbereich, in: WiSt, 18. Jg. (1989), S. 542-548

CORSTEN, H.: Produktionswirtschaft. Einführung in das industrielle Produktionsmanagement, 3. Aufl., München/Wien 1992

FANDEL, G.: Teilebedarfsrechnung in der Mehrstufenfertigung, in: WiSt, 9. Jg. (1980), S. 449-456

FIETEN, R.: Beschaffung, Organisation der, in: HWO, hrsg. v. E. Frese, 3. Aufl., Stuttgart 1992, Sp. 340-352

FRANKEN, R.: Materialwirtschaft. Planung und Steuerung des betrieblichen Materialflusses, Stuttgart u.a. 1984

GLASER, H.: Material- und Produktionswirtschaft, 3. Aufl., Düsseldorf 1986

GLASER, H.; GEIGER, W.; ROHDE, V.: PPS: Produktionsplanung und steuerung. Grundlagen - Konzepte - Anwendungen, 2. Aufl., Wiesbaden 1992

GROCHLA, E.: Grundlagen der Materialwirtschaft, 3. Aufl., Wiesbaden 1978

GROCHLA, E.; Schönbohm, P.: Beschaffung in der Unternehmung. Einführung in eine umfassende Beschaffungslehre, Stuttgart 1980

KERN, W.: Industrielle Produktionswirtschaft, 5. Aufl., Stuttgart 1992

KÜPPER, H.-U.: Beschaffung, in: Vahlens Kompendium der Betriebswirtschaftslehre. Bd. 1, hrsg. v. M. Bitz u.a., 2. Aufl., München 1989, S. 193-252

MÄNNEL, W.: Eigenfertigung und Fremdbezug, in: Lexikon der Betriebswirtschaftslehre, hrsg. v. H. Corsten, 2. Aufl., München/Wien 1993, S. 193-199

PFOHL, H.-C.: Logistiksysteme. Betriebswirtschaftliche Grundlagen, 4. Aufl., Berlin u.a. 1990

SCHULTE, C.: Trends in der Beschaffungspolitik, in: WiSt, 20. Jg. (1991), S. 361-365

TROSSMANN, E.: Beschaffung und Logistik, in: Allgemeine Betriebswirtschaftslehre. Bd. 3: Leistungsprozeß, hrsg. v. F.X. Bea, E. Dichtl und M. Schweitzer, 5. Aufl., Stuttgart 1991, S. 7-68

ZÄPFEL, G.: Produktionswirtschaft. Operatives Produktions-Management, Berlin/New York 1982

ZÄPFEL, G.: Taktisches Produktions-Management, Berlin/New York 1989

b) Weiterführende Literatur

ALBACH, H.: Strategische Unternehmungsplanung bei erhöhter Unsicherheit, in: ZfB, 48. Jg. (1978), S. 702-715

ANDLER, K.: Rationalisierung der Fabrikation und optimale Losgröße, München 1929

ANSOFF, H.I.; LEONTIADES, J.C.: Strategic Portfolio-Management. European Institute for Advanced Studies in Management, Working Paper 76-16, Brüssel (Mai) 1976

BLOECH, J.: Die Position der Beschaffungsstrategie in der Unternehmungsführung, in: Beschaffung - ein Schwerpunkt der Unternehmungsführung, hrsg. v. G. Theuer, W. Schiebel und R. Schäfer, Landsberg a.L. 1986, S. 115-129

BRINK, H.-J.: Strategische Beschaffungsplanung, in: ZfB, 53. Jg. (1983), S. 1090-1113

CLAASSEN, D.: Variantenstücklisten mit BOMP, in: IBM-Nachrichten, 19. Jg. (1969), H. 193, S. 530-553

CORSTEN, H.: Die Produktion von Dienstleistungen. Grundzüge einer Produktionswirtschaftslehre des tertiären Sektors, Berlin 1985

CORSTEN, H.: Zielbildung als interaktiver Prozeß, in: WISU, 17. Jg. (1988), S. 337-344

CORSTEN, H.: Betriebswirtschaftslehre für Dienstleistungsunternehmungen. Einführung, 2. Aufl., München/Wien 1990

CORSTEN, H.: Kontrolle, in: Lexikon der Betriebswirtschaftslehre, hrsg. v. H. Corsten, 2. Aufl., München/Wien 1993, S. 440-445

CORSTEN H.; GÖTZELMANN, F.: Ökologische Aspekte des betrieblichen Leistungsprozesses, in: WISU, 18. Jg. (1989), Teil I: S. 350-355 und Teil II: S. 409-414

CORSTEN, H.; PECKEDRATH, P.: Konzeption und empirische Überprüfung eines numerischen Prognoseverfahrens auf heuristischer Basis mit mittelfristigem Planungshorizont, DBW-Depot, Stuttgart 1986

CORSTEN, H.; REISS, M.: Betriebswirtschaftliche Vergleichsformen, in: WISU, 18. Jg. (1989), S. 615-620

CORSTEN, H.; REISS, M.: Recycling in PPS-Systemen, in: DBW, 51. Jg. (1991), S. 615-627

DIN Deutsches Institut für Normung e.V.: DIN ISO 9000: Qualität - Qualitätssicherung - Qualitätsmanagement, Sonderdruck: Stand April 1992, Berlin 1992

ENDLICHER, A.: Organisation der Logistik. Untersucht und dargestellt am Beispiel eines Unternehmens der chemischen Industrie mit Divisionalstruktur, Diss., Essen 1981

ENGELHARDT, W.H.: Bezugsquellensicherung, in: HWProd, hrsg. v. W. Kern, Stuttgart 1979, Sp. 362-372

ENGELHARDT, W.H.; GÜNTER, B.: Investitionsgüter-Marketing, Stuttgart u.a. 1981

ENGELHARDT, W.H.; SCHWAB, W.: Die Beschaffung von investiven Dienstleistungen, in: DBW, 42. Jg. (1982), S. 503-513

FANDEL, G.: Auswirkungen der Lieferabrufsysteme in der Automobilindustrie auf die Serienstückkosten der Zulieferer, in: Betriebswirtschaftliche Steuerungs- und Kontrollprobleme, hrsg. v. W. Lück, Wiesbaden 1988, S. 49-62

FIETEN, R.: Beschaffungsplanung, in: Handbuch Unternehmensführung, hrsg. v. M.W. Wilkes und G.W. Wilkes, Gernsbach 1979a, S. 1199-1212

FIETEN, R.: Materialwirtschaft als Managementaufgabe, in: Beschaffung aktuell, o.Jg. (1979b), H. 10, S. 18-27

FIETEN, R.: Beschaffungsplanung im industriellen Großanlagengeschäft, in: Organisation, Planung, Informationssysteme, hrsg. v. E. Frese, P. Schmitz und N. Szyperski, Stuttgart 1981, S. 137-159

FIETEN, R.: Beschaffung - Wege aus der operativen Problemverengung?, in: DBW, 50. Jg. (1990), S. 375-391

FIETEN, R.; WESTPHAL, K.B.; WUNDERLICH, D.: Die langfristige Versorgungssicherung der Unternehmung, in: Beschaffung und Unternehmungsführung, hrsg. v. N. Szyperski und P. Roth, Stuttgart 1982, S. 103-127

FRIEDL, B.: Grundlagen des Beschaffungscontrolling, Berlin 1990

GERLACH, H.-H.; WIENDAHL, H.-P.: Das Speichern und Verarbeiten von Variantenstücklisten mittels elektronischer Datenverarbeitungsanlagen, in: wt, 60. Jg. (1970), S. 461-464

GROCHLA, E.: Der Weg zu einer umfassenden betriebswirtschaftlichen Beschaffungslehre, in: DBW, 37. Jg. (1977), S. 181-191

GROCHLA, E.; KUBICEK, H.: Zur Zweckmäßigkeit und Möglichkeit einer umfassenden betriebswirtschaftlichen Beschaffungslehre, in: ZfbF, 28. Jg. (1976), S. 257-275

GÜNTER. B.: Organisationales Beschaffungsverhalten, in: Handbuch Marketing-Kommunikation, hrsg. v. R. Berndt und A. Hermanns, Wiesbaden 1993, S. 193-208

HAMMANN, P.; LOHRBERG, W.: Beschaffungsmarketing, Stuttgart 1986

HANSMANN, K.-W.: Kurzlehrbuch Prognoseverfahren. Mit Aufgaben und Lösungen, Wiesbaden 1983

HARRIS, F.W.: Operations and Cost, Chicago 1915

HAUPT, R.: ABC-Analyse, in: HWProd, hrsg. v. W. Kern, Stuttgart 1979, Sp. 1-5

HAUSCHILDT, J.: Zielbildung - ein heuristischer Prozeß, in: ZfB, 46. Jg. (1976), S. 327-340

ISO Central Secretariat: ISO 9000: International Standards for Quality Management, 2. Aufl., Genève 1992

KAPPLER, E.; SODEUR, W.; WALGER, G.: Versuch zur sprachanalytischen Erfassung von Zielkonflikten, in: Unternehmungsbezogene Konfliktforschung, hrsg. v. G. Dlugos, Stuttgart 1979, S. 137-164

KLOOCK, J.: Produktionskosten, Kontrolle der, in: HWProd, hrsg. v. W. Kern, Stuttgart 1979, Sp. 1525-1539

KOPPELMANN, U.: Beschaffungsmarketing - Überlegungen zum entscheidungsorientierten Beschaffungsverhalten, in: Zukunftsaspekte der anwendungsorientierten Betriebswirtschaftslehre, hrsg. v. E. Gaugler, H.G. Meissner und N. Thom, Stuttgart 1986, S. 303-316

KRALJIC, P.: Neue Wege im Beschaffungsmarketing, in: Manager-Magazin, 7. Jg. (1977), H. 11, S. 72-80

KREIKEBAUM, H.: Zentralbereiche, in: HWO, hrsg. v. E. Frese, 3. Aufl., Stuttgart 1992, Sp. 2603-2610

KRÜGER, W.: Zur methodischen und inhaltlichen Problematik der Analyse von Zielbildungsprozessen, in: Unternehmungsbezogene Konfliktforschung, hrsg. v. Dlugos, Stuttgart 1979, S. 377-395

LIPPMANN, H.: Funktionales Beschaffungsmarketing. Ein Beitrag zu einer einzelwirtschaftlichen Beschaffungslehre, Diss., Augsburg 1979

MÄNNEL, W.: Produktions- und absatzwirtschaftliche Konsequenzen qualitätspolitischer Entscheidungen im Rahmen der Beschaffung, in: ZfbF, 32. Jg. (1980), S. 1110-1129

MEIER, M.C.: Strategisches Material-Ressourcen-Management, Zürich 1988

PFEIFFER, W.; WEISS, E.: Lean-Management. Grundlagen der Führung und Organisation industrieller Unternehmen, Berlin 1992

ROTH, P.; FIETEN, R.: Organisation der Beschaffung im Konzern, dargestellt an einem praktischen Beispiel, in: ZfbF, 32. Jg. (1980), S. 550-568

SCHNEEWEISS, C.: Planung 1: Systemanalytische und entscheidungstheoretische Grundlagen, Berlin u.a. 1991

SCHÖRNER, M.: Eine PPS-Lösung für den Variantenfertiger, in: ZwF, 84. Jg. (1989), S. 671-675

STEFANIC-ALLMAYER, K.: Die günstigste Bestellmenge beim Einkauf, in: Sparwirtschaft. Zeitschrift für wirtschaftlichen Betrieb, 7. Jg. (1927), S. 504-508

STREBEL, H.: Zielsysteme und Zielforschung, in: DBW, 41. Jg. (1981), S. 457-475

STREITFERDT, L.: Entscheidungsregeln zur Abweichungsauswertung. Ein Beitrag zur betriebswirtschaftlichen Abweichungsanalyse, Würzburg/Wien 1983

TANEW, G.: Profit Center Materialwirtschaft, in: CM, 5. Jg. (1980), S. 215-222

TEMPELMEIER, H.: Material-Logistik, 2. Aufl., Berlin u.a. 1992

WEBSTER, F.E.; WIND, Y.: Organizational Buying Behavior, Englewood Cliffs 1972

WILD, J.: Grundlagen der Unternehmungsplanung, Reinbek bei Hamburg 1974

WILDEMANN, H.: Das just-in-time Konzept. Produktion und Zulieferung auf Abruf, Frankfurt a.M. 1988

ZÄPFEL, G.: Produktionslogistik. Konzeptionelle Grundlagen und theoretische Fundierung, in: ZfB, 61. Jg. (1991), S. 209-235

ZIMMERMANN, G.: Produktionsplanung variantenreicher Erzeugnisse mit EDV, Berlin u.a. 1988

G. Produktion

Joachim Reese

1. Gegenstand und Aufgaben der Produktionswirtschaft

Nur ein Teil der in der Natur vorkommenden Güter kann direkt zur Befriedigung menschlicher Bedürfnisse verwendet werden. Gewöhnlich müssen diese Güter zunächst transformiert und kombiniert werden (vgl. Abbildung G. 1), bevor sie Nutzen spenden.

Dieser Prozeß definiert das Sachziel der **Produktion**. Die Beschreibung, Erklärung und Gestaltung des Prozeßverlaufs ist Gegenstand bzw. allgemeines Anliegen der **Produktionswirtschaft**.

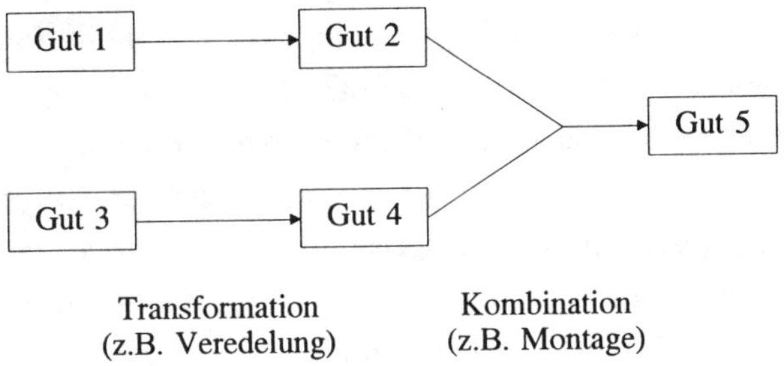

Abbildung G. 1: Transformations- und Kombinationsprozeß der Produktion

Die beobachteten Probleme, die sich aus dem Gegenstand der Produktionswirtschaft entwickeln, sind zu verschieden und zu komplex, um gemeinsam analysiert zu werden. Streng genommen existiert deshalb zunächst ein Struktur- und ein Mengenproblem. Das **Strukturproblem** behandelt, welche Aufgaben während des Produktionsprozesses von wem im einzelnen wahrgenommen werden müssen. Als einer der ersten befaßte sich Adam SMITH (1776) wissenschaftlich mit der Zerlegung der Produktion in einen arbeitsteiligen Prozeß. Sein berühmtes Stecknadelbeispiel bietet auch heute noch Anschauungsunterricht für die Vorteile einer Arbeitsteilung nach Verrichtungen:

"One man draws out the wire, another straightens it, a third cuts it, a fourth points it, a fifth grinds it at the top for receiving the head: to make the head requires two or three distinct operations; to put it on, is a peculiar business; to whiten the pins is another; it is even a trade by itself to put them into the paper; and the important business of making a pin is, in this manner, divided into about eighteen distinct operations, which, in some manufactories, are all performed by distinct hands, though in others the same man will sometimes perform two or three of them." (SMITH 1900, S.4)

Das **Mengenproblem** beschreibt und analysiert demgegenüber die mengenmäßigen Relationen zwischen den eingesetzten und ausgebrachten Gütern. Von TURGOT (1766) stammt der erste bekanntgewordene Versuch, in der Landwirtschaft das Ernteergebnis in Abhängigkeit von der eingesetzten Arbeit, den Düngemitteln sowie den landwirtschaftlichen Geräten zu untersuchen. Das Ergebnis wird als Ertragsgesetz seit über 200 Jahren in der einschlägigen Literatur zitiert und diskutiert.

Struktur- und Mengenproblem hängen eng miteinander zusammen. So determiniert die Lösung des Strukturproblems die Mengenrelationen zwischen den Gütern. Die Beschreibung der Zusammenhänge zwischen Einsatz- und Ausbringungsmengen kann deshalb nur unter der Annahme einer unveränderten Strukturlösung erfolgen. Die Betriebswirtschaftslehre hat diesem Aspekt durch Formulierung von **Produktionsfunktionen** für jede einzelne Fertigungsstelle (vgl. GUTENBERG 1951) Rechnung getragen. Damit verbunden ist eine Konzentration auf technisch-ökonomische Zusammenhänge, ohne daß die Produktionsstruktur bei derart kleinen Betrachtungseinheiten noch bemerkenswerten Einfluß nimmt. Die Abspaltung des Mengenproblems bewirkte zugleich, daß sich die Erörterung des Strukturproblems auf die organisatorisch relevanten Aspekte reduzieren ließ. In der Produktionsplanung verschmelzen die so gewonnenen Ergebnisse aus dem Struktur- und Mengenproblem zum Zwecke einer bestmöglichen Realisierung der Produktion.

Das Erkenntnisinteresse in der Produktionswirtschaft gilt der Entwicklung einer empirischen Theorie, die ein geeignetes Beschreibungsinstrumentarium voraussetzt und sowohl eine Erklärungs- als auch eine Gestaltungsaufgabe umfaßt (vgl. ADAM 1990; BUSSE VON COLBE/LASSMANN 1991 oder DELLMANN 1980). Aus dem allgemeinen Anliegen der Produktionswirtschaft lassen sich deshalb spezielle Anforderungen der folgenden Art ableiten:

- Entwickung einer theoretischen Sprache zur Erfassung realer und monetärer Phänomene,

- Entwicklung empirisch gehaltvoller Hypothesen und ihre Überprüfung sowie

- Aufzeigen von Gestaltungsbedingungen, d.h. eine Bewertung der Produktion.

Je nach Eingrenzung des Erkenntnisgegenstands entsteht aus der Erfüllung dieser Anforderungen eine besondere Theorie. Der Theoriebegriff darf hierbei insofern nicht mißverstanden werden, daß bei der Problembehandlung lediglich etwa eine praxisfremde Erkenntnistheorie im Vordergrund stünde. Obwohl die begriffliche Absicherung schwierig ist (vgl. SCHNEIDER 1987), geht mit einer empirischen Theorie immer auch ein praktisches Interesse einher, ohne das die Gestaltungsaufgabe nicht befriedigend lösbar wäre.

Die **Theorie der Produktionsorganisation** behandelt das **Strukturproblem** der Produktion. Es liegt nahe, die organisationstheoretische Sprache für die Beschreibung der verschiedenen Produktionsstrukturen zu verwenden. Gegenstand der Hypothesenbildung und Gestaltungsempfehlungen sind nicht nur aufbauorganisatorische Fragestellungen, wie z.B. die zweckgemäße Stellenbildung im Produktionsbereich, sondern ebenso ablauforganisatorische Phänomene.

Die **Theorie der Produktionsfunktion** wird oft abkürzend als **Produktionstheorie** bezeichnet. Ihr Erkenntnisgegenstand ist das **Mengenproblem**, d.h. die funktionale Abhängigkeit zwischen den in den Transformations- und Kombinationsprozeß eingehenden Gütermengen und den dort entstehenden Gütermengen. Neben den dabei beobachtbaren "Gesetzmäßigkeiten" sind auf der Gütereinsatzseite vor allem auch Mengenbewertungen interessant, die die Verschwendung von Einsatzmengen aufdecken bzw. verhindern. Aus der Beachtung des ökonomischen Prinzips folgt, daß solche Prozesse der Verschwendung nicht weiter verfolgt werden müssen.

Im allgemeinen reicht eine mengenmäßige Bewertung nicht aus, um den Produktionsprozeß im Sinne der ökonomischen Zielsetzung zu lenken. Deshalb ist sie um eine Bewertung in Geldeinheiten zu ergänzen, also durch eine Kostenbewertung der eingesetzten Gütermengen. Grob vereinfacht sind Kosten gleich dem Preis pro eingesetzter Gütereinheit mal der Gütermenge. Die **Theorie der Kostenfunktion** erklärt dann die funktionalen Zusammenhänge zwischen dem so bewerteten Gütereinsatz und der (unbewerteten) Güterausbringung.

Da die Produktion nach dem erwerbswirtschaftlichen Prinzip nicht nur bedarfsdeckend erfolgen soll, sondern darüber hinaus auch eine Wertschöpfung darstellt, muß neben der Güterverwendung auch die **Güterentstehung** bewertet werden. Ein erwerbswirtschaftliches Unternehmen kann z.B. die Gewinnmaximierung langfristig zum Ziel haben, d.h. es wird solche Produktionen auswählen, die die Differenz zwischen bewerteter Güterausbringung und bewertetem Gütereinsatz maximieren. Dies ist Gegenstand der Theorie der Produktionsplanung. Durch die Festlegung des Wertansatzes für die Güterausbringung erfolgt ebenso wie mit der Bewertung der Gütereinsätze automatisch eine Lenkung der Produktion. Allerdings sind die Gestaltungsmöglichkeiten häufig begrenzt und insbesondere von der vorliegenden Marktform abhängig. Deshalb muß die Behandlung von Wertaspekten auf der Güterentstehungsseite im wesentlichen zu den Gegenständen der Preis- und Absatztheorie gerechnet werden. Die absatzseitig vorgegebenen Wertansätze sind zu interpretieren und in Produktionsziele umzusetzen, wie z.B. eine hohe Kapazitätsauslastung oder kurze Durchlaufzeiten. Ebenso wichtig ist, daß im Gegensatz zur Theorie der Produktions- und Kostenfunktionen nun nicht mehr einzelne Produktionsstellen betrachtet werden, sondern ein mehr oder weniger umfängliches Betriebsgeschehen mit vielen Stellen. Dies ist insofern erforderlich, weil Engpässe auf einer Fertigungsstufe die gesamte Planung der Produktion determinieren, es also zu den verschiedensten Abhängigkeiten sowohl bei den Gütereinsätzen als auch bei den ausgebrachten Produkten kommen kann (z.B. Kapazitätsrestriktionen, Montagebedingungen, personelle Engpässe). Das **Ausgleichsgesetz der Planung** besagt, daß solche Engpässe hingegen langfristig behoben werden sollten (vgl. GUTENBERG 1983).

2. Grundtatbestände der Produktion

2.1 Objekte der Produktionswirtschaft

Die Produktionswirtschaft ist vor allem eine **Erfahrungs- und Realwissenschaft** *(vgl. ZELEWSKI A. 1.1)*. Insofern ist es erklärlich, daß über einen langen Zeitraum vornehmlich wirtschaftliche Güter als Objekte betrachtet wurden. Der Begriff selbst enthält bereits den positiven Nutzeneffekt des Objekts, das aus dem Produktionsprozeß entsteht. Wirtschaftliche Güter sind

- Objekte bekannter Eignung,
- die zur Befriedigung menschlicher Bedürfnisse direkt oder zur Verwendung in einem vorgelagerten Produktionsprozeß geeignet,
- für Tauschprozesse verfügbar und
- im Verhältnis zum bestehenden Bedarf knapp sind (vgl. BUSSE VON COLBE/LASSMANN 1991).

Gütereigenschaften sind die Quantität, die Qualität (z.B. Materialart, Lebensdauer, Funktionalität), der Ort der Verfügbarkeit sowie die Zeit der Verfügbarkeit. Güter, die dieselben Eigenschaften besitzen, sind untereinander austauschbar und heißen homogen.

Die Eigenschaften sind dabei nicht stets im gleichen Umfang relevant und objektiv definierbar, sondern werden vom einzelnen Individuum oft unterschiedlich wahrgenommen.

Ob die Einengung des Objektbegriffs auf ökonomische Güter noch zeitgerecht ist, wird unterschiedlich beurteilt. Zwar bleiben freie Güter, die also nicht knapp sind bzw. den Preis Null haben, in der Produktionstheorie vor dem Hintergrund der erwerbswirtschaftlichen Orientierung nach wie vor meistens außer acht. Doch sind auch Objekte denkbar, die unerwünscht sind und die Befriedigung menschlicher Bedürfnisse beeinträchtigen. Die Vermeidung dieser Objekte im Produktionsprozeß, beispielsweise in Form von Abgasen, Abwärme oder sonstigen Abfällen, ist ebenfalls nutzenstiftend. Bei einem gestiegenen Umweltbewußtsein dürfen diese Objekte in der Produktionstheorie nicht unberücksichtigt bleiben. In sprachlicher Analogie zu den Gütern können sie als **Übel** bezeichnet werden (vgl. DYCKHOFF 1992). Ökonomische Übel, die also bewirtschaftet werden müssen, sind folglich

- Objekte bekannter Eignung,
- die die Befriedigung menschlicher Bedürfnisse direkt oder indirekt reduzieren,
- im Produktionsprozeß von Gütern zwangsläufig mit anfallen und
- nicht kostenlos vernichtet werden können.

Wie Objekte der Produktionswirtschaft im einzelnen zu klassifizieren sind, hängt auch von ihrer Behandlung im Produktionsprozeß ab. So können homogene Objekte Übel darstellen, sobald sie das Ergebnis eines Produktionsprozesses sind. Lassen sie sich aber in einem anderen Prozeß zweckgerecht einsetzen, so werden sie sogleich zu Gütern. Es ist deshalb wesentlich, die Objekte auch nach ihrer **Stellung im Produktionsprozeß** zu kennzeichnen. In einer Prozeßstufe eingesetzte Güter heißen **Produktionsfaktoren** oder **Inputs**, dort ausgebrachte Güter **Produkte** oder **Outputs**.

2.2 Produktionsfaktoren

Produktionsfaktoren sind Inputobjekte, die direkt oder indirekt benötigt werden, um den Produktionsprozeß in einer Betriebsstelle zu verwirklichen. Sie werden also nicht nur zur Fertigung selbst eingesetzt, sondern ebenso zur Unternehmensleitung, zur Beschaffung, zum Absatz sowie zur Erhaltung der Betriebsbereitschaft (vgl. BUSSE VON

COLBE/LASSMANN 1991). Eine weitere Einteilung der Produktionsfaktoren ist zweckmäßig, um dem Anliegen der Produktionswirtschaft gerecht zu werden *(vgl. ZELEWSKI A. 5.1.3).*

Der **dispositive Faktor** umfaßt alle Managementtätigkeiten im Betrieb. So beschreibt er in erster Linie **jegliche menschliche Arbeitsleistung**, die eine optimale Faktorkombination im Sinne des Betriebsziels zum Gegenstand hat. Der dispositive Faktor besitzt deshalb eine herausragende Stellung gegenüber allen anderen Produktionsfaktoren. Er wird vor allem in der Theorie der Produktionsorganisation und der Theorie der Produktionsplanung problematisiert.

Elementarfaktoren kennzeichnen nach GUTENBERG (1983) hingegen Produktionsfaktoren, die direkt auf das Sachziel der Produktion gerichtet sind. Zu ihnen zählen neben der **sachbezogenen menschlichen Arbeit**, die sowohl körperlich als auch geistig verrichtet werden kann, die **Werkstoffe** und **Betriebsmittel**. Werkstoffe sind Produktionsfaktoren, die ihre Eigenschaften im Produktionsprozeß verändern bzw. dort verbraucht werden. Sie heißen deshalb auch Verbrauchsfaktoren. Betriebsmittel stellen dagegen - ebenso wie die sachbezogene menschliche Arbeit - lediglich Nutzungspotentiale dar, die eine Produktion ermöglichen, ohne sich zu verändern. Sie können daher auch bei anderen Produktionen wieder eingesetzt werden und heißen demzufolge Gebrauchsfaktoren.

Ob die Einteilung der Elementarfaktoren noch weiter verfeinert werden muß, hängt hauptsächlich von dem zugrundeliegenden Erkenntnisinteresse ab. Abbildung G. 2 liefert einige Anhaltspunkte für weitere Klassenbildungen (vgl. FANDEL 1991). Die Differenzierung von Elementarfaktoren findet ihre Bedeutung vornehmlich in der Theorie der Produktions- und Kostenfunktionen. Insbesondere die Nichtteilbarkeit der Gebrauchsfaktoren trägt dazu bei, daß unstetige Funktionsverläufe auftreten.

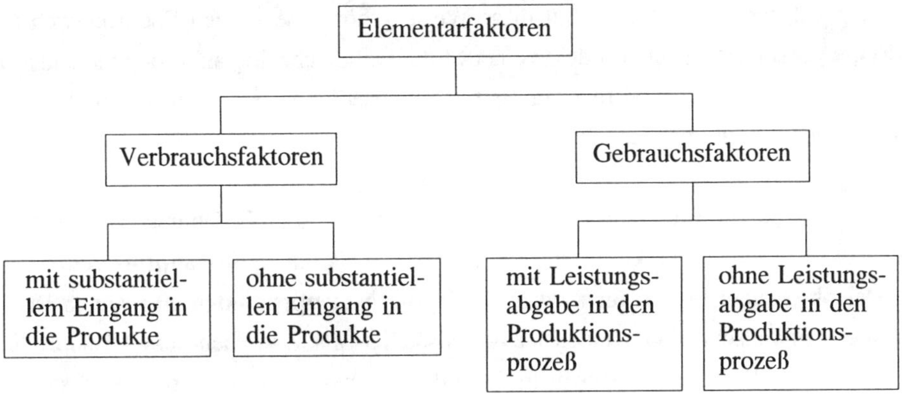

Abbildung G. 2: Unterscheidung der Elementarfaktoren

Mit der Einteilung in den dispositiven Faktor sowie die Elementarfaktoren ist noch keine vollständige Klassifikation der Produktionsfaktoren garantiert. Nach BUSSE VON COLBE/LASSMANN (1991) sollten die restlichen knappen Inputobjekte deshalb als **Zusatzfaktoren** erfaßt werden. Sie sind im allgemeinen nur schwer und unbefriedigend quantifizierbar, so daß sie in der Theorie der Produktionsfunktion nicht in Erscheinung treten. Da sie jedoch Kosten verursachen, müssen sie spätestens in der Theorie der Produktionsplanung berücksichtigt werden. Zusatzfaktoren sind im Grunde nicht einzeln disponierbar, sondern müssen zwangsläufig mit in Anspruch genommen werden. Beispielsweise zählen hierzu Leistungen des Staates und öffentlicher Institutionen, für die Steuern, Gebühren oder Beiträge zu entrichten sind.

2.3 Produkte

Produkte sind Outputobjekte, die aus dem Produktionsprozeß einer Betriebsstelle entstehen. Streng genommen dürfen nur solche Güter als Produkte bezeichnet werden, die direkt der Befriedigung menschlicher Bedürfnisse dienen, da die Produktion gerade aus diesem Grund aufgenommen wird. Zur Unterscheidung werden diese Produkte als **Endprodukte** bezeichnet. Es kann aber sein, daß eine mehrstufige Produktion notwendig ist, um die Bedürfnisse zu erfüllen. Um eine möglichst genaue Beschreibung des Produktionsprozesses liefern zu können, ist es deshalb sinnvoll, die einzelnen Produktionsstufen zu beobachten und nicht lediglich den Faktoreinsatz auf der ersten Stufe sowie die Ausbringung auf der letzten Stufe. Auf diese Weise gehören neben den Endprodukten auch **Zwischenprodukte**, die als Produkte einer Stufe und gleichzeitig als Produktionsfaktoren der nachfolgenden Stufe indirekt zur Bedürfnisbefriedigung beitragen, ebenfalls zu den Objekten der Produktionswirtschaft.

Für die Theorie der Produktionsfunktion ist es von zentraler Bedeutung, zu wissen, ob End- bzw. Zwischenprodukte in einer Betriebsstelle als (einzige) **Hauptprodukte** anfallen oder ob darüber hinaus auch zwangsläufig mit **Nebenprodukten** zu rechnen ist. Sofern diese erwünscht sind, finden sie grundsätzlich als Zwischen- bzw. Endprodukte Verwendung (z.B. schweres Heizöl in der erdölverarbeitenden Industrie). Sind sie unerwünscht, so handelt es sich um **Abfallprodukte** (z.B. Verschnitt bei der Textilverarbeitung), die zu vernichten sind. Vernichtung beschreibt einen nicht-produktiven Transformations- und Kombinationsprozeß, der i.d.R. Kosten verursacht, gleichzeitig aber kein wirtschaftliches Gut hervorbringt. Er ist also nicht Gegenstand der Produktionswirtschaft.

Die Unterscheidung der Produktarten spielt nicht nur in der Theorie der Produktions- und Kostenfunktionen eine Rolle, sondern vornehmlich auch in der Theorie der Produktionsplanung. Dort ist nämlich die Abstimmung von End-, Zwischen- und Abfallprodukten ebenso zu optimieren wie die Relation unter den Endproduktarten. Das Ergebnis findet seinen Niederschlag dann vor allem im Produktionsplan, d.h. Art, Menge und Zeitpunkt der zu fertigenden Produkte, sowie in der Bedarfsaufstellung von Produktionsfaktoren und Zwischenprodukten.

2.4 Produktionsverfahren

Die quantitative und qualitative Beziehung zwischen Produktionsfaktoren und Produkten wird durch die im Betrieb vorhandenen **Produktionsverfahren** hergestellt. Dies sind die technischen Möglichkeiten ("Know-how") der Objekttransformation. Das Wissen um diese Möglichkeiten kann selbstentwickelt oder am Markt erworben werden. Insofern ist eine Abgrenzung der Produktionsverfahren zu den Produktionsfaktoren nicht immer einfach. Sie hängt entscheidend von der Wahl des Faktorbegriffs ab. Dennoch ist eine Unterscheidung wichtig, weil Produktionsverfahren eine kompliziertere Beschreibung verlangen.

Für ökonomische Belange ist nicht primär interessant, ob ein Produktionsverfahren zur materiellen Umformung (Gewinnung, Montage usw.) oder physikalischen bzw. chemischen Umwandlung von Objekten führt. Dies ist Gegenstand der Verfahrenstechnik. Vielmehr interessiert, wie technische Zwänge die funktionale Beschreibung des Zusammenhangs zwischen Produktionsfaktoren und Produkten determinieren. Folgende **Verfahrenstypisierungen** bieten sich an:

Nach der **Zusammensetzung der Inputs** läßt sich zwischen manueller, maschineller und automatisierter Produktion unterscheiden. **Manuelle Produktion** setzt voraus, daß die menschliche Arbeit wesentlicher Inputbestandteil ist und lediglich durch Werkzeuge und Vorrichtungen unterstützt wird. **Maschinelle Produktion** liegt vor, wenn die menschliche Arbeit weitgehend durch Maschineneinsatz verdrängt wird. **Automatisierte Produktion** besteht darin, daß die Maschinenfunktionen mit selbsttätiger Steuerung ausgerüstet sind. Bei NC (Numerical Control)-Maschinen wird diese Steuerung noch durch Lochstreifen vorgenommen. Gebräuchlicher sind heute CNC (Computerized Numerical Control)- bzw. DNC (Direct Numerical Control)-Maschinen. CNC-Maschinen werden von jeweils eigenen Computern gesteuert, DNC-Maschinen von einem Zentralcomputer, an den mehrere Maschinen angeschlossen sind. In einigen Industriebranchen ist bereits eine **Vollautomatisierung** der Produktion realisiert, so z.B. bei der Papierherstellung und in der Zigarettenindustrie.

Je nach dem **Mechanisierungsgrad** lassen sich besondere Hypothesen zur Erklärung von Produktionsfunktionen formulieren. So sind Lerneffekte vor allem dann beobachtbar, wenn menschliche Arbeit essentiell eingesetzt wird. Für manuelle Produktionen existieren demzufolge andere Produktionsfunktionen als für maschinelle bzw. automatisierte Produktionen.

Werden die Produktionsverfahren nach der **Verwertung der Inputs** klassifiziert, so muß zwischen durchlaufender Produktion, analytischer Produktion, synthetischer Produktion und umgruppierender Produktion differenziert werden (vgl. SCHÄFER 1950). Abbildung G. 3 veranschaulicht die unterschiedlichen Verfahren anhand ihrer Input-Output-Beziehungen. Bei **durchlaufender Produktion** wird lediglich ein Input in einen Output transformiert. Ein solcher Fall ist in der betrieblichen Realität sehr selten. Bei entsprechend vereinfachter Sichtweise ist etwa die Veredelung von Produkten durch Galvanisieren oder Verzinken eine Form durchlaufender Produktion. **Analytische Produktion** erklärt dagegen, wie aus einem Input mehrere Outputs mit technisch bedingter Zwangsläufigkeit resultieren. Dieser Prozeß, der auch als Kuppelproduktion bezeichnet wird, kommt z.B. in der mineralölverarbeitenden Industrie vor, wenn das Rohöl zu verschiedenen Endprodukten wie Benzin, schwerem und leichtem Heizöl destilliert wird. Besondere Probleme für die Produktionswirtschaft ergeben sich dadurch, daß die Kosten nicht mehr dem einzelnen Output ohne weiteres zugeordnet werden können. **Synthetische Produktion** beschreibt umgekehrt, wie aus mehreren Inputs ein Output erzeugt wird. Misch- und Montageprozesse stellen stets eine synthetische Produktion dar. Die Mischverhältnisse und Montageanleitungen sind dabei das Kernstück einer solchen Produktion und gehen aus Rezepturen, Stücklisten bzw. Konstruktionszeichnungen hervor. Bedeutende Industrien wie die Automobilproduktion oder der Maschinenbau sind durch synthetische Produktion geprägt. **Umgruppierende Produktion** liegt schließlich dann vor, wenn mehrere Inputs so transformiert werden, daß mehrere Outputs entstehen. Sie beschreibt die Realität im allgemeinen zwar am besten, doch besitzt sie zugleich den Nachteil einer hohen Komplexität. Darunter leidet gelegentlich die Erklärungsaufgabe einer empirischen Theorie.

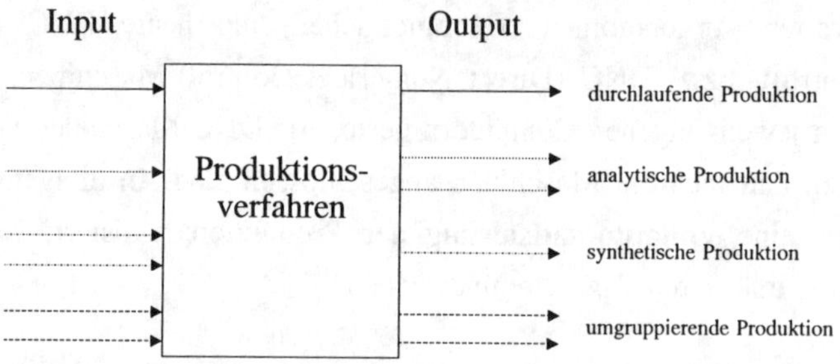

Abbildung G. 3: Klassifizierung der Produktionsverfahren nach der Verwertung der Inputs

Produktionsverfahren können auch nach der **Art des Fertigungsablaufs** unterschieden werden. **Diskrete** (intermittierende) **Produktion** liegt vor, wenn das Verfahren aus technischen Gründen unterbrochen wird. Werden z.B. Werkzeuge hergestellt, so wird das Verfahren nach jedem gefertigten Stück wieder neu aufgenommen. Die Outputs heißen deshalb auch Stückgüter. **Kontinuierliche Produktion** kann dagegen fertigungstechnisch ohne Unterbrechung erfolgen. Das schließt nicht aus, daß der Produktionsprozeß dennoch unplanmäßig, etwa aufgrund von Maschinenausfällen, oder organisationsbedingt zeitweilig nicht vollzogen wird. Da die Produktion aus Prinzip permanent fließen kann, heißen die Outputs auch Fließgüter. Die chemische Industrie liefert eine Vielzahl an Beispielen für diese Art der Produktion. Die Unterscheidung zwischen diskreter und kontinuierlicher Produktion ist insofern von Bedeutung, als nur bei kontinuierlicher Produktion beliebige Teilbarkeit der Objekte generell unterstellt werden kann. Die traditionelle Theorie der Produktion geht meistens von dieser Prämisse aus.

Sie rechtfertigt sie auch in bezug auf diskrete Produktionen durch die "ökonomische Relevanz" im Hinblick auf wirtschaftliche Produktionsentscheidungen.

Als Klassifikationskriterium für Produktionsverfahren dient auch die **Art des Outputs**. **Konsumgüterproduktion** bedeutet Produktion von Gütern, die unmittelbar der Bedürfnisbefriedigung dienen. **Produktionsgüterproduktion** heißt dagegen Produktion von Gütern, die wiederum zur Herstellung von Konsum- bzw. anderen Produktionsgütern geeignet sind. Hierunter sind beispielsweise Werkzeugmaschinen, Walzstahl und Federn zu subsumieren. Obwohl der verfahrenstechnische Aspekt hierbei kaum zur Geltung kommt, ist die Unterscheidung insofern von Relevanz, als es sich bei der Erzeugung von Produktionsgütern im allgemeinen um sehr viel komplexere Produktionsprozesse handelt und vor allem die Theorie der Produktionsorganisation hier eine differenzierte Erklärungs- sowie Gestaltungsaufgabe wahrzunehmen hat.

3. Produktionsorganisation

3.1 Theoretische Grundlagen

Wie die jüngeren Entwicklungen in der internationalen Produktionswirtschaft eindrucksvoll gezeigt haben, ist das Produktionsergebnis längst nicht mehr nur vom betrieblichen Know-how oder von adäquaten Marktanstrengungen abhängig. Die **interne Organisation** der Produktion wird immer stärker zur entscheidenden Determinante des Unternehmenserfolgs (vgl. FANDEL/DYCKHOFF/REESE 1990). Über einen langen Zeitraum hat das technische Wissen eines Unternehmens den Markterfolg bereits in wesentlichen Teilen gesichert. Mit sinkenden Informationskosten und wachsender Markttransparenz büßt dieses Wissen jedoch zusehends an Bedeutung ein. Eine Zeitlang ist diese Erkenntnis überdeckt worden von den Marktanstrengungen, die auch noch in Käufermärkten den Erfolg garantiert haben. Ein verändertes Käuferverhalten sowie hohe Transaktionskosten in bezug auf die Suche nach Abnehmern, die durch Marktöffnungen auf breiter Front verursacht werden, sind jedoch primärer Anlaß, sich verstärkt der internen Organisation und damit einhergehenden Kostensenkungspotentialen zuzuwenden.

Ausgangspunkt einer Theorie der Produktionsorganisation ist das **Produktionssystem**. Der allgemeine Systembegriff unterscheidet dabei zwischen den Systemelementen und den Systembeziehungen. Elemente sind die kleinsten, nicht weiter zerlegbaren Produktiveinheiten, sog. Stellen. Diese sind mit den unterschiedlichen Produktionsfaktoren ausgestattet. Zwischen den Stellen bestehen Beziehungen verschiedenster Art. Gegenstand dieser Beziehungen können sowohl Materialflüsse als auch Informationsflüsse sein. Ein Produktionssystem läßt sich demnach als ein dauerhaftes Beziehungsgefüge definieren, das Auskunft darüber gibt,

- welche Aufgaben überhaupt zu erledigen sind,
- welche Aufgaben von welcher Stelle wahrgenommen werden sollen,
- wie die einzelnen Aufgaben zueinander angeordnet sind und
- wann die Aufgaben ausgeführt werden sollen.

Im allgemeinen sind einem Produktionssystem darüber hinaus die Prädikate offen, dynamisch und stochastisch zuzuordnen. **Offen** (im Gegensatz zu geschlossen) bedeutet, daß Systemelemente mit Elementen anderer Produktionssysteme in Beziehung stehen. **Dynamisch** (im Gegensatz zu statisch) besagt, daß sich die Systemkomponenten bzw. das gesamte System im Zeitverlauf ändern kann. **Stochastisch** (im Gegensatz zu deterministisch) meint, daß nicht alle Systemkomponenten bzw. das Systemverhalten im einzelnen bekannt sind.

Die Darstellung eines Produktionssystems wird der Beschreibungs- und Erklärungsaufgabe der Produktionswirtschaft gerecht, aber nicht der Gestaltungsaufgabe. Mit der Produktion wird nämlich neben dem Sachziel ein **ökonomisches Formalziel** verfolgt. Dieses besteht etwa in der Gewinnmaximierung, Sicherung eines Marktanteils oder Gewährleistung einer (Mindest-)Rentabilität des eingesetzten Kapitals. Bei entsprechender Zielausrichtung wird das Produktionssystem zur Produktionsorganisation. Damit soll ausgedrückt werden, daß die einzelnen Systemkomponenten so ausgewählt und geordnet werden, daß sie das Formalziel der Produktion geeignet unterstützen. Die Organisation selbst erfolgt dabei nach besonderen Kriterien, die als Organisationsziele aus dem Sach- und Formalziel des Unternehmens abgeleitet werden *(zum Zielsystem vgl. ZELEWSKI A. 2.1.3; A. 5.1.2; CORSTEN F. 2.3)*.

Organisationsziele äußern sich zuallererst in einer angemessenen Kapazität und Flexibilität des Produktionssystems (vgl. CORSTEN 1992).

Eine besondere Schwierigkeit liegt darin, die "Angemessenheit" genauestens zu begründen. Weder die Kapazität noch die Flexibilität dürfen nämlich maximiert werden. In diesem Fall entstehen Kosten, z.B. in Form von Leerkosten, mit denen kein Nutzen verbunden ist. Eine zu geringe Auslegung der beiden Systemeigenschaften verursacht dagegen Leistungseinbußen. Nachgefragte Produktionsmengen können beispielsweise nicht realisiert werden. In allen Fällen wird das ökonomische Ziel des Unternehmens beeinträchtigt.

Kapazität ist grundsätzlich eine statische Eigenschaft, mit der die maximale Leistung einer Organisationseinheit beschrieben werden kann. Sie kann sowohl input- als auch outputbezogen gemessen werden.

Eine Inputdarstellung der Kapazität, also durch die Produktionsfaktoren, ist zwar einfach, jedoch nicht stets aussagefähig. So geben etwa Maschinen- und Personalbestände höchstens stellenbezogen Aufschluß über das Leistungsvermögen. Dabei wird vorausgesetzt, daß das Mengenproblem bereits gelöst worden ist und aus der Kombination der Faktormengen klar definierte Ausbringungsmengen je Produktart entstehen. Kaum aussagefähig ist eine Inputdefinition der Kapazität allerdings in bezug auf das gesamte Produktionssystem. Die Systemkapazität läßt sich sinnvoll nur durch die maximal herstellbaren Produktarten bzw. -mengen beschreiben (qualitative bzw. quantitative Systemkapazität). Der Grund hierfür liegt darin, daß in einzelnen Stellen Kapazitätsengpässe auftreten können, welche die Systemkapazität letztendlich determinieren. Deshalb ist es um so dringlicher, die zu erledigenden Aufgaben zwischen den einzelnen Stellen abzustimmen und gegebenenfalls Kapazitätsanpassungen vorzunehmen. Die optimale Kapazität entspricht der optimalen Betriebsgröße. Sie wird dann erreicht, wenn das langfristige Formalziel des Unternehmens, die Gewinnmaximierung, am besten unterstützt wird.

Flexibilität ist eine prinzipiell dynamische Eigenschaft des Produktionssystems, die die Reaktion auf veränderte Anforderungen mißt.

Bei den Anforderungen handelt es sich um nicht beeinflußbare Umweltparameter, z.B. die autonome Produktnachfrage. Da die Organisation eine rahmengebende Aktivität darstellt, die nicht laufend verändert werden soll, nimmt Systemflexibilität erwartete Umweltentwicklungen vorweg, indem zukünftige Zustände bereits in der Gegenwart berücksichtigt werden. Flexibilität geht insofern mit Kapazitätserweiterungen einher, die erst in der Zukunft benötigt werden. Im Begriff der Systemflexibilität verbergen sich daher ähnliche Meßschwierigkeiten wie bereits im Begriff der Systemkapazität. Zwei Aspekte sind jedoch besonders kritisch (vgl. REESE 1991):

- Inwiefern Flexibilität systemnotwendig ist, hängt entscheidend davon ab, welche Umweltentwicklungen als relevant erachtet werden. Soll etwa eine Produktionsausweitung um 10 oder 20 Prozent ins Auge gefaßt werden? Welche Nachfragen nach neuen Produktarten sollen zukünftig ebenfalls befriedigt werden? Ein Produktionssystem kann kaum jemals auf alle denkbaren Entwicklungen reagieren, sondern muß sich auf die wahrscheinlichen Entwicklungen konzentrieren.

- Prinzipielle Reaktionsfähigkeit ist zudem nicht gleichbedeutend mit Flexibilität. Flexibilität setzt vielmehr Reaktionsfähigkeit unter Beibehaltung des ökonomischen Prinzips voraus. D.h. nur ein solches Produktionssystem ist in bezug auf eine veränderte Umwelt flexibel, das auch dann noch eine wirtschaftliche Produktion gewährleistet, ohne daß andere Systeme hierfür wesentlich besser geeignet wären. Der Begriff der Wesentlichkeit ist hier von zentraler Bedeutung. In ihm spiegeln sich zum einen die mühsame Suche nach alternativen Produktionssystemen und zum anderen die eigene beschränkte Rationalität des dispositiven Faktors wider. So kann etwa bewußt auf eine Umstellung der konventionellen Fertigung auf ein flexibles Fertigungssystem verzichtet werden, weil die Umstellungskosten zu hoch wären, oder es wird von vornherein auch eine Lösung akzeptiert, die ein (suboptimales) Anspruchsniveau erfüllt.

3.2 Aufgabenspezialisierung

Die ältesten Modelle in der Produktionsorganisation richten sich auf die Beantwortung der Frage, wie der Produktionsprozeß in einzelne Aufgaben zerlegt werden soll, damit insbesondere Kapazitätseffekte entstehen. Da aus der Zerlegung homogene Aufgabenbereiche resultieren, heißt sie auch **Spezialisierung**. Oft liegt die Spezialisierung aufgrund gegebener technischer Merkmale der Produktion auf der Hand. In den meisten Fällen ist sie jedoch das Ergebnis einer bewußten Organisationsentscheidung. Die Beschreibung der Aufgabenspezialisierung kann z.B. in Form der Stellen erfolgen, die als kleinste Organisationseinheiten jeweils derselben Kompetenz unterstellt sind. In jeder Stelle wird von einem Stellenleiter (z.B. dem Meister) Verantwortung für alle Aufgaben übernommen, die in der Stelle erledigt werden.

Die geringste Spezialisierung liegt vor, wenn in einem Betrieb für alle Aufgaben dieselben Produktionsfaktoren eingesetzt werden. So werden beispielsweise in einer Stelle von den Arbeitskräften unterschiedlichste Tätigkeiten, wie Schneiden, Fräsen und Bohren eines Werkstücks, auf Universalaggregaten durchgeführt. Dieses elementare Organisationsmodell ist insofern für praktische Zwecke ungeeignet, als es die planvolle Nutzung der Produktionsfaktoren um so mehr erschwert, je komplexer der Produktionsprozeß ist. Zwar mag unter günstigen Umständen die Systemflexibilität groß sein, weil die Produktionsfaktoren fallweise ihrer besten Verwendung zugeführt werden können, doch wird zugleich die Kapazität durch eine unüberschaubare Planung, den Verzicht auf Standardisierung bzw. Übungsgewinne sowie Kontrollverluste erheblich belastet. Nur in besonderen Einzelfällen, die durch einfache Produktionsprozesse und ein hohes Maß an Flexibilität infolge vorherrschender Umweltunsicherheit gekennzeichnet sind, wird das Modell deshalb der Gestaltungsaufgabe der Theorie der Produktionsorganisation gerecht.

Modelle der Aufgabenspezialisierung existieren dagegen in verschiedenen Varianten. Je nach Wahl des Objekts, nach dem die Aufgaben zerlegt werden, gibt es eine Anzahl von Formen der **Objektspezialisierung**. Als Objekte eignen sich neben den Produktionsfaktoren und Produkten vor allem auch die **Produktionsverfahren**. Dieses klassische Modell wird auch als **Verrichtungsspezialisierung** bezeichnet. Unterschiedliche Verrichtungen werden voneinander getrennt, um einfache Tätigkeiten zu schaffen, deren Wiederholung für Lerneffekte bürgt und Umstellungsverluste vermeidet. Die Effekte der Zerlegung komplexer Aufgaben in einfachste Verrichtungen sind ingenieurwissenschaftlich begründet worden (vgl. TAYLOR 1911). Der sog. **Taylorismus** zieht seinen Nutzen auf zweierlei Weise:

- Infolge häufiger Wiederholung einzelner Verrichtungen sinken die Produktionsdauern pro gefertigter Einheit. Daraus entwickelt sich ein Kapazitätseffekt in der Art, daß mit der gleichen Menge an Produktionsfaktoren mehr Produkteinheiten gefertigt werden können. Bei entsprechender Abstimmung zwischen den Produktionsstellen nimmt auch die quantitative Systemkapazität zu.

- Die Spezialisierung der Arbeitskräfte auf einfache Verrichtungen verlangt lediglich eine geringe Qualifikation. Aus diesem Grund reduzieren sich auch die Anlernzeiten, so daß bei Bedarf Neueinstellungen bzw. Umsetzungen von Arbeitskräften in kurzer Zeit realisierbar sind. Auf Nachfrageschwankungen kann deshalb äußerst flexibel reagiert werden.

Die Effekte zwischen einer Verrichtungsspezialisierung sollen beispielhaft an einem Fall der Blechbearbeitung demonstriert werden. Die Fertigung von 120 Blechen verlangt jeweils 3 Verrichtungen, nämlich Schneiden, Biegen und Prägen des Blechs. Je ein Arbeiter übernimmt den Zuschnitt und das Prägen, zwei Arbeiter biegen die Bleche. Mit zunehmender Stückzahl werden Lerneffekte sichtbar, die in Abbildung G. 4 wiedergegeben sind. Durch Verrichtungsspezialisierung können die Lerneffekte voll genutzt werden. Die Bleche lassen sich in 36 Stunden komplett bearbeiten. Spezialisierungsverzicht führt hingegen dazu, daß qualifizierte Arbeitskräfte alle Verrichtungen von einer Hand vornehmen müssen. Seien etwa ebenso wie im Fall der Verrichtungsspezialisierung 4 Arbeitskräfte mit der Blechbearbeitung befaßt, so bedeutet dies, daß nunmehr jede Arbeitskraft für die ersten 10 Bleche jeweils 24 Minuten und für weitere 20 Bleche jeweils 20 Minuten Bearbeitungszeit benötigt. Die gesamte Kapazitätsbeanspruchung liegt demnach bei 42 Stunden und 40 Minuten.

	1-10	11-50	51-120	(Kumulierte Stückzahlen)
Schneiden	6	5	4	
Biegen	12	10	8	(Minuten pro Blech)
Prägen	6	5	4	

Abbildung G. 4: Bearbeitungsdauer und Lerneffekte bei der Blechbearbeitung

Die Vorteile der Verrichtungsspezialisierung kommen vor allem bei genügender Wiederholhäufigkeit zur Geltung. Andererseits ergeben sich gerade aus den Vorteilen unmittelbar auch **Nachteile**. So bedingt die geringe Qualifikation der Arbeitskräfte, meistens im Einklang mit dem Einsatz von besonderen Spezialaggregaten, ein Absinken der qualitativen Kapazität. Das Spektrum der herstellbaren Produktarten schrumpft auf einige wenige Produkte zusammen. Auf qualitativ neue Anforderungen des Marktes kann zudem nicht hinreichend flexibel geantwortet werden, weil die meistens hochautomatisierten Anlagen (z.B. Transferstraßen) nicht zu vertretbaren Kosten umgerüstet werden können.

In bezug auf die geringe Qualifikation der Arbeitskräfte im Produktionsprozeß wird gegen die Verrichtungsspezialisierung auch eingewandt, daß sie gleichzeitig eine Zerlegung der Arbeit in einen dispositiven und ausführenden Teil zur Folge hat. Die Monotonie der ausführenden Tätigkeiten verursacht auf längere Sicht Ermüdung im psychischen wie im physischen Sinne und außerdem gravierende Motivationsprobleme, da die Tätigkeiten sich den Arbeitern sinnentleert und aus dem Zusammenhang gelöst darstellen.

Andere Formen der Objektspezialisierung beziehen sich auf **Input- bzw. Outputobjekte**. Solche Modelle gelangen zur Anwendung, wenn entsprechende Produktionsverfahren vorhanden sind. So kommt eine Spezialisierung nach Outputobjekten nur dann in Betracht, wenn synthetische Produktion vorliegt. Alle Produktionsaufgaben, die ein Produkt betreffen, werden stellenmäßig zusammengefaßt, d.h. dispositive und ausführende Tätigkeiten bleiben in einer Hand. Zwar wird wegen der Komplexität der Aufgabe die quantitative Stellenkapazität reduziert, doch nimmt die qualitative Kapazität wegen der vergleichsweise guten Marktnähe ebenso zu wie die Flexibilität. **Produktspezialisierung** setzt voraus, daß das Unternehmen entweder in seiner Produktpalette hinreichend diversifiziert ist oder dasselbe Produkt zumindest differenziert gefertigt und angeboten werden soll, beispielsweise auf verschiedenen Märkten. Die entsprechende Aufgabenzerlegung ist im ersten Fall eine **Artteilung**, im zweiten Fall dagegen eine **Mengenteilung**.

Eine Objektspezialisierung nach dem Input muß dann erwogen werden, wenn ein einzelner Produktionsfaktor den Produktionsprozeß maßgeblich bestimmt. Dies kann z.B. ein Betriebsmittel, ein Rohstoff oder eine qualifizierte Arbeitsleistung sein. Daraus folgt sogleich, daß manuelle Produktion allenfalls eine Arbeitsspezialisierung nach sich zieht, bei der handwerkliche Fähigkeiten den Ausschlag für die Stellenbildung geben, während automatisierte Produktion gelegentlich zu einer Maschinenspezialisierung führt. Da die Stellenaufgabe somit im allgemeinen weder auf einfache Verrichtungen noch auf bestimmte Produkte beschränkt bleibt, sind qualitative Kapazitätseffekte nicht ungewöhnlich. Bei flexiblen Fertigungssystemen, aber auch im Handwerk treten solche Konsequenzen klar zutage.

Inputspezialisierung ist ebenfalls bei analytischer Produktion denkbar. So erfordern unterschiedliche Chemikalien und Rohölsorten auch andere Destillationsprozesse, obwohl z.T. dieselben Endprodukte erzeugt werden. Ähnlich wie bei der Produktspezialisierung bleiben auch komplexe Prozesse einer einheitlichen Kompetenz unterstellt, so daß die Konsequenzen für die Systemkapazität und -flexibilität vergleichbar sind.

3.3 Aufgabenstrukturierung

Durch Zerlegung von Produktionsaufgaben in kleinere Teilaufgaben entstehen Elemente eines Produktionssystems, die miteinander in Beziehung gebracht werden müssen. Im Sinne eines **mehrstufigen Produktionsprozesses** müssen die Aufgaben nämlich im allgemeinen in einer gegebenen Reihenfolge hintereinander bewältigt werden. Deshalb ist es von entscheidender Bedeutung, daß die Koordination der Einzelaufgaben reibungslos funktioniert.

Historisch gesehen haben sich die **Modelle der Aufgabenstrukturierung** von **einfachen natürlichen Strukturen** zu **komplexen künstlichen Strukturen** hin entwickelt.

Zu den natürlichen Strukturen zählen vor allem die **Werkbank-** und **Baustellenfertigung**, zu den künstlichen Strukturen die **Werkstatt-**, **Fließ-** und **Gruppenfertigung**.

Zu Beginn des Industriezeitalters spielte der Produktionsfaktor Arbeit eine zentrale Rolle. Eine Inputspezialisierung, wie sie heute nur noch im Handwerk anzutreffen ist, war deshalb naheliegend. Als zentrale Strukturkomponente und Bearbeitungszentrum diente die Werkbank, an der alle Verrichtungen von einer Hand vorgenommen werden können. Die Werkzeuge sind in Reichweite des Arbeiters angeordnet. Da die Produktion weder eine räumliche noch eine personelle Abstimmung erfordert, ist die **Werkbankfertigung** hochgradig flexibel. Sonderanfertigungen können jederzeit nach Maßgabe des technischen Wissens vollzogen werden. Die Qualifikation des Arbeiters sowie die Ausstattung der Werkbank determinieren zudem die qualitative Kapazität, während die quantitative Kapazität der maschinellen Produktion deutlich unterlegen ist. Abgesehen vom Handwerk ist Werkbankfertigung heute allenfalls noch bedeutend für arbeitsintensive Industrien ohne Automatisierung in Billiglohnländern.

Outputspezialisierung kommt zwangsläufig in Betracht, wenn das Produkt zum Transport ungeeignet ist. Die Produktionsfaktoren werden zur Baustelle des Produkts gebracht, wie z.B. im Schiffbau, Kranbau oder Brückenbau. Wegen des hohen Transportaufwands sind sowohl die Flexibilität als auch die Kapazität einer solchen **Baustellenfertigung** beschränkt. Das System wird deshalb konzentriert nur dort angewandt, wo andere Systeme versagen. Häufig sind nur die letzten Montagestufen von einer derartigen Baustellenanordnung der Aufgaben betroffen. Die übrigen vorgelagerten Aufgaben werden dezentral abgewickelt.

Mit wachsenden Ansprüchen an die Produktionsaufgabe setzen sich Formen der Verrichtungsspezialisierung durch. Der Produktionsprozeß wird stärker zerlegt, als dies bei Input- bzw. Outputspezialisierung der Fall ist. Gleichzeitig gewinnt die organisatorische Gestaltungsaufgabe an Bedeutung, weil ein erhöhter Kommunikations- und Koordinationsbedarf vorherrscht. Bei den entstehenden Strukturen handelt es sich deshalb um das

Ergebnis rationaler Entscheidungen. Man spricht auch von bewußt gestalteten Strukturen.

Eine "einfache" Verrichtungsspezialisierung führt zur Einrichtung von **Werkstätten**. Ähnliche Verrichtungen werden räumlich zu einer Werkstatt zusammengefaßt. Die Verrichtungen geben der Werkstatt den Namen, z.B. Fräserei oder Dreherei. Da für die Aufgabenerledigung in einem Produktionsprozeß technologisch bedingte Reihenfolgen häufig vorgegeben sind, müssen die Outputobjekte unter Umständen vielfach zwischen den verschiedenen Werkstätten transportiert werden, bevor sie zum Endprodukt bearbeitet worden sind. Dabei ist es denkbar, daß sie dieselbe Werkstatt mehrere Male durchlaufen.

Die Koordinationsprobleme der Werkstattfertigung liegen auf der Hand. Die Werkstätten sind so anzuordnen, daß ihre Kapazität bestmöglich genutzt werden kann und außerdem unproduktive Transport- und Wartezeiten der Objekte minimal bleiben. Da beide Ansprüche nicht immer gleichzeitig befriedigt werden können, entsteht ein "**Dilemma der Ablaufplanung**" (GUTENBERG 1983). Da die einzelnen Werkstätten jedoch weitgehend unabhängig voneinander arbeiten, können sie auch flexibel auf Produktionsstörungen oder besondere Nachfragewünsche reagieren. Außerdem werden qualifizierte Fachkräfte unter der Leitung eines Werkstattmeisters eingesetzt, so daß die qualitative Werkstattkapazität hoch ist.

Die Verrichtungsspezialisierung kann noch weiter getrieben werden, wenn sie auf ein bestimmtes Produkt konzentriert ist. Sind nämlich die genauen Verrichtungsfolgen bekannt, so kann dies bei der Aufgabenanordnung berücksichtigt werden. Wegen der Orientierung am Produktionsfluß wird diese Anordnung auch als **Fließfertigung** bezeichnet. Abbildung G. 5 verdeutlicht beispielhaft den Unterschied einer derartigen Verrichtungsspezialisierung zur Werkstattfertigung.

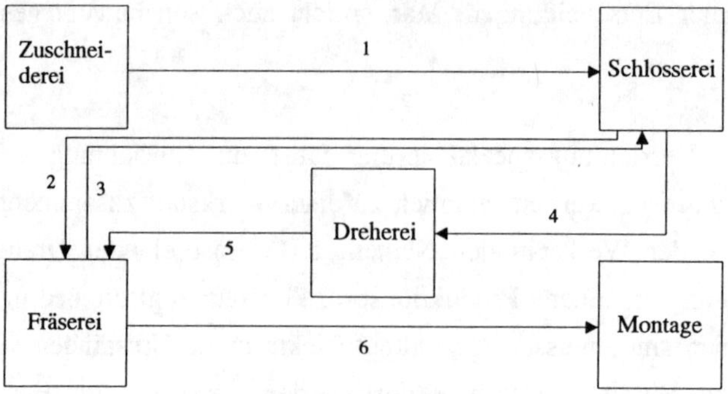

a) Werkstattfertigung

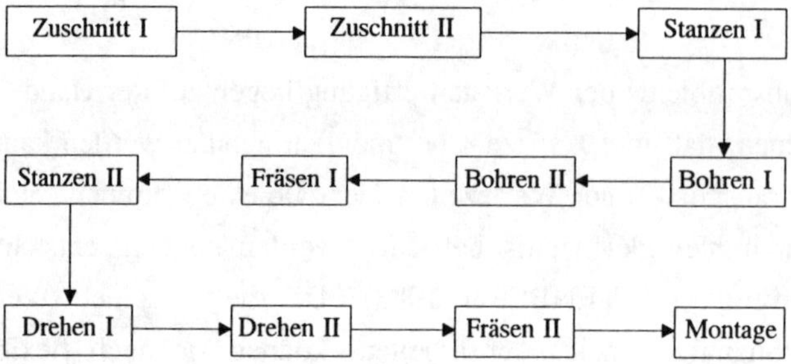

b) Fließfertigung

Abbildung G. 5: Aufgabenstrukturierung als Werkstatt- und Fließfertigung

Die Entwicklung des Modells der Fließfertigung geht auf Henry FORD zurück, der es 1908 im Zusammenhang mit der Einführung des berühmten Automodells T propagiert hat. Fließfertigung setzt nicht nur voraus, daß die Anordnung der Produktionsstellen auf ein Produkt ausgerichtet ist, sondern ebenfalls, daß die Verrichtungen zeitgebunden erfolgen. Erst das garantiert, daß die Stellen stets gut ausgelastet sind und die Bearbeitung der Produkte möglichst schnell abgeschlossen werden kann. Ein Dilemma der Ablaufplanung gibt es damit nicht. Vollzieht sich auch der Transport der Outputobjekte im Zeittakt, so können die beschriebenen Effekte weiter verstärkt werden. Die Transportmittel richten sich nach den örtlichen Produktionsmöglichkeiten. FORD hat für die Produktion seines T-Modells 1913 die **Fließbandfertigung** eingeführt, d.h. die stetige, taktgebundene Förderung der bearbeiteten Objekte zur nächsten Bearbeitungsstelle.

Die feine Zerlegung der Aufgaben im Modell der Fließfertigung verursacht nicht nur Kapazitätszuwächse, sondern ermöglicht außerdem eine weitgehende Automatisierung der Produktion sowie damit einhergehende Qualitätskonstanz der Produkte. Im Gegensatz zur Werkstattfertigung verläuft der Produktionsprozeß von der Umwelt abgeschlossen und erhöht damit die Betriebssicherheit. Allerdings werden die Vorteile der Fließfertigung durch einige erhebliche Nachteile erkauft. Die qualitative Kapazität bleibt vornehmlich auf eine Produktart beschränkt. Betriebsstörungen wirken sich ebenso gravierend auf den Produktionsprozeß aus wie Umstellungen auf andere Produktarten, die stets einen hohen Anlagekapitalbedarf nach sich ziehen. Insofern ist die Systemflexibilität nur schwach ausgeprägt. Außerdem äußert sich die Reduzierung der Arbeitsinhalte wie bei jeder Extremform der Verrichtungsspezialisierung längerfristig in Motivationsproblemen und Reibungsverlusten zwischen ausführender und dispositiver Arbeit.

Es existieren mittlerweile einige **Kompromißmodelle**, die auf der Verrichtungsspezialisierung basieren und zwischen Werkstatt- und Fließfertigung vermitteln sollen. Um die qualitative Kapazität eines Produktionssystems zu verbessern, ohne die Vorteile der Fließfertigung aufzugeben, kann der Produktionsprozeß auf den ersten Stufen nach dem Fließprinzip organisiert werden, auf den letzten Stufen dagegen nach dem Werkstattprinzip (vgl. Abbildung G. 6). Das gestattet es, die Produktion zunächst am einheitlichen Zwischenprodukt auszurichten, hinsichtlich der Endproduktfertigung jedoch gezielt auf Kundenwünsche einzugehen.

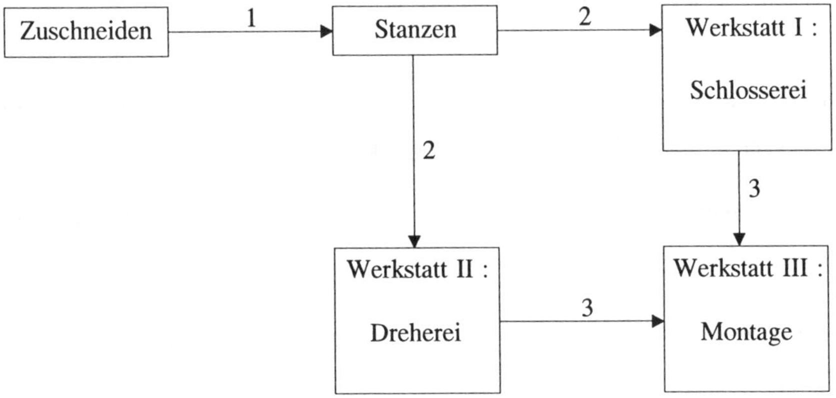

Abbildung G. 6: Gemischte Fließ-/Werkstattfertigung

Die Systemflexibilität kann durch eine andere Mischstruktur gegenüber der reinen Fließfertigung gesteigert werden. Werden größere **Werkstattgruppen** gebildet, in denen jeweils ein breiteres Spektrum an ähnlichen Verrichtungen zusammengefaßt wird, so lassen sich innerhalb der einzelnen Werkstattgruppen Systeme der Fließfertigung einrichten. Die Koordination zwischen den Werkstätten läuft bei dieser Gruppenfertigung (vgl. MELLEROWICZ 1968) weiterhin offen und ohne Beschränkung auf spezielle Outputobjekte ab (vgl. Abbildung G. 7). Damit wird der Systemflexibilität in der Weise Rechnung getragen, daß die Werkstattgruppen je nach Bedarf für verschiedene Aufträge genutzt werden können.

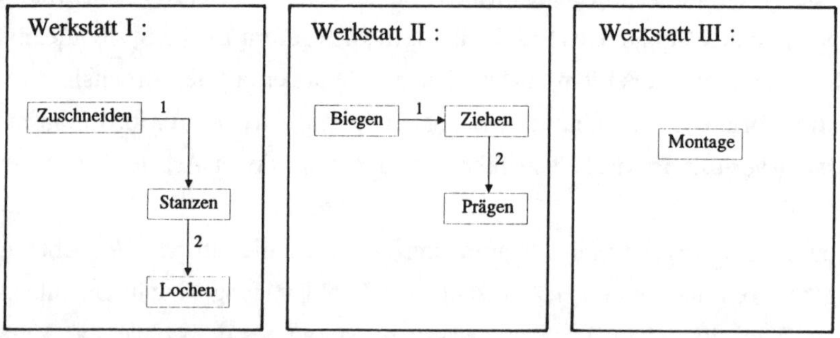

Abbildung G. 7: Gruppenfertigung

Eine zentrale Bedeutung bei der Aufgabenstrukturierung kommt vor allem auch dem Anliegen zu, monotone Arbeitsinhalte zu vermeiden. Hierzu gibt es einige wichtige Konzepte, wie z.B.

- **Job Rotation**, d.h. regelmäßiger Stellenwechsel mit entsprechenden Einarbeitungszeiten,

- **Job Enlargement**, d.h. Reduzierung der Verrichtungsspezialisierung und Aufgabenerweiterung um zusätzliche Verrichtungen und

- **Job Enrichment**, d.h. Verbindung der ausführenden Stellenaufgaben mit dispositiven Aufgaben.

Diese Konzepte müssen fallweise mit den übrigen Systemelementen in Einklang gebracht werden, um die Gestaltungsaufgabe der Produktionsorganisation zu erfüllen und ein zielgerechtes Produktionssystem zu entwickeln. Am weitesten fortgeschritten ist das Modell der schlanken Produktion (**Lean Production**). Dieses System wird seit 1950 von TOYOTA mit anhaltendem Erfolg praktiziert. Die Verrichtungsspezialisierung wird dabei auf ein Maß beschränkt, das es erlaubt, die resultierende Aufgabe einem Arbeitsteam zuzuordnen. Dispositive Aufgaben sowie die endgültige Aufgabeneinteilung werden vom Team selbst wahrgenommen. Im allgemeinen wird zumindest eine teilweise Trennung von ausführenden und dispositiven Aufgaben dadurch realisiert, daß ein Teamleiter gewählt wird. Dieser erarbeitet den Einsatzplan und übernimmt Kommunikations- und Koordinationsaufgaben mit anderen Teams. Die Erledigung dieser Aufgaben ist von essentieller Bedeutung, da die Teams über keinerlei Reserven an Produktionsfaktoren verfügen und die Faktoren erst spätestmöglich bereitgestellt werden. Die Systemkapazität reicht deshalb nur dann aus, wenn Störungen im Produktionsprozeß unmittelbar und vor Ort behoben werden. D.h. erst die Systemflexibilität garantiert eine ausreichende Systemkapazität. Lernprozesse im Team unterstützen diesen Effekt. Eine qualitative Kapazitätserweiterung wird im System der schlanken Produktion dadurch erreicht, daß außerdem qualifizierte Entwicklungsteams eingesetzt werden, die in Zusammenarbeit mit den Produktionsteams Kundenwünsche in kürzester Zeit erfüllen sollen (vgl. WOMACK/JONES/ROOS 1990).

3.4 Aufgabenbündelung

Während mit der Aufgabenspezialisierung feststeht, welche Aufgaben im einzelnen von einer Stelle wahrgenommen werden, wird mit der stelleninternen Aufgabenbündelung geklärt, wie die Aufgaben zeitlich und logisch zusammengefaßt werden sollen. Unabhängig von der konkreten Auftragslage, die Gegenstand der Produktionsplanung ist, sind kleinste Aufgabeneinheiten nach fertigungstechnischen Gesichtspunkten festzulegen. Dabei beschreibt die unmittelbare **Wiederholhäufigkeit** identischer Verrichtungen den entscheidenden Modellparameter.

Das klassische Modell der **Einzelfertigung** erhebt keine weiteren Forderungen hinsichtlich der Bildung von Aufgabeneinheiten. Die kleinste Einheit ist durch die Objektspezialisierung bereits hinreichend definiert. Prinzipiell fällt nach jeder Bearbeitung einer Objekteinheit eine neue Entscheidung über die nachfolgende Aufgabe. So wird beispielsweise ohne Maschinenumrüstung jeweils nur eine Produkteinheit gefertigt. Anschließend werden die Maschinen so umgerüstet, daß eine ähnliche Produkteinheit gemäß der vorgegebenen Aufgabenspezialisierung in der betreffenden Stelle hergestellt werden kann. Die Praktizierbarkeit von Einzelfertigung hängt wesentlich von der Aufgabenspezialisierung und -strukturierung ab. Sie wird typischerweise mit Verrichtungsspezialisierung und Werkstattfertigung kombiniert, wenn Kunden differenzierte Auftragswünsche wie z.B. im Anlagenbau vortragen. Einzelfertigung bürgt für eine hohe Systemflexibilität, bedeutet aber zugleich, daß die Fertigungskapazität in Anbetracht der langen Umrüstzeiten sinkt.

Sind die Produkte standardisiert, d.h. ist die Produktpalette nach oben begrenzt, so kommt auch das Modell der **Serienfertigung** in Betracht. Identische Elementaraufgaben werden dabei mehrfach hintereinander ausgeführt. Die Anzahl der Ausführungen definiert die Seriengröße. Mit wachsender Seriengröße entsteht zwar ein positiver Kapazitätseffekt, da die Umrüstzeiten an Bedeutung verlieren, doch nimmt die Systemflexibilität ab. In der Automobilindustrie wird diese Tendenz sichtbar, wenn besondere Kundenwünsche bezüglich Farbe und Ausstattung eines Wagens nicht unverzüglich erfüllt werden können, weil gegenwärtig eine andere Serie gefertigt wird.

Die Rückkehr zur Seriengröße eins - also im Prinzip zur Einzelfertigung - wird dann erleichtert, wenn der Nachteil der hohen Umrüstzeiten vermieden werden kann. Gelingt dieser Kompromiß, so wird er als **flexibles Fertigungssystem** bezeichnet. In einem solchen System müssen grundsätzlich alle beteiligten Produktionsfaktoren auf besondere Weise miteinander harmonieren, wobei wegen des allgemein hohen Automatisierungsgrads die Betriebsmittel das Herzstück darstellen. Mehrere programmierbare Maschinen sind über eine computergesteuerte Transporteinrichtung miteinander verbunden. Ein Minicomputer berechnet zentral die Bearbeitungsfolgen der Objekte und gibt seine Daten an dezentrale Steuerungscomputer weiter. Dort erfolgt eine selbständige Auswahl der erforderlichen Werkzeuge mit entsprechender Maschinenumrüstung in kürzester Zeit. Bei Maschinenausfall werden automatisch Ausweichaggregate angesteuert.

Sonderformen der Serienfertigung sind die **Sorten-, Chargen- und Partiefertigung**. Sorten (z.B. Bier- oder Schokoladensorten) sind verwandte Serien, die den Kapazitätseffekt weiter steigern helfen, da die erforderlichen Umrüstzeiten noch mehr zusammenschrumpfen. Wenn das Produktionsverfahren nicht hundertprozentig kontrolliert werden kann, wie etwa bei der Herstellung von Porzellan, wird dies mit Chargenfertigung umschrieben. Um homogene Produkte in ausreichender Zahl zu erhalten, muß die Chargengröße entsprechend gewählt werden. Dasselbe gilt für die Partiefertigung, bei der keine völlig homogenen Inputobjekte eingesetzt werden, etwa in der Tabak- oder Baumwollindustrie bzw. bei der Weindestillation.

Die starrste Form der Aufgabenbündelung ist die **Massenfertigung**. Hierbei wird ununterbrochen die nach Wirtschaftlichkeitsgesichtspunkten größtmögliche Menge eines Produkts hergestellt. Massenfertigung kommt zwangsläufig vor allem in wenig diversifizierten Industrien vor, wie z.B. der Papier-, Kunststoff- oder Zementindustrie. Da es sich um relativ einfache Produktionsprozesse handelt, tritt Aufgabenspezialisierung unmittelbar und in größtmöglichem Umfang als überbetriebliche Spezialisierung in Erscheinung. Dies erklärt zugleich die bedeutenden Kapazitäts-und Kostenvorteile, die auch im "**Gesetz der Massenproduktion**" (vgl. BÜCHER 1910) zum Ausdruck kommen. Da die Produktion im System der Massenfertigung von vornherein lediglich auf eine oder wenige Produktarten ausgerichtet ist, bleibt die qualitative Kapazität minimal. Die Systemflexibilität der Massenfertigung wird dadurch eingeschränkt, daß die wirtschaftliche Höchstmenge der Produktion nicht ohne weiteres modifiziert werden kann. Vielmehr sind beträchtliche Investitionen bzw. Desinvestitionen in die Anlagen erforderlich.

4. Produktions- und Kostenfunktionen

In einer Realwissenschaft sind Modelle Abbilder der Realität mit mindestens einer empirisch gehaltvollen Hypothese. Je nach dem Zweck der Modellierung ist zwischen Beschreibungs-, Erklärungs- und Entscheidungsmodellen zu unterscheiden. **Beschreibungsmodelle** stellen Ausschnitte der Realität auf einem vereinfachten, abstrakten Niveau dar. **Erklärungsmodelle** dienen hingegen der Erklärung von empirisch beobachtbaren Zusammenhängen, z.B. speziellen Abhängigkeiten von Produktionsfaktoren, Produktionsverfahren und Produkten. **Entscheidungsmodelle** liefern die Grundlage für Dispositionen in einem realen Umfeld. Sie bestehen aus einem Entscheidungsfeld sowie einem Bewertungssystem *(vgl. ZELEWSKI A. 1.; A. 2.1.1 und A. 4.2)*.

Der allgemeine **Zweck einer Modellbildung** besteht darin, die **Komplexität** von Wirkungszusammenhängen in der Realität **aufzulösen**, um geeignete Schlußfolgerungen treffen zu können.

Im einzelnen sind Modelle Bestandteile einer umfassenden Theorie, welche die zweckorientierte Gesamtheit von Grundannahmen (Prämissen) und Schlußfolgerungen (Theoremen) umfaßt (vgl. BUSSE VON COLBE/LASSMANN 1991). Für konkrete Anwendungszwecke sind die Modelle einer Theorie nach einer Prüfung der Grundannahmen auszuwählen.

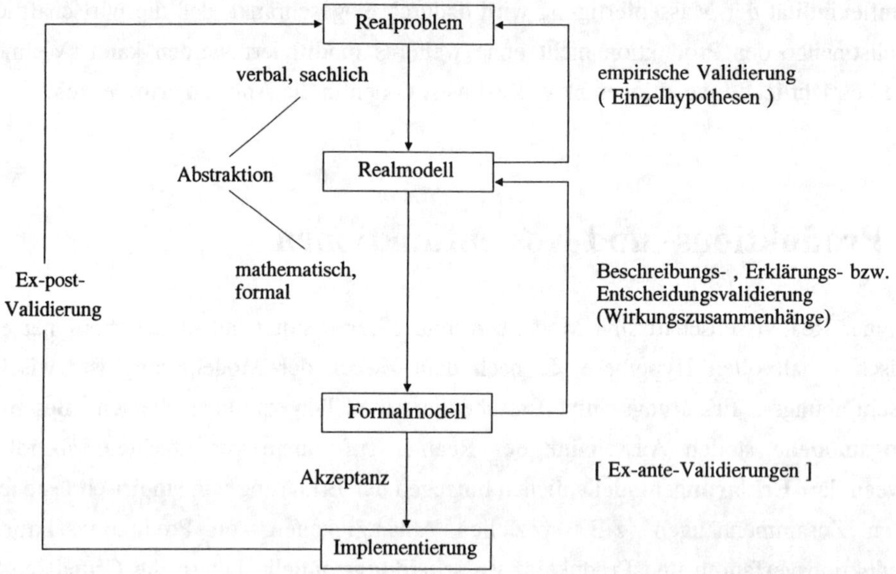

Abbildung G. 8: Prozeß der Modellbildung

Ein Modell kann aus Beobachtungen der Realität auf die folgende Weise entwickelt werden (vgl. SCHNEEWEISS 1989; vgl. Abbildung G. 8): Ausgangspunkt ist ein Realproblem, d.h. das subjektive Empfinden, daß die Wirklichkeit nicht befriedigend erfaßt wird. Durch verbale Abstraktion, also Vereinfachung der Realität mit Hilfe der natürlichen Sprache durch Weglassen unwesentlicher Aspekte (vgl. DYCKHOFF 1992) entsteht zunächst ein Realmodell, dessen Einzelhypothesen einer empirischen Überprüfung (Validierung) zu unterziehen sind. Die zweite Stufe der Abstraktion führt zu einem Formalmodell, für das eine zweckgerechte Formalsprache, etwa unter Benutzung mathematischer Symbole, gewählt wird. Am Formalmodell läßt sich die Akzeptanz der Wirkungsweise von Modellparametern im allgemeinen leichter erörtern. Je nach Modellcharakter wird dies als Beschreibungs-, Erklärungs- bzw. Entscheidungsvalidierung bezeichnet. Erst wenn das Formalmodell akzeptiert wird, erfolgt die Modellimplementierung. Das Modell wird zu dem gewählten Zweck angewandt. Im nachhinein besteht die Möglichkeit einer sog. Ex-post-Validierung anhand des beobachteten Realproblems. Gegebenenfalls sind für weitere Anwendungen neue Hypothesen zu formulieren.

4.1 Das Grundmodell der Aktivitätsanalyse

Bei betrieblichen Produktionsprozessen spielen allgemein nur endlich viele Objekte eine Rolle. In einem Produktionsmodell sei diese Anzahl definiert $K = J + S + I$ mit J als

Anzahl der Endprodukte, S als Anzahl der Zwischenprodukte sowie I als Anzahl der Produktionsfaktoren. Ein K-dimensionaler Vektor

$$v = \begin{pmatrix} v_1 \\ v_2 \\ . \\ . \\ v_K \end{pmatrix} \in R^K$$

beschreibt dann die bei einer Produktion auftretenden Quantitäten der einzelnen Objekte. Um Mißverständnisse zu vermeiden, sollen Inputmengen zunächst negativ dargestellt werden, d.h.

$$v_k < 0.$$

Es werden also $|v_K|$ Einheiten des Gutes k als Input im Produktionsprozeß verwendet. Für Outputmengen gilt

$$v_k > 0.$$

Jeder Vektor v stellt beobachtetes Wissen dar. Es werden keine speziellen Annahmen über dieses Wissen zugrunde gelegt, beispielsweise ob stets das "bestmögliche" Wissen praktiziert wurde. Vielmehr wird erfaßt, was und wie tatsächlich produziert werden kann. Ein Vektor v heißt auch **Aktivität**, **Produktion** bzw. **Produktionspunkt**.

Können mit 10 m^2 Leder, 20 Arbeits- sowie 4 Maschinenstunden 30 Schuhe hergestellt werden, so kennzeichnet die Beschreibung dieses Sachverhalts bereits ein Realmodell. Der Produktionspunkt $v = (30, -10, -20, -4)'$ entspricht dem Formalmodell. Ob man mit diesem Modell zufrieden ist, hängt z.B. davon ab, ob bei der Produktion Verschnitt auftritt und mit welchem Energieverbrauch gerechnet werden muß. Evtl. will man dies bewußt vernachlässigen, wenn nämlich die gewählte Beschreibung für bestimmte Zwecke ausreicht.

Die Menge aller in einem bestimmten Zeitraum beobachteten Produktionspunkte heißt **Technologie**. Sie wird dargestellt als $T = \{v \mid v$ ist ein dem Unternehmen bekannter Produktionspunkt.$\}$ und beschreibt damit die technischen Möglichkeiten, die ein Unternehmen besitzt, sofern Beobachtungen über einen hinreichend langen Zeitraum vorliegen (vgl. Abbildung G. 9).

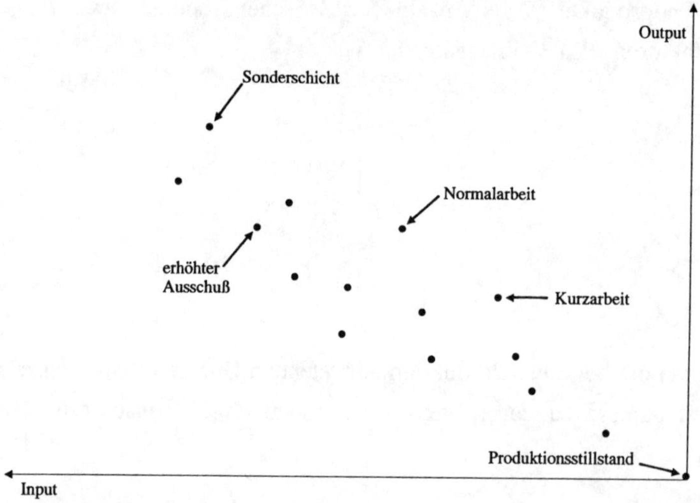

Abbildung G. 9: Beispielhafte Darstellung einer Technologie

Hat man bisher lediglich ein Beschreibungsmodell für eine Technologie, so können nun zum Zwecke der Erklärung auch Hypothesen formuliert werden, die widerspruchsfrei, allgemeingültig, empirisch gehaltvoll und faktisch überprüfbar sind (vgl. SCHWEITZER/KÜPPER 1974). Im Grundmodell der Aktivitätsanalyse (vgl. KOOPMANS 1951) konzentrieren sich diese Hypothesen auf Produktionprozesse, die Güter hervorbringen. DYCKHOFF (1992) zeigt jedoch, daß sich die Hypothesen auch für den Fall beliebiger Objekte einfach erweitern lassen.

Die Hypothesen des Grundmodells können in zwei Klassen eingeteilt werden. Wesentliche **Grundannahmen** von hohem Allgemeinheitsgrad und damit großer Akzeptanzwahrscheinlichkeit sind:

(1) Es gibt **kein Schlaraffenland**.

Diese Annahme besagt, daß jeder erwünschte Output durch Transformation mindestens eines Inputs zustandekommt. Danach darf es also keine Aktivitäten v geben, die nur positive Komponenten haben, für die also gilt:

$$T \cap R_+^K \subseteq \{0\}.$$

Die Annahme beruht auf einer naturgesetzlichen Erkenntnis, dem **Ersten Hauptsatz der Thermodynamik** (Energieerhaltungssatz). Danach müssen die Energie- und Materialbilanzen bei Transformationsprozessen stets ausgeglichen sein. Daraus folgt, daß in einem Produktionsprozeß Energie bzw. Materie zugeführt werden muß, bevor Produkte entstehen.

In einer ökonomischen Modellwelt sind Naturgesetze zwar nur von untergeordnetem Interesse, doch findet die Annahme der Unmöglichkeit eines Schlaraffenlands für knappe Güter eine breite Akzeptanz. Wer sie ablehnt, stellt die Bedeutung des Transformationsprozesses grundsätzlich in Frage. Der Betrachtungsgegenstand einer derart elementaren Ökonomie ohne Produktion würde sich auf einige wenige natürliche Güter beschränken, die ausreichen, um die menschlichen Bedürfnisse zu befriedigen.

(2) Produktionen sind **nicht umkehrbar**.

Inputs, die zu Outputs verarbeitet werden, können aus diesen Outputs nicht wieder in ihre ursprünglichen Qualitäten und Quantitäten zurücktransformiert werden. Dies bezeichnet man auch als **Irreversibilität der Produktion**. Die formale Darstellung lautet:

$$T \cap (-T) \subseteq \{0\}.$$

Die Irreversibilitätsannahme kann mit dem **Zweiten Hauptsatz der Thermodynamik** (Entropiegesetz) ebenfalls naturgesetzlich begründet werden. Zwar geht in einem Transformationsprozeß keine Energie verloren, doch reduziert sich nach diesem Gesetz die Menge an frei verfügbarer Energie. Für die Rücktransformation müßte dem Prozeß dementsprechend wieder neue Energie zugeführt werden.

Auf ökonomische Verhältnisse angewandt wird die Irreversibilität einer Produktion daran deutlich, daß die in einem Montageprozeß benötigte Arbeit bei der anschließenden Demontage des Produkts nicht wieder frei wird, sondern im Gegenteil zusätzliche Arbeit erforderlich ist. Lediglich in einfachen Modellen, in denen Arbeit nicht ausdrücklich berücksichtigt wird, ist die Annahme der Irreversibilität deshalb kritisch.

(3) Es existieren **Produktionen mit positivem Output**.

Menschen besitzen den Willen und die Fähigkeit, Produktionsprozesse durchzuführen, d.h.

$$T \setminus \{0\} \neq \emptyset.$$

Nur bei Technologien, die diese Annahme erfüllen, ist eine Wertschöpfung überhaupt denkbar. Die Betrachtung anderer Technologien lohnt aus wirtschaftlichen Gründen nicht. Die Annahme ist deshalb unproblematisch.

Das Beobachtungsfeld ist durch die Grundannahmen (1) - (3) bereits erheblich eingeengt, wie auch Abbildung G. 10 beispielhaft zeigt. Neben den drei Grundannahmen sind in dieser Abbildung weitere Annahmen erfüllt, die ebenfalls allgemeinen Charakter haben (vgl. FANDEL 1991; DYCKHOFF 1992):

(4) **Produktionsstillstand ist möglich**, d.h.

$$0 \in T.$$

(5) Es besteht die Möglichkeit, **beliebige Mengen an Gütern zu vernichten**, d.h.

$$R_{-}^{K} \subseteq T.$$

(6) Die Technologie ist **abgeschlossen**, d.h. Randpunkte gehören ebenfalls zur Technologie.

Darüber hinaus sind weitere Annahmen denkbar, die nicht mehr generell gelten sollen, sondern lediglich für spezielle Betrachtungsobjekte. Erst mit ihnen sind empirisch gehaltvolle Hypothesen verbunden. Soweit das Niveau λ der Produktion betroffen ist, können folgende spezielle Annahmen unterschieden werden:

(7a) Das **Niveau** jeder **zulässigen** Produktion läßt sich **beliebig verändern**.

D.h. eine Verdopplung, Verdreifachung usw. der Produktion ist ebenso realisierbar wie eine Halbierung, Drittelung usw. Diese sog. **Größenproportionalität** ist formal darstellbar als

$$v \in T \Rightarrow \lambda\, v \in T \; mit \; \lambda \geq 0.$$

In vielen industriellen Fertigungsprozessen ist die Hypothese überprüfbar. Vor allem wird sie für einfache Montageprozesse und Formen der unabhängigen Teilefertigung formuliert. Die zugrundeliegenden konstanten Input-Output-Verhältnisse werden durch Stücklisten beschrieben. Häufig verlangt dabei die kleinste Maßeinheit, daß die Produktion nur um ein ganzes Vielfaches verändert werden kann, also

$$\lambda \in N$$

erfüllt sein muß. Die Erhöhung des Produktionsniveaus wird allenfalls durch Kapazitätsschranken begrenzt. Diese sind jedoch nicht technisch, sondern ökonomisch bedingt. In Abbildung G. 10 ist die spezielle Annahme (7a) ebenfalls erfüllt.

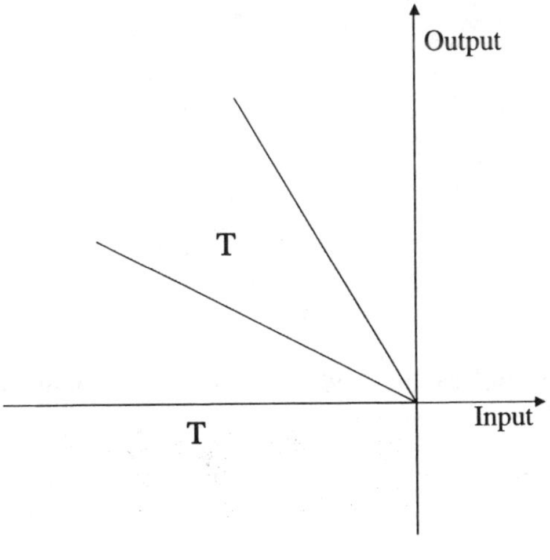

Abbildung G. 10: Darstellung einer Technologie, die die Annahmen (1) - (7a) erfüllt

(7b) Das **Niveau** jeder **zusätzlichen** Produktion läßt sich **beliebig verringern**.

In manchen Unternehmen ist lediglich die Reduzierung der Betriebsgröße technisch ohne weiteres möglich. Man spricht deshalb auch von **Größendegression** und stellt dies formal dar als

$$v \in T \Rightarrow \lambda\ v \in T \ mit\ 0 \leq \lambda \leq 1.$$

Produktionssteigerungen verlangen hingegen beispielsweise andere Verfahren, überproportionalen Arbeits- oder Betriebsmitteleinsatz bzw. Energieverbrauch. Größendegression kennzeichnet damit vor allem auch komplexe Tatbestände, bei denen die Lösung des Organisationsproblems das Mengenproblem wesentlich beeinflußt. Verschiedene Produktionspunkte erfordern jeweils eine neue Abstimmung der einzelnen Organisationseinheiten. Eine Technologie, bei der die Hypothese (7b) erfüllt ist, wird in Abbildung G. 11 dargestellt.

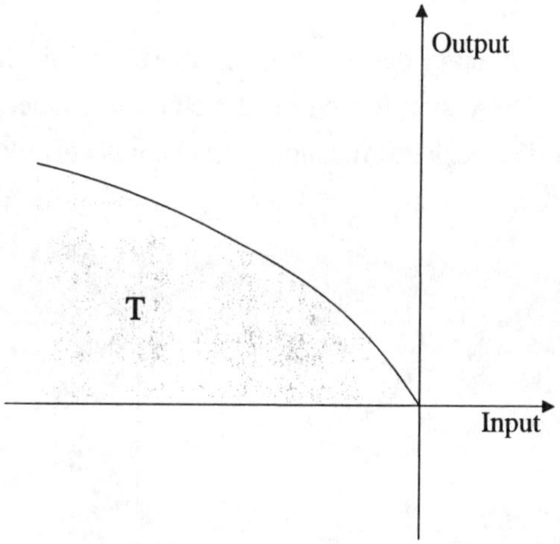

Abbildung G. 11: Technologie unter der Annahme von Größendegression

(7c) Das **Niveau** jeder **zulässigen** Produktion läßt sich **beliebig vergrößern**.

Unter besonderen Umständen lassen sich im Produktionsprozeß nur Größenvorteile nutzen, d.h. es gilt:

$$v \in T \Rightarrow \lambda\ v \in T \ mit\ \lambda \geq 1.$$

Dieser Fall der **Größenprogression** unterstellt, daß eine Absenkung der Produktionsmenge verfahrensmäßig - also in bezug auf die Input-Output-Relationen - immer ungünstiger ist als eine Ausdehnung der Produktion. Erst mit wachsender Produktion entstehen Größeneffekte, etwa durch Übungsgewinne oder bessere Ausbeutung der Produktionsfaktoren. Diese Form der Technologie wird in Abbildung G. 12 veranschaulicht.

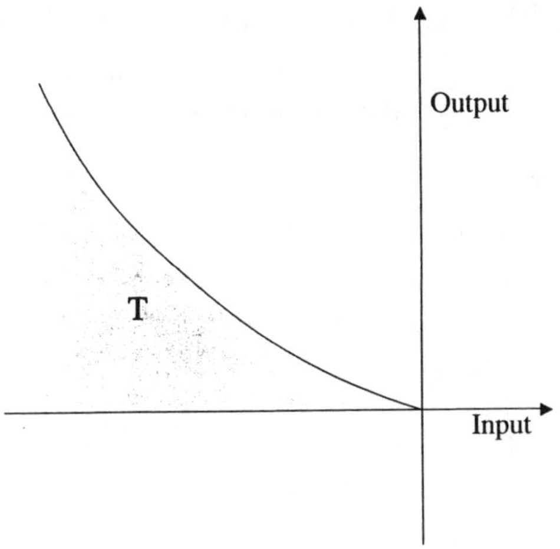

Abbildung G. 12: Technologie unter der Annahme von Größenprogression

(8) **Verschiedene Produktionen** lassen sich **unabhängig voneinander ausführen**.

Im Hinblick auf die Überlegungen zur Betriebsgröße ist neben der möglichen Niveauanpassung auch zu untersuchen, inwiefern verschiedene Produktionen miteinander kombiniert werden können. Im Prinzip handelt es sich dabei um eine besondere, bisher nicht berücksichtigte Form von Größenprogression, da sich eine Produktion offenbar ausdehnen läßt, ohne daß negative externe Effekte zu erwarten sind, d.h. die eine Produktion die andere behindert. Diese Additivität von Produktionen kann dargestellt werden als:

$$v,\ w \in T \Rightarrow v + w \in T.$$

Die Hypothese (8) ist in bezug auf ihre empirische Validierung ähnlich zu beurteilen wie die Größenprogression. Sie ist jedoch vergleichsweise unproblematisch, weil die unterschiedlichen Verfahren v und w im allgemeinen selbständig entwickelt wurden. Abhängigkeiten, die auftreten können, sind deshalb nicht primär technischer Art, sondern gelten in erster Linie temporären ökonomischen Umständen, wie z.B. einer nicht ausreichenden Produktionskapazität.

In Verbindung mit der Annahme (5) über die Möglichkeit der Gütervernichtung folgt aus der Additivität einer Technologie die Zulässigkeit von Güterverschwendung. Faßt man die Hypothesen (7a) über Größenproportionalität und (8) über Additivität zusammen, so wird das Resultat auch als lineare Technologie bezeichnet, da nunmehr jede Produktion als Linearkombination anderer Produktionen darstellbar ist, d.h.

$$z = \lambda_1 v + \lambda_2 w \; mit \; \lambda_1, \; \lambda_2 \geq 0.$$

Gelten außerdem die anderen Grundannahmen (1) - (6), so liefert jede lineare Technologie ein Erklärungsmodell mit einer Vielzahl von Hypothesen. Liegen endlich viele Grundaktivitäten v^l, $l = 1,\ldots,L$, vor, das sind Produktionen, die auf natürliche Weise durch Forschung und Entwicklung zustande gekommen sind, so ist eine lineare Technologie folgendermaßen darstellbar:

$$T = \left\{ v \middle| v = \sum_{l=1}^{L} \lambda_l v^l, \lambda_l \geq 0, \; l = 1,\ldots, L \right\}.$$

Eine lineare Technologie ist in Abbildung G. 13 wiedergegeben.

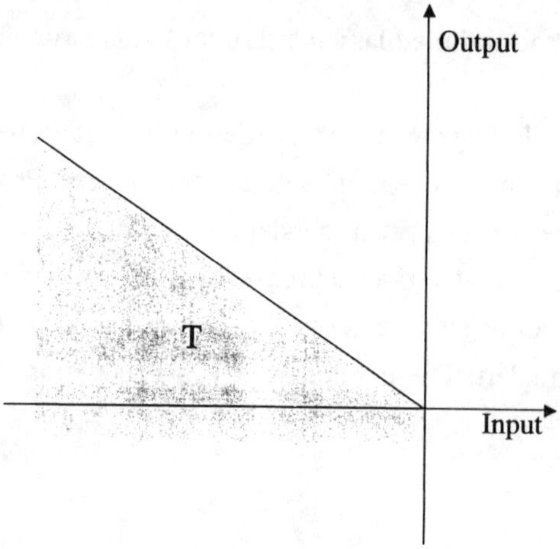

Abbildung G. 13: Lineare Technologie

Obwohl lineare Technologien in der Realität praktisch sehr häufig vorkommen und deshalb auch für die weitere Vorgehensweise in diesem Kapitel maßgeblich sein werden, ist das Beobachtungsfeld für produktionswirtschaftliche Untersuchungen immer noch sehr groß. Insbesondere erscheint es ökonomisch sinnvoll, Güterverschwendung aus den weiteren Betrachtungen von vornherein auszuschließen, da sie gegen das ökonomische Prinzip verstößt. Wendet man dieses Prinzip in der Produktionswirtschaft an, so reduziert sich der interessante Bereich einer Technologie auf einige ausgezeichnete, nämlich die effizienten Produktionspunkte. Bei diesem Vorgehen handelt es sich allerdings nicht mehr um eine deskriptive Beschränkung des Untersuchungsgegenstands, die sich aus Beobachtungen ergibt und in Hypothesen formuliert wird, sondern um eine normative Beschränkung durch Bewertung bzw. bewußte Auswahl von Beobachtungsergebnissen.

Die Auswahl effizienter Produktionen aus der Technologie wird auch als Wahlproblem der Produktionstheorie bezeichnet. Um zu vermeiden, daß Markteinflüsse die Auswahlentscheidung wesentlich bestimmen, bleibt eine Geldbewertung der einzelnen Produktionen dabei noch ausgeschlossen. Es wird lediglich eine Mengenbewertung vorgenommen. Problematisch ist, daß im Güterraum keine vollständige Ordnung herrscht. Eine natürliche, jedoch unvollständige Ordnung besagt lediglich, daß eine Produktion w mindestens dasselbe leistet wie eine Produktion v $(w \geq v)$, wenn für jedes Gut $k = 1,\ldots,K$ gilt: $w_k \geq v_k$. Gegenüber der Produktion v werden bei w also entweder mindestens ebenso viele Produkteinheiten wie bei der Produktion v erzeugt, oder es entstehen - wegen des negativen Vorzeichens von Inputmengen - höchstens dieselben Faktorverbräuche wie bei v. Dieses Ordnungskriterium läßt sich zu einem Dominanzkriterium verschärfen, wonach eine Produktion w eine andere Produktion v dominiert $(w > v)$, wenn erstens $w \geq v$ gilt und zweitens von mindestens einem Gut k mehr produziert bzw. weniger verbraucht wird $(w_k > v_k)$. Wird die Produktion $v \in T$ dominiert, so stellt sie also nur eine zweitbeste Alternative dar. Es werden Produkt- bzw. Faktormengen verschwendet. Solche Produktionen können offenbar aus weiteren Betrachtungen ausgeschlossen werden. Dementsprechend heißt eine Produktion $v \in T$ genau dann effizient, wenn sie von keiner anderen Produktion $w \in T$ dominiert wird. Im direkten Vergleich zwischen v und einer beliebigen anderen Produktion w muß damit stets eine der folgenden Bedingungen erfüllt sein:

- $w \not\geq v$, d.h. zwischen v und w gibt es keine Ordnung

- $v \geq w$

- $w \geq v \Rightarrow w_k = v_k$ für alle $k = 1,\ldots,K$.

Effiziente Produktionen erfüllen insbesondere auch die Anforderungen an eine technische Minimierung bzw. technische Maximierung. Als technische Minimierung bezeichnet man den Fall, daß eine vorgegebene Outputmenge durch nicht zu unterbietende Inputmengen erzeugt wird. D.h. es existiert keine andere Produktion, die für die Erzeugung desselben Outputs von einem Inputgut eine geringere Menge benötigt, ohne dabei von anderen Inputgütern mehr zu beanspruchen. Unter technischer Maximierung versteht man, daß mit den vorgegebenen Inputmengen eine maximale Outputmenge hergestellt wird. Es gelingt also auch nicht mit einer anderen Produktion, die gegebenen Inputs in größere Outputmengen zu transformieren.

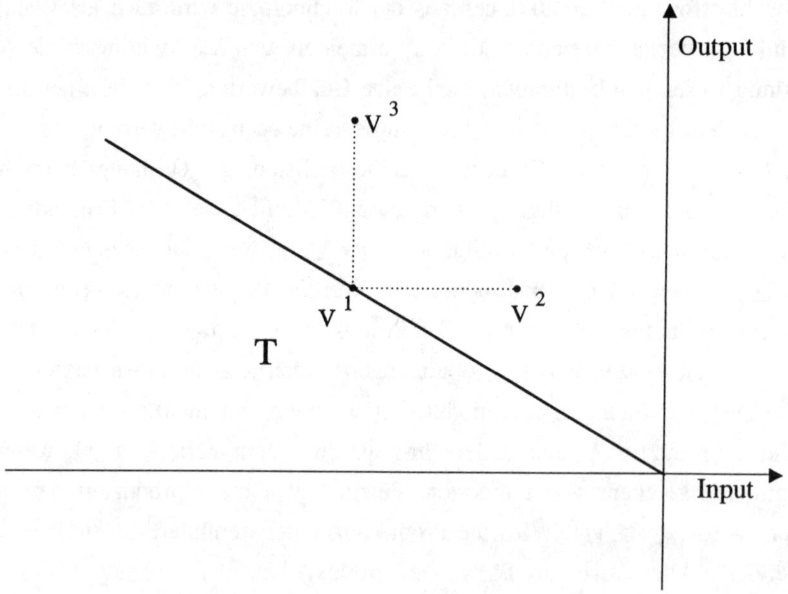

Abbildung G. 14: Effizienter Rand einer Technologie

Effiziente Produktionen liegen auf dem Rand einer Technologie, wie auch Abbildung G. 14 zeigt. Der Produktionspunkt v^1 ist effizient, da bei dem vorhandenen technischen Wissen weder die Outputmenge unter gleichbleibendem Faktoreinsatz gesteigert werden kann (v^3) noch der Faktoreinsatz bei gegebener Outputmenge reduzierbar ist (v^2). Die beiden Punkte v^2 und v^3 befinden sich nämlich außerhalb der Technologie.

4.2 Allgemeine Theorie der Produktionsfunktion

Mit Hilfe des Grundmodells der Aktivitätsanalyse gelingt es, aufgrund von einfachen Beobachtungen, einigen Erklärungen in Form empirisch gehaltvoller Hypothesen sowie elementaren Auswahlentscheidungen durch Anwendung des ökonomischen Prinzips den Betrachtungsgegenstand der Produktionstheorie sinnvoll einzugrenzen. Durch Anpassung der formalen Sprache und Spezifizierung von Hypothesen läßt sich aus der Aktivitätsanalyse eine Produktionstheorie entwickeln, die in der Lage ist, vor allem die industriell ablaufenden komplexen Produktionen befriedigend zu erklären.

Da sich die für ökonomische Zwecke interessanten Produktionspunkte ausschließlich auf dem Rand einer Technologie befinden, läßt sich die etwas umständliche Mengenbeschreibung durch eine einfachere funktionale Beziehung ersetzen (vgl. WITTMANN 1968).

Eine **Produktionsfunktion** beschreibt die **Abhängigkeit** zwischen **Input- und Outputarten** in der Weise, daß sie die **Einsatzverhältnisse** verschiedener Inputs und die daraus resultierenden Outputmengen in eine eindeutige Beziehung setzt.

Dabei werden nur **effiziente Produktionen** berücksichtigt. Verzichtet man auf die im vorangegangenen Abschnitt getroffene Vorzeichenkonvention (negative Vorzeichen für Inputs, positive Vorzeichen für Outputs) und führt man statt dessen unterschiedliche Symbole für Input- und Outputmengen ein, so lautet eine Produktionsfunktion in ihrer allgemeinsten Darstellung und unter Vernachlässigung von Zwischenprodukten:

$$f(r_1,\ldots,r_I;x_1,\ldots,x_J)=0.$$

Die Inputmengen sind als r_i, $i = 1,\ldots,I$, und die Outputmengen als x_j, $j = 1,\ldots,J$, gekennzeichnet. In vielen Fällen läßt sich diese implizite Funktionsdarstellung geeignet auflösen. Von besonderer Bedeutung sind Auflösungen nach einzelnen **Produkten** und **Produktionsfaktoren**. Eine Darstellung

$$x_j = f\left(r_1,\ldots,r_{I;}x_1,\ldots,x_{j-1},x_{j+1},\ldots,x_J\right)$$

heißt auch **Produktfunktion**, eine Auflösung nach

$$r_i = f\left(r_1,\ldots,r_{i-1},r_{i+1},\ldots,r_I;x_1,\ldots,x_J\right)$$

entsprechend **Faktorfunktion**. Die Entwicklung von Produkt- bzw. Faktorfunktionen aus einer Technologie ist beispielhaft in Abbildung G. 15 veranschaulicht.

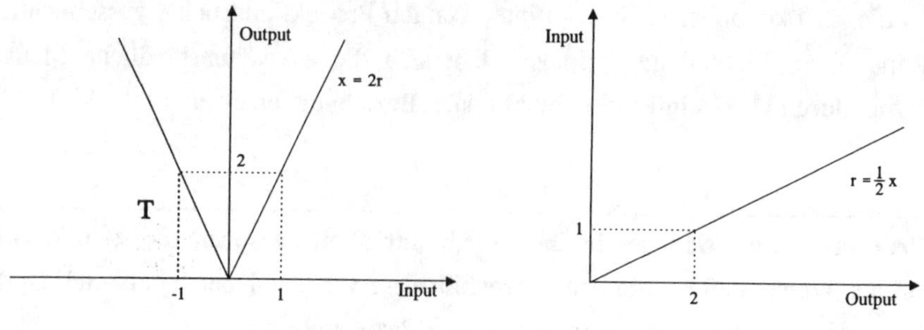

Abbildung G. 15: Herleitung von Produkt- und Faktorfunktion

Im Rahmen einer **Partialbetrachtung** können gezielt Wirkungszusammenhänge einzelner Güter analysiert werden, während andere Gütermengen als unveränderbar angenommen werden. Unter der Hypothese, daß die Faktormengen fest vorgegeben sind, resultiert aus der Produktfunktion unmittelbar die **Faktorisoquante** (Transformationsfunktion)

$$x_j = f\left(\bar{r}_1,\dots,\bar{r}_I;x_1,\dots,x_{j-1},x_{j+1},\dots,x_J\right).$$

Sie erklärt, auf welche Weise die gegebenen Inputmengen für unterschiedliche Outputarten (alternativ) verwandt werden können. Verrringert sich die Outputmenge einer Produktart automatisch mit jeder Erhöhung einer anderen Produktmenge, so bezeichnet man dies auch als Alternativproduktion.

Ein typischer Verlauf der Faktorisoquante bei Alternativproduktion ist in Abbildung G. 16 veranschaulicht. Die Faktorisoquante $x_1 = 2\,\bar{r} - x_2$ zeigt, wie $\bar{r} = 2$ Einheiten zur Herstellung von zwei Outputarten einsetzbar sind. Mit jeder zusätzlichen Einheit von der zweiten Outputart muß zugleich auf eine Einheit der ersten Outputart verzichtet werden. Das Austauschverhältnis ist in diesem Fall konstant. Da die erzielbaren Outputmengen sich gegenseitig beeinträchtigen, weil sie gemeinsame Produktionsfaktoren beanspruchen, liegt verbundene Produktion vor.

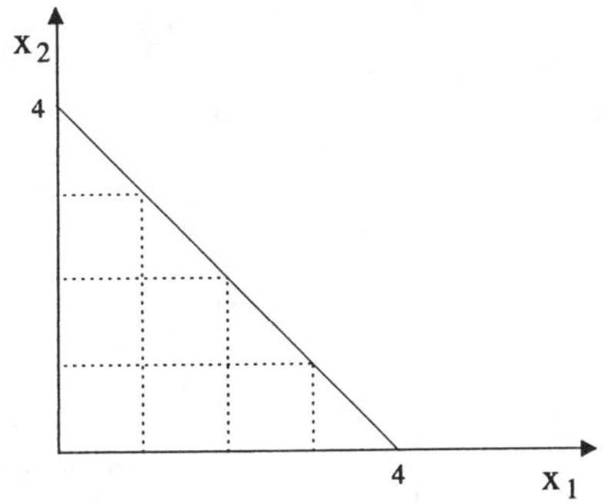

Abbildung G. 16: Verlauf der Faktorisoquante bei Alternativproduktion

Konzentriert sich die Produktionsfunktion dagegen auf die Erklärung von Beziehungen zwischen Inputarten, d.h.

$$r_i = f(r_1,\dots,r_{i-1},r_{i+1},\dots,r_I;\bar{x}_1,\dots,\bar{x}_J),$$

so heißt sie auch **Produktisoquante**. Bei vielen Produktionsfaktoren ist es technisch möglich, eine Inputart durch eine andere zu ersetzen. Die Produktionsfunktion erhält dann das Attribut "substitutional". Die Produktisoquanten verlaufen etwa wie in den Abbildungen G. 17a und G. 17b skizziert. Kann auf einen Produktionsfaktor völlig verzichtet werden (z.B. durch Einsatz von Synthetikgewebe statt Baumwolle), so liegt **totale Substituierbarkeit** vor. **Partielle Substituierbarkeit** besagt, daß jeder Faktor in einer Mindestmenge zur Produktion auf jeden Fall benötigt wird. Z.B. kann menschliche Arbeitskraft im allgemeinen nicht vollkommen durch Maschinenarbeit ersetzt werden. Die negative Steigung einer Produktisoquante $-dr_j/dr_i$ (≥ 0) bezeichnet man als **Grenzrate der Substitution**. Sie definiert, wieviel Einheiten vom Faktor j eingespart werden können, wenn eine (infinitesimale) Einheit des Faktors i zusätzlich verbraucht wird. Im Fall partieller Substituierbarkeit strebt die Grenzrate der Substitution für sehr große Mengen eines Faktors offenbar gegen Null. D.h. es wird immer schwieriger, die verbleibende Restmenge des anderen Faktors weiter zu ersetzen.

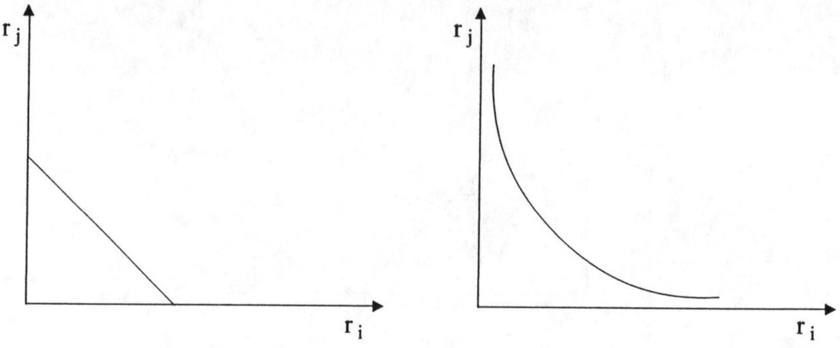

a) totale Substituierbarkeit b) partielle Substituierbarkeit

Abbildung G. 17: Produktisoquanten bei Substituierbarkeit der Faktoren

Besteht keine Möglichkeit der Substitution, d.h. ist das Faktoreinsatzverhältnis r_j/r_i bei gegebener Outputmenge nicht veränderbar, so hat man **Limitationalität** zwischen den betroffenen Inputarten. Die Produktisoquante konzentriert sich bei ihrer graphischen Abbildung auf einen einzigen Punkt. Darüber hinaus liegt lineare Limitationalität (vgl. Abbildung G. 18a) vor, wenn das Faktoreinsatzverhältnis nicht nur konstant, sondern sogar für jedes Produktionsniveau identisch ist. Die anderen limitationalen Produktionsmodelle zeichnen sich durch nicht-lineare Limitationalität aus, d.h. das Einsatzverhältnis bleibt zwar für ein gegebenes Produktionsniveau fest, doch kann es sich bei einem anderen Niveau durchaus ändern (vgl. Abbildung G. 18b).

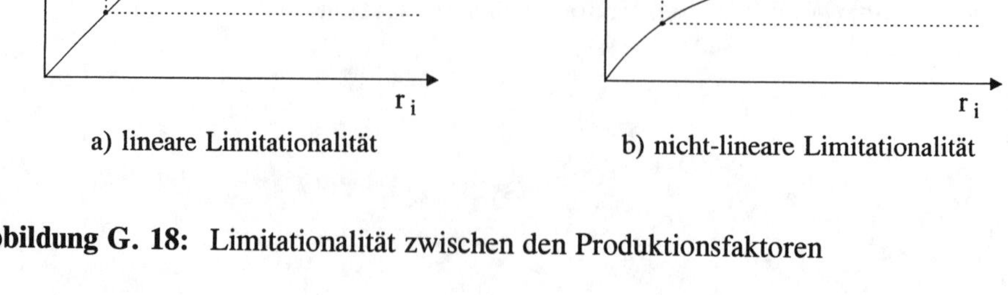

a) lineare Limitationalität b) nicht-lineare Limitationalität

Abbildung G. 18: Limitationalität zwischen den Produktionsfaktoren

Die Erklärung von Produktionsprozessen durch vollständige funktionale Beziehungen zwischen Input- und/oder Outputmengen ist nicht immer realitätsnah, da hierdurch häufig eine Genauigkeit der Beobachtungen vorgetäuscht wird, als handele es sich um eine naturgesetzliche Erkenntnis. Aus der Sicht einer Erfahrungswissenschaft ist es deshalb vielfach zweckmäßiger, statt kompletter Funktionsverläufe lediglich einzelne Beziehungszusammenhänge punktuell zu beobachten bzw. zu messen.

Ein einfaches partielles Maß ist die **durchschnittliche Produktivität** x/r einer eingesetzten Inputmenge in bezug auf die damit erzeugte Outputmenge. Die Produktivität kennzeichnet also, wieviel Outputeinheiten pro Inputeinheit im Durchschnitt erzeugt werden können. Je nachdem, ob und wie sich dieses Verhältnis bei Anpassung der Inputmenge verändert, ergeben sich unmittelbar Rückschlüsse auf die Hypothesen des Produktionsmodells. Umgekehrt beschreibt der Produktionskoeffizient r/x, wieviel Inputeinheiten pro Outputeinheit durchschnittlich eingesetzt werden müssen.

Bei einer Faktorfunktion $r = a\ x$ gibt a also den Produktionskoeffizienten an. Der Kehrwert $1/a$ ist als Produktivität interpretierbar. Er läßt sich auch der Produktfunktion $x = (1/a)\ r$ entnehmen.

Ein Produktionsprozeß kann detailliert auch durch seine **Grenzproduktivitäten** dx/dr erfaßt werden, das sind die Produktivitäten der jeweils letzten eingesetzten Inputeinheiten. Der Begriff der "letzten Einheit" muß dabei sinnvoll interpretiert werden. So ist zu berücksichtigen, ob es sich etwa um eine diskrete oder kontinuierliche Produktion handelt, bei der Stück- bzw. Fließgüter eingesetzt und erzeugt werden. Die letzte Inputeinheit muß deshalb geeignet auf $dr = 1$ normiert werden. dx gibt dann die daraus zusätzlich resultierende Outputmenge an. Für den Grenzproduktionskoeffizienten gilt analog der reziproke Wert der Grenzproduktivität, also dr/dx.

Konstante Grenzproduktivitäten stellen einen Sonderfall von Größenproportionalität dar, indem nämlich nur ein Input sowie Output betrachtet werden. Auf diese Weise entsprechen sich auch fallende Grenzproduktivitäten und Größendegression bzw. steigende Grenzproduktivitäten und Größenprogression. Bei der Ermittlung von partiellen Grenzproduktivitäten ist stets zu überprüfen, ob die partielle Veränderung einer Faktorart überhaupt Einfluß auf die Outputmenge haben kann. Ist eine solche Wirkung ausgeschlossen, so begründet dies bereits ein limitationales Produktionsmodell.

DYCKHOFF (1992) zählt sämtliche Produktivitäten bzw. Produktionskoeffizienten zu den Kompensationsmaßen.

Kompensation bedeutet, daß zwischen den betrachteten Objekten ein Ausgleich herzustellen ist. Wird mehr produziert, so muß auch mehr eingesetzt werden.

Analog lassen sich **partielle Kompensationsmaße** auf der Output- und Inputseite definieren. Bei Mehrproduktfertigung ist dies die **Grenzrate der Transformation** $-dx_j/dx_i$, bei Einsatz mehrerer Faktorarten die **Grenzrate der Substitution** $-dr_j/dr_i$. Die negativen Vorzeichen zeigen an, daß in diesen beiden Fällen eine negative Kompensation stattfindet, d.h. jede Erhöhung einer Objektmenge mit der gleichzeitigen Reduzierung einer anderen Objektmenge verbunden ist.

Um die Formulierung und Validierung von empirisch gehaltvollen Hypothesen zu erleichtern, können auch andere zusammengesetzte Maße gebildet werden. Aus der Verknüpfung von Durchschnitts- und Grenzgrößen entstehen beispielsweise **Elastizitäten**, wie z.B. die Produktionselastizität

$$\frac{dx / dr}{x / r}$$

oder die Substitutionselastizität (vgl. FANDEL 1991). Außerdem besteht die Möglichkeit, alle Inputs bzw. alle Outputs im Sinne einer **Totalanalyse** in einem Maß zu berücksichtigen. Bei der Aggregation von Sachverhalten, die verschiedene Inputs oder Outputs betreffen, ergeben sich allerdings beträchtliche Schwierigkeiten. So wird es wenig Sinn machen, Durchschnittsproduktivitäten in bezug auf verschiedene Inputarten miteinander zu addieren. Allerdings lassen sich die absoluten Beiträge zusammenfassen, die zusätzliche Inputmengen zur Steigerung derselben Outputart liefern. Diese Summe

$$dx = \frac{dx}{dr_1} \cdot dr_1 + \ldots + \frac{dx}{dr_I} \cdot dr_I$$

ergibt das **totale Grenzprodukt** einer gleichzeitigen Erhöhung aller Faktorarten um dr_i, $i = 1, \ldots, I$. Fraglich ist hierbei, ob die einzelnen Beiträge stets eindeutig aufgeschlüsselt werden können. Im allgemeinen entscheidet die Reihenfolge der Faktoranpassung über die Zuordnung zu den **partiellen Grenzprodukten**

$$\frac{dx}{dr_i} \cdot dr_i,$$

was bei einer Totalanalyse allerdings unerheblich ist.

Wird das Inputniveau ("scale") λ gleichmäßig im Hinblick auf alle Inputarten verändert, so kann die Veränderung der Outputmenge auch einfacher durch die **Skalenelastizität**

$$\frac{dx / d\lambda}{x / \lambda}$$

dargestellt werden. Diese gibt an, wie stark sich die Outputmenge im Vergleich zur Niveauanpassung ändert. Ist die Skalenelastizität gleich 1, so ist die Hypothese der Größenproportionalität erfüllt. Liegt sie darunter (darüber), so gilt die Annahme der Größendegression (Größenprogression).

Die Totalanalyse ist nicht auf einstufige Einproduktfertigung beschränkt. Sobald in einer Organisationseinheit bzw. technisch bedingt mehrere Produktarten hergestellt werden, ist dies geeignet zu berücksichtigen (vgl. DYCKHOFF 1992).

4.3 Die Produktionsfunktion nach LEONTIEF

Bei einfachen Produktionsprozessen spricht vieles dafür, daß die Annahme der Größenproportionalität erfüllt wird. Besonders dann, wenn einzelne Teilprozesse unabhängig voneinander durchgeführt werden und häufige Prozeßwiederholungen nicht vorkommen, ist empirisch beobachtbar, daß die Produktionsmenge im gleichen Umfang wie die Faktoreinsatzmenge zunimmt. Es ist außerdem ein Merkmal solcher Technologien, daß einzelne Faktoren kurzfristig nicht durch andere ersetzbar sind, ohne daß sich die Produkteigenschaften ändern. Faßt man diese beiden Hypothesen, nämlich

(I) **Größenproportionalität** und

(II) **Linear-Limitationalität**

mit den **Grundannahmen** (1) - (6) der **Aktivitätsanalyse** zusammen, so erhält man ein Produktionsmodell, das Wassily LEONTIEF (1951) aufgrund umfänglicher Studien der amerikanischen Wirtschaft entwickelt hat.

Grundsätzlich läßt sich das Produktionsmodell sehr einfach als Produktionsfunktion darstellen. Allerdings ist zu beobachten, daß wegen der konstanten Faktorproportionen in der Praxis häufig ein Engpaßfaktor existiert, von dem relativ am wenigsten zur Verfügung steht. Dieser limitiert die Outputmenge. Eine **Partialanalyse** ist deshalb nur vernünftig, wenn sie mit Hilfe von **Faktorfunktionen** betrieben wird. Für die Fertigung einer einzigen Outputart lautet eine Faktorfunktion für Faktor i

$$r_i = a_i x$$

mit $a_i > 0$ als Produktionskoeffizient des Faktors i in bezug auf den Output. Hieraus ergibt sich, daß stets a_i Einheiten des Inputs i benötigt werden, um eine Outputeinheit zu erzeugen. Die Darstellung als (partielle) Produktfunktion

$$x = \frac{1}{a_i} r_i$$

ist dagegen unzulässig, denn sie suggeriert, daß man aus jeder Inputeinheit $1/a_i$ Outputeinheiten herstellen kann. Dies trifft jedoch nur dann zu, wenn auch von den übrigen Produktionsfaktoren ausreichende Mengen verfügbar sind.

Beispielsweise werden auf einen Pkw 4 Reifen montiert ($a_i = 4$), wie es die Faktorfunktion vorschreibt. Grundsätzlich kann man natürlich unter Verwendung von 4 Reifen einen Pkw fertigen. Nur ist diese Betrachtung unzulässig, da auch andere Inputarten (Motor, Kupplung, Karosserieteile usw.) benötigt werden, über die in der partiellen Produktfunktion nichts ausgesagt wird.

Die Notwendigkeit der Anpassung **sämtlicher Faktorarten** bei Erhöhung der Produktion wird deutlich, wenn eine **Totalanalyse** durchgeführt wird. Die Produktionsfunktion ist dann darstellbar als ein **System von Faktorfunktionen**

$$\begin{aligned} r_1 &= a_1 x \\ r_2 &= a_1 x \\ &\vdots \\ r_I &= a_I x \end{aligned}$$

mit $a_i > 0$, $i = 1,\ldots,I$. Andere Darstellungen der Produktionsfunktion ergeben sich nun zwangsläufig aus diesem System. Für die korrekte Darstellung als Produktfunktion gilt z.B.

$$x = \frac{1}{a_1} r_1 \; mit \; \frac{r_i}{r_1} = \frac{a_i}{a_1}, \; i = 2,\ldots,I.$$

In der Nebenbedingung kommt hier zum Ausdruck, auf welche Weise die Faktoreinsatzverhältnisse konstant gegeben sein müssen, damit eine effiziente Produktion realisiert wird. Alternativ kann die Engpaßsituation in einer Produktfunktion auch durch einen Minimumoperator erfaßt werden:

$$x = min\left(\frac{1}{a_1}r_1,\ldots,\frac{1}{a_I}r_I\right).$$

Ein Beispiel veranschaulicht die verschiedenen Darstellungen der Produktionsfunktion von LEONTIEF. In einer Lackiererei werden zum Lackieren eines Kotflügels neben dem Kotflügel (Input 1) auch 0,8 l Lackfarbe (Input 2) sowie 0,5 Maschinenstunden (Input 3) benötigt. Sind die beiden oben genannten Hypothesen (1) und (2) validiert worden, so lautet das System von Faktorfunktionen

$$\begin{aligned} r_1 &= 1{,}0x \\ r_2 &= 0{,}8x \\ r_3 &= 0{,}5x. \end{aligned}$$

Die Produktfunktion ist darstellbar als

$$x = min\left(\frac{r_1}{1{,}0},\frac{r_2}{0{,}8},\frac{r_3}{0{,}5}\right).$$

Verfügt die Werkstatt gegenwärtig über 20 unlackierte Kotflügel, 18 l Lack sowie eine Maschinenkapazität von 8 Stunden, lassen sich hiermit 16 Produkte herstellen. Setzt man nämlich die bereitstehenden Faktormengen in die Produktfunktion ein, so erweisen sich die 8 Maschinenstunden als Engpaß. Es gilt

$$x = min\left(\frac{20}{1{,}0},\frac{18}{0{,}8},\frac{8}{0{,}5}\right) = 16.$$

Um 16 Produkteinheiten herzustellen, werden gemäß Faktorfunktion neben 8 Maschinenstunden nur 16 Kotflügel und 12,8 l Lack eingesetzt. Die restlichen Inputmengen können auf andere Weise genutzt werden.

Die Produktionsfunktion von LEONTIEF kann im wesentlichen bereits durch die Produktionskoeffizienten a_i, $i = 1,\ldots,I$, abgebildet werden. Die Produktionskoeffizienten sind nämlich konstant und entsprechen den Grenzproduktionskoeffizienten. Um eine weitere Outputeinheit zu erzeugen, muß stets dieselbe Inputmenge zusätzlich eingesetzt werden, unabhängig davon, wie hoch das derzeitige Inputniveau ist. Wegen der Limitationalität der Produktionsfaktoren ist die Betrachtung von Grenzproduktivitäten aber mit Schwierigkeiten verknüpft. Der Kehrwert $1/a_i$ des Grenzproduktionskoeffizienten ist nur dann als Grenzproduktivität begreifbar, wenn Faktor i den einzigen Engpaß bildet. Andernfalls ist die partielle Grenzproduktivität des Faktors i gleich Null.

Für die Lackierung der Kotflügel folgt daraus, daß bei den vorhandenen Faktormengen die Grenzproduktivität einer weiteren Maschinenstunde

$$\frac{1}{a_3} = \frac{1}{0{,}5} = 2$$

beträgt. Kann die Maschine eine zusätzliche Stunde genutzt werden, so lassen sich 2 weitere Kotflügel lackieren. Die Grenzproduktivitäten eines weiteren Kotflügels bzw. eines zusätzlichen Liters Lack sind dagegen Null, da beide Faktorarten bereits jetzt in ausreichendem Maße verfügbar sind.

Soll das totale Grenzprodukt für den Fall berechnet werden, daß das Inputniveau insgesamt angehoben wird, so sind die einzelnen Beiträge von Faktorarten aufzuaddieren. Da die einzelnen Grenzproduktivitäten von der relativen Verfügbarkeitsmenge des Faktors in bezug auf andere Faktoren abhängen, gibt es mehrere Wege, das totale Grenzprodukt zu bestimmen.

Am Beispiel der Lackiererei wird dies deutlich. Zunächst soll angenommen werden, daß genügend Lack vorhanden ist, so daß die Grenzproduktivität des Lacks auf jeden Fall Null ist. Das totale Grenzprodukt ergibt sich dann zu

$$dx = \frac{dx}{dr_1} \cdot dr_1 + \frac{dx}{dr_3} \cdot dr_3.$$

Soll nun das Inputniveau auf 32 unlackierte Kotflügel und 16 Maschinenstunden angehoben werden, so zeigt Abbildung G. 19 zwei verschiedene Wege der Berechnung des totalen Grenzprodukts auf. In einem

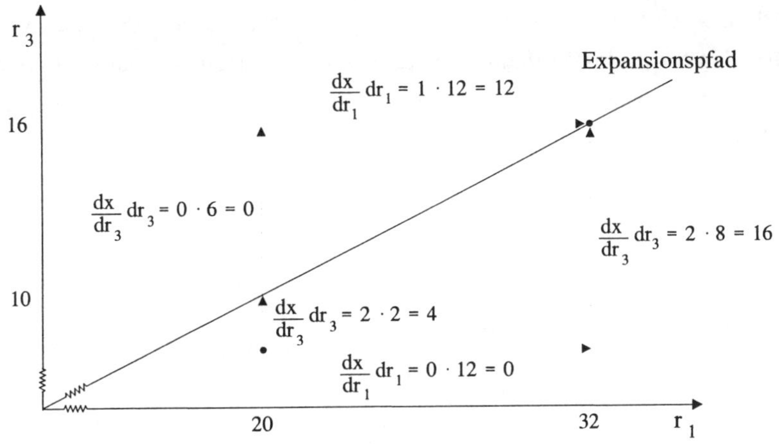

Abbildung G. 19: Bestimmung des totalen Grenzprodukts

Fall werden zuerst die neu eingegangenen Kotflügel berücksichtigt, anschließend dann die zusätzlichen Maschinenstunden. Im anderen Fall ist es genau umgekehrt. Beide Wege führen zu dem identischen Ergebnis $dx = 16$. Dabei ist zu beachten, daß die partielle Grenzproduktivität eines Faktors genau dann zu Null wird, wenn eine Erhöhung dieses Faktors vom Expansionspfad, d.h. der durch eine Gerade verbundenen Menge aller effizienten Produktionen, wegführt. Umgekehrt sind die Grenzproduktivitäten größer als Null, wenn Annäherungen an den Expansionspfad stattfinden.

Im Regelfall lassen sich in einer Produktionsstelle mehrere Grundaktivitäten beobachten. Für jede dieser Aktivitäten existiert zunächst eine separate Produktionsfunktion. Aufgrund der Beobachtung, daß die verschiedenen Aktivitäten in ein und derselben Stelle ausgeführt werden können, ist es überdies plausibel, anzunehmen, daß sie sich gegenseitig nicht behindern. Insofern besteht eine gute Aussicht, auch die Annahme der Additivität validieren zu können. Die Produktionsfunktion von LEONTIEF basiert damit auf einer linearen Technologie.

Die Additivität führt zu bemerkenswerten Verbesserungen hinsichtlich der Grenzproduktivität und gleichzeitig zu neuen effizienten Produktionen (vgl. FANDEL 1991). So ist es denkbar, daß zur Herstellung eines Outputs Verfahrensalternativen $k = 1,\ldots,K$ existieren, die auf unterschiedlichen Systemen von Faktorfunktionen

$$r_i^{(k)} = a_i^{(k)} x^{(k)}, \; i = 1,\ldots,I,$$

begründet sind. $x^{(k)}$ bezeichnet dabei die Outputmenge, die mit Verfahren k hergestellt wird, $a_i^{(k)}$ den für dieses Verfahren sowie Inputart i geltenden Produktionskoeffizienten und $r_i^{(k)}$ die zugehörige Faktoreinsatzmenge. Auf der Input- bzw. Outputseite sind Bilanzgleichungen

$$r_i = \sum_{k=1}^{K} r_i^{(k)}, \ i = 1,\ldots,I,$$

bzw.

$$x = \sum_{k=1}^{K} x^{(k)}$$

zu beachten, die Aussagen über die gesamten Input-Output-Relationen gestatten.

Durch Auswahl bzw. Kombination der Verfahren entstehen zwei Effekte. Erstens werden ehemals ineffiziente Produktionen nunmehr effizient. Zweitens resultiert ein Substitutionseffekt, der es erlaubt, Faktormengen in einem begrenzten Umfang gegeneinander auszutauschen und damit die verfügbaren Mengen besser auszunutzen. Beide Effekte sollen wiederum an dem bekannten Beispiel der Lackierung eines Kotflügels demonstriert werden.

Neben dem bereits bekannten Verfahren (1) existiere ein weiteres Verfahren (2), das zur Lackierung eines Kotflügels zwar 1 l Lack benötigt, dagegen jedoch nur 0,3 Maschinenstunden. Bilden Maschinenstunden den Engpaßfaktor, so wird dieses Verfahren auf jeden Fall attraktiv sein. Aus Abbildung G. 20 wird ersichtlich, daß in 8 Stunden und mit 18 l Lack bei Anwendung des Verfahrens (2) 18 statt bisher 16 Kotflügel lackiert werden können. Dabei wird der Lack zum Engpaßfaktor, denn die Maschine wird nur 5,4 Stunden beansprucht. Auch wenn die Produktion gesteigert werden kann, so bleibt der betreffende Produktionspunkt nach wie vor ineffizient. Werden die beiden Grundaktivitäten v und w jedoch linear zu einer Mischaktivität $1/2\ v + 1/2\ w$ kombiniert (vgl. Abbildung G. 21), so lassen sich sowohl der Lack als auch die Maschinenstunden voll nutzen, um sogar 20 Kotflügel zu lackieren. Je 10 Kotflügel werden dabei mit Hilfe der Verfahren (1) bzw. (2) veredelt. Dies Ergebnis entspricht insofern nicht immer in vollem Umfang der Realität, als durch die Annahme der Additivität beim Verfahrenswechsel auftretende Rüstzeiten unbeachtet bleiben. Die Modellbetrachtung wird jedoch um so genauer, je besser die Lösungen des Organisations- und Mengenproblems aufeinander abgestimmt sind, d.h. vor allem je schneller die Umrüstungen durch Einsatz geeigneter Aggregate vollzogen werden können.

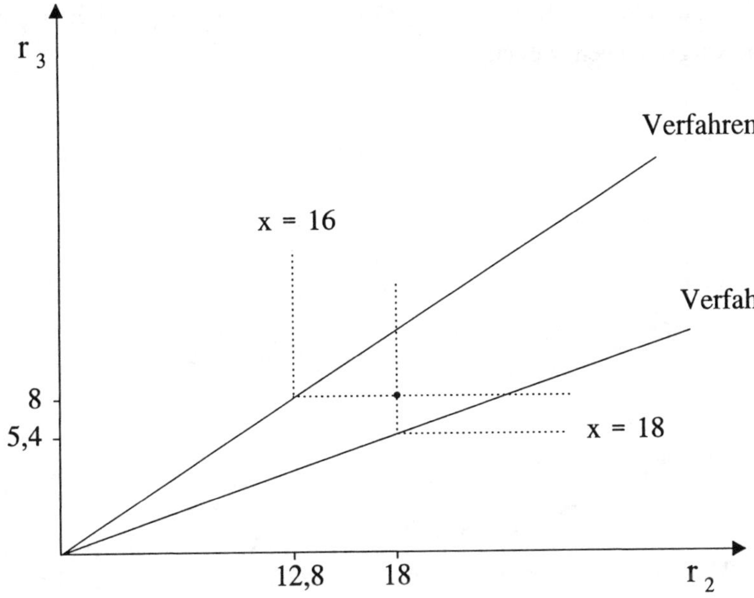

Abbildung G. 20: Faktorsubstitution durch Wahl zwischen zwei Grundaktivitäten

Die Produktionsfunktion von LEONTIEF vermag nicht nur die einstufige Einproduktfertigung zu erklären. Bei verbundener Produktion mehrerer Outputarten lautet das System der Faktorfunktionen analog zum Grundmodell:

$$r_i = \sum_{j=1}^{J} a_{ij} x_j, \; i = 1, \ldots, I.$$

D.h. die Addition der einzelnen, mit dem jeweils gültigen Produktionskoeffizienten gewichteten Outputmengen erklärt die erforderliche Inputmenge eines Faktors. In der Realität ist dabei häufig zu berücksichtigen, daß für Inputmengen Obergrenzen $\bar{r}_i$ in Form von Maschinenkapazitäten, knappen Rohstoffen o.ä. existieren, so daß eine Restriktion $r_i \leq \bar{r}_i$, $i = 1,\ldots,I$, vorliegt. Die Produktionsfunktion wird unter diesen Umständen durch Ungleichungen der Art

$$\bar{r}_i \geq \sum_{j=1}^{J} a_{ij} x_j, \; i = 1, \ldots, I.$$

beschrieben. In Gleichungsform, also bei Ausnutzung aller verfügbaren Faktormengen, entsprechen die Ungleichungen partiellen Transformationsfunktionen bei Alternativproduktion. Inputbeschränkungen vom beschriebenen Typ liegen vor allem auch der Produktionsplanung zugrunde. Um die optimalen Outputkombinationen auf einer Transformationsfunktion zu bestimmen, müssen allerdings Geldbewertungen der Input- und Outputmengen vorgenommen werden.

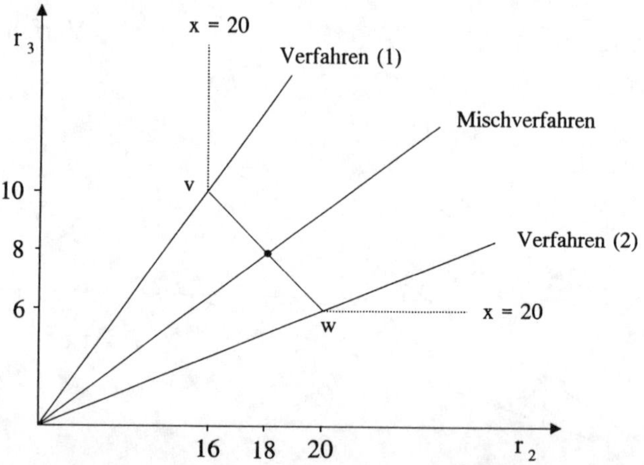

Abbildung G. 21: Faktorsubstitution durch Wahl zwischen mehreren Grund- und Mischaktivitäten

Soweit verbundene Produktion auf der Outputseite vorliegt, ist die Produktionsfunktion von LEONTIEF prinzipiell nicht in der Lage, Erklärungszusammenhänge zu liefern. Bevor eine entsprechende Produktionsfunktion formuliert werden kann, muß die Annahme (II) der Limitationalität, die konstante Faktorproportionen voraussetzt und deshalb auch als Input-Limitationalität spezifiziert werden kann (vgl. DYCKHOFF 1992), geeignet modifiziert werden. Durch die alternative Hypothese **Output-Limitationalität** wird angenommen, daß zwischen den verschiedenen Outputarten konstante Produktproportionen herrschen, die technisch bedingt sind. Für analytische Produktionen existiert demnach ein System von Produktfunktionen:

$$x_j = \sum_{i=1}^{I} b_{ij} r_i, \;\; j = 1,\ldots,J.$$

Die Koeffizienten b_{ij} heißen Ausbeutekoeffizienten. Sie geben an, wieviel Mengeneinheiten einer Outputart j aus einer eingesetzten Mengeneinheit des Faktors i "ausgebeutet" werden können. Die Hypothese der Output-Limitationalität ist vor allem in solchen Produktionsmodellen validierbar, die Produktionsprozesse abbilden, bei denen wesentliche Outputobjekte als Übel auftreten.

Mehrstufige Produktionsprozesse sind ähnlich wie die Existenz mehrerer Produktionsverfahren zur Herstellung derselben Outputart unter der Hypothese der Additivität erklärbar. Die Grundaktivitäten, die linear kombiniert werden sollen, müssen nunmehr jedoch in einer bestimmten zeitlichen Reihenfolge nacheinander ausgeführt werden. Bezeichne z_S die Menge einer Zwischenproduktart s, $s = 1,\ldots,S$, so existieren beispielsweise für einen zweistufigen Produktionsprozeß die beiden Systeme von Faktorfunktionen:

$$r_i = \sum_{s=1}^{S} a_{is} z_s, \; i = 1,\ldots,I,$$

bzw.

$$z_s = \sum_{j=1}^{J} a_{sj} x_j, \; s = 1,\ldots,S.$$

Das Niveau, auf dem die Grundaktivtäten auszuführen sind, ergibt sich zwangsläufig aus den Zwischenproduktmengen z_S. Solange keine Lagermengen auftreten, müssen die Zwischenprodukte in vollem Umfang weiterverarbeitet werden. Die aggregierten Faktorfunktionen lauten entsprechend:

$$r_i = \sum_{j=1}^{J} \sum_{s=1}^{S} a_{is} a_{sj} x_j, \; i = 1,\ldots,I.$$

Für die rationelle Auflösung komplizierterer Produktionsprozesse ist eine Vielzahl von Vorschlägen unterbreitet worden (vgl. TEMPELMEIER 1992).

4.4 Die Produktionsfunktion nach GUTENBERG

Je stärker die Automatisierung im Betrieb fortschreitet, desto schwerer fällt es, bei Anpassungen des Outputniveaus unmittelbar die Veränderungen in bezug auf sämtliche Produktionsfaktoren zu erklären. Erich GUTENBERG (1951) hat deshalb vorgeschlagen, bei der Formulierung einer Produktionsfunktion die Trennung der Produktionsfaktoren in **Ge- und Verbrauchsfaktoren** entsprechend zu berücksichtigen. Die Notwendigkeit für eine solche Zweiteilung leitet GUTENBERG aus seinen Beobachtungen der Betriebspraxis ab. Danach hängt häufig nur der Einsatz der **Gebrauchsfaktoren** unmittelbar von der **Outputmenge** ab, während sich die **Verbrauchsfaktormengen** vielfach erst aus der **Leistungsabgabe des Gebrauchsfaktors** bestimmen lassen. D.h. es besteht lediglich eine **mittelbare** Beziehung zwischen Output und Verbrauchsfaktoreinsatz.

Am Beispiel der Lackierung von Kotflügeln läßt sich veranschaulichen, was GUTENBERG mit dieser Beobachtung im Sinn hat. Wird der Lack im Spritzverfahren aufgetragen, so hängt es wesentlich von der Leistung der Spritzdüsen ab, wieviel Zeit für die Lackierung eines Kotflügels benötigt wird. Allerdings läßt sich der Verbrauch an Energie und Farbe nicht unbedingt in Abhängigkeit von der Anzahl der lackierten Kotflügel ermitteln. Vielmehr erfordert eine hohe Spritzleistung im allgemeinen auch mehr Energie und Farbe pro Kotflügel, weil der Motor des Spritzautomaten etwa für eine geringere Leistung konzipiert wurde bzw. der Lack dann besser verteilt und dünner aufgetragen werden kann. Aus diesem Grund existiert eine direkte Mengenbeziehung lediglich zwischen den Verbrauchsfaktoren und der Maschinenleistung.

Aufgrund des eingeschränkten Beobachtungsumfangs müssen die Hypothesen der Größenproportionalität sowie der Linear-Limitationalität auf die Gebrauchsfaktoren reduziert werden. Als Gebrauchsfaktoren gehen vornehmlich Maschinen in die Betrachtungen ein. Werden die Maschinen zur Unterscheidung von den Verbrauchsfaktoren mit $m = 1,\ldots,M$ symbolisiert und bezeichnet b_m die Leistungsabgabe einer Maschine m in Arbeitseinheiten, so gilt für diese Faktoren für den Fall der Einproduktfertigung nach wie vor das System von Faktorfunktionen:

$$b_m = a_m x, \; m = 1,\ldots, M.$$

Das System der **Verbrauchsfaktorfunktionen** ist zunächst an keine weitere spezielle Hypothese geknüpft. Der Verbrauch a_{im} von Faktor i pro Arbeitseinheit der Maschine m kann beliebig von den technischen Eigenschaften z_{pm}, $p = 1,\ldots,P$, der Maschine m abhängen. Soweit diese Eigenschaften nicht kurzfristig veränderbar sind, werden sie als z-Situation bezeichnet und in der Produktionsfunktion nicht explizit berücksichtigt. Beispielsweise kann die z-Situation eines Lackierautomaten durch die Spritztechnik, die Art der verwendbaren Lacke oder die Betriebstemperatur erfaßt werden.

Im einfachsten Fall hängt der Verbrauch pro Arbeitseinheit nur noch von der Intensität λ_m des Maschinenbetriebs ab. Die Maschinenintensität beschreibt die Leistungsabgabe einer Maschine pro Zeiteinheit. Das System der Verbrauchsfaktorfunktionen ist also darstellbar als

$$r_{im} = a_{im}(\lambda_m) b_m, \; i = 1,\ldots, I, \; m = 1,\ldots, M.$$

Die Funktion a_{im} (λ_m) heißt **(Stück-)Verbrauchsfunktion**. Sie kennzeichnet den Verbrauch einer Faktorart i pro Leistungseinheit einer Maschine m in Abhängigkeit von der Intensität, mit der die Maschine betrieben wird. Für den Verlauf einer Verbrauchsfunktion können verschiedene Hypothesen aufgestellt werden. Einen typischen Funktionsverlauf für Betriebsstoffe wie Energie oder Schmiermittel beschreibt Abbildung G. 22. Danach existiert eine Optimalintensität λ_m^*, bei der der Verbrauch pro Arbeitseinheit minimal ist. Andere Hypothesen behaupten monoton steigende oder konstante Verbrauchsfunktionen.

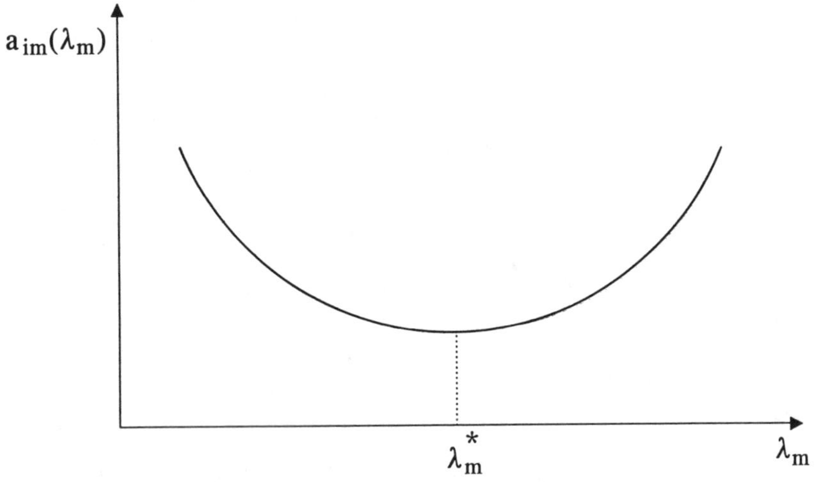

Abbildung G. 22: Beispiel einer Verbrauchsfunktion

Im Prinzip erklärt die Produktionsfunktion nach GUTENBERG einen **zweistufigen Produktionsprozeß**, der durch zwei Systeme von Faktorfunktionen beschrieben wird. Die Annahme über die Additivität der zugrundeliegenden Technologie erlaubt die Komprimierung zu folgendem System:

$$r_{im} = a_{im}(\lambda_m)b_m = a_{im}(\lambda_m)a_m x, \; i = 1,\dots,I, \; m = 1,\dots,M.$$

Durch geschickte Definition der technischen Arbeitseinheiten läßt sich die technische in die ökonomische Leistung überführen ($a_m = 1$). Wird außerdem nur ein Gebrauchsfaktor betrachtet, so resultiert unmittelbar folgendes System von Faktorfunktionen:

$$r_i = a_i(\lambda)x, \; i = 1,\dots,I.$$

Der Erklärungsgehalt der Produktionsfunktion nach GUTENBERG wird anhand dieses Systems offensichtlich. Für die Verbrauchsfaktoren existieren im Vergleich zur Produktionsfunktion nach LEONTIEF keine konstanten Produktionskoeffizienten, sondern **variable Koeffizienten** in Form von Verbrauchsfunktionen.

Für viele Produktionsprozesse ist typisch, daß die Intensität λ einer Maschine während der laufenden Fertigung nicht verändert wird. Jede Veränderung erfordert eine Prozeßunterbrechung. Unter dieser zusätzlichen Annahme entspricht die gewählte Intensität der durchschnittlichen Leistungsabgabe. Bezeichne t die Dauer eines Teilprozesses, so gilt

$$\lambda = \frac{b}{t}$$

bzw.

$$b = \lambda\, t$$

bzw. mit $a = 1$

$$x = \lambda\, t.$$

Die Produktionsmenge, die während einer Periode auf einer Maschine realisiert werden kann, ergibt sich also aus der Multiplikation von Intensität und Einsatzdauer der Maschine. Sind überdies n funktionsgleiche Maschinen vorhanden, so folgt analog

$$x = \lambda\, t\, n,$$

sofern alle n Maschinen während einer Zeitdauer t mit derselben Intensität λ betrieben werden. Für das System der Faktorfunktionen erhält man bei dieser Darstellung der Ausbringungsmenge

$$r_i = a_i(\lambda)\lambda\, t\, n, \quad i = 1,\ldots,I.$$

Die Funktion $a_i\,(\lambda)\,\lambda$ wird auch als **Zeitverbrauchsfunktion** bezeichnet, da sie den Faktorverbrauch pro Zeiteinheit in Abhängigkeit von der Maschinenintensität λ angibt. Bei Verlauf der Verbrauchsfunktion gemäß Abbildung G. 22 steigt der Zeitverbrauch eines Faktors mit wachsender Maschinenintensität monoton - zunächst unterproportional, dann überproportional - an (Abbildung G. 23).

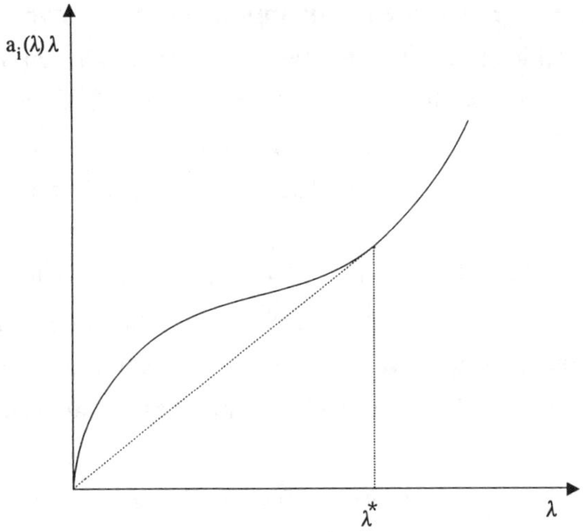

Abbildung G. 23: Zeitverbrauchsfunktion

Das System der Faktorfunktionen nach GUTENBERG zeigt, daß eine **Anpassung der Outputmenge** auf dreierlei Weise vorgenommen werden kann, nämlich durch Anpassung der **Intensität** λ, der **Betriebsdauer** t sowie der **Maschinenanzahl** n.

Jede Anpassung hat besondere Konsequenzen in bezug auf den Faktorverbrauch *(vgl. ZELEWSKI A. 5.1.3, Abbildung A. 14)*.

Bei **intensitätsmäßiger Anpassung** wird die Maschinenintensität λ verändert, d.h. die Maschine läuft beim nachfolgenden Produktionsprozeß dann entweder schneller oder langsamer. Solange Einsatzdauer und Anzahl der Maschinen konstant bleiben, orientiert sich der Faktorverbrauch unmittelbar an dem Verlauf der Zeitverbrauchsfunktion. Eine Erhöhung der Intensität führt zunächst zu einem unterproportionalen Anstieg der gesamten Faktorverbräuche und somit zu einer steigenden Durchschnittsproduktivität. Ist die Optimalintensität jedoch erreicht, so sinkt die Durchschnittsproduktivität wieder ab, weil der Faktorverbrauch überproportional anwächst.

Zeitliche Anpassung bedeutet, daß die Einsatzzeit einer Maschine variiert wird. Die Maschine wird über eine längere bzw. kürzere Zeit beansprucht. Beispielsweise wird eine Sonderschicht eingeführt oder Kurzarbeit angeordnet. Da die Faktorverbräuche ebenso wie die Ausbringungsmenge linear von der Einsatzdauer der Maschine abhängen, bleibt die Produktivität der Faktoren unverändert.

Eine dritte Möglichkeit besteht in einer **quantitativen Anpassung**. Je nachdem wieviel funktionsgleiche Maschinen grundsätzlich verfügbar sind, können sie bei optimaler Intensität und Betriebsdauer parallel Werkstücke bearbeiten. Solange die Maschinen auch technisch identisch sind, ist der Effekt ähnlich wie bei der zeitlichen Anpassung. Der Faktorverbrauch steigt linear an, die Durchschnittsproduktivität bleibt deshalb konstant.

Hinsichtlich Intensität, Betriebsdauer und Maschinenanzahl bestehen häufig enge technische und wirtschaftliche Grenzen der Variierbarkeit. Aus diesem Grund wird im allgemeinen eine **kombinierte Anpassung** aller Parameter der reinen Anpassung nur eines Parameters vorgezogen. Die Parameter bleiben damit besser aufeinander abgestimmt.

Mit $n = 2$ Formpressen und $\lambda = 30$ Stanzungen pro Minute kann eine Knopffabrik pro Tag ($t = 8$ Stunden bzw. 480 Minuten) 28.800 Knöpfe herstellen. Soll eine Verdopplung der Produktion ins Auge gefaßt werden, so läßt sich dies auf verschiedene Weise realisieren:

- Beide Formpressen werden doppelt so schnell betrieben wie bisher. Sie müssen nun 60 Stanzungen pro Minute leisten (intensitätsmäßige Anpassung).
- Die Formpressen laufen nicht nur eine Schicht, sondern werden in zwei Schichten pro Tag genutzt (zeitliche Anpassung).
- Es werden zwei zusätzliche Formpressen für die Knopfherstellung eingerichtet (quantitative Anpassung).
- Es wird nur eine neue Formpresse eingerichtet. Dafür wird die Maschinenintensität aller drei Pressen geringfügig auf 32 Stanzungen pro Minute erhöht. Außerdem werden die Pressen 600 statt 480 Minuten pro Tag genutzt (Anpassungskombination).

Welche Anpassung im einzelnen präferiert wird, ist zum großen Teil auf Kostenuntersuchungen zurückführbar. Bei durchlaufender Produktion, also bei Transformation nur eines Inputs in einen Output, und unter der Annahme einer u-förmigen Verbrauchsfunktion ist folgende Effizienzüberlegung jedoch naheliegend: Ausgangspunkt sei eine Produktionsmenge, die bei optimaler Maschinenintensität (λ^*) zustande kommt, wenn außerdem alle Maschinen ($\bar{n}$) maximal eingesetzt werden ($\bar{t}$). Es ist also

$$x = \lambda^* \, \bar{t} \, \bar{n}$$

realisierbar. Eine Verringerung der Produktion führt bei zeitlicher bzw. quantitativer Anpassung zu einem **linearen** Rückgang des Faktorverbrauchs. Wird aber die Maschinenintensität gesenkt, so sinkt der Faktorverbrauch nur unbedeutend bzw. **unterpro-**

portional. Eine intensitätsmäßige Anpassung ist für kleinere Produktionsmengen also nicht empfehlenswert. Umgekehrt kann eine Produktionsausweitung lediglich nur durch intensitätsmäßige Anpassung vollzogen werden. Eine zeitliche bzw. quantitative Anpassung ist wegen der völligen Ausschöpfung der Maschinenressourcen nicht möglich. Das Ergebnis dieser Überlegung ist in Abbildung G. 24 für eine zeitlich-intensitätsmäßige Anpassung veranschaulicht. Die quantitative Anpassung bleibt dabei wegen ihrer Übereinstimmung mit der zeitlichen Anpassung unberücksichtigt. Bis zum Produktionsniveau $\lambda^*\bar{t}$ wird zeitlich angepaßt, anschließend intensitätsmäßig bis zum maximalen Produktionsniveau $\bar{x} = \bar{\lambda}\,\bar{t}$.

Für den Fall, daß in das Produktionsmodell mehrere Faktorarten aufzunehmen sind, ist der Anpassungsprozeß nicht mehr so einfach (vgl. FANDEL 1991). Das liegt auch daran, daß verschiedene Verbrauchsfunktionen und demzufolge unter Umständen mehrere Optimalintensitäten existieren, zwischen denen ein Ausgleich zu finden ist (vgl. Abbildung G. 25). Jede Veränderung der Maschinenintensität stellt im Prinzip eine Verfahrensanpassung dar, die mit einer Faktorsubstitution verbunden ist. Wie aus Abbildung G. 25 hervorgeht, verändert sich die Faktorproportion

$$r_1 / r_2 = a_1(\lambda) / a_2(\lambda)$$

mit wachsender Maschinenintensität stetig zugunsten einer Einsparung von Faktor 2. Während also zwischen den Gebrauchsfaktoren limitationale Einsatzverhältnisse gelten, ist es durchaus denkbar, daß die Verbrauchsfaktoren gegeneinander ersetzt werden können.

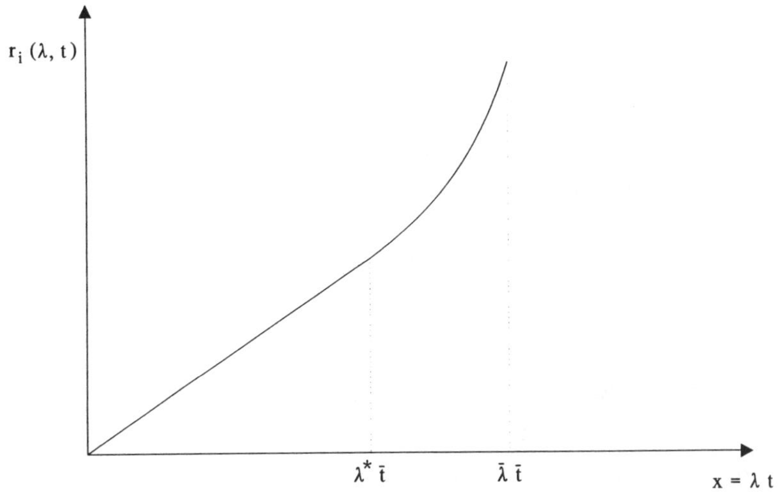

Abbildung G. 24: Faktorfunktion bei zeitlich-intensitätsmäßiger Anpassung

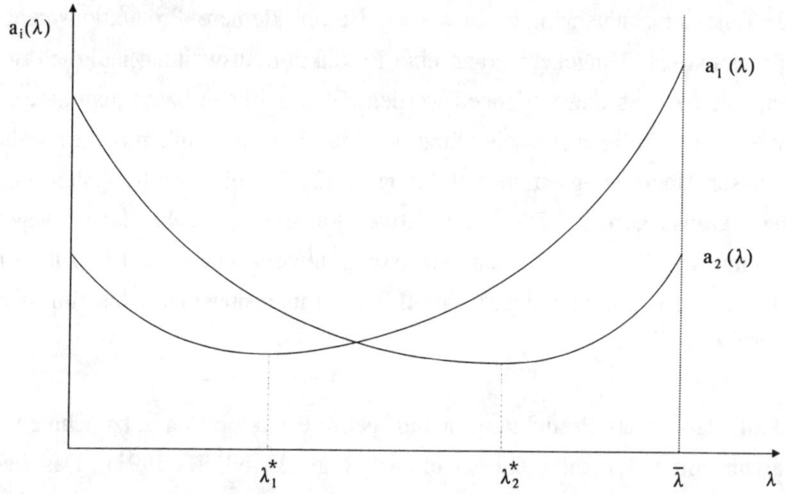

Abbildung G. 25: Verbrauchsfunktionen für zwei Faktoren

Bei komplexen Produktionsprozessen ist die eindeutige Vorauswahl einer Maschinenintensität auch aus einem anderen Grund nicht unproblematisch. So ist es beispielsweise zu beboachten, daß Maschinen erst eine Anlaufphase benötigen, bevor sie ihre optimale Intensität erreicht haben. Werden überdies manuelle Bearbeitungen des Werkstücks erforderlich, die die Maschinenbearbeitung unterbrechen, ohne daß die Maschine abgestellt wird, entstehen Leerlaufphasen mit wiederum abweichender Maschinenintensität. Edmund HEINEN (1965) hat die Produktionsfunktion nach GUTENBERG deshalb so erweitert, daß nicht der durchschnittliche Zeitverbrauch *r/t* aus der konstanten Durchschnittsintensität λ erklärt wird, d.h.

$$r / t = a(\lambda)\lambda,$$

weil diese Beziehung nicht beobachtbar ist, sondern vielmehr der Momentanverbrauch *dr/dt* aus der Momentanleistung $\lambda\ (t) = db/dt$, d.h.

$$dr / dt = a[\lambda(t)]\lambda(t).$$

Damit ist die Intensität grundsätzlich jederzeit entsprechend den betrieblichen Notwendigkeiten variierbar. Die Summe der Momentanverbräuche über die gesamte Betriebsdauer ergibt den gesamten Faktorverbrauch *r*, die Summe der Momentanleistungen entsprechend die gesamte Leistungsabgabe *b*.

Dadurch, daß Maschinen etwa in der Anlauf- oder Leerlaufphase Leistung abgeben, ohne dabei produktiv zu sein, ist auch die Annahme über die Proportionalität zwischen Leistungsabgabe und Outputmenge ($b = ax$) nicht aufrechtzuerhalten. Die Produktionsorganisation und -planung bestimmen vielmehr, in welchem Umfang eine solche Proportionalität überhaupt noch existiert. Wird eine Menge x in zwei Serien hergestellt, so ist hiermit eine größere Anzahl von Arbeitseinheiten verbunden als im Fall der Fertigung einer (doppelt so großen) Serie. HEINEN hat dies in der Weise beachtet, daß er die Gültigkeit der Hypothese von GUTENBERG auf kleine Teilprozesse, sog. **Elementarkombinationen** reduziert. Für jede Elementarkombination muß deshalb ein eigenes System der Verbrauchsfaktorfunktionen entwickelt werden. Um eine bestimmte Produktionsmenge zu fertigen, sind die Elementarkombinationen geeignet aufeinander abzustimmen bzw. in entsprechendem Umfang zu wiederholen (vgl. HEINEN 1983).

4.5 Weitere Produktionsfunktionen

Die Erklärungsansätze zum Mengenproblem der Produktionswirtschaft sind äußerst vielgestaltig. Sie entsprechen im wesentlichen der Anzahl von Beobachtungen in unterschiedlichen Wirtschaftsbereichen. Viele der Modelle haben heute nur noch historische Bedeutung. Aus verschiedenen Gründen entziehen sie sich konkreten Beobachtungen in unserer Zeit. Teilweise haben Wirtschaftszweige nicht mehr dieselbe Relevanz wie vor einigen Jahrzehnten, in vielen Fällen haben sich die Aufgabenstellungen gewandelt, und z.T. sind lediglich konkrete Einzelsituationen Gegenstand der Beobachtungen gewesen. Andere Produktionsfunktionen basieren dagegen auf weiterhin beobachtbaren Hypothesen.

Die klassische Produktionsfunktion, das "**Ertragsgesetz**" von TURGOT (1766) ist später einer ausführlichen wissenschaftlichen Betrachtung unterzogen worden (vgl. VON THÜNEN 1842; MARSHALL 1890; WICKSELL 1913; MITSCHERLICH 1948). TURGOT hatte in der Landwirtschaft beobachtet, daß bei zunehmendem Arbeitseinsatz der Ernteertrag nur unterproportional zunahm, d.h. die Grenzproduktivität mit jeder zusätzlichen Arbeitsstunde fiel. Die Begründung, die TURGOT damals für die Richtigkeit seiner Beobachtung gegeben hatte, bestand darin, daß zunächst fruchtbare Böden bearbeitet wurden, bevor eine Ausdehnung der Produktion auch die Bewirtschaftung schlechterer Böden verlangte. Vor allem im 19. Jahrhundert ist das Ertragsgesetz in der Weise weiter entwickelt worden, daß Hypothesen formuliert wurden, wonach zu Beginn der Produktionsausweitung zunächst ein Bereich steigender Grenzproduktivitäten existiert (vgl. MARSHALL 1890). Dabei wurde so argumentiert, daß in kleinen landwirtschaftlichen Betrieben der Arbeitseinsatz noch nicht richtig dosiert werden kann und die Vorteile einer Arbeitsteilung nicht nutzbar sind. Die Kritik am Ertragsgesetz hat sich vor allem daran entzündet, daß behauptet wurde, es werde lediglich eine Partialanalyse durchgeführt und die Arbeitsproduktivität ermittelt. Die Widersprüchlichkeit dieser Hypothese besteht darin, daß zur Erklärung des Verlaufs der Grenzproduktivitäten unterschiedliche Bodenqualitäten herangezogen werden. Wenn man grundsätzlich derartige Qualitätsunterschiede der Produktionsfaktoren zuläßt (z.B. Lerneffekte, technischer Fortschritt der Betriebsmittel), läßt sich die Hypothese aber ebenso schnell auch empirisch widerlegen (vgl. SCHNEIDER 1987).

Neoklassische Produktionsfunktionen, wie z.B. die Produktionsfunktion nach COBB und DOUGLAS oder die CES-Produktionsfunktion, versuchten in der Folgezeit die Haltbarkeit der Hypothese des Ertragsgesetzes zu stützen, indem sie von **partieller Faktorvariation** ausgingen (vgl. FANDEL 1991). Bei diesen Produktionsfunktionen wird lediglich die Veränderung eines Produktionsfaktors bei Einsatzkonstanz der übrigen Faktoren untersucht. Weil eine einseitige Erhöhung nur einer Faktorart somit überhaupt möglich ist, bedeutet dies zugleich, daß explizit die **Substitutionalität** zwischen allen Faktoren angenommen wird. Außerdem gehen die neoklassischen Produktionsfunktionen wieder auf das ursprüngliche Ertragsgesetz zurück, indem sie lediglich fallende Grenzproduktivitäten konstatieren. Die Funktionen sind z.T. als Formalmodelle entwickelt worden und von einer hohen mathematischen Komplexität, ohne daß sich in der Landwirtschaft oder in der Industrie aufgrund von Beobachtungen ausreichend Anhaltspunkte für ihre Gültigkeit finden ließen. Nicht zuletzt wegen der abnehmenden Bedeutung der Landwirtschaft ist das Ertragsgesetz mit seinen Modifizierungen nur noch eine Randepisode betriebswirtschaftlicher Theorie.

Eine andere Klasse von Produktionsfunktionen wird entsprechend ihres amerikanischen Ursprungs heute noch als **Engineering Production Functions** bezeichnet (vgl. FANDEL 1991). Werden bei der Produktionsfunktion nach GUTENBERG zwar technische Bedingungen des Produktionsprozesses ausdrücklich mit berücksichtigt, so kümmert sie sich dennoch nicht um die Erklärung der technischen Zusammenhänge, da unmittelbar ökonomische Beziehungen zwischen Leistungsabgabe und Ausbringung bzw. Verbrauch hergestellt werden. Die Engineering Production Functions widmen sich aber primär dem **technischen** Aspekt. Erst nach Darstellung aller relevanten technisch-naturwissenschaftlich bedingten Abhängigkeiten wird die ökonomische Produktionsfunktion hergeleitet (vgl. CHENERY 1953). Die Trennung in ökonomische Variablen ("economic variables") und technische Variablen ("engineering variables") hat zur Konsequenz, daß neben ökonomisch relevanten Mengeneigenschaften, wie z.B. Stückzahl oder Gewicht, auch physikalisch-technische Eigenschaften, wie z.B. Kilowattstunde oder Volt, Gegenstand der Erklärung sind. Schrittweise werden die technischen Variablen dann in ökonomische Variablen transformiert und technische Konstanten aus der endgültigen ökonomischen Produktionsfunktion soweit wie möglich eliminiert.

Engineering Production Functions basieren auf Naturgesetzen und benötigen deshalb kaum erfahrungswissenschaftliche Hypothesen. Allerdings hat dies zugleich zur Folge, daß für jede Anwendung ein eigenes, den Gegebenheiten Rechnung tragendes und häufig äußerst komplexes Modell zu formulieren ist. Dieser erhebliche Aufwand hat dazu beigetragen, daß der Modelltyp in der Unternehmenspraxis heute kaum noch Beachtung findet.

In der Praxis laufen die meisten Produktionsprozesse mehrstufig ab. Aus den Produktionsfaktoren werden Zwischenprodukte, die als Faktoren wieder in anderen Teilprozessen eingesetzt werden, bevor nach endlich vielen Stufen ein Endprodukt entsteht, das die Unternehmenssphäre durch Veräußerung an einen Kunden verläßt. In Sonderfällen, beispielsweise bei analytischer Produktion, werden Abfallprodukte gelegentlich auch wieder einem schon durchlaufenen Produktionsverfahren zugeführt, so daß die Bearbeitungsreihenfolgen zykeln, d.h. ohne Anfang und Ende sind (Recycling). Obwohl zwischen zwei Fertigungsstufen in einem mehrstufigen Produktionsprozeß grundsätzlich dispositive Tätigkeiten zu erledigen sind, hat die Erklärung der funktionalen Zusammenhänge eines Produktionssystems nach vollzogener Organisationsentscheidung einen eigenen Erkenntniswert. Die entsprechenden Erklärungsansätze heißen auch Input-Output-Systeme. Die Art der stelleninternen Transformation von Produktionsfaktoren in Produkte ist dabei von untergeordneter Bedeutung. Sie kann durch eine beliebige limitationale oder substitutionale Produktionsfunktion erklärt werden. Zentraler Erklärungsgegenstand ist das Geschehen zwischen den einzelnen Produktionsstellen. Für die Formulierung eines Produktionsmodells ist die Annahme über die Additivität hinsichtlich der Grundaktivitäten wesentlich. Je nachdem, wie restriktiv diese Annahme getroffen wird bzw. welche Verknüpfungen von Produktionen zulässig sind, folgt ein spezielles Input-Output-System. Dementsprechend sind nahezu beliebige Modellkonstruktionen möglich (vgl. MÜLLER-MERBACH 1981). Darunter befinden sich auch solche, die neben den Produktionsstellen zusätzlich Beschaffungs- und Absatzstellen (vgl. KLOOCK 1969) bzw. Lagerstellen (vgl. KÜPPER 1979) berücksichtigen.

Bei allen **statischen Produktionsfunktionen** beziehen sich die Hypothesen stets allgemein auf die **Veränderung von Mengenrelationen** innerhalb einer nicht näher definierten Produktionsperiode. Eine Aufteilung dieser Periode in mehrere Teilperioden und entsprechend differenzierte Mengenbetrachtungen erfolgen nicht. Für kurze Produktionsperioden mag eine solche Erklärung befriedigen, da keine wesentlichen Veränderungen der Mengenrelationen zu erwarten sind. Bei längeren Perioden wird dagegen eine Modellierung der Realität eher gerecht, die für Zeitpunkte bzw. Teilperioden spezielle Aussagen gestattet, wobei Erkenntnisse bezüglich nachfolgender Teilperioden i.d.R. von der "Historie" nicht unabhängig hergeleitet werden können. Technologieänderungen im Zeitverlauf können durch interne Anstrengungen, automatische Übungseffekte oder Übernahme technischen Wissens aus der Umwelt bewirkt werden (vgl. SABEL 1974). Von dynamischen Veränderungen können alle Produktionsfaktoren betroffen sein, d.h. der menschliche Arbeitseinsatz ebenso wie Werkstoffe oder Betriebsmittel. Daraus resultieren andere Produktivitäten, Faktorproportionen und unter Umständen sogar andere Typen von Produktionsfunktionen.

Die **dynamische Theorie** der Produktion basiert auf einer verallgemeinerten dynamischen Aktivitätsanalyse (vgl. MAY 1992). Die aus den Aktivitäten einer Periode gewonnenen Erkenntnisse drücken sich in neuen effizienten Aktivitäten der Folgeperiode aus (z.B. technischer Fortschritt). Formal lautet die implizite Darstellung einer dynamischen Produktionsfunktion deshalb:

$$f\left[r_1(\tau),\ \ldots,\ r_I(\tau);\ x_1(\tau),\ \ldots,\ x_J(\tau)\right] = 0,\ \tau = \left(1,\ \ldots,\ t\right).$$

In einer Produktionsfunktion der Periode t werden also sämtliche historischen Ergebnisse mitverarbeitet.

Die ersten dynamischen Produktionsmodelle stammen von WRIGHT (1936) und konzentrieren sich auf den Produktionsfaktor Arbeit. Beobachtungen und Messungen von Wiederholungen derselben Tätigkeit führten zur Formulierung der Linearhypothese des Lernens, die in viele Produktionsfunktionen Eingang gefunden hat, so z.B. als **Lerngesetz der Produktion** (vgl. BAUR 1967) oder als **Erfahrungskurve** (vgl. HENDERSON 1984). Nach der Linearhypothese des Lernens verringert sich der Produktionskoeffizient der Arbeit stets um einen konstanten Prozentsatz, nachdem das Aktivitätsniveau verdoppelt wurde. Dieser Prozentsatz wird auch als **Lernrate** bezeichnet.

Sei beispielsweise ein und dieselbe Arbeitsverrichtung bisher an 50 Produkteinheiten ausgeführt worden und betrage die Verrichtungszeit an der letzten Produkteinheit 2 Stunden. Bei einer Lernrate von 20% kann die Verrichtungszeit dann um 24 Minuten gesenkt werden, nachdem weitere 50 Produkteinheiten gefertigt worden sind. Sie beträgt nur noch 1 Stunde und 36 Minuten. Eine nochmalige Verdopplung des Outputniveaus auf 200 Produkteinheiten würde eine abermalige Zeitreduzierung um $0{,}2 \cdot 96 = 19{,}2$ Minuten bedeuten.

Es gibt mittlerweile auch eine Vielzahl von dynamischen Produktionsfunktionen, die die infolge von Investitionen und technischem Fortschritt veränderte Betriebsmittelnutzung erklären (vgl. KISTNER 1981, 1991). Außerdem bestehen intensive Bemühungen um dynamische Erweiterungen statischer Produktionsfunktionen (vgl. FANDEL 1991).

Ohne nachhaltige Resonanz sind bislang einige Versuche geblieben, Unsicherheiten im Produktionsprozeß durch Produktionsfunktionen zu erfassen. Solche stochastischen Erweiterungen deterministischer Funktionen haben Abweichungen der Modellergebnisse von der Realität zum Erklärungsobjekt. So ist denkbar, daß im Modell nicht ausdrücklich berücksichtigte Faktorarten als sog. Störgrößen (mit dem Erwartungswert Null) erfaßt werden oder Wirkungszusammenhänge wie z.B. Produktionskoeffizienten und Faktorproportionen lediglich mit Wahrscheinlichkeitsverteilungen approximiert werden, die aus einer genügend großen Stichprobe an Beobachtungen ermittelt wurden (vgl. WITTMANN 1975). Da hierzu kaum Gelegenheit besteht bzw. solche Beobachtungen in Anbetracht einer unbedeutenden Verbesserung des Erklärungszusammenhangs meistens mit unvertretbar hohen Kosten verknüpft sind, gilt stochastischen Produktionsfunktionen nur ein untergeordnetes praktisches Interesse.

4.6 Kostenfunktionen

4.6.1 Theoretische Grundlagen

Obwohl es gelingt, mit Hilfe von Produktionsfunktionen effiziente Produktionen hinreichend genau zu beschreiben und zu erklären, ist das Formalziel der Produktion damit noch nicht erreicht. Es ist lediglich eine Vorauswahl unter den möglichen Produktionen getroffen worden, die die Grundlage für weitere Untersuchungen bildet. Um strengere Aussagen über die Wirtschaftlichkeit von Produktionen herbeizuführen, müssen die Input- und Outputmengen deshalb **gleichnamig** und **aggregierbar** gemacht werden. Ein geeigneter und gebräuchlicher Aggregationsmechanismus ist die Bewertung in Geldeinheiten. Solange das Formalziel der Produktion beeinträchtigt wird, also Güter verbraucht werden bzw. Übel entstehen, stellen die in Geldeinheiten bewerteten Mengen

Kosten dar. Umgekehrt führen Güter als Outputmengen zu **Leistungen**, die das Formalziel der Produktion positiv beeinflussen.

Eine weitere Eingrenzung effizienter Produktionen kann nicht Kosten und Leistungen zugleich in Betracht ziehen, d.h. die Kosten minimieren und gleichzeitig die Leistungen maximieren *(vgl. TROSSMANN D. 3)*. Werden deshalb zunächst nur die Kosten erfaßt, so entspricht es dem ökonomischen Prinzip, wenn Kostenfunktionen gebildet werden, die jedem Niveau der Wertschöpfung (d.h. der Entstehung von Gütern) die dadurch verursachten Kosten zuordnen. Dabei wird stets das bestmögliche, also kostengünstigste Produktionsverfahren zugrunde gelegt.

Die fundamentale Schwierigkeit bei der Aufstellung von Kostenfunktionen betrifft die Frage, mit wieviel Geldeinheiten eine Mengeneinheit zu bewerten ist, damit die Kosten genau erfaßt sind. Dies ist die originäre Aufgabe der Kostentheorie.

Die Auswahl unter mehreren alternativen Produktionsverfahren sowie die Entwicklung der Kostenfunktion aus der Produktionsfunktion sind dann derivative Aufgaben, die ohne weitere Hypothesenformulierung erledigt werden können.

Geldeinheiten bilden das Wertgerüst der Kosten, Mengeneinheiten demzufolge das Mengengerüst. Für die **Verknüpfung von Wert- und Mengengerüst** sind verschiedene Modelle entwickelt worden, die die Grundlage einer eigenständigen **Kostenwerttheorie** liefern. Die einfachste Hypothese der Kostenbestimmung lautet, verwendete Gütermengen bzw. entstehende Übelmengen nur dann mit Geldeinheiten zu bewerten, wenn damit ursächlich Geldauszahlungen verbunden sind. Der Zeitpunkt der Geldbewertung richtet sich allerdings nicht nach der Auszahlung, sondern nach der Entstehung bzw. Verwendung des Objekts (vgl. KOCH 1958). Diese **pagatorischen Kosten** sind objektiv nachprüfbar und im allgemeinen einfach zu ermitteln. Objekte, die nicht zu beobachtbaren Geldausgaben führen, müssen jedoch nicht unbedingt frei sein. Vielmehr hängt die Geldausgabe oft nur von der Produktionsorganisation ab. Wird beispielsweise ein Produktionsfaktor von einer anderen Produktionsstelle desselben Unternehmens als Zwischenprodukt geliefert, so ist eine Geldausgabe höchstens bei einer besonderen Organisationsstruktur (z.B. Profit-Center-Organisation) beobachtbar. Wird derselbe Produktionsfaktor hingegen fremdbezogen, so entstehen generell Geldausgaben. Pagatorische Kosten werden also maßgeblich von der Rahmensituation determiniert. Sie können nicht eindeutig aus dem eigentlichen Produktionsprozeß erklärt werden.

Der **wertmäßige Kostenbegriff** (vgl. SCHMALENBACH 1919) versucht hingegen, die Kosten aus der Bedeutung der Objekte für den Produktionsprozeß zu erklären. Die Hypothese lautet, daß alle Objekte stets ihrer bestmöglichen Verwendung zugeführt werden können. Die Herkunft von Produktionsfaktoren und die für sie getätigten Geldzahlungen sind dabei unerheblich. Trägt ein Faktor nicht wesentlich zur Produktion bei, d.h. kann auf ihn verzichtet werden, ohne daß die Produktionsmenge sinkt, so verursacht er auch keine Kosten, da offenbar kein Faktorverzehr vorliegt und der Faktor noch für andere Zwecke Verwendung finden kann. Eine zweitbeste Verwendung führt dagegen stets zu **Opportunitätskosten** in Höhe der Erfolgsdifferenz zur erstbesten Verwendung. Der wertmäßige Kostenbegriff ist also keineswegs losgelöst von den Rahmenbedingungen der Produktion. Die Kosten werden jedoch von der Leistungsseite her determiniert. Außerdem sind sie subjektiv, d.h. nur vom persönlichen Entscheidungsfeld abhängig. Wertmäßige Kosten basieren auf dem Konzept des Grenznutzens und sind dadurch prinzipiell jeder zusätzlich produzierten Mengeneinheit direkt zuordenbar. Die Kritik an diesem Kostenbegriff richtet sich vor allem dagegen, daß die exakten Kosten erst im Anschluß an die Produktionsplanung bekannt werden und somit nicht mehr zur Planung selbst dienen können (Dilemma der Kostenbewertung). Wegen ihrer mangelnden praktischen Bedeutung - für andere Entscheidungssituationen sind wertmäßige Kosten unbrauchbar - werden sie ebenso wie modifizierte entscheidungsbezogene Kostenbegriffe (vgl. HAX 1957; RIEBEL 1972) oft abgelehnt (vgl. SCHNEIDER 1987). Ist allerdings die Hypothese vollkommener Märkte mit vollständiger Konkurrenz erfüllt und soll nach erfolgtem Faktorverbrauch die Produktionsbereitschaft unmittelbar wiederhergestellt werden, so wird der Ansatz von Wiederbeschaffungspreisen sowohl dem pagatorischen als auch dem wertmäßigen Kostenbegriff gerecht. Das Formalmodell einer allgemeinen Kostenfunktion lautet dann (vgl. FANDEL 1991)

$$K(r_1,\ldots,r_I) = q_1 r_1 + \ldots + q_I r_I + w.$$

Die Faktormengen $r_1,\ldots,r_I$ bezeichnen das Mengengerüst der Kosten, die Faktorpreise (Preise pro Mengeneinheit eines Faktors) $q_1,\ldots,q_I$ sowie ein im Modell nicht ohne weiteres zurechenbarer Wertabgang w das Wertgerüst der Kosten.

Die allgemeine Darstellung $K\ (r_1,\ldots,r_I)$ einer Kostenfunktion ist insofern noch unbefriedigend, als sie keine Aussagen über die Verursachung der Faktorverbräuche zuläßt. Eine erste, schwache Differenzierung geht wiederum auf Eugen SCHMALENBACH (1919) zurück, der die Kosten danach einteilt, ob sie von der **Beschäftigung** abhängen oder nicht. Nur (beschäftigungs-)**variable** Kosten sind beeinflußbar, d.h. sie passen sich der Beschäftigung an. (Beschäftigungs-)**fixe** Kosten stellen dagegen **Kosten der Pro-**

duktionsbereitschaft während einer Periode dar. In die Planung bzw. Erlöskalkulation sollen sie nicht direkt mit einbezogen werden. Umgekehrt vertritt Kurt RUMMEL (1949) die Hypothese einer "einheitlichen Kostenbewertung". Demzufolge existieren **beliebige Kosteneinflußgrößen**, die fallweise heranzuziehen sind, um sämtliche Kosten einer Produktionsstelle aus einem linearen Zusammenhang zu diesen Einflußgrößen zu erklären. Bezeichnen $e_1,\ldots,e_n$ solche Einflußgrößen und $k_1,\ldots,k_n$ die Preise pro Einheit der Einflußgrößen, so lautet die Hypothese:

$$K(e_1,\ldots e_n) = k_1 e_1 + \ldots + k_n e_n .$$

Wegen der unbestimmten Art der Einflußgrößen fällt es schwer, mit dieser Hypothese praktisch zu arbeiten. Es ist jedoch offensichtlich, daß im allgemeinen neben der Beschäftigung weitere Kosteneinflußgrößen existieren. So sind die Faktorpreise vom Unternehmen häufig ebenso beeinflußbar wie die Faktorqualitäten. Beide Einflußgrößen sind zudem miteinander dadurch verknüpft, daß eine höhere Qualität i.d.R. auch einen höheren Preis nach sich zieht. Andere Einflußgrößen resultieren aus der Produktionsorganisation, etwa die Betriebsgröße oder die Gestaltung des Fertigungsablaufs. Außerdem sind die Kosten einer Produktion durch Aktivitäten wie z.B. Forschung und Entwicklung, Information und Finanzierung der Produktionsmöglichkeiten variierbar.

Welche Hypothesen im einzelnen formuliert und überprüft werden, hängt entscheidend auch von den Produktionsfunktionen ab, die das Mengengerüst der Kosten determinieren. Im Gegensatz zu einer Kostentheorie, die den ungeteilten Gesamtbetrieb zum Erkenntnisobjekt hat, besteht bei einer Betrachtung einzelner Kostenstellen nämlich ausdrücklich die Chance, produktionstheoretische Erkenntnisse bei der Entwicklung von Kostenfunktionen zu verwerten (vgl. HEINEN/SIEVI 1979).

4.6.2 Kostenfunktionen auf der Grundlage von Produktionsfunktionen

Ziel der Betrachtung von speziellen Kostenfunktionen ist es, die Abhängigkeit der Kosten von einzelnen Einflußgrößen aus den Hypothesen zu erklären, die für das Produktionsmodell entwickelt und überprüft worden sind. In vielen Fällen ist eine direkte Überführung der Produktions- in eine Kostenfunktion möglich. Solange dabei keine weiteren Hypothesen formuliert werden, tritt kein Erkenntniszuwachs auf. Allerdings ist es fast zwangsläufig, daß über das Wertgerüst der Kosten ebenfalls Annahmen zu treffen sind, die den Kostenfunktionen eine eigenständige Bedeutung zukommen lassen.

Die Produktionsfunktion nach LEONTIEF, im einfachsten Fall der Einproduktfertigung dargestellt durch das System von Faktorfunktionen

$$r_i = a_i x,\ i = 1,\ldots,I,$$

bestimmt die zugehörige Kostenfunktion

$$K = \sum_{i=1}^{I} q_i a_i x.$$

Bei einer kurzfristigen Analyse der Produktionskosten sind die Faktorpreise sowie die Produktionskoeffizienten unveränderlich gegeben, so daß die Kosten einzig und allein durch eine Veränderung der Ausbringungsmenge beeinflußt werden können, d.h.

$$K(x) = kx$$

mit

$$k = \sum_{i=1}^{I} q_i a_i .$$

Dabei bezeichnet k die Durchschnitts- oder Stückkosten, die pro gefertigter Ausbringungseinheit (durchschnittlich) anfallen. Sie sind in der Kostenfunktion nach LEONTIEF ebenso konstant wie die Grenzkosten K', die die zusätzlichen Kosten jeder weiteren Ausbringungseinheit angeben. Die Kostenelastizität K'/k ist dementsprechend konstant gleich Eins, d.h. jede Erhöhung der Produktion um einen bestimmten Prozentsatz führt zu einer gleich großen prozentualen Kostensteigerung.

Die **Kostenmaße** (Durchschnittskosten, Grenzkosten, Kostenelastizität) sind analog zu den **Produktionsmaßen** (Durchschnittsproduktivität, Grenzproduktivität, Produktionselastizität) interpretierbar. Konstante Produktivitäten - wie bei der Produktionsfunktion nach LEONTIEF - führen unmittelbar zu konstanten Grenzkosten. In anderen Fällen resultieren aus sinkenden Grenzproduktivitäten steigende Grenzkosten (progressiver Kostenverlauf) und aus steigenden Grenzproduktivitäten sinkende Grenzkosten (degressiver Kostenverlauf) in bezug auf die Ausbringungsmenge. Dabei vereinfachen die Kostenmaße die Totalanalyse, da die verschiedenen Faktorarten durch die Bewertung mit Preisen aggregiert werden können.

Wegen der **Limitationalität** sämtlicher Faktoren in der Produktionsfunktion nach LEONTIEF existieren strenggenommen nur (beschäftigungs-)variable Kosten. Fixe Kosten sind dagegen nur aus der Lösung des Strukturproblems der Produktion erklärbar. Die Kostenfunktion muß also um eine entsprechende Hypothese erweitert werden, bevor sie allgemein formuliert werden kann als:

$$K(x) = K_f + K_v(x)$$

mit K_f als fixen und K_v als variablen Kosten. Die Fixkostenproblematik nimmt mit dem Detaillierungsgrad sowie der Kurzfristigkeit der Betrachtung zu. Hierbei ist die Kostensituation jedoch im großen und ganzen überschaubar, so daß der Meßaufwand nicht ausufert. Auf lange Sicht bzw. bei starker Aggregation verliert das Fixkostenproblem an Bedeutung, da neue Kosteneinflußgrößen wirksam werden.

Neben der Beschäftigung sind auch der **Faktorpreis** und die **Faktorqualität** Kosteneinflußgrößen, die unmittelbar aus der Darstellung der Kostenfunktion ersichtlich werden.

Der optimale Faktorpreis ist dabei Gegenstand eines Beschaffungsproblems, das nicht nur die Wahl der Beschaffungsmenge, sondern auch die Festlegung von Lieferant und Beschaffungsweg zum Inhalt hat.

Eng verknüpft mit dem Faktorpreis ist die Faktorqualität.

Eine hohe Qualität bedingt nicht nur einen hohen Preis, sondern ebenso eine größere Produktivität.

In der Mehrzahl der Produktionssituationen sind Faktorpreis und Faktorqualität allerdings eher Kosteneinflußgrößen von **mittelfristiger** Bedeutung. Kurzfristig sind sie als gegeben zu akzeptieren.

Sind mehrere linear-limitationale Produktionsverfahren bekannt, so beeinflußt die Wahl des Verfahrens dadurch die Kostenhöhe, daß unterschiedliche Faktorarten in unterschiedlichen Mengen benötigt werden. Dieselbe Produktionsmenge kann zwar auf verschiedene Weise effizient erzeugt werden, doch ist i.d.R. nur ein Verfahren kostenminimal.

In Abbildung G. 20 *(vgl. 4.3)* sind zwei Verfahren skizziert worden, um Kotflügel zu lackieren. Verfahren (1) erfordert zur Lackierung eines Kotflügels 0,8 l Lackfarbe sowie 0,5 Maschinenstunden, während Verfahren (2) 1 l Lack benötigt, der allerdings in 0,3 Maschinenstunden aufgetragen werden kann. Kostet der Lack beispielsweise 50 DM pro Liter und wird die Maschinenstunde mit 100 DM kalkuliert, so resultieren für Verfahren (1) Stückkosten in Höhe von 90 DM, während die Lackierung eines Kotflügels mit Verfahren (2) lediglich 80 DM kostet. Das lackintensive Verfahren (2) ist also so lange vorzuziehen, wie genügend Lackfarbe vorhanden ist. Stehen 50 l Lack zur Verfügung und sollen 51 Kotflügel lackiert werden, so ist das Verfahren jedoch nicht mehr in vollem Umfang anwendbar. Vielmehr können nur 46 Kotflügel mit Verfahren (2) lackiert werden. Die restlichen 5 Kotflügel sind mit Verfahren (1) zu bearbeiten. Der Verbrauch an Lackfarbe beträgt dann genau $46 \cdot 1{,}0 + 5 \cdot 0{,}8 = 50$ l. Die Gesamtkosten belaufen sich bei 51 lackierten Kotflügeln auf 4.130 DM. Im Vergleich hierzu betragen die Kosten der Lackierung von 50 Kotflügeln mit Verfahren (2) lediglich 4.000 DM. Die Grenzkosten für die Bearbeitung jedes weiteren Kotflügels betragen also 130 DM gegenüber 80 DM für die ersten 50 Kotflügel. D.h. ein Verfahrenswechsel infolge eines Inputengpasses ist sehr aufwendig. Da gleichzeitig auch das Ausbringungsniveau des alten Verfahrens reduziert werden muß, liegen die Grenzkosten sogar über den Stückkosten des neuen, ungünstigeren Verfahrens.

Das **Produktionsverfahren** hat seine Bedeutung als Kosteneinflußgröße in allen Fällen, wo Faktorsubstitution möglich ist. Die kostenminimale Faktorkombination wird auch als **Minimalkostenkombination** bezeichnet.

Sind bestimmte Annahmen an Produktionsfunktionen erfüllt, so ist die Minimalkostenkombination auch mit Hilfe der mathematischen Optimierung herleitbar (vgl. FANDEL 1991).

Die Kostenfunktion nach GUTENBERG basiert auf einer ähnlichen Herleitung wie die Kostenfunktion nach LEONTIEF. Da prinzipiell die Maschinenintensität λ variierbar ist, ergibt sich für die Funktion der **Verbrauchsfaktorkosten**

$$K(x) = k(\lambda)x$$

mit

$$k(\lambda) = \sum_{i=1}^{I} q_i a_i(\lambda).$$

Die Stückkosten(leistungs)funktion $k(\lambda)$ entspricht in ihrem Verlauf den Verbrauchsfunktionen $a_i(\lambda)$ *(vgl. Abbildung G. 25 in 4.4)*. Im Bereich der zeitlichen Anpassung, solange also die Optimalintensität λ^* realisiert werden kann, sind Durchschnitts- und

Grenzkosten konstant. Falls allerdings eine intensitätsmäßige Anpassung der Maschine betrieben werden muß, um die Produktion weiter zu steigern, können die Kosten folgendermaßen erklärt werden:

$$K(x = \lambda\bar{t}) = k(\lambda)\lambda\bar{t} \quad \textit{für } x > \lambda^* \bar{t}.$$

Die Zeitkosten(leistungs)funktion $k(\lambda)\lambda$ folgt dabei dem Verlauf der Zeitverbrauchsfunktion $a(\lambda)\lambda$ in diesem Bereich, d.h. die Grenzkosten nehmen zu *(vgl. Abbildung G. 23 in 4.4)*.

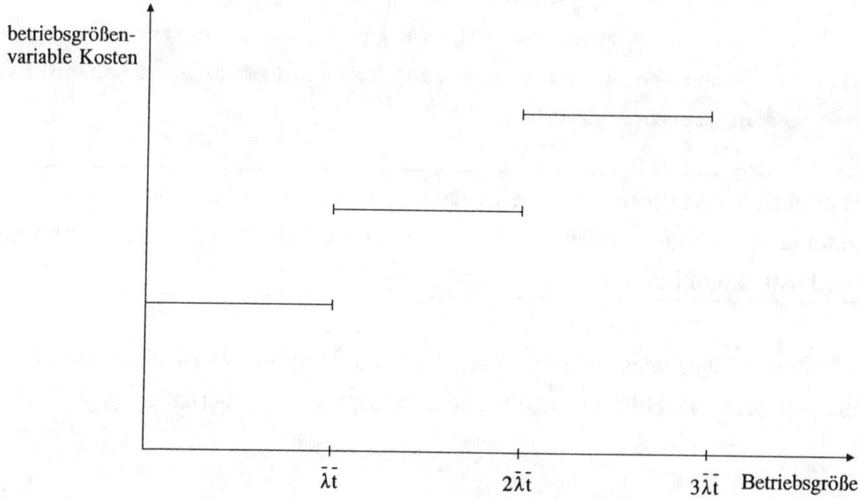

Abbildung G. 26: Multiple Betriebsgrößenvariation

In der Kostenfunktion nach GUTENBERG tritt die **Betriebsgröße** als weitere Kosteneinflußgröße hinzu. Dadurch daß quantitative Anpassung möglich ist, also Maschinen gleichartigen Typs erworben bzw. verkauft und Arbeitskräfte entsprechend eingestellt bzw. entlassen werden, resultiert eine Veränderung des Kostenniveaus (vgl. Abbildung G. 26). Dieser Effekt wird auch als **multiple Betriebsgrößenvariation** beschrieben.

Unter der Annahme, daß die Betriebsgröße veränderbar ist, nimmt die Kostenfunktion eine kompliziertere Gestalt an. Stehen nämlich mehr Maschinen zur Verfügung, als unbedingt benötigt werden, so bedeutet das im Hinblick auf eine Produktionsausdehnung, daß die relativ ungünstige intensitätsmäßige Anpassung einer Maschine durch die zeitliche Anpassung einer anderen Maschine abgelöst werden kann. Wie Abbildung

G. 27 zeigt, wechseln sich die Bereiche zunehmender und konstanter Grenzkosten ab. Im ersten Abschnitt wird die günstigste Maschine bei Nutzung ihrer Optimalintensität λ_1^* zeitlich angepaßt, bevor anschließend eine intensitätsmäßige Anpassung dieser Maschine erforderlich ist. Der dritte Abschnitt ist durch eine zeitliche Anpassung einer weiteren Maschine gekennzeichnet, der vierte Abschnitt entsprechend durch deren intensitätsmäßige Anpassung.

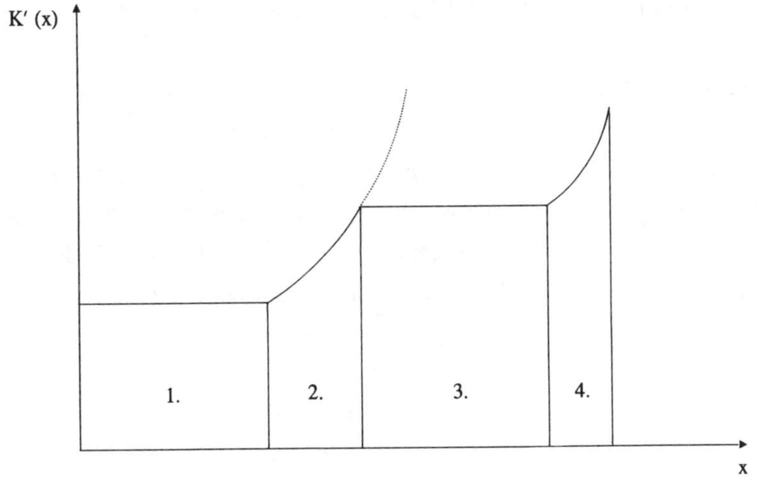

Abbildung G. 27: Grenzkostenfunktion bei multipler Betriebsgrößenvariation

Um die Gesamtkostenfunktionen $K(x)$ bei Kombination zeitlicher, intensitätsmäßiger und quantitativer Anpassung zu bestimmen, sind umfassende Kostenanalysen mit Hilfe spezieller Verfahren erforderlich. Neben einer Grenzkostenanalyse kommt auch eine unmittelbare Prüfung der Gesamtkosten in Betracht. Die unterschiedlichen Verfahren sind dargestellt bei FANDEL (1991).

Ob die für Produktionsfunktionen getroffene Annahme der **Additivität von Aktivitäten** auch in der Kostentheorie aufrechtzuerhalten ist, hängt wesentlich von den Grundaktivitäten ab. Beispielsweise beanspruchen Produktionsprozesse die Maschinen nicht nur während der Transformation und Kombination von Produktionsfaktoren, sondern auch zur Vorbereitung der Bearbeitung. Diese **Rüstzeiten** lassen sich zwar den Produktionskoeffizienten zurechnen, doch würde die Annahme der Additivität dann zugleich bedeuten, daß für jede Aktivität eine entsprechende Rüstzeit anfällt, d.h. die Maschine letztlich immer wieder auf einen Normalzustand abgerüstet wird. Die Kostenwirkungen wären erheblich und ließen eine geschickte Wahl der Fertigungsreihenfolge sowie gegebenenfalls der Seriengröße unbeachtet. Damit sich Kostenfunktionen auch in der Realität bewähren können, sind deshalb für Mehrproduktfertigung und mehrstufige Technologien weitere Kosteneinflußgrößen zu thematisieren. In erster Linie zählt hierzu das **Produktionsprogramm** (vgl. GUTENBERG 1983), aus dem hervorgeht, welches Potential zur Reduzierung der Durchschnitts- und Grenzkosten überhaupt besteht. Die Einflußgröße "**Produktionsablauf**", die insbesondere auch die kurzfristig modifizierbaren Parameter der Ablauforganisation umfaßt, gibt darüber hinaus an, welche Kostenkonsequenzen in der konkreten Einzelsituation zu verwirklichen sind.

Am deutlichsten wird der Einfluß von Produktionsprogramm und Produktionsablauf in der Kostenfunktion nach HEINEN. Die dort formulierten Elementarkombinationen sind Grundaktivitäten, die zwischen dem technischen Wissen des Unternehmens, das für die Bearbeitung eines Werkstücks notwendig ist, und den vor- bzw. nachgelagerten ablaufbedingten Zuständen differenzieren. Das gestattet beliebige Wiederholungen der unmittelbar produktiven Grundaktivitäten, während Rüstaktivitäten etwa nur einmal zu Beginn und zum Ende des Produktionsprozesses erforderlich sind.

Für dynamische Kostenfunktionen spielt die **Zeit** eine besondere Rolle. Als **implizite Einflußgröße** erklärt sie maßgeblich alle Kosten, die bei statischer Betrachtung nicht anfallen.

Die Zeit beeinflußt sowohl das Mengen- als auch das Wertgerüst der Kosten. Sie stellt insofern nur eine **indirekte Einflußgröße** dar, als die meisten zeitbedingten Kosten bei exakterer Modellierung bzw. Beobachtung auf andere Ursachen zurückgeführt werden könnten.

Über den Verlauf der zeitvariablen Kosten läßt sich deshalb ohne Kenntnis der näheren Umstände nichts Genaueres aussagen.

Liegt technischer Fortschritt zugrunde, so fallen etwa die Kosten im Zeitablauf $K'(t;\bar{x})$ bei identischer Beschäftigung absolut, d.h. $K'(t;\bar{x}) < 0$, während die Grenzkostenfunktion $K'(x;\bar{t})$ auf dem neuen Niveau t_1 häufig flacher verläuft als auf dem alten Niveau t_0, also $K'(x;t_1) < K'(x;t_0)$.

5. Produktionsplanung

5.1 Typisierung der Produktionsplanung

Das erwerbswirtschaftliche Ziel eines Unternehmens besteht langfristig in der Gewinnmaximierung. Das Erreichen dieses Ziels wird zwar durch eine geeignete Rahmensetzung (Produktionsorganisation) sowie die Erklärung von technisch-ökonomischen Zusammenhängen (Produktions- und Kostenfunktionen) vorbereitet, doch besteht der letztendlich entscheidende Schritt in der eindeutigen Festlegung von **Handlungsparametern**, mit denen dieses Ziel realisiert werden soll. Es ist dementsprechend die zentrale Aufgabe der Theorie der Produktionsplanung, Modelle und Methoden bereitzustellen, die zielorientiert eingesetzt werden können. Rückwirkungen auf die anderen Aufgaben der Produktionswirtschaft sind dabei nicht ausgeschlossen *(vgl. OSSADNIK B. 2.2.2)*.

Gegenstand der Produktionsplanung sind alle erwünschten Outputobjekte, die das Unternehmen in der Lage ist zu fertigen.

Dabei sind **qualitative**, **quantitative** und **zeitliche** Analysen zu unterscheiden (vgl. KISTNER/STEVEN 1993). Der Produktionsplan als Resultat der Produktionsplanung muß darüber informieren,

- welche Outputobjekte zu produzieren sind,
- wieviel von jedem Outputobjekt zu produzieren ist und
- wann die Produktion stattfinden soll.

Für unerwünschte Inputobjekte kann analog eine **Reduktionsplanung** vorgenommen werden, die entsprechende Fragen zum Einsatz von Übeln zu beantworten hat (vgl. zum Begriff der Reduktion auch DYCKHOFF 1992). Im allgemeinen stehen für die Produktion von erwünschten Outputobjekten Produktionssysteme, Produktionsverfahren und Produktionsfaktoren zur Verfügung. Sie sind als Restriktionen bei der Produktionsplanung zu berücksichtigen. Sind in bezug auf einzelne Systeme, Verfahren oder Faktoren noch Dispositionen möglich, so ist eine besondere Bereitstellungsplanung erforderlich (vgl. KAHLE 1991). Sie ist eng mit der Produktionsplanung verknüpft.

Die notwendige Bereitstellung von Werkstoffen läßt sich beispielsweise den gültigen Faktorfunktionen entnehmen. Sind die Bedarfe an Werkstoffen über mehrere Perioden verteilt, so kann bei Fremdbezug darüber hinaus eine kostengünstige Zusammenfassung zu optimalen Bestellmengen erfolgen. Diese Planungsaufgabe ist ein zentrales Anliegen der Beschaffungswirtschaft. Hingegen ist die Bereitstellung von Maschinenkapazitäten und Produktionsverfahren durch die Produktionsplanung höchstens mittel- bis langfristig zu beeinflussen. Die Auswahl einer geeigneten Maschine bzw. eines verfügbaren Verfahrens geschieht unmittelbar auf der Grundlage kostentheoretischer Erkenntnisse.

Konkrete Planungsaufgaben entstehen dadurch, daß die Beantwortung der verschiedenen Fragestellungen der Produktionsplanung in bezug auf einzelne Objekte besonderen Stellen zugeordnet wird. Aus der jeweils verfügten Kompetenzzuordnung resultieren Teilaufgaben, die innerhalb des Unternehmens wiederum abzustimmen sind. Die Integration der Planungsaufgaben führt zu einem Planungssystem, das neben den Aufgabenelementen besondere Koordinationsbeziehungen enthält.

Je nach Ausgestaltung der Elemente und Beziehungen liegt ein **Produktionsplanungsmodell** vor, das neben der Sachbezogenheit auch andere allgemeine Attribute verdient. Ist es als **Partialmodell** formuliert, so wird nur ein Teil der relevanten Fragen beantwortet. Im Gegensatz dazu bildet ein **Totalmodell** den gesamten Fragenkomplex ab. Je nachdem, ob die Planungsaufgaben gleichzeitig oder hintereinander gelöst werden sollen, ist ein **simultanes** oder **sukzessives** Planungsmodell zu entwickeln. Wie im Fall der Produktionsfunktion kann darüber hinaus auch der Zeitbezug bzw. die Informationsunsicherheit der Planung durch ein **dynamisches** bzw. **stochastisches** Modell erfaßt werden. Die Abwägung der verschiedenen Modelltypen ist ausführlich bei KISTNER/STEVEN (1993) dargestellt.

5.2 Aufgaben der Produktionsplanung

5.2.1 Programmplanung

Die naheliegendste Frage der Produktionsplanung besteht darin, was überhaupt in einer Periode gefertigt werden soll. Ihre Beantwortung hängt von den Rahmenbedingungen ab, unter denen die Produktion stattfindet. Ausgangspunkt ist die Überlegung, was von dem Unternehmen eigentlich gefertigt werden kann, d.h. welches technische Know-how zugrunde liegt. Um das **Produktprogramm**, also die Art der anzubietenden Outputobjekte, endgültig festzulegen, sind daneben absatzwirtschaftliche Gesichtspunkte zu beachten *(vgl. MEYER/MATTMÜLLER H 2.2.2)*. Insbesondere ist sicherzustellen, daß die Aufnahme eines Outputobjekts in das Produktprogramm zur Gewinnmaximierung beiträgt *(vgl. TROSSMANN D. 3.5.1)*. Wird dabei ein mehrperiodiges Planungsmodell zugrunde gelegt, so ist allein das Endvermögen der letzten Periode für die Realisierung des Gewinnziels ausschlaggebend. Aus diesem Grunde können Programmentscheidungen sinnvoll sein, die kurzfristig zu Verlusten führen mögen, aber langfristig das Gewinnziel sichern helfen.

Produktprogramme sind deshalb **qualitative** und **strategische** Programme, die im allgemeinen außerhalb des Produktbereichs von der zentralen Instanz des Unternehmens geplant werden müssen.

Für die Produktprogrammplanung eignen sich mehrere Modelle. Ein klassisches Beispiel ist das **Modell des Produktlebenszyklus**, das die Aufnahme einer Objektart in das Produktprogramm davon abhängig macht, wie lange das Objekt bereits am Markt existiert und in welcher Lebensphase es sich befindet. Neueren Datums sind das **Erfahrungskurvenmodell** sowie das **Portfolio-Modell** (vgl. MARR/PICOT 1991). Erst im Portfolio-Modell werden die Verbundeffekte zwischen den verschiedenen Objektarten sichtbar, so daß die Aufnahme einer Objektart in das Produktprogramm maßgeblich auch von den übrigen Objektarten bestimmt wird *(zur Veranschaulichung des Portfolio-Modells vgl. CORSTEN F. 5.2)*.

Im Gegensatz zur strategischen ist die operative Produktionsprogrammplanung eine reine Mengenplanung. Für jede Periode wird geprüft, welche Objektarten aus dem Produktprogramm in welchen Mengen gefertigt werden sollen, damit das Produktionsziel erreicht wird. Dabei sind nicht nur die grundsätzlich herstellbaren Produktarten vorgegeben, sondern außerdem auch andere **Randbedingungen**, die auf jeden Fall einzuhalten sind:

- **Absatzbedingungen** erklären, welche Outputmengen zu jeweiligen Marktpreisen veräußert werden können. Sie lassen sich als Preis-Absatz-Funktionen formulieren. Bei vollkommenem Wettbewerb reicht es jedoch aus, die Absatzhöchstmengen zu kennen.

- **Kapazitätsbedingungen** beziehen sich auf die Verfügbarkeit von Gebrauchsfaktoren. Da etwa Betriebsmittel kurzfristig nicht ohne weiteres angepaßt werden können, muß ihre Kapazität um so mehr als gegeben angenommen werden, je kürzer die Betrachtungsperiode ist.

- **Beschaffungsbedingungen** gelten für Verbrauchsfaktoren, für die innerhalb des Planungshorizonts wirtschaftliche Beschaffungsobergrenzen existieren. Z.T. sind diese Grenzen durch die Produktionskapazität der Lieferanten bedingt.

- **Lagerbedingungen** können sowohl bei einstufigen als auch bei mehrstufigen Technologien auftreten. Sie geben Auskunft darüber, ob bzw. in welchem Umfang Lagerhaltung überhaupt möglich und erwünscht ist. Solche Bedingungen lassen sich vor allem auch aus der vorherrschenden Produktionsorganisation ableiten. Ist eine Lagerhaltung grundsätzlich nicht vorgesehen, so entstehen Kontinuitätsbedingungen, die dafür sorgen, daß die hergestellten Zwischen- und Endproduktmengen unmittelbar weiterverarbeitet bzw. ausgeliefert werden.

- **Budgetbedingungen** berücksichtigen den finanziellen Spielraum des Unternehmens in einer Periode. Ist beispielsweise die Beschaffung einer beliebigen Rohstoffmenge aus der Sicht des Marktes durchaus denkbar, so kann die Budgetbedingung diese Freiheit dennoch wieder einengen.

Die einzelnen Bedingungen sind von Fall zu Fall einer Überprüfung zu unterziehen. Unter den Produktionsprogrammen, die alle Bedingungen erfüllen, ist dasjenige auszuwählen, mit dem das Gewinnziel am besten realisiert werden kann.

Das Grundmodell der operativen Produktionsprogrammplanung beruht auf zwei wesentlichen Annahmen:

(1) Es liegt **verbundene Serienfertigung** vor, d.h. mehrere standardisierte Outputarten werden unter Verwendung derselben Produktionsfaktoren gefertigt.

(2) Die Mengenrelationen zwischen Inputs und Outputs lassen sich jeweils durch Produktionsfunktionen nach LEONTIEF beschreiben, d.h. es werden insbesondere nur **synthetische Produktionen** betrachtet.

Bei linearem Geldnutzen sind die in der Produktion anfallenden fixen Kosten nicht entscheidungsrelevant (vgl. SCHNEIDER 1987), so daß sie bei der Planung außer acht gelassen werden können. Das Realmodell besteht deshalb darin, den **Deckungsbeitrag** DB unter Beachtung der beschriebenen **Nebenbedingungen** zu maximieren. Das Formalmodell lautet:

$$\max_{x_j} DB = \sum_{j=1}^{J} c_j x_j$$

unter den Nebenbedingungen

$$\sum_{j=1}^{J} a_{ij} x_j \leq \bar{r}_i, \; i = 1,\ldots,I$$
$$x_j \leq \bar{x}_j, \; j = 1,\ldots,J$$
$$x_j \geq 0, \; j = 1,\ldots,J.$$

c_j symbolisiert den **Stückdeckungsbeitrag** einer Produktart j, also den Überschuß des Stückerlöses über die Stückkosten. Der erste Nebenbedingungstyp erfaßt alle in Frage kommenden faktorspezifischen Beschränkungen, insbesondere die **Kapazitäts- und Beschaffungsbedingungen**. **Budget- und Lagerbedingungen** werden nicht ausdrücklich berücksichtigt. Werden Budget und Lagerraum allerdings als Produktionsfaktoren behandelt, so sind die entsprechenden Bedingungen unter den Nebenbedingungstyp zu subsumieren. Der zweite Typ von Nebenbedingungen entspricht den **Absatzbedingungen** für jede Produktart. Der letzte Typ ist lediglich technischer Natur. Er stellt sicher, daß keine Outputobjekte vernichtet werden können. Sind die Stückdeckungsbeiträge aller Objektarten positiv, so bleibt er unbedeutend und kann vernachlässigt werden. Neben den bereits angesprochenen Abstraktionen wird beim Grundmodell der operativen Produktionsprogrammplanung außerdem eine Vereinfachung in der Weise offenbar, daß ein vollkommender Markt unterstellt wird. Daraus resultieren konstante Stückdeckungsbeiträge sowie kurzfristig nicht veränderbare Höchstmengen an verfügbaren Produktionsfaktoren und absetzbaren Produkten.

Aufgrund der getroffenen Linearitätsannahme in bezug auf die Input-Output-Relationen heißt das formale Grundmodell der Produktionsprogrammplanung auch **lineares Programm**. Um das Programm explizit zu ermitteln, ist die Anwendung eines Verfahrens der linearen Programmierung erforderlich. Am meisten bewährt hat sich der Simplex-Algorithmus (vgl. DANTZIG 1951; GAL 1991).

Ein Beispiel soll die Berechnung des optimalen Produktionsprogramms unter Anwendung des Simplex-Algorithmus verdeutlichen. Das Fräsen (F) eines 2 mm-Blechs (Produktart 1) dauert 15 Minuten, das Fräsen eines 3 mm-Blechs (Produktart 2) auf derselben Maschine dagegen 20 Minuten. Außerdem müssen die Bleche gestanzt werden. Für jedes Blech auf dem Stanzautomaten (*S*) sind 30 Minuten (Produktart 1) bzw. 15 Minuten (Produktart 2) zu kalkulieren. Die Umrüstzeiten bleiben stets außer acht. Die Periodenkapazität jeder Maschine beträgt 80 Stunden. Sowohl mit dem 2 mm-Blech als auch mit dem 3 mm-Blech läßt sich ein Stückdeckungsbeitrag von 100 DM erwirtschaften. Das Formalmodell lautet in diesem Fall also:

$$\max_{x_1,\, x_2} DB = 100x_1 + 100x_2$$

unter den Nebenbedingungen

$$\begin{aligned} 1/4x_1 + 1/3x_2 &\leq 80(F) \\ 1/2x_1 + 1/4x_2 &\leq 80(S) \\ x_1 &\geq 0 \\ x_2 &\geq 0. \end{aligned}$$

Ohne Beachtung der Maximierungsvorschrift läßt sich das Formalmodell durch die Einführung von sog. Schlupfvariablen, hier s_1 und s_2, in ein Gleichungssystem umwandeln:

$$\begin{array}{lllll} -100x_1 & -100x_2 & & & +DB = 0 \\ & & & & \\ 1/4x_1 & +1/3x_2 & +s_1 & & = 80 \\ 1/2x_1 & +1/4x_2 & & +s_2 & = 80 \end{array}$$

Die Schlupfvariablen geben an, in welchem Umfang die Maschinenkapazität nicht voll ausgelastet wird. So bedeutet z.B. $s_1 = 80$, daß die vorhandene Kapazität der Fräsmaschine überhaupt nicht genutzt wird. Zur besseren Übersichtlichkeit und einfacheren Handhabung der späteren Rechenoperationen wird das Gleichungssystem in einem sog. Simplex-Tableau dargestellt (vgl. Abbildung G. 28a). Dieses Tableau enthält jetzt nur noch die Koeffizienten der verschiedenen Variablen. Die Theorie linearer Gleichungssysteme besagt, daß ein Gleichungssystem mit zwei linear unabhängigen Nebenbedingungen genau dann erfüllt ist, wenn zwei Variablen einen Wert ungleich Null annehmen. Diese beiden Variablen heißen Basisvariablen (*BV*), die übrigen Variablen werden als Nicht-Basisvariablen (*NBV*) bezeichnet.

In Abbildung G. 28a stellen die beiden Schlupfvariablen gleichzeitig die Basisvariablen dar, d.h. $s_1 = s_2 = 80$. Diese Lösung ist trivial, da sie Produktionsstillstand bedeutet. Die Nicht-Basisvariablen sind nämlich x_1 und x_2, d.h. $x_1 = x_2 = 0$.

Allerdings erfüllt eine solche Lösung die Maximierungsvorschrift nicht, da der Deckungsbeitrag jederzeit erhöht werden kann, wenn x_1 bzw. x_2 positive Werte annehmen, also produziert wird. Soll eine der beiden Nicht-

Basisvariablen einen positiven Wert annehmen, so ist ein Basistausch erforderlich. Eine Nicht-Basisvariable wird zur Basisvariablen und umgekehrt. Wird etwa x_1 in die Basis aufgenommen, so können maximal 160 2 mm-Bleche gefertigt werden. Die Kapazität des Stanzautomaten gestattet keine weitere Erhöhung der Produktionsmenge. s_2 wird dementsprechend zu Null, d.h. zu einer Nicht-Basisvariablen.

In Abbildung G. 28b wird der Basistausch nach einigen Umrechnungen sichtbar. Insbesondere ist die erste Spalte (x_1) durch geeignete Rechenoperationen in einen Einheitsvektor umgeformt worden. D.h. die letzte Zeile des Tableaus wurde mit 2 multipliziert. Anschließend wurde sie mit -100 bzw. 1/4 multipliziert, um dann von der ersten bzw. zweiten Zeile subtrahiert zu werden. Der Vorteil dieser Umrechungen besteht darin, daß nach Nullsetzen der Nicht-Basisvariablen x_2 und s_2 das verbesserte Produktionsprogramm unmittelbar aus dem Simplex-Tableau abgelesen werden kann. Für die Basisvariablen folgt nämlich $s_1 = 40$ bzw. $x_1 = 160$. D.h. es werden 160 2 mm-Bleche gefertigt, die zwar den Stanzautomaten voll auslasten ($s_2 = 0$), die Fräsmaschine hingegen nur zu 50%. Der Deckungsbeitrag für dieses Produktionsprogramm beträgt 16.000 DM.

NBV		BV			
x_1	x_2	s_1	s_2	DB	r
-100	-100	0	0	1	0
1/4	1/3	1	0	0	80
1/2	1/4	0	1	0	80

a) 1. Schritt (Ausgangslösung)

BV	NBV	BV	NBV		
x_1	x_2	s_1	s_2	DB	r
0	-50	0	200	1	16.000
0	5/24	1	-1/2	0	40
1	1/2	0	2	0	160

b) 2. Schritt

BV		NBV			
x_1	x_2	s_1	s_2	DB	r
0	0	240	80	1	25.600
0	1	24/5	-12/5	0	192
1	0	-12/5	16/5	0	64

c) 3. Schritt (Optimallösung)

Abbildung G. 28: Entwicklung der Simplex-Tableaus

Wie man auch aus Abbildung G. 28b erkennt, ist das Programm nach wie vor nicht optimal. Wird nämlich x_2 in die Basis aufgenommen, so steigt mit jedem produzierten 3 mm-Blech der Deckungsbeitrag um weitere 50 DM an. Der vollständige Stückdeckungsbeitrag von 100 DM ist nicht zu realisieren, da bei Aufnahme der 3 mm-Blechfertigung gleichzeitig das Niveau der 2 mm-Blechfertigung reduziert werden muß. Es ist zu prüfen, ob die Fertigung von 3 mm-Blechen die Fertigung von 2 mm-Blechen völlig verdrängt ($x_1 = 0$) oder ob durch ein allmähliche Erhöhung des Produktionsniveaus zuvor die Kapazität der Fräsmaschine voll ausgeschöpft wird ($s_1 = 0$). Wie sich anhand von Abbildung G. 28b nachprüfen läßt, wird zunächst die Fräskapazität voll beansprucht. Damit ist der Basistausch festgelegt: Für x_2 wird s_1 aus der Basis entfernt. Die erneute Umformulierung des Simplex-Tableaus ist in Abbildung G. 28c dargestellt. Dieses Programm ($x_1^* = 64$, $x_2^* = 192$) ist nicht weiter verbesserbar. Der Deckungsbeitrag beträgt 25.600 DM. Eine erneute Aufnahme der Schlupfvariablen s_1 bzw. s_2 in die Basis würde diesen Dekungsbeitrag pro Stunde Leerkapazität um 240 bzw. 80 DM herabsetzen.

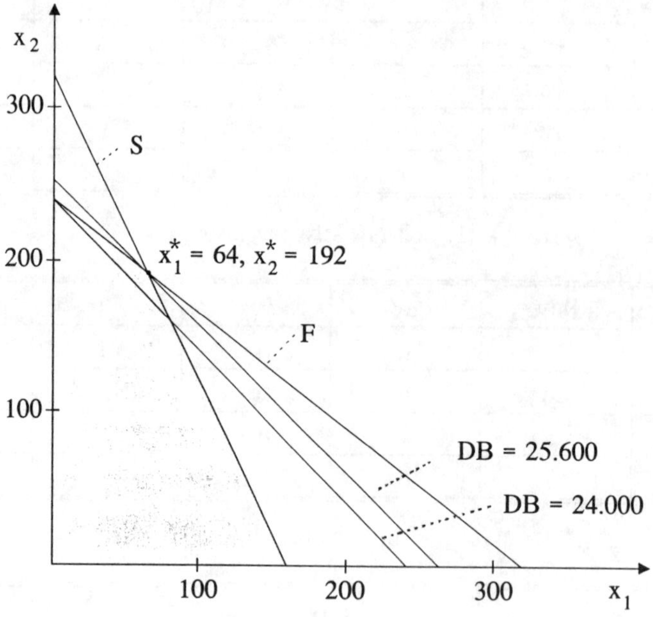

Abbildung G. 29: Graphische Bestimmung des optimalen Produktionsprogramms

Die Produktionsprogrammplanung kann anhand des gewählten Beispiels auch graphisch veranschaulicht werden. Nimmt man nämlich an, daß die beiden Maschinen in vollem Umfang genutzt werden, so repräsentieren die beiden Nebenbedingungen Transformationsfunktionen. Diese sind in Abbildung G. 29 skizziert. Auf der Fräsmaschine lassen sich während der Produktionsperiode z.B. nur 320 2 mm-Bleche oder nur 240 3 mm-Bleche bearbeiten. Jede Linearkombination ist ebenfalls möglich. Selbstverständlich sind auch Produktionen auf der

Fräsmaschine erlaubt, die die Kapazität nicht voll ausnutzen, d.h. die links unterhalb der Transformationsfunktion liegen. Analog ist die Transformationsfunktion für den Stanzautomaten interpretierbar. Da jedes Blech auf beiden Maschinen zu bearbeiten ist, bevor es veräußert wird, kommen nur solche Produktionen in Frage, für die beide Nebenbedingungen erfüllt sind, die also in dem Bereich des schraffierten Simplex in Abbildung G. 29 liegen. Erhebt das Unternehmen nun z.B. den Anspruch, in der betrachteten Periode einen Deckungsbeitrag von 24.000 DM zu erwirtschaften, so ist dies durch die Deckungsbeitragsisoquante

$$24.000 = 100x_1 + 100x_2$$

ebenfalls graphisch darstellbar. Alle Produktionsprogramme innerhalb des schraffierten Bereichs, die sich gleichzeitig auf der Deckungsbeitragsisoquante befinden, realisieren diesen Anspruch. Allerdings kann der Anspruch weiter gesteigert werden, etwa auf das Niveau DB = 25.600 DM. Diese Isoquante ist ebenfalls in Abbildung G. 29 eingezeichnet. Nunmehr erfüllt nur noch das Produktionsprogramm $x_1^* = 64$ und $x_2^* = 192$ den erhöhten Anspruch. Eine weitere Heraufsetzung des Deckungsbeitrags führt zu unzulässigen Produktionsprogrammen, die wegen Nichteinhaltung mindestens einer Nebenbedingung unerfüllbar bleiben. Die auf diese Weise graphisch hergeleitete Lösung korrespondiert mit dem analytisch bestimmten Produktionsprogramm.

Das Grundmodell der operativen Produktionsprogrammplanung kann auf die verschiedenste Weise erweitert werden (vgl. ZÄPFEL 1982). Eine andere Produktionsfunktion kann ebenso berücksichtigt werden wie eine beliebige Form der Produktionsorganisation. Die Planung vollzieht sich dann nach jeweils geeigneten Algorithmen, z.B. der nichtlinearen oder gemischt-ganzzahligen Programmierung (vgl. GAL 1992). Werden jedoch Aufträge kundenindividuell und zu verschiedenen Zeitpunkten bearbeitet, so ist ein Sukzessivmodell zu formulieren, bei dem die Aufträge hintereinander in der Reihenfolge ihres zeitlichen Eingangs auf eine wirtschaftliche Durchführbarkeit überprüft werden. Die Unsicherheit über nachfolgende Aufträge gebietet es dabei, einen Auftrag auch dann anzunehmen, wenn evtl. zu einem späteren Zeitpunkt auf einen anderen Auftrag wegen bestehender Kapazitätsbedingungen verzichtet werden muß, dessen Ausführung einen höheren Deckungsbeitrag erwirtschaftet hätte.

5.2.2 Seriengrößenplanung

Für den Fall der **Serienfertigung** findet die Mengenplanung der Produktion ihre Fortsetzung darin, die gemäß Produktionsprogramm herzustellenden Mengen einer Outputart zu wirtschaftlichen **Serien** bzw. **Losen** zu bündeln *(vgl. zum adäquaten Problembereich, der Beschaffungsmengenplanung CORSTEN F. 5.5)*. Aus den ursprünglichen Aufträgen, die vom Kunden bzw. vom Markt stammen, werden auf diese Weise Fertigungsaufträge, welche der Organisation sowie den Kosten der Produktion Rechnung tragen. Die Bedeutung der Produktionsorganisation äußert sich bei der Seriengrößenplanung beispielsweise durch die Form der Aufgabenspezialisierung und die Wahl der eingesetzten Maschinentypen. Auch die Abhängigkeit der Einzelaufgaben voneinander hat erhebliche Konsequenzen für die Seriengrößenentscheidung. So bestimmt etwa der Fertigungsauftrag einer Produktionsstufe unmittelbar den Fertigungsauftrag der vorgelagerten Stufe. Je größer der Auftrag ist, desto früher müssen mehr Produktionsfaktoren verfügbar sein (vgl. FANDEL/FRANÇOIS 1988). Die planungsrelevanten Kostenarten sind vor allem:

- **Rüstkosten:** Sie fallen bei jeder Serie unabhängig von der Seriengröße an. Bei einer gegebenen Produktionsmenge pro Outputart müssen um so mehr Serien gefertigt werden, je kleiner die Seriengröße ist.

- **Lagerkosten:** Sie entstehen vor allem bei großen Serien dadurch, daß über den momentanen Bedarf hinaus gefertigt wird und Produktionsteilmengen zeitweilig einzulagern sind. Der gegensätzliche Verlauf von Lager- und Rüstkosten ist in Abbildung G. 30 graphisch veranschaulicht.

- **Produktionskosten:** Durch Erhöhung der Seriengröße lassen sich verstärkt Übungsgewinne realisieren. Wechseln sich dagegen kleine Serien unterschiedlicher Produktarten häufig ab, so ist der Lerneffekt nicht bemerkenswert.

- **Fehlmengenkosten:** Wird die Seriengröße heraufgesetzt, um Rüst- und Fertigungskosten zu senken, so resultiert für andere Produktarten daraus unter Umständen wegen verspäteter Fertigstellung eine Konventionalstrafe oder sogar ein Lieferausfall. Die nicht rechtzeitig fertiggestellte Teilmenge wird auch als Fehlmenge bezeichnet.

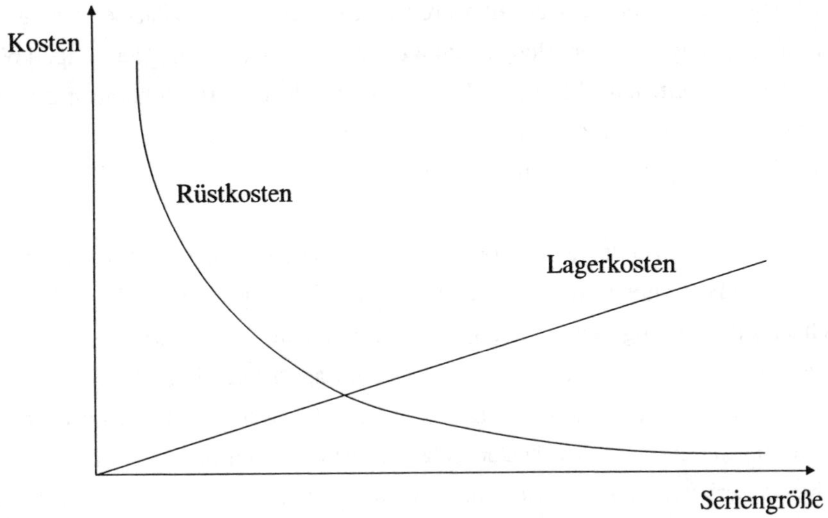

Abbildung G. 30: Verlauf von Rüst- und Lagerkosten in Abhängigkeit von der Seriengröße

Das Grundmodell der Seriengrößenplanung ist von HARRIS (1913) und ANDLER (1929) unabhängig voneinander entwickelt worden. Es trägt deshalb auch die synonymen Bezeichnungen HARRIS-Modell bzw. ANDLERsches **Losgrößenmodell**. Die Hypothesen sind denkbar einfach:

(1) Einstufige Einproduktfertigung

(2) Konstante Produktionskoeffizienten

(3) Serienweise Auf- und Abrüstung des Aggregats auf einen Normalzustand

(4) Serienweiser direkter Lagerabgang.

Die Implikationen dieses Grundmodells sind äußerst vielgestaltig. Konstante Produktionskoeffizienten haben insbesondere zur Folge, daß gleichmäßig ein Lager aufgebaut wird. Darüber hinaus treten keine Lerneffekte auf, so daß die Produktionskosten über die gesamte Planungsperiode als fixe Kosten behandelt werden und deshalb bei der Seriengrößenoptimierung außer acht bleiben können. Aus der Rüstkostenhypothese folgt, daß ein konstanter Kostensatz k_R pro Umrüstung zu kalkulieren ist. Da die Absatzmengen gemäß Produktionsprogrammplanung erfüllt werden, können auch keine Fehlmengenkosten anfallen. Andererseits lassen sich die gefertigten Serien unmittelbar wieder am Markt veräußern. Eine Einlagerung über das Serienende hinaus ist nicht erforderlich.

Die Seriengröße ist nach oben unbegrenzt, da weder Kapazitätsbedingungen noch Beschaffungs-, Lager- oder Budgetbedingungen relevant sind. Der Lagerkostensatz umfaßt im wesentlichen die Kapitalkosten während des Produktionsprozesses. Bei vollkommenem Kapitalmarkt kann deshalb mit einem konstanten Lagerkostensatz k_L pro Stück und Planungsperiode gerechnet werden.

Aufgrund der im Grundmodell verankerten Hypothesen läßt sich der Lagerbestandsverlauf für die betrachtete Produktart anhand von Abbildung G. 31 leicht nachvollziehen. Bezeichnet q die Seriengröße, so beträgt der durchschnittliche Lagerbestand während der gesamten Planungsperiode $q/2$. Daraus resultieren Lagerkosten in Höhe von $k_L \cdot q/2$. Bei einer erforderlichen Produktionsmenge x sind x/q Serien bzw. Umrüstungen des Aggregats notwendig. Die Rüstkosten belaufen sich folglich auf $k_R \cdot x/q$. Alle übrigen Kosten sind (seriengrößen-)fixe Kosten. D.h. es ergibt sich eine Kostenfunktion der Art

$$K = k_L \frac{q}{2} + k_R \frac{x}{q} + K_f .$$

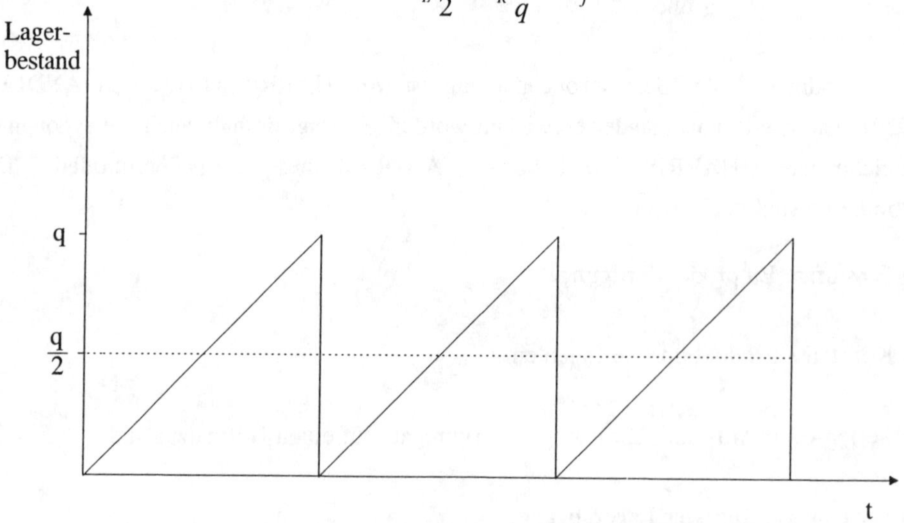

Abbildung G. 31: Lagerbestandsverlauf im Grundmodell der Seriengrößenplanung

Alle Hypothesen sind in dieser Funktion bereits beachtet. Das Optimierungsproblem lautet somit:

$$\min_q K = k_L \frac{q}{2} + k_R \frac{x}{q} + K_f .$$

Als Lösung erhält man unter Anwendung der Marginalanalyse

$$q^* = \sqrt{\frac{2k_R x}{k_L}}.$$

Bei dieser Seriengröße werden die Gesamtkosten minimal. Es findet ein optimaler Ausgleich zwischen den Lager- und Rüstkosten statt. Das heißt nicht nur, daß die bei steigender Seriengröße beobachtbare Zunahme der Grenzkosten im Optimum der Abnahme der Rüstkosten entspricht. Es ist sogar nachweisbar, daß bei Wahl der optimalen Seriengröße die Lagerkosten und Rüstkosten identisch sind.

Betrage die Produktionsmenge einer Produktart laut Programmplanung 10.000 Stück. Der Rüstkostensatz liege bei 100 DM pro Rüstvorgang, der Lagerkostensatz bei 50 DM pro Stück und Planungsperiode. Die optimale Seriengröße berechnet sich dann zu

$$q^* = \sqrt{\frac{2 \cdot 100 \cdot 10.000}{50}} = 200.$$

Bei einem durchschnittlichen Lagerbestand $q^*/2 = 100$ Stück ergeben sich Lagerkosten in Höhe von 5.000 DM. In gleicher Höhe fallen Rüstkosten an, da $x/q^* = 50$ Serien aufzulegen sind, damit 10.000 Stück der Produktart gefertigt werden.

Das Grundmodell der Seriengrößenplanung ist durch Lockerung der Hypothesen auf vielerlei Art modifizierbar. Die meisten Erweiterungen basieren auf einer kritischen Würdigung der Hypothesen. So können etwa weitere Absatz- und Lagerbedingungen beachtet werden, ohne daß die einfache Methode der Marginalanalyse aufgegeben werden müßte (vgl. KAHLE 1991). Bei verbundener Produktion und intensitätsmäßiger Anpassung der Produktion sind hingegen andere Planungsmethoden zu erwägen (vgl. DOMSCHKE/SCHOLL/VOSS 1993; TEMPELMEIER 1992).

5.2.3 Reihenfolgeplanung

Sind die Fertigungsaufträge im einzelnen bekannt, so steht die Überlegung im Raum, wann sie ausgeführt werden sollen. Neben die Mengenplanung tritt also die **Zeitplanung**. Ihre Aufgabe besteht darin, die Fertigungsaufträge so zu terminieren, daß keine vermeidbaren Kosten anfallen bzw. Deckungsbeiträge durch Auftragsauslieferung möglichst schnell realisiert werden können.

Die Zeitspanne zwischen Beginn und Beendigung eines Auftrags heißt auch **Durchlaufzeit**. Sie setzt sich aus den **Bearbeitungszeiten** der verschiedenen Produktionsstufen, **Transportzeiten** zwischen diesen Stufen und **ablaufbedingten Wartezeiten** vor den Maschinen zusammen.

Bei gegebener Kapazität führt eine Minimierung der Durchlaufzeit zu geringstmöglichen Kapitalkosten des Umlaufvermögens. D.h. die Verbrauchsfaktoren müssen erst zum spätestmöglichen Termin bereitgestellt werden, sofern ein verbindlicher Liefertermin existiert. Gibt es keine Lieferabsprache, so wird der Deckungsbeitrag zum frühestmöglichen Zeitpunkt realisiert. Da die Bearbeitungs- und Transportzeiten kaum beeinflußbar sind bzw. im übrigen mit einer Aggregatsanpassung einhergehen (vgl. REESE 1981; 1983), richtet sich das Erkenntnisinteresse der Zeitplanung vor allem auf die **Vermeidung von Wartezeiten**. Sie entstehen z.B. dann, wenn noch nicht alle Verbrauchsfaktoren bearbeitungsreif vorliegen oder die benötigte Maschine noch durch einen anderen Auftrag belegt ist.

Die Aufgabe der Zeitplanung hängt wiederum entscheidend von der Produktionsorganisation ab. Bei Fließfertigung ist die Durchlaufzeit kurzfristig unveränderbar. Sie wird bereits mittelfristig durch die Anzahl der zu durchlaufenden Arbeitsstationen sowie die Taktzeit festgelegt (vgl. ZÄPFEL 1989). Für die Werkstattfertigung existieren dagegen zwei Grundmodelle, die zur kurzfristigen Planung zu zählen sind. Das Modell der Terminplanung konzentriert sich auf die Einproduktfertigung in mehrstufigen Technologien. Gegenstand der Planung ist die Ermittlung der Auftragsdurchlaufzeit unter Beachtung von Kapazitätsbedingungen und technologischen Reihenfolgebedingungen. Die technologische Reihenfolge bestimmt, welche Bearbeitungsstufen erledigt sein müssen, bevor eine weitere Werkstattbearbeitung durchgeführt werden kann. Als Planungsmethoden bieten sich vornehmlich die Verfahren der Netzplantechnik an (vgl. ZÄPFEL 1982).

Im allgemeinen Fall der Mehrproduktfertigung ist das Modell der Reihenfolgeplanung anwendbar. Die technologischen Reihenfolgen der Aufträge können entweder identisch sein ("flow shop") oder von Auftrag zu Auftrag differieren ("job shop"). Im Grundmodell der Reihenfolgeplanung werden die Kapazitätsbedingungen so formuliert, daß keine Parallelbearbeitungen von mehreren Aufträgen auf einer Maschine bzw. eines Auftrags durch mehrere Maschinen erfolgen dürfen.

Das Grundmodell der Reihenfolgeplanung soll anhand eines einfachen Problems für zwei Aufträge und fünf Werkstätten illustriert werden. Es seien 2 mm-Bleche (Auftrag 1) und 3 mm-Bleche (Auftrag 2) in einer gegebenen, hier aber nicht weiter interessierenden Seriengröße herzustellen. Die Bearbeitungsdauern sowie die beiden technologischen Reihenfolgen sind der Abbildung G. 32 zu entnehmen. Mit beiden Aufträgen kann unverzüglich begonnen werden. Die Aufträge gehören zusammen und können deshalb auch nur gemeinsam ausgeliefert werden. Ziel der Reihenfolgeplanung ist es aus diesem Grund, die Durchlaufzeit des gesamten Auftragszyklus zu minimieren.

Werkstatt / Auftrag	Zuschneiderei (A)	Schlosserei (B)	Fräserei (C)	Dreherei (D)	Verzinkerei (E)	Technologische Reihenfolge
2 mm-Bleche (1)	3	2	2	1	2	A B C D E
3 mm-Bleche (2)	2	2	4	4	2	D B A C E

Abbildung G. 32: Bearbeitungdauern (in Stunden) und technologische Reihenfolgen

Für die Lösung dieses einfachen Reihenfolgeproblems eignet sich eine **graphische Methode**, die von AKERS (1956) entwickelt wurde. Zunächst werden in einem Koordinatensystem die Bearbeitungsdauern der beiden Aufträge entsprechend der jeweiligen technologischen Reihenfolge abgetragen. Danach werden sog. Konfliktfelder eingezeichnet. Sie geben an, in welchen Zeiträumen beide Aufträge dieselbe Maschine beanspruchen würden. Anhand der Konfliktfelder lassen sich unzulässige Bearbeitungsintervalle ausschließen. Planungsziel ist es nun, einen optimalen Weg vom Ursprung des Koordinatensystems (0) bis zu dem Punkt (Z) zu finden, der die Fertigstellung beider Aufträge symbolisiert. Die Konfliktfelder dürfen dabei nicht durchquert werden. Ein Weg kann nur aus vertikalen und horizontalen Streckenabschnitten sowie Strecken im 45° Winkel bestehen. Vertikale und horizontale Strecken bedeuten, daß nur ein Bearbeitungsfortschritt für einen Auftrag vorliegt. Diagonale Strecken zeugen dagegen von einer gleichzeitigen Bearbeitung beider Aufträge in unterschiedlichen Werkstätten. Abbildung G. 33 veranschaulicht diesen Sachverhalt für die Beispieldaten. Zugleich ist der optimale Weg eingezeichnet. Jede Streckeneinheit auf diesem Weg entspricht einer Durchlaufstunde. Die minimale Durchlaufzeit beträgt deshalb 15 Stunden.

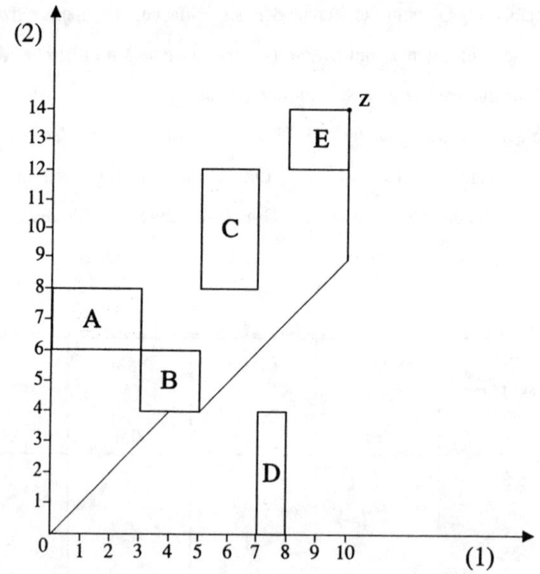

Abbildung G. 33: Graphische Lösung des Reihenfolgeproblems

Ein Zeit- bzw. Reihenfolgeplan kann durch ein **GANTT-Diagramm** dargestellt werden. Für die Beispielslösung ist dies in den Abbildungen G. 34a und b veranschaulicht. Beide Abbildungen beschreiben denselben Sachverhalt auf unterschiedliche Weise. Während Abbildung G. 34a die auftragsbezogenen technologischen Reihenfolgen wiedergibt, erläutert Abbildung G. 34b die werkstattbezogenen Auftragsreihenfolgen, d.h. die Reihenfolgen, in denen die beiden Aufträge jeweils die Werkstätten durchlaufen. Die schraffierten Flächen kennzeichnen Wartezeiten der Aufträge (Abbildung G. 34a) bzw. Leerzeiten in den Werkstätten (Abbildung G. 34b).

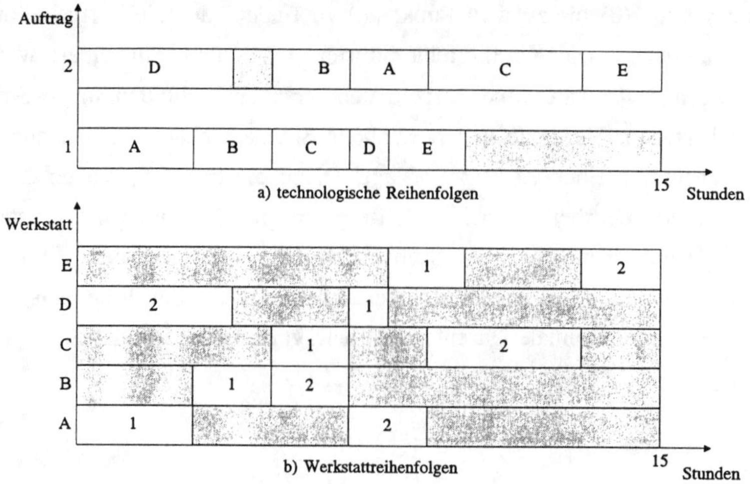

Abbildung G. 34: GANTT-Diagramme

Das Grundmodell der Reihenfolgeplanung ist wiederum beliebig erweiterbar (vgl. DOMSCHKE/SCHOLL/VOSS 1993 oder REESE 1980). Die Kapazitätsbedingungen können dabei ebenso gelockert werden wie die Reihenfolgebedingungen. Aus Abbildung G. 34b wird überdies ersichtlich, daß auch die Kapazitätsauslastung der einzelnen Werkstätten eine interessante Zielsetzung sein kann. Es ist denkbar, daß die Verschiebung und Bündelung von Leerzeiten die Annahme weiterer Aufträge gestattet und somit zur besseren Kapazitätsauslastung beiträgt. Unter Umständen muß dann jedoch eine Verlängerung der Durchlaufzeiten toleriert werden. Hieran zeigt sich das Dilemma der Ablaufplanung *(vgl. 3.3)*.

5.3 Systeme der Produktionsplanung

Während bisher die Planungsaufgaben selbst im Blickpunkt einer Theorie der Produktionsplanung standen, rückt heute vor allem die Abstimmung der verschiedenen Planungsaufgaben in den Vordergrund. Sind nämlich bereits die Planungsaufgaben z.T. recht komplex, so gilt dies erst recht für das gesamte Planungssystem. Ebenso wie das Produktionssystem hat auch das Planungssystem sowohl die Aspekte der Differenzierung als auch der Integration von konkreten Aufgaben ins Kalkül mit einzubeziehen.

Als traditionelles Planungssystem gilt die **zentrale Planung** von einer Hand, bei der die Differenzierung und Integration von Planungsaufgaben keine Rolle spielen. Hierzu existieren einige umfassende Modelle, die alle Abhängigkeiten zwischen den verschiedenen Planungsaufgaben berücksichtigen. Sie tragen Bezeichnungen wie Totalmodelle, Simultanmodelle oder monolithische Modelle. Häufig sind sie so komplex, daß ihre praktische Bedeutung bereits an der mangelnden Rechenbarkeit scheitert. Allerdings begegnet man auch anderen Vorbehalten, die systemischer Natur sind (vgl. KISTNER/STEVEN 1993):

- Es fehlt die Orientierung an der vorhandenen Managementstruktur mit den entsprechenden Kompetenzen.

- Die Planungsmethoden auf der Basis von Simultanmodellen laufen im allgemeinen mechanistisch ab, d.h. sie besitzen keine Freiheitsgrade für weitere Steuerungseingriffe.

- Die zeitliche Integration von langfristiger und kurzfristiger Planung fällt schwer. Ein Simultanmodell ist stets auf den höchsten Detaillierunggrad auszurichten.

- Bei Änderungen einzelner Planparameter müssen Auswirkungen auf den gesamten Produktionsplan erwartet werden. Deshalb ist laufend eine umfassende Plananpassung der Produktion erforderlich.

Für praktische Belange kommen deshalb vor allem andere Planungssysteme in Betracht, die die **Komplexität reduzieren** (vgl. GLASER/GEIGER/ROHDE 1992). Das klassische System der **Sukzessivplanung** hat weniger Schnittstellen zwischen den einzelnen Planungsaufgaben und verbindet sie lediglich gemäß ihrer Fristigkeit. Beispielhaft ist ein solches System in Abbildung G. 35 wiedergegeben. Man sieht, daß aus dem Produktionsprogramm zuerst die Seriengrößen und anschließend die Auftragstermine bestimmt werden. Daneben sind die Aufgaben der Beschaffungs- und Kapazitätswirtschaft zu erfüllen, damit die Bereitstellung der Verbrauchs- und Gebrauchsfaktoren zum richtigen Zeitpunkt garantiert ist *(vgl. zu den Planungsaktivitäten im Bereich der Beschaffungswirtschaft CORSTEN F. 5)*. Im allgemeinen erfolgt nach Bewältigung dieser Aufgaben ein Zwischenschritt, der die Aufträge ausdrücklich zur Bearbeitung freigibt. Die Reihenfolgeplanung wird in dem abgebildeten System dezentral am Ort der Produktion, also z.B. in der Werkstatt vorgenommen.

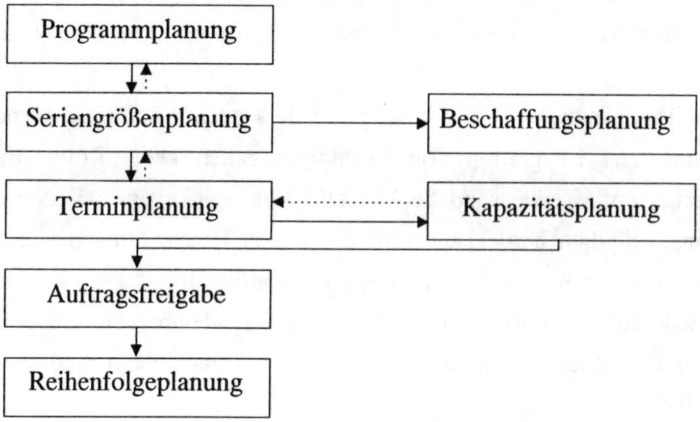

Abbildung G. 35: Sukzessives Planungssystem mit Aufgabenintegration

Die einseitige Integration in diesem System hat ihre Nachteile. Neben dem Verzicht auf eine vollständige Abstimmung droht in erster Linie die Gefahr, daß unzulässige Produktionspläne resultieren. Obwohl beispielsweise in der Produktionsprogrammplanung die verfügbare Periodenkapazität überprüft wurde, kann die Bildung und Terminierung von Fertigungsaufträgen zu zeitlich begrenzten Kapazitätsengpässen führen. Wenn keine Alternative der Kapazitätsanpassung besteht, sind die Fertigungsaufträge demnach nicht durchführbar. **Rückkopplungen** im Planungssystem sind deshalb unausweichlich. Sie sind in Abbildung G. 35 gestrichelt eingezeichnet. So können die Engpässe etwa durch **Vor- und Rückterminierung** der Fertigungsaufträge unter Umständen behoben werden, ohne daß die Seriengröße verändert werden muß. Gelingt dies nicht, so ist die Seriengröße z.B. zu reduzieren. Anstelle eines großen Fertigungsauftrags sind mehrere kleinere Aufträge zu bearbeiten. Als letzte Möglichkeit verbleibt die Rückkopplung zur Produktionsprogrammplanung, d.h. die Produktionsmengen sind auf die verfügbaren Kapazitäten besser abzustimmen.

Von praktischer Relevanz ist auch, wie die Integration im einzelnen zu erfolgen hat. Je größer das Planungsproblem ist, d.h. je mehr Daten zu verarbeiten sind, desto mehr rückt zugleich die Datenverarbeitung in den Vordergrund. So ist es sinnvoll, Daten, die in mehreren Aufgabenbereichen benötigt werden, nicht aufgabenweise abzulegen, sondern in einer **zentralen Datenbank** aufzubewahren. Für alle Probleme der Massendatenverarbeitung folgen hieraus Vereinfachungen und Qualitätsverbesserungen der Planung. Der Nutzen einer solchen **Datenintegration** wird nicht nur daraus ersichtlich, daß mehrfach verwendbare Daten lediglich einmal gespeichert werden müssen. Außerdem garantiert die zentrale Speicherung, daß die Daten **schnell aktualisiert** werden können und **Datenkonsistenz** verbürgt ist. Sukzessive Planungssysteme, die auf dem Konzept der Datenintegration begründet sind, heißen auch **PPS (Produktionsplanungs- und -steuerungs)-Systeme**. Das Muster eines PPS-Systems gibt Abbildung G. 36 wieder. Die zentrale Datenbank dient dabei als globales Integrationsmedium.

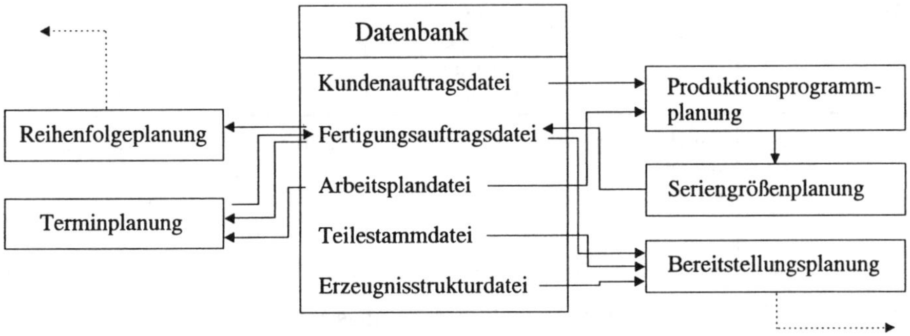

Abbildung G. 36: PPS-System

Alle dargestellten zentralen Planungssysteme ignorieren, daß der dispositive Faktor in großen Untenehmungen heutzutage auf verschiedene Aufgabenbereiche verteilt ist. Die zentralen Systeme müssen deshalb stets mit aufwendigen Informations- und Kontrollmechanismen verknüpft werden, damit die entwickelten Produktionspläne auch durchgesetzt werden können. Eine Alternative bietet das **System der hierarchischen Produktionsplanung** (vgl. KISTNER/STEVEN 1993). Es orientiert sich an bestehenden Aufgabenkompetenzen und existierenden Informationskanälen. Zentral werden die Produktionspläne lediglich so weit festgelegt, wie bereichsübergreifende Interessen bestehen, die miteinander zu koordinieren sind. Innerhalb des Rahmenplans sind jedoch von der nachfolgenden Hierarchieebene weitere Entscheidungen zu fällen. Prinzipiell kann die Planungskompetenz über mehrere Hierarchiestufen nach unten delegiert werden. Beispielhaft ist ein hierarchisches Produktionsplanungssystem in Abbildung G. 37 skizziert (vgl. nach ZÄPFEL 1982).

	Datenfluß			
			nach unten	nach oben
Leitungsebene	Aufgabe		a. Planerfüllung	b. Planabstimmung
1) Betriebsebene	Programmplanung	-Produktionsprogramm -gewünschtes Lager	-	-
2) Fertigungsebene	Seriengrößenplanung	-Seriengrößen -Start- und Endtermine für die Serien	-realisiertes Programm	-Kapazitätsaufteilung in Rüst- und Bearbeitungsanteile
3) Bereichsebene	Reihenfolgeplanung	-Arbeitsvorgänge -Bearbeitungstermine	-realisierte Seriengrößen	-Kapazitätsaufteilung in Nutz- und Leerzeiten
4) Arbeitsplatzebene	Durchführung des Produktionsprozesses	-	-realisierte Reihenfolgen	-aktuell verfügbare Kapazität, Betriebsstörungen

Abbildung G. 37: Hierarchisches Produktionsplanungssystem

Das hierarchische Planungssystem folgt dem **Prinzip der Abteilungsintegration**. Neben den Vorteilen einer besseren und organisationsgerechten Aufgabenteilung erlaubt das System eine natürliche Integration von strategischen und operativen Planungsaufgaben. Zugrunde liegt die Hypothese, daß strategische Aufgaben vornehmlich auf oberen

Ebenen des Unternehmens erfüllt werden müssen, während operative Planungsaufgaben den unteren Ebenen zugeordnet werden können. Durch die zunehmende Verselbständigung der Organisationseinheiten erfordert die hierarchische Produktionsplanung jedoch einen verstärkten **Koordinationsaufwand** sowie **Anreizmechanismen**, die jederzeit die Konformität der Abteilungsziele mit dem Oberziel des Unternehmens herstellen. Sind diese Instrumente nicht hinreichend ausgeprägt, so entstehen isolierte Unternehmenssparten, die ihre eigenen Produktionsziele verwirklichen wollen.

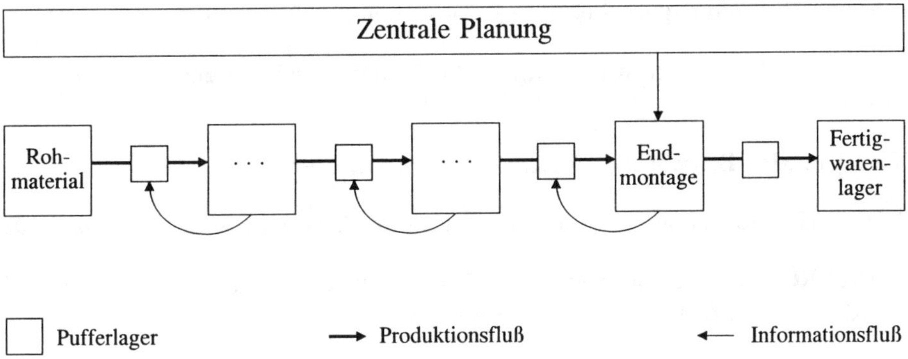

Abbildung G. 38: Produktionsplanung im Kanban-System

Gegenwärtig werden auch vermehrt **dezentrale Planungssysteme** propagiert bzw. angewandt, bei denen der zentralen Produktionsplanung lediglich eine geringe Bedeutung verbleibt. Diese Systeme werden gelegentlich als **Produktion auf Abruf** tituliert (vgl. WILDEMANN 1988). Die Planungsaufgaben sind dabei fast vollständig auf die bestehenden Organisationseinheiten verteilt. Jede Einheit nimmt mehrere Planungsaufgaben wahr, d.h. sie ist sowohl für das Programm und die Seriengrößen als auch für die Fertigungstermine und -reihenfolgen zuständig. Durch die Produktionsorganisation sind den Einheiten jedoch Koordinationszwänge auferlegt, die den Planungsumfang auf ein Minimum reduzieren. Prominente Beispiele sind etwa das **Kanban-System** (vgl. Abbildung G. 38) sowie die **Lean Production** *(vgl. 3.3)*. Unter den beiden wesentlichen Hypothesen, daß nämlich einerseits Kundenaufträge unverzüglich ausgeführt werden müssen und andererseits eine Fertigung auf Lager nicht gestattet ist, verbietet sich in diesen Produktionssystemen eine grundständige Programmplanung ebenso wie eine Seriengrößenplanung. Es verbleiben lediglich kurzfristige Planungsaufgaben, wie etwa die Reihenfolgeplanung.

Literaturverzeichnis

a) Einführende Literatur

ADAM, D.: Produktionspolitik, 6. Aufl., Wiesbaden 1990

BUSSE VON COLBE, W.; LASSMANN, G.: Betriebswirtschaftstheorie, Bd. 1: Grundlagen, Produktions- und Kostentheorie, 3. Aufl., Berlin u.a. 1991

CORSTEN, H.: Produktionswirtschaft, 3. Aufl., München/Wien 1992

DELLMANN, K.: Betriebswirtschaftliche Produktions- und Kostentheorie, Wiesbaden 1980

DYCKHOFF, H.: Betriebliche Produktion, Berlin u.a. 1992

FANDEL, G.: Produktion I, Produktions- und Kostentheorie, 3. Aufl., Berlin u.a. 1991

GUTENBERG, E.: Grundlagen der Betriebswirtschaftslehre, Erster Bd.: Die Produktion, 24. Aufl., Berlin u.a. 1983 (1. Aufl. 1951)

KAHLE, E.: Produktion, 3. Aufl., München/Wien 1991

SCHNEEWEISS, C.: Einführung in die Produktionswirtschaft, 3. Aufl., Berlin u.a. 1989

SCHWEITZER, M.; KÜPPER, H.-U.: Produktions- und Kostentheorie der Unternehmung, Reinbek bei Hamburg 1974

b) Weiterführende Literatur

AKERS, S.B.: A Graphical Approach to Production Scheduling Problems, in: OR, Bd. 4 (1956), S. 429-442

ANDLER, K.: Rationalisierung der Fabrikation und optimale Losgröße, München 1929

BAUR, H.: Neue Wege der betrieblichen Planung, Berlin u.a. 1967

BÜCHER, K.: Das Gesetz der Massenproduktion, in: ZfgSt, Bd. 66 (1910), S. 429-444

CHENERY, H.B.: Process and Production Functions from Engineering Data, in: Studies in the Structure of the American Economy, Theoretical and Empirical Explorations in Input-Output-Analysis, hrsg. v. W. Leontief u.a., New York/Oxford 1953, S. 297-325

DANTZIG, G.B.: Maximization of a Linear Function of Variables Subject to Linear Inequalities, in: Activity Analysis of Production and Allocation, hrsg. v. T.C. Koopmans, New York/London 1951, S. 339-347

DOMSCHKE, W.; SCHOLL, A.; VOSS, S.: Produktionsplanung - Ablauforganisatorische Aspekte, Berlin u.a. 1993

FANDEL, G.; FRANÇOIS, P.: Rational Material Flow Planning with MRP and KANBAN, in: Essays on Production Theory and Planning, hrsg. v. G. Fandel; H. Dyckhoff und J. Reese, Berlin u.a. 1988, S. 43-65

FANDEL G.; DYCKHOFF, H.; REESE, J. (Hrsg.): Industrielle Produktionsentwicklung, Berlin u.a. 1990

GAL, T.: Grundlagen des Operations Research, Bd. 1, 3. Aufl., Berlin u.a. 1991

GAL, T.: Grundlagen des Operations Research, Bd. 2, 3. Aufl., Berlin u.a. 1992

GLASER, H.; GEIGER, W.; ROHDE, V.: PPS Produktionsplanung und -steuerung, 2. Aufl., Wiesbaden 1992

HARRIS, F.: How Many Parts to Make at Once, in: Factory, The Magazine of Management, 10. Jg. (1913), S. 135-136 und 152

HAX, K.: Die Substanzerhaltung der Betriebe, Köln/Opladen 1957

HEINEN, E.; SIEVI, C.: Kostentheorie, in: HWProd, hrsg. v. W. Kern, Stuttgart 1979, Sp. 971-992

HEINEN, E: Betriebswirtschaftliche Kostenlehre, Bd. 1, 6. Aufl., Wiesbaden 1983 (1. Aufl. 1965)

HENDERSON, B.D.: Die Erfahrungskurve in der Unternehmensstrategie, 2. Aufl., Frankfurt a.M./New York 1984

KISTNER, K.-P., Produktions- und Kostentheorie, Würzburg/Wien 1981

KISTNER, K.-P., Zeitaspekte in der Produktionstheorie, in: Unternehmensdynamik, hrsg. v. K.-P. Kistner und R. Schmidt, Wiesbaden 1991, S. 135-162

KISTNER, K-P.; STEVEN, M.: Produktionsplanung, 2. Aufl., Heidelberg 1993

KLOOCK, J.: Betriebswirtschaftliche Input-Output-Modelle, Wiesbaden 1969

KOCH, H.: Zur Diskussion über den Kostenbegriff, in: ZfbF, 9. Jg. (1958), S.355-399

KOOPMANS, T.C.: Analysis of Production as an Efficient Combination of Activities, in: Activity Analysis of Production and Allocation, hrsg. v. T.C. Koopmans, New York/London 1951, S. 33-97

KÜPPER, H.-U.: Dynamische Produktionsfunktion der Unternehmung auf der Basis des Input-Output-Ansatzes, in: ZfB, 49. Jg. (1979), S. 93-106

LEONTIEF, W.: The Structure of the American Economy 1919-1939, New York 1951

MARSHALL, A.: Principles of Economics, London 1890

MARR, R.; PICOT, A.: Absatzwirtschaft, in: Industriebetriebslehre, hrsg. v. E. Heinen, 9. Aufl., Wiesbaden 1991, S. 623-728

MAY, E.: Dynamische Produktionstheorie auf der Basis der Aktivitätsanlyse, Heidelberg 1992

MELLEROWICZ, K.: Betriebswirtschaft der Industrie, Bd. II, 6. Aufl., Freiburg i.B. 1968

MITSCHERLICH, E.A.: Die Ertragsgesetze, Berlin 1948

MÜLLER-MERBACH, H.: Die Konstruktion von Input-Output-Modellen, in: Planung und Rechnungswesen in der Betriebswirtschaftslehre, hrsg. v. H. Bergner, Berlin 1981, S. 19-113

REESE, J.: Standort- und Belegungsplanung für Maschinen in mehrstufigen Produktionsprozessen, Berlin/Heidelberg/New York 1980

REESE, J.: Ein Ansatz zur integrierten Standort- und Belegungsplanung für Maschinen, in: ZfB, 51. Jg. (1981), S. 451-469

REESE, J.: Zeitlich-intensitätsmäßige Anpassung in der Materialflußplanung, in: ZfB, 53. Jg. (1983), S. 735-752

REESE, J.: Unternehmensflexibilität, in: Unternehmensdynamik, hrsg. v. K.-P. Kistner und R. Schmidt, Wiesbaden 1991, S. 361-387

RIEBEL, P.: Einzelkosten- und Deckungsbeitragsrechnung, Wiesbaden 1972

RUMMEL, K.: Einheitliche Kostenrechnung auf der Grundlage einer vorausgesetzten Proportionalität der Kosten zu betrieblichen Größen, Düsseldorf 1949

SABEL, H.: Dynamische Theorie, in: HWB, hrsg. v. E. Grochla und W. Wittmann, Bd. I/1, 4. Aufl., Stuttgart 1974, Sp. 1208-1222

SCHÄFER, E.: Die Unternehmung, Köln/Opladen 1950

SCHMALENBACH, E.: Grundlagen der Selbstkostenrechnung und Preispolitik, Leipzig 1919

SCHNEIDER, D.: Allgemeine Betriebswirtschaftslehre, 3. Aufl., München/Wien 1987

SMITH, A.: An Inquiry into the Nature and Causes of the Wealth of Nations, London 1900 (1. Aufl. London 1776)

TAYLOR, F.W.: The Principles and Methods of Scientific Management, New York 1911

TEMPELMEIER, H.: Material-Logistik, 2. Aufl., Berlin u.a. 1992

VON THÜNEN, J.H.: Der isolierte Staat in Beziehung auf Landwirtschaft und Nationalökonomie, 2. Aufl., 1. Teil, Rostock 1842

TURGOT, A.R.J.: Réflexions sur la formation et la distribution des richesses, Paris 1766

WICKSELL, K.: Vorlesungen über Nationalökonomie, Jena 1913

WILDEMANN, H.: Das Just-in-Time Konzept, Produktion und Zulieferung auf Abruf, Frankfurt a.M. 1988

WITTMANN, W.: Produktionstheorie, Berlin u.a. 1968

WITTMANN, W.: Produktionstheorie, in: HWB, hrsg. v. E. Grochla und W. Wittmann, Bd. I/2, 4. Aufl., Stuttgart 1975, Sp. 3131-3156

WOMACK, J.P.; JONES, D.T.; ROOS, D.: The Machine that Changed the World, New York 1990

WRIGHT, T.P.: Factors Affecting the Cost of Airplanes, in: Journal of the Aeronautical Sciences, Bd. 3 (1936), S. 122-128

ZÄPFEL, G.: Produktionswirtschaft - Operatives Produktions-Management, Berlin/New York 1982

ZÄPFEL, G.: Taktisches Produktions-Management, Berlin/New York 1989

H. Marketing

Anton Meyer / Roland Mattmüller

1. Charakterisierung des Marketing

1.1 Entstehungsumfeld und Aufgabenstellung des Marketing

Wirtschaftliche Betätigung, der Tausch von Gütern und Objekten im weitesten Sinne, läßt sich zu allen Zeiten menschlicher Existenz nachweisen und kann als eine der Urbetätigungen angesehen werden. So gesehen, stellen sowohl wesentliche praktische Aufgaben, die heute unter dem Begriff des Marketing subsumiert werden, als auch dessen zentrales Erkenntnisobjekt keine neuen Untersuchungsbereiche an sich dar. Neu hingegen sind die Ansätze zu deren wissenschaftlichen Durchdringung, die dabei verwendeten Methoden und letztendlich die erzielten Erkenntnisse, die wiederum für konkretes, erfolgreiches Agieren auf Märkten umgesetzt werden können.

Nach zahlreichen Vorläufern, bei denen die Deskription wirtschaftlicher, kaufmännischer Aktivitäten im Vordergrund stand, nahm eine wissenschaftliche Betrachtung und Analyse von Vermarktungsprozessen erst gegen Ende des letzten bzw. mit Beginn unseres Jahrhunderts ihren Lauf. Den Hintergrund hierfür bildeten - neben Fragen der Vermarktung landwirtschaftlicher Produkte - insbesondere die Industrialisierung und deren Folgen wie Arbeitsteilung und Landflucht, welche die Struktur der damaligen Volkswirtschaften grundlegend veränderten. Auf akademischem Gebiet legten insbesondere auch deutsche Universitäten zur gleichen Zeit die Grundsteine für Erforschung und Lehre des Marketing-Gedankengutes (vgl. JONES 1992, S. 5 f.) und nicht wie vielfach angenommen nordamerikanische Hochschulen.

Inhaltlich war diese Enstehungsphase des Marketing durch ihre **Produktions**- und ihre **Distributionsorientierung** geprägt. Durch die weitaus vorherrschende Form des Verkäufermarktes mit einer Dominanz des Anbieters gegenüber dem Nachfrager (Nachfrage übersteigt Angebot) standen die durch moderne Produktionsmethoden erzielbaren "Skaleneffekte", Fragen der Beschaffung der benötigten Rohstoffe und Energie sowie die mit der reinen Verteilung der Produktion an eine schier unerschöpfliche Nachfrage zu erfüllenden Aufgaben im Vordergrund. Erst mit zunehmenden Sättigungserscheinungen, die sich einerseits - unter anderem kriegsbedingt - in den USA und in Europa unterschiedlich einstellten und andererseits eine branchenspezifische Gewichtung aufwiesen, gewannen der Markt und seine Anforderungen an Bedeutung. In der Folge zeigten sich verstärkte Versuche der Anbieter, die Nachfrager insbesondere durch Erhöhung des Werbedruckes und durch teilweise aggressive Verkaufsmethoden zu beeinflussen - eine

Phase, die dementsprechend als **Verkaufsorientierung** gekennzeichnet wird. Mit den beiden obigen Entwicklungsstufen hat diese nachgeordnete Betrachtung des Marketing als rein an bestehenden Produkten, am "Ende des Fließbandes" ansetzenden Aufgabenbereich gemeinsam (vgl. MEFFERT 1989, S. 342).

In der nächsten Entwicklungsphase des Markting stand die **Produktorientierung** im Mittelpunkt der Marketingaktivitäten. Die Unternehmensleitung geht dabei von der Annahme aus, daß die Produktqualität und unterschiedliche Produktausstattungen die wichtigsten Erfolgsfaktoren sind. In der Folge konzentriert sich das Marketing auf Produktinnovation, Produktverbesserung und Produktdifferenzierung. Das Produktmanagement als organisatorische Institutionsalisierung dieses Denkens erlebt im Konsumgütermarketing seinen Höhepunkt.

Der fortschreitende Wandel - vor allem im Konsumgüterbereich - hin zu Käufermärkten brachte eine entscheidende Weiterentwicklung des Marketing mit sich, die - auch wenn es auf den ersten Blick redundant erscheinen mag - als Absatzmarktorientierung bzw. oft verkürzt als **Marketingorientierung** (oder **Kunden- bzw. Bedürfnisorientierung**, vgl. HANSEN/STAUSS 1983, S. 78) für das zunehmend durchgängig vom Markt her dominierte Denken der Unternehmen steht. Die Nachfrager und deren spezifische Bedürfnisse wurden somit zur Schlüsselgröße. Gleichzeitig betonte die wissenschaftliche Aufarbeitung des Marketing dessen Rolle als generelle Managementkonzeption zur marktorientierten Abstimmung aller unternehmerischen Aktivitäten.

Mit der Zunahme ökologischer, sozialer, politischer und ethischer Anforderungen an die Einzelwirtschaften, insbesondere Unternehmen einerseits und der Einsicht, daß Produktivitätssteigerungen in Zukunft eher durch Arbeitszusammenfassung, also Integration, als durch weitere Arbeitsteilung, also Spezialisierung, erzielbar sind, andererseits, erhält die Integrationsaufgabe des Marketing nach außen und auch nach innen neue Dimensionen. Dementsprechend können wir von der vorläufig letzten Entwicklungsstufe des Marketing, des **Integrierten Marketing** oder der **Integrierten Marketingorientierung**, sprechen.

Die zentrale These dieses Konzeptes lautet: Ein dauerhafter Markterfolg ist nur gewährleistet bei dauerhaftem und ausgewogenem Abgleich von Interessen und Erfüllung von Bedürfnissen aller relevanten Zielgruppen auf Absatz- und Beschaffungsmärkten, innerhalb der Einzelwirtschaft und in der Gesellschaft. Ein Integriertes Marketing soll dabei ein ganzheitliches Bild eines Unternehmens, einer Einzelwirtschaft und deren Leistungen gegenüber Lieferanten, Kunden, Nachfragern, Mitarbeitern, Nachbarn, Meinungsbildnern und -beeinflussern, gesellschaftlichen Gruppen u.a. schaffen und erhalten. Mit dieser internen und externen Integrationsaufgabe verbunden ist eine zunehmende Hinwendung zur Optimierung von Prozessen und weniger von abgrenzbaren Funktionen.

Vor diesem Hintergrund kann eine Definition des Marketing gegeben werden, die sich auf dessen Kerncharakteristikum beschränkt und daher bewußt knapp gehalten wird (vgl. P.W. MEYER 1992, S. 23 und P.W. MEYER/A. MEYER 1993, S. 5):

Marketing ist marktorientiertes Denken und Handeln, ist steuernde Funktion zur Ausrichtung aller einzelwirtschaftlichen Aktivitäten am Markt.

Mit dem Einzelwirtschaftsbegriff wird gleichzeitig deutlich, daß sich die Anwendung des Marketing keineswegs auf Unternehmen oder Betriebe im eigentlichen Sinne beschränken muß. Vielmehr ist es für jeden an Märkten Beteiligten (wie Privathaushalte, Spendenorganisationen, Behörden) umsetzbar. Im Rahmen der bereits seit den siebziger Jahren geführten Diskussion über das sog. "Broadening the concept of marketing" vollzog sich eine Ausweitung des Marketing auf nicht-kommerzielle Anwender (z.B. Hilfsorganisationen, Theater etc., s. hierzu auch *3.3*), dem mit der einzelwirtschaftlichen Betrachtung Rechnung getragen wird (vgl. NIESCHLAG/DICHTL/HÖRSCHGEN 1991, S. 18 f.) Gleichzeitig eignet sich eine einzelwirtschaftliche Sichtweise auch als Grundlage für ein Konzept der "Internen Marketingorientierung" zwischen innerbetrieblichen (-organisationalen) Leistungsempfängern und -abgebern.

Aufgabe der Marketing-Wissenschaft ist folgerichtig die Analyse der Transaktionsprozesse zwischen Anbieter und Nachfrager sowie der darauf einwirkenden Einflüsse der Rahmenbedingungen (einschließlich gesellschaftlicher Anforderungen), um Hilfestellungen für konkret anstehende Probleme der Praxis zu geben (vgl. HUNT 1983, S. 13).

1.2 Marketing-Ansätze

Die oben erwähnte Entwicklung des Marketing hin zu einer durchgängigen, managementorientierten Sichtweise wurde insbesondere durch eine sich in den sechziger Jahren zunächst im anglo-amerikanischen Raum verbreitende und auf McCarthy zurückgehende Bestimmung der vier "P" (Product, Price, Promotion, Place) gefördert. Auf diesem Konzept beruht der **instrumentelle** oder **Marketing-Mix-Ansatz**, der die marktorientierte Kombination (optimaler Mix) von meist vier interdependenten Instrumentalbereichen (Teilpolitiken)

- Produktpolitik
- Entgeltpolitik
- Distributionspolitik
- Kommunikationspolitik

und der diesen jeweils zuordenbaren Instrumente zum Inhalt hat (vgl. NIESCHLAG/ DICHTL/HÖRSCHGEN 1991, S. 15 f.). Z.T. finden sich in der Literatur auch eine Zusammenfassung der ersten beiden obigen Bereiche zur Angebotspolitik (vgl. KAAS 1992, S. 683) oder andere Systematisierungen wie ein eigenständiger Mixbereich "Persönlicher Verkauf" (vgl. HILL/RIESER 1990, S. 209).

Die informatorische Basis der notwendigen Abstimmung dieser Teilpolitiken bildet die Marktforschung, die als paralleler Aufgabenbereich zu verstehen ist.

Die maßgebliche Bedeutung des Mix-Ansatzes für Theorie und Praxis des Marketing ist unbestritten. Gleichwohl birgt seine Fixierung auf die einzelnen Instrumente die Gefahr der Vernachlässigung strategischer Fragestellungen und prozessualer Beziehungen bzw. Abhängigkeiten sowie und vor allem der notwendigen Durchgängigkeit der Gesamtbetrachtung über die instrumentelle Ebene hinaus, mit der Folge von Integrationsdefiziten. Daher soll den weiteren Ausführungen ein an den übergreifenden, allgemeinen Aufgaben einer Einzelwirtschaft und an deren Verknüpfung mit den Märkten orientiertes Marketing-Verständnis zugrundegelegt werden, das als **funktionaler Marketing-Ansatz** - abgeleitet aus dem Ablauf von Marktprozessen (vgl. P.W. MEYER 1973, S. 55 ff.) - seit Anfang der siebziger Jahre seine erfolgreiche Anwendung und Weiterentwicklung in Forschung, Lehre und Praxis gleichermaßen erfahren hat (zu den - neben dem funktionalen und dem Mix-Ansatz - bei den anderen im deutschsprachigen Raum vorfindbaren Ansätzen, dem von E. LEITHERER begründeten aktionsorientierten und dem von W. KROEBER-RIEL bestimmten verhaltenswissenschaftlichen Ansatz vgl. HERMANNS/A. MEYER 1984, S. 12 f.).

Der Kerngedanke des funktionalen Marketing-Ansatzes beruht auf der Betrachtung der Aufgaben, eben der Funktionen, die eine Einzelwirtschaft im Rahmen von **Austausch-**

prozessen zu erfüllen hat. So lassen sich zunächst die vier folgenden **Hauptfunktionen** ermitteln, welche die Grundlage einer aufgabenorientierten Analyse darstellen:

- Beschaffung (z.B. von Rohstoffen, Kapital, Personal, Know-how etc.),
- Leistungserstellung (z.B. Produktion),
- Absatz und
- Leitung (zur Koordination der einzelnen Funktionen).

Werden die beiden stets und unmittelbar nach außen, auf Märkte gerichteten Funktionen - Beschaffung und Absatz - genauer untersucht, so ergeben sich vier, diesen zuordenbare **Teilfunktionen**, die für einen erfolgreichen Austauschprozeß notwendig sind:

- Vorbereitung der Marktteilnahme (Marktforschung und Erstellung eines Marktprogrammes),
- Marktkommunikation (Werbung und Öffentlichkeitsarbeit),
- Abschluß Marktvertrag (Verkauf) sowie
- Realisierung (Distribution).

Die nachfolgende Abbildung zeigt das prozessuale Verständnis dieser funktionalen Betrachtungsweise im Zusammenhang:

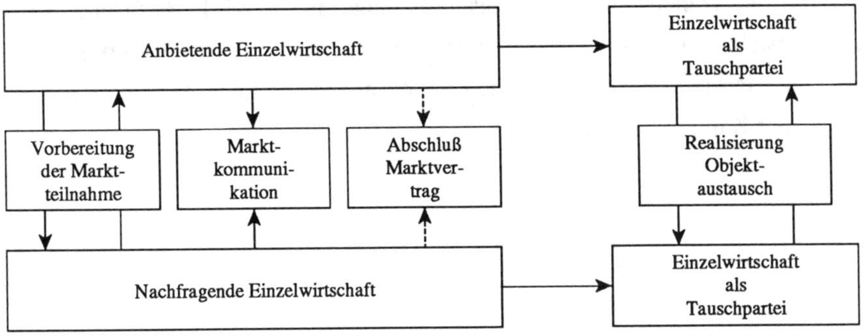

Abbildung H. 1: Teilfunktionen des Marketing (vgl. P.W. MEYER 1992, S. 24)

Diesen Funktionen sind die einzelnen zu ihrer Erfüllung notwendigen Instrumente nachgeordnet. Der instrumentelle und der funktionale Marketing-Ansatz stellen demnach keinen Widerspruch an sich dar, sondern gehen von unterschiedlichen Blickrichtungen an das Erkenntnisobjekt und die Problemstellungen heran. Dabei betont das funktionale Verständnis die Durchgängigkeit aller Entscheidungen im Vermarktungsprozeß, also den "roten Faden", der durch alle Funktionen und Phasen hindurch erkennbar sein sollte (zu den weiteren Grundlagen des funktionalen Marketing-Ansatzes vgl. insbesondere P.W. MEYER 1973, S. 55 ff.; P.W. MEYER 1992, S. 23 f.).

Gemeinsam ist allen Marketing-Ansätzen, ungeachtet ihrer inhaltlichen Differenzierungen, die Forderung nach einer durchgängigen Marktorientierung einer Einzelwirtschaft bzw. eines Unternehmens - Marketing wird so einerseits zur Maxime unternehmerischen Handelns. Andererseits vollzieht sich konkretes Marketing als prozeßübergreifend und innerhalb der aufgezeigten Funktionen und mittels der zur Umsetzung erforderlichen Instrumente.

Marketing ist somit **Führungsphilosophie, prozeßsteuerndes Element**, **Funktion** und **Handwerkszeug** gleichermaßen.

2. Funktionen, Strategien und Instrumente des Marketing

Die obigen Funktionen bilden auch das erste Gerüst für die nachfolgende Einführung in das Marketing, bevor im dritten Kapitel auf die Besonderheiten einzelner Marketing-Systeme (Industrie, Handel und Dienstleistung) eingegangen wird. Aufgrund der angestrebten Übersicht erfolgt dabei eine differenzierte Abhandlung von Marktforschung und strategischem Marketing einerseits sowie eine Zusammenfassung der beiden letzten Teilfunktionen zum Kapitel 2.4 andererseits.

2.1 Marktforschung

Zusammen mit der auf ihren Ergebnissen aufbauenden Erstellung von Marktprogrammen (Strategisches Marketing) stellen die Marktforschung bzw. ihre einzelnen Komponenten die erste Teilfunktion des Marketing dar. In der Literatur finden sich in diesem Zusammenhang oft auch begriffliche Differenzierungen, die auf eine Unterscheidung zwischen der (nur) auf die Märkte gerichteten **Markt**forschung einerseits und der auf die darüber hinausreichende Erfassung aller Marketingaktivitäten (z.B. Werbeforschung) sich erstreckenden **Marketing**forschung andererseits abzielen (vgl. MEFFERT 1992, S. 15 f.). Die Untersuchungsbereiche der Marketingforschung sind jedoch, wie das obige Beispiel zeigt, ebenfalls auf Märkte gerichtet - letztendlich wäre eine Marketingforschung, die nicht direkt oder zumindest indirekt marktorientierte Aktivitäten zum Inhalt hat, ein Widerspruch in sich. Aus diesem Grund ist u.E. eine synonyme Verwendung von Markt- bzw. Marketingforschung statthaft, wobei wir im folgenden von der Marktforschung als dem umfassenderen und zugleich etablierten Begriff ausgehen wollen.

2.1.1 Aufgaben der Marktforschung

Gerade im Bereich des Marketing müssen die meisten Entscheidungen unter unvollständiger Information und vor dem Hintergrund zunehmender Komplexität und Interdependenz der beeinflussenden Variablen getroffen werden (wie etwa politische und rechtliche Veränderungen mit entsprechenden Auswirkungen auf den technologischen Fortschritt und dessen Einfluß auf die Generierung neuer Produkte). Aus dem Bestreben der Entscheidungsträger nach einer zuverlässigen und absichernden Informationsgrundlage trotz der skizzierten Umfelddynamik resultiert die stetig wachsende Bedeutung der Marktforschung in der betriebliche Praxis.

> Der Marktforschung kommt in diesem Sinne die zentrale Aufgabe zu, sinnvoll aufbereitete Informationen für die jeweiligen Entscheidungsträger zur Verfügung zu stellen, sie stellt ein "...formal organisiertes Kommunikationssystem..." (GREEN/TULL 1982, S. 5) dar, welches relevante Daten übermittelt.

Damit können im wesentlichen die folgenden Funktionen der Marktforschung systematisiert werden (vgl. MEFFERT 1992, S. 17):

- Abbau von Unsicherheiten der Entscheidungsträger (**Unsicherheitsreduktions-Funktion**),
- Selektion und nutzergerechte Aufbereitung von Informationen vor dem Hintergrund einer ständig anwachsenden "Informationsflut" (**Selektions-** und **Strukturierungs-Funktion**),
- Frühzeitiges Erkennen und Abschätzen von Risiken (**Frühwarn-Funktion**) und von

- Chancen **(Innovations-Funktion)** für das Unternehmen (allgemein formuliert: **Früherkennungs-Funktion**).

In engem Zusammenhang mit den Funktionen und Aufgaben der Marktforschung steht eine häufig vorzufindende Dreiteilung, die gleichzeitig auch deren inhaltliche Veränderung im Zeitablauf widerspiegelt: während ursprünglich die vergangenheitsorientierte, **retrospektive** Marktforschung mit ihren auf der Analyse von Vergangenheitswerten beruhenden Berichtssystemen (z.B. der Aufbereitung von Umsatzstatistiken und der Berechnung gegenwärtiger Marktanteile) im Vordergrund stand, rückte mit dem zunehmenden Wunsch nach Planungssicherheit die **prospektive** Marktforschung in den Mittelpunkt. Sie hat - neben der unverändert wichtigen Nachbearbeitung von Informationen - vor allem die zukunftsbezogene Datenbearbeitung zum Inhalt und versucht, Entscheidungshilfen beispielsweise mittels Prognosen bereitzustellen (vgl. MATTMÜLLER 1992, S. 35 f.). Neben diesen beiden Formen steht die **rekogniszierende** Marktforschung, welche darüber hinaus die jeweiligen Marketing-Aktivitäten begleitend analysiert und auf diesem Wege eine permanente Entscheidungs-Absicherung anstrebt (vgl. SCHÄFER/KNOBLICH 1978, S. 29 f. sowie MEFFERT 1992, S. 18).

Deutlich tritt bei allen diesen Systematisierungen der Servicecharakter der Marktforschung zutage, woraus sich, in Verbindung mit entsprechenden Erfahrungen aus der betrieblichen Praxis, gleichzeitig die für die konkrete Umsetzung äußerst relevante Forderung ableiten läßt, daß die Marktforschung als Institution zwar Entscheidungen vorbereiten und evtl. Empfehlungen aussprechen - niemals aber die Entscheidungen selbst treffen sollte. Dort, wo diese Differenzierung nicht vorgenommen wird bzw. nicht vorgenommen werden kann, besteht ansonsten die Gefahr, daß der Marktforscher nicht mehr objektiv und kritisch, sondern voreingenommen und auf die später von ihm zu verantwortenden Entscheidungen hin bezogen analysiert (vgl. JOAS 1992, S. 32).

Die aufgezeigten Funktionen und Aufgaben der Marktforschung drücken sich naturgemäß auch in der Vielzahl der davon ableitbaren Untersuchungsbereiche aus. Beispielhaft lassen sich etwa die folgenden nennen:

Absatz- und Beschaffungs-märkte	Wettbewerb	Umwelt	eigenes Unternehmen
• Markt allgemein z. B. – Marktvolumen – Marktpotential • finale Zielgruppen z. B. – Zielgruppen-struktur – Nutzen-erwartungen • subfinale Zielgruppen z. B. – Handel – Meinungs-beeinflusser • Absatz- und Beschaffungswege z. B. – Marktver-hältnisse – Ausschöpfung	• Branchen-struktur z. B. – Marktanteile – strategische Gruppen – Wettbewerbs-intensität Kooperationen • Einzel-konkurrenten z. B. – Ziele – Strategien – Stärken/ Schwächen – Infrastruktur	• wirtschaftliche Umwelt z. B. – Kapitalmärkte – Konjunktur • ökologische Umwelt z. B. – Energie – Umweltschutz • technologische Umwelt z. B. – Innovationen – Auto-matisierung • politische Umwelt z. B. – Wirtschafts-politik – Gesetzgebung	• Forschung und Entwicklung z. B. – Patente • Finanzen z. B. – Liquidität • Personal z. B. – Qualifikation • Rechnungs-wesen z. B. – Deckungs-beiträge • Organisation z. B. – Markt-orientierung • Produktion z. B. – Kapazität

Abbildung H. 2: Beispielhafte Untersuchungsbereiche der Marktforschung (vgl. JOAS 1992, S. 33)

Neben den bisherigen Betrachtungen vor dem Hintergrund unternehmerischer Entscheidungen im weitesten Sinne kann die Marktforschung außerdem der empirischen Absicherung theoretischer Forschungsergebnisse (Hypothesen, Modelle, Theorien) dienen, so etwa bei der Suche nach Gesetzesmäßigkeiten zwischen der Intensität werblicher Impulse und dem resultierenden Kaufverhalten (vgl. ROGGE 1981, S. 24) - ein Aufgabenbereich, wie er bereits in der oben diskutierten Differenzierung von Markt- und Marketingforschung zum Ausdruck kam.

2.1.2 Datenbeschaffung

Die erste Unterfunktion im konkret ablaufenden Marktforschungsprozeß stellt die **Datenbeschaffung** dar. Dabei ist zu klären, aus welchen **Quellen**, mit welchen **Methoden** und nach welchen **Auswahlverfahren** die relevanten Daten zu beschaffen sind.

2.1.2.1 Quellen der Marktforschung

Werden Informationen für eine definierte Fragestellung erstmalig und demnach originär erhoben (z.B. mittels einer Befragung), so stellt dies eine Beschaffung aus **Primärquellen** (Primärforschung, Field Research) dar.

Bei der Verwendung von **Sekundärquellen** (Sekundärforschung, Desk Research) wird hingegen "...auf Daten zurückgegriffen, die selbst oder von Dritten für ähnliche oder auch ganz andere Zwecke bereits erhoben wurden. Dieses Datenmaterial wird unter den speziellen Aspekten der Fragestellung gesammelt, analysiert und ausgewertet" (BEREKOVEN/ECKERT/ELLENRIEDER 1991, S. 40).

Vom zeitlichen Ablauf her sollte am Anfang einer Marktforschungsuntersuchung zunächst eine Sekundäranalyse erfolgen. Hierfür stehen eine Vielzahl von Quellen zur Verfügung: aus dem innerbetrieblichen (internen) Bereich sind beispielhaft Statistiken jeder Art (Umsatzstatistik etc.), Kundendateien oder betriebseigene Datenbanken zu nennen. Veröffentlichungen der verschiedenen statistischen Ämter, von Verbänden, Forschungseinrichtungen sowie von Marktforschungsinstituten sind nur einige wenige Beispiele aus der Fülle der externen Datenquellen. Die Sekundärforschung bietet somit in aller Regel einen problemlosen, schnellen und vergleichsweise kostengünstigen Einstieg in einen Untersuchungsbereich. Ihre Grenzen liegen vor allem in der Aktualität der Daten, der häufig nicht oder nur beschränkt gegebenen Nachprüfbarkeit hinsichtlich ihrer Entstehung und der jeweils problemspezifischen Eignung und Aussagekraft.

In vielen Fällen ist es daher unerläßlich, die sekundärstatistischen Daten durch eine originäre Primärforschung zu ergänzen. Damit drängen sich - neben der Frage nach Aufwand und Kosten - vor allem methodische Probleme in den Vordergrund, auf die im folgenden eingegangen werden soll.

2.1.2.2 Erhebungsmethoden

Im Rahmen von Primärforschungen werden die Ausprägungen der für die jeweilige Problemstellung relevanten Merkmale (Indikatoren) bei den Merkmalsträgern erhoben. Um dabei auftretende Unterschiede vergleichen und bewerten zu können, werden den Merkmalsausprägungen Symbole (Zahlen oder Zeichen) nach bestimmten Regeln zugeordnet, d.h. es wird eine **Messung** vorgenommen, als deren Ergebnis sich **Daten** ergeben (vgl. HÜTTNER 1989, S. 9).

Messungen setzen stets einen Maßstab, eine ablesbare **Skala** voraus, um eine Zuordnung zu ermöglichen. In der Marktforschung finden üblicherweise vier verschiedene Skalenarten Verwendung, die sich hinsichtlich ihrer Aussagefähigkeit (Meßniveau) unterscheiden. Während Nominal- und Ordinalskalen qualitative, nicht-metrische Daten ergeben, sind Intervall- und Verhältnisskalen in der Lage, metrische Daten mit einem entsprechend höheren Aussagegehalt zu liefern. Die folgende Abbildung verdeutlicht diesen Zusammenhang und gibt Beispiele:

		Meßniveau	Mathematische Eigenschaften der Meßwerte	Beschreibung der Meßwerteigenschaften	Beispiele
Zunahme des Informationsgehaltes →	**nicht-metrische Daten**	**Nominal-niveau**	A = A ≠ B	*Klassifikation:* Die Meßwerte zweier UEn sind identisch oder nicht identisch	*Zweiklassig:* Geschlecht (männlich/weiblich) *Mehrklassig:* Betriebstyp (Discounter/ Verbrauchermarkt/ Supermarkt)
		Ordinal-niveau	A > B > C	*Rangordnung:* Meßwerte lassen sich auf einer MD als kleiner/ größer/gleich einordnen	*Präferenz- und Urteilsdaten:* z. B. Marke X gefällt mir besser, gleich gut, weniger als Marke Y
	metrische Daten	**Intervall-niveau**	A > B > C **und** A – B = B – C	*Rangordnung und Abstandsbestimmung:* Die Abstände zwischen Meßwerten sind angebbar	Intelligenzquotient Kalenderzeit
		Ratio-niveau (Verhält-nis-Skala)	A = x • B	*Absoluter Nullpunkt:* Neben Abstandsbestimmung können auch Meßwertverhältnisse berechnet werden	Alter Jahresumsatz

Legende: UE = Untersuchungseinheit
MD = Merkmalsdimension (Variable)

Abbildung H. 3: Skalenarten (vgl. BEREKOVEN/ECKERT/ELLENRIEDER 1991, S. 68)

Zur Beschaffung von Daten stehen in der Primärforschung prinzipiell drei verschiedene Methoden zur Verfügung, die einzeln oder kombiniert angewendet werden können:

- Beobachtung
- Befragung
- Experiment.

Beobachtung

Die Beobachtung erfaßt äußerlich wahrnehmbare Merkmale, wobei sie sich aller menschlichen Sinne bedienen kann (neben dem Sehen also etwa auch des Geschmacks, z.B. bei einem Degustationstest). Die beobachteten Sachverhalte werden dabei mit Hilfe eines Beobachtungsbogens registriert.

Zur Systematisierung kann zunächst nach der Sichtbarkeit des Beobachters in **offene** (Beobachter kann und soll bemerkt werden), **verdeckte** bzw. **biotische** (beobachtete Person weiß nicht, daß sie beobachtet wird) und **maskierte** Beobachtung (Untersuchungsperson kennt nicht den wahren Zweck, ist sich aber ihrer Rolle als Beobachteter bewußt) unterschieden werden. Eine Differenzierung nach dem Engagement des Beobachters führt zur **distanzierten** oder **teilnehmenden** (z.B. Testkauf), nach der Wirklichkeitsnähe zur **Labor**- oder **Feldbeobachtung**. Neben der **Fremdbeobachtung** durch Dritte kann auch eine **Selbstbeobachtung** vorliegen (z.B. bei der Erfassung des eigenen Einkaufsverhaltens) (vgl. SCHNELL/HILL/ESSER 1988, S. 356 f. sowie HÜTTNER 1989, S. 115 f.).

Die Beobachtung ermöglicht eine unmittelbare, direkte Erfassung von Merkmalen. Zumindest in ihrer verdeckten Ausprägung sind diese darüber hinaus weitgehend unverfälscht. Dem stehen als wesentliche Nachteile die bereits erwähnte Beschränkung auf äußerlich wahrnehmbares Verhalten, die daraus resultierenden Mehrdeutigkeiten und die begrenzte Aussagekraft der Daten gegenüber. Um Beweggründe für das beobachtete Verhalten ermitteln zu können, ist die Beobachtung daher in aller Regel durch eine Befragung zu ergänzen.

Als ein Beispiel für systematische Beobachtungen in der Marktforschung sei die Kundenlaufanalyse genannt, bei der das Laufverhalten von Kunden in selbstbedienungsorientierten Handelsgeschäften beobachtet wird, um daraus Empfehlungen etwa für die konkrete Anordnung der Warenträger oder für die Plazierung bestimmter Warengruppen ableiten zu können (vgl. BEREKOVEN 1990, S. 383 f.).

Die erwähnte Selbstbeobachtung des Einkaufsverhaltens stellt hingegen die Grundlage sog. **Haushaltspanels** dar. Dabei werden beispielsweise bei repräsentativ ausgewählten, gleichbleibenden Personen in bestimmten zeitlichen Abständen die gleichen Untersuchungsinhalte (eben das Einkaufsverhalten und seine einzelnen Ausprägungen) erhoben (vgl. MEFFERT 1992, S. 213 f. sowie P.W. MEYER/HERMANNS 1984, S. 292). Bei **Handelspanels** erfolgt im Unterschied hierzu die Erhebung relevanter Informationen (z.B. Abverkaufsmenge und Preise bestimmter Artikel) über die Fremdbeobachtung durch Mitarbeiter der durchführenden Marktforschungsinstitute bei ausgewählten, gleichbleibenden Handelsgeschäften (vgl. HAMMANN/ERICHSON 1990, S. 138 f. sowie MEFFERT 1992, S. 217 f.). Neuerdings wird versucht, durch den sog. Single-Source-Ansatz beide Methoden und Untersuchungsinhalte zu fusionieren (vgl. Milde 1993, S. 23).

Befragung

Mit Hilfe der Befragung können auch Motive und Einstellungen eruiert werden, weshalb sie in der Praxis die wichtigste Erhebungsmethode der Marktforschung darstellt.

Grundsätzlich kann hinsichtlich der Befragungsart nach **unmittelbarer** und **mittelbarer Befragung** differenziert werden. Die unmittelbare oder mündliche Befragung, das Interview, erlaubt dabei eine Kontrolle der Befragungssituation und der geforderten Repräsentativität durch den Interviewer, den Einsatz der unterschiedlichsten Fragearten (einschließlich visueller Unterstützung beispielsweise durch Vorlagekarten) sowie Hilfestellungen bei Verständnisschwierigkeiten des Befragten, wodurch auch relativ umfangreiche Fragekomplexe abgehandelt werden können (vgl. HÜTTNER 1989, S. 41 f.). Die Bandbreite der Befragungsverfahren reicht dabei vom **explorativen Gespräch** (mit vorgegebener Thematik, aber ohne jegliche weitere inhaltliche Festlegung), über das **freie** (mit festgelegten Inhalten) und **strukturierte** (genau fixierte Fragen, die vom Interviewer jedoch situativ ergänzt oder vertieft werden können) bis hin zum **standardisierten Interview** (mit festem Fragewortlaut und ohne Spielraum für den Interviewer hinsichtlich Reihenfolge der Fragen und zusätzlichen Erklärungen) (vgl. MEFFERT 1992, S. 205).

Als Nachteile sind der notwendige Zeit- und Kostenaufwand sowie insbesondere die aus der Person des Befragers resultierenden Interviewer-Einflüsse zu beachten.

Die mittelbare oder mediale Befragung kann als **schriftliche**, **telefonische** oder **computergestützte** Ausprägung vorliegen. Die schriftliche Variante erlaubt die Befragung auch umfangreicher, räumlich verteilter Stichprobenmengen zu - im Vergleich mit der mündlichen Befragung - relativ günstigen Kosten. Diesem Vorteil stehen jedoch einige Problembereiche gegenüber, deren mögliche verzerrende Wirkungen bei der Entscheidung für eine schriftliche Befragung zu berücksichtigen sind: so ist insbesondere zu beachten, daß sich etwa aufgrund eines mangelhaften Rücklaufes die Zahl der letztendlich auswertbaren Fragebögen für die angestrebte Repräsentativität als zu niedrig erweisen kann. Rechtzeitige Nachfaßaktionen über ein "Erinnerungsschreiben" können zu einer Verbesserung des Rücklaufes ebenso beitragen wie eine interessante Thematik und ein klar strukturierter, verständlicher und vor allem nicht zu umfangreicher Fragebogen, die dem Befragten die Beantwortung und die Rücksendung innerhalb der vorgesehenen Frist erleichtern. Generell jedoch stellt der für eine schriftliche Befragung notwendige Zeitrahmen einen nicht zu unterschätzenden Faktor bei der Planung einer konkreten Primärerhebung dar.

Weitere Probleme liegen in der Unkontrollierbarkeit der Befragungssituation begründet. Dies betrifft in erster Linie die Frage, ob denn die eigentliche Zielperson den Fragebogen auch wirklich selbst ausfüllt oder ob beispielsweise der gewünschte Geschäftsführer aus Zeitgründen die Beantwortung einem Mitarbeiter überläßt. Darüber hinaus bleiben evtl. Störungen bei der Beantwortung (Telefongespräche, Besucher etc.) und daraus resultierende Verständnis- oder Konzentrationsprobleme unbekannt. Hieraus und aus der Tatsache, daß entsprechende Rückfragen nicht gestellt werden können, ergeben sich zwangsläufig hohe Anforderungen an die Formulierung der Fragen und an die Struktur des gesamten Fragebogens (vgl. HÜTTNER 1989, S. 41 f.).

Ähnliches gilt auch für **telefonische** Befragungen, wenngleich hier die Möglichkeit für Rückfragen und weiterführende Anmerkungen durch den Interviewer gegeben ist. Andererseits ist auch diese Situation nur teilweise durch den Befrager kontrollierbar, da nonverbale Signale des Befragten - die z.B. auf nachlassendes Interesse oder oberflächliche Antworten schließen lassen - nicht erkannt werden können. Aufgrund der Besonderheiten des Telefongespräches als - zumindest gegenwärtig noch - rein verbale Kommunikation bleiben Frageinhalte und Dauer der Befragung beschränkt, da z.B. keine optischen Unterstützungen, etwa in Form von Vorlagekärtchen mit Skalierungen etc., eingesetzt werden können. Die früher vorhandenen Repräsentanzprobleme, die aus der Tatsache resultieren, daß sich die Grundgesamtheit zwangsläufig nur aus den telefonisch erreichbaren Personen zusammensetzt, haben sich aufgrund der hohen Distribution des Telefons weitgehend relativiert. In den neuen Bundesländern, wie in einigen anderen europäischen Ländern auch, ist dieses Problem jedoch nach wie vor ungelöst und verbietet den Einsatz des telefonischen Interviews als zumindest alleinige Befragungsart bei repräsentativen Bevölkerungsbefragungen.

Die entscheidenden Vorteile der telefonischen Befragung liegen bei Beachtung der erwähnten Einschränkungen in ihrer schnellen Durchführbarkeit auch bei umfangreichen Stichproben und in ihren Kostenvorteilen - wiederum in Relation zur mündlichen Befragung (vgl. HÜTTNER 1989, S. 41 f. sowie BEREKOVEN/ECKERT/ELLENRIEDER 1991, S. 110 f.).

Bei **computergestützten** Erhebungen werden die Antworten auf die von einem Interviewer gestellten Fragen mittels einer numerischen oder alphanumerischen Tastatur unmittelbar in einen Computer eingegeben, wobei diese Eingabe durch den Befrager (z.B. bei einer computergestützten Telefonbefragung) oder durch den Befragten selbst (z.B. bei einer Laborbefragung) erfolgen kann. Der aus der direkten Eingabe resultierende Zeitvorteil, die Möglichkeit zur schnellen Erstellung von Zwischenergebnissen und der Endresultate sowie die permanente Überprüfbarkeit auf Erreichung der notwendigen Stichprobengröße oder Teilsamples auch bei großen Datenmengen stellen die hauptsächlichen Vorteile dieser Befragungsart dar. Sie findet deswegen insbesondere in Form computergestützter Telefoninterviewsysteme (CATI = **C**omputer **A**ssisted **T**elephone **I**nterviewing) Verwendung, bei dem der Computer weitgehende Steuerungsaufgaben übernimmt, beispielsweise, indem er dem Interviewer die jeweils nächste Frage auf dem Bildschirm anzeigt (zu den Einsatzmöglichkeiten dieser Systeme vgl. insbesondere BEREKOVEN/ECKERT/ELLENRIEDER 1991, S. 113 f.). Liest der Befragte die Fragen selbst vom Bildschirm ab und gibt seine Antworten in den Computer ein, liegt also ein Mensch-Maschine-Dialog vor, so wird diese Sonderform als **computerisierte Befragung** bezeichnet (vgl. HÜTTNER 1989, S. 48 f.).

Den genannten Vorteilen der computergestützten bzw. computerisierten Befragung stehen die hohen Investitionskosten sowie die aus der Verwendung eines Interviewers bzw. genau aus dessen Ersatz resultierenden, bekannten Nachteile (z.B. Interviewereinflüsse einerseits, mangelnde Rückfragemöglichkeit andererseits) gegenüber.

Experiment

Beim Experiment wird zur Datenerhebung zwar auf die Befragung oder auf die Beobachtung zurückgegriffen - gleichwohl ist die Eigenständigkeit des Experimentes als dritte Erhebungsmethode durch die bewußte Versuchsanordnung gerechtfertigt. Diese ist durch eine **Kausalhypothese** (z.B. Plazierung eines Artikels an unterschiedlichen Regalstandorten beeinflußt dessen Abverkauf), einen als **unabhängige Variable** bezeichneten Wirkfaktor (hier: der unterschiedliche Standort) und durch eine davon **abhängige**, zu beeinflussende Variable sowie durch eine **kontrollierte Situation** (z.B. konstante Rahmenbedingungen, Kontrolle weiterer möglicherweise beeinflussender Faktoren) gekennzeichnet (vgl. JOAS 1992, S. 44).

Eine wichtige Rolle spielen Experimente - die prinzipiell als Laborexperiment mit den Vor- und Nachteilen eines "künstlich" isolierten Umfeldes einerseits oder als Feldexperiment mit den dabei auftretenden Problemen möglicher Störvariablen andererseits durchgeführt werden können - bei der Werbeforschung. Bei **Pretests** erhalten Versuchspersonen beispielsweise verschiedene Anzeigenmotive vorgelegt, deren Wirksamkeit nach unterschiedlichen Indikatoren gemessen wird, bevor die so als am wirkungsvollsten identifizierte Werbemaßnahme eingesetzt wird. Die Datenerhebung kann dabei etwa mittels einer offenen oder verdeckten Beobachtung (z.B. Blickregistrierung) oder anhand verschiedener Befragungsarten erfolgen.

Posttests versuchen hingegen, die tatsächlich erzielte Aufmerksamkeit einer Werbemaßnahme (z.B. Recognition-Test) oder deren Erinnerungswirkung (z.B. Recall-Test) zu eruieren.

Beim **Produkttest** steht das Angebot als solches bzw. die dieses charakterisierenden Merkmale in unterschiedlichen Varianten (z.B. Geschmack, Farbgebung, Materialien, Handhabung oder immaterielle Komponenten) im Mittelpunkt der experimentellen Anordnung (vgl. BEREKOVEN/ECKERT/ELLENRIEDER 1991, S. 159 f.).

Ein typisches Beispiel für ein Feldexperiment stellt der **Markttest** dar, welcher in einem regional begrenzten und hinsichtlich relevanter Merkmale (z.B. Käuferstruktur) repräsentativen Marktgebiet, dem Testmarkt, abläuft, um zunächst dort beispielsweise die wahrscheinlichen Erfolgschancen eines neuen Produktes vor dessen genereller, nationaler Einführung zu ermitteln. In Verbindung mit modernen Technologien, wie etwa der haushaltsspezifischen Einspielung unterschiedlicher Werbespots (targetable TV), spielt in diesem Zusammenhang die entsprechende Ermittlung des Kaufverhaltens auf der Ebene des konkreten einzelnen Haushaltes (Single Source Ansatz) eine wichtige Rolle (vgl. hierzu P.W. MEYER/JOAS 1988, S. 42 f. sowie BEREKOVEN/ECKERT/ELLENRIEDER 1991, S. 167 f.).

2.1.2.3 Auswahlverfahren

Wie bei der Darstellung der Erhebungsmethoden immer wieder deutlich wurde, besteht eine zentrale Fragestellung jeder Primärforschung in der Auswahl der Untersuchungseinheiten hinsichtlich ihrer Art und Anzahl. Diese Frage ist zunächst in Abhängigkeit von der **Grundgesamtheit**, also der Gesamtmenge der relevanten Merkmalsträger, zu beantworten. Werden **alle** Elemente der Grundgesamtheit untersucht, so liegt eine **Vollerhebung** vor, welche demnach kein methodisches Auswahlproblem mit sich bringt. Aufgrund des erforderlichen Aufwandes, der benötigten Zeit und der resultierenden Kosten ist eine Vollerhebung jedoch nur bei kleinen Grundgesamtheiten sinnvoll bzw. überhaupt möglich (z.B. Befragung von Firmenkunden im Investitionsgüterbereich). Im Normalfall werden deshalb bei Primärerhebungen Untersuchungen bei einer **Teilmasse (Stichprobe, Sample)** vorgenommen (vgl. MEFFERT 1992, S. 189 f.).

Dabei ist darauf zu achten, daß die in der Teilmasse ermittelten Ergebnisse möglichst denen entsprechen, die sich bei einer denkbaren Vollerhebung ergeben hätten, also repräsentativ für die Grundgesamtheit sind. Die für die Marktforschung zentrale Forderung nach **Repräsentativität** ist immer dann erfüllt, wenn die Verteilung der relevanten Merkmale in der zahlenmäßig kleineren Stichprobe mit denen in der größeren Grundgesamtheit übereinstimmt. Zur Bildung repräsentativer Stichproben stehen verschiedene Auswahlverfahren zur Verfügung, die sich grundsätzlich in zwei Gruppen einteilen lassen (zu den einzelnen Verfahren vgl. beispielhaft BEREKOVEN/ECKERT/ELLENRIEDER 1991, S. 48 f. sowie HÜTTNER 1989, S. 86 f.).

Verfahren der Zufallsauswahl (Random-Verfahren)

Die Zufallsauswahl beruht auf wahrscheinlichkeitstheoretischen Überlegungen und gewährleistet, daß jedes Element der Grundgesamtheit die gleiche und zudem berechenbare Chance hat, in die Stichprobe einbezogen zu werden. Beispiele hierfür sind die Auswahl der Untersuchungseinheiten anhand einer **Zufallszahlentabelle** oder etwa das **Schlußziffernverfahren**, bei welchem diejenigen Elemente gezogen werden, die eine bestimmte Endziffer aufweisen. Bei beiden Verfahren muß die Grundgesamtheit demnach vollständig vorliegen und durchnumerierbar sein. Eine weitere und sehr häufig angewandte Methode stellt die **geschichtete Zufallsauswahl** dar, bei der die Grundgesamtheit zunächst in möglichst homogene Gruppen (Schichten) eingeteilt wird, bevor dann innerhalb dieser Schichten beispielsweise eines der beiden obigen Verfahren zur konkreten Auswahl der Untersuchungseinheiten zur Anwendung kommt.

Verfahren der bewußten Auswahl

Hierbei werden die Untersuchungseinheiten nach definierten, relevanten Merkmalen bewußt und gezielt ausgewählt, um das gewünschte verkleinerte Abbild der Grundgesamtheit zu erhalten. Deutlich wird diese Vorgehensweise z.B. beim **Quota-Verfahren**: die prozentuale Merkmalsverteilung in der Grundgesamtheit (Quoten) wird dabei in absolute Vorgaben umgesetzt, die bei der Zusammensetzung der Stichprobe einzuhalten sind:

Relevante Merkmale	Prozentuale Verteilung in der Grundgesamtheit	Vorgabe für 200er Stichprobe
Geschlecht		
- männlich	43%	86
- weiblich	57%	114
	100%	200
Schulbildung		
- Hauptschulabschluß	23%	46
- Mittlere Reife	41%	82
- Abitur	36%	72
	100%	200

Soll nun anhand des obigen, einfachen Beispieles etwa eine Befragung durchgeführt werden, so hat der Interviewer 86 Personen männlichen und 114 Personen weiblichen Geschlechts zu befragen, wobei insgesamt 46 einen Hauptschulabschluß aufweisen müssen etc. Die konkrete Auswahl der Untersuchungspersonen bleibt dabei - wie bei allen Verfahren der bewußten Auswahl - dem Interviewer überlassen, entscheidend ist lediglich die Einhaltung der Quoten.

Als weitere Methoden sind noch das **Cut-off-Verfahren** zu nennen, bei dem eine Beschränkung auf besonders bedeutungsvolle Untersuchungseinheiten mit entsprechend hohem Erklärungsbeitrag (z.B. die zwanzig umsatzstärksten Kunden) vorgenommen wird, oder die von der Repräsentativität her nicht unproblematische **typische Auswahl** (z.B. das typische Fachgeschäft, welches anhand durchschnittlicher Kennzahlen ermittelt werden müßte).

Über die Vor- und Nachteile der Zufallsverfahren bzw. der Verfahren der bewußten Auswahl einerseits sowie der einzelnen Methoden andererseits sind aufgrund der zentralen Bedeutung der Verfahren für aussagekräftige, repräsentative Ergebnisse umfangreiche Forschungen betrieben und unzählige Publikationen erschienen, auf die an dieser Stelle verwiesen werden soll. Bei der konkreten Entscheidung in der marktforscherischen Praxis spielt dabei der oft notwendige Kompromiß zwischen dem mit einem Verfahren verbundenen Aufwand und dem Bemühen um Reduzierung des Stichprobenfehlers (Zufallsfehlers) eine wichtige Rolle, welcher sich zumindest bei den Zufallsverfahren rechnerisch bestimmen läßt (vgl. BEREKOVEN/ECKERT/ELLENRIEDER 1991, S. 61 f. sowie HAMMANN/ERICHSON 1990, S. 105 f.).

2.1.3 Datenauswertung und -interpretation

Die im Rahmen der Datenbeschaffung erhaltenen sekundär- oder primärstatistischen Daten sind im folgenden Arbeitsabschnitt mit Blick auf die relevante Problemstellung zunächst **auszuwerten**, wobei nach der Zahl der zu verarbeitenden Variablen in **univariate**, **bivariate** und **multivariate** Verfahren der Datenanalyse unterschieden werden kann (vgl. BEREKOVEN/ECKERT/ELLENRIEDER 1991, S. 192 f. sowie MEFFERT 1992, S. 243 f.)

Bei der **univariaten** Auswertung geht es um die Analyse einer einzigen Variablen. Als Analysemethode kommt z.B. eine einfache Häufigkeitsverteilung in Betracht, bei der den relevanten Merkmalen die jeweiligen Häufigkeitswerte ihres Auftretens entweder absolut, relativ (prozentual) oder kumuliert zugeordnet werden. Durch die Berechnung von **Lageparametern** (z.B. arithmetischer Mittelwert; Modus gleich häufigster Wert; Median, von welchem aus sich die eine Hälfte aller Merkmalswerte als kleiner bzw. gleich und die andere als größer bzw. gleich erweist) und von **Streuungsparametern** (z.B. Variationsbreite als Differenz zwischen dem kleinsten und dem größten Wert; Varianz als mittlere quadratische Abweichung), die sich in Abhängigkeit des gewählten Meßniveaus (Skalenart) unterschiedlich einsetzen lassen, können die Aussagen einer univariaten Auswertung untermauert werden.

Bivariate Analysen zeigen die gegenseitigen Beziehungen zwischen zwei Variablen auf (z.B. Nachfrage nach unterschiedlichen Marken in Abhängigkeit vom Geschlecht). Das nachfolgende Beispiel zeigt eine Kreuztabellierung (Kreuzauswertung) als ein unkompliziertes und häufig anzuwendendes bivariates Verfahren:

gek. Marke \ Geschl.	männlich	weiblich	Σ
X	75 (75%)	40 (20%)	115
Y	25 (25%)	160 (80%)	185
Σ	100	200	Σ = 300

Abbildung H. 4: Kreuztabelle (vgl. BEREKOVEN/ECKERT/ELLENRIEDER 1991, S. 201)

Als weitere Verfahren sind die einfache Korrelations- und die einfache Regressionsanalyse zu nennen. Während letztere die Art des Zusammenhangs zweier Variablen aufzeigt, kann mittels der Korrelationsanalyse die Stärke des Zusammenhangs angegeben werden (vgl. BERNDT 1992a, S. 150 f.).

Beide eben genannten Verfahren kommen in ihren multiplen Ausprägungen auch bei der **multivariaten** Datenanalyse zur Anwendung, bei der es um die Auswertung von drei und mehr Variablen geht. Daneben spielen hier etwa die Diskriminanz-, Faktoren- oder die Clusteranalyse noch eine entscheidende Rolle. Grob kann dabei in Verfahren zur Analyse der Abhängigkeit einer Variablen von mehreren anderen (Dependenzanalyse) einerseits und in solche zur Untersuchung der Wechselbeziehungen der Variablen untereinander (Interdependenzanalyse) unterschieden werden (vgl. BERNDT 1992a, S. 159 sowie HAMMANN/ERICHSON 1990, S. 220 f.). Zwei in letzter Zeit relativ häufig angewendete multivariate Verfahren stellen die Multidimensionale Skalierung (MDS) und das auf diesem beruhende Conjoint Measurement (CM) dar. Bei beiden Methoden geht es letztendlich um die Ableitung von Präferenzen der Untersuchungspersonen hinsichtlich verschiedener, von ihnen als wichtig empfundener Merkmale oder Teilqualitäten unterschiedlicher Angebote, die sich beispielsweise beim MDS aus der Zuordnung von Ähnlichkeiten der einzelnen Alternativen und ihrer graphischen Darstellung ergeben. Die Anwendung der beiden Verfahren erfolgt dementsprechend etwa im Rahmen der Produktneuentwicklung oder der Angebotspositionierung (*vgl. 2.2*; zu den Verfahren vgl. HÜTTNER 1989, S. 233 f. und 258 f.).

Der Datenauswertung schließt sich im Rahmen eines abgeschlossenen Marktforschungsprozesses als Unterfunktion die **Dateninterpretation** an. Aufbauend auf den in unterschiedlicher Form (Tabellen, Diagramme, Texte etc.) entsprechend dargestellten Resultaten der Datenanalyse sind nun möglichst objektive Schlußfolgerungen abzuleiten. Wie bereits an früherer Stelle aufgezeigt, dienen die getroffenen Aussagen der Vorbereitung der Entscheidungsfindung durch die damit beauftragten Stellen.

2.2 Marktprogramm-Erstellung

Strategische Fragestellungen wurden sowohl in der betriebswirtschaftlichen Forschung als auch in der praktischen Unternehmenspolitik lange Zeit weitgehend vernachlässigt. Von wenigen Ausnahmen abgesehen, herrschte primär ein instrumentelles, eher kurzfristiges Denken vor, wobei Fragestellungen und Entscheidungen mit langfristigem Charakter quasi den "eigentlichen" Marketingentscheidungen vorgelagert wurden. Den im Zeitalter sich rasch wandelnder Märkte dringend notwendig gewordenen Integrationserfordernissen von strategischen und taktischen Aspekten der Marketingplanung konnte damit allerdings nicht mehr ausreichend Rechnung getragen werden.

Erst vor gut einem Jahrzehnt begann eine intensive Auseinandersetzung mit den strategischen Herausforderungen, denen sich das Marketing in Theorie und Praxis heute zu stellen hat (vgl. WIEDMANN 1985, S. 149). Damit verbunden war die zwangsläufige Frage nach dem Stellenwert der hierarchischen Einordnung des Marketing in die Entscheidungspyramide der Unternehmen - eine Diskussion, die auch heute noch anhält (vgl. P.W. MEYER/MATTMÜLLER 1993, S. 14).

In der Marketingterminologie finden sich heutzutage eine Vielzahl von "strategischen" Bezeichnungen, wie etwa "Werbestrategie", "Preisstrategie", "Produktstrategie" etc., die sich vorwiegend auf den Einsatz der verschiedenen Marketinginstrumente bzw. einer Kombination dieser Instrumente beziehen. Allerdings wird deren Planung und Umsetzung in praktische Unternehmenspolitik dem langfristigen Charakter einer Strategie häufig nicht gerecht. Aus diesem Grund ist der Begriff der Strategie zunächst zu präzisieren *(zum Strategiebegriff im Rahmen der Beschaffung vgl. CORSTEN F. 4.1)*.

Der Begriff Strategie stammt aus dem militärischen Sprachgebrauch und steht dort für übergreifende Regelungen der Heerführung, in deren Gesamtkontext sich die nachgelagerten taktischen Anordnungen einzuordnen haben. Übertragen auf das Gebiet der Unternehmensführung können unter Strategie daher allgemein "...von der Leitung (Management) festgelegte Handlungsvorgaben, welche die Entwicklungs**richtung** und den hierauf abgestimmten Aktions**rahmen** zur Erreichung relevanter Ziele zum Inhalt haben" (P.W. MEYER/MATTMÜLLER 1993, S. 20), verstanden werden. Die Umsetzung definierter und vor dem Hintergrund möglicher Umfeldveränderungen permanent auf ihre Gültigkeit hin zu überprüfender Strategien vollzieht sich durch instrumentelle, taktische Maßnahmen. Dabei sind durchaus unterschiedliche, alternative Vorgehensweisen innerhalb der von der jeweiligen Strategie abgesteckten Route zur Zielerreichung denkbar.

In der hier zugrundeliegenden funktionalen Betrachtung erfolgt die Formulierung von Marketing-Strategien im Rahmen der Marktprogrammerstellung, welche als i.d.R. schriftliche Zusammenstellung von Marketing-Entscheidungen die zukünftige Ausgestaltung aller weiteren Marketingfunktionen eines Unternehmens bzw. einer Einzelwirtschaft determiniert.

Basis der Erstellung solcher Marktprogramme sind einerseits die Ergebnisse vorangegangener Marktforschungen, die einer systematischen Bestandsaufnahme im Spannungsfeld zwischen Kunde, Wettbewerber und eigenem Unternehmen unter Berücksichtigung der Umweltbedingungen (z.B. rechtliche, ökologische, gesellschaftliche Aspekte) dienen. Zum anderen ist zunächst eine Festlegung der Unternehmensziele (z.B. langfristige Unternehmenssicherung, Eigenkapitalverzinsung etc.) erforderlich.

Als konstitutive Bestandteile von Marktprogrammen sind die Programmstruktur (in erster Linie die Auswahl der geeigneten strategischen Optionen), angebots- und zielgruppenorientierte Entscheidungen und die Festlegung der Positionierung zu nennen, wie die nachfolgende Übersicht zeigt:

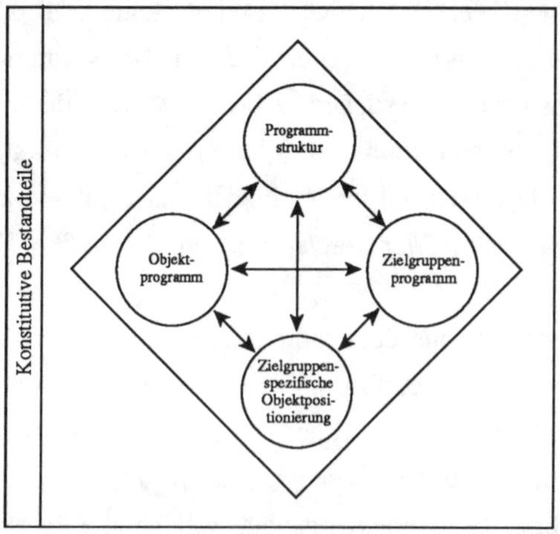

Abbildung H. 5: Konstitutive Elemente von Marktprogrammen (vgl. A. MEYER 1992, S. 56)

2.2.1 Programmstruktur

Ein notwendiger erster Schritt bei der Erstellung strategischer Programme ist die Analyse der Ausgangssituation des Unternehmens und der darauf beruhenden Festlegung des grundsätzlichen weiteren Vorgehens im Sinne des oben beschriebenen Routencharakters von Strategien. Für die einzelnen Aktivitäten eines Unternehmens sind anschließend operationale Ziele hinsichtlich Inhalt, Ausmaß und Zeitbezug zu formulieren, die im Sinne einer Mittel-Zweck-Beziehung zur Erreichung der übergeordneten Unternehmensziele beitragen müssen.

Für die betriebliche Hauptfunktion Absatz sind die Marketingziele z.B. als Ertrags-, Marktanteils- oder Marktpositionsziele zu konkretisieren. Allerdings setzt eine differenzierte Festlegung von Absatz-Marketingzielen eine sinnvolle Zerlegung aller Absatzaktivitäten in einzelne Tätigkeitsfelder voraus, um überhaupt differenzierte Zielgrößen mit Vorgabecharakter festlegen zu können.

Als geeignete Bezugsgröße hat sich dabei das **Strategische Geschäftsfeld** (SGF) erwiesen, das durch eine Angebots-/Zielgruppen-Kombination definiert werden kann (z.B. Personalcomputer für gewerbliche Nachfrager). Strategische Entscheidungen dieser Dimension bzw. **Programmstrukturentscheidungen** sind also stets "produkt-und marktbezogen". Die Kriterien für die sinnvolle Abgrenzung einzelner Geschäftsfelder müssen zwangsläufig auf einem entsprechend hohen Abstraktionsgrad bleiben, da es sich hierbei stets um unternehmensindividuelle Entscheidungen handelt. Allgemein kann jedoch gefordert werden, daß die einzelnen strategischen Geschäftsfelder ein in sich homogenes, tragfähiges Angebot für eine genau bestimmbare Zielgruppe beinhalten. Aus diesem Grund sollten die Geschäftsfelder eines Unternehmens untereinander heterogen sein und dementsprechend eine spezifische Marktbearbeitung ermöglichen. Strategische Geschäftsfelder sind i.d.R. wesentlich differenzierter und nicht zu verwechseln mit sog. Unternehmensbereichen/Divisions (vgl. BECKER 1992, S. 351 f.).

Anhand einer auf Ansoff zurückgehenden und in der Betriebswirtschaftslehre weit verbreiteten Systematik ergeben sich auf der Basis vorher definierter Geschäftsfelder vier grundsätzliche strategische Alternativen. Während allerdings die als "Wachstums- oder Expansionsmatrix" bezeichnete ursprüngliche "Ansoff-Matrix" unter dem "Wachstumspostulat" steht und damit den vielfach stagnierenden oder sogar gesättigten Märkten nicht entsprechend gerecht werden kann, ist in der folgenden Betrachtungsweise auch eine mögliche Straffung des Marktprogrammes (Programmbereinigung) berücksichtigt. Demnach ergeben sich folgende strategische Stoßrichtungen:

- Strukturfortschreibung, d.h. grundsätzliche Beibehaltung des bisherigen Angebotes und der bisherigen Zielgruppe(n),

- Erweiterung oder Straffung der bisherigen Zielgruppe(n),

- Erweiterung oder Straffung des bisherigen Angebotes sowie

- Erweiterung oder Straffung des bisherigen Angebotes und der bisherigen Zielgruppe(n). In dieser Kombination klassischerweise als Diversifikation (beidseitige Erweiterung) oder als Reduktion (beidseitige Straffung) bezeichnet.

Zielgruppenprogramm / Objektprogramm	Beibehaltung	Änderung
Beibehaltung	I	II
Änderung	III	IV

Abbildung H. 6: Grundsätzliche Auswahlmatrix für strategische Optionen (vgl. A. MEYER 1992, S. 62)

Vor einer weiteren Ausdifferenzierung sollen die obigen Grundmuster strategischer Marketingoptionen auf Geschäftsfeldebene zunächst anhand von Beispielen verdeutlicht werden, wobei - wie bereits oben eingeführt - von einem Hersteller von Personalcomputern ausgegangen werden soll, der diese an gewerbliche Nachfrager absetzt.

Feld I: Beibehaltung

Die Entscheidung zur grundsätzlichen Beibehaltung eines Strategischen Geschäftsfeldes schließt natürlich nicht aus, daß eine Reihe von strategischen wie auch taktischen Maßnahmen innerhalb dieses Geschäftsfeldes ergriffen werden kann, wie z.B. technische Verbesserungen der angebotenen Geräte, Neuaufnahme weiterer PC-Modelle in das Programm, stärkere Differenzierung der bisher bearbeiteten Zielgruppen (z.B. nach Berufsgruppen), Veränderungen der Positionierung im Konkurrenzumfeld oder etwa Maßnahmen im Bereich der Werbung, der Preisgestaltung etc.

Feld II: Grundlegende Veränderungen auf Zielgruppenebene

Diese strategischen Optionen führen entweder zur erstmaligen Bearbeitung völlig neuer Zielgruppen (die PCs des obigen Beispiels werden neben den gewerblichen nun auch privaten Nachfragern angeboten) oder dazu, daß bestimmte Zielgruppen nicht mehr bearbeitet werden (die Zielgruppe der privaten Nachfrager erweist sich als nicht attraktiv genug - auf eine eigenständige Bearbeitung wird verzichtet).

Feld III: Grundlegende Veränderungen auf Angebotsebene

Hier werden den bisherigen Zielgruppen neuartige Objekte angeboten, die im Vergleich zum bisherigen Leistungsprogramm des Unternehmens eine eigenständige Marktbearbeitung erfordern (neben die PCs tritt das Angebot von Büromöbeln - die Zielgruppe der gewerblichen Nachfrager bleibt erhalten). Im Gegensatz hierzu ist wiederum auch der Rückzug aus bestimmten, geschäftsfeldkonstituierenden Angebotsbereichen denkbar (Beschränkung auf den ursprünglichen Kernbereich der PC-Herstellung).

Feld IV: Grundlegende Veränderungen auf Angebots- und auf Zielgruppenebene

In ausweitender Richtung werden neuartige, eigenständige Objekte einer bisher nicht bearbeiteten Zielgruppe angeboten, was in dieser Verknüpfung zur "klassischen" Diversifikation führt (der PC-Hersteller entschließt sich zur Produktion von Videospielen für Kinder und Jugendliche). In einschränkender Richtung ist analog von einer Reduktion zu sprechen.

Bei den Stoßrichtungen I-III sind grundsätzliche strategische Gemeinsamkeiten noch erkennbar, dagegen sind diese in Feld IV zumindest bei der Diversifikation nur noch sehr beschränkt vorhanden. Aus diesem Grund ist - infolge der aus einem vermeintlichen Risikoausgleich vorgenommenen, undifferenzierten Diversifikation vieler Großunternehmen in den siebziger und achtziger Jahren - mittlerweile häufig eine Reduktion der Geschäftsfelder erforderlich, da die damals angestrebten Synergieeffekte und Ertragssicherungsziele nicht erreicht werden konnten. Breit diversifizierte Unternehmen hatten durch die zunehmende Steuerungskomplexität häufig sogar hohe Ertragseinbrüche zu verzeichnen.

2.2.2 Objektprogramm

Auf der Basis der obigen grundsätzlichen Dispositionen über die zu bearbeitenden Strategischen Geschäftsfelder (Programmstrukturentscheidungen) gilt es nun, die konkrete Ausgestaltung der Angebotskomponente festzulegen, wobei die hier relevanten Schritte in einem zwangsläufig sehr engen Bezug mit dem Zielgruppenprogramm (*vgl. 2.2.3*) zu sehen sind.

Im Rahmen des hier relevanten Objektprogrammes ist dabei sowohl über die **Programmgestaltung**, also über die Struktur des Angebotes (Angebotspalette, Leistungsprogramm, Sortimentspolitik etc. als Synonyme) als auch über die **Objektgestaltung** und deren spezifische Merkmale als solche zu entscheiden.

2.2.2.1 Programmgestaltung

Bei der Bestimmung der Angebotsstruktur sind zunächst die grundsätzlichen Prinzipien der Objektprogrammgestaltung festzulegen. Solche Leitlinien können im Vorfeld eine hilfreiche Orientierung geben, wie die konsequente Berücksichtigung bestimmter Käuferpräferenzen oder Bedarfe. Daneben kann beispielsweise aus Sachzwängen heraus bei einem Herstellungsbetrieb eine Orientierung am Know-how eines bestimmten Fertigungsverfahrens oder der Materialkenntnis erfolgen *(vgl. REESE G. 5.2.1)*. Ähnliches gilt z.B. für Handelsbetriebe, die häufig noch eine starke Beschaffungsorientierung (Herkunftsorientierung) haben. Solche Vorgehensweisen entsprechen allerdings nur bedingt der Marketingphilosopie, welche die Abnehmerpräferenzen in den Mittelpunkt der Überlegungen stellt.

Basierend auf den grundsätzlichen Prinzipien kann über die zukünftige Struktur des Angebotes entschieden werden, wobei sich aus der vorgelagerten Festlegung der Programmstruktur entweder eine Erweiterung, Beibehaltung oder Straffung des Objektprogrammes ergibt. Hinsichtlich der Angebotsstruktur ist nach der Breite und Tiefe zu differenzieren.

Unter der **Programmbreite** wird dabei die Anzahl unterschiedlicher Produktkategorien (Warengruppen, Angebotsbereiche etc.) verstanden, die sich für den Nachfrager in einer additiven Auswahl ausdrückt (beispielsweise Computer **und** Zubehör **und** Software als drei Angebotsbereiche).

In einer einfachen Einteilung kann von einem breiten oder engen Angebot gesprochen werden.

Die **Programmtiefe** eines Angebotes läßt sich hingegen an der Ausdifferenzierung eines Objektes in unterschiedliche Größen, Qualitäten, Preislagen etc. ablesen, die dem Nachfrager eine alternative Auswahl mit einem tiefen oder flachen Angebot bieten (vgl. A. MEYER 1992, S. 66).

Systematisch kann nun unter struktureller Hinsicht - neben der Beibehaltung - jeweils eine Erweiterung bzw. eine Straffung in der Breite des Angebotes (Innovation bzw. Elimination) einerseits und/oder eine Erweiterung bzw. eine Straffung in der Tiefe (Differenzierung bzw. Standardisierung) andererseits vorgenommen werden. Die nachfolgende Abbildung zeigt diese Standardmaßnahmen der Gestaltung der Angebotsstruktur und hierfür gebräuchliche Bezeichnungen:

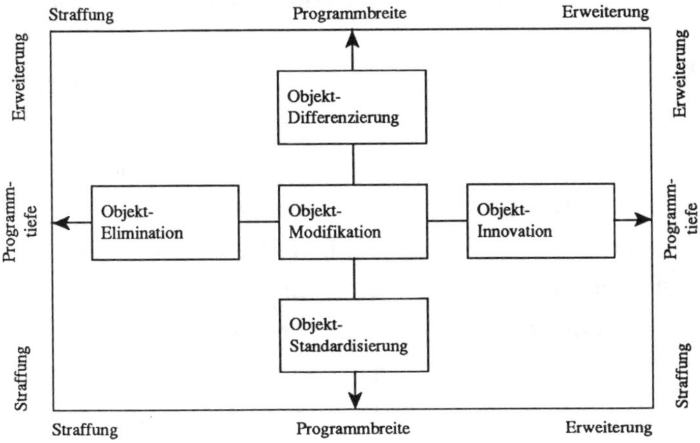

Abbildung H. 7: Standardmaßnahmen der Angebotsstruktur-Gestaltung (vgl. A. MEYER 1992, S. 67)

Der Beibehaltung der gegebenen Breite und Tiefe der Angebotsstruktur steht wiederum nicht im Wege, daß an den vorhandenen Angeboten verändernde Maßnahmen, aber eben ohne eine Breiten-/Tiefenwirkung ergriffen werden. So ist z.B. der Austausch technologisch veralterter Produkte gegen neue (Substitution) genauso möglich wie die Modifikation einzelner Produkte, wobei bei letzterer zwischen den beiden Standardmaßnahmen des Revivals und des Relaunches unterschieden werden kann. **Revival** bezeichnet eine "Wiederbelebung" eingeführter Produkte mittels Aktualisierung äußerer Gestaltungsmerkmale (z.B. "Persil mit der roten Schleife") und berührt in der konkreten Umsetzung insbesondere auch die unter Punkt 2.2.2.2 zu behandelnde Objektgestaltung. **Relaunch** hingegen steht für die Veränderung der Positionierung des Angebotes in bezug auf die Nutzenerwartungen der Nachfrager und ist Aufgabe der unter Punkt 2.2.4 geschilderten zielgruppenspezifischen Objektpositionierung.

Die dargestellten Maßnahmen verstehen sich zunächst als Gestaltungsmöglichkeiten **innerhalb** der Angebotskomponente, wie sie ihrerseits für die Abgrenzung Strategischer Geschäftsfelder herangezogen wird. So können also etwa innerhalb des SGF "Personalcomputer für gewerbliche Nachfrager" eine Substitution (durch den Einbau schnellerer Prozessoren in die PCs), eine Modifikation (also beispielsweise ein Relaunch durch Umpositionierung), eine Innovation (z.B. die Integration der Mouse in die Computertastatur) bzw. eine Elimination sowie eine Differenzierung (durch unterschiedlich leistungsstarke Ausführungen desselben Computertyps oder z.B. durch verschiedene Bildschirmgrößen) bzw. eine Standardisierung einzeln oder in sinnvollen Kombinationen ergriffen werden. Bei der im Rahmen der Programmstruktur (*vgl. 2.2.1*) definierten Zahl der bearbeiteten Strategischen Geschäftsfelder tritt dadurch keine Veränderung ein.

2.2.2.2 Objektgestaltung

Der zweite Entscheidungsbereich im Rahmen des Objektprogrammes umfaßt die **Objektgestaltung**, die keineswegs etwa nur für Hersteller, sondern - wenngleich mit systemspezifischen Besonderheiten - ebenso für Dienstleister und auch für Händler relevant ist. Hinzu kommen die Unterschiede der einzelnen anzubietenden und vermarktungsfähigen Objekte. Neben Produkten im klassischen Sinne sind eben auch etwa immaterielle Objekte wie Dienstleistungen sowie Rechte, Lizenzen etc. auf einem Kontinuum zwischen einfachster (z.B. Holzbleistift) und hochkomplexer Ausgestaltung (z.B. fertige Industrieanlage) vorzufinden (vgl. zu Systematisierungsansätzen beispielsweise P.W. MEYER 1992, S. 16).

Für eine Darstellung der einzelnen Parameter der Objektgestaltung eignet sich besonders die nachfolgende Dreiteilung, da sie auch die über die Objekteigenschaften i.e.S. hinausgehenden Gestaltungsmöglichkeiten aufzeigt.

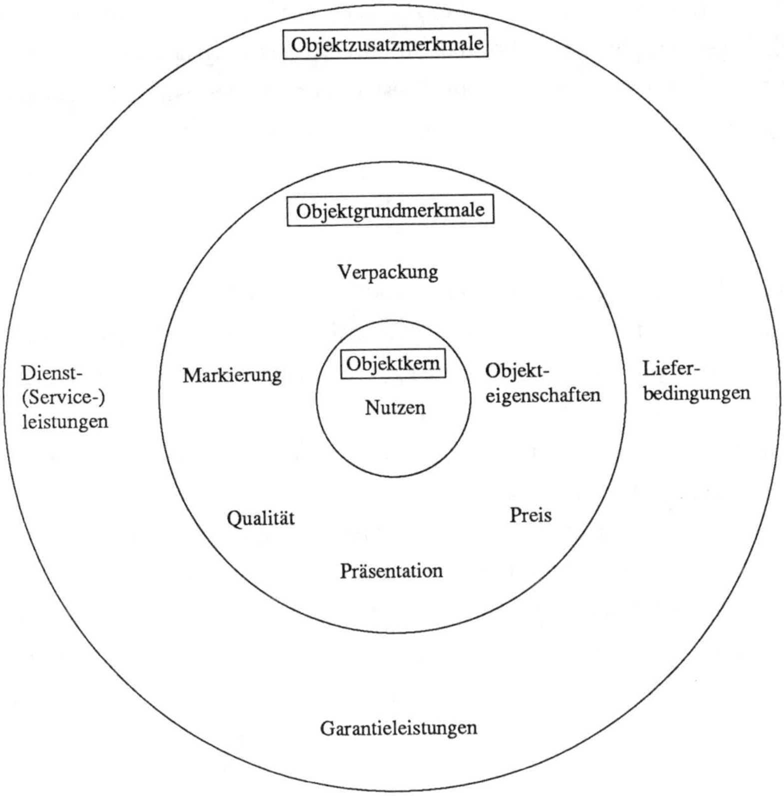

Abbildung H. 8: Ebenen und Parameter der Objektgestaltung (vgl. A. MEYER 1992, S. 68)

Im Mittelpunkt der Objektgestaltung - im **Objektkern** - geht es um die Festlegung der zentralen Nutzenversprechungen, die dem Nachfrager geboten werden. Hierbei kann beispielsweise nach dem allgemeinen Grundnutzen (technische Anforderungen an ein Produkt - z.B. Kugelschreiber muß schreiben), dem persönlichen Nutzen aufgrund der Individualität der Nachfrager (z.B. unterschiedliche Erwartungen an die Materialanmutung der Kugelschreiberhülle in der Hand), dem soziologischen Nutzen bzw. Prestigenutzen zur Abhebung von den für den Nachfrager relevanten sozialen Gruppen (z.B. Montblanc-Kugelschreiber als Statussymbol) bis hin zu Nutzenkomponenten, die dem Glaubens- bzw. Aberglaubensbereich entstammen (magischer Nutzen, z.B. beim Kauf eines Amuletts) differenziert werden (vgl. P.W. MEYER 1992, S. 18). Naturgemäß sind diese Nutzenkategorien von Objekt zu Objekt, von Nachfrager zu Nachfrager in unterschiedlichem Ausmaß relevant.

Gleiches gilt auch für die Parameter auf der zweiten Gestaltungsebene, für die **Objektgrundmerkmale.** Dort sind u.a. die aus den Nutzenversprechungen ableitbaren **Objekt-**

eigenschaften (z.B. Geschmack, Farbe, Haltbarkeit, Größe, technische Ausstattung, bei Dienstleistungen beispielsweise Art und Umfang der Leistungserbringung) sowie die entsprechende **Qualität** des Basisangebotes festzulegen. Insbesondere für Hersteller stellt die **Objektmarkierung** häufig einen zentralen Gestaltungsparameter dar. Neben der Einzel- oder Solitärmarke stehen dabei die Mehrmarkenstrategien als Alternativen zur Verfügung (*vgl. 3.1.2* und vgl. BRUHN 1992, S. 643 f.).

Ein weiteres Objektgrundmerkmal bildet der **Preis,** dessen Bedeutung - bis hin zur unüberbrückbaren Kaufbarriere - von der Preissensibilität der Nachfrager u.a. hinsichtlich der Markenwahl, der Mengenentscheidung, der Einkaufsstättenentscheidung und der Wahl des Einkaufszeitpunktes determiniert wird. So entscheidend der Preis dabei in vielen Nachfrageentscheidungen sein mag, so stellt er i.d.R. eben doch nur einen von jeweils mehreren, in ihrer Gewichtung variierenden Beeinflussungsfaktoren dar. "Bestimmte Entscheidungen werden nahezu ohne, andere unter dominanter Berücksichtigung des Preises getroffen. Man kann deshalb von einem **selektiven Preisinteresse** sprechen" (DILLER 1991, S. 93). Ein hohes Preisinteresse führt i.d.R. zu einer hohen **Preiselastizität,** d.h. bei Preisänderungen stellt sich eine im Vergleich hierzu überproportionale Mengenveränderung bei der Nachfrage ein. Dabei müssen Kaufbarrieren nicht zwangsläufig durch aus Nachfragersicht hohe Preise entstehen. Vielmehr zieht der Nachfrager den Preis oft auch als Qualitätsindikator heran, indem er von einem hohen Preis auf eine entsprechend hohe Qualität schließt. Dies gilt zum einen für Käufe, bei denen der bereits erwähnte Prestigenutzen im Vordergrund steht. Zum anderen ist der Preis als Ersatzindikator dort von Bedeutung, wo - neben der Qualitätsintransparenz - ein evtl. Fehlkauf ein erhöhtes Risiko für den Nachfrager bei der Verwendung bedeutet (z.B. Autoreifen, Kosmetika aber auch bei einer Reihe von Dienstleistungen, wie etwa dem Angebot von Flugreisen etc.) (vgl. HANSEN 1990, S. 100).

Hinsichtlich der Preisentscheidungen des Anbieters ist auf Ebene der hier betrachteten Objektgrundmerkmale zunächst die Preisfindung unter statischen Bedingungen, also bei kurzfristiger Betrachtung, relevant. Hierzu stehen beispielsweise kostenorientierte Verfahren (Gewinnaufschlag auf die ermittelten Selbstkosten eines Objektes), marktbezogene Verfahren (z.B. mit Hilfe der Deckungsbeitragsrechnung) oder die auf die exakte Bestimmung von Optimalpreisen abzielenden marginalanalytischen Optimierungsmodelle zur Verfügung (vgl. DILLER 1991, S. 150 f. sowie BERNDT 1992b, S. 137 f.).

Von einer weiterreichenden Wirkung sind längerfristige, strategische Preisentscheidungen, die auf den Zeitablauf eingehen. Sie sind im besonderen auf ihre Interdependenzen mit anderen Entscheidungsbereichen (z.B. mit der Positionierung, *vgl. 2.2.4*) hin abzuprüfen. So kann sich ein Anbieter beispielsweise zur Strategie der **Preisführerschaft** entschließen, also im Wettbewerberumfeld Preisänderungen stets als erster ergreifen, bevor die anderen Anbieter als Preisfolger die Preisänderung nach einiger Zeit nachvollziehen (vgl. STEFFENHAGEN 1991, S. 118). Neben dem Timing-Aspekt drückt sich das Preisverhalten eines Anbieters auch darin aus, ob er die Preispolitik als primäres Instrument der Kundenbindung verwendet (z.B. Discountstrategie von ALDI) oder ob die Präferenzbildung beim Kunden mehrdimensional (z.B. Dr. Oetker: hoher Preis, attraktive Verpackung, image-orientiertes Markenprofil) erfolgt. Bei einer solchen Marken-Strategie stellt u.a. die Preishöhe ein Mittel dar, um dem Käufer eine überdurchschnittlich hohe Produktqualität zu suggerieren (vgl. BECKER 1992, S. 153 ff.).

Bei einer Neuprodukteinführung werden gängigerweise die beiden Preisstrategien des **Skimming** und der **Penetration** unterschieden (vgl. zum dynamischen Preismanagement, SIMON 1992, S. 293 ff.). Während bei letzterer ein unter dem bei statischer Betrachtung optimalen Preis liegender Einführungspreis zur schnellen Marktdurchdringung gewählt wird, startet die Skimming-Strategie mit einem über dem kurzfristigen Optimum gewählten Einführungspreis, der dann im Verlauf des weiteren Produktlebenszyklus in mehreren Stufen gesenkt wird (vgl. DILLER 1991, S. 191 f.; zum Lebenszyklus als Marktreaktionsmodell und seinen Aussagen zur "Lebensdauer" von Produkten vgl. MEFFERT 1991, S. 369 f.). So sollen unterschiedliche Zielgruppen (z.B. einerseits Käufer, die sich gerne die neuesten Produkte auch bei höheren Preisen leisten, und andererseits abwartende Käufer) angesprochen werden.

Abschließend sind - je nach Objekt - noch Fragen der **Verpackung** und der **Präsentation** (Design) zu klären, die z.B. mit Blick auf die ökologische Diskussion von erheblicher Bedeutung für die Akzeptanz eines Angebotes bei den Nachfragern sein können. Der freiwillige Verzicht auf entsorgungsproblematische Verpackungsmaterialien und -mengen kann sich beispielsweise bei vielen Konsumgütern als ein nicht zu vernachlässigender Erfolgsfaktor erweisen.

Mit dem im Kern liegenden Nutzen und den eben skizzierten Grundmerkmalen wurden wesentliche Variablen im Rahmen der Objektgestaltung aufgezeigt. Auf einer darüber hinausreichenden dritten Ebene geht es um die Gestaltung von **Objektzusatzmerkmalen** bzw. Zusatzangeboten bis hin zur Konzeption von komplexen Objektsystemen (Leistungsbündeln). Es kann sich hier um **Lieferbedingungen, Garantieleistungen** - welche z.T. jedoch durch gesetzliche Regelungen außerhalb der Dispositionsfreiheit liegen - und um die Ergänzung der Basis- bzw. Kernleistungen um angebotsdifferenzierende bzw. -abrundende **Dienst**-(Service-)**leistungen** handeln. Beim sog. System-Selling (*vgl. 3.1*) im Investitionsgüterabsatz ist eine enge und frühzeitige Bindung und integrierte Entscheidung hinsichtlich dieser Parameter im Rahmen der Preis-/Objektgestaltung wichtig.

2.2.3 Zielgruppenprogramm

Im engen und interdependenten Zusammenhang mit den angebotspolitischen Entscheidungen steht die Erstellung des Zielgruppenprogrammes, d.h. die Entscheidung darüber, welche Zielgruppen für die Objekte in Frage kommen. Dabei werden Problemstellungen der Zielgruppenbestimmung, -festlegung und -bearbeitung mit Hilfe der Marktsegmentation gelöst, wobei der Gesamtmarkt in homogene Käufersegmente unterteilt wird. Hinsichtlich der Zielrichtungen der Marketingaktivitäten und der angestrebten Wirkung ist allerdings zunächst zwischen finalen und subfinalen Zielgruppen zu unterscheiden.

Finalzielgruppen im Absatzmarketing sind alle Einzelwirtschaften (Personen, Haushalte, Organisationen, Unternehmen etc.), die hinsichtlich **nachfragerelevanter** Merkmale homogen sind und bezogen auf die angebotenen Objekte als letzte Nachfrager bzw. letzte Verwender (Nutzer) angesprochen werden.

Subfinale Zielgruppen sind alle Einzelwirtschaften, die hinsichtlich einflußrelevanter Merkmale homogen sind und den Absatz an die Finalzielgruppen entweder direkt oder indirekt beeinflussen (z.B. Meinungsbildner wie etwa Testzeitschriften, Sportlehrer beim Absatz von Sportartikeln etc.) oder als Zwischennachfrager und -anbieter (Händler) erst ermöglichen (vgl. A. MEYER 1992, S. 70).

Im Rahmen des Zielgruppenprogrammes ist auf beide Gruppen einzugehen (es sei denn, es werden keinerlei subfinale Zielgruppen bearbeitet), wobei in aller Regel zunächst über die Finalzielgruppe(n) zu entscheiden ist.

2.2.3.1 Zielgruppenprogramm-Struktur

Analog zur Angebotsstruktur ist das Zielgruppenprogramm zu seiner systematischen Bearbeitung in die Breite (Anzahl der bearbeiteten Finalzielgruppen) und in die Tiefe (Anzahl der bearbeiteten subfinalen Zielgruppen) zu differenzieren. Für bestehende Zielgruppenprogramme ergeben sich die folgenden Standardmaßnahmen zur Gestaltung der zukünftigen Struktur:

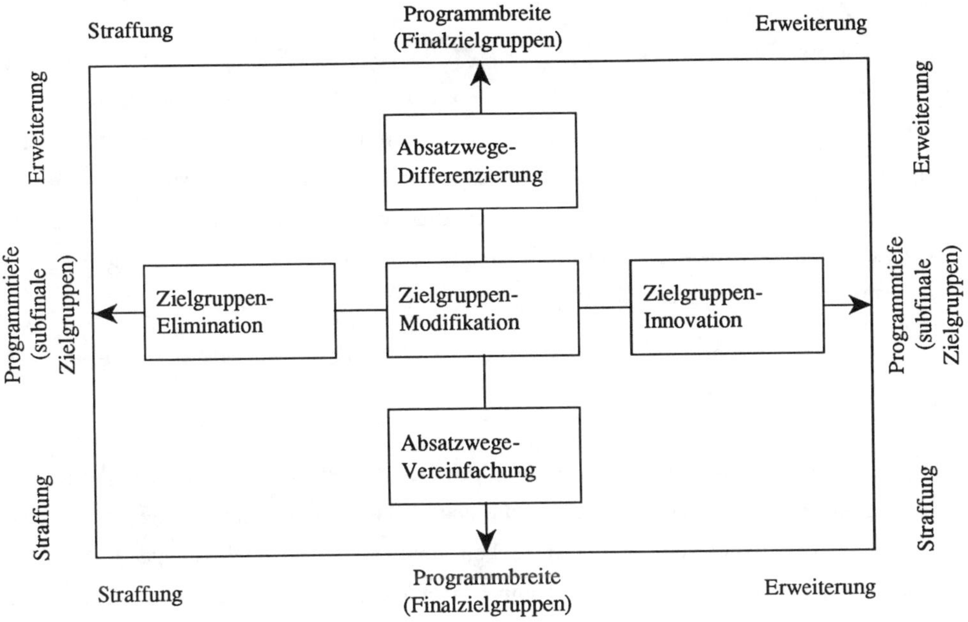

Abbildung H. 9: Standardmaßnahmen zur Gestaltung der Zielgruppenprogramm-Struktur (vgl. A. MEYER 1992, S. 71)

Unter Zielgruppen-Modifikation wird dabei eine stärkere Feinsegmentierung vorhandener Zielgruppen verstanden. Eine Zielgruppen-Innovation besteht aus der Aufnahme zusätzlicher Finalzielgruppen (z.B. Frauen als neue Zielgruppe für einen Sportwagenhersteller) - die Straffung als gegensätzliche Maßnahme wird als Zielgruppen-Elimination bezeichnet. In die Tiefe des Zielgruppenprogrammes - also auf die subfinalen Zielgruppen - wirken die Differenzierung (z.B. Bearbeitung zusätzlicher Gruppen von Meinungsbeeinflussern einerseits oder zusätzlicher Handelsformen in horizontaler Sicht - neben Warenhäusern jetzt auch Verbrauchermärkte - bzw. zusätzlicher Handelsstufen auf Groß- und Einzelhandelsebene andererseits) sowie die Standardisierung mit straffender Wirkung.

Die genannten Maßnahmen können zunächst wiederum innerhalb definierter Strategischer Geschäftsfelder ergriffen werden. Analog zu den Ausführungen zur Angebotsstruktur ist dabei stets zu prüfen, ob die geplanten bzw. vollzogenen Veränderungen der Zielgruppenprogramm-Struktur von so schwerwiegender strategischer Natur sind, daß dadurch eine Neudefinition der bearbeiteten Strategischen Geschäftsfelder (Änderung der Zielgruppenkomponente der SGF) und damit ein Rückgriff auf die Programmstruktur des Unternehmens (*vgl. 2.2.1*) erforderlich wird.

2.2.3.2 Zielgruppenbestimmung

Die aufgezeigten Möglichkeiten zur Gestaltung der Struktur des Zielgruppenprogrammes werfen die Frage nach der grundsätzlichen Bestimmung der zu bearbeitenden Zielgruppe(n) auf, worunter zwei Entscheidungsbereiche zu subsumieren sind - die **Definition der Zielgruppe** einerseits und die Festlegung der **segmentspezifischen oder undifferenzierten Marktbearbeitung** andererseits (die folgenden Ausführungen gelten schwerpunktmäßig für finale Zielgruppen).

Definition der relevanten Zielgruppen

Zur Definition oder Identifikation von Zielgruppen dienen personen- und verhaltensbezogene Merkmale. Bei ersteren standen die sog. "klassischen" Abgrenzungskriterien (in erster Linie die demo- und soziographischen sowie teilweise noch die geographischen Merkmale) lange Zeit im Mittelpunkt von Forschung und Anwendung, da sie über Primär- oder Sekundärforschung i.d.R. einfach zu erhalten sind. Seit einigen Jahren herrscht nun bei der Zielgruppensegmentierung ein starker Trend zur Verwendung psychographischer Merkmale, beispielsweise in Form von sog. Life-Style-Typologien, vor. Dabei werden, aufbauend auf einer soziodemographischen Erfassung, die generellen Einstellungen und Lebensstile von Nachfragergruppen zur entscheidenden Größe, um damit z.B. Aussagen über das Markenwahlverhalten oder die Einkaufsstättenwahl treffen zu können (vgl. auch STEFFENHAGEN 1991, S. 56 f). Diese Merkmale des beobachtbaren Kundenverhaltens (Informationsverhalten, Kaufverhalten, Verwendungsverhalten) eignen sich gut zur Vorstrukturierung psychographischer Segmentierungen, um insbesondere die qualitative Entwicklung von Marktsegmenten im Zeitablauf erfassen und die Wirkung von Marketing-Maßnahmen auf die anvisierten Zielgruppen beurteilen zu können (vgl. A. MEYER 1992, S. 74).

In der nachfolgenden Übersicht sind gängige Merkmale zur Zielgruppendefinition aufgeführt:

	Personenbezogene Merkmale
Geographische	Grenzen (Staats-, Landes-, Naturgrenzen, natürliche Wirtschaftsräume) Stadtgebiete (Groß-, Mittel-, Zentral-, Kleinstadt); Landgebiete (nach Ortsgrößen) Wohngegenden (offene/geschlossene Bebauung, Gartenanlagen) Freizeitwert, Klima, Niederschlagsmengen, Himmelsrichtungen, Bodenbeschaffenheit Nielsen-Gebiete, GfK-Regionalgliederungen
Demographische	Alter, Geschlecht, Familienstand, Zahl der Kinder Lebenszyklus der Familie, Haushaltsgröße
Soziographische	Einkommen, Kaufkraft, formale Bildung, Berufstätigkeit, Referenzgruppen-, soziale Schichtzugehörigkeit, Besitzmerkmale (bestimmter Objekte)
Psychographische	Motive Einstellungen (generell: z.B. GfK-Einstellungsskalen; objektspezifisch) Nutzenerwartung (objektspezifisch über das Kaufprozeßmodell von P. W. Meyer) Life-Style, Zielgruppenstudien von Verlagen Werte Präferenzen Kaufabsichten Persönlichkeitsmerkmale

	Verhaltensmerkmale
Informationsverhalten	Mediennutzung, -gewohnheiten Kommunikationsverhalten (Meinungsführerschaft)
Kaufverhalten	Einkaufsstättenwahl Markenwahl Markentreue Kaufintensität Preisbewußtsein Verpackungswahl Kaufverbundenheit
Verwendungsverhalten	Verwendungsart Verwendungsintensität Verwendungszeit Verwendungsumfeld Lagerhaltung Wartungsverhalten

Abbildung H. 10: Personen- und verhaltensbezogene Merkmale zur Zielgruppenbestimmung (vgl. A. MEYER 1992, S. 75 und 76)

Die dargestellten Merkmale beziehen sich in erster Linie auf private Letztnachfrager, also auf Konsumgütermärkte. Zur Segmentierung von gewerblichen Nachfragern auf Investitionsgütermärkten oder von Zwischennachfragern (Händlern) sind zwangsläufig andere Kriterien heranzuziehen, z.B. Unternehmensgröße, Branche, Finanzkraft, Standort, Zahl der Verkaufsstellen, Umsatzvolumen auf Beschaffungsmärkten etc. (vgl. STEFFENHAGEN 1991, S. 53 f).

Art der zielgruppenspezifischen Marktbearbeitung

Nach bzw. neben der Definition der relevanten Zielgruppen sind Entscheidungen darüber zu treffen, ob das Unternehmen undifferenzierte Marktbearbeitung betreibt oder seine Marketingmaßnahmen segmentspezifisch ausrichtet (der hier relevante Begriff der Differenzierung ist nicht mit der gleichlautenden Tiefenerweiterung in der Angebots- und Zielgruppenstruktur zu verwechseln). Darüber hinaus sind die Fragen nach einer vollständigen oder teilweisen Abdeckung des relevanten Marktes zu beantworten. In der nachfolgenden Abbildung sind die grundsätzlichen Möglichkeiten hinsichtlich dem Grad der Marktabdeckung und der Vorgehensweise bei der Marktbearbeitung dargestellt.

Abdeckung des Marktes \ Grad der Differenzierung	Undifferenziert	Differenziert
Vollständig	Undifferenzierte Marktbearbeitung	Differenzierte Marktbearbeitung (Gesamtmarkt)
Teilweise	Konzentrierte Marktbearbeitung	Selektiv differenzierte Marktbearbeitung (Ausgewählte Segmente)

Abbildung H. 11: Arten der zielgruppenspezifischen Marktbearbeitung nach Freter (vgl. A. MEYER 1992, S. 77)

Eine **undifferenzierte Marktbearbeitung** wird auch als Massenmarktstrategie bezeichnet und zielt auf die allgemeine Bedürfnisbefriedigung des Gesamtmarktes mittels Standardangeboten ab (z.B. Nivea-Creme im Markt der sog. Universalcremes). Mit der **differenzierten Marktbearbeitung** versuchen hingegen beispielsweise große Kosmetikhersteller den Gesamtmarkt für Kosmetika - aufgeteilt nach seinen unterschiedlichen Zielgruppen wie etwa Männer, Frauen, verschiedene Altersgruppen oder Anwendungszwecke etc. - mit entsprechend unterschiedlichen Serien, Produktgruppen oder Einzelprodukten abzudecken. Die **konzentrierte** und die **selektiv-differenzierte Marktbearbeitung** beschränken sich dann jeweils auf Ausschnitte des definierten Gesamtmarktes, die mit Standardangeboten bzw. mit zielgruppenspezifischen Angeboten bearbeitet werden (vgl. BECKER 1992, S. 214 ff.).

2.2.4 Positionierungsentscheidungen

Die Festlegung der Positionierung eines Angebotes (**zielgruppenspezifische Objektpositionierung**) stellt das vierte konstitutive Element eines durchgängigen Marktprogrammes dar. "Mit dem Positionierungsbegriff ist die Vorstellung verbunden, daß jeder Nachfrager angebotene Produkte aufgrund seiner individuellen Wahrnehmung in einen Nutzenraum (synonym: Wahrnehmungsraum, Urteilsraum) einordnet" (STEFFENHAGEN 1991, S. 109). Ausgangspunkt einer zielgruppenspezifischen Objektpositionierung ist die Tatsache, daß bevorzugt diejenigen Objekte gekauft werden, die den (subjektiven oder objektiven) Vorstellungen der relevanten Zielgruppe(n) in hohem Maße entsprechen. Eine entsprechende Positionierung spiegelt letztlich den Eindruck wider, den ein Nachfrager bezogen auf ein bestimmtes Objekt bzw. eine Marke hat.

Konkret sind für Positionierungsentscheidungen, die aufgrund von Marktforschungsuntersuchungen z.B. mit Hilfe sog. multivariater Datenauswertungsmethoden getroffen werden können, die folgenden drei Komponenten zu berücksichtigen:

- Die aus Sicht der Nachfrager relevanten Eigenschaftsdimensionen (z.B. Medizinische Wirksamkeit und Geschmack bei Zahnpasta).

- Realobjektpositionen des eigenen Angebotes (bzw. Zielpositionierung für noch nicht auf dem Markt befindliche Angebote) sowie von evtl. Konkurrenzangeboten im relevanten Nutzenraum.

- Idealobjektpositionen d.h. zielgruppenspezifische Nutzenerwartungen an Idealobjekte. Hiermit ist die idealtypische Ausprägung der relevanten Eigenschaften bei einem Objekt (aus Nachfragersicht) gemeint.

Zur besseren Veranschaulichung werden bei Positionierungsentscheidungen häufig graphische Positionierungsmodelle verwendet, in denen sich die obigen Komponenten widerspiegeln. Die folgende Abbildung zeigt ein Beispiel für ein solches Modell, das aus Vereinfachungsgründen lediglich einen zweidimensionalen Nutzenraum aufspannt (in der Realität sind bei vielen Angeboten naturgemäß mehrere verschiedene Eigenschaften zur Positionierung notwendig). Dabei erweist sich in der Praxis die Festlegung der relevanten Eigenschaftsdimensionen als besonders schwierig.

Die Größe der Kreise gibt die Anzahl der Nachfrager im jeweiligen Teilsegment an. Bei homogenen Segmenten bezüglich der relevanten Eigenschaftsdimensionen spricht man von sog. "Clustern". Die Abstände zwischen den Segmenten lassen die unterschiedlichen, nachfragerspezifischen Gewichtungen der relevanten Eigenschaften (im Beispiel Zahnpasta: medizinische Wirksamkeit und Geschmack) und gleichzeitig die Positionierungsunterschiede der Realobjekte (M1, M2, M3) erkennen.

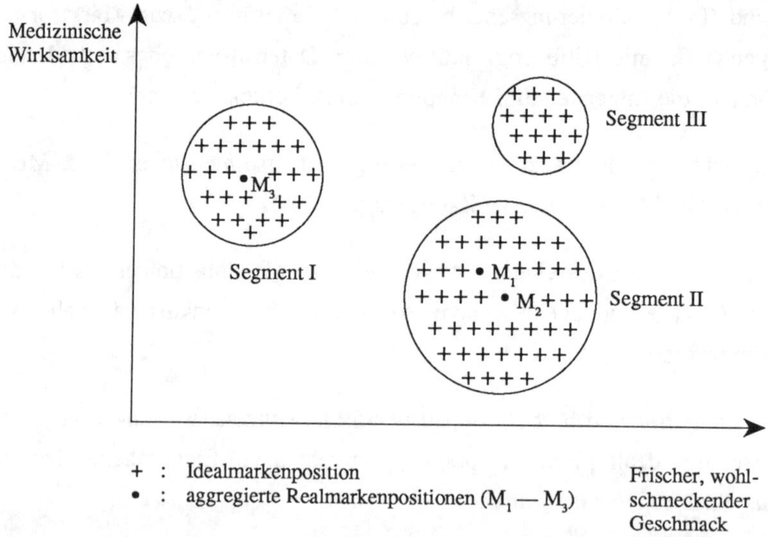

Abbildung H. 12: Idealtypisches, zweidimensionales Positionierungsmodell am Beispiel Zahnpasta (vgl. A. MEYER 1992, S. 78)

Zur konkreten Positionierung eines Angebotes steht eine Vielzahl von strategischen Varianten zur Verfügung. In einer ersten Differenzierung kann zwischen **Abhebungsstrategien** - über eine eigenständige Positionierung im Konkurrenzfeld (mittels Alleinstellungsmerkmal, der sog. "**Unique Selling Proposition**", kurz USP) - und **Imitationsstrategien** - Anhängen an eine bereits erfolgreiche Positionierung der Konkurrenz - unterschieden werden. Letztere werden auch als **Me-too-Strategien** bezeichnet, ein Beispiel hierfür stellte am Anfang ihres Produktlebenszyklus die Zigarettenmarke "West" als Me-too zum Marktführer "Marlboro" dar (im weiteren Verlauf wurde mit der "West" eine Umpositionierung vorgenommen, ihre jetzige Positionierung läßt sich mit Begriffen wie "Weltoffenheit", "Toleranz" etc. beschreiben).

Im obigen beispielhaften Positionierungsmodell zeigt sich das Segment III (Nachfrager, für die sowohl die medizinische Wirksamkeit als auch der Geschmack von hoher Relevanz sind) noch als unbesetzt, diese Nachfrager decken ihren Bedarf mangels besserer Alternative gegenwärtig noch mit einer Marke ab, die ihren Idealanforderungen nur zu einem mehr oder weniger großen Teil gerecht wird (wahrscheinlich Marke M1). Das Segment III bietet somit für eine Zahncreme mit den genannten Eigenschaften die Möglichkeit einer **Marktnische**, sofern sich das Marktvolumen als tragfähig für die Positionierung eines eigenständigen Angebotes erweist. Das Segment I, also Nachfrager, die besonderen Wert auf medizinische Wirksamkeit, dagegen weniger Wert auf frischen Geschmack ihrer Zahncreme legen, ist bisher lediglich mit einer Marke besetzt. Diese Marke hat somit eine USP.

Die konkrete Umsetzung von Positionierungsentscheidungen wie auch von den anderen konstitutiven Bestandteilen eines Marktprogrammes vollzieht sich nun in den nachgelagerten Marketing-Funktionen und -Instrumenten. Für diese sind im Rahmen der Erstellung eines Marktprogrammes grundsätzliche Vorgaben zu treffen (z.B. über die zukünftige Werbelinie), um so die Durchgängigkeit der bisher getroffenen Entscheidungen auf Angebots- und Zielgruppen-Ebene bei den diese umsetzenden Funktionen (einschließlich der rekogniszierenden Marktforschung, *vgl. 2.1.1*) zu gewährleisten.

2.3 Marktkommunikation

Bei der funktionalen Betrachtung eines Austauschprozesses folgt nach den auf der Marktforschung aufbauenden strategischen Festlegungen - also nach der Vorbereitung der Marktteilnahme - die Notwendigkeit zur Kontaktaufnahme mit den Marktpartnern auf den Absatz- bzw. Beschaffungsmärkten.

Diese allgemein als **Marktkommunikation** zu bezeichnende Funktion umfaßt dabei die objektbezogene **Werbung** einerseits und die mehr auf die Unternehmung allgemein ausgerichtete **Öffentlichkeitsarbeit** andererseits (vgl. SCHINEIS 1992, S. 108).

Insbesondere die Werbung wird von vielen Fachfremden wohl auch heute noch mit dem Marketing-Begriff gleichgesetzt bzw. verwechselt. Diese synonyme Verwendung hat ihre Ursachen in der zwangsläufigen Außenwirkung der Werbung, die in vielfältiger Form auf den "Normalbürger" als Nachfrager einwirkt, während andere Marketing-Aktivitäten - wie die strategische Komponente - intern ablaufen. Wie aus dem bisherigen Zusammenhang dieses einführenden Marketing-Beitrages jedoch schon mehrfach deutlich wurde, stellt die Werbung (und ihr gesamtunternehmerisches Pendant Öffentlichkeitsarbeit) nur eine von mehreren Funktionen des Marketing dar, gleichwohl sicher eine besonders auffällige, daher oft auch stark diskutierte oder nicht selten gar umstrittene Funktion. Die folgenden Ausführungen beziehen sich zunächst schwerpunktmäßig auf die Werbung, bevor im *Punkt 2.3.4* auf die Spezifika der Öffentlichkeitsarbeit eingegangen wird.

2.3.1 Aufgaben und Instrumente der Marktkommunikation

Die Anbahnung von Beziehungen zur Umwelt eines Unternehmens kann als die Kernaufgabe der Marktkommunikation in allgemeinster Form bezeichnet werden. Sie läuft dabei hinsichtlich ihrer einzelnen Phasen und Komponenten nach dem übergeordneten Schema eines jeden Kommunikationsprozesses ab:

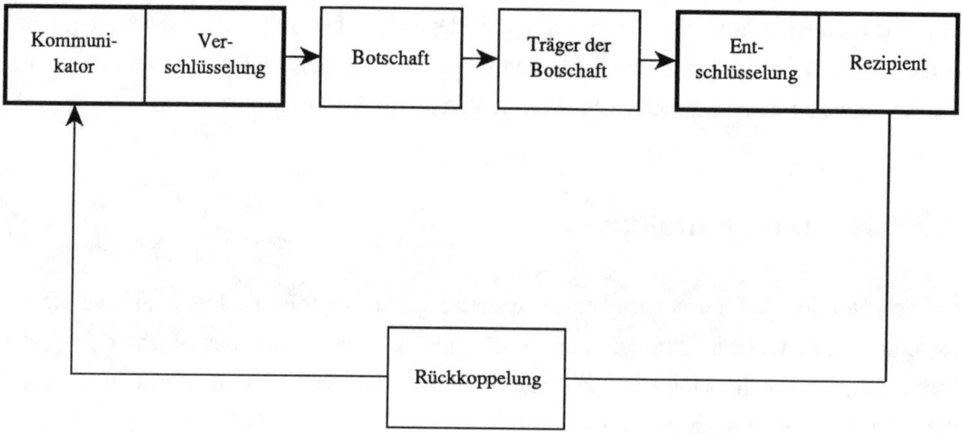

Abbildung H. 13: Allgemeiner Kommunikationsprozeß (vgl. P.W. MEYER/HERMANNS 1981, S. 37)

Bei einer werbespezifischen Betrachtung stellt der **Werbungtreibende** als Kommunikator den Auslöser des Prozesses dar - sein Gegenstück bildet der **Umworbene** als Rezipient, worunter zunächst Einzelpersonen wie auch Zielgruppen zu verstehen sind. Auf der Seite des Auslösers der Kommunikation kann zwischen **Individualwerbung** und **Kollektivwerbung** (mehrere Werbungtreibende, etwa bei einer Gemeinschaftsanzeige) unterschieden werden. Die Botschaft als werbliche Aussage kann in persönlicher (**Werbegespräch**) oder konservierter (**Werbemittel**) Form vorliegen und benötigt zu ihrer Übermittlung einen oder mehrere (**Werbe-**) **Träger** (personelle oder sachliche Träger). Zwischen Kommunikator und Rezipient besteht die Möglichkeit einer **Rückkopplung** (vgl. MEFFERT 1991, S. 447 f. sowie WEESER-KRELL 1991, S. 425).

Abgeleitet von dieser allgemeinen Betrachtung lassen sich die folgenden, prinzipiellen Kommunikationsprozesse unterscheiden (vgl. hierzu P.W. MEYER/HERMANNS 1974, S. 108 f. und SCHINEIS 1992, S. 112):

- Direkte unmittelbare Kommunikation: Die Kommunikationspartner befinden sich zur gleichen Zeit am gleichen Ort - eine sofortige Rückkopplung ist jederzeit gegeben. Beispiel: persönliches Werbegespräch.

- Direkte mittelbare Kommunikation: Hier liegt eine räumliche Trennung der Kommunikationspartner vor, die jedoch eine im Prinzip sofortige Rückkopplung noch erlaubt. Beispiel: telefonisches Werbegespräch.

- Indirekte Kommunikation: Die indirekte Kommunikation ist durch die räumliche und zeitliche Trennung der Kommunikationspartner gekennzeichnet, wodurch eine sofortige Rückkopplung unmöglich wird. Aufgrund der Notwendigkeit eines Transportmediums für die Botschaft wird diese Kommunikation auch als mediale Kommunikation bezeichnet. Beispiel: Anzeige in einer Tageszeitung oder Spot im Fernsehen.

Unabhängig von dem zugrundeliegenden Kommunikationsprozeß beinhaltet die Marktkommunikation i.d.R. sowohl informative als auch beeinflussende Komponenten (vgl. BÖCKER 1991, S. 358), die sich bei einer genaueren Analyse in den folgenden vier Generalzielen der Marktkommunikation widerspiegeln (vgl. P.W. MEYER 1973, S. 59):

- **Bekanntmachung**: Diese erste Stufe der werblichen Kommunikation dient dazu, die Existenz des Werbungtreibenden überhaupt und/oder seines Angebotes bei den Umworbenen bekanntzumachen. Die grundsätzliche Bedeutung dieses ersten Generalzieles drückt sich in der hohen Relevanz des Bekanntheitsgrades aus, die diesem auf vielen Märkten als wesentlicher Erfolgsfaktor zukommt.

- **Information**: Beim Generalziel der Information stehen weiterführende Einzelheiten, z.B. über das beworbene Produkt im Vordergrund (beispielsweise Anwendungsmöglichkeiten, technische Daten, erhältliche Ausführungen, Preis, Bezugsquellen etc.).

- **Imagebildung**: Nach der Bekanntmachung und der Information gilt es, beim Umworbenen ein positives Bild, sprich Image, über das Unternehmen bzw. das beworbene Angebot zu schaffen. Ein positives Image stellt im Sinne einer Hinstimmung die Voraussetzung für die nachfolgende Handlungsauslösung dar (mit der Ausnahme von zwangsbedingter Nachfrage, etwa auf monopolistischen Märkten).

- **Handlungsauslösung**: Dieses vierte und letztendliche Ziel werblicher Aktivitäten kann hinsichtlich der konkreten Ausgestaltungen seiner ausgelösten Handlungen in drei Kategorien eingeteilt werden (am Beispiel der Absatzwerbung, vgl. SCHINEIS 1992, S. 121 f.):

-- Handlung führt sofort zum Absatz, z.B. Bestellung über eine Couponanzeige oder via Telefon bei Teleshoppingspots.

-- Handlung führt zunächst zu weiterführenden Aktivitäten des Umworbenen im Absatz- bzw. Beschaffungsprozeß, z.B. Anforderungen von weiteren Informationen über das beworbene Produkt.

-- Handlung führt zur Weitervermittlung der Botschaft durch den Umworbenen an Dritte und somit zu einer mehrstufigen Kommunikation, z.B. Bericht über werbliche Aktivitäten bzw. deren Inhalte durch den Rezipienten an Bekannte, Freunde etc., oder etwa Weitergabe der Inhalte in Form eines Zeitungsberichtes.

Diese vier Generalziele sind in ihrer Gesamtheit als **Stufenkonzept** zu verstehen, d.h. eine durchgängige werbliche Maßnahme strebt alle vier Ziele an, wobei von der Bekanntmachung bis zur Handlungsauslösung eines auf dem anderen aufbaut. Die einzelnen Ziele können dabei unterschiedlich stark gewichtet sein.

Daneben stehen werbliche Maßnahmen, die - zumindest über einen gewissen Zeitraum - nur einzelne Ziele betonen. Die aufgeführten Ziele sind darüber hinaus kommunikativer (außerökonomischer) Natur, d.h. sie sind letztendlich nur durch kommunikative Maßnahmen zu erreichen. Davon zu unterscheiden sind die ökonomischen Ziele, wie etwa Umsatz, Gewinn etc., die zwar auch, aber eben nicht nur durch kommunikative Maßnahmen zu erfüllen sind (vgl. hierzu und zur weiteren Differenzierung MEFFERT 1991, S. 452 f.).

2.3.2 Ausgewählte Entscheidungsbereiche der Marktkommunikation

Die zur Zielerreichung notwendigen Maßnahmen werden im Rahmen der **Werbeplanung** definiert, die sich üblicherweise aus den folgenden, zwangsläufig miteinander verknüpften und interdependenten Entscheidungsbereichen zusammensetzt:

- Objektplanung

- Subjektplanung

- Trägerplanung

- Mittelplanung

- Budgetplanung
- Zeitplanung
- Kommunikationsformplanung
- Gestaltungsplanung.

Die weiteren Ausführungen beschäftigen sich mit den ersten vier der aufgeführten Planungsbereiche, denen eine herausragende inhaltliche Bedeutung zukommt (zu den anderen Bestimmungsgrößen vgl. etwa SCHINEIS 1992, S. 129 f.; zur Werbebudgetplanung und den einzelnen Verfahren vgl. BERNDT 1992b, S. 240 f. oder MEFFERT 1991, S. 459 f.; zur Zeitplanung vgl. BÖCKER 1990, S. 414 f.).

2.3.2.1 Werbesubjekt und Werbeobjekt

Bei der Festlegung der **Werbesubjekte** (Umworbene) handelt es sich - sieht man von dem denkbaren Fall nur eines einzigen Rezipienten, etwa in kleinsten Segmenten des Investitionsgütermarketing, ab - um die Bestimmung der werblichen Zielgruppe. Diese ist vordeterminiert durch das Zielgruppenprogramm des Marktprogrammes (*vgl. 2.2.3*) und durch die dort getroffenen Entscheidungen über die Marktbearbeitung.

Im Rahmen der Werbesubjektplanung gilt es nun zu entscheiden, ob die vorgesehene werbliche Maßnahme sich auf die gesamte definierte Absatzzielgruppe oder evtl. nur auf einzelne Teile davon bezieht. Zudem ist eine im Marktprogramm unter Umständen getroffene Differenzierung zwischen finalen und subfinalen Zielgruppen zu berücksichtigen, die sich in der Festlegung der werblichen Zielgruppe widerspiegeln wird (s. nachfolgende Beispiele).

Beispiele für werbliche Maßnahmen	Werbliche Zielgruppe	Stellung im Zielgruppen-Programm des Marktprogrammes
- PKW-Anzeige in einer Zeitschrift	Autofahrer/pot. Nachfrager	finale Zielgruppe
- Info-Rundbrief über neuen Tennisschläger	Tennistrainer	subfinale Zielgruppe
- Anzeige in einer Fachzeitschrift für den Lebensmittelhandel	Lebensmittelhändler	subfinale Zielgruppe
- Direktwerbebrief einer Bank für die Eröffnung eines Jugendkontos	Auszubildende	finale Zielgruppe

Abbildung H. 14: Unterscheidung werblicher Zielgruppen (vgl. SCHINEIS 1992, S. 128)

Im klassischen Markenartikelsystem (*vgl. 3.1*), in welchem aus Sicht der Hersteller sowohl der Handel als auch der (private) Letztnachfrager zu umwerben ist, wird vor diesem Hintergrund in die sog. **Fachwerbung** einerseits (Handel und andere subfinale Zielgruppen als Werbesubjekt) und in die **Publikumswerbung** andererseits (Letztnachfrager als Werbesubjekt) differenziert.

Zur Segmentierung der werblichen Zielgruppe(n) stehen die gleichen Kriterien zur Verfügung, die bereits im Rahmen des Zielgruppenprogrammes, genauer bei der Zielgruppenbestimmung bei Marktprogrammentscheidungen, dargestellt wurden. Auch und gerade bei der Abgrenzung der Werbesubjekte spielen dabei die psychographischen Merkmale, also insbesondere die Verwendung von Life-Style-Ansätzen (z.B. "die pflichtbewußte Hausfrau" oder "die emanzipierte Karrierefrau"), eine besondere Rolle, da sie für die Festlegung der werblichen Inhalte oder für die Auswahl der Werbeträger unmittelbar umsetzbare Ergebnisse zulassen (vgl. BERNDT 1992b, S. 235 f.).

Die **Werbeobjektplanung** beschäftigt sich zum einen mit der **Auswahl** des zu bewerbenden Objektes bzw. der Objekte. Diese Fragestellung ist zwangsläufig für Mehrproduktunternehmen von besonderer Relevanz, wo ein i.d.R. feststehendes Werbebudget auf die Aktivitäten für die einzelnen Angebote aufgeteilt werden muß. Prioritäten ergeben sich dabei z.B. aus dem Lebenszyklus der einzelnen Produkte, so etwa wenn Produkten in der Einführungsphase höhere Aufmerksamkeit zuteil werden muß oder aber wenn aufgrund eines Relaunches oder Revivals (*vgl. 2.2.2.1*) in der Reifephase Kapazität gebunden wird. Hier wird nochmals die enge Bindung auch dieses werblichen Entscheidungsbereiches an die Festlegungen des Marktprogrammes deutlich.

Von besonderer Problematik ist die Werbeobjektplanung für Handelsunternehmen, die die zu bewerbenden Produkte aus der Gesamtheit ihrer Sortimente - bereits bei einem mittelgroßen Supermarkt umfassen diese beispielsweise zwischen 6000 bis 8000 verschiedene Artikel - auszuwählen haben. Die genaue Kenntnis etwa über saisonale Schwerpunkte oder über regionale Besonderheiten des Käuferverhaltens ist dabei ein wesentlicher Erfolgsfaktor.

Den zweiten Bereich der Werbeobjektplanung stellt die **Bestimmung der Intensität** dar, mit der die ausgewählten Objekte zu bewerben sind. Darunter ist die Gewichtung der Werbemaßnahmen auf die einzelnen beworbenen Objekte in Abhängigkeit von ihrer jeweiligen Bedeutung zu sehen.

2.3.2.2 Werbemittel und Werbeträger

Wie bereits bei der Erläuterung des allgemeinen Kommunikationsprozesses erwähnt, können werbliche Botschaften in persönlicher oder konservierter Form vorliegen. Im zweiten Fall werden Werbemittel (konservierte Werbebotschaften) eingesetzt. Beispiele für Werbemittel sind Plakate oder Rundfunk- bzw. Fernsehspots. Analog zur später noch vorzunehmenden Differenzierung der Werbeträger kann auch bei den Werbemitteln in erster Linie in Print- und in elektronische Werbemittel differenziert werden.

Die Auswahl des Werbemittels wird durch eine Vielfalt von Faktoren beeinflußt, von denen die wichtigsten im folgenden dargestellt sind (vgl. MÜHLBACHER/WINKLER 1992, S. 1303 f.):

- Zielgruppe (Werbesubjekte): Abhängig beispielsweise vom anzunehmenden Verständnisgrad der umworbenen Zielgruppe und deren Anforderungen hinsichtlich Informationsbreite und -tiefe sowie von möglichen Präferenzen aus dem Bereich der Mediennutzung (z.B. Vorlieben für Printmedien anstatt elektronischer Medien) ergeben sich Präferenzen für bestimmte Werbemittel.

- Werbeträger: Zwangsläufig bestehen bei der Werbemittelauswahl besonders starke Interdependenzen zur Bestimmung der Werbeträger (s. auch deren Charakterisierung an späterer Stelle). Wird beispielsweise aus Gründen einer nationalen Abdeckung auf das Fernsehen als Werbeträger zugegriffen, so ist damit gleichzeitig das Werbemittel in hohem Maße vorbestimmt (z.B. Fernsehspots, Product Placements, Vorstellung des Produktes in Shows). Bei einer Tageszeitung kann hingegen z.B. zwischen den Werbemitteln Anzeige oder Beilage gewählt werden.

- Werbeobjekt: Abhängigkeiten ergeben sich beispielsweise über die Erklärungsbedürftigkeit des beworbenen Angebotes oder über die Möglichkeiten und Grenzen seiner optischen und akustischen Darstellbarkeit. Darüber hinaus sind bei bestimmten Werbeobjekten auch rechtliche Restriktionen zu beachten, die sich auf die zur Verfügung stehenden Werbemittel (und -träger) auswirken (z.B. Werbeverbot für Tabakwaren im Fernsehen).

- Werbliche Ziele: Ausgehend von den eingangs definierten allgemeinen Zielen der Marktkommunikation liegt eine unterschiedliche Eignung einzelner Werbemittel zur Erreichung der vier Generalziele vor. So eignet sich etwa Bandenwerbung in Sportstadien eher zur Bekanntmachung als zur Imagebildung.

Zur Übermittlung der Werbemittel an den Umworbenen werden **Werbeträger** benötigt. Neben der Möglichkeit der personalen Verteilung sind insbesondere die sachlichen Werbeträger (Medien) von Interesse. Diese lassen sich gängigerweise wie folgt systematisieren (vgl. BERNDT 1992b, S. 258 sowie WEESER-KRELL 1991, S. 439):

- **Print- oder Insertionsmedien** (z.B. Zeitungen, Publikumszeitschriften, Fachzeitschriften, sonstige Druckerzeugnisse wie etwa Telefonbücher),

- **Elektronische Medien** (z.B. Fernsehen, Funk, Film, in erweiterter Form auch Diawerbung, BTX etc.) und

- **Medien der Außenwerbung** (z.B. Litfaßsäule, Verkehrsmittel, Banden in Sportstadien etc.).

Bei einzelnen werblichen Maßnahmen ist eine Differenzierung zwischen Werbemittel und Werbeträger hingegen schwierig bzw. wenig sinnvoll (z.B. Leuchtreklame oder Werbebrief).

Unabhängig davon stellt die Auswahl des geeigneten Werbeträgers (**Mediaplanung**) einen für den Erfolg der Maßnahme wie für deren Wirtschaftlichkeit gleichermaßen bedeutungsvollen Schritt dar. Dabei empfiehlt sich ein zweigeteiltes Vorgehen, bei dem zunächst die einzelnen, oben aufgeführten Werbeträgergattungen auf ihre spezifische Eignung zur Erreichung der Werbeziele im sog. **Intermediavergleich** geprüft werden (beispielsweise Vor- und Nachteile elektronischer Medien bei den Darstellungsmöglichkeiten im Vergleich zu Printmedien, vgl. hierzu etwa die Darstellung bei BERNDT 1992b, S. 258).

Nach der Festlegung auf eine Werbeträgergattung (Mediagattung) - bzw. meist in paralleler Planung mit dieser - erfolgt die Bestimmung der konkreten Träger - also z.B. der einzelnen Zeitschrift, des geeignetsten Rundfunksenders etc. - im Rahmen des **Intramediavergleiches**. Zusammenhang und Abstufung dieses Auswahlprozesses zeigt die folgende Abbildung:

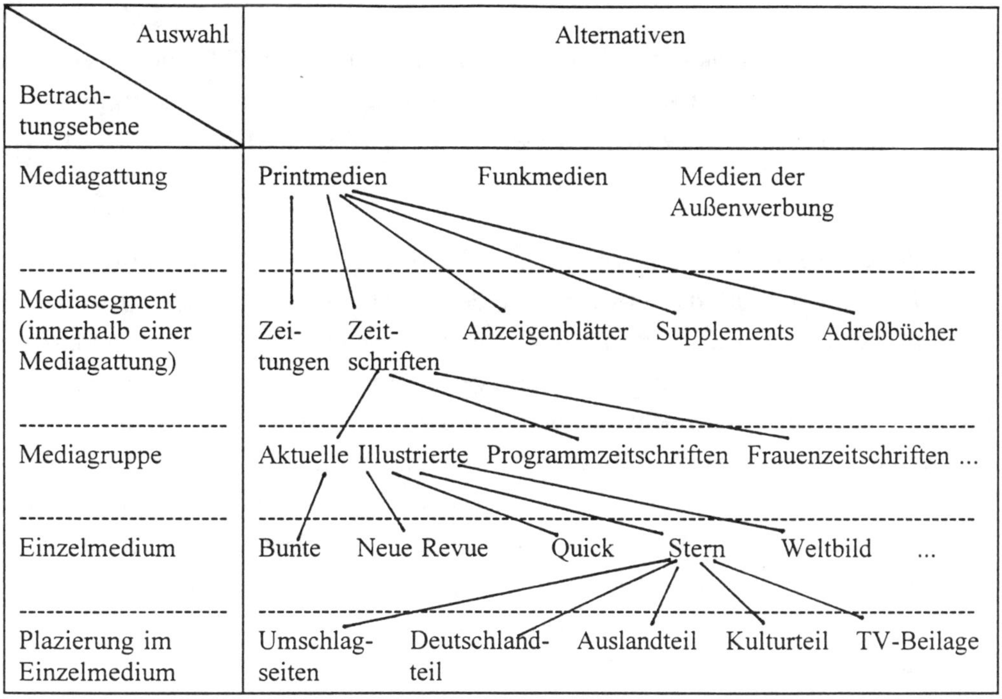

Abbildung H. 15: Handlungsspielräume beim Inter- und Intramediavergleich (vgl. STEFFENHAGEN 1991, S. 152)

Die Auswahl des geeigneten Werbeträgers bzw. häufig der geeigneten Kombination verschiedener Träger hat sich folgerichtig zunächst an den verfolgten kommunikativen Zielen zu orientieren. Dabei spielen andere Bestimmungsfaktoren jedoch eine wesentliche Rolle, so beispielsweise auch die bereits erwähnten rechtlichen Restriktionen (etwa die unterschiedlich gestalteten Werbezeiten bei öffentlich-rechtlichen oder privaten Fernsehanstalten) (vgl. zu den rechtlichen Grundlagen insbesondere AHLERT/SCHRÖDER 1989, S. 338 f.). Von besonderem Interesse ist zwangsläufig auch die unterschiedliche Kostenbelastung der einzelnen Werbeträger. Einen ersten Einstieg in eine diesbezügliche Bewertung liefert der sog. **Tausender-Preis** (Tausender-Kontaktpreis) (vgl. DICHTL 1992, S. 1131):

$$TKPi = \frac{\text{Kosten für Belegung des Werbeträgers i}}{\text{Zahl der Werbeträgerkontakte (Reichweite)}} \quad x \quad 1000$$

Aus dem Tausender-Kontaktpreis läßt sich demnach ersehen, mit welchem Kostenaufwand der Kontakt zu eintausend Lesern, Hörern, Zusehern etc. eines Werbeträgers verbunden ist. Er beträgt gegenwärtig beispielsweise für HÖRZU 12,42 DM, STERN 11,58 DM und AUTO, MOTOR, SPORT 23,56 DM.

Der auf die reine Reichweite als wesentliches Kriterium abstellende Tausender-Kontaktpreis ist mit Blick auf die Erreichbarkeit der effektiv interessierenden Zielgruppe (Werbesubjekte) zu qualifizieren - zwangsläufig ist beispielsweise nicht jeder Leser einer Zeitung potentieller Nachfrager für den Inserenten einer bestimmten Anzeige. Im Nenner des obigen Bruches ist in diesem Fall die zielgruppenspezifische Reichweite anzusetzen, die dem Werbungtreibenden i.d.R. von den einzelnen Medienanbietern zur Verfügung gestellt werden kann. In diesem Zusammenhang ist die Frage nach einer möglichen **Überstreuung** (außer den Angehörigen der werblichen Zielgruppe werden weitere, für den Werbungtreibenden nicht relevante Personengruppen durch den Werbeträger erreicht) bzw. einer möglichen **Unterstreuung** (mit dem einzelnen Werbeträger wird die Zielgruppe nur teilweise abgedeckt) zu stellen.

Die Bemühungen zur Vermeidung der eben dargestellten Streuverluste waren und sind auch mitverantwortlich für das starke Wachstum der **Direktwerbung** in den letzten Jahren. Unter dieser speziellen Kommunikationsform ist die "personifizierte Ansprache (Einzelansprache) von Umworbenen, die durch einzelwirtschaftsbezogene Merkmale definiert sind, unabhängig von den dabei eingesetzten Werbemitteln und Werbeträgern"

(SCHINEIS 1992, S. 131) zu verstehen, wie sie beispielsweise in Form des Werbebriefes oder auch des - rechtlich stark beschränkten - werblichen Telefongespräches vorzufinden ist (vgl. MEINIG/SCHMID 1992, S. 213 f.). Im Vergleich zu den verschiedenen Formen der Streuwerbung, die gekennzeichnet sind durch eine anonyme Ansprache von durch Gruppenmerkmalen abgegrenzten Umworbenen, hat insbesondere der Werbebrief (Direct mail) nicht zuletzt aufgrund der heutigen Möglichkeiten der EDV (gezielte Einzelansprache, individuelle Textgestaltung etc.) eine bedeutende Stellung in der Werbewirtschaft errungen. In der Praxis erfolgt deshalb häufig ein mehrstufiger kombinierter Einsatz von verschiedenen Formen der Streu- und Direktwerbung zur Steigerung von Werbewirkung und Werbewirtschaftlichkeit (z.B. 1. Stufe: Direkt-Response-Anzeige zur Interessentengewinnung, 2. Stufe: Mailing an Interessenten, 3. Stufe: Anforderung eines Beratungsgespräches durch Interessenten, 4. Stufe: Telefonische Terminvereinbarung und 5. Stufe: Persönliches Beratungsgespräch).

Werbeträger	1992
Tageszeitungen	10.025,1
Fernsehen	4.328,2
Werbung per Post	4.111,0
Publikumszeitschriften	3.377,6
Anzeigenblätter	2.410,9
Fachzeitschriften	2.110,0
Adreßbücher	1.904,4
Hörfunk	981,0
Außenwerbung	843,0
Wochen-/Sonntagszeitungen	465,0
Zeitungssupplements	262,6
Filmtheater	240,9
Gesamt	31.059,7

Abbildung H. 16: Aktuelle Anteile ausgewählter Werbeträger in Deutschland (Netto-Werbeeinnahmen erfaßbarer Werbeträger in Mio. DM, vgl. ZAW 1993, S. 13)

Als weitere interessante Entwicklung in der Werbelandschaft zeigte sich in den letzten Jahren die Zunahme sog. neuerer Kommunikationsinstrumente wie **Product Placement** und **Sponsoring** (vgl. HERMANNS 1993, S. 627 f.; PÜTTMANN, 1993, S. 649 f.; BERNDT 1993, S. 673 f.).

Unter **Product Placement** wird dabei die bewußte Plazierung eines markierten Objektes (also Produkte, Dienstleistungen, aber auch von Firmennamen etc.) im Rahmen der Spielhandlung in Spielfilmen, Fernsehsendungen o.ä. Darbietungen verstanden.

Ihren Hintergrund hat diese Werbeform in teilweise durch zu hohen Werbedruck ausgelösten Abwehrhaltungen der Umworbenen, die sich im TV-Bereich durch Zapping, also dem bewußten Vermeiden werblicher Kontakte, z.B. durch Programmwechsel bei Werbeeinblendung, äußern. Product Placement wirft eine Reihe rechtlicher Fragen auf, z.B. dann, wenn das Placement in Sendungen der öffentlich-rechtlichen Fernsehanstalten außerhalb der medienrechtlich zulässigen Werbezeiten (etwa an Sonn- und Feiertagen) abläuft.

Sponsoring bezeichnet die bewußte, meist finanzielle Unterstützung des Gesponserten (z.B. Sportverein, Konzertveranstaltung, Forschungseinrichtung), wofür sich der Sponsor im Gegenzug eine kommunikative Wirkung erhofft.

Die verbreitetste Ausprägung stellt gegenwärtig das Sport-Sponsoring dar - beispielsweise in Form der Trikotwerbung -, womit gleichzeitig deutlich wird, daß sich Sponsoring in vielen seiner Formen keineswegs von der Werbung im herkömmlichen Sinne unterscheidet (vgl. zum Sponsoring HERMANNS/PÜTTMANN 1992, S. 1085 f.).

2.3.3 Werbeerfolgskontrolle

Nicht zuletzt schon aufgrund der meist hohen Kosten der Werbung, kommt der Frage nach den erzielten Erfolgen eine entsprechende Bedeutung in der unternehmerischen Praxis zu. Dabei ist in eine Wirkungskontrolle und eine Wirtschaftlichkeitskontrolle zu unterscheiden (vgl. SCHINEIS 1992, S. 137 sowie ERICHSON/MARETZKI 1993, S. 524).

Die **Wirkungskontrolle** beschäftigt sich mit der Frage, inwieweit die vorher definierten kommunikativen Ziele erreicht worden sind. Sie stellt in diesem Sinne eine ex-post Kontrolle dar und ist nicht mit den vor der Durchführung einer Werbemaßnahme anfallenden Pretests zu verwechseln (*vgl. 2.1.2.2*). Besondere Probleme für die Wirkungskontrolle bringen Überlappungseffekte mit sich. Darunter sind zum einen zeitbezogene Überlappungen zu verstehen, etwa wenn die zu kontrollierende Kampagne ihre Wirkung erst in nach der Kontrolle liegenden, späteren Zeiträumen entfaltet (**Time-lag-Effekt**), oder wenn sich die Kampagne nicht nur im Zeitraum ihrer Durchführung, sondern auch noch danach auswirkt (**Carry-over-Effekt**). Zum anderen können sachliche Ausstrahlungseffekte vorliegen. Dabei erstreckt sich die Wirkung einer Werbemaßnahme nicht nur auf ihr eigentliches Werbeobjekt, sondern auch auf andere Produkte und Angebote des werbungtreibenden Unternehmens (**Spill-over-Effekt**). Dies stellt zwar - positive Wirkungen vorausgesetzt - einen angenehmen Nebeneffekt dar, macht aber gleichzeitig deutlich, wie schwer eine isolierte Kontrolle einzelner werblicher Maßnahmen ist.

Vor dem Hintergrund dieser grundsätzlichen Probleme sind auch die einzelnen Verfahren zu bewerten, mit deren Hilfe versucht wird, die kommunikativen Werbewirkungen zu erfassen. Dabei spielen die Messung der Wiedererkennung beispielsweise einer Anzeige (Recognition) und die Frage nach der Erinnerung der Umworbenen an die Werbebotschaft (Recall) eine wichtige Rolle, um den Zielerreichungsgrad der Generalziele Bekanntmachung, Information und - zumindest teilweise - Image zu messen (vgl. zu den Verfahren NIESCHLAG/DICHTL/HÖRSCHGEN 1991, S. 578 f. sowie SCHWEIGER 1992, S. 1315 f.).

Während die Werbewirkungskontrolle also auf die kommunikativen (außerökonomischen) Werbeziele abstellt, versucht die **Werbewirtschaftlichkeitskontrolle** eine Bewertung der Maßnahme(n) durch eine Gegenüberstellung der Werbeaufwendungen und -erträge. Die Ermittlung der monetären Erfolge wird u.a. häufig durch die bereits oben skizzierten Ausstrahlungs- bzw. Überlappungsprobleme behindert, die eine direkte Zuordnung der Erträge zu einer konkreten Werbemaßnahme erschweren. So erlaubt etwa in einer Vielzahl von Fällen ein reiner Vorher-Nachher-Vergleich des Umsatzes eines beworbenen Produktes oft nur unzureichende oder aber sogar irreführende Aussagen zur Wirtschaftlichkeit der Maßnahme (vgl. BÖCKER 1991, S. 382 f.). Andererseits bringt auch die Bewertung kommunikativer Ziele, wie z.B. der Bekanntmachung, neue Fragen mit sich, so etwa nach dem Zusammenhang von Bekanntheitsgrad und resultierendem Kaufverhalten.

Systembedingt gelten diese aufgeführten Schwierigkeiten der Werbeerfolgskontrolle besonders für die verschiedenen Formen der Streuwerbung. Die Direktwerbung bietet hingegen hinsichtlich der Kontrollmöglichkeiten besondere Vorzüge.

2.3.4 Öffentlichkeitsarbeit und Integrierte Kommunikation

Neben der bisher schwerpunktmäßig behandelten Werbung stellt die **Öffentlichkeitsarbeit (Public Relations)** den zweiten inhaltlichen Aufgabenbereich der Marktkommunikation dar. Öffentlichkeitsarbeit bedeutet die Gestaltung positiver Kommunikationsbeziehungen zwischen dem Unternehmen und anderen sozialen Gruppen in der Öffentlichkeit (z.B. öffentliche Verwaltung, Parteien, Verbände etc.) (vgl. HERMANNS/NAUNDORF 1992, S. 982 sowie NAUNDORF 1993, S. 605 f.). Während die Werbung also auf einzelne Angebote abstellt, bezieht sich die Öffentlichkeitsarbeit auf das Gesamtunternehmen und versucht, für dieses öffentliches Vertrauen zu schaffen. Die folgende Übersicht verdeutlicht diese Abgrenzung (vgl. SCHINEIS 1992, S. 109):

Werbung	Öffentlichkeitsarbeit
- Anbahnung von Beziehungen in Absatz- und Beschaffungsmärkten	- Anbahnung von Beziehungen in der Öffentlichkeit bzw. ihren Teilbereichen
- Finales Ziel: Abschluß von Beschaffungs- bzw. Absatzverträgen	- Finales Ziel: Schaffung von öffentlichem Vertrauen
- Bezieht sich auf einzelne Angebote	- Bezieht sich auf das gesamte Unternehmen
- Untersteht funktional dem Absatz bzw. dem Beschaffungsmarketing	- Untersteht funktional der Leitung des Unternehmens

Der letzte Differenzierungspunkt betont die gesamtunternehmerische Bedeutung der Öffentlichkeitsarbeit, indem er ihre direkte organisatorische Zuordnung zur Unternehmensleitung fordert. Hintergrund ist die Notwendigkeit, für das Unternehmen als Ganzes verantwortlich agieren und dabei hierarchisch bedingte Zeitverluste vermeiden zu können. Öffentlichkeitsarbeit - insbesondere bei Berücksichtigung ihrer strategischen Komponente, etwa in Krisenzeiten - ist so betrachtet (delegierbare) "Chefsache".

Das Instrumentarium der Öffentlichkeitsarbeit ist umfangreich und reicht von der Pressearbeit (z.B. mit Berichten über das Unternehmen; Pressekonferenzen anläßlich von Neuentwicklungen oder Betriebseröffnungen, aber eben auch bei drohenden Negativ-Schlagzeilen), über PR-Veranstaltungen (z.B. "Tag der offenen Tür") bis hin zur PR-orientierten Gestaltung von Unternehmensdruckschriften, Geschäftsberichten etc. (vgl. HERMANNS/NAUNDORF 1992, S. 982 f.). Zwangsläufig zeigt sich dabei die bereits bei der Werbewirkung angesprochene Problematik der Erfolgskontrolle im besonderen

Maße, zumal gerade die Öffentlichkeitsarbeit weitgehend auf langfristige und damit meßtechnisch besonders schwer zu erfassende Effekte abzielt.

Zwangsläufig bestehen zwischen Werbung und Öffentlichkeitsarbeit auch inhaltliche Gemeinsamkeiten bzw. Überschneidungen, die eine gegenseitige Abstimmung dieser beiden Bereiche der Marktkommunikation erforderlich machen. Letzteres ist eine Aufgabenstellung an das durchgängige **Kommunikationsmanagement** der Unternehmen, welches auch nach innen - also gegenüber den Mitarbeitern als Zielgruppe - wirken sollte. Um eine ganzheitliche und koordinierte Wirkung aller Kommunikationsmaßnahmen (z.B. Mitarbeiterkommunikation, Marktkommunikation) einer Einzelwirtschaft sicherzustellen, gehen deshalb neuerdings immer mehr Unternehmen (z.B. die Bayr. Hypotheken- und Wechsel-Bank) dazu über, alle Kommunikationsaktivitäten in einer Abteilung zusammenzufassen.

2.4 Verkauf und Distribution

Verkauf und anschließende Distribution stellen die beiden folgenden Funktionen eines prozeßorientierten Marketingverständnisses dar. Aus Sicht der Nachfrager sind dabei wesentliche Teilaufgaben betroffen, deren Erledigung eine zentrale Bedeutung für die Beziehung zwischen Nachfrager und Anbieter aufweisen (z.B. Qualifikation und Verhalten des Verkaufspersonals oder Grad der Lieferzuverlässigkeit). Nicht immer spiegelte sich in der Vergangenheit diese Relevanz in der Aufmerksamkeit wider, die den beiden Funktionen in der unternehmerischen Praxis zuteil wurde. Insbesondere die Bedeutung der im folgenden unter *Kapitel 2.4.4* dargestellten physischen Distribution und die Notwendigkeit ihrer Integration in das Marketing wurden - und werden teilweise noch heute - verkannt bzw. zur reinen technisch-rationalen Logistikaufgabe in Theorie und Praxis degradiert.

2.4.1 Aufgaben und Ziele des Verkaufs

Hauptaufgabe und letztendliches Ziel der Funktion Verkauf besteht im Abschluß einer vertraglichen Vereinbarung zwischen Anbieter und Nachfrager über den beabsichtigten Leistungsaustausch. Dabei sind zunächst unterschiedliche, juristisch abgegrenzte **Erscheinungsformen** dieser zweiseitigen Vereinbarungen (Verträge) möglich, die vom einfachen Tauschvertrag, Miet- und Pachtvertrag, Dienst- und Werkvertrag bis zum Kaufvertrag und Kombinationen aus diesen Grundformen reichen. Da der Kaufvertrag (entgeltliche Veräußerung) in den heutigen Wirtschaftssystemen aber die wohl häufigste dieser Erscheinungsformen darstellt, hat sich Verkauf als Bezeichnung für die gesamte Funktion eingebürgert (vgl. MUSER 1992, S. 142 f.). Aus diesem Grund wird auch in unseren folgenden Ausführungen vereinfachend vom Verkauf als Marketing-Funktion gesprochen, obwohl diese Gleichsetzung die Vielfalt der Vertragsarten terminologisch außer acht läßt.

Gleich bleibt bei allen Erscheinungsformen die Aufgabe, eine Einigung der Vertragspartner über die folgenden vier zentralen Bereiche zu erzielen (vgl. MUSER 1992, S. 151 f.):

- Objekt,
- Menge,
- Gegenleistung (Preis) und
- Konditionen (z.B. Liefer- und Zahlungsbedingungen, Nebenleistungen).

Anhand dieser **Einigungsbereiche** läßt sich auch eine inhaltliche Unterscheidung zur Werbung treffen: sobald es um eine konkrete Übereinkunft der potentiellen Vertragspartner über die obigen Parameter geht, wird die Phase der Anbahnung (also der werblichen Kommunikation) verlassen und - funktional betrachtet - der Verkaufsprozeß begonnen. Obwohl dabei Überschneidungen und Abgrenzungsprobleme unvermeidbar bleiben, erscheint eine getrennte Betrachtung dieser beiden Funktionen aufgrund ihrer unterschiedlichen Aufgabenstellungen und Anforderungen als gerechtfertigt.

Die Art und Weise, wie der Verkaufsvorgang zwischen Anbieter und Nachfrager abläuft, kann jedoch analog zur Werbung anhand kommunikationstheoretischer Überlegungen differenziert werden (**Abschlußformen**). Je nachdem, ob ein direkter oder ein indirekter Kommunikationsprozeß zwischen den beiden Abschlußinteressenten vorliegt, ist zwischen dem persönlichen oder dem medialen Verkauf zu unterscheiden. Im Gegensatz zur Werbung, bei der der Umworbene nicht zwangsläufig rückkoppeln muß, stellt die Verkaufskommunikation dabei immer eine zweiseitige Kommunikation dar (vgl. MUSER 1992, S. 145 f. sowie WITT 1991, S. 382).

2.4.2 Persönlicher Verkauf

Der persönliche Verkauf kann in **unmittelbar direkter** Form (Verkaufsgespräch, face-to-face) oder **mittelbar direkt** (Telefonverkauf) vorliegen. Als seine Vorteile im Vergleich zur medialen Ausprägung lassen sich insbesondere (aus Sicht des Anbieters)

- die Möglichkeit zur unmittelbaren Rückkopplung und die daraus resultierenden Beeinflussungsmöglichkeiten sowie
- die höhere Flexibilität (z.B. sofortige Änderung des Angebotes)

nennen. Dem stehen

- begrenzte Kapazitäten
- und - bezogen auf den einzelnen Verkaufsvorgang - höhere Kosten

als wesentliche Nachteile gegenüber (vgl. MUSER 1992, S. 147 f.). Der persönliche Verkauf eignet sich daher insbesondere für Angebote eines entsprechenden Komplexitätsgrades, die eine hohe Beratungsintensität erfordern, oder zur zusätzlichen Differenzierung des Angebotes.

Die zur Durchführung des persönlichen Verkaufs zur Verfügung stehenden **Verkaufsorgane** werden nach dem Merkmal der Unternehmenszugehörigkeit in unternehmenseigene und unternehmensfremde Organe unterteilt (vgl. SCHRÖDER 1992, S. 1219). Während erstere i.d.R. eine bessere Steuerung durch die jeweiligen Vorgesetzten ermöglichen, jedoch mit Fixkosten zu Buche schlagen, bieten unternehmensfremde Verkaufsorgane zwar Kostenvorteile (solange nicht etwa die Provisionierung eines Handelsvertreters bei gleicher Menge teurer kommt als beispielsweise das Festgehalt eines angestellten Verkäufers), sind aber als juristisch selbständige Gewerbetreibende de jure weisungsungebunden. Diese maßgeblichen Punkte sind bei einer Entscheidung für oder gegen einzelne Verkaufsorgane als genereller Rahmen zu berücksichtigen.

Die wichtigsten Verkaufsorgane seien im folgenden knapp dargestellt (vgl. NIESCHLAG/DICHTL/HÖRSCHGEN 1991, S. 384 f.; SCHEUCH 1989, S. 357 f.; WEINBERG 1991, S. 353 f.):

Unternehmenseigene Verkaufsorgane

- **Geschäftsleitung:** Was beim Alleinunternehmer, der neben den anderen Aufgaben auch den Verkauf ausübt, zwangsläufig gegeben ist, kann auch bei Unternehmen mit ausdifferenzierten Funktionen angetroffen werden. Gründe für die zumindest partielle Übernahme von Verkaufstätigkeiten durch die Geschäftsleitung liegen u.a. in der Bedeutung des Kunden oder einzelner Aufträge, in der Notwendigkeit schnellen Handelns ohne Zwang zur Rückfrage bei Vorgesetzten etc.

- **Verkäufer/Reisende:** Verkaufspersonal im Angestelltenverhältnis, das neben dem dadurch begründeten Grundgehalt noch durch Provisionen entlohnt werden kann. In einer allgemeinen Definition wird zunächst nicht danach unterschieden, ob die Tätigkeit im Innen- oder im Außendienst (Reisender) erbracht wird. In der Praxis finden sich zahlreiche Bezeichnungen für das Verkaufspersonal, die auf besondere Qualifikationen oder Funktionen hinweisen sollen (z.B. Vertriebsingenieur, Vertriebsberater, Key-Account-Manager).

Unternehmensfremde Verkaufsorgane

- **Handelsvertreter:** Der Handelsvertreter ist selbständiger Gewerbetreibender (§ 84 ff. HGB), der Geschäfte in fremdem Namen und auf fremde Rechnung vermittelt. Für erfolgreiche Vermittlung erhält er eine Provision (bei Übernahme bestimmter Funktionen, wie etwa Reklamationsabwicklung, kann darüber hinaus auch ein Fixum bezahlt werden). Aufgaben und Tätigkeiten des Handelsvertreters entsprechen ansonsten weitgehend denen eines Reisenden, insbesondere wenn der Handelsvertreter nicht für mehrere Firmen (Mehrfirmenvertreter), sondern nur für eine Firma vermittelnd tätig ist (Einfirmenvertreter). (Zur Entscheidungsfindung bei der Frage, ob ein Unternehmen Reisende oder Handelsvertreter einsetzen soll vgl. beispielsweise MEFFERT 1991, S. 430 f.).

- **Kommissionär:** Kommissionäre arbeiten im Gegensatz zum Handelsvertreter in eigenem Namen und auf fremde Rechnung, d.h. für den Nachfrager sind sie u.U. nicht als unternehmensfremde Verkaufsorgane zu erkennen. Vom Kommittenten (Auftraggeber) erhalten sie für erfolgreiche Geschäftsvermittlung eine Kommission (Provision).

- **Makler:** Der Makler schließlich führt Abschlußinteressenten zusammen. Für seine Tätigkeit erhält der Makler - je nach Vereinbarung auch von beiden Abschlußpartnern

- eine Maklerprovision (Courtage), sofern das vereinbarte Geschäft realisiert wurde. Insbesondere im Immobilienbereich, aber auch im Rohstoffgeschäft kommt den Maklern eine bedeutende Marktstellung zu.

In der konkreten Ausgestaltung ziehen Entscheidungen für den persönlichen Verkauf einerseits und für bestimmte Verkaufsorgane andererseits eine Reihe von weiteren Fragestellungen nach sich, auf die jedoch in der hier gebotenen Kürze nur knapp hingewiesen werden kann.

Unter anderem geht es dabei um spezielle Aufgaben aus dem Bereich der Außendienstplanung, wie z.B. um die Verkaufsbezirksplanung, die eine gleichmäßige und gerechte Belastung der einzelnen Außendienstmitarbeiter bei optimaler Ausschöpfung der Nachfragepotentiale und unter Berücksichtigung von Kostenrestriktionen gewährleisten soll. Weitere Planungsbereiche sind die Festlegung des Außendienstumfanges und die Routenplanung. Während die bisherigen Subplanungen zur **mittelbaren Kontaktplanung** zusammengefaßt werden, stellt die Besuchsplanung (z.B. mit der Festlegung der Besuchshäufigkeiten bei den einzelnen Kunden) die **unmittelbare Kontaktplanung** dar (vgl. hierzu MUSER 1992, S. 161 f.).

Die Festlegung der **Verkaufsorganisation** ist ein weiterer Entscheidungsbereich mit spezifischer Außendienstprägung. Dabei ist zwischen den Grundformen der rein gebietsorientierten Organisation (pro Verkaufsbezirk ist ein Mitarbeiter für alle Angebote und alle Kundengruppen zuständig), der produkt- bzw. angebotsorientierten Organisation (Spezialisierung nach den Angeboten, keine Differenzierung nach den zu besuchenden Kunden) und der kundengruppenorientierten Organisationsform (Mitarbeiter ist für bestimmte Kundengruppe, dort für alle Angebote seines Unternehmens zuständig) zu wählen.

Eine entscheidende Rolle spielt in diesem Zusammenhang auch die **Entlohnungsplanung**, da sie von großer Bedeutung für die Motivation des Verkaufspersonals, insbesondere auch im Außendienst ist.

Neben dem Festgehalt als zumindest über einen bestimmten Zeitraum hinweg gleichbleibendem Einkommen, steht die Provision als zweiter grundsätzlicher Entlohnungsbestandteil. Provisionen stellen anteilige Vergütungen dar, die i.d.R. am erzielten Umsatz gemessen werden. In letzter Zeit werden zunehmend auch Deckungsbeiträge, Gewinne oder Kundenzufriedenheitswerte als Maßstäbe herangezogen. Provisionen können dabei linear (gleichbleibender Provisionssatz), progressiv (Provisionssatz steigt mit zunehmender Höhe des Erfolgsmaßstabes, z.B. des Umsatzes, an) oder in bestimmten Fällen, etwa zum Ausgleich von Kapazitätsüberdehnungen, auch degressiv (Provisionssatz geht ab Überschreitung einer bestimmten kritischen Obergrenze, z.B. des Umsatzes, zurück) berechnet werden. Zusätzlich zu Festgehalt und Provision als Grundbausteine können Prämien als Zulagen, etwa bei besonders guter Funktionserfüllung gewährt werden (vgl. GOEHRMANN 1984, S. 101 f.; KOTLER/BLIEMEL 1992, S. 977 f.).

2.4.3 Medialer Verkauf

Kennzeichen des medialen Verkaufs als indirekte Kommunikation ist die zeitliche und örtliche Trennung der Abschlußinteressenten, wodurch Trägermedien erforderlich werden. Hieraus resultieren die folgenden, wesentlichen Vor- und Nachteile des medialen Verkaufs im Vergleich zur persönlichen Ausprägung (vgl. MUSER 1992, S. 149):

Vorteile

- keine oder nur geringe Kapazitätsbeschränkungen,
- geringere rechtliche Restriktionen (z.B. Ladenschlußzeiten),
- höhere Kontaktzahlen und
- bezogen auf den einzelnen Kontakt geringere Kosten.

Nachteile

- keine oder nur eingeschränkte Möglichkeit zur unmittelbaren Rückkopplung sowie
- oft fixes, unveränderliches Angebot mit geringer Flexibilität.

Das klassische Beispiel für den medialen Verkauf stellt der **Verkaufsautomat** dar, an dessen einfachen Ausprägungen (z.B. Zigarettenautomat) sich die obigen Vor- und Nachteile deutlich ablesen lassen. Daneben sind jedoch auch Verkaufsautomaten modernerer Prägung und Technik zu finden, für die insbesondere die erwähnten Nachteile nur noch bedingt gelten. Hierbei ist durchaus ein im Rahmen veränderbares Angebot mit entsprechender Flexibilität möglich, so beispielsweise bei den Buchungsautomaten der großen Autovermieter.

Eine weitere Ausprägung des medialen Verkaufs stellt das **Versandprinzip** dar, sofern über Kataloge, Prospekte und andere Medien angeboten wird. Auch hier haben sich in letzter Zeit aktuelle Versionen auf dem Markt etabliert, wie z.B. Btx und Teleshopping (Angebotsdarstellung über das Fernsehen mit brieflicher oder telefonischer Bestellmöglichkeit). Da bei den heutigen Teleshopping-Sendungen die telefonische Bestellung durch die Kunden die bei weitem überwiegende Variante darstellt, liegt dort, wo die Bestellannahme durch eine Person - mit entsprechend zusätzlichen Beratungs- und Verkaufsmöglichkeiten - erfolgt, eine Mischform zwischen medialem und persönlichem Verkauf vor. Insbesondere in diesem Bereich liegen für die Zukunft noch erhebliche Akquisitionspotentiale für die unterschiedlichsten Angebote, zumal sich mittlerweile auch die medientechnische Situation in Deutschland verbessert (z.B. Entwicklung dialogfähiger TV-Systeme etc.).

Aus den bisherigen Ausführungen wird deutlich, daß sich die bisherige Beschränkung des medialen Verkaufs auf eher problemlose Routinekäufe - die im Versandbereich ohnehin schon frühzeitig eine Erweiterung erfahren hatte - zunehmend zu wandeln beginnt. Gelingt es dabei, die im Vergleich zum persönlichen Verkauf günstigere Kostensituation beizubehalten, so werden weitere hochinteressante Einsatzbereiche dieser Verkaufsform denkbar.

2.4.4 Aufgaben, Ziele und Gestaltungsparameter der Distribution (Realisierung) als Marketingfunktion

Nach dem erfolgreichen Abschluß einer vertraglichen Vereinbarung gilt es, den Inhalt dieses Vertrages in die Realität umzusetzen, damit der jeweilige Vermarktungsprozeß zu einem für beide Parteien positiven Ende geführt wird. Was sich relativ problemlos liest, stößt in der betrieblichen Praxis oft auf eine Reihe von Schwierigkeiten. Die Bedeutung beispielsweise exakt eingehaltener Lieferzeiten oder einer korrekten Abwicklung der erforderlichen Zahlungsströme für die Kundenzufriedenheit wurde - wie bereits erwähnt - lange Zeit zumindest in ihrer vollen Tragfähigkeit nicht wahrgenommen. Bei einer genaueren und prozeßorientierten Betrachtung wird jedoch unmittelbar deutlich, wie wichtig eine Integration dieser Aufgaben in das Gesamt-Marketing einer Unternehmung ist.

Unter **Distribution** soll dabei im folgenden die Realisierung des gegenseitigen Leistungsaustausches verstanden werden, wodurch physische, wertmäßige und dadurch bedingte informatorische Prozesse betroffen sind.

Hierdurch wird der Begriff weiter gefaßt, als die in diesem Zusammenhang häufig verwendete Bezeichnung der Marketing-Logistik, welche zur Aufgabe hat, "...dafür zu sorgen, daß das richtige Produkt zur gewünschten Zeit in der richtigen Menge an den gewünschten Ort gelangt" (MEFFERT 1991, S. 436; vgl. FRIES 1991, S. 275). Allerdings ist die Marketing-Logistik ein wesentlicher, eben die physischen Aufgaben umfassender Teil der hier darzustellenden Distribution. Damit ergeben sich die folgenden vier Aufgaben- bzw. Zielbereiche (vgl. BURGHOLD 1992, S. 172 f.):

Bereitschaft zur Abgabe der Leistung

Hierunter werden die zur späteren Verteilung notwendigen informatorischen Arbeiten subsumiert, also insbesondere die Übermittlung der Auftragsdaten, deren Aufbereitung (z.B. auch notwendige Ergänzungen fehlender Daten, Prüfung von Sonderkonditionen einzelner Kunden oder deren Bonität etc.) und die Auftragsumsetzung im informatorischen Sinne (z.B. Benachrichtigung des Kunden über Liefertermin).

Abgabe der Leistung

Dieser Bereich umfaßt die physischen Teilaufgaben, also die bereits skizzierte Marketinglogistik. Wesentliche Bestandteile sind die Lagerhaltung mit den damit zusammenhängenden Fragestellungen (z.B. Standortplanung, Lagerbestandsmanagement, vgl. hierzu BERNDT 1992b, S. 349) und der konkrete Transport der Produkte (Entscheidungen über Transportmittel und -wege). Dabei spielen auch Fragen der Um- und Transportverpackung eine wesentliche Rolle, die aufgrund der ökologischen Diskussion zunehmend an Bedeutung gewinnen.

Anforderung der Gegenleistung

Der dritte Aufgabenbereich umfaßt die Fakturierung der Leistungen und die entsprechende Anforderung der Gegenleistung, also i.d.R. von Geld. Dabei muß die Anforderung wie auch die nachfolgend dargestellte Annahme der Gegenleistung nicht zwangsläufig nach der Abgabe der Leistung erfolgen, wie schon das Beispiel eines Zigaretten- oder Getränkeautomaten belegt.

Annahme der Gegenleistung

Letztendlich gilt es, die angeforderte Gegenleistung anzunehmen, wozu beispielsweise auch die Überwachung der Zahlungseingänge gehört.

Die zunehmende Relevanz distributorischer Fragen bzw. deren Lösungen für ein integriertes Gesamtmarketing wurde bereits mehrfach angeschnitten. In diesem Zusammenhang ist insbesondere auch das **Just-in-Time-Konzept** zu nennen, das vor allem für die Zulieferindustrie entsprechende Konsequenzen hat *(vgl. CORSTEN F. 5.3.2)*. Darunter ist die Anlieferung von Produktionsgütern (in erster Linie von Halbfertigfabrikaten) an die Produktionsstätten des Abnehmers, etwa der Automobilindustrie, exakt zu den Zeitpunkten zu verstehen, zu denen die Produkte im Weiterverarbeitungprozeß benötigt werden. Hintergrund der Entwicklung von Just-in-Time-Konzepten waren vor allem der Wunsch nach Abbau der Fertigungstiefe in den entsprechenden Branchen und nicht zuletzt die Realisierung von Rationalisierungspotentialen durch Abwälzung der Lagerhaltung auf die Zulieferer. Die mit dem Just-in-Time-Konzept verbundene Zunahme der Anlieferungszeitpunkte (oft mehrfach am Tag) und die daraus resultierende Steigerung der Transportfahrten, die i.d.R. per LKW erledigt werden, haben dieses logistische Konzept unter ökologischen und zunehmend auch ökonomischen Gesichtspunkten in die Diskussion gebracht (vgl. DELFMANN/DARR/SIMON 1992, S. 496 f.).

An dem eben erwähnten Beispiel lassen sich gleichzeitig wesentliche Gestaltungsparameter der Marketing-Logistik ablesen, als deren wichtigste die folgenden zu bezeichnen sind (vgl. BURGHOLD 1992, S. 184 f.):

- Realisierungszeit: Zeitspanne zwischen Auftragserteilung und -erledigung.

- Realisierungsbereitschaft: Fähigkeit zur Erledigung der Aufträge, z.B. durch ausreichende Bevorratung.

- Realisierungszuverlässigkeit: Sicherheit mit der die vereinbarte Realisierungszeit sowie die Mengenvereinbarung und sonstige Klauseln eingehalten werden.

- Realisierungsflexibilität: Fähigkeit, auf realisierungsspezifische Anforderungen der einzelnen Kunden eingehen zu können (s. beispielsweise das obige Just-in-Time-Konzept).

Fragestellungen der Marketing-Logistik betreffen im übrigen keineswegs nur den Bereich materieller Produkte, sondern sind ebenso auch für Dienstleistungsanbieter relevant. So ist beispielsweise im Zusammenhang mit der Realisierungsbereitschaft über die dafür vorzuhaltenden Potentiale (z.B. Mitarbeiter) und evtl. Leerzeiten zu entscheiden.

3. Marketing-Systeme

Bei der Betrachtung unserer arbeitsteiligen Volkswirtschaft, mit ihrer Vielzahl von Märkten und Marktbeziehungen, ist es auch aus Sicht der Betriebswirtschaftslehre selbstverständlich, daß sich neben der allgemeinen Betriebswirtschaft spezielle Betriebswirtschaften, nach Funktionen, Methoden oder Institutionen gegliedert entwickelt haben (vgl. HEINEN 1991, S. 7). Auch im Marketing gibt es neben der Fülle an allgemeingültiger Literatur eine Vielzahl von Publikationen, die sich mit den Besonderheiten des Marketings der unterschiedlichsten Branchen und Wirtschaftszweige beschäftigen, also institutionales Marketing zum Thema haben. Diese Charakteristika der einzelnen Branchen setzen zunächst eine Kenntnis der Besonderheiten einzelner Marktbearbeitungssysteme voraus. Diese werden in den folgenden Abschnitten überblickartig für die Bereiche der Industrie, des Handels und der Dienstleister aufgezeigt.

3.1 Industrielles Marketing

Theorie und Praxis des Marketings war lange Zeit stark vom Konsumgütermarketing geprägt. Industrielles Marketing ist aber mehr. Im Rahmen unserer arbeitsteiligen Gesellschaft, mit i.d.R. mehrstufigen Verarbeitungsprozessen, setzt sich der industrielle Komplex aus einer sehr heterogenen Vielzahl von produzierenden Einzelwirtschaften zusammen. Um einen Überblick über das industrielle Marketing zu geben, erfolgt in *Kapitel 3.1.1* die Charakterisierung industrieller Anbieter und in *Kapitel 3.1.2* deren Systematisierung.

3.1.1 Charakterisierung

Das Marketing der Industrie umfaßt das marktorientierte Denken und Handeln der industriellen Anbieter einer Volkswirtschaft. Diese lassen sich definieren als:

"Industrielle Anbieter sind alle produzierenden Einzelwirtschaften, die erste Anbieter oder Veredler sind und mit Waren oder an Waren gebundenen Objektsystemen arbeiten. Die Objekte können sowohl in Einzel-, Serien- oder Massenfertigung als auch im Manufaktur-, Verlags-, Fabrik- und Handwerkssystem für Auftrags- oder Marktproduktion erstellt werden" (EICHMANN 1993, S. 15).

Die Leistung industrieller Anbieter liegt in der Produktion von Waren (synonym auch Produkte), d.h. natürlichen und künstlichen, räumlich scharf umrissenen beweglichen oder unbeweglichen Erzeugnissen (z.B. Rohstoffe, Halbfabrikate, Fertigerzeugnisse) oder von Objektsystemen, welche eine Kombination von z.B. einer Ware und einer Dienstleistung darstellen (vgl. P.W. MEYER 1992, S. 16). Beispiele für ein sehr komplexes Objektsystem finden sich im Anlagengeschäft (z.B. ein Kernkraftwerk) (vgl. BACKHAUS 1992, S. 431 ff.). Auch die Be- und Verarbeitung der Waren sowie die Veredelung, d.h. die Verbesserung der Verwendungsfähigkeit der Waren z.B. durch das Imprägnieren oder Färben von Stoffen oder die Konservierung (vgl. P.W. MEYER 1973, S. 134 f.) gehören zur Leistungserstellung industrieller Anbieter (vgl. FRIES 1991, S. 13).

Nach dieser Charakterisierung industrieller Anbieter läßt sich industrielles Marketing bestimmen, als die Aktivitäten der produzierenden Anbieter und Veredler in Absatz- und Beschaffungsmärkten (vgl. EICHMANN 1993, S. 16). Eine Abgrenzung zu den in den folgenden Kapiteln behandelten Bereichen des Handelsmarketing und des Dienstleistungsmarketing ergibt sich bezüglich des Handels durch die vorgelagerte Stellung der industriellen Anbieter in der Marktkette. Die Aufgabe des Handels ist der Umschlag von Sortimenten, d.h. der Kauf und Verkauf von Waren *(vgl. 3.2)*. Dienstleistungen grenzen sich durch die Immaterialität der Dienstleistung im Gegensatz zur Ware ab *(vgl. 3.3)*. Dies bedeutet allerdings nicht, daß Anbieter nicht in allen unterschiedlichen Marketing-Systemen tätig sein können.

3.1.2 Systematisierungsansatz

3.1.2.1 Systematisierungsmöglichkeiten industrieller Anbieter

Industrielle Anbieter sind z.B. erdölfördernde Unternehmen, Schraubenhersteller, Computerhersteller aber auch Zigarettenhersteller oder Produzenten von Babykleidung. Hier wird deutlich, daß auch innerhalb einer institutionalen Spezialisierung des Marketing, gerade im industriellen Bereich eine so große Vielfalt von unterschiedlichen Produktionsbetrieben existiert, daß es zur Gewinnung spezifischer Aussagen notwendig ist, die einzelnen Industriebetriebe zu systematisieren. Die Typenbildung erfolgt durch das Heranziehen verschiedener betrieblicher Merkmale, anhand derer die Einteilung in Kategorien erfolgt (einen Überblick über verschiedene in der betriebswirtschaftlichen Theorie entwickelten Merkmalskataloge gibt HEINEN 1985, S. 18).

Welche Unterscheidungsmerkmale sind aus Marketingsicht interessant? Die wohl brauchbarste Systematik unter Marketing-Gesichtspunkten ist eine Differenzierung vom Markt her, mit dem Ziel Unternehmen zu Gruppen zusammenzufassen, die hinsichtlich des Beschaffungs- und Absatzprozesses Gemeinsamkeiten aufweisen (vgl. ENGELHARDT/WITTE 1990, S. 9 f.; ENGELHARDT/GÜNTER 1981, S. 27 f.). Empfehlenswert ist eine Produkt/Markt-Orientierung. Möglichkeiten sind hier die Differenzierung anhand der Zahl der Bedarfsträger (Massenprodukte/Individualgüter), nach den Verarbeitungsstufen (Rohstoffe/Halbfabrikate/Fertigerzeugnisse) oder nach der Art des Kaufprozesses (voll-, nicht- oder teilprogrammierte Kaufentscheidungen) (vgl. EICHMANN 1993, S. 18).

Die in Literatur und Praxis am häufigsten verwendete Einteilung ist die Differenzierung anhand des Merkmals Verwendungszweck (vgl. KNOBLICH 1969, S. 107 f.) in Konsumgüter und Produktivgüter. Konsumgüter werden von privaten letzten Nachfragern bzw. Verwendern ge- oder verbraucht (vgl. TIETZ 1974, S. 918). Produktivgüter sind "... Leistungen, die von Organisationen (Nicht-Konsumenten) beschafft werden, um mit ihrem Einsatz weitere Güter für die Fremdbedarfsdeckung zu erstellen oder um sie unverändert an andere Organisationen weiterzuveräußern, die diese Leistungserstellung vornehmen" (ENGELHARDT/GÜNTER 1981, S. 24, hier definiert als Investitionsgut). Das zweite Differenzierungsmerkmal ist die Einteilung in eine kurzfristige bzw. langfristige Verwendungsdauer.

Verwendungszweck / Verwendungsdauer	Konsumtiv	Produktiv
kurzfristig	Verbrauchsgüter	Produktionsgüter
langfristig	Gebrauchsgüter	Investitionsgüter

Abbildung H. 17: Gütersystematik (vgl. EICHMANN 1993, S. 19)

Verbrauchsgüter (Milch, Zigaretten) werden bei der Nutzung verbraucht, Gebrauchsgüter (Autos, Stereoanlagen) können über einen längeren Zeitraum wiederholt genutzt werden. Produktivgüter sind zum einen Produktionsgüter, zum anderen Investitionsgüter. Produktionsgüter sind Produkte, die unverändert oder verändert in die Erzeugnisse direkt eingehen, Rohstoffe, Einsatzstoffe und Halbfabrikate und Teile sowie Hilfs- und Betriebsstoffe, die bei der Produktion verbraucht werden (vgl. TIETZ 1974, S. 919). Objekte, die nicht in den Produktionsprozeß eingehen und langfristig genutzt werden können, sind Investitionsgüter (Anlagen, Maschinen, Gebäude).

Abschließend läßt sich industrielles Marketing also in **Konsumgütermarketing** und **Produktivgütermarketing** systematisieren. In der Literatur findet sich häufig das Begriffspaar Konsum- und Investitionsgütermarketing. Dieser Investitionsgütermarketingbegriff ist i.w.S. synonym zum hier dargestellten Produktivgütermarketing zu verstehen. Diese Differenzierung eignet sich aufgrund der nachfolgend noch näher beschriebenen Besonderheiten der beiden Bereiche, die oftmals grundlegend verschiedene Marketingaktivitäten erforderlich machen.

3.1.2.2 Besonderheiten des Konsumgütermarketings

Das Konsumgütermarketing richtet sich an private Haushalte als letzte Nachfrager. Die Anzahl der Nachfrager ist häufig sehr groß, was zu anonymen Marktkontakten führt. Dadurch steht die Streuwerbung im Vordergrund. Die Produkte sind leicht substituierbar, es herrscht ein starker Verdrängungswettbewerb. Produktinnovationen und Produktlebenszyklen werden u.a. vom modischen Wandel bestimmt (vgl. EICHMANN 1993, S. 31). Bei der Distribution überwiegt der Absatz über die Marktkette, d.h. der

Absatz über den Handel. Abbildung H. 18 stellt die klassische Marktkette mit Einschaltung des Großhandels und Einzelhandels dar.

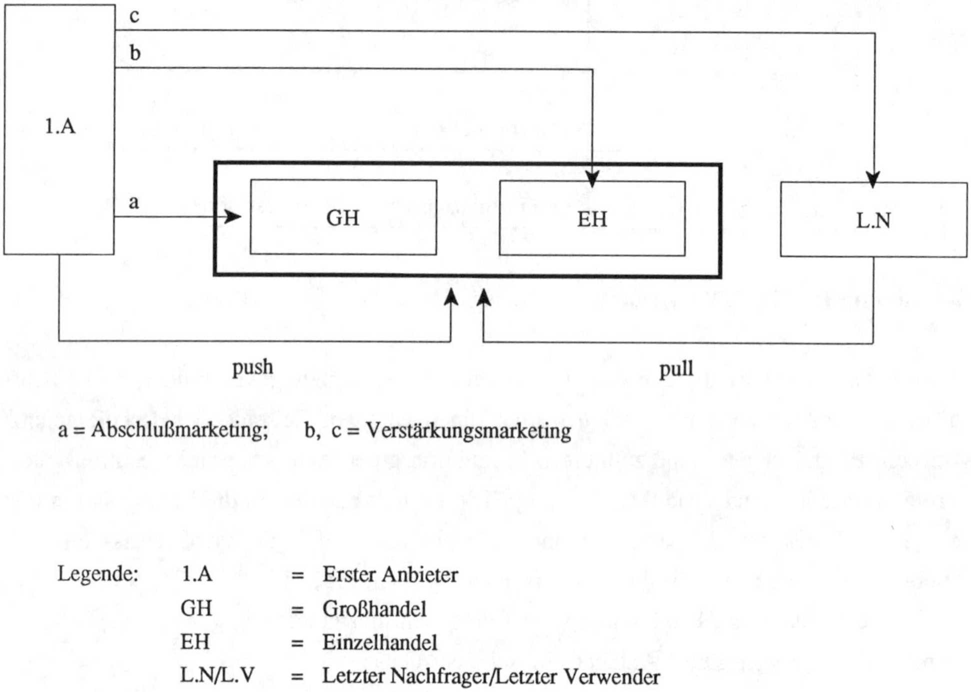

Abbildung H. 18: Marktkettenmarketing

Durch das Marktkettenmarketing wird der Konsumgüteranbieter in mehreren Märkten aktiv, da sowohl subfinale und finale Zielgruppen zu bearbeiten sind. Der Konsumgüteranbieter betreibt Abschluß- und Verstärkungsmarketing (vgl. EICHMANN 1993, S. 26 f.). **Abschlußmarketing** beinhaltet alle Marketingaktivitäten im Eigenmarkt, also die Aktivitäten gegenüber der Handelsstufe, an die der industrielle Anbieter seine Produkte verkauft (im Beispiel der Großhandel). Marketingaktivitäten gegenüber den nachgelagerten Stufen, wie z.B. die Absatzförderung beim Einzelhandel oder die Letztnachfragerwerbung gehören zum **Verstärkungsmarketing** (vgl. EICHMANN 1993, S. 26 f.). Die Konsumgüteranbieter verfolgen durch das Abschluß- und Verstärkungsmarketing eine **Push- und Pull-Strategie**. Durch einen Verkaufsdruck (Push) wird versucht, die Waren in den Handel hineinzudrücken. Auf der anderen Seite haben die Marketingaktivitäten beim letzten Nachfrager zum Ziel, daß der Nachfrager sie verstärkt beim Handel verlangt, ein Nachfragesog (Pull) entsteht (vgl. KOTLER/BLIEMEL 1992, S. 862). Die Schaffung solcher Letztnachfragerpräferenzen ist für den Konsumgüteranbieter, auch aufgrund der zunehmenden Konzentration in der Handelslandschaft, von entsprechend hoher Relevanz. Je stärker der Nachfragesog ist, desto unverzichtbarer wird das Produkt im Sortiment des Handels, was eine Stärkung der Machtposition des Konsumgüteranbieters bewirkt. Dies begründet eine weitere Besonderheit des Konsumgütermarketings: Die große Bedeutung von **Markenartikeln**. Pull-Strategien sind nur möglich, wenn die Produkte markiert sind, der Nachfrager sie also auch wiedererkennen kann. Kennzeichnende Merkmale von Markenartikeln sind neben der Namensgebung und Markierung (was zu einer Rückkopplungsmöglichkeit führt), die gleichbleibende und verbesserte Qualität, ihre Dauerhaftigkeit und das öffentliche Vertrauen in sie (vgl. P.W. MEYER 1988, S. 82). Der Aufbau eines Markenartikelsystems dient der Produktprofilierung. Wenn Konsumgüteranbieter über ein Markenartikelsystem verfügen, können sie durch die Schaffung eines Nachfragesogs die Position gegenüber dem Handel stärken. Gegenüber der Konkurrenz und deren Substitutionsprodukten eignet sich der Markenartikel zur Abhebung (vgl. EICHMANN 1993, S. 70).

3.1.2.3 Besonderheiten des Produktivgütermarketings

Produktivgütermärkte basieren nicht auf einer originären Nachfrage, sondern sie decken einen derivativen, vom Bedarf der privaten Haushalte abgeleiteten Bedarf. Nachfrager können alle nicht-privaten Organisationen sein. Die Anzahl von Nachfragern und Anbietern ist oft geringer als im Konsumgüterbereich, dadurch kommt es häufig zu direkten personalen Interaktionen zwischen Anbietern und Nachfragern. Ebenfalls besteht auf beiden Seiten ein spezialisiertes Know-how, was zu einem professionellen Kaufverhalten führt. Die Kaufentscheidungen werden meist von mehreren Personen gefällt (vgl. KOTLER/BLIEMEL 1992, S. 294 f.). Investitionsgüter sind oftmals hochkomplexe und erklärungsbedürftige Objekte zur Befriedigung eines speziellen Bedarfs. Im Anlagen- und Systemgeschäft sind darüber hinaus noch Dienstleistungen integriert (vgl. ENGELHARDT/WITTE 1990, S. 7). Daneben stehen die Produktionsgüter als zweite Kategorie der Produktivgüter, die häufig homogen und austauschbar sind, wie es zum Beispiel bei vielen Roh-, Hilfs- und Betriebsstoffen der Fall ist. Bleiben Teile oder Einsatzstoffe äußerlich erkennbar - evident -, ergibt sich eine besondere Form des Marketing, bei der die Anbieter über mehrere Verarbeitungsstufen hinweg Marketingaktivitäten entfalten, also **durchgängiges Marketing** betreiben (vgl. P.W. MEYER 1973, S. 130). Beispiele hierfür sind die Hersteller der Fasern Gore-Tex und Sympatex.

Innerhalb der einzelnen Marketingteilfunktionen ergeben sich aufgrund der spezifischen Bedingungen ebenfalls Besonderheiten. Im Rahmen der Vorbereitung der Marktteilnahme muß die Marktforschung aufgrund des derivativen Bedarfs nicht nur die Nachfragermärkte untersuchen, sondern auch die nachgelagerten Märkte - eine häufig sehr komplexe und mit Unsicherheit verbundene Aufgabe. Im konjunkturabhängigen Investitionsgüterbereich spielt die Konjunkturforschung eine große Rolle. Produktinnovationen im Produktivgüterbereich werden durch den technischen Fortschritt bestimmt. Daraus ergibt sich ein weiteres Untersuchungsgebiet, die Innovationsforschung und die Technologie-Vorhersage, das **technological forecasting** (vgl. ENGELHARDT/GÜNTER 1981, S. 77; MAASS/HUSSMANN/MANSCHWETUS 1990, S. 99 f.). Da im industriellen Bereich Organisationen als Nachfrager auftreten, in diesen Organisationen aber Individuen entscheiden, ist im Rahmen der Zielgruppenbestimmung eine **Makro**- und **Mikrosegmentierung** (vgl. WIND/CARDOZO 1974, S. 153 f.) vorzunehmen. Diese erfolgt in zwei Schritten und hat zum Ziel homogene Abnehmergruppen zu bilden. Erstens differenziert die Makrosegmentierung die nachfragenden Unternehmen nach organisationalen Kriterien wie z.B. Branchen, Regionen, Abnahmemengen, während auf der Mikroebene anhand personen- und verhaltensbezogener Merkmale der einzelnen Entscheider segmentiert wird (vgl. A. MEYER 1992, S. 74 f.). Im Rahmen der Zielgruppenfestlegung erfolgt zuerst eine Makrosegmentierung, führt diese zu keinen homogenen Segmenten, schließt sich unter Kosten/Nutzenabwägungen die Mikrosegmentierung an (vgl. ENGELHARDT/GÜNTER 1981, S. 91 f.). Das Informationsverhalten von industriellen Entscheidern unterscheidet sich vom Informationsverhalten im Konsumgüterbereich. Direkte Kontakte in Form von Beratungsgesprächen sind häufig die wichtigste Informationsquelle im Investitionsgüterbereich. Danach folgen der Besuch von Fachmessen und Ausstellungen, Prospekte und die Besichtigung von Referenzanlagen (vgl. SPIEGEL 1982, S. 35). Dadurch ergeben sich Besonderheiten im Rahmen der Marktkommunikation. Aufgrund der persönlichen Kontakte zwischen Anbietern und Nachfragern spielt die Direktwerbung eine große Rolle. Bei der Festlegung der werblichen Zielgruppen ist zu beachten, daß nicht die Organisationen umworben werden, sondern die an der Kaufentscheidung beteiligten Menschen, mit ihren individuellen Eigenschaften. Durch die professionelle Nachfrage stehen bei der Gestaltung der Werbebotschaft oft sachlich-rationale Informationen im Vordergrund (vgl. EICHMANN 1993, S. 64 f.). Beim Absatzabschluß müssen die Besonderheiten des **organisationalen Kaufverhaltens** berücksichtigt werden. So werden Kaufentscheidungen im Unternehmen von den Unternehmenszielen und der Unternehmenspolitik bestimmt. In Abhängigkeit von der Komplexität der Waren, der Kaufsituation (vom Erstkauf bis zum Wiederholungskauf) und der Unternehmensgröße sind bis zu dreißig oder mehr Personen an der Kaufentscheidung beteiligt. Der Entscheidungsprozeß kann bis zu 35 Wochen dauern (vgl. SPIEGEL 1982, S. 7 f.). Verhandlungspartner sind professionelle Einkäufer oder Einkaufs-Gremien (Buying-Center). Der Verkauf ist häufig direkt. Daraus folgt, daß neben den individuellen Entscheidungsprozessen der Beteiligten auch die Beziehungen der beiden Marktpartner, der interorganisationale Entscheidungsprozeß (vgl. hierzu multiorganisationale Interaktionsansätze z.B. SCHOCH 1969 sowie BACKHAUS 1992, S. 60 ff.) sowie der intraorganisationale Entscheidungsprozeß, der die Entscheidungsfindung des Buying-Centers analysiert, zur Erklärung des organisationalen Kaufverhaltens untersucht werden müssen. (Ein grundlegender Ansatz zur Erklärung des intraorganisationalen Kaufverhaltens ist das Buying-Center Konzept von Webster/Wind, vgl. WEBSTER/WIND 1972; *CORSTEN F. 3.1*). Aufgrund des oft längeren direkten Kontaktes zwischen Anbietern und Nachfragern und der Vielzahl der im Buying-Center Beteiligten, ist es für den Anbieter häufig schwierig, den jeweils richtigen Ansprechpartner in der jeweiligen Phase des Kaufentscheidungsprozesses zu identifizieren. Folglich müssen industrielle Anbieter versuchen, alles über das Kaufverhalten ihrer gewerblichen Abnehmer zu wissen. Bei der Absatzrealisierung spielen die Gegenleistungsgeschäfte (z.B. Kompensationsgeschäft, Barter Trading) im Produktivgüterbereich eine große Rolle. Eine fristgemäße Fertigstellung der Waren und Just-in-Time Belieferung sind oft ausschlaggebend bei der Auftragserteilung (vgl. EICHMANN 1993, S. 66).

3.2 Handels-Marketing

Die Sichtweise der Betriebswirtschaftslehre und ihrer einzelnen Teilgebiete - damit auch des Marketing - war lange Zeit durch eine einseitige Orientierung an den Problemen der Industriebetriebe geprägt. Der Handel wurde lediglich in seiner Eigenschaft als nachgeordneter Absatzmittler, als verlängerter Arm der Industrie betrachtet. An der in vielen Branchen vorzufindenden Realität, der zufolge der Handel nicht nur eine gleichberechtigte, sondern oft die eigentlich dominierende Rolle im Machtverhältnis zur Industrie spielt (Marketingführerschaft des Handels), ging und geht diese Einstellung vorbei. Nicht zuletzt das seit den sechziger Jahren unseres Jahrhunderts teilweise atemberaubende Wachstum gerade auch deutscher Handelsunternehmen führte zur zunehmenden Emanzipation eines eigenständigen Handels-Marketing. Unter diesem Begriff ist dabei das spezifische Marketing von Handelsbetrieben und nicht - wie es stellenweise heute noch vorzufinden ist - das handelsgerichtete Marketing von Herstellern zu verstehen. Grundlage hierfür ist die Kenntnis der Systemmerkmale und Charakteristika des Handels, die im folgenden zunächst zu skizzieren sind, bevor ausgewählte Systematisierungskriterien aufgezeigt werden können.

3.2.1 Charakterisierung

Eine definitorische Abgrenzung des Handels verlangt eine Bestimmung seiner eigentlichen, im Vergleich zu Herstellern und Dienstleistern charakteristischen Leistung. In der handelswissenschaftlichen Literatur hat diese Problemstellung lange Zeit eine dominierende Rolle gespielt - nicht zuletzt, um die gegen den Handel als System häufig vorgebrachten Vorwürfe - er würde letztendlich nur die gehandelten Waren verteuern, ohne eine adäquate Gegenleistung dafür zu erbringen - zu entkräften. Das wesentliche theoretische Konstrukt hierzu ist das als "**funktionstheoretischer Ansatz**" bekannt gewordene Modell von Spannungen, die in arbeitsteiligen Volkswirtschaften zwischen Herstellung und Nachfrage unabdingbar auftreten. Zum Abbau dieser Spannungen erbringt der Handel spezifische Überbrückungsleistungen (vgl. MATTMÜLLER 1993, S. 79):

- **Räumliche Spannung**: Entstanden durch die räumliche Trennung von Herstellung und Gebrauch/Verbrauch; Abbau durch handelseigene bzw. handelsgesteuerte Beschaffungs- und Transportsysteme.

- **Zeitliche Spannung**: Entsteht waren- bzw. objektbezogen durch das Bemühen der Hersteller nach sofortigem Absatz der Produktion einerseits und evtl. zögerlichem Beschaffungsverhalten der Nachfrager andererseits; zur Überbrückung bietet der Handel seine Lagerfunktion an. Die wertbezogene zeitliche Spannung baut er durch die Übernahme der Kreditfunktion ab.

- **Quantitative Spannung**: Ursache hierfür ist die zumindest in der Konsumgüterindustrie vorherrschende Produktion in großen, einzelkostensenkenden Stückzahlen, welcher eine Verwendung in kleinen, ge- oder verbrauchsgerechten Mengen gegenübersteht. Eine Lösung erfolgt durch die Distributionsfunktion des Handels, wobei auch der gegensätzliche Mengenfluß vorzufinden ist (Aufkaufhandel mit entsprechender Weiterleitung der Ware beispielsweise an die verarbeitende Industrie).

- **Qualitative Spannung**: Sie entsteht durch abweichende Nutzensvorstellungen der Nachfrager von den Nutzensversprechungen der Hersteller. Der Handel bietet eine Überbrückung durch die von ihm vorgenommene Sortimentsbildung, die dem Nachfrager alternative Wahlmöglichkeiten bietet.

Der funktionstheoretische Ansatz verdeutlicht gleichzeitig, daß die dargestellten Überbrückungsleistungen keineswegs ausschließlich vom Handel allein erbracht werden können. Vielmehr können sowohl die Hersteller selbst (Direkt-Absatz) als auch die Nachfrager (Direkt-Beschaffung) sowie andere Marktbeteiligte (z.B. Spediteure, Kreditinstitute etc.) die zum Abbau der Spannungen notwendigen Funktionen erfüllen (vgl. TIETZ 1985, S. 15). Selbst die Sortimentsbildung, die häufig als eine dem Handel vorbehaltene Funktion bezeichnet wird, stellt kein Monopol des Handels dar, wie der Verweis auf Marktmittler (z.B. Handelsvertreter, Kommissionäre, Makler) zeigt (*vgl. 2.4.2*). Daraus resultiert, daß der Handel sich beim Abbau der aufgezeigten Spannungen in Konkurrenz mit den o.g. Marktteilnehmern befindet und seine Notwendigkeit durch die Vorteile zu begründen hat, welche die Art und Weise seiner Überbrückungsleistungen für die vor- und nachgeschalteten Stufen einer Marktkette mit sich bringt.

Andererseits ist damit die Frage nach den spezifischen Eigenheiten des Handels noch nicht zufriedenstellend beantwortet. Die Klärung resultiert letztendlich aus einem juristischen Aspekt: der Handel bringt Angebote von der Herstellung zur Nachfrage; diese Umschlagsleistung, bei der er als **Zwischennachfrager** und **Zwischenanbieter** auftritt, bedingt einen **zweifachen Eigentumsübergang**, der für eine Reihe betriebswirtschaftlicher Konsequenzen verantwortlich ist (z.B. Lagerkosten, Finanzierungskosten der Ware) und zugleich eine Abgrenzung zu handelsähnlichen Marktbeteiligten erlaubt. Zusammenfassend kann damit der Handel wie folgt definiert werden:

"Die Tätigkeit des Handels besteht in der Überbrückung von räumlichen, zeitlichen, quantitativen und qualitativen Spannungen zwischen ersten Anbietern (Herstellern) und Nachfragern durch die Gestaltung von eigenen Beschaffungs- und Absatzsystemen sowie insbesondere von Sortimenten. Seine charakteristische Leistungserstellung als Zwischennachfrager und Zwischenanbieter besteht aus dem Umschlag eines Sortimentes, wodurch als konstitutives Merkmal ein zweifacher Eigentumsübergang beim Händler begründet wird. Die hierdurch beschafften und abgesetzten Versorgungsobjekte werden vom Handel substantiell, etwa im Sinne eines erneuten ersten Angebotes, nicht verändert" (MATTMÜLLER 1993, S. 83).

Die Definition verdeutlicht, wie der Handel durch die gleichberechtigte Ausübung der Beschaffungs- und Absatzfunktion existent wird. Diese zwangsläufig zweifache Marktorientierung, die aus der Umschlagsleistung resultiert, läßt den Handel zur "Marketinginstitution par exellence" (P.W. MEYER 1979, S. 10) werden und bestätigt die enge Verknüpfung von Handel und Marketing.

3.2.2 Systematisierungsansatz

Um den Handel und seine vielfältigen Erscheinungsformen zu strukturieren, ist zwangsläufig eine auf mehreren Ebenen beruhende Systematik erforderlich. Im folgenden werden drei, für das konkrete Handels-Marketing besonders relevante Betrachtungsebenen skizziert.

Einen ersten Einstieg bietet der Aufbau der "klassischen Marktkette", die durch die Existenz zweier Handelsstufen gekennzeichnet ist:

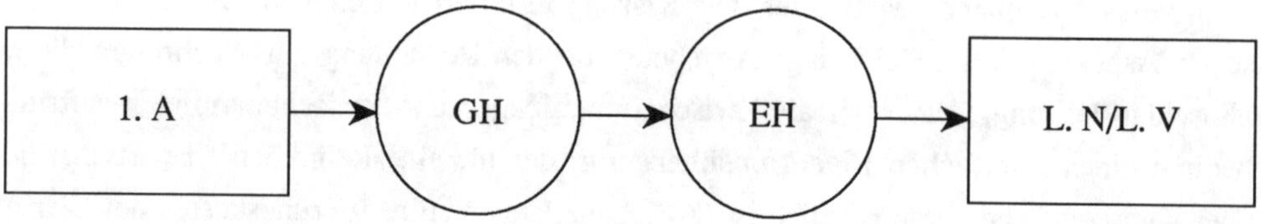

Abbildung H. 19: Die klassische Marktkette (vgl. MATTMÜLLER 1993, S. 85)

Anhand der Stellung von Handelsbetrieben innerhalb dieser Marktkette ergibt sich eine Differenzierung in den Groß- und in den Einzelhandel - eine ursprünglich an der quantitativen Überbrückungsfunktion festgemachte Unterscheidung.

Einzelhandel ist demnach der handelsspezifische Absatz an private Letztnachfrager. **Großhandel** ist der handelspezifische Absatz an Einzelwirtschaften, die die gekauften Objekte entweder unverändert weiterveräußern (andere Händler) oder für neue Angebote verwenden, wobei der Großhandel die konsumtive Nachfrage nicht erreicht (vgl. MATTMÜLLER 1993, S. 86).

Die Anwendung dieser zunächst problemlos anmutenden Definition bringt in der betrieblichen Praxis eine Reihe von Konseqenzen mit sich, die den institutionalen (also gesetzesmäßig eingeordneten) Großhandel bevorzugen. So ist der Großhandel beispielsweise nicht an das Ladenschlußgesetz gebunden, er unterliegt nicht dem Zwang zur Bruttopreisauszeichnung und genießt in zahlreichen wettbewerbsrechtlichen Regelungen eine Ausnahmestellung. Insbesondere aber impliziert die Bezeichnung Großhandel bei vielen privaten Nachfragern einen vermuteten Preisvorteil, dessen Anziehungskraft Anlaß vieler Versuche ist, in den Genuß einer Einkaufsberechtigung für den Großhandel zu gelangen - eine Erscheinung, die insbesondere im Bereich des Selbstbedienungsgroßhandels (Cash & Carry-Läden) beobachtet werden kann. Sie ist zugleich ein Indiz für die permanenten, gegenseitigen **Ausschaltungstendenzen** der einzelnen Mitglieder einer Marktkette.

Der zweiten Systematisierungsebene liegt eine absatzbezogene, räumliche Betrachtung zugrunde. Konkret geht es um die Art und Weise, wie der Handel die räumliche Entfernung zur Nachfrage überbrückt. Damit und mit weiteren Kriterien können drei **handelspezifische Marktbearbeitungssysteme** abgegrenzt werden, die für Groß- und Einzelhandel gleichermaßen gelten:

- Stationärer Handel,
- Ambulanter Handel und
- Versandhandel.

Der **stationäre Handel** (Ladenhandel) stellt mit Abstand das größte der drei Systeme dar - allein im Einzelhandel werden i.d.R. ca. 94% der gesamten Umsätze (letztere betrugen knapp über 772 Milliarden DM im Jahre 1991, vgl. DHI 1992, S. 63) im stationären Handel erzielt. Typisch ist das Standortproblem, das zu einer entsprechend großen Bedeutung der Standortforschung als wichtigen Teilbereich der Marktforschung im Handel geführt hat.

Als das wohl älteste System zeigt sich der **ambulante Handel**, der nicht zuletzt durch die Erfolge der Heimdienste (z.B. Tiefkühlkost) in den letzten Jahren eine Renaissance erlebte. Diesem Fahrverkauf (Hausierhandel), der den Kunden aufsucht und damit am Ort der Nachfrage anbietet, steht als zweite Ausprägung der ambulante Markt- und Straßenhandel (Fieranten) gegenüber, der an vorübergehend "festen" und vom Nachfrager aufzusuchenden Standorten (Ort des Angebotes) tätig wird, welche dadurch eine akquisitorische Bedeutung erlangen.

Kennzeichen des **Versandhandels** (knapp fünf Prozent Anteil am Einzelhandelsumsatz der Bundesrepublik) schließlich ist sein mediales Angebot, in dessen Mittelpunkt lange Zeit der traditionelle Katalog stand. Neben dieser als "Katalogversand" bezeichneten Form - bei der mittlerweile auch andere Medien zum Einsatz gelangen (*vgl. 2.4.3*) - findet sich noch der Einsatz von Reisenden oder Handelsvertretern, welche den Nachfrager aufsuchen und ein mit Mustern und Proben unterstütztes Angebot unterbreiten. Gemeinsames Kennzeichen aller Ausprägungen des Versandhandels bleibt aber die konstitutive Zeitverzögerung zwischen Bestellung und Auslieferung.

In der nachfolgenden Übersicht werden die drei Systeme und ihre charakterisierenden Kriterien gegenübergestellt.

Marktbearbeitungssystem / Differenzierendes Kriterium	Stationärer Handel	Ambulanter Handel	Versandhandel
Flexibilität des Standortes	Fester, unflexibler Standort	Flexibler Standort permanent wechselnd	Fester, überwiegend unflexibler Standort
Einflußnahme auf Einkaufsstättenwahl/Nachfrageverhalten	Meist von zentraler Bedeutung für eine Einflußnahme	Kann von zentraler Bedeutung für eine Einflußnahme sein	Nicht von Bedeutung für eine Einflußnahme
Angebotsort	Am Ort des Angebotes	Sowohl am Ort des Angebotes als auch am Ort der Nachfrage	Am Ort der Nachfrage
Angebotsart	Reales Angebot, über persönliche Bedienung und Selbstbedienung	Reales Angebot, über persönliche Bedienung und Selbstbedienung	überwiegend mediales Angebot (= „Katalogversand") unter Einschaltung unterschiedlicher Medien bzw. persönliches Angebot anhand von Mustern, Proben (= „Vertreter-Versand")
Übergabe der Versorgungsobjekte	In der Regel sofort	In der Regel sofort	Systembedingte Zeitverzögerung zwischen Bestellung und Auslieferung

Abbildung H. 20: Gegenüberstellung der drei handelsspezifischen Marktbearbeitungssysteme (vgl. P.W. MEYER/MATTMÜLLER 1987, S. 128)

Im Mittelpunkt zahlreicher Systematisierungsansätze des Handels stehen dessen **Betriebstypen** (Betriebsformen, Handlungsformen), deren einzelne Ausprägungen einen entsprechend differenzierten Einsatz des Marketing-Instrumentariums bedingen (s. etwa die Unterschiede zwischen einem Fachgeschäft und einem Discount-Warenhaus im Bereich Sortimentsgestaltung, Preispolitik, Werbung etc.). Das zur Abgrenzung der einzelnen Typen häufig verwendete Kriterium der Größe der Verkaufsfläche kann dabei nur von nachgeordneter Bedeutung sein. Es ist wenig einsichtig, wo der Unterschied beispielsweise zwischen einem "Verbrauchermarkt" und einem "SB-Warenhaus" liegen soll, nur weil ersterer unter 5000 qm Verkaufsfläche liegt und letzteres darüber. Von der akquisitorischen Ansprache der Nachfrager, der Gestaltung des Angebotes und den spezifischen Anforderungen an das Management her betrachtet, ändert sich durch Größenunterschiede alleine wenig.

Unter marketingrelevanten Gesichtspunkten haben sich drei Kriterien als wesentliche Differenzierungsmerkmale der Betriebstypen herausgebildet, die durch derivative Kennzeichen fallweise ergänzt werden können: Sortiment, Andienungssystem und Preisstrategie (vgl. hierzu insbesondere P.W. MEYER 1978, S. 8 f. und MATTMÜLLER 1993, S. 104 f.).

Merkmal Sortiment

Die Relevanz des Sortimentes als Differenzierungsmerkmal leitet sich folgerichtig von seinem Zusammenhang mit der eigentlichen Leistungserstellung des Handels - eben dem mit einem zweifachen Eigentumswechsel verbundenen Sortimentsumschlag - ab. Einen geeigneten Ausgangspunkt der Analyse bietet das **Fachsortiment**, das in der Vergangenheit zunächst an einer fachlich-stofflichen Homogenität seiner einzelnen Artikel ausgerichtet und damit **herkunfts-** bzw. **herstellerorientiert** war (z.B. das Eisenwaren- oder das Textilfachsortiment).

Einen bedeutsamen Schritt bei der Weiterentwicklung des Handels stellte die Erkenntnis dar, daß Fachsortimente dieser alten Prägung dem zunehmenden Wunsch der Nachfrager nach der Abdeckung ganzer Anspruchsbereiche, nach einer möglichst kompletten Lösung des hinter dem Bedarf steckenden Problems, nicht oder nur kaum gerecht werden können. Die Folge war die Bildung von **bedarfs-** oder **nachfragerorientierten** Fachsortimenten (z.B. Bau- und Heimwerkerbedarf oder das Sortiment eines Herrenausstatters, welcher sich eben nicht nur auf Textilien beschränkt). Gleichwohl führen auch heute noch nicht wenige Fachhändler ein Sortiment herkunftsorientierter Prägung, das damit häufig eine starke Austauschbarkeit gegenüber ähnlichen Sortimenten der Konkurrenz und eine Überbetonung des Preises als Marketing-Instrument nach sich zieht.

Die Begrenzung auf einen Ausschnitt eines Fachsortimentes nach modernerem, bedarfsorientiertem Charakter führt zum **Spezialsortiment** (z.B. Krawatten-Spezialsortiment), während die Zusammenfassung von mindestens zwei oder mehr Fachsortimenten, die keinem gemeinsamen Bedarf mehr unterliegen (z.B. Autozubehör und Lebensmittel) ein **Vollsortiment** begründet.

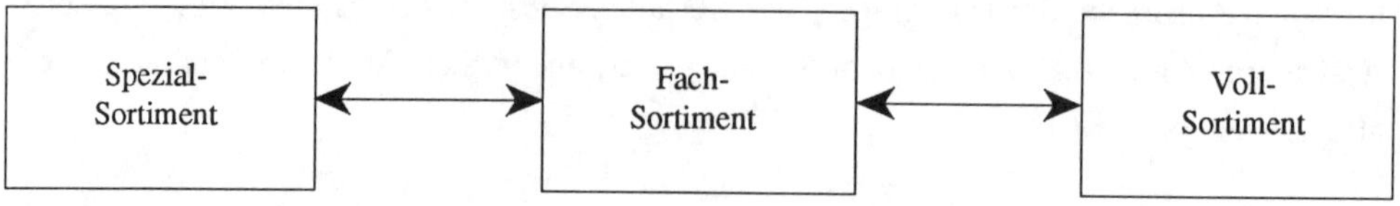

Abbildung H. 21: Systematisierung des Sortimentes als differenzierendes Merkmal der Betriebstypen (vgl. MATTMÜLLER 1993, S. 106)

Merkmal Andienungssystem

"Die Art und Weise, wie die obigen Sortimentskategorien im Handel angeboten und abgesetzt werden, stellt das zweite differenzierende Merkmal ... dar. Funktional betrachtet werden durch die Gestaltung von Andienungssystemen im Handel drei verschiedene Aufgabenbereiche berührt: Neben werblichen Tätigkeiten (z.B. Informationen über den Objektnutzen, um einen Kaufwunsch beim Kunden auszulösen) ist eine Einigung über den Abschluß eines Absatzvertrages zu erzielen, womit die Objekte, deren Mengen, die Gegenleistung und Konditionen festzulegen sind. Den dritten Funktionenbereich stellen Tätigkeiten der Realisierung des Leistungsaustausches, vor allem die Anforderung und Annahme der Gegenleistung, meist in Form von Geld dar" (P.W. MEYER/MATTMÜLLER 1987, S. 130).

Werden die genannten Marketing-Aufgaben persönlich durchgeführt, so liegt das Andienungssystem der **persönlichen Bedienung** vor - eine rein mediale Ausübung führt zum System der **medialen Andienung** (*vgl. 2.4.3*). Aus den Kombinationen persönlicher und medialer Ausgestaltung ergibt sich die **Selbstbedienung** (personale Komponente oft nur noch am Kassen-check-out), die das Gesicht des modernen Handels tiefgreifend verändert hat.

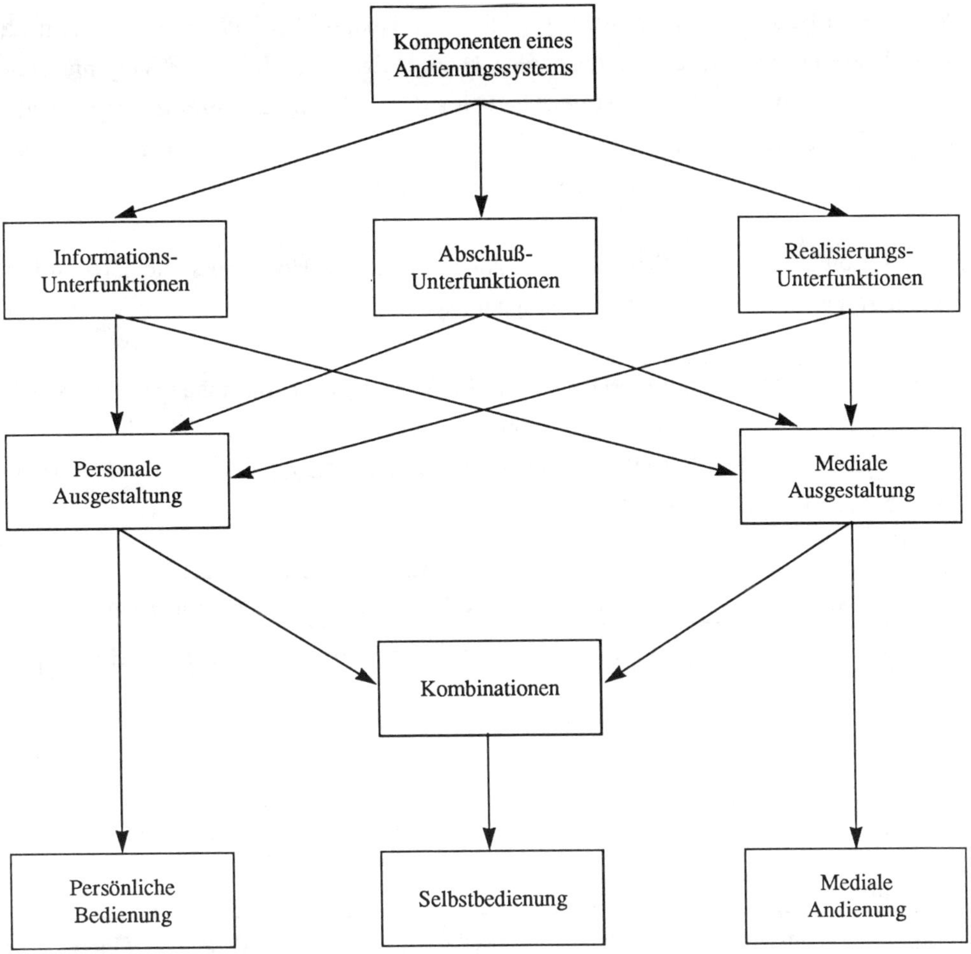

Abbildung H. 22: Komponenten und Gestaltungsformen von Andienungssystemen (vgl. MATTMÜLLER 1993, S. 109)

Merkmal Preisstrategie

Die grundsätzlich verfolgte Preisstrategie, bei welcher einerseits kurzfristige preisliche Maßnahmen außer Betracht bleiben und die andererseits stets in Relation zum Wettbewerb zu sehen ist, stellt das dritte und abschließende Differenzierungskriterium dar. Besonders strukturprägend war und ist die **Niedrigpreispolitik**, also das **Discount-Prinzip**, unter dem das strategische Bemühen zu verstehen ist, die Preise der vergleichbaren Wettbewerber - vor allem bei den Nachfragern bekannter Artikel mit entsprechender Preissensibilität - permanent zu unterbieten.

Den anderen Eckpunkt der Preisstrategie bildet die **Hochpreispolitik**, mit der eine nach oben abzielende preisliche Differenzierung beabsichtigt wird. Im Gegensatz zum Discountprinzip wird dabei keine Vergleichbarkeit auf der Ebene des einzelnen Artikels angestrebt. Die Differenzierung erfolgt vielmehr über das Angebot zusätzlicher, eben höherer Preislagen, als sie bei der Konkurrenz geführt werden.

Aus der Kombination von Elementen der Niedrig- und der Hochpreisstrategie resultiert die **Mittelpreisstrategie** als dritte Ausprägung.

Mit Hilfe der aufgezeigten drei Merkmale und ihrer jeweiligen Ausprägungen lassen sich die unterschiedlichen Betriebstypen sowohl des Groß- und Einzelhandels als auch der drei handelsspezifischen Marktbearbeitungssysteme hinreichend voneinander abgrenzen. Die folgenden Beispiele verdeutlichen dies:

Betriebstyp	**Sortiment**	**Andienungssystem**	**Preisstrategie**
Fachgeschäft	Fachsortiment	pers. Bedienung	Mittel- bis Hoch
Fachmarkt	Fachsortiment	Selbstbedienung	Mittel- bis Hoch
Fachdiscounter (z.B. Aldi)	Fachsortiment	Selbstbedienung	Discount
Warenhaus (z.B. Karstadt, Kaufhof)	Vollsortiment	pers. Bedienung	Mittel- bis Hoch
SB-Warenhaus (z.B. Massa) bzw. Cash & Carry Großhandel (z.B. Metro)	Vollsortiment	Selbstbedienung	Mittel- bis Hoch
Verbrauchermarkt (z.B. Meister-Märkte)	Vollsortiment	Selbstbedienung	Discount
Sortimentsversender	Vollsortiment	Mediale And.	Mittel- bis Hoch

Abbildung H. 23: Merkmale ausgewählter Betriebstypen (vgl. P.W. MEYER/MATT-MÜLLER 1987, S. 132)

Die genaue Kenntnis dieser und weiterer Charakteristika des Handels bildet die Basis für die erfolgreiche, weil spezifische Anwendung des Marketing-Instrumentariums im Sinne eines eigenständigen Handels-Marketing.

3.3 Dienstleistungs-Marketing

3.3.1 Charakterisierung

Die Wertschätzung und Beschäftigung mit Dienstleistungen und Dienstleistungsanbietern in der Volks- und Betriebswirtschaftslehre entspricht in keinster Weise dem dominanten statistischen Anteil des Dienstleistungssektors sowohl hinsichtlich Wertschöpfung als auch Beschäftigten in allen entwickelten Volkswirtschaften (vgl. hierzu und im folgenden A. MEYER 1993b, S. 897 ff.).

Nicht zuletzt deshalb haben sich in der Praxis sehr unterschiedliche und für theoretische Konzepte wenig brauchbare Vorstellungen entwickelt, was Dienstleistungen sind und nicht sind. Die Spannweite der Meinungen reicht von allumfassenden Dienstleistungsauffassungen, denen zufolge die Leistungen aller Wirtschaftsstufen Dienstleistungen sind (vom Naturprodukt bis zu den Leistungen von Krematorien), bis zu der genau gegenteiligen Auffassung, daß Dienstleistungen jegliche eigenständige ökonomische Nutzensstiftung abzusprechen sei.

Spätestens seit der zweiten Hälfte dieses Jahrhunderts ist vielfach der soziale Status einer Beschäftigung in der Landwirtschaft niedriger als derjenige einer solchen in der Industrie. Fourastiés These von der großen Hoffnung des 20. Jahrhunderts, den Dienstleistungen, folgend, scheint es in letzter Zeit immer mehr in Mode zu kommen, sich den Anstrich eines Dienstleistungs-Unternehmens zu geben, anstatt sich zu seiner Herkunft und Tätigkeit als industrieller Produzent zu bekennen bzw. sich als Händler zu verstehen, dessen Tätigkeit zumindest seit dem Hinauswurf aus dem Tempel vor rund 2000 Jahren bereits unter Ansehensdefiziten leidet.

Vor dem Hintergrund einer zunehmenden Egalisierung produktinhärenter Unterschiede ist die in vielen Industrien (z.B. Pharmaindustrie, Computerindustrie) zu beobachtende strategische und in der Umsetzung häufig nur auf den kommunikativen Bereich beschränkte Hinwendung zur Produktdifferenzierung durch Dienstleistungen zwingend und demzufolge eine Mehrwertstrategie, die auf Dienstleistungen aufbaut und eine Profilierung des Unternehmens als Dienstleistungs-Unternehmen zur Folge hat, auch richtig. Konsequenterweise sollte dabei aber auch die entsprechende Erbringung der durch die Kommunikation versprochenen Dienstleistungen nach Umfang und Qualität nicht vernachlässigt werden: Einen guten Service zu erbringen, ist umso schwieriger, je mehr Servicequalität dem Kunden in der Kommunikation versprochen wird.

Nicht mehr nachvollziehbar ist allerdings ein in der Praxis und vielfach auch von einigen Vertretern der Theorie geradezu als Paradebeispiel für ein erfolgreiches Dienstleistungs-Unternehmen gern zitiertes Unternehmen der Fast-Food-Industrie namens "Mc Donald's". Euphorisch sprechen manche Autoren bereits von der "Mc Donalization", wenn sie über Rationalisierungsstrategien im Dienstleistungsbereich philosophieren. Nüchtern betrachtet vermeidet der angesprochene Fast-Food-Industriekonzern geradezu fast alle Dienstleistungen und versucht aus teil- oder fertigvorproduzierten Einzelteilen wenige und kaum unterschiedliche Standardprodukte zusammenzubauen und i.d.R. anschließend zu erwärmen. Daneben werden noch aus einem schmalen Handelssortiment einige Getränke angeboten. Produktbegleitende Serviceleistungen, wie die Bedienung des Kunden, sind durch den Self-Service i.d.R. auf ein Minimum beschränkt bzw. auf den Kunden verlagert. Bestenfalls könnte man vielleicht die hohe Lieferbereitschaft von Mc Donald's noch als Service verstehen. Mc Donald's ist dementsprechend als ein weltweit operierendes stark filialisiertes Produktionsunternehmen mit einer geringen Fertigungstiefe bei stark standardisiertem Produktionsprogramm ("Montageindustrie") mit hoher Lieferbereitschaft zu charakterisieren. Ein Paradebeispiel für ein Dienstleistungs-Unternehmen ist es auf keinen Fall. Daß es diesem Fast-Food-Industriekonzern trotzdem gelungen ist, sich in den Augen seiner Kunden als Dienstleistungs-Unternehmen zu profilieren, kann als Meisterleistung seiner Kommunikationsverantwortlichen gesehen werden.

Wegen der eingangs geschilderten begrifflichen und in der Praxis vorzufindenden starken Heterogenität des Dienstleistungs-Sektors sollten an dieser Stelle sowohl eine Präzisierung des hier verwendeten Dienstleistungsbegriffes und darauf basierend des Dienstleistungs-Marketing erfolgen.

Im folgenden sollen unter **Dienstleistungen** "angebotene Leistungsfähigkeiten, die direkt an externen Faktoren (Menschen oder deren Objekte) mit dem Ziel erbracht werden, an ihnen gewollte Wirkungen (Veränderungen oder Erhaltung bestehender Zustände) zu erreichen" (A. MEYER 1993a, S. 179) verstanden werden.

Auf eine detaillierte Auseinandersetzung dieses Dienstleistungsbegriffes mit anderen Auffassungen wird hier verzichtet (dazu A. MEYER 1993a, S. 179 ff. und ders. 1983, S. 5 ff. u. S. 59 ff.).

Diese Definition kann sowohl auf Dienstleistungen als selbständige Absatzobjekte (wie Unternehmensberatung, Gebäudereinigung) als auch auf Dienstleistungen als unselbständige Absatzobjekte wie Nebenleistungen, Verbundleistungen, funktionelle Dienstleistungen (HILKE 1989, S. 7 ff.), produktdifferenzierende Dienstleistungen (A. MEYER 1985, S. 99 ff.) angewendet werden.

Daraus ergibt sich: **Dienstleistungs-Marketing** ist "die zielgerichtete systemspezifische (marktorientierte, zuteilungsorientierte oder zuwendungsorientierte) Ausrichtung, Führung und dementsprechende Gestaltung aller Aktivitäten von Dienstleistungen anbietenden Einzelwirtschaften (z.B. Unternehmung, Wohltätigkeitsorganisation, Universität, Freiberufler, Polizeibehörde)" (A. MEYER 1993a, S. 180).

Die obige Definition von Dienstleistungen beinhaltet drei Elemente, die jede Dienstleistung konstituieren und sie gleichzeitig von allen anderen wirtschaftlichen Versorgungsobjekten/Wirtschaftsgütern abgrenzen. Entscheidend ist: Nur alle drei der folgenden Wesensmerkmale zusammengenommen machen eine Dienstleistung aus.

Direktes Angebot von Potentialen in Form von Leistungsfähigkeiten

Die Dienstleistung als Absatzobjekt wird im Rahmen der Leistungserstellung von Dienstleistungs-Anbietern direkt (d.h. ohne Umweg über losgelöste oder loslösbare eigenständige Objekte) auf Grundlage von anbieterinternen Potentialfaktoren durch Übertragung, Überführung und Konkretisierung der menschlichen oder maschinellen Leistungspotentiale an externen Faktoren erbracht. Leistungserstellung und Leistungsabgabe sind damit identisch und erfolgen nach dem "uno-actu-Prinzip".

Zwischen Dienstleistungs-Anbieter und -Nachfrager existiert demzufolge zu keinem Zeitpunkt ein eigenständiges und isolierbares Transferobjekt (Produkt), das vergleichbar mit der Sachleistung als Wert-, Zeichen- und Nutzenträger und damit Qualitätsträger in einem Austauschprozeß zur Bedarfsdeckung vom Anbieter auf den Nachfrager übergeht.

Immaterialität der Dienstleistung in der Angebots- und der Wirkungsphase

Leistungspotentiale sind ihrer Natur nach stets immateriell. Sie stellen zum Zeitpunkt von Angebot und Nachfrage vom Anbietersystem nicht loslösbare, nicht gegenständliche, nicht greifbare Leistungsversprechen dar. Diese sind Gegenstand jedes Leistungsvertrages zwischen Dienstleistungs-Anbieter und -Nachfrager.

Neben dem Leistungspotential sind auch die Wirkungen von Dienstleistungsprozessen immaterieller Natur; häufig trifft dies auch für die Ergebnisse von Dienstleistungen und deren Erstellungsprozesse (z.B. psychologische Therapie) zu.

Diese zumindest zweifache Immaterialität erschwert die Bewertung von Dienstleistungen sowohl vor als auch nach der Inanspruchnahme. Deshalb spielen äußere Informationen in Form von immateriellen und materiellen Ersatzindikatoren zur Bewertung von Dienstleistungen eine große Rolle.

Integration von externen Faktoren in der Prozeßphase

Drittes konstitutives Element jeder Dienstleistung ist die unabdingbare Notwendigkeit der zeitgleichen, zumindest passiven Integration eines externen Faktors (Kunde oder Kundenobjekt) **in den Erstellungsprozeß** einer Dienstleistung.

Diese ergibt sich zwangsläufig daraus, daß die immateriellen Leistungsfähigkeiten, die auf Veränderung (incl. Erhaltung) an Menschen oder Objekten abzielen, zu ihrer Konkretisierung der Mitwirkung oder zumindest der Zurverfügungstellung eines externen Faktors bedürfen. Corsten spricht in diesem Zusammenhang davon, "daß die Existenz des externen Faktors unabhängig von seiner konkreten Erscheinungsform eine unabdingbare Voraussetzung für die Dienstleistungsproduktion darstellt" (CORSTEN 1986, S. 32).

Der externe Faktor ist somit ein aktivierbarer Produktionsfaktor in der Endphase der Dienstleistungserstellung. In einer Doppelfunktion kann der Dienstleistungs-Nachfrager als sog. "Prosumer" (Producer und Consumer) sowohl Produzent als auch Konsument zugleich sein. Aus der Beeinflussung seiner Integration und Aktivierung resultieren wesentliche Marketing- und Kommunikationskonsequenzen in Form des interaktiven Marketing und der interaktiven Kommunikation im Erstellungsprozeß (A. MEYER 1993b, S. 901 ff.).

Diese drei konstitutiven Merkmale bedingen eine Vielzahl von **Besonderheiten** von Dienstleistungen mit der Folge spezifischer Probleme und Schwerpunktsetzungen für das Dienstleistungs-Marketing (vgl. ausführlich A. MEYER 1993a, S. 184 ff. und A. MEYER 1983, S. 23 ff.):

- mehrfache Individualität, hohe Heterogenität und relativ schwierige Standardisierbarkeit von Dienstleistungen,
- hohe Grundkomplexität und Abstraktheit, schwierige Evaluierung und begrenzte Reversibilität,
- hohe Komplexität und Dynamik der Dienstleistungsqualität sowie spezifische Mitbeeinflussung der Qualität durch Dienstleistungs-Nachfrager,
- besondere Bedeutung der Zeitdimension aufgrund der begrenzten Speicherbarkeit und Lagerbarkeit von Dienstleistungen,
- Marketingrelevanz der Produktionsfunktion mit besonderen Aufgaben und Gestaltungsmöglichkeiten für interne und externe Faktoren sowie spezifischen Konsequenzen für Handel, Transport, Standort und Marktausweitung.

3.3.2 Systematisierungsansatz

Spezialisierung, Diversifikation, Filialisierung, Franchising, Fusionen, Kooperationen und die Bearbeitung von Märkten mit unterschiedlichen Geschäftstypen sowie der Einstieg branchenfremder Unternehmen haben auch im Dienstleistungsbereich zu einer Formenvielfalt und einer Vielzahl von unterschiedlichen Angebots- und Absatzsystemen geführt. Als Beispiele seien nur die Entwicklungen bei den großen Wirtschaftsprüfungsgesellschaften, der Deutschen Bundespost, der Deutschen Bundesbahn und vielen Luftverkehrsunternehmen sowie der Einstieg des Daimler-Benz-Konzerns in den Dienstleistungsbereich durch die Etablierung einer Dienstleistungssparte (Debis) als vierten Konzernbereich genannt (vgl. hierzu und im folgenden ausführlich A. MEYER 1993a, S. 193 ff.).

Diese Entwicklungen erschweren einerseits eine wissenschaftliche Aufarbeitung und Systematisierung strategischer Fragestellungen im Dienstleistungs-Marketing, andererseits verdeutlichen sie deren Notwendigkeit. Sie erfordern einen mehrdimensionalen Ansatz, dessen Schwerpunkt auf den marketingrelevanten Strukturmerkmalen und damit einhergehenden strategischen Entscheidungen liegt. Die im folgenden zu entwickelnde systematische Analyse soll von dem Anspruch geleitet werden, daß sie sowohl die für die in der Praxis realen und unterscheidbaren Einzelwirtschaften, die Dienstleistungen anbieten, typenspezifisch prägenden und diskriminierenden Strukturelemente und deren Ausprägungen berücksichtigt, als auch - falls noch nicht real vollzogen - theoretisch denkbare Gestaltungskombinationen aufzeigt. Dem einzelnen Dienstleistungsanbieter kann sie damit auf Basis der Feststellung seines aktuellen, systematischen Standortes Chancen und Entwicklungspotentiale in struktureller und strategischer Hinsicht aufzeigen. Die Spannweite, der in diesem Zusammenhang darzustellenden Entscheidungen, reicht von strukturellen und strategischen Entscheidungen auf Einzelwirtschaftsebene bis zu strukturellen und strategischen Entscheidungen auf der Ebene der einzelnen Dienstleistung.

Diesen Zielsetzungen entsprechend und vor dem Hintergrund ausführlicher Diskussionen alternativer Systematisierungs- insbesondere Typologisierungsansätze (vgl. CORSTEN 1988, S. 23 ff.; A. MEYER 1983, S. 37 ff.; A. MEYER 1989, S. 106 ff.) soll eine Typologisierung von strategischen Fragestellungen im Dienstleistungs-Marketing nach fünf strategischen Entscheidungs-Ebenen erfolgen.

Ebene der Versorgungssysteme

Beschaffung bzw. Absatz von Dienstleistungen über marktorientierte (z.B. Unternehmensberater), zuteilungsorientierte (z.B. Beratung durch Verbände), zuwendungsorientierte (z.B. öffentliche Beratungsstellen) oder (teil-) selbstversorgungsorientierte Systeme (z.B. interne Unternehmensberatung). Das Beispiel der Beratung zeigt bereits, daß es in der Praxis häufig zu systemübergreifender Konkurrenz bzw. zu einer Vermischung der verschiedenen Systeme (z.B. bei der staatlich subventionierten Mittelstandsberatung) kommen kann.

Ebene der Marktbearbeitungssysteme

Dienstleistungen können sowohl als Hauptleistungen als auch als Nebenleistungen nicht nur von Dienstleistungsunternehmen, sondern auch von Handelsunternehmen oder Sachgüterherstellern getrennt bzw. im Verbund mit anderen Gütern angeboten werden. Die Bedeutung und die Problematik von Dienstleistungen im Rahmen von Systemangeboten im Technologiemarketing verdeutlicht exemplarisch den Stellenwert von Dienstleistungen und des entsprechenden Marketings als Ertrags- und Kostenfaktor sowie strategischer Erfolgsfaktor im Wettbewerb.

Ebene der Leistungsformen

Die verschiedenen Leistungsformen im Dienstleistungsbereich, die das konkrete Angebots- und Absatzsystem von Dienstleistungen prägen, können durch folgende drei Merkmale konkretisiert werden:

- das **Leistungsprogramm** als konkretes Angebot, in dem sich die Dienstleistungs-Erstellung manifestiert, und daraus abgeleitet die Leistungsprogrammstrategie als Angebotsstrategie,

- die **Leistungsbeziehung** und daraus abgeleitet die Leistungsbeziehungsstrategie als kennzeichnende Variable für Art, Ort und Dauer des Anbieter-Nachfrager-Kontaktes und

- der **Preis** und daraus abgeleitet die Preis-(Gegenleistungs-)Strategie, als die Art und Weise, wie der jeweilige Dienstleistungsanbieter seine konkreten Umsätze erzielt.

Ebene der Betriebs- bzw. Organisationsformen

Ausgehend von der "Einmann- und Einbetriebs-Einzelwirtschaft" kann sich ein Dienstleistungsanbieter auf unterschiedliche Weise zu mehrbetrieblichen Formen entfalten. Abgesehen von vertikalen Diversifikations- bzw. Integrationsmöglichkeiten spielen in **horizontaler** Richtung die Multiplikation einer Leistungsform zu lokalen, nationalen oder internationalen Dienstleistungsnetzen durch Filialisierung bzw. Franchise-Verbundsysteme dabei eine besondere Rolle. Erfolgt die Entfaltung darüber hinaus auch noch über verschiedene Leistungsformen (z.B. mobile und stationäre Dienstleistung, fachlich unterschiedliche Dienstleistungen wie Wirtschaftsprüfung und Unternehmensberatung), so können daraus komplexe Mehrbetriebs-Dienstleistungskonzerne (z.B. Arthur Andersen) entstehen.

Ebene der Kooperationsformen

Die Entfaltung der Organisations- bzw. Betriebsformen erfolgt **intraeinzelwirtschaftlich.** Demgegenüber sind Kooperationen freiwillige Formen der Zusammenarbeit **zwischen** Einzelwirtschaften. Kooperationsformen kennzeichnen dementsprechend die **intereinzelwirtschaftliche** Zusammenarbeit von Dienstleistungsanbietern.

Diese können vor allem nach ihrer funktionalen Ausrichtung (z.B. Einkaufsgemeinschaft), Richtung (z.B. branchenintern wie Confern als Kooperation von Möbelspediteuren) und Intensität (z.B. ohne feste Rechtsform wie "Fly and drive") weiter differenziert werden.

4. Ausweitung des Anwendungsbereiches des Marketing

Wie einleitend bereits erwähnt und durch die Verwendung des Einzelwirtschaftsbegriffes auch ausgedrückt, muß sich die Anwendung des Marketing keineswegs auf Unternehmen und Betriebe, die nach dem erwerbswirtschaftlichen Prinzip wirtschaften, beschränken.

Die Selbstgefährdung der Menschheit durch ihren eigenen Fortschritt äußert sich in mannigfaltigen Problemen wie Umweltgefahren, Krankheit, Ausländerintegration, Drittweltproblemen, Über- und Unterernährung, Verkehrschaos, Rohstoffknappheit, technischen Katastrophen (radioaktive und chemische Unfälle), Zunahme der Gewalt, Drogenmißbrauch, Wertewandel und soziale Vereinsamung (vgl. hierzu und im folgenden HOLSCHER/A. MEYER 1993, S. 224 ff.).

Initiativen und Institutionen politischer, kultureller, religiöser oder gemeinnütziger Natur sowie alle Bereiche der öffentlichen Verwaltung (wie Polizei, Finanzämter, Stadtverwaltungen) haben oder sollten sich deshalb die Aufgabe stellen, Probleme der o.g. Art zu erforschen und zu beseitigen.

Für das Marketing bedeutet dies die Chance zur Ausweitung des Objektbereiches auf alle Arten von Einzelwirtschaften. Für erwerbswirtschaftliche Einzelwirtschaften wie die Unternehmung heißt dies eine Überprüfung und Ergänzung der jeweiligen Zielsysteme um Mitarbeiter-, Gesellschafts- und Umweltinteressen.

Damit einher geht die Frage nach den damit verbundenen **Problemen,** die insbesondere an vorhandenen Vorurteilen und Berührungsängsten mit den Methoden des Marketing festgemacht werden können. Diese gehen mit einer relativ geringen Marketing- und Managementprofessionalität vieler ehren- und hauptamtlich tätiger Mitarbeiter in solchen Organisationen einher. Verbunden mit den geringen Spielräumen in der Gestaltbarkeit der Objekte bzw. Angebote (z.B. den Leistungen einer Hilfsorganisation bzw. der Polizei oder des "politischen Produktes") dieser Organisationen und den Problemen der Effizienzmessung und -beurteilung hinsichtlich der Zielerreichung als auch des Mitteleinsatzes dieser Anbieter sowie der besonderen politischen Einflußnahme und rechtlichen Rahmenbedingungen, die auf diese Anbieter wirken, ergeben sich durchaus einige handfeste und bedenkenswerte Argumente gegen die Ausweitung des Objektbereiches des Marketing.

Andererseits ermutigen auch die bereits sichtbaren Erfolge der Institutionen, Organisationen und Initiativen, die konsequent die Methoden und Techniken des Marketing nutzen. Als Beispiele mögen hier Greenpeace, das Schleswig-Holstein-Musikfestival oder die Allgemeinen Ortskrankenkassen sowie einige Städte mit gekonntem Stadtmarketing genügen.

Der **Nutzen** des Marketing liegt u.E. vor allem in folgenden Bereichen:

- Effiziente Nutzung knapper Inputs durch systematische und zielgerichtete Konzeption, Planung, Durchführung und Kontrolle von Absatz- und Beschaffungsaktivitäten (z.B. Spendenmarketing).

- Bessere Ausrichtung der Leistungen an den Bedürfnissen der relevanten Zielgruppen durch methodisch-professionelle "Markt"(Problem-)forschung.

- Verbesserung der Kommunikation zu allen relevanten Zielgruppen insbesondere des Feedbacks zu den "Unterstützern" einer Organisation.

- Eindeutigere Positionierung der jeweiligen Einzelwirtschaft gegenüber konkurrierenden Einzelwirtschaften.

Als Resümee kann festgehalten werden:

Eine Ausweitung des Anwendungsbereiches des Marketing ist nützlich und vor dem Hintergrund der in vielen nicht erwerbswirtschaftlich organisierten Branchen und Bereichen festzustellenden vergleichsweise geringen Kundenzufriedenheit auch dringend notwendig, wie aus der Studie "Das Deutsche Kundenbarometer" hervorgeht (vgl. DEUTSCHE MARKETING-VEREINIGUNG UND POSTDIENST 1992).

Dabei sollten allerdings auch die spezifische Situation und die Rahmenbedingungen der betroffenen Einzelwirtschaften sorgfältig analysiert und beachtet werden.

Literaturverzeichnis

a) Einführende Literatur

BACKHAUS, K.: Investitionsgütermarketing, 3. Aufl., München 1992

BECKER, J.: Marketing-Konzeption: Grundlagen des strategischen Marketing-Managements, 4. Aufl., München 1992

BEREKOVEN, L.: Erfolgreiches Einzelhandelsmarketing: Grundlagen und Entscheidungshilfen, München 1990

BEREKOVEN, L.; ECKERT, W.; ELLENRIEDER, P.: Marktforschung: methodische Grundlagen und praktische Anwendung, 5. Aufl., Wiesbaden 1991

BERNDT, R.: Marketing 1, Käuferverhalten, Marktforschung und Marketing-Prognosen, 2. Aufl., Berlin u.a. 1992a

BERNDT, R.: Marketing 2, Marketing-Politik, 2. Aufl., Berlin u.a. 1992b

BÖCKER, F.: Marketing, 4. Aufl., Stuttgart 1991

CORSTEN, H.: Betriebswirtschaftslehre der Dienstleistungsunternehmungen. Einführung, München/Wien 1988

DILLER, H.: Preispolitik, 2. Aufl., Stuttgart/Berlin/Köln 1991

EICHMANN, K.: Industrielles Marketing, in: Marketing-Systeme: Grundlagen des institutionalen Marketing, hrsg. v. P.W. Meyer und A. Meyer, 2. Aufl., Stuttgart/Berlin/Köln 1993, S. 13-71

ENGELHARDT, W.H.; GÜNTER, B.: Investitionsgüter-Marketing, Stuttgart u.a. 1981

FRETER, H.: Marktsegmentierung, Stuttgart u.a. 1983

GOEHRMANN, K.E.: Verkaufsmanagement, Stuttgart u.a. 1984

GREEN, P.E.; TULL, D.S.: Methoden und Techniken der Marketingforschung, 4. Aufl., dt. Übersetzung v. R. Köhler u.a., Stuttgart 1982

HAMMANN, P.; ERICHSON, B.: Marktforschung, 2. Aufl., Stuttgart/New York 1990

HANSEN, U.: Absatz- und Beschaffungsmarketing des Einzelhandels: Eine Aktionsanalyse, 2. Aufl., Göttingen 1990

HILKE, W.: Grundprobleme und Entwicklungstendenzen des Dienstleistungs-Marketing, in: Dienstleistungs-Marketing, hrsg. v. W. Hilke, Wiesbaden 1989, S. 5-44

HOLSCHER, C.; MEYER, A.: Sozio-Marketing, in: Marketing-Systeme, Grundlagen des institutionalen Marketing, hrsg. v. P.W. Meyer und A. Meyer, 2. Aufl., Stuttgart/Berlin/Köln 1993, S. 221-262

KOTLER, P.; BLIEMEL, F.: Marketing-Management: Analyse, Planung, Umsetzung und Steuerung, 7. Aufl., Stuttgart 1992

MATTMÜLLER, R.: Handels-Marketing, in: Marketing-Systeme: Grundlagen des institutionalen Marketing, hrsg. v. P.W. Meyer und A. Meyer, 2. Aufl., Stuttgart/Berlin/Köln 1993, S. 77-138

MEFFERT, H.: Marketing, 7. Aufl., Nachdruck, Wiesbaden 1991

MEFFERT, H.: Marketingforschung und Käuferverhalten, 2. Aufl., Wiesbaden 1992

MEYER, A.: Dienstleistungs-Marketing, Erkenntnisse und praktische Beispiele, Augsburg 1983

MEYER, A.: Das Absatzmarktprogramm, in: Integrierte Marketingfunktionen, hrsg. v. P.W. Meyer, 3. Aufl., Stuttgart/Berlin/Köln 1992, S. 52-83

MEYER, A.: Dienstleistungs-Marketing, in: Marketing-Systeme: Grundlagen des institutionalen Marketing, hrsg. v. P.W. Meyer und A. Meyer, 2. Aufl., Stuttgart/Berlin/Köln 1993a, S. 173-220

MEYER, P.W.: Der integrierte Marketingansatz und seine Konsequenzen für das Marketing, in: Integrierte Marketingfunktionen, hrsg. v. P.W.Meyer, 3. Aufl., Stuttgart/Berlin/Köln 1992, S. 13-30

MEYER, P.W.; MEYER, A.: Vorwort der Herausgeber, in: Marketing-Systeme: Grundlagen des institutionalen Marketing, hrsg. v. A. Meyer und P.W. Meyer, 2. Aufl., Stuttgart/Berlin/Köln 1993, S. 5-6

MUSER, V.: Der Absatzabschluß, in: Integrierte Marketingfunktionen, hrsg. v. P.W. Meyer, 3. Aufl., Stuttgart/Berlin/Köln 1992, S. 142-171

NIESCHLAG, R.; DICHTL, E.; HÖRSCHGEN, H.: Marketing, 16. Aufl., Berlin 1991

SCHÄFER, E.; KNOBLICH, H.: Grundlagen der Marktforschung, 5. Aufl., Stuttgart 1978

SCHINEIS, M.: Absatzwerbung und Öffentlichkeitsarbeit, in: Integrierte Marketingfunktionen, hrsg. v. P.W. Meyer, 3. Aufl., Stuttgart/Berlin/Köln 1992, S. 108-139

STEFFENHAGEN, H.: Marketing: Eine Einführung, 2. Aufl., Stuttgart/Berlin/Köln 1991

TIETZ, B. (Hrsg.): Handwörterbuch der Absatzwirtschaft, Stuttgart 1974

TIETZ, B.: Der Handelsbetrieb: Grundlagen der Unternehmenspolitik, München 1985

b) Weiterführende Literatur

AHLERT, A.; SCHRÖDER, H.: Rechtliche Grundlagen des Marketing, Stuttgart 1989

ALTHAUS, J.: Klassische Werbeträger, in: Handbuch Marketing-Kommunikation, hrsg. v. R. Berndt und A. Hermanns, Wiesbaden 1993, S. 393-418

BERNDT, R.: Product-Placement, in: Handbuch Marketing-Kommunikation, hrsg. v. R. Berndt und A. Hermanns, Wiesbaden 1993, S. 673-694

BRUHN, M.: Markenpiraterie, in: Vahlens großes Marketinglexikon, hrsg. v. H. Diller, München 1992, S. 643

BURGHOLD, J.: Absatz-Realisierung, in: Integrierte Marketingfunktionen, hrsg. v. P.W. Meyer, 3. Aufl., Stuttgart/Berlin/Köln 1992, S. 172-195

COENENBERG, A.G.; BAUM, H.-G.: Strategisches Controlling, Grundfragen der strategischen Planung und Kontrolle, Stuttgart 1987

CORSTEN, H.: Zur Diskussion der Dienstleistungsbesonderheiten und ihre ökonomischen Auswirkungen, in: Jb.AVF, 32. Jg. (1986), S. 16-41

DHI Deutsches Handelsinstitut GmbH: Handel aktuell '92, Köln 1992

DELFMANN, W.; DARR, W.; SIMON, R.-P.: Just-in-Time-Logistik, in: Vahlens großes Marketinglexikon, hrsg. v. H. Diller, München 1992, S. 496-498

DEUTSCHE MARKETING-VEREINIGUNG UND POSTDIENST (Hrsg.): Das Deutsche Kundenbarometer - Qualität und Zufriedenheit. Eine Studie zur Kundenzufriedenheit in der Bundesrepublik Deutschland, Düsseldorf/Bonn 1992

DICHTL, M.: Tausender-Preis, in: Vahlens großes Marketinglexikon, hrsg. v. H. Diller, München 1992, S. 1131

ENGELHARDT, W.H.; WITTE, P.: Konzeptionen des Investitionsgüter-Marketing - eine kritische Bestandsaufnahme ausgewählter Ansätze, in: Investitionsgüter Marketing, hrsg. v. M. Kliche, Wiesbaden 1990, S. 3-21

ERICHSON, B.; MARETZKI, J.: Werbeerfolgskontrolle, in: Handbuch Marketing-Kommunikation, hrsg. v. R. Berndt und A. Hermanns, Wiesbaden 1993, S. 521-562

FRIES, H.-P.: Betriebswirtschaftslehre des Industriebetriebes, 3. Aufl., München/Wien 1991

HANSEN, U.; STAUSS, B.: Marketing als marktorientierte Unternehmenspolitik oder als deren integrativer Bestandteil, in: Marketing - ZFP, 5. Jg. (1983), H. 2, S. 77-86

HEINEN, E.: Industriebetriebslehre als Entscheidungslehre, in: Industriebetriebslehre - Entscheidungen im Industriebetrieb, hrsg. v. E. Heinen, 8. Aufl., Wiesbaden 1985, S. 5-75

HEINEN, E.: Industriebetriebslehre als Entscheidungslehre, in: Industriebetriebslehre - Entscheidungen im Industriebetrieb, hrsg. v. E. Heinen, 9. Aufl., München 1991, S. 1-71

HERMANNS, A.: Charakterisierung und Arten des Sponsoring, in: Handbuch Marketing-Kommunikation, hrsg. v. R. Berndt und A. Hermanns, Wiesbaden 1993, S. 627-648

HERMANNS, A.; MEYER, A.: Der integrierte Marketingansatz von P.W. Meyer, in: Zukunftsorientiertes Marketing. Festschrift zum sechzigsten Geburtstag von Paul W. Meyer, hrsg. v. A. Hermanns und A. Meyer, Berlin 1984, S. 11-23

HERMANNS, A.; NAUNDORF, S.: Public-Relation, in: Vahlens großes Marketinglexikon, hrsg. v. H. Diller, München 1992, S. 982-984

HERMANNS, A.; PÜTTMANN, M.: Sponsoring (Sponsorship), in: Vahlens großes Marketinglexikon, hrsg. v. H. Diller, München 1992, S. 1085-1087

HILL, W.; REISER, J.: Marketing-Management, Bern/Stuttgart 1990

HUNT, S.D.: General Theories and the Fundamental Explananda of Marketing, in: JMark., Vol. 47 (1983), S. 9-17

HÜTTNER, M.: Grundzüge der Marktforschung, 4. Aufl., Berlin/New York 1989

JOAS, A.: Marktforschung, in: Integrierte Marketingfunktionen, hrsg. v. P.W. Meyer, 3. Aufl., Stuttgart/Berlin/Köln 1992, S. 32-51

JONES, B.: Die deutsche Historische Schule: Begründerin des nordamerikanischen Marketingdenkens, in: Marketing - ZFP, 14. Jg. (1992), H. 1, S. 5-12

KAAS, K.P.: Marketing-Mix, in: Vahlens großes Marketinglexikon, hrsg. v. H. Diller, München 1992, S. 682-686

KNOBLICH, H.: Betriebswirtschaftliche Warentypologie, Köln/Opladen 1969

MAASS, K.; HUSSMANN, H.; MANSCHWETUS, U.: Marktforschung für Investitionsgüter in den neunziger Jahren, in: Investitionsgüter Marketing, hrsg. v. M. Kliche, Wiesbaden 1990, S. 93-113

MATTMÜLLER, R.: Marketing-Prognosen für den Handel, 2. Aufl., Augsburg 1992

MEFFERT, H.: Marketing und allgemeine Betriebswirtschaftslehre - Eine Standortbestimmung im Lichte neuerer Herausforderungen der Unternehmenführung, in: Die Betriebswirtschaftslehre im Spannungsfeld zwischen Generalisierung und Spezialisierung, hrsg. v. W. Kirsch und A. Picot, Wiesbaden 1989, S. 337-357

MEINIG, W.; SCHMID, M.: Direktwerbung, in: Vahlens großes Marketinglexikon, hrsg. v. H. Diller, München 1992, S. 213-214

MEYER, A.: Produktdifferenzierung durch Dienstleistungen, in: Marketing - ZFP, 7. Jg. (1985), H. 2, S. 99-107

MEYER, A.: Freie Berufe und Betriebswirtschaft, Probleme, Lösungsansätze, empirische Ergebnisse, Augsburg 1989

MEYER, A.: Kommunikationspolitik von Dienstleistungsunternehmen, in: Handbuch Marketing-Kommunikation, hrsg. v. R. Berndt und A. Hermanns, Wiesbaden 1993b, S. 896-921

MEYER, P.W.: Die machbare Wirtschaft. Grundlagen des Marketing, Essen 1973

MEYER, P.W.: Einzelhandel: Ende einer Entwicklung?, in: Der Verbraucher, 32. Jg. (1978), H. 6, S. 8-10

MEYER, P.W.: Referat zum Thema "Das Marketing-Mix des Handels -Balance-Akt zwischen Sortiment, - kleinen Preisen und steigenden Service-Ansprüchen", in: Marketing Morgen, Kölner Schriften zum Marketing, hrsg. v. Kölnische Rundschau, Köln 1979, S. 9-14

MEYER, P.W.: Marketing des industriellen Markenartikels. Materialien zu den Grundlagen des Marketing, Bd. 6, hrsg. v. P.W. Meyer, 4. Aufl., Augsburg 1988

MEYER, P.W.; HERMANNS, A.: Das Kommunikationsmodell der Werbung, in: Marketing-Enzyklopädie, Bd. 2, München 1974, S. 107-118

MEYER, P.W.; HERMANNS, A.: Theorie der Wirtschaftswerbung - Ein Beitrag zum Wissenschafts-Praxis-Transfer, Stuttgart u.a. 1981

MEYER, P.W.; HERMANNS, A.: Panel-Untersuchungen, in: Sozialwissenschaftliche Methoden, hrsg. v. E. Roth, München 1984, S. 292-302

MEYER, P.W.; JOAS, A.: Informationstechnologien als Instrument des Marketing: Wettbewerbsvorteile jetzt sichern, in: Gablers Magazin, 2. Jg. (1988), H. 4, S. 39-43

MEYER, P.W.; MATTMÜLLER, R.: Ein Ansatz zur Systematik des Handels, in: Handelsforschung 1987, Jahrbuch der Forschungsstelle für den Handel Berlin (FfH) e.V:, hrsg. v. V. Trommsdorff, Heidelberg 1987, S. 123-137

MEYER, P.W.; MATTMÜLLER, R.: Bedeutung und Problematik von Strategien im Marketing, in: Strategische Marketingoptionen: Änderungsstrategien auf Geschäftsfeldebene, hrsg. v. P.W. Meyer und R. Mattmüller, Stuttgart/Berlin/Köln 1993, S. 13-29

MILDE, H.: Single Source. Ein neuer Ansatz in der Marketing-Forschung macht Einkaufsentscheidungen transparent, in: planung und analyse, 20. Jg. (1993), H. 1, S. 24-29

MÜHLBACHER, H.; WINKLER, I.: Werbemittel, in: Vahlens großes Marketinglexikon, hrsg. v. H. Diller, München 1992, S. 1303-1304

NAUNDORF, S.: Charakterisierung und Arten von Public Relations, in: Handbuch Marketing-Kommunikation, hrsg. v. R. Berndt und A. Hermanns, Wiesbaden 1993, S. 595-616

PÜTTMANN, M.: Das Management von Sponsoring, in: Handbuch Marketing-Kommunikation, hrsg. v. R. Berndt und A. Hermanns, Wiesbaden 1993, S. 649-672

ROGGE, H.J.: Marktforschung: Elemente und Methoden betrieblicher Informationsgewinnung, München/Wien 1981

SCHEUCH, F.: Marketing, 3. Aufl., München 1989

SCHNELL, R.; HILL, P.B.; ESSER, E.: Methoden der empirischen Sozialforschung, München/Wien 1988

SCHOCH, R.: Der Verkaufsvorgang als sozialer Interaktionsprozeß, Winterthur 1969

SCHRÖDER, H.: Verkaufsorgane, in: Vahlens großes Marketinglexikon, hrsg. v. H. Diller, München 1992, S. 1219

SCHWEIGER, G.: Werbewirkungskontrolle, in: Vahlens großes Marketinglexikon, hrsg. v. H. Diller, München 1992, S. 1315-1317

SIMON, H.: Preismanagement. Analyse - Strategie - Umsetzung, 2. Aufl., Wiesbaden 1992

SPIEGEL-Verlag (Hrsg.): Der Entscheidungsprozeß bei Investitionsgütern, Beschaffung, Entscheidungskompetenzen, Informationsverhalten, Hamburg 1982

WEBSTER, F.E.; WIND, Y.: Organizational Buying Behavior, Englewood Cliffs 1972

WEESER-KRELL, L.: Kommunikationspolitik, in: Marketing, hrsg. v. H.-G. Geisbüsch, 2. Aufl., Landsberg a.L. 1991, S. 423-456

WEINBERG, G.-M.: Distributionsorgane, Absatzkanäle und Logistik, in: Marketing, hrsg. v. H.-G. Geisbüsch, 2. Aufl., Landsberg a.L. 1991, S. 351-378

WIEDMANN, K.-P.: Entwicklungsperspektiven der strategischen Unternehmensführung und des strategischen Marketing, in: Marketing - ZFP, 7. Jg. (1985), H. 3, S. 149-160

WIND, Y.; CARDOZO, R.N.: Industrial Market Segmentation, in: IMM, Vol. 4 (1974), H. 3, S. 153-166

WITT, J.: Verkaufsmanagement, in: Marketing, hrsg. v. H.-G. Geisbüsch, 2. Aufl., Landsberg a.L. 1991, S. 379-396

WITT, J.; HOFFMANN, K.; TIPPKEMPER, H.; SCHULTE, P.: Modernes Marketing-Management, Grundlagen - Produktinnovationen - Prognosemodelle, Baden-Baden/Bad Homburg v.d.H. 1983

ZAW Zentralverband der deutschen Werbewirtschaft: Werbung in Deutschland, Bonn 1993

I. Investition und Finanzierung

Heinz Lothar Grob

1. Grundbegriffe und Konzeptionelles

1.1 Der Investitionsbegriff

1.1.1 Definition und Klassifizierung

Unter einer Investition ist die Anschaffung eines Wirtschaftsgutes zu verstehen, das langfristig genutzt werden soll (zum Investitionsbegriff vgl. insbesondere ALTROGGE 1991, S. 4; GROB 1989, S. 12; KRUSCHWITZ 1993, S. 3 ff.; PACK 1966; SCHNEIDER 1990, S. 34). Die Investition ist dadurch charakterisierbar, daß in der Gegenwart ein knappes Gut geopfert wird, um in der Zukunft einen Vorteil zu erlangen. Werden eigene liquide Mittel eingesetzt ("geopfert"), so besteht der monetäre Vorteil im allgemeinen darin, am Ende der Nutzungsdauer des Investitionsobjektes mehr als die anfangs eingesetzten Mittel erwirtschaftet zu haben. Da jede Investition eine Entscheidung unter Ungewißheit darstellt, ist neben dem Mitteleinsatz auch ein Opfer an Sicherheit zu erbringen.

Wird ein Investitionsobjekt ausschließlich mit Fremdkapital finanziert - wenn also keine eigenen finanziellen Mittel zu opfern sind -, wird das Risiko eingegangen, zu einem späteren Zeitpunkt wegen der Zins- und Tilgungsverpflichtungen in eine Liquiditätsanspannung zu gelangen. Bei vollständiger Fremdfinanzierung wird also im Investitionszeitpunkt ausschließlich Sicherheit geopfert, um in der Zukunft einen Vorteil zu erlangen.

Neben erwerbswirtschaftlich motivierten Investitionen können Investitionen auch aus nicht monetären Gründen oder durch staatliche Auflagen erzwungen werden. Der Vorteil kann in der Realisierung nicht-monetärer Ziele, z.B. auf dem Gebiet der Ökologie, oder in der Vermeidung von Strafkosten begründet sein.

In der Literatur werden Investitionen üblicherweise in Sach- und Finanzinvestitionen unterschieden. Zur Abgrenzung der Investitionen wird ausdrücklich auf das in der Bilanz ausgewiesene Anlagevermögen hingewiesen, "da dieses Vermögen langfristig Kapital bindet" (PERRIDON/STEINER 1993, S. 27). Eine derartige Beschränkung ist jedoch zu eng. So ist z.B. bei der Errichtung einer neuen Lagerhalle die Anschaffung des Grundstücks, des Gebäudes und der maschinellen Einrichtungen unumstritten als Investition anzusehen, aber auch die Nutzung des neuen Lagers erfordert zusätzliche finanzielle Mittel. Der Zugang von Gegenständen, die das Umlaufvermögen nachhaltig erhöhen, ist deshalb ebenfalls als Investition zu betrachten. Generell ist festzustellen, daß der Investitionsbegriff nicht durch Gliederungskriterien der Bilanz eingeengt werden sollte, sondern ausschließlich aufgrund einer verursachungsgerechten Zurechnung sämtlicher monetärer und nicht-montärer Konsequenzen auf eine Entscheidungsalternative. Aus diesem Grunde wird der Investitionsbegriff nicht vollständig durch die Kategorien Sach- und Finanzinvestitionen beschrieben. Vielmehr gehören zu Investitionen auch langfristig wirkende Produktinnovationen, Forschungsvorhaben, Lizenznahmen, Personalbeschaffungs-, Werbe- und PR-Maßnahmen, die als immaterielle Investitionen zu bezeichnen sind. In Abbildung I. 1 ist eine Klassifikation von Investitionsarten vorgenommen worden.

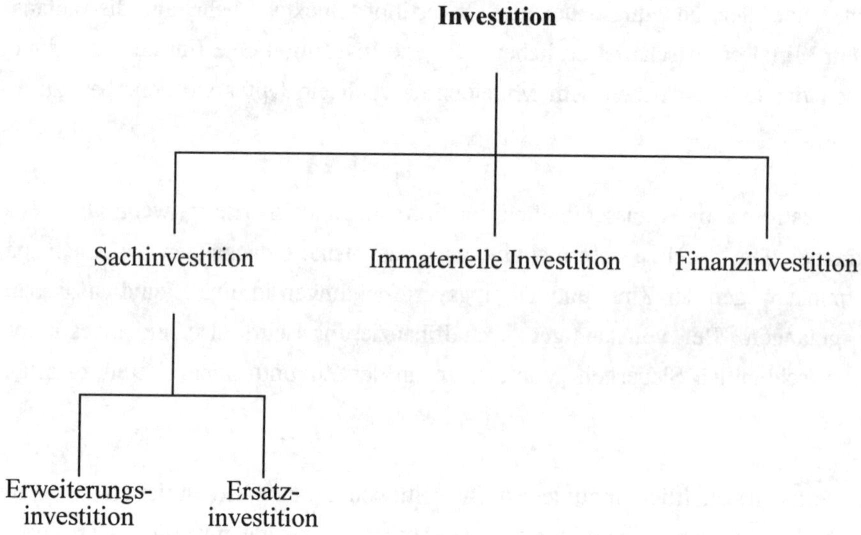

Abbildung I. 1: Kategorien der Investition

Sachinvestitionen werden in Erweiterungs- und Ersatzinvestitionen unterschieden. Erweiterungsinvestitionen stellen im Gegensatz zu Ersatzinvestitionen eine Vergrößerung der Kapazität der Unternehmung dar.

1.1.2 Fortschreibungsformel für die Investition

In formaler Hinsicht stellt eine Investition eine Bewegungsgröße dar, die den Bestand einer Unternehmung an Sachanlagen, immateriellen Wirtschaftsgütern oder Finanzanlagen erhöht. Die Entwicklung dieses Bestandes im Zeitablauf kann - sofern eine Einzelerfassung möglich ist - in Form einer Fortschreibungsformel und somit als "Stock-and-Flow-Betrachtung", bei der zwischen Bestands- und Fluß- bzw. Bewegungsgrößen zu unterscheiden ist, abgebildet werden. Die Fortschreibungsformel, in der jede Periode durch ihr Periodenende gekennzeichnet ist, lautet:

$$B_{t-1,i} + Z_{t,i} - A_{t,i} = B_{t,i} \qquad \forall\, i$$

mit:

$B_{t-1,i}$ Bestand der Investitionsart i zu Beginn des Jahres t

$Z_{t,i}$ Zugang der Investitionsart i im Jahre t

$A_{t,i}$ Abgang der Investitionsart i im Jahre t

$B_{t,i}$ Endbestand der Investitionsart i im Jahre t

Die Variablen der Fortschreibungsformel können

(1) mengenmäßig,

(2) kapazitätsmäßig oder

(3) wertmäßig

definiert werden. Auf eine Interpretation der Bestandsgrößen soll im folgenden kurz eingegangen werden:

zu (1): Der **mengenmäßige Bestand** an einzeln erfaßbaren Anlagen stellt das Inventar einer Unternehmung dar. Eine Zusammenfassung von Anlagen zu Gruppen ist nur bei homogenen Wirtschaftsgütern möglich (z.B. beim Fuhrpark).

zu (2): Bei einer Bestandsaufnahme der **Kapazitäten** von Sachanlagen zum Zeitpunkt t wird das entsprechende Nutzungspotential der Periode abgebildet.

zu (3): Eine **Bewertung** des Bestandes ist vom Bewertungszweck abhängig. Im Hinblick auf den Ausweis der Vermögenswerte in der Bilanz sind Buchwerte zu ermitteln, die sich aufgrund von Vorschriften über die Höhe und Verrechnung bilanzmäßiger Abschreibungen ergeben. Soll durch die Bewertung der Beitrag eines Wirtschaftsgutes zum Unternehmenserfolg ausgedrückt werden, müssen die dem Wirtschaftsgut zurechenbaren zukünftigen Ein- und Auszahlungen prognostiziert und zum sog. Ertragswert verdichtet werden.

Die Fortschreibungsformel kann also sowohl die mengenmäßige als auch die kapazitätsmäßige und wertmäßige zeitliche Entwicklung des Bestandes von Wirtschaftsgütern einer Unternehmung wiedergeben. Auch bietet sie die Möglichkeit, Spezialbegriffe zu konkretisieren:

So ist unter $Z_{t,i}$ eine **Investition** zu verstehen, während mit $A_{t,i}$ eine **Desinvestition** definiert wird.

Unter Verwendung der **kapazitätsmäßigen Fortschreibung** können die Begriffe Erweiterungs- und Ersatzinvestition zur Klassifizierung einer Sachinvestition konkretisiert werden:

- Eine Erweiterungsinvestition zeigt sich in einem positiven Wert von $Z_{t,i}$, während $A_{t,i} = 0$ ist.
- Eine Ersatzinvestition in reiner Form liegt vor, wenn $Z_{t,i}$ und $A_{t,i}$ gleich groß sind, d.h. die Kapazität der Unternehmung unverändert bleibt.
- Eine Ersatzinvestition mit Kapazitätserweiterungseffekt liegt vor, wenn sowohl $Z_{t,i}$ als auch $A_{t,i}$ größer als Null sind und der Wert von $Z_{t,i}$ größer ist als der von $A_{t,i}$. Hierbei wird zwar mengenmäßig eine alte durch eine neue Anlage ersetzt, die neue weist jedoch eine höhere Kapazität als die alte Anlage auf.

1.2 Der Finanzierungsbegriff

1.2.1 Definition und Klassifizierung

Der Finanzierungsbegriff wird in der Literatur aus unterschiedlichen Blickwinkeln definiert (vgl. z.B. PERRIDON/STEINER 1993, S. 277 ff.; SCHMIDT 1992, S. 179 ff.; SÜCHTING 1989, S. 19 ff.). In **rechtlicher Hinsicht** ist zwischen **Eigen- und Fremd-**

finanzierung zu unterscheiden. Während aus der von Anteilseignern der Unternehmung getragenen **Eigenfinanzierung** Haftungskapital resultiert, dem die Residualgröße "ausgeschütteter Gewinn" zufließt, sind bei der **Fremdfinanzierung** Zins- und Tilgungszahlungen vertragsgerecht zu leisten.

Bezüglich der **Herkunft** finanzieller Mittel kann zwischen der **Innen- und Außenfinanzierung** unterschieden werden. Zur Innenfinanzierung gehört zunächst einmal die als Selbstfinanzierung bezeichnete **Finanzierung aus dem Gewinn**. Darüber hinaus zählen die Konsequenzen von zeitlichen **Dispositionen über Aufwandsposten** zur Innenfinanzierung. Diesen kommt über die direkte Gewinnminderung hinaus ein steuerlicher Effekt mit daraus resultierenden finanziellen Konsequenzen zu. Eine Finanzierung aus Aufwandsdispositionen resultiert insbesondere aus der Verrechnung bzw. Verschiebung von Abschreibungen und Zuführungen zu den Rückstellungen. Ferner zählen **Liquidationserlöse**, die durch **Desinvestitionen** realisiert werden, zur Innenfinanzierung. Bei der Finanzierung durch Desinvestitionen ist eine Zuordnung zu den Kategorien Eigen- bzw. Fremdfinanzierung nicht möglich, da die finanzielle Sphäre einer Unternehmung unteilbar ist.

Zur **Außenfinanzierung** sind zum einen die **Beteiligungsfinanzierung** durch Anteilseigner und die **Kreditfinanzierung** durch Banken und Lieferanten zu zählen. Außerdem gehören zu dieser Kategorie **Finanzierungssurrogate**. Hierunter sind Maßnahmen zu verstehen, durch die eine langfristige Finanzierung **vermieden** wird. Ein Beispiel hierfür ist Leasing, bei dem anstelle des Kaufs eines Wirtschaftsgutes eine langfristige Quasi-Miete mit besonderen Bedingungen, die für eine steuerrechtliche Zurechnung des Leasingobjektes beim Leasinggeber erfüllt sein müssen, erfolgt.

Der Zusammenhang von Eigen- und Fremdfinanzierung respektive Innen- und Außenfinanzierung wird in der folgenden Grafik abgebildet:

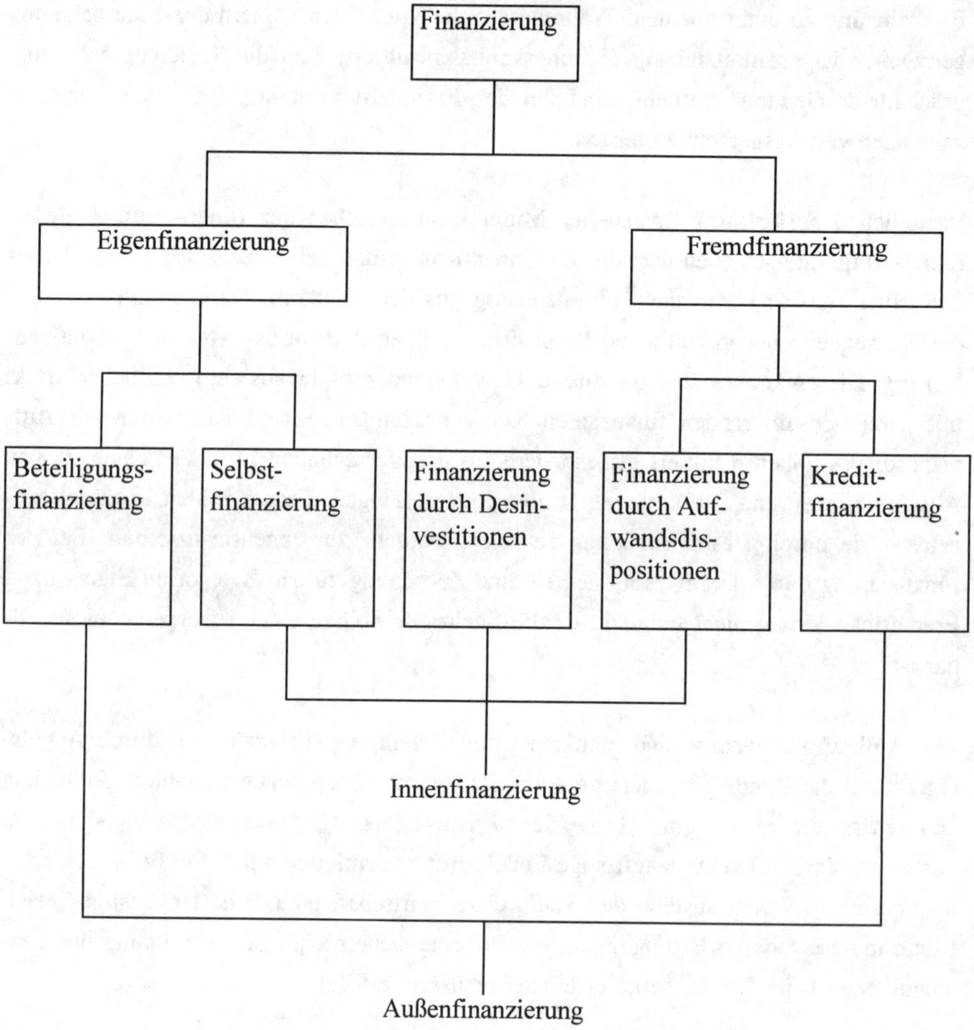

Abbildung I. 2: Klassifizierung der Finanzierung (vgl. PERRIDON/STEINER 1993, S. 278)

1.2.2 Fortschreibungsformel für die Finanzierung

In diesem Beitrag soll zur Charakterisierung der Finanzierung eine an den **Zahlungen orientierte Betrachtungsweise** zugrunde gelegt werden (vgl. GROB 1989, S. 1 ff.; SCHNEIDER 1990, S. 34 f.). Dies bedeutet, daß nicht die bilanzmäßige Bestandsgröße Kapital in Form von Eigen- und Fremdkapital, sondern die **Bestände an finanziellen Mitteln**, sowie deren **Bewegung** in Form von Ein- und Auszahlungen im Mittelpunkt der

Betrachtung stehen. Dabei ist insbesondere zu untersuchen, inwiefern Ein- und Auszahlungen durch Entscheidungen beeinflußt werden.

Zur formalen Beschreibung der an Zahlungen orientierten entscheidungstheoretischen Betrachtungsweise der Finanzierung ist - analog zur Investition - die Entwicklung finanzieller Bestände in einer Fortschreibungsformel abzubilden. Die Fortschreibungsformel für Kredite lautet:

$$B^K_{t-1,j} + Z^K_{t,j} - A^K_{t,j} = B^K_{t,j} \qquad \forall j$$

mit:

$B^K_{t-1,j}$ Anfangsbestand der Keditart j zu Beginn der Periode t

$Z^K_{t,j}$ Zugang (Kreditaufnahme) der Kreditart j am Ende der Periode t

$A^K_{t,j}$ Abgang (Tilgung) der Kreditart j am Ende der Periode t

$B^K_{t,j}$ Endbestand der Kreditart j

j Index der Kreditarten ($j=1, \ldots, m$)

Analog gilt für die Fortschreibung von Guthabenbeständen:

$$B^G_{t-1,k} + Z^G_{t,k} - A^G_{t,k} = B^G_{t,k} \qquad \forall k$$

mit:

$B^G_{t-1,k}$ Anfangsbestand der Guthabenart k zu Beginn der Periode t

$Z^G_{t,k}$ Zugang (Geldanlage) der Guthabenart k am Ende der Periode t

$A^G_{t,k}$ Abgang (Rückzahlung) der Guthabenart k am Ende der Periode t

$B^G_{t,k}$ Endbestand der Guthabenart k

k Index der Guthabenarten ($k=1, \ldots, w$)

Anzumerken ist, daß Zinsbelastungen und Zinsgutschriften nicht in der Fortschreibungsformel für die einzelnen Finanzierungsarten enthalten sind. Diese in Abhängigkeit von den Bestandsgrößen zu ermittelnden Zahlungen sind allerdings für die weiter unten zu erörternden Liquiditätsbedingungen relevant.

Eine Unterscheidung in eine mengen- und wertmäßige Fortschreibung der Bestände finanzieller Mittel erübrigt sich, da die Finanzierung von vornherein wertmäßig orientiert ist. Allerdings kann im Hinblick auf die Liquiditätsanalyse einer Unternehmung eine wertmäßige von einer "kapazitätsmäßigen" Betrachtung unterschieden werden.

Unter der Liquidität (vgl. DRUKARCZYK 1991, GUTENBERG 1980, S. 273) ist die Fähigkeit einer Unternehmung zu verstehen, zu jedem Zeitpunkt ihren finanziellen Verpflichtungen nachzukommen. Der Begriff Liquidität wird häufig binär verwendet: Entweder ist eine Unternehmung liquide oder nicht. Liquidität ist somit eine Eigenschaft, die die **Zulässigkeit** eines finanzwirtschaftlichen Zustandes charakterisiert. Um das Ausmaß der Liquidität im Sinne eines nicht ausgeschöpften Potentials zu quantifizieren, kann von der Fortschreibungsformel ausgegangen werden.

Die kapazitätsmäßige Fortschreibung der maximal in Anspruch zu nehmenden Kredite, also die Kreditlinie, ist wie folgt zu formulieren:

$$B_{t-1,j}^{K,H} + Z_{t,j}^{K,H} - A_{t,j}^{K,H} = B_{t,j}^{K,H}$$

mit:

$B_{t-1,j}^{K,H}$ Höchstgrenze der Kreditart *j* zu Beginn der Periode *t*

$Z_{t,j}^{K,H}$ Erweiterung der Höchstgrenze am Ende der Periode *t*

$A_{t,j}^{K,H}$ Verringerung der Höchstgrenze am Ende der Periode *t*

$B_{t,j}^{K,H}$ Höchstgrenze der Kreditart *j* zum Ende der Periode *t*

Zur Bestimmung der Liquidität einer Unternehmung ist nun zu prüfen, inwieweit Guthabenbestände bestehen und die Kreditzusagen in Anspruch genommen worden sind. Zu diesem Zweck sind die oben dargestellten Fortschreibungsformeln für die effektive Inanspruchnahme der Kreditarten und die Fortschreibung der Kreditzusagen sowie die Fortschreibung der Guthabenbestände gegenüberzustellen. Während mit dem hochgestellten Index *"H"* die Elemente der fortgeschriebenen Kreditlinie gekennzeichnet werden, werden mit dem Index *"E"* die effektiven Bestände und Bewegungen definiert. Die Aggregation der beiden Fortschreibungsformeln ist leicht möglich, da sämtliche Komponenten in der Dimension Geldeinheit formuliert sind. Das Ergebnis dieser Zusammenfassung - die Differenzgröße ΔB_t - ist somit das nicht in Anspruch genommene Kreditpotential zuzüglich der Guthabenbestände zum Ende der Periode *t*. Eine Unternehmung kann also dann als liquide bezeichnet werden, wenn ΔB_t für die Zukunft ≥ 0 ist.

$$\sum_{j=1}^{m}\left(B_{t-1,j}^{K,H}-B_{t-1,j}^{K,E}\right)+\sum_{j=1}^{m}\left(Z_{t,j}^{K,H}-Z_{t,j}^{K,E}\right)-\sum_{j=1}^{m}\left(A_{t,j}^{K,H}-A_{t,j}^{K,E}\right)$$

$$+\sum_{k=1}^{w}B_{t-1,k}^{G}+\sum_{k=1}^{w}Z_{t,k}^{G}-\sum_{k=1}^{w}A_{t,k}^{G}$$

$$=\sum_{j=1}^{m}\left(B_{t,j}^{K,H}-B_{t,j}^{K,E}\right)+\sum_{k=1}^{w}B_{t,k}^{G}=\Delta B_{t} \qquad \forall t$$

mit:

ΔB_t Nicht in Anspruch genommenes Finanzierungspotential zuzüglich der Guthabenbestände

Die Zu- und Abgänge bei den Finanzierungsarten werden durch die von den Investitionen verursachten Ein- und Auszahlungen sowie durch Zinszahlungen beeinflußt. Die Dispositionen über Investition und Finanzierung sind so zu gestalten, daß zur Liquiditätserhaltung eine zulässige Lösung erreicht wird und zur Optimierung der I&F-Entscheidung eine Maximierung des Saldos an finanziellen Mittel zu einem bestimmten Zeitpunkt bzw. in einem gegebenen Zeitraum angestrebt wird. Auf die formale Darstellung der Fortschreibungsformeln als Liquiditätsnebenbedingungen sei hier verzichtet (vgl. hierzu GROB 1982a, S. 70 ff.; HAX 1985, S. 88 ff.).

Zur Ermittlung der Lösungen ist es erforderlich, am Ende einer Periode einen Fehlbetrag durch einen Kredit auszugleichen bzw. einen Überschuß zinsbringend anzulegen. M.a.W.: Der nicht verzinsbare Kassenbestand am Ende jeder Periode muß - abgesehen von einem Volumen für Transaktionszwecke - auf Null gebracht werden. Der am Ende des Planungszeitraums zu maximierende Zielwert stellt den Endwert des finanziellen Vermögens dar. Der während des Zeitraums zu maximierende Zielwert ist als Entnahme zu bezeichnen (vgl. GROB 1989, S. 6 ff.; KRUSCHWITZ 1993, S. 12 f.).

1.3 Integration von Investition und Finanzierung: Der I&F-Ansatz

Investition und Finanzierung können konzeptionell als zwei Seiten einer Medaille aufgefaßt werden. Inhalt der **Investitionsseite** ist die Verwendung und der Rückfluß finanzieller Mittel, während die **Finanzierungsseite** durch die Herkunft der für die Investitionen zur Verfügung zu stellenden sowie durch die Wiederverwendung der zurückgeflossenen finanziellen Mittel gekennzeichnet ist.

Die Verwendung finanzieller Mittel für die Investition in $t=0$ stellt die Anschaffungsauszahlung der Investition dar, während der investitionsbedingte Rückfluß finanzieller Mittel zwischen $t=1$ und $t=n$ als Cash-Flow (ohne Zinsen) zu bezeichnen ist. Fragen von Mittelverwendung und -herkunft sind also nicht nur im Investitionszeitpunkt zu untersuchen, vielmehr müssen für die gesamte Nutzungsdauer der Investition Mittelrückfluß und -verwendung durch Kreditdispositionen bzw. durch Reinvestitionen aufeinander abgestimmt werden.

Während Investitionen technisch, rechtlich und/oder wirtschaftlich **abgrenzbar** sind, ist die finanzielle Sphäre einer Unternehmung **unteilbar**. Die Zuordnung von Mittelverwendung und Mittelherkunft - also Investition und Finanzierung - gilt also nur für die Gesamtunternehmung. Dennoch wird das Entscheidungsfeld des Investitions- und Finanzierungsbereichs unterschiedlich groß gewählt. Nicht nur **unternehmensweite** Betrachtungen, sondern auch **partielle** projektbezogene Analysen sind aus Gründen der Operationalität durchzuführen. Denkbar ist auch, projektbezogene Modellelemente als Module in eine unternehmensweite Modellgestaltung zu integrieren.

> Investition und Finanzierung werden in der Literatur häufig isoliert voneinander dargestellt. In diesem Beitrag wird die enge Beziehung zwischen Investition und Finanzierung in den Mittelpunkt gerückt. Dies soll durch die hier zu verwendende Abkürzung "**I&F**" für "Investition und Finanzierung" signalisiert werden.

Die paradigmatische Vorstellung, Investition und Finanzierung als zwei Seiten einer Medaille zu interpretieren, fördert die Sichtweise, Investitions- und Finanzierungsentscheidungen stets im Zusammenhang zu betrachten (vgl. hierzu GROB 1989, S. 3 f.; KRUSCHWITZ 1993, S. 46 ff.; SCHIERENBECK 1993, S. 307; SCHNEIDER 1990, S. 29; SPREMANN 1991). Indes darf nicht vernachlässigt werden, daß von Investitionen nicht nur finanzielle, sondern auch soziale, ökologische und wettbewerbspolitische

Wirkungen ausgehen können. Auch gibt es finanzielle Entscheidungen, bei denen zu Investitionen keine Beziehungen hergestellt werden (z.B. Umfinanzierungen). Derartige Themen werden im Rahmen des hier zu erörternden I&F-Ansatzes ausgeklammert.

Die Einführung des Begriffs I&F erlaubt eine Kombination mit weiteren Begriffen der Betriebswirtschaftslehre, wie z.B. I&F-Ziele, I&F-Entscheidung, I&F-Kontrolle, die unter dem Terminus **I&F-Controlling** zusammengefaßt werden sollen.

I&F-Controlling umfaßt zum einen die Schaffung einer Infrastruktur, um die methodischen und organisatorischen Voraussetzungen für Entscheidungen und Kontrollen im I&F-Bereich zu ermöglichen und zum anderen eine Koordinationsfunktion zur fallweisen Unterstützung von Entscheidungen und Kontrollen.

Im Rahmen dieses Beitrags wird der **methodische** Aspekt des I&F-Controlling schwerpunktmäßig behandelt.

Der Beitrag zum Gebiet "Investition und Finanzierung" ist wie folgt aufgebaut: Nach der begrifflichen Fundierung in Kapitel 1 werden in Kapitel 2 die modelltheoretischen Grundlagen dargelegt. Bei jedem der hier zu klassifizierenden Modelle wird zwischen der Investitions- und der Finanzierungsseite unterschieden. Die Klassifizierung dieser Modelle als projektbezogenes oder unternehmensweites Investitions- bzw. Finanzierungsmodell ist das Kriterium für die Gliederung der Kapitel 3 und 4. Im 5. Kapitel wird auf die Softwareunterstützung des I&F-Controlling kurz eingegangen.

Abschließend sei darauf hingewiesen, daß der hier verfolgte Ansatz einer integrativen Betrachtung von I&F-Entscheidungen nur als **Einführung** in das (die) sich ständig weiterentwickelnde Gebiet(e) Investition und Finanzierung zu verstehen ist, bei der **methodische** Fragen in den Vordergrund gestellt werden (zur inhaltlichen praxisorientierten Vertiefung vgl. SPREMANN 1991; SÜCHTING 1989; VORMBAUM 1990; PERRIDON/STEINER 1993). Neuere theoretische Ansätze, wie beispielsweise der Principal-Agent-Ansatz und kapitalmarkttheoretische Konzepte seien für fortgeschrittene Studien zu empfehlen (vgl. SCHNEIDER 1990, S. 526 f.; PERRIDON/STEINER 1993, S. 246 ff.)

2. I&F-Modelle

2.1 Der Modellbegriff

2.1.1 Paradigmen

Unter einem Modell ist eine vereinfachte formale Abbildung der Wirklichkeit zu verstehen, in der nur solche Elemente und Relationen abzubilden sind, die den vom Zielsystem abhängigen Modellierungszweck erfüllen (vgl. ADAM 1993, S. 44 ff.). Angenommen, das Oberziel sei die Erwirtschaftung eines möglichst hohen finanzwirtschaftlichen Überschusses, dann sollten nur die verursachungsgerecht zurechenbaren Ein- und Auszahlungen sowie ihrer Determinanten im Modell erfaßt werden. Technische, juristische oder ökologische Aspekte sind also nur dann von Relevanz, wenn sie Konsequenzen auf die relevanten Ein- und Auszahlungen aufweisen.

In Unternehmungen laufen permanent Prozesse ab, die durch Ereignisse charakterisierbar sind. Die als **Geschäftsvorfälle** zu bezeichnenden Ereignisse werden im Rechnungswesen erfaßt, dokumentiert, verdichtet und präsentiert. Traditionelle Ergebnisse der Präsentation verdichteter Geschäftsvorfälle sind die Bilanz einschließlich der Gewinn- und Verlustrechnung des externen Rechnungswesens sowie die Betriebsergebnisrechnung der auch als internes Rechnungswesen bezeichneten kurzfristigen Leistungs- und Kostenrechnung *(vgl. KUSSMAUL E.2 und E.3 sowie TROSSMANN D.3)*.

In der Leistungs- und Kostenrechnung hängt die Bewertung ausschließlich vom Bewertungszweck ab. Dabei sind betriebliche individuelle Bedingungen (z.B. Engpaßsituationen) zu berücksichtigen. Dagegen werden in der Finanzbuchhaltung (besser: Bilanzbuchhaltung) die Geschäftsvorfälle grundsätzlich mit ihren nominellen betragsmäßigen Konsequenzen erfaßt. Bewertungsprobleme entstehen insbesondere durch die Periodisierung auf einzelne Geschäftsjahre. Bewertungsspielräume werden hierbei durch handels- und steuerrechtliche Vorschriften begrenzt.

Die für I&F-Entscheidungen benötigten Ein- und Auszahlungen stellen Planungs- und Prognosedaten dar, die nach ihrer Entstehung - also in der Zukunft - ausschließlich in der Finanzbuchhaltung erfaßt werden. Daher ist es naheliegend, bei der Gestaltung von I&F-Modellen vom Paradigma der Bilanz auszugehen.

Eine bilanzorientierte Sicht zur Fundierung von I&F-Entscheidungen wurde in der Betriebswirtschaftslehre schon häufig diskutiert (vgl. CHMIELEWICZ 1972). Gerade für solche Unternehmen, in denen der Bilanz eine wichtige Kontrollfunktion zugestanden wird, wäre es konsequent, I&F-Entscheidungen im Hinblick auf die begriffliche Struktur und die Kennzahlen von Bilanz und Gewinn- und Verlustrechnung zu treffen. Wenn ein solcher Ansatz in der Praxis wenig verbreitet ist, so mag dies am hohen Informationsbedarf und den daraus resultierenden Transaktionskosten sowie an der geringen Softwareunterstützung liegen. Dennoch sei hier auf den bilanzorientierten Aufbau von I&F-Modellen eingegangen.

Die Bilanz stellt eine stichtagsbezogene Gegenüberstellung von Kapital- und Vermögenspositionen einer Unternehmung dar. Das Kapital wird in Eigen- und Fremdkapital, das Vermögen in Anlage- und Umlaufvermögen untergliedert. Eine konsequente Aufgliederung in Bilanz-, Finanz- und Erfolgsrechnung führt zu einem dreiteiligen Rechnungswesen (vgl. CHIEMLEWICZ 1972, S. 6 ff.), in dem neben dem Bilanzgewinn bzw. Jahresüberschuß und dem Betriebsergebnis auch der für I&F-Entscheidungen relevante Liquiditätssaldo in Form des Kassenbestandes ausgewiesen wird.

Für **Entscheidungen** im I&F-Bereich ist jedoch nicht die Integration vergangenheitsbezogener Modelle des Rechnungswesens bedeutsam, sondern eine Verknüpfung dieser Teilsysteme mit **Planungsmodellen**. Eine Integration der retrospektiven Bilanzbuchhaltung und der prospektiven Finanzplanung ist unproblematisch, da aus der Bilanzbuchhaltung ausschließlich die in der Bilanz enthaltenen Endbestände als Anfangsbestände der Finanzplanung zu übernehmen sind. Konten mit den für die I&F-Planung benötigten Finanzbeständen sind im Umlaufvermögen der Bilanz enthalten. Ferner können Verbindlichkeiten und Forderungen als Bestände übertragen werden, die als Datenbasis für die in der Finanzplanung benötigten Ein- und Auszahlungen verwendbar sind.

Während sich die Integration von **Bilanzbuchhaltung** und Finanzplanung auf die datengerechte Übernahme von Beständen reduziert, ist zwischen **Planbilanzen** und Finanzplanung eine vollständige Integration denkbar.

Die auf der Grundlage einer Planbilanz gewonnenen Ergebnisse betreffen zunächst einmal die Salden der Guthabenkonten und Fremdkapitalkonten. Durch Einbeziehung **sämtlicher** Bilanzpositionen auf der Aktiv- und Passivseite in das Planungssystem besteht die Möglichkeit, die I&F-Entscheidungen für die Unternehmung global beurteilen zu können. Hierbei können grobe Aussagen zum bilanzmäßig fundierten Liquiditätsstatus getroffen werden (vgl. SÜCHTING 1989, S. 399). Ferner wird durch die Generierung von Bewegungsbilanzen ein Einblick in die Struktur der Herkunft und Verwendung finanzieller Mittel ermöglicht. Kurz gesagt: das gesamte analytische Instrumentarium der Bilanzanalyse könnte zur Beurteilung strategisch bedeutsamer I&F-Entscheidungen eingesetzt werden (vgl. als Beispiel einer automatisierten Auswertung KRÜGER/ LEGENHAUSEN/STÖPPLER 1993).

Auch wird bei einer bilanzorientierten Planung von I&F-Entscheidungen die enge Verzahnung von Planung und Kontrolle deutlich: Während des Planungsprozesses (und zwar vor dem Finalentschluß) werden Instrumente eingesetzt, die auch in der Kontrollphase Verwendung finden *(vgl. OSSADNIK B. 3.1)*. Die Forderung nach instrumenteller Konsistenz von Entscheidungs- und Kontrollmethoden (vgl. GROB 1990, S. 249) wird hierbei erfüllt.

Indes ist unter informationsökonomischen Aspekten der mit einer Bilanzplanung verbundene hohe Planungsaufwand zu bedenken. Hinzu kommt, daß Planbilanzen sowohl in zeitlicher als auch in sachlicher Hinsicht nicht detailliert genug sind.

Unter dem zeitlichen Aspekt ist bei Planbilanzen im allgemeinen eine Bestandsaufnahme im Jahresrhythmus sinnvoll. Bei einer Finanzplanung sind dagegen häufig unterjährige Stichtage erwünscht. Während in Planbilanzen äquidistante Abrechnungszeitpunkte vorgesehen sind, ist dies bei Finanzplänen nicht der Fall. Hier werden üblicherweise in der ersten Phase des Planungszeitraums unterjährige Zeitpunkte als "Kontrollpunkte" definiert, während in späteren Phasen Jahreszeitpunkte für ausreichend angesehen werden.

In sachlicher Hinsicht ist eine Aufgliederung über die zu entscheidenden I&F-Projekte erforderlich. In der Planbilanz ist lediglich eine Gliederung nach handelsrechtlichen Klassifizierungsvorschriften vorgesehen. Finanzpläne sind dagegen für beliebige sachliche Detaillierungen offen.

Aus diesen Überlegungen folgt, daß der Einsatz von Planbilanzen zur Beurteilung von I&F-Entscheidungen zwar wegen seiner Globalität ein Gesamturteil über die Summe sämtlicher I&F-Aktivitäten im Planungszeitraum ermöglichen könnte, der Planungsaufwand und die geringe Methodenunterstützung jedoch als nachteilig angesehen werden dürften. Ausgereiftere Softwarekonzepte im Rahmen von Entscheidungsunterstützungssystemen könnten zu einer Renaissance der Planbilanz führen.

Das Paradigma von I&F-Modellen ist also nicht die Bilanz, sondern der **Finanzplan**, der jedoch als konsistentes Subsystem des umfassenden Systems Planbilanz anzusehen ist.

2.1.2 Abgrenzungsmöglichkeiten von I&F-Modellen

Die Modelle des I&F-Controlling sind in sachlicher und zeitlicher Hinsicht abzugrenzen. Unter sachlichen Aspekten kann das Entscheidungsfeld von Investition und Finanzierung unterschiedlich groß gewählt werden. So ist zwischen einer projektbezogen und einer unternehmensweiten Betrachtung zu unterscheiden. Zur zeitlichen Abgrenzung ist ein Planungshorizont zu definieren, der entweder generell in der Unternehmung festgelegt wird oder von der Entscheidungssituation abhängig gemacht werden kann. Die zeitliche und sachliche Abgrenzung des Entscheidungsproblems wird zum einen durch die Informationskosten beeinflußt und zum anderen durch die Fachkompetenz des mit der Entscheidungsvorbereitung betrauten Personals sowie durch die Ausstattung mit problemadäquater Software.

Der Grad der Detaillierung ist bei der Modellentwicklung individuell gestaltbar. Entweder kann die Investitions- oder die Finanzierungsseite in den Vordergrund gestellt werden. Theoretisch möglich ist die Gestaltung eines Totalmodells, in dem beide Seiten detailliert ausgelegt sind.

Bei einer Unterscheidung des Detaillierungsgrades in die Stufen "groß" und "gering" ergeben sich vier Typen von I&F-Modellen (vgl. Abbildung I. 3):

Typ	Investition	Finanzierung
1	gering	gering
2	groß	gering
3	gering	groß
4	groß	groß

Abbildung I. 3: Klassifizierung des Detaillierungsgrad zur Bestimmung von Modelltypen

Mit Typ 1 werden Modelle gekennzeichnet, bei denen die Investitionsseite durch Durchschnittsgrößen bzw. repräsentative Werte und die Finanzierungsseite durch die Pauschalannahme eines einheitlichen Zinsfußes dargestellt wird. Als Beispiel seien einperiodige (statische) Modelle der Investitionsrechnung genannt, in denen die Entscheidungskonsequenzen einer repräsentativen, d.h. mittleren Periode gezeigt werden (vgl. GROB 1992,

S. 814 ff.). Die einperiodige Betrachtung verlangt allerdings, anstelle von Ein- und Auszahlungen Leistungen und Kosten zu verrechnen. So wird anstelle der einmalig anfallenden Anschaffungsauszahlung im Investitionszeitpunkt der Kapitaldienst der repräsentativen Periode angesetzt.

Bei Typ 2 wird zwar die Finanzierung pauschal, die Investition dagegen detailliert beschrieben. Hierzu zählen Modelle der Investitionsrechnung, bei denen einer Investition zeitlich differenziert Zahlungen zugerechnet werden, während die finanzwirtschaftlichen Prämissen wie bei Typ 1 durch einen einheitlichen Zinsfuß repräsentiert werden (vgl. GROB 1992, S. 185 ff.). Umgekehrt sind detaillierte Finanzpläne mit einer Vielfalt an Kreditkonditionen denkbar, in denen das Investitionsvolumen exogen fixiert wird (Typ 3).

Bei Typ 4 werden die Annahmen der Investitions- und der Finanzierungsseite ausführlich spezifiziert. Dies ist sowohl bei I&F-Projekten als auch bei unternehmensweiten Modellen der Investitions- und Finanzplanung realisierbar (vgl. GROB 1989, S. 2). Unternehmensweite Totalmodelle werden von der Praxis wenig akzeptiert. Indes kommt ihnen theoretische Bedeutung zur Erklärung interdependenter Zusammenhänge zwischen der Investition und Finanzierung und damit eine wichtige Funktion bei der Wissensvermittlung zu.

2.2 Modellgestaltung

2.2.1 Die Zielfunktion

Ziele stellen Vorzugszustände dar, die durch bewußtes Handeln in einem bestimmten Zeitraum erreicht werden sollen (vgl. ADAM 1993, S. 83 ff.). Entscheidungslogisch stehen nicht etwa **Probleme**, sondern **Ziele** am Anfang eines komplexen Entscheidungsprozesses, da erst durch die Zieldefinition ein Problem im Sinne einer Zielabweichung identifizierbar ist.

Bei der Formulierung von Zielen sind bestimmte Anforderungen zu beachten *(vgl. ZELEWSKI A. 5.1.2)*. Gefordert wird, daß Ziele operational, konsistent und akzeptabel sein sollen (vgl. HILL/FEHLBAUM/ULRICH 1989, S. 141 ff.). Die Forderung nach **Operationalität** berücksichtigt, Ziele in bezug auf ihren Inhalt, ihr Ausmaß und ihren

Zeitbezug zu definieren. Der Anspruch auf **Konsistenz** betrifft die horizontalen und vertikalen Beziehungen im Zielsystem der Unternehmung. Durch die horizontale Betrachtung sollen Zielwidersprüche, aber auch Konkurrenzbeziehungen aufgedeckt und gehandhabt werden. Während Entscheidungsalternativen, die unaufhebbare Zielwidersprüche in sich bergen, eliminiert werden müssen, sollte bei Konkurrenzbeziehungen zwischen Zielen nach einer Austauschregel (z.B. einer Nutzenfunktion) gesucht werden, um einen Zielkompromiß anzustreben (vgl. BAMBERG/COENENBERG 1992, S. 43). Bezüglich der vertikalen Zielbeziehungen sind Ziele untergeordneter Hierarchieebenen als Mittel zum Zweck der Erreichung ranghöherer Ziele zu formulieren. Die Forderung nach **Akzeptanz** von Zielen wird im Hinblick auf die Motivierbarkeit von Führungskräften und Mitarbeitern erhoben, die für die Realisierung der Ziele verantwortlich sind und im Rahmen einer Zielkontrolle beurteilt werden sollen.

In bezug auf den Inhalt von Zielen in I&F-Modellen lassen sich monetäre und nicht-monetäre Ziele unterscheiden. Monetäre Ziele weisen die Dimension "Geldeinheiten" oder "Geldeinheit pro Zeiteinheit" auf. Zur weiteren Verdichtung der monetären Zielwerte werden häufig Kennzahlen (z.B. die Gesamtkapitalrentabilität) gebildet.

Zu den nicht-monetären Zielen zählen z.B. Bekanntheit und Macht sowie soziale und ökologische Kriterien. Ein Teil dieser Ziele ist quantitativ beschreibbar. Als Dimensionen kommen - außer Geldeinheiten - alle nur denkbaren Einheiten (z.B. technische Leistungseinheiten) in Frage. Nicht-quantifizierbare nicht-monetäre Ziele sind in bezug auf die Vorteilhaftigkeit von Entscheidungsalternativen durch Argumente beschreibbar, in denen die Vor- und Nachteile in bezug auf die Vorzugszustände verbal ausgedrückt werden. Die systematische Gegenüberstellung kann in einer Argumentenbilanz erfolgen. Zur Verdichtung der nicht-monetären Entscheidungskonsequenzen wird häufig die Nutzwertanalyse herangezogen (vgl. ZANGEMEISTER 1976). Schwerpunkt von I&F-Rechnungen sind Modelle mit monetären Zielen.

Zielvorgaben werden in Organisationen mit kooperierenden und konkurrierenden Individuen und Gruppen als Ergebnis von **Verhandlungsprozessen** interpretiert. Wie aber entsteht ein Ziel bei den Urzellen der Organisation, den Individuen? Jedes Individuum wirtschaftet, um trotz knapper Mittel seine unbegrenzten Bedürfnisse bestmöglich zu befriedigen. Diese These gilt nicht nur für Konsumenten - auch bei einer von einem **Unternehmer geleiteten Unternehmung** ist davon auszugehen, daß dieser gleichzeitig Konsument ist. Die Unternehmung ist hierbei als "Vehikel" anzusehen, das die wirtschaftlichen Voraussetzungen zur Bedürfnisbefriedigung schaffen soll (vgl. KOCH 1978, S. 889 ff.).

Eine Befriedigung von Konsumbedürfnissen setzt eine Entnahme finanzieller Mittel aus der Unternehmung voraus. Folglich ist das Ziel Entnahmemaximierung als "letztes" investitionstheoretisches Ziel anzuerkennen. Wenn anstelle der Entnahmemaximierung in I&F-Rechnungen als Zielsetzung beispielsweise Vermögensmaximierung vorgesehen wird, dann ist dieses Ziel als hierarchisch untergeordnet anzusehen, das die Konsistenzbedingung zu erfüllen hat. Bei Vermögenszielen dürfte die Akzeptanz anderer Organisationsmitglieder größer sein als bei einem unternehmerorientierten Entnahmeziel, da zwischen dem Vermögensziel und den individuellen Zielen von Organisationsteilnehmern (z.B. Entgeltziele, Karriereziele) harmonische Beziehungen vermutbar sind (vgl. WAGNER 1971, S. 92 ff.; WILLIAMSON 1985, S. 44 ff.).

In einer von Managern geführten Unternehmung (z.B. einer Aktiengesellschaft) müßten konsequenterweise die (Konsum-)Bedürfnisse des **Managers** in den Mittelpunkt der Analyse gerückt werden. Insofern wäre als Oberziel die Tantiememaximierung sowie die Realisierung von sog. Side-Payments durch Zurverfügungstellung von Sonderleistungen (z.B. Dienstwagen, symbolische Privilegien) anzusehen. Da dieses Ziel nicht operational formulierbar ist, könnte bei I&F-Entscheidungen in Geschäftsführerunternehmungen ebenfalls **Vermögensmaximierung** als konsistentes Ersatzziel angenommen werden.

Während in der **Investitionstheorie** vorrangig die Ziele Entnahmemaximierung und Vermögensmaximierung diskutiert werden, werden in der **Praxis der Investitionsrechnung** überwiegend finanzmathematisch ("formelorientiert") fundierte Zielinhalte angewandt (vgl. GROB/EVERDING 1992, S.68 ff.).

Diese Divergenz wirft Fragen nach der Beziehung zwischen den in I&F-**Theorie** und -**Rechnung** verwendeten Ziele auf. Zu ihrer Beantwortung sind zunächst die Investitions- und die Finanzierungsseite des Modells ("die beiden Seiten einer Medaille") zu spezifizieren.

2.2.2 Die Investitionsseite des Modells

2.2.2.1 Die Zahlungsfolge der Investition

Bei einer **unternehmensweiten** Betrachtung stellen **sämtliche** realwirtschaftlichen Vorgänge, wie Beschaffung, Produktion, Lagerung und Absatz, den Gegenstand der Investitionsseite des I&F-Modells dar. Zur Abbildung der Investitionsseite sind die realwirtschaftlichen Vorgänge durch die hierdurch verursachten Ein- und Auszahlungen auszudrücken. Eine mehrjährige Zusammenstellung dieser finanziellen Konsequenzen einer Investition wird als Zahlungsfolge bezeichnet. In der Literatur wird im allgemeinen anstelle des finanzmathematischen Begriffs "Zahlungsfolge" der Terminus "Zahlungsreihe" (manchmal auch "Zahlungsstrom") verwendet.

Bei der Zusammenstellung der Zahlungsfolge der "Investitionsseite" einer Unternehmung sind die in der Zukunft erwarteten bzw. geplanten Zahlungen des gesamten Produktions- und Absatzbereichs (einschließlich Beschaffung und Lagerung) einer Unternehmung zu erfassen. Eine standardisierte Klassifizierung der Elemente der Zahlungsfolge existiert nicht, da die im Einzelfall zu berücksichtigende Organisationsstruktur der Unternehmung eine wesentliche Determinante zur Modellierung dieser Daten darstellt. Beispielsweise wird in einer nach Profit Centern gegliederten Unternehmung im allgemeinen jeder Geschäftsbereich Daten liefern, die von der Zentrale zu aggregieren bzw. zu konsolidieren sind.

Da es methodisch unerheblich ist, ob die Vorgänge eines Investitionsprojektes oder der Investition "Unternehmung" betrachtet werden, sei im folgenden vorrangig der überschaubare Fall der Bildung eines partiellen Modells erörtert.

Die zeitliche Terminierung der Ein- und Auszahlungen für ein Investitionsprojekt kann taggenau erfolgen. Bei der Modellgestaltung ist es jedoch üblich, die Anschaffungsauszahlung auf den Beginn des ersten Jahres und die Ein- und Auszahlungen während der Nutzungsdauer auf das Ende eines jeden Jahres zu beziehen.

Die Elemente der Zahlungsfolge werden in Abbildung I. 4 klassifiziert. Gleichzeitig enthält die Abbildung auch die in diesem Beitrag zu verwendenden Symbole.

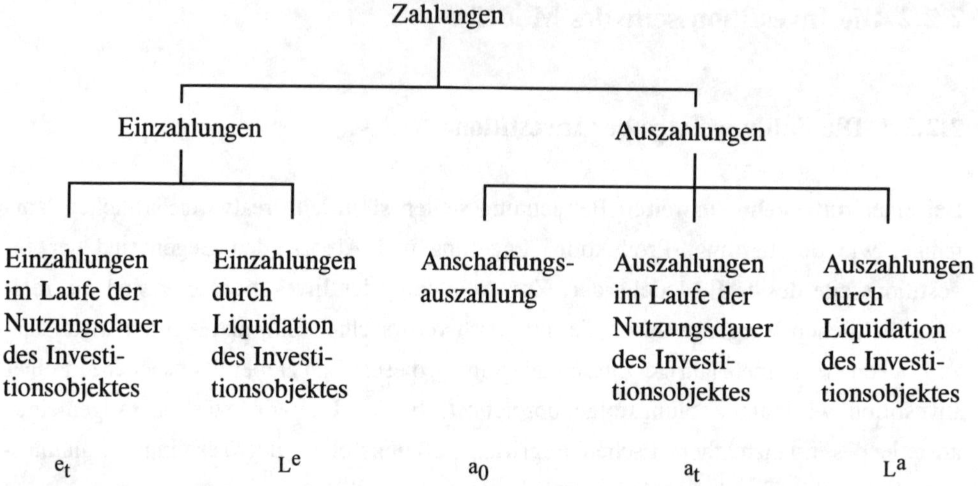

Abbildung I. 4: Die Elemente der Zahlungsfolge einer Investition

In I&F-Modellen werden häufig die folgenden Differenzgrößen verwendet:

$$d_t = e_t - a_t \qquad \text{für alle } t = 1, \ldots, n$$

$$L = L^e - L^a$$

mit:

d_t Einzahlungsüberschuß am Ende des Jahres t

L Liquidationsüberschuß am Ende der Nutzungsdauer

Die Zahlungsfolge der Investition lautet bei gegebener Nutzungsdauer in allgemeiner Form:

$$-a_0, d_1, \ldots, d_n + L$$

Bei noch nicht fixierter Nutzungsdauer sind auch alternative Liquidationsüberschüsse in Abhängigkeit vom **Liquidationszeitpunkt** zu prognostizieren. Die alternativen Zahlungsfolgen einer Investition mit variabler Nutzungsdauer von $T \in \{2, \ldots, n\}$ sind dann wie folgt zu formulieren:

$-a_0, d_1, d_2 + L_2$ für $T = 2$

$-a_0, d_1, d_2, d_3 + L_3$ für $T = 3$

.

.

.

$-a_0, d_1, \ldots, d_n + L_n$ für $T = n$

Mit dem folgenden Beispiel soll gezeigt werden, daß die Zahlungsfolge einer Investition auf einer Vielzahl von Prognosen aufbaut. Zur Vereinfachung sei hier von einer festen Nutzungsdauer ausgegangen.

Beispiel:

Ein Investitionsobjekt kann zu einem Preis von 24500 DM beschafft werden. Die Zahlung ist in $t=0$ fällig. Zu diesem Zeitpunkt ist das Wirtschaftsgut voll einsatzfähig. Bei der Investitionsrechnung ist eine Nutzungsdauer von 5 Jahren zugrunde zu legen. Während dieses Zeitraumes fallen gleichbleibende Auszahlungen zur Wartung des Objektes in Höhe von 9500 DM pro Jahr an.

Für das auf dem Aggregat herzustellende Produkt liegen folgende Daten vor: Die mit der Produktion verbundenen Auszahlungen für Materialverbrauch, Fertigungslöhne und Energieverbrauch belaufen sich auf 90 [DM/Stck]. Dieser Betrag ist für $t=1$ gültig. Es wird eine jährliche Erhöhung um jeweils 10 % der variablen Stückkosten des Vorjahres erwartet.

Der für $t=1$ geplante Absatzpreis beträgt 150 [DM/Stck]. Für die weitere Entwicklung ist von einer jährlichen Erhöhung um jeweils 10 % vom Preis des Vorjahres auszugehen. Für den Zeitraum der Nutzung des Investitionsobjektes ist folgende Nachfrageentwicklung prognostiziert worden:

Jahr	t=1	t=2	t=3	t=4	t=5	
Nachfrage	150	180	400	250	150	[Stck]

Abbildung I. 5: Prognostizierte Nachfrageentwicklung

Die Kapazität beträgt in den ersten drei Jahren 400 [Stck/Jahr]. Im 4. und 5. Jahr sinkt sie auf 300 [Stck/Jahr]. Eine Lagerhaltung der Produkte ist nicht möglich. Am Ende der Nutzungsdauer ist mit einem Liquidationsüberschuß in Höhe von 2000 DM zu rechnen.

Bezüglich der Kosten und Erlöse gelten folgende Annahmen:

- sämtliche Kosten (außer Abschreibungen) führen im gleichen Jahr zu Auszahlungen,
- sämtliche Marktleistungen (Erlöse) führen im gleichen Jahr zu Einzahlungen.

Anzumerken ist, daß die laufenden Ein- und Auszahlungen auf das jeweilige Jahresende zu beziehen sind.

Die Zahlungsfolge der Investition kann unter Verwendung der oben angegebenen Daten wie folgt berechnet werden:

	t=0	t=1	t=2	t=3	t=4	t=5
Anschaffungsauszahlung	24500					
Kapazität		400	400	400	300	300
Absatz = Produktion		150	180	400	250	150
Absatzpreis/Stck		150	165	181,50	200	220
Absatzerlös = Einzahlung		22500	29700	72600	49913	32942
variable Auszahlung/Stck		90	99	109	120	132
variable Auszahlungen		13500	17820	43560	29948	19765
fixe Auszahlungen		9500	9500	9500	9500	9500
Liquidationsüberschuß						2000
Zahlungsfolge der Investition	**-24500**	**-500**	**2380**	**19540**	**10465**	**5677**

Abbildung I. 6: Ermittlung der Zahlungsfolge der Investition

2.2.2.2 Probleme bei der Bestimmung der Zahlungsfolge einer Investition

a) Prognoseprobleme

In der Literatur wird häufig zwischen I&F-Entscheidungen unter Sicherheit und unter Unsicherheit bzw. Ungewißheit unterschieden (vgl. BLOHM/LÜDER 1991, S. 231; KRUSCHWITZ 1993, S. 245). Diese Klassifikation ist lediglich unter didaktischen Aspekten sinnvoll. In der Realität stellen I&F-Entscheidungen grundsätzlich Entscheidungen unter **Ungewißheit** dar. Gleichwohl ist es sinnvoll, **deterministische** Modelle mit einwertigen Daten und monistischen Zielfunktionen (vgl. DIEDERICH 1988, S. 37) zu entwickeln. Diese einwertigen Ergebnisse sind als Elemente einer Entscheidungsmatrix anzusehen, in der beliebig viele Datensituationen enthalten sind, über deren

Eintritt Ungewißheit besteht (vgl. KRUSCHWITZ 1993, S. 244). Häufig werden diesen Datensituationen Wahrscheinlichkeitskoeffizienten zugeordnet, mit denen die subjektive Eintrittserwartung quantitativ ausgedrückt wird. Diese Koeffizienten werden als subjektive Wahrscheinlichkeiten bezeichnet (vgl. SCHNEIDER, S. 342 ff.).

Ein mit Sicherheit erwartetes Ereignis würde mit einer Wahrscheinlichkeit von 1 "bewertet", während bei Gewißheit des Nichteintritts eine Wahrscheinlichkeit von Null anzusetzen ist. Einem ungewissen Ereignis wird folglich eine Wahrscheinlichkeit zugeordnet, die größer als 0 und kleiner als 1 ist. Bei mutmaßlich vollständiger Formulierung sich gegenseitig ausschließender Datensituationen oder Szenarien ist die Summe der Wahrscheinlichkeiten gleich 1.

Die Struktur einer solchen Entscheidungssituation ist wie folgt darstellbar:

	D_1 w_1	...	D_m w_m
A_1 . . . A_n	K_{11} . . . K_{n1}	... ...	K_{1n} . . . K_{nm}

Abbildung I. 7: Aufbau einer Entscheidungsmatrix

mit:

$A_1,\ldots,A_m$ Investitionsalternativen

$D_1,\ldots,D_m$ Datensituationen (Szenarien)

$w_1,\ldots,w_m$ Subjektive Wahrscheinlichkeiten

$K_{11},\ldots,K_{nm}$ Entscheidungskonsequenzen der Alternativen in bezug auf die Datensituationen 1, …, m

Für einzelne Parameter (z.B. Absatzpreise) können auch Unter- und Obergrenzen bestimmt werden, die den Datensituationen D_1 und D_m zugewiesen werden. Zwischen diesen Grenzwerten kann der zu variierende Parameter beliebig festgelegt werden, um die Entscheidungskonsequenzen zu berechnen.

In der entscheidungstheoretischen Literatur werden Ansätze erörtert, in denen die ungewissen Entscheidungskonsequenzen einer Alternative zu einem Nutzwert verdichtet werden (vgl. ADAM 1993, S. 209 und *OSSADNIK B. 2.1*). Zu diesem Zwecke ist es erforderlich, die Risikoeinstellung des Entscheidungsträgers zu quantifizieren. Risikoscheues Verhalten zeigt sich darin, daß ein zunehmender monetärer Zielwert mit einem unterproportionalen Anstieg des Risikonutzens verbunden ist. Die mit Wahrscheinlichkeiten gewichteten Teilnutzen der denkbaren Umweltsituationen werden zum Erwartungswert des Risikonutzens einer Entscheidungsalternative (vgl. SCHNEIDER, S. 371 ff.) aggregiert.

Wenn Eintrittswahrscheinlichkeiten für denkbare Datensituationen, Szenarien oder Parameterniveaus vorliegen, muß dies nicht automatisch zur Folge haben, daß diese Wahrscheinlichkeiten auch zur **Berechnung** von Zielwerten in Form von Erwartungswerten und Streuungsmaßen verwendet werden. Eine grafische Umsetzung der mit subjektiven Wahrscheinlichkeiten erwarteten Entscheidungskonsequenzen zu Risikoprofilen bietet eine informativere Visualisierung zur Unterstützung der Entscheidung, bei der keine Eingabedaten durch Verdichtung "weggerechnet" werden. Das Abwägen und Auswählen erfolgt dann nicht mehr aufgrund eines Vergleichs der rechnerisch verdichteten monistischen Zielwerte, sondern bleibt der mehrdimensionalen Beurteilung des Entscheidungsträgers überlassen (vgl. HERTZ 1964; MÜLLER-MERBACH 1988, S. 463 ff.).

Abbildung I. 8 enthält ein Beispiel, in dem die mit Wahrscheinlichkeiten erwarteten Mindestzielwerte von Investition und Opportunität grafisch dargestellt werden.

Aus der Grafik geht hervor, daß z.B. der als sicher angenommene Zielwert der Opportunität mit einer Wahrscheinlichkeit von 0,7 mindestens auch durch die Investition erzielbar ist.

Daß bei I&F-Entscheidungen die Prognose der Zahlungsfolge einer Investition erhebliche Probleme bereitet, ist unumstritten. Indes sollte die Problematik in Abhängigkeit von den zu schätzenden Parametern differenziert gesehen werden. So ist die Prognose der **Anschaffungsauszahlungen** unproblematisch, wenn das Investitionsprojekt im Detail spezifiziert werden kann und Angebotspreise einholbar sind (vgl. BLOHM/LÜDER 1991, S. 144). Schwieriger ist die Vorhersage bei Projekten, deren Komponenten noch nicht endgültig festliegen. Dies ist häufig bei innovativen Investitionen der Fall.

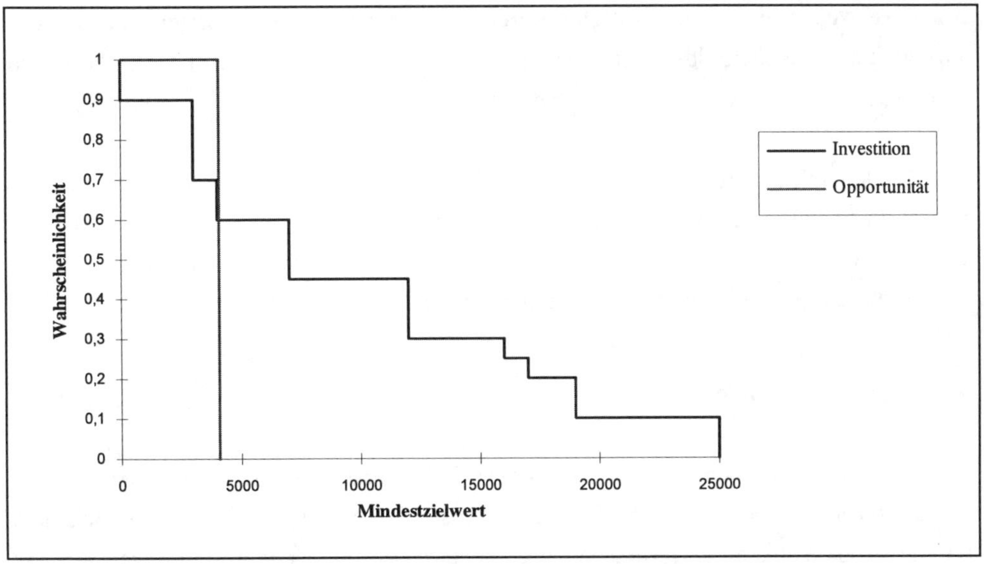

Abbildung I. 8: Visualisierung von Entscheidungsergebnissen bei Ungewißheit

Die Prognose der **Auszahlungen** während der Nutzungsdauer dürfte bezüglich der regelmäßigen Auszahlungen, z.B. für Wartung, Löhne, Versicherungen häufig unproblematisch sein. Schwierig ist jedoch die Vorhersage, wenn die Auszahlungen von der Inanspruchnahme des Investitionsprojektes abhängig sind, da diese von der Konjunktur, der Branchen- und Konkurrenzentwicklung und der damit verbundenen Nachfrage beeinflußt wird.

Falls dem Investitionsprojekt auch **Einzahlungen** zurechenbar sind, gilt für deren Prognose die gleiche Überlegung wie für die beschäftigungsabhängigen Auszahlungen im Laufe der Nutzungsdauer. Zusätzlich sind bei der Prognose von Einzahlungen absatzpolitische Überlegungen anzustellen, die a priori mit einem hohen Maß an Ungewißheit verbunden sind. Streng genommen müßte gefordert werden, sämtliche absatzpolitischen Entscheidungen während der Nutzungsdauer des Investitionsprojektes, soweit sie monetäre Konsequenzen aufweisen, zu antizipieren. Daß in der Praxis häufig mit Pauschalannahmen gearbeitet werden muß, dürfte unmittelbar einleuchten.

Die Prognose der Zahlungen bei der **Liquidation** des Investitionsobjektes sind allein schon deshalb mit großer Ungewißheit behaftet, da sie im spätest möglichen Zeitpunkt anfallen. In praktischen Investitionsrechnungen werden sie häufig mit dem Hinweis auf die Prämisse, Liquidationseinzahlungen und -auszahlungen würden sich zu Null kompensieren, vernachlässigt. Tatsächlich gewinnen die Liquidationsauszahlungen in einigen

Branchen wegen der ständig schärfer werdenden Entsorgungsbedingungen immer mehr an Bedeutung. Deshalb dürfen sie, wenngleich sie auch die größte zeitliche Distanz zum Planungshorizont aufweisen, keineswegs vernachlässigt werden.

Die Problematik der Prognose steigt erheblich, wenn anstelle einer projektbezogenen eine unternehmensweite Modellierung der Entscheidungskonsequenzen erfolgt. Insbesondere sind dann bezüglich der Ungewißheitsanalyse Vergröberungen zu akzeptieren, da die Anzahl der ungewissen Datensituationen um ein Vielfaches größer ist.

b) Zurechnungsproblem

Das Zurechnungsproblem ist kein spezifisches I&F-Problem, sondern ein generelles Bewertungsproblem, das bei der Partialisierung eines Entscheidungsfeldes auftritt. Beispiele für die Problematik einer verursachungsgerechten Zurechnung von Wirkungen auf das Bezugsobjekt sind die periodengerechte Erfolgsermittlung, die Kalkulation von Kuppelprodukten oder die leistungsgerechte Entlohnung.

Bei projektbezogenen I&F-Problemen ist zu klären, welche Ein- und Auszahlungen einer Investition zuzurechnen sind. Zur Zurechnung der Zahlungen kommen zwei Konzepte in Frage:

Das durch finanzmathematischen Formalismus gekennzeichnete **klassische Konzept** der Investitionsrechnung (vgl. als Beispiel GROB/EVERDING 1992, S. 68 ff.; HAX 1985, S. 12 ff.; SCHULTE 1986, S. 21 ff.) sieht als Elemente der Zahlungsfolge Differenzgrößen vor. Beim moderneren **finanzplanorientierten Konzept** (vgl. als Beispiel GROB 1989, S. 5 ff.; KRUSCHWITZ 1993, S.46 ff.) werden Originalgrößen betrachtet. So werden bei der klassischen Behandlung einer Ersatzinvestition die Mehrauszahlungen der neuen gegenüber der alten Anlage in der Zahlungsfolge erfaßt, während beim finanzplanorientierten Konzept sowohl für das neue als auch für das alte Objekt separate Zahlungsfolgen mit den Originaldaten prognostiziert werden (vgl. GROB 1993, S.23 ff.).

Ein methodisches Hilfsmittel zur Ermittlung der Elemente einer Zahlungsfolge ist die With-without-Methode (vgl. LEFFSON 1973, S. 76 ff.; SCHNEIDER 1980, S. 222). Im "With-Fall" wird die finanzielle Entwicklung der Unternehmung "mit" der **Investition** aufgestellt, während im "Without-Fall" diese "ohne die Investition" ermittelt wird. Im letzteren Fall tritt anstelle der Investition die konkurrierende Alternative - die **Opportunität**. Lediglich bei ausschließlicher Fremdfinanzierung - wenn also die Alternative zur Investition die Unterlassungsalternative darstellt - sind die Elemente der Zahlungsfolge des Without-Falls gleich Null und können von vornherein vernachlässigt werden. Die Differenz der Elemente von With- und Without-Zahlungsfolge stellt die verursachungsgerecht zugerechnete Zahlungsfolge der Investition dar. Es sind also die **zusätzlichen** Zahlungen, die durch eine Investitionsentscheidung ausgelöst werden. In der klassischen Investitionsrechnung stellt dies die Zahlungsfolge der Investition dar. Das finanzplanorientierte Konzept sieht dagegen vor, sowohl für den With-Fall ("mit Investition") und für den Without-Fall ("ohne die Investition") Zahlungsfolgen abzubilden. Erst durch Gegenüberstellung der jeweils verdichteten **Zielwerte** wird der zusätzliche Zielbeitrag durch ein zusätzliches Wirtschaftsgut bestimmt.

Zur Verdeutlichung dieser beiden Konzepte sei nun ein einfaches Beispiel erörtert. Angenommen, ein Konzern plane die Errichtung eines Zweigwerkes mit einem Investitionsvolumen von 100 Mio DM. Die jährlichen Einzahlungsüberschüsse betragen auf Dauer 20 Mio DM. Durch die Errichtung des Zweigwerkes verliere das Hauptwerk durch Abwanderung von Kunden Jahr für Jahr Einzahlungen in Höhe von 2 Mio DM. Ohne die neue Investition wird der Einzahlungsüberschuß des Hauptwerks auf Dauer in Höhe von 40 Mio DM pro Jahr geschätzt. Welche Zahlungen sind dem Investitionsobjekt "Errichtung eines Zweigwerkes" zuzurechnen?

Neben der Anschaffungsauszahlung von 100 Mio DM sind die Einzahlungsüberschüsse von 18 Mio DM pro Jahr entscheidungsrelevant. Dieses offensichtliche Ergebnis läßt sich mit der With-without-Methode **schematisch** erzielen. Die Gegenüberstellung der relevanten Daten erfolgt in Abbildung I. 9:

	With-Fall		Without-Fall	Differenz
t	Zweigwerk	Hauptwerk	Hauptwerk	
0	-100	-	-	-100
1	20	38	40	18
.	.	.	.	.
.	.	.	.	.
.	.	.	.	.

Abbildung I. 9: Ermittlung der Zahlungsfolge einer Investition

Die Zahlungsfolge für die klassische Investitionsrechnung lautet also:

-100, 18, ...

Dagegen ist bei der finanzplanorientierten Investitionsrechnung mit zwei Zahlungsfolgen zu arbeiten. Für den With-Fall, der die Situation der Gesamtunternehmung mit Investition darstellt, lautet sie:

-100, 20 + 38, ...

Für den Without-Fall (die Fortschreibung des Status-quo) beträgt sie:

0, 40, ...

Während bei diesem einfachen Beispiel die Ergebnisse **offensichtlich** sind, dürfte in komplizierteren Fällen die Notwendigkeit einer schematischen Ermittlung mit der With-without-Methode deutlich werden (vgl. GROB 1989, S. 25 f., Fußnote 44).

2.2.3 Die Finanzierungsseite des Modells

2.2.3.1 Die Zahlungsfolge der Finanzierung

a) Darstellung der Elemente

Der **Mittelverwendung** für Sachanlagen, immaterielle Wirtschaftsgüter und Finanzanlagen steht die finanzwirtschaftliche Seite der **Mittelherkunft** gegenüber. Dabei interessieren nicht nur die Finanzierung der Anschaffungsauszahlung einer Investition, sondern auch die laufenden Dispositionen über Kredite und Reinvestitionen. Ein Abgrenzungsproblem zwischen Investition und Finanzierung ergibt sich bei den Reinvestitionen. Individuell definierte Reinvestitionen in Form von Zugängen an Sachanlagen, immateriellen Wirtschaftsgütern und Finanzanlagen sind der Investitionsseite zuzurechnen und stellen folglich Elemente der Zahlungsfolge der Investition dar. In I&F-Modellen werden jedoch häufig Reinvestitionen global als laufende Geldanlagen betrachtet und der Finanzierung zugerechnet. Dieser Aspekt ist "ordnungspolitischer" Natur - entscheidungsrelevant ist natürlich nur die Rentabilität von Reinvestitionen.

Die Elemente der Zahlungsfolge der Finanzierung einschließlich ihrer Symbole gehen aus der folgenden Übersicht hervor:

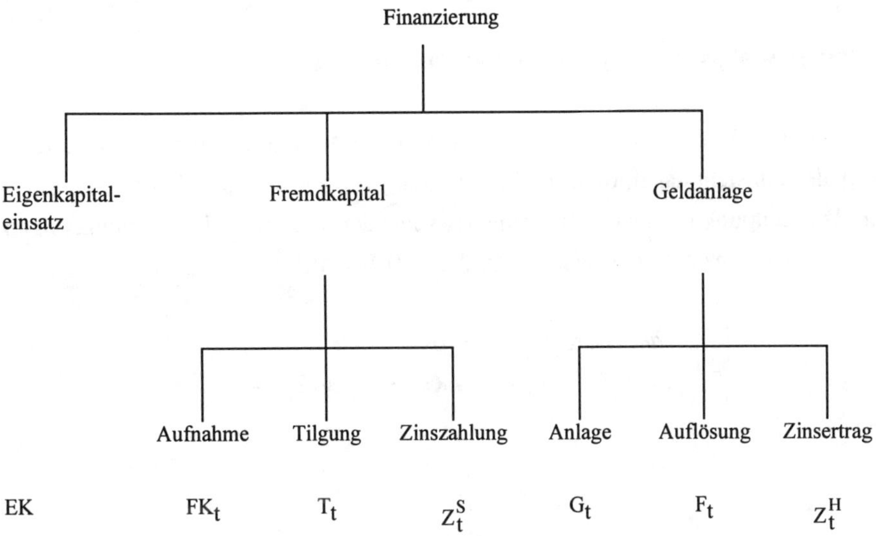

Abbildung I. 10: Elemente der Zahlungsfolge der Finanzierung

Eine zeitbezogene Darstellung der Zahlungsfolge der Finanzierung führt zu folgendem Schema:

t=0	t=1	t=2	t=n
EK FK_0	FK_1 $-T_1$ $-Z_1^S$ $-G_1$ $+F_1$ $+Z_1^H$	. . .	FK_n $-T_n$ $-Z_n^S$ $-G_n$ $+F_n$ $+Z_n^H$

Abbildung I. 11: Schematische Darstellung der Zahlungsfolge der Finanzierung

Die Zahlungsfolge der Finanzierung lautet somit:

$$EK + FK_0, \quad FK_1 - T_1 - Z_1^S - G_1 + F_1 + Z_1^H, \quad \ldots, \quad FK_n - T_n - Z_n^S - G_n + F_n + Z_n^H$$

Exkurs: Zahlungsfolgen von Investition und Finanzierung

Daß Investition und Finanzierung als zwei Seiten einer Medaille aufzufassen sind, zeigt sich in formaler Hinsicht darin, daß sich ihre Zahlungsfolgen elementweise zu Null kompensieren. Die zeitpunktbezogene Zusammenfassung der Elemente der Zahlungsfolgen von Investition und Finanzierung *(vgl. hierzu 2.2.2.1)* lautet:

$$\begin{aligned} -a_0 + EK + FK_0 &= 0 \\ d_1 + FK_1 - T_1 - Z_1^S - G_1 + F_1 + Z_1^H &= 0 \\ &. \\ &. \\ &. \\ d_n + FK_n - T_n - Z_n^S - G_n + F_n + Z_n^H &= 0 \end{aligned}$$

In den folgenden Gleichungen stehen die Elemente der Zahlungsfolge der **Investition** auf der linken und die der **Finanzierung** auf der rechten Seite - die "beiden Seiten der Medaille":

$$\begin{aligned} -a_0 &= -(EK + FK_0) \\ d_1 &= -(FK_1 - T_1 - Z_1^S - G_1 + F_1 + Z_1^H) \\ &. \\ &. \\ &. \\ d_n &= (FK_n - T_n - Z_n^S - G_n + F_n + Z_n^H) \end{aligned}$$

b) Probleme

Analog zur Investitionsseite existieren auch bei der Finanzierungsseite Prognose- und Zurechnungsprobleme. Die Prognose der Elemente der Zahlungsfolge einer Finanzierung ist im allgemeinen leichter zu lösen als bei Investitionen. Sofern langfristige Kreditverträge geschlossen werden, können die Daten sogar deterministisch sein. Aber auch die Vorhersage von Konditionen zukünftiger Kredite stellt im allgemeinen kein unüberschaubares Problem dar.

Schwieriger ist die Schätzung von Reinvestitionsrenditen. In der Praxis wird häufig pauschal angenommen, die von der Unternehmung in der Vergangenheit erzielte Rendite sei auch in der Zukunft realisierbar. Auch werden die von der Unternehmensleitung gewünschten Mindestverzinsungen als Reinvestitionsrenditen angesetzt. Dies ist natürlich nur dann betriebswirtschaftlich sinnvoll, wenn diese durch zukünftige Investitionen auch tatsächlich realisiert werden können.

Generell gilt, daß die Zurechnung einzelner Kredite auf spezielle Investitionen als problematisch anzusehen ist, da die finanzielle Sphäre einer Unternehmung unteilbar ist. Jedoch sind immer dann, wenn für eine bestimmte Investition zusätzliche Kredite aufgenommen werden, diese eindeutig zurechenbar. Wenn dann die Anschaffungsauszahlung die Höhe der aufgenommenen Kredite übersteigt, so folgt daraus, daß zur Finanzierung eigene Mittel eingesetzt worden sind. In der Investitions- und Finanzierungstheorie wird für diese Residualgröße der Begriff "Eigenkapital" im Sinne eigener liquider Mittel verwendet.

Wenn nicht nur eine einzelne Investition, sondern mehrere Projekte gleichzeitig realisiert werden sollen, ist eine projektbezogene Zurechnung von Krediten nicht möglich. Stattdessen müssen im Rahmen der I&F-Programmplanung Investitions- und Kredit**bündel** definiert werden.

Erfolgt trotz der Unteilbarkeitsprämisse eine Zurechnung von Finanzierungsmaßnahmen auf eine bestimmte Investition, so ist dies der Preis dafür, anstelle einer aufwendigen Totalplanung einfache Partialmodelle einzusetzen.

2.2.3.2 Pauschale Darstellung der Finanzierungsseite durch Kalkulationszinsfüße

Während bei der detaillierten Abbildung der Finanzierungsseite eines I&F-Modells die Zahlungsfolge der Finanzierung mit sämtlichen Elementen, wie Eigenkapitaleinsatz, Fremdkapital- und Geldanlagedispositionen zu prognostizieren ist, werden bei einer vergröberten Darstellung die finanziellen Konsequenzen ausschließlich durch **einen** Zinsfuß ausgedrückt: den **Kalkulationszinsfuß**.

Der Kalkulationszinsfuß stellt somit eine Pauschalannahme dar (zu konkurrierenden Ansätzen vgl. GROB 1989, S. 188 ff.). Er ist als äquivalenter Parameter anzusehen, durch den **zum einen** im Investitionszeitpunkt Detailannahmen über die Sollzinsen der zur Finanzierung der Anschaffungsauszahlungen aufzunehmenden Kredite sowie den Opportunitätskostensatz für die anderweitige Anlage der im Investitionszeitpunkt zur Verfügung stehenden eigenen liquiden Mittel implizit zum Ausdruck gebracht werden; **zum anderen** muß der Kalkulationszinsfuß auch die im Laufe der Nutzungsdauer anfallenden Habenzinsen für Geldanlagen bzw. Renditen für reale Reinvestitionen sowie weitere dispositionsabhängige Kredite und die zukünftigen Opportunitätskostensätze repräsentieren.

Aus diesem Grundc ist bei einer Investition, die vollständig mit Fremdkapital finanziert wird, als Kalkulationszinsfuß nur dann der Sollzinsfuß dieses Kredites anzusetzen, wenn zwischenzeitlich (also zu den Zeitpunkten $t=1, \ldots, n\text{-}1$) keine weiteren Kredite zu anderen Konditionen aufgenommen werden und wenn sich zwischenzeitlich keine Reinvestitionen zu einer Rendite verzinsen, die vom Sollzinsfuß des Anfangskredites abweicht.

Analoge Überlegungen gelten für Investitionen, die ausschließlich mit Eigenkapital finanziert werden. Hier wird der Kalkulationszinsfuß nur dann durch den Opportunitätskostensatz repräsentiert, wenn dieser auch sämtliche Reinvestitionen zu den Zeitpunkten $t=1, \ldots, n\text{-}1$ widerspiegelt und zwischenzeitlich keine Kredite zu Zinssätzen, die vom Opportunitätskostensatz abweichen, aufgenommen werden.

Für den Fall einer Finanzierung mit Eigen- und Fremdkapital wird in der Literatur vorgeschlagen, als Kalkulationszinsfuß einen Mischzinsfuß zu verwenden (vgl. SCHNEIDER 1973, S. 68 f.). Dieser Mischzinsfuß ist wie folgt definiert:

$$i = \frac{FK \cdot i_S + EK \cdot i_O}{FK + EK}$$

mit:

EK Eigenkapital

FK Fremdkapital

i_O Opportunitätskostensatz

i_S Sollzinsfuß

Während $FK \cdot i_S$ **pagatorische** Zinsen darstellen, handelt es sich bei dem Term $EK \cdot i_O$ um **Opportunitätszinsen**.

Offensichtlich ist ein solcher Mischzinsfuß nur dann theoretisch akzeptabel, wenn das Verhältnis von Eigen- zu Fremdkapital im Zeitablauf konstant bleibt und auch die Zinssätze festgeschrieben sind. Da aber im Normalfall das Fremdkapital im Laufe der Nutzungsdauer einer Investition abgelöst wird und durch die Investitions- und Finanzierungsaktivitäten die Kapitalstruktur im Zeitablauf beeinflußt wird, ist der auf den Zeitpunkt $t=0$ bezogene Mischzinsfuß als Kalkulationszinsfuß nicht akzeptabel.

Unter Berücksichtigung der periodenspezifischen Zinsen und der Kapitalbindung im Zeitablauf wurde das Konzept "periodenspezifischer Mischzinsfüße" entwickelt (vgl. GROB 1982b, S. 386 ff.). Der Ansatz dieser dynamisierten Kalkulationszinsfüße in formelorientierten Modellen führt zu Zielwerten, die auch bei einer finanzplanorientierten Methode realisiert würden. Praktisch erübrigt sich jedoch eine derartige Rechnung mit zeitvariablen Kalkulationszinsfüßen, da in Nebenrechnungen bereits detaillierte Daten über die Entwicklung finanzieller Bestände vorliegen. Der Wert dieses Ansatzes liegt deshalb in der Erhellung theoretischer Implikationen.

Der periodenspezifische Mischzinsfuß ist wie folgt definiert:

$$i_t = \frac{\sum_j ZS^M_{j,t+1} - \sum_k ZH^M_{k,t+1} + ZH^O_{t+1}}{\sum_j K^M_{j,t} - \sum_k GH^M_{k,t} + GH^O_t}$$

mit:

i_t Periodenspezifischer Kalkulationszinsfuß

$ZS^M_{j,t+1}$ in $t+1$ gezahlte Sollzinsen des Kredites j bei Durchführung der Investition

$ZH^M_{k,t+1}$ in $t+1$ eingenommene Habenzinsen der Anlage k bei Durchführung der Investition

ZH^O_{t+1} Habenzinsen in $t+1$ bei Durchführung der Opportunität

$K^M_{j,t}$ Kreditstand des Kredites j in t bei Durchführung der Investition

$GH^M_{k,t}$ Guthabenstand der Anlage k in t bei Durchführung der Investition

GH_t^O Guthabenstand in t bei Durchführung der Opportunität

Die mit dem hochgestellten Index *"M"* gekennzeichneten Größen sind Nebenrechnungen bei Durchführung der **Investition** zu entnehmen, die mit *"O"* versehenen Variablen denjenigen bei Durchführung der **Opportunität**. Ein Beispiel zum Konzept der periodenspezifischen Mischzinsfüße wird weiter unten erörtert, wenn der Zusammenhang zwischen formel- und finanzplanorientierten Methoden transparent gemacht wird.

2.2.4 Erweiterung der Modelle um Steuern

Sowohl die Investitions- als auch die Finanzierungsseite des Modells ist zur Steigerung der Realitätsnähe um steuerliche Konsequenzen zu erweitern, so daß die Elemente der Zahlungsfolge von Investition und Finanzierung und somit die Zielinhalte (z.B. der Endwert) "nach Steuern" definiert sind (vgl. SCHNEIDER 1990, S. 159 ff.). Die Einbeziehung der Steuern verlangt also keine neue Dimension, sondern lediglich eine Modifikation jeder der beiden ursprünglichen "Seiten der Medaille".

Bezüglich der Investitionsseite ist zu berücksichtigen, daß anstelle der Anschaffungsauszahlungen Abschreibungen in die ertragsteuerlichen Bemessungsgrundlagen eingehen. Die laufenden Ein- und Auszahlungen sowie der Liquidationsüberschuß werden grundsätzlich betrags- und zeitgleich in der steuerlichen Bemessungsgrundlage erfaßt. I&F-Modelle müssen jedoch auch in der Lage sein, Abweichungen zwischen dem Zeitpunkt der steuerlichen Relevanz und dem der Liquiditätswirksamkeit sowie die Konsequenzen spezieller Vorschriften des Handels- und Steuerrechts (z.B. Einbeziehung von Rückstellungen) abzubilden (vgl. GROB 1989, S. 28 ff.).

Bezüglich der Finanzierungsseite sind die steuerlichen Konsequenzen von Zinsen und Disagien zu erfassen. Kreditaufnahme und -tilgung bzw. Geldanlage und -rückfluß sind steuerlich unerheblich.

In der folgenden Staffel wird gezeigt, aus welchen in I&F-Modellen vorzusehenden Komponenten die Bemessungsgrundlage für die Einkommensteuer zusammenzusetzen ist.

Einzahlungsüberschuß (incl. Liquidationsüberschuß)
– Abschreibungen (incl. Verteilung von Disagien)
– Zuführungen zu den Rückstellungen
+ Auflösung von Rückstellungen
– Gewerbesteuer (Ertragsteueranteil)
– Sollzinsen
+ Habenzinsen

Bemessungsgrundlage für die Einkommensteuer

Steuerzahlungen können im Modell als derivative oder originäre Zahlungen abgebildet werden. Während originäre Zahlungen unmittelbar in die Zahlungsfolge der Investition bzw. der Finanzierung einzubeziehen sind, werden derivative Zahlungen erst im Verlauf der Verdichtung der Zahlungsfolge - somit im Zielermittlungsprozeß - ermittelt (vgl. MELLWIG 1985, S. 2 ff.). Bei der Modellierung sollte der Grundsatz verfolgt werden, zur Erhöhung der Konsistenz und Robustheit des Modells möglichst sämtliche Steuern als derivative Zahlungen zu formulieren. Ziel dieser Modellierungskonzeption ist die integrierte Ermittlung der steuerartenspezifischen Bemessungsgrundlagen.

Steuerzahlungen umfassen insbesondere Ertragsteuern und Substanzsteuern. Zur vollständigen Erfassung sollten aber auch bei Bedarf Grunderwerbsteuern, Gesellschaftsteuern, Kfz-Steuern usw. berücksichtigt werden. Zu den Ertragsteuern zählen die Einkommensteuer, Kirchensteuer bzw. Körperschaftsteuer sowie der ertragsteuerliche Teil der Gewerbesteuer (Gewerbeertragsteuer) (vgl. ROSE 1992, S. 25 ff.). Die Substanzsteuern beinhalten die Vermögensteuer sowie die kapitalsteuerliche Komponente der Gewerbesteuer (Gewerbekapitalsteuer) einschließlich der Grundsteuer (vgl. ROSE 1991, S. 17 ff.).

2.3 Verdichtung von Zahlungsfolgen und Präsentation der Daten

2.3.1 Verdichtungsmöglichkeiten

Die Zielwerte von I&F-Modellen können entweder auf der Basis von Formeln oder von Finanzplänen verdichtet werden. Die formelorientierten Modelle sind finanzmathematisch fundiert. Dabei werden Methoden der Zinseszins- sowie der Rentenrechnung verwendet (vgl. GROB/EVERDING 1992, S. 68 ff.). Gegenstand tabellenorientierter Verfahren sind Finanzpläne, aus denen die Entwicklung der finanziellen Mittel während des Planungszeitraums ablesbar ist. Wegen der zeitlichen Verknüpfung der Variablen sind finanzplanorientierte Modelle als Simulationsmodelle charakterisierbar. Eine standardisierte Methode der finanzplanorientierten Investitionsrechnung stellt die vollständige Finanzplanung dar (vgl. HEISTER 1962, S. 36 ff.; GROB 1989, S. 5 ff.). In den folgenden Ausführungen werden zunächst die formelorientierten Ansätze dargestellt. Wenn hierbei in einem ersten Schritt das als Grundmodell bezeichnete Konzept unter Vernachlässigung von Steuern erörtert wird und erst in einem zweiten Schritt die Ertragsteuern in das Modell integriert werden, so erfolgt dies aus didaktischen Gründen - die "Einbeziehung von Steuern bei der Investitionsrechnung ... ist evident" (GROB 1990, S. 209).

Nach einer Präsentation der finanzplanorientierten Methode, die den Schwerpunkt dieses Beitrags bildet, erfolgt ein Vergleich beider Konzepte.

2.3.2 Methoden zur Verdichtung von Zahlungsfolgen

2.3.2.1 Formelorientierte Methoden

a) Das Grundmodell

Die finanzmathematische Verdichtung eines Elementes einer Zahlungsfolge auf den einheitlichen Bezugszeitpunkt t^* stellt den Gegenwartswert dieser Zahlung in bezug auf t^* dar (vgl. GROB 1992, S. 185 ff.). Dabei wird für eine in der Zukunft fällige Zahlung ein finanzmathematisch äquivalenter Wert zu einem früheren Zeitpunkt durch **Abzinsung** mit einem geeigneten Kalkulationszinsfuß bestimmt. Liegt der Bezugszeitpunkt des finanzmathematischen Äquivalents **nach** dem Zeitpunkt der betrachteten Zahlung, so ist eine **Aufzinsung** vorzunehmen.

Die generelle Formel zur Verdichtung **sämtlicher** Elemente einer Zahlungsfolge auf einen beliebigen Zeitpunkt t^* ist die Vorschrift zur Bestimmung des Gegenwartswertes. Dieser ist wie folgt definiert:

$$G_{t*} = \sum_{t=0}^{n} d_t \cdot q^{t*-t}$$

mit:

G_{t*} Gegenwartswert zum Zeitpunkt t^*

d_t Einzahlungsüberschuß im Zeitpunkt t

q Zinsfaktor ($q = 1 + i$)

i Kalkulationszinsfuß

n Periodenanzahl des Betrachtungszeitraumes

Zwischen dem Gegenwartswert und den klassischen Verfahren

- Kapitalwert,
- Annuität,
- interner Zinsfuß und
- Pay-off-Periode

bestehen folgende Beziehungen:

- Der **Kapitalwert** ist der Gegenwartswert in bezug auf $t^*=0$.
- Der **zusätzliche Endwert** (auch als Endvermögenszuwachs bezeichnet) ist der Gegenwartswert in bezug auf $t^*=n$.
- Die **Annuität** stellt die finanzmathematisch exakte gleichmäßige Verteilung des Gegenwartswertes auf den Zeitraum vom Ende des ersten bis zum Ende des letzten Jahres der Nutzungsdauer dar.
- Der **interne Zinsfuß** der Investition ist derjenige Kalkulationszinsfuß, bei dem jeder Gegenwartswert (also auch der Kapitalwert) gleich Null ist.
- Die **Pay-off-Periode** ist diejenige Periode, in der jeder Gegenwartswert erstmalig Null oder positiv ist.

Die Formeln der aus dem Gegenwartswert abgeleiteten klassischen Zielwerte, die als "Namenspatron" für die entsprechenden Methoden fungieren, sind in der unten stehenden Abbildung I. 12 dargestellt worden.

Zielwert	Formel
Kapitalwert	$C = -a_0 + \sum_{t=1}^{n} d_t \cdot q^{-t}$
zusätzlicher Endwert	$\Delta EW = -a_0 \cdot q^n + \sum_{t=1}^{n} d_t \cdot q^{n-t}$
Annuität	$a = C \cdot ANF_{n,i}$
Interner Zinsfuß	$i = r$, wenn $C(i) = 0$
Pay-off-Periode	$t = t_p$, wenn erstmalig gilt: $C(t) \geq 0$

Abbildung I. 12: Klassische dynamische Zielwerte der Investitionsrechnung

mit:

C Kapitalwert

a_0 Anschaffungsauszahlung

$ANF_{n,i}$ Annuitätenfaktor

t_p Pay-off-Zeitpunkt

ΔEW Zusätzlicher Endwert

Das Entscheidungsfeld bei Investitionsentscheidungen kann danach klassifiziert werden, ob es sich um die Vorteilhaftigkeitsbestimmung eines einzelnen Objektes handelt oder um eine Wahl der rangersten Investition aus einer Menge konkurrierender Projektalternativen.

Die Entscheidungskriterien für den Fall einer Einzelinvestitionsentscheidung werden in Abbildung I. 13 dargestellt. Anzumerken ist, daß für die Pay-off-Periode **kein** Entscheidungskriterium definiert wurde, da diese lediglich als Zusatzinformation über die Kapitalrückflußdauer anzusehen ist.

Zielwert	Entscheidungskriterium
Kapitalwert	Investiere, wenn C > 0
zusätzlicher Endwert	Investiere, wenn $\Delta EW > 0$
Annuität	Investiere, wenn a > 0
Interner Zinsfuß	Investiere, wenn r > i

Abbildung I. 13: Entscheidungskriterien in Abhängigkeit von der Entscheidungssituation

Bei der Beurteilung einer **einzelnen Investition**, die entweder mit einer Geldanlage des Eigenkapitals zum Kalkulationszinsfuß oder - bei vollständiger Fremdfinanzierung - mit der Alternative konkurriert, **keine** finanzwirtschaftliche Aktivität durchzuführen, führen wegen der gemeinsamen Herleitung aus dem Gegenwartswert sämtliche Methoden zur gleichen Entscheidungsempfehlung: Wenn also der Kapitalwert positiv ist, gilt dies ebenso für den zusätzlichen Endwert und die Annuität. Auch ist in diesem Fall der interne Zinsfuß größer als der Kalkulationszinsfuß.

Indes können bei **konkurrierenden Investitionen** in Abhängigkeit von der gewählten Methode divergierende Entscheidungsempfehlungen auftreten. Die Divergenz wird durch die in den Methoden versteckt enthaltenen ("impliziten") Prämissen verursacht. Für die Kapitalwertmethode gilt, daß sämtliche Reinvestitionen und zwischenzeitliche Finanzierungsmaßnahmen, aktuelle und zukünftige Ergänzungsinvestitionen sowie die Opportunität zum Kalkulationszinsfuß verzinst werden. Gleiches gilt für die Ermittlung des zusätzlichen Endwertes. Bezüglich der Annuität muß geprüft werden, ob bei ungleichen Nutzungsdauern eine mit der Anfangsinvestition identische Rentabilität zukünftiger Investitionen (Fall 1) oder eine Verzinsung der zukünftigen Ergänzungsinvestitionen zum Kalkulationszinsfuß (Fall 2) anzunehmen ist. In Abhängigkeit von dieser Fallunterscheidung ist als Annuitätenlaufzeit entweder die Nutzungsdauer der betrachteten Investition (Fall 1) oder der Planungshorizont (Fall 2) anzusetzen. Bei der Errechnung des internen Zinsfußes wird stillschweigend unterstellt, für sämtliche finanzwirtschaftliche Maßnahmen gelte als Verrechnungssatz der interne Zinsfuß. Damit wird deutlich, daß die relative Vorteilhaftigkeit einer Investition insbesondere von der Höhe des unterstellten Kalkulationszinsfußes abhängig ist (zur Explikation impliziter Prämissen der klassischen Investitionsrechnung vgl. GROB 1990, S. 66 ff. und S. 148 ff.).

Beispiel zur Verdichtung der Zahlungsfolge

Zur Darstellung eines Beispiels sei von der Zahlungsfolge der Investition, wie sie in Abschnitt 2.2.2.1 berechnet wurde, ausgegangen. Der Kalkulationszinsfuß betrage 9,8%.

(1) Der Gegenwartswert

- Berechnung des Gegenwartswertes in bezug auf $t^*=3$

$$G_{t^*=3} = -24500 \cdot 1{,}323 - 500 \cdot 1{,}205 + 2380 \cdot 1{,}098 + 19540 + 10465 \cdot 0{,}911 + 5677 \cdot 0{,}830 = 3358 \text{ [DM]}$$

In bezug auf $t^*=5$ ergibt sich der folgende Gegenwartswert:

$$G_{t^*=5} = -24500 \cdot 1{,}594 - 500 \cdot 1{,}452 + 2380 \cdot 1{,}323 + 19540 \cdot 1{,}205 + 10465 \cdot 1{,}098 + 5677 = 4049 \text{ [DM]}$$

- Grafische Darstellung ausgewählter Gegenwartswertfunktionen

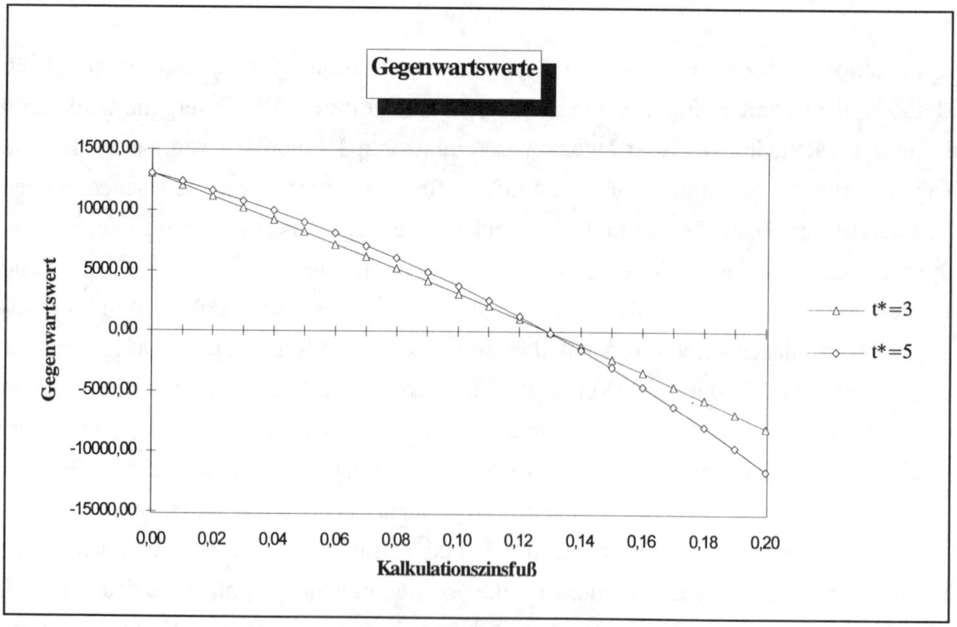

Abbildung I. 14: Gegenwartswertfunktionen in bezug auf $t^*=3$ und $t^*= 5$ in Abhängigkeit vom Kalkulationszinsfuß

- Entscheidung

Die Investition ist vorteilhaft, da ihr Gegenwartswert in bezug auf beliebige t^* positiv ist.

(2) Der Kapitalwert

- Berechnung

$$C = -24500 - 500 \cdot 1{,}098^{-1} + 2380 \cdot 1{,}098^{-2} + 19540 \cdot 1{,}098^{-3}$$
$$+ 10465 \cdot 1{,}098^{-4} + 5677 \cdot 1{,}098^{-5} = 2537 \text{ [DM]}$$

- Grafische Darstellung der Kapitalwertfunktion

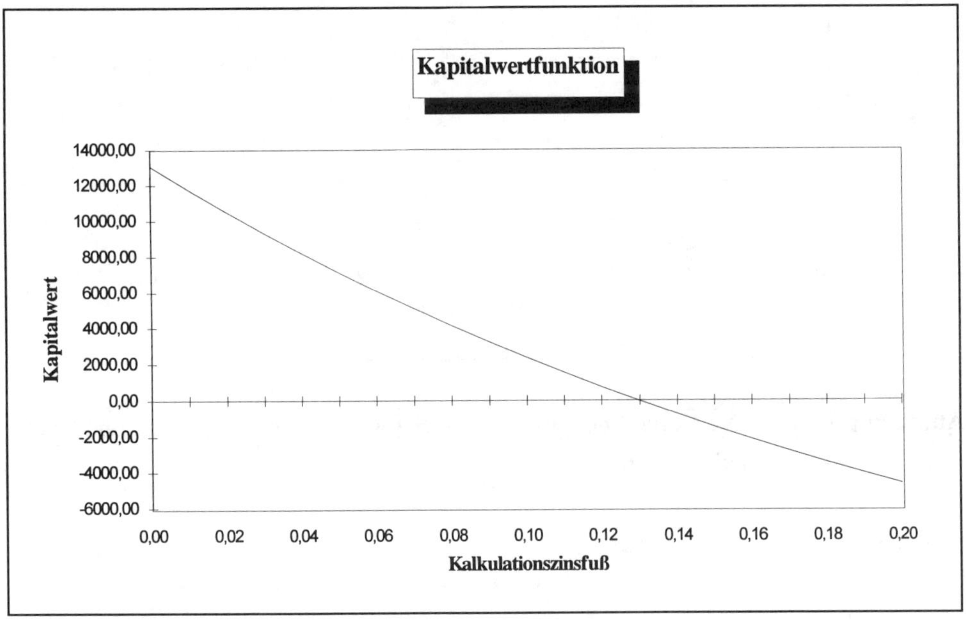

Abbildung I. 15: Die Kaptitalwertfunktion in Abhängigkeit vom Kalkulationszinsfuß

- Entscheidung

Die Investition ist vorteilhaft, da ihr Kapitalwert positiv ist.

(3) Endwertmethode

- Berechnung

$$\Delta EW = -24500 \cdot 1{,}098^5 - 500 \cdot 1{,}098^4$$

$$+ 2380 \cdot 1{,}098^3 + 19540 \cdot 1{,}098^2 + 10465 \cdot 1{,}098 + 5677 = 4049 \text{ [DM]}$$

- Grafische Darstellung der Endwertfunktionen

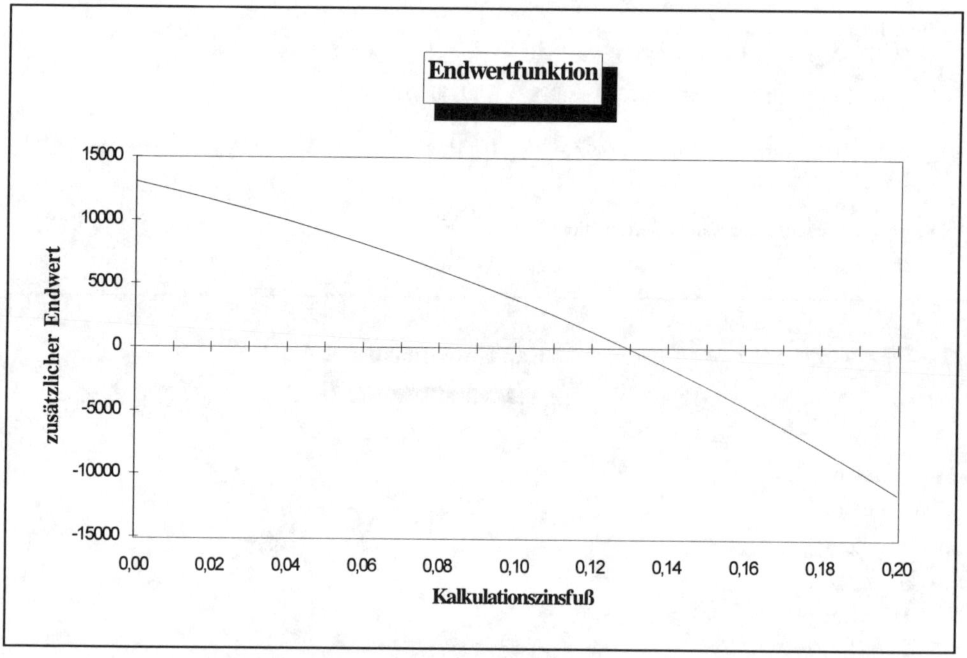

Abbildung I. 16: Der Verlauf des zusätzlichen Endwertes in Abhängigkeit vom Kalkulationszinsfuß

- Entscheidung

Die Investition ist vorteilhaft, da der durch sie erwirtschaftete zusätzliche Endwert positiv ist.

(4) Die Annuität

- Berechnung der Annuität

Die Annuität kann in zwei Schritten berechnet werden:

1. Schritt: Ermittlung des Kapitalwertes [*vgl. (2)*]: Der Kapitalwert beträgt 2537 DM.

2. Schritt: Finanzmathematisch exakte Verteilung des Kapitalwertes auf die Nutzungsdauer des Investitionsobjektes durch Multiplikation des Kapitalwertes mit dem Annuitätenfaktor:

$$ANF_{5;0,1} = \frac{0,098 \cdot 1,098^5}{1,098^5 - 1} = 0,2625$$

$a = 2537 \cdot 0,2625 = 666$ [DM/Jahr]

- Grafische Darstellung der Annuitätsfunktion

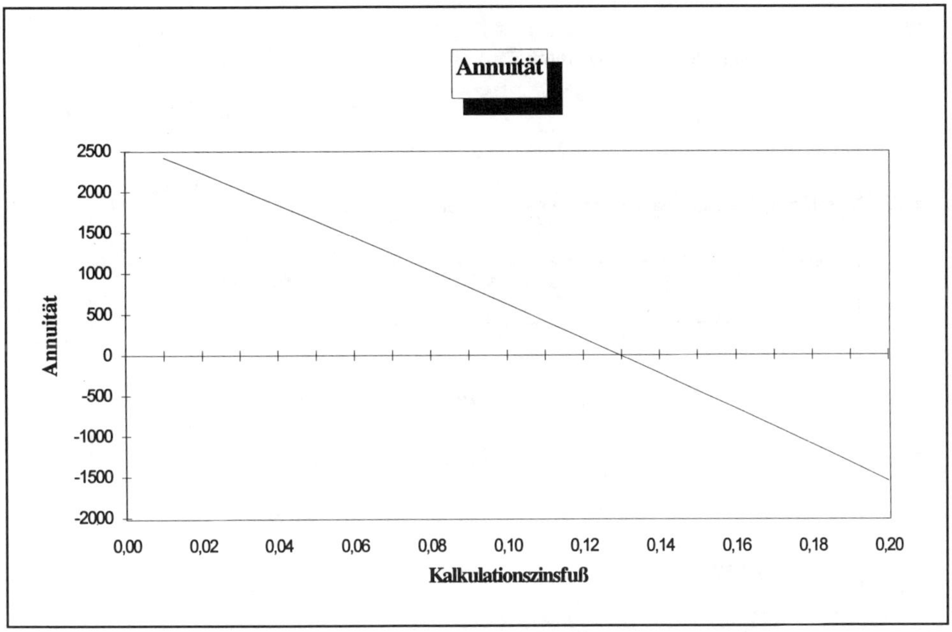

Abbildung I. 17: Die Annuitätenfunktion in Abhängigkeit vom Kalkulationszinsfuß

- Entscheidung

Die Investition ist vorteilhaft, da ihre Annuität positiv ist. Dieses Ergebnis ist aufgrund des positiven Kapitalwertes der betrachteten Investition unmittelbar einsichtig.

(5) Der interne Zinsfuß

- Berechnung des internen Zinsfuß

Der Interne Zinsfuß kann in Abhängigkeit von der Zahlungsfolge einer Investition einwertig, mehrwertig oder nicht reellwertig sein (GROB/EVERDING 1992, S. 76 ff.). Im vorliegenden Fall führt die Ermittlung des internen Zinsfußes zu einer einwertigen Lösung, da die Zahlungsfolge der Investition durch einen und nur einen Vorzeichenwechsel und durch einen positiven Kapitalwert bei $i=0$ gekennzeichnet ist.

Da $n > 3$, ist der interne Zinsfuß analytisch exakt nur umständlich durch Auflösen einer komplizierten Gleichung zu bestimmen. Einfacher kann der interne Zinsfuß durch einen iterativ ablaufenden Suchprozeß mit beliebiger Genauigkeit des Ergebnisses ermittelt werden. Hierbei ist i so lange zu variieren, bis der Kapitalwert hinreichend nahe bei Null ist.

Im folgenden wird kurz dargestellt, wie der Suchvorgang schrittweise ablaufen kann. Die sukzessive Bestimmung des internen Zinsfußes kommt aufgrund der Regeln

wenn $C(i) > 0$, dann erhöhe i

wenn $C(i) < 0$, dann senke i

zustande. Die folgende Tabelle dokumentiert den Suchvorgang:

i	C(i)	Bemerkung
0,11	1531	erhöhe i
0,14	-774	senke i
0,12	731	erhöhe i
0,13	-37	senke i
0,129	39	erhöhe i
0,1295	1	i = r

Abbildung I. 18: Suchprotokoll zur Ermittlung des internen Zinsfußes

Anmerkung: $C\,(0{,}1295) = 1$ wird als hinreichend nahe bei Null angesehen

Zur grafischen Darstellung vgl. Abbildung I. 15. Der interne Zinsfuß wird durch den Schnittpunkt der Kapitalwertfunktion mit der Achse des Kalkulationszinsfußes determiniert.

- Entscheidung

Die Investition ist vorteilhaft, da der interne Zinsfuß r größer ist als der Kalkulationszinsfuß i.

6) Die kapitalwertorientierte Pay-off-Periode

- Berechnung der Pay-off-Periode

t'	$-a_0$	$+\sum_{t=1}^{t'} d_t \cdot q^{-t}$	$<$ / $=$ / $>$	0
1	-24500	- 455	<	0
2	-24500	+ 1519	<	0
3	-24500	+ 16280	<	0
4	-24500	+ 23480	<	0
5	-24500	+ 27037	>	0

Abbildung I. 19: Sukzessive Berechnung der Pay-off-Periode t_p

Die kapitalwertorientierte Pay-off-Periode ist $t_p = 5$, d.h. nach 5 Jahren hat sich die Investition amortisiert.

- Grafische Darstellung der Pay-off-Funktion

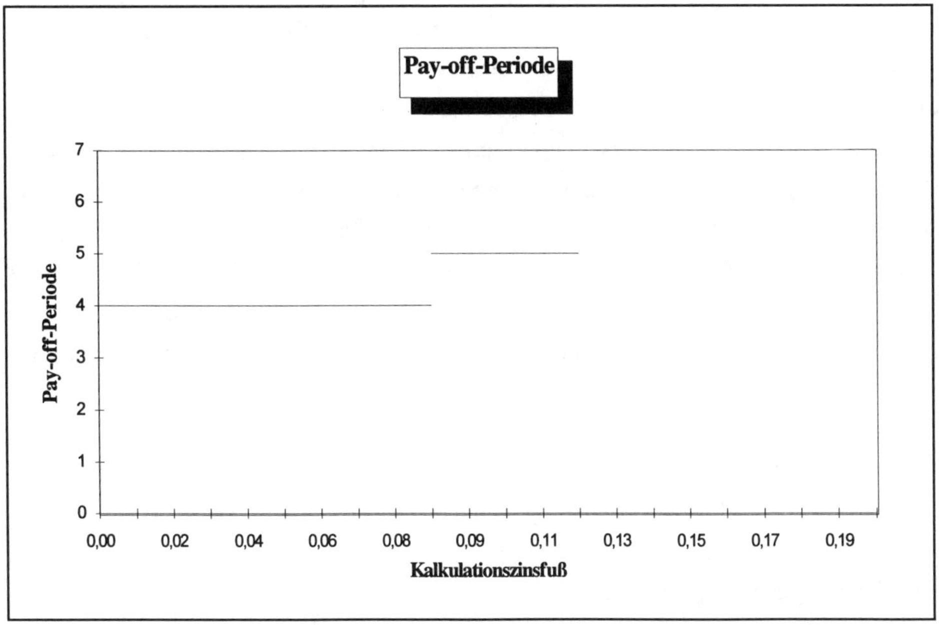

Abbildung I. 20: Die Pay-off-Periode in Abhängigkeit von Kalkulationszinsfuß i

Eine parametrische Variation des Kalkulationszinsfußes *i* zeigt, daß die Pay-off-Periode mit wachsendem Kalkulationszinsfuß größer wird. Der kritische Zinsfuß, bei dem die Pay-off-Periode von 4 auf 5 Jahre wächst, liegt bei 8,5%. Bei höherem Kalkulationszinsfuß dauert es also länger, bis sich die Investition amortisiert hat. Ist der effektive Kalkulationszinsfuß größer als der kritische Kalkulationszinsfuß von 12,95% - das ist generell der für sämtliche aus der Gegenwartswertformel abgeleiteten Methode der kritische Zinsfuß -, so ist eine Amortisation nicht möglich.

- Entscheidung

Die Pay-off-Periode stellt kein eigenständiges Entscheidungskriterium dar, sondern ist lediglich als Zusatzinformation aufzufassen. Insofern kann eine methodenspezifische Entscheidungsempfehlung nicht gegeben werden.

b) Erweiterung des Grundmodells um Steuern

Die klassische dynamische Investitionsrechnung ist um entscheidungsrelevante Ertragsteuern, zu denen die Einkommen- bzw. Körperschaftsteuer, die Kirchensteuer und die Gewerbeertragsteuer zählen, erweitert worden (zum sog. Standardmodell der klassischen Investitionsrechnung mit Steuern vgl. JOHANSSON 1969; SCHNEIDER 1961, S. 271; STEINER 1980, S. 100 ff.). Allerdings wird die ertragsteuerliche Bemessungsgrundlage jeder Periode in herkömmlichen Modellen nicht explizit definiert, da anstelle einer ausdrücklichen Berücksichtigung der Steuerwirksamkeit von Zinsen mit einem modifizierten Kalkulationszinsfuß gearbeitet wird. Diese Konstruktion ist deshalb erforderlich, weil die Kredit- und Guthabenzinsen erst im Verlauf der Berechnung des Zielwertes feststehen und deshalb nicht a priori in die Steuerbemessungsgrundlage aufgenommen werden können (zum sog. Zinsmodell, in dem die Zinsen explizit angesetzt werden, vgl. STEINER 1980, S. 153 ff.; SCHIERENBECK 1993, S. 364 ff.; GROB 1990, S. 219 ff.). Die Auf- bzw. Abzinsung erfolgt deshalb mit dem steuerverkürzten Kalkulationszinsfuß $i \cdot (1 - s)$, wobei s als einheitlicher Ertragsteuersatz (Ertragsteuermultifaktor) definiert ist.

Die Herleitung des Ertragsteuermultifaktors erfüllt eine Reihe von steuerartenspezifischen Bedingungen. So wird die Abzugsfähigkeit der Gewerbeertragsteuer von ihrer eigenen Bemessungsgrundlage berücksichtigt. Gleichzeitig wird die Abzugsfähigkeit der Gewerbeertragsteuer von der Bemessungsgrundlage der Einkommensteuer beachtet. Die einzelnen Ertragsteuerzahlungen sind - konstante Steuersätze unterstellt - für den Fall einer Einzelunternehmung oder Personengesellschaft wie folgt zu definieren:

ESt	$= s_{ESt} \cdot (E - KiSt - GewESt)$	(1)
KiSt	$= s_{KiSt} \cdot ESt$	(2)
GewESt	$= s_{GewESt} \cdot (E - GewESt)$	(3)

mit:

E	Einheitliche Bemessungsgrundlage für die Einkommen- und Gewerbeertragsteuer
ESt	Einkommensteuer
$GewESt$	Gewerbeertragsteuer
$KiSt$	Kirchensteuer
s_{ESt}	Einkommensteuersatz
s_{GewESt}	Gewerbeertragsteuersatz
s_{KiSt}	Kirchensteuersatz

Zur Ermittlung des Multifaktors s ist zunächst Gleichung (3) umzustellen:

$$GewEst = \frac{s_{GewEst}}{1 + s_{GewEst}} \cdot E$$

s_{GewESt} - das Produkt von Steuermeßzahl und dem gemeindlich fixierten Hebesatz - beträgt 0,05.

Die umgestellte Gleichung (3) ist in (1) einzubeziehen:

$$ESt = s_{ESt} \cdot E - s_{ESt} \cdot KiSt - s_{ESt} \cdot \frac{s_{GewEst}}{1 + s_{GewEst}} \cdot E \qquad (1\ a)$$

Nun ist die Gleichung (2) nach ESt umzuformen:

$$ESt = \frac{KiSt}{s_{KiSt}} \qquad (2\ a)$$

Die Kirchensteuerzahlung läßt sich aus (1 a) und (2 a) wie folgt bestimmen:

$$KiSt = \frac{s_{ESt} \cdot s_{KiSt}}{1 + s_{KiSt} \cdot s_{ESt}} \cdot E - \frac{s_{ESt} \cdot s_{GewESt}}{1 + s_{GewESt}} \cdot \frac{s_{KiSt}}{1 + s_{KiSt} \cdot s_{ESt}} \cdot E$$

Eine Umstellung von (1 a) und (2 a) nach KiSt ermöglicht die Isolierung von ESt:

$$ESt = \frac{s_{ESt}}{1 + s_{KiSt} \cdot s_{ESt}} \cdot E - \frac{s_{ESt}}{1 + s_{KiSt} \cdot s_{ESt}} \cdot \frac{s_{GewESt}}{1 + s_{GewESt}} \cdot E$$

Die Gleichungen sind nun zusammenzufassen und zur Bestimmung von s durch E zu dividieren. Der entsprechende Ertragsteuermultifaktor bei Einzelunternehmungen und Personengesellschaften ist dann wie folgt definiert:

$$s = \frac{ESt + KiSt + GewESt}{E} =$$

$$\frac{s_{ESt}}{1 + s_{KiSt} \cdot s_{ESt}} - \frac{s_{ESt}}{1 + s_{KiSt} \cdot s_{ESt}} \cdot \frac{s_{GewESt}}{1 + s_{GewESt}}$$

$$+ \frac{s_{ESt} \cdot s_{KiSt}}{1 + s_{KiSt} \cdot s_{ESt}} - \frac{s_{ESt} \cdot s_{GewESt}}{1 + s_{GewESt}} \cdot \frac{s_{KiSt}}{1 + s_{KiSt} \cdot s_{ESt}}$$

$$+ \frac{s_{GewESt}}{1 + s_{GewESt}}$$

mit:

s Ertragsteuermultifaktor

Die als Standardmodell bezeichnete Kapitalwertfunktion unter Berücksichtigung des Ertragsteuermultifaktors ist wie folgt definiert:

$$C = -a_0 + \sum_{t=1}^{n} \left[d_t - s \cdot (d_t - a_t) \right] \cdot \left[1 + i \cdot (1 - s) \right]^{-t}$$

mit:

a_t Abschreibungen im Jahre t

s Ertragsteuermultifaktor

Für den zusätzlichen Endwert nach Steuern gilt:

$$\Delta EW = -a_0 \cdot [1 + i\,(1-s)]^n + \sum_{t=1}^{n} [d_t - s \cdot (d_t - a_t)] \cdot [1 + i \cdot (1-s)]^{n-t}$$

Unter Verwendung der in Kap. 2.2.2.1 dargestellten Zahlungsfolge der Investition ergeben sich unter der Annahme eines Kalkualtionszinsfußes von 10%, einem Ertragsteuermultifaktor von 60% sowie linearer Abschreibung die folgenden Zielwerte:

$$\begin{aligned} C = & -24500 \\ & +[-500 - 0{,}6 \cdot (-500 - 4900)] \cdot [1 + 0{,}1 \cdot (1 - 0{,}6)]^{-1} \\ & +[2380 - 0{,}6 \cdot (2380 - 4900)] \cdot [1 + 0{,}1 \cdot (1 - 0{,}6)]^{-2} \\ & +[19540 - 0{,}6 \cdot (19540 - 4900)] \cdot [1 + 0{,}1 \cdot (1 - 0{,}6)]^{-3} \\ & +[10465 - 0{,}6 \cdot (10465 - 4900)] \cdot [1 + 0{,}1 \cdot (1 - 0{,}6)]^{-4} \\ & +[5677 - 0{,}6 \cdot (5677 - 4900)] \cdot [1 + 0{,}1 \cdot (1 - 0{,}6)]^{-5} \\ & = 1\,669 \text{ [DM]} \end{aligned}$$

Für den zusätzlich Endwert gilt analog:

$$\begin{aligned} \Delta EW = & -a_0 \cdot [1 + 0{,}1 \cdot (1 - 0{,}6)]^{-5} \\ & +[-500 - 0{,}6 \cdot (-500 - 4900)] \cdot [1 + 0{,}1 \cdot (1 - 0{,}6)]^{-4} \\ & +[2380 - 0{,}6 \cdot (2380 - 4900)] \cdot [1 + 0{,}1 \cdot (1 - 0{,}6)]^{-3} \\ & +[19540 - 0{,}6 \cdot (19540 - 4900)] \cdot [1 + 0{,}1 \cdot (1 - 0{,}6)]^{-2} \\ & +[10465 - 0{,}6 \cdot (10465 - 4900)] \cdot [1 + 0{,}1 \cdot (1 - 0{,}6)]^{-1} \\ & +5677 - 0{,}6 \cdot (5677 - 4900) \\ & = 2\,030 \text{ [DM]} \end{aligned}$$

Aus empirischen Erhebungen über die Verbreitung investitionstheoretischer Methoden in der Praxis geht hervor, daß die formelorientierten Methoden der Klassik - insbesondere dann, wenn Steuern ins Kalkül einbezogen werden - als zu kompliziert angesehen werden (vgl. WITTMANN 1986, S. 208 ff.). Außerdem sind die Modellannahmen bezüglich der Finanzierung und der Einbeziehung von Steuern nicht frei wählbar. Kontroversen und

Mißverständnisse um die Interpretation von impliziten Prämissen dürften zu einer Umorientierung von formel- zu finanzplanorientierten Methoden führen (vgl. die kritischen Auseinandersetzungen um das Steuerparadoxon bei STEINER 1980, S. 108 ff.). Auch der Ansatz eines Ertragsteuermultifaktors weist generell ein Problem auf. Bei seiner Bestimmung wird davon ausgegangen, daß die Bemessungsgrundlagen für die Einkommen- und die Gewerbeertragsteuer gleich sind. Dies impliziert, daß sich Hinzurechnungen und Kürzungen bei der Bemessungsgrundlage der Gewerbeertragsteuer ausgleichen. Indes ist diese in der Betriebswirtschaftslehre übliche Prämisse problematisch, da die durch die Fremdfinanzierung von Investitionen im allgemeinen zu leistenden Zinsen auf Dauerschulden "Hinzurechnungen" darstellen, deren Ausgleich durch Kürzungen nicht implizit angenommen werden darf.

2.3.2.2 Finanzplanorientierte Methoden

a) Modellelemente

Elemente von finanzplanorientierten Methoden, wie der vollständigen Finanzplanung (vgl. HEISTER 1962, S. 147; GROB 1989, S. 5 ff.; KRUSCHWITZ 1993, S. 46 ff.), sind Bestands- und Bewegungsgrößen. Entscheidungen über die Investition, Kreditdispositionen und Reinvestitionen spiegeln sich direkt in den Bewegungsgrößen wider. Bei der Kontrolle stehen dagegen die Bestandsgrößen im Mittelpunkt der Betrachtung.

In den Modellen werden die in der Vergangenheit realisierten Zu- und Abgänge zu einer Bestandsgröße - dem Anfangsbestand - verdichtet, während die Zu- und Abgänge bis zum Planungshorizont explizit darzustellen sind. Die nach dem Planungshorizont anfallenden Zu- und Abgänge müssen durch ein Äquivalent ausgedrückt werden. Allerdings treten bei dessen Quantifizierung Bewertungsprobleme auf, da der Nutzen zukünftiger Zahlungen auf den Planungshorizont zu projizieren ist. Der Wert eines Objektes am Planungshorizont setzt sich somit aus dem Bestand an liquiden Mitteln B_{T_n} und dem Äquivalent für die nach dem Planungshorizont anfallenden Ein- und Auszahlungen zusammen.

Bei der Entwicklung eines entsprechenden I&F-Modells sind die Variablen Anfangsbestand, Zugang, Abgang und Endbestand inhaltlich zu spezifizieren. Zu- und Abgänge der "Investitionsseite" sind wie folgt definiert:

Zugang	Einzahlungen aus der Nutzung des Investitionsobjektes
	Einzahlungen aus der Liquidation des Investitionsobjektes
Abgang	Auszahlungen während der Nutzung des Investitionsobjektes
	Auszahlungen bei der Liquidation (z.B. für die Entsorgung)

Für die "Finanzierungsseite" können entsprechende Zuordnungen getroffen werden:

Zugang	Einsatz eigener liquider Mittel
	Kreditaufnahme
	Guthabenauflösung
	Guthabenzinsen
	Rückflüsse von Reinvestitionen
	Subventionen
Abgang	Tilgung von Krediten
	Auszahlungen für Reinvestitionen
	Geldanlage
	Sollzinsen

"Investitions-" und "Finanzierungsseite" des Modells werden durch Steuerzahlungen, die im Finanzplan explizit ausgewiesen werden, modifiziert. Die Steuerzahlung stellt einen Abgang dar, während die Steuererstattung als Zugang im Finanzplan auszuweisen ist. Von einer Steuererstattung ist zu sprechen, wenn eine Investition in der betrachteten Periode einen Verlust erwirtschaftet, der zu einer Reduktion der Steuerzahlung für die Gesamtunternehmung führt.

Zur Durchführung einer finanzplanorientierten Investitionsrechnung sind differenzierte Prognosedaten zu erheben. Während die Anschaffungsauszahlung der Investition sowie die Ein- und Auszahlungen während der Nutzungsdauer aus der "With-Without-Betrachtung" resultieren, sind im Hinblick auf die finanzwirtschaftlichen und steuerlichen Konsequenzen folgende Daten von Bedeutung:

- einzusetzende liquide Mittel im Investitionszeitpunkt,
- Konditionen aufzunehmender Kredite,
- Renditen von Reinvestitionen,

- die Abschreibungsmethode,
- die marginalen Steuersätze zur Berechnung der Einkommen- und Kirchensteuer- bzw. Körperschaftsteuer sowie
- der Hebesatz der Gemeinde zur Berechnung der Gewerbeertragsteuern (vgl. GROB 1989, S. 25 ff.).

Die detaillierten Daten können durch globale Parameter ersetzt werden, so z.B. die Kreditkonditionen durch einen einheitlichen Durchschnittszinssatz oder die steuerartenindividuellen Steuersätze durch einen Ertragsteuermultifaktor. Der Übergang von den globalen Prämissen der formelorientierten Modelle zu den situationsabhängigen Annahmen, die in der finanzplanorientierten Investitionsrechnung berücksichtigt werden können, ist beliebig gestaltbar.

b) Der Aufbau eines Finanzplans

Im Finanzplan wird zu jedem Zeitpunkt eine Fortschreibung der Finanzierungsmittel vorgenommen. Die Zeitpunkte sind - wie in der Investitionsrechnung üblich - jeweils auf das Ende eines Jahres bezogen. Eine unterjährige Betrachtung zur Erhöhung der Realitätsnähe des Modells ist prinzipiell möglich.

Abbildung I. 21 zeigt einen detaillierten Aufbau des Finanzplanes, bei dem unterstellt wird, daß der Planungshorizont ($t=h$) später liegt als das Ende der Nutzungsdauer einer Investition (vgl. GROB 1992 b, S. 188). Die Finanzierungsseite enthält neben der Finanzierung mit eigenen und fremden Mitteln auch Einlagen und Entnahmen. Aktuelle Ergänzungsinvestitionen, Reinvestitionen und zukünftige Ergänzungsinvestitionen betreffen die Zahlungsfolge der Investitionsseite. Steuerzahlungen werden dagegen nicht auf Investition und Finanzierung aufgeteilt, sondern explizit ausgewiesen.

Im Investitionszeitpunkt $t=0$ wird die Anschaffungsauszahlung durch den Einsatz des Eigenkapitals und durch einen Anfangskredit finanziert. Wenn das Eigenkapital die Anschaffungsauszahlung übersteigt, ist eine aktuelle Ergänzungsinvestition vorzusehen, um eine Vergleichbarkeit mit konkurrierenden Investitionen und unterschiedlichen Anschaffungsauszahlungen herbeizuführen. In $t=0$ kann außerdem eine Anfangsentnahme eingeplant werden.

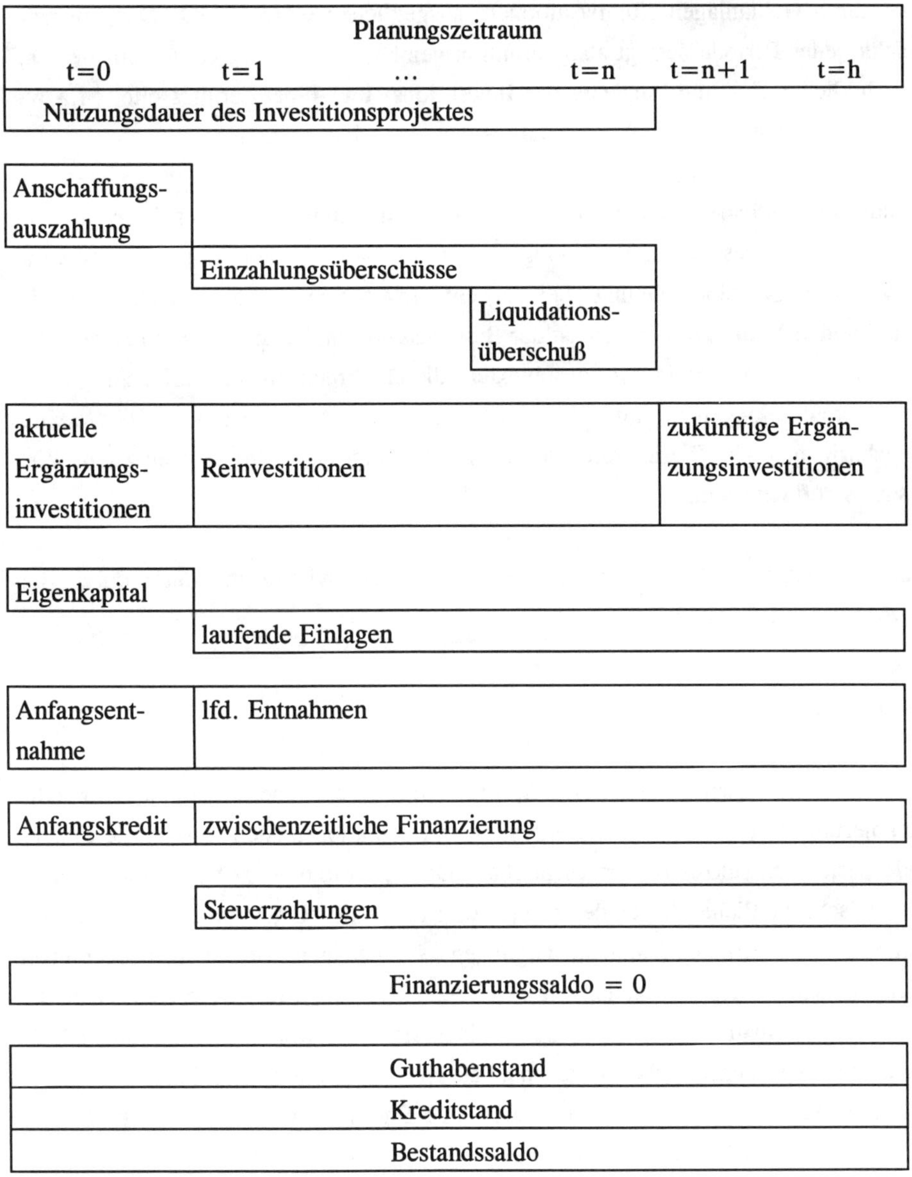

Abbildung I. 21: Aufbau eines Vollständigen Finanzplanes (VOFI)

Während der Nutzungsdauer der Investition von n Jahren sind die Einzahlungsüberschüsse (einschließlich dem Liquidationsüberschuß in $t=n$) als originäre Zahlungen anzusetzen. Unter Berücksichtigung von Entnahmen, Einlagen und Steuerzahlungen sind zwischenzeitliche Finanzierungsdispositionen und Reinvestitionen vorzunehmen, die zu jährlichen Finanzierungssalden von Null führen. Ein Finanzierungssaldo von Null besagt, daß Finanzierungslücken gegebenenfalls durch Kredite bzw. Finanzierungsüberschüsse durch Geldanlagen (Reinvestitionen) ausgeglichen worden sind. Der Finanzierungssaldo jeder Periode beträgt also definitionsgemäß Null und ergibt sich aus der Differenz sämtlicher Zu- und Abgänge der Investitions- und Finanzierungsseite. M.a.W.: Die Bewegungsgrößen innerhalb eines Jahres müssen sich ausgleichen.

Der Saldo aus Guthaben- und Kreditständen zeigt die Entwicklung des Zielwertes im Zeitablauf an. Von besonderer Bedeutung sind die Zielwerte in den Zeitpunkten $t=n$ und $t=h$. Bei einer Einzelbetrachtung, bei der eine Investition mit einer Geldanlage der eigenen liquiden Mittel konkurriert, ist der Bestandssaldo im Zeitpunkt $t=n$ relevant. Bei mehreren konkurrierenden Investitionsobjekten, die eine unterschiedliche Nutzungsdauer aufweisen, muß ein gemeinsamer Vergleichszeitpunkt definiert werden. Dies ist der Planungshorizont $t=h$. Dieser kann durch die Nutzungsdauer des langlebigsten Wirtschaftsgutes definiert sein.

Der formularmäßige Aufbau eines einfachen Finanzplans wird weiter unten durch Beispiele verdeutlicht.

c) Der Algorithmus

Der Ablauf der finanzwirtschaftlichen Dispositionen kann entweder als Simulations- oder als Optimierungsverfahren gestaltet werden. Beim Simulationsmodell werden die Finanzbestände periodisch sukzessiv fortgeschrieben. Der Algorithmus ist so zu formulieren, daß die zwischenzeitlichen Bestände an liquiden Mitteln durch geeignete Finanzierungsdispositionen, also Kreditaufnahmen, Tilgungen, Auflösungen, Geldanlagen oder einer Mischung dieser Aktivitäten gleich Null werden. Hierbei wird vorgesehen, daß der Spitzenbedarf an finanziellen Mitteln durch einen flexiblen Kontokorrentkredit gedeckt bzw. daß ein zwischenzeitlicher Überschuß zu einem marktüblichen Zinsfuß angelegt wird. Die Fallunterscheidungen können durch eine Entscheidungstabelle transparent gemacht werden (vgl. GROB 1989, S. 21 f.).

Im Gegensatz zu Simulationsmodellen ist beim Optimierungsmodell ein Satz von Liquiditätsrestriktionen und eine Zielfunktion zu formulieren. Darüber hinaus können noch weitere Nebenbedingungen (z.B. Ausschließlichkeitsbedingungen) berücksichtigt werden. Variable des Modells sind die Investitions- sowie die Kredit- und Geldanlageaktivitäten. Für praktische Anwendungen dürfte die Annahme des Simulationsmodells ausreichen.

d) Zielinhalte und Kennzahlen

Der "natürliche" Zielwert eines Finanzplans ist der Endwert, der sich als Guthaben am Ende der Nutzungsdauer ergibt. Da der Endwert ausschließlich den Bestand an **finanziellen** Mitteln darstellt, sind evtl. vorhandene Vermögenswerte (z.B. Grundstückswerte) zusätzlich, also außerhalb des Finanzplans, zu berücksichtigen. Ein negativer Endwert resultiert aus einem Kreditstand am Ende der Nutzungsdauer. Ein solches Ergebnis ist von vornherein bei solchen Investitionen üblich, die ausschließlich Auszahlungen verursachen.

Neben dem Endwert können auch weitere Zielwerte, die mit dem Kapitalwert und der Annuität vergleichbar sind, bestimmt werden. Auch die Pay-off-Periode, definiert als Amortisationsdauer unter Berücksichtigung beliebiger Finanzierungskonditionen und steuerlicher Konsequenzen, ist bestimmbar. Schließlich lassen sich Eigen- und Gesamtkapitalrentabilitäten ermitteln, die die Rendite des anfangs geopferten Eigenkapitals bzw. des anfangs vorhandenen Gesamtkapitals quantifizieren (vgl. GROB 1990, S. 179 ff.). Die wichtigsten Kennzahlen sollen nun kurz erörtert werden. Hierbei wird aus Gründen der Vereinfachung ein Modell ohne Steuern unterstellt. Sämtliche der hier dargelegten Kennzahlen lassen sich aber auch "nach Steuern" definieren (vgl. hierzu GROB 1989, S. 88 f.). Um die Rentabilitätsmaße sowie die Pay-off-Periode von den Kennzahlen klassischer Verfahren unterscheiden zu können, wird im folgenden der Zusatz "VOFI" vorangestellt. Bei der Berechnung der Kennzahlen gilt die Voraussetzung, daß der Endwert nicht durch Entnahmen und/oder Einlagen zu den Zeitpunkten $t=0, \ldots, n\text{-}1$ bzw. $t=0, \ldots, h\text{-}1$ beeinflußt wird.

Die **VOFI-Eigenkapitalrentabilität** einer Investition g_{EK} stellt diejenige Verzinsung der anfangs eingesetzten eigenen liquiden Mittel dar, bei der das daraus resultierende Kapital zum Zeitpunkt $t=n$ genauso hoch ist wie der Endwert der Investition. Die Ausgangsgleichung zur Bestimmung der VOFI-Eigenkapitalrentabilität lautet also:

$$EK \cdot q^n = EW^M \qquad \textit{für } EW^M \geq 0$$

mit:

$q = 1 + g_{EK}$

und

g_{EK} VOFI-Eigenkapitalrentabilität

EW^M Endwert bei Durchführung der Investition

EK Eigenkapital in Form von eigenen liquiden Mitteln

n Nutzungsdauer

Umgestellt nach g_{EK} ergibt sich:

$$g_{EK} = \sqrt[n]{\frac{EW^M}{EK}} - 1 \qquad \text{für } EW^M \geq 0$$

Eine Investition ist im Vergleich zu ihrer Opportunität vorteilhaft, wenn die VOFI-Eigenkapitalrentabilität größer ist als der Opportunitätskostensatz.

Die **VOFI-Gesamtkapitalrentabilität** g_{GK} quantifiziert den Ertrag des für die Investition eingesetzten Eigen- und Fremdkapitals pro DM des eingesetzten Kapitals vor Abzug der Zinsen. Diese Rentabilität ist mit dem Kapitalkostensatz k zu vergleichen. Der Kapitalkostensatz k drückt die der Anschaffungsauszahlung zuzurechnenden jährlichen Kapitalkosten pro DM Anschaffungsauszahlung aus. Ebenso wie der Kapitalkostensatz ist die Rentabilität auf das anfangs eingesetzte Kapital in Höhe der Anschaffungsauszahlung bezogen. Die Formeln lauten:

$$g_{GK} = \sqrt[n]{\frac{\Delta EW + a_0 \cdot (1+k)^n}{a_0}} - 1$$

mit:

g_{GK} VOFI-Gesamtkapitalrentabilität

ΔEW zusätzlicher Endwert

a_0 Anschaffungsauszahlung

i Kalkulationszinsfuß

k Kapitalkostensatz

Darin ist der Kapitalkostensatz k wie folgt zu bestimmen:

$$k = \sqrt[n]{\frac{(1 + i_o)^n \cdot EK - EK + Z_S + a_0}{a_0}} - 1$$

mit:

Z_S Summe der Sollzinsen

i_o Opportunitätskostensatz

Eine Investition ist dann vorteilhaft, wenn die VOFI-Gesamtkapitalrentabilität größer ist als der Kapitalkostensatz.

Die **VOFI-Pay-off-Periode** ist derjenige Zeitpunkt, in dem der Endwert der Investition erstmalig gleich oder größer ist als der Endwert der Opportunität.

Der **pagatorische Gewinn der Totalperiode** TG^P einer Investition ist die Differenz zwischen dem Endwert der Investition und dem eingesetzten Eigenkapital. Unter der Totalperiode ist die Nutzungsdauer der Investition bzw. der Zeitraum bis zum Planungshorizont zu verstehen.

Zur Berechnung des kalkulatorischen Gewinns der Totalperiode sind vom entsprechenden pagatorischen Gewinn die Opportunitätskosten abzuziehen. Es zeigt sich, daß der kalkulatorische Gewinn der Totalperiode nichts anderes ist als der zusätzliche Endwert der Investition:

$$TG^K = EW^M - EK - (EW^O - EK) = EW^M - EW^O = \Delta EW$$

mit:

TG^K kalkulatorischer Gewinn der Totalperiode

Der kalkulatorische Gewinn der Totalperiode läßt sich in Ein- und Auszahlungs- bzw. Ertrags- und Aufwandspositionen aufspalten, zu deren Ermittlung im VOFI (einschließlich seiner Nebenrechnungen) zeilenweise Summen zu bilden sind. Auf diese Weise können neben den Erträgen und Aufwendungen auch die Reinvestitionserträge, Zinsaufwendungen und die kalkulatorischen Zinsen einzeln ausgewiesen werden. Die Aufspaltung des kalkulatorischen Gewinns der Totalperiode geht aus der folgenden Staffel hervor:

	DM
Erträge - variable Aufwendungen - fixe Aufwendungen - Abschreibungen	
= pagatorischer Gewinn der Totalperiode + Reinvestitionserträge	
= pagatorischer Gewinn der Totalperiode der Investition incl. Re- und Ergänzungsinvestitionen (vor Zinsaufwand) - Zinsaufwand	
= pagatorischer Gewinn der Totalperiode (nach Zinsen) - kalkulatorische Zinsen	
= kalkulatorischer Gewinn der Totalperiode	

Abbildung I. 22: Aufspaltung des kalkulatorischen Gewinns der Totalperiode

e) Beispiele

Aus didaktischen Gründen sei zunächst ein einfacher Fall unterstellt, der durch folgende Daten gekennzeichnet ist. Es gilt die Zahlungsfolge von Abschnitt 2.2.2.1. Die eigenen zur Verfügung stehenden finanziellen Mittel (Eigenkapital) betragen 10 000 DM. Zur Finanzierung steht ein Kredit zum Zeitpunkt Null mit endfälliger Tilgung in $t=2$ zur Verfügung. Der Zinsfuß lautet 11%. Außerdem kann zu jedem Zeitpunkt ein Kontokorrentkredit zu einem Zinsfuß von 13% in Anspruch genommen werden. Für Reinvestitionen gilt eine pauschale Rendite von 8%.

In Variante 1 sei der VOFI ohne Steuern dargestellt, der gleichzeitig auch einen wesentlichen Teil der Datenbasis liefert, die für die Beantwortung der weiter unten stehenden Fragen benötigt wird. In Variante 2 wird ein VOFI mit Steuern dargestellt.

- Variante 1

	t=0	t=1	t=2	t=3	t=4	t=5
Zahlungsfolge	-24500	-500	2380	19540	10465	5677
Eigenkapital	10000					
Kredit mit Endtilgung						
+ Aufnahme	14500					
- Tilgung			14500			
- Sollzinsen		1595	1595			
Kontokorrentkredit						
+ Aufnahme		2095	13987			
- Tilgung				16082		
- Sollzinsen			272	2091		
Geldanlage						
- Anlage				1367	10574	6632
+ Auflösung						
+ Habenzinsen					109	955
Finanzierungssaldo	0	0	0	0	0	0
Bestandsgrößen						
Kreditstand						
Kredit mit Endtilgung	14500	14500				
Kontokorrent		2095	16082			
Guthabenstand				1367	11941	18574
Bestandssaldo	-14500	-16595	-16082	1367	11941	18574

Abbildung I. 23: VOFI der Investition (Variante 1: ohne Steuern)

Als Opportunitätskostensatz zur Verzinsung der im Investitionszeitpunkt vorhandenen eigenen liquiden Mittel wird ein Zinssatz von 8% zugrunde gelegt. Folgende Fragen sind nun zu beantworten:

(1) Wie lautet die Investitionsentscheidung aufgrund des Endwertkriteriums?

(2) Wie lautet die Investitionsentscheidung aufgrund der Zielsetzung, Jahr für Jahr eine gleich hohe Entnahme zu tätigen und dabei einen Endwert in Höhe der Opportunität zu erzielen?

(3) Wie lautet die Investitionsentscheidung aufgrund des Kriteriums

(4) Wie lautet die Investitionsentscheidung aufgrund des Kriteriums "VOFI-Gesamtkapitalrentabilität"?

(5) Wann ist die VOFI-Pay-off-Periode erreicht?

(6) Wie hoch ist der pagatorische Gewinn der Totalperiode der Investition? Wie hoch ist der kalkulatorische Gewinn der Totalperiode der Investition? In welcher Beziehung steht er zum Endwertkonzept?

(7) Aus welchen Einzelpositionen setzt sich der kalkulatorische Gewinn der Totalperiode zusammen?

zu (1): Zunächst soll die Investitionsentscheidung aufgrund des **Endwertkriteriums** getroffen werden:

$EW^M = 18574$ [DM]

$EW^O = 10000 \cdot 1{,}08^5 = 14693$ [DM]

$\Delta EW = 3881$ DM

Die Entscheidung aufgrund des Endwertkriteriums lautet:

Investiere, da $EW^M > EW^O$ bzw. investiere, da $\Delta EW > 0$

zu (2): Die Höhe der jährlichen **Entnahme** ist durch eine Sensitivitätsanalyse zu bestimmen. Ein Betrag von 634 DM pro Jahr führt zum Endwert, der auch bei Realisierung der Opportunität erzielt werden könnte. Dies ist aus dem folgenden VOFI ersichtlich:

	t=0	t=1	t=2	t=3	t=4	t=5
Zahlungsfolge	-24500	-500	2380	19540	10465	5677
Eigenkapital	10000					
- Entnahmen		634	634	634	634	634
Kredit mit Endtilgung						
+ Aufnahme	14500					
- Tilgung			14500			
- Sollzinsen		1595	1595			
Kontokorrentkredit						
+ Aufnahme		2729	14704			
- Tilgung				16640	793	
- Sollzinsen			355	2266	103	
Geldanlage						
- Geldanlage					8935	5758
+ Auflösung						
+ Habenzinsen						715
Finanzierungssaldo	0	0	0	0	0	0
Bestandsgrößen						
Kreditstand						
Kredit mit Endtilgung	14500	14500				
Kontokorrentkredit		2729	17433	793		
Guthabenstand					8935	14693
Bestandssaldo	-14500	-17229	-17433	-793	8935	14693

Abbildung I. 24: VOFI-Variante 1 mit gleichbleibenden Entnahmen

zu (3): Die **VOFI-Eigenkapitalrentabilität** kann anhand der folgenden Formel hergeleitet werden:

$$g_{EK} = \sqrt[n]{\frac{EW^M}{EK}} - 1 \qquad \text{für } EW^M \geq 0$$

Unter Berücksichtigung der Daten des VOFIs ergibt sich:

$$g_{EK} = \sqrt[5]{\frac{18574}{10000}} - 1 = 0{,}131829 \cong 13{,}18\,\%$$

Wegen des Opportunitätskostensatzes von 8% lautet die Entscheidung aufgrund des Kriteriums VOFI-Eigenkapitalrentabilität:

Investiere, da $g_{EK} > i_o$.

zu (4): Als nächstes soll gezeigt werden, wie die Entscheidung aufgrund des Kriteriums **VOFI-Gesamtkapitalrentabilität** getroffen wird.

Die VOFI-Gesamtkapitalrentabilität ist wie folgt definiert:

$$g_{GK} = \sqrt[n]{\frac{\Delta EW + a_0 \cdot (1+k)^n}{a_0}} - 1 \qquad \text{mit } \Delta EW + a_0 \cdot (1+k)^n \geq 0$$

Der als Vergleichszinsfuß k zu verwendende Kapitalkostensatz berechnet sich folgendermaßen:

$$k = \sqrt[n]{\frac{(1+i_o)^n \cdot EK - EK + Z_S + a_0}{a_0}} - 1$$

Die Daten zur Berechnung des Vergleichszinsfußes sind - bis auf den Opportunitätskostensatz - aus dem VOFI zu entnehmen:

n = 5 [Jahre]

$i_o = 0{,}08$

EK = 10 000 [DM]

a_0 = 24 500 [DM]

Z_S = 1595 + 1595 + 272 + 2091 = 5553 [DM]

ΔEW ergibt sich wie folgt:

$\Delta EW = 18574 - 10000 \cdot 1{,}08^5 = 3881$ [DM]

Nun kann die Kennzahl k, der als Kapitalkostensatz bezeichnete Vergleichszinsfuß, bestimmt werden:

$$k = \sqrt[5]{\frac{1{,}08^5 \cdot 10000 - 10000 + 5553 + 24500}{24500}} - 1 = 0{,}0723794 \mathrel{\hat=} 7{,}23\,\%$$

Es ergibt sich somit folgende VOFI-Gesamtkapitalrentabilität:

$$g_{GK} = \sqrt[5]{\frac{3881 + 24500\ (1 + 0{,}0723793)^5}{24500}} - 1 = 0{,}09533 \mathrel{\hat{=}} 9{,}53\,\%$$

Die Entscheidung aufgrund des Kriteriums VOFI-Gesamtkapitalrentabilität lautet:

Investiere, da $g_{GK} > k$.

zu (5): Um die **VOFI-Pay-off-Periode** zu bestimmen, muß die Bestandsentwicklung der Investition mit der Bestandsentwicklung der Opportunität verglichen werden. Die Entwicklung des Bestandssaldos kann Abbildung I. 25 und I. 26 entnommen werden. Der Bestandssaldo aus Abbildung I. 25 sei im folgenden mit EW_t^M, und der aus Abbildung I. 26 mit EW_t^O bezeichnet.

	t=0	t=1	t=2	t=3	t=4	t=5
Bestandsgrößen						
Kreditstand						
Kredit mit Endtilgung	14500	14500				
Kontokorrent		2095	16082			
Guthabenstand				1367	11941	18574
Bestandssaldo	-14500	-16595	-16082	1367	11941	18574

Abbildung I. 25: Bestandsentwicklung lt. VOFI der Investition

	t=0	t=1	t=2	t=3	t=4	t=5
Eigenkapital	10000					
Geldanlage						
- Geldanlage	10000	800	864	933	1008	1088
+ Auflösung						
+ Habenzinsen		800	864	933	1008	1088
Finanzierungssaldo	0	0	0	0	0	0
Bestandsgrößen						
Guthabenstand	10000	10800	11664	12597	13605	14693
Bestandssaldo	10000	10800	11664	12597	13605	14693

Abbildung I. 26: VOFI der Opportunität

Aus Abbildung I. 27 geht hervor, daß in $t=5$ EW_t^M erstmalig größer ist als EW_t^O. Mithin ist $t=5$ die VOFI-Pay-off-Periode.

t	0	1	2	3	4	5
EW_t^M	-14500	-16595	-16082	1367	11941	18574
EW_t^O	10000	10800	11664	12597	13605	14693
ΔEW_t	-24500	-27395	-27746	-11230	-1664	3881
Pay-off-Periode	Nein	Nein	Nein	Nein	Nein	Ja

Abbildung I. 27: Ermittlung der Pay-off-Periode

zu (6): Im folgenden sollen der **pagatorische** und der **kalkulatorische Gewinn** der Totalperiode ermittelt werden.

Der pagatorische Gewinn TG^P der Totalperiode, der mit dem zusätzlichen Endwert identisch ist, beträgt:

$$TG^P = EW^M - EK$$

$$TG^P = 18574 - 10000 = 8574 \text{ [DM]}$$

Der kalkulatorische Gewinn TG^K der Totalperiode lautet:

$$TG^K = TG^P - (EW^O - EK) = \Delta EW$$

$$TG^K = 8574 - (14693 - 10000) = 3881 \text{ [DM]}$$

zu (7): Der kalkulatorische Gewinn der Totalperiode kann unter Berücksichtigung der Daten des VOFIs und der Nebenrechnung zur Bestimmung des Endwertes der Opportunität in seine Einzelbestandteile aufgespalten werden. Hierzu sind folgende Annahmen zu treffen:

- Es wird davon ausgegangen, daß die laufenden Einzahlungen und Erträge (ohne Zinserträge) respektive laufende Auszahlungen und Aufwendungen (ohne Abschreibungen und Aufwandszinsen) übereinstimmen.

- Die Abschreibungen in der Totalperiode berechnen sich aus der Anschaffungsauszahlung abzüglich dem Liquidationserlös.

	DM
Erträge	207655
- variable Aufwendungen	124593
- fixe Aufwendungen	47500
- Abschreibungen	22500
= pagatorischer Gewinn der Totalperiode der Investition (vor Zinsen)	13062
+ Reinvestitionserträge	1065
= pagatorischer Gewinn der Totalperiode der Investition incl. Re- und Ergänzungsinvestitionen (vor Zinsaufwand)	14127
- Zinsaufwand	5553
= pagatorischer Gewinn der Totalperiode (nach Zinsen)	8574
- kalkulatorische Zinsen	4693
= kalkulatorischer Gewinn der Totalperiode	3881

Abbildung I. 28: Aufspaltung des kalkulatorischen Gewinns der Investition (bezogen auf die Totalperiode)

- Variante 2

Variante 2 ergibt sich unter Berücksichtigung eines Ertragsteuermultifaktors von 64,8%. Der VOFI der Variante 2 ist inclusive Nebenrechnung im folgenden abgebildet:

	t=0	t=1	t=2	t=3	t=4	t=5
Zahlungsfolge	-24500	-500	2380	19540	10465	5677
Eigenkapital	10000					
Kredit mit Endtilgung						
+ Aufnahme	14500					
- Tilgung			14500			
- Sollzinsen		1595	1595			
Kontokorrentkredit						
+ Aufnahme			6751			
- Tilgung				6751		
- Sollzinsen				878		
Geldanlage						
- Geldanlage		4025		2411	6345	4838
+ Auflösung			4025			
+ Habenzinsen			322		193	700
Steuerzahlungen						
- Steuerzahlung				9500	4313	1540
+ "Steuererstattung"		6120	2617			
Finanzierungssaldo	0	0	0	0	0	0
Bestandsgrößen						
Kreditstand						
Kredit mit Endtilgung	14500	14500				
Kontokorrentkredit			6751			
Guthabenstand		4025		2411	8756	13594
Bestandssaldo	-14500	-10475	-6751	2411	8756	13594

	t=1	t=2	t=3	t=4	t=5
Restbuchwert Jahresbeginn	24500	17150	12005	8003	4002
degressive Abschreibung	7350	5145			
lineare Abschreibung			4002	4002	4002
Restbuchwert Jahresende	17150	12005	8003	4002	0

	t=1	t=2	t=3	t=4	t=5
Einzahlungsüberschuß	-500	2380	19540	10465	5677
- Abschreibungen	7350	5145	4002	4002	4002
- Zinsaufwand	1595	1595	878		
+ Zinsertrag		322		193	700
Steuerbemessungsgrundlage	-9445	-4038	14661	6656	2376
ESt-Zahlung			9500	4313	1540
"ESt-Erstattung"	6120	2617			
Steuerzahlung			9500	4313	1540
"Steuererstattung"	6120	2617			

Abbildung I. 29: Vollständiger Finanzplan der Investition (Variante 2)

Für den Fall mit Steuern müßten die Kennzahlen - wie oben erwähnt - entsprechend modifiziert werden (vgl. Grob 1989, S. 88 ff.).

2.3.3 Zusammenhänge zwischen formel- und finanzplanorientierten Methoden

2.3.3.1 Der formale Zusammenhang

Im folgenden soll demonstriert werden, daß die mit VOFI ermittelten Zielwerte von Investition und Opportunität auch **formelorientiert** zu errechnen sind. Voraussetzung hierfür ist allerdings der Ansatz theoretisch richtiger periodenspezifischer Kalkulationszinsfüße (vgl. GROB 1989, S. 201 ff.). Zur Ermittlung des formalen Zusammenhangs zwischen formel- und finanzplanorientierten Methoden ist zusätzlich zum oben dargestellten Finanzplan der Variante 2 (vgl. Abb. I. 29) der VOFI der Opportunität aufzustellen, aus dem die Entwicklung der Zinsgutschriften und des Bestandes unter Berücksichtigung steuerlicher Aspekte ablesbar ist.

Der zusätzliche Endwert ΔEW kann unter Verwendung der Zielwerte von Abb. I. 29 und Abb. I. 30 wie folgt bestimmt werden:

$$\Delta EW = EW^M - EW^O = 13594 - 11490 = 2104\ [DM]$$

Der aus den VOFIs hergeleitete zusätzliche Endwert von 2104 DM soll nun formelmäßig unter Verwendung von Kalkulationszinsfüßen, die periodenindividuell festzulegen sind, ermittelt werden. Die entsprechende Formel lautet:

$$\Delta EW = -a_0 \cdot \prod_{\tau=0}^{t_n-1} q_\tau + \sum_{t=1}^{t_n-1} \left[d_t - (d_t - A_t) \cdot s\right] \cdot \prod_{\tau=t}^{t_n-1} q_\tau + \left[d_n - (d_n - A_n) \cdot s\right]$$

für alle $t=1, \ldots, t_n - 1$

	t=0	t=1	t=2	t=3	t=4	t=5
Zahlungsfolge	0	0	0	0	0	0
Eigenkapital	10000					
Geldanlage						
- Geldanlage	10000	282	290	298	306	315
+ Auflösung						
+ Habenzinsen		800	823	846	870	894
Steuerzahlung						
- Steuerzahlung		518	533	548	563	579
Finanzierungssaldo	0	0	0	0	0	0
Bestandsgrößen						
Guthabenstand	10000	10282	10571	10869	11175	11490
Bestandssaldo	10000	10282	10571	10869	11175	11490

Abbildung I. 30: Vollständiger Finanzplan der Opportunität

Den Ausgangspunkt für die Ermittlung periodenindividueller Kalkulationszinsfüße bildet die in *Kapitel 2.2.3.2* dargestellte Konzeption des Mischzinsfußes, der sich als Quotient von Zinsen und gebundenem Kapital ergibt. Neben den Kapitalbeständen und Zinszahlungen für die Investition sind bei der Ermittlung von Mischzinsfüßen die Zinsen und Kapitalbestände der Opportunität zu berücksichtigen. Außerdem sind die Zinsen um die steuerlichen Effekte zu korrigieren.

Die periodenindividuellen Kalkulationszinsfüße sind wie folgt zu definieren:

$$i_t^{nSt} = \frac{\left(\sum_{j=1}^{j_n} ZS_{j,\,t+1}^M - \sum_{k=1}^{k_n} ZH_{k,\,t+1}^M + Z_{t+1}^O \right) \cdot (1-s)}{\sum_{j=1}^{j_n} K_{j,\,t}^M - \sum_{k=1}^{k_n} GH_{k,\,t}^M + G_t^O}$$

für alle $t=1, \ldots, t_n - 1$

mit:

i_t	Periodenindividueller Mischzinsfuß
$ZS_{j,\,t+1}^M$	Sollzinsen des Kredites j bei Durchführung der Investition, gezahlt in $t+1$
$ZH_{k,\,t+1}^M$	Habenzinsen bzw. Rendite der Anlage k bei Durchführung der Investition, eingenommen in $t+1$
Z_{t+1}^O	Opportunitätskosten bei Durchführung der Opportunität, entgangen in $t+1$
$K_{j,\,t}^M$	Kreditstand des Kredites j in t bei Durchführung der Investition
$GH_{k,\,t}^M$	Guthabenstand der Anlage k in t bei Durchführung der Investition
G_t^O	Guthabenstand in t bei Durchführung der Opportunität

Anzumerken ist, daß im Zeitpunkt $t=t_n$ die Beträge in nomineller Höhe angesetzt werden.

Für die Daten des Beispielfalls ergeben sich die folgenden periodenindividuellen Kalkulationszinsfüße und Aufzinsungsfaktoren sowie ihre Produkte:

t	periodenindividueller Kalkulationszinsfuß i_t
0	$\frac{(1595+800)\cdot(1-0{,}648)}{14500+10000} = 0{,}034409796$
1	$\frac{(1595-322+823)\cdot(1-0{,}648)}{14500-4025+10282} = 0{,}03554425$
2	$\frac{(878+846)\cdot(1-0{,}648)}{6751+10571} = 0{,}035033368$
3	$\frac{(-193+870)\cdot(1-0{,}648)}{-2411+10869} = 0{,}028174982$
4	$\frac{(-700+894)\cdot(1-0{,}648)}{-8756+11175} = 0{,}028229847$

t	i_t	$q_t = 1 + i_t$	$Q_t = \prod_{\tau=t}^{t_n-1} q_\tau$
0	0,034409796	1,034409796	1,172122155
1	0,03554425	1,03554425	1,133131337
2	0,035033368	1,035033368	1,094237486
3	0,02817498	1,02817498	1,057200202
4	0,028229847	1,028229847	1,028229847

Abbildung I. 31: Berechnung der Produkte der periodenindividuellen Aufzinsungsfaktoren

Eingesetzt in die oben angegebene Formel zur Bestimmung des zusätzlichen Endwertes nach Steuern unter Berücksichtigung periodenindividueller Kalkulationszinsfüße ergibt sich der Zielwert von 2104 DM, der mit dem zusätzlichen Endwert, der mit Hilfe der in Abbildung I. 29 und I. 30 dargestellten VOFIs errechnet wurde, übereinstimmt.

$$\begin{aligned}\Delta EW^{nSt} = & -24500 \cdot 1{,}172122155 \\ & + [-500 - 0{,}648\,(-500 - 7350)] \cdot 1{,}133131337 \\ & + [2380 - 0{,}648\,(2380 - 5145)] \cdot 1{,}094237486 \\ & + [19540 - 0{,}648\,(19540 - 4002)] \cdot 1{,}057200202 \\ & + [10465 - 0{,}648\,(10465 - 4002)] \cdot 1{,}028229847 \\ & + [5677 - 0{,}648\,(5677 - 4002)] \\ & = \mathbf{2104\ [DM]}\end{aligned}$$

Die Analyse führte zu folgenden Ergebnissen:

- Die "schillernde Größe" Kalkulationszinsfuß kann bei Akzeptanz der Zurechnungsprämisse durch die vollständige Finanzplanung bestimmt werden.

- Wegen der Variabilität der Zinsen und der Kapitalbindung und eventuell auch der Steuerparameter im Zeitablauf ist in formelorientierten Modellen kein einheitlicher Kalkulationszinsfuß, sondern ein Vektor periodenindividueller Mischzinsfüße anzusetzen.

- Diese periodenindividuellen Mischzinsfüße stellen Kuppelprodukte vollständiger Finanzpläne dar. Sie fallen - ähnlich den Schattenpreisen bei der linearen Programmierung - erst dann an, wenn sie für Entscheidungszwecke nicht mehr benötigt werden. Die Analyse dient insofern "lediglich" der theoretischen Erhellung einer in der Literatur als "schillernd" bezeichneten Größe.

2.3.3.2 Thesen zum Vergleich von formel- und finanzplanorientierter Investitionsrechnung

Zum Vergleich von formel- und finanzplanorientierter Investitionsrechnung sollen nun zwei Thesen aufgestellt werden, die die Überlegenheit der finanzplanorientierten Ansätze gegenüber formelorientierten Modellen zum Inhalt haben (vgl. GROB 1993, S. 5):

These 1: Die finanzplanorientierte Investitionsrechnung bietet ein **allgemeingültiges ausbaufähiges** Abbildungsmodell.

These 2: Die finanzplanorientierte Investitionsrechnung weist ein hohes Maß an **Transparenz** über den Zusammenhang der Investitions- und Finanzierungsseite unter Berücksichtigung steuerlicher Konsequenzen auf und erfüllt damit eine wichtige Voraussetzung für die **Akzeptanz** von I&F-Modellen in der Praxis.

zur 1. These:

Kapitalwert-, Annuitäten- und Pay-off-Methode gehen von einem einheitlichen Kalkulationszinsfuß aus, der die Konditionen für Kreditaufnahmen, für Reinvestitionsmöglichkeiten und auch für die Opportunität, die bei Verzicht auf die betrachtete Investition durchgeführt wird, repräsentiert. Konkrete Finanzierungskonditionen, die insbesondere für die Anfangsphase der Investition bekannt sind, gehen in der Durchschnittsgröße "Kalkulationszinsfuß" unter. Bei den klassischen Verfahren ist es grundsätzlich nicht möglich, individuelle Finanzierungskonditionen anzusetzen. Außerdem werden die steuerlichen Konsequenzen bei den formelorientierten Verfahren mit dem Konzept des Ertragsteuermultifaktors vergröbert dargestellt.

Die vollständige Finanzplanung bietet die Möglichkeit, die Konditionenvielfalt auf dem Finanzierungssektor mit beliebigem Detaillierungsgrad sowie steuerlichen Konsequenzen mit gewünschter Realitätsnähe zu erfassen.

Beim Ansatz abbildungsgenauer periodenindividueller Mischzinsfüße kommen beide Modelle unter sonst gleichen Bedingungen zu identischen Zielwerten.

Die Zielwerte der klassischen dynamischen Verfahren der Investitionsrechnung führen häufig zu Interpretationsproblemen. So wurde beispielsweise in der betriebswirtschaftlichen Literatur mit Verwunderung festgestellt, daß der Kapitalwert trotz eines steigenden Steuersatzes zunehmen kann (vgl. SCHNEIDER 1980, S. 276 ff.). Bei richtiger Interpretation des Kapitalwertes als einer Differenzgröße, die den Vorteil der Investition gegenüber ihrer Opportunität ausdrückt, wird jedoch deutlich, daß bei steigenden Steuern eine Investition wegen der mit ihr verbundenen Abschreibungsmöglichkeiten gegenüber einer Geldanlage vorteilhafter werden kann. Derartige Interpretationsschwierigkeiten dürften aus Differenzbetrachtungen resultieren, die Bestandteil formelorientierter Verfahren sind.

Bei finanzplanorientierten Methoden werden dagegen Absolutbeträge verglichen. Die Endwerte von Investition und Opportunität sind als Bestände an liquiden Mitteln und folglich durch **Begriffe des offiziellen Rechnungswesens** definiert. Finanzplanorientierte Investitionsrechnungen dürften deshalb gegen Mißverständnisse und Fehlinterpretationen gefeit sein.

zur 2. These:

Durch die tabellarische Darstellung der finanzplanorientierten Methoden werden die Annahmen des Modells expliziert.

Nicht nur die Zusammensetzung des Zielwertes, sondern auch die Bestandsentwicklung wird hierdurch **transparent** gemacht. Bewegungen von Finanzkonten im Zeitablauf sowie das vereinfachte Abbild einer Steuererklärung ist im Rahmen des Kalküls wiedererkennbar. Die **Akzeptanz** der Investitionsrechnung durch die am Entscheidungsprozeß beteiligten Personen dürfte durch die Transparenz der Entscheidungsunterlage erhöht werden.

3. I&F-Modelle für Partialentscheidungen

3.1 Fragestellung

Nachdem in Kapitel 2 die methodischen Grundlagen, die zur Unterstützung von I&F-Entscheidungen verwendet werden können, ausführlich dargestellt worden sind, sollen nun in der gebotenen Kürze zunächst Partialentscheidungen erörtert werden. Dabei werden die in Kapitel 1 dargelegten entscheidungsbezogenen Kategorien für Investitions- und Finanzierungsvorhaben als Gliederungskriterien verwendet.

3.2 Investitionsprojekte

3.2.1 Das deterministische Grundmodell

3.2.1.1 Erweiterungsinvestition

Eine Erweiterungsinvestition dient der Vergrößerung der Kapazität einer Unternehmung *(vgl. 1.1.2)*. Die totale Kapazität eines Aggregates ist durch seinen maximalen Output innerhalb seiner Nutzungsdauer definiert. Die Totalkapazität ist in I&F-Modellen auf die Jahre der Nutzungsdauer aufzuteilen. Dabei ist es keineswegs selbstverständlich, für jedes Jahr die gleiche Kapazität anzusetzen. Vielmehr ist zu berücksichtigen, daß durch technische Veralterung oder aber auch durch die Kombination mit anderen limitierenden Faktoren die Kapazitätsdaten im Zeitablauf variieren können. Bei einer Erweiterungsinvestition ist es deshalb notwendig, die Periodenkapazität eines Aggregats im Zeitablauf zu prognostizieren. Die Kapazitätsdaten stellen Restriktionen dar, die in der gleichen Periode die Produktions- und für zukünftige Perioden auch die Absatzmenge im Planungszeitraum begrenzt. Während also die Kapazität eines Investitionsobjektes eine Nebenbedingung darstellt, beeinflussen Produktions- und Absatzmengen die Höhe der für I&F-Modelle benötigten Einzahlungsüberschüsse **direkt**.

Zur Bestimmung der Produktions- und Absatzmengen ist die **Auslastung** der Kapazitäten zu planen. Ausgangspunkt für diese Planung ist regelmäßig der Absatzplan, der durch den Lebenszyklus der betrachteten Produkte im Zeitablauf modellierbar ist. Zur Vereinfachung sei zunächst unterstellt, daß es sich bei der Erweiterungsinvestition um ein Einproduktaggregat handelt.

Ausgangspunkt für die Lebenszyklusprognose ist die Schätzung der Nachfrage bei einem vorgegebenen Preisniveau und einem Budget für den Einsatz der präferenzpolitischen Instrumente (z.B. Werbung, Distribution). Eine Änderung der Preise und/oder des Absatzbudgets dürfte im allgemeinen eine Änderung der prognostizierten Nachfrage zur Folge haben.

In welchem Ausmaß die im Zeitablauf variierende Nachfrage die Kapazität auslastet, hängt von verschiedenen Verbundbeziehungen ab. So kann es von Bedeutung sein, ob das herzustellende Produkt gelagert werden kann. Ferner ist zu fragen, ob die nichtbefriedigte Nachfrage zu einem späteren Zeitpunkt zumindest anteilig befriedigt werden kann.

Sofern die Erweiterungsinvestition mehrere Produkte betrifft, sind zur Ermittlung der Zahlungsfolge Interdependenzen zu berücksichtigen. Die relevanten Daten könnten sich durch zwei Simultanansätze, in denen die I&F-Entscheidung gleichzeitig mit der Produktions- und Absatzplanung erfolgt, theoretisch exakt ermitteln lassen. In dem einen Ansatz wäre der Status quo darzustellen, während der andere Ansatz die durch die Kapazitätserhöhung modifizierten Restriktionen enthalten müßte. Derartige Modelle, die einen außerordentlich hohen Informationsbedarf aufweisen, werden jedoch als nicht praxisrelevant angesehen.

Häufig sind die Daten zur Berechnung der Kapazitätsauslastung ungewiß. Zu empfehlen ist, die kritische Auslastung durch Sensitivitätsanalysen zu errechnen. In diesem Fall wird der kritische Wert durch ein Suchverfahren ermittelt, bei dem der Zielwert der Erweiterungsinvestition mit dem des Status quo übereinstimmt. Derartige Ansätze stellen **dynamische Break-Even-Analysen** dar.

Besonders schwierig ist die Investitionsrechnung für eine Erweiterungsinvestition, wenn die Kapazitätsauslastung nicht unter Verwendung von Marktdaten (Absatzpreise, marktorientierte Verrechnungspreise) bewertet werden kann. Die Konsequenzen einer ausschließlich auf Auszahlungen basierenden Investitionsrechnung lassen sich in einer Ergebnismatrix darstellen, in der dem Endwert der Auszahlungen die Kapazitätserhöhung als nicht-monetäre Entscheidungskonsequenz gegenübergestellt wird. Diese beiden dimensionsverschiedenen Ergebnisse konkurrieren mit dem Endwert der liquiden

Mittel, der sich aus dem Status quo ergibt. Das mehrdimensionale Entscheidungsproblem ist in Abb. I. 32 dargestellt worden.

Alternativen	monetäre Entscheidungskonsequenzen	nicht-monetäre Entscheidungskonsequenzen
Erweiterungsinvestition	Endwert der Auszahlungen	Kapazitätserhöhung
Status quo	Endwert der liquiden Mittel	-

Abbildung I. 32: Entscheidungsmatrix bei monetären und nicht-monetären Entscheidungskonsequenzen

Da die Fälle bei der Einführung der methodischen Grundlagen von I&F den Charakter von Erweiterungsinvestitionen haben, sei auf die Darstellung weiterer Beispiele verzichtet.

3.2.1.2 Ersatzinvestition

a) Formelorientierte Betrachtung

Bei der Planung von Ersatzinvestitionen konkurriert die in Betrieb befindliche ("alte") Anlage mit einem neu zu beschaffenden Objekt (vgl. BLOHM/LÜDER 1991, S.65 ff.; GROB 1993, S. 25 ff.; KRUSCHWITZ 1993, S. 161 ff.). Für die alte Anlage sind die Anschaffungsauszahlung sowie die bereits verursachten Folgezahlungen als "sunk cost" anzusehen. Nur die noch beeinflußbaren Elemente der Zahlungsfolge sind beim Vergleich mit der neuen Anlage zu berücksichtigen.

Der Betrachtungszeitraum ist das kommende Jahr mit den Zeitpunkten $t=T\text{-}1$ für den Anfang und $t=T$ für das Jahresende. Im Modell wird die Möglichkeit geprüft, den Ersatz entweder in $t=T\text{-}1$ oder in $t=T$ vorzunehmen. Ein Ersatz in $t=T$ stellt eine Arbeitshypothese dar, die im Rahmen einer rollenden Planung permanent überprüft wird.

Die Entscheidungsalternativen lauten also:

Alternative 1: Ersatz der alten Anlage durch eine neue Anlage und sofortige Stillegung bzw. Liquidation der alten Anlage

Alternative 2: Kein Ersatz der alten Anlage im Entscheidungszeitpunkt

Bei Alternative 1 wird ein Liquidationserlös in Höhe von L_{T-1} erzielt, der zum Zwecke der Vergleichbarkeit auf das Ende des Jahres aufzuzinsen ist. Außerdem wird im Betrachtungszeitraum der Durchschnittsgewinn der neuen Anlage - ausgedrückt durch ihre Annuität - gutgeschrieben.

Bei Alternative 2 erwirtschaftet die alte Anlage einen Einzahlungsüberschuß sowie einen Liquidationserlös am Ende des Jahres. Der zusätzliche Gewinn des kommenden Jahres, der durch den sofortigen Ersatz erzielbar ist, ergibt sich als Differenz von G_T^1 und G_T^2 wie folgt:

$$G_T^1 = L_{T-1} \cdot q + a$$

$$G_T^2 = d_T + L_T$$

mit:

a Annuität der neuen Anlage

d_T Einzahlungsüberschuß bei Weiternutzung der alten Anlage um ein Jahr

G_T^1 Gewinn der Alternative 1 in T

G_T^2 Gewinn der Alternative 2 in T

L_T Liquidationserlös bei Weiternutzung der alten Anlage um ein Jahr und Veräußerung am Ende des Jahres

L_{T-1} Liquidationserlös bei sofortiger Veräußerung der alten Anlage

q Zinsfaktor

Offensichtlich ist ein Ersatz vorzunehmen, wenn $G_T^1 > G_T^2$ ist. Üblich ist es jedoch, die Zwischensummen umzusortieren und einen Vergleich von Grenz- und Durchschnittsgewinn vorzunehmen.

Der zusätzliche Gewinn, der mit der **alten Anlage** durch Weiternutzung um ein Jahr erzielbar ist, beträgt $d_T + L_T - L_{T-1} \cdot q$. Er stellt eine Grenzgröße in bezug auf die Zeit dar ("zeitlicher Grenzgewinn der alten Anlage").

Die Annuität der neuen Anlage ist ihr zeitlicher Durchschnittsgewinn. Hierbei ist zu fordern, die Nutzungsdauer des Nachfolgers zu optimieren. Unter der Voraussetzung unendlich vieler identischer Nachfolger ist diejenige Nutzungsdauer optimal, die zur maximalen Annuität führt.

Das Entscheidungskriterium bei einem Vergleich zwischen dem zeitlichen Grenzgewinn der alten Anlage und dem zeitlichen Durchschnittsgewinn der neuen Anlage lautet unter der Prämisse, daß die Einzahlungsüberschüsse der alten Anlage im Zeitablauf monoton fallen:

Führe eine Ersatzinvestition durch, wenn die Annuität der neuen Anlage größer ist als der Grenzgewinn der alten Anlage.

Anders ausgedrückt: Eine Ersatzinvestition ist durchzuführen, wenn gilt:

$$d_T + L_T - L_{T-1} \cdot q < a$$

Wegen der Notwendigkeit, derartige Investitionsrechnungen unter Einbeziehung von Steuern durchzuführen, sollten der zeitliche Grenzgewinn der alten und der zeitliche Durchschnittsgewinn der neuen Anlage jeweils "nach Steuern" berechnet werden. Ein solches Kriterium soll nun entwickelt werden (vgl. SCHNEIDER 1990, S. 285 ff.).

Der erste Gedanke, den zeitlichen Durchschnitts- und Grenzgewinn durch Multiplikation mit (1-s) zu korrigieren, führt nicht zum richtigen Ergebnis. Schließlich gilt es, bei Investitionsrechnungen mit Steuern auch den Abschreibungseffekt zu berücksichtigen. Deshalb ist es erforderlich, auch den Restbuchwert der alten Anlage ins Kalkül einzubeziehen. Hierzu sind die folgenden Überlegungen anzustellen.

Entspricht der Liquidationserlös im Zeitpunkt T dem Restbuchwert im Zeitpunkt T, so stimmt die Summe der bisherigen Abschreibungen mit dem zu berücksichtigenden Werteverzehr überein. Steuerzahlungen für den Liquidationserlös fallen nicht an. Weichen hingegen Abschreibungen und zu berücksichtigender Werteverzehr voneinander ab, so ist die Differenz steuerlich als Nachholung von Abschreibungen oder als Korrektur überhöhter Abschreibungen zu interpretieren. Diese Differenz ist Bestandteil der Bemessungsgrundlage für die Ermittlung der Steuerzahlungen. Nach Abzug der Steuerzahlung ergibt sich damit folgender Zahlungsüberschuß aus der Liquidation des Investitionsobjektes im Zeitpunkt T:

$$L_T - (L_T - R_T) \cdot s$$

mit:

R_T Restbuchwert in T

Der Restbuchwert R_T ist die Differenz aus Anschaffungsauszahlung a_0 und der Summe aller bisherigen Abschreibungen bis zum Zeitpunkt T:

$$R_T = a_0 - \sum_{t=1}^{T} A_t$$

Das Entscheidungskriterium für einen optimalen Ersatz unter Berücksichtigung von Ertragsteuern lautet somit:

Eine Ersatzinvestition ist durchzuführen, wenn gilt:

$$d_T + L_T - (d_T - A_T + L_T - R_T) \cdot s - \left[L_{T-1} - (L_{T-1} - R_{T-1}) \cdot s\right] \cdot \left[1 + i(1-s)\right] < a$$

Selbstverständlich ist die Annuität der neuen Anlage unter Einfluß von Steuern zu ermitteln.

Das Kriterium läßt sich durch folgende Überlegungen vereinfachen. R_T und R_{T-1} differieren um den Abschreibungsbetrag der Periode T, also um A_T. Für R_T gilt deshalb:

$$R_T = R_{T-1} - A_T$$

Eingesetzt in die Formel für das Entscheidungskriterium ergibt sich dann der verkürzte Ausdruck:

$$(d_T + L_T) \cdot (1 - s) - R_{T-1} \cdot s \cdot i \cdot (1 - s) - L_{T-1} \cdot (1 - s) \cdot [1 + i \cdot (1 - s)] < a$$

Wie man sieht, ist der Abschreibungsbetrag A_T für die Ersatzentscheidung nicht relevant.

Zur Darstellung eines Beispiels wird der in *Kapitel 2.3.2.1* präsentierte DEMO-Fall um folgende Annahmen erweitert:

Am Ende des 3. Jahres soll über die Weiternutzung der Anlage entschieden werden. Zu diesem Zeitpunkt beträgt der Liquidationserlös der Anlage 3100 DM. Bei Weiternutzung der Anlage um ein Jahr reduziert sich der Liquidationserlös auf 2500 DM.

Die Abschreibung erfolgt degressiv mit Übergang zur linearen Abschreibung. Die jährlichen Abschreibungsbeträge und die daraus resultierenden Restbuchwerte können Abbildung I. 33 entnommen werden.

	t=1	t=2	t=3	t=4	t=5
A_t	7350	5145	4002	4002	4001
R_t	17150	12005	8003	4001	0

Abbildung I. 33: Daten zur Entscheidung über eine Ersatzinvestition

Der Kalkulationszinsfuß betrage 10%.

Der Durchschnittsgewinn der neuen Anlage nach Steuern betrage 3000 DM pro Jahr.

Das Kriterium zum Ersatz der alten Anlage durch eine neue lautet:

Führe keine Ersatzinvestition durch, da der Grenzgewinn der alten Anlage in Höhe von 3252 DM größer ist als der Durchschnittsgewinn der neuen Anlage.

$$(10465 + 2500) \cdot (1 - 0{,}648) - 8003 \cdot 0{,}648 \cdot 0{,}1 \cdot (1 - 0{,}648) - 3100 \cdot (1 - 0{,}648) \cdot [1 + 0{,}1 \cdot (1 - 0{,}648)] > 3000$$

b) Finanzplanorientierte Betrachtung

Transparenter dürfte eine Investitionsrechnung gestaltbar sein, wenn anstelle eines formelorientierten Modells mit alternativen Finanzplänen gearbeitet wird (vgl. GROB 1993, S. 29 ff.). Die größere Robustheit eines finanzplanorientierten Ansatzes hängt damit zusammen, daß anstelle versteckter ("impliziter") Prämissen sämtliche Anforderungen explizit dargestellt werden müssen. Insbesondere die steuerlichen Belange können hierbei realitätsnäher und gut nachvollziehbar modelliert werden. Auch die Abkehr von Grenz- und Durchschnittsgewinn und die Zuwendung zum Endwertkonzept dürfte der Erhöhung der Transparenz dienen.

Zur Lösung des Ersatzproblems sind die Finanzpläne für die beiden folgenden Datenkonstellationen aufzustellen:

1. sofortiger Ersatz der alten Anlage
2. kein sofortiger Ersatz der alten Anlage.

Ein neue Anlage führt zur Stillegung der alten Anlage. Wenn kein sofortiger Ersatz der alten Anlage stattfindet, ist davon auszugehen, der Ersatz würde ein Jahr später durchgeführt.

Während bei der ersten Alternative der in $t=0$ erzielbare Liquidationserlös der alten Anlage zu berücksichtigen ist, muß bei der zweiten Alternative der Einzahlungsüberschuß im Zeitpunkt $t=1$ und der Liquidationserlös in $t=1$ erfaßt werden.

Die Daten des Beispielfalls sind um folgende Annahmen zu erweitern:

Bei Weiternutzung der alten Anlage wird am Ende des Jahres ein Einzahlungsüberschuß von 10465 DM erwartet. Danach sinkt der Einzahlungsüberschuß beträchtlich. Würde heute veräußert, so betrüge der Erlös 3100 DM. Ein Jahr später wird er auf 2500 DM veranschlagt. Danach ist mit einem weitaus niedrigeren Liquidationserlös zu rechnen.

Bezüglich zukünftigen Zahlungen ist die Annahme fallender Einzahlungsüberschüsse der alten Anlage gültig. Wäre dies nicht der Fall, so müßten für sämtliche möglichen Ersatzzeitpunkte VOFIs erstellt werden. In der Literatur wird dieses Problem auch mit Hilfe der dynamischen Programmierung und der linearen Programmierung gelöst.

Für die Ersatzinvestition gelten folgende Daten:

t=0	t=1	t=2	t=3
-20000	10000	15000	5000 [DM]

Die Nutzungsdauer der neuen Anlage sei mit drei Jahren fest vorgegeben. Würde die Anlage ein Jahr später angeschafft, so hätte dies einen negativen Einfluß auf die Zahlungsfolge. Zum einen wäre die Anschaffungsauszahlung höher, zum anderen müßte mit einer ungünstigeren Nachfrage gerechnet werden. Die Zahlungsfolge bei einem Aufschub um ein Jahr lautet:

t=1	t=2	t=3	t=4
-22000	9000	14000	3000 [DM]

Die neue Anlage ist als einmalige Investition anzusetzen. Eine Investitionskette aus identischen Nachfolgeinvestitionen erscheine wirklichkeitsfremd. Für zukünftige Ergänzungsinvestitionen ist deshalb als Pauschalannahme ein Reinvestitionssatz von 8% zugrundezulegen.

In $t=0$ werden exogen eigene liquide Mittel von 5000 DM zur Verfügung gestellt, um die Ersatzinvestition zu finanzieren. Der Rest soll durch einen 5%igen Ratenkredit mit einem Disagio von 7% und einer Laufzeit von 3 Jahren gedeckt werden. Die Konditionen gelten allerdings nur in $t=0$. Ein Jahr später ist pauschal ein Zinsfuß von 10% anzusetzen.

Für zwischenzeitliche Geldanlagen ist - ebenso wie für die zukünftige Ergänzungsinvestition - ein Anlagenzinsfuß von 8% anzunehmen.

Der Ertragsteuermultifaktor beträgt für den gesamten Planungszeitraum 64,8%. Das neue Objekt sei degressiv abzuschreiben. Die Abschreibungen des alten Objekts können Abbildung I. 33 entnommen werden. Weitere steuerliche Vorschriften (z.B. § 6 b EStG, "Übertragung stiller Reserven") sollen hier zur Vereinfachung unbeachtet bleiben.

Für die beiden zu untersuchenden Alternativen "sofortiger Ersatz" und "kein sofortiger Ersatz (Fiktion: Ersatz ein Jahr später)" sind nun die beiden folgenden Finanzpläne aufzustellen. Planungshorizont für beide Alternativen ist $t=4$.

Als erstes ist der VOFI der Alternative eines sofortigen Ersatzes darzustellen:

	t=0	t=1	t=2	t=3	t=4
Zahlungsfolge	-20000	10000	15000	5000	0
Eigenkapital	5000				
Einlage aus dem Liquidationserlös der alten Anlage	**6277**				
Kredit mit Ratentilgung					
+ Kreditaufnahme	8723				
- Tilgung		3127	3127	3127	
- Sollzinsen		469	313	156	
Geldanlage					
- Anlage		4258	5329	2014	3351
+ Auflösung					
+ Habenzinsen			341	767	928
- Steuerzahlung		2146	6572	470	
+ **"Steuererstattung"**					2423
Finanzierungssaldo	0	0	0	0	0
Bestandsgrößen					
Kreditstand					
Ratentilgung	9380	6253	3127		
Guthabenstand		4258	9587	11602	14952
Bestandssaldo	-9380	-1995	6461	11602	14952

Abbildung I. 34: Sofortiger Ersatz von DY11

Bei der Berechnung der Einlage ist zusätzlich der Restbuchwert der alten Anlage zu berücksichtigen (vgl. Abbildung I. 33). Ist der Restbuchwert größer als der Restverkaufserlös, kann die Differenz gesondert abgeschrieben werden. Dies führt zu einer "Steuererstattung". Ist der Restbuchwert hingegen kleiner als der Restverkaufserlös, muß diese Differenz versteuert werden. Die Einlage berechnet sich somit wie folgt:

8003 -	3100	=	4903 [DM]
Restbuchwert -	Restverkaufserlös	=	außerordenlicher Aufwand ("Sonderabschreibung")

4903 ·	0,648	=	3177 [DM]
a. o. Aufwand ·	Ertragsteuermultifaktor	=	"Steuererstattung"

Die Einlage aus dem Liquidationserlös der alten Anlage berechnet sich dann wie folgt:

3100 +	3177	=	6277 [DM]
Restverkaufserlös +	"Steuererstattung"	=	Einlage

Die "restlichen" Daten des VOFIs ergeben sich in gewohnter Weise.

Der VOFI für den Fall, eine Ersatzinvestition mit geänderten Daten gegenüber der ersten Alternative ein Jahr später durchzuführen, ist nun abzubilden:

	t=0	t=1	t=2	t=3	t=4
Zahlungsfolge	0	**-11535**	9000	14000	3000
Eigenkapital	5000				
+ Einlagen		**3473**			
Geldanlage					
- Anlage	5000		3595	5631	1568
+ Auflösung		815			
+ Habenzinsen		400	335	622	1073
- Steuerzahlung			5740	8992	2505
+ "Steuererstattung"		6847			
Finanzierungssaldo	0	0	0	0	0
Bestandsgrößen					
Guthabenstand	5000	4185	7780	13410	14979
Bestandssaldo	5000	4185	7780	13410	14979

Abbildung I. 35: Ersatz von DY11 in einem Jahr

Erklärungsbedürftig ist das Element der Zahlungsfolge für den Zeitpunkt $t=1$:

Bei einer Weiternutzung der alten Anlage entsteht - wie eingangs aufgeführt - ein Einzahlungsüberschuß in Höhe von 10465 DM, der zusammen mit der Anschaffungsauszahlung der neuen Anlage von 22000 DM in die Zahlungsfolge integriert werden muß: -22000 + 10465 = -11535 [DM]

Bei der Berechnung der Einlage muß der Restbuchwert in Höhe von 4001 DM beachtet werden. Die Einlage setzt sich somit aus dem Restverkaufserlös von 2500 DM und einer "Steuererstattung" von (4001 - 2500) · 0,648 = 973 DM zusammen, also 2500 + 973 = 3473 [DM].

Die Alternative 2 ("Ersatz in einem Jahr") weist mit 14979 DM einen höheren Endwert auf als die Alternative 1, die von einem sofortigen Ersatz der alten Anlage ausgeht. Die alte Anlage ist daher durch ein neues Objekt zu ersetzen.

c) Vergleich

Während bei der - in Theorie und Praxis weit verbreiteten - formelorientierten Vorteilhaftigkeitsbestimmung bei Ersatzinvestitionen enge Prämissen zu beachten sind und ein Vergleich von Grenzgewinn der alten Anlage und Durchschnittsgewinn der neuen Anlage auf Verständnisschwierigkeiten stoßen könnte, sind bei einer finanzplanorientierten Fundierung der Entscheidung lediglich die "Schnittstellenprobleme" beim Übergang von der alten zur neuen Anlage in der Zahlungsfolge und in den Einlagen zu beachten. Da die Vorteilsbestimmung auf der Basis eines Endwertvergleichs erfolgt, kann von einer modelltheoretischen Eigenständigkeit dieses I&F-Problems, das stets unter Berücksichtigung von Steuerzahlungen analysiert werden sollte, nicht mehr gesprochen werden.

3.2.1.3 Desinvestitionen

Während bei Entscheidungen über Ersatzinvestitionen eine Konkurrenz zwischen dem alten und dem neuen Investitionsobjekt besteht, konkurriert im Falle einer Desinvestition das in Betrieb befindliche Projekt mit einer Geldanlage der freigesetzten Mittel. Desinvestitionen stellen aus Finanzierungssicht Vermögensfreisetzungen dar, die der Innenfinanzierung zugeordnet werden.

Wird eine Verzinsung der freigesetzten Mittel zum Kalkulationszinsfuß unterstellt, so ist dies gleichbedeutend mit einem Kapitalwert bzw. einer Annuität dieser zukünftigen Ergänzungsinvestition von Null. Folglich kann auch das Entscheidungskriterium für Ersatzinvestitionen - entsprechend modifiziert - für Desinvestitionen verwendet werden. Es lautet somit:

Führe eine Desinvestition durch, wenn gilt, daß der zeitliche Grenzgewinn der in Betrieb befindlichen Anlage gleich Null oder negativ ist.

Unter Berücksichtigung von Steuern lautet das Kriterium: Führe eine Desinvestition durch, wenn gilt:

$$(d_T + L_T) \cdot (1 - s) - R_{T-1} \cdot s \cdot i \cdot (1 - s) - L_{T-1} (1 - s) \cdot [1 + i \cdot (1 - s)] < 0$$

Das Kriterium gilt unter der Annahme monoton sinkender Einzahlungsüberschüsse. Von den Liquidationserlösen wird außerdem unterstellt, daß sie im Zeitablauf nicht zunehmen. Es findet also keine Verbesserung der Situation zu einem späteren Zeitpunkt statt, der zeitlich lokale Optima zur Folge hätte.

Wie bereits dargelegt, ermöglicht eine finanzplanorientierte Betrachtung eine einfachere Einbeziehung steuerlicher Aspekte in die Entscheidungsrechnung als dies bei formelorientierten Ansätzen möglich ist. Beispielsweise lassen sich in Finanzplänen folgende Zusammenhänge transparent darstellen:

Bei der Desinvestition auftretende Veräußerungsgewinne können nach § 6b EStG unter bestimmten Voraussetzungen in der Regel bis zu 80%, bei Immobilien in vollem Umfang von bestimmten in der gleichen Periode hergestellten oder angeschafften Wirtschaftsgütern abgesetzt oder in eine den steuerlichen Gewinn mindernde Rücklage eingestellt werden.

Die Rücklage ist in den beiden darauffolgenden Perioden auf neu angeschaffte oder hergestellte Wirtschaftsgüter zu übertragen (§ 6b Abs. 3 EStG). Der nicht beanspruchte Teil der Rücklagen ist nach Fristablauf gewinnerhöhend aufzulösen. Für diesen Fall ist nach § 6b Abs. 6 EStG der Gewinn des Wirtschaftsjahres, in dem die Rücklage aufzulösen ist, für jedes Jahr, in dem die Rücklage bestanden hat, um 6% des aufzulösenden Rücklagenbetrags zu erhöhen.

Eine finanzplanorientierte Betrachtung derartiger Desinvestitionen ist evident.

3.2.2 Erweiterung des Grundmodells um stochastische Elemente

I&F-Entscheidungen sind im Hinblick auf monetäre Kriterien durch die Dimensionen Zahlungshöhe, Zahlungszeitpunkt und Eintrittserwartung charakterisierbar. Wenn in I&F-Modellen mit einwertigen Daten gearbeitet wird - die Eintrittserwartung also nicht konkretisiert wird - , dann darf daraus jedoch nicht gefolgert werden, es handle sich um Entscheidungen unter Sicherheit. Einwertigkeit wird unterstellt, um das Modell durch Vereinfachung verständlicher zu machen und eine Ausgangsbasis zur Weiterentwicklung des Modells im Hinblick auf Ungewißheitssituationen zu ermöglichen. Entscheidungen unter Sicherheit im I&F-Bereich stellen schließlich Ausnahmefälle dar.

Aus der Vielzahl der Ansätze zur Berücksichtigung der Ungewißheit (vgl. BLOHM/ LÜDER 1991, S. 231 ff.) soll hier die von Hertz entwickelte Risikoanalyse hervorgehoben werden, da sich diese besonders gut eignet, den Übergang eines Modells mit einwertigen Elementen zu einem Ansatz mit einer beliebigen Mischung aus ein- und mehrwertigen Komponenten zu realisieren.

Die Grundidee der Risikoanalyse besteht darin, anstelle eines deterministischen Zielwertes (z.B. eines Endwertes) Zielwert-Verteilungen anzugeben, die das Profil der Risiken und Chancen einer Investition ausdrücken. In einem Risiko-Chancen-Profil wird grafisch dargestellt, mit welcher Wahrscheinlichkeit ein bestimmter Mindestendwert erzielt wird (z.B. "mit einer Wahrscheinlichkeit von 90% ist der Endwert mindestens gleich Null") bzw. ein bestimmter Endwert **höchstens** erreicht wird.

Die Risikoanalyse wurde ursprünglich für formelorientierte klassische Verfahren (insbesondere für die interne Zinsfußmethode ohne Steuern) entwickelt (vgl. HERTZ 1964, S. 95 ff.). Im folgenden wird eine finanzplanorientierte Risikoanalyse vorgestellt, da dieser Ansatz wegen seiner Transparenz und Ausbaufähigkeit für die Hertz-Methode prädestiniert ist.

Der Ablauf der Risikoanalyse mit VOFI vollzieht sich in mehreren Schritten: Zunächst sind die Eingabedaten eines I&F-Projektes in deterministische und stochastische Parameter aufzuteilen. Bei einer Investition, der Einzahlungen aufgrund absatzpolitischer Aktivitäten zuzurechnen sind, besteht bezüglich der Nachfrage regelmäßig Ungewißheit. Auch die variablen Auszahlungen können ungewisse Parameter darstellen. Dagegen ist die Anschaffungsauszahlung häufig mit Sicherheit vorhersehbar. Bezüglich der Zinsstruktur und anderer Konditionen sowie der Steuersätze empfiehlt es sich, keine Wahrscheinlichkeitsverteilungen zu prognostizieren, sondern denkbare Szenarien zu definieren. Folglich gelten die zu ermittelnden Risiko-Chancen-Profile unter den Bedingungen variierender Szenarien. Zur Ermittlung der Profile ist eine Computerunterstützung unerläßlich.

Die softwaremäßige Architektur ist durch eine Kopplung zwischen einem deterministischen finanzplanorientierten Programm (z.B. VOFI) und stochastischen Simulationsmodulen realisierbar. Im stochastischen Modul werden aus den Wahrscheinlichkeitsverteilungen der ungewissen Parameter Zufallszahlen generiert und in einwertige Zahlungen transformiert. Diese sind an das deterministische Berechnungsmodul zu übergeben, in dem die Ermittlung des Endwertes oder auch anderer Ziele (z.B. eine Rentabilitätskennzahl) vorgenommen wird. Durch eine Wiederholung dieses Vorgangs wird eine Folge von Zielwerten (vgl. Abbildung I. 36) erzeugt, deren Elemente Klassen gleicher Intervallbreiten zugeordnet werden. Für jede dieser Klassen werden dann relative Häufigkeiten (vgl. Abbildung I. 37) gebildet, die die Grundlage für die Erzeugung der Profile (vgl. Abbildung I. 38) bilden.

Ein einfaches Beispiel sei im folgenden dokumentiert.

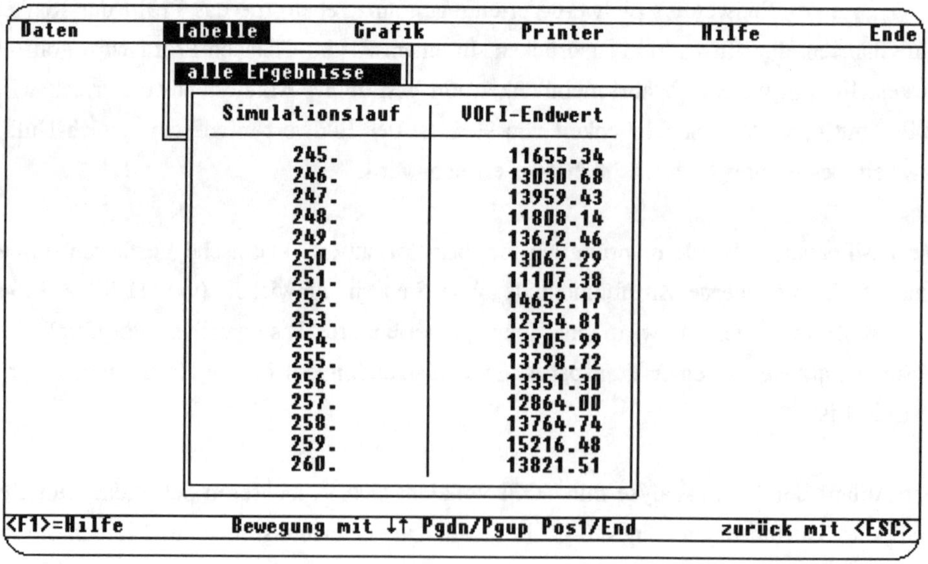

Simulationslauf	VOFI-Endwert
245.	11655.34
246.	13030.68
247.	13959.43
248.	11808.14
249.	13672.46
250.	13062.29
251.	11107.38
252.	14652.17
253.	12754.81
254.	13705.99
255.	13798.72
256.	13351.30
257.	12864.00
258.	13764.74
259.	15216.48
260.	13821.51

Abbildung I. 36: Ausschnitt aus der Folge von Zielwerten

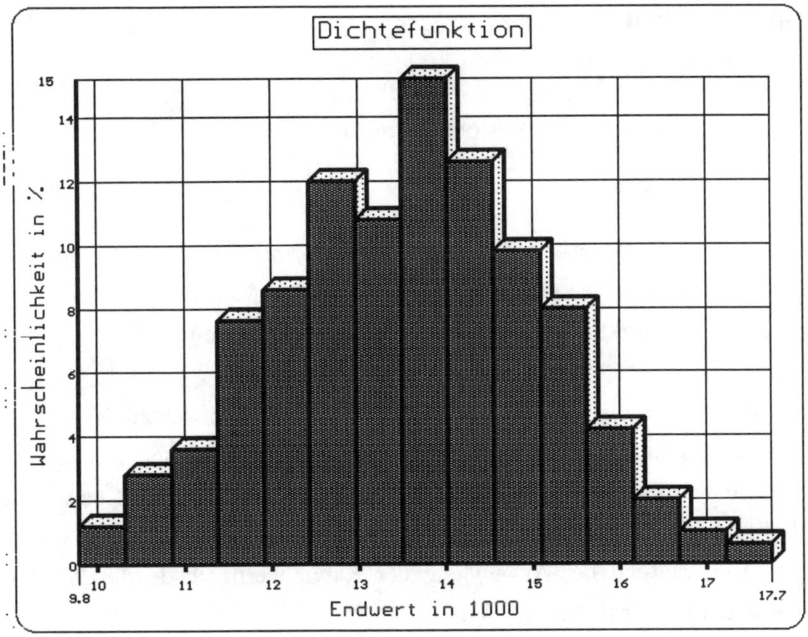

Abbildung I. 37: Dichtefunktion

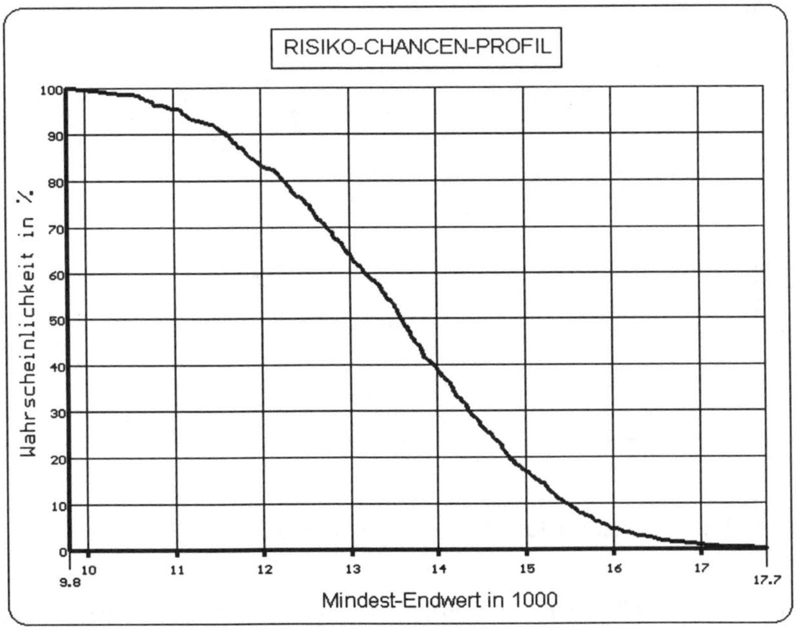

Abbildung I. 38: Risiko-Chancen-Profil

3.2.3 Spezialfragen

3.2.3.1 Konkurrierende Investitionsprojekte

Während in den oben stehenden Ausführungen von einer Entscheidung über eine einzelne Investition ausgegangen wurde, sei hier nun kurz auf die Besonderheiten eingegangen, wenn zwischen **konkurrierenden Investitionen** zu wählen ist.

Bei den formelorientierten Verfahren bewirkt die implizite Reinvestitions- und Finanzierungsprämisse, daß sich in Abhängigkeit von den gewählten Methoden unterschiedliche Entscheidungsempfehlungen ergeben können. In Abbildung I. 39 wird gezeigt, daß bei einer Entscheidung nach der internen Zinsfußmethode die Investition B der Investition A vorzuziehen ist, während bei Anwendung der Kapitalwertmethode die Wahl von der Höhe des Kalkulationszinsfußes abhängt.

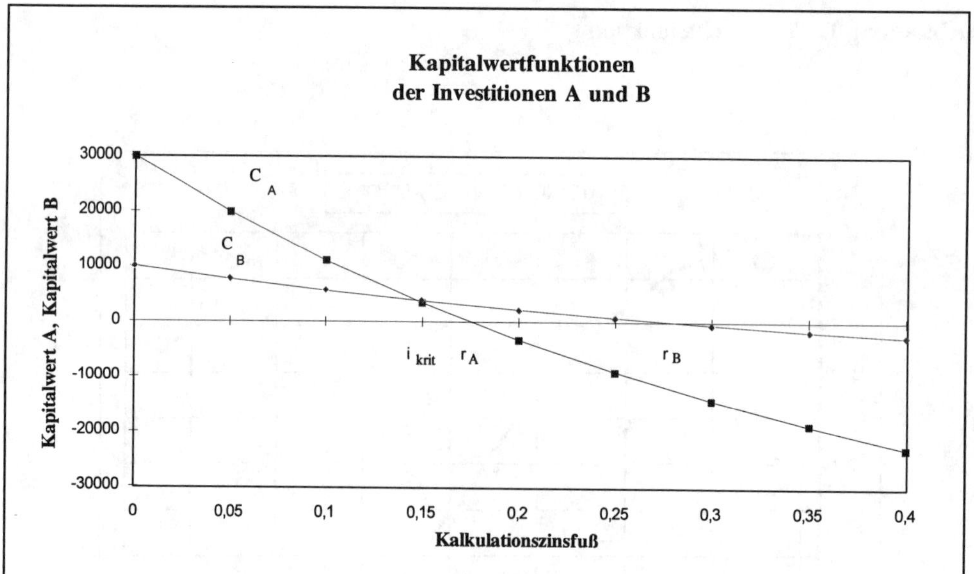

Abbildung I. 39: Kapitalwertfunktionen konkurrierender Investitonen

Dagegen führen finanzplanorientierte Verfahren unabhängig davon, ob der Endwert maximiert wird oder die Entscheidung aufgrund eines Rentabilitätsvergleichs erfolgt, zu gleichgerichteten Entscheidungsempfehlungen. Voraussetzung ist, daß im Finanzplan für jede Investition ein identischer Einsatz an eigenen liquiden Mitteln erfolgt und der Planungshorizont einheitlich ist.

3.2.3.2 Nutzungsdaueroptimierung

Abschließend sei darauf hingewiesen, daß **gleichzeitig** mit der Investitionsentscheidung auch die **Nutzungsdauer** des anzuschaffenden Wirtschaftsgutes zu fixieren ist (SCHULTE 1986, S. 139 ff.). Die Zielsetzung bei der Optimierung der Nutzungsdauer wird durch das I&F-Ziel determiniert. So ist beispielsweise die Nutzungsdauer eines Investitionsprojektes, das aufgrund seines Kapitalwertes beurteilt wird, dann optimal, wenn der Kapitalwert in Abhängigkeit von der Zeit maximal ist.

Bei **formelorientierten Methoden** kann die Nutzungsdauer entweder aufgrund eines Differenzenkalküls oder auf Basis einer Totalbetrachtung bestimmt werden. Bei dem **Differenzenkalkül** liegt ein Entscheidungskriterium zugrunde, das aufgrund eines Vergleichs des Zielwertes zweier Perioden gewonnen wurde. So gelten für den Fall, daß als Zielwert der Kapitalwert angenommen wird, folgende Kriterien:

Die Nutzungsdauer einer einmaligen Investition ist dann optimal, wenn letztmalig gilt, daß der Einzahlungsüberschuß einschließlich dem Liquidationserlös größer oder gleich dem Kapital ist, das sich aus dem Liquidationserlös ergibt, der im Vorjahr erzielt wurde.

Bei der Berücksichtigung einer Nachfolgeinvestition ist die Nutzungsdauer der Anfangsinvestition dann optimal, wenn ihr Einzahlungsüberschuß plus dem Liquidationserlös abzüglich dem aufgezinsten Liquidationserlös der Vorperiode letztmalig größer oder gleich den Zinsen aus dem Kapitalwert der Folgeinvestition des Nachfolgers ist.

Bei einer unendlichen identischen Investitionskette ist die optimale Nutzungsdauer eines jeden Elements dann gegeben, wenn die Annuität einer Investition dieser Kette ihr Maximum aufweist.

Nach dem **Totalkalkül** ist die Nutzungsdauer dann optimal, wenn der Zielwert in Abhängigkeit von der Zeit ein Maximum aufweist. Differenzen- und Totalkalkül führen selbstverständlich zu identischen Nutzungsdauern.

Bei einer **finanzplanorientierten Methode** ist die Nutzungsdauer a priori nach dem Totalkalkül zu bestimmen. Zu diesem Zweck sind Finanzpläne mit alternativen Nutzungsdauern, jedoch gleichem Planungshorizont aufzustellen. Die optimale Nutzungsdauer kann dann z.B. durch einen Endwertvergleich gefunden werden. Anzumerken ist, daß es bei finanzplanorientierten Betrachtungen einfach ist, die Steuern ins Modell einzubeziehen.

3.3 Finanzierungsdispositionen

3.3.1 Kapitaldispositionen

3.3.1.1 Eigenkapital

Eigenkapital stellt das vom Unternehmer oder vom Gesellschafter in die Unternehmung eingebrachte Kapital dar. Als Eigenkapitaldispositionen sind die Erhöhung und Herabsetzung von Eigenkapital sowie die Ausschüttung von Gewinnen anzusehen. Die Ausstattung der Unternehmung mit Eigenkapital dient durch die Bereitstellung liquider Mittel und/oder durch die Einlage von Vermögensgegenständen zum einen direkt der Finanzierung. Zum anderen erhöht zusätzliches Eigenkapital die Haftungsmasse der Unternehmung. Indirekt wird hierdurch die Voraussetzung für die Aufnahme von Fremdkapital geschaffen.

Für die Eigenkapitalgeber besteht weder ein Anspruch auf eine feste Verzinsung noch auf eine Rückzahlung des Kapitalbetrages. Stattdessen sind die Kapitalgeber am laufenden Erfolg und an einem eventuellen Liquidationserlös der Unternehmung beteiligt.

Als Formen der Eigenkapitalfinanzierung (auch: Eigenfinanzierung) werden Innen- und Außenfinanzierung unterschieden. Im Rahmen der Innenfinanzierung bildet die Unternehmung Eigenkapital durch die Einbehaltung eigener erwirtschafteter Erträge. Im Rahmen der Außenfinanzierung wird dem Unternehmen Kapital von außerhalb der Unternehmung zugeführt. Um Beteiligungsfinanzierung handelt es sich, wenn sich neue Gesellschafter an der Unternehmung beteiligen, eine Einlagenfinanzierung erfolgt durch bisherige Gesellschafter. Die unterschiedlichen Ausprägungen der Außenfinanzierung werden im folgenden kurz erläutert.

In Abhängigkeit von der Gesellschaftsform und der Größe von Unternehmen kann zunächst nach emissionsfähigen und nicht emissionsfähigen Unternehmen differenziert werden (vgl. BUSCH 1988, S. 507 ff.). Als Emissionsfähigkeit wird die Möglichkeit verstanden, auf dem organisierten Kapitalmarkt durch Begebung von Wertpapieren Kapital zu beschaffen. Dabei sieht die reine Eigenkapitalfinanzierung ausschließlich die Begebung von Aktien vor. Diese Form der Eigenkapitalfinanzierung kann wie folgt charakterisiert werden:

- geringer Nennwert einer Aktie durch Aufteilung des Grundkapitals in kleine Teilbeträge (geringster Nennwert 50 DM),
- hohe Fungibilität, da es sich um vertretbare Wertpapiere handelt und ein institutionalisierter Markt (Börse) vorhanden ist,
- Möglichkeit der breiten Streuung der Eigentümerbasis,
- die Trennung von Geschäftsführung und Kapital,
- überwiegend kapitalmäßiges Interesse der Gesellschafter und
- Begrenzung der Haftung auf den Nennbetrag.

Die Zulassung einer Unternehmung zur Börse ist dabei an bestimmte Voraussetzungen gebunden, die im Börsengesetz und der Börsenzulassungsordnung genannt sind. Hierzu zählen die Umsatzhöhe, die Höhe des Eigenkapitals, die nachhaltige Ertragskraft und der Bekanntheitsgrad der Unternehmung.

Nicht-emissionsfähige Unternehmen können ihren Eigenkapitalbedarf nicht über die Ausgabe von Aktien über einen organisierten Markt decken. Die wichtigsten Formen einer Eigenkapitalzuführung bestehen dann in der Einlagenerhöhung bisheriger oder der Beteiligung neuer Gesellschafter (vgl. SCHRAMM 1988, S. 572). Im einzelnen bietet sich die Möglichkeit

1. der Übernahme eines GmbH-Anteils,
2. der Übernahme einer Kommandit-Beteiligung,
3. einer stillen Beteiligung sowie
4. der Beteiligung eines persönlich haftenden Gesellschafters.

zu 1: Die Übernahme eines GmbH-Anteils erfolgt über die Beteiligung am Stammkapital der Gesellschaft. Aufgrund der beschränkten Haftung der Gesellschafter auf die übernommene Stammeinlage reduziert sich die Haftung grundsätzlich auf den übernommenen GmbH-Anteil. Einfluß auf die Geschäftsführung kann über die Gesellschafterversammlung genommen werden.

zu 2: Der Kommanditist beteiligt sich mit einem Kommanditanteil, der voll in die Haftungsmasse der Unternehmung übergeht. Weitere Haftungsansprüche bestehen nicht. Eine Beteiligung an der Geschäftsführung ist nicht vorgesehen, hingegen ist der Kommanditist am Gewinn und Verlust der Unternehmung beteiligt.

zu 3: Der stille Gesellschafter beteiligt sich am Unternehmen, tritt aber nach außen nicht in Erscheinung. Bei der typischen stillen Gesellschaft ist der stille Gesellschafter am Gewinn beteiligt. Eine atypische stille Gesellschaft liegt bei einer Beteiligung des stillen Gesellschafters am Vermögenszuwachs vor. Der stille Gesellschafter hat keinen Einfluß auf die Geschäftsführung.

zu 4: Die Beteiligung persönlich haftender Gesellschafter hat die weitreichendsten Konsequenzen in Bezug auf die Haftungsverpflichtungen. Der persönlich haftende Gesellschafter beteiligt sich an der Geschäftsführung, vertritt die Unternehmung nach außen und haftet mit seinem gesamten Vermögen. Das zusätzliche Haftungskapital kann damit das nominell in die Unternehmung eingebrachte Eigenkapital übersteigen.

Zur Beurteilung der Vorteilhaftigkeit einer Eigenkapitaldisposition sind neben einer Vielzahl finanzplanorientierter Analysen, die aus der Sicht der Unternehmung, aber auch aus der Sicht der Kapitaleigner vorgenommen werden können, in jedem Falle auch die Wirkung auf nicht-monetäre Ziele, insbesondere auf die Unabhängigkeit der Unternehmung, zu berücksichtigen.

Bei einer finanzplanorientierten Analyse ist die **Zielwertänderung** (z.B. in Form einer Endwerterhöhung) zu untersuchen. Durch die Aufnahme von Eigenkapital wird einerseits der Cash Flow ("Einzahlungsüberschüsse") gesteigert, andererseits ist die mutmaßliche Ausschüttung an die Anteilseigner ("Entnahme") im Finanzplan zu berücksichtigen. Zur Ermittlung der Zielwertänderung ist die relevante Alternative zur Eigenkapitalerhöhung abzubilden. Diese kann beispielsweise in der Beibehaltung des Status quo oder einer Fremdfinanzierung - eventuell nur eines Teils der geplanten Investitionsaktivitäten - bestehen.

Zur Einführung in die finanzplanorientierte Vorteilhaftigkeitsbestimmung einer Eigenkapitaldisposition sei nun ein einfaches Beispiel präsentiert. Die finanzwirtschaftliche Situation einer Personengesellschaft sei durch folgende Daten charakterisiert: Durch die Erhöhung der Eigenkapitalbasis um 1 Mio. DM ergibt sich eine Vergrößerung des Kreditrahmens um 2 Mio. DM. Hierdurch ist ein Investitionsbudget, das das Wachstum der Unternehmung nachhaltig fördern soll, gerade finanzierbar.

Der jährliche Cash Flow (ohne Zinsen, vor Steuern) aufgrund der Investition wird auf 1 000 000 DM pro Jahr veranschlagt. Die Fremdkapitalzinsen sind mit 10% anzusetzen. Für Reinvestitionen gelte als Pauschalannahme eine Rendite (vor Steuern) von 15%. Die Ertragsteuern sind mit 60% anzusetzen. Die aus der Investition resultierenden Anschaffungs- und Herstellungskosten sind linear abzuschreiben. Es sei angenommen, daß die jährliche Ausschüttung an die Anteilseigner 12% des zusätzlich beschafften Eigenkapitals beträgt. Die Nutzungsdauer der Investition beläuft sich auf 5 Jahre. Zu untersuchen ist, inwieweit durch die oben beschriebene Eigenfinanzierung, die gleichzeitig eine Ausweitung der Fremdfinanzierung ermöglicht, das Wachstum der Unternehmung gefördert wird.

Das Wachstum der Unternehmung wird durch die Ausweitung der Eigenkapitalbasis gefördert, wenn das hierdurch finanzierbare Vorhaben zu einem Endwert führt, der größer als die aufzubringende Eigenkapitalerhöhung ist. Dieser Endwert stellt wegen der Struktur der Entscheidungssituation a priori eine zusätzliche Größe dar.

Die Daten können in einem Finanzplan wie folgt zusammengestellt werden:

	t=0	t=1	t=2	t=3	t=4	t=5
Zahlungsfolge	-3000000	1000000	1000000	1000000	1000000	1000000
Eigenkapital	1000000					
- Entnahmen		120000	120000	120000	120000	120000
Kontokorrentkredit						
+ Aufnahme	2000000					
- Tilgung		560000	582400	605696	251904	
- Sollzinsen		200000	144000	85760	25190	
Geldanlage						
- Anlage					378020	662681
+ Auflösung						
+ Habenzinsen						56703
- Steuerzahlung		120000	153600	188544	224886	274022
Finanzierungssaldo	0	0	0	0	0	0
Bestandsgrößen						
Kreditstand						
Kontokorrent	2000000	1440000	857600	251904		
Guthabenstand					378020	1040701
Bestandssaldo	-2000000	-1440000	-857600	-251904	378020	1040701

Abbildung I. 40: Finanzplan zur Darstellung der monetären Konsequenzen einer Eigenkapitalerhöhung

Die aufgrund der Eigenkapitaleinlage ermöglichte Ausweitung des Geschäftsbetriebes führt unter Berücksichtigung der erwarteten Eigenkapitalkosten zu einem Endwert, der das zusätzlich aufgebrachte Eigenkapital überschreitet. Über die Entnahme von Gewinnen durch den Eigenkapitalgeber hinaus konnte damit das eingesetzte Eigenkapital erhöht werden. Die Zuführung dieses zusätzlichen Eigenkapitals ist deshalb aus Sicht der Unternehmung vorteilhaft. Ob die Eigenkapitaldisposition auch aus der Sicht des Eigenkapitalgebers lohnend ist, hängt von dessen Opportunität ab und soll hier nicht weiter erläutert werden.

3.3.1.2 Fremdkapital

a) Formen

Fremdkapitaldispositionen stellen Entscheidungen über kurz- und langfristige Kredite dar. Einen Überblick über wichtigste Formen der Kreditfinanzierung vermittelt Abbildung I. 41 (vgl. SCHIERENBECK/HÖLSCHER 1992, S. 312 ff.; PERRIDON/ STEINER 309 ff.; JÄHRIG/SCHUCK 1989, S. 91 ff.).

Kontokorrentkredit	Buchkredit, der innerhalb eines festgelegten Kreditlimits je nach Bedarf in wechselnder Höhe in Anspruch genommen werden kann. Durch fortlaufende Prolongation besteht faktisch häufig ein mittel- bis langfristiges Kreditverhältnis.
Wechselkredit	Der Wechsel enthält eine unbedingte Anweisung eines Gläubigers an seinen Schuldner, einen festgelegten Geldbetrag an eine im Wechsel genannte Person oder an deren Order zu einem bestimmten späteren Termin zu zahlen. Als eigener Wechsel dient er als Zahlungsversprechen des Ausstellers, die Wechselsumme zu einem gegebenen Zeitpunkt an einen Berechtigten zu zahlen. Aufgrund der sogenannten "Wechselstrenge" und internationaler Vereinbarungen wird der Wechsel auch im Zahlungsverkehr mit dem Ausland eingesetzt. Im Wechselkreditgeschäft werden Wechseldiskontkredite und Akzeptkredite unterschieden.
Lombardkredit	Kurzfristiger Beleihungskredit, der durch die Verpfändung marktgängiger, beweglicher Vermögensgegenstände des Schuldners besonders gesichert ist. Man unterscheidet den Effekten-Lombard, den Wechsel-Lombard und den Waren-Lombard.
Avalkredit	Kreditleihe entweder aufgrund eines Haftungsversprechens aus einer Bürgschaft oder einer Garantie. Die beteiligte Bank leistet ein Versprechen, Zahlungen zu leisten, falls der Kreditnehmer seinen Verpflichtungen nicht nachkommt.
Kundenanzahlung	Vorauszahlung von Kunden.
Lieferantenkredit	Gewährung eines Zahlungsziels durch Lieferanten im laufenden Geschäftsverkehr.

Industriekredit	Kredit mit fester Laufzeit primär zur Finanzierung langfristiger Investitionen.
Realkredit	Kredit gegen Verpfändung oder Sicherheitsübereignung von realen Vermögensgegenständen. Der Realkredit ist ein langfristiges zweck- und objektgebundenes Darlehen. Für den Erwerb von Grundstücken und Wohneigentum sind als Formen von Grundpfandrechten die Hypothek und die Grundschuld zu nennen.
Industrieanleihe/Obligation	Langfristige Schuldverschreibung emissionsfähiger Unternehmen. Die Schuldurkunde ist ein Wertpapier.
Schuldscheindarlehen	Langfristiges Großdarlehen auf Basis individueller nicht typisierter Verträge. Der Kredit wird von sogenannten Kapitalsammelstellen gewährt.

Abbildung I. 41: Wichtige Formen der Kreditfinanzierung

b) Vergleich von Kreditformen (Beispiel)

Als Beispiel seien im folgenden die Merkmale von Obligationen und Schuldscheinen herausgestellt. Die Merkmale stellen Voraussetzungen sowie monetäre Kriterien dar.

Merkmal	Industrieanleihe/ Obligation	Schuldscheindarlehen/ Schuldschein
Aussteller	Emissionsfähige Unternehmungen (in der Regel nur große Aktiengesellschaften, die zum amtlichen Handel zugelassen sind).	Bedeutende Unternehmungen, unabhängig von ihrer Rechtsform, soweit sie den Sicherheitsanforderungen (z.B. Einhaltung bestimmter Bilanzrelationen) genügen.
Genehmigung	Genehmigung nicht erforderlich.	Genehmigung nicht erforderlich, jedoch für erfolgreiche Plazierung in der Regel Erlangung der Deckungsstockfähigkeit notwendig.

Schuldurkunde	Wertpapier (Übertragung von Inhaberschuldverschreibungen durch Einigung und Übergabe).	Kein Wertpapier, sondern nur beweiserleichterndes Dokument; zur Geltendmachung der Forderung ist Schuldschein nicht erforderlich (Übertragung durch Forderungsabtretung).
Fungibilität der Kapitalanlage (für Kreditgeber)	Hohe Fungibilität, da Börsenhandel.	Geringe Fungibilität, zum Börsenhandel nicht zugelassen, begrenzte Möglichkeit der Forderungsabtretung.
Kreditgeber	Anonymer Kapitalmarkt (institutionelle und private Zeichner, auch in Kleinstbeträgen).	Kapitalsammelstellen, speziell Lebensversicherungen (Übernahme von Großbeträgen).
Sicherstellung	Grundschulden ohne Zwangsvollstreckungsklausel und bei Unternehmungen mit sehr gutem Emissions-Standing auch durch die Negativklausel.	Briefgrundschulden mit Zwangsvollstreckungsklausel.
Publizität	Publizitätspflicht für Schuldner.	Keine Publizitätspflicht.
Kapitalaufnahme	Für die Börsenzulassung sind je nach Börse unterschiedlich bestimmte Mindestbeträge (ca. 500 000 DM) vorgeschrieben. Darüber hinaus wird die Aufnahme wegen der fixen Nebenkosten erst bei hinreichendem Volumen (ca. 5 Mio DM) lohnend, daher sukzessive Kapitalaufnahme erschwert.	Flexible Anpassung an den Kapitalbedarf möglich durch sukzessive Kapitalaufnahme (Mindestbetrag 100 000 DM). Bei sehr großen Beschränkungen durch die Marktenge ergeben.

Tilgung	Tilgungsplan festgelegt, darüber hinaus jedoch freihändiger Rückkauf über die Börse möglich; im allgemeinen nach Ablauf der tilgungsfreien Zeit Kündigungsmöglichkeit des Schuldners vorgesehen.	Tilgung nach Darlehensvertrag, freihändiger Rückkauf nicht möglich; im Vertrag kann ein Kündigungsrecht des Schuldners vorgesehen sein, einseitiges Kündigungsrecht des Schuldners stellt jedoch Ausnahme dar.
Laufzeit	Zwischen 10 und 20 Jahren (Tendenz zu "Kurzläufern", da diese von den Kapitalanlegern bevorzugt werden.)	Bis maximal 15 Jahre (individuelle Vereinbarung).
Zinsen	Abhängig von Kapitalmarktlage.	Ca. 1/4 bis 1/2% über dem jeweiligen Anleihezinssatz.
Nebenkosten	Einmalige Nebenkosten ca. 4 bis 5%, laufende Nebenkosten ca. 1 bis 2% des Nominalbetrages der Anleihe.	Einmalige Nebenkosten ca. 1 bis 2%, keine laufenden Nebenkosten.

Abbildung I. 42: Vergleich der Merkmale von Industrieanleihe und Schuldscheindarlehen (PERRIDON/STEINER 1993, S. 324 f.)

c) Vorteilsbestimmung

Im Rahmen einer entscheidungsorientierten Betrachtung sind die Entscheidungskonsequenzen, die sich aus den Konditionen der Kredite ergeben, zu quantifizieren.

Zunächst ist auf den **Kreditrahmen** einzugehen, der die "Kapazität" im Sinne einer maximalen Inanspruchnahme von Krediten darstellt. Der Kreditrahmen einer Unternehmung hängt von rechtlichen, persönlichen und ökonomischen Determinanten der Kreditwürdigkeit sowie von der Möglichkeit der Kreditsicherung durch schuld- und sachenrechtliche Ansprüche des Kreditgebers ab. Die Änderung des Kreditrahmens im Zeitablauf kann als Fortschreibungsformel formuliert werden:

$$B_{t-1}^R + Z_t^R - A_t^R = B_t^R$$

mit:

B_{t-1}^R Kreditrahmen zu Beginn der Periode

Z_t^R Erhöhung des Kreditrahmens ("Zugang")

A_t^R Reduzierung des Kreditrahmens ("Abgang")

B_t^R Kreditrahmen am Ende der Periode

Eine Unternehmung muß die Frage klären, durch welche Maßnahmen der Kreditrahmen vergrößert werden kann, sobald vorhersehbar ist, daß von diesem eine restriktive Wirkung ausgeht. Dabei spielt zum einen die Beleihung von Objekten (z.B. Grundstücken und Gebäuden) eine Rolle und zum anderen das Vertrauen Dritter (insbesondere Banken) in die Ertragskraft und Bonität der Unternehmung. Dieses Vertrauen wird im allgemeinen durch Daten des offiziellen Rechnungswesens (z.B. durch horizontale Bilanzkennzahlen oder durch die Eigenkapitalrendite) bestärkt. Der dargestellte Zusammenhang kennzeichnet die Beziehung zwischen der Bilanz und der Finanzierung.

Die **Fortschreibungsformel** für die einzelnen Kredite beinhaltet als Bewegungsgröße Zu- und Abgänge in Form von Kreditaufnahme und Tilgung. Formal ist sie wie folgt darzustellen:

$$B_{t-1}^K + Z_t^K - A_t^K = B_t^K \qquad \text{für alle } t = 0, \ldots, n$$

mit:

B_t^K Bestand der Kreditart K im Zeitpunkt t

Z_t^K Aufnahme des Kredits der Kreditart K im Zeitpunkt t

A_t^K Tilgung der Kreditart K im Zeitpunkt t

Für jedes Element B_t^K gilt die Bedingung: $B_t^K \leq B_t^R$. Die Kreditzinsen werden außerhalb der Fortschreibungsformel für Kredite in Abhängigkeit von der Bestandsgröße B_{t-1}^K bestimmt und rufen ihrerseits Finanzierungsdispositionen hervor, wie bei den finanzplanorientierten Methoden deutlich gemacht wurde. Die Aufnahme eines Kredits kann einmalig zu Beginn der Kreditlaufzeit vorgenommen werden oder aber permanent erfolgen.

Ein Beispiel für eine einmalige Aufnahme ist ein Investitionskredit, während ein Kontokorrentkredit laufende Kreditaufnahmen ermöglicht.

Bezüglich der Tilgung kann zwischen endfälliger Tilgung, Ratentilgung, annuitätischer und individueller Tilgung unterschieden werden. Die jährliche Tilgung der ersten beiden Varianten ergeben sich für den Fall einer einmaligen Kreditaufnahme im Zeitpunkt $t=0$ wie folgt:

- endfällige Tilgung $A_n = Z_0$
- Ratentilgung $A_t = \frac{Z_0}{n}$ für alle $t = 1, \ldots., n$

mit:

A_n Tilgungsbetrag (Abgang) im Zeitpunkt n

Z_0 Kreditaufnahme zum Investitionsbeginn

Beim Annuitätenkredit ist die Summe von Zinsen und Tilgung in jeder Periode gleich. Die durch die Tilgung sinkenden Zinsen werden durch eine entsprechend höhere Tilgung ausgeglichen. Ein Motiv zur Aufnahme eines Annuitätenkredits stellt die gleichmäßige Liquiditätsbelastung dar.

Die Formel zur Bestimmung der Rückzahlung beim Annuitätenkredit lautet:

$$R_t = Z_0 \cdot \frac{q^n \cdot i}{q^n - 1}$$

mit:

R_t Rückzahlungsbetrag am Ende der Periode t

Die Tilgungsbeträge resultieren dann aus der Differenz zwischen Rückzahlungsbetrag und Zinszahlung. Im Steuerfall ist vom steuerbereinigten Kalkulationszinsfuß auszugehen.

Zur Ermittlung der **durchschnittlichen Kapitalkosten** eines Kredits ist sein Effektivzinsfuß zu berechnen. Der klassische finanzmathematische Ansatz sieht vor, die Zahlungsfolge des Kredits aufzustellen, die Kapitalwertfunktion dieser Zahlungsfolge zu formulieren und denjenigen Zinsfuß zu bestimmen, der zu einem Kapitalwert von Null führt. In formaler Hinsicht ist der so definierte Effektivzinsfuß der interne Zinsfuß eines Kredits.

Die Bestimmung des Effektivzinsfußes sei nun am Beispiel eines Ratenkredits mit Disagio und jährlicher Gebührenbelastung demonstriert.

Kreditkonditionen:

Nennwert	12 000 DM
Disagio	10%
n	3 Jahre
i	7%
jährliche Gebühren	0,5% des nominell gebundenen Kapitals

Zur Ermittlung des Effektivzinsfußes wird zunächst die Zahlungsfolge der Finanzierung ermittelt.

	t=0	t=1	t=2	t=3
Kreditaufnahme	12000			
- Disagio	1200			
- Zinsen		840	560	280
- Tilgung		4000	4000	4000
- Gebühren		60	40	20
	10800	-4900	-4600	-4300

Abbildung I. 43: Ermittlung der Zahlungsfolge eines Ratenkredits

Der gesuchte Effektivzinsfuß ergibt sich als interner Zinsfuß der errechneten Zahlungsfolge. Es gilt:

$$10\,800 - 4\,900 \cdot (1 + i)^{-1} - 4\,600 \cdot (1 + i)^{-2} - 4\,300\,(1 + i)^{-3} \stackrel{!}{=} 0$$

$i = 13{,}66\%$.

Eine Integration in einen finanzplanorientierten Ansatz, in dem für einen Finanzierungsausgleich gesorgt wird, macht deutlich, daß die klassische Effektivzinsberechnung von der Prämisse ausgeht, der **zwischenzeitliche** Finanzierungsbedarf würde zum Effektivzinsfuß des betrachteten Kredits gedeckt. Nur in diesem Fall, in dem also für den Kontokorrentkredit ein Zinsfuß von 13,66% unterstellt wurde, führt ein Standardkredit ohne Disagio und ohne zwischenzeitliche Gebühren zum gleichen Endwert wie im Falle der klassischen Rechnung.

Falls also ein anderer Zinsfuß als der Effektivzinsfuß für die zwischenzeitliche Finanzierung anzusetzen ist, ändert sich auch der Effektivzinsfuß des untersuchten Kredits. In diesem Fall ist der Effektivzinsfuß mit einer finanzplanorientierten Methode berechenbar (vgl. GROB 1989, S. 94 ff.).

Wenn in der Praxis als Effektivzinsfuß regelmäßig der interne Zinsfuß berechnet wird, dann ist dies nicht zuletzt mit dem geringen Informationsbedarf erklärbar. Für die zwischenzeitliche Finanzierung wird schließlich der interne Zinsfuß des untersuchten Kredits automatisch ("implizit") als Reinvestitions- und Finanzierungssatz verwendet, ohne auf die individuelle Datensituation des Investors einzugehen.

Die Überlegenheit der finanzplanorientierten gegenüber einer formelorientierten Betrachtung sei nun am Beispiel eines Lieferantenkredits demonstriert. Ein Lieferantenkredit liegt vor, wenn zur Begleichung der Rechnung eines Lieferanten ausdrücklich ein Zahlungsziel gewährt wird. Lautet die Kondition beispielsweise "Zahlung innerhalb von 20 Tagen", so kann diese Bedingung als kostenlose Fremdfinanzierung aufgefaßt werden, die natürlich in vollem Maße auszunutzen ist. In diesem Falle ist der Lieferantenkredit die "billigste Art der Fremdfinanzierung". Lautet dagegen die Kondition "Zahlung spätestens nach 20 Tagen, bei einer Zahlung innerhalb von 8 Tagen können 2% Skonto abgezogen werden", so kann der Lieferantenkredit die "teuerste Art der Fremdfinanzierung" darstellen. Diese Aussage wird in der Literatur durch Berechnung des kritischen Zinsfußes i_{krit} untermauert, der als Kosten des Lieferantenkredits (SCHIERENBECK 1993, S. 394) - also als Opportunitätskostensatz, wenn Skonto nicht ausgenutzt wird - zu verstehen ist. Er wird wie folgt bestimmt:

$$i_{krit} = s \cdot \frac{360}{t_{\max} - t_{\min}}$$

mit:

s Skontosatz

t_{max} Zahlungszeitpunkt ohne Inanspruchnahme von Skonto

t_{min} Zahlungszeitpunkt mit Inanspruchnahme von Skonto

Im oben genannten Beispiel ergibt sich ein Opportunitätskostensatz von

$$i_{krit} = 0,02 \cdot \frac{360}{20-8} = 0,6 \mathrel{\hat{=}} 60\%.$$

Die in der Praxis und in der Literatur (PERRIDON/STEINER 1993, S. 332; SCHIERENBECK 1993, S. 414; zur Kritik vgl. SCHNEIDER 1990, S. 92 f., der allerdings zusätzlich unterjährige Zinseszinsen bei der Bestimmung des Opportunitätskostensatzes unterstellt) weit verbreitete Formel führt - wie mit einer finanzplanorientierten Betrachtung aufgedeckt werden kann - zu einem falschen Ergebnis.

Um dies zu demonstrieren, ist für jede der beiden Alternativen ein Finanzplan aufzustellen, in dem zum Ausdruck gebracht wird, daß am 20. Tag liquide Mittel in Höhe des Bruttobetrages der Rechnung vorhanden sein müssen, die entweder zur Begleichung der Rechnung oder zur Rückzahlung eines Kredits (incl. Zinsen) verwendet werden. Dieser Betrag wird unter der Position "eigene liquide Mittel" ausgewiesen. Ob diese aus der Innen- oder Außenfinanzierung resultieren, ist unerheblich.

Für die Alternative 1 gilt der folgende einfache Finanzplan:

	t=0	t=8	t=20
eigene liquide Mittel			100
- Auszahlung an Lieferanten			100
Finanzierungssaldo	0	0	0
Guthaben			0

Abbildung I. 44: Finanzplan der Alternative "Inanspruchnahme des Zahlungsziels ohne Abzug von Skonto"

Bei Alternative 2 ist eine zwischenzeitliche Finanzierung vorzunehmen, um den Skontoabzug auszunutzen.

	t=0	t=8	t=20
eigene liquide Mittel			100
- Auszahlung an Lieferanten		98	
Kredit			
+ Aufnahme		98	
- Tilgung			98
- Zinsen			Z
Geldanlage			100 - 98 - Z
- Anlage			
Finanzierungssaldo	0	0	0
Guthaben			100 - 98 -Z

Abbildung I. 45: Finanzplan der Alternative "Inanspruchnahme des Zahlungsziels von 8 Tagen und Abzug von Skonto"

Bei Alternative 2 ist das Guthaben positiv, wenn die Summe von Tilgung und Zinsen kleiner ist als die exogen vorgegeben liquiden Mittel. Die kritischen Zinsen Z betragen offensichtlich 2 DM, da in diesem Fall das Guthaben der Alternative 2 mit dem Guthaben der Alternative 1 übereinstimmt, also Null ist.

Die effektiven Zinsen berechnen sich wie folgt:

$$Z = R \cdot (1 - s) \cdot i \; \frac{t_{\max} - t_{\min}}{360}$$

mit:

R Rechnungsbetrag

Da die kritischen Zinsen bei einem auf 100 DM normierten Rechnungsbetrag 2 DM betragen, ergibt sich als kritischer Zinsfuß

$$i_{krit} = \frac{2}{100 \cdot (1 - 0{,}02)} \cdot \frac{360}{20 - 8} = 0{,}6122 \mathrel{\hat{=}} 61{,}22\%$$

Anschaulicher als der kritische Jahreszinsfuß des Kredits ist das zusätzliche Guthaben, das durch die Inanspruchnahme des Skontos entsteht. Zu diesem Zweck ist der tatsächliche Zinsfuß des Kredits im Finanzplan anzusetzen.

Das zusätzliche Guthaben, das sich bei Alternative 2 gegenüber Alternative 1 ergibt, ist - wie in den Finanzplänen vorstrukturiert - wie folgt definiert. Anzumerken ist, daß das Guthaben der Alternative 1 stets Null ist.

$$\Delta G = G_2 - G_1$$

$$\Delta G = R - R \cdot (1 - s) - R \cdot (1 - s) \cdot i \; \frac{t_{\max} - t_{\min}}{360} - 0$$

mit:

ΔG zusätzliches Guthaben

G_1 Guthaben bei Alternative 1

G_2 Guthaben bei Alternative 2

Bei einem Zinsfuß von 10% ergibt sich für den auf 100 DM normierten Rechnungsbetrag ein zusätzliches Guthaben von

$$\Delta G = 100 - 100 \cdot (1 - 0{,}02) - 100(1 - 0{,}02) \cdot 0{,}1 \; \frac{20 - 8}{360} = 1{,}67 \text{ [DM pro 100 DM].}$$

3.3.2 Aufwandsdispositionen

3.3.2.1 Überblick

Der in einer Abrechnungsperiode erzielte Gewinn als Differenz zwischen Ertrag und Aufwand stellt die Basis der offenen Selbstfinanzierung dar, unter der die Finanzierung durch einbehaltenen Gewinn zu verstehen ist ("Gewinnthesaurierung"). Nun ist die Frage zu klären, inwiefern durch Einflußnahme auf die Höhe des Aufwands ein Finanzierungseffekt zu erzielen ist.

Aufgrund bilanzpolitischer Maßnahmen, wie der Ausnutzung von Ansatzwahlrechten, kann der Gewinn der Unternehmung geschmälert bzw. zeitlich verlagert werden. Die als stille Selbstfinanzierung bezeichnete Unterbewertung von Aktivposten (z.B. durch einen relativ niedrigen Wertansatz des Vorratsvermögens) bzw. Überbewertung von Passivposten (z.B. durch einen relativ hohen Wertansatz bei den Rückstellungen) führt dabei im allgemeinen zu einem Steuerstundungseffekt, der eine zeitliche Verschiebung des Abflusses liquider Mittel zur Folge hat. Ein Steuerersparniseffekt wird erzielt, wenn bei Auflösung der stillen Reserven niedrigere Steuersätze herrschen als im Zeitpunkt ihrer Bildung. Wird aufgrund der Gewinnreduktion ein geringeres Volumen an die Anteilseigner ausgeschüttet, so liegt neben den steuerlichen Effekten im Zeitpunkt der Unter- bzw. Überbewertung ein versteckter Thesaurierungseffekt vor.

Aufwandsdispositionen, von denen ein Finanzierungseffekt ausgeht, sind solche, die kurzfristig den Gewinn und somit die ertragsteuerliche Bemessungsgrundlage mindern, jedoch die Liquidität der Unternehmung nur indirekt durch Steuereffekte beeinflussen. Dies sind sämtliche Geschäftsvorfälle, die in der aktuellen Periode zu Aufwand, jedoch erst in einer späteren Periode zu einer Auszahlung führen bzw. in einer früheren Periode bereits zu Auszahlungen geführt haben. Hier kommt insbesondere den Aufwandsdispositionen "Abschreibungen" und "Bildung von Rückstellungen" eine große praktische Bedeutung zu. Ihr Finanzierungseffekt ist nun zu erörtern.

3.3.2.2 Abschreibungen

In der Finanzierungslehre weist das Thema "Finanzierung durch Abschreibungen" eine lange Tradition auf. LOHMANN und RUCHTI haben gezeigt, daß Reinvestitionen in Höhe der Abschreibungen unter bestimmten Bedingungen einen Kapazitätserweiterungseffekt zur Folge haben. Voraussetzung für derartig finanzierte Erweiterungsinvestitionen ist, daß die Abschreibungen "verdient" werden, d.h. daß die vom Markt akzeptierten Preise die Selbstkosten, in denen die Abschreibungen kalkulatorisch enthalten sind, decken.

Bemerkenswert ist, daß LOHMANN und RUCHTI den Effekt tabellarisch demonstriert und dabei Elemente eines finanzplanorientierten Ansatzes benutzt haben. In ihrem Modell werden die vom Markt erstatteten Abschreibungen jährlich angelegt. Sobald der Guthabenstand gleich oder größer als die Anschaffungsauszahlung einer Anlage ist, erfolgt eine Investition. Sofern die Periodenkapazität vergrößert wird, handelt es sich um eine Erweiterungsinvestition. Da die Erweiterung unter der Bedingung linearer Abschreibung und stationärer Verhältnisse, bei denen Effekte des technischen Fortschritts ausgeklammert werden, auf das Doppelte der Periodenkapazität begrenzt ist, sind **nach** dem Erweiterungseffekt nur noch Reinvestitionen im Sinne von Ersatzinvestitionen möglich.

Im Rahmen eines VOFIs kann detailliert gezeigt werden, welcher Einfluß von einer **Verzinsung** der Anlage liquider Mittel in Höhe der kumulierten Abschreibungen ausgeht. Außerdem könnten Steuererstattungen, die den Abschreibungsbeträgen zuzurechnen sind, in ihrem Effekt auf die Veränderung der Höhe und zeitlichen Lage der Kapazitätserweiterung untersucht werden.

Indes sind derartige **deskriptive** Analysen im Rahmen eines **entscheidungsorientierten** Ansatzes ohne Bedeutung. Relevant ist also nicht die Frage, ob sich nach dem *n*-ten Jahr ein Kapazitätserweiterungseffekt ergibt, wenn die Abschreibungsbeträge reinvestiert werden, sondern ob sich die Ausweitung der Kapazität unter Berücksichtigung der Zahlungsfolgen von Investition und Finanzierung lohnt.

Das gleiche gilt für die Bemessung der Abschreibungen. Nicht die Überlegung, ob sich der Kapazitätserweiterungseffekt vergrößert, wenn anstelle linearer Abschreibungen beispielsweise von der geometrisch-degressiven Methode Gebrauch gemacht wird und die verrechneten Abschreibungen vom Markt "erstattet" werden ist Gegenstand der Betrachtung. Vielmehr ist zu fragen, welche Zielwertverbesserung (z.B. Endwerterhöhung) von einer Änderung der Abschreibungsmethode ausgeht.

Zur Demonstration des Finanzierungseffektes durch eine Disposition der Aufwandsart "Abschreibungen" sei nun der Steuerstundungseffekt beim Übergang von der linearen zu degressiven Abschreibung gezeigt. Zu diesem Zweck ist eine Differenzanalyse durchzuführen, bei der die Daten des VOFIs unter Berücksichtigung degressiver Abschreibungen der Anschaffungs- und Herstellungskosten bei Beachtung eines rechtzeitigen Übergangs zu linearen Abschreibung elementweise von denen **mit linearer Abschreibung** saldiert werden. Als Beispiel sei die in Abbildung I. 46 dargestellte Datensituation bei linearer Abschreibung angenommen. Der VOFI unter der Annahme einer degressiven Abschreibung ist in Abbildung I. 47 dargestellt worden. Aus Abbildung I. 48 - dem Δ-VOFI (lies: Delta-VOFI) - geht hervor, daß bei degressiver Abschreibung die Abschreibung in den ersten beiden Jahren steigt und in den letzten drei Jahren um jeweils 898 DM niedriger ist. Durch die finanziellen Umdispositionen sinkt der Zinsaufwand, in späteren Perioden aber auch der Zinsertrag, so daß unter Berücksichtigung steuerlicher Aspekte der Endwert um 189 DM steigt.

	t=0	t=1	t=2	t=3	t=4	t=5
Zahlungsfolge	-24500	-500	2380	19540	10465	5677
Eigenkapital	1000					
- Entnahme						
+ Einlage						
Standardkredit						
+ Aufnahme	14500					
- Tilgung		2438	3546	8516		
- Sollzinsen		1595	1327	937		
Standardanlage						
- Anlage				1207	6893	5402
+ Auflösung					97	648
+ Habenzinsen						
Steuerzahlungen						
- Auszahlung				8880	3669	923
+ Erstattung		4533	2493			
Finanzierungssaldo	0	0	0	0	0	0
Bestandsgrößen						
Kreditstand	14500	12062	8516			
Guthabenstand				1207	8100	13502
Bestandssaldo	-14500	-12062	-8516	1207	8100	13502

	t=1	t=2	t=3	t=4	t=5
Einzahlungsüberschuß	-500	2380	19540	10465	5677
- Abschreibung	4900	4900	4900	4900	4900
- Zinsaufwand	1595	1327	937		
+ Zinsertrag				97	648
Steuerbemessungsgrundlage	-6995	-3847	13703	5662	1425
Steuererstattung	4533	2493			
Steuerzahlung			8880	3669	923

Abbildung I. 46: VOFI (lineare Abschreibungen)

	t=0	t=1	t=2	t=3	t=4	t=5
Zahlungsfolge	-24500	-500	2380	19540	10465	5677
Eigenkapital	1000					
- Entnahme						
+ Einlage						
Standardkredit						
+ Aufnahme	14500					
- Tilgung		4025	3766	6708		
- Sollzinsen		1595	1152	738		
Standardanlage						
- Anlage				2503	6347	4841
+ Auflösung					200	708
+ Habenzinsen						
Steuerzahlungen						
- Auszahlung				9591	4318	1544
+ Erstattung		6120	2538			
Finanzierungssaldo	0	0	0	0	0	0
Bestandsgrößen						
Kreditstand	14500	10475	6708			
Guthabenstand				2503	8850	13691
Bestandssaldo	-14500	-10475	-6708	2503	8850	13691

	t=1	t=2	t=3	t=4	t=5
Einzahlungsüberschuß	-500	2380	19540	10465	5677
- Abschreibung	7350	5145	4002	4002	4002
- Zinsaufwand	1595	1152	738		
+ Zinsertrag				200	708
Steuerbemessungsgrundlage	-9445	-3917	14800	6664	2383
Steuererstattung	6120	2538			
Steuerzahlung			9591	4318	1544

Abbildung I. 47: VOFI (degressive Abschreibungen)

	t=0	t=1	t=2	t=3	t=4	t=5
Δ Zahlungsfolge						
Δ Eigenkapital						
- Δ Entnahme						
+ Δ Einlage						
Δ Standardkredit						
+ Aufnahme						
- Tilgung		-1588	-220	1808		
- Sollzinsen			175	199		
Δ Standardanlage						
- Anlage				-1296	546	561
+ Auflösung					-104	-60
+ Habenzinsen						
Δ Steuerzahlungen						
- Auszahlung				-711	-649	-621
+ Erstattung		-1588	-46			1634
Finanzierungssaldo	0	0	0	0	0	0
Δ Bestandsgrößen						
Kreditstand		-1588	-1808			
Guthabenstand				1296	750	189
Δ Bestandssaldo		1588	1808	1296	750	189

	t=1	t=2	t=3	t=4	t=5
Δ Einzahlungsüberschuß					
- Δ Abschreibung	-2450	-245	898	898	898
- Δ Zinsaufwand		175	199		
+ Δ Zinsertrag				-104	-60
Δ Steuerbemessungsgrundlage	2450	70	-1097	-1002	-958
Δ Steuererstattung	-1588	-46			
Δ Steuerzahlung			-711	-649	-621

Abbildung I. 48: Δ-VOFI zur Bestimmung der Zielwertveränderung aufgrund unterschiedlicher Abschreibungsmethoden

Die Ergebnisse der Differenzanalyse können wie folgt aufgegliedert werden:

Totalperiode	vor Steuern	(anteilige) Steuern	nach Steuern
Cash Flow	0 Δ	0 Δ	0 Δ
- Abschreibungen	0 Δ	0 Δ	0 Δ
- Zinsaufwand	-373 Δ	- 242 Δ	- 131 Δ
+ Zinsertrag	164 Δ	106 Δ	58 Δ
= pagatorischer Gewinn	537 Δ	348 Δ	189 Δ
- Opportunitätszinsen	0 Δ	0 Δ	0 Δ
= kalkulatorische Zinsen	537 Δ	348 Δ	189 Δ

Abbildung I. 49: Aufspaltung der Ergebnisse der Differenzanalyse

3.3.2.3 Rückstellungen

Rückstellungen stellen Passivposten der Bilanz dar, durch die eine Vermögensminderung zum Ausdruck gebracht wird. Die Bildung von Rückstellungen stellt eine Aufwandsdisposition dar, dem ein Finanzierungseffekt zukommt, wenn die Liquidität kurzfristig nicht beeinflußt wird. Ein steuerlicher Effekt ergibt sich, falls die Bildung der Rückstellung steuerlich anerkannt wird. Dies ist z.B. bei Rückstellungen für rechtliche Verpflichtungen, die der Höhe nach ungewiß sind (vgl. § 249 Abs. 1, Satz 1 HGB) der Fall.

Für die Finanzierung sind nicht so sehr die kurzfristigen Rückstellungen (z.B. Rückstellungen für drohende Verluste aus schwebenden Geschäften), sondern die langfristigen Rückstellungen (z.B. Pensionsrückstellungen) von Bedeutung. Ihr Finanzierungseffekt kann - ebenso wie der der Abschreibungen - durch eine Differenzanalyse demonstriert werden. Hierbei sind die Fälle **mit** und **ohne** Rückstellungen zu vergleichen, um die Finanzierungseffekte in einem Δ-VOFI auszuweisen.

3.3.3 Entscheidungen über Kreditsubstitute

Bei der Finanzierung durch Kreditsubstitute wird eine Kreditaufnahme durch ein anderes Finanzierungsinstrument ersetzt. Zu den wichtigsten Kreditsubstituten zählen Factoring und Leasing.

Unter **Factoring** versteht man den laufenden Ankauf von Forderungen aus Lieferungen und Leistungen.

Neben der sofortigen Liquiditätswirksamkeit dieser Maßnahme übernimmt der Factor eine Service-Funktion durch Wahrnehmung administrativer Aufgaben sowie eine Sicherungsfunktion durch Übernahme des Ausfalls von Forderungen. Zur Bestimmung der Vorteilhaftigkeit von Factoring sind Finanzpläne mit den Situationen **mit** und **ohne** Factoring für einen repräsentativen Zeitraum zu simulieren.

Unter **Leasing** ist die Vermietung von Anlagegütern durch Leasinggesellschaften und andere Spezialunternehmen zu verstehen, die dieses Geschäft gewerbsmäßig betreiben (vgl. PERRIDON/STEINER 1993, S. 364).

Das Spektrum vergleichbarer Geschäfte umfaßt

- reine Mietverträge (Operating Leasing),
- Kaufverträge mit Ratenzahlung und
- Financial Leasing.

Beim Kreditsubstitut **Financial Leasing** wird zwischen den Vertragspartnern eine feste Grundmietzeit vereinbart, während der der Vertrag von keinem der Vertragspartner gekündigt werden kann. Das Investitionsrisiko liegt deshalb beim Leasingnehmer.

Da die Leasingraten im allgemeinen höher sind als die Abschreibungen beim Kauf des Anlagegutes, bietet der Abschluß von Leasingverträgen unter gewissen Voraussetzungen steuerliche Vorteile. Die Zurechnung des Leasingobjektes zum Anlagevermögen des Leasinggebers oder -nehmers wird in den Leitsätzen, die zum Urteil des Bundesfinanzhofes (BFH) zum 26.01.1970 aufgestellt worden sind, behandelt. Im folgenden sei angenommen, daß die Voraussetzungen erfüllt sind, das Leasingobjekt beim Leasinggeber zu aktivieren. In diesem Fall weist der **Finanzplan** des potentiellen **Leasingnehmers** folgende Besonderheiten auf:

- Im Zeitpunkt des Zugangs des Wirtschaftsgutes ist keine Anschaffungsauszahlung anzusetzen, folglich fallen keine Abschreibungen an.

- Während der Grundmietzeit sind die Einzahlungsüberschüsse, die mit dem Wirtschaftsgut zu erzielen sind, um die Leasingraten zu mindern. Die Differenz stellt die Basis für die ertragsteuerliche Bemessungsgrundlage dar.

- Im Falle der Wahrnehmung einer Kaufoption ist der Kaufpreis am Ende der Mietgrundzeit anzusetzen. Hiervon sind Abschreibungen für die Restnutzungsdauer zu bestimmen, die in die steuerliche Bemessungsgrundlage eingehen.

Abschließend sei angemerkt, daß die Entscheidung über das Leasen eines Objektes nicht allein aufgrund monetärer Kriterien zu treffen ist, sondern auch aus anderen Erwägungen heraus, wie z.B. der Flexibilitätszuwachs bei entsprechender Vertragsgestaltung. Generelle Aussagen über die finanzwirtschaftliche Vorteilhaftigkeit von Leasing gegenüber dem Kauf zu machen, erscheint von vornherein nicht sinnvoll. Vielmehr sollte im Einzelfall ein finanzplanorientiertes I&F-Modell aufgestellt werden, um einen Zielwertvergleich durchführen zu können (vgl. DEGENER 1986).

4. I&F-Modelle für die Gesamtunternehmung

4.1 Modellanalyse auf Basis der Leverage-Formel

Bei einer Analyse des I&F-Erfolges einer Unternehmung ist die Höhe und Entwicklung der Eigenkapital- und Gesamtkapitalrentabilitäten von besonderer Bedeutung.

Der Zusammenhang zwischen ihnen und die Abhängigkeit der Eigenkapitalrentabilität vom Kapitalkostensatz und von der Kapitalstruktur kommt in einer als klassisch zu bezeichnenden Beziehung zum Ausdruck: der **Leverage-Formel**.

Hierbei wird die Hebelwirkung ("der Leverage-Effekt") durch die Abhängigkeit der Eigenkapitalrentabilität vom Verschuldungsfaktor, der aus dem Verhältnis von Fremdkapital und Eigenkapital resultiert, quantifiziert. In der Literatur wird dieser Faktor häufig auch als Verschuldungsgrad bezeichnet.

Ausgangsbasis für die Ermittlung der Leverage-Formel ist die statische Gesamtkapitalrentabilität, die wie folgt definiert ist:

$$r_{GK} = \frac{G + i \cdot FK}{EK + FK}$$

mit:

r_{GK} Gesamtkapitalrentabilität

G Gewinn

i Sollzinsfuß

FK Fremdkapital

EK Eigenkapital

Nach einigen einfachen Umformungen kann der folgende Zusammenhang hergestellt werden:

$$\frac{G}{EK} = r_{GK} + \frac{FK}{EK} \cdot (r_{GK} - i) = r_{EK}$$

Die Leverage-Formel lautet also:

$$r_{EK} = r_{GK} + \frac{FK}{EK} (r_{GK} - i)$$

Der Leverage-Formel wird trotz ihrer **statischen** Konzeption besondere Aufmerksamkeit entgegen gebracht, da sie die Zusammenhänge im I&F-Bereich anschaulich abbildet. Denkbar ist jedoch auch eine Darstellung der Abhängigkeiten unter Berücksichtigung mehrperiodiger Zahlungsfolgen.

Für den Fall, daß die Gesamtkapitalrentabilität g_{GK} größer ist als der Sollzinsfuß i, steigt mit zunehmendem Verschuldungskoeffizienten die Eigenkapitalrentabilität r_{EK} linear. Umgekehrt sinkt r_{EK} linear, wenn der Sollzinsfuß größer ist als die Gesamtkapitalrentabilität.

Die Leverage-Formel ist zum einen um einen vom Verschuldungsfaktor abhängigen Kapitalkostensatz und zum anderen durch Einbeziehung eines Maßes zur Quantifizierung der unsicheren Zukunftslagen modifiziert worden (PERRIDON/STEINER 1993, S. 425 ff.). Auch restriktive Bedingungen bezüglich der Abhängigkeit des Fremdkapitals von der Höhe des Eigenkapitals lassen sich einfach in das Modell integrieren. Ebenso ist die Einbeziehung von Ertragsteuern leicht möglich. In diesem Fall lautet die Leverage-Formel:

$$r_{EK}^{nSt} = r_{GK}^{nSt} + \frac{FK}{EK} \cdot \left[r_{GK}^{nSt} - i \cdot (1 - s) \right]$$

mit:

r_{EK}^{nSt} Eigenkapitalrentabilität nach Steuern

r_{GK}^{nSt} Gesamtkapitalrentabilität nach Steuern

s marginaler Ertragsteuersatz

Zur Entscheidungsunterstützung könnte überlegt werden, die Leverage-Formel zu verwenden, um unternehmensweite Kennzahlen, wie Rentabilitätsmaße und Verschuldungsgrad bei alternativen Kapitalstrukturen ("substitutive Fassung") oder bei zusätzlichem Eigen- oder Fremdkapital ("expansive Fassung") zu analysieren (WITTE 1990, S. 588). Wegen des statischen (einperiodigen) Charakters des Modells ist sein Einsatz für Entscheidungszwecke allerdings von vornherein begrenzt.

Die Leverage-Formel wird häufig mißverständlich interpretiert: Ein positiver Leverage-Effekt (also: $r_{GK} > i$) bedeutet nicht etwa, daß es sich um eine vorteilhafte Entscheidung handelt. i ist schließlich nicht der Kalkulationszinsfuß, sondern lediglich der Sollzinsfuß. Wie aus den Überlegungen zum periodenspezifischen Mischzinsfuß hervorgeht, beinhaltet der Kalkulationszinsfuß auch den Opportunitätskostensatz i_o zur Verzinsung des Eigenkapitals.

Die Investition ist also nur dann zu tätigen, wenn gilt:

$$r_{GK} > \frac{i \cdot FK + i_o \cdot EK}{FK + EK}$$

Falls $i > i_o$ würde für den Fall, daß $r_{EK} > i_o$ ist, auch dann investiert, wenn $r_{GK} < i$. In diesem aus investitionstheoretischer Sicht vorteilhaften Fall wäre die Eigenkapitalrentabilität kleiner als die Gesamtkapitalrentabilität.

Der Zusammenhang zwischen dem Leverage-Effekt und der Vorteilhaftigkeitsanalyse kann mit Hilfe der folgenden Abbildungen nachvollzogen werden. Hierbei wurde für $i_o = 0{,}3$ und $i = 0{,}14$ angenommen. Aus den Grafiken geht hervor, daß bei der vorliegenden Datenkonstellation bis zu einem kritischen Niveau des Eigenkapitals bzw. ab einem kritischen Niveau des Verschuldungsfaktors der zusätzlich zu erwirtschaftende Endwert positiv ist.

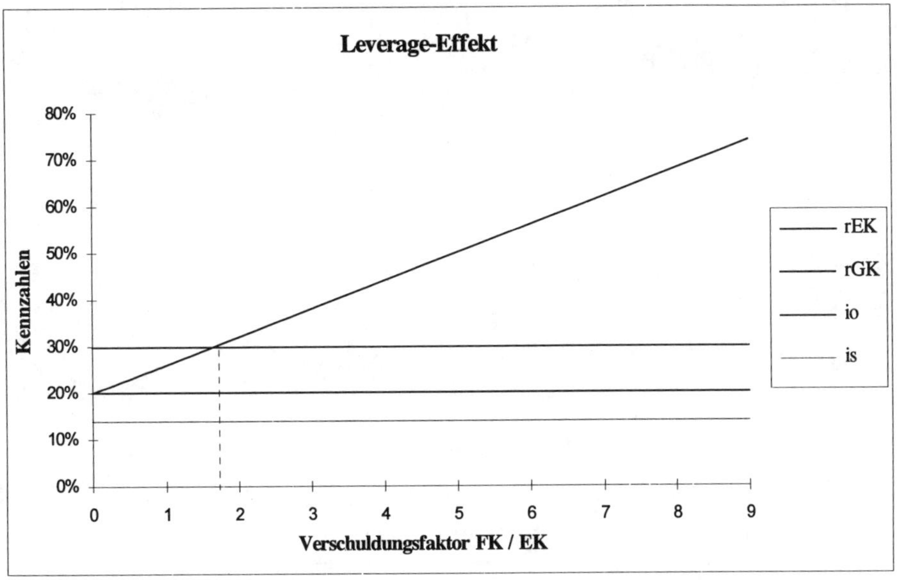

Abbildung I. 50: Leverage-Effekt

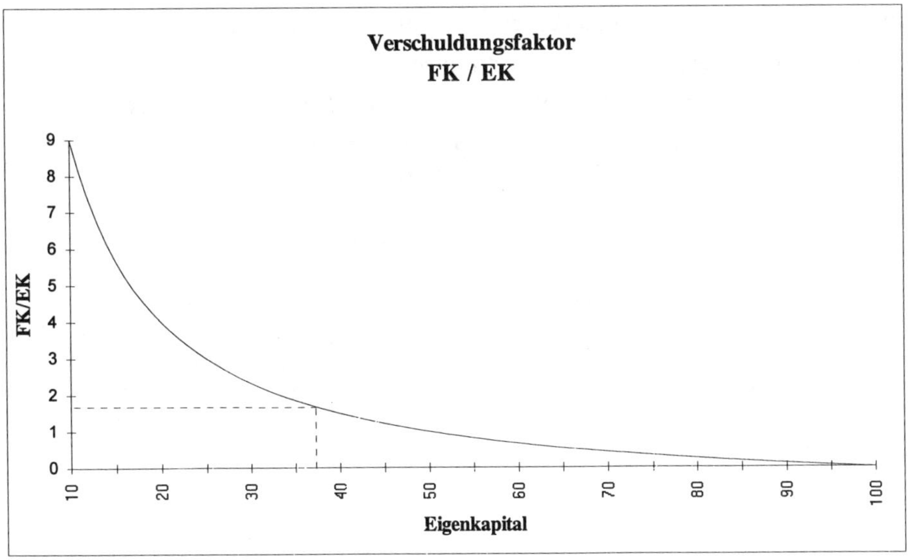

Abbildung I. 51: Verschuldungsfaktor

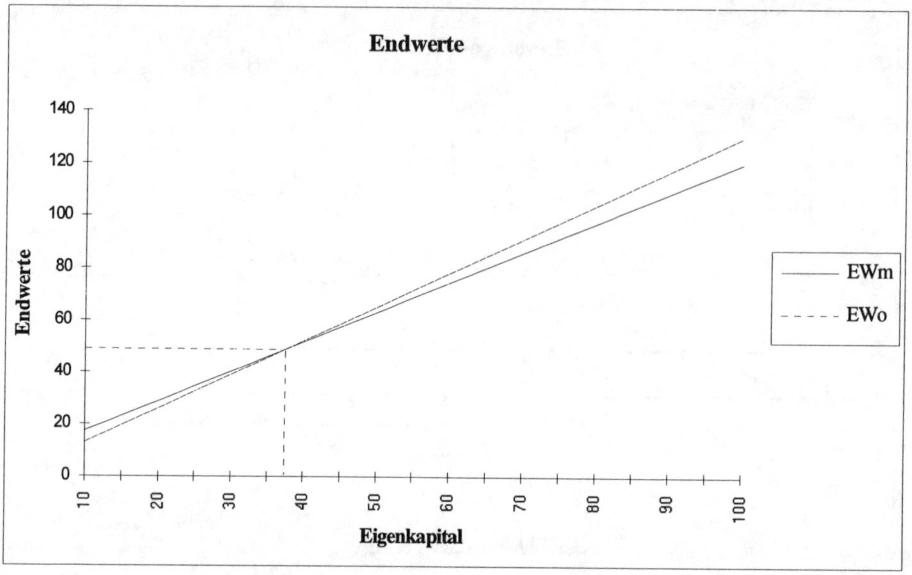

Abbildung I. 52: Endwertvergleich

Durch Abbildung der in die Leverage-Formel einzugebenden Daten in einen **Finanzplan** dürfte der Zusammenhang zwischen den Rentabilitätsmaßen, dem Verschuldungsfaktor (bzw. -grad) sowie dem Kapitalkostensatz unter Berücksichtigung von Entscheidungen nach dem Endwertprinzip verdeutlicht werden. Zur Demonstration dieses Zusammenhangs sei nun ein einfaches Beispiel herangezogen, in dem folgende Daten anzunehmen sind:

	GE
Aufwand in t=0	100
Fremdkapital in t=0	80
Eigenkapital in t=0	20
Ertrag in t=1	12

	%
Sollzinsfuß	10
Opportunitätskostensatz	8
Ertragsteuersatz	60

Abbildung I. 53: Daten zur Leverage-Formel

Der Gewinn nach Steuern ergibt sich wie folgt:

	GE
Ertrag	112
- Aufwand (ohne Zinsen)	100
- Zinsen	8
Gewinn vor Steuern	4
- Ertragsteuern	2,4
Gewinn nach Steuern	1,6

Abbildung I. 54: Beispieldaten

Die Gesamtkapitalrentabilität nach Steuern kann nun wie folgt bestimmt werden:

$$r_{GK} = \frac{(1-0,6)\cdot(4+8)}{100} = 0,048 \triangleq 4,8\%.$$

Die Eigenkapitalrentabilität nach Steuern beträgt:

$$r_{EK} = \frac{1,6}{20} = 0,08 \triangleq 8\%.$$

Die Leverage-Formel zeigt den Zusammenhang zwischen beiden Rentabilitätsmaßen unter Berücksichtigung des Verschuldungsfaktors und der Sollzinsen:

$$r_{EK} = 0,048 + \frac{80}{20}\cdot[0,048 - 0,1\cdot(1-0,6)] = 0,08 \triangleq 8\%.$$

Die Integration der Daten in einen Finanzplan, der wegen des statischen Konzepts der Leverage-Formel nur die Zeitpunkte 0 und 1 enthält, führt zu folgenden Ergebnissen:

	t=0	t=1
Zahlungsfolge	-100,--	112,--
Eigenkapital	20,--	
Standardkredit		
+ Aufnahme	80,--	
- Tilgung		80,--
- Sollzinsen		8,--
Standardanlage		
- Anlage		21,60
+ Auflösung		
+ Habenzinsen		
Steuerzahlungen		2,40
- Auszahlung		
+ Erstattung		
Finanzierungssaldo	0	0
Bestandsgrößen		
Kreditstand	80,--	
Guthabenstand		21,60
Bestandssaldo	-80,--	21,60

Abbildung I. 55: Finanzplan zum Leverage-Effekt

Der Endwert der Opportunität beläuft sich auf

$$EW^O = \text{EK}\ [1 + 0{,}08\ (1 - 0{,}6)] = 20{,}64\ [\text{GE}].$$

Folglich ist die Investition vorteilhaft. Die VOFI-Rentabilitäten sind mit den oben ermittelten Kennzahlen selbstverständlich identisch.

Als Ergebnis ist festzuhalten: Der Leverage-Effekt zeigt lediglich einen tautologischen Zusammenhang zwischen den Kennzahlen auf - eine Vorteilhaftigkeitsanalyse ist nicht vorgesehen und kann auch nur durch Einbeziehung des Opportunitätskostensatzes für die anderweitige Anlage des Eigenkapitals erfolgen. Mit Hilfe eines Finanzplans kann gezeigt werden, daß eine Investition trotz eines negativen Leverage-Effektes positiv zu beurteilen ist. Um dies zu demonstrieren, müßte im oben dargestellten Fall beispielsweise der Sollzinsfuß erhöht werden.

Die Auseinandersetzung mit der Leverage-Formel hat gezeigt, daß unter einschränkenden Voraussetzungen zwar eine unternehmensweite I&F-Analyse möglich ist, indes für eine Entscheidungsfindung weitergehende Kalküle erforderlich sind. Hinzu kommt, daß für Planungszwecke eine größere Detaillierung erforderlich ist. Diese kann durch unternehmensweite Finanzpläne ermöglicht werden.

4.2 Unternehmensweite Finanzplanung

4.2.1 Konzepte

Bei einer unternehmensweiten Finanzplanung werden im Gegensatz zur projektbezogen Betrachtung **sämtliche** zukünftig erwarteten Zu- und Abgänge an finanziellen Mitteln zur Fortschreibung der gegenwärtigen Finanzbestände von der Gegenwart bis zum Planungshorizont erfaßt. Die methodischen Grundlagen einer unternehmensweiten Finanzplanung stimmen mit denen der projektbezogenen Planung überein.

Wegen der strategischen - aber auch wegen der volumenmäßigen - Bedeutung prägt die Investitionsplanung häufig die Gliederung der im Finanzplan darzustellenden Daten. Auf eine quantitative Kopplung zwischen Investitions-, Finanz-, Produktions- und Absatzplanung, wie sie in der älteren Literatur (vgl. JACOB 1962, S. 651 ff.) unter dem Schlagwort "Totalplanung" propagiert wurde, wird mittlerweile zugunsten einer größeren Praxisorientierung verzichtet. Auch spielt bei der Implementierung einer realitätsnahen Finanzplanung der Optimierungsgedanke eine schwächere Rolle als in klassischen Modellen der simultanen Planung. Gleichwohl kommt den Simultanansätzen unter dem Kriterium der Wissenspräsentation wegen ihrer idealtypischen Struktur nach wie vor eine wichtige Bedeutung zu.

Bei der Entwicklung von Finanzplänen ist eine Reihe von Grundsätzen zu beachten. Hierzu zählen:

- Die finanzielle Sphäre der Unternehmung ist vollständig und genau abzubilden.
- Der Finanzplan sollte so aufgebaut werden, daß als Nebenbedingung die Aufrechterhaltung der Liquidität und als zu maximierendes Ziel die Erreichung eines aus der Gesamtplanung abzuleitenden Unternehmensziels abgebildet wird. Finanzpläne sollten also zielorientiert aufgebaut sein.
- Im Hinblick auf die Kontrolle der zukünftigen Ein- und Auszahlungen sollten aus den Finanzplänen Verantwortungsbereiche (z.B. für Investitionsprojekte, Geschäftsbereiche) hervorgehen.
- Der Finanzplan sollte von den Mitgliedern der Organisation, die mit Prognosen, Planungen und Kontrollen zu tun haben, als Controllinginstrument akzeptiert werden. Zu diesem Zweck sollte der Finanzplan transparent sein.
- Eine Berücksichtigung der zeitlichen Dimension ist wegen der automatischen Berechnung der Zinsen und im Hinblick auf die Steuerung der Liquiditätserhaltung unerläßlich.
- Entwicklung und laufender Einsatz der Finanzplanung sollte wirtschaftlich sein.

Häufig wird das Kontenausgleichsgebot - auch als Grundsatz der Zentralisation bezeichnet (vgl. PERRIDON/STEINER 1993, S. 534), als weiteres eigenständiges Prinzip angesehen. Dieser Grundsatz besagt, daß bei Konten mit differierenden Zinsfüßen nach Möglichkeit Umdispositionen mit dem Ziel der Rentabilitätserhöhung vorgenommen werden sollen. Dieser Grundsatz resultiert offensichtlich aus dem Prinzip der "Zielorientierung" und kann daher nicht als eigenständig angesehen werden.

Konflikte zwischen den oben skizzierten Grundsätzen liegen auf der Hand. So kann beispielsweise unter dem Aspekt der Wirtschaftlichkeit ein einperiodiger Finanzplan angestrebt werden, bei dem allerdings nur im Anfangszeitpunkt für ein Liquiditätsgleichgewicht gesorgt wird. Ein solcher einfacher Ansatz ist das von Joel DEAN entwickelte Kapitalbudgetierungsmodell.

4.2.2 Modelle

Bei dem Kapitalbudgetierungsmodell (vgl. DEAN 1951) werden sämtliche Investitionsprojekte zusammengestellt und mit dem Kapitalangebot konfrontiert. Da beim Kapitalangebot auch die eigenen liquiden Mittel, die aus den "restlichen" Aktivitäten der Unternehmung resultieren, angesetzt werden, kann dieses Modell als **unternehmensweit** bezeichnet werden.

Zur Abbildung der Kapitalnachfrage werden üblicherweise die Investitionsprojekte nach fallenden internen Zinsfüßen sortiert, während das Kapitalangebot unter Berücksichtigung steigender Kapitalkosten dargestellt wird. Bekanntlich weist die interne Zinsfußmethode die Prämisse auf, daß sich Reinvestitionen und zwischenzeitliche Finanzierungen zum internen Zinsfuß realisieren lassen. Da diese Prämisse im allgemeinen gegen die Realität verstößt, ist eine Kapitalbudgetierung auf Basis interner Zinsfüße abzulehnen. Ebenfalls nicht geeignet sind die VOFI-Rentabilitäten, weil sie von einer Zurechnung der Finanzierung auf das Investitionsprojekt ausgehen. Schließlich ist VOFI nicht für Programm-, sondern für Partialentscheidungen entwickelt worden.

Vielversprechend scheint bei der Kaptitalbudgetierung zur Bildung einer Rangfolge der Ansatz der Initialverzinsung zu sein. Die von Hax entwickelte Formel für dieses Renditemaß lautet (vgl. HAX 1985, S. 24 ff.; GROB 1982a, S. 58 ff.):

$$r = \frac{d_1 + \sum_{t=2}^{n} d_t \cdot q^{-t+1} - a_0}{a_0}$$

mit:

r Initialverzinsung

d_t Einzahlungsüberschuß in t

a_0 Anschaffungsauszahlung in $t=0$

q Zinsfaktor $q = 1+i$

i Kalkulationszinsfuß

Die Initialverzinsung ist einfach zu interpretieren. Angenommen, eine Investition würde nur eine Nutzungsdauer von einem Jahr aufweisen. Dann ist die Rendite eindeutig durch folgenden Quotienten definiert:

$$r = \frac{d_1 - a_0}{a_0}$$

Wenn nach einem Jahr weitere Zahlungen anfallen, dann sind diese mit ihrem Ertragswert anzusetzen, der auf $t=1$ zu beziehen ist. Entsprechend wird zur Ermittlung eines Wertes am Planungshorizont - also am Ende des ersten Jahres - der dann erwartete Einzahlungsüberschuß um das monetäre Äquivalent der nach dem ersten Jahr anfallenden Einzahlungsüberschüsse erhöht. Problematisch ist, für die Zahlung ab $t=1$ den geeigneten Zinsfuß zur Abzinsung festzulegen. Dieser Wert wird - dies ist durch Modelle der periodenspezifischen Mischzinsfüße deutlich gemacht worden - durch die in $t=0$ abzuschließenden Kredite beeinflußt.

Beim Kapitalangebot müßte konsistenterweise anstelle der an der internen Zinsfußmethode orientierten Effektivzinsfußbestimmung ebenfalls die Initialverzinsung als Kapitalkostensatz zur Bildung einer Rangfolge verwendet werden.

Festzuhalten ist, daß ein statisches Modell der Kapitalbudgetierung von vornherein nicht in Lage sein kann, die Liquiditätserhaltung in der Zukunft (als ab $t=1$) abzubilden. Lediglich bei der Rentabilitätsberechnung werden Zahlungen bis zum Ende der Nutzungsdauer einzelner Projekte erfaßt. Durch den Ansatz pauschaler Größen sind allenfalls Näherungslösungen möglich.

Gegen den Kapitalbudgetierungsansatz wird außerdem angeführt, die Investitionen müßten beliebig teilbar sein. Dies ist keineswegs der Fall. Schließlich läßt sich das Kapitalbudgetierungsmodell als ganzzahliges LP-Modell, als dessen Zielfunktion der Endwert zum Zeitpunkt $t=1$ zu formulieren ist, und das als Nebenbedingungen lediglich die Liquiditätsrestriktion zum Zeitpunkt $t=0$ aufweist, unproblematisch optimieren. Es handelt sich hierbei um ein Knapsack-Problem (vgl. MÜLLER-MERBACH 1988, S. 144) mit 0-1-Variablen.

Bei der simultanen Investitions- und Finanzierungsprogrammplanung werden weitere Liquiditätsrestriktionen zu den Zeitpunkten $t=1$ bis zum Planungshorizont im Modell erfaßt (vgl. HAX 1985, S. 62 ff.; GROB 1982a, S. 70 ff.). Für einzelne Objekte können dann beliebig lange Zahlungsfolgen berücksichtigt werden. Falls Zahlungen nach dem Planungshorizont erwartet werden, müßten diese auf den Planungshorizont abgezinst werden. Als Zielfunktionen sind Endwertmaximierung, Entnahmemaximierung ("Maximierung der Breite des Entnahmestroms") oder Wohlstandsmaximierung als einen

Kompromiß zwischen Endwert und Entnahmemaximierung möglich (vgl. SCHNEIDER 1990, S. 71 ff.).

In den Ansatz sind neben den Investitionsprojekten und den finanziellen Konsequenzen aus dem operativen Bereich der Unternehmung auch die Zahlungsfolgen für die Finanzierungsmöglichkeiten einschließlich der Reinvestitionen einzubeziehen. "Die beiden Seiten der I&F-Medaille" sind in derartigen Modellen wiederzufinden.

Wie bereits dargelegt, kann dieser idealtypische Ansatz als Ausgangsbasis zur Entwicklung von Finanzplanungsansätzen angesehen werden, an deren wirklichkeitsnahen Gestaltung in Theorie und Praxis gearbeitet wird (vgl. KRCMAR 1991, S. 33 ff.; MUSIL/ NIPPA 1992, S. 79 ff.).

Literaturverzeichnis

a) Einführende Literatur

ADAM, D.: Planung und Entscheidung: Modelle, Ziele, Methoden, mit Fallstudien und Lösungen, 3. Aufl., Wiesbaden 1993

GROB, H.L.: Übungsfälle zur Betriebswirtschaftslehre, München 1982a

GROB, H.L.: Einführung in die Investitionsrechnung - Eine Fallstudiengeschichte, Hamburg u.a. 1990

GROB, H.L.: Dynamische Investitionsrechnung, in: Lexikon der Betriebswirtschaftslehre, hrsg. v. H. Corsten, München/Wien 1992, S. 185 - 189

GROB, H.L.; EVERDING, D.: Finanzmathematik mit dem PC, Wiesbaden 1992

GUTENBERG, E.: Grundlagen der Betriebswirtschaftslehre, Bd. 3, Die Finanzen, 8. Aufl., Berlin/Heidelberg/New York 1980

KRUSCHWITZ, L.: Investitionsrechnung, 5. Aufl., Berlin/New York 1993

LEFFSON, U.: Programmiertes Lehrbuch der Investitionsrechnung, Wiesbaden 1973

PERRIDON, L.; STEINER, M.: Finanzwirtschaft der Unternehmung, 7. Aufl., München 1993

SCHIERENBECK, H.: Grundzüge der Betriebswirtschaftslehre, 11. Aufl., München/ Wien 1993

SCHMIDT, R.H.: Grundzüge der Investitions- und Finanzierungstheorie, 2. Aufl., Wiesbaden 1992

SCHULTE, K.W.: Wirtschaftlichkeitsrechnung, 4. Aufl., Würzburg/Wien 1986

VORMBAUM, H.: Finanzierung der Betriebe, 8. Aufl., Wiesbaden 1990

b) Weiterführende Literatur

ALTROGGE, G.: Investition, 2. Aufl., München/Wien 1991

BAMBERG, G; COENENBERG, G.: Betriebswirtschaftliche Entscheidungslehre, 7. Aufl., München 1992

BLOHM, H; LÜDER, K.: Investition, 7. Aufl., München 1991

BUSCH, W.: Externe Eigenfinanzierung bei Kapitalgesellschaften, in: Finanzierungshandbuch, hrsg. v. F. W. Christians, 2. Aufl., Wiesbaden 1988, S. 495-524

CHMIELEWICZ, K.: Integrierte Finanz- und Erfolgsplanung, Stuttgart 1972

DEAN, J.: Capital Budgeting, New York 1951

DEGENER, T.: Die Leasingentscheidung bei beweglichen Anlagegütern, Ein Vorteilhaftigkeitsvergleich zwischen Leasing und Kreditkauf aus der Sicht gewerblicher Investoren, Frankfurt a.M. 1986

DIEDERICH, H.: Grundtatbestände der Betriebswirtschaftslehre, in: Allgemeine Betriebswirtschaftslehre, Handbuch für Studium und Prüfung, hrsg. v. H. Jacob, 5. Aufl. (Nachdruck), Wiesbaden 1990, S. 17-115

DRUKARCZYK, J.: Finanzierung. Eine Einführung, Grundwissen der Ökonomik: Betriebswirtschaftslehre, 5. Aufl., Stuttgart/New York 1991

GROB, H.L.: Periodenspezifische Mischzinsfüße als theoretisch richtige Kalkulationszinsfüße, in: ZfB, 52. Jg. (1982b), S. 381-395

GROB, H.L.: Investitionsrechnung mit vollständigen Finanzplänen, München 1989

GROB, H.L.: Fallstudien zur Betriebswirtschaftslehre, Düsseldorf 1993

HAX, H.: Investitionstheorie, 5. Aufl., Würzburg/Wien 1985

HEISTER, M.: Rentabilitätsanalyse von Investitionen, Ein Beitrag zur Wirtschaftlichkeitsrechnung, Köln/Opladen 1962

HERTZ, D.B.: Risk Analysis in Capital Investment, in: HBR, 42. Jg. (1964), H. 1, S. 95-106

HILL, W.; FEHLBAUM, R.; ULRICH, P.: Organisationslehre, Bd. 1, 4. Aufl., Bern/Stuttgart 1989

JACOB, H.: Investitionsplanung auf der Grundlage linearer Optimierung, in: ZfB, 32. Jg. (1962), S. 651-655

JÄHRIG, A.; SCHUCK, H.: Handbuch des Kreditgeschäfts, völlig neu bearb. v. Peter Rösler u. Manfred Woite, 5. Aufl., Wiesbaden 1989

JOHANSSON, S.E.: Income Taxes and Investment Decision, in: Swedish Journal of Economics, 71. Jg. (1969), S. 103-110

KOCH, H.: Zur Bildung operationaler entnahmebezogener Optimalitätskriterien, in: ZfB, 48. Jg. (1978), S. 889-911

KRCMAR, H.: Cash Management Systeme, Studien zur Wirtschaftsinformatik, Stuttgart 1991

KRÜGER, F.; LEGENHAUSEN, C.; STÖPPLER, S.: Sybila-Plus: Systematische Bilanzanalyse mit dem PC, Wiesbaden 1993

MELLWIG, W.: Investition und Besteuerung, Ein Lehrbuch zum Einfluß der Steuern auf die Investitionsentscheidung, Wiesbaden 1985

MÜLLER-MERBACH, H.: Operations Research, 3. Aufl., Berlin/Frankfurt 1973 (9. Nachdruck, München 1988)

MUSIL, S.; NIPPA, M.: Computergestützte Finanzplanung - Einsatzmöglichkeiten von Anwendungssoftware, München 1992

PACK, L.: Betriebliche Investition, Wiesbaden 1966

ROSE, G.: Die Substanzsteuern, 8. Aufl., Wiesbaden 1991

ROSE, G.: Die Ertragsteuern, 12. Aufl., Wiesbaden 1992

SCHIERENBECK, H.; HÖLSCHER, R.: BankAssurance - Institutionelle Grundlagen der Bank- und Versicherungsbetriebslehre, 2. Aufl., Stuttgart 1992

SCHNEIDER, D.: Die wirtschaftliche Nutzungsdauer von Anlagegütern als Bestimmungsgrund der Abschreibung, Köln/Opladen 1991

SCHNEIDER, D.: Investition und Finanzierung, Lehrbuch der Investitions-, Finanzierungs- und Ungewißheitstheorie, 5. Aufl., Wiesbaden 1980

SCHNEIDER, D.: Investition, Finanzierung und Besteuerung, 6. Aufl., Wiesbaden 1990

SCHNEIDER, E.: Wirtschaftlichkeitsrechnung, Theorie der Investition, 8. Aufl., Tübingen 1973

SCHRAMM, B.: Finanzierung nicht emissionsfähiger mittelständischer Unternehmen, in: Finanzierungshandbuch, hrsg. v. F.W. Christians, 2. Aufl., Wiesbaden 1988, S. 563-576

SPREMANN, K.: Investition und Finanzierung, 4. Aufl., München/Wien 1991

STEINER, J.: Gewinnsteuern in Partialmodellen für Investitionsentscheidungen, Barwert und Endwert als Instrument zur Steuerwirkungsanalyse, Berlin 1980

SÜCHTING, J.: Finanzmanagement, Theorie und Politik der Unternehmensfinanzierung, 5. Aufl., Wiesbaden 1989

WAGNER, H.: Zum Problem der Zielfunktion in einer operationalen Theorie der betrieblichen Kapitaldisposition, Münster 1971

WILLIAMSON, O.E.: The economic institutions of capitalism. Firms, markets, relational contracting, New York/London 1985

WITTE, E, Die Finanzwirtschaft der Unternehmung, in: Allgemeine Betriebswirtschaftslehre, Handbuch für Studium und Prüfung, hrsg. v. H. Jacob, 5. Aufl., Wiesbaden 1990, S. 519-612

WITTMANN, F.: Der Einfluß der Steuern auf die Investitionsentscheidung der Unternehmung, Frankfurt/New York 1986

ZANGEMEISTER, C. Nutzwertanalyse in der Systemtechnik, 4. Aufl., München 1976

Stichwortverzeichnis